전정판

계량경제학

이종원

博 英 社

전정판 서문

학부제 시행에 따라 대다수 대학에서 계량경제학은 선택과목으로 재편되고, 그나마 수월한 과목을 선호하는 학부학생들의 성향에도 불구하고 본서는 다행스럽게도 독자들로부터 지속적인 관심을 받아 왔다. 그러나 초판이 발간된 지도 어언 13년이 지나 저자로서는 많은 심적 부담을 가져 왔다. 그간 새로운 계량경제이론 및 분석방법이 꾸준히 개발되어 왔는바, 이를 일정수준만큼 교재에 반영할 필요가 있었기 때문이다. 또한 각종 예제 풀이에 사용된 자료들이 실제 한국경제에 관한 것이기는 하나 상당기간 전의 것이어서 자칫 현실감이 결여된 느낌을 주거나 저자가 불성실해 보일 우려가 있었기 때문이기도 하였다.

그런데 기존의 체제를 가능한 한 유지하면서 새로운 내용을 추가하는 일이 그다지 쉽지는 않았다. 차라리 체제를 조정하더라도 새로 작성하는 일이 편할 듯 싶기도 하였다. 이런저런 점을 감안하여 다음과 같은 원칙과 편제에 따라 내용을 개편하였다.

첫 번째, 기초통계이론편은 5개의 장을 1개로 축소 조정하되, 통계학 이론체계 중심의 논리전개를 탈피하고 계량경제 분석과정에서 필요하게 되는 순서 및 상황과 결부시켜 핵심적인 통계분석기법은 선별적으로 재정립하여 소개한다는 차원에서 요약·정리하였다.

두 번째, 제19장부터 제21장까지의 시계열분석편은 새로운 편제에 따라 3개의 장(제14장, 제15장, 제16장)으로 새로 작성하였다. 그리고 제22장의 스펙트럼분석은 활용도가 점차 감소하고 있는 추세를 감안하여 생략하였다.

세 번째, 연립방정식체계편은 3개의 장으로 개편하되, 제18장 거시계량경제모형의 내용은 전체를 생략하였다.

네 번째, 제 6 장부터 제 8 장까지 내용은 논리전개상 무리가 없는 한도 내에서 축소 조정하여 제 2 장부터 제 4 장까지 3개의 장으로 정리하였다.

다섯 번째, 제 9 장을 개편 정리한 제 5 장에서는 오차항의 정규분포성 여부 검정방안을 추가하였고, 보론에 있던 능형회귀분석 및 주성분분석방안은 실증분석사례를 추가하여 본문 처리하였다.

여섯 번째, 제10장을 개편한 제 6 장에서는 이분산현상에 대한 새로운 대응방안으로 부상하고 있는 '강 · 이분산 표준오차' 활용법을 추가하였다. 또한, 대표본이론(asymptotic or large-sample theory)의 근간이 되는 최우추정법과 이와 관련한 검정법(Wald, LR, ML검정 등), 그리고 GIVE와 GMM 추정방법 등을 소개하였으며, Breusch-Pagan 검정방안을 개편 · 정리하였다.

일곱 번째, 제11장을 개편한 제 7 장에서는 '강 · 자기상관 표준오차' 활용법과 고차자기상관 문제를 도입 · 소개하였다.

여덟 번째, 제12장을 개편한 제 8 장에서는 설정오류와 과오설정오류를 구분하여 접근하였고, 비선형모형의 탐색방안과 설정오류 여부 확인방안을 구분처리하였다.

아홉 번째, 제13장을 개편한 제 9 장에서는 패널자료 분석모형과 SUR 모형을 이용한 추정방안을 새로 도입하였고, 수단변수 추정방안은 보다 실용적이고 간편한 내용으로 개편하였다.

열 번째, 제14장을 개편한 제10장에서는 보론에 있었던 가변계수모형을 본문 처리하였고, LPM 모형 추정시, WLS 대신 '강 · 이분산 표준오차' 개념을 활용하여 추정하는 방안을 소개하였다.

열한 번째, 제16장을 개편한 제12장에서는 연립방정식 추정에 대한 보다 간편한 새로운 접근법을 소개하였다. 특히 식별(identification)문제에 관한 보다 효율적 접근방법, 그리고 수단변수 추정방법에 근거한 이 단계 추정방안 등의 내용을 소개하는 데 초점을 맞추었다. 이와 관련하여 연립성 검정과 외생성 검정방안을 아울러 요약 소개하였다.

한편, 제12장의 보론에는 소표본 추론(small-sample inference)과 관련한 반복표본추출법(예컨대 몬테칼로 분석법)과 표본재활용법(예컨대 jackknife와 bootstrap 기법) 등의 핵심 내용을 요약 제시하였다.

열두 번째, 제 5 편 시계열분석편은 전면 개편 작성하되, 새로운 분석방안들, 예컨대 VAR, SVAR, 동태적 회귀모형, ARIMA 오차항을 갖는 충격모형, ARCH와 ECM 모형, 그리고 state-space model 등의 내용을 대폭 삽입하되 현실적 예측방안과 연계하여 소개하였다. 단, 예측과 관련하여 주목을 받고 있는 경기변동지표 활용방안, 결합예측방안, 인공신경망 활용방안, CGE 및 다부문 모형 활용방안 등은 본서의 분석범위를 벗어나므로 별도의 책(「경제예측론」, 해남, 2006)을 통해 소개하였다.

열세 번째, 각종 실증사례분석은 모든 자료를 최근 것으로 update시킨 후, 새로 분석한 내용으로 개편하는 것을 원칙으로 하였다. 단, 거시계량경제모형과 관련된 추정결과는 예전 것을 그대로 수용하였다. 이들 추정식은 기본적으로 약 2년간의 작업을 통해 완성된 1990년도 성균관대학교 거시계량경제모형(SUM90)의 추정결과 중 일부를 발췌, 수록한 것들로서 단시일 내 재추정을 통해 의미 있는 결과를 얻어내기 어려웠기 때문이다. 또한 추정기간을 최근 시기로 변경할 경우 1997년 외환위기로 인한 구조변화 문제를 반영해야 하고 또 그러한 과정에서 추정식이 매우 복잡해질 수밖에 없는 문제가 있었기 때문이다.

이상과 같은 개정 작업을 수행하는 데에는 생각보다 많은 노력이 필요하였고, 따라서 자료 수집과 개편, 원고 정리 및 교정, 그리고 실증분석과정에서 여러 사람의 도움을 받게 되었다. 특히 한국직업능력개발원의 이상돈 박사, 성균관대학교 경제학과 대학원생 한상우 군과 이혜진 양에게 감사의 뜻을 전하고 싶다. 또한 그다지 수요도 많지 않은 도서를 거의 전면 개정함으로써 발생하는 비용에도 불구하고 개정판 출판을 독려해 주신 박영사 관계자 여러분께 감사드린다.

2007년 1월

저 자

머 리 말

계량경제학은 경제학자들에게도 심적 부담을 주리만큼 어려운 분야로 인식되고 있다. 반면, 합리적이고 정밀한 경제운용의 필요성이 날로 증대됨에 따라 계량경제분석에 대한 수요는 급증하고 있다. 저자는 이러한 현실적 필요성에 부응하되 가능한 한 이해하기 쉽고 활용하기 편한 교재를 개발하여 보다 많은 독자들에게 편의를 제공한다는 목표하에 본서를 집필하게 되었다.

저자가 본서를 집필함에 있어 중점을 둔 사항들은 다음과 같다.

첫째, 전통적으로 계량경제학 교재들은 이론 위주로 작성되는 경향이 있어 일반독자들이 이해하는 데 많은 어려움을 겪어 왔다. 따라서 본서는 경제수학이나 기초통계학 정도를 이수한 학생이라면 누구나 별다른 어려움이 없이 해독할 수 있는 수준의 내용으로 작성함으로써 이해하기 쉬운 교재를 만든다는 목적에 최대한의 초점을 맞추었다.

둘째, 계량경제학이란 기본이론에 대한 이해만으로는 실제상황에서 적절하게 활용하기가 매우 어렵다는 측면이 있다. 이러한 고충은 계량경제학을 20년 가까이 강의하여 온 저자가 가장 절실하게 경험하여 온 문제점 중의 하나다. 따라서 본서에서는 우리가 실증분석에서 직면하게 되는 현실적 상황에서 예상되는 문제점들, 예컨대 분석모형의 함수 형태와 유형 그리고 추정방법 등의 선정문제, 추정 결과에 따른 효율적 대응방안 및 추정 결과의 활용방안 등에 이르는 제반 문제에 대하여 저자가 지금까지 겪어 온 경험을 바탕으로 구체적이고도 친절한 실증분석 안내 내지 요령을 작성 · 제시하였다.

셋째, 내용전개상 이해를 돕기 위해 도입되는 예제들이 대부분 임의로 만들어진 자료를 활용하는 관행에서 탈피하여 본서에서는 불가피한 경우를 제외하고는 모두 한국의 주요 경제변수의 실제관측치를 직접 활용하였고 예제의 내용 또한 가능한 한 경제학원론 정도의 수준에서 다루어지는 유형의 이론모형들을 이용함으로써 경제이론에 대한 실증적인 차원에서의 이해를 높임과 동시에 한국경제 현실에 관한 구체적인 분석 결과를 소개함으로써 한국경제에 대한 독자들의 관심과 이해를 제고시키고자 하였다.

한편, 본서에서 사용한 한국경제에 관한 자료는 파일 형태로 작성하여 자료디스켓에 수록함으로써 독자 스스로 활용할 수 있도록 하였다. 아울러 실증분석을 위해 활용한 RATS 프로그램의 사용방법에 관해서는 부록 B에서 비교적 상세히 안내하였으며, 본문 중의 예제와 연습문제로 주어진 문제를 해결하는 데 필요한 프로그램을 거의 모두 작성하여 역시 자료디스켓에 함께 수록하였다. 다만 지면관계상 상세한 내용은 별도책자(이종원 외 1인, 「RATS를 이용한 계량경제분석」, 1995, 박영사)를 통해 소개하였다.

자료디스켓에 수록된 자료파일과 각종 분석을 구체적으로 수행하는 데 필요한 프로그램은 다음과 같은 체제로 작성되었다.

ECONDATA.RAT : RATS data format으로 작성한 자료파일

CH○○MT□□.PRG : 제○○장(교제 본문 중)에 나타난 □□번째 예제풀이를 위한 RATS 프로그램

CH○○EP△△.PRG : 제○○장 연습문제 △△번의 문제풀이에 필요한 RATS 프로그램

자료디스켓의 전체적인 구조는 아래 표와 같다.

Root Directory	Subdirectory	Subdirectory에 나타나는 화일명
ECONDATA.RAT	CH01, CH03, …, CH22	CH○○MT□□.PRG CH○○EP△△.PRG

넷째, 아울러 저자는 가장 최근에 개발된 이론까지를 포함하여 중요한 것은 하나도 빠짐없이 모두 소개한다는 원칙하에 본서를 저술코자 노력하였다. 결과적으로 자세하고도 쉽게 그리고 많은 내용들을 소개하려는 노력은 책의 분량을 방대하게 만들어 버렸고 따라서 자칫 잘못하면 내용 전개의 흐름마저 제대로 인식시키지 못할 우려가 생겼다. 저자는 이러한 문제를 감안하여 다소의 무리를 감수하면서 전체 내용을 하나의 계보표 형태로 파악하여 소개하는 형식을 활용하였다. 즉, 계량경제학의 주요 내용과 각종 분석방법 등을 일정 기준에 따라 분류하되 분석방법 간의 관계를 유기적으로 연결시킴으로써 계량경제학의

총체적 내용을 일목요연하게 파악할 수 있도록 구성하였다.

다섯째, 본서는 계량경제학분야 연구에 필수적인 이론 및 활용방안을 집중적으로 소개하는 데 주안점을 두어 작성되었다. 따라서 계량경제학의 기초가 되는 경제통계학과 컴퓨터를 활용하여 분석하는 구체적인 방법론 등은 분량관계상 각각 별도 책자로 출판하게 되었다. 그렇지만 본서는 위의 책들과 상호보완적으로 사용할 수 있도록 연관체제를 유지시키며 작성되었다. 그리고 한국경제에 대한 보다 본격적인 분석의 일환으로 저자가 김준영 교수와 공동집필한「한국경제의 거시계량분석」에 관한 내용은 그 요점만을 제18장에 소개하여 독자들이 참고할 수 있도록 하였다.

저자가 이 책을 출판하기까지 거의 6년에 가까운 시간이 소요되었다. 이 과정에서 여러 사람들로부터 많은 격려와 도움을 받게 되었다. 집필의 기회를 주신 박영사 안종만 사장과 이명재 상무, 그리고 황인욱 부장, 저자보다도 더욱 큰 정성과 열정으로 편집 및 출판과정을 도맡아 주신 노현철 선생께 감사드린다. 한편, 원고정리와 교정, 예제처리 및 해답집 준비 그리고 RATS 사용안내문 작성에 이르는 과정에서 수많은 시간과 협조를 제공해 준 고려경제연구소 이상돈 연구원과 성대 대학원생 김기호 군에게 이 기회를 통하여 충심으로 고마운 마음을 전하고 싶다. 그리고 바쁜 중에도 마다 않고 교정에 참여해 준 성대 경제학과의 권원협, 이재하 그리고 이윤진 군과 표지디자인을 제공해 준 이금룡 양 등에게 심심한 감사를 보낸다.

끝으로 제5편 시계열분석편을 작성하는 데 귀중한 조언을 제공해 준 아주대학의 김철환 교수와 청주대학의 김성태 교수, 그리고 Vanderbilt 대학의 이준수 교수에게 깊은 사의를 표한다.

1994년 2월

저 자

목 차

서 론

제 1 편 계량경제분석에 필요한 기초통계이론

제 1 장 주요 통계분석과정

제 2 편 계량경제분석기초 : 고전적 선형회귀분석

제 2 장 단순선형회귀분석 Ⅰ : 모형의 설정과 추정

제 3 장 단순선형회귀분석 Ⅱ : 모형의 평가와 예측

제 4 장 다중선형회귀분석

제 3 편 고전적 선형회귀분석의 한계성과 보완책

제 5 장 기본가정의 현실성 여부 문제와 다중공선성

제6장 이 분 산

제 7 장 자기상관(autocorrelation)

제8장 설정된 모형의 적절성 문제

제 9 장 자료의 제유형과 활용상의 문제

제10장 회귀모형의 제유형

제 4 편　연립방정식체계와 의태분석

제11장　연립방정식모형의 특징과 식별문제

제12장　연립방정식모형의 추정

제13장 연립방정식모형의 동태적 분석 : 의태분석

제 5 편 시계열분석과 경제예측

제14장 시계열분석기초 : Box-Jenkins 방법

부 록

A. 회귀분석에 필요한 행렬대수

B. RATS 사용안내

부 표

서 론

1. 계량경제학이란?

계량경제학의 의미를 문자 그대로 해석한다면 경제적 현상이나 인과관계를 추론하거나 계측하는 경제학의 한 분야라 할 수 있다. 계량경제학이란 용어는 원래 Econometrics라는 말로부터 온 것이며, 여기서도 경제문제(econo-)를 계측(measure)한다는 의미를 내포하고 있음을 알 수 있다. 그러나 계량경제학을 단지 경제현상을 계측하는 것만으로 이해하여서는 계량경제학이 구체적으로 무엇을 하는 학문분야이며, 또 어떤 성격의 분석내용들로 구성되는지를 정확하고 실감나게 인식할 수는 없을 것이다. 따라서 계량경제학의 핵심내용과 범주를 분명히 규명할 수 있는 보다 체계적인 정의를 찾아야 할 필요가 있다.

계량경제학을 정의하는 일이란 이 책에서만 다루어지는 일도 아니고 또 이 책이 별도로 독특한 정의를 창안하여 제시하려는 것도 아니다. 단지 계량경제학이란 과목의 교육을 보다 효율적으로 수행하기 위하여 도대체 계량경제학이란 무엇을 어떻게 하는 것인가를 효과적으로 인식시킬 수 있는 지극히 실용적인 차원의 정의를 제시할 필요가 있다고 생각되어 아래와 같이 계량경제학의 정의를 구성해 보고자 하는 것뿐이다.

계량경제학의 정의를 구성하기에 앞서 우선 경제학연구의 본질적 측면부터 고려해 보자. 경제학이란 경제현상을 분석함에 있어 통상적으로 주요 경제변수 간의 함수관계를 규명하는 과정을 밟게 되는데, 계량경제학은 바로 이러한 함수관계(또는 인과관계)를 추론하거나 함수관계의 현실타당성 여부를 확인하며, 이미 제시되어 온 함수관계를 재확인하거나 기각하는 역할을 담당하게 된다. 아울러 현실타당성이 확인된 함수관계에 근거하여 각종 경제예측을 시행하기도 한다. 환언하면, 경제학연구의 기본적 과제의 하나는 다양한 경제현상을 핵심적 경제변수 간에 성립되는 인과관계로 파악하여 규명하는 일이라 볼 수 있으며, 계량경제학은 바로 이러한 과정을 통하여 새로운 경제이론을 개발하여 온 것이다. 이와 같은 경제이론의 개발은 객관적이고 논리적으로 합당한 연구절차 및 연구방법을 필요로 하게 되는바, 이제 이러한 측면에 대하여 잠시 생각해 보기로 하자.

자연과학의 경우는 온도·습도 등을 일정하게 유지시킬 수 있는 여건 하에서 반복적인 실험을 통하여 자연현상의 인과관계를 규명한다. 그러나 경제학(및 기타 사회과학)의 경우, 그 연구대상은 "인간의 경제행위"가 되며, 이들의 행위를 일정 조건 하에서 반복하여 관측할 수는 없다. 따라서 경제학에 있어서는 현재 우리가 처해 있는 현실을 마치 우리가 실험을 위해 일부러 그렇게 만들어 놓은 것처럼 가정한다. 이와 같이 우리가 처한 현실세계를 가상적인 실험실로 간주하는 경우, 이 실험실의 특성을 대변하는 제반 조건을 "가정"(assumption)이라 한다. 그러나 복잡한 경제현상을 모두 나타낼 수는 없으므로 가장 특징적이고 대표적인 현상만을 추상화하여 표현하게 되는데, 실험의 용도나 분석의 단순화를 위해 가정을 현실과 다소 거리가 있는 조건들로 나타내기도 한다.

일단 가정이 설정되면 가정에 의해 설정된 조건 하에서 경제변수들 간에 어떤 인과관계가 성립되는가를 규명하게 된다. 이러한 과정에서 경제변수들 간의 본질적인 함수관계를 서술적으로 또는 수학적으로 단순화시킨 것을 "가설"(hypothesis)이라 한다. 일단 이와 같은 과정을 거쳐 경제행위에 대한 직관, 즉 경제적 가설이 설정되면 과연 이 가설이 현실타당성이 있는지의 여부와 이러한 가설에 의해 과거와 현재 그리고 미래의 경제상황을 설명 또는 예측할 수 있는지의 여부를 확인하게 된다. 이러한 검증과정을 통하여 현실타당성이 인정될 때 비로소 그 가설은 이론화된다. 한편, 검증 결과 현실타당성이 인정되지 못하면 일단은 현실을 추상화한 기본전제, 즉 가정이 지나치게 현실과 괴리된 것이 아닌가 살펴보고 이를 재조정한 후 이제까지의 과정을 반복하게 된다.

이상과 같은 경제이론의 기본적인 개발과정은 경우에 따라 기존의 경제이

그림 A 경제이론 개발의 기본과정

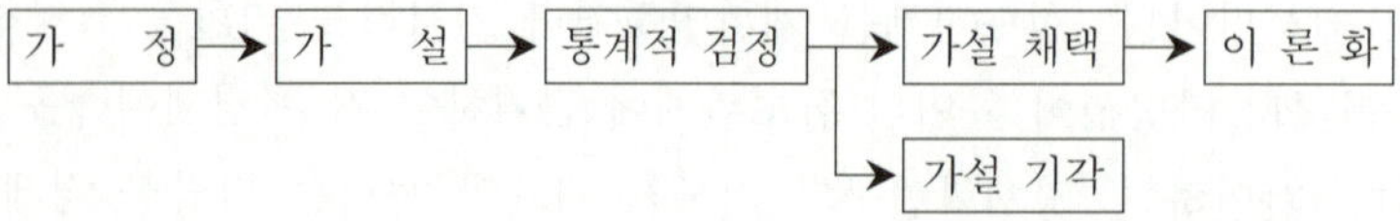

론을 수정·보완하거나 대체해 나가는 데 활용될 수도 있다. 즉, 특정 경제이론이 위와 같은 과정을 통하여 검증한 결과 시간적 내지 공간적 한계성이 새롭게 인식될 경우에는 이 이론은 새로운 논리에 의해 대체되어 갈 수 있다. 이렇게 볼 때 결국 경제이론이란 시·공간을 초월하는 객관성이 유지되고 있는지의 여부를 끊임없이 검증받고 있는 것이다. 객관성 또는 현실타당성이 결여된 논리는 더 이상 현실사회의 경제문제 해결에 아무런 도움도 주지 못하기 때문이다. 계량경제학이란 바로 이러한 경제학연구의 자연스런 욕구 및 필연성에 부응하는 분석방안을 본질적인 내용으로 하고 있는 것이다.

1930년을 전후한 대공황의 수습대책을 제안하는 가운데 정립된 Keynes의 거시경제 이론체계는 직관적이고 공리적 성격이 강했던 그 이전의 경제이론과는 달리 본질적으로 실증적인 논리에 입각한 이론체계를 창출해 내 바 있다. 이와 같이 실증적인 근대적 경제이론이 급속히 발전할 수 있었던 것은 1930 년대초 성립된 계량경제학회와 학술논문집인 Econometrica 의 탄생에서 시작된 계량경제분석기법의 경제학으로의 도입에 기인했다고 볼 수 있으며, 근자에 이르러서는 계량경제학이 경제학연구에 필수불가결한 것이 되었다. 현대 경제이론의 대부분은 수리적 모형화를 통해 이해되고 있으며, 각종 경제정책의 수립과 효과측정은 물론 주요 경제지표의 산정과 예측 등 제반 경제연구에 있어 계량경제기법이 필연적으로 활용되고 있음은 주지의 사실이다. 이러한 차원에서 볼 때 경제학이 오늘날처럼 실용적이고 과학적인 학문으로 정착될 수 있었던 것은 계량경제학의 공헌이 없이는 불가능했다 해도 과언이 아니라 할 수 있다.

이상까지의 논의를 바탕으로 보다 현실적인 차원의 계량경제학의 정의를 도표 형태를 구성하여 표현해 본 것이 그림 B 이다.

결국 계량경제학이란 "새로운 경제논리 내지 이론을 개발하거나 이미 개발된 각종 경제이론 및 가설의 현실타당성을 인정할 수 있는지 여부를 적절한 통계분석기법을 활용하여 확인 내지 검증하는 경제학의 한 분야이며, 현실성이 확인된 함수관계를 이용하여 각종 경제현상의 구조를 분석하거나 예측을 수행할 수 있을 뿐만 아니라 아울러 각종 정책을 입안하거나 특정한 정책효과를 평가하는 역할을 담당할 수 있는 경제학연구의 필수적 영역"이라 정의할 수 있을 것이다.

그림 B 도식화한 계량경제학의 개념

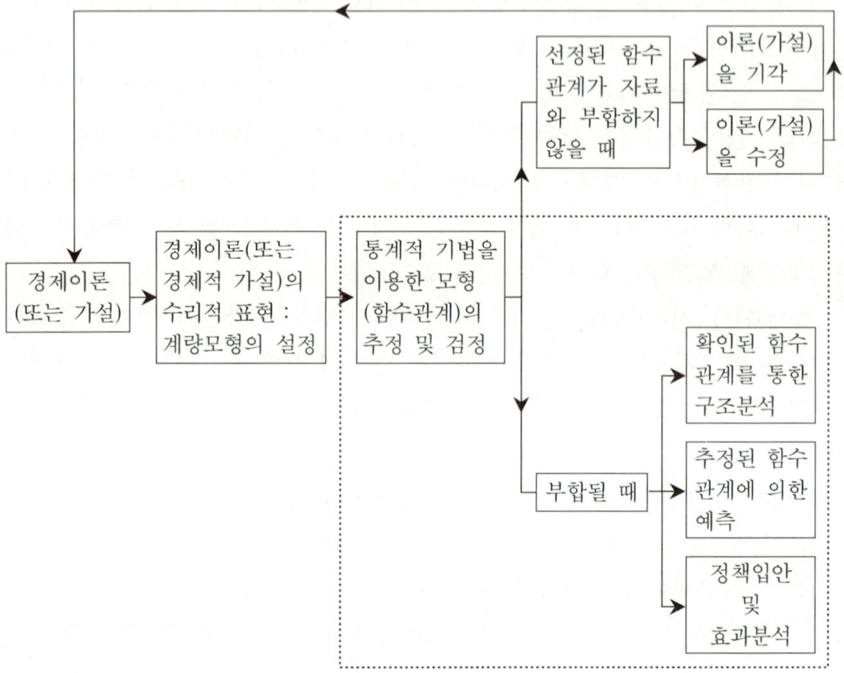

2. 계량경제분석은 어떻게

일단 그림 B와 같이 계량경제학을 정의하고 보면 계량경제분석이 갖는 의의와 주요 내용은 물론 기본적인 분석과정까지 쉽게 이해할 수 있다. 즉, 전항 말미에 정리한 계량경제학의 정의에 의하면 기본적인 계량경제 분석과정은 결국 다음과 같은 5단계로 대변될 수 있을 것이다.

제 1 단계 : 경제이론(또는 가설)**의 구체적 함수화**(경제모형의 설정)

경제이론의 개발 내지 현실성 입증을 위한 분석과정은 우선 서술적으로 표현되는 경제적 가설이나 이론을 구체적 함수관계로 파악해야 한다. 예컨대, Keynes가 제창한 "소비는 소득수준에 의존한다"라는 직관(이를 통상 Keynes의 절대소득가설이라 함)의 현실성을 검증하자면 우선 $C=a+bY$ (단, C는 소비, Y는 소득수준을 나타냄), 즉 소비가 소득과 1차 함수관계에 있다는 식으로 표현할 필요가 있다. 이처럼 경제이론이나 가설을 구체적 함수형태로 표현한 식을 경제모형(economic model)이라 한다.

제 2 단계 : 실증분석을 위한 계량분석모형의 설정

제 1 단계에서 우리는 소비가 소득수준과 1차 함수관계에 있다는 식으로 구체적 함수관계를 설정한 바 있다. 그런데 이렇게 설정된 경제모형을 실증분석하기 위해서는 설정된 식에 오차항을 추가하여야 한다. 즉 $C = a + bY + \epsilon$ (단, ϵ은 오차항)과 같이 표현하게 되는데 이를 계량경제모형(econometric model)이라 부른다. 오차항을 추가도입함으로써 각 변수들의 실제관측치를 대입할 경우 방정식이 성립될 수 있도록 정립한 분석모형이다.

제 3 단계 : 관련자료의 수집과 모형의 추정

일단 제 2 단계에서와 같이 계량경제모형이 정립되면 모형에 나타난 변수들에 대한 적절한 자료를 수집한 다음 함수관계식에 나타난 미지의 상수들(윗식에서의 a와 b) 값을 적절한 통계적 절차에 따라 추정하게 된다. 즉, 경제변수간의 구체적 함수관계를 현실적으로 확인 또는 활용하려면 함수관계의 특성을 대변하는 모수(절편 a와 기울기 b)값을 알아내야 하는데, 주어진 자료를 활용하여 그 값을 추론하여 결정하는 과정을 통계적 추정이라 한다.

제 4 단계 : 추정결과에 대한 검정

일단 계량모형이 적절한 통계분석방법에 의해 추정되면 그 결과는 일정한 절차에 따라 평가되야 하는데, 이러한 검토·평가과정을 통계적 검정이라 한다.

제 5 단계 : 추정결과의 활용

통계적 검정과정에서 일단 추정 결과가 수용할 만한 것으로 인정 또는 평가되면 비로소 이러한 추정 결과는 현실성이 인정된 의미 있는 함수관계로 이해될 수 있는 것이며, 이러한 함수관계에 근거하여 경제구조 및 행태분석, 예측 그리고 정책의 수립과 평가에 이르는 제반 계량분석을 수행할 수 있게 된다.

이상 5단계로 구분하여 살펴본 계량경제분석의 기본과정을 통하여 우리는 계량경제학의 본질을 재차 확인할 수 있었다. 또한 이 과정에서 우리는 수리경제학이나 통계학과 유기적으로 연관되어 있으면서도 독자적인 별도의 영역을 갖고 있는 계량경제학의 위상을 명백히 인식할 수 있다. 즉, 계량경제학은 경제이론 외에 수리경제학 및 통계학을 기본으로 하여 성립되는 것이다. 예컨대, 제반 경제이론을 수리경제학의 체계에 따라 계량모형으로 전환하고, 이어서 통계적 분석기법을 적용하여 경제이론의 현실성을 확인하고 또 활용하게 되는 것이다.

3. 계량분석의 주요 내용과 이 책의 구성

대부분의 현대 경제이론은 이미 (구체적인)수리적 모형화가 이루어진 형태로 표현되고 있어 앞서 밝힌 기본적인 계량분석과정 중에서 경제이론을 (구체적인)함수관계로 표현하는 일은 이 책에서 별도로 논의할 필요가 없어졌다. 또한 계량모형에 나타난 변수들에 대한 자료의 수집 및 정리과정 또한 그 상대적 중요성이 작은 점을 감안하여 이 책에서는 생략하였다. 따라서 이 책에서 주로 다루게 될 기본적인 계량분석과정의 주요 내용은 제3단계 이후인 계량모형의 추정 및 검정과 궁극적인 활용방안이 될 것이다. 그리고 이 책에 소개될 내용의 핵심은 도식화한 계량경제학의 기본개념 도표인 그림 B 중에서 점선으로 둘러싸인 부분이 될 것이다. 이 부분에 의해 대변되는 계량분석의 주요 내용을 보다 상세히 그리고 효율적으로 독자들에게 인식시키고자 그림 C와 같은 계량경제학의 종합분류도표를 작성해 보았다.

그림 C는 계량경제학의 주요 내용을 효과적으로 전달하기 위하여 각종 분석방법들을 일정 기준에 따라 분류하되, 분석방법 간의 관계를 조직적으로 연결시킴으로써 계량경제학의 총체적 내용을 일목요연하게 파악할 수 있도록 고안한 일종의 계보표이다. 이러한 도표적 종합과정은 경우에 따라서는 이의가 제기될 수 있으나 교육효과면에서 볼 때 실보다 득이 많으리라 믿으며 다음과 같은 논리에 따라 분류하였다.

우선 계량분석을 위해 필요한 통계이론의 기초적 내용을 제 I 편에 정리하였다. 그러나 현실적으로 계량경제학을 공부하게 되는 사람은 이미 어느 정도 통계학에 관한 지식을 갖고 있는 사람들이 대부분이라는 점을 감안하여 통계학의 전체 내용을 전통적인 체계에 따라 요약·제시하는 대신 계량분석과정에서 필요하게 되는 순서 및 상황과 결부시켜 핵심적인 통계분석기법을 선별적으로 재정립하여 소개한다는 차원에서 정리하였다. 따라서 이 과정에서 제시된 통계

그림 C 계량경제학 계보표

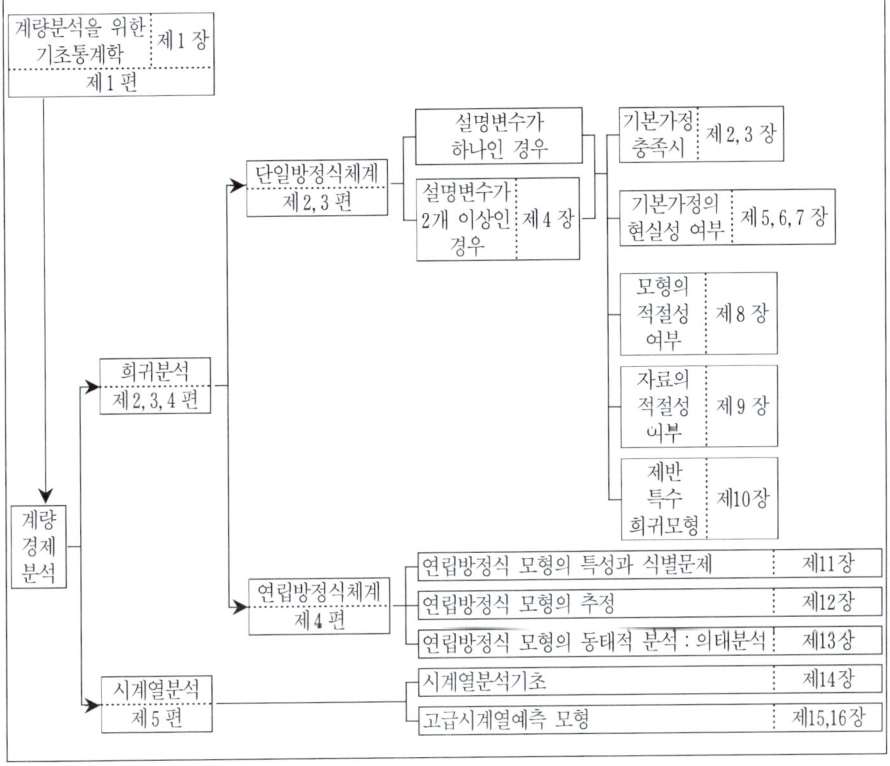

이론의 체계는 전통적인 순서나 분류체계와 다소의 차이가 있음을 유념하기 바란다.

제 2 편 이후에서는 제 1 편에 소개한 통계이론을 기초로 전개되는 계량경제분석의 주요 내용을 재분류하여 소개한다. 계량경제분석에서 가장 많이 쓰여 왔고 또 현재도 쓰이고 있는 통계분석방법이 바로 회귀분석이다. 그러나 회귀분석이 결코 계량분석 자체가 되거나 계량경제학의 전부가 될 수 없음을 분명히 인식할 필요가 있다. 따라서 본서에서는 계량분석의 주요 내용을 회귀분석과 시계열분석으로 양대분하여 제시한다는 원칙 하에 작성되었다. 특히 회귀분석에 의한 계량분석의 한계성이 여러 각도에서 인식되면서 이를 보완 내지 대체할 수 있는 별도의 계량분석방법으로 부상된 시계열분석방법에 대하여 본서는 큰 비중을 두어 제 5 편에서 소개하였다. 그러나 누가 무어라 해도 아직도 회귀분석은 계량분석의 대종을 차지하고 있어 그 내용의 종류나 규모도 실로 방대하다. 본서에서는 회귀분석체계를 우선 한 개의 방정식체계를 활용하는 상황과 여러

개의 방정식으로 구성된 체계를 활용하는 상황으로 구분한 다음 전자는 제 2 편과 제 3 편에서, 그리고 후자는 제 4 편에서 다루었다. 그리고 단일방정식체계를 이용하는 회귀분석의 내용은 선형함수체계를 중심으로 하는 각종 계량분석 중 가장 기본적인 내용(이 부분을 고전적 선형회귀분석이라 함)을 제 2 편에서 소개하였다. 한편, 기본가정들이 충족되지 못하거나 설정된 모형과 사용할 자료가 부적절하여 고전적 선형회귀분석의 적용이 곤란한 상황에서의 대응방안은 제 3 편에서 별도로 정리하였다.

이상과 같은 분류는 어디까지나 교육목적상 편의를 위한 노력의 일환으로, 계량경제학의 내용을 보다 효율적으로 소개하고자 시도된 것이므로 경우에 따라 분류가 다소의 무리가 있음을 재삼 밝혀 두고자 한다. 여하튼 본서는 계량경제학 전체를 그림 C와 같이 분류하여 5개의 편으로 구분하여 소개하되, 가능한 한 각 편에 속하는 장과 또 각 장별 주요 내용은 또다시 일정 기준에 의하여 세분함으로써 책 전체가 하나의 계보표(tree-chart) 형태로 정리될 수 있도록 노력하였다.

각 장은 첫머리에 앞 뒷장과의 연관성 및 각 장의 내용 개요를 소개하였고, 본문내용의 전개는 항상 P.C.를 활용한 주요 예제풀이를 통하여 이해 및 활용도를 증진시키고자 노력하였다. 또 각 장의 말미에는 해당 장에서 다룬 내용을 요약·정리한 다음 본문에서 구체적으로 다루지 않은 주요 사항에 관한 보론을 달아 참고하도록 하였다. 한편, 이 책에서 소개되는 주요 계량경제분석을 RATS 프로그램을 이용하여 시행하는 방법에 관한 안내 등 이 책에서 취급한 모든 예제와 연습문제를 풀 수 있는 프로그램 활용방안을 부록으로 처리함으로써 독자들의 편의를 도모하였다.

제 1 편

계량경제분석에 필요한 기초통계이론

우리는 서론에서 계량경제학을 정의하고 또 그 주요 분석내용을 확인하는 과정에서 결국 통계분석기법이 계량분석의 기초를 제공한다는 사실을 알게 되었다. 본 편에서는 바로 이러한 계량경제분석에서 활용되는 주요 통계분석방안을 간략하게 소개하고자 한다.

통계학은 실로 방대한 내용의 분석기법을 포괄하고 있다. 따라서 통계학의 주요 내용을 정확히 파악하고, 또 일목요연하게 정리하여 제시하는 일은 결코 간단히 이루어질 수 있는 성격의 일이 아니다. 이러한 점을 감안하여 본 편에서는 계량경제분석에 소요되는 기초 통계분석과정만을 계량분석과정상의 용도를 중심으로 별도 구성하여 요약·제시하고자 한다.

그림 I 에서처럼 본 편은 한 개의 장으로 구성하되, 계량경제분석을 수행하는 과정과 연관시켜 통계분석 내용의 핵심을 제공하게 된다. 즉 분석할 모형의 설정과정, 실증분석을 위한 자료수집과정, 수집된 자료(표본)의 요약·제시방법, 요약된 표본자료의 확률적 특성, 그리고 이러한 확률적 특성을 활용하여 구체적으로 수행하는 통계적 추론, 즉 추정 및 검정방안을 순서에 따라 소개코자 한다.

그림 I 계량경제분석을 위한 기초통계분석방안의 내용구성

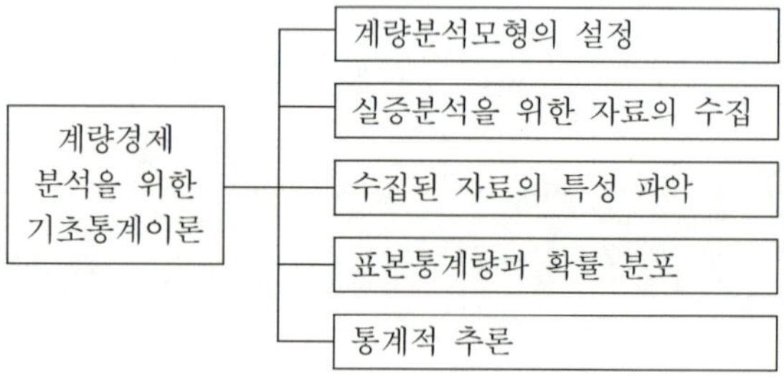

제 1 장 주요 통계분석과정

본 장에서는 계량경제분석에 기초가 되는 통계분석방안을 계량경제분석이 수행되는 과정과 연계시켜 그림 1-1과 같은 체계로 정리해 보고자 한다.

그림 1-1 주요 통계분석 과정

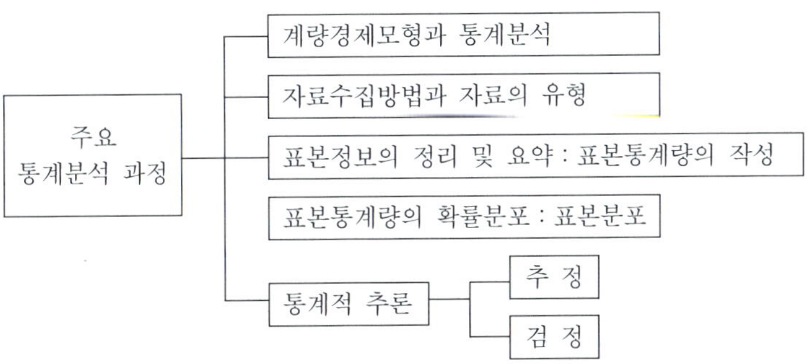

제 1 절 계량분석모형과 인과관계

서장에서 언급한 바 있듯이 계량경제학이란 경제이론이나 가설의 현실타당성 여부를 확인하는 경제학의 핵심 분야이다. 이러한 계량경제분석은 기본적으로 주요 경제변수간의 인과관계를 구체적 함수형태로 표현한 계량경제모형을 선정하는 일로부터 시작된다.

예컨대 과연 소득이 증가할수록 소비도 증가할 것인지, 또는 광고비를 증가시키거나 제품의 디자인을 개선할수록 매상고가 증대될 수 있는지 등을 확인하는 일은 경제학자의 자연스러운 관심대상이 된다. 이처럼 특정행위(action)가 특정결과(outcome)를 유발(cause)하였을 경우 우리는 이를 인과관계(causality)라 한다. 그런데 이러한 인과관계(경제이론이나 가설)의 현실성 여부를 확인하고 계측하기 위해 우리는 해당 변수들에 관한 자료를 수집할 필요가 있다. 인과관계를 계측할 수 있는 방안의 하나로 실험(experiment)을 실시하는 경우를 들 수 있다. 예컨대 농작물을 생산함에 있어 일부 경작지는 비료를 사용하고, 나머지는 비료를 사용하지 않고 생산키로 하되, 비료를 줄 경작지를 확률적(random)으로 선정한다고 가정하자. 일단 가을 추수기가 되면 비료를 준 경작지와 주지 않은 경작지의 평균생산량의 차이를 계측할 수 있을 것이고 따라서 비료 사용이라는 행위(action)가 생산량에 미치는 효과(outcome, effect)를 추론할 수 있게 될 것이다.

바로 이상과 같은 경우가 확률적으로 제어된 실험(randomized controlled experiment)의 좋은 예가 될 것이다. 여기서 제어된 그룹(control group)은 비료가 사용 안 된 경작지를 의미하며, 실험대상그룹(treatment group)은 비료를 사용한 경작지를 이르게 된다. 그리고 이러한 과정은 비료를 살포하는 작업이나 조치(treatment)가 과연 산출에 어떤 영향을 미쳤는지를 알 수 있게 해주는 매우 효율적인 실험의 성격을 갖게 된다. 또한 이러한 실험 장치로 특정행위(action)가 미치는 영향(effect)의 유무와 크기를 가늠할 수 있게 된다. 이와 같은 확률적 제외실험은 실시된 실험만의 순수효과를 계측해 줄 수 있기 때문이다.

이상과 같은 관점에서 볼 때 인과관계를 정의함에 있어 확률적 제어실험은 매우 유용한 장치임을 알 수 있다. 그러나 물론 이러한 실험을 실제로 필요에 따라 수행한다는 것은 거의 불가능하다. 비록 논리적으로는 실시가 가능하다고 볼 수도 있으나 시간과 비용을 감안할 경우 매우 비현실적이라 보아야 할 것이다. 그렇지만 확률적 제어실험은 실제자료를 이용하여 인과관계를 추론하는 계량경제 분석을 이해시키는 데 매우 유용한 논리적 근거를 제공할 수 있음에 틀림이 없다.

제 2 절 자료수집방법과 자료의 유형

1. 표본추출법

계량경제분석의 성패는 신뢰할 수 있는 자료의 수집에서 시작된다. 문제는 과연 어떻게 하면 양질의 자료를 수집할 수 있는가 하는 점이다. 다행히도 주요 경제변수들에 관해서는 정부 및 주요 기관에 의해 조사된 자료가 존재하므로 이를 활용하면 될 것이다. 센서스 자료 또한 매우 유용한 정보를 제공해 주고 있다. 그러나 상당히 많은 경우에 경제 예측가들은 스스로 서베이 과정을 통해 자료를 직접 수집하게 된다. 이렇게 수집된 자료는 정부 및 유관기관이 집계한 자료에 비해 질적 완성도가 낮으며 따라서 조사방법 및 과정에 내재한 여러 제약으로 인해 신뢰성이 떨어질 수밖에 없다. 따라서 과연 어떻게 이러한 과정에서 발생하는 오류를 최소화할 수 있는가 하는 점이 주요 고려사항이 될 것이다. 이러한 문제에 가장 합리적으로 대처할 수 있는 방법론을 '표본계획론' 또는 '표본추출법'이라 하는데 대표적인 것으로 단순무작위 표본 추출(SRS : simple random sampling), 체계적 표본 추출(systematic sampling), 군집 표본 추출(cluster sampling), 그리고 계층별 표본 추출(SSRS : stratified simple random sampling) 등이 있다.

이들 모두는 확률이론에 근거하므로, 신뢰도가 높은 표본 추출 방법이라 할 수 있다. 그러나 일반적으로는 무작위 추출법(SRS)이 광범위하게 활용되고 있다. 이는 분석 대상 집단(이를 모집단(population)이라 함)에 속해 있는 각 구성인자가 표본(sample)에 포함될 가능성이 동일하게 유지될 수 있는 여건 하에서 표본을 추출하여 관측하는 방법이다. 제 1 절에서 소개한 확률적 제어실험도 기본적으로는 바로 이러한 단순무작위추출기법에 근거하고 있는 것으로 이해할 수 있다.

한편 이른바 할당추출(quota sampling), 또는 편의 추출(convenience sampling or chunk sampling)이라 불리는 표본추출방법이 있는데 이들은 객관적 확률에 근거하지 않고 있는, 비확률적 표본 추출법에 해당되며, 이 경우 오차의 크기는 상대적으로 커지게 된다.[1)]

1) 자세한 내용은 이종원, 「경제 경영 통계학」 제 3 판, 2004, 제 6 장 참조.

2. 자료의 유형

계량분석의 경우 자료는 일단 두 경로를 통해 수집된다. 즉, 실험을 통해 수집하는 경우(experiments)와 실험 없이 단지 관측을 통해(non-experimental observations)수집하는 경우를 들 수 있다. 실험 자료란 특정 처리나 조치 그리고 정책의 효과를 계측하기 위해 또는 단순히 특정한 인과관계 존재 여부를 확인하기 위해 실험을 통해 수집한 자료(experimental data)를 말한다.

한편 실험적 설계와 상관 없이 실제 행태를 관측하여 얻은 자료를 관측자료(observational data)라고 한다. 우편 또는 방문 써베이(survey)나 전화 써베이, 그리고 주요 행정기관이나 단체에 의해 집적된 역사적 기록들이 이에 속한다. 그런데 이와 같은 관측 자료를 이용하여 인과관계를 분석할 경우 사용될 표본 자료가 확률적 체계에 의해 선정되었다고 볼 수가 없어 특정 조치(treatment)의 영향을 독립적으로 구분시켜 계측하기가 어렵다. 물론 이러한 어려움은 다음 편에서 소개할 적절한 분석 장치를 도입함으로써 해소될 수 있다.

여하튼 자료는 그것이 실험적이든 비실험적이든 우선 분석대상의 어떤 특성에 관한 것인가에 따라 다음과 같이 구분된다.

- 수량적 자료(numerical data)
  - 연속적 자료(continuous data)
  - 이산적 자료(discrete data)
- 범주적 자료(categorical data)

예컨대 시험점수나 소득수준과 같이 숫자로 표시되는 수량적 자료와 성별, 업종 등으로 구분될 수 있는 범주적 자료로 구분될 수 있다. 또한 수량적 자료는 관측치가 인구수처럼 정수로만 표시될 수 있는 경우(이산적 자료)와 몸무게나 신장처럼 측정치가 소수점 이하 자리까지 표시되는 경우(연속적 자료)로 나뉘어질 수 있다.

한편, 자료를 관측하는 방법에 따라 시계열 자료와 횡단면 자료, 그리고 패널자료로 구분되기도 한다.

- 시계열자료(time series data)

- 횡단면자료(cross-sectional data)
- 패널자료(panel data)

분석대상에 대해 과거부터 현재까지 이르는 일련의 관측자료를 정리해 놓은 것을 시계열 자료라 일컬으며 월간 매상고, 주식가격, 이자율, 소득 등에 관한 자료가 이에 속한다. 이러한 자료는 일정(동일)한 간격(예컨대 일별, 월별, 분기별, 연도별)을 두고 반복적으로 관측되며, 이는 미래에도 지속될 것으로 가정한다. 반면 어느 특정한 시점(같은 시기)에 다수의 분석대상에 대해 관측된 자료를 횡단면 자료라 한다.

한편 분석대상별로 2회 이상 관측을 실시하여 정리해 놓은 자료를 생각할 수 있는데 이를 패널자료라 한다. 이는 동일 대상물에 대한 횡단면 자료를 여러 회에 걸쳐 관측하여 작성되므로 횡단면 자료와 시계열 자료의 특성이 복합된 형태적 특징을 갖는다. 예컨대 단순임의 추출방법에 의해 전국에서 선정된 5만 가구의 소득과 소비 등에 관한 자료를 1년에 한번씩 조사하여 정리하는 경우를 생각해 보자. 이때 매년 5만 가구의 소비행태에 관한 횡단면 자료가 작성되며 이를 각각 한 개의 패널로 인식할 수가 있다. 이처럼 작성된 연도별 횡단면 자료를 여러 해 동안 모아 놓은 것을 바로 패널자료라 부르는 것이다.

이러한 자료는 시계열적 인과관계분석은 물론 횡단면적 인과관계분석을 동시에 수행할 수 있는 매우 유용한 자료형태인바, 이를 작성하는 데 드는 시간과 비용에도 불구하고 점차 활용빈도가 높아지고 있다.

제 3 절 수집된 자료의 정리 및 요약 : 표본통계량의 작성

1. 기술통계분석

관심 또는 연구의 대상이 되는 집단(이를 모집단이라 함)에 관한 자료를 수집, 정리, 분석 하기 위한 과학적 방법 그리고 추출된 표본의 특성치(이를 표본통계량이라 함)에 근거하여 모집단의 특성치(이를 모수라 함)를 추론하는 체계적 방법을 통계학(statistics)이라 정의한다. 이러한 통계학의 정의 중 일부분, 즉 자료의 수집 및 정리 그리고 분석하는 영역의 통계학을 기술 통계학(descriptive statistics)이라 일컫는다. 그리고 모집단에서 적절한 표본추출방법에 근거하여 추출된 표본의 관측자료에 근거하여 모집단 전체의 특성에 대해 추론하는 영역의 통계학을 추측 통계학(inferential statistics)이라 부르는데 현대적 통계분석, 그리고 예측에 주로 활용되는 방법론에 해당된다.

한편 이러한 구분을 정확히 적용하기 부적절한 통계 분석 영역이 있다. 이들 중 주요한 것으로는 모수(평균, 분산 같은 모집단의 특성치)가 정의될 수 없는 제한된 자료만으로 통계적 추론을 수행하는 비모수 통계학(nonparametric statistics)과 단지 시계열 자료의 행태적 특성분석을 위주로 하는 시계열 분석(time series analysis) 등이 바로 이에 속한다.

그림 1-2 통계학의 제 유형

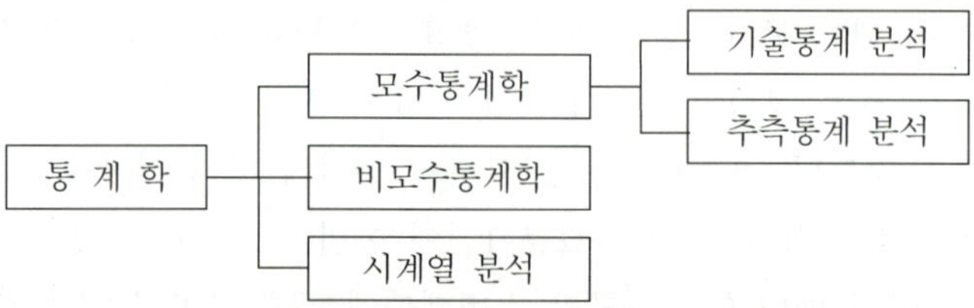

1.1 자료의 정리 및 요약

수집된 자료는 우선 통상적으로 도수분포표 형식으로 요약·정리되는 것이 일반적 관행이다.

그림 1-3 기술통계학의 구성

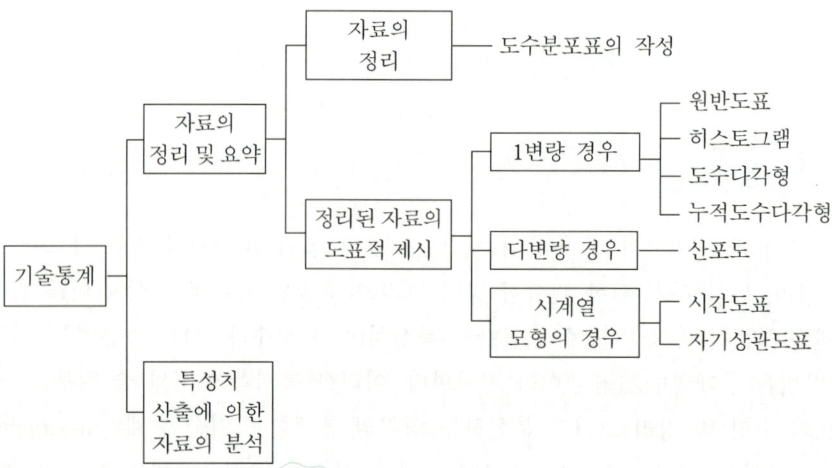

1.2 요약된 자료의 도표적 표현

일단 수집된 자료가 적절히 정리·요약되면 정리된 자료집단의 특성을 시각적으로 쉽게 파악할 수 있도록 다양한 도표 형태로 제시하게 된다. 1변량 분석의 경우에는 원반도표, 기둥그림표, 도수다각형 등이 주로 활용된다. 한편 다변량 분석(두 변수 이상 간의 함수관계에 분석의 초점이 맞춰지는 경우)과 관련하여서는 산포도(scatter plot), 그리고 시계열 분석모형과 관련하여서는 시간도표(time plot)와 산포도(scatter plot), 그리고 (자기)상관도표(auto-correlogram) 등이 주로 활용된다. 본 절에서는 두 도표에 관해서만 간략히 소개하고 나머지는 여타 통계학 전문도서를 참고하기 바란다.1)

(1) 시간도표

수집된 시계열 자료의 특성을 시각적으로 파악하기 용이하도록 도표의 형태로 작성하는 방안 중 가장 기본적인 것으로 시간도표를 들 수 있다. 이는 관측된 자료를 시간대 별로 표시한 다음 이를 연결한 그림이다.

그림 1-4는 맥주출고량자료에 관한 시계열 자료를 시간도표 방식으로 제시한 것으로 이러한 도표를 활용할 경우 관측치의 변화유형 및 극단적 관측치 등이 쉽게 파악될 수 있다.

예컨대 시간도표는 시간 경과에 따라 형성되는 장기적 추세는 물론 계절

그림 1-4 맥주출고량 자료에 대한 시간도표

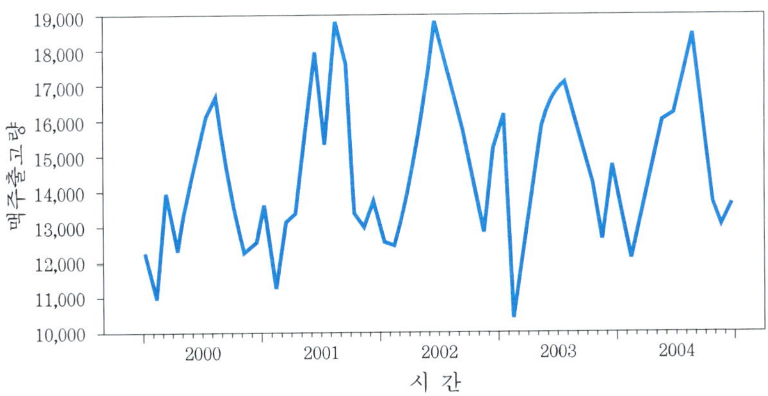

자료 : 대한주류공업협회(2000년~2004년)

1) 이종원, 전게서, 2004, 제 1 장 참조.

변동의 특징이나 기타 체계적 변동(예컨대 순환 경기변동의 존재 여부 등)을 밝혀 준다. 한 변수의 관측치가 시간이 경과함에 따라 나타나는 특징은 4가지 측면에서 고찰할 필요가 있다.

첫째, 자료가 오랜 시간대에 걸쳐 장기적으로 상승 또는 하강하는 추세(trend)가 나타나는지를 살펴 보게 된다. 대다수 주요 경제 시계열들은 대체로 장기적 추세를 갖고 있다.

둘째, 자료가 계절적 요인에 따라 주기적으로 변동하는 이른바 계절변동(seasonal variation)이 있는지, 또 얼마나 명백하게 나타나는지 확인할 필요가 있다.

셋째, 1년 이하의 일정한 주기를 갖고 변화를 보이는 계절적 변동과는 달리 1년 이상의 주기를 갖되, 주기의 길이가 정확히 일정하지도 않은 변동량을 총칭하여 순환변동(cyclical variation)이라 칭하는데 평균적 주기의 크기에 따라 키친파동(Kitchen cycle, 40개월), 쥬글러 파동(Juglar cycle, 9~10년), 그리고 콘트라체프파동(Kondratiev cycle, 50~60년) 등으로 분류되기도 한다.

넷째, 앞서 3가지 변동내용은 기본적으로 반복되는 주기의 크기에 따라 구분한 것이라 할 수 있는데 이와는 별도로 고급 시계열 분석에 의한 예측 단계에 이르면 수평적 변화유형(horizontal pattern)의 존재 여부를 파악할 필요가 발생하기도 한다. 관측자료가 변동은 하되 평균값을 중심으로 상하 운동을 하는지 여부를 확인하여 이른바 자료의 '안정성(stationary)' 여부를 판정하기도 한다. 자세한 내용은 제 5 편에서 다루기로 한다.

(2) 산 포 도

그림 1-4는 앞서의 예제는 한 변수를 시간대 별로 관측하여 정리한 시계열 자료의 관측치들이 시간의 경과에 따라 변화하는 특징을 파악하기 위한 시간도표의 활용을 보여준다.

한편, 두 변수(이상)에 대한 시계열 자료를 수집하여 두 변수 간의 인과 관계적 특징을 파악하여 예측을 수행코자 할 때 일단은 같은 시점에서의 두 변수 관측치들로 정의되는 관측점들로 구성되는 이른바 산포도(scatter plot)를 작성하게 된다. 그림 1-5와 같이 작성된 산포도는 두 변수 간에 함수 관계가 있는지 또 그 관계가 얼마나 강한지 그리고 어떤 함수적 연관성(예컨대 선형, 또는 비선형 관계)을 갖고 있는지 등을 확인할 수 있는 유용한 분석도구가 될 것이다.

그림 1-5 원유가격과 소비자물가자료를 이용한 산포도

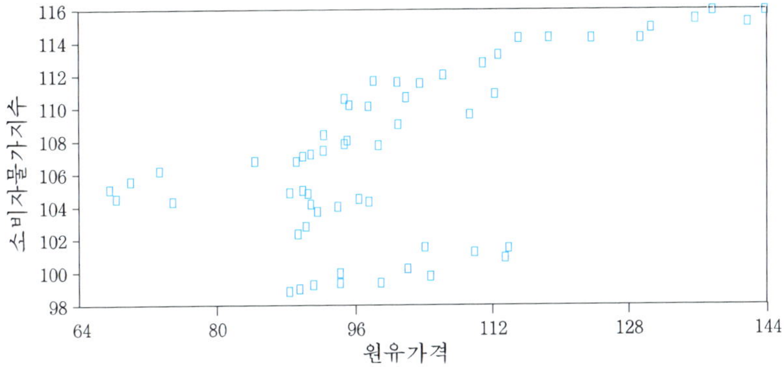

자료 : 한국은행(2000년~2004년)

1.3 요약된 자료의 특성 파악

앞 절에서 살펴 본 바와 같이 관측된 자료를 도표형식으로 요약, 제시하는 것은 자료집단의 특성을 개략적으로 파악하는 데 큰 도움을 줄 것이다. 그러나 도표만으로는 관측치의 특성을 종합적으로 대변할 수 있는 지표적 성격을 제시할 수 없다. 이러한 필요성에 부응할 수 있는 종합지표 또는 특성치가 광범위하게 개발되어 활용되고 있는데 그 주요 내용은 그림 1-6과 같다.

(1) 1 변량 통계 분석상의 주요 특성치

1변량의 관측치를 대상으로 분석하는 통계학의 경우 대상집단의 특성을 나타내는 특성치(이를 모수, parameter라 함)는 그림 1-5에서처럼 4가지로 구분될 수 있다. 즉, 자료집단의 특성을 대표할 수 있는 대표치와 관측치들이 산포되어 있는 정도(degree of dispersion or variability)를 나타내는 분산도, 그리고 관측치들이 얼마나 일정 값을 중심으로 밀집되어 있는지 또는 분포상태가 어느 한 쪽으로 치우쳐 있는 정도가 심한지를 나타내 주는 첨도(kurtosis)와 왜도(skewness)로 나뉘어진다.

1) 대 표 치

대표치(central location or tendency)에는 산술평균(arithmetic mean), 중앙치(median), 최빈치(mode) 등이 있다.

최빈치란 관측된 자료 중 가장 여러 번 측정된 값, 즉 빈도수가 큰 수치를 나타낸다. 중앙치란 관측치를 크기순서에 따라 배열할 경우 제일 가운데 위치하

그림 1-6 특성치산출에 의한 자료의 분석

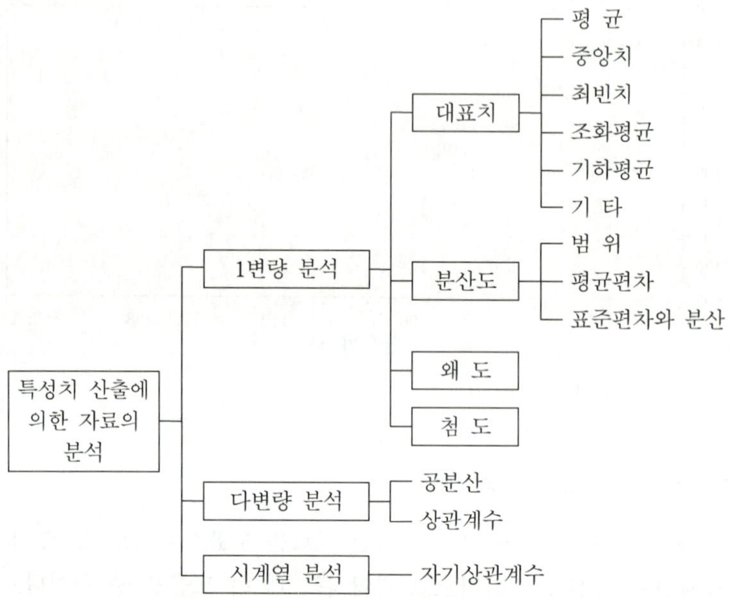

는 값을 이른다. 두 개념이 모두 관측자료집단을 대표할 수 있는 특성을 갖고 있음을 쉽게 알 수 있다. 그러나 대표치 중 가장 정밀도가 높은 개념은 평균이라 할 수 있으며, 따라서 대표치 개념 중 가장 빈번하게 쓰인다.

관측치의 총 수를 N, 그리고 자료집단에 속한 N개의 개별 관측치를 변수 X_i $(i=1, 2, \cdots, N)$라 할 때 평균은 이 모든 관측치를 전부 더한 값($\sum_{i=1}^{N} X_i$)을 관측치의 총수(N)로 나눈 값으로 정의된다.

[평균(mean)]

- 모평균

$$\mu = \frac{X_1 + X_2 + \cdots + X_N}{N} = \frac{1}{N}\sum_{i=1}^{N} X_i \tag{1.1}$$

- 표본평균

$$\overline{X} = \frac{X_1 + X_2 + \cdots + X_n}{n} = \frac{1}{n}\sum_{i=1}^{n} X_i \tag{1.2}$$

식(1.1)은 모집단(population) 전체를 대상으로 한 평균, 즉 모평균의 정의식에 해당되며 'μ'(뮤라고 읽음)라는 기호로 표기한다.

N개의 관측치로 구성된 모집단으로부터 합리적 절차에 따라 (예컨대 무작위 추출에 의해) 크기 'n'규모의 표본(sample)을 뽑았을 때 그 표본의 평균, 즉 표본평균은 식(1.2)와 같이 정의된다.

이와 같이 정의되는 '평균' 개념은 단순히 위치상의 대표치인 중앙치나 빈도수상의 대표치인 최빈치와는 달리 자료에 나타난 모든 정보(개별 관측치 자체와 총 관측치 수)를 활용하여 정의되므로 가장 대표성이 강한 특성치라 할 수 있다. 바람직한 통계량, 즉 표본의 특성치가 가져야 할 특성으로 불편성(unbiasedness), 효율성(efficiency) 그리고 충족성(sufficiency) 등을 들 수 있는데, 표본 평균(sample mean)만이 이 특성을 모두 가진다.[1)]

2) 분 산 도

대표치란 문자 그대로 관측된 자료의 중심적 위치를 대변하는 데 불과하다. 즉 자료의 특성 중 일부만을 나타내는 데 그친 것이다. 이러한 대표치가 갖는 특성을 결정적으로 보완할 수 있는 개념이 바로 분산도(degree of dispersion or measure of spread)이다. 자료가 어느 정도 분산되어 분포되어 있는지를 계측해 주는 분석 틀이다. 본 절에서는 분산도 중 상대적으로 중요한 평균편차와 분산 그리고 표준편차만을 간략히 정리해 둔다.

[**평균편차**(mean of the absolute deviation : MAD)]

• 모평균편차

$$\text{population MAD}=\frac{1}{N}\sum_{i=1}^{N}|X_i-\mu| \tag{1.3}$$

• 표본평균편차

$$\text{sample MAD}=\frac{1}{n}\sum_{i=1}^{n}|X_i-\overline{X}| \tag{1.4}$$

1) 자세한 것은 본 장의 보론과 이종원, 전게서, 2004, 제 6 장, 참조.

[분산(variance)]

- 모분산

$$\sigma^2 = \frac{1}{N}\sum_{i=1}^{N}(X_i - \mu)^2 \tag{1.5}$$

- 표본분산

$$s^2 = \frac{1}{n-1}\sum_{i=1}^{n}(X_i - \overline{X})^2 \tag{1.6}$$

[표준편차(standard deviation)]

- 모표준편차

$$\sigma = \sqrt{\frac{1}{N}\sum_{i=1}^{N}(X_i - \mu)^2} \tag{1.7}$$

- 표본표준편차

$$s = \sqrt{\frac{1}{n-1}\sum_{i=1}^{n}(X_i - \overline{X})^2} \tag{1.8}$$

직관적으로 제일 먼저 생각해 낼 수 있는 개념은 평균값으로부터 떨어져 있는 거리를 나타내는 편차 값들을 모두 합하여 총 도수를 나누어 정의할 수 있는 '평균편차' 개념이 될 것이다.

그러나 이러한 편차값들의 합은 자동적으로 '0'이 된다. 평균값이 모든 관측치의 중심이 되기 때문이다. 이러한 문제점을 해결하기 위해 편차의 절대치 값들의 평균을 대신 활용하게 되는데 이를 평균편차(MD), 또는 평균절대편차(MAD)라 한다.

그러나 이 개념은 절대치 부호가 있어 수학적으로 작업하기가 어려운 등의 문제가 있어 별로 활용되지 않고 있다.

편차값의 합이 자동으로 '0'이 되는 것을 해소하는 또 하나의 방안으로 고안된 것이 편차를 제곱한 값들의 평균으로 정의되는 분산(variance)개념이다. 한편 제곱한 값들로 정의되는 문제를 해소하기 위해 일단 분산을 산출한 후 이 값의 평방근을 구하여 원래 측정단위로 환원한 개념을 창출하여 동시에 사용하고 있다. 이를 표준편차(standard deviation)라 하는데 분산도를 가늠하는 대표적 특성치로 활용하며 모집단에서는 'σ'(시그마라 읽음) 그리고 표본에서는 's'로 표기한다.

이와 관련하여 추가적인 설명을 요하는 한 두 가지 사항을 정리해 둔다.

첫째, 분산개념은 위험수준을 대변하는 변동폭(편차)의 크기를 고려하되, 이러한 편차값들을 제곱하여 활용하게 된다. 결과적으로 편차값의 절대치의 합이 같다 하더라도 모든 편차들이 작은 값을 가지는 경우보다 대부분의 편차가 '0'에 가깝더라도 몇몇의 편차가 매우 큰 값을 가지는 경우 오히려 분산 값이 커지게 된다. 이러한 특성으로 인해 분산개념은 위험수준(risk)을 나타내는 지표로서 특히 유용성이 크다. 경제이론은 인간들이 '위험회피(risk aversion)'를 하는 것이 합리적 행위라 보고 있다. 따라서 같은 수준의 평균값(예컨대 동일한 평균수익률)을 갖는 투자계획들이 있을 때 가능하면 위험수준(변동폭)이 낮은 경우를 선택할 것이며, 이러한 상황에서 분산이나 표준편차 값은 의사결정에 귀중한 정보를 제공하게 된다.

그런데 표본과 관련하여 분산이나 표준편차를 정의할 때(s^2과 s) 모집단의 경우(σ^2과 σ)와는 달리 편차를 제곱한 값들은 총 도수(n)보다 하나 작은 수로 나누어 정의한다는 점에 유의할 필요가 있다. 이때 '$(n-1)$'을 자유도(degrees of freedom)라 한다. 특성치를 정의하는 과정에서 모수(이 경우에는 모평균 'μ')를 알 수 없어 대신 표본통계량 (이 경우에는 표본평균 '$\overline{X}$')을 활용하여 편차를 도출함으로써 자유도를 한 개 잃게 된다.[1)]

이 상황에서 중요한 점은 편차자승의 합을 총 도수 대신 바로 이렇게 도출한 자유도로 나누어야지만 결과적으로 도출된 특성치가 불편성(unbiasedness)을

---

1)
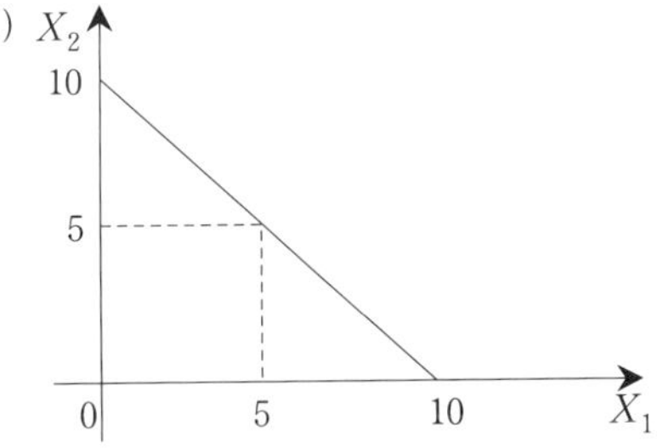

예컨대 표본 크기가 2인 두 개의 관측치 X_1과 X_2가 있을 때, 모평균 μ를 알 수 없어 표본평균 (예컨대 $\overline{X}=5$)값을 기준치로 삼아 표본분산 (s^2)을 산출한다고 가정하자. 이 경우 관측치 수는 '2'로서 일단 X_1값은 10, 9, 8 …처럼 자유롭게 표현할 수 있으나 표본 평균이 '5'라는 조건 ($\overline{X}=5$)을 유지하려면 X_2값을 자유롭게 표현할 수가 없다. X_1값과 $\overline{X}$값이 설정되면 X_2값은 자동적으로 결정되기 때문이다.

이는 일반적으로 표본분산을 산출함에 있어 X_1이나 X_2, 또는 $\overline{X}$등 임의의 어느 한 값을 기준으로 삼을 경우 실제 변동 가능한 값의 수가 $(n-1)$이 된다는 논리에 근거한 설명이다. 동일한 논리를 확대 해석하자면, 예컨대 표본에서의 특성치를 정의함에 있어 모수값을 알지 못하여 표본 통계량들을 대신 활용할 경우 대신 투입한 표본통계량들의 수만큼 자유도를 잃게 되는 것으로 이해할 수 있다.

갖게 된다는 점이다.[1]

(2) 다변량통계분석상의 주요 특성치

두 개 이상의 변수 간의 인과관계를 중심으로 예측을 수행코자 할 경우 일차적으로 분석해야 할 특성치들 중 가장 중요한 개념으로 바로 공분산(covariance)과 상관계수(correlation coefficient)를 들 수 있다.

[공분산(covariance)]

• 모공분산

$$\sigma_{XY} = \frac{1}{N}\sum_{i=1}^{N}(X_i - \mu_X)(Y_i - \mu_Y) \tag{1.9}$$

• 표본공분산

$$s_{XY} = \frac{1}{n-1}\sum_{i=1}^{n}(X_i - \overline{X})(Y_i - \overline{Y}) \tag{1.10}$$

[상관계수(correlation coefficient)]

• 모상관계수

$$\rho_{XY} = \frac{\sigma_{XY}}{\sigma_X \cdot \sigma_Y} = \frac{\frac{1}{N}\sum_{i=1}^{N}(X_i - \mu_X)(Y_i - \mu_Y)}{\sqrt{\frac{1}{N}\sum_{i=1}^{N}(X_i - \mu_X)^2}\sqrt{\frac{1}{N}\sum_{i=1}^{N}(Y_i - \mu_Y)^2}} \tag{1.11}$$

$$= E\left[\left(\frac{X_i - \mu_X}{\sigma_X}\right)\left(\frac{Y_i - \mu_Y}{\sigma_Y}\right)\right] \tag{1.12}$$

• 표본상관계수

$$r_{XY} = \frac{s_{XY}}{s_X \cdot s_Y} = \frac{\frac{1}{n-1}\sum_{i=1}^{n}(X_i - \overline{X})(Y_i - \overline{Y})}{\sqrt{\frac{1}{n-1}\sum_{i=1}^{n}(X_i - \overline{X})^2}\sqrt{\frac{1}{n-1}\sum_{i=1}^{n}(Y_i - \overline{Y})^2}}$$

$$= \frac{\Sigma x_i \cdot y_i}{\sqrt{\Sigma x_i^2}\sqrt{\Sigma y_i^2}} \quad (\text{단, } x_i = X_i - \overline{X},\ y_i = Y_i - \overline{Y}) \tag{1.13}$$

1) 불편성에 관해서는 본 장의 보론을 참조할 것.

$$= \frac{1}{n-1} \Sigma \left(\frac{X_i - \overline{X}}{s_X} \right) \left(\frac{Y_i - \overline{Y}}{s_Y} \right) \qquad (1.14)$$

이들은 변량 간 관계의 특성과 강도를 나타내 주기 위해 설정된 개념이다. 즉, 분산은 평균으로부터의 편차값들을 제곱하여 합한 다음 총 도수로 나눈 일종의 편차자승값의 평균의 성격을 갖는다. 반면 공분산(covariance)은 X와 Y 두 변량 값들이 각각의 평균(μ_X와 μ_Y)으로부터 괴리된 정도를 나타내는 편차값들을 서로 곱하여 합한 다음 총 도수(N)로 나누어 정의하고 있다. 따라서 한 변량의 관측치가 평균보다 클수록, 즉 편차가 클수록 다른 변량의 편차도 크다면 공분산 값은 커지게 된다. 즉 두 변량의 관측치 간의 연관성이 높을수록 공분산값이 커지는 것이며, 따라서 두 변량 간 인과관계의 강도가 높은 것으로 평가할 수 있다. 단, 표본공분산(s_{XY})을 정의하는 경우에는 총 도수(n)대신 전술한 바 있는 자유도(degrees of freedom)를 이용하여야 한다는 점에 유의할 필요가 있다 (식(1.10) 참조).

그런데 이상과 같이 정의된 공분산(식(1.9)와 식(1.10)) 값은 두 변량의 관측단위가 커질수록(예컨대 백만, 십억 등) 자동적으로 커지는 문제가 있다. 따라서 서로 다른 단위로 측정한 자료를 이용하여 공분산들을 산출한 경우 단지 이들 값을 서로 대비시킴으로써 변량 간의 강도의 크기를 판정할 수는 없게 된다. 이러한 문제점을 해소하기 위해 고안된 개념이 상관계수이다.

상관계수는 공분산값을 해당 변량들의 표준편차값들로 나눈 값으로 정의된다. 식(1.12)와 식(1.14) 여기서도 표본의 경우는 자유도($n-1$)을 활용하여 표본 상관계수를 정의하고 있다.

여하튼 이처럼 공분산값을 표준편차값들로 나눌 경우 측정단위로 인해 발생하는 문제점이 해소된다. 이와 같이 정의된 상관계수값들은 그 절대치가 최소 '0'에서부터 최고 '1'사이에 머무르는 특성을 갖기 때문이다.[1)]

$$-1 \le \rho \le 1 \text{ 또는 } 0 \le |\rho| \le 1$$
$$-1 \le r \le 1 \text{ 또는 } 0 \le |r| \le 1$$

이러한 상관계수 값은 '+' 혹은 '−' 부호를 갖는데 전자는 두 변량의 변화 방향이 같을 경우이고 후자는 두 변량의 변화가 역 방향으로 나타나는 경우가

1) 자세한 내용은 이종원, 전게서, 2004, 제 2 장과 제11장 참조.

될 것이다. 물론 상관계수 값이 ±1에 가까울수록 두 변량 간의 함수관계는 밀접한 것으로 해석된다. 단 이 경우의 함수관계란 1차 함수의 강도를 나타낸다는 점에 유념할 필요가 있다.[1)2)]

그림 1-5에서 활용한 원유가격과 소비자 물가지수를 이용하여 지금까지 소개한 주요 기초통계량을 산출하여 보면 다음과 같다

표 1-1 주요 기초통계량 산출

통 계 량	정 의	값
평 균	$\frac{1}{n}\sum_{i=1}^{n} X_i$	$\overline{X}=105.5778$
평균편차	$\frac{1}{n}\sum_{i=1}^{n}\lvert X_i-\overline{X}\rvert$	MAD=15.82963
분 산	$\frac{1}{n-1}\sum_{i=1}^{n}(X_i-\overline{X})^2$	$s^2=399.1435$
표준편차	$\sqrt{\frac{1}{n-1}\sum_{i=1}^{n}(X_i-\overline{X})^2}$	$s=19.97858$
공분산	$\frac{1}{n-1}\sum_{i=1}^{n}(X_i-\overline{X})(Y_i-\overline{Y})$	$s_{XY}=60.99$
상관계수	$\frac{1}{n-1}\Sigma\left(\frac{X_i-\overline{X}}{s_X}\right)\left(\frac{Y_i-\overline{Y}}{s_Y}\right)$	$r_{XY}=0.939$

자료 : 한국은행 2001년 1월~2004년 12월
X : 원유가격지수, Y : 소비자물가지수(2000년 기준)

(3) 시계열 분석 모형에서의 주요 특성치

1변량의 시계열 자료의 분석과 관련한 주요 특성치(예컨대 평균과 분산)는 이미 앞서 살펴본 바 있다. 그런데 1변량 경우라도 관측치가 시간결과에 따라 변화하는 시계열 자료를 분석할 경우에는 시간을 또 다른 하나의 변량으로 인식할 수 있다. 마치 해당변량 외에 시간이라는 변량 또 하나가 추가된 것처럼

1) 상게서, 제11장 참조.
2) 단, 여기서 한 가지 유념할 사항은 상관계수란 단지 1차함수 관계의 밀접도만을 계측해 준다는 점이다. 따라서 두 변량이 정확히 2차 함수나 로그함수 관계에 있다 하더라도 (예컨대 $Y=X^2$또는 $\log X$) 상관계수가 1이 되지는 않는다. 또 한가지 중요한 사실은 상관계수가 1차함수 관계의 강도만을 대변하도록 정의된 것이므로 두 변량의 관측단위에 영향을 안 받는다는 사실이다. 따라서 다음 관계가 성립된다.

$$\mathrm{Corr}(X,\ Y)=\mathrm{Corr}(aX,\ Y)=\mathrm{Corr}(X,\ bY)=\mathrm{Corr}(aX,\ bY)$$

상황을 설정하는 것이다. 물론 그렇다고 변량과 시간 자체와의 공분산이나 상관계수를 산출하는 것은 아니다. 대신 변량의 관측 값에 대해 자신의 과거 관측치들을 서로 다른 변량처럼 취급하여 상관계수를 산정한다. 결국 자신과 자신의 과거 관측치와의 상관관계를 계측하는 분석도구가 되므로 이를 각각 자기공분산과 자기상관계수라 부르며 다음과 같이 정의한다.

[자기공분산 및 자기상관계수]

- 자기공분산

$$C_k = \frac{1}{n} \sum_{t=k+1}^{n} (Y_t - \overline{Y})(Y_{t-k} - \overline{Y}) \tag{1.15}$$

- 자기상관계수

$$\gamma_k = \frac{\sum_{t=k+1}^{n} (Y_t - \overline{Y})(Y_{t-k} - \overline{Y})}{\sum_{t=1}^{n} (Y_t - \overline{Y})^2} \tag{1.16}$$

이 변량 분석의 경우에는 공분산이나 자기상관계수가 두 변량 종속변수와 설명변수 간에 존재하는 1차함수 관계의 강도를 계측해 주기 위해 정의된 반면, 자기공분산과 자기상관은 1변량의 서로 다른 시기의 관측치들 간의 함수관계를 계측하기 위한 분석도구로 개발된 것이다. 즉, 식(1.15)와 식(1.16)은 'Y'라는 변량의 t기의 관측치(Y_t)와 t기로부터 k기 앞선 과거 관측치(Y_{t-k})와의 상관관계를 나타내는 정의식이다. 즉, $k=1$이면 Y_t와 Y_{t-1}, $k=2$이면 Y_t와 Y_{t-2}, 그리고 $k=n$이면 Y_t와 Y_{t-n}을 연관시켜가며 자기상관관계를 산출하도록 장치된 것이다.

이처럼 기준시기 값(Y_t)과 k차시차를 둔 과거시기 값(Y_{t-k})을 비교하는 과정은 시차크기를 바꾸어가며(즉, $k=1$부터 $k=n$까지) 여러 번 반복되는데, 그 과정에서 'n'개의 자기 공분산과 자기상관 값이 산출되므로 이를 단일 값을 갖는 '지수' 개념과 구분하기 위해 '함수'라는 개념을 부여한다. 즉, C_k와 γ_k는 각각 자기공분산함수와 자기상관함수(autocorrelation function; ACF)라 부른다.[1)]

다음은 2000년에서 2004년 사이 맥주 출고량과 식(1.16)을 이용하여 시차 1

1) 자기상관함수 γ_k는 ACF(k)라 표기하기도 하며 다음과 같은 수학적 의미를 아울러 갖는다. $ACF(k) = Corr(Y_t, Y_{t-k})$ 또는 $Corr(Y_t, Y_{t+k})$

부터 15까지의 자기상관함수값을 계산한 결과이다.

$r_1=0.6004$ $r_2=0.2379$ $r_3=0.0145$ $r_4=-0.2980$ $r_5=-0.4986$

$r_6=-0.5878$ $r_7=-0.4686$ $r_8=-0.2729$ $r_9=0.0102$ $r_{10}=0.2993$

$r_{11}=0.5516$ $r_{12}=0.7481$ $r_{13}=0.5604$ $r_{14}=0.1908$ $r_{15}=-0.0761$

상기의 자기상관 값들을 일별해 볼 때, γ_6과 γ_{12}가 여타 γ_k보다 큰 절대치 값을 갖고 있는데(단, γ_6은 '−' 그리고 γ_{12}는 '+'값을 가짐), 이는 이 자료가 계절적 변동요인을 갖고 있음을 잘 나타내 주고 있는 예가 될 것이다. 즉, 변동주기는 12개월마다 정점(peaks)을 반복하는 형태라 볼 수 있으며 저점(troughs)은 정점과 6개월씩 시차를 가지며 나타나는 것으로 보인다.

그런데 이처럼 단순히 n개의 ACF 값들을 산출하여 상호 비교하는 대신, 그림 1-7과 같이 이들을 시차(lags) 크기에 따라 그림의 형태로 표현하여 자기상관관계를 보다 확실하게 구체적으로 표현한 그림을 우리는 (자기)상관 도표(autocorrelogram)라 한다. 이와 같이 정의된 ACF 도표는 특히 시계열 분석모형을 통해 효율적인 예측을 수행하는 데 매우 훌륭한 분석도구가 된다(제4편 참조).

그림 1-7 맥주출고량 자료를 이용한 자기상관도표

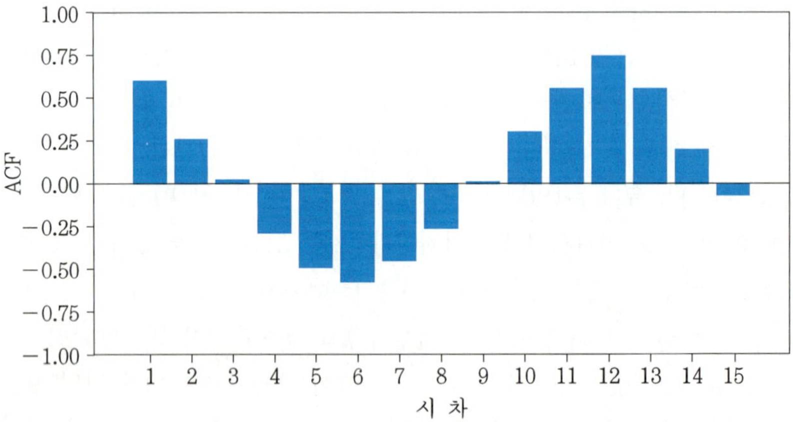

2. 추측통계분석

기술통계학이란 단순히 분석대상집단을 관측한 자료를 요약·정리하여 그림의 형태로 표현하거나 특성치를 산출하여 그 특징을 조직적으로 파악하는 것으로 통계분석의 기초단계에 해당된다.

이러한 기술통계분석을 수행함에 있어 일반적으로 관심의 대상이 되는 집단 전체(모집단)를 관측하는 일은 현실적으로 불가능하다. 따라서 우리는 매우 합리적인 절차에 따라 이들 모집단을 대변할 수 있도록 소규모 집단을 모집단으로부터 추출한 표본을 대신 관측하게 된다. 문제는 과연 이처럼 선정된 표본만을 관측하는 것이 모집단 전체를 관측하는 것과 별 차이가 없는가 하는 점이다. 가능한 한 이러한 절차에서 발생할 오류를 최소화시켜가며 모집단의 특성치(모수, 예컨대 모평균이나 모분산 그리고 모상관계수 등)를 대신할 표본의 특성치(표본 통계량, 예컨대 표본 평균이나 표본 분산, 표본상관계수 등)를 산출하는 과정을 추정(estimation)이라 한다. 또한 모수가 특정한 값을 갖는다는 주장(이를 통계적 가설(statistical hypothesis)이라 함)의 진위 여부를 표본 정보에 근거하여 확인하는 과정을 밟기도 한다. 이를 통계적 가설검정(statistical test)이라 한다. 이상과 같은 추정과 검정이 바로 추측통계학의 핵심내용이 되는 것이다.

이러한 통계분석방법, 즉 추측통계학은 귀납적 통계학(inductive statistics)이라고도 불리는데, 이것은 (표본 내의)한정된 양의 정보를 기초로 결론을 도출하기 때문이다. 따라서 이와 같이 귀납적 추론방법에 의한 분석방법은 제한된 표본정보만을 근거로 이루어지므로 추론 결과 얻은 결론은 항상 불확실성을 내포하게 된다. 그러나 다행히도 이러한 불확실성, 또는 위험의 정도를 측정할 수 있는 방법이 개발되었다. 즉, 추측통계방법에 의한 결론은 항상 불확실하지만, 이러한 결론을 신뢰할 수 있는 정도를 계산할 수 있게 된 것이다. 따라서 일반적으로 통계적 추론에 의한 결론은, 예컨대 오류를 범할 위험의 정도를 확률개념을 이용하여 표현하게 되며, 바로 이러한 까닭으로 인해 확률이론이 통계학 연구에 필요하게 되는 것이다.

그림 1-8 추측통계의 주요내용

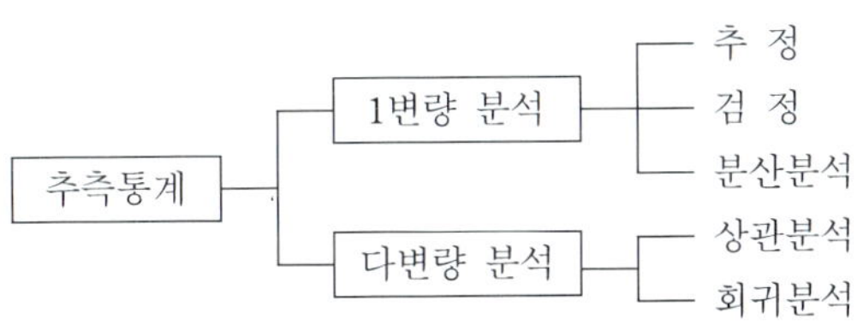

그림 1-8은 추측통계분석의 주요 내용을 체계적으로 분류, 제시한 것이다. 앞서 언급한 바 있듯이 추측통계란 결국 연구대상 집단인 모집단의 특징을 파악하기 위하여 표본을 추출하여 표본의 특성을 나타내는 통계량의 값을 산출한 다음 이에 근거하여 모집단의 특성치인 모수 값에 대한 합리적인 추측을 도모하는 것이라 볼 수 있다. 이러한 통계적 추론 내용의 핵심은 결국 통계량의 값을 이용하여 모수 값을 추정하는 과정과 모수 값에 대한 다양한 가설의 타당성 여부를 확인하는 이른바 가설검정과정으로 양대분할 수 있다. 그런데 추정 및 검정이란 것은 표본을 한 개만 이용할 경우든 또는 여러 개의 표본을 이용할 경우든, 그리고 분석 내용이 1변량으로 정의되는 관측치를 활용하는 상황에서든 두 변량 이상의 관측치들로 정의되는 상황에서든 통계적 추론을 구성하는 핵심적인 내용이 된다.

우선 1변량분석을 수행하는 상황에서 표본을 1개만 사용하는 경우의 통계적 추론 내용을 살펴보면 주요 모수인 모평균(μ), 모분산(σ^2) 및 모비율(p)에 대한 추정이나 또는 검정을 수행하기 위하여 표본의 평균($\overline{X}$), 표본분산(s^2) 및 표본비율($\hat{p}$)을 활용하게 되는데, 이러한 기본적 분석방법은 표본을 2개 활용하는 상황에도 직접 확대적용이 가능하다. 그러나 표본을 3개 이상 사용하여 비교하는 상황에 대해서는 직접 확대적용이 불가능하므로 다소 상이한 별도의 추론방법을 도입하게 되는데, 이를 분산분석(ANOVA; analysis of variance)이라 한다.

한편 2개 이상의 변량 간의 상호관계(밀접도 또는 함수관계)를 추론하는 과정은 통상 상관분석, 또는 회귀분석이라는 제목으로 분석내용이 소개되며 다변량 분석이라 부른다. 그러나 이들도 기본적으로는 역시 변량 간 상호관계의 특성을 나타내는 새로운 형태의 모수 값들(예컨대 1차 함수관계의 경우에는 절편과 기울기)에 대한 추정 및 검정을 수행하는 내용으로 파악될 수 있다.

제 4 절 표본통계량의 확률분포

앞 절에서 우리는 계량분석에 주로 활용되는 통계기법은 추측통계분석방법이며, 이것은 분석과정에 내포된 불확실성을 확률개념으로 인식하고 표현하는, 말하자면 추론(추측)임을 확인한 바 있다. 따라서 추측통계에 대한 정확한 이해는 상당량의 확률이론에 대한 설명을 요하게 된다. 그러나 본서가 통계학의 본질적 체계에 따라 구체적 내용에 대한 설명을 제공하기는 여건 상 어려울 것이므로 본 절에서는 우선 현실적으로 당면하게 되는 상황, 즉 모수의 추론에 활용될 주요 표본통계량들의 확률적 특성을 체계적으로 요약 제시하는 데 초점을 맞추고자 한다. 단, 다변량분석의 경우는 제 2 편에서 상세히 다루게 될 것인바 여기서는 1변량분석의 주요 표본통계량 중 표본평균과 표본분산 그리고 표본비율을 중심으로 그 특성을 살펴보고자 한다. 우선 표본통계량에 근거하여 모수에 대한 추론을 수행하기 위해서는 표본통계량들을 일종의 확률변수로 파악한 다음 그 특성치, 즉 평균과 분산을 도출하고 나아가서는 확률분포를 확인하는 과정이 선결되어야 할 것이다.

1. 주요 표본통계량들의 특성 Ⅰ : 평균과 분산

본 절에서는 표본통계량들의 주요 특성 중 그 평균 및 분산을 확인하여 정리해 보기로 한다.

1.1 표본평균

표본평균 $\overline{X}=\sum X_i/n$는 원래의 관측치인 X_i의 1차함수로 표현되는 일종의 파생적 확률변수로 정의될 수 있다. 그런데 우리가 크기 n의 표본을 크기 N의 모집단으로부터 추출할 수 있는 방법 수는 총 ${}_NC_n = N!/n!(N-n)!$ 에 달하며, 따라서 논리적으로는 같은 수만큼의 많은 표본평균값들을 산출할 수 있게 된다. 따라서 파생확률변수 $\overline{X}$는 ${}_NC_n$개만큼 많은 값을 취할 수 있으며, 그러한 값들의 평균과 분산을 정의할 수 있게 되고, 나아가서는 그러한 값들의 분포형태를 확인할 수 있게 된다.

한편, 원래 우리가 표본정보를 이용하여 모수에 대한 추론을 시행하게 된 근본적인 이유는 모집단의 크기(N)가 일반적으로 너무 방대하여 구성인자 전부를 실제로 관측할 수 없다는 데 있다. 그런데 $\overline{X}$가 취할 수 있는 값의 수(${}_NC_n$)는 오히려 모집단의 규모(N)보다도 더 크므로 $\overline{X}$가 취할 수 있는 가능한 모든 값을 확인한다는 것은 더욱 곤란한 일이 된다는 문제가 있다. 그러나 다행히도 우리는 기초확률이론을 도입하여 모든 가능한 $\overline{X}$의 값을 구하지 않고도 이들 값의 평균과 분산을 이론적으로 산출해 낼 수 있다.

모집단의 크기가 N이면 ${}_NC_n$개의 $\overline{X}$값으로 구성되는 새로운 수치의 집단을 상상할 수 있는데, 이를 본래의 모집단과 구별하기 위해 파생된 모집단

(derived population)이라 한다. 그러면 이 파생된 모집단을 구성하는 $\overline{X}$값들의 평균과 분산을 구해 보자.

이제 새로운 확률변수 $\overline{X}$의 평균과 분산을 각각 $E[\overline{X}]$ 또는 $\mu_{\overline{X}}$, 그리고 $\mathrm{Var}(\overline{X})$ 또는 $\sigma^2_{\overline{X}}$이라 표기하면, 다음과 같이 도출될 수 있다.

[$\overline{X}$의 평균]

$$\begin{aligned}\mu_{\overline{X}} &= E[\overline{X}] = E[\frac{1}{n}\Sigma X_i f_i] = E[\frac{1}{n}\Sigma X_i] \text{ (단, 모든 } f_i = 1) \\ &= \frac{1}{n}E[\Sigma X_i] = \frac{1}{n}E[X_1 + X_2 + \cdots + X_n] \\ &= \frac{1}{n}\{E[X_1] + E[X_2] + \cdots + E[X_n]\} \\ &= \frac{1}{n}(\mu + \mu + \cdots + \mu) = \frac{1}{n} \cdot n\mu = \mu\end{aligned}$$

따라서 $\overline{X}$의 평균은 다음과 같이 정리된다.

[표본평균의 평균]

$$E[\overline{X}] = \mu_{\overline{X}} = \mu_X \tag{1.17}$$

한편, $\overline{X}$의 분산도 기대치법칙을 이용하면 다음과 같이 도출된다.

[$\overline{X}$의 분산]

$$\begin{aligned}\sigma^2_{\overline{X}} &= \mathrm{Var}(\overline{X}) = \mathrm{Var}(\frac{1}{n}\Sigma X_i f_i) = \mathrm{Var}(\frac{1}{n}\Sigma X_i) \text{ (단, 모든 } f_i = 1) \\ &= \frac{1}{n^2}\mathrm{Var}(\Sigma X_i) = \frac{1}{n^2}\mathrm{Var}(X_1 + X_2 + \cdots + X_n) \\ &= \frac{1}{n^2}\{\mathrm{Var}(X_1) + \cdots + \mathrm{Var}(X_n)\} \text{ } (\because X_i \text{들이 서로 독립적}) \\ &= \frac{1}{n^2}(\sigma^2_X + \sigma^2_X + \cdots + \sigma^2_X) = \frac{1}{n}\sigma^2_X\end{aligned}$$

따라서 $\overline{X}$의 분산은 다음과 같아진다.

[표본평균의 분산]

$$\mathrm{Var}(\overline{X}) = \sigma_{\overline{X}}^2 = \frac{1}{n} \cdot \sigma_X^2 \tag{1.18}$$

이상에서 우리는 $\binom{N}{n}$개의 $\overline{X}$값으로 구성되는 파생적 모집단의 두 특성치 $E[\overline{X}]$와 $\mathrm{Var}(\overline{X})$를 구해 보았는데, 평균 $E[\overline{X}]$은 모집단의 평균인 μ_X와 같아졌고, 분산 $\mathrm{Var}(\overline{X})$은 모분산 σ_X^2에 $\frac{1}{n}$을 곱한 값과 같아진다는 결과를 얻었다.

여기에서 다시 한번 지적해 두어야 하는 사실은 무작위 추출(SRS; simple random sampling)을 가정하고 있다는 것이다. 따라서 모집단의 크기가 상대적으로 작을 경우에는 복원추출을 가정함으로써 매 추출단계에서 특정요소가 선발될 확률을 동일하도록 유지시키는 작업이 필요하다. 그러나 경우에 따라서는 유한모집단으로부터 추출하되, 복원이 불가능(추출된 표본들이 조사과정에서 소모 또는 파괴되는 경우)하게 될 수도 있다. 이 경우 각 단계에서 각 요소들이 추출될 가능성, 즉 확률은 차츰 변화하며 따라서 각 추출되는 단계는 서로 독립적이 못 된다. 따라서 X의 분산은 식(1.18)처럼 계산될 수 없다. 이러한 경우 $\overline{X}$의 분산을 결과만 제시한다면 다음과 같아진다.[1)]

[유한모집단에서 비복원추출할 경우 $\overline{X}$의 분산]

$$\sigma_{\overline{X}}^2 = \mathrm{Var}(\overline{X}) = \frac{1}{n} \cdot \sigma_X^2 \cdot (N-n)/(N-1) \tag{1.19}$$

(단, 여기서 $(N-n)/(N-1)$은 유한모집단조정계수라 칭함)

1.2 표본분산

모집단(σ^2)에 대한 불편추정량은 표본분산(s^2)으로 다음과 같이 정의된다.

1) W. G. Chochrane, *Sampling Techniques*, 3rd ed.(John Wiley & Sons), Ch. 2를 참조할 것.

[표본분산]

$$s^2 = \frac{1}{(n-1)} \Sigma (X_i - \overline{X})^2 \tag{1.20}$$

표본분산은 모분산(σ^2)과는 달리 미지수인 모평균 μ_X 대신 표본평균 $\overline{X}$에 대한 편차값들을 제곱한 값의 합을 표본크기(n)보다 1작은 수, $(n-1)$로 나누어 산출한다. 편차자승합을 n 대신 $(n-1)$로 나누는 것은 s^2산출과정에 있어 미지수인 μ_X대신 추정치 $\overline{X}$를 대신 사용함으로써 이른바 자유도가 1만큼 줄어든 데 연유함은 전술한 바 있다. 위와 같이 자유도로 나누어 s^2을 정의할 때 비로소 s^2은 불편추정량이 되어 $E[s^2] = \sigma_X^2$이 성립됨에 유의하기 바란다.

N 크기의 모집단에서 n크기의 표본을 무작위 추출하여 구성할 때 표본분산 또한 $\binom{N}{n}$만큼 많이 형성될 수 있다. 표본분산은 원래 확률변수 X의 2차함수로 정의된 파생적 확률변수가 되며, 평균과 분산은 다음과 같다.

[표본분산의 평균과 분산]

$$E[s^2] = \sigma_X^2 \tag{1.21}$$

$$\text{Var}(s^2) = \frac{2\sigma_X^4}{\nu} = \frac{2\sigma_X^4}{n-1} \tag{1.22}$$

(여기서 ν는 자유도를 나타냄)

1.3 표본비율

모비율에 대한 바람직한 추정량으로 선정된 표본비율은 다음과 같이 정의된다.

[표본비율]

$$\hat{p} = \frac{X}{n} \tag{1.23}$$

표본비율 또한 원래의 확률변수 X의 1차함수로 정의되는 파생적 확률변수가 되며, 그 평균과 분산은 다음과 같이 산출된다.

[표본비율의 평균과 분산]

$$E[\hat{p}] = E[\frac{X}{n}] = \frac{1}{n}E[X] = \frac{1}{n}n \cdot p = p \tag{1.24}$$

$$\mathrm{Var}(\hat{p}) = \mathrm{Var}(\frac{X}{n}) = \frac{1}{n^2}\mathrm{Var}(X) = \frac{1}{n^2}npq = \frac{pq}{n} \tag{1.25}$$

여기서도 유한모집단에서 비복원추출을 할 수밖에 없어 무작위 추출 원칙에서 저해되는 경우에는 $\hat{p}$의 분산에 유한모집단조정계수를 곱해야 한다. 즉,

[유한모집단에서 비복원추출한 경우 표본비율의 분산]

$$\mathrm{Var}(\hat{p}) = \frac{pq}{n} \cdot \frac{N-n}{N-1} \tag{1.26}$$

2. 주요 표본통계량들의 특성Ⅱ : 표본분포

이상에서 우리는 바람직한 것으로 판정된 추정량들의 평균과 분산을 산출함으로써 추정량들의 1차적인 특성을 파악하였다. 본 항에서는 이들 주요 추정량들이 갖는 확률분포를 파악함으로써 추정량이 갖는 본질적인 특성을 확인함과 동시에 본격적인 통계적 추론의 이론적 기반을 완결지어 제공하고자 한다. 본 항에서도 표본평균·표본비율 및 표본분산만을 대상으로 이들 표본통계량들의 확률분포(이를 표본분포, sampling distribution or probability distribution of a sample statistic 이라 함)를 확인하고자 한다.

2.1 표본평균

표본평균($\overline{X}$)이라는 일종의 파생적 확률변수가 따르게 될 확률분포 형태는 통계이론상으로 볼 때 세 가지 요인, 즉 표본이 정규모집단에서 추출되었는지 여부, 모분산(σ_X^2)이 알려져 있는지 여부, 그리고 표본규모(n)의 크기에 따라 달라진다. 따라서 논리상으로 보면 표본평균의 분포 형태는 최소한 8가지 경우를 고려해야 완결될 수 있다. 그러나 여기서는 현실상황에서 실제 직면하게 되는 상황만을 중심으로 논리를 정리해 나가고자 한다.

• case I : 표본이 정규분포를 따르는 모집단에서 추출되었고 모분산 σ_X^2의 값이 알려져 있는 경우

우리가 지금 의도하는 것은 표본평균($\overline{X}$)에 근거하여 모평균(μ_X)값을 추정하고자 하는 것이며, 따라서 모분산(σ_X^2)값이 알려져 있다는 가정은 지극히 비현실적이다. 그 σ_X^2값이 알려지려면 미지의 모수인 μ_X값이 우선적으로 알려져 있어야 하고, μ_X값이 알려져 있다면 $\overline{X}$로 그 값을 추론할 하등의 이유가 없기 때문이다. 따라서 이 상황은 차후의 현실적인 상황과 비교·분석할 수 있는 논리적 근거를 제공하기 위해 설정된 것임을 독자들은 숙지해 주기 바란다.

앞에서 우리는 표본평균 $\overline{X}$의 평균이 μ_X와 같고 분산이 σ_X^2/n과 같아짐을 확인하였는데, 이 상황에서 $\overline{X}$가 따르게 될 확률분포는 [정리 1.1]에 의해 정의될 수 있다.

[정리 1.1]

> 확률변수 X가 정규분포를 따를 때 X의 1차함수로 표현되는 새로운 확률변수도 정규분포를 따르게 된다.

결국 이 정리에 의하면 X의 1 차함수인 표본평균, $\overline{X}=\Sigma X_i/n$도 정규분포를 따르게 된다. 즉, X의 분포는 원래보다 밀집된 형태이지만 좌우대칭의 종 모양을 한, 그리고 기타 정규분포의 제 특성을 모두 갖는 정규분포 형태가 된다는 것이다. $\overline{X}$의 평균이 μ_X, 그리고 분산이 σ_X^2/n와 같으므로 $\overline{X}\sim N(\mu_X,\ \sigma_X^2/n)$와 같이 표현될 수 있으며, 이를 표준화시킬 경우 $z=(\overline{X}-\mu_X)/(\sigma_X/\sqrt{n})\sim N(0,\ 1)$과 같이 정의될 수 있다. 즉,

[모분산이 알려진 경우 표본평균의 확률분포]

$$Z=\frac{\overline{X}-E[\overline{X}]}{\sqrt{\mathrm{Var}(\overline{X})}}=\frac{\overline{X}-\mu_X}{\sigma_X/\sqrt{n}}\sim N(0,\ 1) \qquad (1.27)$$

단, 위의 식은 유한모집단에서 비복원추출할 경우에 다음과 같이 조정된다.

[모분산이 알려진 경우 표본평균의 확률분포 : 유한모집단에서 비복원추출시]

$$Z = \frac{\overline{X} - \mu_X}{\left(\frac{\sigma_X}{\sqrt{n}}\right) \cdot \sqrt{\frac{N-n}{N-1}}} \sim N(0,\ 1) \tag{1.28}$$

• Case Ⅱ : 표본이 정규분포가 아닌 모집단에서 추출되었으나 분산(σ_X^2)의 값은 알려진 경우(단, 표본규모(n)가 상당히 클 때)

앞서의 경우에서처럼 모분산의 값이 알려져 있다는 비현실적 가정을 그대로 승계하되 모집단의 분포는 비정규분포이거나 또는 알려져 있지 않을 경우를 고려해 보자. 이러한 상황에서는 [정리 1.1]이 전혀 도움이 되지 못하며, 따라서 다음과 같은 별도의 논리에 근거하여 $\overline{X}$의 분포를 확인하게 된다.

[정리 1.2] 중심극한정리

> 평균 μ_X와 분산 σ_X^2을 가진 모집단으로부터 추출된 무작위표본들의 평균($\overline{X}$)은 모집단의 분포 형태와 상관없이 표본규모(n)가 무한대에 접근할수록 평균 μ_X와 분산 σ_X^2/n을 갖는 정규분포에 접근한다. 즉, 수학적으로 요약하여 표현하면 다음과 같이 정리할 수 있다.
>
> $n \to \infty$에 따라, $\overline{X} \sim N(\mu_X,\ \sigma_X^2/n)$,
>
> 또는 $n \to \infty$에 따라, $Z = (\overline{X} - \mu_X)/(\sigma_X/\sqrt{n}) \sim N(0,\ 1)$

[정리 1.2]를 중심극한정리(central limit theorem; CLT)라 하는데, 이는 표본크기가 무한대에 집중되어 가는 분포, 즉 극한분포의 집중경향을 나타내는 것으로 일반적으로 표본크기(n)가 30을 상회할 때 이 정리의 적용은 무난한 것으로 인정되고 있다.

지금까지는 모분산(σ_X^2)이 알려져 있다는 비현실적 상황을 대상으로 $\overline{X}$의 분포를 찾아 보았다. 그러면 이 결과를 활용하되 이제부터는 우리가 실제 당면하게 될 현실적 상황에서 $\overline{X}$의 분포를 확인해 보기로 한다.

• case Ⅲ : 정규모집단에서 표본이 추출되었으나 모분산(σ_X^2)을 모를 경우

모집단의 분포가 정규분포를 따른다면 여기서 추출된 표본의 평균($\overline{X}$)들도 정규분포를 따른다는 사실([정리 1.1])에는 변함이 없다 즉,

$$\overline{X} \sim N(E[\overline{X}], \mathrm{Var}(\overline{X}))$$

그러나 문제는 모분산(σ_X^2)이 알려져 있지 않아 $\mathrm{Var}(\overline{X}) = \sigma_X^2/n$의 계산이 현실적으로 불가능하다는 점이다. 따라서 실용적으로 타개책을 마련할 필요가 발생하는데, 최선의 방법은 σ_X^2에 대한 최선의 추정량인 s^2을 대신 사용하는 길이 될 것이다. 그러나 문제는 s^2으로 σ_X^2을 대체할 경우 $\overline{X}$을 표준화시킨 공식은 더 이상 Z와 같아질 수는 없다는 점이다.

[모분산이 알려지지 않은 경우 표본평균의 확률분포]

$$t = \frac{\overline{X} - E[\overline{X}]}{\sqrt{\mathrm{Var}(\overline{X})}} = \frac{\overline{X} - E[\overline{X}]}{s/\sqrt{n}} \neq Z \tag{1.29}$$

위와 같이 표준화된 새로운 통계량은 1908년 에이레공화국의 통계학자인 고셋(W. S. Gosset)에 의해 창안되었고 그의 필명을 따라 "Student"의 t분포라 명명되었다.

t분포의 확률밀도함수는 아주 복잡하며 여기에서 구태여 소개할 필요성도 별로 없어 이를 생략하기로 하고, 단지 t분포의 형태 및 특징만을 밝혀 두기로 한다. 우선 t분포는 평균이 0이고 이를 중심으로 좌우대칭의 모양을 갖는다. 즉,

$$E[t] = E[(\overline{X} - \mu_X)/(s/\sqrt{n})] = 0$$

이러한 결과는 직관적으로 확인할 수 있다. 앞에서 우리는 $Z = (\overline{X} - \mu_X)/(\sigma_X/\sqrt{n}) \sim N(0,\ 1)$이라는 사실을 배웠다. 이제 t와 Z를 비교하여 보면 둘 사이의 차이는 분모에 있을 뿐 분자의 값은 동일하다. 따라서 σ_X 대신 s를 사용한 t 또한 평균이 Z와 같이 0이 되고 좌우 대칭형이 될 것임에 틀림 없다. 그러나 σ_X 대신 s를 사용하였기 때문에, 즉 s를 통하여 σ_X를 추정한 것이므로 오차가 발생할 수 있으며, 따라서 불확실한 요소가 덧붙여졌다. 그러므로 t는 Z

보다 분산의 값이 커질 가능성을 갖게 되는 것이 유일한 차이점으로 등장한다.[1)]

이상과 같은 사실에서 볼 수 있듯이 실제 t분포의 분산은 Z분포의 분산보다 크다. 그러면 얼마나 클까? 여기에 대해서 일률적으로 대답할 수가 없다. 그 이유는 t분포의 값은 s값에 의존하고, 한편 s값은 표본의 크기에 의존하므로 ($s^2 = \frac{1}{n-1}\Sigma(X_i - \overline{X})^2$), t값 또한 표본의 크기 n에 따라 달라지기 때문이다. 예컨대, 표본의 크기 n이 아주 커져서 모집단의 크기 N과 거의 같아진다면 s값은 σ_X와 거의 같아질 것이고, 따라서 t분포는 Z분포와 거의 동일한 형태를 취하리라 예상할 수 있다. 반면 n의 크기가 작아지면 s값이 σ_X와 달라질 가능성은 커지고, 그러한 오차발생의 가능성으로 인하여 Z분포보다는 큰 분산값을 갖게 될 것이다. 이제 이상과 같은 t분포의 특징을 정리해 보면 다음과 같다.

[t분포의 특징]

첫째, t분포의 형태는 자유도에 의존한다.

둘째, $E[t] = E[(\overline{X} - \mu_X)/(s/\sqrt{n})] = 0$

셋째, $\text{Var}(t) = \text{Var}[(\overline{X} - \mu_X)/(s/\sqrt{n})] = \nu/(\nu - 2)$ (단, ν는 자유도)

- Case Ⅳ : 비정규모집단에서 표본이 추출되었고 모분산(σ_X^2)의 값도 알려져 있지 않을 경우

마지막으로 모집단의 분포가 알려져 있지 않거나 비정규분포를 따르는 것으로 알려진 상황에서 표본을 추출하였고 또 지극히 현실적 가정이지만 모분산(σ_X^2)의 값이 알려져 있지 않을 경우 표본통계량 $\overline{X}$는 과연 어떤 분포 형태를 따를 것인가? 이 경우에 대응하여 개발된 정확한 확률분포는 사실상 없다. 그러나 표본크기가 30을 상회하면 Case Ⅱ에서의 중심극한정리를 이용하는 것은 큰 무리가 없는 것으로 알려져 있다. 정작 문제는 표본규모가 30 이하일 경우로 이 때에는 사실상, 어떤 분포도 활용할 정당한 논리를 제공하기 힘들다. 불가피할 경우 t분포를 사용하는 수밖에 없겠으나 이는 권고할 일이 못 되며, 어떻게 해서든 표본크기를 30 이상으로 확대하는 일이 최선이다.

이제까지 고려한 4가지 경우 중 실제 우리가 당면할 유일한 상황인 세 번째

1) 자세한 내용은 이종원, 전게서, 2004, 제 6 장 참조.

경우를 대상으로 $\overline{X}$가 따르게 될 확률분포를 최종 정리해 보면 다음과 같다.[1)]

$\overline{X}$의 분포(표준화시킨 경우) : $t=(\overline{X}-\mu_X)/(s/\sqrt{n}) \Rightarrow Z$ ($n>30$ 경우)

위의 식이 의미하는 바는 우리가 현실적으로 경험하게 되는 상황이 모분산(σ_X^2)이 알려지지 않은 경우이므로 $\overline{X}$의 분포로 표준화시켰을 때 t분포가 될 수 밖에 없다는 것이다. 단, 표본크기(n)가 30을 상회할 경우 t분포가 Z분포표에 가까워지므로 Z분포표를 대신 활용할 수 있다는 뜻이 된다. 즉,

$\overline{X}$의 분포(표준화시킨 경우)
- $n<30$ 경우 : t분포 사용
- $n>30$ 경우 : Z분포 사용

와 같이 정리될 수 있다.

2.2 표본비율

앞서 표본비율($\frac{X}{n}$)의 평균과 분산은 다음과 같이 확인된 바 있다.

[표본비율의 평균과 분산]

$$E[\hat{p}]=p \tag{1.30}$$

$$\mathrm{Var}(\hat{p})=\frac{pq}{n}, \text{ 또는 } \frac{pq}{n}\cdot\frac{N-n}{N-1} \tag{1.31}$$

표본비율은 평균(μ_X)과 분산(σ_X^2)을 모수로 특징지어지는 분포와는 달리 모집단이 이항분포라는 이산확률변수를 따를 때 이용된다. 이항분포는 오직 두 가지 결과만을 가져오는 실험이 반복시행된 결과를 나타내는 것으로 시행횟수

1) 앞서의 경우에서처럼 여기에서도 표본이 유한모집단에서 비복원 추출된 경우에는 통계량 t의 값은 다음과 같이 조정된다.

$$t=\frac{\overline{X}-\mu_X}{s/\sqrt{n}\cdot\sqrt{\frac{N-n}{N-1}}}$$

(또는 표본크기) n과, 두 결과 중 한 결과가 매 시행에서 나올 확률 p라는 두 개의 모수에 의해 특정지어진다. 편의상 p를 매 시행단계에서의 성공률(또는 합격품과 불합격품이 섞인 모집단에서 불합격품비율) 등으로 정의하고, 이 모집단에서 n번 시행 또는 추출한 표본 중 성공 횟수 또는 불합격품의 수를 X개라 하면 X/n는 표본성공률 또는 표본 불합격품비율 등을 나타내는 표본비율이 된다.

한편, X가 원래 이항분포를 따르는 확률변수였고 이항분포는 $n \to \infty$에 따라 정규분포화되기 때문에, X의 일차함수인 $X/n = \hat{p}$ 또한 표본크기가 커짐에 따라 정규분포에 가까워진다. 따라서 n이 ∞에 접근함에 따라 $\hat{p}$는 평균이 p, 분산이 pq/n인 정규분포에 가까워진다. 즉, $\hat{p} = (X/n) \sim N(p, pq/n)$라 정의할 수 있다. 환언하면, 이항분포를 따르는 모집단으로부터 추출된 표본의 비율이란 통계량은 표본크기가 30 이상일 때 정규분포에 접근하게 된다는 것이다. 따라서 이와 관련된 확률계산은 표본비율을 표준화한 표준정규변수 Z의 확률분포를 이용하게 됨은 당연하다.

[표본비율의 확률분포]

$$Z = (\hat{p} - E[\hat{p}]) / \sqrt{\mathrm{Var}(\hat{p})} = (\hat{p} - p) / (\sqrt{pq/n}) \sim N(0, 1) \qquad (1.32)$$

단 위의 식도 표본이 유한모집단에서 비복원추출된 경우에는 다음과 같이 조정된다.

[표본비율의 확률분포 : 유한모집단에서 비복원추출시]

$$Z = (\hat{p} - p) / \sqrt{pq/n} \cdot \sqrt{((N-n)/(N-1))} \sim N(0, 1)$$

2.3 표본분산

모분산(σ^2)에 대한 가장 바람직한 추정량으로 확인된 표본분산(s^2)은 $s^2 = \Sigma(X_i - \overline{X})^2/(n-1)$과 같이 정의되며, 그 평균과 분산은 각각 다음과 같아짐을 확인한 바 있다.

[s^2의 평균과 분산]

$$E[s^2] = \sigma_X^2 \qquad (1.33)$$

$$\text{Var}(s^2) = \frac{2\sigma_X^4}{\nu} \quad (\text{단, } \nu\text{는 자유도}) \tag{1.34}$$

그러나 s^2은 원래의 확률변수 X의 2차함수인 관계로 해서 X의 분포상의 특징을 계승받지 못한다. 따라서 표본분산(s^2)의 확률분포는 별도의 통로를 밟아 추적할 수밖에 없으며, 그러한 노력도 표본이 정규모집단에서 추출되었을 때 한해서 성과를 거둘 수 있다는 한계성이 있다. 즉, $\overline{X}$의 경우와는 달리 불행하게도 s^2들의 값이 분포된 형태는 지금까지 우리가 배워 온 여러 확률분포 중 어느 하나와도 정확히 일치되는 것은 없고 따라서 표본이 정규모집단으로부터 추출된 경우에 한하여 χ^2분포라는 확률밀도함수와 연결시켜 설명할 수 있을 뿐이다.

표준정규분포를 따르는 확률변수 Z값을 제곱한 값을 전부 더하여 정의되는 새로운 파생확률변수는 이른바 χ^2분포를 따르게 된다.

[χ^2분포]

$$\chi_\nu^2 = \Sigma Z_i^2 = \left(\frac{X_1 - \mu_1}{\sigma_1}\right)^2 + \cdots + \left(\frac{X_\nu - \mu_\nu}{\sigma_\nu}\right)^2 \tag{1.35}$$

일반적으로 χ^2변수에는 오른쪽 아래에 ν라는 하첨자를 붙여 쓰며, 이것은 ν개의 값에 의해 특징지어짐을 나타낸다. 이상과 같이 정의되는 χ^2분포에서 ΣZ_i^2는 평균으로부터의 거리, 또는 편차를 제곱한 값의 합이 된다. 따라서 ΣZ_i^2값은 분산을 다루는 문제에 주로 적용된다. 분산이란 원래 한 변수의 값이 평균으로부터 얼마나 떨어져 있는가를 측정하기 위한 특성치로 평균으로부터의 편차를 제곱한 값의 평균, 즉 $\text{Var}(X) = \Sigma(X_i - \mu_X)^2/N$임을 상기하면 위와 같이 정의된 χ^2분포가 분산 개념과 유사한 측면이 있음을 알 수 있다.

χ^2분포의 평균과 분산은 다음과 같다.

[χ^2분포의 평균과 분산]

$$E[\chi^2] = \nu$$

$$\text{Var}(\chi^2) = 2\nu \tag{1.36}$$

그림 1-9 ν값에 따른 χ^2분포 모양의 변화

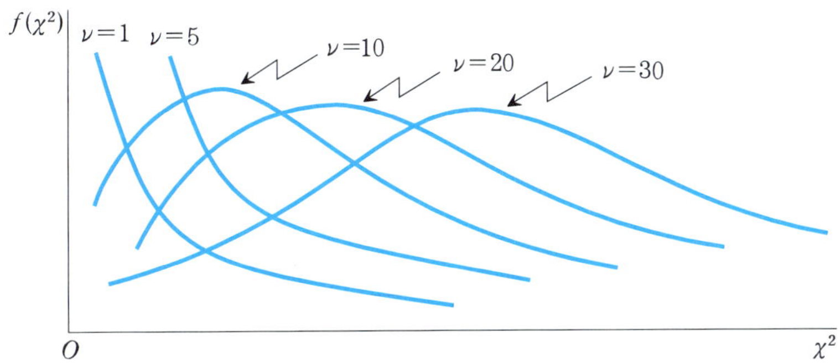

이처럼 χ^2분포는 평균과 분산의 값이 모수 ν에 의존하며 ν는 χ^2을 구성하기 위해 합계한 서로 독립적인 변수의 개수를 나타내는데, 여기서 ν는 자유도(degrees of freedom)라 부른다. 이제 이 자유도 ν의 값이 변화함에 따른 분포의 모양을 살펴보자.

그림 1-9에서 χ^2분포는 ν의 값이 커짐에 따라 점차 오른쪽으로 이동하며 양(陽)의 왜도(歪度)를 갖는 분포 형태에서 좌우대칭 형태로 변화해 감을 알 수 있다. χ^2의 우측 이동현상은 χ^2의 평균이 ν값과 같으므로 ν값이 클수록 오른쪽으로 이동하며, 분산(2ν) 역시 커지므로 점차 완만한 형상을 갖게 되는 것이다.

χ^2분포 또한 $n \to \infty$에 따라 정규분포에 가까워지는 것은 중심극한정리를 원용하여 이해할 수도 있을 것이다.

이상에서 χ^2분포의 특성을 다각적으로 고찰해 보았다. 문제는 과연 우리의 주관심사인 s^2의 분포가 χ^2분포와 어떠한 관계에 있는가 하는 점이다. 표본분산(s^2)의 분포 또한 t분포를 처음으로 발견한 고셋(W. S. Gosset)에 의해 처음으로 밝혀졌다. 우선 $s^2=(1/(n-1))\Sigma(X_i-\overline{X})^2 \cdot f_i$이므로 s^2의 값은 항상 양의 값을 가지게 되어 정규분포와는 거리가 멀 것임을 직관적으로 느낄 수 있다. 사실 s^2의 분포는 χ^2의 분포처럼 오른쪽으로 경사진(skewed to the right) 모양을 갖고 있다. 이를 구체적으로 밝히면 모분산이 σ_X^2인 정규모집단에서 두 확률변수는 다음과 같은 관계를 갖는다.

$$s^2=\frac{\sigma_X^2}{\nu}\cdot\chi^2=\frac{\sigma_X^2}{n-1}\cdot\chi^2 \quad (\text{단, } \nu\text{는 자유도}) \tag{1.37}$$

즉, s^2의 분포는 앞에서 정의한 χ^2에서 $\sigma_X^2/(n-1)$이라는 상수를 곱한 것과 같다는 것이다. 즉, 통계학에서는 관습적으로 s^2분포를 별도로 명명하지 않고 기존의 확률변수에 대하여 다시 정리함으로써 여러 확률문제 계산에 있어 χ^2분포의 누적확률표를 이용하게 된다.

$$\chi_\nu^2 = \frac{\nu}{\sigma_X^2} \cdot s^2 \text{ 또는 } \frac{(n-1)s^2}{\sigma^2} \quad (\nu = \text{자유도} = n-1) \tag{1.38}$$

이 공식은 식(1.37)의 변환에 불과하지만 동시에 다음과 같은 사실을 나타내고 있다. 즉, s^2이 σ_X^2을 분산으로 가지는 정규모집단으로부터 크기 n만큼 뽑은 표본의 분산이라면 $(n-1)s^2/\sigma_X^2$은 자유도 $(n-1)$인 χ^2분포와 동일하다. 그리고 결과적으로 볼 때 χ^2분포란 모분산과 표본분산 간의 일정 비율과 같아진다는 사실이다. 따라서 σ_X^2이 미지일 때, 우리는 s^2값을 계산하여 χ^2분포를 이용함으로써 σ_X^2값에 대한 추정을 할 수 있는 계기가 마련되는 것이다. 단, 여기서 한 가지 주의할 것은 앞에서 소개된 χ^2경우는 자유도가 N이었으나 모평균 μ_X 대신 그 추정치 $\overline{X}$를 이용하여 s^2을 계산하였으므로 자유도는 표본크기 (n)보다 1 이 작은 $(n-1)$이 된다는 점이다.

표본분산과 관련된 또 하나의 중요한 확률분포로 1942년 피셔(R. A. Fisher)에 의해 처음 개발된 F분포가 있다. F분포는 정규모집단에서 독립적으로 추출된 두 표본의 분산을 각각 s_1^2과 s_2^2이라 할 때 다음과 같이 정의된다.1)

[F분포]

$$F_{\nu1,\ \nu2} = \frac{s_1^2}{s_2^2} \tag{1.39}$$

---

1) 원래 F분포의 정의는 두개의 서로 독립적인 χ^2변수를 각각의 자유도로 나눈 값들의 비율로 정의된다.

$$F = \frac{\chi_{\nu1}^2/v_1}{\chi_{\nu2}^2/v_2} = \frac{\dfrac{(n_1-1)s_1^2}{\sigma_1^2}/(n_1-1)}{\dfrac{(n_2-1)s_2^2}{\sigma_2^2}/(n_2-1)}$$

이 때 만일 $\sigma_1^2 = \sigma_2^2$라면 위의 식은 $F = s_1^2/s_2^2$이 되어 위의 식(1.39)와 같아진다는 것이다. 따라서 식(1.39)는 항상 두 모집단의 분산이 같거나 또는 동일 모집단에서 두 개의 표본이 추출된 경우에 성립하는 것임을 유의할 필요가 있다.

따라서 F분포 역시 항상 양의 값을 가지게 되며, χ^2분포와 흡사하게 오른쪽으로 경사진 형태를 취한다. 반면 χ^2분포는 자유도와 표본의 크기에 따라 분포가 오른쪽으로 이동하여(평균이 ν, 분산이 2ν이므로) 점차 좌우 대칭적으로 확산되어 가지만 F분포는 두 표본과 관련되어 있어 두 표본의 크기, 나아가선 두 개의 자유도에 따라 그 형태가 달라진다. 즉, F분포는 두 개의 자유도를 특성치로 하는 확률분포가 된다. 따라서 F분포의 확률밀도함수는 그 평균과 분산 또한 두 개의 자유도에 의해 표현될 것이나 그 사용의 기회가 기초통계학수준에서는 별로 없어 이 책에서는 소개하지 않았다.[1)]

위의 F분포의 정의식(1.39)를 잠시 살펴보면 분포의 용도를 쉽게 간파할 수 있다. 즉, F분포가 두 표본분산의 비율과 같아지므로 우리는 이를 이용하여 두 표본이 서로 다른 정규모집단으로부터 추출되었는지를 결정하거나 두 표본이 서로 다른 정규모집단에서 추출되었을 때 두 모집단의 분산이 동일한 것으로 볼 수 있는지의 여부를 판정하는 데 F분포를 사용할 수 있는 것이다. 예컨대, 두 모집단에서 별도로 추출된 표본들의 분산을 각각 s_1^2과 s_2^2이라고 하자. s_1^2/s_2^2의 값이 1과 거의 같다면 두 모집단의 분산이 동일하다는(즉, $\sigma_1^2=\sigma_2^2$) 결론을 얻을 수 있고, 반면 s_1^2/s_2^2값이 1보다 훨씬 크거나 작다면 $\sigma_1^2=\sigma_2^2$이란 확신은 점차 사라지게 되는 것이다.[2)]

이상과 같은 각종 표본통계량의 확률분포에 관한 지식은 다음에서 소개할 추측통계분석에 기초를 제공하게 된다.

표 1-2 표본통계량의 평균과 분산 및 표본분포

표본통계량	평 균	분 산	상황 및 여건	활용될 표본분포
$\overline{X}$	μ_X	$\dfrac{\sigma_X^2}{n}$ 단, 유한모집단에서 비복원추출된 경우에는 조정계수 $\dfrac{N-n}{N-1}$을 곱함.	σ_X^2이 알려짐	$Z=\dfrac{\overline{X}-\mu_X}{\sigma_X/\sqrt{n}}$
			σ_X^2이 알려져 있지 않고 표본규모(n)가 작을 때	$t=\dfrac{\overline{X}-\mu_X}{s/\sqrt{n}}$
			σ_X^2이 알려져 있지 않지만 $n\geq 30$일 때	$Z=\dfrac{\overline{X}-\mu_X}{s/\sqrt{n}}$

1) 자세한 내용은 Mood and Graybill(1974), *op. cit.*, pp. 246~249를 참조할 것.
2) F분포표의 구체적인 활용법에 대한 내용은 기초통계학 교재, 예컨대 이종원(1994)을 참고할 것.

s^2	σ_X^2	$\frac{2\sigma_X^4}{\nu}$	정규모집단 단일표본	$\chi_\nu^2 = \frac{(n-1)s^2}{\sigma_X^2}$
$\frac{s_1^2}{s_2^2}$	–	–	정규모집단 복수표본	$F_{\nu1,\ \nu2} = \frac{s_1^2}{s_2^2}$
$\hat{p}$	p	$\frac{pq}{n}$	$n \geq 30$	$Z = \frac{\hat{p} - p}{\sqrt{pq/n}}$

제 5 절 통계적 추론 I : 단일표본 경우의 추정 및 검정

이상에서 우리는 주요 표본통계량들의 특성, 즉 표본의 평균 및 분산, 그리고 확률분포를 확인한 바 있다. 본 절에서는 지금까지 얻은 논리적 근거를 토대로 구체적인 통계적 추론, 즉 추정 및 검정을 수행하는 방법을 소개하고자 한다.

본 절에서는 이러한 추정 및 검정절차 중 1변량분석의 경우에 한하여, 그리고 표본이 하나인 상황만을 제시하고 표본이 둘 이상 경우의 통계적 추론은 6절로 미루고자 한다. 한편 이 변량 이상 간의 관계를 분석대상으로 하는 통계적 추론은 제 2 편에서 다루어질 것이다. 본 절의 주요 내용만을 간단히 도표화해 보면 다음과 같다.

그림 1-10 통계적 추론(단일표본 경우)

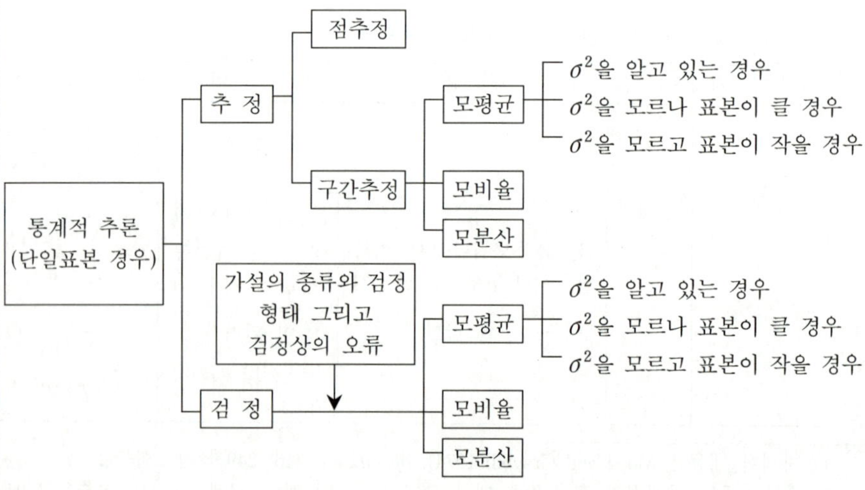

1. 추　정

표본의 특성치인 표본평균($\overline{X}$), 표본비율($\hat{p}$) 및 표본분산(s^2)과 같은 표본통계량의 값을 구하여 모평균(μ)·모비율(p) 및 모분산(σ^2)의 값에 대하여 추론하는 과정을 추정이라 한다. 그런데 추정에 활용되는 표본이란 모집단의 일부에 불과하며, 따라서 모집단의 특성을 완전히 나타내기에는 불완전할 수밖에 없다. 즉, 표본통계량에 의해 추정된 모수들의 추정치는 불확실성을 내포하고 있으며(귀납적 결론을 맺는 추측통계학의 모든 결론은 불확실함), 이 불확실의 정도를 파악하기 위해 제 4 절에서 배운 표본분포이론을 이용하게 된다.

우리가 일반적으로 모집단의 특성치인 모수(parameter)를 추정하는 데 사용하는 통계량(statistic), 즉 $\overline{X}$, $\hat{p}$, s^2 등을 추정량(estimator, 추정에 사용되는 통계량이란 뜻)이라 하고, 어느 한 표본에 포함된 정보를 이용하여 얻은 구체적인 추정량의 값을 추정치(estimate, 추정된 값, 모수에 대하여 추정한 통계량의 값이란 뜻)라고 한다. 여기서 추정치를 표시함에 있어 단일치(single value)를 사용할 경우도 있고 구간치(range of values)를 사용할 경우도 있는데, 전자를 점 추정치(point estimate), 그리고 후자를 구간추정치(interval estimate)라고 한다.

1.1 점추정(point estimation)

점추정이란 한마디로 말해서 모수에 대한 가장 바람직한 추정량의 값을 표본정보를 이용하여 단일값으로 제시하는 방법이라고 할 수 있다. 예를 들면 표본에서 계산된 표본평균값으로 모평균에 대한 추정치로 삼는 것과 같은 것을 말한다. 이처럼 추정에 있어 단일값으로 모수를 추정한 값을 점 추정치라 부른다.

한편, 어떤 추정량이 본장의 보론에서 열거할 바람직한 추정량의 모든 특성을 만족시키는 것이라고 하더라도, 한 개의 표본으로부터 산출된 점추정치는 표본오차(sampling error) 때문에 모수와 일치하는 값을 갖게 될 확률은 극히 적다. 단지 우연히 일치할 수 있을 뿐이다. 물론 다른 추정량에 비해서 표본오차가 발생할 가능성이 적은 것은 사실이다. 그러나 가장 훌륭한 추정량의 값이라 하더라도 정확히 모수값과 같아질 가능성은 희박하다.

다행스럽게도 우리는 점추정치가 갖는 불확실성을 완화시킬 수 있는 추정방법을 강구할 수 있는데, 구간추정방법이 바로 그것이다. 구간추정이란 점추정치를 중심으로 앞뒤로 일정 구간을 설정하는 것으로 설정된 범위 안에 실제 모수값이 들어가 있을 확률을 높여 줌으로써 불확실성을 완화시키게 된다.

1.2 구간추정의 기초방법론

앞서 언급한 바 있듯이 설명한 점추정은 항상 표본오차를 수반하므로 점추정치를 전적으로 신뢰할 수는 없다. 즉, 점추정을 함에 있어 우리는 단지 표본 한 개를 관측하여 추정치를 얻으므로 이 추정치가 실제 모수값과 일치할 가능성은 희박한 것이기 때문이다. 따라서 이 점추정치를 중심으로 일정 구간을 설정하는 구간추정을 하게 된다. 그러나 이렇게 설정된 구간 내에도 실제 모수값이 존재하지 않을 가능성은 남아 있다. 이 확률을 오차율이라 하고, 반면에 구간 내에 실제 모수값이 들어가 있을 확률을 신뢰수준이라 한다. 그리고 이러한 오차율이나 신뢰수준은 표본분포를 이용하여 결정될 수 있는 것이다. 이와 같은 사실을 근거로 하여 구간을 설정하여 모수값을 추정하는 방법을 구간추정이라고 한다.

구간추정은 점추정과는 달리 모수가 갖게 될 값의 범위를 제공하되, 이 범위 내에 모수의 실제값이 존재할 확률, 즉 구간추정치의 신뢰도를 동시에 제공하는데 구간추정법에 의해 설정된 구간올 신뢰구간(confidence interval, 이하 C.I. 라 약칭함)이라 한다. 예컨대, 모수 θ에 대한 구간추정을 다음과 같이 표현하였다고 하자.

[모수 θ에 대한 구간추정]

$$P(\theta_L < \theta < \theta_U) = 1 - \alpha \tag{1.40}$$

식(1.40)이 의미하는 것은 모수 θ의 값이 θ_L과 θ_U 사이에 있을 확률이 $1-\alpha$라는 것으로서 이 때 $\theta_L \sim \theta_U$를 신뢰구간, θ_L을 신뢰구간의 하한(lower limit of C. I.), θ_U를 신뢰구간의 상한(upper limit of C. I.), 그리고 θ_L과 θ_U를 합쳐서 신뢰임계치(confidence limit)라고 한다. 한편 $1-\alpha$를 신뢰수준(confidence level) 또는 신뢰계수(confidence coefficient)라고 부르는 반면 α는 오차율(probability of error)이라 칭한다.

1.3 모평균에 대한 구간추정

(1) 모분산(σ_X^2)을 알고 있을 경우

우선 지극히 비현실적인 가정이지만, 모분산이 알려졌다는 가정 하에 모평균에 대한 구간추정을 수행하는 방법에 관하여 논리적 기초를 마련해 보기로 한다. 모분산이 알려진 경우 모평균(μ_X)에 대한 가장 바람직한 추정량으로 밝혀진 표본평균($\overline{X}$)이라는 표본통계량은 정규분포를 따르고, 그 평균은 μ_X, 그리고 분산은 σ_X^2/n과 같아짐은 제 4 절에서 확인한 바 있다. 즉,

$$\overline{X} \sim N(\mu_X,\ \sigma_X^2/n)$$

이 성립되며, 이를 표준화하면 다음과 같다.

$$Z = \frac{\overline{X} - \mu_X}{\sigma_X/\sqrt{n}} \sim N(0,\ 1)$$

따라서 우리는 표본평균($\overline{X}$)의 값이 일정 구간 내에 있을 확률을 구하려 할 경우 $\overline{X}$를 일단 표준화하게 되는데, 표준화된 상태에서의 구간의 임계치를 $\pm Z_{\alpha/2}$라 하고, 이러한 구간 내에 $\overline{X}$를 표준화시킨 Z의 값이 귀속될 확률을 $(1-\alpha)$라 하면 다음식이 성립된다(단, α는 오차율).

$$P(-Z_{\alpha/2} < Z = \frac{\overline{X} - \mu_X}{\sigma_X/\sqrt{n}} < +Z_{\alpha/2}) = 1 - \alpha$$

이 식을 도표화 하면 그림 1-11과 같다.

한편, 위의 식을 간단한 과정을 거치면 다음의 결과를 얻을 수 있다.

그림 1-11 표준화된 표본평균 $((\overline{X}-\mu X)/(\sigma_X/\sqrt{n}))$의 확률구간

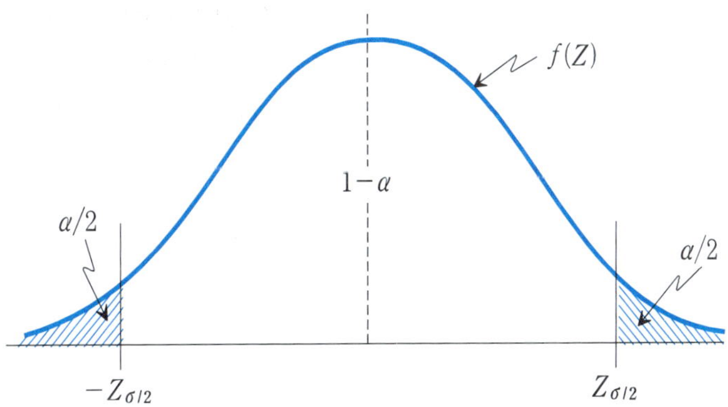

그림 1-12 모분산이 알려진 경우의 모평균의 신뢰구간

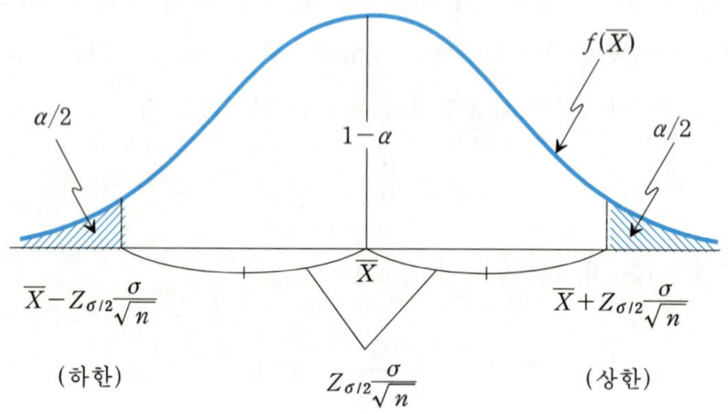

$$P(\overline{X}-Z_{\alpha/2}(\sigma_X/\sqrt{n})<\mu_X<\overline{X}+Z_{\alpha/2}(\sigma_X/\sqrt{n}))=1-\alpha$$

이 식이 의미하는 것은 모평균 μ_X가 구간 $(\overline{X}-Z_{\alpha/2}(\sigma_X/\sqrt{n}), \overline{X}+Z_{\alpha/2}(\sigma_X/\sqrt{n}))$ 내에 있을 확률이 $1-\alpha$가 된다는 것으로, 바꾸어 말하면 이 구간이 바로 신뢰수준 $100(1-\alpha)\%$의 구간추정치가 되는 것이다. 즉 μ_X의 $100(1-\alpha)\%$의 신뢰구간은 다음과 같아진다.

[모분산이 알려진 경우의 모평균의 신뢰구간]

$$\overline{X}-Z_{\alpha/2}\frac{\sigma_X}{\sqrt{n}}<\mu_X<\overline{X}+Z_{\alpha/2}\frac{\sigma_X}{\sqrt{n}} \qquad (1.41)$$

이 때 상한과 하한은 표본평균 $\overline{X}$에 각각 $Z_{\alpha/2}(\sigma_X/\sqrt{n})$를 더하거나 빼서 구하게 되는 것이다. 이러한 관계를 도표화하면 그림 1-12와 같다. 단, 앞에서와 같은 구간추정공식은 모집단의 규모가 유한($n\geq 0.05N$, 단, N은 모집단규모)하고 표본추출이 비복원조건하에서 이루어졌을 때에는 $\overline{X}$의 분산이 $(\sigma_X/\sqrt{n})\cdot\sqrt{(N-n)/(N-1)}$이 되므로 식(1.40)에 나타난 μ_X의 신뢰구간은 다음과 같이 조정되어야 한다.

[유한모집단 조정계수가 필요한 경우의 신뢰구간]

$$\overline{X}-Z_{\alpha/2}(\sigma_X/\sqrt{n})\cdot\sqrt{\frac{N-n}{N-1}}<\mu_X<\overline{X}+Z_{\alpha/2}(\sigma_X/\sqrt{n})\cdot\sqrt{\frac{N-n}{N-1}} \tag{1.42}$$

(2) 모분산(σ_X^2)이 알려져 있지 않고 표본크기(n)가 작을 경우

전항에서 전개된 논리에 근거하되 현실적인 상황, 즉 모분산이 알려져 있지 않은 경우를 고려해 보자. 앞 절에서 확인한 바 있듯이 σ_X^2을 모르는 경우에는 대신 추정량 s^2을 사용할 수밖에 없고 또 s^2을 이용하여 $\overline{X}$를 표준화한 통계량 $(\overline{X}-\mu_X)/(s/\sqrt{n})$는 표준정규분포($Z$)보다는 분산이 큰 t분포를 따르게 된다. 따라서 앞 항에서와 같은 과정을 밟아 구간추정공식을 도출하면 다음의 결과를 얻을 수 있다.

[모분산이 미지일 때 모평균의 신뢰구간]

$$\overline{X}-t_{\alpha/2,\,\nu}(s/\sqrt{n})<\mu_X<\overline{X}+t_{\alpha/2,\,\nu}(s/\sqrt{n}) \tag{1.43}$$

여기서 $\pm t_{\alpha/2}$은 자유도(ν)의 크기에 따라 변하는 t값의 상·하한을 의미하며, 유한모집단에서의 비복원추출표본을 이용할 경우에는 조정계수 $\sqrt{\frac{N-n}{N-1}}$이 사용되는 것은 전과 같으며, 다음 항의 경우에도 마찬가지로 적용된다.

(3) 모분산(σ_X^2)이 알려져 있지 않으나 표본크기(n)가 클 경우($n \geq 30$)

모든 여건이 (2)항과 같으나 단지 표본크기가 상당히 클 경우($n \geq 30$)는 $(\overline{X}-\mu_X)/(s/\sqrt{n})=t$가 표준정규분포 Z에 접근한다는 것을 우리는 역시 제 4 절에서 배운 바 있다. 따라서 앞의 항에서 도출한 신뢰구간은 $n \geq 30$의 경우 다음의 식을 대신 사용해도 무방하다.

[모분산은 미지이나 표본크기가 클 경우의 모평균의 신뢰구간]

$$\overline{X}-Z_{\alpha/2}(s/\sqrt{n})<\mu_X<\overline{X}+Z_{\alpha/2}(s/\sqrt{n}) \tag{1.44}$$

이것은 단지 식(1.43)의 어림셈에 불과한 것이나, 자유도를 일일이 고려해

가며 t 표를 이용하는 번거로움을 회피할 수 있다는 사용상의 편리성이 있다.

1.4 모비율(p)에 대한 구간추정

역시 제 2 장에서 우리는 표본비율 $\hat{p}=\overline{X}/n$ 이 $n\to\infty$ 에 따라 정규분포를 따르게 되며, 평균과 분산이 각각 p 와 pq/n 이 됨을 확인한 바 있다. 즉,

$$\hat{p}\sim N(p,\ pq/n)$$

따라서 이를 표준화하면,

$$Z=\frac{\hat{p}-p}{\sqrt{\dfrac{pq}{n}}}\sim N(0,\ 1)$$

가 되며, 앞 항에서와 같은 기본절차를 거쳐 다음과 같은 구간추정공식이 일차적으로 도출할 수 있다.

$$\hat{p}-Z_{\alpha/2}\sqrt{(pq/n)}<p<\hat{p}+Z_{\alpha/2}\sqrt{(pq/n)}$$

그러나 여기 한 가지 문제가 있다. 알려지지 않은 p 에 대한 구간추정을 위해 우리는 표본비율($\hat{p}$)을 구하고, 여기에서 $Z_{\alpha/2}\sqrt{pq/n}$ 값을 더하거나 빼서 상·하한을 설정하게 된다. 그러나 p 는 이미 알려지지 않았기 때문에 $\sqrt{pq/n}$ 값을 알 길이 없다. 따라서 최종적인 p 에 대한 구간추정공식은 다음과 같아진다.

[모비율에 대한 신뢰구간]

$$\hat{p}-Z_{\alpha/2}\sqrt{(\hat{p}\hat{q}/n)}<p<\hat{p}+Z_{\alpha/2}\sqrt{(\hat{p}\hat{q}/n)} \tag{1.45}$$

1.5 모분산(σ_X^2)에 대한 구간추정

정규모집단에서 추출된 표본의 분산(s^2)을 가지고 모분산(σ_X^2)에 대하여 구간추정을 하는 방안은 제 4 절에서 소개한 χ^2 분포를 이용하여 제시할 수 있다. 즉, $(n-1)s^2/\sigma_X^2$ 이 $(n-1)$의 자유도를 갖는 χ^2 분포를 갖는다는 사실을 이용하게 된다.

앞에서와 같은 논리에 따라 구간을 설정하되 χ^2 의 상·하한을 각각 $\chi_{\alpha/2}^2$ 와

그림 1-13 χ^2분포와 한계치

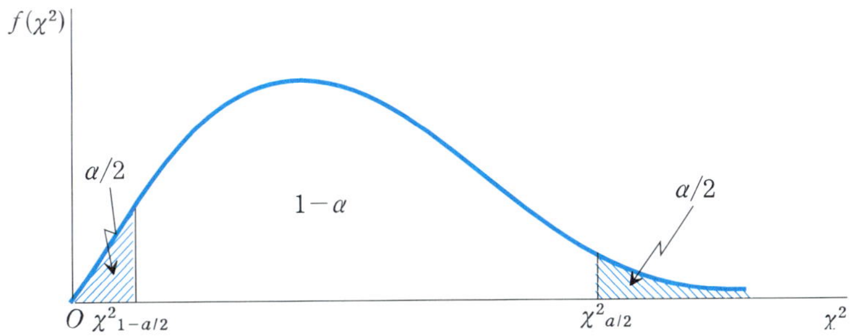

$\chi^2_{1-\alpha/2}$로 표기하면 다음과 같이 표현된다.[1)]

$$P(\chi^2_{1-\alpha/2} < \chi^2 = \frac{(n-1)s^2}{\sigma^2_X} < \chi^2_{\alpha/2}) = 1-\alpha$$

위의 식을 조정하여 σ^2_X에 대해 정리하면 다음과 같은 모분산에 대한 신뢰구간공식이 도출된다.

[모분산에 대한 신뢰구간]

$$\frac{(n-1)s^2}{\chi^2_{\alpha/2}} < \sigma^2_X < \frac{(n-1)s^2}{\chi^2_{1-\alpha/2}} \tag{1.46}$$

이상에서 우리는 단일표본을 이용하여 주요 모수(μ, p, σ^2)에 대하여 추정하는 방안을 모색해 보았다. 도출된 추정공식을 요약하면 표 1-2와 같이 정리될 수 있다. 복수표본을 이용하여 추정하는 경우도 위와 같은 과정을 밟아 쉽게 구간 추정공식이 도출될 수 있으나 편의상 복수표본의 검정문제와 함께 제 6 절에

1) χ^2분포는 모두 양의 값을 갖기 때문에 평균 0을 중심으로 좌우대칭인 Z나 t분포의 경우처럼 Z나 t의 양의 임계치를 구한 다음, 단지 "−"를 붙여 음의 임계치를 구할 수는 없다. 따라서 $\chi^2_{\alpha/2}$은 $P=(\chi^2 > \chi^2_{\alpha/2}) = \alpha/2$, 그리고 $\chi^2_{1-\alpha/2}$은 $P=(\chi^2 > \chi^2_{\alpha/2}) = 1-(\alpha/2)$가 되는 χ^2값을 나타내는 임계치가 되도록 정의한 다음 각각 별도로 χ^2 분포표를 이용하여 찾아야 한다. 여기서 χ^2밑에 쓰여진 하첨자는 각 극한값 $\chi^2_{\alpha/2}$ 또는 $\chi^2_{1-\alpha/2}$보다 큰 값을 갖는 χ^2분포의 면적을 나타낸다고 보면 기억하기가 편리할 것이다.

표 1-3 구간추정의 종합

추정 대상	추정량	구간추정(신뢰구간)	비 고
μ_X	$\overline{X}$	$\overline{X}-Z_{\alpha/2}\frac{\sigma_X}{\sqrt{n}}<\mu_X<\overline{X}+Z_{\alpha/2}\frac{\sigma_X}{\sqrt{n}}$	모분산(σ_X^2)이 알려진 경우
		$\overline{X}-t_{\alpha/2,\ \nu}\frac{s}{\sqrt{n}}<\mu_X<\overline{X}+t_{\alpha/2,\ \nu}\frac{s}{\sqrt{n}}$	모분산을 모르고, 표본규모가 작을 때($n<30$)
		$\overline{X}-Z_{\alpha/2}\frac{s}{\sqrt{n}}<\mu_X<\overline{X}+Z_{\alpha/2}\frac{s}{\sqrt{n}}$	모분산을 모르나, 표본규모가 클 때($n\geq 30$)
p	$\hat{p}$	$\hat{p}-Z_{\alpha/2}\sqrt{(\hat{p}\hat{q}/n)}<p<\hat{p}+Z_{\alpha/2}\sqrt{(\hat{p}\hat{q}/n)}$	$n\geq 30$이어야 함
σ_X^2	s^2	$\frac{(n-1)s^2}{\chi^2_{\alpha/2}}<\sigma_X^2<\frac{(n-1)s^2}{\chi^2_{1-\alpha/2}}$	

서 다루기로 한다.

2. 검 정

가설검정(hypothesis testing)이란 모집단의 특성치, 즉 모수값으로 가정되었거나 예상되는 값을 표본정보를 이용하여 그 진위를 판정하는 통계적 추론방법이다. 이러한 가설검정은 일반적으로 모수값에 대하여 서로 상반되는 두 개의 주장이나 가설 중에서 하나를 채택하는 식으로 진행되며, 채택의 기준이 되는 것은 표본관측치와 표본통계량의 확률분포이므로 추론 결과는 일정수준의 오차가 발생할 가능성을 항상 내포하게 된다.

모수값이 취하라라고 가정한 값을 나타내는 방법에는 두 가지가 있다. 그 하나는 단 하나의 값(single value)으로 표현하는 이른바 단순가설(simple hypothesis)의 형태이고, 다른 하나는 일정한 영역의 값(range of values)으로 표현되는 복합가설(composite hypothesis)의 형태이다. 예컨대, "한국인 성년 남자의 평균 신장(μ)이 170cm이다"라고 가설을 세울 수도 있고, "170cm보다 작지는 않을 것이다"라고 가정할 수도 있는 것이다. 전자를 단순가설, 후자의 형태를 복합가설이라고 부를 수 있으며, 이를 각각 "$\mu=170$"와 "$\mu\geq 170$"처럼 표시하게 된다. 물론 복합가설에 비해서 단순가설이 검정하기에 편리한 것은 사실이다.

한편, 단순가설의 형태든 또는 복합가설의 형태든간에 가설검정이란 우선 서로 상반되는 두 개의 가설을 대응시켜 설정하게 되는데, 이를 귀무가설(null hypothesis)과 대립가설(alternative hypothesis)이라 한다. 여기서 중요한 점은 두 가설은 서로 여집합(complementary set)관계에 있도록 설정되어야 한다는 점이다. 따라서 귀무가설이 $\mu \geq 170$이라면 대립가설은 당연히 $\mu < 170$으로 표현되어야 하고, 귀무가설이 $\mu = 170$과 같은 단순가설로 표현되면 대립가설은 $\mu \neq 170$과 같이 표현되어야 하는 것이다. 일반적으로 귀무가설은 H_0, 그리고 대립가설은 H_A로 표기한다.[1]

예컨대,

$$\begin{cases} H_0 : \mu = 170 \\ H_0 : \mu \neq 170 \end{cases} \text{또는} \begin{cases} H_0 : \mu \geq 170 \\ H_0 : \mu < 170 \end{cases}$$

와 같이 표기할 수 있다.

2.1 가설검정의 형태

가설검정의 방법은 귀무가설의 형태가 단순가설인지 아니면 복합가설인지에 따라 달라진다.

우선 일반적으로 귀무가설이 취할 수 있는 형태와 이와 대칭되는 대립가설 형태를 성인남자의 신장문제와 관련하여 정리해 보면 다음과 같다.

$$\text{case I} \begin{cases} H_0 : \mu = 170 \\ H_0 : \mu \neq 170 \end{cases}$$

$$\text{case II} \begin{cases} H_0 : \mu \geq 170 \\ H_0 : \mu < 170 \end{cases}$$

$$\text{case III} \begin{cases} H_0 : \mu \leq 170 \\ H_0 : \mu > 170 \end{cases}$$

case I 의 경우는 귀무가설이 단순가설이며 모수값이 특정한 값(170)과 같다고 가정되어 있다. 이러한 형태의 가설은 표본에서 얻는 정보, 예컨대 표본평

1) 귀무가설이라는 용어는 원래 가설검정 연구의 초기단계에서 지어진 이름으로 연구사가 기각되기를 바라는 또는 무효가 되기를 희망하는 가설이라는 데에서 연유된 명칭이다. 즉, 귀무가설은 연구자가 모수의 참값이 아니라고 생각되는 값으로 정의하고, 반대로 대립가설은 모수가 실제 취하리라고 예상되는 값으로 설계함으로써 관측된 표본자료를 이용하여 귀무가설을 기각할 수 있기를 희망하였던 것이다.

그러나 오늘날 대부분의 가설검정에서는 일반적으로 초창기에 부여되었던 이와 같은 귀무가설에 대한 의미는 사라졌다. 따라서 단순히 서로 상반되는 두 개의 가설을 설정하여 대립시켜 놓는 것이 일반화되었다. 단, 아직도 경우에 따라서는 귀무가설의 초창기적 의미가 유용하게 이용될 수도 있음을 유의할 필요가 있다.

균($\overline{X}$)의 값이 170보다 아주 크거나 또는 아주 작을 때 기각할 수 있다. 아주 작다거나 크다는 값의 한계는 표본평균의 분포를 이용하게 되며, 이 분포의 양쪽 꼬리부분에 해당하는 값으로부터 도출된다. 이러한 값들을 임계치, 또는 한계치라고 하는데, 귀무가설이 이 예에서처럼 단순가설일 경우에는 양쪽 꼬리부분에서 각각 하나씩 도합 2개가 나온다. 따라서 귀무가설의 채택 여부는 표본정보와 이 두 개의 임계치와의 비교를 통해 결정되므로 우리는 이러한 검정 형태를 양측검정(two-sided test or two tail test)이라고 한다.

반면에 귀무가설이 case Ⅱ나 case Ⅲ처럼 일정 영역의 값으로 정의될 때에는, 즉 모수값이 가정된 특정치보다 크거나 작다는 식으로 가설이 설정될 경우에는 표본분포의 양쪽 꼬리부분 중 어느 한 쪽만을 고려함으로써 이러한 주장의 채택 여부를 결정할 수 있게 된다. 이 경우에 한계치는 하나만이 존재하는데, 이 때의 검정방법은 표본정보와 이 한계치의 비교를 통해 이루어지므로 단측 또는 편측검정(one-sided test or one tail test)이라고 한다.

단측검정은 다시 우측검정(right-hand side test; right tail test)과 좌측검정(left-hand side; left tail test)으로 구분되며, case Ⅱ처럼 귀무가설이 모수값을 특정치보다 크게 설정하고 있을 경우에는 좌측검정을 적용하게 된다. 그 이유는 후에 자세히 밝혀지겠지만 우선 직관적으로 설명해 보자. case Ⅱ의 경우 귀무가설은 모수의 값이 170보다 크거나 같다는 주장을 대변하고 있다. 만일 표본평균값이 170보다 큰 값으로 관측된다면 이 귀무가설을 기각할 하등의 이유가 없다. 바꾸어 말하면 이 귀무가설을 기각할 수 있는 경우란 표본평균이 170보다 아주 작은 값으로 관측될 경우가 될 것이다. 그라고 어느 정도 작은 값이라야 귀무가설의 타당성을 부정할 수 있는지를 결정하는 데 사용될 한계치는 표본분포의 왼쪽 꼬리부분에 속한 값이 될 것이다. 따라서 이 왼쪽 한계치와 표본관측치의 비교를 통해 귀무가설의 채택 여부가 결정되므로 좌측검정이라고 부르게 된다. 마찬가지 이유로 해서 case Ⅲ은 우측검정 형태의 방법을 요하게 된다.

2.2 가설검정의 절차와 기본적 방법론

가설검정의 기본적 절차는 본질적으로 구간추정과 동일한 맥락에서 이해될 수 있다. 앞 절에서 우리는, 예컨대 모평균(μ_X)에 대한 구간추정을 하는 경우 점 추정치인 표본평균($\overline{X}$)값을 중심으로 하되, 표본평균의 확률분포를 이용하여 일정 거리를 가감하여 구간을 설정하였다. 즉, 모평균에 대한 구간추정의 일반공식은 다음과 같이 정리된다(σ_X^2가 알려진 경우).

$$\overline{X}-Z_{\alpha/2}(\sigma_X/\sqrt{n})<\mu_X<\overline{X}+Z_{\alpha/2}(\sigma_X/\sqrt{n})$$

그러나 가설검정의 경우에는 반대로 일단 귀무가설($H_0: \mu_X=\mu_0$)이 사실이라 가정하고, 가정된 모평균의 값(μ_0)을 갖는 모집단에서 추출된 크기 n 표본의 평균값이 취할 수 있는 값의 신뢰구간을 먼저 설정한 다음 실제 산출된 표본평균($\overline{X}$)의 값이 그 구간 내에 속하는지 여부를 확인하여 가정된 값의 진위 내지 신뢰성에 관한 결론을 내린다. 이 때, 가정된 모수 값을 중심으로 하는 $\overline{X}$의 신뢰구간은 다음과 같다.

$$\mu_0-Z_{\alpha/2}(\sigma_X/\sqrt{n})<\overline{X}<\mu_0+Z_{\alpha/2}(\sigma_X/\sqrt{n}) \tag{1.47}$$

그런데 위의 식에서 각각 μ_0를 뺀 다음 $\sigma_X/\sqrt{n}$ 으로 나누면

$$-Z_{\alpha/2}<\frac{\overline{X}-\mu_0}{\sigma_X/\sqrt{n}}=Z<+Z_{\alpha/2} \tag{1.48}$$

가 된다.

따라서 $\overline{X}$가 식(1.47)에 나타난 구간 내에 속하는지 여부를 확인하는 것은 식(1.48)에서 $Z=\dfrac{\overline{X}-\mu_0}{\sigma_X/\sqrt{n}}$가 구간 $(-Z_{\alpha/2},\ Z_{\alpha/2})$ 내에 속하는지를 확인하는 것과 같아지게 된다. 즉, 표본평균($\overline{X}$)을 표준화한 값이 두 표준화된 임계치 구간 내에 있는지의 여부를 확인함에 의해 귀무가설을 평가할 수 있는 것이다. 식(1.48)은 식(1.47)에 비해 계산상 간편하면서도 동일한 분석 결과를 보장하므로 통상적으로 이 식을 이용한다. 이제 식(1.48)의 의미를 도표화하면 그림 1-14와 같다.

그림 1-14에서 볼 수 있듯이 이 경우에는 귀무가설이 $H_0: \mu_X=\mu_0$로 단순가설이므로 양측검정이 되며, 따라서 두 임계치 $\pm Z_{\alpha/2}$가 계산된 $Z=\dfrac{\overline{X}-\mu_0}{\sigma_X/\sqrt{n}}$가 $Z_{\alpha/2}$보다 크거나 또는 $-Z_{\alpha/2}$보다 작은 값을 갖는다는 것은 가정된 μ_0와 실제 관측치 $\overline{X}$ 사이에 상당한 차이가 발생하는 것을 의미하므로 귀무가설을 인정하기 힘들게 됨을 의미한다. 따라서 이 두 임계치 밖의 구역을 우리는 귀무가설을 기각하게 되는 Z값 영역이라고 하여 기각역, 그리고 두 임계치 사이의 영역을 채택역이라고 부르는 것이다. 한편, α란 검정상의 오차발생 가능성을 의

그림 1-14 임계치와 기각역 그리고 채택역

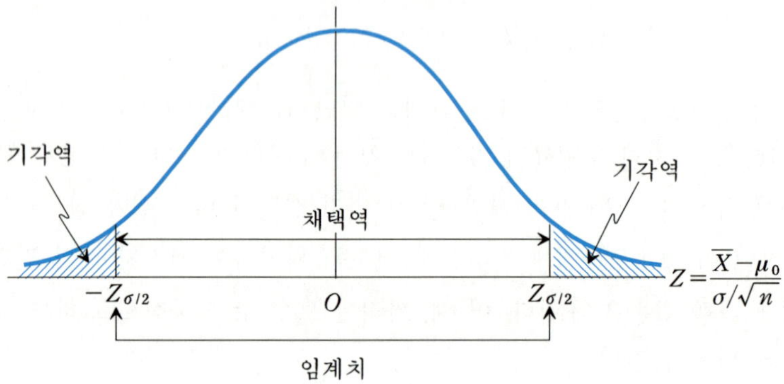

미하는데, 검정에서는 오차율이라고 부르지 않고 유의수준 또는 제1종 오류(type I error)라고 부른다.[1)]

이상에서 소개한 가설검정방법 내지 절차를 정리해 보면 다음과 같다.

[가설검정의 절차]

1) 귀무가설과 대립가설의 설정
2) 적절한 표본통계량의 선정
3) 선정된 표본통계량의 값을 계산
4) 유의수준과 그에 부응하는 임계치 설정
5) 산출된 표본통계량의 값과 임계치의 비교를 통하여 귀무가설의 채택 여부를 결정

즉, 첫째로 검정하고자 하는 귀무가설을 설정한 다음, 둘째 단계에선 주어진 여건을 파악(모분산 값이 알려져 있는지, 표본크기는 얼마인지 등등)하여 검정하려는 모수(모평균, 모비율, 모분산 등)에 대응하는 표본통계량($\overline{X}$, $\hat{p}$, s^2 등등)이 따르는 표본분포의 형태(Z, t, χ^2, F 등)를 선정한다. 셋째로, 전 단계에서 선정된 표본분포에 따라 표준화된 표본통계량의 값을 구한다. 그리고 네 번째 단

1) 여기서 제1종 오류란 α오류라고도 하며, 귀무가설이 사실임에도 불구하고 실수로 기각할 가능성을 의미한다. 한편 귀무가설이 허위임에도 불구하고 이를 실수로 채택할 가능성을 제2종 오류, 또는 β오류라고 한다. 자세한 것은 이종원(2004), 전게서, 제8장 참조.

계에서는 유의수준(α)을 결정하고 그에 해당하는 임계치를 찾아낸다. 마지막으로, 다섯 번째 단계에선 계산된 통계량의 값과 찾아 낸 임계치를 비교하여 귀무가설의 채택 여부를 결정한다.

2.3 모평균(μ_X)에 대한 가설검정

우리는 이미 μ_X에 대한 적절한 검정통계량은 $\overline{X}$이며, $\overline{X}$의 분포는 σ_X^2이 알려져 있는지 여부와 n값의 크기에 따라 Z 또는 t분포를 따른다는 사실을 확인한 바 있다. 즉, $\overline{X}$의 분포는 표준화시켰을 때 σ_X^2가 알려져 있는 경우는 Z분포, 그리고 σ_X^2가 알려져 있지 않은 경우는 t분포를 따르게 되는데, 후자의 경우 표본규모(n)가 커져서 30을 상회하면($n \geq 30$) Z분포에 가까워진다. 이제 전항에서 전개한 논리를 따라 각각의 경우에 대한 검정통계량공식을 정리하면 다음과 같다.

Case Ⅰ. σ_X^2이 알려져 있는 경우

$$Z = \frac{\overline{X} - \mu_0}{\sigma_X / \sqrt{n}}$$

Case Ⅱ. σ_X^2가 알려져 있지 않고 $n < 30$일 경우

$$t = \frac{\overline{X} - \mu_0}{s / \sqrt{n}}$$

Case Ⅲ. σ_X^2가 알려져 있지 않으나 $n \geq 30$일 경우

$$Z = \frac{\overline{X} - \mu_0}{s / \sqrt{n}}$$

단, 각 공식의 유한모집단에서 표본을 비복원추출한 경우에는 분모에 유한모집단조정계수 $\sqrt{\frac{N-n}{N-1}}$ 를 곱하여 사용해야 함은 물론이다.

2.4 모비율(p)에 대한 가설검정

모비율(p)에 대한 최선의 검정통계량은 $\hat{p}$으로 $n \geq 30$의 경우 평균이 p,

분산이 pq/n인 정규분포를 따르게 됨을 확인한 바 있다. 따라서 모비율에 대한 어떤 귀무가설, 예컨대 $H_0 : p = p_0$가 설정되면 이에 적용할 통계량은 $\hat{p}$을 표준화한 $Z = \frac{\hat{p} - p_0}{\sqrt{pq/n}}$이 될 것인바, 표본비율 $\hat{p}$값과 가정된 모비율값 p_0를 대입하여 통계량 Z값을 계산하고, 임계치 $\pm Z_{\alpha/2}$(또는 단측검정시엔 $+Z_\alpha$나 $-Z_\alpha$)와 비교하여 귀무가설의 진위를 판정하게 된다. 단, 이 과정에서 한 가지 문제가 생겼다. 즉, $Z = \frac{\hat{p} - p_0}{\sqrt{pq/n}}$값을 계산하려면 p와 q값을 알아야 하나 이는 아직 미지인 상태에 있다. 이 문제는 일단 귀무가설을 사실로 인정한 후 Z값을 계산하여 해결한다. 즉, 식 $Z = \frac{\hat{p} - p_0}{\sqrt{pq/n}}$에 귀무가설에서 가정된 p값인 p_0와 이를 이용한 $q_0 = (1 - p_0)$을 대입하여 해소될 수 있는 것이다. 따라서 계산될 통계량의 값은 $Z = \frac{\hat{p} - p_0}{\sqrt{\frac{p_0 q_0}{n}}}$가 된다.

[모비율에 대한 가실검정통계량]

$$Z = \frac{\hat{p} - p_0}{\sqrt{\frac{p_0 q_0}{n}}}$$

독자들은 모비율에 관한 구간추정 당시, $\hat{p} - Z_{\alpha/2}\sqrt{pq/n} < p < \hat{p} + Z_{\alpha/2}\sqrt{pq/n}$에서 미지의 p에 대한 신뢰구간치를 계산하기 위한 공식이 미지의 p를 포함하고 있는 문제를 p의 추정치인 $\hat{p}$으로 p값을 대체시킴으로써 해소시켰던 것을 기억할 것이다. 그러나 가설검정의 경우에는 일단 귀무가설 $H_0 : p = p_0$가 사실이라고 가정한 뒤, 이를 중심으로 채택구간을 설정하게 되므로 p값에 $\hat{p}$대신 p_0를 대입하여 Z값을 계산하는 것이 타당하다.

마지막으로 모비율에 대한 가설검정의 경우에서도 주의할 점은 유한모집단에서 비복원으로 표본을 추출할 경우, 검정통계량공식에 유한모집단조정계수를 곱하여 사용한다는 점이다.

2.5 모분산(σ_X^2)에 대한 가설검정

모분산에 관한 추론에 χ^2분포를 이용함은 추정의 경우에서와 마찬가지다. 평균 및 비율에 대한 검정통계량 도출과정과 같은 절차에 따라 σ_X^2에 대한 검정통계량을 도출할 수 있으며 그 결과는 다음과 같다.

[모분산에 대한 검정통계량]

$$\chi_\nu^2 = (n-1)s^2/\sigma_0^2 \quad (\text{단, } \sigma_0^2\text{은 귀무가설에서 가정된 값}) \tag{1.49}$$

여기에서 한 가지 이러한 검정방법의 당위성을 직관적으로 검토해 보자. $(n-1)s^2/\sigma_0^2$은 자유도$(n-1)$인 χ^2분포를 따른다. 이 때 논의의 편의상 자유도의 크기를 일단 논외로 할 경우 $\sigma_X^2 = \sigma_0^2$이라고 귀무가설에서 설정된 분산값 σ_0^2이 실제의 표본에서 얻어진 분산값 s^2과 서로 상당한 차이를 보인다면 $\sigma_X^2 = \sigma_0^2$이란 주장을 인정하기 어려울 것이며, 반대로 σ_0^2값과 s^2값이 거의 비슷하다면 $\sigma_X^2 = \sigma_0^2$이란 가설을 기각할 하등의 이유가 없어진다. 따라서 $(n-1)s^2/\sigma_0^2$값이 아주 크거나(s^2이 σ_0^2보다 아주 클 때), 또는 작을 때(s^2이 σ_0^2보다 아주 작은 값으로 나타날 때)에는 $\sigma_X^2 = \sigma_0^2$이란 가설을 기각하게 되며, 기각 여부를 결정하는 기준은 $\chi_{1-\alpha/2}^2$와 $\chi_{\alpha/2}^2$값이 된다. 물론 가설검정을 해야 할 경우의 임계치는 $\chi_{1-\alpha}^2$ 또는 χ_α^2가 될 것임은 자명한 일이다.

본 절에서 소개한 단일표본 경우의 검정공식을 정리하면 표 1-4와 같다.

표 1-4 검정공식의 종합(단일표본의 경우)

검정대상	검정통계량	비 고
	$Z = \dfrac{\overline{X} - \mu_0}{\sigma_X/\sqrt{n}}$	σ_X^2이 알려져 있는 경우
μ_X	$Z = \dfrac{\overline{X} - \mu_0}{s/\sqrt{n}}$	σ_X^2를 모르지만 $n \geq 30$일 경우
	$t = \dfrac{\overline{X} - \mu_0}{s/\sqrt{n}}$	σ_X^2를 모르고 $n < 30$일 경우

p	$Z=\dfrac{\hat{p}-p_0}{\sqrt{p_0q_0/n}}$	$n \geq 30$이어야 함
σ_X^2	$\chi_\nu^2=(n-1)s^2/\sigma_0^2$	

제 6 절 통계적 추론Ⅱ : 복수표본 경우의 추론 및 검정

제 5 절에서는 한 개의 표본을 이용하여 그것이 추출된 모집단의 평균이나 비율 또는 분산에 대한 추정을 하거나 가정된 값의 사실 여부를 검정하는 방법에 대하여 알아 보았다. 본 절에서는 같은 맥락에서 표본이 둘 또는 셋 이상인 경우의 추정 및 검정방안에 대하여 살펴보고자 한다. 우선 제 1 항에서는 서로 다른 두 모집단에서 독립적으로 추출된 두 개의 표본을 이용하여 이들이 추출된 두 모집단의 모수, 즉 평균, 비율, 또는 분산들이 서로 같은지를 평가하는 방안을 주로 강구하게 되며, 동시에 두 모평균이나 비율 간의 차이 그리고 모분산 간의 비율에 대한 추정방안을 아울러 다루게 된다.

논의의 편의상 그림 1-15에서처럼 처음에는 두 모평균을 비교하는 방안 4가지와 두 모비율을 비교하는 방안 2가지, 그리고 마지막으로 두 모분산의 비교에 관한 방법을 차례로 다루기로 한다. 그리고 제 2 항에서는 셋 이상의 표본정보를 이용하여 이들이 추출된 모집단이 갖는 평균들이 서로 같은지를 확인하는 방법, 즉 분산분석에 대하여 논할 것이다.

1. 복수표본 경우의 통계적 추론

본 항에서는 표본이 둘인 경우에 추정과 검정하는 방법을 소개하되, 논의의 편의상 검정을 먼저 다루고 추정은 후반부에 검정시의 분류체계와 대비해 가며 간략히 그 요약 내용만을 소개하고자 한다.

1.1 모평균의 차($\mu_1-\mu_2$)에 관한 가설검정

두 개의 표본들이 동일한 평균을 가지고 있는 모집단에서 추출되었는지를 확인하는 문제도 제 5 절에서처럼 결국 검정에 사용할 통계량의 형태에 의존하게 된다. 그리고 사용할 통계량의 선정은 모집단에 관한 정보(즉, 모분산이 알려졌는가 하는 문제 등) 및 표본에 대한 정보(표본의 크기 등)에 따라 달라지므로 편의상 다음과 같이 4가지 경우로 나누어 다루기로 한다.

(1) 두 모분산이 알려져 있는 경우

우선 비현실적인 가정이기는 하나 논리전개의 기초를 마련한다는 차원에서 두 모분산 σ_1^2과 σ_2^2이 알려져 있다고 보고 가설검정의 5가지 기본과정을 밟아보자.

검정의 첫번째 단계는 가설을 설정하는 일이다. 두 모평균의 평균을 각각 μ_1과 μ_2로 표시할 때, 이 두 모평균을 비교하기 위한 가설은 $H_0 : \mu_1 - \mu_2 = 0$, $H_0 : \mu_1 - \mu_2 > 0$, $H_0 : \mu_1 - \mu_2 < 0$ 또는 $H_0 : \mu_1 - \mu_2 \gtreqless k$ 등 여러 형태로 설정될 수 있다. 일단 위와 같은 형태의 가설이 설정되면 다음 단계의 검정과정은 적절한 통계량을 선정하는 일이 될 것이다. 우선 우리가 알고 있는 사실을 정리해 보면 모평균 μ_1은 $\overline{X}_1$, 그리고 모평균 μ_2는 $\overline{X}_2$에 의해 추론될 수 있으므로 이제 두 모평균 간의 차이를 나타내는 $(\mu_1 - \mu_2)$를 하나의 확률변수로 인식하면 이를 추론할 통계량은 $(\overline{X}_1 - \overline{X}_2)$가 된다고 볼 수 있다. 원래의 두 모집단이 정규분포를 따른다면 과연 $(\overline{X}_1 - \overline{X}_2)$의 분포는 무엇이 될까? 또 이 표본통계량의 평균과 분산은 얼마인가? 첫째 질문과 관련된 통계 이론상의 주요 정리를 증명 없이 정리해 보면 다음과 같다.

[정리 1.3]

> 두 개의 확률변수 X_1과 X_2가 각각 정규분포를 따르면, $X_1 \pm X_2$로 정의되는 새로운 확률변수도 정규분포를 따른다.

우리는 이미 표본평균 $\overline{X}_1$와 $\overline{X}_2$는 각각 정규모집단의 확률변수의 1차함수이므로 역시 정규분포를 따른다는 사실을 알고 있다.[1] 따라서 정규분포를 따르는 두 확률변수 X_1과 X_2간의 차이로 정의되는 $(\overline{X}_1 - \overline{X}_2)$도 [정리 1.3]에 의해 역시 정규분포를 따르게 된다는 결론을 얻을 수 있다. 그러면 새로운 확률변수 $(\overline{X}_1 - \overline{X}_2)$의 평균과 분산을 계산해 보기로 한다.

1) [정리 1.1]에 의하면 X가 정규분포를 따르면 X의 어떤 일차함수도 정규분포를 따른다고 되어 있다.

우선 평균은

$$E[\overline{X_1}-\overline{X_2}]=E[\overline{X_1}]-E[\overline{X_2}]$$
$$=\mu_1-\mu_2$$

한편, 분산은 두 표본의 크기를 n_1과 n_2라 할 때

$$\text{Var}(\overline{X}_1-\overline{X}_2)=\text{Var}(\overline{X_1})+\text{Var}(\overline{X}_2)-2\,\text{Cov}(\overline{X}_1,\ \overline{X}_2)$$
$$=\frac{\sigma_1^2}{n_1}+\frac{\sigma_2^2}{n_2}$$

이 된다. 마지막 항인 공분산은 두 확률변수 $\overline{X}_1$와 $\overline{X}_2$가 서로 독립적으로 추출된 표본들의 평균을 나타내므로 0이 된다. 이상의 결과를 정리해 보면

$$(\overline{X}_1-\overline{X}_2)\sim N((\mu_1-\mu_2),\ (\frac{\sigma_1^2}{n_1}+\frac{\sigma_2^2}{n_2}))$$

이 될 것이고, 이를 표준화하면 다음과 같다.

[모분산이 알려진 경우 두 모평균의 비에 대한 검정통계량]

$$Z=\frac{(\overline{X}_1-\overline{X}_2)-(\mu_1-\mu_2)}{\sqrt{\dfrac{\sigma_1^2}{n_1}+\dfrac{\sigma_2^2}{n_2}}}\sim N(0,\ 1) \tag{1.50}$$

검정의 세 번째 단계는 위와 같이 밝혀진 통계량의 값 Z_{cal}을 계산하는 것으로 일단 귀무가설이 사실이란 가정하에 계산한다. 예컨대, $H_0: \mu_1-\mu_2=0$이라면 통계량의 값은 단순히 $Z_{cal}=(\overline{X}_1-\overline{X}_2)/\sqrt{\sigma_1^2/n_1+\sigma_2^2/n_2}$가 될 것이다.

네 번째 단계는 임계치의 설정인데 일단 α수준(유의수준)을 정한 뒤 귀무가설이 단순가설이면, 즉 $H_0: \mu_1-\mu_2=0$이면 $\pm Z_{\alpha/2}$를, 그리고 귀무가설이 복합가설이면, 즉 $H_0: \mu_1-\mu_2\leqq 0$이면 Z_α, 또는 $-Z_\alpha$를 구하여 전자에는 양측검정, 그리고 후자에는 단측검정을 실시하게 된다.

다섯 번째 단계에서는 세 번째 단계에서 제시된 통계량의 값과 네 번째 단계에서 설정된 임계치를 비교하여 귀무가설의 채택 여부를 판정짓게 된다.

(2) 두 모분산은 미지이나 표본규모가 큰 경우

단일표본을 이용한 가설검정과정에서도 언급한 바 있지만 모분산이 알려져 있다는 가정 하의 검정이란 사실 무의미하다. 모분산이 알려지려면 원칙적으로 모분산이 알려져 있지 않다는 것이 될 것이다. 그러나 이와 같은 보다 현실적인 상황을 가정하더라도 표본크기만 일정한도를 넘으면 가설의 검정과정은 앞에서의 경우와 흡사하다. 다만 결정적인 차이는 $(\overline{X}_1 - \overline{X}_2)$를 표준화할 때 σ_1^2과 σ_2^2이 알려져 있지 않으므로 불가피하게 그 추정치인 s_1^2과 s_2^2으로 대치하여야 한다는 것이다. 즉,

[모분산이 미지이나 표본규모가 클 경우의 두 모평균의 차에 대한 검정통계량]

$$\frac{(\overline{X}_1 - \overline{X}_2) - (\mu_1 - \mu_2)}{\sqrt{\dfrac{s_1^2}{n_1} + \dfrac{s_2^2}{n_2}}} \fallingdotseq Z \tag{1.51}$$

문제는 이 표준화된 확률변수가 어떠한 분포를 따를 것인가 하는 것이다. 통계이론에 의하면 n_1, $n_2 \to \infty$에 따라 $s_1^2 \to \sigma_1^2$, $s_2^2 \to \sigma_2^2$가 되고, 따라서 식(1.51)은 정규분포에 접근하게 된다고 한다. 그러므로 검정의 제 2 및 제 3 단계에 사용하는 통계량의 형태가 식(1.50) 대신 식(1.51)이 사용된다는 것 이외에는 앞의 경우와 동일한 과정을 밟으면 될 것이다.

(3) 두 모분산이 미지이고 표본규모도 작을 경우

두 모분산이 미지인데 표본규모도 작아 전항처럼 정규분포에 의한 근사치 계산이 곤란한 경우에는 결국 t분포를 이용하는 다음과 같은 별도의 공식을 개발할 수밖에 없다.

[두 모분산이 미지이고 표본규모가 작을 경우의 두 모평균의 차에 관한 검정통계량]

$$t_{n_1+n_2-2} = \frac{(\overline{X}_1 - \overline{X}_2) - (\mu_1 - \mu_2)}{\hat{s}\sqrt{\dfrac{1}{n_1} + \dfrac{1}{n_2}}} \tag{1.52}$$

(단, $\hat{s} = \sqrt{\dfrac{(n_1-1)s_1^2 + (n_2-1)s_2^2}{n_1+n_2-2}} = \sqrt{\dfrac{\Sigma(X_{1i} - \overline{X})^2 + \Sigma(X_{2i} - \overline{X})^2}{n_1+n_2-2}}$)

단, 위의 공식은 두 모분산은 모르지만 서로 같아야 한다는 조건($\sigma_1^2=\sigma_2^2$)이 만족할 때에만 사용할 수 있다는 제한성이 있다.[1)] 그리고 특기할 사항은 $\sigma_1^2=\sigma_2^2$라는 조건 하에 검정통계량을 개발하였기 때문에 표본들의 분산을 각각 별도로 계산하지 않고 각 표본의 크기로 가중평균한 표본분산($\hat{s^2}$)을 대신 활용하고 있으며 이를 결합분산 또는 공통분산(pooled variance)이라 부른다.

끝으로, 전항 및 본항에서 제시한 검정통계량의 확률분포의 선택문제는 표 1-5와 같은 요령에 따라 실시함이 타당하다.

표 1-5 두 모분산이 미지일 경우의 검정방법

표본크기	검정통계량	비 고
$n_1,\ n_2 \geq 30$	$Z=\dfrac{(\overline{X}_1-\overline{X}_2)-(\mu_1-\mu_2)}{\sqrt{\dfrac{s_1^2}{n_1}+\dfrac{s_2^2}{n_2}}}$	σ_1^2과 σ_2^2는 안 알려짐
$n_1+n_2-2 \geq 30$	$Z=\dfrac{(\overline{X}_1-\overline{X}_2)-(\mu_1-\mu_2)}{\hat{s}\sqrt{\dfrac{1}{n_1}+\dfrac{1}{n_2}}}$	σ_1^2과 σ_2^2는 알려져 있지 않지만 $\sigma_1^2=\sigma_2^2$이란 가정 필요
$n_1+n_2-2 < 30$	$t_{n_1+n_2-2}=\dfrac{(\overline{X}_1-\overline{X}_2)-(\mu_1-\mu_2)}{\hat{s}\sqrt{\dfrac{1}{n_1}+\dfrac{1}{n_2}}}$	σ_1^2과 σ_2^2는 알려져 있지 않지만 $\sigma_1^2=\sigma_2^2$이란 가정 필요

(4) 두 모분산이 알려져 있지 않고 표본규모도 작으나 표본이 대응된 쌍을 이룰 경우

두 모집단의 분산이 알려지지 않았을 때 추출된 표본의 크기가 작더라도 $\sigma_1^2=\sigma_2^2$라는 가정을 요구하지 않고도 두 모집단의 평균의 차에 대한 검정을 할 수 있는 방안이 있다. 이는 쌍체, 또는 대응된 쌍(matched pairs)을 이루는 표본을 얻을 수 있을 때 사용될 수 있는 방법이다. 즉, 쌍체표본이란 동일하거나 유사한 대상물의 특성을 서로 다른 두 지역에서, 또는 서로 다른 두 시점에서 측정한 값으로 표본관측치를 구성할 때 이루어진다. 예를 들면, 속독법을 배우기 전과 후의 1분간 독파능력을 측정한다든가, 에어로빅 댄스를 배우기 전과 후의 몸무게를 관찰한다면, 이는 동일 대상물을 서로 다른 두 시점에서 관측하는 것으로 파악할 수 있으며, 이처럼 두 관측치가 대응된 쌍을 이루면 우리는 보다

1) 이러한 제한조건이 필요한 논리적 근거에 대한 상세한 설명은 이종원(1994), 제 8 장 참조.

간편한 방식에 의해서 두 모평균의 차이에 대한 검정을 할 수 있다는 것이다.

이제 관측치가 대응된 쌍의 형태로 수집될 때 한 대상물을 두 시점에서 관측한 값을 X_{1i}와 X_{2i}로 표시하고, 두 관측치의 차이를 D_i라 하면 $D_i = X_{1i} - X_{2i}$가 될 것이다. 그리고 X_{1i}와 X_{2i}가 각각 독립적으로 정규분포를 따른다고 볼 수 있다면 D_i 또한 [정리 1.3]에 의거하여 정규분포를 따르게 될 것이다.

즉, $D \sim N(0,\ s_D^2)$가 된다. 한편, 우리가 실제로 검정코자 하는 가설은

$$H_0 : \mu_1 - \mu_2 = 0 \text{ 또는 } H_0 : E[D] = 0$$

이 될 것인바, 이에 대한 적절한 검정통계량은 $\overline{D} = \Sigma D_i / n$가 될 것이다. $\overline{D}$는 D의 일차함수이므로 역시 정규분포를 따를 것이며, 그 평균과 분산은 기대치법칙을 이용하면 각각 $E[\overline{D}] = E[D] = 0$, $\mathrm{Var}(\overline{D}) = s_D^2/n$ (단, $s_D^2 = \Sigma(D - \overline{D})^2/(n-1)$)과 같이 도출될 것이다. 따라서 대응된 쌍을 이루는 두 표본자료를 이용한 두 모평균의 차에 대한 검정통계량은 다음과 같아진다.

[대응된 쌍을 이루는 두 표본자료를 이용한 모평균차에 대한 검정통계량]

$$t_{n-1} = \frac{\overline{D} - E[\overline{D}]}{\sqrt{\mathrm{Var}(\overline{D})}} = \frac{\overline{D}}{s_D/n} \tag{1.53}$$

물론 표본규모가 커지게 되면 상기 검정통계량의 값은 Z분포에 가까워짐은 주지의 사실이다.

1.2 모비율의 차($p_1 - p_2$)에 관한 가설검정

두 모비율 간의 차이에 관한 가설을 검정하는 과정은 두 모평균의 차이에 대한 가설검정과정과 흡사하다. 물론 단일표본의 경우에서도 그러하였듯이, 애당초 분석대상이 되는 확률변수가 따르는 확률분포는 이항분포이므로 표본크기(n_1, n_2)가 30을 넘어서야지만 정규분포에 의한 근사치 계산이 가능하다.[1)]

($p_1 - p_2$)에 대한 추정량은 ($\hat{p}_1 - \hat{p}_2$)이 되며 다음과 같은 특성을 갖는다.

1) 식(1.54)의 도출과정은 이종원(1994), 제 8 장 참조.

$$\hat{p}_1 - \hat{p}_2 \sim N((p_1 - p_2),\ (\frac{p_1 q_1}{n_1} + \frac{p_2 q_2}{n_2})) \tag{1.54}$$

따라서, 두 모비율 간의 차에 대한 검정통계량은 다음과 같아진다.[1)]

[두 모비율 간의 차에 대한 검정통계량]

$$Z = \frac{(\hat{p}_1 - \hat{p}_2) - (p_1 - p_2)}{\sqrt{\hat{p}_1 \hat{q}_1 / n_1 + \hat{p}_2 \hat{q}_2 / n_2}}$$

위의 식은 일반적으로 $p_1 - p_2 = 0$ 또는 $p_1 = p_2$라는 가정을 반드시 필요로 하는 검정통계량이 아니어서 귀무가설이 $H_0 : p_1 - p_2 > 0$ 또는 $H_0 : p_1 - p_2 < 0$과 같이 단측검정을 하는 경우에까지 두루 쓰일 수 있다.

한편, 귀무가설이 $H_0 : p_1 - p_2 = 0$이라고 설정되었고, 또 일단 이 가설이 사실이라고 가정하여 검정통계량을 설정할 경우에는 두 모평균차에 관한 검정 경우처럼 가중평균한 비율, 즉 결합 또는 공통비율 개념(pooled ratio)을 사용하는 것이 적당하다. 즉,

[결합비율 개념을 이용한 두 모비율 간의 차에 대한 검정통계량]

$$Z = \frac{(\hat{p}_1 - \hat{p}_2)}{\sqrt{\hat{p}\hat{q}(\frac{1}{n_1} + \frac{1}{n_2})}} \tag{1.55}$$

$$(\text{단, } \hat{p} = \frac{n_1 \hat{p}_1 + n_2 \hat{p}_2}{n_1 + n_2},\ \hat{q} = 1 - \hat{p})$$

여기에서 $p_1 = p_2$라는 가정을 해 가며 가중평균한 비율값을 이용하였음에도 불구하고 모평균의 차이에 관한 검정 경우와는 달리 $t_{n_1 + n_2 - 2}$분포가 아닌 Z

1) 단일표본 경우의 검정시에는 $Z = (\hat{p} - p_0) / \sqrt{p_0 q_0 / n}$라는 검정통계량을 사용했는데, 이는 $H_0 : p = p_0$라는 귀무가설이 사실이란 가정 하에 사용되는 검정통계량이었다. 그러나 여기서처럼 두 표본을 이용할 경우에는 $H_0 : p_1 = p_2$와 같은 귀무가설을 사실이라 가정하여도 식(1.55)의 분모에 나타난 p_1, p_2값을 단일표본에서처럼 가정된 값으로 대입할 수 없게 된다. 따라서 대신 $\hat{p}_1$, $\hat{p}_2$을 이용하게 되는 것이다.

분포를 따르게 되는 이유는 애당초 각 표본크기가 적어도 30을 넘어야 정규분포에 의한 이항분포의 어림셈이 가능하므로 n_1, n_2가 모두 30을 넘어선다는 데 기인한 것이다. n_1, $n_2 > 30$이므로 $n_1 + n_2 - 2 > 58$이 될 수 있음을 염두해 두면 이해가 쉽게 될 수 있을 것이다.

1.3 두 모분산의 비율에 관한 가설검정

제 4 절에서 우리는 두 개의 서로 독립적인 χ^2분포 간의 비율이 F라는 분포를 가지며, 따라서 두 표본분산 간의 비율이 바로 F분포를 따르게 된다는 사실을 배웠다. 즉,

[F분포]

$$F_{\nu_1,\ \nu_2} = \frac{\chi_1^2/\nu_1}{\chi_2^2/\nu_2} = \frac{\dfrac{\Sigma(X_{1i} - \overline{X}_1)^2}{\sigma_1^2} / (n_1 - 1)}{\dfrac{\Sigma(X_{2i} - \overline{X}_2)^2}{\sigma_2^2} / (n_2 - 1)} \quad (\text{만약, } \sigma_1 = \sigma_2 \text{이면})$$

$$= \frac{\Sigma(X_{1i} - \overline{X}_1)^2/(n_1 - 1)}{\Sigma(X_{2i} - \overline{X}_2)^2/(n_2 - 1)} = \frac{s_1^2}{s_2^2} \tag{1.56}$$

따라서 만일 검정하고자 하는 귀무가설이 $H_0 : \sigma_1^2 \gtreqless \sigma_2^2$ 이라면, 이를 검정할 통계량은 다음과 같아진다.

[두 모분산의 비율에 대한 검정통계량]

$$F_{\nu_1,\ \nu_2} = \frac{s_1^2}{s_2^2} \tag{1.57}$$

따라서 주어진 표본관측치의 표본분산값을 구하여 윗식에 대입한 다음 임계치를 귀무가설 형태에 따라 설정하고, 앞서 계산된 통계량의 값과 비교하여 귀무가설의 채택 여부를 결정하면 될 것이다.

앞서도 지적한 바 있듯이 만일 두 표본분산값이 거의 같아 $F_{\nu_1,\ \nu_2} = s_1^2/s_2^2$ 값이 1에 가깝다면 우리는 $H_0 : \sigma_1^2 = \sigma_2^2$이라는 가설을 기각할 하등의 이유가

없게 되는 것이고, 반대로 F값이 지나치게 크거나 작은 값을 가지면 둘 중에 한 집단의 분산이 다른 집단에 비해 매우 크거나 작다는 것을 의미하므로 $\sigma_1^2 = \sigma_2^2$이라는 가설은 기각되어야 할 것이다.

1.4 가설검정공식의 요약

지금까지 논의한 가설검정에 관한 제반 공식을 종합하면 표 1-6과 같이 나타낼 수 있다.

표 1-6 가설검정공식 종합표(복수표본 경우)

복수표본	$\mu_1-\mu_2$	$Z=\dfrac{(\overline{X}_1-\overline{X}_2)-(\mu_1-\mu_2)}{\sqrt{\dfrac{\sigma_1^2}{n_1}+\dfrac{\sigma_2^2}{n_2}}} \sim N(0,\ 1)$	두 모분산(σ_1^2, σ_2^2)이 알려진 경우
		$Z=\dfrac{(\overline{X}_1-\overline{X}_2)-(\mu_1-\mu_2)}{\sqrt{\dfrac{s_1^2}{n_1}+\dfrac{s_2^2}{n_2}}}$	두 모분산은 미지이나 표본규모가 클 경우
		$t_{n_1+n_2-2}=\dfrac{(\overline{X}_1-\overline{X}_2)-(\mu_1-\mu_2)}{\hat{s}\sqrt{\dfrac{1}{n_1}+\dfrac{1}{n_2}}}$	두 모분산이 미지이나 서로 같고 표본규모가 작을 경우
		$t_{n-1}=\dfrac{\overline{D}-E[\overline{D}]}{\sqrt{\mathrm{Var}(\overline{D})}}=\dfrac{\overline{D}}{s_D/\sqrt{n}}$	두 표본이 대응된 쌍을 이룰 경우
	p_1-p_2	$Z=\dfrac{(\hat{p}_1-\hat{p}_2)-(p_1-p_2)}{\sqrt{\hat{p}_1\hat{q}_1/n_1+\hat{p}_2\hat{q}_2/n_2}}$	귀무가설이 $H_0: p_1-p_2 \gtreqless 0$일 때 주로 쓰임
		$Z=\dfrac{(\hat{p}_1-\hat{p}_2)}{\sqrt{\hat{p}\hat{q}(\dfrac{1}{n_1}+\dfrac{1}{n_2})}}$	귀무가설이 $H_0: p_1-p_2=0$일 때 주로 쓰임
	$\dfrac{\sigma_1^2}{\sigma_2^2}$	$F_{\nu_1,\ \nu_2}=\dfrac{s_1^2}{s_2^2}$	

1.5 복수표본 경우의 구간추정

복수표본 경우의 가설검정공식을 활용하여 모평균의 차, 모비율의 차 및 모분산 간의 비율에 관한 구간추정공식을 정리하면 표 1-7과 같다.

표 1-7 복수표본 경우의 구간추정공식

추정대상 모수	구간추정의 임계치	비 고
$\mu_1-\mu_2$	$(\overline{X}_1-\overline{X}_2)\pm Z_{\alpha/2}\sqrt{\frac{\sigma_1^2}{n_1}+\frac{\sigma_2^2}{n_2}}$	두 모분산(σ_1^2, σ_2^2)이 알려진 경우
	$(\overline{X}_1-\overline{X}_2)\pm Z_{\alpha/2}\sqrt{\frac{s_1^2}{n_1}+\frac{s_2^2}{n_2}}$	두 모분산은 모르지만 표본규모가 클 경우
	$(\overline{X}_1-\overline{X}_2)\pm t_{\alpha/2}\cdot\hat{s}\sqrt{\frac{1}{n_1}+\frac{1}{n_2}}$	두 모분산은 모르지만 서로 같고 표본규모가 작을 경우
	$\overline{D}\pm t_{\alpha/2}\frac{s_D}{\sqrt{n}}$	두 표본이 대응된 쌍을 이룰 경우
p_1-p_2	$(\hat{p}_1-p_2)\pm Z_{\alpha/2}\sqrt{\hat{p}_1\hat{q}_1/n_1+\hat{p}_2\hat{q}_2/n_2}$	단, $\hat{p}=\frac{n_1\hat{p}_1+n_2\hat{p}_2}{n_1+n_2}$, $\hat{q}=1-\hat{p}$
	$(\hat{p}_1-\hat{p}_2)\pm Z_{\alpha/2}\sqrt{\hat{p}\hat{q}(\frac{1}{n_1}+\frac{1}{n_2})}$	

2. 다수표본 경우의 통계적 추론 : 분산분석(ANOVA)

앞 항에서 우리는 2개의 표본을 이용하는 경우의 통계적 추론방법을 배웠다. 즉, 두 모집단의 평균이나 비율이 동일하다는 가설 등을 정규분포 및 t분포를 이용하여 검정하는 방법을 강구하였다. 그러나 이러한 방법으로는 세 개 이상의 모평균이 서로 동일하다는 가설을 검정하기는 곤란하다. 예컨대, n개의 모평균이 서로 같다는 가설을 제 1 절에서 소개한 방법에 의해 검정하자면 총 nC_2번만큼 검정을 해야 하며, 또 서로 상충되는 검정 결과가 나타날 때 이를 합리적으로 총괄하는 결론은 도출할 수가 없다. 따라서 우리는 분산분석(ANOVA; analysis of variance)이라는 별도의 기법을 이용하게 된다.

셋 이상으로 구분되는 모집단의 평균이 서로 같은지를 검정하는 분산분석은 모집단이 어느 특정한 기준 하나에 의해 구분되어 있는지, 아니면 두 가지 기준에 의해 분류되어 있는지에 따라 적용방법이 다소 달라지는데, 전자의 경우를 1요인분산분석(one-factor ANOVA) 또는 1원분산분석(one-way ANOVA)이라 하고, 후자를 2요인분산분석(two-factor ANOVA) 또는 2원분산분석(two-way ANOVA)이라 한다.

2.1 1원분산분석

일원분산분석이란 한 가지 기준에 의해 표본들을 구분하여 관측한 다음 이 표본들을 추출한 모집단들의 평균치가 모두 동일하다고 판정할 수 있는지를 결정하는 방법이라 할 수 있다. 이 방법론을 간단히 설명하자면 특정 기준에 따라 여러 집단으로 구분된 표본관측치들의 변동량들을 일단 분산 개념으로 파악한 다음, 이러한 분산 중 표본집단 간의 차이에 기인하는 변동량이 우연히 발생한 변동량에 비해 상당히 큰 것으로 관측되면, 이 집단들의 평균이 동일하다는 가설 또는 표본들이 동일한 모집단에서 추출되었다는 주장을 기각하는 방법이라 볼 수 있다.

이상과 같은 분산분석은 분석과정에서 서로 독립적인 변동량을 각각에 대응하는 자유도로 나눈 변수(즉, 평방자승합 개념)들 간에 성립되는 비율 개념을 활용하게 된다. 변동량을 자유도로 나눈 값들이 χ^2분포를 따르며, 또 서로 독립적이므로 이 변동량들 간의 비율은 F분포를 따르게 된다. 결국 분산분석은 하나 또는 두 기준에 의해 구분된 표본 간의 평균 차이에 기인하는 변동량의 크기를 단순한 오차에 기인하는 변동량과 비교하는 것이며, 이 때 이 두 변동량 간의 비율이 F분포를 따른다는 사실을 이용하여 표본 간의 평균이 차이가 나는지의 여부를 판정하는 방법이라 할 수 있다. 그리고 계산된 F값이 클수록 표본 간 평균 차이에 따라 발생하는 변동량이 크다는 것을 의미하며, 따라서 표본 간의 평균 차이를 무시할 수 없다고 결정짓게 된다.

이해를 돕기 위해 이제 보다 구체적인 분석과정을 살펴보기로 한다. 특정 기준에 의해 구분되는 J개의 서로 다른 모집단이 있다고 하자. 이들 모집단의 평균이 서로 같은지의 여부를 판정하고자 J개의 표본을 각각의 모집단으로부터 추출하였다. j번째 표본의 크기를 $n_j(j=1, 2, \cdots, J)$라 하고, j번째 표본의 i번째 관측치를 X_{ij}라 하면 X_{ij}는 식(1.58)과 같이 표기될 수 있다.

[일원분산분석의 기본모형]

$$X_{ij}=\mu+\tau_j+\epsilon_{ij} \quad (j=1, 2, \cdots, J, i=1, 2, \cdots, n) \tag{1.58}$$

식(1.58)에 나타난 바와 같이 각 관측치는 3가지 요인의 합으로 표현될 수 있다. 여기서 μ는 J개의 모집단 전체로 구성되는 집단의 총평균을, τ_j는 J번째의 모집단으로 구분된 처리효과(treatment effect)를, 그리고 ϵ_{ij}는 오차(random error)를 각각 나타낸다. 단, 구분처리효과 τ_j는 일반적으로 식(1.58)과 같은 단순선형모형에서는 총평균에 대한 편차로 정의된다. 따라서 τ_j값의 총합은 0이 된다. 그리고 오차항(random error) ϵ_{ij}는 평균이 0이고 분산이 σ^2인 정규분포를 따르는 서로 독립적인 값들로 정의된다. 따라서 식(1-58)은 다음과 같이 간편하게 고쳐 쓸 수 있다.

[1원분산분석의 다른 모형]

$$X_{ij} = \mu_j + \epsilon_{ij} \tag{1.59}$$

여기서 μ_j는 j번째 모집단의 평균을 나타내며, 총평균 μ와 구분처리효과를 나타내는 τ_j의 합(즉, $\mu_j = \mu + \tau_j$)으로 정의될 수 있다. 따라서 J개의 서로 다른 모집단의 평균이 모두 같은지를 확인하는 일은 다음 중 어느 한 귀무가설을 검정하는 것으로 귀착된다.

$$\begin{bmatrix} H_0 : \mu_1 = \mu_2 = \cdots = \mu_j \\ H_0 : \tau_1 = \tau_2 = \cdots = \tau_j = 0 \end{bmatrix} \tag{1.60}$$

즉, 모집단의 평균이 모두 같다는 가설은 J개의 서로 다른 모집단으로 구분하여 놓은 처리효과가 전혀 없다는 가설과 동일한 의미를 갖는 것이다.

이러한 가설의 검정을 위해 우선 각종 변동량을 계산해야 한다.

[각종 변동량]

총평균 : $$\overline{\overline{X}} = \sum_i \sum_j X_{ij} / \sum_j n_j \tag{1.61}$$

J표본평균 : $$\overline{X}_j = \sum_i X_{ij} / n_j \tag{1.62}$$

총자승합 : $$SST = \sum_i \sum_j (X_{ij} - \overline{\overline{X}})^2 \tag{1.63}$$

표본 간 변동합 : $$SSB = \sum_j n_j (\overline{X}_j - \overline{\overline{X}})^2 \tag{1.64}$$

표본 내 변동합 : $$SSW = \sum_i \sum_j (X_{ij} - \overline{X}_j)^2 \tag{1.65}$$

여기서 SST란 "sum of squared(variation) total"의 준말로 변동량 또는 편차를 자승한 값들의 총합을 의미한다. 한편, SSB란 각 표본평균들의 총평균과의 차이를 자승한 값들의 합으로 결국 총변동량 중 표본평균들의 차이에 기인하는 변동량의 의미를 가지며, 따라서 "sum of squared(variation) between(samples)"라 정의된다. 한편, SSW란 "sum of squared(variation) within(samples)"의 약자로 각 표본 내의 오차를 자승한 값의 합으로 정의되는데, 표본 내 변동합이라 부른다. 따라서

$$\mathrm{SST} = \mathrm{SSB} + \mathrm{SSW}$$

의 관계가 성립된다.

이제 위와 같은 변동량들을 각각에 대응하는 자유도로 나누어 주면 표본분산의 의미를 갖게 된다. 즉,

[각종 표본분산]

$$s_T^2 = \frac{SST}{\Sigma n_j - 1} \tag{1.66}$$

$$s_B^2 = \frac{SSB}{J-1} \tag{1.67}$$

$$s_W^2 = \frac{SSW}{\Sigma n_j - J} \tag{1.68}$$

그러나 분산분석에서는 이들 분산개념을 별도의 명칭으로 부르는 것이 일반적이다. 즉, 자승합을 자유도로 나누었다 하여 자승의 평균(mean of square) 또는 평균자승(mean squares)이라 일컫는다. 따라서 s_W^2는 MSW(mean squares within or MS within), 그라고 s_B^2는 MSB(mean squares between or MS between)이라 표기한다. 이제까지 소개한 개념들을 정리하면 표 1-8과 같다.

표 1-8에 나타난 바와 같이 총변동은 두 가지 요인, 즉 표본 간의 변동과 표본 내의 변동으로 구분되며, 각각에 대하여 자승합과 자유도가 또한 구분되어 계산될 수 있다. 그리고 표본 간의 평균자승(MSB)과 표본 내의 평균자승(MSW)은 각각의 자승합을 자유도로 나눈 값으로 정의되는 일종의 표본분산값이 도출될 수 었다. 이 때 MSB와 MSW 간의 비율이 F분포를 따른다는 결과를 도출할 수 있는데, 과정은 생략하고 결과만을 제시하면 다음과 같다.

표 1-8 표본크기가 상이할 때의 분산분석표

변동요인	SS(자승합)	d.f.(자유도)	MS(평균자승=SS/d.f.)
표본 간 변동	$SSB=\sum_j n_j(\overline{X}_j-\overline{\overline{X}})^2$	$J-1$	$MSB=SSB/J-1$
표본 내 변동	$SSW=\sum_i\sum_j(X_{ij}-\overline{X}_j)^2$	Σn_j-J	$MSW=SSW/(\Sigma n_j-J)$
합 계	$SST=\sum_i\sum_j(X_{ij}-\overline{\overline{X}})^2$	Σn_j-1	$MST=SST/(\Sigma n_j-1)$

[일원분산분석 검정통계량]

$$F_{(J-1),\ (\Sigma n_j-J)}=\frac{MSB}{MSW}=\frac{SSB/(J-1)}{SSW/(\Sigma n_j-J)} \tag{1.69}$$

즉, 귀무가설이 사실이라면 MSB/MSW는 $(J-1)$과 (Σn_j-J)의 자유도를 갖는 F분포를 따르게 된다. 따라서 이 F통계량을 처리효과가 모두 0이라는 귀무가설을 검정하는 데 사용할 수 있다. 식(1.69)로 미루어보아 0이 아닌 처리효과는 표본 간 평균자승(MSB) 값을 증가시킬 것이므로 계산된 F값이 매우 커져서 귀무가설은 가각될 것이다.

이상과 같은 과정은 결국 관측치들의 차이가 각 집단 간의 평균의 차이에 연유하는지를 보다 조직적으로 판정키 위한 방법임을 독자들은 이해할 수 있으리라 믿는다. 표본 간 변동이 표본 내 변동량 즉, 오차변동량에 비해 큰 값을 가질 때 우리는 표본 간의 평균 차이가 무시할 수 없는 정도임을 직관적으로 느낄 수 있기 때문이다. 따라서 분산분석에 사용되는 F통계량은 다음과 같이 정의될 수도 있다.

$$F=\frac{\text{설명 가능한 변동량이나 분산}}{\text{설명 불가능한 변동량이나 분산}} \tag{1.70}$$

즉, 총변동량 중 표본 간의 평균 차이에 기인하는 것으로 설명되는 분산의 크기를 단순히 오차항에 기인하는 분산으로 나누어 그 값이 임계치보다 클 때에 표본간의 평균의 차이를 무시할 수 없다고 판정하는 것이다.

2.2 2원분산분석

앞 항에서는 한 가지 기준에 의해 J개의 표본으로 구분처리한 효과에 대한 검정방법을 강구하였다. 그러나 경우에 따라서는 두 가지 기준에 의해 표본을 구분하여 처리하는 효과에 대한 검정을 할 필요가 있게 된다. 예컨대, 매상고를 디자인이라는 기준에 따라 세 표본그룹으로만 구분하였던 것을 디자인은 물론 광고라는 두 번째 기준에 따라서도 두 표본그룹(광고하는 것과 하지 않는 것)으로 구분처리하는 경우를 들 수 있다.

첫번째 요인 또는 기준에 따라 관측치가 J개의 표본그룹으로 분류될 수 있고, 두 번째 요인에 따라서는 K개의 표본그룹으로 분류될 수 있다고 가정하자. 또한 편의상 $J \cdot K$개로 세분된 표본그룹의 관측치들은 g개로 그 크기가 일정하다고 본다. 그러면 첫번째 기준에 따라 j번째로, 그리고 두 번째 기준에 따라 k번째로 구분된 표본의 i번째 관측치를 X_{ijk}라 하면 식(1.71)과 같이 표기될 수 있다. 따라서 각각의 관측치는 5가지 요소의 합계로 설명된다. 즉, X_{ijk}는 총평균 μ, 첫번째 기준에 따라 구분처리된 표본들의 처리효과 τ_j, 두 번째 기준에 따른 처리효과 λ_k, 두 기준의 상호작용요인인 $(\tau\lambda)_{jk}$, 그리고 오차항인 ϵ_{ijk}의 5가지로 구성된다.

[2원분산분석의 기본모형]

$$X_{ijk} = \mu + \tau_j + \lambda_k + (\tau\lambda)_{jk} + \epsilon_{ijk} \tag{1.71}$$

$$(i=1, \cdots, n, \ k=1, \cdots, K, \ j=1, \cdots, J)$$

첫번째 요인(또는 분류기준)의 처리효과의 합계와 두 번째 요인(또는 분류기준)의 처리효과의 합계, 그리고 두 요인의 결합에 따른 구분처리효과의 합계는 모두 0으로 가정되어 있다. 또한 모형의 모수에 대한 통계적 추론을 하기 위해 잔차항 ϵ_{ijk}는 서로 독립적이며, 평균이 0이고, 또 동일한 분산을 갖는 정규분포를 따른다고 가정한다.

이원분산분석 모형에서도 일원분산분석의 경우에서처럼 총 변동량, 즉 관측치들의 총 평균으로부터의 편차의 제곱을 전부 합한 값은 몇 가지 요인에 의한 변동량의 결합으로 파악할 수 있다. 일원분산분석의 경우에는 표본 간 변동량과 표본 내 변동량(잔차항)으로 양분되었으나, 여기서는 첫 번째 요인과 두 번째 요인, 그리고 상호작용에 의한 변동량 외에 잔차현상에 의한 변동량까지 전부 4가지 요인에 의한 변동량으로 구분된다. 따라서 총변동량의 자승합(SST) 또한 4가지 항목의 합으로 표시될 수 있다.

[각종 변동량]

$$SST = \sum_i \sum_j \sum_k (X_{ijk} - \overline{\overline{X}})^2 = SSC + SSR + SSI + SSE \tag{1.72}$$

$$SSC = \sum_j Kg\,(\overline{X}_j - \overline{\overline{X}})^2 \tag{1.73}$$

$$SSR = \sum_k Jg\,(\overline{X}_k - \overline{\overline{X}})^2 \tag{1.74}$$

$$SSI = \sum_j \sum_k g\,(\overline{X}_{jk} - \overline{X}_j - \overline{X}_k - \overline{\overline{X}})^2 \tag{1.75}$$

$$SSE = \sum_i \sum_j \sum_k (X_{ijk} - \overline{X}_{jk})^2 \tag{1.76}$$

단, 여기서 SSC는 첫 번째 요인(τ_j)에 의한 변동량의 자승합을 의미하며, 편의상 열(column)에 따라 표본그룹을 분류하였으므로 sum of squared column variations의 첫 자를 따서 표기한 것이다. 마찬가지로 SSR은 두 번째 요인(λ_k)에 의한 변동량의 자승합으로 행(row)에 따라 표본그룹을 분류하였으므로 sum of squared row variations의 약자를 이용하였고, SSI는 상호작용(interaction)으로 인한 변동량의 자승합, 그리고 SSE는오차항(error)에 의한 변동량의 자승합을 각각 의미한다. 그리고 두 기준에 의해 세분된 각 표본그룹의 크기는 g로 일정하다고 가정되었고, 첫 번째 요인(τ)에 의한 구분은 J개, 그리고 두 번째 요인(λ)에 의한 구분은 K개라 가정되었다. 따라서 예컨대 j번째 열에 속한 표본그룹의 크기는 k_g가 되고, k번째 행에 속한 표본그룹의 크기는 J_g가 될 것이며, 각 그룹에서의 평균은 $\overline{X}_j$과 $\overline{X}_k$로 각각 표시되었다. 물론 $\overline{\overline{X}}$는 총 평균을 뜻하며, $\overline{X}_{jk}$는 두 기준에 의해 세분된 표본그룹의 평균을 나타낸다. 이상과 같은 관계를 표로 정리하면 표 1-9와 같다.

표 1-9 일반적 이원분산분석표

변동요인	SS	d.f.	MS=SS/d.f.
열(τ)	SSC	$J-1$	MSC=SSC/($J-1$)
행(λ)	SSR	$K-1$	MSR=SSR/($K-1$)
상호작용	SSI	$(J-1)(K-1)$	MSI=SSI/$(J-1)(K-1)$
잔 차	SSE	$JK(g-1)$	MSE=SSE/$JK(g-1)$
합 계	SST	$JKg-1$	MST=SST/($JKg-1$)

이상과 같은 모형을 이용하여 우리는 다음의 세 가지 가설의 검정을 수행할 수 있게 된다.

첫 번째 가설 : τ요인(디자인 차이)의 매상고에 대한 구분처리효과가 전혀 없다는 가설, 즉

$$\begin{bmatrix} H_0 : \tau_1 = \tau_2 = \cdots = \tau_J = 0 \\ H_A : \text{최소한 한 개의 } \tau_j \neq 0 \end{bmatrix} \tag{1.77}$$

두 번째 가설 : λ요인(광고 실시의 여부)의 매상고에 대한 구분처리효과가 전혀 없다는 가설, 즉

$$\begin{bmatrix} H_0 : \lambda_1 = \lambda_2 = \cdots = \lambda_K = 0 \\ H_A : \text{최소한 한 개의 } \lambda_k \neq 0 \end{bmatrix} \tag{1.78}$$

세 번째 가설 : 상호작용효과가 전부 0이라는 가설, 즉

$$\begin{bmatrix} H_0 : (\tau\lambda)_{jk} = 0(j=1,\ \cdots,\ J\ k=1,\ \cdots,\ K) \\ H_A : (\tau\lambda)_{jk} \neq 0(\text{적어도 하나의 } j,\ k\text{결합에 대하여}) \end{bmatrix} \tag{1.79}$$

표 1-9를 이용하여 각 가설에 대한 검정통계량을 도출하면, 각각

[2원분산분석 검정통계량]

$$F = MSC/MSE \tag{1.80}$$

$$F = MSR/MSE \tag{1.81}$$

$$F = MSI/MSE \tag{1.82}$$

가 된다.

이러한 검정통계량들 또한 기본적으로는 특정요인에 의해 설명될 수 있는 변동량을 설명할 수 없는 변동량으로 나누어 분자가 분모에 비해 아주 클 경우 특정 요인에 의해 발생한 관측치의 차이가 무시할 수 없음을 시사하는 데에서 그 검정의 의의가 있는 것이다. 예컨대, $F = MSC/MSE$는 열요인, 즉 디자인의 차이에 따라 발생한 매상고의 변동량을 우연히 발생할 수 있는 매상고의 변동

량과 비교하여 디자인 차이가 매상고에 주는 영향이 무시할 만한지의 여부를 결정하는 것이다. 마찬가지로 $F=MSR/MSE$는 행요인, 즉 광고실시 여부 효과를 확인하기 위한 것임은 물론이다.

2.3 다중비교(multiple comparison)와 구간추정

이상에서 우리는 F검정법을 이용하여 구분처리효과가 모두 0이라는 가설을 검정하는 방법을 살펴보았다. 이 방법은 한마디로 말해서 여러 개의 모집단의 평균 사이에 유의할 만한 차이가 있는지를 조사하는 것이다. 그런데 이상에 소개한 검정법들은 모든 모집단의 평균이 동시에 동일한지 여부를 판정해 줄 수 있을 뿐 어느 특정한 두 개의 모집단 사이의 평균이 유의할 만한 차이가 있는지는 설명해 주지 못한다. 따라서 이러한 상황에 대응하는 별도의 검정방법이 필요하며 기본적인 검정절차와 방법은 다음과 같다. 우선, 귀무가설은 비교대상이 되는 두 집단의 처리효과가 차이가 없는 것으로 설정한다. 즉,

$$H_0 : \tau_1 - \tau_2 = 0 \tag{1.83}$$

다음으로, $(\tau_1-\tau_2)$의 $100(1-\alpha)\%$의 신뢰구간을 구하며, 이 신뢰구간이 0을 포함하는지를 확인함으로써 간접적인 검정을 실시한다. 즉, $(\tau_1-\tau_2)$의 $100(1-\alpha)\%$ 신뢰구간은

$$(\bar{\tau}_1 - \bar{\tau}_2) \pm t_{\alpha/2,\ (\Sigma n_j - J)} \sqrt{MSW(1/n_1 + 1/n_2)} \tag{1.84}$$

가 될 것이다. 여기서 표본 내 평균자승합(MSW)은 σ^2에 대한 추정치로 사용된 것이다.[1)]

그런데 위의 공식은 모든 가능한 쌍의 차이에 대한 일정한 신뢰도를 줄 수 있는 구간추정을 동시적으로 제공하지는 못한다는 문제를 안고 있다. 이러한 문제점을 해소시키기 위해 제안된 것이 이른바 헨리 셰프(Henry Scheffe)의 S-방법이다. 그 결과만을 제시하면 다음과 같다. 예컨대, 모든 구간에 대하여 동시적으로 95%의 신뢰를 가질 수 있는 구간들은

---

1) 원래 $\sqrt{MSW(1/n_1+1/n_2)}$ 자리에는 두 표본집단만의 공통 또는 결합분산(pooled variance), $s_p^2(1/n_1+1/n_2)$이 사용될 수도 있으나, 여기에서는 보다 많은 표본들에 포함되어 있는 정보를 모두 고려한 통합분산 개념인 $MSW(1/n_1+1/n_2)$가 사용되는 것이다.

[헨리셰프의 구간추정공식]

$$(\mu_1-\mu_2)=(\overline{X}_1-\overline{X}_2)\pm\sqrt{(J-1)\cdot F_{\alpha,\,(J-1),\,(\Sigma n_j-J)}}\sqrt{MSW(1/n_1+1/n_2)} \tag{1.85}$$

$$(\mu_1-\mu_3)=(\overline{X}_1-\overline{X}_3)\pm\sqrt{(J-1)\cdot F_{\alpha,\,(J-1),\,(\Sigma n_j-J)}}\sqrt{MSW(1/n_1+1/n_3)} \tag{1.86}$$

$$(\mu_2-\mu_3)=(\overline{X}_2-\overline{X}_3)\pm\sqrt{(J-1)\cdot F_{\alpha,\,(J-1),\,(\Sigma n_j-J)}}\sqrt{MSW(1/n_2+1/n_3)} \tag{1.87}$$

과 같이 정리된다. 이 공식들은 모든 가능한 쌍의 차이에 대한 검정은 물론 구간추정을 수행할 수 있게 한다.[1)]

1) 식(1.85), 식(1.86), 식(1.87)은 식(1.84)로부터 다음과 같은 관계식을 이용하여 도출된 것이다.

$$(J-1)F_\alpha=t^2_{\alpha/2},\ \text{또는}\ \sqrt{(J-1)F_\alpha}=t_{\alpha/2}$$

따라서 $J=2$인 경우에는 $\sqrt{F_\alpha}=t_{\alpha/2}$이지만, $J\geq 3$인 경우에는 $\sqrt{(J-1)F_\alpha}\ \geq\ t_{\alpha/2}$가 된다.

□ 보　　론

1. 바람직한 추정량의 특징

통계적 추론에 사용할 통계량을 선정하려면 우선 어떤 특성을 갖고 있어야 바람직한 것인지를 살펴보아야 하는데, 이하에서는 바람직한 추정량의 특성을 소표본일 경우와 대표본일 경우로 구분하여 소개하고자 한다.

한편, 이러한 바람직한 특성을 가진 통계량들은 어떤 방법으로 발견 또는 창출할 수 있는지를 고려할 필요가 생긴다.

그림 1-15 바람직한 추정량의 특성

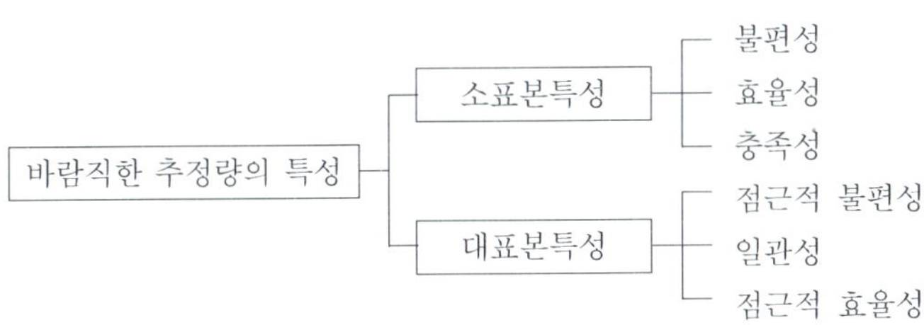

1.1 소표본에서의 바람직한 특성

(1) 불편성(unbiasedness)

바람직한 추정량이라고 판정할 수 있는 첫 번째 기준은 추정량의 값이 평균적으로 실제 모수값에 얼마나 접근할 수 있는가와 관련된다. 즉, 추정량($\hat{\theta}$)의 기대치($E[\hat{\theta}]$)가 모수(θ) 값과 일치하는지의 여부가 바람직한 판단기준이 된다는 것이다. $\hat{\theta}$의 기대치가 θ와 같지 않을 때 추정량은 편의(bias)를 갖는다고 하고, 이 편의의 크기는 실제 모수값과 편의된 추정량의 평균치와의 차이($E[\hat{\theta}]-\theta$)로 정의된다.

이상적인 상황은 이 편의값이 0이 되는 경우이며, 이 경우의 추정량을 불편추정량이라 한다. 불편성을 정의하면 다음과 같다.

[불 편 성]

추정량에 대한 기대치가 추정할 모수값과 일치하는, 즉 $E[\hat{\theta}]-\theta=0$의 관계가 성립되는 추정량의 특성을 불편성이라 한다.

(2) **효율성**(efficiency)

불편성이란 바람직한 추정량의 제 1 차적인 전제조건이 되는 것은 틀림없이 사실이다. 그러나 불편추정량이라고 해도 실제추정량의 값, 즉 추정치는 모수의 값과 큰 차이가 날 수 있다. 이러한 오차가 가능한 한 작게 발생하는 추정치를 얻으려면, 추정량의 관측치가 대부분 모수값 근처에서 관측되어야 한다는 추가적인 조건이 필요하게 된다. 환언하면, 추정량의 분포가 모수값 부근에 밀집되어 있도록, 즉 추정량의 분산이 작아지도록 제한을 가하는 것을 말한다. 이러한 필요성과 관련하여 불편성을 갖는 추정량 중에 가장 작은 분산을 갖는 추정량을 효율적 추정량이라 정의하여 활용하고 있다. 여기서 우리는 불편성이 효율성의 전제조건이 됨에 유의할 필요가 있다.

[효 율 성]

불편성을 갖는 추정량 중에 가장 작은 분산을 갖는 추정량의 특성을 효율성이라 한다.

이상의 논의를 종합하면 효율적 추정량이란 결국 불편추정량 중에서 분산이 최소인 것으로 정의할 수 있으며, 따라서 최소분산불편추정량(minimum variance unbiased estimator) 또는 최량불편추정량(best unbiased estimator)이라고도 한다. 여기서 최량(best)이란 최소분산의 의미로 쓰인 것이다.

• **BLUE와 최량추정량**

위에서 우리는 불편추정량 중 최소분산을 갖는 추정량을 효율적 추정량이라 정의하고 이를 바람직한 것으로 인식하였다. 그러나 불행하게도 상당히 많은 경우에 불편추정량 중 최소분산을 갖는 추정량을 수학적으로 도출한다는 것이 불가능한 경우가 있다.[1)]

---

1) 그러나 추정량의 분포가 알려진다면 효율적 추정량의 수학적 도출은 일반적으로 가능하다. 이는 불편추정량의 분산-공분산 행렬식에서 이른바 Cramer-Rao lower bound라 일컫는 요인에 의해 확인될 수 있다. 자세한 내용은 Jan Kmenta, *Elements*

한편 많은 경우에 우리는 추정량의 형태가 원래의 확률변수 X의 1차함수인 것이 편리하다. 왜냐하면, 위에서 밝힌 이유 외에도 우선 계산상 취급이 간편하고, 이 경우 X가 갖는 분포상의 제반 특징이 그대로 계승되는 경우가 많기 때문이다.[1)]

이러한 문제 때문에 계량경제학자들은 추정량의 정의식이 1차함수이어야 한다는 제한조건을 추가적으로 부여하곤 한다. 즉, 선형불편추정량 중 최소분산을 갖는 추정량을 찾아 BLUE라 명명하고 활용하는데, 이를 최량선형불편추정량(best linear unbiased estimator)이라 칭한다.

• **평균평방오차**(MSE; mean square error)

효율성을 정의함에 있어 우리는 불편성을 전제조건으로 삼고 있기 때문에 불편성으로 하여금 가장 강력한 역할을 담당케 하는 셈이 된다. 그런데 불편성을 효율성의 전제조건으로 삼는 방식은 결국 편의는 있지만 분산이 엄청나게 작아질 수 있는 추정량의 유용성을 무시하는 결과를 초래하게 된다.

그림 1-16 평균평방오차와 최량추정량

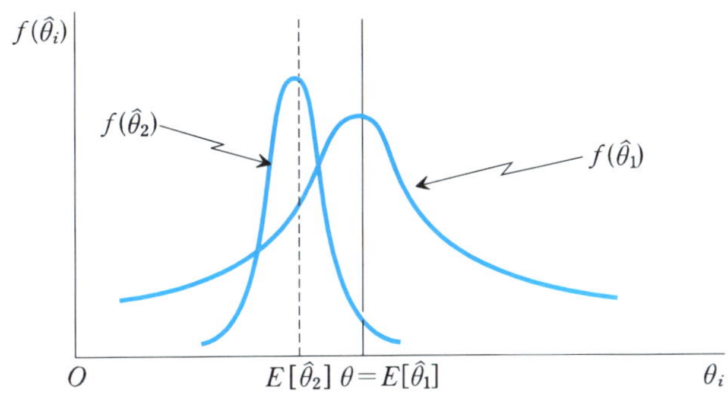

그림 1-16에서 $\hat{\theta}_1$은 효율적 추정량, 즉 불편성을 갖는 추정량 중에서 최소의 분산을 갖는 추정량을 나타낸다고 하자. 반면 $\hat{\theta}_2$는 그림에서 보듯이 그 평균 $E[\hat{\theta}_2]$가 θ와 상이한 편의추정량이다. 그러나 $\hat{\theta}_2$은 $\hat{\theta}_1$에 비해서 아주 밀집된 형상을 하고 있어 그 분산이 $\hat{\theta}_1$에 비해 아주 작음을 보여주고 있다. 이 때 과연

of *Econometrics* (Macmillan, 1971), pp. 159~160을 참조하기 바란다.

1) 예컨대, 확률변수 X가 정규분포를 따를 때 그의 1차함수로 나타나는 새로운 확률변수(예컨대 표본평균 $\overline{X} = \frac{1}{n}\Sigma(X_i)$)또한 정규분포를 따르게 된다.

$\hat{\theta}_1$과 $\hat{\theta}_2$ 중 어느 것이 바람직하다고 볼 수 있는가? 불편성을 중시하는 통계이론상의 경향으로 우리는 일반적으로 $\hat{\theta}_1$을 선호하여 사용되고 있다. 그러나 경우에 따라 실제 추정에서 오차를 극소화하는 것이 보다 중요한 상황에서는 $\hat{\theta}_2$가 선호될 수도 있을 것이다. 그러면 $\hat{\theta}_2$가 갖는 오차 때문에 발생하는 문제점을 감수하고도 보다 작은 분산으로 인하여 얻을 수 있는 혜택이 크다고 판단할 수 있는 근거 내지 기준을 생각해 낼 수는 없을까? 이에 대한 해결책으로 우리는 평균평방오차(MSE; mean square error)라는 개념을 사용한다.

MSE란 모수의 추정량 $\hat{\theta}$와 모수 θ의 차이인 오차, $(\hat{\theta}-\theta)$를 제곱한 값의 평균치, 즉 $E[(\hat{\theta}-\theta)^2]$를 의미한다.[1] 오차(error)를 제곱한(squared) 값의 평균이라고 하여 그 앞자를 따서 MSE라 부르는 것이다. 그리고 이 MSE 값이 최저가 되는 것을 최량추정량(best estimator)이라고 하는 것이다.

MSE의 의미를 보다 구체적으로 음미하기 위해 다음을 살펴보자.

$$\text{MSE}(\hat{\theta}) = E[(\hat{\theta}-\theta)^2] = E[(\hat{\theta}-E[\hat{\theta}])+(E[\hat{\theta}]-\theta)]^2 \tag{1}$$

$(E[\hat{\theta}]$를 한 번 빼고 다시 더함$)$

$$= E[(\hat{\theta}-E[\hat{\theta}])^2]+2E[(\hat{\theta}-E[\hat{\theta}])(E[\hat{\theta}]-\theta)]+E[(E[\hat{\theta}]-\theta)^2]$$

$$= E[(\hat{\theta}-E[\hat{\theta}])^2]+E[(E[\hat{\theta}]-\theta)^2]$$

$$= \text{Var}(\hat{\theta})+(E[\hat{\theta}]-\theta)^2 \quad (\because\ E[\hat{\theta}]\text{와 } \theta\text{는 상수임})$$

(단, $2E[(\hat{\theta}-E[\hat{\theta}])(E[\hat{\theta}]-\theta)] = 2(E[\hat{\theta}]-E[\hat{\theta}])(E[\hat{\theta}]-\theta) = 0$임)

따라서 평균평방오차는 다음과 같이 정의될 수 있다.

[평균평방오차]

$$MSE(\hat{\theta}) = \text{Var}(\hat{\theta})+(\hat{\theta}\text{의 편의})^2 \tag{2}$$

---

1) $(\hat{\theta}-\theta)$, 즉 추정량과 모수의 차이는 추정치와 모수의 실제값과의 차이를 나타내므로 이를 추정으로 인한 오차(error)라고 한다. 반면 $(\hat{\theta}-E[\hat{\theta}])$은 추정량들의 값과 이들의 기대치인 평균과의 차이이고, 추정량들이 그들의 평균으로부터 떨어져 있는 거리를 나타내므로 이를 $\hat{\theta}$의 편차라고 볼 수 있다. (예컨대, $(\theta-E[\theta])$는 θ의 편차임). 물론 $E[\hat{\theta}]=\theta$가 되어 $\hat{\theta}$가 불편추정량이 되면 $\hat{\theta}-E[\hat{\theta}]=\hat{\theta}-\theta$가 되어 오차와 편차가 서로 같아진다. 그리고 이들과 혼동하기 쉬운 개념으로 $E[\hat{\theta}]-\theta$가 있는데, 이는 앞에서 지적했듯이 편의라고 부른다.

그림 1-17　두 추정량(s^2과 $\widehat{\sigma^2}$)의 평균평방오차

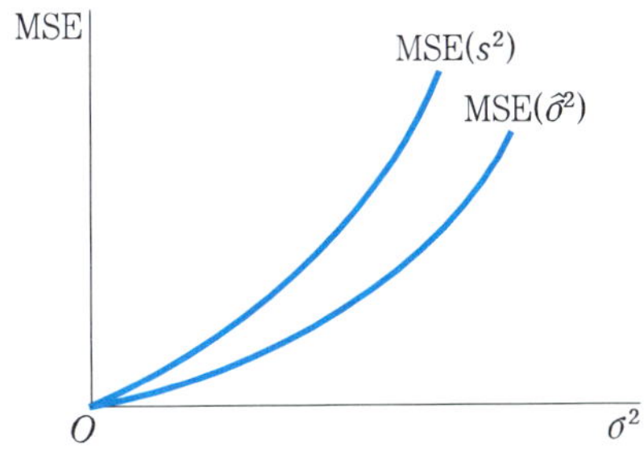

위의 결과식을 보면 MSE란 추정량의 분산과 편의(bias)의 제곱과의 합과 같이짐을 알 수 있다. 따라서 MSE가 최소가 되려면 추정량의 분산은 물론 편의도 작아져야 할 것이다.

편의가 최소인 경우는 편의가 0이 되는 경우로서 이 때의 추정량은 불편추정량이 된다. 따라서 불편추정량의 경우, 편의가 0이므로 불편추정량끼리 MSE를 비교하는 것은 곧 둘의 분산을 비교하는 것과 같아진다. 한편, 편의가 0이 아니지만 그 분산이 불편추정량 중 최소인 분산을 갖는 효율적 추정량보다도 훨씬 작은 분산을 가져 분산과 편의의 제곱합이 효율적 추정량의 분산보다도 작아질 수 있는 경우가 있다(그림 1-17 참조). 이러한 경우 MSE가 상대적으로 작은 추정량을 우리는 최량추정량이라 한다. 모분산(σ^2)에 대한 최선의 추정량은 통상적으로 효율적 추정량인 표본분산($s^2 = \frac{1}{n-1}\Sigma(X_i - X)^2 f_i$)으로 인식되어 사용되고 있다. 그런데 사실 표본분산 s^2에 비해 $\widehat{\sigma^2} = \frac{1}{n}\Sigma(X_i - X)^2 f_i$가 보다 작은 분산을 가지고 있다. 그뿐만 아니라 $\widehat{\sigma^2}$은 분산과 편의를 제곱한 값의 합으로 구성된 MSE 값 또한 s^2보다 작음을 기억해 둘 필요가 있다. 즉,

$$MSE(s^2) = \mathrm{Var}(s^2) + [bias(s^2)]^2 = \frac{2\sigma^4}{(n-1)} + 0 \tag{3}$$

$$\begin{aligned} MSE(\widehat{\sigma^2}) &= \mathrm{Var}(\widehat{\sigma^2}) + (E[\widehat{\sigma^2}] - \sigma^2)^2 \\ &= 2(n-1)\frac{\sigma^4}{n^2} + (\frac{n-1}{n}\sigma^2 - \sigma^2)^2 = \frac{(2n-1)\sigma^4}{n^2} \end{aligned} \tag{4}$$

$$MSE(\widehat{\sigma^2}) < MSE(s^2)(\because\ \frac{(2n-1)\sigma^4}{n^2} < \frac{2n}{n^2}\sigma^4 = \frac{2\sigma^4}{n} < \frac{2}{n-1}\sigma^4) \tag{5}$$

이 관계를 도표화한 것이 그림 1-17이다. 그림에서 보듯이 $\hat{\sigma}^2$은 s^2보다 σ^2 값과 상관 없이 그 MSE가 항상 작음을 알 수 있다. 이러한 사실에도 불구하고 $\hat{\sigma}^2$보다 s^2을 선호하여 σ^2에 대한 추정량으로 사용하는 것은 불편성을 중시하는 사조 때문이다.

(3) 충족성(sufficiency)

불편성과 효율성 외에 제기되어 온 바람직한 추정량의 특성으로 충족성이 있다. 일반적으로 표본자료에 내재된 모든 정보를 활용할 수 있도록 정의된 추정량을 효율성이 있는 추정량이라고 한다. 예컨대 중앙치나 최빈치는 표본자료의 크기에 따른 순서나 빈도수만을 이용하는 반면 표본평균은 표본의 모든 관측치 자체까지를 고려하고 있어 충족성을 갖는 추정량이 된다. 여기서 또 한 가지 중요한 사실은 충족성이 있는 추정량이라야 효율적 추정량이 될 수 있다는 것이다. 즉, 충족성은 효율성의 필요조건이 된다.

1.2 대표본에서의 바람직한 특성

앞서 살펴본 바람직한 추정량이 갖추어야 할 특성들은 표본의 규모가 크지 않더라도 성립될 수 있는 것으로 소표본 특성(small sample properties), 또는 유한표본특성(finite sample properties)이라고 한다. 표본의 크기와 상관없이 앞서 설명한 제 특성이 보장된다면, 더없이 다행한 일일 것이지만 경우에 따라서는 그러한 특성들이 구비되지 못한 추정량을 사용할 수밖에 없는 상황을 예상할 수 있다. 이러한 상황에서 우리는 일반적으로 표본의 규모가 점차 커지게 되는 경우에서만이라도 바람직한 특성이 갖춰지는 추정량을 찾게 된다. 이러한 상황과 관련하여 표본의 크기가 무한대에 접근할 때 표본통계량 또는 추정량이 어떤 특징을 갖는 것이 바람직한 것인지를 고려할 필요가 있다. 통상적으로 표본의 규모가 매우 클 때 훌륭한 추정량이 되기 위한 조건은 세 가지로 분류되며, 이를 바람직한 대표본의 특성(large sample properties) 또는 점근적 특성(asymptotic properties)이라고 부르는데, 이들 특성으로는 점근적 불편성(asymptotic unbiasedness), 일관성(consistency), 그리고 점근적 효율성(asymptotic efficiency)이 있다. 대부분의 표본통계량, 또는 추정량들의 (확률)분포는 표본규모가 증가함에 따라 변화한다. 예컨대 표본평균이라는 통계량은 모평균값을 중심으로 하는 분포모양을 갖는데, 그 분산이 표본크기가 증가함에 따라 점차 작아진다. 그리고 많은 경우에 편의가 있는 추정량의 편의는 표본규모가 증가함에 따라 점차 줄어들어 0에 가까워지고, 따라서 표

그림 1-18 일관성 개념에 대한 도해 : 표본크기와 추정량의 분포형태

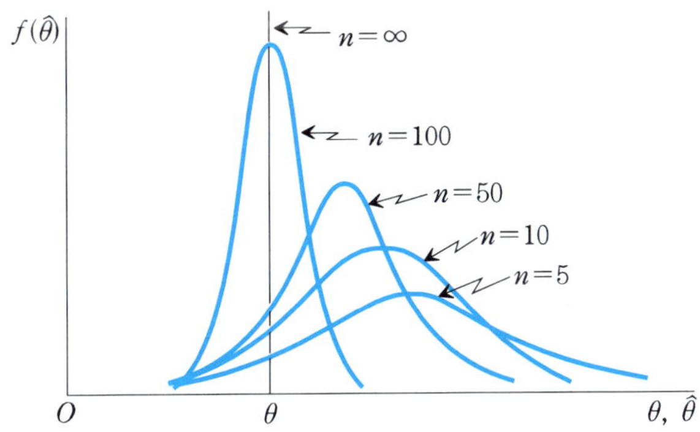

본통계량의 분포도 모수값과 거의 일치되는 값을 중심으로 분포되는 현상이 나타난다.

이처럼 표본크기가 비록 작을 경우에 편의가 있을지라도 표본규모가 커짐에 따라 편의가 사라지는 추정량의 특성을 점근적 불편성(asymptotic unbiasedness)이라 한다.

두 번째 바람직한 대표본의 기준으로 일관성을 들 수 있는데, 이것이 대표본특성 중에 가장 중요한 조건이 된다. 일관성이란 표본의 크기가 커짐에 따라 표본오차가 작아지는 특성을 말하는 것으로 일관성을 가진 추정량 $\hat{\theta}$의 값은 $n \to \infty$와 같은 극한(limit)의 경우 모수인 θ와 일치되는 값을 갖게 된다. 일관성에 관한 특성을 도표화한 것이 그림 1-18이다. 그림에서 표본크기가 증가할수록 추정량 $\hat{\theta}$가 모수 θ에 점차 접근하고 극한에는 일치하게 됨을 보여주고 있다. 일관성을 공식적으로 정의하면 다음과 같다.

[일 관 성]

$$P\lim_{n \to \infty}(|\hat{\theta}-\theta|<\epsilon)=\lim_{n \to \infty}P(|\hat{\theta}-\theta|<\epsilon)=1 \qquad (6)$$

(단, ϵ은 아주 작은 양의 실수)

위의 식이 성립하면 $\hat{\theta}$는 θ의 일관성추정량이 된다. 식(6)이 의미하는 표본크기가 무한대로 증가될 경우 추정량 $\hat{\theta}$와 모수 θ간의 차, 즉 표본오차의 크기가 아주 작은 어떤 양의 실수보다도 작을 확률이 1이 될 때, $\hat{\theta}$은 일관성 있는

추정량이라 한다는 것이다. 독자의 이해를 돕기 위해 이러한 정의식을 다소 변화시켜 설명하면 다음과 같다.

표본규모가 무한대에 접근할 때의 극한분포(limiting distribution)가 어떤 특정한 값 θ(주위)에 집중될 때 θ를 $\hat{\theta}$의 확률극한(probability limit)이라 하고 $p\lim\hat{\theta}=\theta$라 표기한다. 이 때 $p\lim\hat{\theta}=\theta$라면 $\hat{\theta}$는 θ의 일관성추정량이 된다고 정의할 수 있다. 그러나 정의식 식(6)에 의해 각종 추정량의 일관성 여부를 판정하는 작업은 그다지 쉽지 않으므로 간편한 판정을 위하여 일관성 조건을 다음과 같이 표현하기도 한다. 즉,

$$\begin{aligned}\lim_{n\to\infty} MSE(\hat{\theta}) &= \lim_{n\to\infty} E[(\hat{\theta}-\theta)^2] \\ &= \lim_{n\to\infty}[\mathrm{Var}(\hat{\theta})+\{bias(\hat{\theta})\}^2]=0 \end{aligned} \tag{7}$$

이란 조건을 달성시키는 추정량 $\hat{\theta}$는 일관성 추정량이라고 할 수 있다. 식(7)이 뜻하는 것은 평균평방오차의 크기가 $n\to\infty$인 경우 0이 되는 추정량, 즉 분산과 편의의 제곱을 더한 값이 0이 되는 추정량을 일관적 추정량이라 한다는 것이다. 따라서 만약 편의가 없는 불편추정량의 경우에는 단지 그 분산이 $n\to\infty$에 따라 0에 접근한다면 일관성 있는 추정량이라 할 수 있을 것이다.

여기서 한 가지 분명히 해 두고 넘어갈 사항이 있다. 일반적으로 식(7)을 만족시키는 추정량을 평균평방오차상의 일관성(MSE consistency)을 갖는다고 정의하며, 평균평방오차상의 일관성을 갖는 추정량은 항상 식(6)의 일관성 조건을 만족시킨다는 사실이다. 반면 식(6)을 만족시키는 일관성 있는 추정량이 항상 식(7)에 정의된 평균평방오차상의 일관성조건을 만족시키지는 못한다. 따라서 식(7)은 식(6)의 일관성에 대한 충분조건일 뿐 필요조건이 되지 못한다는 것을 지적해 두고자 한다.[1)]

이상의 점근적 불편성과 일관성 외에 대표본 특징으로 거론되는 것으로 점근적 효율성이 있다. 점근적 효율성이란 간단히 말해서 일관성을 갖는 추정량 중 점근적 분산(variance of a asymptotic distribution)이 최소인 추정량의 특성을 일컫는 것이라 할 수 있다. 따라서 점근적 효율성을 갖는 추정량은 일관성을 갖는 여타 추정량들보다 일관성이 먼저 나타나는 특성을 갖게 된다. 보다 공식적

1) A. M. Mood and F. A. Graybill, *Introduction to the Theory of Statistics*, 2nd ed. (McGrawHill, 1963), pp. 295~296 참조.

으로 점근적 효율성을 정의한다면 다음과 같이 정리될 수 있다. $\hat{\theta}$이 유한한 평균과 분산으로 정의되는 점근적 분포, 또는 극한 분포(asymptotic or limiting distribution)를 갖는 일관적 추정량 중 최소의 점근적 분산을 가질 경우 $\hat{\theta}$을 점근적 효율성을 갖는 추정량이라 한다.

2. 확률분포에 관한 기본정리

기본 추측통계분석에서 활용될 뿐 아니라 회귀분석에서도 반복적으로 사용되는 표본분포 및 검정통계량의 확률분포 결정에 핵심적인 이론적 기초가 되는 것으로 다음의 여섯 가지 정리가 있다.

[정리 1]

만일 X_1, X_2, $\cdots$, X_n등의 확률변수들이 서로 독립적으로 정규분포를 따른다면 $Y = \Sigma k_i X_i$(단, k_i는 상수이며 모든 k_i가 0은 아님) 또한 정규분포를 띠를 것이며, 그 평균과 분산은 가가 $\Sigma k_i \mu_i$, $\Sigma k_i^2 \sigma_i^2$가 된다. 즉, $X_i \sim N(\mu_i,\ \sigma_i^2)$라면, $Y = \Sigma k_i X_i \sim N(\Sigma k_i \mu_i,\ \Sigma k_i^2 \sigma_i^2)$

[정리 2]

만일 Z_1, Z_2, $\cdots$, Z_n 등의 확률변수들이 서로 독립적으로 표준화된 정규분포를 따른다면 $\Sigma Z_i^2 = Z_1^2 + Z_2^2 + \cdots + Z_n^2$ 은 자유도가 n인 χ^2분포를 따른다. 즉,

$$Z_i \sim N(0,\ 1) \text{이면, } \Sigma Z_i^2 \sim \chi_n^2$$

[정리 3]

만일 K_1, K_2, $\cdots$, K_n 등의 확률변수들이 서로 독립적으로 χ^2분포를 따른다면 ΣK_i 또한 χ^2분포를 따른다. 즉, 만일 $K_i \sim \chi_{k_i}^2$라면, $\Sigma K_i \sim \chi_{\Sigma k_i}^2$가 된다.

[정리 4]

만일 Z가 표준화된 정규분포를 따르는 확률변수이고 K는 Z와는 독립적으로 자유도 k를 갖는 χ^2분포를 따르는 확률변수라면 다음의 관계가 성립된다.

$$t = \frac{Z}{\sqrt{\frac{K}{k}}}$$

[정리 5]

만일 K_1과 K_2가 서로 독립적으로 각각 k_1과 k_2의 자유도를 갖는 χ^2분포를 따르는 확률변수일 때 다음의 관계가 성립된다.

$$F = \frac{\frac{K_1}{k_1}}{\frac{K_2}{k_2}}$$

[정리 6]

자유도가 k인 t분포를 제곱한 변량은 자유도가 1과 k인 F분포를 따른다.

$$F_{1,\,k} = t_k^2$$

연습문제

[1] 다음 용어들의 개념을 비교·설명하라.

1) 기술통계분석과 추측통계분석
2) 모집단과 표본
3) 모수와 통계량
4) 대표치와 산포도
5) 첨도와 왜도
6) 편의성과 효율성
7) BLUE와 최량추정량
8) 평균평방오차(MSE)와 일관성
9) 공분산과 상관계수
10) 비복원추출과 유한모집단조정계수
11) 중심극한정리
12) 신뢰수준과 오차율
13) 단순가설과 복합가설
14) 귀무가설과 내립가설
15) 단측검정과 양측검점
16) 제 1 종 오류와 제 2 종 오류
17) 채택역과 기각역
18) 유의수준과 검정오차
19) 다중비교
20) 셰프(Henry Scheffe)의 "S-방법"

[2] 산술평균은 대표치 중 가장 흔히 쓰이고 있으며, 또 통계이론상 그 유의성이 가장 크다고 하는데 이것이 타당한 주장인지 여부를 밝혀라.

[3] 산포도 개념 중 가장 유용성이 큰 것은 표준편차 및 분산이라 하는데, 그 이유는 무엇인가?

[4] 표본평균과 표본분산 그리고 표본비율은 바람직한 추정량의 특성 중 어떤 특성을 가지고 있는지에 답하고 그 이유를 밝혀라

[5] 표본분산($s^2 = \frac{1}{n-1}\sum(X_i - \overline{X})^2 f_i$) 대신 최우추정량인 $\widehat{\sigma^2} = \frac{1}{n}\sum(X_i - \overline{X})^2$가 자주 쓰이기도 한다. $\widehat{\sigma^2}$의 특성을 밝혀라.

[6] 세 관측점으로 구성된 표본에 내재된 정보를 가지고 모평균(μ)에 대하여 다음과 같은 세 가지 추정량을 고안하였다.

$$\overline{X}=\frac{1}{3}X_1+\frac{1}{3}X_2+\frac{1}{3}X_3$$

$$\hat{X}=\frac{1}{4}X_1+\frac{1}{4}X_2+\frac{1}{2}X_3$$

$$\tilde{X}=\frac{1}{4}X_1+\frac{1}{4}X_2+\frac{1}{4}X_3$$

1) 이들 중 불편추정량은?
2) 각 추정량의 분산은?
3) 가장 효율적인 추정량은?

[7] n개의 관측치를 근거로 다음과 같은 추정량이 제시되었다.

$$\overline{X}=\frac{1}{n}\sum X_i$$

$$\hat{X}=\frac{1}{n+1}\sum X_i$$

$$\tilde{X}=\frac{1}{2}X_i+\frac{1}{2n}\sum_{i=2}^{n}X_i$$

1) 각 추정량의 불편성 여부를 밝혀라.
2) 효율적인 추정량은?
3) 이들 중 BLUE 추정량이 있다면 밝히고, 또 BLUE가 됨을 입증하라.
4) 각 추정량의 점근적 불편성 여부를 밝혀라
5) 각 추정량의 일관성 여부를 밝혀라.

[8] 다음은 우편물이 서울에서 부산까지 배달되는 데 소요되는 날짜 수에 관한 확률분포라 하자.

X(날짜 수)	$P(X)$
0	0.0
1	0.4
2	0.3
3	0.2
4	0.1

1) 배달소요일자의 평균 및 분산을 구하라.
2) 우편물이 배달되는 데 2일 이상 걸릴 확률은?

[9] X와 Y, 두 학교 테니스부는 각각 4명의 선수를 출전시켰는데, X교는 1, 2, 3, 그리고 4학년이 각각 1명씩이고, Y교는 3학년이 2명, 그리고 4학년이 2명이다.
1) 이들 선수들이 첫 번 경기에 선발될 확률은 동일하다고 가정하고 선수들의 학년 수를 각각 X와 Y라는 확률변수로 나타내어 확률분포를 작성하라.

2) $E[X]$, $E[Y]$를 구하라.

3) $\mathrm{Var}(X)$, $\mathrm{Var}(Y)$를 구하라.

4) $E[X+Y]$, $\mathrm{Var}(X-Y)$를 산출하라.

5) $\mathrm{Cov}(X, Y)$를 산출하라.

6) X와 Y는 서로 독립적인가? 답하고, 그 이유를 설명하라.

[10] 상자 안에 공이 10개 들어 있는데, 그 중 하나는 1, 둘은 2, 셋은 3, 그리고 나머지 넷은 4라는 숫자가 쓰여져 있다. 이 상자에서 공 하나를 무작위로 추출할 때 나타난 숫자를 확률변수 X로 표현할 때 $E[X]$와 $\mathrm{Var}(X)$를 구하라. 그리고 $Y=aX+b$라 할 때 $E[Y]$와 $\mathrm{Var}(Y)$를 구하라.

[11] 다음은 맞벌이 부부 열 쌍의 월평균 소득이다.

부 부	남편 소득(X)	아내 소득(Y)
1	50	25
2	75	75
3	75	50
4	50	50
5	50	50
6	75	25
7	100	50
8	75	50
9	100	75
10	100	50

남편과 아내의 소득을 각각 X와 Y로 나타날 때

1) $E[X]$, $\mathrm{Var}(X)$는?

2) $E[Y]$, $\mathrm{Var}(Y)$는?

3) $\mathrm{Cov}(X, Y)$는?

4) $Z=X+Y$의 평균과 분산은?

5) 모든 세금을 공제한 후 부분의 소득이 $DI=0.8X+0.9Y$라면 DI의 평균과 분산은?

6) 부부 간의 소득차를 $D=X-Y$라 하고, 그 평균과 분산을 구하라.

[12] A 회사가 생산한 전구 100개 중 약 10%는 불합격품이라고 한다. 생산감독관이 생산된 전구 중 하나씩 임의로 추출하여 10번에 걸쳐 검사하였을 때,

1) 이 중 5개가 불합격품일 확률은?

2) 이 중 적어도 9개가 불합격품일 확률은?

3) 이 중 많아야 2개 정도가 불합격품일 확률은?

4) 불합격품수를 X라 하면 $E[X]$와 $\mathrm{Var}(X)$는?

[13] 5명의 국회의원 중 3명은 농산물 수입자유화에 반대하고, 2명은 찬성하는 입장을 취하고 있으며, 이들 중 3명이 임의선정되어 TV 대담에 출연하는 계획이 있다고 하자.

1) 3명 모두가 반대자일 확률은?

2) 적어도 1명은 반대자일 확률은?

3) 3명 모두가 찬성장일 확률은?

[14] $X \sim N(100,\ 40^2)$일 경우 다음을 계산하라.

1) $P(X \geq 100)$
2) $P(X = 100)$
3) $P(X \leq 50)$
4) $P(80 \leq X \leq 120)$
5) $P(X \leq -40)$
6) $P(-10 \leq X \leq 50)$

[15] 다음 이항확률을 정규분포에 의한 근사치계산법을 이용하여 계산하라.

1) $P(X = 50 | n = 100,\ p = 0.5)$

2) $P(X \geq 60 | n = 100,\ p = 0.5)$

3) $P(X \leq 40 | n = 100,\ p = 0.5)$

4) $P(40 \leq X \leq 60 | n = 100,\ p = 0.5)$

[16] 다음 물음에 답하여라.

1) $Z \sim N(0,\ 1)$일 때, $P(-1.5 < Z < 0.5)$

2) $Z \sim N(0,\ 1)$일 때, $P(-0.05 < Z < b) = 0.40$이 되는 b값

3) $Z \sim N(0,\ 1)$일 때, $P(Z < |a|) = 0.12$가 되는 a값

4) $X \sim N(100,\ 400)$일 때, $P(X < c) = 0.95$가 되는 c값

5) $X \sim N(100,\ 100)$일 때, $P(d < Z < e) = 0.9$가 되는 최소구간은?

[17] $X \sim N(10,\ 25)$ 경우 다음 확률을 구하라.

1) $P(7.5 < X < 12.5)$

2) 이 모집단에서 25개를 임의추출하여 구성한 표본의 평균이 7.5와 12.5 사이에 존재할 확률은?

[18] 두 정규모집단에서 각각 1개씩 표본을 뽑아 그 분산을 계산한즉 $s_1^2 = 15$, $s_2^2 = 30$이라 한다. $n_1 = 25$, $n_2 = 36$이고 두 모집단의 분산이 동일하다면 두 표본분산의 값이 위와 같은 차이 이상으로 나타날 확률은?

[19] S회사가 수출한 전자제품 중 약 10%가 클레임(claim)을 당하여 반송되고 있다고 하자. 과연 전 제품 중 10% 정도가 불합격품인지 여부를 확인하고자 수출한 상품 중 100개를 임의추출하여 조사할 때 이 중 불량품이 10개 이하로 나타날 확률은?

[20] s^2이 σ_X^2의 불편추정량이라 해도 s는 σ_X의 불편추정량이 아니라 한다. 그 이유를 설명하라.

[21] 모회사 근로자들의 건강상태 평가방안의 일환으로 9명을 무작위선정하여 연간 병원출입횟수를 조사하여 보니 3, 2, 4, 4, 0, 8, 9, 1, 5로 밝혀졌다. 병원출입횟수에 대한 모평균의 99% 신뢰구간을 구하라.

[22] D회사 소형승용차 25대를 임의선정하여 시험주행한 결과 l당 평균주행거리가 16km, 그리고 분산이 9km로 밝혀졌다.
1) 모평균에 대한 95% 신뢰구간을 구하라.
2) 36대를 시험주행한 결과 또한 위와 같다면 이 때 신뢰구간은 어떻게 되며, 전에 비해 어떤 변화가 발생하는지, 또한 왜 그러한 변화가 발생하는지를 설명하라.

[23] 농촌지역의 칼라 텔레비전 보급상태를 파악하고자 TV소유자 중 100가구를 임의선정, 조사해 본 바, 40가구가 칼라 TV를 소유하고 있음이 밝혀졌다고 하자. TV를 소유하고 있는 전체 농가 중 칼라 TV를 소유하고 있는 농가비율의 80% 신뢰구간을 구하라.

[24] 도시가스 배관을 생산하는 업체가 생산기의 정밀도를 확인하고자 30개의 표본을 임의추출하여 직경을 조사한 결과 표준편차가 0.005cm로 밝혀졌다. 모집단의 분산에 대한 95% 신뢰구간을 구하라.

[25] $\sum X = 200$, $\sum X^2 = 895$, $n = 100$일 때,
1) μ_X에 대한 95% 신뢰구간은?
2) σ_X^2에 대한 95% 신뢰구간은?

[26] 국내 가전 3사에서 생산하는 TV의 평균수명이 1,000시간이며, 표준편차는 300시간인 정규분포를 따른다고 한다. 시험적으로 새로운 생산과정에 따라 TV 100대를 생산하여 검사해 본 결과 평균수명이 1,100시간으로 나타났다. 유의수준을 1%, 5% 및 10%로 변경시켜가며 새로운 과정에 따라 생산된 제품도 장기적으로 평균수명은 1,000시간이 될 것이란 가설을 검정하라.

[27] 총학생회는 전체 학생의 80% 이상이 학교식당 음식의 질과 가격, 그리고 서비스에 대하여 불만스러워한다고 주장하고 있다. 이러한 주장의 진위를 파악하고자 학교신문사는 총 64명의 학생을 무작위로 선정하여 설문조사를 실시한 결과 그 중의 20명만이 학교식당에 대하여 만족하고 있었음을 확인하였다. 이 결과를 가지고 과연 총학생회측의 주장을 받아들일 수 있는지 $\alpha = 5\%$ 수준에서 검정하라.

[28] 올림픽용 축구공으로 채택되기 위한 여러 가지 기준이 제시되었는데, 그 중 공 둘레의 분산이 9mm를 넘어서는 안 된다는 조건이 들어 있다. 국내 축구공 제조업체가 생산한 축구공 26개를 무작위로 선정하여 둘레를 측정해 보니 분산이 4로 나타났다. $\alpha=5\%$ 수준에서 합격 여부($H_o: \sigma^2 \geq 9$의 기각 가능 여부)를 판정하라.

[29] 서울시내 근로자들의 은행저축액 잔고는 표준편차가 135,000원이고, 평균이 400,000원인 정규분포 형태를 취한다고 하자.

1) 100명의 근로자를 무작위추출하여 평균을 구한 다음 귀무가설 $H_o: \mu=400{,}000$을 검정할 때 귀무가설이 $\alpha=2\%$ 수준에서 기각되지 않으려면 표본평균 $\overline{X}$값은 어느 범위 내에 있어야 하나?
2) 동일한 문제를 표본크기가 400이라고 보고 답하라.

[30] K대학 주변에 하숙을 하고 있는 학생들이 하숙비를 내려달라고 요구하며, 그 이유 중 하나로 하숙생들이 실제 저녁을 하숙집에서 먹는 경우가 일주일에 4번 이하라는 주장을 내세웠다. 이 주장에 대한 진위를 가리고자 무작위로 선정한 9명의 1주당 저녁식사 횟수를 조사하여 다음 결과를 얻었다.

6, 5, 3, 3, 5, 2, 4, 1, 5

귀무가설을 $H_o: \mu \geq 4$라고 놓고 $\alpha=5\%$ 수준에서 기각역을 설정해 보아라.

[31] 두 표본에서 얻은 정보가 다음과 같다고 하자.

$$n_1=41,\ \sum X_{1i}=410,\ \sum X_{1i}^2=4,740$$
$$n_2=41,\ \sum X_{2i}=492,\ \sum X_{2i}^2=6,904$$

1) $H_o: \mu_1=\mu_2(\alpha=5\%)$를 검정하라.
2) $H_o: \sigma_1^2=\sigma_2^2(\alpha=10\%)$를 검정하라.

[32] 적도지방과는 달리 극지방에서의 원심력은 아주 미미하여 모든 물체의 무게는 극지방에서 더 무거워진다고 한다. 이러한 현상의 심각성 여부를 검정하고자 10개 품목을 적도 및 극지방에서 계측한 결과 다음과 같은 결과를 얻었다. 과연 두 지역에서의 무게는 차이가 있다고 볼 수 있는지 $\alpha=1\%$ 수준에서 평가하라.

지역 \ 물체	X_1	X_2	X_3	X_4	X_5	X_6	X_7	X_8	X_9	X_{10}
극지역	200	140	180	160	190	230	150	150	170	170
적도지역	205	130	180	150	195	220	150	140	165	155

[33] 각각 100명의 남녀 대학생을 대상으로 설문조사한 결과 혼전 성경험 비율은

남자가 40%, 여자가 10%로 나타났다. 실제 전체 대학생의 남녀별 혼전 성경험 비율은 다르다고 볼 수 있는가? $\alpha=5\%$ 수준에서 평가하라.

[34] 판매부진으로 고전하고 있는 S상사가 타개책의 일환으로 새로운 형태의 디자인을 개발하여 판매에 임한 결과 무작위 선정한 10개의 점포에서의 판매실적이 다음과 같이 나타났다. 디자인 변경에 따라 판매실적에 변화가 발생했다고 볼 수 있는지 $\alpha=1\%$ 수준에서 평가하라.

점포 / 디자인	X_1	X_2	X_3	X_4	X_5	X_6	X_7	X_8	X_9	X_{10}
구	100	50	300	800	90	50	30	50	200	500
신	150	40	200	1,000	100	60	20	100	200	600

[35] 다음은 금년도 모대학의 신입생 중 4개 학과에 입학한 학생들 중 무작위로 선발된 각 5명의 학력고사 성적의 평균과 표준편차라 하자. 학과별 학력수준의 차이가 있다고 볼 수 있는가? (단, $\alpha=5\%$)

학 과	평균 학력고사 성적	표준편차
A	258	15
B	274	20
C	260	9
D	250	10

[36] 다음은 임의선정한 3개 지역에 시험 사용한 2가지 비료에 따라 얻은 수확량을 나타낸다.

지 역 / 비 료	가		나		다	
A	60	50	80	90	100	100
B	80	80	70	80	120	110

1) 비료의 종류에 따라 수확량이 달라지는지를 평가하라($\alpha=5\%$.)
2) 지역에 따라 수확량이 상이한지의 여부를 평가하라($\alpha=5\%$).
3) 지역 및 비료 종류의 결합상태에 따라 수확량이 상이하다고 볼 수 있는가를 판정하라($\alpha=5\%$).

[37] 다음은 무작위로 선정한 남녀 각각 5명의 서울 시내 초등교사 봉급수준이다. 남녀 교사 간의 봉급수준이 차이가 있는지의 여부를 판정하고자 두 평균차에 관한 검정방법과 분산분석을 각각 별도로 적용하여 본 다음 그 결과를 비교·검토하라($\alpha=5\%$).

남	24	22	44	32	38
여	24	18	16	20	32

[38] 어느 회사가 새로운 상품을 두 가지 디자인(A_1, A_2)과 두 가지 가격(B_1, B_2)을 설정하여 세 군데 다른 지역에서 시판한 결과 다음과 같다고 하자.

판매지역	디자인과 가격의 결합상태			
	A_1B_1	A_1B_2	A_2B_1	A_2B_2
I	64	72	60	88
II	84	70	54	84
III	56	74	60	86

1) 이 실험 결과를 디자인과 가격의 두 기준에 따른 관측 결과 형태로 전환하라.
2) 이 실험 결과를 이용하여 이원분산분석표를 작성하라.
3) 디자인 종류에 따라 매상고에 차이가 발생하였는가?($\alpha=5\%$)
4) 가격수준에 따라 매상고에 차이가 발생하였는가?($\alpha=5\%$)
5) 디자인 및 가격결합 형태에 따라 매상고에 차이가 발생하였는가?($\alpha=5\%$)
6) 잔차항의 분산(error variance), σ^2에 대한 추정치를 구하라.

연습문제 해답

[1]~[5] 생 략

[6] 1) $\overline{X}$와 $\hat{X}$

2) $V(\overline{X})=\dfrac{1}{3}\sigma_X^2$

$V(\hat{X})=\dfrac{6}{16}\sigma_X^2$

$V(\tilde{X})=\dfrac{3}{16}\sigma_X^2$

3) $V(\overline{X})=\dfrac{1}{3}\sigma_X^2<V(\hat{X})=\dfrac{6}{16}\sigma_X^2$

[7] 1) $\overline{X}$만이 불편추정량

2) $\overline{X}$

3) 생 략

4) $\hat{X}$과 $\tilde{X}$ 모두 점근적 불편성을 지닌다.

5) $\overline{X}$와 $\hat{X}$는 일관성을 지니나 $\tilde{X}$은 일관성이 없음.

[8] 1) $E[X]=2.0$, $\mathrm{Var}(X)=1.0$

2) $P(X\geq 2)=0.6$

[9] 1)

Y \ X	1	2	3	4	합 계
3	1/8	1/8	1/8	1/8	1/2
4	1/8	1/8	1/8	1/8	1/2
합 계	1/4	1/4	1/4	1/4	1

2) $E[X]=2.5$, $E[Y]=3.5$

3) $\mathrm{Var}(X)=1.25$, $\mathrm{Var}(Y)=0.25$

4) $E[X+Y]=6$, $\mathrm{Var}(X-Y)=1.5$

5) $\mathrm{Cov}(X, Y)=0$

6) X, Y는 서로 독립적임($\because$ $\mathrm{Cov}(X, Y)=0$, $P(x, y)=P_X(x)\cdot P_Y(y)$)

[10] $E[X]=3$, $\mathrm{Var}(X)=1$

$E[Y]=3a+b$, $\mathrm{Var}(Y)=a^2$

[11] 1) $E[X]=75$, $\mathrm{Var}(X)=375$

2) $E[Y]=50$, $\mathrm{Var}(Y)=250$

3) $\mathrm{Cov}(X, Y)=125$

4) $E[Z]=125$, $\mathrm{Var}(Z)=875$

5) $E[DI]=105$, $\mathrm{Var}(DI)=622.5$

6) $E[D]=25$, $\mathrm{Var}(D)=375$

[12] 1) $P(X=5)=0.0015$

2) $P(X\geq 9)=0.0$

3) $P(X\leq 2)=0.9298$

4) $E[X_b]=1.0$, $\mathrm{Var}(X_b)=0.9$

[13] 1) 0.1

2) 1

3) 0 ($\because$ 찬성할 수 있는 최대인원 수는 2명뿐임)

[14] 1) $P(X\geq 100)=0.5$

2) $P(X=100)=0$

3) $P(X\leq 50)=0.1056$

4) $P(80 \leq X \leq 120) = 0.3830$

5) $P(X \leq -40) = 0.0002$

6) $P(-10 \leq X \leq 50) = 0.1026$

[15] 1) $P(X = 50 | n = 100,\ p = 0.5) = 0$

2) $P(X \geq 60 | n = 100,\ p = 0.5) = 0.0287$

3) $P(X \leq 40 | n = 100,\ p = 0.5) = 0.0287$

4) $P(40 \leq X \leq 60 | n = 100,\ p = 0.5) = 0.9642$

[16] 1) $P(-1.5 < Z < 0.5) = 0.6247$

2) $b = 1.18$

3) $a = \pm 1.555$

4) $c = 132.9$

5) $d = 83.55,\ e = 116.45$

[17] 1) $P(7.5 < Z < 12.5) = 0.383$

2) $P(7.5 < \overline{Z} < 12.5) = 0.9876$

[18] 1) $0.01 < P(F_{35,\ 24} > 2) < 0.05$

[19] ① 이항분포를 이용하는 경우 : 0.5832

② 표본비율분포의 어림셈 공식을 이용하는 경우 : 0.5

③ 정규분포를 이용한 근사치 계산의 경우 : 0.5663

[20] 생 략

[21] $0.645 < \mu < 7.355$

[22] 1) $14.7616 < \mu < 17.2384$

2) $15.02 < \mu < 16.98$

2)번의 경우 1)번에 비하여 구간이 좁아졌다. 이는 n의 증가(25→36)로 인하여 표본오차가 작아졌음을 의미한다.

[23] $0.3372 < p < 0.4628$

[24] $0.000015857 < \sigma^2 < 0.000045171$

[25] 1) $1.562 < \mu < 2.438$

2) $3.8142 < \sigma^2 < 6.68$

[26] $\alpha = 1\%,\ 5\%,\ 10\%$에서 $H_o : \mu = 1{,}000$을 모두 기각한다.

[27] $Z_{cal.} = -2.25 < -Z_\alpha = -1.645$

$H_o : p \geq 0.8$을 기각한다.

[28] $\chi^2_{cal.} = 11.\dot{1} < 14.61 = \chi^2_{1-\alpha,\ 25}$

∴ H_o를 기각한다.

[29] 1) $368,612.5 < \overline{X} < 431,387.5$

2) $384,306.25 < \overline{X} < 415,693.75$

[30] $H_o : \mu \geq 4$가 되려면 $t_{cal.} < -1.860$이어야 한다.

$\frac{(\overline{X}-4)}{\sqrt{\frac{2.694}{9}}} < -1.86$, 또는 $\overline{X} < 2.9824$, 따라서 $\overline{X} < 2.9824$일 때 기각된다.

[31] 1) $Z = -2 < -Z_{\alpha/2} = -1.96$

따라서 H_o를 기각한다.

2) $0.5917 < F_{cal.} = 0.64 < 1.69$, 그러므로 H_o를 채택한다.

[32] $t_{cal.} \fallingdotseq 2.236 < t_{9,\ 0.005} = 3.25$

∴ H_o를 채택.

[33] $Z_{cal.} \fallingdotseq 4.8990 < Z_{\alpha/2} = 1.96$

∴ $H_o : p_1 = p_2$ 기각, 즉 남녀별 혼전 성경험 비율은 다르다.

[34] $t_{\alpha/2,\ 9} = -3.250 < t_{cal.} \fallingdotseq -1.1984 < t_{1-\alpha/2,\ 9} = 3.250$

∴ H_o 채택, 즉 디자인 변경 후 판매실적에 변화가 없다.

[35] $F_{cal.} \fallingdotseq 2.47 < F_{3,\ 6,\ 0.05} = 3.24$

따라서 H_o는 채택되고, 학과별 학력수준의 차이가 존재한다고 볼 수 없다.

[36] 1) $F = \frac{MSR}{MSE} = 9.0 > F_{1,\ 6,\ 0.05} = 5.99$ H_o를 기각, 즉 수확량에 차이가 있음.

2) $F = \frac{MSC}{MSE} = 50.3 > F_{2,\ 6,\ 0.05} = 5.14$ H_o를 기각, 즉 수확량에 차이가 있음.

3) $F = \frac{MSI}{MSE} \fallingdotseq 938 > F_{2,\ 6,\ 0.05} = 5.14$ H_o를 기각, 즉 수확량에 차이가 있음.

[37] 1) $t_{4,\ 0,\ 0.075} = -2.776 < t_{cal.} \fallingdotseq 2.012 < t_{4,\ 0,\ 0.025} = 2.776$

∴ H_o 채택, 즉 남녀 간의 봉급수준 차는 없다.

2) $F_{cal.} = \frac{MSB}{MSW} = \frac{250}{63} = 3.97 < F_{1,\ 8,\ 0.05} = 5.32$

∴ H_o 채택

[38] 1)

	B_1	B_2	평 균
A_1	68	72	70
A_2	58	86	72
평 균	63	79	71

2)

	SS	$d.f.$	MS
디자인	12	1	12
가 격	768	1	768
디자인·가격	432	1	432
잔 차	456	8	57
합 계	1,668	11	

3) $F=\dfrac{MSC}{MSE}=\dfrac{12}{57}=0.21<F_{1,\ 8,\ \alpha}=5.32 \quad \therefore\ H_o$ 채택

즉, 디자인에 따른 매상고의 차이가 없다.

4) $F=\dfrac{MSC}{MSE}=\dfrac{768}{57}\sim 13.47<F_{3,\ 8,\ \alpha}=4.07 \quad \therefore\ H_o$ 기각

즉, 가격에 따른 매상고의 차이가 발생한다.

5) $F=\dfrac{MSI}{MSE}=\dfrac{432}{57}\sim 7.58<F_{1,\ 8,\ \alpha}=5.32 \quad \therefore\ H_o$ 기각

즉, 디자인과 가격의 결합효과는 매상고에 영향을 준다.

6) $MSE=\dfrac{SSE}{JK(g-1)}=\dfrac{456}{8}=57$

제 2 편

계량경제분석기초 : 고전적 선형회귀분석

우리는 이미 이 책의 서론편에서 계량경제학이란 결국 "새로운 경제논리 내지 이론을 개발하거나 이미 개발된 각종 경제이론 및 가설의 현실타당성 여부를 적절한 통계분석기법을 활용하여 확인 내지 검증하는 경제학의 한 분야"라고 정의한 바 있다. 그리고 "현실성이 확인된 함수관계를 이용하여 각종 경제현상의 구조를 분석하거나 예측을 수행할 수 있을 뿐만 아니라 각종 경제정책을 입안하거나 특정한 정책효과를 평가하는 역할을 담당할 수 있는 경제학연구의 필수적 영역"임을 아울러 강조한 바 있다.

이러한 분석에 필요한 기초적 통계이론을 바로 제 1 편에서 요약 정리한 것이며, 본 편은 이에 근거하여 본격적인 계량분석의 핵심적이고 또 기본적인 내용을 소개하고자 하는 것이다.

계량경제분석의 주류는 역시 회귀분석이라 할 수 있는데, 본 편에서는 회귀분석 중에서도 가장 취급이 편리한 선형회귀분석을 대상으로 하였다. 뿐만 아니라 그것도 제반 여건이 바람직한 상태에서 전개되는 부분만을 다루고 있어 본 편의 부제를 고전적 선형회귀분석이라고 달았다. 다소 취급이 복잡하거나 보다 현실적인 조건 하에서의 회귀분석은 제 3 편 이후에서 다루게 된다.

여하튼 회귀분석이란 결국 두 변량(또는 둘 이상의 변량) 간의 상호 관계의 본질을 파악하는 연구(a study on nature of relationship between two or more variables)에 관한 통계적 기법이라 할 수 있다. 따라서 회귀분석은 각 변량들의 개별적 특성치(예컨대, 평균이나 분산)를 추정 또는 검정하는 대신(제 1 편 참조) 두(또는 둘 이상) 변량 간의 관계를 나타내는 특성치(두 변량이 1차함수 관계에 있다면 그 관계식의 특성치는 기울기와 절편을 나타내는 상수가 될 것임)를 추정 또는 검정하는 것이다. 즉, 분석대상이 되는 변량이 둘 이상인 점 그리고 두 변량 간의 관계를 특징짓는 모수에 관한 추론을 한다는 점(따라서 이를 다변량분석이라 함)이 제 1 편에서 다룬 기초통계이론(이를 1변량분석이라 함)과 구분되는 특징이라 할 수 있다. 그러나 본 편에서 활용하게 될 통계이론도 기본적으로는 미지의 모수(함수관계에 관한 특성치)에 관한 추론방법을 제시하는 추측통계이론임에 틀림이 없다.

본 편에서 다루게 될 주요 내용을 요약해 보면 다음과 같다.

그림 Ⅱ 고전적 선형회귀분석

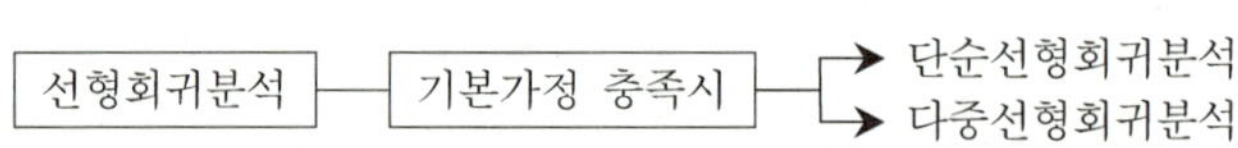

본 편에서 다루게 될 회귀분석은 기본가정이 충족되는 상황에서 두(또는 둘 이상) 변량 간의 인과관계를 규명하되, 1차함수 관계에 국한하는 선형회귀분석이다. 이 고전적 회귀분석은 특정한 변수값의 변화를 다른 한 변수의 변화에 의해 설명하는 단순선형회귀분석과 둘 이상의 변수값을 이용하여 특정 변수값의 변화를 설명하는 다중선형회귀분석으로 구분될 수 있는데, 전자는 제 2 장과 제 3 장에서 그리고 후자는 제 4 장에서 각각 다루었다. 단, 이 분석체계와 긴밀한 관계에 있는 상관분석 내용은 제 2 장과 제 4 장의 후미에 보론으로, 그리고 계량분석에 필수적인 행렬식은 부록으로 각각 처리하였다.

제 2 장 단순선형회귀분석 Ⅰ : 모형의 설정과 추정

본장과 제 3 장에서는 변량 간의 인과관계를 규명하는 회귀분석방법 중 독립변수와 종속변수가 각각 하나이며, 두 변량 간의 관계가 일차함수로 파악될 수 있는 경우만을 대상으로 삼고자 한다. 물론 실제 상황에서는 독립변수가 둘 이상인 경우가 보다 일반적이며, 구체적인 함수관계 또한 비선형인 경우가 허다할 것이다. 그렇지만 본 장에서 소개할 단순선형회귀분석방법은 다소의 조정과정을 거치면 여러 상이한 현실적 상황에 부응하는 분석방법을 쉽게 도출할 수 있는, 말하자면 고전적 선형회귀분석 중에서도 가장 기본적인 분석틀에 해당하는 부분이다.

이처럼 모든 회귀분석의 기본이 되는 이른바 단순선형회귀분석방법 중 추정부분을 보다 효율적으로 제시하고자 다음과 같은 체제로 본 장을 구성하였다.

그림 2 단순선형회귀분석 모형과 추정

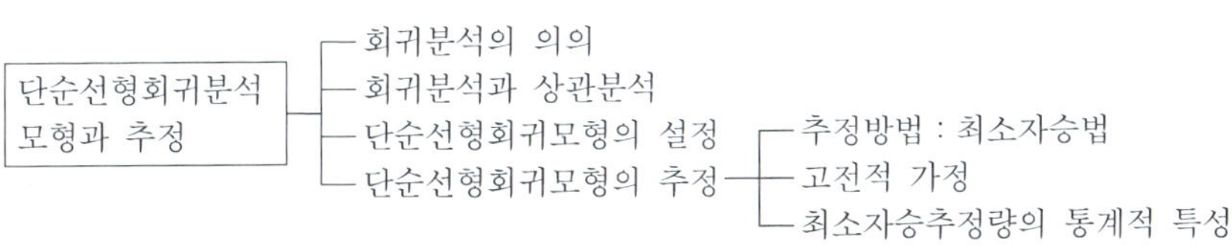

그림에서 볼 수 있듯이 제 1 절에서는 회귀분석의 일반적 정의 및 의의를, 그리고 제 2 절에서는 회귀분석과 긴밀하게 관련되어 있는 상관분석을 개략적으로 살펴보았으며, 제 3 절에서는 주로 경상계열에서 볼 수 있는 예를 중심으로 단순회귀모형이 갖는 의미를 파악하고자 하였다. 이어서 제 4 절에서는 회귀모형에 대한 추정방법을 다각적으로 비교·검토하였고, 그 중 가장 바람직한 방법으로 확인된 최소자승법을 중심으로 구체적인 추정방법을 검토하였으며, 최소자승법에 의해 도출된 추정량의 통계적 특성은 제일 마지막 부분에 소개하였다.

제 1 절　개요 : 회귀분석의 개념과 의의

우리는 제 1 편에서 한 개의 변량으로 정의되는 모집단들을 대상으로 그 특성치, 예를 들면 평균을 추정하는 방법으로부터 두 개의 평균 및 여러 개의 평균을 비교하는 방법(분산분석)에 이르기까지 여러 가지 추정방법들을 검토하였다. 그러나 본 장에서는 두 변량 간 상호 관계의 특성을 규명하는 방법을 강구하게 되는데, 일반적으로 한 변량값의 변화와 다른 변량값의 변화가 갖는 수학적 함수식을 파악함으로써 상호 관계를 추론하게 되며, 이와 같은 방법을 회귀분석이라 한다.[1)]

회귀분석은 독립변수 또는 설명변수(independent variable or explanatory variable)라 불리우는 한(또는 둘 이상의) 변수에 기초하여 종속변수(dependent variable)라 불리우는 다른 한 변수의 값을 묘사하거나 추정하는 문제를 다룬다. 이러한 회귀분석은 본질적으로 인과관계가 있는 두 변수 간의 함수식을 분석대상으로 삼게 되며, 경제학 및 경영학 연구에 있어서는 두 가지 측면에서 큰 역할을 담당하고 있다.

첫째, 인간의 각종 경제행위에 관한 직관적 견해를 "가설"이라 칭하고, 이들의 타당성 여부를 실증분석을 통해 검토하게 되는데, 회귀분석이 바로 이 과정에서 경제변수 간의 상호 관계를 수학적 함수식으로 정의하고 그 관계식의 현실 타당성 여부를 판정하는 역할을 담당하는 것이다. 예를 들면, 케인즈(J. M. Keynes)가 주장한 절대소득가설, 즉 소비수준은 소득수준에 의존한다는 가설을 $C = a + bY$ (단, C : 소비수준, 그리고 a와 b는 절대소비와 한계소비성향을 나타내는 상수)와 같은 수식으로 정의한 다음, C와 Y에 대한 관측치를 기초로 타당성 여부를 평가할 수 있는 것이다.

회귀분석의 두 번째 역할은 두 변수 간의 관계식이 타당시될 때, 한 변수(독립변수, 위의 예에서는 소득수준)값을 기초로 다른 한 변수(종속변수, 위의 예에서는 소비수준)값을 추정 또는 예측하는 일이다. 예를 들어, 특정 상품의 매상고와 판매가격 간에 안정된 함수관계가 인정된다면, 판매가격이 주어질 때 그에

1) 회귀란 용어는 19C 말 영국의 유전학자 프란시스 갈톤(Francis Galton, 1822~1911) 경이 아버지의 신장과 자녀들의 신장을 비교하는 연구과정에서 키가 큰 아버지는 키가 큰 자녀를 그리고 키가 작은 아버지는 키가 작은 자녀를 갖게 되는 경향이 있으나 자녀들의 신장은 평균적으로는 총인구의 평균신장값에 회귀한다고 말한 데서 유래한다.

표 2-1 일변량분석과 다변량분석의 통계적 추론 내용 대비

분석형태 / 내용구분	일변량분석	다변량분석
분석대상	1변량으로 표현되는 모집단의 특징	2변량(이상) 간의 관계의 특징
주요 분석대상 : 특성치(모수)	평균(μ) 또는 비율(p)과 분산(σ^2)	절편(α) 기울기(β)
주요 분석내용	1. μ, p, σ^2에 대한 추정 2. μ, p, σ^2에 대한 검정 (참고 : 다수표본 경우일 때의 검정은 ANOVA임에 유의)	1. α, β에 대한 추정 2. 검정 ┌ 적합도 검정 / └ 유의성 검정 3. 예 측

대응하는 매상고를 정의된 함수식을 이용하여 예측할 수 있는 것이다.

결국, 회귀분석은 첫째로 관측된 두 변수의 값을 기초로 두 변수 간의 함수관계가 성립되는지, 된다면 구체적으로 어떤 특징을 갖는 함수관계(예컨대, 1차 함수관계)인지를 이해하는 데 이용되고, 둘째로 그 값이 알려진 독립변수를 기초로 종속변수의 값을 예측 또는 추정하는 데 이용된다.

제 1 편에서 살펴본 일변량분석의 내용과 본 편의 다변량분석의 내용을 대비하여 보면 표 2-1과 같이 요약할 수 있을 것이다.

위 표에서처럼 두 변량(이상) 간의 추측통계 또한 그 주요 분석내용은 모수에 관한 추정 및 검정이 되고 있으며, 일변량분석과 차이가 있다면, 추론의 대상이 되는 모수가 두 변량 간의 관계를 나타내는 특성치란 점과 이들 모수의 추정치를 근거로 독립변수값에 따른 종속변수값을 예측할 수 있다는 점이다.

제 2 절 상관분석

회귀분석을 본격적으로 다루기 앞서 회귀분석과는 기본개념상 상당한 차이가 있지만 여러 측면에서 긴밀하게 관련되어 있어 회귀분석에 보조적 역할을 담당하고 있는 상관분석에 대하여 간략히 살펴볼 필요가 있다.

1. 상관계수의 개념과 의의

상관분석은 두 변량 간의 선형관계가 얼마나 밀접한지를 측정하기 위한 분

석방안으로 상관계수라는 특성치로서 변량 간 선형관계의 강도 내지 결합도를 평가하는 지극히 단순한 분석장치이다. 이러한 상관분석은 두 변량 간의 인과관계의 특징이나 방향 등은 전혀 문제삼지 않으므로 어느 변량이 종속변수이고 또 독립변수인지를 구분하지 않는다. 또한 두 변량을 모두 다 확률변수로 취급하고 있는데, 이러한 두 가지 점이 회귀분석과 결정적으로 다른 특성이라 할 수 있다.

1.1 공분산과 상관계수

제 1 편 제 1 장에서 우리는 이미 두 변량 간의 밀접도를 나타내는 개념의 하나로 공분산 개념을 배운 바 있다.

$$\text{Cov}(X,Y)=E[(X-\mu_X)(Y-\mu_Y)] \tag{2.1}$$

그런데 이처럼 정의된 공분산의 결정적인 문제점은 분석대상이 되는 변량의 측정단위에 따라 그 값이 다르게 결정된다는 점이다. 따라서 이 지표는 두 변량 간의 밀접도를 상대적으로 비교하는 목적에는 사용할 수 없다. 이러한 문제점은 두 변량의 공분산을 표준화함으로써 해결된다. 즉, 공분산 $\text{Cov}(X, Y)$을 각 변량의 표준편차의 곱으로 나누는 것이다. 이와 같이 표준화된 공분산을 우리는 모상관계수(population correlation coefficient)라 하며, 그리스 문자 ρ("로"라 읽음)로 나타낸다는 사실 또한 전술한 바 있다.

[모상관계수]

$$\rho=\frac{\text{Cov}(X,\ Y)}{\sigma_X\sigma_Y}=\frac{X\text{와 } Y\text{의 공분산}}{(X\text{의 표준편차})(Y\text{의 표준편차})} \tag{2.2}$$

이 정의식은 다음과 같이 표현하기도 한다.

$$\rho=\frac{E[(X-\mu_X)(Y-\mu_Y)]}{\sigma_X\sigma_Y}=E\left[\left(\frac{X-\mu_X}{\sigma_X}\right)\left(\frac{Y-\mu_Y}{\sigma_Y}\right)\right] \tag{2.3}$$

현실적으로 X, Y를 대변하는 두 모집단을 전부 고려하여 모상관계수를 산출할 수 있는 경우는 드물다. 따라서 우리가 통상 사용하게 되는 개념은 표본

관측점에서 산출된 표본상관계수(r이라 표기함)가 된다. 이 때 표본상관계수 r은 모상관계수 ρ에 대한 추정치가 된다. 이제 식 (2.2)와 (2.3)을 이용하여 r을 정의하면 다음과 같다.

[표본상관계수]

$$r = \frac{s_{XY}}{s_X \cdot s_Y} = \frac{\frac{1}{n-1} \cdot \sum (X_i - \overline{X})(Y_i - \overline{Y})}{\sqrt{\frac{1}{n-1} \cdot \sum (X_i - \overline{X})^2} \sqrt{\frac{1}{n-1} \cdot \sum (Y_i - \overline{Y})^2}}$$

$$= \frac{\sum x_i y_i}{\sqrt{\sum x_i^2 \sum y_i^2}}$$

(단, $x_i = X_i - \overline{X}$, $y_i = Y_i - \overline{Y}$) (2.4)

또는

$$r = \frac{1}{n-1} \cdot \sum \left(\frac{X_i - \overline{X}}{s_X} \right) \left(\frac{Y_i - \overline{Y}}{s_Y} \right) \quad (2.5)$$

여기서 s_{XY}는 표본공분산, s_X는 X의 표본표준편차, 그리고 s_Y는 Y의 표본표준편차를 나타내며, 각각 Cov(X, Y), σ_X 및 σ_Y에 대한 추정량들이다. 여기서 각 추정량들을 정의함에 있어 각종 편차자승합을 각 표본의 크기에서 1을 뺀 값으로 나누어 정의한 것은 자유도(degree of freedom)를 이용함으로써 불편추정량을 정의하기 위함이다.

1.2 상관계수의 의미

이제 위에 소개한 식들을 표 2-2에 나타난 S대학교 경제학과 합격자 중 임의추출한 표본그룹 10명의 수능시험 성적과 내신등급에 관한 관측치를 이용하여 다각적으로 음미해 보자. 그림 2-1의 (a)에서는 두 변수값을 산포도 형태로 나타내 보았다. 그리고 (b)에서는 X와 Y의 편차 개념인 $x_i = X - \overline{X}$와 $y_i = Y_i - \overline{Y}$를 새로운 축으로 삼아 관측점들을 네 개의 사분면으로 구분하여 보았고, 마지막으로 (c)에서는 표준화된 편차 개념인 $(X_i - \overline{X})/s_X$ 및 $(Y_i - \overline{Y})/s_Y$를 새로운 축으로 선정하여 표현하였다. 여기에 필요한 값들은 표 2-2 하반부에 산출해 놓

표 2-2 수능시험 성적과 내신등급

내신등급 X	수능시험 성적 Y	$x=X-\overline{X}$	$y=Y-\overline{Y}$	xy	x^2	y^2
1	310	−1	10	−10	1	100
2	290	0	−10	0	0	100
3	280	+1	−20	−20	1	400
3	300	+1	0	0	1	0
2	320	0	+20	0	0	400
1	295	−1	−5	+5	1	25
4	305	+2	+5	+10	4	25
1	290	−1	−10	+10	1	100
1	315	−1	+15	−15	1	225
2	295	0	−5	0	0	25
$\sum X=20$	$\sum Y=3,000$	$\sum x=0$	$\sum y=0$	$\sum xy=-20$	$\sum x^2=10$	$\sum y^2=1,400$

$$\begin{cases} \overline{X}=\dfrac{\sum X}{n}=2 \quad \overline{Y}=\dfrac{\sum Y}{n}=300 \\ s_X^2=\dfrac{\sum x^2}{n-1}=\dfrac{10}{9}=1.\dot{1} \quad \therefore s_X=\dfrac{\sqrt{10}}{3}=1.05409 \\ s_Y^2=\dfrac{\sum y^2}{n-1}=\dfrac{1,400}{9}=155.\dot{5} \quad \therefore s_Y=\dfrac{10\sqrt{14}}{3}=12.4722 \\ r=\dfrac{\sum xy}{\sqrt{\sum x^2 \sum y^2}}=\dfrac{-20}{\sqrt{(10)(1,400)}}=\dfrac{-20}{100\sqrt{1.4}}=\dfrac{-20}{118.322}\fallingdotseq-0.17 \end{cases}$$

았다. 이와 같은 구분은 원점의 위치와 축의 값을 변환하더라도 결과적으로 계산될 상관계수에는 아무런 영향을 주지 않는 반면, 계산될 상관계수의 의미를 다각적으로 음미할 수 있어 매우 유용하다.

우선 x와 y를 곱한 값들의 합($\sum xy$)을 보면 두 변수값이 서로 어떤 관계를 유지하는지를 잘 알 수 있다(단, $x=X-\overline{X}$, $y=Y-\overline{Y}$). (b)에 나타난 관측점들 중 4개를 골라 각각 P_1, P_2, P_3 및 P_4라 하면 P_1과 P_3경우에는 xy값들이 양(+)인 반면, P_2와 P_4 경우에는 음(−)이 됨을 알 수 있다. 즉, 제 I 사분면 및 제Ⅲ사분면에 속하는 점들은 xy의 값이 양으로, 그리고 제Ⅱ, 제Ⅳ사분면의 점들은 xy의 값이 음으로 산출될 것이다. 만일 대부분의 점들이 제 I, 제Ⅲ사분면에 주로 몰려 있다면 xy값들의 합, 즉 $\sum xy$의 값은 양수가 될 것이고, 반면에 제Ⅱ사분면과 제Ⅳ사분면에 주로 몰려 있다면 $\sum xy$의 값은 음수가 될 것이다. 이처럼 계산된 $\sum xy$값이 양수인지 음수인지에 따라 우리는 두 변수 X와 Y가 양의 관계인지 또는 음의 관계인지를 판별할 수 있게 된다. 예컨대, 그림 2-1의 (b)는 표본상관계수의 부호를 판정할 수 있는 편의를 제공해 주고 있는

그림 2-1 단순선형상관

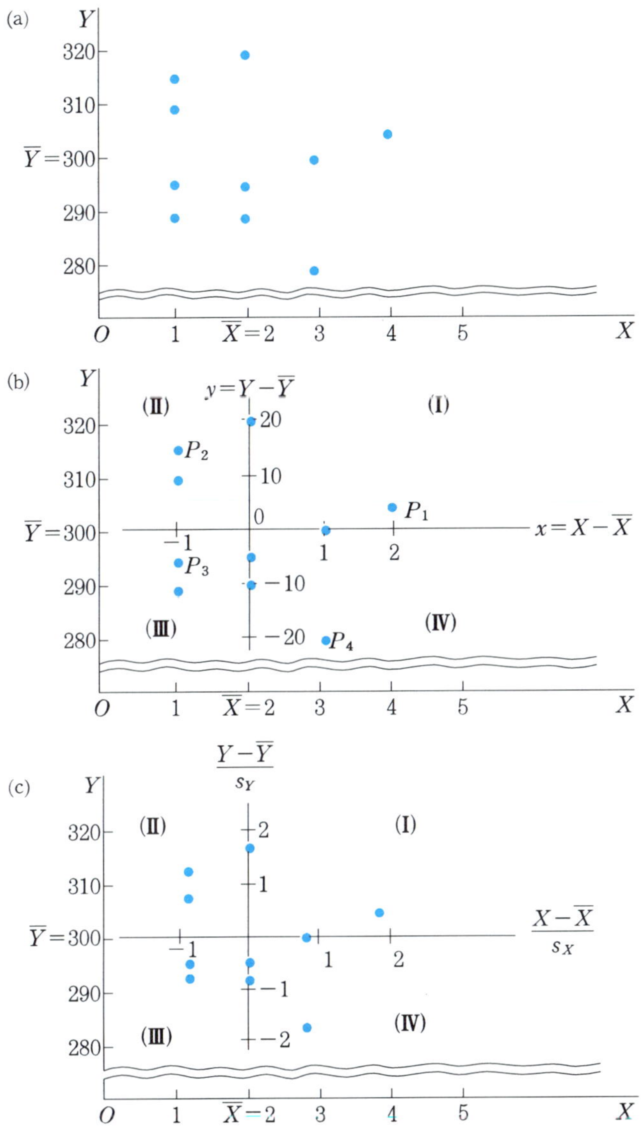

데, 각 관측점들이 각 사분면에 고르게 분포되어 $\sum xy$의 값이 영에 가깝게 될 경우에는, 두 변수는 상관관계가 없다고(또는 서로 독립적이라고) 판정할 수 있는 유용성을 지니고 있다. 이 예제에서는 $\sum xy=-20$으로 X와 Y는 음의 선

형관계를 갖고 있는 것으로 일단 판정할 수 있다. 즉, 내신등급 순위가 높을수록(X값이 작을수록) 수능시험 성적(Y값)이 높아지는 관계가 있다고 풀이할 수 있다.

이상과 같은 점을 감안할 때 결국 $\sum xy$값의 크기는 두 변수의 상관관계의 강도를 나타내 주는 것으로 이해될 수 있다. 그러나 $\sum xy$값만으로 상관관계의 밀접도를 판정하기에는 아직 미흡한 측면이 있다. 첫째로 $\sum xy$값은 표본 수에 따라 달라진다는 점을 들 수 있다. 이 문제는 $\sum xy$를 그 자유도 $(n-1)$로 나눈 값을 사용함으로써 해소될 수 있는데, 바로 이 값 $\sum xy/(n-1)=s_{XY}$이 앞에서 정의한 표본의 공분산이다. $\sum xy$값만으로 상관도를 측정하기 곤란한 두 번째 문제점은 두 변수의 측정단위에 따라 $\sum xy$값의 크기가 달라진다는 점이다. 이 문제를 해결하려면 앞서 지적한 바 있듯이 표본공분산값인 $\dfrac{\sum xy}{n-1}=s_{XY}$값을 X의 표본표준편차 s_X와 Y의 표본표준편차 s_Y로 각각 나누어 주어야 한다. 이러한 과정을 간접적으로 보여 준 것이 그림 2-1의 (c)이다. 이와 같이 $\sum xy$가 갖는 문제점을 모두 해소시켜 객관적으로 상호 비교가 가능한 계수를 창출하자면(s_{XY}를 s_X와 s_Y로 나눈) $\dfrac{s_{XY}}{s_X s_Y}$를 이용해야 할 것이며, 이것이 바로 식 (2.4)에서 정의된 표본상관계수라는 지수가 되는 것이다.

계산된 표본상관계수의 의미를 이해하는 데 시각적인 도움을 주고자 임의로 설정한 8가지 형태의 산포도가 그림 2-2에 나타나 있다.

그림 2-2 중 (a)와 (b)의 경우는 r의 절대치가 1로서 각각 X와 Y가 완전한 일차함수관계에 있을 때 나타나는 현상을 보여 주고 있다. 여기서 특기할 사항은 상관계수 r이란 단순히 일차함수관계의 강도만을 계측하여 제시하므로 관측점들이 형성하는 모든 점들이 일직선상에 있는 한 r의 절대치값은 기울기와는 상관없이 1이 된다는 점이다. (a)의 경우는 두 변수가 양의 관계, 그리고 (b)의 경우는 음의 관계를 갖고 있다는 점만이 부호에 의해 구분될 뿐이다.

(c)와 (d)의 경우 산포도가 밀집된 정도에 따라 r의 절대치가 달라지고 두 변수의 변화방향에 따라 부호가 결정된다는 점을 잘 대변해 주고 있다.

한편, (e)와 (f) 경우는 산포도의 모양이 서로 상이함에도 불구하고 모두 $r=0$이 된 점은 특기할 만하다. 우선 (e)의 경우를 살펴보면, 별도로 내부에 설정된 축들을 중심으로 각 관측점들이 정확히 대칭관계에 있어 $\sum xy$의 값이 0이 되어 버림을 알 수 있다. 즉, xy값 중 양의 값을 갖는 점들의 xy값의 합이 음의 값을 형성하는 점들의 xy값과 절대치에서 같아지기 때문이다.

그림 2-2 산포도모양과 상관계수

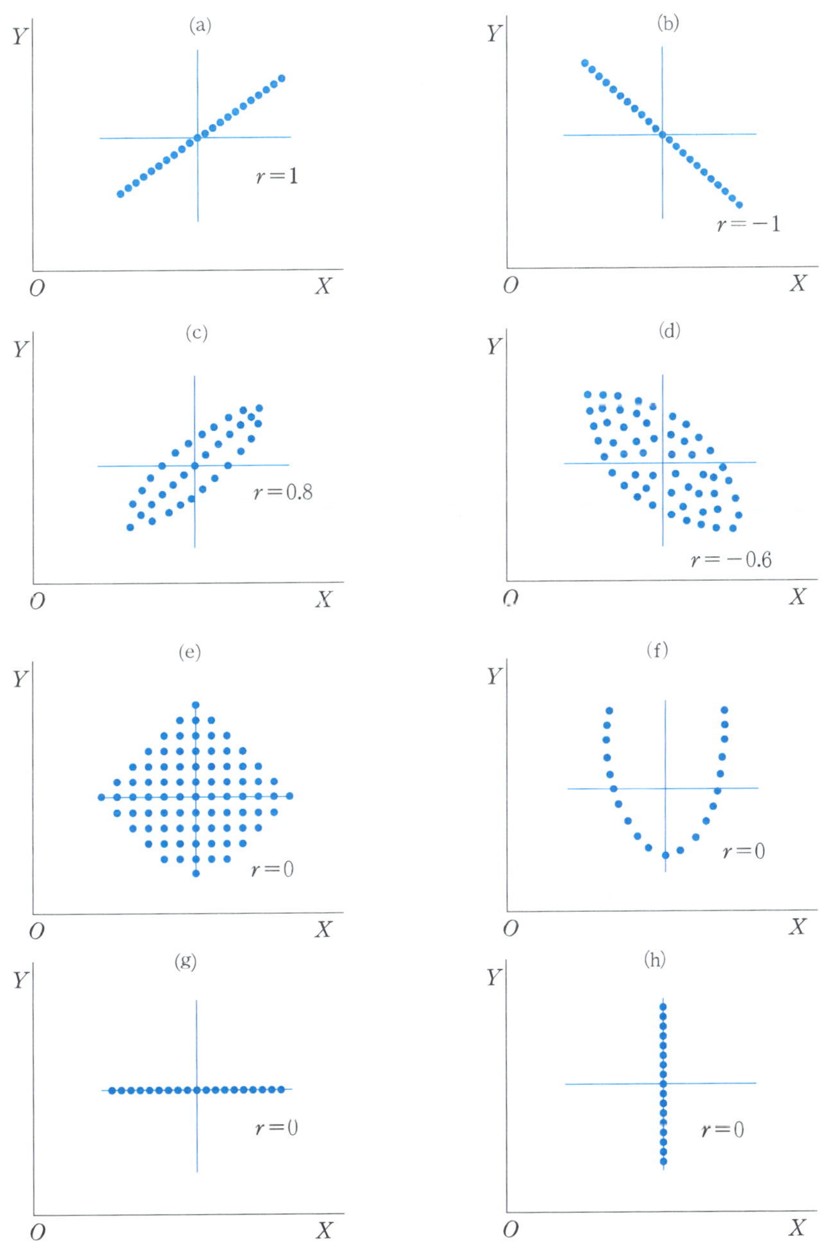

(f)와 (g) 그리고 (h)의 경우도 이 점에 있어서는 마찬가지다. 모든 관측점들이 내부에 설정된 종축이나 횡축을 중심으로 대칭을 이루고 있다.

r의 값은 일반적으로 두 변수 간의 상관관계의 강도를 나타내며, 그 값이 0에 가까울수록 두 변수 간에는 상관관계가 거의 없다고 판정한다. 아마 (e)의 경우가 이에 준하는 상황이라 볼 수 있다. 그러나 (f)의 경우는 분명히 Y는 X와 특정한 상관관계를 갖고 있음을(이 경우는 2차함수에 준하는 함수관계) 쉽게 육안으로 확인할 수 있음에도 불구하고 r의 값은 0으로 산출되었다. $\sum xy$가 앞의 그림에서 보듯이 1차함수관계로 파악되므로 $r=0$이란 반드시 두 변수가 하등의 어떤 함수관계도 없다는 의미가 아니라 단순히 두 변수 간의 1차함수관계의 강도가 아주 낮다는 것을 의미함을 기억해 두어야 한다. 즉, 표본상관계수는 비선형관계에 있는 변수 간의 밀접도는 판정할 수 없는 것이다.

2. 상관계수의 (구간)추정 및 검정

우리가 상관분석을 회귀분석과 결부시켜 이용하고자 의도한 이유는 현실적으로 두 분석방법이 상호 보완적으로 사용되는 사례가 빈번하게 발생하기 때문이다. 물론, 상관분석 또한 독자적인 분석영역을 가지는 것이나 본 절에서는 상관분석의 내용 중 경상계열 학문연구에 주로 필요한 표본상관계수의 산출 및 이를 이용한 모상관계수에 대한 추론과정에 한하여 간단히 언급하고자 한다.

우리가 표본상관계수 r을 계산하여 모상관계수 ρ에 대한 추론을 하려면 우선 표본상관계수 r을 정의하는 데 사용된 두 변수 X와 Y에 대한 확률분포 형태부터 확인하는 작업이 필요하다. 그런데 상관분석에서는 단순히 두 변수 간의 관계가 어느 정도의 밀접도를 갖는지를 확인하는 데 주안점이 두어지며, 따라서 두 변수 중 어느 것이 독립변수이고, 또 어느 것이 종속변수인지를 구별할 근거나 필요가 없음은 이미 지적한 바 있다. 따라서 이러한 관점에서 볼 때 상관분석에서는 두 변수를 모두 확률변수로 파악하는 것이 당연하다.

현실적으로 두 변수 X와 Y가 가질 수 있는 분포 형태는 다양할 것이지만, 여기서는 X와 Y의 결합분포는 이변량정규분포(bivariate normal distribution)의 형태를 취한다고 가정한다. 그러나 표본상관계수는 식 (2.4)에서 정의된 바와 같이 $r=s_{XY}/s_X \cdot s_Y$이므로 비록 X, Y 두 변수의 결합분포가 이변량정규분포를 따른다 할지라도 r은 정규분포를 따르지 못하게 된다. 정규분포를 따르는 확률분포의 일차함수는 정규분포를 따르며, 정규분포를 따르는 두 확률변수의 합이나 차(예컨대, $X \pm Y$)로 정의되는 새로운 변수도 정규분포를 갖게 된다. 그러나 r의 정의식 (2.4)를 보면 위에 소개한 어떤 법칙도 적용할 수 없으며, 결과적으로 r에 관한 분포는 다른 각도에서 파악되어야 할 것이다.

그러면 과연 X와 Y의 결합분포가 이변량정규분포의 형태를 취할 경우 X와 Y에 의해 정의된 상관계수는 어떤 분포를 따르게 될까? 결론적으로 말하자면 모상관계수가 갖는 확률분포를 직접 규명할 수는 없다. 단지 두 변수 X와 Y값으로 이루어지는 산포도를 두 변수가 이변수정규분포라는 결합확률분포(joint probability distribution)를 따르도록 작성한 다음 이러한 분포와 표본상관계수값의 연관성을 파악함으로써 r의 분포를 간접적으로 확인할 수 있을 뿐이다.[1]

그런데, 현실적으로 우리가 실제 계측할 수 있는 것은 표본상관계수에 불과하며, 모집단이 비록 이변수정규분포를 이룬다 해도 표본상관계수값이 갖는 확률분포를 직접 규명할 수 없다는 사실을 감안하면 상관계수와 관련된 통계적 추론을 수행하는 일은 더욱 어려운 작업이 될 것임은 명백한 사실이다. 특히 표본의 크기가 작을수록 이러한 문제점은 보다 심각해진다. 그러나 어떻게 해서든 일단은 계측된 표본상관계수값이 특정한 값과 같은지의 여부를 판정하는 가설검정을 실시할 수 있는 방안이 강구되어야 한다. 이러한 어려움은 다행히 1921년 피셔(R. A. Fisher)의 연구 결과에 의해 해소되었다.

피셔는 적어도 표본의 크기가 10보다 크다는 가정 하에 표본상관계수 r의 값을 변형시켜 정규분포를 따르는 새로운 변수를 창출해 내었다.

$$Z_r = \frac{1}{2} \ln \frac{1+r}{1-r} \tag{2.6}$$

즉, 식 (2.6)과 같이 정의된 새로운 확률변수 Z_r은 평균이 $\frac{1}{2} \ln \frac{1+\rho}{1-\rho}$이고 분산이 $\frac{1}{n-3}$인 정규분포를 따른다는 사실을 발견하였다.[2] 이를 간단히 정리하면 다음과 같다.

$$Z_r = \frac{1}{2} \ln \frac{1+r}{1-r} \sim N\left(\frac{1}{2} \ln \frac{1+\rho}{1-\rho},\ \frac{1}{n-3}\right) \tag{2.7}$$

---

1) 이종원, 「경제경영통계학」 제 3 판, 2004, 제11장 참조.

2) 자세한 내용은 R. A. Fisher, "On the Probable Error of a Coefficent of Correlation Reduced from a Small Sample," *Metron* 1(1921), pp. 3~21을 참조할 것. 개략적인 참고로는 D.L. Harnett, op. cit., pp. 401~403의 내용이 적당할 것임.

$$(\text{단, } E[Z_r]=\frac{1}{2}\ln\frac{1+\rho}{1-\rho},\ \mathrm{Var}(Z_r)=\frac{1}{n-3})$$

따라서 Z_r을 표준화하면 평균이 0이고 분산이 1인 표준정규분포를 이루게 됨은 물론이다.

$$Z=\frac{Z_r-E[Z_r]}{\sqrt{\mathrm{Var}(Z_r)}}=\frac{Z_r-\mu_{z_r}}{\sigma_{Z_r}}\sim N(0,\ 1) \tag{2.8}$$

$$(\text{단, } E[Z_r]=\mu_{Z_r},\ \mathrm{Var}(Z_r)=\sigma_{Z_r}^2)$$

이제 식 (2.8)을 이용하여 제 1 장에서 소개한 구간추정법을 적용하면 Z_r의 평균에 대한 $100(1-\alpha)\%$ 신뢰구간은 다음과 같아진다.

$$Z_r-Z_{\alpha/2}\frac{1}{\sqrt{n-3}}\le E[Z_r]\le Z_r+Z_{\alpha/2}\frac{1}{\sqrt{n-3}} \tag{2.9}$$

또는

$$Z_r^L\le E[Z_r]\le Z_r^U \tag{2.10}$$

(단, Z_r^L과 Z_r^U는 신뢰구간의 최저임계치(lower limit)

및 최고임계치(upper limit)를 뜻함)

그러나 표본상관계수 r로 모상관계수에 대한 추정을 하기 위해서는 제반 식을 다소 변형시킬 필요가 있다. 우선 식 (2.6)을 r에 대하여 정리하면,

$$r=\frac{e^{2Z_r}-1}{e^{2Z_r}+1} \tag{2.11}$$

과 같아진다. 따라서 $E[Z_r]=\frac{1}{2}\ln\frac{1+\rho}{1-\rho}$라는 사실과 식 (2.11), 그리고 식 (2.9) 및 식 (2.10)을 이용하면 모상관계수에 대한 신뢰구간을 다음과 같이 설정할 수 있다.

[ρ에 대한 신뢰구간]

$$\frac{e^{2Z_r^L}-1}{e^{2Z_r^L}+1}\le\rho\le\frac{e^{2Z_r^U}-1}{e^{2Z_r^U}+1} \tag{2.12}$$

식 (2.12)가 바로 ρ에 대한 $100(1-\alpha)\%$ 신뢰구간이 된다. 그러나 이 식에 의해 ρ에 대한 신뢰구간을 산출하는 작업은 다소 번거로운 면이 있다. 식 (2.12)에 나타난 식의 값을 표본상관계수값으로부터 산출해 내는 과정이 쉽지 않기 때문이다. 따라서 표본상관계수 r값에 따라 식 (2.6)을 이용하여 Z_r값을 산출한 결과를 권말에 부표 E로 기록해 놓았다. 단, 부표 E는 r이 양의 값을 갖는 경우에 한하여 이에 대응하는 Z_r값을 제공하였으므로, r이 음의 값을 취할 때는 표에서 구한 Z값에 음의 부호를 붙여 사용해야 될 것이다.

실제 계산과정의 이해를 돕고자 제 1 절에서 사용한 표 2-2의 자료를 이용하여 ρ에 대한 95% 신뢰구간을 찾는 과정을 예시해 보기로 한다. 예제에서 표본의 크기는 $n=10$이었고 표본상관계수는 -0.17이었다.

부표 E에 의하면 $r=0.17$이면 Z_r값도 약 0.17로 산정되므로, $r=-0.17$에 대응하는 Z_r값은 -0.17로 볼 수 있다. 한편, 95% 신뢰구간을 설정할 경우 표본정규분포표(부표 A)로부터 $Z_{\alpha/2}$(단, $\alpha=5\%$)의 값은 1.96으로 확인될 수 있다.

다음으로는 식 (2.9)에 의거 Z_r^L와 Z_r^U를 다음과 같이 계산한다.

$$Z_r^L = -0.17 - 1.96\left(\frac{1}{\sqrt{10-3}}\right) = -0.17 - \frac{1.96}{2.64575} \fallingdotseq -0.911$$

$$Z_r^U = -0.17 + 1.96\left(\frac{1}{\sqrt{10-3}}\right) = -0.17 + \frac{1.96}{2.64575} \fallingdotseq 0.571$$

따라서 ρ에 대한 95% 신뢰구간은 다음과 같아진다.

$$\frac{e^{2(-0.911)}-1}{e^{2(-0.911)}+1} \le \rho \le \frac{e^{2(0.571)}-1}{e^{2(0.571)}+1}$$

이제 다시 부표 E에 의거 Z_r값이 -0.911과 0.571일 때 이에 대응하는 ρ값을 찾아보면 약 -0.72와 0.52임을 알 수 있다. 따라서 ρ에 대한 신뢰구간은 최종적으로 다음과 같아진다.

$$-0.72 \le \rho \le 0.52$$

이와 같은 표본상관계수에 의한 모상관계수의 추정은 이상에서 본 바와 같이 다소 번거로운 면이 있어 개략적인 신뢰구간을 도표를 활용하여 도출하는 방안이 자주 이용된다. 위의 그림 2-3은 표본의 크기에 따라 일단 표본상관계수

그림 2-3 표본의 크기(n)와 표본상관계수(r)에 따른 95% 신뢰구간

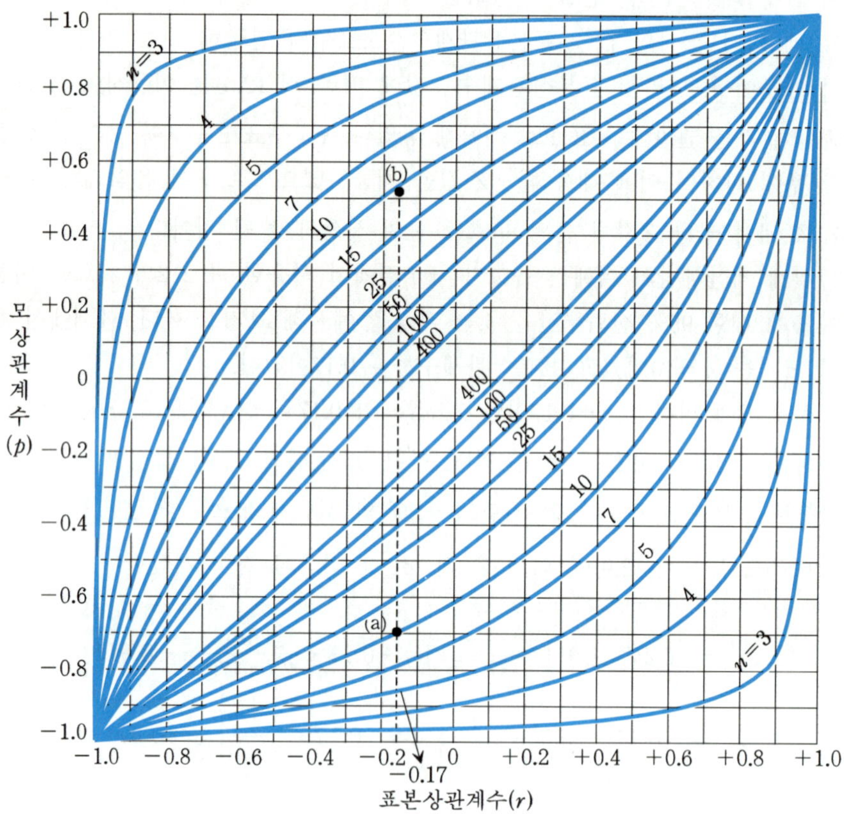

가 산정되었을 때 모상관계수에 대한 95% 신뢰구간을 쉽게 읽어낼 수 있도록 고안된 것이다. 그림 2-3에서 $r=-0.17$이고 $n=10$일 때, ρ에 대한 95% 신뢰구간은 앞에서 계산된 값과 거의 같아짐을 어림잡아 확인할 수 있다(점 (a)와 점 (b) 사이).

이상에서 우리는 표본상관계수값(r)을 이용하여 새로 창출한 변수 Z_r가 정규분포를 따른다는 피셔의 연구 결과를 이용하여 모상관계수의 구간추정방안을 강구해 보았다. 이와 관련하여 본 항에서는 모상관계수가 특정한 값과 같다는 가설을 검정할 수 있는 방법을 고려해 보기로 한다. 예컨대, 앞에서 사용한 예제에서 다음과 같은 귀무가설을 검정할 경우를 다루어 보자.

$$H_0 : \rho=\rho_0=-0.2 \quad H_A : \rho \neq \rho_0=-0.2$$

귀무가설의 형태로 보아 검정방법은 양측검정이 될 것이며, 이에 적용할 검정통계량으로 식 (2.8)에서 전개한

$$Z=\frac{Z_r-E[Z_r]}{\sqrt{\mathrm{Var}(Z_r)}}$$

가 적당할 것이다.

일단 귀무가설이 사실이라 가정하면 $E[Z_r]=\frac{1}{2}\ln\frac{1+\rho}{1-\rho}=\frac{1}{2}\ln\frac{1+(-0.2)}{1-(-0.2)}$ 가 될 것이고, 이 식의 값은 부표 E에서 약 −0.2로 확인할 수 있다. 한편, 계측된 표본상관계수 $r=-0.17$에 대응하는 Z_r값은 역시 약 −0.17이 됨을 알 수 있다. 따라서 검정통계량 Z의 값은 다음과 같이 산출된다.

$$Z=\frac{Z-E[Z_r]}{\sqrt{\mathrm{Var}[Z_r]}}=\frac{-0.17-(-0.2)}{\sqrt{\frac{1}{n-3}}}=\frac{0.03}{\sqrt{\frac{1}{10-3}}}=\frac{0.03}{1/\sqrt{7}}\fallingdotseq 0.079$$

한편, 유의수준 $\alpha=5\%$에 대응하는 $\pm Z_{\alpha/2}$값은 ±1.96이며, 산출된 검정통계량의 값 0.079는 이에 미치지 못하므로 상기 귀무가설은 기각되지 않는다.

그림 2-4는 우리가 제 1 장에서 사용한 통상적인 가설검정방법을 도시해 주고 있다.

위에 전개한 모상관계수에 대한 검정방안은 일반적인 추론방법이며, 그 자체로서의 사용가치가 있다. 그러나 정작 우리의 주 관심사는 상관분석을 회귀분석과 관련시켜 검토하는 것이며, 보다 구체적으로 말하자면 $H_0: \rho=0$과 같은 특수한 형태의 귀무가설을 검정하는 일이 될 것이다. 즉, 두 변수 X와 Y 사이

그림 2-4 모상관계수의 검정을 위한 Z분포의 사용

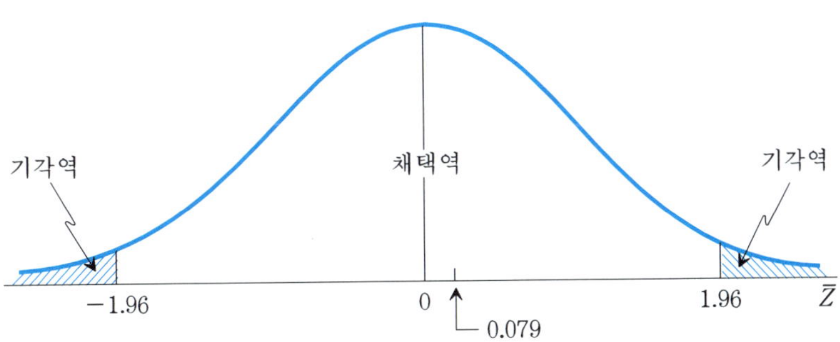

에 아무런 상관관계가 존재하지 않는다는 가설을 검정할 필요가 있다.[1)]

다음 절에서 보다 상세히 다루겠지만 이러한 가설의 검정은 회귀분석에서의 t검정, 즉 $H_0 : \beta=0$이라는 귀무가설의 검정과 일맥상통하기 때문이다. 독자들은 산포도가 좌우대칭을 이룰 때 $\rho=0$이 됨을 보았다. 그리고 회귀방정식에서 회귀선의 기울기가 수평을 이루어 $\beta=0$이 되는 상황은 산포도가 좌우대칭을 이루는 경우 중의 특수한 예에 불과하다는 사실을 알게 될 것이다(제 3 장 참조). 그렇다면 $H_0 : \rho=0$과 $H_0 : \beta=0$, 두 귀무가설의 검정 결과가 일면 서로 동일한 의미를 내포하고 있음을 쉽사리 감지할 수 있을 것이다.

물론 $H_0 : \rho=0$의 경우도 제 1 장에서 전개한 일반적인 검정방법을 적용해도 무방하다. 그러나 이 경우($H_0 : \rho=0$)에 한해서는 보다 간편한 t검정을 적용할 수 있어 간략히 소개하고자 한다.

우선 식 (2.11)에 의하면 $r=\dfrac{e^{2Z_r}-1}{e^{2Z_r}+1}$의 관계가 성립되는데, $\rho=0$이라는 가정 하에서는 r의 분산이 다음과 같아진다.[2)]

$$\mathrm{Var}(r)=\frac{1-r^2}{n-2} \tag{2.13}$$

이제 귀무가설 $H_0 : \rho=0$이 사실이라는 가정과 식 (2.13)의 관계식을 이용하면 다음과 같은 간편한 검정통계량을 설정할 수 있다.

$$t_{n-2}=\frac{(r-\rho_0)}{\sqrt{\mathrm{Var}(r)}}=\frac{(r-0)}{\sqrt{\dfrac{1-r^2}{n-2}}}=\frac{r\sqrt{n-2}}{\sqrt{1-r^2}} \tag{2.14}$$

즉, 식 (2.14)에 나타난 관계식은 자유도가 $(n-2)$인 t분포를 따르게 된다. 물론 이 검정통계량도 표본규모가 커지면($n \geq 30$) 표준정규분포 Z에 가까워짐은 자명한 사실이다.

역시 앞서 사용한 예제를 계속 사용하여 $H_0 : \rho=0$이란 귀무가설을 검정해 보자. $r=-0.17$이고, $n=10$이므로

1) $\rho=0$이란 단지 두 변수가 1차함수관계에 있지 않다는 것으로 기타의 어떤 함수관계도 존재하지 않는다는 것은 아니란 점을 전술한 바 있음을 주지하기 바란다.

2) 식 (2.13)의 도출과정은 본 교재의 수준을 넘어서므로 생략하기로 한다. 자세한 내용은 R. A. Fisher, *op. cit.*, pp. 3~21을 참조하기 바란다.

그림 2-5 t 분포를 이용한 $H_0 : \rho = 0$의 검정

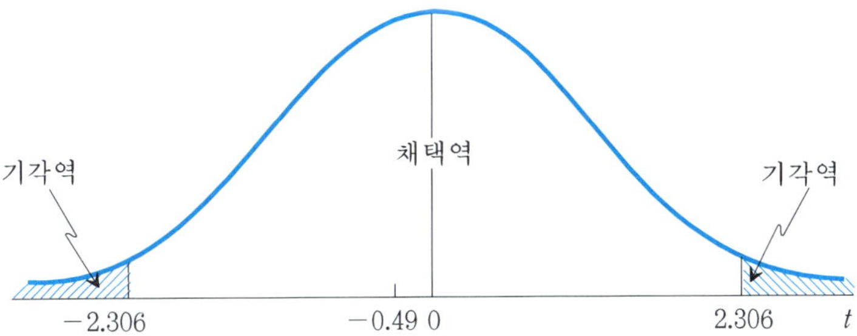

$$t_8 = \frac{-0.17\sqrt{(10-2)}}{\sqrt{1-(-0.17)^2}} \fallingdotseq -0.49$$

한편, 자유도가 $n-2=10-2=8$이므로 유의수준 $\alpha=5\%$ 하에서 t의 임계치를 부표 B를 통해 찾아보면 $\pm t_{0.025,\ 8} = \pm 2.3060$이 된다.

결과적으로 그림 2-5에 나타난 바와 같이 표본정보($r=-0.17$)를 이용한 검정통계량의 값은 약 −0.49로 채택역 내에 있음을 알 수 있다. 따라서 귀무가설 $H_0 : \rho=0$는 기각될 수 없으며, 이는 곧 변수 X와 Y간의 상관관계(선형관계)는 존재하지 않는다는 결론을 가져다 준다. 물론 이러한 결론은 $\alpha=5\%$의 제1종 오류를 범할 가능성을 안고 있다.

이상에서 살펴본 상관분석은 첫째, 표본상관계수(r) 개념은 두 변수가 선형관계에 있는 경우에 한해서 적용할 수 있다는 점, 둘째 원칙적으로 두 변수 간의 관계의 밀접도를 나타내도록 고안된 것으로 세 변수 이상 간의 관계를 분석할 경우에는 어려움이 따른다는 점, 그리고 셋째로는 상관계수란 본질적으로 변수 상호 간의 기능적 관계, 즉 인과관계를 규명하거나 입증할 수는 없다는 한계성을 가지고 있다.

제 3 절 회귀모형의 설정

회귀분석은 하나 또는 둘 이상의 독립변수를 포함할 수 있으나, 본 장에서는 우선 하나의 독립변수를 이용하는 단순회귀분석(simple regression)에 국한하

기로 한다. 또한 종속변수(Y)와 독립변수(X) 간의 함수관계를 선형으로 가정한다. 선형함수관계를 가정하는 이유는 우선 수학적으로 취급이 간단한 점, 대부분의 현실적 함수관계에 대한 근사치를 제공할 수 있다는 점, 그리고 대부분의 비선형함수식은 간단한 조정을 통해 선형화할 수 있다는 점 등에 기인한다.

그런데 변수들 간의 관계는 확정적 함수관계(deterministic relationship)와 확률적 관계 또는 통계적 관계(stochastic or statistical relationship)로 구분된다. 확정적 관계란 종속변수가 설명변수(또는 독립변수)에 의해 완전히 설명될 수 있는 경우를 지칭하며, 확률적 관계란 종속변수가 설명변수에 의해 완전히 설명될 수 없는 경우를 지칭한다. 이 때 확률적 관계에 있는 변수들 중 종속변수는 일정한 확률분포를 갖는 확률변수(stochastic variables)의 성격을 띠게 되는데, 우리가 회귀분석모형을 설정함에 있어 관심을 갖게 되는 함수관계는 물론 바로 이 확률적 관계인 것이다. 수학이나 물리학에서의 관계는 확정적 관계가 일반적이지만 경제·사회적 현상을 인과관계로 표현하는 함수관계는 확률적 관계일 수밖에 없기 때문이다. 예컨대, $Y=2\pi X$(단, Y는 원둘레, X는 반지름)와 같은 수학적 관계나 $Y=k(m_1m_2/X^2)$ (단, Y는 인력, m_1과 m_2는 두 물체의 질량, 그리고 X는 두 물체 간의 거리)와 같은 뉴턴의 만류인력법칙에 해당되는 물리학적 관계는 확정적 관계에 속하지만 인간의 행태를 표현하는 관계식은 항상 평균적인 성향을 나타낼 뿐 언제나 우발적인 요인을 감안해야 하는 확률적 관계에 머무를 수밖에 없는 것이다.

함수관계를 설정함에 있어 피설명변수를 종속변수(dependent variable) 또는 결과변수(effect variable)라 하고, 설명변수를 독립변수(independent variable) 또는 원인변수(cause variable)라 하는데, 통상 회귀모형이 피설명변수가 설명변수(들)에 의해 완전히 설명되지 못하는 확률적 모형이 되는 이유는 주로 네 가지 요인에 근거한다. 즉,

① 전혀 설명이 불가능한 확률오차(random factors),
② 측정상의 오류(measurement error),
③ 설명력 있는 다른 독립변수가 모형에서 제외된 점(omitted variables),
④ 변수 간의 관계가 1차함수가 아닌 점(non-linear relationship)

등에 연유한다. 따라서 회귀모형은 아래의 식에서처럼 일정한 유형의 확정적 함수관계를 나타내는 부분과 위와 같은 요인에 근거하는 확률적 오차항을 결합한 형태로 파악할 수도 있다.

종속변수　독립변수

$$Y_i = \alpha + \beta X_i + \epsilon_i$$

확정적 부문　확률적 오차 부문

따라서 회귀모형의 정립이란 결국 오차항에 대한 여러 가지 가정을 전제로 종속변수와 설명변수 간의 특정한 규칙성을 갖는 함수적 유형을 찾아나가는 과정이라는 의미를 갖는다. 그리고 우리가 회귀모형의 설정을 통한 분석에서 의도하는 것은 특정한 가정을 근거로 종속변수와 독립변수 사이의 평균적인 관계를 규명하고자 하는 일이라 파악할 수도 있다. 예컨대, $E[\epsilon_i]=0$이고 ϵ_i가 일정한 분산을 갖는 정규분포를 따른다는 등의 가정이 설정되면 $E[Y_i]=\alpha+\beta X_i$가 되며, 결국 ϵ_i의 영향으로 $Y_i=\alpha+\beta X_i+\epsilon_i$ 또한 정규분포를 따르는 확률변수로 파악될 수 있다. 여기서 $E[Y_i]=\alpha+\beta X_i$가 바로 두 변수 간의 특정한 규칙성을 갖는 함수적 유형을 나타냄은 물론이다. 즉, 우리는 주어진 독립변수값에 대응하는 종속변수의 평균값을 추정하고자 하는 것이다. 바꾸어 말하면 주어진 X값에 대한 Y의 평균값 또는 기대치, 즉 조건부기대치(conditional expectation), $E[Y|X]$에 관심을 두게 된다. 이 기대치는 보통 $\mu_{Y|X}$라고 표기되고, "주어진 X값에 대응하는 Y값들의 평균"을 의미한다.

이제 Y와 X가 선형관계를 갖는다고 가정하였으므로 X의 모든 가능한 값에 대응하는 Y의 조건부기대치들은 일직선상에 있어야 할 것이다. 모든 Y의 조건부기대치들이 놓인 직선을 수식으로 표현하자면 이 선의 기울기와 절편이 정해져야 한다. α를 절편, β를 기울기라 정의하면, 이 직선은 다음과 같이 나타낼 수 있다.

[모회귀선]

$$\mu_{Y|X} = E[Y|X] = \alpha + \beta X \tag{2.15}$$

식 (2.15)를 모회귀선(population regression line)이라 하며, 이것이 곧 두 변수 간에 성립하는 이론적 함수관계를 나타낸다. 그러나 우리가 현실적으로 관측할 수 있는 Y의 실제값들은 $E[Y|X]$값과는 차이가 있다. 실제로 관측된 Y값들을 Y_i라 하면 $E[Y|X]$와 Y_i값의 차이는 이론적으로 설정된 함수관계식의 현실설명능력을 평가하는 것이 되며, 모형에 포함된 설명변수로서는 설명할 수 없는

요소가 된다. 이 차이를 무작위오차(random error) 또는 교란항이라 부르고, ϵ_i ("입실론"이라 읽음)라는 기호로 표기한다.[1] 즉,

$$\epsilon_i = Y_i - \mu_{Y|X_i} \text{ 또는 } Y_i = \mu_{Y|X_i} + \epsilon_i \tag{2.16}$$

따라서 Y의 실제 관측치 Y_i는 식 (2.15)와 (2.16)에 의해 다음과 같이 표현될 수 있다.

[모(집단)회귀모형]

$$Y_i = \alpha + \beta X_i + \epsilon_i \tag{2.17}$$

식 (2.17)을 모(집단)회귀모형(population regression model)이라 하고 이를 그림으로 나타낸 것이 그림 2-6이다. 그림에서 Y의 실제 관측치들을 독립변수 X 값에 대응시켜 나타내었는데, 이를 통상 산포도(scatter diagram)라 한다.

그리고 산포도를 구성하는 Y의 실제 관측치 Y_i들은 주어진 X_i값에 대응하는 Y의 평균값, $E[Y|X_i] = \mu_{Y|X_i}$와 일반적으로 일치하지 않으며, 두 값의 차이를 ϵ_i라 정의하면 이는 두 값 간의 수직거리로 표시됨을 알 수 있다.

그림 2-6 산포도와 모회귀모형

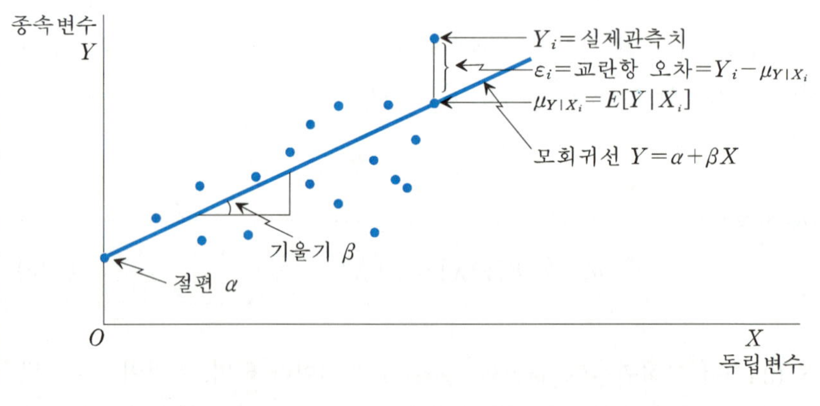

1) 이러한 항목은 첫째, 전혀 설명이 불가능한 확률오차(random factors), 둘째 측정상의 오류(measurement error), 셋째 설명력 있는 다른 독립변수가 모형에서 제외된 점(omitted variables), 그리고 두 변수 간의 관계가 1차함수가 아닐 경우 등으로 인해 발생한다는 점은 전술한 바와 같다.

그림 2-7 모회귀선과 교란항

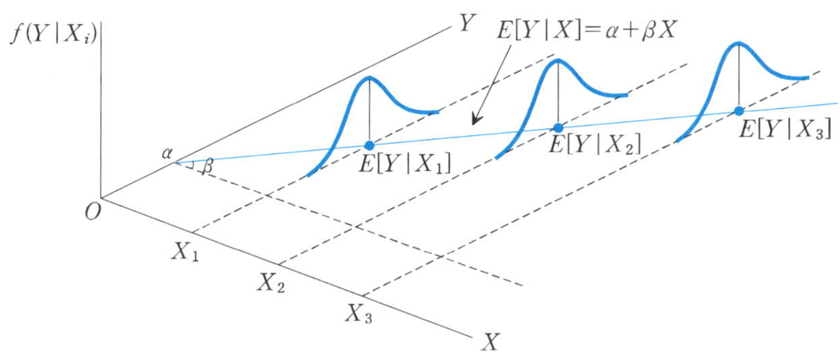

모회귀선과 교란항에 대한 이해를 돕고자 별도의 그림을 활용해 보자. 그림 2-7에서 밑면은 X와 Y값을, 그리고 종축은 X값이 일정한 수준에 주어질 때 평균적으로 기대할 수 있는 Y값, 즉 $E[Y|X_i]$을 각각 나타낸다. 만일 X가 X_1값을 취할 때 이에 대응한 실제 Y값들의 관측치들은 $X=X_1$선상에 쌓아 올리면 그림에서와 같이 정규분포와 유사한 형태를 취한다고 하자. 그리면 이 때 $X=X_1$조건을 만족시키는 Y의 평균값은 쉽게 도출될 것인데, 이 값을 $E[Y|X_1]$이라 표기한다. 이제 X값을 X_2, X_3, …로 바꾸어 가면서 이에 대응하는 Y의 평균값들, 즉 $E[Y|X_2]$, $E[Y|X_3]$, …를 찾아 $E[Y|X_1]$과 연결하면 그림에서와 같은 $E[Y|X]$선이 도출될 것이며, 이런 선이 바로 모회귀선이다. 결국 모회귀선이란 주어진 X값에 대응하는 Y의 평균값, 즉 상이한 X변수값에 따라 평균적으로 기대할 수 있는 Y값들의 궤적으로 정의될 수 있으며, 그림에서의 모회귀선($E[Y|X]=\alpha+\beta X$)은 Y를 X의 일차함수로 파악하는 가설을 수리적으로 표현한 것이다. 이 때 주어진 X값에 대응하는 Y값들이 정규분포 형태를 취한다면 X와 Y의 관계는 이변량정규분포(bivariate normal distribution)로 파악될 수 있는데, 여기서 Y가 정규분포를 따른다는 가정은 결국 $\epsilon_i(=Y_i-E[Y|X_i])$가 $E[Y|X_i]$를 중심으로 정규분포를 따른다고 가정하는 것과 같은 의미를 갖게 된다. 원래 정규분포는 특정 기준을 중심으로 발생하는 오차들의 분포에서 유래된 것임을 감안하면, 위의 가정이 전혀 비현실적인 것은 아니다.

논리적 직관, 즉 가설을 단순히 1차함수 형태로 나타낸 것을 모회귀선이라고 할 수 있고, 이것이 현실타당성이 있는지의 여부는 관련된 두 변수값을 실제로 측정하여 확인해야 될 것인데, 문제는 두 변수값의 관측치란 무수히 많이 존재하는 것이어서 이들을 모두 포함하는 산포도를 그려낸다는 것은 거의 불가능하다는 사실이다. 따라서 회귀분석의 경우에도 이들 수많은 실제 측정 가능한 값들 중 일부를 추출한 표본관측값에 의하여 통계적 추론을 하게 되는 것이다. 즉, 추출된 표본측정치를 이용하여 모회귀선($\alpha+\beta X$)의 특성치인 모수, 즉 절편 α와 기울기 β에 대한 추정치를 도출하여 추론하게 된다. 바로 이러한 과정을 회귀분석이라고 한다.

이제 α와 β에 대한 가장 훌륭한 추정치를 구하였다고 가정하고 그 값을 $\hat{\alpha}$과 $\hat{\beta}$으로 나타내면 $\mu_{Y|X}$에 대한 추정치는 결과적으로 $\hat{\alpha}+\hat{\beta}X$가 되는데, 이를 $\hat{Y}$로 표시하면 다음의 식을 얻는다.

[표본회귀선]

$$\hat{Y}=\hat{\alpha}+\hat{\beta}X \tag{2.18}$$

식 (2.18)은 모회귀선의 추정치이므로 이를 표본회귀선(sample regression line)이라 칭한다. 그리고 이 경우에도 표본회귀선과 표본산포도를 구성하는 표본관측치들 간에 차이가 발생하는데, 추정치 $\hat{Y_i}$와 실제값 Y_i간의 차이를 e_i라 표기한다. 이 e_i는 흔히 잔차항(residuals) 또는 회귀오차(regression error)라고 불려지는데, 모회귀모형의 오차항 ϵ_i에 대한 추정치란 의미를 동시에 갖고 있다.

이제 잔차항($e_i=Y_i-\hat{Y_i}$)을 식 (2.18)과 연결하면 다음 식을 얻을 수 있다.

[표본회귀모형]

$$Y_i=\hat{\alpha}+\hat{\beta}X_i+e_i \tag{2.19}$$

식 (2.19)는 Y의 표본관측치 Y_i는 표본회귀선($\hat{Y_i}=\hat{\alpha}+\hat{\beta}X_i$)에 나타난 값과 그로부터의 수직거리를 나타내는 값 e_i와의 합으로 표시될 수 있음을 의미한다. 식 (2.19)를 표본회귀모형이라 하는데, 이는 식 (2.17)에 의해 정의된 모회귀분석모형에 대응하는 개념이다.

그러면 과연 어떻게 하여 α와 β에 대한 가장 좋은 추정치를 구할 수 있을까? 이에 관해서는 절을 바꾸어서 살펴보기로 한다.

제 4 절 회귀모형의 추정

모회귀모형을 추정하는 일 또는 모회귀선의 특성치인 모수 α와 β에 대한 가장 좋은 추정치를 구하는 일은 결국 어떻게 표본회귀선을 도출하는 것이 최선인가 하는 문제로 귀착된다. 그런데 표본회귀선이란 $\hat{Y}_i = \hat{\alpha} + \hat{\beta} X_i$로서 $\hat{\alpha}$값과 $\hat{\beta}$값을 어떠한 원칙에 따라 구할 때 표본산포도에 나타난 관측치들을 가장 잘 대표할 수 있는가가 그 기준이 될 것이다. 그리고 관측치에 가장 적합한, 또는 적합도가 가장 큰 표본회귀선이란 오차($e_i = Y_i - \hat{Y}_i$)의 합이 가장 작은 회귀선이라 할 수 있다.[1)]

오차를 $e_i = Y_i - \hat{Y}_i$라 정의하면 실제 관측치가 표본회귀선보다 밑에 있을 때에는 e_i의 값이 음(−)이 되고, 반대의 경우엔 e_i가 양(+)의 값을 갖게 될 것이다. 그러면 어떻게 해서 이와 같은 오차의 합을 최소로 할 수 있겠는가? 이에 대해 기본적으로 세 가지 방법을 제시할 수 있을 것이다.[2)]

첫번째 방법은 단순히 각 관측치의 회귀선으로부터의 거리, 즉 오차의 합이 최소가 되는 선을 도출하는 것이 될 것이다. 그러나 이 방법은 결정적인 결함이 있는데, 오차의 합이 최소가 되는 경우란 결국 $\sum e_i = \sum (Y_i - \hat{Y}_i) = 0$인

1) 실제 관측치를 가장 잘 나타낼 수 있는 선이란 실제 관측치 Y_i에서 수직거리가 최소인 점(A), 수평거리가 최소인 점(C), 또는 회귀선과 직각을 이루는 거리가 최소인 점(B) 등에 의해 형성되는 것으로 일단 이해될 수 있다. 그러나 당초 표본회귀선을 도출하는 것은 미지의 모회귀선 $E[Y|X]$을 추정하는 과정에 속하는 것이고, 이 때 모회귀선이란 주어진 X값에 대해서 평균적으로 기대할 수 있는 Y값으로 정의되므로 회귀분석에서 적합도를 판정하는 기준은 당연히 주어진 X값에 대응하는 Y의 평균치인 회귀선과 실제 Y값과의 차이를 나타내는 수직거리, 즉 오차항의 값의 크기가 되어야 할 것이다(좌측 그림 참조).

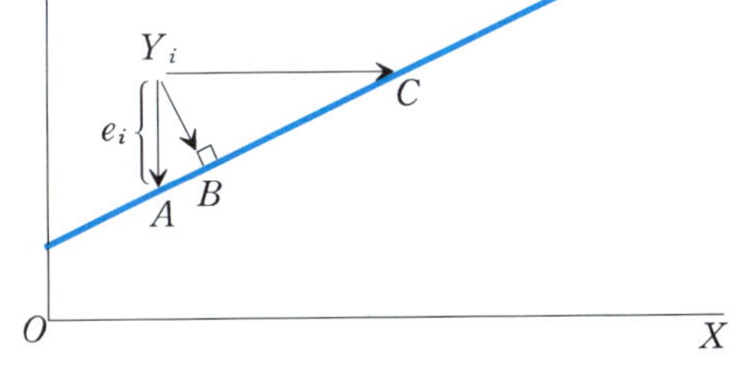

2) 따라서 수평거리(YC)를 최소로 하는 방법은 결국 X를 Y에 회귀분석하는 결과를 초래할 뿐이다. 한편, 직교거리(YB)를 최소로 하는 이른바 orthogonal regression은 직교거리의 절대치를 극소화하는 등의 방법론을 요구하는데, 이 책의 수준상 생략한다. 관심 있는 독자는 Maddala(1977), p. 79와 pp. 314~317; 채경철, "직교회귀의 역학적 고찰," 「응용통계연구」 제 3 권 제 1 호(1990. 3), pp. 47~58을 참조할 것.

그림 2-8 오차의 합이 0이 되는 회귀선

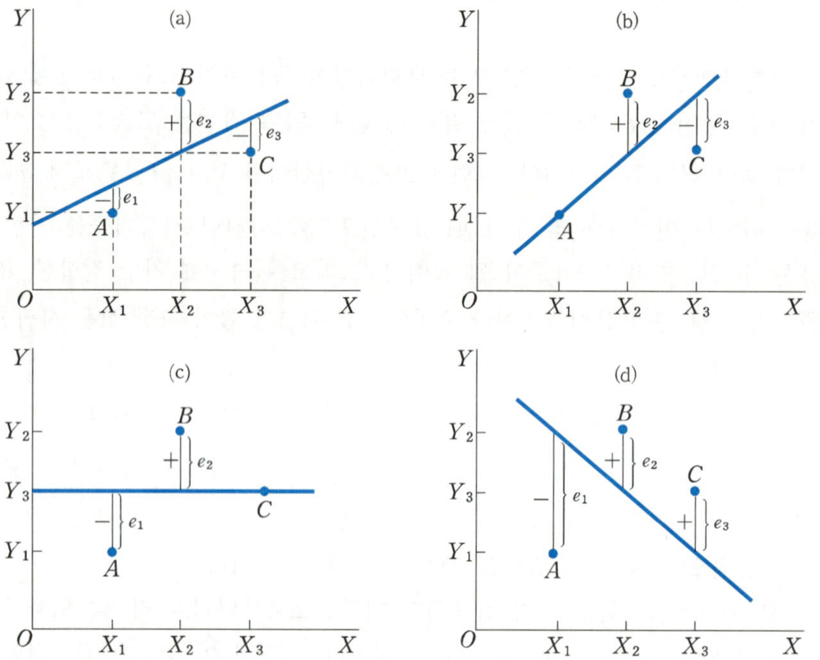

경우이며, 이러한 조건을 만족하는 회귀선은 무수히 많이 존재한다는 사실이다.

그림 2-8에 나타난 네 가지 경우 모두가 오차의 합이 0이 되는 예들이며, 이 외에도 얼마든지 관측치 A, B, C에 대한 오차의 합이 0이 되는 회귀선을 그려낼 수 있다. 이와 같은 문제점이 발생하는 근본적인 이유는 바로 양의 오차와 음의 오차가 서로 상쇄되기 때문이다. 따라서 방향을 무시한 오차들의 총합, 즉 오차의 절대값의 합이 전혀 고려되지 못하고 마는 것이다.

두 번째 방법은 오차의 절대값의 합이 최소가 되는 회귀선을 도출함으로써 오차의 방향(+ 또는 −)에 따른 문제점을 제거하는 동시에, 가장 높은 적합도를 갖는 회귀선을 제시하는 것이다. 즉, $\sum|Y_i - \widehat{Y}_i| = \sum|e_i|$의 값이 최소가 되는 표본회귀선을 찾는 방법은 첫번째 방법에서와 같이 오차의 합이 항상 0이 되는 문제점을 해결할 수 있다. 그러나 이 방법에 의해 도출될 수 있는 회귀선 또한 유일한 것이 아니므로 $\mathrm{Min}\sum|e_i|$를 만족시키는 회귀선들 중 어느 것을 선택하는 것이 타당한지를 아울러 고려해야 된다는 문제점이 있다.

그림 2-9 오차의 절대값의 합이 최소가 되는 회귀선

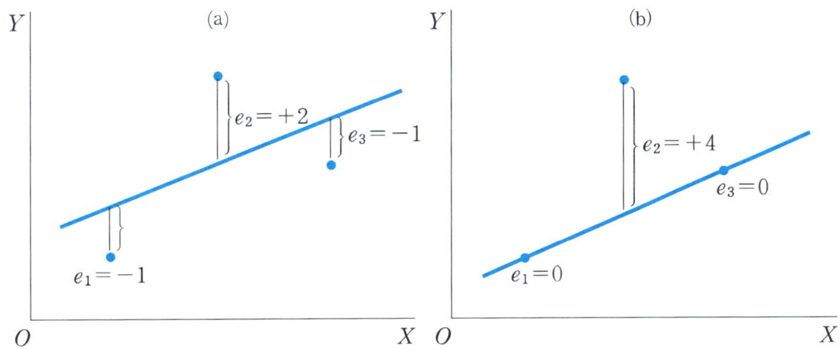

그림 2-9는 세 관측치로부터 오차의 절대값의 합이 최소가 되는 두 개의 다른 회귀선이 존재함을 나타내고 있다. 두 경우 모두 오차의 절대값의 합이 4가 된다. 따라서 이들 중 어느 것이 표본관측치를 가장 잘 나타낸다고 보아야 할 것인가를 판정하는 또 다른 기준이 설정되어야 할 것이다. 뿐만 아니라 만일 (b)에 e_i값이 4보다 작은 값으로 나타나고(예컨대, +3), 따라서 절대오차의 합이 최소가 되는 유일한 경우가 된다면 과연 (b)의 경우가 (a)의 경우보다 훌륭한 적합도를 갖는다고 할 수 있을까? (a)는 세 관측점을 고려한 데 반해서 (b)는 단지 두 점을 연결하여 얻은 것으로, 두 번째 관측치는 전혀 고려되지 않고 있음을 감안할 때 (b) 경우의 절대오차합이 (a) 경우보다 작아진다 해도 (b)를 최적회귀선이라 하기에는 어딘가 꺼림직한 생각이 들 수밖에 없다. 이와 같은 문제는 다음과 같은 세 번째 방법을 사용하여 해소될 수 있을 것이다.

세 번째 방법은 오차를 자승한 값들의 합이 최소가 되도록 하는 회귀선을 구하는 것이다. 즉,

$$\text{Min}\sum e_i^2 = \text{Min}\sum (Y_i - \hat{Y}_i)^2 \tag{2.20}$$

를 만족하는 회귀선 $\hat{Y}_i = \hat{\alpha} + \hat{\beta} X_i$를 찾는 방법이다. 이 방법은 오차를 자승하여 합한 값이 최소가 되는 회귀선을 찾는다는 의미에서 최소자승법(least square method)이라고 불리운다. 이 방법이 앞서 소개한 두 방법에 비해 당초의 목적에 보다 타당한 이유는 다음과 같다.

1) 오차를 자승하여 처리하므로 첫번째 방법에서의 문제점은 자동적으로

해소된다. 또한 최소자승법에 의해 도출된 회귀선은 첫번째 방법의 Min$\sum e_i$ 또는 $\sum e_i=0$이란 결과식을 자동적으로 만족시키게 된다. 따라서 최소자승법은 오차의 일부가 회귀선 위에(양의 오차), 그리고 나머지 오차가 회귀선 밑에(음의 오차) 속하도록 하는 동시에 그 합의 절대값이 같아지도록 한다.

2) 최소자승법은 두 번째 방법(Min$\sum|e_i|$)에 비해 수학적으로 다루기가 편리할 뿐만 아니라, 둘 이상의 회귀선이 도출될 가능성을 완전히 배제한다는 장점이 있다. 그러나 최소자승법이 절대오차의 합을 극소화하는 방법보다 우수한 점은 오히려 딴 곳에 있다. 두 번째 방법은 오차의 절대값들을 단순히 합한 값을 이용하고 있어 오차의 중요성을 단지 그 크기에 비례해서 평가하게 된다. 그러나 현실생활에 있어 우리는 여러 개의 작은 오차들보다는 한 개의 큰 오차항에 관심을 갖게 된다. 이것은 우리가 일상 경제생활에서 큰 폭의 충격적 변화를 경계하기 때문이다. 따라서 큰 오차일수록 보다 큰 비중의 관심과 벌칙을 부여하는 것이 합당할 것이다.

최소자승법은 오차를 제곱하여 처리하므로 큰 오차일수록 그 제곱한 값은 승수배로 확대되어 합산됨을 알 수 있다. 이것은 변동폭을 가능한 한 일정한 수준 내로 유지하는 것이 바람직하다는 일반적인 통념과도 일치하는 것이다. 예를 들어, A, B 두 사람이 국가고시에 응시했다고 하자. 두 사람 모두 평균 65점을 얻었으나 A는 전 과목이 60점에서 70점 사이에 있고, B는 여러 과목에서 70점 이상의 높은 점수를 얻었으나 한 과목에서 과락(40점 이하)을 하였다면 동일한 평균점수를 얻었음에도 불구하고 B는 낙방하는 결과를 초래하게 된다.

한편, 경영자는 매상고나 수익률이 동일한 평균치를 갖는 경우, 가능하면 변동폭이 적은 경우를 희망할 것은 당연하다. 이러한 예는 주위에서 얼마든지 찾아볼 수 있을 것이다. 결국 변동을 평균기대치로부터의 차이로 정의할 때 이 편차의 크기는 바로 위험도를 뜻하는 것으로 파악될 수 있으며, 위험도를 가능한 한 일정한 수준 이내로 유지시키고 싶은 것은 자연스러운 욕망일 것이다. 이것은 제 1 편 기술통계학편에서 분산도를 나타내는 특성치로 편차 개념을 이용할 때 편차를 자승한 값을 합하여 분산이라 정의하고, 이 개념을 편차의 절대값을 합하여 정의한 평균편차보다 통계적 유의성이 큰 것임을 밝힌 이유와 상통한다.[1)]

---

1) 평균편차$=\dfrac{\sum|X_i-\mu|}{N}$, 단 N은 모집단의 크기, μ는 X_i의 모평균

3) 앞에서 밝힌 두 가지 이유보다 더욱 중요한 사실은 최소자승법은 일정한 가정이 충족되면 이 방법에 의해 도출된 추정치가 제 1 장에서 제시한 바람직한 추정치의 모든 특성을 갖게 된다는 것이다. 뿐만 아니라 제 1 장에서 전개한 신뢰구간 설정 또는 가설의 검정방법이 그대로 적용될 수 있다는 것이다. 바로 이러한 이유로 해서 모든 관측치를 가장 잘 대변할 수 있는 회귀선을 최소자승법에 의해 도출하게 되는 것이다. 그러면 최소자승법에 의한 회귀선의 도출은 구체적으로 어떻게 하며, 또 어떤 가정들이 만족되면 최소자승법에 의한 추정치가 바람직하게 되는지를 살펴보기로 한다.

1. 추정방법 : 최소자승법

앞에서 우리는 추출된 표본의 관측치들을 가장 잘 나타낼 수 있는 여러 방법 중 최소자승법이 가장 좋은 방법임을 확인하였다. 여기에서는 우선 최소자승법을 이용하여 회귀선을 도출하는 구체적인 과정을 알아보고, 다음에는 최소자승법에 의한 회귀분석에 일반적으로 사용되는 기본적인 가정들을 음미해 보기로 한다. 그리고 이와 같은 가정 하에서 최소자승법에 의해 노출된 추정량은 과연 어떠한 통계적 특성을 갖게 되는지를 아울러 살펴보기로 한다.

1.1 표본회귀선의 도출 : 최소자승추정량의 도출

모회귀선($E[Y|X]=\alpha+\beta X$)에 대한 추정치인 표본회귀선 $\hat{Y}_i=\hat{\alpha}+\hat{\beta}X_i$를 도출하는 일은 결국 두 개의 모수인 절편 α와 기울기 β를 추정하는 일로 압축될 것이다. 그리고 최소자승법이란 오차자승의 합을 최소로 하는 $\hat{\alpha}$와 $\hat{\beta}$값을 구하는 일이 된다.[1)]

$$분산=\frac{\sum(X_i-\mu)^2}{N}$$

$$표준편차=\sqrt{분산}=\sqrt{\frac{\sum(X_i-\mu)^2}{N}}$$

1) 주어진 자료에 최소자승법을 적용하기에 앞서 우리는 통상 극단적 관측치(outliers), 즉 극단적으로 아주 작거나 큰 값을 갖는 표본관측점이 존재하면 일차적으로 그 이유를 규명하여 고려하고 존재사유가 모형정립에 필수적이 아닌 것으로 판명될 경우에는 추정 결과를 개선시키기 위해 제거해 버리는 것이 일반적이다. 이 과정을 극단적 관측치(outliers)의 처리과정이라 한다.

$$
\begin{aligned}
\mathrm{Min}\,L &= \mathrm{Min}\sum e_i^2 \\
&= \mathrm{Min}\sum (Y_i - \hat{Y}_i)^2 \\
&= \mathrm{Min}\sum (Y_i - \hat{\alpha} - \hat{\beta}X_i)^2 \quad (\because \hat{Y}_i = \hat{\alpha} + \hat{\beta}X_i)
\end{aligned} \tag{2.20$'$}
$$

식 (2.20)′에 나타난 오차의 최소자승값을 구하려면 이 식을 1차미분한 값이 0이 되어야 한다.[1] 즉 오차자승의 합(L)을 $\hat{\alpha}$과 $\hat{\beta}$에 대하여 각각 편미분한 다음 0으로 놓으면

$$\frac{\partial L}{\partial \hat{\alpha}} = -2\sum (Y_i - \hat{\alpha} - \hat{\beta}X_i) = 0 \tag{2.21}$$

$$\frac{\partial L}{\partial \hat{\beta}} = -2\sum X_i (Y_i - \hat{\alpha} - \hat{\beta}X_i) = 0 \tag{2.22}$$

이 된다. 이 두 식을 미지수인 $\hat{\alpha}$과 $\hat{\beta}$에 대해 정리하면(X_i와 Y_i는 관측된 값들이므로 미지수가 아닌 상수임) 다음과 같다.

$$(n)\hat{\alpha} + (\sum X_i)\hat{\beta} = \sum Y_i \tag{2.23}$$

$$(\sum X_i)\hat{\alpha} + (\sum X_i^2)\hat{\beta} = \sum X_i Y_i \tag{2.24}$$

이 두 식을 보통 정규방정식(normal equation)이라 부르는데, 여기서 미지수는 $\hat{\alpha}$과 $\hat{\beta}$ 두 개이고, 방정식 또한 두 개이므로 일단 이 연립방정식체계는 유일한 해(unique solution)를 가질 수 있는 기본조건을 갖추고 있다. 우선 크래머법칙(Cramer's rule)을 사용하여 $\hat{\beta}$를 구하면 다음과 같다.

$$\hat{\beta} = \frac{n\sum X_i Y_i - \sum X_i \sum Y_i}{n\sum X_i^2 - (\sum X_i)^2} \tag{2.25}$$

---

1) 사실 식 (2.21)과 (2.22)는 단지 L이 최소값을 갖게 될 필요조건에 불과하다. 따라서 논의의 완벽을 기하려면 충분조건 또한 확인할 필요가 있다. 충분조건은 2차 편미분행렬의 주소행렬(principal minors)값이 항상 0보다 커야 한다는 것이다. 그런데

$$\frac{\partial^2 L}{\partial \hat{\alpha}^2} = 2n > 0,$$

$$\begin{vmatrix} \partial^2 L/\partial \hat{\alpha}^2 & \partial^2 L/\partial \hat{\alpha}\partial \hat{\beta} \\ \partial^2 L/\partial \hat{\beta}\partial \hat{\alpha} & \partial^2 L/\partial \hat{\beta}^2 \end{vmatrix} = \begin{vmatrix} 2n & 2\sum X_i \\ 2\sum X_i & 2\sum X_i^2 \end{vmatrix}$$

$$= 4n\sum X_i^2 - 4(\sum X_i)^2 = 4n\sum (X_i - \overline{X})^2 > 0$$

이므로, 충분조건도 만족됨을 알 수 있다.

마찬가지로 $\hat{\alpha}$을 구할 수 있다. 그러나 $\hat{\alpha}$은 일단 도출된 $\hat{\beta}$값을 이용하는 편이 보다 간편하므로 일반적으로 다음 식에 의해 그 값을 구한다.

$$\hat{\alpha} = \overline{Y} - \hat{\beta} \cdot \overline{X} \tag{2.26}$$

$$(\text{단, } \overline{Y} = \frac{\sum Y_i}{n},\ \overline{X} = \frac{\sum X_i}{n})$$

이 식은 식 (2.23)을 $\hat{\alpha}$에 대하여 정리한 것이다. 바로 이 두 식((2.25)와 (2.26))이 오차자승의 합을 최소로 하는 표본회귀선의 절편과 기울기를 나타내주는 최소자승추정량이 된다.

식 (2.25)는 분석의 편의를 위해 다음과 같이 변형시키기도 한다.1)

$$\hat{\beta} = \frac{\sum x_i y_i}{\sum x_i^2} \tag{2.27}$$

여기서 소문자 x_i와 y_i는 각각 원래 변수 X_i와 Y_i값들의 각각의 평균과의 차이, 즉 편차를 의미한다. 따라서 $x_i = X_i - \overline{X}$, $y_i = Y_i - \overline{Y}$의 관계가 있다. 그리고 $\sum x_i = \sum y_i = 0$이 된다.2) 그러므로 x_i와 y_i의 평균 또한 0이 된다. 즉, $\overline{x} = \frac{\sum x_i}{n} = 0$, $\overline{y} = \frac{\sum y_i}{n} = 0$이 되므로, 이 때 절편의 의미는 사라진다(그림 2-10 참조).

그러나 일단 식 (2.25) 대신 식 (2.27)에 의해 β값을 구하더라도 α값을 별도로 산출할 수 있을 뿐만 아니라 식 (2.27)은 기억하기가 쉽다는 장점이 있다. 한편, $\sum x_i y_i$와 $\sum x_i^2$을 각각 $(n-1)$로 나누어 식 (2.27)로 변형시키면 분자는 X와 Y의 공분산, 그리고 분모는 X의 분산의 의미를 갖게 된다. 따라서 X의

---

1) 식 (2.25)를 편차 개념을 이용하여 정리하면,

$$\hat{\beta} = \frac{n\sum X_i Y_i - \sum X_i \sum Y_i}{n\sum X_i^2 - (\sum X_i)^2} = \frac{n\sum(\overline{X}+x_i)(\overline{Y}+y_i) - \sum(\overline{X}+x_i)\sum(\overline{Y}+y_i)}{n\sum(\overline{X}+x_i)^2 - [\sum(\overline{X}+x_i)]^2}$$

$$= \frac{n\sum(\overline{X}\overline{Y}+x_i\overline{Y}+y_i\overline{X}+x_i y_i) - n\overline{X}\cdot n\overline{Y}}{n\sum(\overline{X}^2+2x_i\overline{X}+x_i^2) - n^2\overline{X}^2}$$

$$(\because \sum(\overline{X}+x_i) = \sum\overline{X} + \sum x_i = n\overline{X} + 0 = n\overline{X})$$

$$= \frac{n^2\overline{X}\overline{Y} + n\overline{Y}\sum x_i + n\overline{X}\sum y_i + n\sum x_i y_i - n^2\overline{X}\overline{Y}}{n^2\overline{X}^2 + 2n\overline{X}\sum x_i + n\sum x_i^2 - n^2\overline{X}^2} = \frac{\sum x_i y_i}{\sum x_i^2} \quad (\because \sum x_i = \sum y_i = 0)$$

2) 왜냐하면, $\sum x_i = \sum(X_i - \overline{X}) = \sum X_i - n\overline{X} = n\overline{X} - n\overline{X} = 0$

$\sum y_i = \sum(Y_i - \overline{Y}) = \sum Y_i - n\overline{Y} = n\overline{Y} - n\overline{Y} = 0$

그림 2-10 편차값을 이용한 회귀선

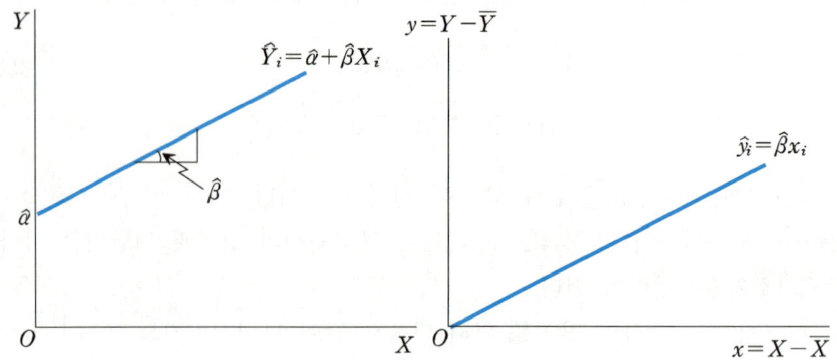

분산은 항상 0보다 크므로 β값의 부호는 공분산에 의해 결정된다. 또한 공분산이 0이 아니라면 $\beta\neq0$이 되며, 두 변수 간에는 어떤 관계가 있음을 시사하게 되는 반면 $s_{XY}=0$이면 X의 분산크기에 상관없이 $\beta=0$이 되고, 따라서 두 변수 간에는 아무런 관계도 없다고 판정될 것이다. 이 때 상관계수의 크기 또한 $s_{XY}/s_Xs_Y=0$이 되며, 위와 동일한 의미를 시사해 줄 것임은 두말할 나위가 없다. 여기서 한두 가지 특기할 만한 사항이 있다.

첫째로는 X값들의 분산(s_X^2)이 클수록 β값은 안정적으로 추정된다는 점이다. X값의 변동폭이 커야 β값이 취할 범위가 축소되기 때문이다.

둘째로는 산포도가 Y축에 가까이 있으면 절편(α)의 의미가 있으나 반대의 경우는 의미를 상실한다는 점이다. 대부분의 관측치가 Y축에서 멀리 조성될 때 α는 별 의미가 없기 때문이다. 이제 최소자승법에 의해 도출된 표본회귀선의 절편과 기울기에 관한 공식을 정리하면 다음과 같다.

[표본회귀선의 기울기와 절편]

기울기 : $$\hat{\beta}=\frac{n\sum X_iY_i-\sum X_i\sum Y_i}{n\sum X_i^2-(\sum X_i)^2}=\frac{\sum x_iy_i}{\sum x_i^2} \qquad (2.27)'$$

절 편 : $$\hat{\alpha}=\overline{Y}-\hat{\beta}\overline{X} \qquad (2.26)'$$

이제 모회사의 광고비와 이에 대응하는 매상고에 관한 자료를 아래와 같이 임의로 설정한 다음 최소자승추정치들을 산출해 보기로 한다.

표 2-3 광고비지출에 따른 매상고

(단위 : 백만 원)

매상고 Y_i	광고비 X_i	X_iY_i	Y_i^2	X_i^2	$y_i = Y_i - \overline{Y}$	$x_i = X_i - \overline{X}$	x_iy_i	y_i^2	x_i^2	$\hat{Y}_i = \hat{\alpha} + \hat{\beta}X_i$
1,000	5	5,000	1,000,000	25	−540	−22.5	12,150	291,600	506.25	1,081.81
1,300	20	26,000	1,690,000	400	−240	−7.5	1,800	57,600	56.25	1,387.27
1,900	40	76,000	3,610,000	1,600	360	12.5	4,500	129,600	156.25	1,794.54
1,500	30	45,000	2,250,000	900	−40	2.5	−100	1,600	6.25	1,590.90
1,400	15	21,000	1,960,000	225	−140	−12.5	1,750	19,600	156.25	1,285.45
1,800	45	81,000	3,240,000	2,025	260	17.5	4,550	67,600	306.25	1,896.36
1,600	25	40,000	2,560,000	625	60	−2.5	−150	3,600	6.25	1,489.09
2,000	50	100,000	4,000,000	2,520	460	22.5	10,350	211,600	506.25	1,998.18
1,700	35	59,500	2,890,000	1,225	160	7.5	1,200	25,600	56.25	1,692.72
1,200	10	12,000	1,440,000	100	−340	−17.5	5,950	115,600	306.25	1,183.63
15,400	275	465,500	24,640,000	9,625	0	0	42,000	924,000	2,062.5	

표 2-3에서 변수 Y는 매상고, 그리고 변수 X는 광고비지출액을 각각 나타낸다. 이 경우 일반적인 경제적 논리로 보아 Y가 종속변수, 그리고 X가 독립변수 역할을 담당할 것으로 볼 수 있다. 따라서 우리가 추정할 회귀모형은

$$Y_i = \alpha + \beta X_i + \epsilon_i$$

가 되며, α와 β의 최소자승추정치는 식 (2.26)과 (2.27)에 의해 다음과 같이 산출된다.

$$\hat{\beta} = \frac{\sum x_i y_i}{\sum x_i^2} = \frac{42,000}{2,062.5} = 20.\dot{3}\dot{6}$$

$$\hat{\alpha} = \overline{Y} - \hat{\beta}\overline{X} = \frac{15,400}{10} - 20.\dot{3}\dot{6}\left(\frac{275}{10}\right) \fallingdotseq 980$$

따라서

$$\hat{Y}_i = 980 + 20.\dot{3}\dot{6}X_i$$

가 된다. 이는 광고비지출과 매상고가 정의 선형함수관계를 갖고 있음을 시사한다.

1.2 최소자승법의 기본가정

최소자승법이 다른 방법에 비해 실제 관측치를 보다 잘 나타낼 수 있는 회

귀선의 도출을 가능하게 해 준다는 점은 이미 지적한 바 있다. 그러나 앞에서 언급하였듯이 최소자승법의 보다 중요한 점은 일정한 조건이 갖추어질 때 이 방법에 따라 도출된 추정량이 바람직한 특성을 갖게 될 뿐 아니라 일반적인 추측통계의 추정 및 검정방법이 그대로 적용될 수 있다는 것이다. 이는 결국 좋은 회귀선이란 오차항의 극소화로 얻어지며, 따라서 오차항에 대한 의미와 가정이 결정적 역할을 담당하게 되기 때문이다. 이제 이러한 상황을 가능하게 하는 기본적 가정을 살펴보기로 한다. 일반적으로 우리가 최소자승법에 의거하여 추론할 때 도입되는 다섯 가지 기본가정은 다음과 같다.[1)]

$$\text{가정 I} : E[\epsilon_i]=0 \tag{2.28}$$

$$\text{가정 II} : E[\epsilon_i^2]=\sigma_\epsilon^2 \quad (\text{모든 } i\text{에 대해}) \tag{2.29}$$

$$\text{가정 III} : E[\epsilon_i\epsilon_j]=0 \quad (\text{단, } i\neq j) \tag{2.30}$$

$$\text{가정 IV} : E[\epsilon_i X_i]=X_i\cdot E[\epsilon_i]=0 \tag{2.31}$$

$$\text{가정 V} : \epsilon_i\sim N(E[\epsilon_i],\ \mathrm{Var}(\epsilon_i)) \quad \text{또는} \quad \epsilon_i\sim N(0,\sigma_\epsilon^2) \tag{2.32}$$

첫번째 가정인 $E[\epsilon_i]=0$이 의미하는 것은 잔차항의 평균이 0이 된다는 것이다. 즉, 교란항 ϵ_i가 우연히 발생하는 오차들이라면 이 오차들은 회귀선을 중심으로 대칭적으로 분포되어 있어야 한다는 것이다. 이 가정은 최소자승법에 의한 추정과정상의 계산을 간편하게 하기 위해 만들어진 편의상의 조건식으로 볼 수도 있다. 만일 가정 I이 현실적으로 성립되지 않는 상황, 즉 $E[\epsilon_i]=\alpha'\neq 0$이라면 당초의 식 (2.17)은 다음과 같이 고쳐 쓸 수 있다.

$$\begin{aligned} Y_i &= \alpha+\beta X_i+\epsilon_i \\ &= \alpha+\beta X_i+\epsilon_i+(\alpha'-\alpha') \quad (\text{단, } E[\epsilon_i]=\alpha') \\ &= \alpha+\alpha'+\beta X_i+(\epsilon_i-\alpha') \end{aligned} \tag{2.33}$$

이 때 $\alpha^*=\alpha+\alpha'$, $\epsilon_i^*=\epsilon_i-\alpha'$라 놓으면 식 (2.33)을 다음과 같이 변형시킬 수 있다.

---

1) 이 다섯 가지 가정 중 처음 4개를 보통 가우스-마코프(Gauss-Markov) 가정 또는 단순히 G-M 가정이라 하는데, 이는 이들 두 학자가 최소자승법에 의한 회귀분석이론을 전개하는 과정에서 최초로 설정했던 가정들이란 사실에 기인한다. 그러나 최근에는 다섯 번째 가정까지를 포함하여 기본가정으로 삼는 것이 일반적인데, 그 이유는 추후에 밝혀질 것이다.

$$Y_i = \alpha^* + \beta X_i + \epsilon_i^* \tag{2.34}$$

이 경우 새로운 교란항의 평균은 $E[\epsilon_i^*] = E[\epsilon_i - \alpha'] = \alpha' - \alpha' = 0$가 되므로 원래의 가정 I과 같은 결과가 된다. 다른 것은 절편의 값이 α 대신 α^* $(= \alpha + \alpha')$가 된다는 것이나, 대부분의 경제모형에서 상수항인 α의 값이 크게 문제되지 않는다는 점을 감안하면 가정 I은 단지 계산상의 편의를 위한 조건식으로 볼 수 있을 것이다.

두 번째 가정, $E[\epsilon_i^2] = \sigma_\epsilon^2$(모든 i에 대해)이라는 의미는 관측시점에 상관없이(i의 값이 무엇이든) 교란항들의 분포는 동일한 분산(variance)을 갖는다는 것이다.[1] 이를 보통 "동분산"(homoskedasticity)가정이라 하는데, 특히 분석자료가 시계열자료(time series data)가 아닌 횡단면자료(cross-section data)일 경우 관측대상물의 특성에 따라 분산의 크기가 달라질 가능성이 커지게 된다. 물론 이러한 현상은 시계열자료를 사용하는 경우에도 분석대상 기간이 길어질수록 나타날 가능성이 커지며, 이러한 현상이 심각한 상태에 이른 상황을 이분산(heteroskedasticity)현상이라 한다.[2] 이러한 현상이 발생할 경우에는 앞서 소개한 단순회귀분식법에 의한 추정방법은 다소의 문제를 안게 되며, 이를 해소할 방안을 별도로 강구하여야 하나 우선 여기서는 이분산현상이 심각하지 않은 것이 현실이라고 가정한다.

세 번째 가정, $E[\epsilon_i \epsilon_j] = 0$(단, $i \neq j$) 의미는 서로 다른 관측시점에서의 교란항끼리는 아무런 함수관계가 없다는 것을 의미한다. 즉, ϵ_i와 ϵ_j는 서로 1차 독립적이라는, 바꾸어 말해서 1차함수관계가 없다는 뜻을 갖고 있다. 만일 ϵ_i와 ϵ_j가 서로 독립적이라면 두 변수간의 공분산의 값이 0이 되어야 할 것이다. 즉, $\text{Cov}(\epsilon_i, \epsilon_j) = 0$이 성립되어야 한다.

---

1) 원래 ϵ_i의 분산은 $E[\epsilon_i - \mu_\epsilon]^2$ (단, $\mu_\epsilon = E[\epsilon_i]$)라 정의될 것이나, $\mu_\epsilon = E[\epsilon_i] = 0$이 되므로 결국 ϵ_i의 분산은 $E[\epsilon_i^2]$으로 되고, 그 값이 관측시기($i = 1, 2, \cdots, t$)와 상관없이 항상 일정한 값인 σ_ϵ^2와 같다는 것이 두 번째 가정의 내용이다.

2) 예컨대, 앞에서 소개한 케인즈의 소비함수, $Y_i = \alpha + \beta X_i + \epsilon_i$(단, Y는 소비수준, 그리고 X는 소득수준을 나타냄)에서 소득수준(X_i)이 높아질수록 소비수준(Y_i)의 변화폭은 넓어질 가능성이 많다. 따라서 교란항 $\epsilon_i = Y_i - E[Y|X]$의 값은 X값이 커짐에 따라 점차 변동폭, 즉 분산값이 커질 가능성이 많아지는데, 이와 같은 설명변수(X)의 크기에 따라 종속변수(Y)의 변화폭이 변화하는 현상을 이분산현상이라 한다. 구체적인 내용은 제 3 편 제 6 장에서 자세히 다루게 될 것이다.

$$\begin{aligned}\text{Cov}(\epsilon_i,\ \epsilon_j) &= E[(\epsilon_i - E[\epsilon_i])(\epsilon_j - E[\epsilon_j])] \\ &= E[\epsilon_i\epsilon_j] - E[\epsilon_i]E[\epsilon_j] - E[\epsilon_j]E[\epsilon_i] + E[\epsilon_i]E[\epsilon_j]\end{aligned}$$

$$\therefore\ \text{Cov}(\epsilon_i,\ \epsilon_j) = E[\epsilon_i\epsilon_j] - E[\epsilon_i]E[\epsilon_j] = 0 \tag{2.35}$$

그런데 식 (2.35)를 달리 쓰면

$$E[\epsilon_i\epsilon_j] = \text{Cov}(\epsilon_i,\ \epsilon_j) + E[\epsilon_i]E[\epsilon_j] \tag{2.36}$$

가 되며, 이 때 $\text{Cov}(\epsilon_i,\ \epsilon_j)$가 0이라면 가정 Ⅰ에 의해 $E[\epsilon_i] = E[\epsilon_j] = 0$이므로 결국 식 (2.36)은

$$E[\epsilon_i\epsilon_j] = 0 \tag{2.37}$$

이 된다. 따라서 식 (2.37), 즉 가정 Ⅲ은 바로 교란항끼리는 서로 1차독립적임을 의미하는 것이다.[1] 그러나 일반적으로 이러한 가정이 완전히 성립되는 상황을 기대할 수는 없는 것이므로 실제 상황에서는 어느 정도만큼 가정 Ⅲ이 충족된다고 볼 수 있는지를 규정하고, 충족되지 못하는 경우 발생하는 문제점과 그 대응책을 강구해야 될 것이다.

가정 Ⅲ이 충족되지 못하는 상태를 (시)계열상관(serial correlation) 또는 자기상관(autocorrelation)이라 하는데, 우선은 가정 Ⅲ도 현실을 크게 벗어나지 않는다고 가정하기로 한다.[2]

네 번째 가정, $E[\epsilon_i X_i] = X_i E[\epsilon_i] = 0$이 의미하는 것은 설명변수 X_i는 확률변수(random or stochastic variable)라기보다는 비확률적 변수(nonstochastic

---

1) $\text{Cov}(X,\ Y) = E[XY] - E[X]E[Y]$이고, X와 Y가 서로 1차독립적이면 $E[XY] = E[X]E[Y]$가 되므로 이 경우엔 결국 $\text{Cov}(X,\ Y) = 0$이 된다.
자세한 것은 이종원, 「경제·경영통계학」(2004, 제 3 판), 제 4 장 참조.

2) (시)계열상관이란 교란항의 분포가 일정한 패턴을 가지고 주기적으로 반복되는 형태를 취하는(따라서 교란항의 값들은 더 이상 서로 독립적이라 볼 수 없는) 현상을 지칭한다. 이러한 현상은 회귀모형에 포함된 설명변수 이외에 다른 어떤 요인이 일정 기간 동안에 걸쳐 종속변수에 영향을 미친 경우, 예컨대 종속변수인 생산량을 두 개의 독립변수인 노동 및 자본사용량에 의해 설명하려는 모형에서 일정 기간 동안 노조의 파업이 있었다면 그 기간중 생산량은 여타 조건이 일정할 때 파업이 없을 경우와는 다른 수준으로 나타날 것이다. 이처럼 독립변수 외의 요인에 의해 종속변수의 값이 영향을 받을 경우 종속변수(Y)의 실제 관측치와 $E[Y|X]$의 차이로 정의된 교란항 ϵ_i값은 특정한 패턴을 갖게 되는데 이를 계열상관이라 칭한다. 이러한 예는 특히 시계열자료를 사용할 때 빈번하게 나타나는데, 농산물 수확이 기후 등의 요인에 의해 영향을 받는 경우 등은 좋은 예가 될 것이다. 자기상관에 관한 보다 구체적인 내용은 제 3 편 제 7 장에서 자세히 다루게 될 것이다.

variable)에 가까우므로 일반적인 상수(constant)처럼 취급하자는 것이다. 따라서 $E[\epsilon_i X_i] = X_i \cdot E[\epsilon_i]$가 되며,[1] 가정 Ⅰ에 의해 $E[\epsilon_i] = 0$이므로 결국 위와 같은 가정 Ⅳ에 나타난 관계식이 성립된다. 이 가정은 엄밀히 말하자면 반복시행되는 표본추출과정에서 관측되는 값이 일정한 값을 유지해야만 성립되는 것이므로 다소의 비현실성을 내포하고 있다. 그러나 설명변수 X가 특정한 값을 갖고 있다는 조건 하에서 종속변수 Y는 평균적으로 어떠한 값을 취하게 되는가를 추론하고자 하는 것이 회귀분석의 원래 목적이므로 이 가정의 현실성 여부를 크게 문제삼을 필요는 없을 것이다. 뿐만 아니라 이 가정이 다소 비현실적이라 하더라도 이로 인해 발생하는 최소자승추정방법상의 문제점은 별무한 것으로 지적되고 있다.[2]

다섯 번째 가정은 교란항 ϵ_i가 정규분포를 따른다는 것이다. 이 가정의 현실성 여부를 논리적으로 판정하기는 곤란하다. 그러나 원래 정규분포란 일정 기준을 중심으로 하여 발생하는 우발적인 오차가 따르는 분포에서 유래된 것임을 감안한다면, 이 가정의 현실성 여부는 크게 우려할 바가 없으리라고 본다.

사실 이 가정을 제외한 앞서의 네 개의 가정만을 G-M가정이라 하고, 또 그들만으로도 최소자승법에 의해 도출한 회귀선의 추정치가 제 1 장에서 소개한 바람직한 추정량의 특성을 모두 가지고 있다. 그러나 이 다섯 번째 가정을 인정하지 않고서는 제 1 장에서 전개한 각종 검정 및 신뢰구간의 설정방법 등을 적용할 수 없다는 사실이 이 가정에 중요한 의미를 부여하는 것이다. 이 점에 관해서는 항을 바꾸어 별도로 설명할 것이나, 가정 Ⅰ과 Ⅱ, 그리고 가정 Ⅴ를 종합적으로 표기하면 $\epsilon_i \sim N(0, \sigma_\epsilon^2)$가 된다. 이는 교란항은 정규분포를 따르되 그 평균은 0이고, 분산은 σ_ϵ^2으로 일정하다는 의미를 종합적으로 표현한 것이다.

2. 최소자승추정량의 통계적 특성

앞서 우리는 다섯 가지의 기본가정, 특히 그 중에서도 처음의 네 가지 가정(즉, G-M가정)이 충족된다면 최소자승법에 의해 산출된 추정량은 통계적으로 바람직한 제반 특성, 즉 불편성 · 효율성 · 충족성 및 일관성 등을 고루 갖게 된다고 언급한 바 있고, 이러한 점이 바로 최소자승법의 활용가치를 보다 높게 하여

1) 이종원, 전게서(2004), 제 4 장 참조.

2) Jan Kmenta, *Elements of Econometrics*(Macmillan, 1971), pp. 269~297 참조.

준다고 지적해 왔다. 그러면 과연 전항에서 열거한 가정 하에서 위에 열거한 특성들이 충족될 수 있는지의 여부를 간략하게 살펴보기로 한다.

첫째, G-M 가정 하에서는 최소자승법에 의해 도출된 추정량은 불편성(unbiasedness)을 갖게 된다. 즉, $E[\hat{\beta}]=\beta$, $E[\hat{\alpha}]=\alpha$, 다시 말해서 추정량 $\hat{\alpha}$과 $\hat{\beta}$의 평균값은 모수인 특성치 α와 β의 실제값과 일치하게 되는 특성을 갖는다는 것이다.

그림 2-11에서 볼 수 있듯이 최소자승추정량(least squares estimator : 이후부터는 LSE라 표기) $\hat{\beta}$가 취할 수 있는 값들의 분포는 $f(\hat{\beta})$와 같고, 또 그 평균이 β의 실제값과 같아진다는 것으로 다른 추정량들의 분포, 즉 $f(\hat{\hat{\beta}})$이나 $f(\hat{\hat{\hat{\beta}}})$보다 통계적으로 바람직한 특성을 갖는다는 것이다.

이와 같은 특성은 수식으로도 간단히 증명될 수 있다. 식 (2.27)로부터 $\hat{\beta}$을 표기하면,

$$\begin{aligned}\hat{\beta} &= \frac{\sum x_i y_i}{\sum x_i^2} = \sum C_i y_i \quad (\text{단, } C_i = \frac{x_i}{\sum x_i^2}) \\ &= \sum C_i(\beta x_i + \epsilon_i) \\ &= \sum C_i \beta x_i + \sum C_i \epsilon_i \end{aligned} \tag{2.38}$$

가 된다. 여기서 C_i는 일종의 상수항이며, 이는 x_i가 비확률변수라는 네 번째 가정에 의해 정의된 것이다.

이제 식 (2.38)의 평균을 구해 보면,

그림 2-11 추정량의 분포와 불편성

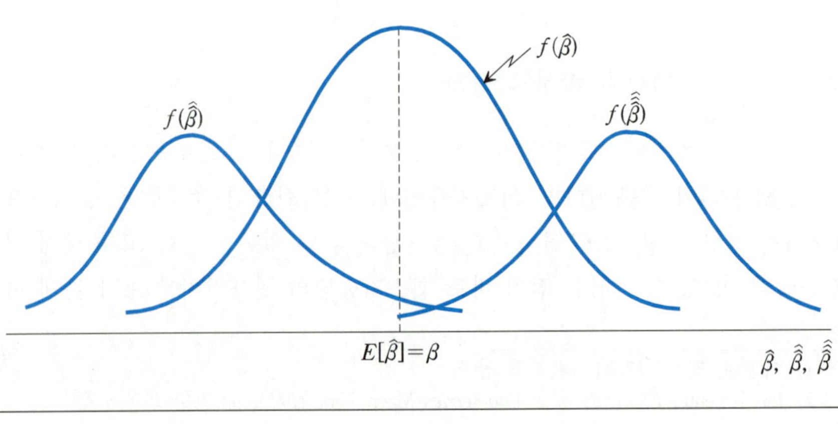

$$
\begin{aligned}
E[\hat{\beta}] &= E[\sum C_i \beta x_i + \sum C_i \epsilon_i] \\
&= \sum C_i \beta x_i + \sum C_i E[\epsilon_i] \quad (\because C_i,\ \beta, x_i\text{는 모두 상수}) \\
&= \sum C_i \beta x_i \quad (\because E[\epsilon_i]=0 : \text{가정 I}) \\
&= (\sum x_i / \sum x_i^2) \cdot \beta x_i = \frac{\sum x_i^2}{\sum x_i^2} \cdot \beta = \beta
\end{aligned}
$$

$$\therefore E[\hat{\beta}] = \beta \tag{2.39}$$

가 된다. 즉, LSE인 $\hat{\beta}$는 β의 불편추정량이 됨을 알 수 있다. 마찬가지로 $E[\hat{\alpha}]=\alpha$가 됨을 밝힐 수 있으나 독자들의 연습문제로 남긴다. 독자들은 $\hat{\beta}$의 불편성을 증명하기 위하여 가정 I과 가정 IV를 사용하였음을 기억해 둘 필요가 있다.

두 번째로 LSE는 효율성을 갖는다는 것이다. 즉, 모든 가능한 불편추정량 중에서 최소의 분산을 갖는 특징이 있다. 그림 2-12에 의하면 LSE 추정량 $\hat{\beta}$은 물론 기타 추정량 β', β'' 및 β''' 모두가 불편성을 갖고 있음을 알 수 있다. 그러나 불편성이란 단순히 추정량의 값이 평균적으로 실제 모수값과 같아진다는 것일 뿐, 실제로 시행한 한두 차례의 추정 결과가 반드시 실제 모수값과 일치한다는 뜻은 아니다. 일반적으로 불편성을 가진 추정량이라 하더라도 항상 오차가 발생하는 값을 제공하는 것이 현실이다. 그렇다면 동일한 여건 하에서 가능한 한 오차가 적게 발생할 수 있는 추정량이 있다면, 이는 분명히 다른 단순한 불편추정량에 비해 바람직한 특성을 갖고 있다고 볼 수 있다. 이와 같이 불편성을 갖는 모든 가능한 추정량 중 오차발생 가능성이 가장 작은, 즉 분산이 가장 작

그림 2-12 불편추정량과 효율성

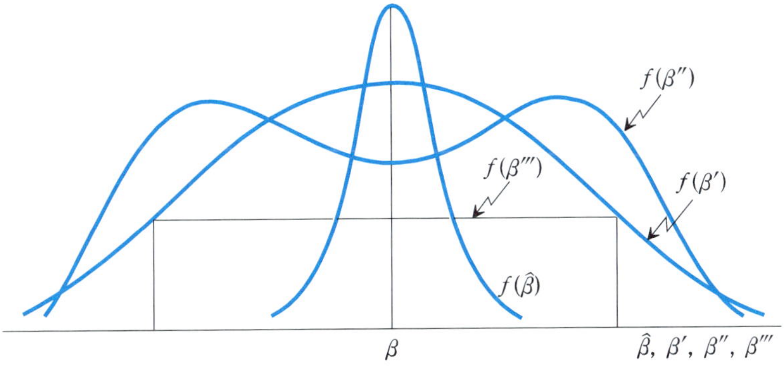

은 추정량, 바꾸어 말하면 최소의 분산을 갖는 불편추정량을 효율적 추정량이라 한다. 그런데 LSE에 의한 추정량 $\hat{\beta}$은 그림 2-12에 나타난 여러 가능한 불편추정량 중 가장 작은 분산을 갖는다는 것이다.[1)]

세 번째로 지적할 수 있는 것은 앞서의 식 (2.38)에서 본 것처럼 $\hat{\beta}$과 $\hat{\alpha}$은 결국 Y_i의 1차함수라는 점이다. 즉,

$$\hat{\beta}=\frac{\Sigma x_i y_i}{\Sigma x_i^2}=\Sigma C_i y_i \tag{2.38$'$}$$

$$\hat{\alpha}=\overline{Y}-\hat{\beta}\overline{X}=\overline{Y}-\overline{X}\cdot\Sigma C_i y_i \tag{2.40}$$

이므로 각 Y_i와 1차함수관계에 있게 됨을 알 수 있다.

우리는 일반적으로 지금까지 밝힌 세 가지 특성, 즉 불편성(unbiasedness) · 효율성(efficiency) · 선형성(linearity)을 LSE가 모두 가지고 있음에 착안하여 LSE 추정량을 최량선형불편추정량(BLUE; best linear unbiased estimator)이라고 부르고 있다. 여기서 최량(best)이란 최소의 분산을 갖는다는 의미를 나타내기 위한 용어로 이해하면 될 것이다.[2)] 이 외에도 LSE는 일관성(consistency)을 갖는 특성을 갖고 있으며, 수식으로 증명될 수 있으나 이 역시 전문적인 계량경제학 교과서를 참고하기를 바란다.[3)]

이상과 같이 LSE는 바람직한 통계적 특성을 가지고 있으나, 오차를 자승한 값들의 합을 최소화한다는 조건($\text{Min}\Sigma e_i^2$), 즉 최소자승법에 의한 추정량이 과연 잔차항값의 합을 0으로 만든다는 조건($\Sigma e_i=0$)을 충족시킬 수 있는지의 여부에 대해서는 언급한 바 없다고 사려깊은 독자들은 지적할 것이다. 이러한 의문에 답하기 위해 잔차항의 정의에 의해 식을 전개하면,

---

1) LSE인 $\hat{\beta}$과 $\hat{\alpha}$이 효율적 추정량이라는 사실에 대한 증명은 본장의 보론을 참고할 것.

2) 이처럼 G-M 가정 하에서 최소자승법에 의해 도출된 추정량이 BLUE가 된다는 것을 Gauss-Markov정리라고 한다.

3) 제 1 장 보론에서 다룬 바 있는 일관성에 관한 정리를 이용하면, LSE의 일관성은 LSE가 MSE(mean square error, 평균평방오차) 일관적이란 사실을 확인함으로써 증명될 수 있다. 그런데 MSE=(추정량의 편의)^2+(추정량의 분산)의 관계가 있으며, LSE, $\hat{\beta}$의 경우는 $E[\hat{\beta}]=\beta$로 편의가 없을 뿐 아니라, $\hat{\beta}$의 분산은 $\text{Var}(\hat{\beta})=\frac{s_e^2}{\Sigma x^2}$ $=\frac{\text{SSE}}{n-2}\cdot\frac{1}{\Sigma x_i^2}$(제 3 장 제 1 절 참조)로 $\lim\limits_{n\to\infty}\text{Var}(\hat{\beta})=0$가 되므로, 표본규모가 매우 커지면 $\hat{\beta}$의 MSE는 0에 수렴하게 됨을 알 수 있다. 즉, LSE, $\hat{\beta}$은 MSE일관적이며, 따라서 일관성을 가진 추정량이 된다.

$$\begin{aligned}\sum e_i &= \sum (Y_i - \hat{Y}_i) = \sum (Y_i - \hat{\alpha} - \hat{\beta} X_i) \\ &= \sum Y_i - n\hat{\alpha} - \hat{\beta} \sum X_i \\ &= n\hat{\alpha} + \hat{\beta} \sum X_i - n\hat{\alpha} - \hat{\beta} \sum X_i \quad (\because \text{ 식 (2.23) 참조}) \\ &= 0\end{aligned}$$

과 같이 됨을 알 수 있다.

이외에도 LSE에 의한 표본회귀선은 항상 X와 Y의 평균값으로 정의되는 위치를 통과하는 등 재미 있고 유익한 함수적 특징을 갖고 있으나, 본서에서는 생략코자 한다.

마지막으로, LSE의 통계적 특성과 관련하여 언급해 둘 필요가 있는 것은 이상의 여러 특성은 이른바 G-M 가정으로 일컬어지는 네 가지 가정만으로 성립될 수 있다는 점이다. 따라서 다섯 번째 가정의 가치는 전술한 바와 같이 제 1 장에서 전개한 일반적인 통계적 추론의 적용을 가능하게 해 준다는 데 있는 것으로 보아야 할 것이다. 이러한 특성 외에도 다섯 번째 가정은 LSE가 BLUE일 뿐 아니라 최우추정량(MLE; maximum likelihood estimator)과도 같아진다는 중요성을 가지고 있다.

이미 독자들이 알고 있듯이 최우추정량이란 표본추출시에 관측된 표본값들이 실제로 나타날 가능성을 가장 크게 할 수 있는 값을 의미하는 것으로 다섯 번째 가정, 즉 교란항이 정규분포를 따른다는 가정이 추가됨으로써 MLE는 LSE와 일치하게 된다. 이를 증명하기 위해

$$Y_i = \alpha + \beta X_i + \epsilon_i, \quad \text{단, } \epsilon_i \sim N(0, \sigma_\epsilon^2) \tag{2.41}$$

에서 서로 독립적으로 추출된 Y_i의 분포 및 특성치를 구해 본다.

$$\begin{aligned}E[Y_i] &= E[\alpha + \beta X_i + \epsilon_i] \\ &= \alpha + \beta X_i + E[\epsilon_i] \\ &= \alpha + \beta X_i \quad (\because E[\epsilon_i] - 0 : \text{가정 I})\end{aligned} \tag{2.42}$$

$$\begin{aligned}\mathrm{Var}(Y_i) &= \mathrm{Var}(\alpha + \beta X_i + \epsilon_i) \\ &= \mathrm{Var}(\epsilon_i) \\ &= \sigma_\epsilon^2\end{aligned} \tag{2.43}$$

($\because$ $\alpha + \beta X_i$는 상수임, 제 3 장 기대치법칙 참조)

한편, Y_i는 상수항 $\alpha+\beta X_i$와 확률변수 ϵ_i의 합으로 정의되어 있으므로, 제 1 장에 소개한 바 있듯이 정규분포를 따르는 ϵ_i(가정 V)의 1차함수인 Y_i 또한 정규분포를 따르게 된다. 따라서 이상과 같은 결과를 종합하여 표기하면,

$$Y_i \sim N(\alpha+\beta X_i,\ \sigma_\epsilon^2) \tag{2.44}$$

즉, Y_i는 평균이 $\alpha+\beta X_i$이고 분산이 σ_ϵ^2인 정규분포를 따르는 변수로 이해될 수 있다.

한편, Y_i가 서로 독립적으로 추출되었으므로 결국 모든 Y_i값을 대표하는 우도함수(likelihood function)는

$$L = P(Y_1)P(Y_2)\cdots P(Y_n) \tag{2.45}$$

으로 표기될 것이고, 이 함수의 값을 최대화시키는 α 및 β값이 최우추정량(MLE)이 될 것이다. 단, Y_i가 정규분포를 따르므로 다음 식이 성립된다.

$$P(Y_i) = \frac{1}{\sqrt{2\pi}\,\sigma}\exp\left[-\frac{1}{2}\left(\frac{Y_i-\alpha-\beta X_i}{\sigma}\right)^2\right] \tag{2.46}$$

이제 식 (2.44), (2.45) 및 (2.46)을 이용하여 우도함수를 다시 정리하면

$$L = \prod_{i=1}^{n}\left(\frac{1}{\sqrt{2\pi}\,\sigma}\right)\exp\left[-\frac{1}{2\sigma^2}(Y_i-\alpha-\beta X_i)^2\right] \tag{2.47}$$

가 되며, 이 식의 극대치를 찾는 계산과정을 편리하게 하기 위하여 우도함수에 log값을 취하여 다음과 같이 정의한다.1)

$$\log L = -\frac{n}{2}\log 2\pi - \frac{n}{2}\log\sigma^2 - \frac{1}{2\sigma^2}\Sigma(Y_i-\alpha-\beta X_i)^2 \tag{2.48}$$

이제 극대값을 구하기 위한 필요조건을 구하면, 즉 위의 식을 α 및 β, 그리고 σ^2에 대한 1차편미분값을 각각 0으로 놓으면,

$$\frac{\partial(\log L)}{\partial\alpha} = \frac{1}{\sigma^2}\Sigma(Y_i-\alpha-\beta X_i) = 0 \tag{2.49}$$

1) $L=f(Y_1)f(Y_2)\cdots f(Y_n)$이면 $\log L=\Sigma\log f(Y_i)$가 됨을 참고할 것.

$$\frac{\partial(\log L)}{\partial\beta}=\frac{1}{\sigma^2}\sum[X_i(Y_i-\alpha-\beta X_i)]=0 \tag{2.50}$$

$$\frac{\partial(\log L)}{\partial\sigma^2}=-\frac{n}{2\sigma^2}+\frac{1}{2\sigma^4}\sum(Y_i-\alpha-\beta X_i)^2=0 \tag{2.51}$$

이 된다. 그런데 식 (2.49)와 (2.50)은 결국 앞서 LSE를 구하는 과정에서 파생된 정규방정식(normal equation)과 같으므로 식 (2.49)와 (2.50)에서 도출될 MLE인 α' 및 β'의 값은 결국 LSE의 값 $\hat{\alpha}$ 및 $\hat{\beta}$과 같아진다. 즉,

$$\text{MLE}\left\{\begin{aligned}\alpha' &= \overline{Y}-\beta'\overline{X}=\hat{\alpha}\\ \beta' &= \sum x_i y_i/\sum x_i^2=\hat{\beta}\end{aligned}\right\}\text{LSE}$$

단, 식 (2.51)에서 구해진 σ^2에 대한 MLE를 $(\sigma^2)'$라 하면,

$$(\sigma^2)'=\frac{\sum(Y_i-\alpha'-\beta' X_i)^2}{n} \tag{2.52}$$

과 같이 되는데, 사실 이 추정량은 편의성을 갖는다는 문제점이 있다. 바로 이러한 이유 때문에 일반적으로 회귀분석에서 σ^2에 대한 추정은 편의가 있는 최우추정량$(\sigma^2)'$ 대신 불편추정량인 최소자승추정량 $s_e^2\left[=\frac{1}{n-2}\sum(Y_i-\hat{\alpha}-\hat{\beta}X_i)^2\right]$을 주로 사용하고 있다. 이 점에 관해서는 추후에 상술하기로 한다.

제 5 절 실증분석 예

18C 후반 독일 통계학자 엥겔(C. L. E. Engel)이 벨기에 노동자의 가계소득 분석 결과 소비항목별 비중이 일정 소득계층 내에서는 대체로 일정하나 소득계층이 달라지면 소비항목별 비중은 다음과 같이 변화한다고 주장하였다.

첫째, 소득수준이 높을수록 음식비 비중이 점차 감소한다.

둘째, 소득수준에 상관없이 피복비 비중은 비교적 안정적이다.

셋째, 소득수준이 높을수록 문화비 비중은 급격히 상승한다.

넷째, 소득수준이 높아도 주거비와 광열비 비중이 거의 일정하다.

이상과 같은 분석 결과 중에서도 특히 첫번째 항목이 가장 주목을 받아 오는 이른바 "엥겔법칙"이다.

엥겔법칙을 보다 조직적으로 설명하기 위해 수요함수를 활용해 보기로 한다. 일반적으로 어느 한 재화에 대한 수요(D_1)는 그 재화의 가격(P_1)과 여타 재화의 가격(P_2) 및 소득수준(I)에 의존하는 것으로 이해할 수 있다. 즉,

$$D_1 = f(P_1,\ P_2,\ I)$$

여기서 여타 재화의 가격(P_2)과 소득수준(I)이 일정할 때 수요(D_1)와 가격(P_1) 간에 성립되는 관계를 나타낸 것을 수요함수라 하며, 일반적으로 그 관계는 역의 관계를 갖는 함수로 파악된다. 즉,

$$D_1 = f(\overset{(-)}{P_1}, P_2^0, I^0)$$

따라서 수요곡선은 우하향하는 형태를 갖는다. 그런데 주어진 소득(I)은 두 가지 종류의 재화만을 소비하는 데 쓰여진다면 다음과 같은 예산제약식(budget constraint)이 성립된다.

$$I = D_1P_1 + D_2P_2$$

이 때 여타 재화가격(P_2)과 소득(I)이 일정할 때 가격(P_1)이 수요(D_1)에 미치는 효과는 통상 가격효과(price effect)를 나타내는 가격소비곡선(price consumption curve; PCC)을 통하여 이해할 수 있으며, 또 이를 이용하여 수요곡선이 도출되기도 한다. 그림 2-13은 재화 1만의 가격이 p_1에서 p_1'로 변화할 경우 수요에 미

그림 2-13 가격소비곡선과 수요함수의 도출

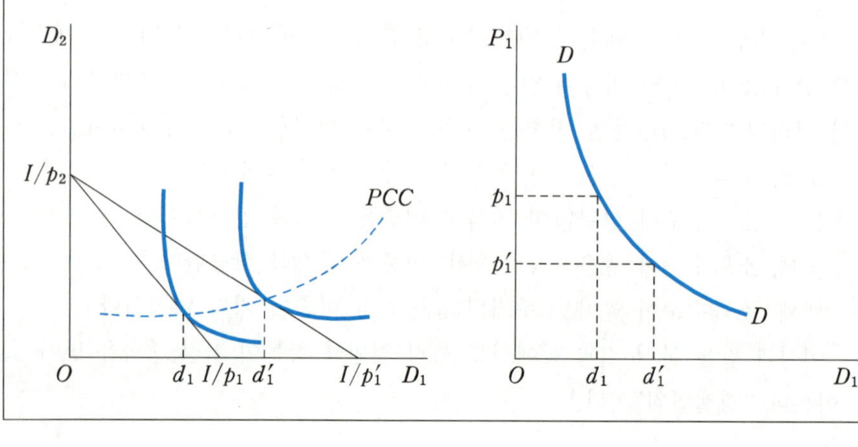

그림 2-14 소득소비곡선과 엥겔곡선의 도출

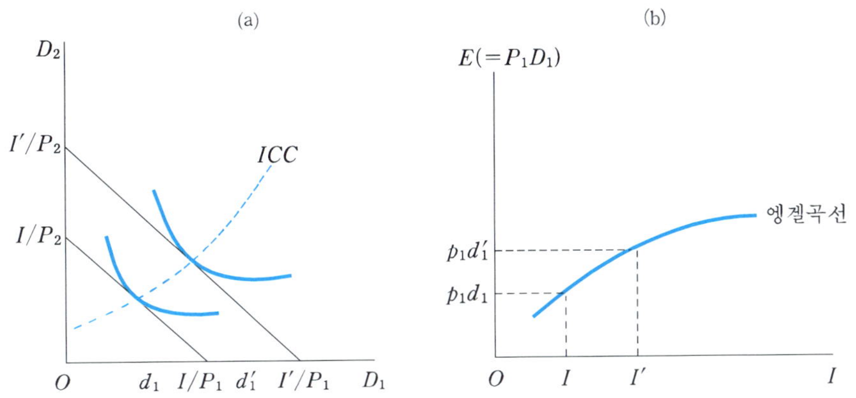

치는 효과(d_1에서 $d_1{}'$로의 변화)를 나타내 준다.

한편, 두 재화가격은 일정(P_1, P_2)하고 소득(I)만이 변화할 경우에 나타나는 상황은 그림 2-14의 (a)에서와 같이 소위 소득소비곡선(income-consumption curve)에 의해 표현될 수 있으며, 이를 그림 (b)와 같이 재화 1을 중심으로 표현한 것을 통상 엥겔곡선이라 한다. 엥겔법칙이란 이 엥겔곡선의 기울기가 점차 완만해지는 현상, 즉 소득증가율보다 음식품과 같은 재화의 소비지출액의 증가폭이 점차 줄어드는 현상을 지칭하는 것이다.

이러한 엥겔곡선을 추정하고 또 엥겔법칙의 현실성 여부를 검정하려면 우선 구체적인 함수관계를 적절히 설정해야 할 것이다. 만일 소득과 음식비 지출 간의 관계를 선형으로 추정할 경우에는 탄력성의 크기를 통해 엥겔법칙의 성립 여부를 확인할 수 있다. 즉,

$$E = \alpha + \beta I + \epsilon$$

에서 β를 추정한 다음 탄력성값(I와 E의 평균값에서 정의)

$$e = \frac{dE/E}{dI/I} = \frac{dE}{dI} \cdot \frac{I}{E} = \hat{\beta} \cdot \frac{\bar{I}}{\bar{E}}$$

을 산출하되, 그 값이 1보다 작으면 엥겔법칙이 성립하는 것으로 판정하면 된다.

물론 두 변수 간의 관계는 선형 이외에도 다음과 같은 비선형함수관계를 이용하여 설명할 수도 있으나 본 장에서는 선형함수의 추정에 한정하여 실증분

표 2-4 민간소비지출의 구성

연 도	국내소비지출액	음식비	피복비	주거 · 광열비	교육 · 문화 오락비
1985	47,043.8	15,386.2	2,774.6	7,003.0	5,658.0
1986	52,311.0	16,254.6	3,094.8	8,105.6	6,504.8
1987	58,953.9	17,614.6	3,486.3	9,417.2	7,460.3
1988	67,500.2	19,576.8	4,024.9	11,023.8	8,760.0
1989	78,288.3	22,017.8	4,613.8	12,769.5	10,389.0
1990	93,535.0	25,265.4	5,534.8	16,620.9	12,557.2
1991	112,595.4	28,807.8	6,506.0	20,692.2	15,020.4
1992	129,214.8	30,399.1	7,438.1	24,648.9	17,617.3
1993	146,422.4	32,419.0	8,279.0	29,924.0	20,047.1
1994	173,580.9	37,100.8	9,801.5	36,762.6	23,864.5
1995	203,045.1	39,561.5	12,001.9	43,025.3	28,735.6
1996	229,156.3	42,631.4	13,253.5	49,134.5	32,086.5
1997	251,350.4	46,214.2	13,525.5	55,817.6	34,098.7
1998	236,973.8	46,125.2	10,434.6	54,698.4	30,415.1
1999	271,112.2	53,563.4	11,846.1	58,861.8	34,096.6
2000	305,796.2	57,751.6	13,835.8	66,991.9	39,720.4
2001	335,391.0	60,826.5	14,551.5	71,612.8	44,274.6
2002	368,882.8	64,398.6	16,983.6	76,044.1	49,929.3
2003	376,221.3	65,985.4	16,418.4	79,359.0	51,172.9
2004	386,499.3	69,543.6	16,481.1	82,449.6	51,778.1
2005	406,890.9	73,847.8	17,514.8	86,419.5	54,357.7

석을 시도코자 한다.[1)]

$$E = \alpha + \beta \cdot \log I + \epsilon$$
$$\log E = \alpha + \beta \cdot \log I + \epsilon$$

한편, 보다 엄격히 말하자면 엥겔법칙의 확인을 위해서는 어떤 재화의 가격(P_2)을 일정하게 유지시키며 소득변화만의 효과를 분석해야 하며, 이를 위해서는 다음 장에서 취급할 다중회귀분석을 활용하는 것이 원칙이란 점을 일단 지적해 두고 싶다.

표 2-4는 한국의 통계청이 발표한 「주요경제지표」에서 발췌한 1985년부터 2005년까지의 민간소비지출의 구성에 관한 자료이다. 주어진 자료가 횡단면자료(cross-section data)가 아닌 시계열자료(time-series data)이지만 과연 엥겔법칙이 성립하는지 여부를 살펴보기로 한다.

1) 엥겔법칙에 관한 보다 자세한 내용은 M.D. Intrilligator, *Econometric Models, Techniques and Applications*(North-Holland, 1978), pp. 209~211, 221, 224, 243을 참조할 것.

이제 음식비지출액을 종속변수 Y로, 그리고 소득액을 설명변수 X로 정의한 다음 실증분석을 위해 다음과 같은 모형을 설정한다. 단, 여기서의 소득액은 엥겔법칙 분석의 전통에 따라 가처분소득 대신 (국내소비)총지출액을 대신 사용하였다.

$$Y_i = \alpha + \beta X_i + \epsilon_i$$

이제 주어진 자료를 이용하여 최소자승추정량을 산출하면 다음과 같다.

$$\hat{\beta} = \frac{\sum x_i y_i}{\sum x_i^2} = 0.154$$

$$\hat{\alpha} = \overline{Y} - \hat{\beta}\overline{X} = 9{,}414.083$$

엥겔법칙이 성립하려면, 총소득 중 음식비지출액 비중인 엥겔계수가 점감해야 하며, 음식비지출액의 총소득에 대한 탄력성이 1보다 작아야 된다.

한편, 위의 추정모형에서 탄력성 값은,

$$e = (dY/Y)/(dX/X) = (dY/dX)\cdot(\overline{X}/\overline{Y}) = \beta\cdot(\overline{X}/\overline{Y}) = \hat{\beta}\cdot(\overline{X}/\overline{Y})$$
$$= 0.154(206{,}226.9/41{,}204.3) \fallingdotseq 0.7715$$

(단, $X=\overline{X}$, $Y=\overline{Y}$점에서의 탄력성임)

가 되며, 따라서 엥겔법칙이 성립함을 알 수 있다.

이상에 소개한 엥겔계수는 국가별 생활수준을 비교하거나, 일정 지역의 생활수준 향상 판정 여부에 사용되기도 하며, 심지어 노조 임금인상 요구의 근거자료로 활용되기도 한다. 통상 엥겔계수가 20% 이하면 상류, 40% 이상이면 하류, 그리고 20%~40% 사이면 중류로 보는 견해가 있다. 이러한 기준에 따를 경우 한국의 엥겔계수는 0.154로 산출되었으므로 상류사회의 국가로 평가될 수도 있다. 그러나 소득이 아주 높아지면 오히려 엥겔계수가 높아지는 현상도 나타나며, 또 엥겔계수를 산출하여 비교할 때 식료품의 상대가격 자체나 가격변화 내용 등이 동시에 고려되어야 함은 물론이다.

제 6 절 요 약

본 장에서는 한 개의 독립변수값으로 종속변수값을 추정할 수 있는 단순선형회귀방정식의 도출과정에 관한 제반 분석체계를 고려하였다.

제 1 절에서는 회귀분석이 다변량분석체계에 속하는 일종의 통계적 추론으로서 변수 상호 간의 관계의 특징을 나타내는 모수들에 대한 추정 및 검정을 주로 하는 분석방안임을 강조하였다.

회귀분석을 본격적으로 다루기에 앞서 제 2 절에서는 회귀분석과 밀접한 관련을 맺고 있는 상관분석에 대하여 살펴보았는데, 상관분석이란 간략히 말하자면 선형관계에 있는 임의의 두 변수 간의 결합도 내지 밀접도를 추론하는 분석방법이라 할 수 있다.

이러한 상관분석은 원칙적으로 독립변수와 종속변수를 구분하지 않으며, 따라서 변수 간의 인과관계도 무시한다는 점에서 회귀분석과 대비된다. 그러나 상관분석 또한 다변량분석체계에 속하는 통계적 추론방법이며, 따라서 특성치인 상관계수에 대한 통상적인 검정 및 추정을 주 분석내용으로 한다.

제 3 절에서는 모회귀선과 모회귀모형이 갖는 경제적 의의를 다각적으로 음미해 보았고, 제 4 절에서는 모회귀선에 대한 추정 및 표본회귀선의 도출방법으로서는 이른바 최소자승법이 최선의 방법임을 입증하였다. 특히 이 방법은 기초가정이 충족되는 상황에서 적용될 경우 그 추정량은 BLUE가 됨을 아울러 확인하였다.

본 장에서 소개한 주요 분석내용은 표 2-5와 같이 정리될 수 있다.

표 2-5 상관분석과 회귀모형의 추정

		추론대상	공 식	비 고
상관분석	추 정	ρ	$\dfrac{e^{2Z_r^L}-1}{e^{2Z_r^L}+1}<\rho<\dfrac{e^{2Z_r^U}-1}{e^{2Z_r^U}+1}$	$Z_r=\dfrac{1}{2}\ln\left(\dfrac{1+r}{1-r}\right)$ $Z_r \sim N(E[Z_r],\ \mathrm{Var}(Z_r))$ $E[Z_r]=\dfrac{1}{2}\ln\left(\dfrac{1+\rho}{1-\rho}\right)$ $\mathrm{Var}(Z_r)=\dfrac{1}{n-3}$
	검 정	$\rho=\rho_0$	$Z=\dfrac{Z_r-E[Z_r]}{\sqrt{\mathrm{Var}(Z_r)}}$	$H_0 : \rho=\rho_0$일 경우
		$\rho=\rho_0=0$	$t_{n-2}=\dfrac{r-\rho_0}{\sqrt{\mathrm{Var}(r)}}=\dfrac{r}{\sqrt{\dfrac{1-r^2}{n-2}}}=\dfrac{r\sqrt{n-2}}{\sqrt{1-r^2}}$	$H_0 : \rho=0$일 경우
회귀분석		α	$\hat{\alpha}=\overline{Y}-\hat{\beta}\overline{X}$	$\overline{X}=\Sigma X_i/n$ $\overline{Y}=\Sigma Y_i/n$
		β	$\hat{\beta}=\dfrac{\Sigma x_i y_i}{\Sigma x_i^2}$	$x_i=X_i-\overline{X}$ $y_i=Y_i-\overline{Y}$

□ 보 론

1. 순위상관(rank correlation)

경우에 따라서는 우리가 활용하게 될 자료가 서수적 자료(ordinal data)나 범주형 자료(categorical data)일 경우가 있으며, 이러한 상황에서의 통계분석방안을 비모수적 통계분석이라 칭한다. 이러한 비모수통계분석내용 중 상관분석에 대응하는 비모수적 상관분석방안은 분할표의 이용방법(contingency coefficient), 스피어만과 켄달의 순위상관계수 등이 있다. 이들 중 활용빈도가 큰 스피어만의 순위상관계수만을 간략히 소개하기로 한다.

스피어만의 "로"(Spearman's rho; ρ_s, 표본에서는 r_s로 표기됨)로 불리우는 순위상관계수는 표본크기가 n인 두 변량이 갖는 순위(수량적 자료 형태로 자료가 주어진 경우에는 그 크기에 따라 순위를 부여하여 사용) 간의 차이를 이용하여 두 변량 간의 밀접도를 측정할 수 있도록 고안된 것이다. 두 변량의 순위를 X_i와 Y_i라 하고 $d_i = X_i - Y_i$라 정의하면, 두 변량의 순위의 차이가 적을수록 $\sum d_i^2$값은 작아지고 두 변량 간의 밀접도는 커질 것이다. 이러한 특성을 감안하여 제안된 스피어만의 공식은 다음과 같다.

$$r_s = 1 - \frac{6\sum d_i^2}{n(n^2-1)}$$

만일 $\sum d_i^2 = 0$이라면 $r_s = 1$이 되고, 두 변량 간의 순위가 완전히 역이 되면 $\sum d_i^2$값은 최대가 되며 $r_s = -1$이 된다. 반면 두 변량 간의 순위가 무작위적으로 배열된 경우에는 r_s값은 0에 가까워진다. 따라서 r_s값의 부호와 절대값으로 상관도를 측정할 수 있으며, 보통 별도 작성된 스피어만의 순위상관계수 임계치표를 이용하여 임계치를 찾아 상관도 검정을 한다. 그러나 $n>10$ 정도가 될 경우 다음과 같은 통상적인 검정통계량을 대신 사용할 수 있다(본문 중 식 (2.14) 참조).

$$t_{n-2} = \frac{r_s\sqrt{n-2}}{\sqrt{1-r_s^2}}$$

물론 $n>30$이 되면 검정통계량은 Z분포에 의해 대체될 수 있다.

2. OLS가 BLUE가 되는 이유

1) $\hat{\beta} = \frac{\sum x_i y_i}{\sum x_i^2} = \sum C_i y_i$ (단, $C_i = \frac{x_i}{\sum x_i^2}$)

2) $E[\hat{\beta}] = \beta$ (본문 중 식 (2.38) (2.39) 참조)

3) $\hat{\beta} = \frac{\sum x_i (Y_i - \overline{Y})}{\sum x_i^2} = \frac{\sum x_i Y_i - \sum x_i \overline{Y}}{\sum x_i^2} = \frac{\sum x_i Y_i - (\sum X_i \overline{Y} - \sum \overline{X}\overline{Y})}{\sum x_i^2}$

$$= \frac{\sum x_i Y_i - (n\overline{X}\overline{Y} - n\overline{X}\overline{Y})}{\sum x_i^2} = \frac{\sum x_i Y_i}{\sum x_i^2} = \sum C_i Y_i$$

즉, $\hat{\beta} = \sum C_i Y_i$와 같아지는데, 이러한 OLS 추정량의 형태와 대비하기 위해 또 다른 선형추정량을 $\beta^* = \sum W_i Y_i$라 정의한다. 그러면,

$$\begin{aligned} E[\beta^*] &= \sum W_i E[Y_i] \\ &= \sum W_i (\alpha + \beta X_i) \\ &= \alpha \sum W_i + \beta \sum W_i X_i \end{aligned}$$

가 된다. 여기서 β^*가 불편추정량이 되려면,

$$\sum W_i = 0$$
$$\sum W_i X_i = 1$$

이 만족되야 한다. 그런데,

$$\begin{aligned} \mathrm{Var}(\beta^*) &= \mathrm{Var}(\sum W_i Y_i) = \sum W_i^2 \mathrm{Var}(Y_i) \quad (\because\ \mathrm{Var}(kX) = k^2 \mathrm{Var}(X)) \\ &= \sigma^2 \sum W_i^2 \quad (\because\ \mathrm{Var}(Y_i) = \mathrm{Var}(\epsilon_i) = \sigma^2) \\ &= \sigma^2 \sum \left(W_i - \frac{x_i}{\sum x_i^2} + \frac{x_i}{\sum x_i^2} \right)^2 \end{aligned}$$

$$= \sigma^2 \sum \left(W_i - \frac{x_i}{\sum x_i^2} \right)^2 + \sigma^2 \frac{\sum x_i^2}{(\sum x_i^2)^2} + 2\sigma^2 \sum \left(W_i - \frac{x_i}{\sum x_i^2} \right) \left(\frac{x_i}{\sum x_i^2} \right)$$

$$= \sigma^2 \sum \left(W_i - \frac{x_i}{\sum x_i^2} \right)^2 + \sigma^2 \left(\frac{1}{\sum x_i^2} \right)$$

$$= \sigma^2 \sum \left(W_i - \frac{x_i}{\sum x_i^2} \right)^2 + \mathrm{Var}(\hat{\beta}) \quad (\because \text{ 제 3 장 식 (3.21) 참조})$$

따라서

$$\mathrm{Var}(\beta^*) \geq \mathrm{Var}(\hat{\beta})$$

즉, $\mathrm{Var}(\hat{\beta})$이 선형불편추정량 중 최소분산을 갖는다. 따라서 OLS 추정량 $\hat{\beta}$은 BLUE가 된다. 마지막 식에서 $\mathrm{Var}(\beta^*)$가 $\mathrm{Var}(\hat{\beta})$와 같아지려면 $W_i = \frac{x_i}{\sum x_i^2} = C_i$가 되어야 하며, 이는 β^*이 $\hat{\beta}$ 자체가 될 때 가능할 것이다. 한편, $\hat{\alpha}$이 BLUE가 된다는 사실도 비슷한 과정에 따라 입증할 수 있으므로 생략하였다. 자세한 것은 Kmenta(1971), pp. 209~213을 참조하기 바란다.

연습문제

[1] 다음 용어들의 개념을 비교·설명하라.

1) 일변량분석과 다변량분석
2) 상관분석과 회귀분석
3) 공분산과 상관계수
4) 분산도와 산포도
5) 모회귀선과 모회귀모형
6) 최소자승법과 최우법
7) 종속변수와 독립변수
8) 이변량정규분포와 이변량도수분포
9) 등고곡선과 상관계수

[2] 다음 경우의 단순상관계수값은?

1) 한 변수의 값이 일정할 때
2) 한 변수값이 다른 변수값보다 항상 100만큼 클 때
3) 회귀분석에 의해 설명 안 되는 변동량(unexplained variation)이 설명 가능한 변동량(explained variation)의 2배일 때

[3] 15세대의 연간 가계소득(X)과 소비(Y)에 관하여 다음 자료를 얻었다(단위 : 백만 원)

$$\sum X = 80 \qquad n = 15 \qquad \sum X^2 = 600$$
$$\sum Y = 60 \qquad \sum XY = 400 \qquad \sum Y^2 = 300$$

1) 단순상관계수 γ을 구하라.
2) $H_0 : \rho = 0$을 $\alpha = 2\%$ 수준에서 검정하라.
3) ρ에 대한 99% 신뢰구간을 구하라.

[4] 11개 관측치에 의거한 단순회귀분석에서 결정계수값(R^2)이 0.36이라 하자. 이 자료를 이용하여 두 변수 간의 상관분석을 실시할 때 $H_0 : \rho = 0$에 대한 검정 결과는 어떻게 될까?($\alpha = 10\%$)

[5] 38개월간에 걸쳐 장기순이자율과 사기업의 순투자 간에 단순상관계수를 계산해 본즉 $\gamma = 0.6$으로 나타났다. $\alpha = 1\%$ 수준에서 $H_0 : \rho = 0$을 검정하라.

[6] 다음은 다섯 쌍의 아버지와 아들의 신장을 나타낸다.

아들의 키	163	166	172	173	166
아버지의 키	164	166	171	170	169

1) 단순상관계수 γ를 구하라.
2) 모상관계수 ρ에 대한 95% 신뢰구간을 설정하라.
3) $H_0 : \rho=0$을 $\alpha=5\%$ 수준에서 검정하라.

[7] 정규방정식을 이용하여 $\hat{\alpha}=\overline{Y}-\hat{\beta}\overline{X}$가 성립됨을 증명하라.

[8] 표본회귀선은 항상 X의 평균과 Y의 평균값으로 정의되는 점을 통과함을 증명하라.

[9] 다음과 같은 정보에 의거하여 Y를 X에 대하여 회귀분석할 때 표본회귀선을 도출하라.

$$\sum X=50 \quad \sum XY=2,000 \quad \sum X^2=1,250$$
$$\sum Y=100 \quad n=10 \quad \sum Y^2=5,000$$

[10] 회귀분석의 5가지 기본가정의 현실성 여부를 검토하라.

[11] 최소자승추정량이 BLUE가 되기 위한 조건을 밝혀라.

[12] 일변량분석과 다변량분석으로 구분되는 추측통계 내용을 비교·검토하라.

[13] LSE와 MLE가 같아지기 위한 조건은 무엇이며, 또 어떻게 같아지는지를 밝혀라.

[14] 다음은 98세대로 구성된 어느 한 아파트단지 내의 가계소득과 월소비수준에 관한 가상적인 자료이다.

(단위 : 만 원)

가계소득 (X)	40	50	60	70	80	90	100	110	120	130
	44	50	56	62	68	74	80	86	92	98
	40	60	60	61	65	70	80	80	94	108
	48	60	52	62	55	78	90	92	100	110
	45	45	40	64	71	78	70	85	84	85
	46	40	62	56	81	64	95	87	105	99
소비지출 (Y)	47	45	66	75	78	84	65	100	79	90
	49	65	46	65	58	65	70	72	85	106
	36	42	56	59	70	83	85	86	99	98
		35	48	62	66	71	84	81	92	
		55	64	66	68	77	81	91		
		53		58						
		50								

1) 이 대상집단을 모집단으로 보고 주어진 X값에 대응하는 $E[Y|X_i]$를 구하라.
2) 주어진 소득수준(X)에 대응하는 조건부소비수준(Y)의 분포를 도시하고 조건부소비수준의 평균을 연결해 보아라.

3) 위에서 발견한 $E[Y|X_i]$의 식을 확인하여 이른바 모회귀선을 구성해 보고 그 의미를 설명하라.
4) 모회귀모형은 변수와 계수에 대하여 선형관계에 있는가 확인하라.
5) 모회귀모형상의 오차항들은 G-M의 기본가정을 잘 만족시키는지를 확인하라.
6) 당초의 모집단에서 SRS에 의해 10가구를 표본으로 뽑아 다음 자료를 얻었다고 가정하고 표본회귀선을 구해 보아라.

X	40	50	60	70	80	90	100	110	120	130
Y	44	60	46	62	70	84	85	100	105	110

[15] 제 5 절 표 2-4에 나타난 자료를 이용하여 엥겔이 주장한 기타 분석 결과가 입증되는지 여부를 확인하라.

[16] 슈바베(H. Schwabe)는 1968년 베를린시 가계조사를 통하여 소득수준이 높을수록 주거비의 절대지출액은 증가하지만, 상대적 지출비율은 감소한다고 주장한 바 있는데 표 2-4의 자료는 그의 주장을 반증하는지를 확인하라.

[17] 다음은 1985년부터 2005년까지 GNP(2000=100)와 산업구조별 취업자 비중을 나타낸다. 소득수준(GNP)의 증가에 따라 각 산업의 비중이 변화한 내용을 적절한 실증분석모형을 설정하여 확인해 보아라.

연 도	GNP지수 (2000=100)	산업별 취업자 구성비(%)		
		농림어업	광공업	사회 간접자본 및 기타서비스업
1985	34.2	24.9	24.4	50.6
1986	38.0	23.6	25.9	50.5
1987	42.6	21.9	28.1	50.0
1988	47.4	20.6	28.5	50.9
1989	50.9	19.6	28.3	52.1
1990	55.6	17.9	27.6	54.5
1991	60.8	14.6	28.0	57.4
1992	64.4	14.0	26.5	59.5
1993	68.3	13.5	24.8	61.7
1994	74.1	12.6	24.2	63.3
1995	80.8	11.8	23.7	64.5
1996	86.4	11.1	22.8	66.1
1997	90.3	10.8	21.5	67.7
1998	83.1	12.0	19.7	68.2
1999	91.5	11.3	19.9	68.7

2000	100.0	10.6	20.4	69.0
2001	104.1	10.0	19.9	70.2
2002	111.7	9.3	19.2	71.5
2003	115.1	8.8	19.1	72.1
2004	120.7	8.1	19.1	72.8
2005	125.1	7.9	18.6	73.5

[18] 다음은 1970년부터 1991년까지 GNP와 저축(민간 및 정부)의 변화내용을 집계한 자료이다. 저축함수를 전체로 또는 민간과 정부로 구분하여 추정해 보아라.

(단위 : 10억 원)

연 도	가처분소득	저 축		
		총 저 축	민간저축	정부저축
1970	2,842	511	342	169
1971	3,476	557	384	173
1972	4,263	734	638	96
1973	5,460	1,234	1,069	165
1974	7,697	1,566	1,402	164
1975	10,260	1,866	1,604	262
1976	14,204	3,451	2,807	644
1977	18,205	5,017	4,214	803
1978	24,646	7,331	6,052	1,279
1979	31,404	8,929	6,920	2,009
1980	37,674	8,703	6,751	1,951
1981	46,775	10,627	8,129	2,498
1982	53,871	13,062	9,971	3,091
1983	62,923	17,343	13,024	4,319
1984	71,460	20,996	16,327	4,669
1985	79,049	23,038	18,036	5,002
1986	91,778	30,091	24,371	5,720
1987	107,742	39,045	31,685	7,360
1988	127,638	48,683	38,237	10,447
1989	141,578	51,360	39,925	11,435
1990	142,316	50,234	38,423	11,811
1991	172,106	61,901	46,868	15,033
1992	206,426	74,499	58,988	15,511

[19] 표본상관계수 r을 제곱한 값이 0과 1 사이에 있게 된다는 사실을 증명하라.
Hint : 임의의 두 확률변수 X와 Y에 대하여 다음 관계가 성립한다는 이른바 Cauchy-Schwarz Inequality 관계를 활용하라.

$$(E[XY])^2 < E[X^2]E[Y^2]$$

[20] Y를 X에 대해 회귀분석하여 회귀계수 $\hat{\beta}_{Y|X}$를 구하려다 잘못하여 X를 Y에 대해 회귀분석하여 회귀계수 $\hat{\beta}_{X|Y}$를 얻었다고 하자. 이 때 이 두 회귀계수를 곱한 값은 X와 Y 간의 표본상관계수값의 제곱과 같아짐을 증명해 보아라.

[21] X와 Y 두 변수 간의 표본상관계수 r은 X와 Y의 측정단위를 변화시키거나 원점을 바꾸어도 그 값이 변하지 않음을 증명하라.

Hint : Y와 X 간의 표본상관계수와 $(aX+b)$와 $(cY+d)$의 표본상관계수값이 같음을 보일 것.

[22] r을 X와 Y 두 변수 간의 표본상관계수라 하면,

1) $(-X)$와 $(-Y)$ 간의 상관계수값의 부호는 달라질까?

2) $(-X)$와 Y 또는 X와 $(-Y)$ 간의 상관계수값의 부호는?

[23] X_1과 X_2 및 X_3가 서로 독립적인 변수들로 같은 크기의 분산을 갖고 있다 하자.

1) (X_1+X_2)와 (X_2+X_3) 간의 상관계수값은 1/2이 됨을 보여라.

2) 세 변수 중 임의의 두 변수 간의 상관계수가 0(서로 독립적이므로 상관성이 없음)이라도 임의의 두 변수를 합하여 새로 정의한 변수들 간의 상관계수는 0이 될 필요가 없음을 밝혀라.

[24] 일반적으로 결석일수(X)가 커지면 성적(Y)이 불량해질 것이란 직관 하에 다음과 같은 자료를 조사하였다 하자.

$$Y=\alpha+\beta X+\epsilon$$

P.C.를 이용하여 추정 결과를 보이고 그 결과를 평가해 보아라.

성적(Y)	50	66	92	88	70	84	80	76	81	85
결석일수(X)	5	3	0	1	1	0	2	4	3	1

[25] 케인즈(J. M. Keynes)는 대공황 타개책으로 정부가 경제에 적극 개입할 것을 권장하면서 정부지출의 증가나 통화량 증가를 구체적 정책대안으로 제시한 바 있으며, 특히 전자의 효과가 보다 효율적이라 강조한 바 있다. 다음 자료를 이용하여 케인즈의 견해를 평가해 보아라. 즉, 1) 정부지출 증가는 소득 증가를 유도하였는가, 2) 통화량 증가는 소득 증가를 유도하였는가, 3) 어느 편의 효과가 더 컸는가? 단, 위와 같은 내용에 대한 응답은 다음 두 식의 추정 내용에 근거하여 구할 것

$$\text{GNP}_t=\beta_1+\beta_2\ln M_t^s+\epsilon_t$$

$$\text{GNP}_t=\alpha_1+\alpha_2\ln G_t+\epsilon_t$$

(단, 디스켓에 수록된 자료 중 GNP는 YXV, M^s는 $M2X$, 그리고 G는 GEXV

로 표기된 것을 활용할 것)

[26] 본문 중 표 2-2와 표 2-3에 나타난 자료를 RATS나 SAS 등을 이용하여 추정치 r과 $\hat{\alpha}$ 및 $\hat{\beta}$을 구하고 본문 중 산출된 값과 일치하는지 여부를 비교하라(RATS의 활용방안은 부록 B를 참고하라).

연습문제 해답

[1] (생략)

[2] 1) $r=0$

2) $r_{X_1X_2}=1$

3) $r=\pm\frac{1}{\sqrt{3}}$

[3] 1) $r \fallingdotseq 0.7846$

2) $t_{n-2} \fallingdotseq 4.565 > t_{13,\ \frac{\alpha}{2}} = 2.650$

$\therefore$ H_0 기각

3) $0.298 \leq \rho \leq 0.946$

[4] $t_{n-2} = 2.25 > t_{9,\ \frac{\alpha}{2}} = 1.833$

$\therefore$ H_0 기각

[5] $t_{n-2} = 4.5 > t_{36,\ \frac{\alpha}{2}} \fallingdotseq 2.73$

$\therefore$ H_0 기각

[6] 1) $r \fallingdotseq 0.877$

2) $-0.006 \leq \rho \leq 0.992$

3) $t_{n-2} = 3.161 < t_{3,\ \frac{\alpha}{2}} = 3.182$

$\therefore$ H_0 채택

[7]~[8] (생략)

[9] $\hat{\beta}=1.5,\ \hat{\alpha}=2.5$

$\therefore$ $\hat{Y}=2.5+1.5X$

[10]~[13] (생략)

[14] 1)~5) (생략)

6) $Y = 11.58 + 0.76X$

$(1.91)\ (11.34)$

[15] 1) $\mathrm{EC} = 1330.41 + 0.029\mathrm{TE}$

$e = \left(\dfrac{d\mathrm{EC}}{\mathrm{EC}}\right) \Big/ \left(\dfrac{d\mathrm{TE}}{\mathrm{TE}}\right) \fallingdotseq 0.6420$

∴ 소득수준이 높을수록 피복비 비중은 비교적 안정적이다.

2) $\mathrm{EH} = 1617.61 + 0.079\mathrm{TE}$

$e = \left(\dfrac{d\mathrm{EH}}{\mathrm{EH}}\right) \Big/ \left(\dfrac{d\mathrm{TE}}{\mathrm{TE}}\right) \fallingdotseq 0.6420$

∴ 소득수준이 높을수록 주기비와 광열비 비중이 거의 일정하다.

3) $\mathrm{EE} = -1642.29 + 0.14\mathrm{TE}$

$e = \left(\dfrac{d\mathrm{EE}}{\mathrm{EE}}\right) \Big/ \left(\dfrac{d\mathrm{TE}}{\mathrm{TE}}\right) \fallingdotseq 1.4688$

∴ 소득수준이 높을수록 문화비 비중은 급격히 상승한다.

[16] [15]의 2)번 참고.

[17] 1) 소득증가시 농림어업의 비중은 오히려 감소하는 경향을 보임.

2) 소득증가시 광공업의 비중은 감소세를 보임.

3) 소득증가시 서비스업 비중은 증가세를 보임.

[18] 1) 전체 저축함수

$TS = -2700.13 + 0.37\mathrm{DI}$

$R^2 = 0.989 \quad d = 0.343$

2) 민간저축함수

$BS = -2017.7 + 0.289\mathrm{DI}$

$R^2 = 0.987 \quad d = 0.424$

3) 정부저축함수

$GS = -682.4 + 0.082\mathrm{DI}$

$R^2 = 0.983 \quad d = 0.999$

[19]~[20] (생략)

[21] (생략)

[22] 1) r값은 변하지 않는다.

2) 부호만 바뀜.

[23] (생략)

[24] $Y = 88.431 - 5.615X$

$(20.9082) \quad (-3.41088)$

$R^2 = 0.5925 \quad d = 1.1719$

∴ 회귀계수가 유의성을 지니고 있으나 적합도는 떨어지는 것으로 판명됨. 또한 X의 회귀계수가 -5.615로 나타나 결석일수가 증가할수록 성적이 감소되는 것으로 나타남.

[25] 정부지출의 증가가 통화량증가보다 소득증가에 영향이 큼

[26] ① [표 2-2]

$X = 6.2857 - 0.01429Y$

$(0.71089) \quad (-0.4851)$

$R^2 = 0.0.0286 \quad d = 2.5247$

② [표 2-3]

$Y = 980 + 20.36X$

$(15.4775) \quad (9.9778)$

$R^2 = 0.9256 \quad d = 3.1633$

제 3 장 단순선형회귀분석 Ⅱ : 모형의 평가와 예측

제 2 장에서 우리는 경제이론이나 논리적 가설을 수학적으로 표현하는 회귀모형의 설정방법과 추정방안에 관하여 살펴보았다. 또한 모회귀선에 대한 추정방안, 즉 표본회귀선의 도출방안으로서는 최소자승법이 최선인 것으로 확인되었고 아울러 최소자승추정량은 기본가정이 충족될 때 BLUE의 특성을 향유함을 입증하였다.

그런데 회귀분석이란 궁극적으로 인과관계에 있는 두 변수(이상) 간의 함수관계를 실증적으로 규명함으로써 각종 경제현상에 대한 직관이나 가설의 현실타당성을 검증해 줄 수 있을 뿐만 아니라 추정된 회귀방정식을 통한 구조분석 및 예측 그리고 각종 정책평가를 가능케 해 주는 것이다.

따라서 본장에서는 이러한 회귀분석에 관한 기본적인 논리를 완결시키기 위하여, 제 2 장에서 소개한 추정방법에 의해 도출된 추정 결과를 평가하고 또 이에 근거하여 예측을 시행하는 방법 등을 그림 3과 같은 체계로 제시하고자 한다.

그림 3 회귀모형의 평가와 예측

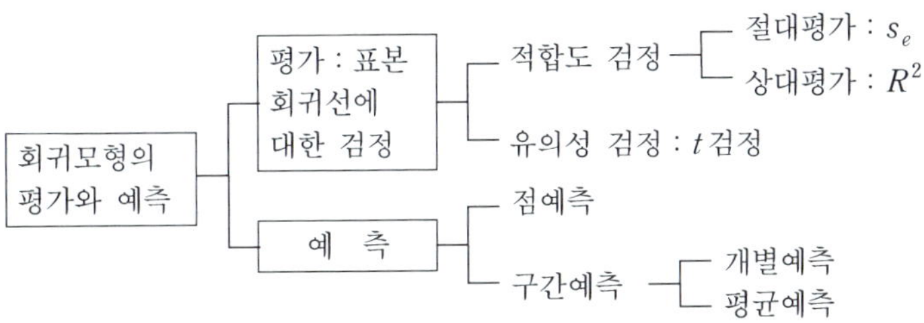

제 1 절　표본회귀선에 대한 평가

전 장에서 우리는 모든 가능한 방법 중 최소자승법에 의한 표본회귀선의 도출이 가장 합리적이고, 또 바람직한 방법임을 확인하였다. 그렇다면 과연 특정한 두 변수 간의 함수관계를 확인하기 위해 단지 최소자승법을 적용만 하면 항상 바람직한 결과를 얻는다는 것일까? 불행하게도 문제는 그렇지 못하다.

예컨대, 그림 3-1에 나타난 세 가지 경우 중 어떤 형태의 관측치가 주어지더라도 최소자승법을 적용하면 일단 어떤 형태로든 특정한 결과를 줄 것임은 사실이다. 그러나 상식적으로 보아 (b)에 나타난 회귀선의 경우 과연 설명변수 X가 Y를 설명하는 데 훌륭한 지표가 된다거나, 또는 두 변수 간에 실제로 1차 함수관계가 성립된다고 볼 수 있는지에 대해서는 회의심을 가질 수밖에 없다. 따라서 아무리 좋은 방법을 도입했다 하더라도 우리가 얻는 표본회귀선이 기대했던 의미를 항상 부여해 준다고 볼 수는 없는 것이다. 도출된 표본회귀선이 의미 있는 분석 결과를 제공할 수 있으려면 우선 표본회귀선이 관측치들을 잘 대표해 주고 있다고 볼 수 있어야 하기 때문이다(예컨대, 그림 3-1의 (a) 경우). 이

그림 3-1　관측치의 형태와 표본회귀선

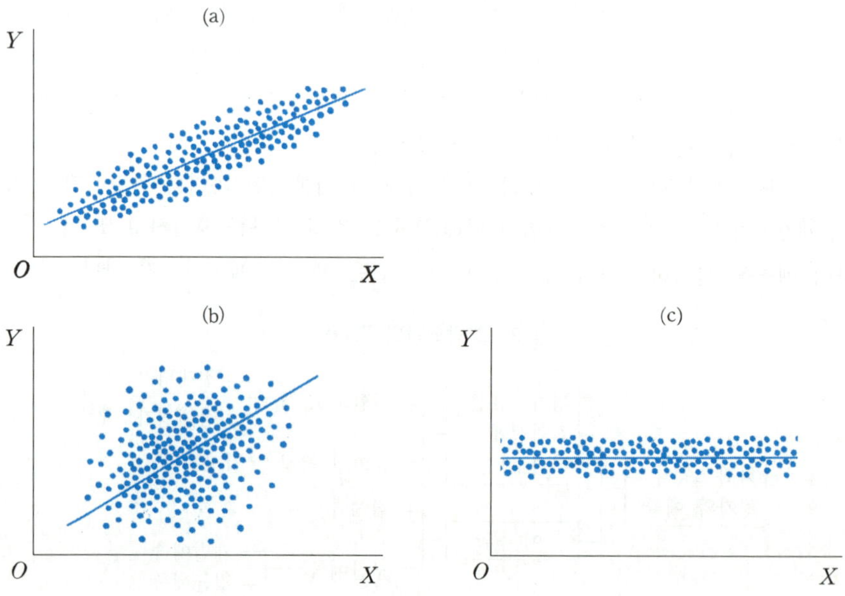

경우 표본회귀선이 모든 관측점들을 적합하게 나타내고 있는지의 정도를 판정하는 방안이 필요하게 되는데, 이를 “적합도 검정”이라 한다.

한편, 그림 3-1의 (c) 경우를 보면 적합도를 판정하는 어떤 종류의 방법을 사용치 않더라도 도출된 표본회귀선은 대부분의 관측점을 훌륭하게 대표하고 있음을 한눈에 알아볼 수 있다. 그러나 당초에 우리가 회귀분석을 경제 또는 경영문제에 도입한 이유는 특정한 두 변수 간에 (1차)함수관계가 성립되는지의 여부를 확인하고, 나아가서 설명변수 값이 주어질 때 종속변수의 값은 평균적으로 어느 수준이 되는지를 추정하기 위함이었다. 그러나 그림 (c)의 경우 표본회귀선의 적합도는 아주 훌륭해 보이지만 X값의 변화와 상관없이 Y값은 거의 일정한 수준을 유지하고 있음을 알 수 있다. 바꾸어 말하자면 변수 X는 변수 Y의 변화를 설명할 수 있는 능력을 갖추지 못한다는 의미가 되며, 나아가서 두 변수 간에는 1차함수관계 자체가 성립되지 않음을 뜻하고 있는 것이다. 이러한 현상은 표본회귀선을 나타내는 식 $\hat{Y}_i = \hat{\alpha} + \hat{\beta} X_i$에서 $\hat{\beta}$의 값이 0과 같거나 거의 같다고 판정되는 결과가 발생될 경우에 나타나는 것이며, 이러한 현상의 발생유무를 판정키 위한 검정방법을 별도로 모색하여야 할 것이다.[1] 이러한 목적을 위해 회귀분석에 도입되는 통계적 검정방법을 “유의성 검정”이라 한다.

이상에서 미루어 보아 아무리 훌륭한 통계적 특성을 지닌 최소자승법을 적용하여 표본회귀선을 도출한다 할지라도, 그 결과로부터 의미 있는 분석을 수행하기 위해서는 적어도 위와 같은 두 측면에서의 평가과정을 성공적으로 거쳐야 할 것이며, 이들 과정이 바로 이변량통계분석방법에 있어서의 검정과정인 것이다.

1. 적합도 검정(goodness-of-fit-test)

적합도란 한마디로 말하여 도출된 표본회귀선이 각 관측점들을 얼마나 잘 나타내 줄 수 있는지의 여부를 말한다. 그러나 여기서 말하는 적합도란 대표성 정도를 판정하는 것에 국한되는 것이 아니라, 당초에 어떤 직관에 의해 가정되었던 (선형)함수관계식, 즉 모회귀선의 존재 여부를 표본관측점이 확인시켜 줄 수 있는지를 아울러 판정시켜 주는 역할을 해 주는 것이다. 예를 들어, 케인즈

---

1) 사실 그림 3-1의 (c)처럼 관측점들이 거의 수평선을 이루게 되면 이들 관측치들이 표본회귀선을 중심으로 밀집되어 있다 하더라도 다음 항에서 소개할 적합도판정지표인 R^2값 또한 0이 됨을 주지할 필요가 있다.

의 소비함수를 $C_i = \alpha + \beta Y_i$와 같이 표기하고, 이러한 선형관계식이 현실적으로 타당성이 있는지를 확인하려면 종속변수 C(소비수준)와 설명변수 Y(소득수준)에 관한 관측자료로 형성되는 산포도(scatter diagram)가 위와 같이 가정된 선형관계식과 상당히 합당한 형태로 나타나는지를 확인해 보아야 한다. 이와 같은 목적을 위해 우선은 최소자승법을 통해 표본회귀선을 도출하여 가정된 선형관계식의 추정식으로 삼되 도출된 추정식의 관측치에 대한 대표성 여부가 신뢰할 만한 수준인지를 판정해야 할 필요가 발생한다. 바로 이러한 목적을 위한 장치가 적합도 판정법이라는 것이다.

1.1 표준추정오차에 의한 적합도 검정법 : 절대평가

적합도를 판정하는 방법은 기본적으로 두 가지가 있는데, 그 하나는 잔차항으로부터 도출되는 이른바 추정량의 표준오차 또는 표준추정오차(standard error of the estimate) 개념을 이용하는 것이다. 여기서 s_e라고 표기하는 표준오차 개념은 회귀분석 결과 발생하는 잔차 내지 오차, 즉 표본관측치와 회귀분석에 의하여 도출된 표본회귀선상의 추정치와의 차이를 제곱하여 합한 값을 평균한 값의 평방근으로 정의된다. 따라서 s_e는 표본회귀선을 중심으로 본 표본관측치들의 일종의 표준편차 개념으로 이해될 수 있다. 즉, 표준추정오차는

[표준추정오차]

$$s_e = \sqrt{\frac{\Sigma e_i^2}{n-2}} = \sqrt{\frac{\Sigma (Y_i - \hat{Y}_i)^2}{n-2}} \tag{3.1}$$

과 같이 정의된다.[1)]

---

1) s_e를 필산으로 그 값을 구하고자 할 때 위의 식 (3.1)은 $\sqrt{\dfrac{\Sigma Y_i^2 - \hat{\alpha}\Sigma Y_i - \hat{\beta}\Sigma X_i Y_i}{n-2}}$와 같다는 결과를 이용하면 편리하다. 이에 관한 증명은 연습문제로 미루기로 한다. 한편, 여기서 s_e를 정의함에 있어 표본의 크기로 나누는 대신 $(n-2)$로 나눈 값을 사용하는 이유는 회귀분석과정에서 $\hat{\alpha}$과 $\hat{\beta}$이란 두 개의 추정량을 이용할 수밖에 없다는 제한 때문에 자유도가 사용된 추정량의 개수(2개)만큼 줄어들어야만 결과적으로 정의된 s_e^2이 σ_ϵ^2의 불편추정량이 되기 때문이다.

한편, 여기서 주의할 점은 s_e^2란 $s_{Y|X}^2$의 의미를 갖는다는 점이다. 따라서 X값을 무시할 경우의 Y의 분산, 즉 $s_Y^2 = \Sigma(Y-\overline{Y})^2/(n-1)$과는 구분되어야 하며, 일반적

그림 3-2 표본추정오차와 적합도

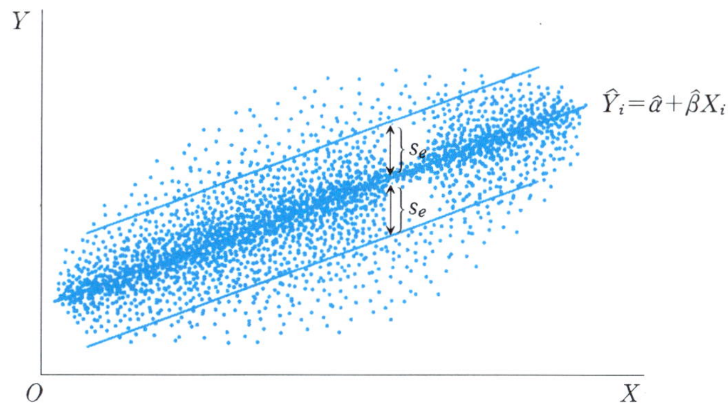

여기서 가정 V(제 2 장 식 (2.32) 참조), 즉 오차항이 정규분포를 따른다는 가정이 충족된 상태라면, 그림 3-2에 나타난 관측점들 중 약 68.26%가 표본회귀선 $\hat{Y}_i=\hat{\alpha}+\hat{\beta}X_i$를 중심으로 상하로 s_e만큼 떨어진 거리 내에 분포되어 있다고 볼 수 있다. 같은 논리에 의거하여 표본회귀선을 중심으로 상하 s_e의 두 배 거리만큼 떨어진 구간 내에는 관측치의 약 95.44%, 그리고 s_e의 세 배 거리만큼 떨어진 구간 내에는 약 99.74%가 귀속될 것이라고 평가할 수 있게 된다.[1)]

이러한 사실로 미루어 볼 때 s_e값의 크기가 작으면 작을수록 대부분의 관측점들이 표본회귀선을 중심으로 밀집되어 있다는 의미를 갖게 되며, 따라서 s_e값의 크기를 통하여 표본회귀선의 적합도를 판정할 수 있다는 논리가 성립된다. 그러나 표본회귀선의 적합도에 관한 평가기준으로서의 s_e의 기능은 다소의 문제점을 안고 있다. 즉, 식 (3.1)에 의해 정의된 s_e를 보면 그 값이 분석대상 변수의 절대값의 크기, 특히 Y_i값을 측정한 기준단위에 직접적인 영향을 받는다는 문제가 있다. 예컨대, Y값의 크기가 천원 단위로 관측된 경우와 백만원 단위로 관측된 경우 동일한 조건하에서라면 후자의 경우의 s_e값이 자동적으로 훨씬 커질 수밖에 없다. 이러한 현상은 결국 별도로 분석된 여러 표본회귀분석 결과의 적합도를 서로 직접 비교평가할 수 없다는 문제점을 가져다 주는 것이다. 이러한 문제는 분석대상 변수값의 절대치를 직접 이용하여 적합도를 판정하고자

으로 $s_Y^2 \geq s_{Y|X}^2$가 성립된다.

1) 이종원, 「경제경영통계학」 제 3 판, 2004, 제 5 장 제 4 절 참조.

하는 데 기인하는 것이며, 이러한 이유로 해서 s_e를 통한 적합도 검정을 "절대평가"라 부르기도 한다. 한편, 이에 따른 문제점의 해결을 위해서는 상호 비교가 가능한 적합도의 상대적 평가방법이 별도로 강구되어야 함을 알 수 있다.

이제 제 2 장에서 다룬 바 있는 광고비와 매상고에 대한 문제(표 2-3 참조)에서 사용된 자료를 이용하여 적합도의 절대적 평가기준이 되는 표준회귀오차 s_e를 계산해 보기로 한다. 식 (3.1)에 의하면 s_e는 다음과 같이 산출될 수 있다.

$$s_e = \sqrt{\frac{\Sigma(Y_i - \hat{Y}_i)^2}{n-2}} = \sqrt{\frac{\Sigma Y_i^2 - \hat{\alpha}\Sigma Y_i - \hat{\beta}\Sigma X_i Y_i}{n-2}}$$

$$= \sqrt{\frac{24,640,000 - 980(15,400) - 20.\dot{3}\dot{6}(465,500)}{10-2}}$$

$$= \sqrt{\frac{68,727.5}{8}} = 92.68731$$

한편, 표본회귀선 $\hat{Y}_i = \hat{\alpha} + \hat{\beta}X_i$를 중심으로 아래, 위로 s_e거리만큼 떨어진 거리를 갖는 구간은 가정 V $(\epsilon_i \sim N(0,\ \sigma_\epsilon^2))$가 충족될 경우 전체 관측점들 중 약 68.26%를 포함할 것이다. 본 예제에서는 표 2-3에 산출한 $\hat{Y}_i$와 실제 관측치 Y값과의 차이가 92.68731 이내가 되는 것을 헤아려 보면 전체 10개 관측점 중 6개가 이 범위 내에 속함을 확인할 수 있다.

1.2 결정계수에 의한 적합도 검정법 : 상대평가

앞서 지적한 필요성에 따라 마련된 평가방법으로 결정계수(coefficient of determination)라 일컫는 적합도판정기준을 사용할 수 있다. 이 용어의 개념을 정의하기 위해선 다소의 수학적 도출과정이 필요하므로 그림 3-3을 이용하여 설명하고자 한다.

설명변수 X가 X_A값을 취할 때 이에 대응하는 Y값이 점 A로 관측되었을 경우, Y의 관측치와 Y의 평균값($O\overline{Y}$ 또는 X_AC)과의 차이, 즉 편차(deviation)는 선 AC로 표현될 것이다. 그런데 AC는 실제로 AB와 BC로 나누어질 수 있다. 즉,

$$AC = AB + BC$$

그리고 AC가 $(Y_i - \overline{Y})$인 반면 AB는 $(Y_i - \hat{Y}_{i})$, BC는 $(\hat{Y}_i - \overline{Y})$임을 각각

그림 3-3 편차·오차 및 결정계수

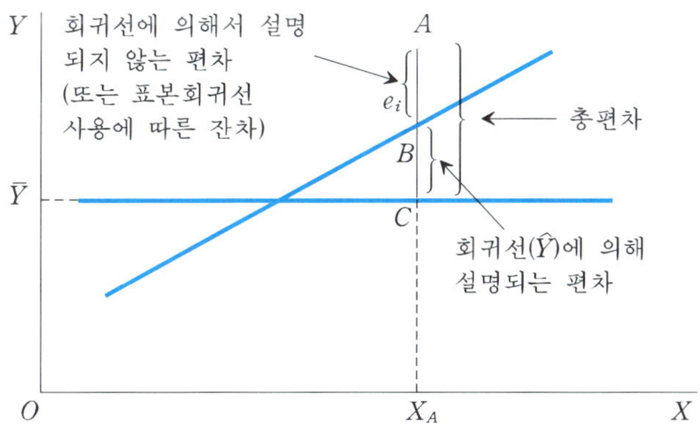

쉽게 확인할 수 있다. 따라서 다음과 같은 관계식이 성립된다.

$$(Y_i - \overline{Y}) = (Y_i - \hat{Y}_i) + (\hat{Y}_i - \overline{Y}) \tag{3.2}$$

이제 윗식을 양변을 각각 제곱하여 합한 값으로 전환시키면 다음과 같다.

$$\begin{aligned}\sum(Y_i - \overline{Y})^2 &= \sum[(Y_i - \hat{Y}_i) + (\hat{Y}_i - \overline{Y})]^2 \\ &= \sum(Y_i - \hat{Y}_i)^2 + \sum(\hat{Y}_i - \overline{Y})^2 + 2\sum(Y_i - \hat{Y}_i)(\hat{Y}_i - \overline{Y})\end{aligned} \tag{3.3}$$

즉,

$$\sum(Y_i - \overline{Y})^2 = \sum(Y_i - \hat{Y}_i)^2 + \sum(\hat{Y}_i - \overline{Y})^2 \tag{3.4}$$

식 (3.4)는 결국 식 (3.3)의 마지막 항이 0이 되어 버린다는 의미를 갖고 있다. 식 (3.4)의 각 항을 우리는 통상 SST, SSE 및 SSR로 부르고 있는데, 이는 각각 sum of squared total, sum of squared error 및 sum of squared regression의 준말이며, 편차자승의 총합, 오차자승의 총합 및 회귀선과의 편차자승의 총합의 의미를 지닌다. 저자에 따라서는 단순히 전 변동·잔차변동 및 회귀변동이라 칭하기도 함을 병기해 둔다.[1)]

---

1) 단, 여기서 SSE란 최소자승회귀선을 찾기 위해 극소화시킨 $\sum e_i^2$값에 해당함을 주지하기 바란다. 그리고 앞 장에서 언급한 바 있는 $s^2_{Y|X}$은 $\sum(Y-\hat{Y})^2$을, 그리고 $s^2_Y = \sum(Y-\overline{Y})^2$을 각각 $(n-2)$와 $(n-1)$으로 나누어 정의한 바 있음을 상기하라. 따라서 $R^2 = 1 - s^2_{Y|X}/s^2_Y$의 관계가 성립된다(식 (3.7) 참조).

이제 식 (3.4)을 각각 SST로 나누어 보면

$$\frac{\text{SST}}{\text{SST}}=\frac{\text{SSE}}{\text{SST}}+\frac{\text{SSR}}{\text{SST}}=1 \tag{3.5}$$

이 성립되는데, 이 중 SSR/SST을 우리는 결정계수(coefficient of determination)라 칭하며 통상 R^2으로 표기한다.[1] 반면 SSE/SST는 잔차계수(coefficient of alienation)라 불리우지만, 통계학의 관습상 잔차계수보다는 결정계수 R^2을 일반적으로 사용하고 있다.

식 (3.5)를 R^2 개념을 이용하여 개편하면 다음과 같다.

[표본회귀선의 적합도 검정통계량 : 결정계수]

$$R^2=\frac{\text{SSR}}{\text{SST}}=\frac{\text{SST}}{\text{SST}}-\frac{\text{SSE}}{\text{SST}}=1-(1-R^2) \tag{3.6}$$

위의 식에서 결국 R^2의 값은 1과 0 사이의 값을 갖게 됨을 알 수 있는데, $R^2=1$이란 SSE=0일 때 가능한 것인바, 모든 관측점이 회귀선상에 집결되는 현상이 발생하여 표본회귀선에 의해 두 변수 간의 함수관계가 한 치의 오차도 없이 설명될 수 있음을 의미하는 것이다. 물론 이러한 상황이 현실적으로 발생하기는 쉽지 않다. 그러나 $R^2=\frac{\text{SSR}}{\text{SST}}$의 값이 전체변동량(SST) 중 표본회귀선에 의해 설명될 수 있는 변동량(SSR)의 비율을 나타내는 것이므로 R^2의 값이 1에 가까울수록 표본회귀선의 적합도가 높아진다.[2] 그리고 R^2의 값은 SSR/SST로 정의되므로 당초 분석대상 변수의 측정단위들은 서로 상쇄되어 버려 결국 R^2값은 0과 1 사이의 값을 갖는 일종의 지수적 성격을 띠게 된다. 따라서 s_e에 의한 표본회귀선의 적합도평가방법에 내재되었던 문제점이 R^2을 사용함으로써 해소될 수 있음을 알 수 있으며, 이러한 이유로 해서 표본회귀선의 적합도 평가에 관한 한 R^2을 가장 일반적으로 사용하고 있다.

---

1) 결정계수를 R^2으로 표기하는 이유는 다음 절에서 보다 자세히 설명하기로 한다.

2) 시계열자료들은 일반적으로 시간이 경과함에 따라 여러 요인에 의거 증가하는 추세를 갖게 되므로 이러한 성격을 갖는 임의의 두 변수 간의 회귀분석 결과가 1에 가까운 R^2값을 가졌다고 해서 반드시 두 변수가 적합한 1차함수관계에 있다고 판정할 수는 없음을 기억해 둘 필요가 있다. 극단적인 경우, 즉 모든 관측치가 일직선 위에 수평선을 이루게 되면 $R^2=0$이 됨을 유의하기 바란다.

한편, 식 (3.4)를 편차형으로 정리하여 R^2값을 재음미해 볼 수도 있다. 즉, 다음과 같은 관계식이 성립될 수 있는 것이다.

$$\begin{aligned}\sum y_i^2 &= \sum \hat{y}_i^2 + \sum e^2 + 2\sum \hat{y}_i e_i \quad (y_i = \hat{y}_i + e_i)\\ &= \sum \hat{y}_i^2 + \sum e_i^2 \quad (\because \ \sum \hat{y}_i e_i = 0)\\ &= \hat{\beta}^2 \sum x_i^2 + \sum e_i^2\end{aligned}$$

$$\therefore \ R^2 = \sum \hat{y}_i^2 / \sum y_i^2 = \hat{\beta}^2 \sum x_i^2 / \sum y_i^2 \tag{3.7}$$

다시 본론으로 돌아와서 앞서의 예제(표 2-3 참조)를 사용하여 결정계수 R^2을 산출해 보자. 식 (3.5)에 의하면

$$\begin{aligned}R^2 &= \frac{\text{SSR}}{\text{SST}} = \frac{\text{SST}-\text{SSE}}{\text{SST}} = 1 - \frac{\text{SSE}}{\text{SST}}\\ &= 1 - \frac{\sum (Y_i - \hat{Y}_i)^2}{\sum y_i^2} = 1 - \frac{68,727.5}{730,800} = 0.906\end{aligned}$$

가 되는데, 이는 Y의 총변동 중 약 90%를 표본회귀선에 의해 설명할 수 있다는 의미를 갖는다. 따라서 이 경우 표본회귀선의 적합도는 우수한 것으로 판정할 수 있다.

2. 표본회귀선에 대한 통계적 유의성 검정

전 항에서 우리는 표본회귀선의 적합도를 판정하는 두 가지 방안을 강구하여 보았다. 그렇다면 훌륭한 통계적 특성을 보유한 최소자승법을 사용하여 회귀분석을 시행하였을 뿐만 아니라 도출된 표본회귀선의 적합도 또한 거의 1에 가까운 바람직한 결과를 얻었을 때, 우리는 과연 도출된 표본회귀선을 거의 완전무결한 추정 결과라고 인정할 수 있을까? 본 절의 서두에서도 밝힌 바 있듯이 (그림 3-1의 (c) 참조) 아무리 적합도가 높다 하더라도 $\hat{\beta}$의 추정치가 거의 0에 가까워 표본회귀선이 수평에 가까운 형태를 취한다면, 설명변수 X가 어떤 값을 갖든지 Y의 값은 거의 일정하게 될 것이고, 따라서 변수 X는 변수 Y의 변화를 설명할 수 있는 능력을 잃게 된다. 아울러 Y를 X의 1차함수관계로 파악하려는 노력이 의미를 상실하게 되는 것이다. 따라서 표본회귀선에 대한 평가를 완결하

기 위해서는 전항에서 설명한 적합도 판정 외에 별도의 검정방법이 요구되며, 이를 우리는 표본회귀선에 대한 통계적 유의성 검정(test of significance)이라 한다. 이러한 명칭으로 부르는 이유는 기울기를 나타내는 특성치 β의 값이 0과 유의할 만큼 현저하게 다르다(significantly different from zero)고 판정할 수 있는지의 여부를 가름하는 방법이라는 데에 연유한다.

유의성검정에서 귀무가설은 우리가 기대하는 상황과 정반대가 되도록 설정한다. 즉,

$$\begin{cases} H_0 : \beta = \beta_0 = 0 \\ H_A : \beta \neq \beta_0 = 0 \end{cases} \tag{3.8}$$

위와 같은 설정방법은 귀무가설이란 우리가 기각되기를 희망하는 가설이라는 전통적 의미와 취지를 살리는 효과를 가져다 줄 뿐 아니라 $\beta=0$과 같은 현상이 발생하는지의 여부를 확인코자 하는 유의성검정 자체의 의도에 합당한 것이 된다.

이 가설을 검정하려면 우선 모수 β에 대한 가장 바람직한 추정량을 선정해야 하는데, 지금까지의 논의에서 우리는 LSE인 $\hat{\beta}$이 최선임을 수차에 걸쳐 확인한 바 있다. 따라서 이제 남은 문제는 $\hat{\beta}$은 과연 어떤 분포를 따르고 있는지를 확인하는 일이라 할 수 있다.

제 2 장 제 4 절에서 우리는 이미 다섯 가지 기본가정하에서 Y_i는 평균이 $\alpha+\beta X_i$이고 분산이 σ_ϵ^2인 정규분포를 따르게 된다는 사실을 배운 바 있다. 즉,

$$Y_i \sim N(\alpha+\beta X_i,\ \sigma_\epsilon^2) \tag{3.9}$$

또한 β의 최소자승추정량(LSE)인 $\hat{\beta}$은,

$$\hat{\beta}=\frac{\sum x_i y_i}{\sum x_i^2}=\sum C_i y_i \ \ (\text{단, } C_i=\frac{x_i}{\sum x_i^2}) \tag{3.10}$$

이므로, Y에 대한 1차함수관계에 있음을 역시 제 2 장 제 4 절에서 증명한 바 있다. 따라서 [정리 1.1](제 1 장 참조)에 의거해 $\hat{\beta}$ 또한 정규분포를 따르게 된다고 결론지을 수 있다. 즉,

$$\hat{\beta} \sim N(E[\hat{\beta}],\ \mathrm{Var}(\hat{\beta})) \tag{3.11}$$

한편, G-M가정하에서 도출된 LSE, $\hat{\beta}$는 불편추정량이므로 $E[\hat{\beta}]=\beta$가 될 것이며, 따라서 식 (3.11)은 다음과 같이 고쳐 쓸 수 있다.

$$\hat{\beta} \sim N(\beta,\ \mathrm{Var}(\hat{\beta})) \tag{3.12}$$

$\mathrm{Var}(\hat{\beta})$는 본절의 말미에서 구체적으로 그 도출과정을 다루겠으나, 우선 그 결과만을 소개하면 $\mathrm{Var}(\hat{\beta})=\sigma_\epsilon^2/\sum x_i^2$과 같다. 따라서 $\hat{\beta}$을 표준화하면

$$Z=\frac{\hat{\beta}-\beta}{\sigma_\epsilon/\sqrt{\sum x_i^2}} \sim N(0,\ 1) \tag{3.13}$$

와 같은 표준정규분포를 따르는 통계량이 도출될 것이다. 그러나 σ_ϵ은 일반적으로 알려지지 않기 때문에 이의 불편추정량 s_e를 대신 사용하게 된다. 따라서 미지인 σ_ϵ 대신 s_e값을 이용하여 $\hat{\beta}$를 표준화시킨 추정량은 일단 t분포를 따르는 것으로 간주해야 할 것이다.[1] 물론 이 경우도 표본규모가 아주 커져서 30을 상회한다면 표준정규분포인 Z에 의해 어림셈을 할 수 있을 것이다. 즉,

$$t=\frac{\hat{\beta}-E[\hat{\beta}]}{s_{\hat{\beta}}} \cong Z \quad (n \geq 30\text{인 경우}) \tag{3.14}$$

한편, $E[\hat{\beta}]=\beta$이고 귀무가설은 β의 가정된 값 β_0를 0으로 놓고 있으므로, 검정절차에 따라 검정통계량 t의 값은

[표본회귀선의 유의성 검정 통계량]

$$t=\frac{\hat{\beta}-\beta_0}{s_{\hat{\beta}}}=\frac{\hat{\beta}-0}{s_{\hat{\beta}}}=\frac{\hat{\beta}}{s_{\hat{\beta}}} \tag{3.15}$$

이 된다. 따라서 추정된 $\hat{\beta}$의 값이 그 표본표준편차인 $s_{\hat{\beta}}$의 값과의 비율로 나타나는 t값(이 때 자유도는 물론 $n-2$가 됨을 유의)을 우선 계산한 다음, 자유도가 $n-2$인 각각의 유의수준($\alpha=1\%$, 2%, 5% 또는 10%)에 대응하는 t의 임계치와 비교하여 귀무가설을 기각할지의 여부를 결정하게 된다.

이제 회귀계수에 대한 유의성 검정과정의 이해를 돕고자 앞서 이용한 광고

1) 제 1 장 표본통계량의 확률분포 참조.

비와 매상고에 대한 문제를 다시 고려해 보자. 식 (3.15)에 의하면 귀무가설 $H_0 : \beta = 0$에 대한 검정통계량은 $t = \hat{\beta}/s_{\hat{\beta}}$가 될 것이며, 마찬가지 논리에 따르면 $H_0 : \alpha = 0$에 대한 검정통계량은 $t = \hat{\alpha}/s_{\hat{\alpha}}$이 될 것이다(식 (3.16) 참조). 그러나 아직 $s_{\hat{\beta}}$이나 $s_{\hat{\alpha}}$을 산출할 수 있는 공식은 제시된 바 없어 본 절 후미에서 산출된 결과만을 임시로 활용키로 한다(식 (3.26)과 식 (3.27) 참조).

우선 계산 결과만을 이용하면

$$t = \hat{\beta}/s_{\hat{\beta}} = \frac{20.3\dot{6}}{2.04} \fallingdotseq 9.98$$

$$t = \hat{\alpha}/s_{\hat{\alpha}} = \frac{980}{63.32} \fallingdotseq 15.48$$

이 된다.

한편, 자유도가 $n-2=8$이고, $\alpha=1\%$ 또는 5%일 때 검정통계량 t의 임계치를 부표 B에서 찾아보면 $\pm t_{\alpha/2} = \pm 3.3554$($\alpha=1\%$ 경우)와 ± 2.306($\alpha=5\%$ 경우)이다. 따라서 표본정보에서 산출된 검정통계량의 값들(9.98과 15.48)은 $\alpha=1\%$ 및 5%에 대응하는 임계치보다 훨씬 크며, 따라서 두 개의 귀무가설은 모두 기각된다. 즉, α와 β는 그 값이 0과는 매우 다르며, 따라서 설명변수의 종속변수에 대한 설명능력은 인정될 수 있다(아래 그림 참조).

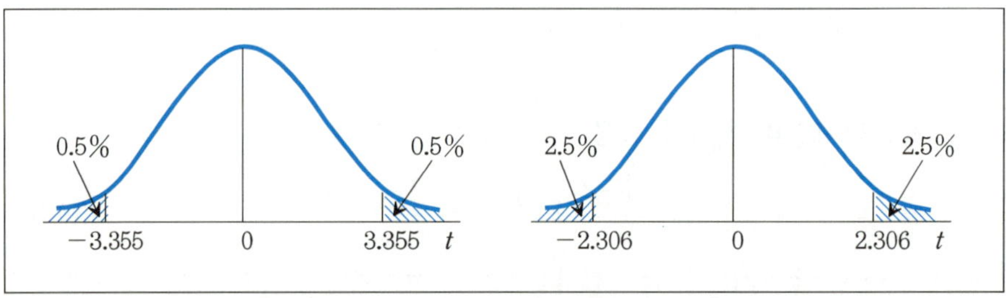

위의 예에서 보았듯이 우리가 귀무가설 $\beta=0$을 기각할 수 있었던 것은 $\hat{\beta}$ 값이 상대적으로 $\hat{\beta}$의 표준편차값보다 상당히 커서 β의 실제값이 0과 같다는 가설을 믿기 힘들 정도였기 때문이다. 이처럼 바랐던 대로 귀무가설을 기각할 수 있다는 사실은 두 변수 간의 인과관계에 관한 논리적 직관을 선형함수로 표현한 모회귀선이 현실타당성 내지 객관성을 갖고 있다고 판정할 수 있는 근거를 마련해 주는 셈이다.

이상과 같은 과정은 절편을 나타내는 모수 α에 대해서도 똑같이 적용될 수 있다.

$$t_{n-2}=\frac{\hat{\alpha}-E[\hat{\alpha}]}{\sqrt{\mathrm{Var}(\hat{\alpha})}}=\frac{\hat{\alpha}-\alpha}{s_{\hat{\alpha}}}$$

$$=\frac{\hat{\alpha}-\alpha_0}{s_{\hat{\alpha}}} \quad (H_0: \alpha=\alpha_0\text{라는 가정하에}) \tag{3.16}$$

즉, 식 (3.16)을 이용하여 위에서 밟아온 과정과 동일한 절차에 따라 귀무가설을 검정할 수 있다.

한편, 식 (3.15)와 식 (3.16)을 다소 변형시켜 다음과 같은 두 개의 관계식을 얻을 수 있다.[1)]

$$\hat{\beta}-t_{\alpha/2,\ n-2}\cdot s_{\hat{\beta}}<\beta<\hat{\beta}+t_{\alpha/2,\ n-2}\cdot s_{\hat{\beta}} \tag{3.17}$$

$$\hat{\alpha}-t_{\alpha/2,\ n-2}\cdot s_{\hat{\alpha}}<\alpha<\hat{\alpha}+t_{\alpha/2,\ n-2}\cdot s_{\hat{\alpha}} \tag{3.18}$$

이 결과식은 모수인 절편 α와 기울기 β에 대한 일종의 신뢰구간을 의미하는 것이고, 이 구간을 설정함에 있어 최소자승추정량 $\hat{\beta}$와 $\hat{\alpha}$가 구간의 중심값인 점추정치를 제공하고 있음을 알 수 있다. 단, 이와 같은 신뢰구간이 의미를 갖기 위해서는 앞서 밝힌 표본회귀선에 대한 평가가 선행되어야 한다는 점을 유의해야 할 것이다.

앞서의 예제에서 산출된 결과들을 식 (3.17)과 식 (3.18)에 각각 대입해 보면, β와 α에 대한 99% 신뢰구간의 임계치는 다음과 같다.

$$\beta_c=\hat{\beta}\pm t_{\alpha/2}\cdot s_{\hat{\beta}}=20.\dot{3}\dot{6}\pm 3.3554(2.04)$$

$$\fallingdotseq 20.36\pm 6.84$$

$$\alpha_c=\hat{\alpha}\pm t_{\alpha/2}\cdot s_{\hat{\alpha}}=980\pm 3.3554(63.32)$$

$$\fallingdotseq 980\pm 216.46$$

---

1) $t_{n-2}=\frac{\hat{\beta}-\beta}{s_{\hat{\beta}}}$가 α수준에 대응하는 임계치를 $\pm t_{\alpha/2}$라 하면 결국 $P(-t_{\alpha/2}<\frac{\hat{\beta}-\beta}{s_{\hat{\beta}}}<t_{\alpha/2})=1-\alpha$라는 의미가 되며, 이 식을 변형하면 $P(\hat{\beta}-t_{\alpha/2,\ n-2}\cdot s_{\hat{\beta}}<\beta<\hat{\beta}+t_{\alpha/2,\ n-2}\cdot s_{\hat{\beta}})=1-\alpha$가 되므로 위의 식 (3.17)과 (3.18)은 각각 β와 α에 대한 $100(1-\alpha)\%$ 신뢰를 주는 구간추정치의 의미를 갖는다.

이상에서 우리는 LSE에 의해 도출된 표본회귀선에 대한 평가를 적합도의 측정과 통계적 유의성검정을 통하여 판정하는 방법을 개발하고 또 적용하는 방법을 연구하였다. 아무리 LSE가 회귀분석방법으로서 훌륭한 통계적 특성을 갖는 방법이라 하더라도, 이를 적용하여 얻은 결과는 본절에서 밝힌 평가과정을 거쳐 그 효율성이 인정되어야만 의미를 부여받게 되는 것이다. 즉, 평가 결과가 훌륭한 것이라야만 도출된 표본회귀선이 모회귀선(가정된 선형 인과관계식)에 대한 적절한 추정치 역할을 할 수 있다는 의미가 된다. 또는 가정된 1차함수관계식이 실제로 존재한다고 인정할 수 있는 기반이 마련되는 것이다. 따라서 이러한 추정결과식(표본회귀선)에 의해 우리는 비로소 미래에 대한 예측을 합리적으로 할 수 있는 근거를 찾을 수 있다.[1)]

이제 절을 바꾸어 예측에 관한 내용을 고찰하기에 앞서 지금까지 미결로 남겨 두었던 사항 한 가지를 간략하게 논하고자 한다. 앞서의 논리전개과정에서 우리는 $s_{\hat{\beta}}$이나 $s_{\hat{\alpha}}$의 값이 이미 알려진 것처럼 가정한 다음에 표본회귀선을 평가하는 일에만 치중해 왔다. 그러나 실제로는 $s_{\hat{\beta}}$과 $s_{\hat{\alpha}}$은 표본회귀분석 결과에 의거하여 분석자 자신이 그 값을 산출해야만 하는 것이다.

우선 $\hat{\beta}$의 분산, 즉 $s^2_{\hat{\beta}}$의 도출과정을 살펴보자. 앞서 수차 이용한 바 있는 공식을 다시 한번 활용하기로 한다.

$$\begin{aligned}\hat{\beta} &= \frac{\sum x_i y_i}{\sum x_i^2} = \sum C_i y_i \quad (\text{단, } C_i = \frac{x_i}{\sum x_i^2}) \\ &= \sum C_i(\beta x_i + \epsilon_i) = \sum C_i \beta x_i + \sum C_i \epsilon_i \end{aligned} \tag{3.19}$$

따라서

$$\begin{aligned} E[\hat{\beta}] &= E[\sum C_i \beta x_i + \sum C_i \epsilon_i] \\ &= \sum C_i \beta x_i + \sum C_i E[\epsilon_i] \quad (\because \text{ 가정 Ⅳ}) \\ &= \sum C_i \beta x_i \quad (\because \text{ 가정 Ⅰ} : E[\epsilon_i] = 0) \\ &= \frac{\sum x_i}{\sum x_i^2} \beta x_i = \beta \end{aligned} \tag{3.20}$$

한편,

---

1) 표본회귀선에 대한 평가방안으로 F검정법을 사용하기도 하나, 이 문제는 편의상 제 4 장에서 다루기로 한다.

$$\begin{aligned}\mathrm{Var}(\hat{\beta}) &= E[\hat{\beta}-E[\hat{\beta}]]^2 \\ &= E[\hat{\beta}-\beta]^2 \\ &= E[\sum C_i\beta x_i+\sum C_i\epsilon_i-\beta]^2 \\ &= E[(\sum C_i x_i-1)\beta+(\sum C_i\epsilon_i)]^2 \\ &= E[\sum C_i\epsilon_i]^2 \quad (\because\ \sum C_i x_i=1) \\ &= \sum C_i^2 E[\epsilon_i^2]+2E[\sum C_i C_j\epsilon_i\epsilon_j] \\ &= \sum C_i^2\sigma_\epsilon^2+0 \quad (\because\ \text{가정 Ⅲ} : E(\epsilon_i\epsilon_j)=0) \\ &= \sigma_\epsilon^2\frac{\sum x_i^2}{(\sum x_i^2)^2}=\frac{\sigma_\epsilon^2}{\sum x_i^2}\end{aligned}$$

즉,

$$\mathrm{Var}(\hat{\beta})=\frac{\sigma_\epsilon^2}{\sum x_i^2} \tag{3.21}$$

따라서 $\hat{\beta}$는 평균이 β, 분산이 $\sigma_{\hat{\beta}}^2=\sigma_\epsilon^2/\sum x_i^2$인 정규분포를 갖는다. 즉,

$$\hat{\beta}\sim N\left(\beta,\ \frac{\sigma_\epsilon^2}{\sum x_i^2}\right) \tag{3.22}$$

여기서 우리는 $\hat{\beta}$의 분산은 σ_ϵ^2값에 비례하지만 $\sum x_i^2$과는 반비례하는 함수관계에 있음을 유의할 필요가 있다. 만일 σ_ϵ^2값이 일정하다면 $\sum x^2$, 즉 X값들의 변화 정도(분산)가 클수록 $\hat{\beta}$의 분산은 작아지고 따라서 β는 보다 정밀하게 추정될 수 있기 때문이다.

비슷한 과정을 되풀이하면 $\hat{\alpha}$는 평균이 α이고, 분산이 $\sigma_{\hat{\alpha}}^2=\dfrac{\sigma_\epsilon^2\cdot\sum X_i^2}{n\sum x_i^2}$인 정규분포를 따르게 된다.[1] 즉,

$$\hat{\alpha}\sim N\left(\alpha,\ \frac{\sigma_\epsilon^2\cdot\sum X_i^2}{n\sum x_i^2}\right) \tag{3.23}$$

여기서도 우리는 $\hat{\alpha}$의 분산이 σ_ϵ^2과 $\sum X_i^2$에는 비례하나 n과는 반비례하는 함

1) 이에 대한 증명은 연습문제로 돌린다.

수관계에 있음을 주지하기 바란다. 여하튼 여기서의 문제는 앞서 지적한 바 있듯이 σ_ϵ^2이 가정 II에 의거하여 일정하다는 사실 외에 그 값이 실제로 얼마인지는 일반적으로 알려지지 않는다는 것이다. 따라서 σ_ϵ^2에 대한 가장 훌륭한 추정량을 찾아내야 하는데, 이를 우리는 s_e^2라 표기하고

$$s_e^2 = \frac{\text{SSE}}{n-2} = \frac{\Sigma(Y_i - \hat{Y}_i)^2}{n-2} = \frac{\Sigma Y_i^2 - \hat{\alpha}\Sigma Y_i - \hat{\beta}\Sigma X_i Y_i}{n-2} \tag{3.24}$$

라고 정의한다.

따라서 $\dfrac{\hat{\beta}-\beta}{\sigma_{\hat{\beta}}}$는 정규분포를 따르는 $\hat{\beta}$를 표준화한 것이므로 표준정규분포 Z를 따르게 되지만, 즉

$$\frac{\hat{\beta}-\beta}{\sigma_{\hat{\beta}}} = \frac{\hat{\beta}-\beta}{\sigma_\epsilon / \sqrt{\Sigma x_i^2}} = Z \tag{3.25}$$

의 관계가 성립되지만, σ_ϵ가 미지이고, 따라서 이 대신 불편추정량 s_e를 사용하면 $\hat{\beta}$를 표준화한 식 $\dfrac{\hat{\beta}-\beta}{s_{\hat{\beta}}}$은 일반적으로 t분포를 따르게 된다. 즉,

$$\frac{\hat{\beta}-\beta}{s_{\hat{\beta}}} = \frac{\hat{\beta}-\beta}{s_e / \sqrt{\Sigma x_i^2}} = t \tag{3.26}$$

마찬가지로

$$\frac{\hat{\alpha}-\alpha}{s_{\hat{\alpha}}} = \frac{\hat{\alpha}-\alpha}{s_e \cdot \sqrt{\dfrac{\Sigma X_i^2}{n \cdot \Sigma x_i^2}}} = t \tag{3.27}$$

가 된다. 물론 두 경우 모두 표본크기가 30 정도를 넘어서면 Z 분포로 대치하여 어림셈을 할 수 있음은 전술한 바와 마찬가지다.

$\hat{\alpha}$과 $\hat{\beta}$ 간의 공분산 개념 또한 비슷한 과정을 거쳐 도출될 수 있으나 연습문제로 돌리고 결과만을 소개하면 다음과 같다.

$$\mathrm{Cov}(\hat{\alpha},\ \hat{\beta}) = -\frac{\overline{X}\cdot\sigma_{\epsilon}^{2}}{\sum x_{i}^{2}} = -\overline{X}\cdot\mathrm{Var}(\hat{\beta}) \tag{3.28}$$

위의 식에서 우리는 $\hat{\alpha}$와 $\hat{\beta}$ 간의 공분산은 $\hat{\beta}$의 분산값의 함수로 표현될 수 있으며, 따라서 공분산의 부호는 $\overline{X}$의 부호에 달려 있음을 알 수 있다. $\hat{\beta}$의 분산(사실 어느 변수의 경우도 마찬가지)은 항상 양수이기 때문이다.

마지막으로 표본회귀선을 이용하여 모평균에 대한 구간추정하는 방안을 고려해 보기로 한다. 즉, 표본회귀선 $\hat{Y}=\hat{\alpha}+\hat{\beta}X$를 이용하여 Y의 모평균에 대한 신뢰구간을 설정하는 방법론을 고려해 보려는 것이다. 그런데,

$$E[\hat{Y}|X] = \mu_{Y|X} = \alpha + \beta X$$

이므로, $E[\hat{Y}|X]$는 α와 β의 추정량인 $\hat{\alpha}$와 $\hat{\beta}$가 범할 수 있는 오차들의 결합된 값에 의존할 것이다. 그림 3-4는 이러한 결합효과를 그림으로 표현한 것이다. 이를 수식으로 표현하면 다음과 같다.

그림 3-4 표본회귀선 오차영역

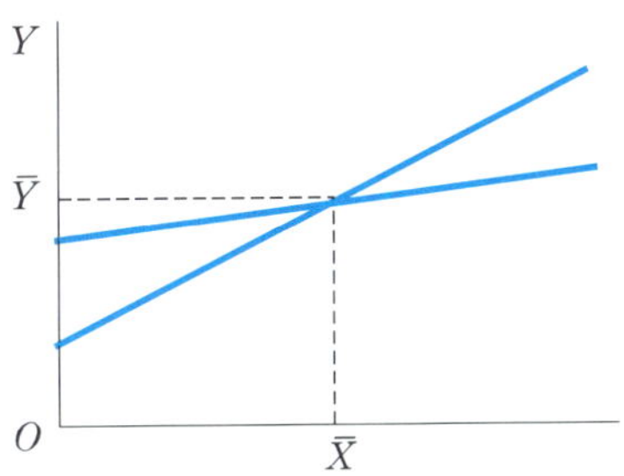

(a) $\hat{\beta}$의 오차영역

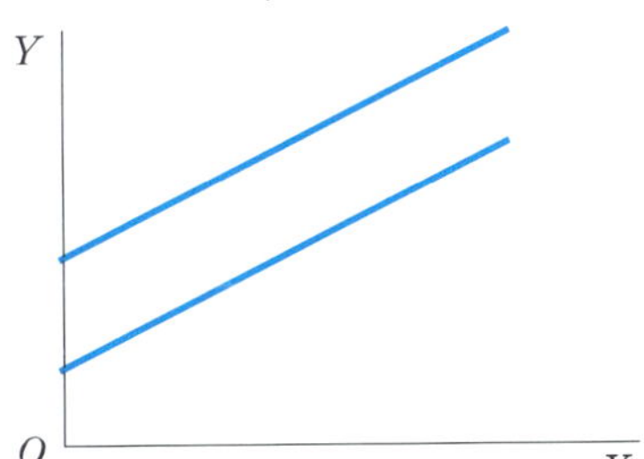

(b) $\hat{\alpha}$의 오차영역

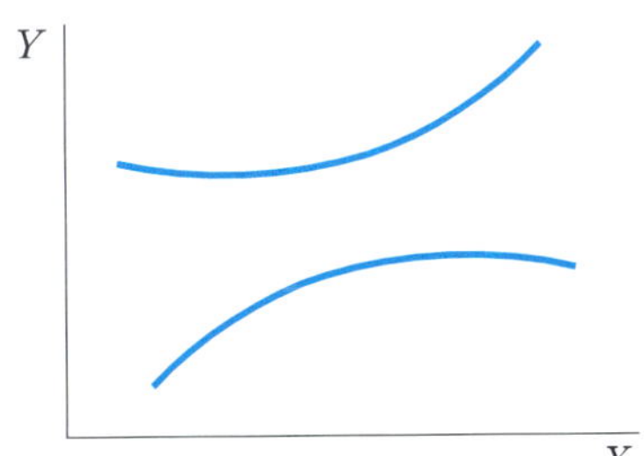

(c) $\hat{\alpha}$와 $\hat{\beta}$의 결합오차영역

$$E[\hat{Y}] = E[\hat{\alpha} + \hat{\beta}X] = \alpha + \beta X = E[Y|X] \tag{3.29}$$

$$\mathrm{Var}(\hat{Y}) = \sigma^2_{Y|X}\left[\frac{1}{n} + \frac{(X-\overline{X})^2}{\sum(X-\overline{X})^2}\right] \tag{3.30}$$

따라서

$$\hat{Y} \sim N(\mu_{Y|X},\ \mathrm{Var}(\hat{Y})) \tag{3.31}$$

한편, $\mathrm{Var}(\hat{Y})$은 $X = \overline{X}$일 때 최저가 되며, 그 값은

$$\mathrm{Var}(\hat{Y}) = \frac{s^2_{Y|X}}{n} \tag{3.32}$$

(단, $s^2_{Y|X}$는 미지의 $\sigma^2_{Y|X}$에 대한 추정량임)

이 되므로, 이는 제 1 장에서 본 $\sigma^2_{\epsilon} = \sigma^2/n$의 공식논리와 같음을 주지하기 바란다.

여하튼 결론적으로 정리하면 $E[Y|X]$에 대한 구간추정은

$$\hat{Y} \pm t_{\alpha/2} \cdot s_e \sqrt{\frac{1}{n} + \frac{(X-\overline{X})^2}{\sum(X-\overline{X})^2}} \tag{3.33}$$

이 될 것이다.

이제 본 절을 끝내기 전에 앞의 예제 풀이과정에서 미루어 놓았던 $\hat{\beta}$와 $\hat{\alpha}$의 분산을 산출하는 과정을 식 (3.22)과 식 (3.23)을 이용하여 밝혀 두고자 한다.

$$s_{\hat{\beta}} = \frac{s_e}{\sqrt{\sum x_i^2}} = \frac{92.68731}{\sqrt{2{,}062.5}} = 2.04$$

$$s_{\hat{\alpha}} = s_e \cdot \frac{\sqrt{\sum X_i^2}}{n\sum x_i^2} = 92.68731\left(\sqrt{\frac{9{,}625}{20{,}625}}\right) = 63.32$$

제 2 절 상관분석과 회귀분석

이제 여기서 잠시 지금까지 전개한 회귀분석 내용을 상관분석과 연관시켜 두 분석체계 간의 관계를 다각적으로 비교·검토함으로써 두 분석방법 간의 차

이와 보완성을 보고자 한다.

우선 단순선형상관분석과 단순선형회귀분석은 두 변수 간의 관계를 논하는 데 있어서는 공통점이 있으나, 회귀분석의 목적이 두 변수 간의 함수관계의 특성을 분석대상으로 삼는 데 반하여 상관분석은 이러한 관계의 강도 내지 밀접도를 나타내는 데 주안점을 둔다는 점이 서로 다르다는 점은 전술한 바와 같다. 즉, 회귀분석은 변수 간의 관계가 이루는 규칙적인 유형을 찾아내는 데 주력하고, 상관분석은 회귀분석에서 찾아낸 유형의 규칙성이 양호한지 여부를 평가하는 보완적 기능을 갖는 것이다.

두 번째로 회귀분석의 경우에는 독립변수를 상수로 취급하고 종속변수 Y만을 확률변수로 취급한 데 반하여, 상관분석의 경우에는 두 변수를 구분함이 없이 모두 확률변수로 다루고 있어 표본정보를 이용한 모수에 대한 추론과정이 다소 복잡해질 수밖에 없었던 점은 이미 전 장에서 지적한 바 있다. 따라서 상관분석은 인과관계, 즉 어느 한 변수(독립변수)의 변화가 다른 한 변수(종속변수)에 미치는 영향을 분석하는 회귀분석과는 구별되어야 할 것이다.

이상과 같은 본질적인 분석방법 및 목적상의 차이에도 불구하고 두 분석방법은 몇 가지 측면에서 유기적인 관련성을 찾아볼 수 있으며, 바로 이러한 특성 때문에 상관분석을 회귀분석과 연관시켜 다음과 같은 유용한 분석 및 추론을 시행할 수 있는 것이다.

1. $\hat{\beta}$과 r의 관계

우선 1차함수관계에 있다고 가정된 두 변수 간에 회귀분석을 적용하여 표본회귀선의 기울기 $\hat{\beta}$을 산출하였다고 하자. 아울러 이 때 사용된 두 변수 간의 표본상관계수 r을 산출하여 선형함수관계의 강도를 측정하였다면, 두 측정량은 일단 각각 다음과 같이 표현될 것이다.

$$\hat{\beta}=\frac{\sum xy}{\sum x^2} \tag{3.34}$$

$$r=\frac{\sum xy}{\sqrt{\sum x^2}\sqrt{\sum y^2}} \tag{3.35}$$

따라서 이 두 식으로부터 다음과 같은 관계가 성립됨을 확인할 수 있다.

$$\frac{\hat{\beta}}{r}=\frac{\Sigma xy/\Sigma x^2}{\Sigma xy/\sqrt{\Sigma x^2}\sqrt{\Sigma y^2}}=\frac{\sqrt{\Sigma x^2}\sqrt{\Sigma y^2}}{\Sigma x^2}=\sqrt{\frac{\Sigma y^2}{\Sigma x^2}}$$
$$=\frac{\sqrt{\Sigma y^2/(n-1)}}{\sqrt{\Sigma x^2/(n-1)}}=\frac{s_Y}{s_X} \tag{3.36}$$

즉, $\hat{\beta}$와 r간의 비율은 Y와 X의 표준편차의 비율과 같아지며 이를 달리 표현하면 다음과 같다.

$$\hat{\beta}=r\cdot\frac{s_Y}{s_X} \tag{3.37}$$

식 (3.37)은 우리에게 중요한 의미를 시사해 주고 있다. 우선 두 변수의 표준편차 s_X나 s_Y값이 양수인 점을 감안한다면 $\hat{\beta}$와 r은 항상 같은 부호를 갖게 된다는 점을 들 수 있다.

두 번째로 $\hat{\beta}$나 r 중 어느 하나가 0이 된다면 다른 하나도 0이 될 수밖에 없다는 점을 지적할 수 있다. 이를 확대해석하면 $\hat{\beta}$의 모수인 β나 r의 모수인 ρ 중 어느 하나가 0이 되면 다른 것도 0이 된다고 볼 수 있다.[1] 따라서 귀무가설 H_0 : $\beta=0$을 검정하는 것과 귀무가설 H_0 : $\rho=0$을 검정하는 것은 동일한 의미를 내포하고 있으며, 이들 귀무가설이 기각되지 못하면 두 변수 간에 1차함수관계는 성립되지 않는다고 결론지을 수 있다.

2. r과 R^2

두 분석 간의 관계를 보다 구체적으로 정립할 수 있는 두 번째 사항으로 표본상관계수 r과 회귀분석의 적합도판정기준으로 설정된 결정계수 R^2과의 관계를 들 수 있다.

우선 회귀분석에서 R^2을 정의한 과정을 잠시 재현해 보자.

$$\Sigma(Y_i-\overline{Y})^2=\Sigma(Y_i-\hat{Y}_i)^2+\Sigma(\hat{Y}_i-\overline{Y})^2 \tag{3.38}$$

1) 물론 이러한 유추해석은 다소의 무리가 있다. 식 (3.37)은 단지 산출된 표본상관계수(r)와 표본회귀계수($\hat{\beta}$) 간에 성립되는 수학적 관계에 불과하며, 두 모수 ρ와 β간에 성립되는 관계식이 아니기 때문이다. 그리고 전술한 바 있듯이 $\beta=0$이란 현상은 $\rho=0$이 될 수 있는 여러 경우 중 특수한 경우에 해당될 뿐임을 주지하기 바란다.

를 간략하게 SST=SSE+SSR로 표현할 경우

$$\frac{\mathrm{SST}}{\mathrm{SST}}=\frac{\mathrm{SSE}}{\mathrm{SST}}+\frac{\mathrm{SSR}}{\mathrm{SST}}=1 \tag{3.39}$$

이 성립되는데, 여기서 $\frac{\mathrm{SSR}}{\mathrm{SST}}=R^2$이라 정의하였고, 이는 Y의 총변동량 중 회귀선에 의해 설명될 수 있는 변동량의 비율을 나타내므로 표본회귀선의 적합도를 평가하기 위한 기준으로 사용된 것이다.

한편, 식 (3.37)을 r에 대하여 정리하면

$$r=\hat{\beta}\cdot\frac{s_X}{s_Y} \tag{3.40}$$

이 되며, 따라서

$$r^2=\hat{\beta}^2\cdot\frac{s_X^2}{s_Y^2} \tag{3.41}$$

와 같아진다. 반면 결정계수 R^2의 정의식은 다음과 같이 전환될 수 있다.

$$\begin{aligned} R^2=\frac{\mathrm{SSR}}{\mathrm{SST}}&=\frac{\sum(\hat{Y}_i-\overline{Y})^2}{\sum(Y_i-\overline{Y})^2}=\frac{\sum(\hat{\alpha}+\hat{\beta}X_i-\hat{\alpha}-\hat{\beta}\overline{X})^2}{\sum y_i^2} \\ &=\frac{(\hat{\beta})^2\sum(X_i-\overline{X})^2}{\sum y_i^2} \\ &=(\hat{\beta})^2\frac{\sum x_i^2}{\sum y_i^2}=(\hat{\beta})^2\frac{\sum x_i^2/(n-1)}{\sum y_i^2/(n-1)}=(\hat{\beta})^2\frac{s_X^2}{s_Y^2} \end{aligned} \tag{3.42}$$

이제 식 (3.41)과 식 (3.42)를 서로 비교해 보면 단순선형상관계수 r을 제곱한 값은 단순선형회귀분석의 적합도판정기준인 결정계수 R^2과 같은 값을 갖게 됨을 알 수 있다.[1)]

여기서 특기할 사항은 표본상관계수 r의 제곱이 결정계수 R^2과 같아지며,

1) 이러한 관계는 설명변수가 하나인 단순회귀분석과 이에 대응하는 상관분석 간에 성립되는 특수한 경우이다. 예컨대, 설명변수가 둘 이상이 되는 다중회귀분석의 경우에는 단순상관계수 r의 제곱이 결정계수 $(R)^2$값과 일반적으로 같지 않다. 자세한 내용은 제 4 장을 참고하기 바란다.

$-1 \leq r \leq +1$이므로 $0 \leq R^2 \leq 1$의 관계가 성립된다는 점이다. 만일 $r = \pm 1$이라면 $R^2 = 1$이 될 것이고, 이 때 Y의 총변동은 표본회귀선에 의해서 100% 설명된다는, 다시 말해서 Y의 모든 관측점들이 표본회귀선상에 존재한다는 뜻을 가지며, 이러한 경우 기울기에 상관없이 r의 값은 그 절대치가 1이 된다는 사실을 재확인할 수 있다.

3. 상관계수와 회귀분석

지금까지 두 분석방법 간의 공통점과 상이점을 간략히 살펴보았다. 이제 본항에서는 제 1 항과 제 2 항에서 비교한 $\hat{\beta}$와 r의 관계 및 r과 R^2간의 관계를 중심으로 두 분석의 유용성과 보완관계를 검토하고자 한다.

첫째, 단순선형상관계수는 단지 두 변수 간 선형관계의 강도만을 측정해 줄 뿐 변수 간의 인과관계나 선형함수관계의 구체적인 형태에 관한 분석에는 아무런 도움을 주지 못한다. 따라서 $\hat{\beta}$와 r이 비단 같은 부호를 갖게 된다는 점을 지적한 바 있으나, 정작 $\hat{\beta}$값에 결정적 역할을 하는 것은 X와 Y의 분산들임을 명심해 두어야 할 것이다.

둘째, R^2은 r의 제곱과 계산상 같아지나 R^2은 Y의 전체 변동량 중 표본회귀선에 의해 설명될 수 있는 변동량의 비율을 나타내는 반면, r은 두 변수 간의 관련성이 어느 정도 강력한 것인지를 나타내 주도록 정의된 것이다. 따라서 상관계수는 두 변수 간 상관관계의 방향을 제시해 줄 수 있다는 장점을 지닌 반면, 종속변수의 변동을 독립변수가 설명할 수 있는 정도를 측정하거나 제시해 줄 수는 없다는 한계성이 있다.

셋째, r이 두 변수 간의 상관계수의 방향을 제시할 수 있다는 장점은 회귀분석에서는 $\hat{\beta}$의 부호에 의해 설명될 수 있으므로 상관분석이 회귀분석보다 분석상 우위성을 갖고 있다고 볼 수는 없다. 회귀분석은 귀무가설 $H_0 : \beta = 0$의 검정을 통하여 상관분석의 귀무가설 $H_0 : \rho = 0$을 대체할 수 있는 등 상관분석이 제시할 수 있는 통계적 추론의 대부분을 감당할 뿐 아니라 보다 폭넓은 분석내용을 담고 있다. 따라서 일반적으로 상관분석보다는 회귀분석이 선호되고 있으며, 따라서 상관분석은 어디까지나 회귀분석의 보조적 역할을 담당하는 것으로 파악하는 것이 정당한 평가가 될 것이다.

마지막으로 지적해 두고 싶은 것은 높은 상관계수값이 나타났다고 할지라도 이는 특정한 함수관계나 상관관계가 없이도 발생할 수 있다는 문제점이 존재한다는 것이다. 이러한 상황을 허구적 상관(spurious correlation or nonsense correlation)이라 부른다. 예컨대, 까마귀 날자 배 떨어지는(오비이락) 격으로 아무런 관계가 없는 변수 간에도 상관계수값이 우연히 높게 산출될 수 있는 것이다. 만일 소주판매량(Y)과 교수의 근속연수(X)를 나타내는 두 변수 간의 상관계수가 $r=0.9$로 산출되었다 하더라도 이 결과만으로 두 변수 간에 선형관계가 존재하고 또 강도가 큰 것이라고 결론짓기는 곤란하다는 것이다. 직관적으로 볼 때, 교수의 근속연수보다는 오히려 소주의 가격이나 소비자의 소득수준 등이 소주판매량과 밀접한 함수관계를 가질 것이라는 점을 감안할 때 위와 같은 표본상관계수값은 우연발생적이라고 볼 수 있는 가능성이 크기 때문이다.

제 3 절 예 측

회귀분석을 시도하는 목적 중 하나는 설명변수의 값이 알려질 때 그에 대응하는 종속변수의 값을 추론하려는 것이라 할 수 있나. 앞서 여러 질에 걸쳐 LSE가 회귀분석으로서 갖는 통계적 우수성, 그리고 최소자승법에 의한 추정결과식, 즉 표본회귀선을 평가하는 방법에 이르는 여러 사항을 살펴보았다. 이러한 모든 과정에서 도출된 추정결과식이 적합도나 통계적 유의성 검정에서 바람직한 것으로 평가되면, 비로소 우리는 이처럼 훌륭하다고 평가된 표본회귀선에 의하여 예측을 할 수 있게 된다.

예측이란 두 변수가 인과관계에 의한 만족할 만한 함수관계(여기서는 선형관계, 즉 1차함수관계)를 갖고 있는 것으로 판정되었을 때 표본회귀선에 의거하여 미래의 종속변수값을 판정함을 의미한다.

이와 같은 예측은 예측대상 시기에 따라 사후적 예측(ex-post forecast)과 사전적 예측(ex-ante forecast)으로 구분된다. 만일 예측하고자 하는 기간이 회귀분석 대상기간 이후에 속한다 하더라도 이미 과거에 속하는 기간이라면 설명변수는 물론 종속변수의 값도 알 수 있는 것이 일반적이다. 따라서 이러한 상황에서 설명변수값을 표본회귀선에 대입하여 종속변수값을 예측하는 것을 사후적 예측이라 하는데, 사실상 이러한 과정은 예측 자체보다는 추정된 표본회귀선에 의해 예측된 종속변수값이 실제 실현된 종속변수값과 얼마나 근접된 값으로 나타나는지를 확인함으로써 표본회귀선의 설명력을 평가하는 또 하나의 방법으로 이

그림 3-5 사후적 예측과 사전적 예측

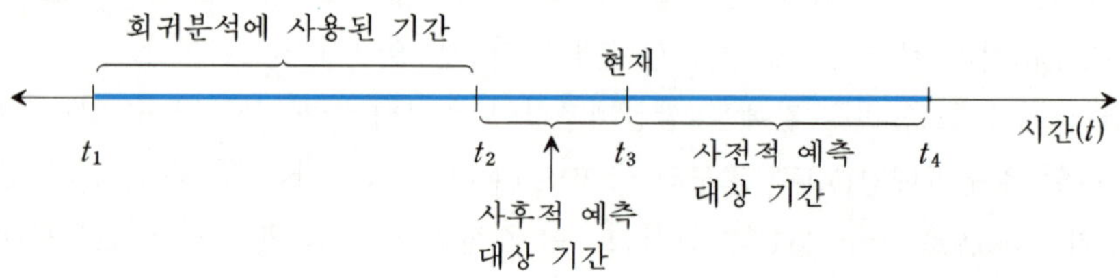

용될 수 있다는 데 그 뜻이 있다.

진정한 의미의 예측이란 현시점 이후에 속하는 순수한 미래를 대상으로 하되, 가정된 설명변수값을 가지고 종속변수값을 추정하는 것이라 볼 수 있으며, 이를 사전적 예측이라 한다.

그림 3-5는 두 가지 다른 예측의 차이를 잘 설명해 주고 있다. 물론 우리가 진실로 필요로 하고 관심을 갖는 예측이란 사전적 예측이다.

여기서 한 가지 주목해야 할 사항은 장래에 대한 예측을 시행함에 있어 우리가 사용할 설명변수의 값이 알려져 있는지의 여부가 중요한 역할을 한다는 것이다. 설명변수가 알려진 상태하에서의 예측을 무조건부 예측(unconditional forecasting)이라 하고, 설명변수가 미지인 상태에서의 예측을 조건부 예측(conditional forecasting)이라 한다.[1] 현실적으로 후자의 경우가 일반적일 것이나 통상적으로 미래에 있어서 우리는 설명변수의 값을 어느 정도 조작(control) 가능하다고 보고, 실제의 설명변수값이 우리가 가상적으로 가정한 값과 거의 같을 것이라는 가정하에 예측을 한다. 따라서 조건부 예측이 논리적으로 합당함에도 불구하고, 편의상 무조건부 예측방법을 일반적으로 이용하게 되는 것이다.[2] 따라서 이후에 전개할 예측방법은 원칙상으로는 사전적 예측에 속하지만 설명변수값이 알려져 있다는 가정을 추가하여 무조건부 예측을 실시할 수 있는 상황을 염두에 둔 예측방법이라 할 수 있다.

장래에 대한 무조건부예측을 시행하는 방법은 크게 보다 점예측(point forecast)과 구간예측(interval forecast)의 두 가지가 있다.

1) 따라서 사후적 예측은 대체로 무조건부 예측에 속하고, 사전적 예측의 대부분은 조건부 예측에 속하게 된다.

2) 이에 관한 자세한 내용에 관심 있는 독자는 Robert S. Pindyck and Daniel L. Rubinfeld, *Econometric Models and Economic Forecasts*, 2nd ed.(McGrow-Hill, 1981), ch. 8을 참조할 것.

그림 3-6 점예측과 구간예측

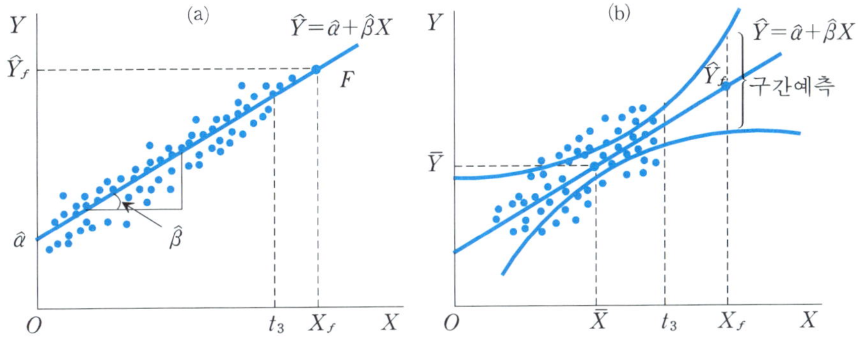

점예측이란 단순히 표본관측점들을 근거로 최소자승법에 의해 도출된 표본회귀선을 이용하여 가상적인 미래의 설명변수값 X_f(단, 이 X값은 표본회귀선 도출을 위한 회귀분석에 사용되지 않은 별도의 X값이라야 함)에 대응하는 종속변수값을 하나의 수치로 표현하는 방법을 말한다.

이제 그림 3-6의 (a)를 이용하여 보다 구체적인 점예측과정을 설명하면 다음과 같다. 예측에 사용된 설명변수값이 X_f라면, X_f에서 수직선을 그어 표본회귀선과 만나는 점을 F라 하고, F점에서 X축과 평행성을 그어 Y축과 만난 점의 Y값을 $\hat{Y}_f$라 하면, 이 $\hat{Y}_f$값이 바로 점예측치가 되는 것이다. 이를 수식으로 표현하면 다음과 같다.

[표본회귀선에 의한 점예측공식]

$$\hat{Y}_f = \hat{\alpha}+\hat{\beta}X_f \tag{3.43}$$

따라서 종속변수에 대한 점예측이란 단순히 표본회귀방정식에 새로 설정된 X값, X_f를 대입하여 산정되는 값에 불과한 것이다. 물론 이러한 점예측은 전절에서 지적한 것처럼 표본회귀선에 대한 평가가 훌륭한 것으로 판정된 후에만 의미를 갖게 된다.

이제 본 장에서 계속 사용해 온 예제를 다시 한번 활용하여, 임의로 선정한 X값, $X_f=60$일 때의 Y의 점예측치를 찾아보자. 식 (3.43)에 의해,

$$\hat{Y}_f = \hat{\alpha} + \hat{\beta} X_f = 980 + 20.36(60) = 2,201.6$$

이 된다. 이는 광고비를 60(백만 원) 지출할 때 매상고는 2,201.6(백만 원)이 된다는 의미를 갖는다.

한편, 예측이란 속되게 표현하자면 장래의 종속변수값에 대하여 마치 점을 치는 작업과도 흡사한 측면이 있을 뿐 아니라 아무리 설명변수의 값을 장래에 조작(control) 가능하다 하더라도 실제로 Y값이 식 (3.43)에 의해 도출된 $\hat{Y}_f$와 동일하게 될 가능성은 극히 희박한 것이다. 특히 현재로부터 상당기간 후의 기간을 대상으로 점예측치를 추정할 경우 직관적으로 보아 예측에 사용하기 위해 가정한 X_f값 자체의 실현가능성이 상대적으로 희박해지므로, 이 값에 의해 예측된 $\hat{Y}_f$값의 신뢰성은 점차 퇴색될 것이다. 따라서 예측이란 가까운 장래에 한정하여 실시하는 것이 논리상 타당하다. 그러나 아무리 가까운 장래에 대한 예측이라 하더라도 역시 점예측치와 실제 발생할 종속변수값이 일치할 가능성은 여전히 희박한 것이므로, 대개 이러한 점예측치를 중심으로 일정한 구간을 설정하여 제시하는 이른바 구간예측을 동시에 실시한다.

구간예측에 사용되는 식은 다음과 같다.[1)]

---

1) 우선 주어진 X값을 X_f라 할 때의 모회귀선상의 실제값을 Y_f, 그리고 표본회귀선을 이용한 예측치를 $\hat{Y}_f$라 하면 예측으로 인한 오차 $\hat{\varepsilon}_f$는 다음과 같다.

$$\hat{\varepsilon}_f = Y_f - \hat{Y}_f = (\alpha + \beta X_f + \epsilon_f) - (\hat{\alpha} + \hat{\beta} X_f) \qquad \text{(f.1)}$$

이제 $\hat{\varepsilon}_f$의 평균 및 분산을 산출하기 위하여 식 (f.1)을 이용해 보자.

$$\begin{aligned} E[\hat{\epsilon}_f] &= E[Y_f - \hat{Y}_f] = E[\epsilon_f] + E[\alpha - \hat{\alpha}] + X_f E[\beta - \hat{\beta}] \\ &= 0 + (\alpha - \alpha) + X_f(\beta - \beta) = 0 \end{aligned} \qquad \text{(f.2)}$$

한편, $\mathrm{Var}(\hat{\epsilon}_f)$

$$\begin{aligned} &= \mathrm{Var}((\alpha + \beta X_f) + \epsilon_f - \hat{\alpha} - \hat{\beta} X_f) \\ &= \mathrm{Var}(\epsilon_f - (\hat{\alpha} + \hat{\beta} X_f)) \quad (\because\ (\alpha + \beta X_f)\text{는 상수}) \\ &= \mathrm{Var}(\epsilon_f) + \mathrm{Var}(\hat{\alpha} + \hat{\beta} X_f) \quad (\because\ \text{두 항은 서로 독립적}) \\ &= \sigma_\epsilon^2 + \mathrm{Var}(\hat{\alpha}) + \mathrm{Var}(\hat{\beta} X_f) + 2\,\mathrm{Cov}(\hat{\alpha},\ \hat{\beta} X_f) \\ &= \sigma_\epsilon^2 + \sigma_\epsilon^2 \frac{\sum X^2}{n \sum x^2} + X_f^2 \cdot \frac{\sigma_\epsilon^2}{\sum x^2} - 2X_f \frac{\overline{X} \sigma_\epsilon^2}{\sum x^2} \\ &= \sigma_\epsilon^2 + \sigma_\epsilon^2 \left(\frac{1}{n} + \frac{\overline{X}^2}{\sum x^2} \right) + X_f^2 \cdot \frac{\sigma_\epsilon^2}{\sum x^2} - 2X_f \frac{\overline{X} \sigma_\epsilon^2}{\sum x^2} \\ &= \sigma_\epsilon^2 \left(1 + \frac{1}{n} + \frac{\overline{X}^2 + X_f^2 - 2X_f \overline{X}}{\sum x^2} \right) \end{aligned}$$

[표본회귀선에 의한 구간예측공식]

$$\hat{Y}_{fc} = \hat{Y}_f \pm t_{\alpha/2,\ n-2} \cdot s_f \tag{3.44}$$

$$\left(\text{단, } s_f = s_e \sqrt{1 + \frac{1}{n} + \frac{(X_f - \overline{X})^2}{\sum x_i^2}}\right)$$

식 (3.44)에 나타난 $t_{\alpha/2}$값 또한 표본의 규모(n)가 30을 상회하면, Z값으로 대체하여 사용해도 무방함은 두말할 나위 없다.

앞의 점예측 예제를 계속 활용하여 99% 신뢰도를 갖는 구간예측 임계치를 구하면 다음과 같다.

$$\hat{Y}_{fc} = \hat{Y}_f \pm t_{\alpha/2} \cdot s_e \sqrt{1 + \left(\frac{1}{n}\right) + \frac{(X_f - \overline{X})^2}{\sum x_i^2}}$$

$$= 2{,}201.6 \pm (3.3554)(92.68731) \sqrt{1 + \left(\frac{1}{10}\right) + \frac{(60 - 27.5)^2}{2{,}062.5}}$$

$$= 2{,}201.88 \pm 394.88$$

한편, 식 (3.44)을 좀더 자세히 살펴보면 s_f 값은 X_f의 값이 $\overline{X}$와 같아질 때 최소가 된다는 사실을 알 수 있다. 이는 예측에 사용할 설명변수 X_f의 값이 X값들의 평균값과 멀어질수록 예측오차는 커지고, 예측구간폭은 점차 넓어지게 된다는 의미를 내포하고 있다.

그림 3-6의 (b)에 나타난 것처럼 식 (3.44)에 의해 도출되는 구간예측치들은 X의 평균값($\overline{X}$) 부근에서 가장 좁은 폭으로 표현되고, $\overline{X}$로부터 멀어질수록 구간예측의 폭은 넓어지는 것을 알 수 있다. 바로 이러한 측면에서 보더라도 현재(t_3)로부터 먼 장래에 대한 예측을 실시할 경우 X_f의 값은 일반적으로 $\overline{X}$로

$$\therefore \ \mathrm{Var}(\hat{\epsilon}_f) = \sigma_\epsilon^2\left(1 + \frac{1}{n} + \frac{(X_f - \overline{X})^2}{\sum x^2}\right)$$

그런데 σ_ϵ^2는 미지이므로 실제 계산에서는 추정치 s_e^2을 사용한다. 따라서 이에 대응한 $\mathrm{Var}(\hat{\epsilon}_f)$를 s_f^2이라 표기한다면, 결국 $s_f = s_e\sqrt{1 + \frac{1}{n} + \frac{(X_f - \overline{X})^2}{\sum x^2}}$ 이 되며, 이는 곧 위의 식 (3.44)의 s_f와 같아진다.

한편, 여기서 $\mathrm{Var}(\hat{\epsilon}_f)$란 결국 $\mathrm{Var}(\hat{Y})$와 $\mathrm{Var}(\epsilon_i)$의 합으로 파악할 수 있음에 유의할 필요가 있다($\mathrm{Var}(\hat{Y})$은 식 (3.30)을 참조).

부터 멀어질 것이며, 따라서 구간예측의 폭은 상당히 커질 것이므로 예측의 신뢰성은 점차 낮아질 수밖에 없는 것이다.

제 4 절 실증분석과정 안내

이제까지 우리는 계량분석의 기본이 되는 단순선형회귀분석의 핵심적인 내용을 전부 살펴본 셈이다. 문제는 과연 이러한 논리에 근거하여 실제로는 어떻게 현실분석에 임하는가 하는 점이 될 것이다. 본 절에서는 실증분석을 시행하는 구체적인 과정을 간략히 안내하고 제 5 절에서 실제 응용예를 직접 다루어 보기로 한다.

1. 모형의 설정

실증분석과정에서 제일 먼저 직면하는 문제는 분석대상이 되는 경제이론 내지 가설을 실증분석이 가능한 구체적인 함수 형태로 표현하는 일이다. 경제변수 간의 함수관계는 대부분의 경우 알려지지 않는 것이 통례이다. 단지 분석의 편의상 선형함수관계를 우선적으로 고려하고 설명변수 또한 하나부터 시작해서 점차 확대해 가는 시행착오를 일반적으로 경험하게 된다. 그러나 경우에 따라서는 함수관계가 경제이론 자체에서 어느 정도 확인될 수 있으며(예컨대, Cobb-Douglas 생산함수, $Q=AL^{\alpha}K^{\beta}$), 특기할 것은 비선형인 경우도 종종 있다. 하지만 이러한 경우의 모형도 대부분 선형으로 전환할 수 있음은 전술한 바와 같다. 비선형모형에 관해서는 제 3 편 제 8 장에서 자세히 취급할 것이다.

분석코자 하는 경제현상을 단일방정식(single equation)으로 표현할 수 있는 경우가 있듯이 때에 따라서는 연립방정식(simultaneous equation)체계에 의해서만이 적절히 파악되는 경우도 있다. 전자의 경우에는 이론이 시사하는 바에 따라 어느 것이 종속변수이고 또 어느 것이 독립변수가 되는지를 결정하면 된다. 그러나 후자의 경우에는 외생변수(exogenous variable)와 내생변수(endogenous variable)로 구분처리하는 작업이 필요하게 되는데, 이와 관련한 문제는 제 4 편에서 자세히 다룰 것인바 여기서는 설명을 생략코자 한다.

모형설정문제와 관련하여 한 가지 분명히 해 두어야 할 사항이 있다. 회귀모형에서 상수항을 생략할 수 있는가 하는 문제이다. 상수항은 수리적 모형에서 본다면 독립변수(들)가 0이 되는 경우의 종속변수값, 즉 절편의 의미를 갖는다. 그러나 계량경제모형에서는 반드시 그러한 절편이 특별한 의미를 갖지는 않는다. 물론 $C_i = \alpha + \beta Y_i + \epsilon_i$와 같은 소비함수의 경우($C$는 소비 그리고 Y는 소득을 나타냄) β는 한계소비성향, 그리고 α는 절대소비수준의 의미를 갖듯이 상수항이 특별한 의미를 갖는 경우도 있다. 그러나 대부분의 경우에 있어서 상수항은 수학적 의미의 절편이라기보다는 생략된 설명변수들이 종속변수에 미치는 평균적인 영향으로 해석하는 것이 타당하다.

사실 모든 독립변수가 0이 되는 경우는 관심이 되는 분석대상의 함수관계와는 무관한 상황이며, 따라서 최소한 한 개 이상의 독립변수가 0이 아닌 상황이라야 분석대상이 되는 것이어서 상수항의 의의는 별무한 것이다. 또한 설명변수의 관측치가 현실적으로 0이 될 수 없다거나 또는 0과는 상당한 차이가 있다면 상수항의 의미는 더욱더 미약해진다.

그러나 회귀분석에서 상수항을 아예 빼버리는 것은 곤란하다. 반드시 상수항이 없어야 하는 상황이 아니라면 말이다. $Y_i = \alpha + \beta X_i + \epsilon_i$ 대신 $Y_i = \beta X_i + \epsilon_i$와 같이 모형을 설정하였다 가정하자. 최소자승법을 적용하여 추정량을 구하면,

$$\hat{\beta} = \frac{\sum X_i Y_i}{\sum X_i^2}$$

$$\mathrm{Var}(\hat{\beta}) = \frac{\sigma_\epsilon^2}{\sum X_i^2} \fallingdotseq \frac{s_e^2}{\sum X_i^2} \quad \left(\text{단, } s_e^2 = \frac{\sum e_i^2}{n-1}\right)$$

과 같아진다. 이러한 경우의 회귀선은 원점을 지나게 된다(절편이 0이므로). 상수항이 있는 모형의 경우 대응되는 추정량들은 각각 다음과 같았다.

$$\hat{\beta} = \frac{\sum x_i y_i}{\sum x_i^2}$$

$$\mathrm{Var}(\hat{\beta}) = \frac{\sigma_\epsilon^2}{\sum x_i^2} \fallingdotseq \frac{s_e^2}{\sum x_i^2} \quad \text{단, } \left(\text{단, } s_e^2 = \frac{\sum e_i^2}{n-2}\right)$$

상수항이 있는 모형에서는 $\hat{\beta}$과 $\mathrm{Var}(\hat{\beta})$의 값이 편차형(deviation form)으로 정의되었으나, 상수항이 없는 모형에서는 원래 값으로 정의되고 있다. 그리고 미지의 상수항(α)을 더 이상 추정할 필요가 없으므로 불편추정량 s_e^2의 정의식에서의 자유도는 $(n-2)$가 아니라 $(n-1)$이 되는 차이가 발생한다.

그러나 문제가 되는 것은 이러한 수학적 차이보다는 오히려 다음과 같은 사항들이다. 즉, 상수항이 없는 회귀분석은 첫째, $\sum e_i$가 반드시 0이 되지는 않는다는 점, 그리고 둘째로는 R^2값이 0 또는 심지어 음수가 될 수도 있다는 점이 바로 그것이다.[1] 따라서 상수항이 반드시 없어야 하는 경우가 아니라면 상수항의 경제적 의미가 별무하더라도 회귀분석에서 상수항을 없애는 일은 깊은 주의를 기울여야 할 필요가 있다.

2. 자　　료

일단 모형이 설정되어 방정식의 수나 변수의 수와 성격이 확정되면 각 변수의 관측자료를 모으게 된다. 이 때 모으는 자료는 모형과 변수의 성격에 따라 시계열 자료(time series data)가 되기도 하고 또는 횡단면 자료(cross-section data)가 되기도 할 것이다. 시계열 자료를 활용할 경우 일별·주별·월별·분기별 또는 연도별 자료 중 어느 것을 사용할 것인지도 모형의 성격에 따라 설정되어야 한다. 예컨대, 동태적 분석을 요하는 모형이라면 시간경과에 따른 주기적 변동이나 계절적 변동이 드러나지 않는 연도별 자료는 무의미하기 때문이다.

한편, 경우에 따라서는 원래 자료를 한 차례(이상) 조정해야 하는 경우도 있다. 예컨대, $\Delta Y_i = \alpha + \beta(\Delta X_i) + \epsilon_i$와 같은 모형을 추정하려면 X와 Y의 원자료를 일차차분(first differencing)하여 대입해야 할 것이다. 질적 차이를 나타내는 변수의 값을 산정하는 과정 또한 자료전환과정을 요하는데, 이 문제는 제 3 편에서 자세히 다루게 된다.

그런데 자료활용문제와 관련하여 분석자들이 종종 의문을 품게 되는 보다 현실적인 문제점이 있다. 우리가 얻을 수 있는 자료들은 이미 특정 기준에 따라 조정된 자료들뿐이어서 이것을 그대로 사용해도 괜찮은지를 분석자가 확신하지 못하는 경우가 왕왕 있다. 예컨대, GNP값을 찾아보니 특정 연도를 기준으로 산정된 지수로 표현되어 있는 경우 이를 그대로 사용해도 무방한가 하는 의문이 생기는 것이다.

이러한 의문에 대한 해답을 구하고자 다음의 모형을 고려해 보자.

$$Y_i = \hat{\alpha} + \hat{\beta} X_i + e_i$$

---

1) 자세한 내용은 Dennis J. Aigner, *Basic Econometrics*(Prentice-Hall, Inc., 1971), pp. 85~90을 참조할 것.

이제 Y와 X에 각각 w_1과 w_2의 비율(factor)을 곱하여 새로운 자료 Y^*와 X^*를 창출한 다음 회귀분석을 수행하였다 하자.

$$Y_i^* = \alpha^* + \beta^* X_i^* + e_i^* \quad (\text{단, } Y_i^* = w_1 Y_i,\ X_i^* = w_2 X_i,\ e_i^* = w_1 e_i)$$

위의 두 식에서 도출되는 각종 통계량을 대비시켜 보면 다음과 같다.

$$\hat{\alpha} = \overline{Y} - \hat{\beta}\overline{X} \qquad \alpha^* = \overline{Y}^* - \beta^* \overline{X}^*$$

$$\hat{\beta} = \frac{\sum x_i y_i}{\sum x_i^2} \qquad \beta^* = \frac{\sum x_i^* y_i^*}{\sum x_i^{*2}}$$

$$\text{Var}(\hat{\alpha}) = \frac{\sum X_i^2 \cdot \sigma^2}{n\sum x_i^2} \qquad \text{Var}(\alpha^*) = \frac{\sum X_i^{*2} \cdot \sigma^{*2}}{n\sum x_i^{*2}}$$

$$\text{Var}(\hat{\beta}) = \frac{\sigma^2}{\sum x_i^2} \qquad \text{Var}(\beta^*) = \frac{\sigma^{*2}}{\sum x_i^{*2}}$$

$$s_e^2 = \frac{\sum e_i^2}{(n-2)} \qquad s_e^{*2} = \frac{\sum e_i^{*2}}{(n-2)}$$

따라서

$$\beta^* = \frac{w_1}{w_2} \cdot \hat{\beta}$$

$$\alpha^* = w_1 \cdot \hat{\alpha}$$

$$s_e^{*2} = w_1^2 s_e^2$$

$$\text{Var}(\alpha^*) = w_1^2 \cdot \text{Var}(\hat{\alpha})$$

$$\text{Var}(\beta^*) = \left(\frac{w_1}{w_2}\right)^2 \cdot \text{Var}(\hat{\beta})$$

$$R^{*2} = R^2$$

와 같은 관계가 성립되며, 전환된 자료를 사용한 회귀분석 결과가 원래 자료를 사용한 경우와 어떻게 대비되는지를 정확히 인식하여 설명하는 이상 하등 문제가 될 것이 없을 것이다.

여기서 한 가지 특기할 사항은, 만일 $w_1 = w_2$라면 $\beta^* = \hat{\beta}$, $\text{Var}(\beta^*) = \text{Var}(\hat{\beta})$가 되고, 반면 Y만 w_1비율만큼 변화시켰으나 X는 그대로 둘 경우(즉, $w_2 = 1$)

에는 α^*과 β^* 그리고 $\sqrt{\mathrm{Var}(\alpha^*)}$과 $\sqrt{\mathrm{Var}(\beta^*)}$ 모두가 $\hat{\alpha}$과 $\hat{\beta}$ 그리고 $\sqrt{\mathrm{Var}(\hat{\alpha})}$과 $\sqrt{\mathrm{Var}(\hat{\beta})}$의 w_1배가 되는 변화가 발생하며, 또 한편 X만 w_2비율만큼 변화시키고 Y는 그대로 둘 경우($w_1=1$)에는 β^*와 $\sqrt{\mathrm{Var}(\beta^*)}$ 만이 $\hat{\beta}$과 $\sqrt{\mathrm{Var}(\hat{\beta})}$의 w_2배가 되는 변화가 발생하고 α^*과 $\sqrt{\mathrm{Var}(\alpha^*)}$은 변화하지 않음을 알 수 있다.

여하튼 어느 경우를 막론하고 Y와 X 대신 Y^*와 X^*를 사용해도 OLS추정량이 향유하는 특성에는 하등의 변화가 발생하지 않으므로 이를 적절히 활용하는 슬기가 필요할 것이다.

3. 모형의 추정결과 검토

일단 자료가 갖추어지면 비로소 우리는 최소자승법에 의해 추정치를 구하게 된다. 추정 결과에 대한 평가는 유의성 검정(t검정)과 적합도 검정에 의해 이루어진다. 일차적으로 우리는 귀무가설 $H_0 : \beta=0$이 기각될 수 있는가를 확인하는 t검정을 통하여 유의성 검정을 실시하게 되며, 적합도는 일반적으로 R^2값으로 판정하게 된다. 기대했던 대로 귀무가설들을 기각할 수 있게 되고, R^2값 또한 높은 적합도를 나타낼 정도로 큰 값(1에 가까운 값)이 관측되면 일단 추정결과에 대한 일차적인 검토는 합격선에 드는 것으로 볼 수 있다. 그러나 대부분의 경우 실망스럽게도 일차적인 최소자승 추정 결과들은 만족할 만한 결과가 되지 못하는 것이 통례이며, 주된 이유는 대체로 다음과 같다.

첫째, 회귀모형 형태가 잘못 설정된 경우, 예컨대 실제 함수관계는 비선형이거나 여러 개의 설명변수를 요하며, 또는 연립방정식 체계로만 설명될 수 있는 상황임에도 불구하고 단일방정식의 단순선형회귀식으로 추정했다면 좋은 결과를 기대할 수 없을 것이다.

둘째, 기본가정이 현실적으로 충족되지 못한 상황에서 분석이 이루어졌을 경우,

셋째, 일부 자료가 유실되었거나 적절한 관측치를 활용하지 못한 경우,

넷째, 적절한 변수를 선택치 못한 경우, 예컨대 들어가야 할 변수를 빼거나 불필요한 변수를 포함시키는 경우 좋은 추정 결과는 기대하기 힘들다.

4. 추정결과의 개선 및 활용

이상과 같은 사유로 추정 결과가 만족하지 못할 만한 것으로 판정되면 이를 시정하기 위한 제반 조치를 취해야 한다. 첫째번 유형의 문제는 제 3 편 8장과 제 4 편에서, 두 번째 유형의 문제는 제 5 장과 6장 및 7장에서, 세 번째 유형의 문제는 제 9 장에서, 그리고 네 번째 유형의 문제는 제 8 장에서 각각 상세히 다룰 것이어서 여기서는 설명을 생략코자 한다.

여하튼 일단 각종 조치를 통하여 추정 결과가 만족할 만한 것으로 개선되면 최종적인 추정식에 의거 당초 의도했던 행태분석 및 예측 그리고 각종 정책효과분석을 수행하게 된다. 단, 이러한 과정에서 별도로 취급되지는 않지만 많은 실증분석가들이 활용하는 조치 중의 하나가 있어 소개키로 한다.

추정 결과가 좋지 못한 경우란 결국 실제 관측치가 표본회귀선에 괴리된 정도가 심한 경우에 해당되는 것인데, 경우에 따라 이러한 현상은 몇 개의 극단적인 관측치의 존재로 인해 악화될 수 있다. 이들을 극단적 관측치(outliers)라 하는데, 이러한 극단적 관측치들의 존재이유를 정확히 파악해 낼 수 있다면 추정 결과를 개선시킬 수 있게 된다.

종종, 분석가들은 극단치들의 존재이유를 확인하지 못한 채 단지 분석 결과를 개선키 위해 이들을 추정과정에서 제거해 버리는 경우도 있다. 이 경우 산출되는 표준오차들이나 신뢰구간은 더 이상 유효하지 못하다. 반면, 극단치를 하는 수 없이 추정에 활용한다면 적합도가 불량하여 추정 결과가 별 의미를 갖지 못하는 상황에 봉착하게 된다.

따라서 극단치의 처리문제는 분석가의 선택에 달려 있는 셈인데, 피셔(F. M. Fisher)는 전자를, 즉 극단치를 일단 제거해 보는 것이 보다 나은 결과를 기대할 수 있는 과정이 될 것이란 견해를 피력한 바 있다.[1] 그러나 극단치들을 제거하는 것이 항상 바람직한 것만은 아님을 유의할 필요가 있다. 예컨대, 우리가 분석하고 있는 내용이 원유수요의 가격탄력성에 관한 것이라면 1973년도에 관측된 원유가격에 관한 극단적 관측치는 오히려 이러한 탄력성 분석에 보다 유용한 자료가 될 수도 있다.

---

1) F.M. Fisher, *A Priori Information and Time Series Analysis*, ch. 1, North-Holland, 1966, p.13.

제 5 절 실증분석 예 : 소비함수의 추정

회귀분석을 이용하는 계량분석에서 가장 빈번하게 예제로 활용되는 것 중 하나가 소비함수다. 경제학원론을 이수한 정도의 사람이라면 누구나 쉽게 이해할 수 있는 이론이며, 비단 경제학에 사전지식이 없는 사람이라 하더라도 쉽게 수긍이 갈 수 있는 논리이기 때문이다. 케인즈(J. M. Keynes)가 주장한 논리를 빌리지 않더라도 소득수준이 높아질수록 소비수준 또한 높아질 것이란 가설은 쉽게 받아들여질 것이다. 이러한 이유로 본 장에서도 소비함수의 추정을 실증분석의 제일 첫번째 예제로 삼았다.

케인즈에 의해 이른바 절대소득가설이 주창되자 수많은 학자들이 이 가설의 현실타당성을 확인하기 위한 실증분석을 시도하였다. 그 과정에서 현실상황에 대한 설명력 또는 예측능력을 높이기 위한 노력이 기울여졌고, 그 결과 상대소득가설·항상소득가설 및 평생소득가설 등의 대응논리가 개발되었다. 따라서 한 국가의 소비함수를 추정하는 문제는 이제 더 이상 아주 단순한 일로 볼 수 없게 된 셈이다.

1. 모형의 설정

소득과 소비의 관계에 관하여 일반적으로 선형함수관계를 가정하고 있으며 인과관계의 방향에 관해서는 소득수준이 설명변수로서 종속변수인 소비수준의 변동에 영향을 미치는 것으로 파악하고 있다. 소비함수가 국민경제 전반에 관한 연립방정식 형태의 거시계량모형체계상의 한 방정식으로 이해될 수도 있으나 단일방정식으로 독립시켜 별도로 실증분석을 시행하기도 한다. 그리고 제 4 절 제 1 항에서 언급한 바 있듯이 소비함수모형에서의 상수항은 소득이 전무한 상황에서도 지출해야 하는 절대소비수준을 나타내고 있어 생략해서는 곤란하다고 볼 수 있다.

이상과 같은 모형설정상의 제반 기준은 이미 기존가설들에 의해 공통적으로 받아들여지고 있는 사항들이다. 그러나 이러한 기준들을 충족시킬 수 있는 함수관계의 설정방안은 실로 다양하며 지금까지 실증분석에서 주목을 받아온 주요 모형을 소개하면 표 3-1과 같다. 단, 본 장에서 소개한 회귀분석의 내용이 설명변수가 하나인 단순회귀분석인 점을 감안하여 1)번 형식의 방정식을 중심

표 3-1 주요 소비함수모형

함 수 형 태	주 요 특 징
1) $C_t=\alpha+\beta Y_t+\epsilon_t$	케인즈의 절대소득가설
2) $C_t=\beta_1+\beta_2 Y_t+\beta_3 C_{t-1}+\epsilon_t$	프리드만의 항상소득가설 브라운의 소비관습모형
3) $C_t=\beta_1+\beta_2 Y_t+\beta_3 M_{t-1}+\epsilon_t$	토빈의 유동자산가설
4) $C_t=\beta_1+\beta_2 Y_t+\beta_3 C_{t-1}+\beta_4 M_{t-1}+\epsilon_t$	2)와 3)의 결합
5) $C_t=f(\sum\alpha_i Y_{t-i}, \sum\beta_j M_{t-j})$	3)의 변형
6) $C_t=\beta_1+\beta_2 Y_t+\beta_3 C_{t-1}+\beta_4 R_t+\epsilon_t$	2)의 변형
7) $C_t=\beta_1+\beta_2 Y_t+\beta_3 C_{t-1}+\beta_4 R_t+\beta_5 V_t+\epsilon_t$	6)의 확장
8) $C_t=\beta_1+\beta_2 Y_t+\beta_3 V_t+\beta_4 R_t+\epsilon_t$	6)의 변형

단, C_t : 민간소비지출　　Y_t : 국민소득　　M_t : (총)통화
　R_t : 이자율　　V_t : 부(wealth)

으로 추정하였으며 나머지는 제 4 장에서 다루기로 한다.

2. 자　료

별도의 표본조사를 통하여 얻은 횡단면자료를 활용할 수도 있겠으나 소득과 소비에 관한 자료는 국민소득추계상의 주항목인바, 대부분 국가가 시계열자료를 집계해 놓고 있어 쉽게 활용할 수 있다. 어떤 자료를 활용하든지간에 정작 문제가 되는 것은 다음과 같은 사항들이다.

첫째, 연도별 자료와 분기별 자료

둘째, 계절조정된 자료와 계절조정 안 된 자료

셋째, 경상가격으로 계측한 자료와 기준연도가격으로 계측한 자료

이상과 같은 자료 형태의 선정문제 외에도 각 변수를 구체적으로 어떻게 정의할 것인가 하는 문제가 아울러 고려되어야 한다. 예컨대, 소득과 소비를 총량변수로 볼 것인지 아니면 총인구수로 나눈 1인당 소득 및 소비로 파악할 것인지를 결정해야 하며, 소득을 총국민생산(GNP)이나 순국민생산(NNP) 개념으로 볼 것인지 아니면 가처분소득 개념으로 파악할 것인지, 그리고 각 변수를 실질변수로 파악할 것인지 아니면 명목변수로 이해할 것인지도 실증분석 이전에 결정되어야 한다. 뿐만 아니라 추정대상 기간은 어느 시기로 선택할 것인지도 분석가가 선택해야 할 주요 과제 중 하나가 된다.

본 장에서는 추정할 모형이 장기적 추세연구보다는 동태적 분석을 목적으

로 설정된 점을 감안하여 분기별 자료를 활용하였고 국민소득분석에서 통론으로 되어 있듯이 계절조정된 자료 중 기준연도가격으로 계측된 자료를 이용하였다.

한편, 사용할 자료가 횡단면자료가 아니란 점을 감안하여 1인당 소득이나 소비 개념 대신 총량 개념을 선정하되 소득의 경우에는 가처분소득을 사용하였다. 그리고 소득과 소비는 통례에 따라 명목변수로 취급하였다. 단, 추정방법은 본장에서 소개한 통상최소자승법(OLS; ordinary least squares)에 국한하여 실행하였으며, 분석대상 기간은 1970년 1/4분기부터 1988년 4/4분기까지(총 76개 분기)의 19년 기간을 선택하였다.

3. 추정결과와 평가

RATS프로그램을 이용하여 OLS를 실시한 결과 다음과 같은 추정 결과를 얻을 수 있었다(부록 B RATS프로그램 사용안내 참조).

$$CPXV_t = 1{,}448.233 + 0.695 YDXV_t \quad : \text{표본회귀선}$$
$$(9.487) \quad (51.932) \quad : t\text{값}$$
$$(152.662) \quad (0.013) \quad : \text{표준오차}$$
$$R^2 = 0.973 \qquad d = 1.711 \qquad s_e = 513.044$$

(단, CP : personal consumption expenditure
YD : disposable income
~X : 계절조정된 자료(deseasonalized data)임을 나타냄.
~V : 1985년을 기준연도로 하는 불변가격표시자료임을 나타냄.

여기서 CPXV는 계절조정된 불변가격표시(1985=100) 민간소비지출액(단위 : 10억 원)을, 그리고 YDXV는 역시 계절조정된 불변가격표시(1985=100) 가처분소득금액(단위 : 10억 원)을 각각 나타내며, 추정된 표본회귀식 밑의 ( ) 안에 있는 숫자들은 각각 t값과 표준오차($s_{\hat{\alpha}}$, $s_{\hat{\beta}}$)를 나타낸다. 그리고 R^2은 결정계수값을, 그리고 d는 Durbin-Watson계수(제 3 편 참조)값을 의미한다. 추정 결과에 따르면 소비지출액 변동의 약 97.3%가 가처분소득금액의 변동에 의해 설명될 수 있으며, 한계소비성향은 약 0.695, 그리고 절대소비지출액수준은 1,448.233(10억 원)으로 나타났다.

3.1 유의성 검정

과연 추정 결과 얻은 각 회귀계수값이 유의할 만한 것인지, 즉 각 회귀계수값이 0과는 현저하게 틀린 값이라고 볼 수 있는지를 확인할 필요가 있다. 이 때 귀무가설은 각각 다음과 같다.

$$\begin{cases} H_0 : \alpha = 0 \\ H_A : \alpha \neq 0 \end{cases} \qquad \begin{cases} H_0 : \beta = 0 \\ H_A : \beta \neq 0 \end{cases}$$

회귀분석에서 얻어진 $\hat{\alpha}$와 $\hat{\beta}$의 t값은 각각 9.487과 51.932이며, $\alpha = 5\%$ 수준에 대응하는 t의 임계치($n = 76 \geq 30$이므로 Z값으로 대체함)는 ± 1.96을 훨씬 상회하므로 귀무가설이 모두 기각된다.

3.2 적합도 검정

상대적 적합도를 나타내는 R^2값이 최고한도인 1에 거의 육박하는 0.973으로 산출되어 표본회귀선이 실제 관측점들을 아주 잘 대변해 주고 있음을 쉽게 알 수 있다. 일단 $\alpha = 5\%$ 수준에서 다음과 같은 귀무가설을 검정해 보면

$$\begin{cases} H_0 : \rho = 0 \\ H_A : \rho \neq 0 \end{cases}$$

$$t = \frac{r}{\sqrt{(1-r^2)/(n-2)}} = \frac{\sqrt{0.973}}{\sqrt{0.027/(76-2)}} \fallingdotseq \frac{0.9864}{0.0191} = 51.64$$

로, t의 임계치 1.96을 훨씬 상회하므로 역시 귀무가설은 기각되며 적합도는 훌륭한 것으로 판정할 수 있다.

귀무가설을

$$\begin{cases} H_0 : \rho^2 = 0 \\ H_A : \rho^2 \neq 0 \end{cases}$$

로 놓고 F검정을 실시해 보아도 결론은 같다. 즉,

$$F = \frac{r^2/(k-1)}{(1-r^2)/(n-k)} = \frac{0.973/(2-1)}{0.027/(76-2)} = \frac{0.973}{0.0003648} = 2,667.2149$$

으로 $F_{1, 74, 0.05}=3.92\sim4.0$보다 훨씬 커서 역시 귀무가설은 95% 확신을 가지고 기각할 수 있다. 여기서 분석모형은 설명변수가 하나인 선형회귀식이므로 F검정통계량값은 앞서의 t통계량값을 제곱한 값과 같아짐에 유의하기 바란다(제 4 장 제 4 절 참조).

3.3 신뢰구간 추정

한편, 추정된 회귀계수값과 각종 통계량의 값을 이용하여 모회귀계수에 대한 구간추정을 시행함으로써 회귀계수의 유의성을 재차 확인해 보기로 하자. α와 β에 대한 95% 신뢰구간은 각각 다음과 같이 정의된다.

$$\hat{\alpha}-t\cdot s_{\hat{\alpha}}<\alpha<\hat{\alpha}+t\cdot s_{\hat{\alpha}}$$

$$\hat{\beta}-t\cdot s_{\hat{\beta}}<\beta<\hat{\beta}+t\cdot s_{\hat{\beta}}$$

추정결과식에 나타난 자료를 활용하면 다음 결과를 얻게 된다.

$$\begin{aligned}1{,}149.01470&=1{,}448.233-1.96(152.662)<\alpha<1{,}448.233+1.96(152.662)\\&=1{,}747.45078\end{aligned}$$

$$0.67=0.695-1.96(0.013)<\beta<0.695+1.96(0.013)=0.72$$

즉, 절대소비수준을 나타내는 절편(α)이나 한계소비성향의 의미를 갖는 기울기(β) 모두가 그의 95% 신뢰구간 내에 0을 포함하고 있지 않고 있다. 따라서 α나 β값이 0과 같다는 가설은 다시 한번 기각될 수 있는 근거가 마련된 셈이다.

3.4 예 측

일단 적합도 및 유의성 검정 결과가 바람직한 것으로 판정되었으므로 추가적인 조정작업 없이 일단 예측을 시행해 볼 수 있을 것이다. 예측치의 평가를 위해 편의상 추정기간을 1970년 1/4분기에서 1988년 2/4분기로 고쳐 잡고, 1988년 3/4분기와 4/4분기에 대한 예측을 시행해 보기로 한다.

우선 변경된 기간에 대한 추정 결과부터 정리하면 다음과 같다.

$$CPXV_t = 1{,}299.003 + 0.711 YDXV_t$$
$$(8.545) \qquad (51.507)$$
$$(152.027) \qquad (0.014)$$
$$R^2 = 0.974 \qquad d = 1.96$$
$$s_e = 481.930$$

한편, 설명변수 YDXV에 대한 평균과 분산을 구해 보면 각각 10,233.62와 $4{,}084.352^2$로 나타난다.

이제 1988년 3/4분기와 4/4분기에 있어서 설명변수값(20,419.140057, 22,755.211549)을 이용하여 동기간에 대한 점예측을 실시하면, 종속변수인 CPXV 값은 각각 15,817.01와 17,477.96으로 산출된다. 그리고 이를 이용하여 구간예측을 시행하면 다음과 같아진다(단, $\alpha = 5\%$).

1988년 3/4분기 :

$$CPXV_f \pm t_{\alpha/2} \cdot s_e \sqrt{1 + 1/n + (YDXV_f - \overline{YDXV})^2 / \sum ydxv^2}$$

$15{,}817.01 \pm$

$$1.96(481.93)\sqrt{1 + 1/74 + (20{,}419.14 - 10{,}233.62)^2 / (74-1)(4{,}084.352)^2}$$

$(\because \ \sum ydxv^2 = \sum (YDXV - \overline{YDXV})^2 = (n-1) \cdot s^2_{YDXV})$

$\therefore$ 15,817.01 ± 990.10 또는 14,826.9~16,807.1

1988년 4/4분기 :

$17{,}477.96 \pm 1.96(481.93)$

$$\sqrt{1 + 1/74 + (227{,}552.11549 - 10{,}233.62)^2 / 73(4{,}084.352)^2}$$

$\therefore$ 17,477.96 ± 1,003.6 또는 16,474.36~18,481.56

동 기간에 대한 실제 CPXV 값은 각각 15,561.1과 15,715.7인 점을 고려하면 '88년 3/4 분기의 예측치는 무난하나 4/4 분기의 예측치는 실제치와 상당한 차이를 보여 줌을 알 수 있다. 따라서 3/4 분기의 구간예측은 실제값을 포함하나 4/4분기의 구간예측은 실제값을 포함하지 못하고 있다. 이는 1988년 4/4 분기의 실제치가 극단적으로 낮은 값으로 나타나 이른바 극단치(outliers)현상을 보였음에 기인하는 것으로 볼 수 있으며, 이러한 사실은 오차항의 분포도(그림 3-7)에서도 잘 확인할 수 있다.

그림 3-7 소비함수 추정에 따른 오차항의 분포도

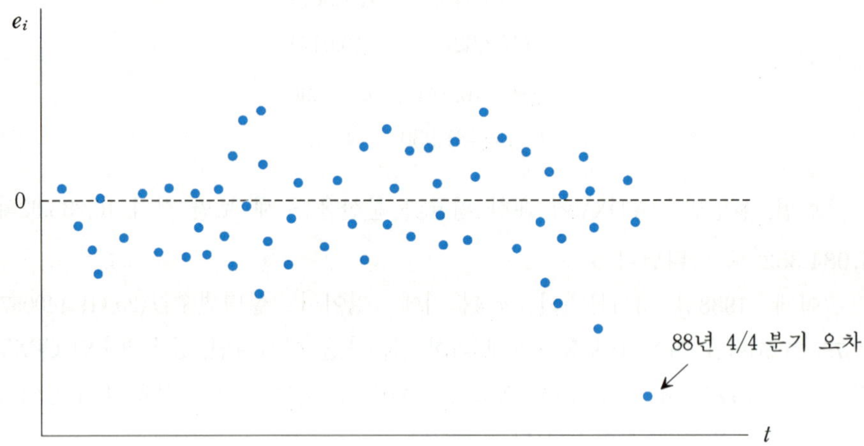

제 6 절 요 약

제 2 장에서 이어 본장에서는 고전적 선형회귀모형 중에서도 설명변수가 하나인 경우를 대상으로 회귀분석의 기본적이고 핵심적인 내용을 집약적으로 소개하였다.

최선의 추정방안이라 알려진 최소자승법에 의해 일단 표본회귀선이 도출되면 도출된 표본회귀선이 실제 관측치를 얼마나 잘 대표할 수 있는지의 여부를 우리는 표준추정오차(s_e)나 결정계수(R^2)를 이용하여 판정하게 된다. 또 이와는 별도로 독립변수가 종속변수의 변동을 설명할 수 있는지의 여부를 이른바 유의성검정(t검정)을 통하여 실시하게 된다. 한편, 이러한 유의성검정은 상관분석상의 t검정($H_0 : \rho=0$에 대한 t검정)과 분석효과상 일치된 결론을 초래함을 확인할 수 있었다.

최소자승법에 의해 도출된 표본회귀선이 일단 적합도판정이나 유의성검정에서 신뢰할 만한 판정을 얻게 되면, 우리는 비로소 이러한 표본회귀선을 이용한 점예측 및 구간예측을 시행할 수 있다.

그러나 본 장에서 전개한 회귀분석 내용은 설명변수가 하나이고, 또 종속변수와는 1차함수관계를 갖는 가장 기본적인 모형에 한정된 것이었고, 아울러

5가지 기본가정이 충족된다는 조건하에 분석이 이루어졌다. 따라서 보다 일반적이고 현실적인 상황에 대한 회귀분석을 시행하기 위해선 회귀모형 형태의 적절한 선정이나 기본가정의 충족 여부를 확인하는 문제는 물론, 불충분한 자료의 처리문제 및 적절한 변수의 채택 여부에 이르는 제반 사항을 고려해야 할 것이다.

본 장에서 도출된 제반 분석공식은 표 3-2와 같이 요약·정리될 수 있다.

표 3-2 회귀모형의 검정 및 예측

<table>
<tr><td rowspan="3">검정</td><td rowspan="2">적합도 검 정</td><td>절대평가</td><td>$s_e = \sqrt{\frac{\text{SSE}}{n-2}} = \sqrt{\frac{\Sigma(Y_i - \hat{Y}_i)^2}{n-2}}$</td><td></td></tr>
<tr><td>상대평가</td><td>$R^2 = \frac{\text{SSR}}{\text{SST}}$</td><td></td></tr>
<tr><td colspan="2">유의성 검정</td><td>$t_{n-2} = \hat{\beta}/s_{\hat{\beta}}$</td><td>$s_{\hat{\beta}} = s_e/\sqrt{\Sigma x_i^2}$</td></tr>
<tr><td rowspan="2">예측</td><td colspan="2">점 예 측</td><td>$\hat{Y}_f = \hat{\alpha} + \hat{\beta} X_f$</td><td></td></tr>
<tr><td colspan="2">구간예측</td><td>$\hat{Y}_{fc} = \hat{Y}_f \pm t_{\alpha/2} \cdot s_f$</td><td>$s_f = s_e \sqrt{1 + \frac{1}{n} + \frac{(X_f - \overline{X})^2}{\Sigma x_i^2}}$</td></tr>
</table>

□ 보 론

1. Ballentine도표를 이용한 R^2값의 의미 설명

Peter Kennedy가 Ballentin맥주의 포장인 원들의 모양으로부터 이름을 빌려와 계량경제분석을 위한 도표적 설명방안(일종의 Venn diagram)으로 활용하면서 붙여진 Ballentine도표는 여러 면에서 유용하다. 우선 R^2값의 크기는 위와 같은 도표모양으로 설명이 가능하다. (a) 경우 Y와 X의 변동량이 서로 중복되는 부분이 없어 $R^2=0$이 된다. (b)와 (c)는 R^2가 0이 아닌 상황을 나타내며 (c)가 (b)보다 R^2값이 높음을 나타내는데, 이는 Y의 변동량에 의해 설명되는 부분이 커짐을 의미하며, (d)의 경우는 $R^2=1$이 되는 상황을 나타내고 있다.

그림 3-8 Ballentine 도표

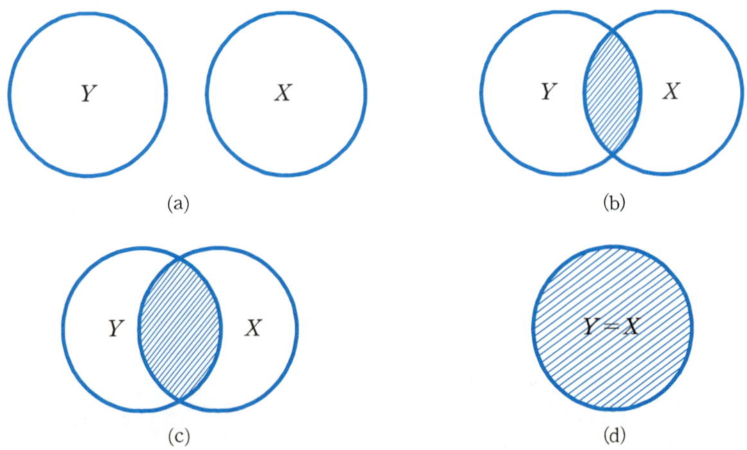

자료 : Peter Kennedy, "Ballentine : A Graphical Aid Econometrics," Austrailian Economic Papers, vol. 20(1981), pp. 414~416.

2. 개별예측과 평균예측

예측을 함에 있어 본문에서처럼 주어진 X값(X_f)에 대응하는 Y값($\hat{Y}_f$)을 도출하는 것이 상례이나 경우에 따라서는 주어진 X값에 대응하는 Y값의 평균에 관심을 두기도 한다. 이 두 가지 종류의 예측을 구분하기 위하여 전자를 개별예측(individual prediction), 그리고 후자를 평균예측(mean prediction)이라 부르기도 한다. 평균예측방법은 결국 모회귀선(population regression line) 자체에 대한 예측치를 찾는 것과 같으며 $E[Y|X=X_f]$와 같이 표현할 수 있다. $\hat{Y}_f=\hat{\alpha}+\hat{\beta}X_f$이므로 $\hat{Y}_f$는(정규분포를 따르는 $\hat{\alpha}$과 $\hat{\beta}$들의 1차함수이므로) 역시 정규분포를 따르게 된다. 이 때 $E[\hat{Y}_f]=\alpha+\beta X_f$이고, 분산은 $\mathrm{Var}(\hat{Y}_f)=\sigma_\epsilon^2\cdot[1/n+(X_f-\overline{X})^2/\sum x^2]$가 된다. 따라서 미지의 σ_ϵ^2 대신 s_e^2을 대입한 다음 구간예측 공식을 도출하면 다음과 같아진다.

$$\hat{Y}_{fc}=\hat{Y}_f\pm t\cdot s_e\sqrt{\frac{1}{n}+\frac{(X_f-\overline{X})^2}{\sum x^2}}$$

결과적으로 보아 평균예측 경우의 예측구간은 직관적으로 기대할 수 있듯이 개별예측 경우의 예측구간에 비해 좁아지게 된다. 이를 도표로 비교하여 나타낸 것이 아래의 도표다.

그림 3-9 개별예측과 평균예측의 예측구간

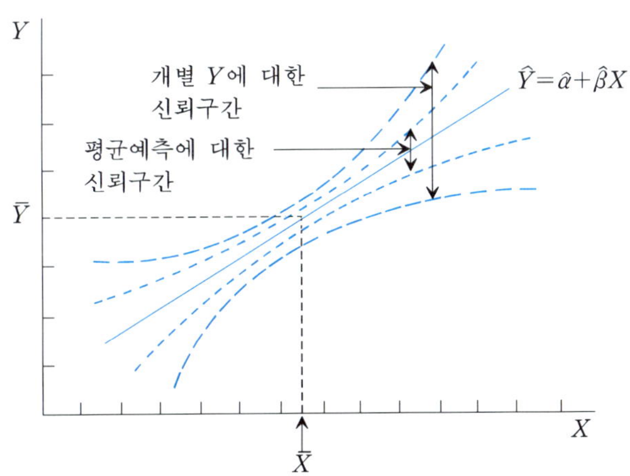

여기서 $\hat{Y}_f$에 대한 분산의 도출과정을 간략하게 살펴보자. $\hat{Y}_f$의 분산은 $\hat{\alpha}$에 의한 오차와 $\hat{\beta}$이 파생시키는 오차의 결합현상으로 표현될 수 있으며 다음과 같이 정의된다.

$$
\begin{aligned}
\mathrm{Var}(\hat{Y}_f) &= E[\hat{Y}_f - E[\hat{Y}_f]]^2 = E[(\hat{\alpha}+\hat{\beta}X_f)-(\alpha+\beta X_f)]^2 \\
&= E[(\hat{\alpha}-\alpha)+(\hat{\beta}-\beta)X_f]^2 \\
&= E[(\hat{\alpha}-\alpha)^2+2(\hat{\alpha}-\alpha)(\hat{\beta}-\beta)X_f+(\hat{\beta}-\beta)^2X_f^2] \\
&= E[(\hat{\alpha}-\alpha)^2]+2E[(\hat{\alpha}-\alpha)(\hat{\beta}-\beta)X_f]+E[(\hat{\beta}-\beta)^2X_f^2] \\
&= \mathrm{Var}(\hat{\alpha})+2\mathrm{Cov}(\hat{\alpha},\hat{\beta})X_f+\mathrm{Var}(\hat{\beta})X_f^2 \\
&= \left(\frac{1}{n}+\frac{\overline{X}^2}{\sum x^2}\right)\sigma_\epsilon^2 - 2\overline{X}\cdot X_f\frac{\sigma_\epsilon^2}{\sum x^2}+\frac{X_f^2\sigma_\epsilon^2}{\sum x^2} \\
&\left(\begin{aligned}\because \mathrm{Var}(\hat{\alpha}) &= \sigma_\epsilon^2\frac{\sum X_i^2}{n\sum x_i^2} \\ &= \sigma_\epsilon^2\cdot\frac{\sum x_i^2+n\overline{X}^2}{n\sum x_i^2} \\ &= \sigma_\epsilon^2\cdot\left(\frac{1}{n}+\frac{\overline{X}^2}{\sum x_i^2}\right)\end{aligned}\right) \\
&= \sigma_\epsilon^2\left[\frac{1}{n}+\frac{(X_f-\overline{X})^2}{\sum x^2}\right]
\end{aligned}
$$

여기서도 $\mathrm{Var}(\hat{Y}_f)$는 X의 모든 값에 대하여 일정한 것이 아니라 $X_f=\overline{X}$일 때 가장 작은 것을 알 수 있으며, $X_f=\overline{X}$이면 $\mathrm{Var}(\hat{Y}_f)=\sigma_\epsilon^2/n$이 되며, 이는 제 1 편 제 1 장에서 살펴본 논리($\sigma_{\overline{X}}^2=\sigma^2/n$)와 같은 맥락에서 이해될 수 있을 것이다.

한편, 개별예측구간 설정시의 분산은 평균예측구간 설정시의 분산에다 $\mathrm{Var}(\epsilon_i)=\sigma_\epsilon^2$을 더한 것과 같은 의미를 갖는다. 즉,

$$
\begin{aligned}
E[(Y_f-\hat{Y}_f)^2] &= E[(\alpha+\beta X_f+\epsilon_f-\hat{\alpha}-\hat{\beta}X_f)^2] \\
&= \mathrm{Var}(\hat{Y}_f)+\mathrm{Var}(\epsilon_f) \\
&= \sigma_\epsilon^2\left[1+\frac{1}{n}+\frac{(X_f-\overline{X})^2}{\sum x^2}\right]
\end{aligned}
$$

연습문제

[1] 다음 용어들의 개념을 비교·설명하라.

1) 적합도 검정과 유의성 검정
2) 표준추정오차(s_e)와 결정계수(R^2)
3) 사전적 예측과 사후적 예측
4) 조건부 예측과 무조건부 예측
5) 점 예측과 구간 예측
6) 개별 예측과 평균 예측

[2] $n=20$인 표본을 이용한 단순회귀분석 결과 결정계수값 $R^2=0.6$이고 표준추정오차는 $s_e=9$로 나타났다면 SSE와 SSR 값은?

(참고 : $s_e^2=\text{SSE}/(n-2)$, $R^2=1-\text{SSE}/\text{SST}$)

[3] 월별 매상고는 월별 광고비와 1차함수관계에 있다고 보고 다음 문제를 고려하라.

(단위 : 백만 원)

매 상 고	광 고 비
18	0
26	3
28	4
38	5

1) 두 변수 간의 함수관계를 추정하라.
2) R^2 값을 통해 추정 결과의 적합도를 평가하라.
3) $H_0 : \beta=0$을 $\alpha=1\%$ 수준에서 검정하라.
4) 광고비가 6백만 원일 때 매상고는 어느 정도가 되리라고 보는가?
5) 절편(α)에 대한 95% 신뢰구간을 설정하라.

[4] Y가 성적, X는 결석일수를 나타낼 때 18명의 표본에서 다음과 같은 정보를 얻었다 하자.

$$\Sigma X=60 \qquad \Sigma XY=3,000 \qquad \Sigma X^2=300$$
$$\Sigma Y=1,200 \qquad n=18 \qquad \Sigma Y^2=95,000$$

1) 표본회귀선을 도출하고 그 결과를 설명하라.
2) R^2은?
3) 3번 결석한 사람의 성적은 평균적으로 몇 점이 되리라 예상하는가?

[5] 다음의 자료를 이용하여 α, β, SST, SSR, s_e 및 R^2을 구하라.

$\sum X = 200$ $\sum XY = 15,500$ $\sum X^2 = 500$

$\sum Y = 8,000$ $n = 100$ $\sum Y^2 = 643,500$

[6] 다음 관계가 성립됨을 증명하라.

1) $s_e = \sqrt{(\sum Y_i^2 - \hat{\alpha}\sum Y - \hat{\beta}\sum XY)/(n-2)}$

2) $\text{SST} = \sum Y^2 - \sum Y^2/n$

3) $\text{SSR} = \hat{\beta}(\sum XY - (\sum X)(\sum Y)/n)$

4) $\text{SST} = \text{SSR} + \text{SSE}$

5) $E[\hat{\alpha}] = \alpha$

[7] 절편에 대한 회귀계수 α의 평균과 분산이 α와 $\sigma^2 \cdot (\sum X_i^2 / n\sum x_i^2)$인 정규분포를 따르게 됨을 증명하라.

[8] $\text{Cov}(\hat{\alpha}, \hat{\beta}) = -\overline{X}\sigma_\epsilon^2 / \sum x_i^2$임을 보여라.

[9] 이윤(Y)과 연구비(X)에 관하여 다음과 같은 정보를 얻었다.

$n = 38$ $\sum X = 60$ $\sum Y = 120$

$\sum(X - \overline{X})(Y - \overline{Y}) = 190$ $\sum(X - \overline{X})^2 = 100$

$\sum(Y - \overline{Y})^2 = 400$ $\sqrt{\frac{400/36}{100}} = 0.33$

1) Y를 X에 회귀분석하라.

2) β에 대한 90% 신뢰구간을 설정하라.

3) $H_0 : \beta = 0$을 $\alpha = 5\%$ 수준에서 검정하라.

4) $H_0 : \beta \geq 2$를 $\alpha = 10\%$ 수준에서 검정하라.

[10] 어느 회사 근로자 중 5명을 임의선정하여 의무교육(국민학교 6년) 이후 정규교육을 받은 연수(X)와 월급수준을 조사한즉 다음 결과를 얻었다 하자.

교육연수	월 급
6	50만 원
4	40만 원
8	70만 원
2	30만 원
3	60만 원

1) 표본산포도를 도시해 보아라.

2) 최소자승추정량을 구하라.

3) 대학 1년을 수료한 자의 월급수준은?

4) 고졸자의 월급수준에 대한 95% 신뢰구간을 설정하라.

5) $H_0 : \beta = 0$을 $\alpha = 5\%$ 수준에서 검정하라.

6) R^2값을 산출하라.

7) F검정법을 이용하여 적합도를 평가하라(단, $\alpha=5\%$, 제 8 장 참조).

[11] 표본회귀분석선과 회귀분석상의 분산분석표가 다음과 같이 주어졌다 하자.

$\hat{Y}=5.0-9.6X$

요 인	SS	d.f.
회 귀	144	1
잔 차	342	38

1) 이 분석에 사용된 표본의 크기는?

2) SST 값은?

3) F검정법을 이용하여 적합도를 평가하라($\alpha=5\%$).

4) s_e 값은?

5) $X=5.0$일 때 Y 값은?

[12] 유의성검정효과와 상관분석상의 t검정($H_0: \rho=0$)효과를 비교 · 검토하라.

[13] 단순회귀모형에서

$$H_0 : \rho=0\text{에 대한 검정통계량 } t=\frac{r\sqrt{n-2}}{\sqrt{1\quad r^2}}=\frac{r}{\sqrt{(1-r^2)/(n-2)}}\text{이}$$

$$H_0 : \beta=0\text{에 대한 검정통계량 } t=\frac{\hat{\beta}}{s_{\hat{\beta}}}=\frac{\hat{\beta}}{s_e/\sqrt{\Sigma x^2}}$$

과 같아짐을 증명하라.

[14] 단순회귀모형에서 결정계수 R^2는 단순표본상관계수 r의 자승과 같아짐을 보여라.

[15] 단순상관분석과 단순선형회귀분석 간의 유사점과 상이점을 대비하여 설명하라.

[16] 다음은 다섯 명 학생의 국어 · 영어 · 수학 과목의 평균점수와 전체 과목의 평균을 나타낸다.

학 생	A	B	C	D	E
국 · 영 · 수(X)	80	60	40	30	40
전 과 목(Y)	90	70	40	40	60

1) 상관계수 r값을 구하라.

2) ρ에 대한 95% 신뢰구간을 구하라.

3) Y를 X에 회귀분석하여 표본회귀선을 도출하라.

4) β에 대한 95% 신뢰구간을 설정하여 보아라.

5) $\alpha=5\%$ 수준에서 $H_0: \beta=0$과 $H_0: \rho=0$을 검정하라.

[17] 제 5 절에서 예시한 절차에 따라 소비함수의 추정 및 검정 그리고 예측을 시행하되 가처분소득 대신 GNP(자료디스켓에 YXV로 표기된 자료를 활용)를 사용해 보아라.

연습문제 해답

[1] (생략)

[2] SSR=2,187

[3] 1) $\hat{\alpha}=16.7858$ $\hat{\beta}=3.5714$

2) $R^2=0.8797$

3) $t_{\text{cal}}=3.8234$ $\therefore$ $H_0: \beta=0$을 기각하지 못한다.

4) $\hat{Y}=38.2142$, 그러나 $H_0: \beta=0$을 기각하지 못하므로 예측은 무의미함.

5) $2.5725<\alpha<30.9965$

[4] 1) $\hat{\beta}=-10$ $\hat{\alpha}=100$

2) $R^2 \fallingdotseq 0.67$

3) $X=3$일 때 $\hat{Y}_f=70$

[5] $\hat{\beta}=-5$ $\hat{\alpha}=90$

$s_e=3.194$ $R^2=0.7143$

[6]~[8] (생략)

[9] 1) $\hat{Y}=0.16+1.9X$

2) $\beta_c=1.9\pm0.5429$

3) $z_{\text{cal}}=5.756$ $\therefore$ H_0 기각

4) $z_{\text{cal}}=-0.303$ $\therefore$ H_0 채택

[10] 1) (생략)

2) $\hat{\beta}=4.74$ $\hat{\alpha}=28.196$

3) $\hat{Y}=61.376$(원)

4) 14.79~98.49

5) $t_{\text{cal}}=1.81<3.182=t_{\alpha/2}$ $\therefore$ H_0 채택

6) $R^2=0.522$

7) $F_{cal} = 3.27 < 10.1 = F_{1, 3, 0.05}$ $\therefore H_0$ 채택

[11] 1) 40

2) SST=486

3) $F_{cal} = 16 > 4.08 \fallingdotseq F_{1, 38, 0.05}$ $\therefore H_0$ 기각

4) $s_e = 3$

5) $\hat{Y} = -43$

[12]~[15] (생략)

[16] 1) $r = 0.94$

2) $-0.195 \sim 0.999$

3) $\hat{Y} = 10 + 1.0X$

4) 0.35~1.65

5) ① $t_{cal} = 4.90 > 3.182 = t_{\alpha/2}$ $\therefore H_0$ 기각

② $t_{cal} = 4.8 > 3.182 = t_{\alpha/2}$ $\therefore H_0$ 기각

(참고 : $F_{cal} = 24.0 > 10.1 = F_{1, 3, 0.05}$)

[17] 1) CPXV=1,683.35+0.51YXV

(21.26) (97.57)

$R^2 = 0.99$ d.w.=0.42

2) $t_{cal} = 21.26 > 1.96$ $\therefore H_0 : \alpha = 0$ 기각

$t_{cal} = 97.57 > 1.96$ $\therefore H_0 : \beta = 0$ 기각

3) $F_{cal} = 9{,}519.3 > 4.0 = F_{1, 74, 0.05}$ $\therefore H_0$ 기각

4) ① $1{,}528.2 < \alpha < 1{,}838.5$

② $0.50 < \beta < 0.52$

5) $16{,}255.3 \pm 1.96 S_f = 15{,}707.0 \sim 16{,}803.7$

제 4 장 다중선형회귀분석

본 장에서 다루고자 하는 회귀분석의 내용은 기본적으로는 제 2 장과 3장에서 소개한 단순선형회귀분석모형을 확대하는 일이다. 즉, 본 장에서는 설명변수가 둘 이상이 되는 상황을 대상으로 회귀분석방안을 강구하게 될 것이다. 단, 본 장에서의 분석내용은 기본적으로 제 2 장과 3장의 연장에 해당되므로, 분석절차 또한 그림 4와 같이 전장들과 비슷한 체계로 제시하였다.

그림에서 볼 수 있듯이 본 장은 우선 다중회귀분석이 갖는 의의에 대한 논의로 시작하였는데, 다중회귀분석이란 단순히 설명변수가 2개 이상이 되는 경우에 대한 회귀분석으로 그치는 것이 아니라 각종 경제적 가설 및 이론을 실증분석하는 데 합목적적인 특징이 있음을 밝혔다. 이어서 이와 같은 다중회귀분석을 시행하는 데 필요한 기본가정과 또 이러한 기본가정하에 최소자승법을 적용하는 실제적인 과정을 다루었다. 한편, 표본회귀선에 대한 평가방안으로는 제 3 장 단순회귀분석에서 소개한 적합도 검정 및 유의성 검정 이외에 F검정통계량을 이용하는 별도의 적합도 판정방안을 아울러 소개하였으며, 동시에 상관계수의 활용방안 내용을 다중회귀분석과 관련시켜 간략히 검토하였다.

한편, 초보자들이 혼란에 빠지기 쉬운 회귀분석상의 F검정과 전통적인 분산분석(ANOVA)상의 F검정의 비교내용은 보론으로 처리하여 제시하였다.

그림 4 다중회귀분석의 주요 내용

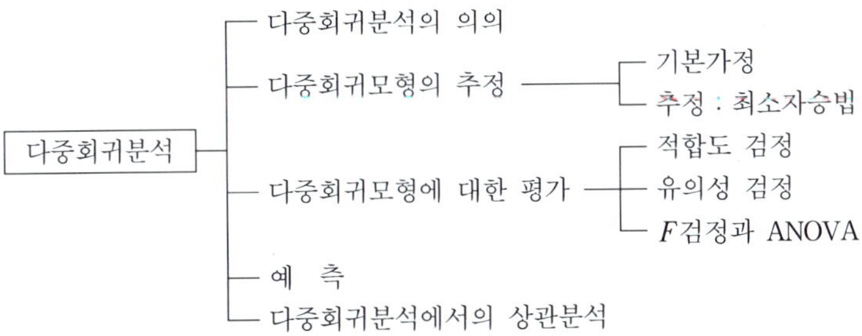

제 1 절 개　　요

일반적으로 다중회귀분석(multiple regression)이라 함은 설명변수가 2개 이상인 회귀모형을 분석대상으로 삼고 있다. 단, 본 장에서는 논의의 편의상 설명변수는 둘이며, 각 설명변수는 종속변수와 선형관계에 있다는 가정하에 논의를 전개하고자 한다. 설명변수가, 예컨대 k개에 이르는 모형을 적절히 다루기 위해서는 행렬(식)과 선형대수에 관한 별도 설명이 상당량 필요하게 된다는 점과 비선형모형은 적절한 절차를 통하여 쉽게 선형모형으로 전환될 수 있다는 사실을 감안하여 위와 같은 제약하에서 분석하고자 하는 것이다.

제 2 절 다중회귀분석의 의의

단순회귀분석보다는 다중회귀분석의 적용이 보다 적절한 경우가 일반적이라는 사실 외에 다중회귀분석모형을 채택함으로써 우리가 얻을 수 있는 의의는 실로 다양한 측면에서 찾아볼 수 있다.

우선, 두 개(이상)의 독립변수가 종속변수에 미치는 영향을 파악하기 위해서는 다중회귀분석을 시행하는 것이 마땅하다는 점을 지적할 수 있다. 그러나 보다 중요한 것은 비단 특정한 한 개의 독립변수와 종속변수간의 관계에만 관심이 있다 하더라도 일단 종속변수에 영향을 준다고 믿어지는 타설명변수를 동시에 모형에 포함시켜 분석하는 다중회귀분석은 적어도 다음의 두 가지 이유 때문에 분석내용을 향상시킬 수 있다는 사실이다. 종속변수를 단 한개의 독립변수만으로 설명하는 경우에 비해 추가적인 독립변수를 도입할 경우 오차항의 값은 축소될 것이고, 따라서 통계적 추론에 있어 보다 정확성을 기할 수 있다는 것이 그 첫번째 이유로 지적될 수 있다. 그리고 두 번째 이유는 실제로 종속변수에 지대한 영향을 주는 설명변수를 고려치 않았을 때 발생하는 이른바 편의현상을 제거할 수 있다는 점을 들 수 있는데, 바로 이 점이 핵심적인 사유라 할 수 있다.

그림 4-1에서 수요(Y)가 가격(X_1) 및 소득수준(X_2)에 영향을 받음에도 불구하고 수요를 가격만의 1차함수로 보고 단순선형회귀분석을 하였을 때 얻어질 수 있는 표본회귀선을 $\hat{Y}$로 표시하였다. 한편, 가격과 수요량 간의 관계를 나타

그림 4-1 수요·가격 및 소득의 관계

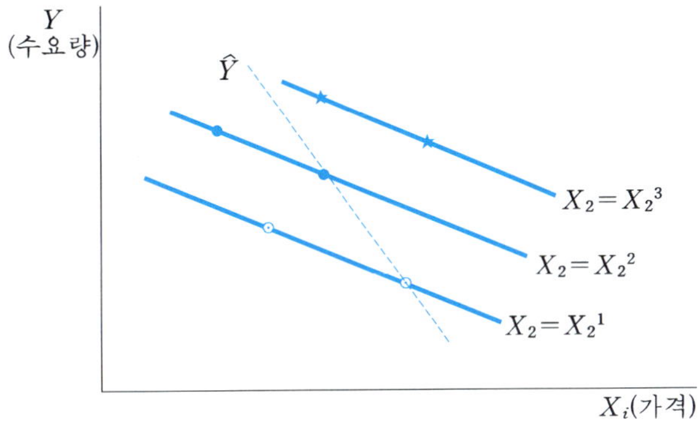

내는 산포도를 일단 소득수준(X_2)에 따라 구분하여 보기로 한다. 예컨대, $X_2 = X_2^1$일 경우는 '◦', $X_2 = X_2^2$일 경우는 '·', 그리고 $X_2 = X_2^3$일 경우는 '★'표로 각각 구분 표시한다. 그러면 동일한 소득수준을 갖는 관측치들만으로 각각 별도의 회귀분석을 실시할 경우, 즉 소득수준(X_2)이 일정하다는 조건하에서 수요량과 가격 간의 표본회귀선을 각각 도출할 경우, 이 때 형성되는 표본회귀선들의 기울기는 대체로 비슷하나 단순회귀분석 결과 도출된 표본회귀선 $\hat{Y}$과는 상당한 차이가 있음을 알 수 있다. 위의 예제를 통하여 다중회귀분석은 앞에서 지적한 두 가지 사항, 즉 마땅히 포함되어야 할 변수를 무시함으로써 발생하는 편의현상을 제거할 수 있을 뿐만 아니라, 나아가서는 회귀분석상의 오차도 줄일 수 있음을 확인할 수 있을 것이다. 그런데 여기서 특기할 사항으로 소득수준(X_2)의 변화에 따른 영향을 제거한 상태에서 가격(X_1)만의 변화가 수요량(Y)에 미치는 효과를 파악하려면 반드시 다중회귀분석을 적용해야 한다는 사실을 지적할 수 있다. 즉, 다중회귀분석의 이러한 역할은 회귀모형을 설정함에 있어 종속변수 Y를 설명하는 데 X_1 외에 X_2라는 독립변수를 일단 추가도입해야만 가능한 것이다. 그러면 과연 다중회귀분석모형이 어떻게 여타 설명변수의 값을 일정하게 유지시키는 효과를 발휘할 수 있는지를 보다 구체적으로 확인해 보기로 하자.

예컨대, Y(수요량)는 X_1(가격)과 X_2(소득수준)에 의존하며, 구체적인 함수 관계식은 다음과 같다고 하자.

$$Y = \alpha + \beta_1 X_1 + \beta_2 X_2 \tag{4.1}$$

이상에서의 설명에 의하면 윗식에서 β_1은 X_2값이 일정하게 유지되는 조건하에서 X_1만이 변화할 때 Y에 미치는 영향력의 정도를 나타내며,[1] 반대로 β_2는 X_1이 일정할 때 X_2가 Y에 미치는 영향력의 정도를 측정해 주는 것이어야 할 것이다. 이러한 논리에 대한 증명을 위해 X_1은 당초 X_1^0였던 것이 현재는 (X_1^0+1)로 변한 반면, X_2는 당초 X_2^0였고 현재도 X_2^0로서 동일한 값을 취하고 있다고 가정하자. 그러면 두 시기에 있어서의 Y값은

$$Y^0 = \alpha + \beta_1 X_1^0 + \beta_2 X_2^0 \tag{4.2}$$

$$Y^1 = \alpha + \beta_1 (X_1^0 + 1) + \beta_2 X_2^0 \tag{4.3}$$

(단, 상첨자에서 0은 당초시기, 1은 현재시기를 의미함)

와 같이 표현될 것이다. 이제 식 (4.3)에서 식 (4.2)를 빼면 Y값의 변화(ΔY)를 확인할 수 있을 것이며 계산 결과는 다음과 같아진다.

$$Y^1 - Y^0 = \Delta Y = \beta_1 \tag{4.4}$$

식 (4.4)가 의미하는 것은 X_2란 변수값을 일정하게 유지시키면서 X_1만을 1단위만큼 변화시켰을 때 Y는 β_1만큼의 변화가 발생한다는 것이다. 따라서 다중회귀분석에서 각 독립변수 앞에 붙는 계수는 수학적 개념으로 표현하자면 편미분값에 해당되며, 이 점은 후술하게 될 다중회귀모형의 추정과정에서 보다 상세히 언급키로 한다.

단순회귀분석에서는 기대할 수 없는 다중회귀분석의 의의를 다시 한번 되새겨 보기 위해 다음과 같은 가상적 자료를 활용해 보기로 한다.

표 4-1에 제시된 자료는 특정 재화에 대한 수요량을 단가 및 수요자의 월평균 소득수준과 대비하여 6개년에 걸쳐 관측된 자료라 가정하자. 우선 Y를 단순히 X_1에 대한 1차함수로 파악하여 회귀분석을 하면,

$$\hat{Y} = 17\frac{7}{19} + \frac{11}{19} X_1 \fallingdotseq 17.631 + 0.58 X_1 \tag{4.5}$$

---

1) 이 상황은 수요에 영향을 주는 여러 변수 중 가격을 제외한 모든 변수값이 일정한 상태하에서는 수요량이 가격과 역함수관계에 있다는 수요의 법칙을 묘사하고 있다.

표 4-1 수요량·가격 및 소득수준

연 도	수요량(Y)	단가(X_1)	월평균소득수준(X_2)
2000	30	10	15
2001	20	25	15
2002	40	25	20
2003	20	30	20
2004	55	40	40
2005	45	50	40

이 된다. 그런데 경제이론에 의하면 수요(Y)는 가격(X_1)의 역함수라는 수요의 법칙이 성립되어야 하는데, 단순선형회귀분석 결과 얻어진 표본회귀선은 두 변수가 정함수관계에 있는 것으로 나타났다. 이러한 예상 밖의 결과가 나온 것은 아마도 수요(Y)에 큰 영향을 주는 기타 변수의 역할을 도외시한 데에서 연유한다고 일단 생각할 수 있다. 그렇다면 그 기타 변수가 과연 무엇인지 또 그 변수의 영향을 어떻게 배제한 가운데 Y와 X_1간의 관계를 파악할 수 있을까? 대답은 간단하다. 기본적인 경제이론에 입각하면 Y에 영향을 미칠 수 있는 X_1 이외의 주요 변수로는 수요자의 소득수준(X_2)을 들 수 있고, 이 새로운 변수를 동시에 고려하되 Y와 X_1의 관계를 파악하고자 할 때에는 X_2값을 일정하게 묶어두는 방안, 즉 다중회귀분석을 활용해야 하는 것이다. 이러한 다중회귀분석의 의의를 살려 다중표본회귀선을 도출한 것이 식 (4.6)이다.

$$\hat{Y} = 13.65 - 0.88X_1 + 1.91X_2 \tag{4.6}$$

다중회귀분석 결과로 얻은 추정식에서는 수요이론이 시사하는 대로 수요(Y)는 가격(X_1)에 대해서는 역의 함수관계에 있고, 소득(X_2)과는 정의 함수관계에 있음이 확인되었다. 아직 이와 같은 식의 도출과정은 구체적으로 설명하지 않은 단계인지라 계산과정을 아직 밝힐 수는 없으나 식 (4.6)이 식 (4.5)보다 작은 표준오차를 유발하는 결과도 추후 확인될 수 있다.

여하튼 이상의 예에서 우리는 $Y = f(X_1, X_2) = \alpha + \beta_1 X_1 + \beta_2 X_2$의 관계에 있을 때 X_2의 값을 일정하게 유지시키는 조건하에서는 Y와 X_1은 역함수, 그리고 X_1의 값을 일정하게 유지시키는 조건하에서는 Y와 X_2는 정함수관계에 있다는 기초수요이론에 합당한 결과를 다중회귀분석의 도입을 통하여 얻을 수 있음을 확인한 셈이다. 또한 표 4-1과 같은 예제는 단순회귀분석 적용시 도출된 회귀계수의 부호가 기타 독립변수를 추가도입한 다중회귀분석에서 바뀔 수 있

그림 4-2 가격과 소득 그리고 수요량

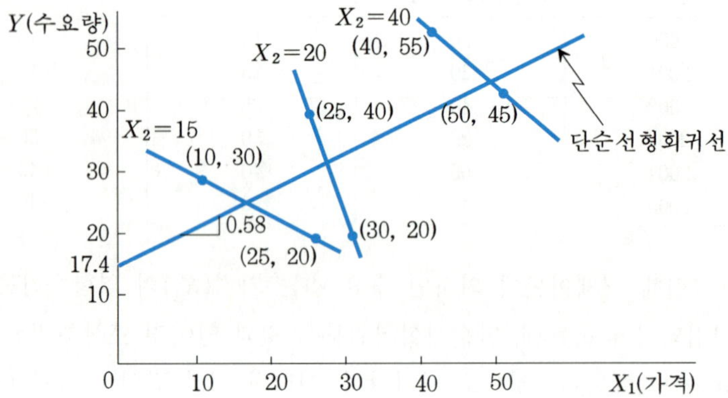

음을 입증해 주고 있다. 그림 4-2에 나타난 산포도는 이상과 같은 현상이 나타날 수 있음을 쉽게 확인시켜 줄 수 있으리라 믿는다. 즉, 그림 4-2는 6개의 관측점을 소득수준(X_2)을 무시한 채 단순선형회귀분석한 결과($Y = 17.4 + 0.58X_1$)와, 동일한 소득수준을 갖는 관측점들끼리 연결함으로써 소득수준이 일정한 상태에서 수요(Y)와 가격(X_1)간의 관계를 예시한 3개의 선을 대비하여 보여 주고 있다. 이 그림은 기타 독립변수의 영향을 고려하지 않았을 경우와 고려할 경우 예상되는 회귀 결과를 쉽게 비교할 수 있는 좋은 예라 볼 수 있다.

제 3 절 다중회귀모형의 추정

앞에서 밝힌 바 있듯이 본장에서 구체적으로 분석할 모형은 설명변수가 둘이되 종속변수와는 선형관계를 갖고 있는 회귀모형이다. 보다 구체적인 수식으로 표현하면 우리가 추정할 모형은 다음과 같다.

[모집단의 다중선형회귀선]

$$E[Y_i|X_{1i},\ X_{2i}] = \alpha + \beta_1 X_{1i} + \beta_2 X_{2i} \tag{4.7}$$

또는

[모집단의 다중선형회귀모형]

$$Y_i = \alpha + \beta_1 X_{1i} + \beta_2 X_{2i} + \epsilon_i \tag{4.8}$$

식 (4.7)은 모집단의 다중선형회귀선, 그리고 식 (4.8)은 모집단의 다중선형회귀모형에 대한 정의식에 해당된다. 양식에 나타나 있듯이 각 독립변수는 종속변수 Y와 선형관계에 있으며, 또한 앞 절에서 강조한 바 있듯이 β_1과 β_2는 여타 독립변수의 영향이 없거나 일정 수준에 머물러 있다는 가정하에 개별 독립변수가 종속변수에 미치는 영향을 표시하게 된다. 그러므로 β_i를 부분회귀계수(partial regression coefficients)라 부르기도 한다.

여하튼 모집단의 회귀모형에 대한 추정방법은 제 2 장에서처럼 추출된 표본정보를 이용하는 최소자승법이 된다. 단, 여기서 적용할 최소자승법이 통계적으로 가장 바람직한 방법이 되기 위해서는 이상적인 기초가정이 충족되어야 할 것임은 당연하나, 가정의 내용이 단순선형회귀분석의 경우와 다소 달리 표현되거나 추가되어야 할 사항이 있어, 우선 최소자승법의 적용을 통한 추정작업에 앞서 다중선형회귀분석에 필요한 기본가정을 간략히 정리해 두고자 한다.

1. 다중회귀분석의 기본가정

최소자승법은 모집단에 대하여 아무런 가정을 설정하지 않고도 적용할 수는 있다. 그러나 단순선형회귀분석의 경우에서처럼 몇 가지 이상적인 또는 편의상의 가정을 설정할 경우 최소자승법에 의해 추정된 표본회귀선은 통계적으로 바람직한 특성을 갖게 될 뿐 아니라 전통적인 통계적 추정 및 검정을 실시할 수 있다는 데 그 의의가 있다. 일반적으로 볼 때 다중회귀분석에 기본적으로 설정하는 가정은 제 2 장에서 소개한 다섯 가지 가정을 다소 변형시켜 표현한 것에 불과하다. 그러나 다중회귀분석에는 두 가지 가정이 별도로 추가되어야 하는데 그 내용은 다음과 같다.

가정 I : $E[\epsilon_i] = 0$; 오차의 기대치 또는 평균은 주어진 설명변수들(여기서는 X_1과 X_2) 값의 모든 가능한 집합에 대하여 영이다.

가정 II : $E[\epsilon_i^2] = \sigma_\epsilon^2$; 오차의 분산은 주어진 X_1, X_2값의 모든 가능한 집합에 대하여 일정한 값을 갖는다(동분산가정).

가정Ⅲ : $E[\epsilon_i \epsilon_j]=0,\ i \neq j$; 오차항들은 서로 독립적이며 따라서 그들의 공분산은 영이다.

가정Ⅳ : $E[\epsilon_i X_i]=X_i E[\epsilon_i]=0$; 오차 ϵ_i는 각 독립변수와 독립적이며, 독립변수는 비확률변수로 간주한다.

가정Ⅴ : $\epsilon_i \sim N(0,\ \sigma_\epsilon^2)$; 주어진 설명변수값의 모든 가능한 집합에 대한 오차항은 정규분포를 따른다. 여기에 가정 I 과 Ⅱ를 합하여 표현하면 $\epsilon_i \sim N(0,\ \sigma_\epsilon^2)$이라 표시할 수 있다.

이상은 제 2 장에 소개한 기본가정들을 설명변수가 두 개인 경우를 감안하여 다소 추가적인 설명을 곁들여 표현한 것에 불과하며 기본적인 내용은 하등의 차이가 없다.

반면 이와는 별도로 다중회귀분석에만 추가되는 두 가지 가정이 있는데 그 내용은 다음과 같다.

가정Ⅵ : 관측된 값들의 수는 독립변수의 수보다 최소한 2 이상 커야 한다. 도입된 독립변수의 수를 k라 하면 미지수인 절편을 포함하여 총 $(k+1)$개의 미지의 모수(parameter)를 추정하여야 하며, 따라서 관측치의 수(n)는 $(k+1)$보다 커야 연립방정식체계를 이용해야 하는 최소자승법의 해(solution)가 가능하기 때문이다. 즉, $n>k+1$이라야 한다. 그런데 이 때 자유도는 $n-(k+1)$이 되고 자유도가 적어도 1 이상의 값을 가지려면 $n-(k+1) \geq 1$의 관계가 성립되어야 하며, 이를 달리 표현하면 $n \geq k+2$, 즉 관측치의 수는 독립변수의 수보다 적어도 2개 이상 큰 값을 가져야 할 필요가 있는 것이다. 따라서 독립변수가 둘인 모형에서는 관측치의 숫자는 적어도 4 이상이라야 할 것이다.

가정Ⅶ : $\rho(X_i,\ X_j) \neq \pm 1$; 독립변수들 간의 선형상관계수값은 ± 1이 되어서는 안 된다. 즉, 한 독립변수가 정확히 다른 독립변수와 1차함수관계에 있어서는 안 된다는 의미이며, 다시 말하자면 한 독립변수의 값들이 다른 독립변수의 일정 배수와 같아져서는 곤란하다는 말이다. 이 가정이 필요한 이유는 두 독립변수가 정확히 1차함수관계에 있을 경우, 종속변수의 변화를 설명하는 데 실제로 필요한 정보는 이들 중 한 개의 독립변수값만으로 충분하기 때문이다.

이 가정은 실제로 구속력이 매우 약한 가정이다. 그러나 어떤 두 독립변수가 정확히 1차함수관계에는 있지 않지만 둘 사이의 상관관계가 아주 강하여, 예컨대 $\rho(X_1, X_2)$의 절대값이 1에 가까워지면, 최소자승법의 적용 자체가 매우 심각한 국면을 맞게 된다. 이 때 나타나는 현상을 다중공선성(multicollinearity)이라 부르는데, 이 점에 관하여서는 제 5 장에서 상세히 설명하기로 한다.

2. 최소자승법에 의한 다중회귀모형의 추정

이제 위에서 소개한 모집단에 대한 가정이 일단 충족된다는 가정하에 최소자승법을 적용하여 표본회귀선을 도출하는 과정을 살펴보기로 한다. 이 때 도출될 표본회귀선을 일단 다음과 같이 정의하자.

$$\hat{Y}_i = \hat{\alpha} + \hat{\beta}_1 X_{1i} + \hat{\beta}_2 X_{2i} \tag{4.9}$$

그러면 표본회귀모형은

$$Y_i = \hat{\alpha} + \hat{\beta}_1 X_{1i} + \hat{\beta}_2 X_{2i} + e_i \tag{4.10}$$

과 같이 표현될 것이고, 여기서 $\hat{\alpha}$, $\hat{\beta}_1$ 및 $\hat{\beta}_2$은 모수인 α, β_1 및 β_2에 대한 최소자승추정량이 되며, e_i는 회귀분석에 따른 잔차항(residual)으로 ϵ_i에 대한 추정에 사용될 것이다.

이제 오차의 자승합을 최소화하는 방안인 최소자승법을 적용하기 위해 표본의 크기를 n이라 보고 다음과 같이 목적함수를 설정한다.

$$\begin{aligned} \text{Min}\,L &= \text{Min}\sum_{i=1}^{n} e_i^2 = \text{Min}\sum_{i=1}^{n}(Y_i - \hat{Y}_i)^2 \\ &= \text{Min}\sum_{i=1}^{n}(Y_i - \hat{\alpha} - \hat{\beta}_1 X_{1i} - \hat{\beta}_2 X_{2i})^2 \end{aligned} \tag{4.11}$$

함수 L의 값을 극소화시키려면 우선 각 미지수에 대하여 1차편미분한 값을 각각 0으로 놓아야 할 것이다.[1)]

---

1) 여기서 주의할 것은 $\hat{\alpha}$, $\hat{\beta}_1$ 및 $\hat{\beta}_2$을 구하기 위하여 함수 L을 각각의 미지수에 대하여 편미분한다는 사실이다. 편미분이란 여타 변수값이 일정하다는 가정하에 한 변수

$$\frac{\partial L}{\partial \hat{\alpha}} = \frac{\partial L}{\partial \hat{\beta}_1} = \frac{\partial L}{\partial \hat{\beta}_2} = 0 \tag{4.12}$$

식 (4.12)를 만족시키는 최소화의 필요조건식들은 다음과 같은 정규방정식(normal equations)의 형태로 정리될 수 있다.[1)]

$$n\hat{\alpha} + (\Sigma X_{1i})\hat{\beta}_1 + (\Sigma X_{2i})\hat{\beta}_2 = \Sigma Y_i \tag{4.13}$$

$$(\Sigma X_{1i})\hat{\alpha} + (\Sigma X_{1i}^2)\hat{\beta}_1 + (\Sigma X_{1i}X_{2i})\hat{\beta}_2 = \Sigma Y_i X_{1i} \tag{4.14}$$

$$(\Sigma X_{2i})\hat{\alpha} + (\Sigma X_{1i}X_{2i})\hat{\beta}_1 + (\Sigma X_{2i}^2)\hat{\beta}_2 = \Sigma Y_i X_{2i} \tag{4.15}$$

여기서 추정할 미지수는 $\hat{\alpha}$, $\hat{\beta}_1$ 및 $\hat{\beta}_2$이고, 이 미지수의 값을 찾는 데 사용될 방정식의 수 또한 3개이므로, 이 연립방정식은 유일한 해(unique solution)를 갖는다. 이제 크래머의 법칙(Cramer's rule)을 이용하여 $\hat{\beta}_1$과 $\hat{\beta}_2$을 구하면 다음과 같다.

$$\hat{\beta}_1 = \frac{1}{\Delta}\begin{vmatrix} n & \Sigma Y_i & \Sigma X_{2i} \\ \Sigma X_{1i} & \Sigma X_{1i}Y_i & \Sigma X_{1i}X_{2i} \\ \Sigma X_{2i} & \Sigma X_{2i}Y_i & \Sigma X_{2i}^2 \end{vmatrix} \tag{4.16}$$

$$\hat{\beta}_2 = \frac{1}{\Delta}\begin{vmatrix} n & \Sigma X_{1i} & \Sigma Y_i \\ \Sigma X_{1i} & \Sigma X_{1i}^2 & \Sigma X_{1i}Y_i \\ \Sigma X_{2i} & \Sigma X_{1i}X_{2i} & \Sigma X_{2i}Y_i \end{vmatrix} \tag{4.17}$$

$$\text{단, } \Delta = \begin{vmatrix} n & \Sigma X_{1i} & \Sigma X_{2i} \\ \Sigma X_{1i} & \Sigma X_{1i}^2 & \Sigma X_{1i}X_{2i} \\ \Sigma X_{2i} & \Sigma X_{1i}X_{2i} & \Sigma X_{2i}^2 \end{vmatrix} \tag{4.18}$$

한편, $\hat{\alpha}$도 같은 방법으로 구할 수 있으나 표본회귀선은 X_{1i}와 X_{2i}, 그리고 Y_i의 평균으로 표현되는 점($\overline{X}_1$, $\overline{X}_2$, $\overline{Y}$)을 항상 지나게 된다는 특성을 이용하면 보다 간편하게 도출이 가능하다. 즉, 식 (4.13)을 n으로 나누면,

---

의 변화가 종속변수에 미치는 효과를 계측하는 방법론이며, 제 2 절에서 강조한 다중회귀분석의 의의를 고려할 때 바로 이와 같은 편미분법의 적용은 지극히 타당한 방법임을 명심하기 바란다. 또한 이러한 이유 때문에 다중회귀분석에서 도출된 계수를 편회귀계수(partial regression coefficient)라 일컫고 있는 것이다.

1) 정규방정식의 정의는 제 2 장 제 4 절을 참조할 것. 한편, 식 (4.12)의 조건으로부터 정규방정식이 도출되는 과정은 연습문제로 돌리기로 한다.

$$\hat{\alpha}+\hat{\beta}_1\overline{X}_1+\hat{\beta}_2\overline{X}_2=\overline{Y}$$

가 되므로,

$$\hat{\alpha}=\overline{Y}-\hat{\beta}_1\overline{X}_1-\hat{\beta}_2\overline{X}_2 \tag{4.19}$$

와 같이 정의된다. 따라서 일단 $\hat{\beta}_1$과 $\hat{\beta}_2$의 값이 산출되면 $\hat{\alpha}$값은 식 (4.19)를 이용하여 쉽게 도출될 것이다.

여기서 문제는 식 (4.16)과 식 (4.17)에서 정의된 최소자승추정량 $\hat{\beta}_1$과 $\hat{\beta}_2$의 값을 산출하는 것이 복잡하고 지리한 과정을 거치게 되며, 이러한 현상은 설명변수의 숫자가 많아질수록 가중된다는 점이다. 따라서 통상적으로 우리는 행렬식을 이용한 컴퓨터 프로그램을 활용하여 계산하게 된다.

그러나 경우에 따라서는 설명변수가 2개 정도에 불과할 경우에는 전자계산기의 도움 없이도 계산할 수 있는 방안쯤은 강구해 둘 필요가 있다. 도출과정을 편의상 생략하고 결과만을 소개하면 식 (4.16)과 식 (4.17)은 각각 다음의 식으로 정리될 수 있다.[1)]

$$\hat{\beta}_1=\frac{\sum x_{2i}^2\sum y_i x_{1i}-\sum x_{1i}x_{2i}\sum y_i x_{2i}}{\sum x_{1i}^2\sum x_{2i}^2-(\sum x_{1i}x_{2i})^2} \tag{4.20}$$

$$\hat{\beta}_2=\frac{\sum x_{1i}^2\sum y_i x_{2i}-\sum x_{1i}x_{2i}\sum y_i x_{1i}}{\sum x_{1i}^2\sum x_{2i}^2-(\sum x_{1i}x_{2i})^2} \tag{4.21}$$

단, 여기서 각 변수는 평균으로부터의 편차값 형태로 정의된 것으로 원래의 값과 구분키 위해 소문자로 표기하였다. 즉,

$$x_{1i}=X_{1i}-\overline{X}_1,\quad x_{2i}=X_{2i}-\overline{X}_2,\quad y_i=Y_i-\overline{Y} \tag{4.22}$$

여기서 식 (4.20)과 (4.21)에 관련하여 독자들에게 강조해 두고 싶은 사항이 하나 있다. 두 식에서 $\hat{\beta}_1$과 $\hat{\beta}_2$이 정의되려면 각 식의 분모(실제로는 두 식에서 동일함)가 0이 되어서는 곤란하다. 즉,

$$\sum x_{1i}^2\sum x_{2i}^2-(\sum x_{1i}x_{2i})^2\neq 0 \tag{4.23}$$

1) 도출과정은 연습문제로 돌린다.

와 같은 조건식이 추가적으로 필요하다.

그런데 우리는 제 3 장에서 두 변수 간의 상관계수를 $\rho = \dfrac{\mathrm{Cov}(X_1, X_2)}{\sigma_{X_1}\sigma_{X_2}}$와 같이 정의하였고(식 (3.1) 참조), 이에 대한 추정치인 표본상관계수는 $r = \dfrac{s_{X_1X_2}}{s_{X_1}s_{X_2}}$의 형태로 나타냈다(식 (3.3) 참조). r을 보다 구체적인 식으로 나타내면,

$$r = \frac{\sum(X_{1i}-\overline{X}_1)(X_{2i}-\overline{X}_2)/(n-1)}{\sqrt{\dfrac{\sum(X_{1i}-\overline{X}_1)^2}{n-1}}\sqrt{\dfrac{\sum(X_{2i}-\overline{X}_2)^2}{n-1}}} = \frac{\sum x_{1i}x_{2i}}{\sqrt{\sum x_{1i}^2}\sqrt{\sum x_{2i}^2}} \tag{4.24}$$

가 된다. 만일 $r=1$, 즉 X_1과 X_2가 완전히 1차함수관계를 갖는 상황이 생기면 식 (4.24)는

$$r = \frac{\sum x_{1i}x_{2i}}{\sqrt{\sum x_{1i}^2}\sqrt{\sum x_{2i}^2}} = 1 \tag{4.25}$$

이 될 것이며, 양변을 각각 제곱하면

$$r^2 = \frac{(\sum x_{1i}x_{2i})^2}{\sum x_{1i}^2 \sum x_{2i}^2} = 1$$

또는

$$\sum x_{1i}^2 \sum x_{2i}^2 - (\sum x_{1i}x_{2i})^2 = 0 \tag{4.26}$$

의 결과가 초래된다.

식 (4.26)에 나타난 결과식은 $\hat{\beta}_1$과 $\hat{\beta}_2$의 값을 도출하는 데 필요한 조건식인 식 (4.23)과 상반되고 있음을 알 수 있다. 이는 다중회귀분석에 있어서는 독립변수가 서로 1차독립적이어야 한다는 가정 Ⅶ의 필요성을 잘 증명해 주고 있다. 위에서처럼 X_1과 X_2간에 완전한 1차선형관계(즉, $r=1$)가 나타나면 최소자승추정치는 정의될 수 없는 것이며, $r \neq 1$이라 하더라도 r의 값이 1에 가까울수록 측정오차는 커지게 되어 통계적 검정능력을 무력하게 만드는 결과를 초래하는 것이다. 바로 이러한 현상이 심각한 경우를 다중공선성(multicollinearity)이라 하였음을 재확인하기 바란다.

표 4-2 표 4-1을 토대로 한 다중회귀분석자료 계산예

항목 / 연도	Y	X_1	X_2	x_{1i}	x_{2i}	y_i	x_{1i}^2	x_{2i}^2	y_i^2	$x_{1i}x_{2i}$	$x_{1i}y_i$	$x_{2i}y_i$
1986	30	10	15	−20	−10	−5	400	100	25	200	100	50
1987	20	25	15	−5	−10	−15	25	100	225	50	75	150
1988	40	25	20	−5	−5	5	25	25	25	50	−25	−25
1989	20	30	20	0	−5	−15	0	25	225	0	0	75
1990	55	40	40	10	15	20	100	225	400	150	200	300
1991	45	50	40	20	15	10	400	225	100	300	200	150
계	210	180	150	0	0	0	950	700	(SST) 1,000	725	550	700

(단, $\overline{Y}=\frac{210}{6}=35$, $\overline{X}_1=\frac{180}{6}=30$, $\overline{X}_2=\frac{150}{6}=25$이며, 식 (4.22)에 따라 x_{1i}, x_{2i}, y_i를 각각 $X_{1i}-\overline{X}_1$, $X_{2i}-\overline{X}_2$, $Y_i-\overline{Y}$로 정의하였다.)

이제 표 4-1의 자료를 이용하여 어떤 재화에 대한 수요함수를 다중회귀분석으로 추정하는 과정을 구체적으로 살펴보자. 이 때 종속변수(Y)는 수요량이 되며, 독립변수 X_1, X_2는 각각 단가 및 수요자의 월평균 소득수준을 의미한다. 식 (4.20) 및 식 (4.21)을 이용하여 회귀분석을 수행하기 위해 표 4-1을 계산에 편리하도록 정리한 것이 표 4-2이다.

표 4-2에서 산출된 자료를 토대로 식 (4.20) 및 식 (4.21)에 따라 $\hat{\beta}_1$, $\hat{\beta}_2$를 구하면

$$\hat{\beta}_1=\frac{700\times550-725\times700}{950\times700-(725)^2}=\frac{-122,500}{139,375}\fallingdotseq-0.88$$

$$\hat{\beta}_2=\frac{950\times700-725\times550}{950\times700-(725)^2}=\frac{266,250}{139,375}\fallingdotseq1.91$$

그리고 이 값들을 식 (4.19)에 대입하여 $\hat{\alpha}$을 구하면

$$\hat{\alpha}=35+0.88\times30-1.91\times25\fallingdotseq13.65$$

가 된다. 따라서 이들을 정리하여 회귀방정식을 정립해 보면

$$Y=13.65-0.88X_1+1.91X_2 \qquad (4.6)'$$

와 같이 될 것이다.

이상과 같은 표본회귀선의 추정과정에서 $\hat{\beta}_1$과 $\hat{\beta}_2$값이 정상적으로 산출될

수 있었던 것은 식 (4.20)과 식 (4.21)에 의거, $\hat{\beta}$값을 구할 때 각 식의 분모값이 0이 되지 않았기 때문이다. 즉,

$$\sum x_{1i}^2 \sum x_{2i}^2 - (\sum x_{1i}x_{2i})^2 \neq 0$$

바꾸어 말하면, 두 변수 X_{1i}와 X_{2i} 사이에 극단적인 다중공선성 문제가 발생하지 않았다는 사실에 연유함을 주목할 필요가 있다. 참고적으로 두 변수 X_{1i}와 X_{2i}간의 단순상관계수를 산출해 보면,

$$r = \frac{\sum x_{1i}x_{2i}}{\sqrt{\sum x_{1i}^2 \sum x_{2i}^2}} = \sqrt{0.79} \fallingdotseq 0.89$$

와 같으며, 이러한 상황($r=0.89$)은 $\hat{\beta}$값 산출에 지장을 초래하지는 않았으나, 표본상관계수의 절대값이 1에 가까우므로 다중공선성 경향이 다소 강하게 나타나 있다고 볼 수 있다.

제 4 절 다중회귀모형에 관한 평가

다중회귀분석 결과 측정된 표본회귀선에 대한 평가는 제 3 장 단순회귀분석에서와 마찬가지로 적합도의 판정과 추정회귀계수에 대한 통계적 유의성검정으로 구분되며, 적합도의 판정은 다시 절대평가와 상대평가방안으로 분류될 수 있다. 단, 단순회귀분석에도 적용될 수 있으나 편의상 생략하였던 F검정을 이곳에 도입시켜 별도의 적합도판정방안으로서의 유용성을 설명하고자 하며, 이와 관련하여 제 1 장에 소개한 바 있는 분산분석과의 비교는 보론으로 취급하였다.

1. 적합도 검정

우선 적합도를 판정하는 데 필요한 관계식을 다시 정리해 보면(제 3 장 참조)

$$\sum (Y_i - \overline{Y})^2 = \sum (Y_i - \hat{Y}_i)^2 + \sum (\hat{Y}_i - \overline{Y})^2$$

와 같으며, 이는 간략히 다음과 같이 표현될 수 있다.

$$\text{SST} = \text{SSE} + \text{SSR} \tag{4.27}$$

이 때 회귀분석에 따른 추정치의 표준오차를 s_e로 표기한다면 이는 다음과 같이 정의될 것이다.

[표준회귀오차]

$$s_e = \sqrt{\frac{\text{SSE}}{n-k-1}} = \sqrt{\frac{\sum(Y_i - \hat{Y}_i)^2}{n-k-1}} = \sqrt{\frac{\sum(Y_i - \hat{Y}_i)^2}{n-3}} \tag{4.28}$$

여기서 $n-k-1$은 자유도를 나타내며, 독립변수가 둘($k=2$)이고 절편을 나타내는 모수 α에 대한 추정이 아울러 활용되므로 결국 자유도는 $n-3$이 된 것이다.

이처럼 정의된 표준회귀오차는 오차항이 정규분포를 따른다는 가정이 충족될 경우 표본관측치들이 표본회귀선을 중심으로 $\pm s_e$ 거리 내에 약 68%가, 그리고 $\pm 2s_e$ 거리 내에는 약 95%가 위치하게 됨을 의미하고 있어 s_e의 크기에 따라 표본회귀선의 적합도를 판정하는 주요한 방안이 될 수 있는 것이다. 그러나 제 3 장에서도 언급한 바 있듯이 s_e값의 크기는 모형에 사용된 변수들의 절대값 또는 측정단위에 따라 달라지므로 각기 다른 회귀분석 결과에서 도출된 표준회귀오차(s_e)값들로 각 회귀분석 결과의 적합도를 비교하기는 곤란한 측면이 있다. 따라서 다중회귀분석 결과에 대한 평가도 상대적 비교가 가능한 결정계수(R^2)의 사용이 일반화되어 있다. 단, 표준회귀오차와 관련하여 한 가지 지적해 두고 싶은 사항은 일반적으로 회귀모형에 독립변수의 수가 많이 포함될수록 s_e값은 감소하게 된다는 사실이다.

그러면 결정계수의 경우는 어떠한지 알아보자. 다중회귀분석의 경우도 단순회귀분석 경우와 마찬가지로 R^2은 식 (4.27)의 각 항을 SST로 나누어 구한 식에서 정의한다. 즉,

$$\frac{\text{SST}}{\text{SST}} = 1 = \frac{\text{SSE}}{\text{SST}} + \frac{\text{SSR}}{\text{SST}} \tag{4.29}$$

[결정계수]

$$R^2 = \frac{\text{SSR}}{\text{SST}} \quad \text{또는} \quad R^2 = 1 - \frac{\text{SSE}}{\text{SST}} = 1 - \frac{\sum e_i^2}{\sum (Y_i - \overline{Y})^2} \tag{4.30}$$

그러나 단순회귀분석 때와는 달리 결정계수 R^2에 의한 적합도판정은 다소의 문제를 내포하고 있다. 문제의 근원은 다중회귀분석의 경우 일반적으로 R^2의 값이 독립변수의 수가 많아짐에 따라 증가한다는 데 있다. 이는 식 (4.30)에서 $R^2 = 1 - \frac{\sum e_i^2}{\text{SST}}$이며, 독립변수가 모형에 많이 포함될수록 $\sum e_i^2$, 나아가서는 s_e의 값이 감소하게 된다는 현상과 일맥상통하는 결과이다. 이러한 문제점을 개선하기 위한 방안을 마련함에 있어 독자들은 앞서 s_e의 값이 독립변수의 증가에도 불구하고 오히려 커질 수 있는 가능성이 있다는 점을 상기할 필요가 있다.[1)] 즉, 문제의 요점은 식 (4.29)에 정의된 것처럼 R^2을 정의함에 있어 우리는 단순히 전체 변동량과 회귀선에 의해 설명되는 변동량을 비교하는 데 그쳤고, 각 변동량이 가지는 자유도를 전혀 고려하지 않았다는 사실이다. 따라서 독립변수의 추가도입에 따라 일방적으로 증가되는 R^2의 값을 회귀선에 대한 보다 적절한 평가기준으로 삼으려면 자유도를 동시에 고려하는 적합도판정방안이 강구되어야 할 것이다. 이러한 특성을 감안하여 새로운 결정계수를 도출할 경우 단순한 변동량 대신 자유도 개념을 구체적으로 고려대상에 넣을 수 있는 분산 개념을 사용하게 된다. 즉, 조정된 결정계수를 $\overline{R}^2$로 표기하고 다음과 같이 정의한다.

[조정된 결정계수]

$$\overline{R}^2 = 1 - \frac{\text{Var}(e_i)}{\text{Var}(Y_i)} = 1 - \frac{\sum e_i^2/(n-k-1)}{\sum (Y_i - \overline{Y})^2/(n-1)} \tag{4.31}$$

1) 현실적으로는 독립변수가 추가도입되었음에도 불구하고, s_e값이 커질 가능성이 있음을 전혀 배제할 수는 없다. 이는 독립변수가 추가됨에 따라 자유도$(n-k-1)$값이 감소되고 결국 s_e값을 증가시킬 수도 있는데, 이 효과가 추가적으로 도입된 독립변수의 설명능력 증가효과보다 크게 나타나면 결국 s_e값이 증가할 수도 있기 때문이다. 그러나 이와 같은 가능성은 표본의 크기가 아주 작을 때 한하여 나타날 수 있을 뿐이며, 표본의 크기가 상당히 큰 경우에는 자유도의 감소에 따른 s_e값의 증가현상은 일반적으로 아주 미미한 상태에 그친다.

이제 식 (4.31)을 식 (4.30)과 대비시켜 보면,

$$\overline{R}^2 = 1-(1-R^2)\frac{n-1}{n-k-1}$$

즉,

$$\overline{R}^2 = \frac{(n-1)R^2-k}{n-k-1} \tag{4.32}$$

와 같은 관계식을 얻을 수 있다. 식 (4.32)에 의하면 k값, 즉 모형 내에 도입되는 독립변수의 숫자가 많아질수록 $\overline{R}^2$는 R^2값보다 작아지게 된다. 물론 이러한 현상은 표본의 크기가 아주 클 때에는 조정효과가 미미해질 것임은 당연하다. 따라서 조정된 결정계수라 할지라도 앞서 지적한 문제를 전부 해소시켜 줄 수는 없는 것이며, 이러한 점을 감안하면 회귀모형을 설정함에 있어 추가적인 독립변수의 도입문제는 신중을 기해야 할 것이다.

이제 지금까지 논의한 각종 표본회귀선의 적합도판정과정을 앞에서의 예를 이용하여 구체적으로 살펴보기로 한다. 먼저 표준회귀오차 s_e를 이용하여 표본회귀선의 적합도판정을 할 수 있겠지만, 앞서 설명하였듯이 s_e값의 크기가 모형에 사용된 변수들의 측정단위에 따라 달리 결정되는 문제점이 있다. 따라서 여기서는 식 (4.30)과 식 (4.31)에 표 4-2 및 표 4-3의 계산자료를 대입하여 결정계수(R^2) 및 조정된 결정계수($\overline{R}^2$)의 값을 구해 보기로 한다.

$$R^2 = 1-\frac{\sum e_i^2}{\sum(Y_i-\overline{Y})^2} = 1-\frac{145.8}{1,000} \fallingdotseq 0.854$$

$$\overline{R}^2 = 1-\frac{\sum e_i^2/(n-k-1)}{\sum(Y_i-\overline{Y})^2/(n-1)} = 1-\frac{145.8/3}{1,000/5} \fallingdotseq 0.757$$

한편, $\overline{R}^2$은 식 (4.32)를 활용하여 R^2이 구해지면 따라서 자동적으로 계산된다.

$$\overline{R}^2 = \frac{(n-1)R^2-k}{n-k-1} = \frac{5\times 0.854-2}{3} \fallingdotseq 0.757$$

이는 식 (4.31)을 이용해 구한 $\overline{R}^2$의 값을 검산한다는 의미로도 사용될 수

있다. 따라서 계산된 결정계수 및 조정된 결정계수의 수치로 보아 식 (4.6)의 표본회귀선의 적합도는 비교적 높은 편이라고 판정을 내릴 수 있다.

2. 회귀계수에 대한 유의성 검정

우리는 제 2 장에서 5가지 기본가정이 충족될 때 최소자승법에 의해 도출된 추정량은 BLUE가 된다는 사실, 즉 1차함수 형태의 불편추정량 중 최소의 분산을 갖게 된다는 사실을 확인한 바 있다. 다중회귀분석의 경우도 앞서 밝힌 7가지 기본가정이 성립되면 최소자승추정량은 역시 BLUE가 되는 특성이 있으나, 그 증명과정은 다소 복잡하고 지루한 과정을 요하므로 생략하기로 한다.[1)]

다중회귀분석모형에 최소자승법을 적용하여 얻은 추정량이 통계적으로 바람직한 제반 특성을 구비한 BLUE추정량이라 하더라도 제 3 장에서와 마찬가지로 각 독립변수가 종속변수의 변화를 설명하는 데 유용한지의 여부를 역시 t검정을 통해 확인해야 한다. t검정통계량을 사용할 수 있는 근거는, 각 추정량($\hat{\alpha}$, $\hat{\beta}_1$, $\hat{\beta}_2$)들이 정규분포를 따르는 오차항 ϵ_i와 1차함수관계를 갖게 되므로 이들 추정량 또한 정규분포를 따르게 된다는 사실과 모분산값, 즉 $\mathrm{Var}(\epsilon_i)=\sigma_\epsilon^2$가 알려져 있지 않다는 사실에 연유한다.

일반적으로 정규분포를 따르는 추정량들을 표준화하면 표준정규분포인 $Z\sim N(0,\ 1)$을 따르게 된다. 따라서 정규분포를 따르는 $\hat{\alpha}$과 $\hat{\beta}_i$을 각각 표준화시키면 다음과 같다. 즉,

$$\begin{pmatrix}\hat{\alpha}\sim N(\alpha,\ \mathrm{Var}(\hat{\alpha})) \\ \hat{\beta}_i\sim N(\beta_i,\ \mathrm{Var}(\hat{\beta}_i))\end{pmatrix}\text{일 때,}$$

$$Z=\frac{\hat{\alpha}-\alpha}{\sqrt{\mathrm{Var}(\hat{\alpha})}}\quad\text{또는}\quad Z=\frac{\hat{\beta}_i-\beta_i}{\sqrt{\mathrm{Var}(\hat{\beta}_i)}}$$

가 된다.

그러나 $\hat{\alpha}$과 $\hat{\beta}_i$의 분산은 ϵ_i의 분산인 σ_ϵ^2값에 의존하며, 일반적으로 ϵ_i의 분산은 알려져 있지 않으므로 그 추정치 s_e^2을 사용할 수밖에 없다. 따라서 실

1) 관심 있는 독자는 J. Johnston, *Econometric Methods*, 3rd ed.(McGraw-Hill, 1984), pp. 171~173을 참조할 것.

제 사용 가능한 검정통계량은 Z가 아니라 t분포가 된다.

$$t_{n-k-1} = \frac{\hat{\alpha} - \alpha}{s_{\alpha}} \quad \text{또는} \quad t = \frac{\hat{\beta}_i - \beta_i}{s_{\hat{\beta}_i}} \tag{4.33}$$

식 (4.33)에서 $s_{\hat{\alpha}}$과 $s_{\hat{\beta}_i}$는 각각 $\hat{\alpha}$과 $\hat{\beta}_i$의 표준오차를 나타내며, 이 때 검정통계량 t는 자유도가 $n-k-1$(따라서 $k=2$ 경우에는 자유도가 $n-3$)이 된다. 따라서 이제 개별추정계수 $\hat{\alpha}$, $\hat{\beta}_1$ 및 $\hat{\beta}_2$가 어느 특정된 값 α^0, β_1^0 및 β_2^0를 갖는다는 귀무가설, 즉, $H_0 : \alpha = \alpha^0$, $H_0 : \beta_1 = \beta_1^0$ 및 $H_0 : \beta_2 = \beta_2^0$에 관한 검정은 통상적인 t검정을 통하여 실시할 수 있다. 그러나 우리가 회귀분석에서 관심을 갖는 귀무가설이란 각 추정계수의 값이 0이 된다는 가설, 즉 독립변수가 종속변수를 설명할 수 있는 유용성이 있는지의 여부를 확인할 수 있는 가설이다. 다시 말해서 어느 특정 독립변수 앞에 붙은 추정계수가 0이 된다면, 즉 해당 회귀선의 기울기값이 0이 된다면, 이 독립변수의 값이 무엇이든 종속변수의 값은 일정 수준을 유지하게 되며, 따라서 이 독립변수는 종속변수의 변화를 설명할 수 없게 되기 때문에 이러한 가설에 대한 t검정은 추정된 회귀계수에 관한 가장 중요한 검정내용이 되는 것이다.[1]

따라서 이곳에서는 각 독립변수에 붙은 계수값이 0이 된다는 귀무가설을 검정하는 과정만을 다루고자 한다. 독립변수는 당초 2개로 한정하였으므로 우리가 검정할 귀무가설은 다음의 두 식으로 압축된다.

$$\begin{cases} H_0 : \beta_1 = 0 \\ H_A : \beta_1 \neq 0 \end{cases} \quad \text{와} \quad \begin{cases} H_0 : \beta_2 = 0 \\ H_A : \beta_2 \neq 0 \end{cases}$$

그리고 이에 대한 검정통계량은 각각

$$t_{n-k-1} = t_{n-3} = \frac{\hat{\beta}_1 - \beta_0}{s_{\hat{\beta}_1}} = \frac{\hat{\beta}_1 - 0}{s_{\hat{\beta}_1}} = \frac{\hat{\beta}_1}{s_{\hat{\beta}_1}} \tag{4.34}$$

$$t_{n-k-1} = t_{n-3} = \frac{\hat{\beta}_2}{s_{\hat{\beta}_2}} \tag{4.35}$$

와 같아진다. 따라서 유의수준 $\alpha = 1\%$, 5% 또는 10%에 따른 t의 임계치를 t분

1) 자세한 설명은 제 3 장 t검정부분을 참조할 것.

그림 4-3 추정회귀계수에 대한 t검정

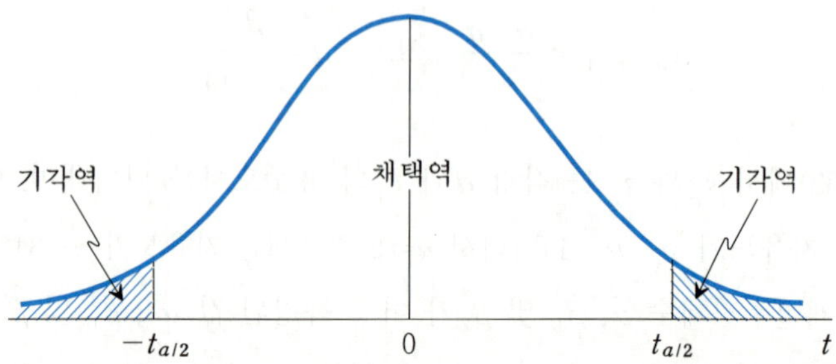

포에서 찾아(이 때 자유도는 $n-3=6-3=3$) 식 (4.34)와 (4.35)에서 산출된 값과 비교하여 귀무가설의 기각 여부를 판정하게 된다. 물론 표본규모가 아주 커지면 ($n \geq 30$) 제 3 장에서와 마찬가지로 t분포 대신 표준정규분포 Z를 사용할 수 있다. 즉, 산출된 t검정통계량의 값이 기각역에 속하면 귀무가설은 기각되고, 해당 독립변수는 종속변수에 대한 설명능력이 있다고 판정한다.

이제 남은 문제는 검정통계량의 값을 산출키 위해서는 $\hat{\beta}_1$과 $\hat{\beta}_2$의 표준오차인 $s_{\hat{\beta}_1}$과 $s_{\hat{\beta}_2}$값을 표본정보로부터 도출하는 일이 될 것이다. 그러나 이들의 분산 및 표준오차를 도출하는 과정 또한 번거로운 계산과정을 요하므로 본문에서는 생략하고 단지 결과만을 제시하면 다음과 같다.[1)]

$$\mathrm{Var}(\hat{\beta}_1) = \frac{\sigma_\epsilon^2 \sum x_{2i}^2}{\sum x_{1i}^2 \sum x_{2i}^2 - (\sum x_{1i} x_{2i})^2} \tag{4.36}$$

$$\mathrm{Var}(\hat{\beta}_2) = \frac{\sigma_\epsilon^2 \sum x_{1i}^2}{\sum x_{1i}^2 \sum x_{2i}^2 - (\sum x_{1i} x_{2i})^2} \tag{4.37}$$

(단, 이곳에 사용된 소문자들은 각 변수들의 평균으로부터의 편차를 나타냄)

위의 식들은 $\hat{\beta}_1$과 $\hat{\beta}_2$의 분산을 나타내는 식들이다. 그러나 현실적으로 회귀모형의 오차항인 ϵ_i의 분산(σ_ϵ^2)은 알려져 있지 않으므로 제 3 장에서처럼 σ_ϵ^2에 대한 불편추정량을 대신 사용할 수밖에 없다. 따라서 우리가 실제로 사용할 분산은 다음 식과 같이 정의되며, 이들 값의 평방근이 바로 회귀계수 $\hat{\beta}_1$과 $\hat{\beta}_2$

1) 자세한 도출과정은 Jan Kmenta, *op. cit.*, pp. 360~364를 참조할 것.

표 4-3 SSE 및 SSR 계산예

항목 / 연도	관측치 (Y_i)	추정치$(\hat{Y}_i)$	$e_i = Y_i - \hat{Y}_i$	$(Y_i - \hat{Y}_i)^2$ (SSE)	$\hat{Y}_i - \overline{Y}$	$(\hat{Y}_i - \overline{Y})^2$ (SSR)
2000	30	$13.65-0.88\times10+1.91\times15=33.5$	−3.5	12.25	−1.5	2.25
2001	20	$13.65-0.88\times25+1.91\times15=20.3$	−0.3	0.09	−14.7	216.09
2002	40	$13.65-0.88\times25+1.91\times20=29.9$	10.1	102.01	−5.1	26.01
2003	20	$13.65-0.88\times30+1.91\times20=25.5$	−5.5	30.25	−9.5	90.25
2004	55	$13.65-0.88\times40+1.91\times40=54.9$	0.1	0.01	19.9	396.01
2005	45	$13.65-0.88\times50+1.91\times40=46.1$	−1.1	1.21	11.1	123.21
합 계	210	210.2	−0.2	145.82	0.2	853.82

의 표준오차가 될 것이다.[1]

[회귀계수의 분산]

$$s_{\hat{\beta}_1}^2 = \frac{s_e^2 \sum x_{2i}^2}{\sum x_{1i}^2 \sum x_{2i}^2 - (\sum x_{1i}x_{2i})^2} \tag{4.38}$$

$$s_{\hat{\beta}_2}^2 = \frac{s_e^2 \sum x_{1i}^2}{\sum x_{1i}^2 \sum x_{2i}^2 - (\sum x_{1i}x_{2i})^2} \tag{4.39}$$

(단, $s_e^2 = \frac{\text{SSE}}{n-k-1} = \frac{\text{SSE}}{n-2-1} = \frac{\sum(Y_i - \hat{Y}_i)^2}{n-3}$)

이제 표 4-1과 표 4-2를 이용하여 식 (4.6)의 $\hat{\beta}_1$과 $\hat{\beta}_2$의 표준오차를 구해 보자. 먼저 s_e^2을 구하기 위해서는 관측치와 추정치의 차이의 합을 구해야 한다. 이를 표 4-3에 산출해 놓았다. 따라서

$$s_e^2 = \frac{\sum(Y_i - \hat{Y}_i)^2}{n-3} = \frac{145.82}{3} \fallingdotseq 48.6$$

$$s_{\hat{\beta}_1}^2 = \frac{48.6\times700}{950\times700-(725)^2} = \frac{34,020}{139,375} \fallingdotseq 0.24$$

1) 참고적으로 결과만을 제시하면 $\hat{\alpha}$의 분산은 다음과 같다.

$$s_{\hat{\alpha}}^2 = s_e^2\left(\frac{1}{n} + \frac{\overline{X}_1^2 \sum x_{2i}^2 + \overline{X}_2^2 \sum x_{1i}^2 - 2\overline{X}_1\overline{X}_2 \sum x_{1i}x_{2i}}{\sum x_{1i}^2 \sum x_{2i}^2 - (\sum x_{1i}x_{2i})^2}\right)$$

$$s_{\hat{\beta}_2}^{\ 2} = \frac{48.6 \times 950}{950 \times 700 - (725)^2} = \frac{46,170}{139,375} \fallingdotseq 0.33$$

또한 유의수준 $\alpha = 1\%$, 5% 그리고 10%에서 추정계수 $\hat{\beta}_1$과 $\hat{\beta}_2$에 대해 t검정을 실시해 보자. 이 때 각각의 귀무가설 및 대립가설은 다음과 같다.

$$\begin{cases} H_0 : \beta_1 = 0 \\ H_A : \beta_1 \neq 0 \end{cases} \quad \text{와} \quad \begin{cases} H_0 : \beta_2 = 0 \\ H_A : \beta_2 \neq 0 \end{cases}$$

귀무가설이 단순가설이므로 양측검정을 실시해야 하며, 자유도는 3으로 계산되므로 임계치 $t_{\alpha/2}$의 값은 부표 B에서 각각 ± 5.841, ± 3.182 및 ± 2.353으로 확인된다. 한편, 식 (4.34)와 (4.35)에 따라 각 계수에 대한 검정통계량을 구해 보면, $s_{\hat{\beta}_1} = 0.49$, $s_{\hat{\beta}_2} = 0.58$이므로,

$$t_3 = \frac{\hat{\beta}_1}{s_{\hat{\beta}_1}} = \frac{-0.88}{0.49} \fallingdotseq -1.80$$

$$t_3 = \frac{\hat{\beta}_2}{s_{\hat{\beta}_2}} = \frac{1.91}{0.58} \fallingdotseq 3.29$$

가 된다.[1] 따라서 추정계수 $\hat{\beta}_1$경우는 α수준을 10%까지 허용하더라도 귀무가설이 기각되지 못하며, 따라서 X_1이 Y의 변화를 설명할 수 있는 능력이 별무하다고 판정할 수 있다. 한편, $\hat{\beta}_2$경우는 $\alpha = 10\%$ 또는 5% 수준에서는 귀무가설이 기각되므로 X_2가 Y의 변화를 설명할 수 있는 능력이 있다고 평가할 수 있다.

이상과 같은 검정과 관련하여 우리는 회귀계수에 대한 구간추정을 시행할 수 있다. 예컨대, 제 3 장에서 소개한 과정에 따라 식 (4.33)을 변형하면 β_1과 β_2에 대한 $100(1-\alpha)\%$ 구간추정은 다음과 같이 정리될 수 있다.

$$\hat{\beta}_1 - t_{\alpha/2} \cdot s_{\hat{\beta}_1} < \beta_1 < \hat{\beta}_1 + t_{\alpha/2} \cdot s_{\hat{\beta}_1} \tag{4.40}$$

$$\hat{\beta}_2 - t_{\alpha/2} \cdot s_{\hat{\beta}_2} < \beta_2 < \hat{\beta}_2 + t_{\alpha/2} \cdot s_{\hat{\beta}_2} \tag{4.41}$$

---

1) 일반적으로 식 (4.6)은 $\underset{}{Y} = 13.65 - \underset{(-1.80)}{0.88X_1} + \underset{(3.29)}{1.91X_2}$(단, ( ) 안은 t검정통계량의 값)의 형태로 나타낸다.

식 (4.40)과 (4.41)을 이용해서 앞의 예제에서의 $\hat{\beta}_1$과 $\hat{\beta}_2$의 95% 신뢰구간을 추정해 보자. 자유도 3일 때 $t_{\alpha/2} = t_{0.025} \fallingdotseq 3.18$이므로 각각의 신뢰구간은 다음과 같다.

$$-0.88 - 3.18 \times 0.49 < \beta_1 < -0.88 + 3.18 \times 0.49$$

$$\therefore \ -2.44 < \beta_1 < 0.68$$

$$1.91 - 3.18 \times 0.58 < \beta_2 < 1.91 + 3.18 \times 0.58$$

$$\therefore \ 0.07 < \beta_2 < 3.75$$

3. F 검정과 ANOVA

앞의 두 항에서 우리는 일찍이 제 2 장에서도 전개한 바 있는 표본회귀선에 관한 평가방안을 동일한 순서에 따라 검토해 보았다. 그러나 단순회귀분석과는 달리 다중회귀분석의 경우는 독립변수의 수가 2개 이상이 되며, 따라서 s_e와 R^2(또는 $\bar{R}^2$)을 이용한 적합도판정방안이나 개별 추정회귀계수에 관한 t검정 이외에도 다른 각도에서 표본회귀선을 평가할 수 있는 방안이 있다.

앞의 항에서 소개한 t검정은 단순히 개별 독립변수들이 종속변수의 변화를 설명하는 데 유용한지의 여부를 확인하는 데 그치고 말았다. 따라서 모든 독립변수집단 전체가 총체적으로 보아 종속변수를 설명할 수 있는 능력이 있다고 볼 수 있는지의 여부를 확인할 수는 없었다. 예컨대, 모든 회귀계수들이 동시에 0이 된다는, 즉 $H_0 : \beta_1 = \beta_2 = \cdots = \beta_k = 0$과 같은 귀무가설을 설정하고 이를 기각할 수 있는지의 여부를 확인하는 방법은 강구된 바 없었다. 그런데 이러한 가설은 F분포를 이용하여 검정될 수 있으며, 흥미 있는 일은 이 때 사용하는 F검정방안은 제 1 장에 소개한 ANOVA와 유사한 측면이 많을 뿐 아니라, 적합도판정의 기준인 R^2에 대한 유의성을 검정(즉, $H_0 : R^2 = 0$)하는 효과를 아울러 지니고 있다는 사실이다. 회귀분석과 ANOVA에 관한 비교는 다소 번거로운 측면이 있어 보론에서 다루기로 하고 본절에서는 기본적인 내용만을 약술하기로 한다.

그러면 귀무가설 $H_0 : \beta_1 = \beta_2 = 0$를 검정하는 방안을 구체적으로 다루어 보기로 하자. 이러한 가설을 검정하기 위해 우리가 이용할 수 있는 정보 중 가장 적당한 것은 바로 종속변수(Y)의 총변동량 중 회귀분석에 의해 설명되는 변동량과 설명되지 못하는 변동량에 관한 자료가 될 것이다. 앞서 우리는 SST=

SSE+SSR이며, SST의 자유도는 $n-1$(왜냐하면, SST$=\Sigma(Y_i-\overline{Y})^2$의 계산은 $\overline{Y}$라는 추정량 한 개의 값을 이용해야 하므로), 그리고 SSE의 자유도는 $n-k-1$(왜냐하면, SSE계산은 $\hat{\alpha}_1$, $\hat{\beta}_1$, $\hat{\beta}_2$, $\cdots$, $\hat{\beta}_k$와 같은 추정량 $(k+1)$개의 값이 이용되므로)과 같음을 확인한 바 있다. 반면 SST의 자유도는 SSR의 자유도와 SSE의 자유도의 합과 같아진다는 사실을 이용하면 SSR의 자유도는 $(n-1)-(n-k-1)=k$와 같이 되어야 할 것이다.

이제 오차자승의 합(SSE; sum of squared errors)과 회귀분석에 의해 설명되는 변동량의 제곱을 합한 SSR(sum of squared regression)을 각각의 자유도로 나눈 값을 평균오차자승합(MSE; mean square error)과 평균회귀자승합(MSR; mean square regression)이라 칭하고 다음과 같이 정의한다.

$$\text{MSE}=\frac{\text{SSE}}{n-k-1}=s_e^{\ 2} \tag{4.42}$$

$$\text{MSR}=\frac{\text{SSR}}{k}$$

$$F_{k,\ n-k-1}=\frac{\text{MSR}}{\text{MSE}} \tag{4.43}$$

이와 같이 정의된 MSE와 MSR을 일단 계산하였을 때, 만일 MSR값이 MSE값에 비해 상대적으로 크다면 이는 종속변수의 총변동량 중 표본회귀선에 의해 설명되는 비율이 높다는 것을 의미하게 된다. 반면 MSE가 오히려 MSR보다 상대적으로 큰 값을 갖게 된다면 도입된 모든 독립변수들에 의해서도 설명될 수 없는 Y의 변동량의 비중이 높다는 뜻이 된다. 상황이 후자의 경우와 같이 나타난다면 우리는 귀무가설 H_0 : $\beta_1=\beta_2=\cdots=\beta_k=0$을 기각할 수 없게 될 것이고, 반대로 전자에 해당하는 상황이 나타난다면 귀무가설은 기각되고 독립변수들의 설명능력은 인정될 것이다. 이와 같은 사실에 입각하여 우리는 MSE와 MSR간의 비율을 가지고 귀무가설을 검정할 수 있는 방안을 마련할 수 있다. 그런데 통계학자 챠우(Chow)의 연구 결과에 따르면 이 두 변량간의 비율은 바로 k와 $(n-k-1)$의 자유도를 갖는 F분포를 따르게 된다는 것이다.[1)]

따라서 일정한 유의수준 α를 선택하여(1%, 5% 등등) F분포표로부터 임계치를 구한 다음 식 (4.43)에서 계산된 F값과 비교하여 귀무가설의 기각 여부를 판정할 수 있게 되었다. 즉, 그림 4-4에서처럼 식 (4.43)에 의해 산출된 검정통

1) J. Johnston, *op. cit.*, pp. 186~198을 참조.

그림 4-4 F검정에 의한 적합도

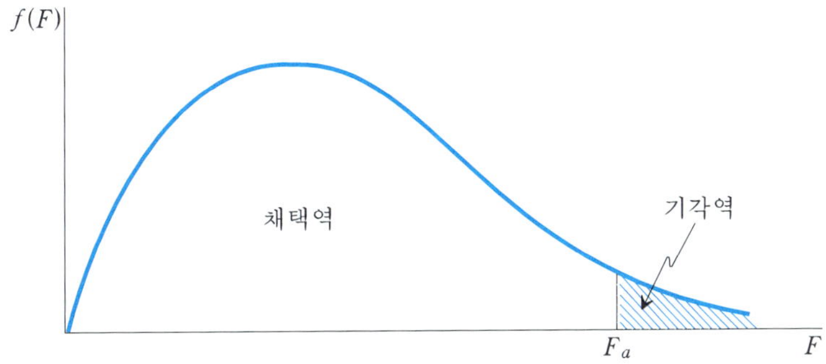

계량 F값이 유의수준에 따라 확인된 F의 임계치 F_α보다 큰 값을 갖게 되면 귀무가설은 기각되고, 이는 표본회귀선이 종속변수 변동을 설명하는 데 큰 기여를 한다는 뜻이 된다.

이제 앞에서 계속 사용해 온 예제에 F검정을 적용해 보자. 귀무가설을 $H_0 : \beta_1 = \beta_2 = 0$과 같이 설정할 때 적용될 F검정통계량의 값은

$$F_{2,\,3} = \frac{\text{MSR}}{\text{MSE}} = \frac{\text{SSR}/2}{\text{SSE}/3} = \frac{853.82/2}{145.82/3} \fallingdotseq 8.8$$

이 되며, $\alpha = 1\%$일 때 $F_{0.01,\,2,\,3} = 30.8$과 $\alpha = 5\%$일 때 임계치 $F_{0.05,\,2,\,3} = 9.55$(부표 I-a 및 I-b 참조)보다 작은 값에 머무르므로, 귀무가설은 기각되지 못한다. 따라서 종속변수에 대한 독립변수들의 총체적인 설명능력은 의문시된다는 결론에 도달하게 된다. 그러나 이러한 검정 결과는 모형 자체가 불완전해서라기보다는 회귀분석에 사용된 관측치의 수가 지나치게 작기 때문에 초래된 특수한 현상이라 볼 수 있다. 보다 많은 관측치를 분석에 도입하면 이러한 문제는 개선될 것이다.

여기서 한 가지 주목할 것은 이곳에 소개된 F검정은 귀무가설 $H_0 : \beta_1 = \beta_2 = \cdots = \beta_k = 0$이라는 특수한 가설의 검정을 위해 개발된 방법이기는 하나 이는 제 1 장에서 전개한 분산분석(ANOVA)과 비슷한 가설의 검정방안임을 알 수 있다. 바로 이러한 이유로 해서 위에 소개한 F검정을 통상 회귀분석에서의 분산분석이라 부르고 있다. 이상의 논의를 분산분석을 위한 형태로 정리한 것이 표 4-4이다.

표 4-4 회귀분석의 분산분석표

변동의 요인	변동량 제곱의 합 (sum of squared variation)	자유도	변동량 제곱합의 평균(mean square variation)	F 비율
설명변수 $(X_1, \cdots, X_k)$	SSR	k	SSR/k	$\frac{\text{SSR}/k}{\text{SSE}/(n-k-1)}=F$
오 차	SSE	$n-k-1$	SSE/$(n-k-1)$	
합 계	SST	$n-1$		

이와 같은 F 검정은 단순회귀분석에도 적용될 수 있다. 그러나 단순회귀분석은 독립변수가 하나뿐이어서 F 검정을 적용할 때 특별한 국면이 형성된다.

$$F=\frac{\text{SSR}/1}{\text{SSE}/(n-2)} \tag{4.44}$$

표 4-4를 이용하여 단순회귀분석에 F 검정을 적용한다면 검정통계량은 식 (4.44)와 같아진다. 그리고 식 (4.44)에 의해 검정할 귀무가설은 단지 $H_0 : \beta=0$에 불과하다. 그렇다면 단순회귀분석에서 이러한 귀무가설을 검정하기 위한 방안으로 제시된 검정통계량 $t=\frac{\hat{\beta}}{s_{\hat{\beta}}}$과는 밀접한 관계가 형성되리라 예상할 수 있다.

실제로는 검정통계량 $t=\hat{\beta}/s_{\hat{\beta}}$의 양변을 제곱하면,

$$t^2=\frac{\hat{\beta}^2}{s_{\hat{\beta}}^2}=\frac{\hat{\beta}^2}{s_e^2/\sum x_i^2}=\frac{\hat{\beta}^2\sum x_i^2}{s_e^2}=\frac{\hat{\beta}^2\sum(X_i-\overline{X})^2/1}{\sum e_i^2/(n-2)} \tag{4.45}$$

와 같아지고, 반면에

$$\text{SSR}=\sum(\hat{Y}_i-\overline{Y})^2=\sum(\hat{\alpha}+\hat{\beta}X_i-\overline{Y})^2=\sum(\overline{Y}-\hat{\beta}\overline{X}+\hat{\beta}X_i-\overline{Y})^2$$

$$\therefore\ SSR=\hat{\beta}^2\sum(X_i-\overline{X})^2 \tag{4.46}$$

과 같은 관계식이 도출된다. 따라서 식 (4.44)와 식 (4.46)에서 다음 식이 정립될 수 있다.

$$F=\frac{\text{SSR}/1}{\text{SSE}/(n-2)}=\frac{\hat{\beta}^2\sum(X_i-\overline{X})^2/1}{\sum e_i^2/(n-2)} \tag{4.47}$$

이제 식 (4.45)와 (4.47)을 비교하여 보면,

$$F = \frac{\mathrm{SSR}/1}{\mathrm{SSE}/(n-2)} = t^2 = \frac{\hat{\beta}^2}{s_{\hat{\beta}}^{\ 2}} \tag{4.48}$$

의 관계가 성립됨을 알 수 있다. 즉, 귀무가설 $H_0 : \beta = 0$의 검정은 t분포 또는 F 분포를 이용할 수 있으며, 이상과 같은 단순회귀분석 경우에는 F 검정통계량의 값이 t검정통계량값의 자승과 같아진다는 재미있는 관계가 성립됨을 알 수 있다. 물론 이러한 특수한 관계는 단순회귀분석에 국한된 것이며, 다중회귀분석의 경우에는 성립될 수 없다.

F 검정의 의의를 보다 상세히 밝히고자 이번에는 식 (4.44)에 나타난 F 검정통계량을 재음미하여 보기로 한다.

$$F = \frac{\mathrm{SSR}/1}{\mathrm{SSE}/(n-2)} = \frac{\left(\frac{\mathrm{SSR}}{\mathrm{SST}}\right)/1}{\left(\frac{\mathrm{SSE}}{\mathrm{SST}}\right)/(n-2)} = \frac{R^2/1}{(1-R^2)/(n-2)} \tag{4.49}$$

식 (4.49)는 당초 귀무가설 $H_0 : \beta = 0$의 검정을 위해 도출한 검정통계량 F가 $\frac{R^2/1}{(1-R^2)/(n-2)}$와도 같아짐을 보여 주고 있다.[1] 따라서, 예컨대 $R^2 = 0$이면 F 값도 0이 될 것이다. R^2값이 1에 가까워질수록 F 값은 아주 커지게 될 것이다. 바로 이러한 사실은 F 검정은 단순히 귀무가설 $H_0 : \beta = 0$에 대한 검정방안으로 한정되는 것이 아니라 적합도를 나타내는 결정계수 R^2에 대한 가설검정방안으로도 활용될 수 있음을 시사해 주고 있다. 즉, 이 때의 F 검정은 $H_0 : R^2 = 0$에 대한 검정을 아울러 시행하는 효과가 있으며, 따라서 표본회귀선의 적합도판정방안으로도 활용될 수 있다는 의의를 지니고 있다.

이상과 같은 F검정의 의의를 간접적으로 증명하는 의미에서 우리가 제 2 장에서 도출한 표본상관계수에 대한 검정통계량을 이용해 보기로 한다. 이번 역시 편의상 단순회귀분석모형의 경우를 들어 제 2 장의 식 (2.14)에서 정의된 귀무가설 $H_0 : \rho = 0$에 대한 검정통계량을 옮겨 보면 다음과 같다.

---

1) 물론 이러한 사실은 설명변수가 둘 이상인 다중회귀분석 경우에도 성립되며, 단지 귀무가설의 형태가 $H_0 : \beta_1 = \beta_2 = \cdots = \beta_k = 0$이 되고, 검정통계량의 형태는 $F = \frac{\mathrm{SSR}/k}{\mathrm{SSE}/(n-k-1)}$로 조정된다는 점이 다를 뿐이다.

$$t_{n-2} = \frac{r-\rho_0}{\sqrt{\mathrm{Var}(r)}} = \frac{r-0}{\sqrt{\frac{1-r^2}{n-2}}} = \frac{r\sqrt{n-2}}{\sqrt{1-r^2}} \tag{4.50}$$

한편, 단순회귀분석의 경우 표본상관계수 r을 제곱한 값은 결정계수 R^2과 같아진다는 사실도 확인한 바 있다. 즉,

$$R^2 = (r)^2 \tag{4.51}$$

또한 단순회귀분석의 경우 $H_0 : \beta = 0$에 대한 검정 결과는 $H_0 : \rho = 0$검정 결과와 동일하다는 점도 밝힌 바 있다. 이제 이상과 같은 세 가지 사실을 이용하여 우선 식 (4.50)의 양변을 제곱하면

$$t^2_{n-2} = \frac{r^2(n-2)}{1-r^2} = \frac{R^2/1}{(1-R^2)/(n-2)} \tag{4.52}$$

가 되는데, 식 (4.52)와 식 (4.49)를 비교해 보면 이 경우 또한 F 검정통계량의 값은 상관계수에 대한 검정통계량 t의 제곱과 같아진다는 사실을 알 수 있다. 즉,

$$F = \frac{R^2/1}{(1-R^2)/(n-2)} = (t_{n-2})^2 \tag{4.53}$$

물론 이러한 관계식은 설명변수가 하나인 단순선형회귀분석에서만 성립되는 것이기는 하지만(다중회귀의 경우는 다소의 조정이 필요) F 검정통계량이 갖는 의의는 적합도판정은 물론 상관관계의 강도를 나타내는 상관계수의 검정방법으로도 활용될 수 있다는 사실을 확인한 셈이다. 결국 단순회귀분석에서의 F 검정은 $H_0 : \beta = 0$과 $H_0 : \rho = 0$이라는 귀무가설을 동시에 검정할 수 있는 능력과 표본회귀선의 적합도를 판정하는 능력까지를 겸비하고 있는 것이다.

제 5 절 예 측

7가지 기본가정이 충족된다고 볼 수 있는 상황에서 최소자승법에 의해 도출된 표본회귀선이 적합도나 통계적 유의성검정에 이르는 제반 평가 결과 합당한 추정식이라고 판정이 된다면, 비로소 우리는 이 추정식을 이용하여 신뢰할 수 있는 예측을 시행할 수 있다. 즉, 임의의 독립변수값들에 대응하는 종속변수

의 값을 표본회귀선을 통하여 판정하게 된다.

예측에 관하여는 제 3 장에서 그 종류 및 한계성에 이르는 제반 사항을 상세히 다룬 바 있으므로 여기에서는 단지 다중표본회귀선에 의하여 시행할 수 있는 무조건부 점예측과 점예측치에 대한 신뢰구간 설정과정만을 간략하게 다루기로 한다.[1)]

점예측은 도출된 다중표본회귀식에 임의로 내정된 각 독립변수의 값을 대입함으로써 성립된다. 즉,

$$\hat{Y}_f = \hat{\alpha} + \hat{\beta}_1 X_{1f} + \hat{\beta}_2 X_{2f} \tag{4.54}$$

물론 여기서 X_{1f}와 X_{2f}는 회귀선의 추정과정에서는 사용되지 않은 추가적인 값들이며 분석자의 판단에 의거하여 적절히 책정되는 것이 일반적이다. 그러나 제 3 장에서도 밝힌 바 있듯이 표본회귀선에 의해 도출된 Y의 점예측치 $\hat{Y}_f$란 독립변수의 값이 X_{1f}, X_{2f}로 주어졌을 때 우리가 평균적으로 기대할 수 있는 종속변수값에 불과하며, 예측대상 기간이 먼 장래에 대하여 실시되거나(그리하여 책정된 X_{1f}, X_{2f}의 실현가능성이 희박하거나) 또는 X_{1f}와 X_{2f}값이 표본회귀선 도출에 사용되었던 X_1과 X_2의 표본평균값과 상당한 차이를 보일 경우, 점예측치의 현실적 실현가능성은 희박해진다. 따라서 가능한 한 예측은 가까운 장래에 한정하는 것이 타당하며, 비록 가까운 장래에 대한 예측이라 하더라도 예측치에 대한 신뢰구간을 아울러 설정하는 것이 바람직하다. 점예측치에 대한 $100(1-\alpha)\%$ 신뢰구간(혹은 구간예측이라 부름)은 다음과 같이 정의된다.[2)]

$$\hat{Y}_{fc} = \hat{Y}_f \pm t_{\alpha/2,\ n-k-1} \cdot s_f \tag{4.55}$$

단, 여기서

$$\begin{cases} s_f^2 = s_e^2 + \dfrac{s_e^2}{n} + (X_{1f} - \overline{X}_1)^2 s_{\hat{\beta}_1}^2 + (X_{2f} - \overline{X}_2)^2 s_{\hat{\beta}_2}^2 + 2(X_{1f} - \overline{X}_1)(X_{2f} - \overline{X}_2) s_{\hat{\beta}_1 \hat{\beta}_2} \\ s_{\hat{\beta}_1}^2 = s_e^2 \Sigma x_{2i}^2 / [\Sigma x_{1i}^2 \Sigma x_{2i}^2 - (\Sigma x_{1i} \Sigma x_{2i})^2] \\ s_{\hat{\beta}_2}^2 = s_e^2 \Sigma x_{1i}^2 / [\Sigma x_{1i}^2 \Sigma x_{2i}^2 - (\Sigma x_{1i} \Sigma x_{2i})^2] \\ s_{\hat{\beta}_1 \hat{\beta}_2} : \text{Cov}(\hat{\beta}_1,\ \hat{\beta}_2)\text{의 추정치} = -s_e^2 \Sigma x_{1i} x_{2i} / [\Sigma x_{1i}^2 \Sigma x_{2i}^2 - (\Sigma x_{1i} \Sigma x_{2i})^2] \\ \text{그리고 } \hat{Y}_{fc}\text{는 } Y_f\text{에 대한 신뢰구간의 임계치(critical value)를 의미함.} \end{cases}$$

1) 제 3 장 참조.
2) 제 3 장 제 3 절 참조.

s_e의 정의에 필요한 $\hat{\beta}_1$, $\hat{\beta}_2$의 분산 및 공분산의 도출과정은 편의상 모두 생략하였다.[1] 그러나 한가지 분명한 것은 전술한 바와 같이 예측에 사용되는 X_{1f}와 X_{2f}가 각각 $\overline{X}_1$와 $\overline{X}_2$와 가까울수록 s_f값은 작아지며, 따라서 신뢰구간의 폭은 독립변수의 평균치 부근에서 가장 좁아지는 것을 확인할 수 있다는 것이다.

이제 앞서의 예제에서 2006년도의 이 재화에 대한 수요를 $\alpha=5\%$의 유의수준하에서 구간예측을 실시해 보자. 2006년도에 이 재화의 단가(X_{1f})가 55로 인상되고, 소비자의 월평균소득(X_{2f})이 50이 될 것이라고 가정한다면 이 때의 수요량예측에 대한 신뢰구간은 식 (4.55)에 의거, 다음과 같아진다.

$$
\begin{aligned}
\hat{Y}_{fc} &= \hat{Y}_f \pm t_{\alpha/2,\ n-k-1} \cdot s_f \\
&= (13.65 - 0.88 \times 55 + 1.91 \times 50) \pm t_{0.025,\ 3} \times 10 \\
&= 60.75 \pm 3.182 \times 10 \fallingdotseq 28.9 \sim 92.6
\end{aligned}
$$

$$
\left[
\begin{aligned}
&\text{단, } t_{0.025,\ 3} = 3.182 \\
&\quad s_f^2 = 48.6 + \frac{48.6}{6} + (55-30)^2 \times 0.24 + (50-25)^2 \times 0.33 \\
&\qquad\quad + 2(55-30)(50-25) \times (-0.25) = 100.45 \\
&\therefore\ s_f \fallingdotseq 10.0 \\
&\quad s_{\hat{\beta}_1 \hat{\beta}_2} = \frac{-48.6 \times 725}{950 \times 700 - (725)^2} = \frac{-35,235}{139,375} \fallingdotseq -0.25
\end{aligned}
\right]
$$

따라서 $\alpha=5\%$의 유의수준하에서 2006년도의 이 재화에 대한 수요량은 28.9~92.6 사이에 있을 것이라고 예측할 수 있다. 그러나 예상했듯이 X_{1f}, X_{2f}의 가정치가 그 평균들(30과 25)과 상당한 차이가 있어 예측구간의 폭이 크게 나타났다.

제 6 절 다중상관분석

원래 상관분석이란 임의의 두 변수간의 선형관계(일차함수관계)의 유무 내지는 강도 또는 밀접도를 측정하는 방안에 불과하다. 따라서 분석대상이 되는 모형에 2개 이상의 변수가 나타나면 우리는 여러 개의 상관관계를 일단 정의할

---

1) 자세한 내용은 Jan Kmenta, *op. cit.*, pp. 374~375와 pp. 380~382를 참조할 것.

수 있다. 그러나 독립변수가 둘 이상이 되는 다중회귀분석과 관련하여 상관분석을 활용할 경우에는 단순히 임의의 두 변수 간 관계의 강도를 측정하는 데 그치지 않고 상관분석의 기본내용을 보다 확대하여 분석하는 이른바 다중상관분석을 전개할 수 있다. 따라서 본절에서는 우선 단순상관계수 개념과 유사한 편상관계수(partial correlation coefficient)의 개념을 정립하고 이어서 보다 확대된 의미의 상관계수 개념인 다중상관계수(coefficient of multiple correlation)를 다루고자 한다.

1. 편상관계수

우선 편상관계수를 정의함에 앞서 제 3 장에서 취급한 단순상관계수를 상기해 보기로 하자. 단순상관계수는 단지 특정한 두 변수간의 밀접도를 측정하는 일종의 지수 개념이다. 그런데 본장에서 주로 다루어 온 다중회귀분석모형은 종속변수가 하나이고 독립변수가 둘인 다중선형함수식이므로 전체적으로는 3개의 변수가 사용되고 있다. 따라서 이 경우 어느 것이 독립변수이고 또 종속변수인지를 일단 무시하면 이늘 세 변수들 중 임의의 두 변수를 선정하여 단순상관계수를 산출할 수 있다. 즉, Y와 X_1, Y와 X_2, 그리고 X_1과 X_2간에 성립되는 세 가지 단순상관계수를 정의할 수 있는 것이다.[1] 이제 각각의 경우에 대한 단순상관계수를 r_{YX_1}, r_{YX_2} 및 $r_{X_1X_2}$라 표기하면 다음과 같이 표현될 것이다.

$$r_{YX_1} = \frac{\sum x_{1i}y_i}{\sqrt{\sum x_{1i}^2 \sum y_i^2}} = \frac{s_{YX_1}}{s_Y s_{X_1}} \tag{4.56}$$

$$r_{YX_2} = \frac{\sum x_{2i}y_i}{\sqrt{\sum x_{2i}^2 \sum y_i^2}} = \frac{s_{YX_2}}{s_Y s_{X_2}} \tag{4.57}$$

$$r_{X_1X_2} = \frac{\sum x_{1i}x_{2i}}{\sqrt{\sum x_{1i}^2 \sum x_{2i}^2}} = \frac{s_{X_1X_2}}{s_{X_1} s_{X_2}} \tag{4.58}$$

그러나 이들 단순상관계수들은 다중회귀분석의 기본취지와는 상관없이 성

1) 독립변수의 수가 k개인 일반적인 모형의 경우는 종속변수를 포함하여 모형 내에 포함된 변수의 총수는 $(k+1)$개가 될 것이고, 이 때 정의 가능한 단순상관계수의 총수는 ${}_{(k+1)}C_2$개가 될 것이다. 위의 예제에서는 $k=2$이므로 가능한 단순상관계수의 숫자는 ${}_3C_2=3$개가 된다.

립되는 개념들이며, 따라서 이들 개념을 다중회귀모형의 기본취지와 관련시키고자 할 경우에는 다소의 조정작업이 필요하다. 제 2 절에서 누차 강조한 바 있듯이 다중회귀분석의 경우에는 개별 독립변수가 Y에 미치는 영향을 파악함에 있어 여타 독립변수값은 일정하게 유지시키거나 고정된 것으로 간주하게 된다. 이러한 분석방법을 이제 상관분석에 결합시킨다면, 예컨대 X_2가 일정할 때의 Y와 X_1의 상관계수, X_1이 고정된 경우의 Y와 X_2의 상관계수, 그리고 Y값이 고정되었다는 조건하에서 X_1과 X_2 간의 상관계수 개념을 창출해 낼 수 있다. 각각의 경우를 순서에 따라 통상 $r_{YX_1,\, X_2}$, $r_{YX_2,\, X_1}$ 그리고 $r_{X_1X_2,\, Y}$와 같이 표기하는데, 이들을 우리는 편상관계수라 정의한다. 세 개의 편상관계수(partial correlation coefficient)는 식 (4.59), (4.60) 그리고 (4.61)과 같으며, 그 도출과정을 생략하고 결과만을 제시하기로 한다.[1] 즉, 편상관계수들은 일단 단순상관계수가 산출되면 아래와 같은 식에 의거해서 쉽게 구할 수가 있다.

[편상관계수]

$$r_{YX_1,\, X_2} = \frac{r_{YX_1} - r_{YX_2} r_{X_1X_2}}{\sqrt{(1 - r^2_{YX_2})(1 - r^2_{X_1X_2})}} \tag{4.59}$$

$$r_{YX_2,\, X_1} = \frac{r_{YX_2} - r_{YX_1} r_{X_1X_2}}{\sqrt{(1 - r^2_{YX_1})(1 - r^2_{X_1X_2})}} \tag{4.60}$$

$$r_{X_1X_2,\, Y} = \frac{r_{X_1X_2} - r_{YX_1} r_{YX_2}}{\sqrt{(1 - r^2_{YX_1})(1 - r^2_{YX_2})}} \tag{4.61}$$

이와 같이 산출된 편상관계수에 대하여서도 통계적 유의성 여부를 검정할 수 있는데, 증명과정을 생략하고 도출된 검정통계량만을 소개하면 다음과 같다.[2]

$$t_{n-k-1} = \frac{r_{YX_1,\, X_2} \cdot \sqrt{n-k-1}}{\sqrt{1 - r^2_{YX_1,\, X_2}}} = \frac{r_{YX_1,\, X_2} \cdot \sqrt{n-3}}{\sqrt{1 - r^2_{YX_1,\, X_2}}} \tag{4.62}$$

---

1) J. Johnston, *op. cit.*, pp. 81~84 참조.

2) 본서의 수준을 감안하여 자세한 도출과정은 생략하였으나 이 식들은 본질적으로 제 3 장의 식 (3.13)과 같은 과정을 통하여 도출될 수 있음을 밝혀 두고자 한다.

$$t_{n-k-1} = \frac{r_{YX_2,\ X_1} \cdot \sqrt{n-3}}{\sqrt{1-r^2_{YX_2,\ X_1}}} \tag{4.63}$$

$$t_{n-k-1} = \frac{r_{X_1X_2,\ Y} \cdot \sqrt{n-3}}{\sqrt{1-r^2_{X_1X_2,\ Y}}} \tag{4.64}$$

각각의 경우 자유도는 $n-k-1$이므로 $k=2$ 경우에는 자유도가 $n-3$이 되며, 식 (4.62)~(4.64)에 의거하여 산출된 값이 임계치 $\pm t_{\alpha/2}$보다 절대값이 클 경우 귀무가설 $H_0 : \rho_{YX_1,\ X_2}=0$, $H_0 : \rho_{YX_2,\ X_1}=0$ 또는 $H_0 : \rho_{X_1X_2,\ Y}=0$은 기각되며, 두 변수 간의 선형상관관계는 유의할 만한 수준이라고 결론짓게 된다. 물론 이 경우에서도 자유도가 아주 커지면 Z분포를 대신 사용할 수 있음은 주지의 사실이다.

앞에서의 예제를 활용하여 편상관계수를 구해 보고, 아울러 검정까지 실시해 보기로 한다. 먼저 식 (4.56)~(4.58)을 이용하여 단순상관계수를 구해 보면,

$$r_{YX_1} = \frac{550}{\sqrt{950 \times 1,000}} \fallingdotseq 0.56$$

$$r_{YX_2} = \frac{700}{\sqrt{700 \times 1,000}} \fallingdotseq 0.84$$

$$r_{X_1X_2} = \frac{725}{\sqrt{950 \times 700}} \fallingdotseq 0.89$$

이므로, 이를 식 (4.59)~(4.61)에 대입하여 편상관계수를 구할 수 있다. 즉,

$$r_{YX_1,\ X_2} = \frac{0.56-0.84 \times 0.89}{\sqrt{(1-0.70)(1-0.79)}} \fallingdotseq -0.75$$

$$r_{YX_2,\ X_1} = \frac{0.84-0.56 \times 0.89}{\sqrt{(1-0.32)(1-0.79)}} \fallingdotseq 0.90$$

$$r_{X_1X_2,\ Y} = \frac{0.89-0.56 \times 0.84}{\sqrt{(1-0.32)(1-0.70)}} \fallingdotseq 0.93$$

이 된다(단, $r^2_{YX_1}=0.32$, $r^2_{YX_2}=0.70$, 그리고 $r^2_{X_1X_2}=0.79$).

또한 각각의 편상관계수의 유의성 여부를 검정하고자, 귀무가설을 각각 $H_0 : \rho_{YX_1,\ X_2}=0$, $H_0 : \rho_{YX_2,\ X_1}=0$ 및 $H_0 : \rho_{X_1X_2,\ Y}=0$과 같이 설정한다. 식 (4.62)~(4.64)에 의하여 검정통계량은 각각,

$$t_3 = \frac{-0.75 \cdot \sqrt{3}}{\sqrt{1-0.56}} \fallingdotseq -1.96$$

$$t_3 = \frac{0.90 \cdot \sqrt{3}}{\sqrt{1-0.81}} \fallingdotseq 3.58$$

$$t_3 = \frac{0.93 \cdot \sqrt{3}}{\sqrt{1-0.87}} \fallingdotseq 4.47$$

과 같이 산출된다(단, $r^2_{YX_1,\ X_2}=0.56$, $r^2_{YX_2,\ X_1}=0.81$, 그리고 $r^2_{X_1X_2,\ Y}=0.87$).

$\alpha=5\%$ 유의수준에서 $t_{0.025,\ 3}=3.182$이므로 $H_0 : \rho_{YX_1,\ X_2}=0$은 기각되지 못하나, 나머지 귀무가설은 기각된다. 즉, $\alpha=5\%$ 유의수준에서 유의성이 있는 편상관계수는 $r_{YX_2,\ X_1}$과 $r_{X_1X_2,\ Y}$라고 결론지을 수 있다.

2. 다중상관계수(coefficient of multiple correlation)

이상에서 우리는 다중회귀분석의 기본적 취지를 단순상관분석과 결합하여 편상관계수라는 개념을 창출하고 그 계산의 예와 검정방법을 살펴보았다. 그러나 상관분석의 다중회귀분석에의 적용은 더욱 확대될 수 있으며, 예컨대 종속변수 Y와 k개의 독립변수 전체와의 동시적 결합도를 측정하는 방안을 창안할 수 있는 것이다. 이러한 목적을 위해 설정된 개념을 다중상관계수라 칭하며 다음과 같이 정의된다.

[다중상관계수]

$$R_{Y,\ X_1X_2} = \sqrt{\frac{\text{SSR}}{\text{SST}}} \tag{4.65}$$

이처럼 정의된 다중상관계수는 개념상 Y와 $\hat{Y}$간의 단순상관계수와 동일한 의미를 갖는다고 볼 수 있다. 즉, Y와 $\hat{Y}$간의 단순상관계수를 $r_{Y\hat{Y}}$이라 표기하면

$$r_{Y\hat{Y}} = \frac{\Sigma y\hat{y}}{\sqrt{\Sigma y^2}\sqrt{\Sigma \hat{y}^2}} \tag{4.66}$$

과 같아진다. 한편, $\Sigma y\hat{y}$는,

$$\sum y\hat{y} = \sum \hat{y}(\hat{y}+e) = \sum \hat{y}^2 + \sum \hat{y}e = \sum \hat{y}^2 \quad (\because \sum \hat{y}e = 0)$$

과 같아지므로, 식 (4.66)은 다음과 같이 바꾸어 쓸 수 있다.

$$r_{Y\hat{Y}} = \frac{\sum y\hat{y}}{\sqrt{\sum y^2}\sqrt{\sum \hat{y}^2}} = \sqrt{\frac{\sum \hat{y}^2}{\sum y^2}} = \sqrt{\frac{\text{SSR}}{\text{SST}}} = R_{Y,\ X_1X_2} \qquad (4.66)'$$

이와는 별도로 다중상관계수를 다른 각도에서 음미해 볼 수 있다. 예컨대, 다중상관계수와 단순상관계수간에는 다음과 같은 관계가 성립된다(증명과정은 생략한다).[1)]

$$R_{Y,\ X_1X_2} = \sqrt{\frac{r_{YX_1}^2 + r_{YX_2}^2 - 2r_{YX_1}r_{YX_2}r_{X_1X_2}}{1 - r_{X_1X_2}^2}} \qquad (4.67)$$

한편, 식 (4.65)에서처럼 정의된 다중상관계수를 제곱하면

$$R_{Y,\ X_1X_2}^2 = \frac{\text{SSR}}{\text{SST}} = 1 - \frac{\text{SSE}}{\text{SST}}$$

와 같이 표현되는데, 이는 제 4 절에서 소개한 다중결정계수 R^2과 동일하게 된다는 중요한 의미를 찾을 수 있다. 바로 이러한 이유 때문에 다중상관계수를 대문자 R을 이용하여 표기하는 것이다.

이상과 같은 다중상관계수에 대한 의미를 종합하여 보면 단순회귀분석의 경우처럼 결정계수 R^2이 단순상관계수 r의 제곱과 같아지는 현상은 찾아볼 수 없다. 반면 다중회귀분석에서는 다중상관계수라는 새로운 의미를 가지는 개념이 창출되고, 이 다중상관계수 $R_{Y,\ X_1X_2}$의 제곱이 다중결정계수 R^2과 같아짐을 알 수 있다. 특히 다중상관계수는 내용면에 있어 Y와 $\hat{Y}$ 간의 단순상관계수 $r_{Y\hat{Y}}$과 의미가 같아지며(식 (4.66) 참조), 통상적인 단순상관계수들과는 식 (4.67)과 같은 관계가 있음을 주지하기 바란다.

그러면 이와 같은 다중상관계수에 대한 검정은 어떻게 이루어질 것인가? 표본의 다중상관계수 $R_{Y,\ X_1X_2}$의 모수를 $\rho_{Y,\ X_1X_2}$라 표기하고, 귀무가설을 H_0 : $\rho_{Y,\ X_1X_2} = 0$이라 설정하면 이 때 적용할 검정통계량은 역시 F 검정이 될 것이다. 이는 다중상관계수의 제곱이 다중결정계수값과 같다는 사실과 다중결정계

1) J. Johnston, *op. cit.*, p.84 참조.

수에 대한 검정의 한 방안으로 ANOVA를 이용한 F 검정이 이용된다는 사실(제 4 절 참조)로 미루어보아 당연한 이치라 하겠다. 여하튼 상기 귀무가설에 대한 검정통계량은 제 4 절에서와 같은 형태가 될 것이며, 다음과 같이 정리될 수 있다.

$$F=\frac{R^2_{Y,\ X_1X_2}/k}{(1-R^2_{Y,\ X_1X_2})/(n-k-1)}$$

$$\xrightarrow{(k=2\text{일 때})}\frac{R^2_{Y,\ X_1X_2}/2}{\sqrt{(1-R^2_{Y,\ X_1X_2})}/(n-3)}=\frac{\text{MSR}}{\text{MSE}} \tag{4.68}$$

이 검정통계량은 자유도가 k와 $(n-k-1)$인 F분포를 따르므로 임계치 F_α와 비교하여 식 (4.68)에 의거 산출된 값이 큰 것으로 확인되면 귀무가설은 기각되며, 다중상관관계는 유의할 만한 수준이라고 결론지을 수 있다.

다시 앞에서의 예제를 이용하여 다중상관계수를 구하고, 아울러 H_0 : $\rho_{Y,\ X_1X_2}=0$도 검정해 보자. 식 (4.67)에 앞서 구한 단순상관계수값을 대입해 보면,

$$R_{Y,\ X_1X_2}=\sqrt{\frac{r^2_{YX_1}+r^2_{YX_2}-2r_{YX_1}r_{YX_2}r_{X_1X_2}}{1-r^2_{X_1X_2}}}$$

$$=\sqrt{\frac{0.32+0.70-2\times0.56\times0.84\times0.89}{1-0.79}}\fallingdotseq 0.93$$

으로 나타난다. 이는 앞서 구한 결정계수(0.854)와 비교해 보면 $R^2_{Y,\ X_1X_2}=0.87$로써 거의 동일함을 알 수 있다.

이미 앞에서 H_0 : $\beta_1=\beta_2=0$에서 F 검정을 실시해 보았지만, 여기서는 연습목적상 다중상관계수의 검정도 위에서 계산된 자료를 토대로 실시해 보자. 식 (4.68)을 이용하면,

$$F=\frac{R^2_{Y,\ X_1X_2}/2}{(1-R^2_{Y,\ X_1X_2})/3}=\frac{0.87/2}{0.13/3}=10.03$$

으로, $\alpha=5\%$일 때 임계치 $F_{0.05,\ 2,\ 3}=9.55$(부표 D 참조)보다 크게 나타나므로 H_0 : $\rho_{Y,\ X_1X_2}=0$이 기각된다. 따라서 다중상관계수는 유의할 만한 수준이라고 할 수 있다.

마지막으로 한가지 지적해 두고 싶은 사항은 다중상관계수 또한 다중결정계수와 마찬가지로 설명변수를 추가도입함에 따라 점차 그 값이 커질 수밖에 없다는 사실이다. 다중결정계수의 경우는 이 문제를 변동량 대신 분산 개념을 도입한 조정된 다중결정계수 $\overline{R}^2$의 사용을 통해 다소 완화시킬 수 있었다. 그러나 다중상관계수의 경우는 앞서 소개한 편상관계수를 적절히 활용함으로써 추가적인 설명변수 도입에 따른 영향을 배제한 상태에서의 상관계수를 추론할 수도 있음을 지적해 두고자 한다.

제 7 절 실증분석과정 안내

우리는 제 3 장에서 계량경제이론을 실제 응용하는 과정에 대한 길잡이로서 모형을 설정하는 방법, 자료의 선정 및 활용방법, 그리고 모형의 추정 결과를 검토·평가하는 방법들을 소개한 바 있다. 본장에서는 전장에 이어서 특히 추정 결과를 해석·평가하고 또 나아가서는 개선하는 방법에 관한 보다 구체적인 원칙들을 소개하고자 한다.

1. 일차적 평가기준과 활용법

회귀모형을 일단 적절한 자료를 활용하여 추정하고 나면 추정 결과를 평가하는 가장 기본적인 방법은 각 회귀계수에 대한 통계적 유의성을 확인하는 t검정과 설명변수 자체가 종속변수를 설명하는 능력의 척도가 되는 결정계수 R^2 값의 유의성을 확인하는 F검정이라 할 수 있다. 이 두 가지 기본검정을 수행함에 있어 현실적으로 예상되는 상황은 다음 5가지 경우로 대별해 볼 수 있다.[1)]

Case Ⅰ : R^2과 모든 β_i가 유의한 경우

Case Ⅱ : R^2은 유의하나 β_i는 일부만 유의한 경우

Case Ⅲ : R^2은 유의하나 모든 β_i가 유의하지 못한 경우

---

1) 보다 자세한 내용은 R. C. Geary and C. E. V. Leser, "Significance Tests in Multiple Regression," *The American Statistician*(Feb. 1968)과 Elliot M. Cramer, "Significance Tests and Tests of Models in Multiple Regression," *The American Statistician*(Oct. 1972), 그리고 Maddala, *Econometrics*(1977), pp. 122~124를 참고할 것.

Case Ⅳ : 모든 β_i는 유의하나 R^2이 유의하지 못한 경우

Case Ⅴ : 일부 β_i는 유의하나 R^2이 유의하지 못한 경우

첫번째 경우는 t검정통계량값과 R^2값이 모두 임계치를 넘어설 정도로 커서 개별 설명변수의 설명력은 물론 모형 전체로서도 적합도가 만족할 만한 상황을 나타내며, 사실 분석가는 이러한 결과를 얻기 위해 다각적으로 노력하게 되는 것이다. 단, 개별 회귀계수값들의 부호가 이론이나 가설에 합당한 것이어야만 상기 검정 결과의 의미가 유지될 수 있음은 물론이다.

두 번째 경우는 분석가가 실증분석과정에서 가장 빈번하게 직면하게 되는 상황으로 결국 t값과 F값의 크기를 참고해 가며 설명변수를 취사선택하는 과정을 밟아 나가게 된다. 구체적인 과정은 제 8 장에서 자세히 다룰 것이다.

세 번째 경우는 설명변수 전체가 집단적으로는 종속변수에 대한 설명능력이 있으나(높은 R^2과 F값) (거의)모든 설명변수들이 개별적으로는 설명능력이 없는 것으로 보이는(낮은 t값들) 상황에 해당된다. 제 5 장에서 다루게 될 다중공선성(multicollinearity)문제가 심각할 때 흔히 나타나는 현상이다.

네 번째 경우는 그렇게 흔히 나타나는 현상은 아니며 따라서 다소 특이한 상황에서만 발생한다고 볼 수 있다. 모든 회귀계수의 t값이 충분히 커서 모든 설명변수들이 종속변수를 개별적으로 설명하는 능력들은 (외견상)있는 것으로 보임에도 불구하고 설명변수 집단 전체의 설명능력이 미흡한 것으로 보아야 할 만큼 R^2값이 낮다는 사실은 무엇인가 이상한 느낌을 준다. 이러한 상황은, 예컨대 설명변수가 둘(X_1과 X_2)일 때 Y와의 단순상관계수값들(r_{YX_1}, r_{YX_2})은 상당히 낮을 뿐 아니라 두 설명변수 간의 단순상관계수값($r_{X_1X_2}$)이 통상 "−"부호를 가질 때 발생할 수 있다.[1)]

다섯 번째 경우는 두 번째 경우보다 심각한 경우로 일단 낮은 t값으로 인해 유의성검정에서 실패한 설명변수들은 제외한 다음 OLS를 다시 적용하여 R^2값이 호전되기를 기대해 볼 수밖에 없다. 이러한 기대가 충족되지 못할 경우 결국 이 회귀방정식은 유의성이 없는 무의미한 것으로 판정하고 추정을 포기할 수밖에 없다.

---

1) Maddala(1977), *op. cit.*, pp. 123~124 참조.

2. 추가적 평가기준(오차항의 탐색)과 대응방안

일단 이상과 같은 요령으로 t검정과 F검정을 이용하여 추정 결과의 특징을 일차적으로 파악 내지 평가한 다음 문제가 되는 상황의 원인을 보다 구체적으로 확인하는 과정을 밟게 된다. 이 과정은 회귀분석에서 가장 중요한 부분에 해당되며, 기본적으로는 오차항의 내용과 형태를 이용하는 분석의 성격을 갖는다. 즉, 회귀오차 $e_i = Y_i - \hat{Y}_i$값의 크기와 부호 및 분포 형태를 탐색하여 기본가정들의 현실성 여부, 설정된 함수 형태의 오류 여부, 그리고 자료상의 특이성(data peculiarity) 등을 판정하는 방법을 일컫는 것이다.[1] 이는 일단 회귀모형을 OLS 방법으로 추정한 후 도출되는 회귀오차항의 분포 형태는 다음과 같은 6가지의 현상들을 판독할 수 있는 정보를 제공해 주는 데 근거하는 것이다.

Case Ⅰ : 극단적 관측치(outliers)
Case Ⅱ : 적절한 설명변수의 생략
Case Ⅲ : 비선형함수관계
Case Ⅳ : 자기상관현상
Case Ⅴ : 이분산현상
Case Ⅵ : 오차항의 비정규분포성

그림 4-5의 (a) 경우와 같이 극단적인 관측치가 몇 개 존재하면(Case Ⅰ) R^2값이 떨어질 뿐만 아니라 원래의 함수관계를 제대로 파악하지 못할 가능성이 높아 추정 결과가 무의미해진다. 그렇다고 무작정 극단치를 제외시키는 일은 결과적으로 표준추정오차값을 왜곡시켜 검정이나 구간추정의 효력을 상실케 하는 결과를 초래한다는 문제가 발생한다. 따라서 경우에 따라서는 최소자승법($\mathrm{Min}\sum e_i^2$) 대신에 최소절대오차법(LAR method; least absolute residual method)을 사용하기도 한다. 즉, 오차를 자승한 값들을 이용하는 최소자승법을 활용하는 경우 극단적 관측치들 값을 제곱한 값들로 인해 추정이 더욱 왜곡될 가능성이 높으므로 이러한 문제를 완화하기 위한 노력의 일환으로 $\sum e_i^2$ 대신 다음 식을 최소화하는 방법이 제안된 것이다.[2]

1) 보다 상세한 내용은 Maddala(1977), *op. cit.*, pp. 83~94를 참조할 것.
2) LAR방법이 갖는 한계성은 이미 제 2 장 제 4 절에서 언급된 바 있으므로 이곳에서는 생략한다.

그림 4-5 오차항분포의 제 형태

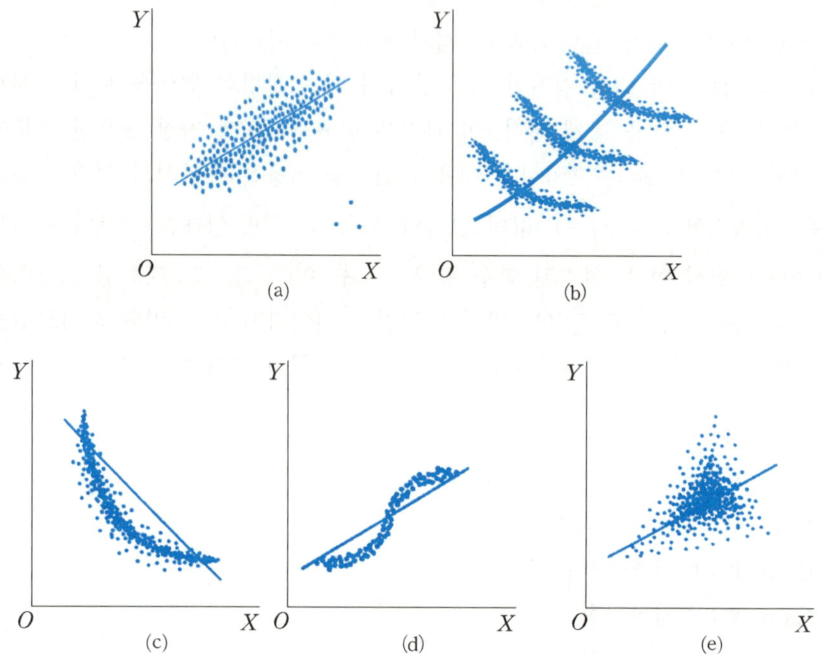

$$\text{LAR} : \text{Min} \sum |e_i| = \text{Min} \sum |Y_i - \hat{Y}_i|$$

그러나 물론 이들 극단적 관측치의 발생원인을 구체적으로 알 수 있다면(예컨대, 전쟁이나 파업 또는 원유파동과 같은 급격한 여건변화) LAR방법을 빌리지 않고도 보다 조직적으로 문제를 해소할 수 있다. 즉, 모의변수(dummy variable)를 도입하여 추정하는 방법으로 제10장에서 자세히 다루기로 한다.

한편, 그림 4-5의 (b) 경우와 같은 상황이 발생하는 이유는 여러 가지 있을 수 있으나 우선은 종속변수에 대하여 설명력이 아주 큰 설명변수가 회귀모형에서 생략됨으로써 발생하는 상황으로 이해할 수도 있다(Case Ⅱ). 예컨대, 종속변수는 수요(Y)인데, 가격(X_1)이란 설명변수만을 이용하여 회귀분석함으로써 소득(X_2)변화에 따른 수요(곡)선의 이동현상을 제대로 고려하지 못한 경우 (b)와 같은 오차항의 분포가 발생할 수 있는 것이다. 이러한 상황이 쉽게 판정될 경우는 단지 제외된 변수를 포함시킴으로써 문제는 해결된다. 그러나 포함시켜야 당연한 줄 알면서도 추정이 어려워 적절한 자료를 구할 수 없는 경우에는 이른바 대리변수(proxy variable)를 활용하기도 하는데, 이 때 주의해야 하는 것은 이른바 변수오차(errors-in-variable)현상이란 문제의 유발가능성이 있다는 점이다(제 9 장 참조). 물론 (b)와 같은 상황은 (a) 경우에서처럼 급격한 변화가 발생했으되 상당기간 지속됨으로써 나타날 수도 있는 것이며, 따라서 모의변수를 사용하여 문제를 수습할 수 있는 상황도 예상할 수 있다.

(c) 경우는 변수간의 함수관계가 비선형일 때(Case Ⅲ) 나타날 수 있는 대표적인 경우로, 예컨대 이론상 비선형이 분명한 수요곡선이나 Phillips 곡선을 선형회귀모형으로 추정할 경우 예상되는 상황이다. 이에 대한 대응책은 제 8 장에서 자세히 다룰 것이다.

(d) 경우 역시 총비용함수(total cost function)과 같은 3차함수관계에 있는 모형을 선형회귀분석함으로써 나타날 수도 있는 유형이지만 이처럼 특별한 이유가 분명하지 못하면 일단 기초가정 중 하나가 깨진 이른바 자기상관현상(이 경우에는 오차항 간에 정의 시계열상관이 존재하는 현상임)이 발생한 것으로 보고 대응해야 할 것이다. 자세한 내용은 제 7 장에서 다룰 것이다.

(e) 경우에는 오차항들의 분산이 동일하다는 이른바 동분산가정이 깨어진 상황의 대표적 사례로 이러한 이분산현상에 대한 대응책은 제 6 장에서 자세히 다룰 것이다.

그림에 나타난 경우 외에도 오차항분석에서 빠뜨릴 수 없는 항목 중의 하나가 Case Ⅵ, 즉 오차항의 분포를 정규분포로 볼 수 있는지 여부를 확인하는 일이라 하겠다. 자세한 내용은 제 5 장에서 다룰 것이지만 결론적으로 말하자면 비록 오차항의 분포가 정규분포를 따르지 않는다 하더라도 OLS 추정량은 여전히 BLUE 특성을 유지한다. 단지 t검정이나 F검정과 같은 검정이나 구간추정 등의 효력이 상실된다는 문제점이 생길 뿐이다.

정규분포성 여부를 가장 손쉽게 개략적으로 파악하는 방법은 오차항의 평균에 대한 제 2 차, 3차 및 4차 모멘트(moment)를 산출한 다음 3차 모멘트(m^3)값이 0에 가깝고 4차 모멘트(m^4)값은 $m^4 \fallingdotseq 3m^2$ 관계가 유지되는 것으로 판정되면 정규분포를 따르는 것으로 인정하는 방법이다.[1] 그런데 정규분포성이 충족되지 못하는 이유 중 가장 흔한 것은 그림 4-5 중 (e) 경우와 같이 이분산의 정도가 심한 상황을 들 수 있으며, 따라서 자료를 가중치를 주어 축소조정 내지

1) 모멘트란 원래 역학상 물체의 회전하는 힘의 크기를 나타내는 개념으로, 피어슨(K. Pearson)이 통계학에 도입하였으며 $\frac{1}{N}\sum f_i(X_i - A)^k$ (단, $\sum f_i = N$)를 변량 X의 A에 대한 k차모멘트라고 정의한다.

전환(deflation or transformation)함으로써 문제를 해소할 수도 있다.[1)]

제 8 절 실증분석예 : 소비함수에 관한 분석

본 절에서는 제 3 장 제 5 절에 소개된 주요 소비함수모형을 중심으로 다양한 유형의 방정식을 추정하여 비교해 보고자 한다.

표 4-5는 추정된 여러 방정식 중 상대적으로 그 통계적 유의성이 우수한 것들을 모아 정리해 놓은 것이다.

I 번 방정식은 제 3 장에서 이미 소개하여 활용한 것으로 소비수준을 단지 가처분소득수준만의 함수로 파악하고 있으며, 이 때 한계소비성향은 0.695로 산출되었다. R^2값이 높고 d값의 수준으로 보아 자기상관현상 또한 우려할 상태가 아니어서 이 추정식을 그대로 활용하여도 하자는 없다.[2)]

표 4-5 소비함수 추정 결과

분석기간	상수항	YDXV	YDXVMA	R	VC	$M2X$	$CPXV_{t-1}$	$R^2/\overline{R}^2$	d
I (70:1-88:4)	1,448.233 (9.487)	0.695 (51.932)						0.973	1.711
II (76:4-88:4)	2,098.500 (17.210)	0.283 (10.178)			0.043 (13.871)			0.991/ 0.991	1.507
III (70:2-88:4)	53.466 (0.992)	0.046 (2.461)					0.955 (35.403)	0.999/ 0.998	2.494
IV (71:1-88:4)	3,691.187 (11.967)	0.326 (6.696)				0.126 (7.651)		0.985/ 0.984	0.759
V (76:4-88:4)	2,417.616 (8.398)	0.281 (10.138)		-10.012 (-1.222)	0.042 (13.210)			0.992/ 0.991	1.512
VI (76:4-88:4)	1,561.408 (5.193)		0.282 (4.951)	-15.613 (-4.114)	0.016 (3.754)		0.378 (2.846)	0.998/ 0.997	1.944

(단, YDXV : 가처분소득 YDXVMA : 가처분소득의4분기 이동평균
R : 회사채수익률 VC : 실질부 $M2X$: 총통화
$CPXV_{t-1}$: 전기의소비지출
이상과 같은 변수이름들은 자료디스켓에 정의된 표기방법에 따른 것임)

1) Maddala(1977), *op. cit.*, pp. 305~308 참조.

2) 여기에서 d.w.는 자기상관현상(기본가정 III이 깨지는 현상)의 심각성 여부를 판정하기 위한 검정통계량으로 d.w.값이 2에 가까우면 자기상관현상이 무시할 만하나 0이나 4에 가까우면 정 또는 부의 자기상관현상이 유의할 만한 것으로 판정하게 된다. 자세한 것은 제 7 장을 참고할 것.

그러나 소비함수를 독립적으로 추정하는 경우보다는 국민경제 전체를 구성하는 한 부문으로 고려할 경우 여타 주요 거시경제변수와의 연관성을 추가로 고려하는 것이 일반적이다.

예컨대 경제이론은 소득수준 이외에도 이자율이나 물가상승률 또는 부의 수준이나 총통화량, 그리고 전기의 소비수준 등이 현기의 소비수준에 지대한 영향을 미치는 것이라는 논리를 제공하고 있다.

Ⅱ번 방정식은 실질부만을, Ⅲ번 방정식은 전기의 소비수준만을, 그리고 Ⅳ번 방정식은 총통화만을 추가시켜 본 추정 결과들로서 전반적으로 통계적 유의성은 무난한 편이다. 단, Ⅳ번 방정식은 정의 자기상관현상이 존재하는 것으로 보이나, 모든 추정계수는 이론과 일치하는 부호를 갖는 것으로 추정되었다.

한편, Ⅴ번 방정식 이후부터는 두 가지 이상의 설명변수들을 다양하게 결합시켜 추정해 보았으며, 그 중 통계적 유의성이 우수한 추정 결과 두 가지만을 선정하여 제시해 보았다.

Ⅴ번 방정식은 이자율과 실질부를 포함시킨 경우이고 Ⅵ번 방정식은 가처분소득을 가처분소득의 4분기 이동평균으로 대체시킨 다음 이자율과 실질부 외에 시차를 둔 종속변수까지를 포함시켜 추정한 결과들이다.

이들 추정 결과들도 모두 통계적 유의성이 우수한 편이어서(단, 5번 방정식은 이자율의 t값이 다소 낮음) 어느 것을 선정하든 무방할 것으로 보인다. 결국 최종적인 선정은 분석가의 취향과 분석목적에 따라 이루어지는 것이 합당할 것이다.

제 9 절 요 약

다중회귀분석이란 2개 이상의 독립변수로 종속변수값을 추론하는 방법이라 할 수 있는데, 본장에서는 독립변수가 2개이며, 종속변수와는 선형함수관계에 있는 상황만을 다루었다.

최소자승법을 통해 도출한 추정량은 다중회귀분석에서는 부분회귀계수라 부르는데, 이는 한 계수값을 추정할 때 회귀모형 내에 포함된 여타 독립변수의 값을 일정하도록 유지시키면서 추정치를 도출하는 데 연유한다. 즉, 다중회귀분석에서는 2개 이상의 독립변수의 함수로 표현되는 종속변수와 개별 독립변수의 함수관계가 편미분방법을 통하여 파악되는 효과가 있다.

다중회귀분석에서도 표본회귀선에 대한 적합도를 표준회귀오차(s_e)와 결정계수(R^2)를 이용하여 판정할 수 있다. 그러나 다중회귀분석에서는 R^2값이 회귀모형 내에 포함되는 독립변수의 수가 증가함에 따라 점차 커진다는 문제가 있어 조정된 결정계수라 일컫는 $\overline{R}^2$를 대신 사용한다.

그러나 이와는 별도로 표본다중회귀선의 총체적인 적합도는 F분포를 이용한 일종의 ANOVA 분석법($H_0 : \beta_0 = \beta_1 \cdots = \beta_k = 0$에 대한 검정)을 통하여 판정하기도 한다.

다중회귀분석에서 상관계수는 다양한 측면이 있으며, 제 2 장에서 전개한 단순상관계수 개념 이외에 편상관계수 및 다중상관계수와 같은 개념이 창출되어 활용되며, 이들 개념 상호 간에는 유기적인 함수관계가 성립된다. 단, 다중회귀분석에서는 단순상관계수보다는 편상관계수가 보다 더 중요한 의미를 갖게 되며, 다중상관계수의 제곱이 결정계수(R^2)값과 일치한다는 관계가 성립된다.

다중회귀분석에서 가장 흔히 접하게 되는 문제로 다중공선성(즉, 독립변수 간의 선형함수관계)에 대한 문제와 모의변수의 활용문제, 그리고 비선형모형의 추정문제 등을 들 수 있을 것이다. 한편, 표본회귀선에 대한 종합적 적합도판정 방안으로서의 F 검정은 제 1 장에서 취급한 전통적 분산분석 ANOVA와 유사한 측면이 많아 혼란의 여지가 많으므로 특별한 주의를 기울여야 할 것이다.

본 장에서 도출한 제반 분석공식은 표 4-6과 같이 요약정리될 수 있다.

표 4-6 다중선형회귀분석 공식

내 용	구 분		공 식
추 정	절 편		$\hat{\alpha}=\overline{Y}-\hat{\beta}_1\overline{X}_{1i}-\hat{\beta}_2\overline{X}_{2i}$
	회귀계수		$\hat{\beta}_1=\dfrac{\sum x_{2i}^2\sum y_i x_{1i}-\sum x_{1i}x_{2i}\sum y_i x_{2i}}{\sum x_{1i}^2\sum x_{2i}^2-(\sum x_{1i}x_{2i})^2}$ $\hat{\beta}_2=\dfrac{\sum x_{1i}^2\sum y_i x_{2i}-\sum x_{1i}x_{2i}\sum y_i x_{1i}}{\sum x_{1i}^2\sum x_{2i}^2-(\sum x_{1i}x_{2i})^2}$
검 정	적합도 검 정	절대평가	$s_e=\sqrt{\dfrac{\text{SSE}}{(n-k-1)}}=\dfrac{\sqrt{\sum(Y_i-\hat{Y}_i)^2}}{(n-k-1)}$
		상대평가	$\overline{R}^2=\dfrac{(n-1)R^2-k}{(n-k-1)}$, 단 $R^2=\dfrac{\text{SSR}}{\text{SST}}$
	유의성 검정		$t_{n-k-1}=\dfrac{\hat{\beta}_i}{s_{\hat{\beta}_i}}$
	F 검 정		$F=\dfrac{\text{MSR}}{\text{MSE}}=\dfrac{\text{SSR}/k}{\text{SSE}/(n-k-1)}$, $F=\dfrac{\text{SSR}/1}{\text{SSE}/n-2}=\dfrac{R^2/1}{(1-R^2)/(n-2)}$ if $k=1$
	기 타		$H_0: \beta_i=\beta_j$ 검정 : 보론 참조 $H_0: \beta_i\pm\beta_j\gtreqless k$검정 : 보론 참조
예 측	점 예 측		$\hat{Y}_f=\hat{\alpha}+\hat{\beta}_1X_{1f}+\hat{\beta}_2X_{2f}$
	구간예측		$\widehat{Y_{fc}}=\widehat{Y_f}\pm t_{n-2,\ n-k-1}\cdot s_f$

□ 보 론

1. 회귀계수의 합이나 차에 대한 유의성 검정

단순회귀분석에서와는 달리 다중회귀분석에서는 두 개(이상)의 회귀계수가 추정된다. 따라서 이들 회귀계수가 개별적으로 각각 0과 같아지는지 여부를 검정하는 이른바 유의성검정을 실시하는 일 외에 임의의 두 회귀계수값이 같은지 여부 또는 임의의 두 회귀계수의 값의 합이 특정한 상수값과 같은지 여부를 아울러 검정할 필요성이 발생할 수 있다. 그러나 이러한 경우에 대응하는 검정방법은 유의성검정에서 사용한 t검정방안을 활용하여 쉽게 도출될 수 있으며, 그 구체적인 공식은 각각 다음과 같다.

두 회귀계수 간의 동일성 여부에 관한 검정의 경우 검정할 귀무가설과 대립가설은,

$$H_0 : \beta_i = \beta_j$$
$$H_A : \beta_i \neq \beta_j$$

가 되며, 이에 대한 검정통계량은,

$$t = \frac{(\hat{\beta}_i - \hat{\beta}_j) - (\beta_i - \beta_j)}{s_{\hat{\beta}_i - \hat{\beta}_j}}$$
$$= \frac{\hat{\beta}_i - \hat{\beta}_j}{\sqrt{\mathrm{Var}(\hat{\beta}_i) + \mathrm{Var}(\hat{\beta}_j) - 2\mathrm{Cov}(\hat{\beta}_i,\ \hat{\beta}_j)}} \quad (H_0\text{가 사실일 때})$$

가 된다.

한편, 두 회귀계수의 합에 관한 검정의 경우 검정할 귀무가설과 대립가설은,

$$H_0 : \beta_i + \beta_j = k$$
$$H_A : \beta_i + \beta_j \neq k$$

가 되며, 이에 대한 검정통계량은,

$$t = \frac{(\hat{\beta}_i + \hat{\beta}_j) - (\beta_i + \beta_j)}{\sqrt{\mathrm{Var}(\hat{\beta}_i) + \mathrm{Var}(\hat{\beta}_j) + 2\,\mathrm{Cov}(\hat{\beta}_i,\ \hat{\beta}_j)}}$$

가 된다. 귀무가설이 $H_0 : \beta_i \pm \beta_j \gtreqless k$ 인 경우 또한 마찬가지 절차에 따라 검정할 수 있다. 단, 귀무가설이 복합가설(부등호로 정의됨)일 경우 단측검정이 되는 점에 유의해야 한다.

2. 회귀분석과 분산분석(ANOVA)의 비교

독자들은 회귀분석 내용 중 제 4 절에 소개된 분산분석(ANOVA; analysis of variancc)방안에 이르러 다소 혼란에 빠졌으리라 생각된다. 이 책에서는 분산분석을 제 1 장에서 소개할 때 특정기준(category or treatment)에 의해 구분처리된, 분할된 모집단들의 평균이 동일한지의 여부를 판정하는 방안으로 제시했었다. 즉, 이는 어떤 모집단을 특정 기준에 의해 구분하여 처리할 때 구분된 분할모집단들이 서로 다른 특성(예컨대, 평균)을 갖게 되는 결과가 나타나는지를 확인하는 방법이었다. 그러나 이와 같은 분산분석은 기본적으로 어디까지나 한 변량으로 정의되는 모집단이 특정 기준에 의거 분할될 때의 영향을 파악하는 방법론이므로 제 1 편에서 취급한 것이다. 그러나 제 2 편은 한 변량의 특성을 나타내는 특성치(예컨대, 평균이나 분산)에 관한 추론이 주목적이 아니라 두 변량(이상) 간에 성립되는 관계의 특징을 규명하는 일을 주목적으로 하는 이른바 다변량분석 방법을 다루고 있다. 그럼에도 불구하고 회귀분석 결과의 적합도를 평가하는 과정에서 우리가 도입한 방법은 제 1 편 제 1 장에 소개된 분산분석에서 사용된 F 검정과 유사한 측면이 있어 이를 회귀분석상의 F검정 또는 회귀분석상의 분산분석(ANOVA)이라 칭하게 된 것이다. 여기에서는 회귀분석과 분산분석간의 유사점 및 상이점을 분명히 밝힘으로써 독자들이 이들 방법론을 적절하게 사용할 수 있도록 지도하고자 하는 것이다.

2.1 회귀분석모형과 분산분석모형의 유사점

우선 두 분석 간에는 다음과 같은 유사점이 있음을 지적할 수 있고, 바로 이러한 형태상의 유사성으로 인하여 초보자들이 곧잘 혼란에 빠진다.

첫째, 형태상으로 보아 단순선형회귀모형(식 (1))과 일요소분산분석모형(식 (2)), 그리고 다중선형회귀모형(식 (3))과 다요소분산분석모형(식 (4))은 유사한 형태를 취하고 있다.

$$\begin{cases} Y_i = \alpha + \beta X_i + \epsilon_i & (1) \\ Y_{i_j} = \mu + \tau_j + \epsilon_{ij} & (2) \end{cases}$$

$$\begin{cases} Y_i = \alpha + \beta_1 X_1 + \beta_2 X_2 + \beta_3 X_3 + \epsilon_i & (3) \\ Y_{ijk} = \mu + \tau_j + \lambda_k + (\tau\lambda)_{jk} + \epsilon_{ijk} & (4) \end{cases}$$

둘째, 오차항에 대한 기본가정이 동일하다. 즉, 두 분석모형이 모두 오차항은 정규분포를 따르고 분산이 동일하며 공분산은 0(즉, 오차항 간의 1차독립성)이라는 가정을 설정하고 있다.

셋째, 분석대상변수(또는 종속변수)의 변동을 초래하는 요인을 찾고자 하는 목적면에 있어 유사점이 있다.

넷째, 다중회귀분석을 평가하기 위해 검정하고자 하는 귀무가설 중 하나 $(H_0 : \beta_1 = \beta_2 = \cdots = \beta_k = 0)$와 1요소분산분석의 귀무가설$(H_0 : \tau_1 = \tau_2 = \cdots = \tau_j = 0)$은 동일한 형태를 취하며, 따라서 이 때 사용되는 검정통계량은 양자 공히 F 검정통계량이란 점 등을 들 수 있다.

2.2 회귀분석과 분산분석의 차이점

위에서 지적한 두 분석방법간의 유사성에도 불구하고 두 방법론은 다음과 같은 면에 있어 차이가 있음을 지적할 수 있다.

첫째, 본항의 서두에서 언급한 바 있듯이 기본적으로 회귀분석은 종속변수와 설명변수간의 인과관계를 규명하는 방안임에 반하여, 분산분석은 한 모집단의 특성(예컨대, 평균)이 어떤 기준에 의해 모집단이 구분될 경우 구분된 분할모집단이 서로 다른 특성(즉, 평균값)을 갖게 되는지의 여부를 확인하는 방법이다. 따라서 분산분석이 한 변량으로 정의되는 한 모집단의 특성치의 변화를 대상으로 하는 반면, 회귀분석은 두 변량 이상으로 정의되는 인과관계의 특성을 분석대상으로 한다는 점에서 두 분석방법은 구분되어야 할 것이다.

둘째, 두 분석방법에서 실제로 사용되는 분석모형이 형태상 유사하나 회귀분석의 독립변수는 수량적 자료(numerical data)를 갖는 반면, 분산분석모형에 나타난 변수는 범주별 자료에 속하는 정보를 이용하여 분석하게 된다. 따라서 수량적 자료를 갖는 독립변수로 정의된 모형을 분산분석방법으로 처리한다면 독립변수 내에 포함된 수량적 정보는 완전히 이용되지 못하므로, 비효율적인 분석

결과가 될 것이다. 그러나 모형 내에 정의된 변수가 질적 변화를 나타내는 자료일 때에는 분산분석이 보다 적절한 분석방안이 될 것이다. 따라서 제10장에서 소개할 회귀분석에서의 모의변수 처리방법은 실제로는 분산분석 결과와 동일한 효과를 가지게 된다. 이 점에 관한 설명은 독자의 혼란을 야기할지도 모른다는 우려 때문에 이곳에서는 일단 생략한다.[1] 이들의 비교·분석 결과만을 정리하면 다음과 같다.

1) 기본적인 회귀분석은 수량적 독립변수에 한하여 실시하는 것이 원칙이다.
2) 분산분석은 모의변수에 대한 회귀분석 실시효과와 동일한 효과를 갖는다.
3) 공분산분석(ANOCOVA; analysis of covariance)은 수량적 독립변수와 모의변수를 동시에 포함한 모형에 대한 회귀분석 결과와 동일한 효과를 갖는다.

셋째, 이상에 열거한 차이점들을 종합하여 재정리하면 다음과 같다. 어느 한 변수(독립변수)가 다른 변수(종속변수)에 어느 정도 영향을 미치며, 또 이 때 독립변수의 설명능력(또는 회귀분석 결과의 적합도)을 판별하려면 회귀분석이 적당하다. 왜냐하면, 분산분석은 변수간의 적합도를 측정하는 것이 아니라 도입된 예측변수(범주별 자료를 가짐)가 단순무작위추출과는 다른 결과들을 산출해 낼 수 있는 확률을 결정하는 것에 불과하기 때문이다. 즉, ANOVA는 분석대상 변수의 변동이 우연발생적인지 아니면 분할된 집단들의 평균의 차이에서 발생한 것인지를 확인하는 방법인 것이다. 그리고 분할된 집단들의 평균의 차이가 유의할 만한 정도인지를 판별키 위해 집단들간의 분산과 집단 내의 분산의 크기를 비교하는 방법을 채택하기 때문에 "분산값을 이용한 분석"이란 의미에서 분산분석이라 일컫는 것이며, 이 분석에서는 모집단을 구분처리한 현상을 설명변수로 취급하므로 당연히 범주별 자료의 성격을 갖게 된다.

예컨대, 상품포장 형태에 따라 판매량의 변화가 발생했을 경우, 이것이 우연히 발생한 것인지 아니면 상품포장의 차이가 변화를 유발한 것인지를 파악하려면 ANOVA를 이용함이 타당하며, 이 경우 회귀분석의 적용은 곤란하다. 상품포장의 형태란 질적 차이 또는 범주별 구분을 나타내는 변수로서 수량화될 수 없는 것이기 때문이다.

---

1) 자세한 것은 본서의 제10장 또는 Thomas H. Wonnacott and Ronald J. Wonnacott, *Introductory Statistics*, 3rd ed., pp. 392~398을 참조하기 바란다.

표 4-7 회귀분석과 분산분석의 ANOVA표 비교

구분	총변동량	설명된 변동량	설명 안 된 변동량
회귀분석	(SST) $\sum(Y_i-\overline{Y})^2$	(SSR) $\sum(\hat{Y}_i-\overline{Y})^2$	(SSE) $\sum(Y_i-\hat{Y}_i)^2=\sum e_i^2$
분산분석	$\sum_{i=1}^{n}\sum_{j=1}^{k}(Y_{ij}-\overline{Y})^2$	$\sum_i\sum_j(\overline{Y}_i-\overline{Y})^2$	$\sum_i\sum_j(\overline{Y}_{ij}-\overline{Y}_i)^2$

2.3 회귀분석과 분산분석의 F 검정통계량 비교

두 분석방법이 검정통계량으로 사용하는 것은 서로 독립적인 두 가지 변동량 간의 비율로 정의되는 F 검정통계량이라고 앞에서 밝힌 바 있다. 두 분석 방법에서 이들 변동량들을 일종의 분산 개념과 유사한 형태로 정의하여 비교하였기 때문에 두 경우 모두 분산분석(ANOVA)이라 일컫고 있다.

표 4-7은 두 분석에서 사용되는 변동량들을 상호 대비하여 표시한 것이다. 회귀분석은 이러한 변동량을 이용하여 귀무가설 $H_0: \beta_1=\beta_2=\cdots=\beta_k=0$에 대한 검정을 실시하며, 분산분석의 경우는 $H_0: \tau_1=\tau_2=\cdots=\tau_k=0$에 대한 검정을 실시하게 된다(단, 여기서 $\tau_k=\overline{Y}_k-\overline{Y}=\overline{Y}_k-\mu$). 그리고 이에 대응하는 검정통계량은 일단 표 4-7에 나타난 변동량들을 각각에 해당하는 자유도로 나눈 후 비율로 표시한다. 즉, 회귀분석의 경우는,

$$F=\frac{\sum(\hat{Y}_i-\overline{Y})^2/k}{\sum(Y_i-\hat{Y}_i)^2/(n-k-1)} \tag{5}$$

그리고 분산분석의 경우는,

$$F=\frac{\sum_i\sum_j(\overline{Y}_i-\overline{Y})^2/(k-1)}{\sum_i\sum_j(Y_{ij}-\overline{Y}_i)^2/k(n-1)} \tag{6}$$

와 같이 나타낼 수 있다.

회귀분석의 경우 식 (5)에 의해 계산된 값이 F의 임계치보다 크면 귀무가설은 기각되고, 수량적 변수인 독립변수들의 종속변수에 대한 설명능력을 인정하게 된다. 반면 분산분석의 경우는 식 (6)에 의해 계산된 값이 F의 임계치를 넘어서면 귀무가설은 기각되고, 모집단의 분할기준이 된 요인이 분석대상 변수

Y_{ij}의 변동을 초래한다고 결론짓게 되는 것이다.

결국 분산분석은 분할의 기준으로 설정된 요인(factor)의 영향력을 F 검정을 통해 확인함으로써 인과성의 유무를 판정하는 방안이며, 회귀분석은 독립변수가 종속변수를 설명할 수 있는지의 여부를 F 검정을 통해 확인함으로써 "선형함수관계"의 유무를 판정하는 방법론이라고 규정할 수 있다.

연습문제

[1] 다음 용어들의 개념을 간략히 설명하라.

1) 다중공선성
2) 모의변수
3) 정규방정식
4) 조정된 결정계수($\bar{R}^2$)
5) MSE와 MSR
6) 편상관계수
7) 단순상관계수
8) 다중상관계수
9) 시계열상관
10) 이분산현상

[2] 다중회귀분석이 단순회귀분석에서 제시된 기초가정 이외에 추가적으로 필요로 하는 가정을 설명하라.

[3] 다음은 100개의 상장기업체의 주식가격(Y)과 1주당 금년도 배당액(X_1) 및 최근 5년간의 주당 배당액 증가율(X_2)에 관한 자료이다. 선형다중회귀모형을 이용하여 다음에 답하라.

$\Sigma X_1 = 240$ $\Sigma X_1^2 = 800$ $\Sigma X_1 X_2 = 1{,}000$

$\Sigma X_2 = 360$ $\Sigma X_2^2 = 1{,}500$ $\Sigma X_1 Y = 17{,}680$

$\Sigma Y = 6{,}400$ $\Sigma Y^2 = 500{,}000$ $\Sigma X_2 Y = 26{,}100$

1) 표본회귀선을 도출하라.
2) 금년도 주당 배당액이 2이고 최근 5년간 배당액증가율이 4%인 주식의 가격을 추정하라(단, Y와 X_1은 1,000원, 그리고 X_2는 %단위로 집계함).
3) 다중결정계수를 산출하라.
4) 회귀분석상의 분산분석표를 작성하고 유의성을 F 검정을 통해 판정하라 ($\alpha = 5\%$).

[4] 30개 관측치를 이용한 다중회귀분석 결과가 $\hat{Y} = \hat{\alpha} + \hat{\beta}_1 X_1 + \hat{\beta}_2 X_2$와 같으며, SST=500, SSE=100이라면

1) R^2값은 얼마인가?
2) F 검정을 통한 유의성 검정을 실시하여 적합도를 평가하라($\alpha = 5\%$).

[5] 다음과 같은 회귀분석 결과는 103개의 관측치로부터 얻은 것이라 하자 (단, 괄호 내 숫자는 표준회귀오차임).

$$\hat{Y} = \underset{(3)}{10} + \underset{(2)}{5X_1} + \underset{(8)}{16X_2} - \underset{(1.5)}{9X_3}$$

1) 각 회귀계수의 유의성을 $\alpha = 5\%$ 수준에서 검정하라.
2) 어느 변수가 Y를 설명하는 데 가장 유용한가?

3) X_1, X_2, X_3는 정책변수들로 다음 회기에 그 값을 각각 10만큼씩 증가시킬 계획이라면 Y에 발생하는 변화는?

[6] $Y=\alpha+\beta_1X_1$에 대한 단순회귀분석에서 β_1의 최소추정량은 $Y=\alpha+\beta_1X_1+\beta_2X_2$에서와 같은 다중회귀분석모형에서는 그 부호(sign)가 바뀔 수 있는 근거를 예를 들어 설명하라.

[7] $H_0: \rho=0$에 대한 t검정과 회귀분석의 적합도판정방안으로서의 F 검정과의 관계를 밝혀라.

[8] 다중회귀분석에서 각 독립변수 앞에 붙는 회귀계수들을 부분회귀계수(partial regression coefficients)라 부르기도 한다. 이것이 갖는 의미를 수요함수를 이용하여 설명하라.

[9] 회귀분석에서의 F 검정과 전통적 분산분석(ANOVA)상의 F 검정 간의 유사점과 상이점을 밝혀라.

[10] 다중회귀분석에서 R^2값은 좋으나 각 회귀계수의 t값이 낮은 결과를 얻었다면 이를 어떻게 설명할 수 있는가?

[11] 인플레이션요인분석의 일환으로 지난 33개월에 걸친 지료에 의거하여 다음과 같은 회귀 결과를 얻었다 하자.

$$\hat{P}=0.02+\underset{(2.0)}{0.82W}+\underset{(3.6)}{2.4D}, \qquad R^2=0.80$$

(단, P : 물가상승률
W : 임금상승률
D : 정부예산적자규모
( )안의숫자는표준회귀오차)

1) 다음 달에 임금상승이 발생치 않고($W=0$) 정부예산이 균형을 이루면 ($D=0$), 인플레이션율은 어느 정도가 될까?

2) W와 D 중 어느 변수가 물가상승에 더 큰 영향을 주고 있다고 보는가? 이에 답하고 그 이유를 설명하라.

3) 어느 학자는 다른 조건이 일정하다면 임금이 1% 상승할 때 물가도 1%씩 증가한다고 주장하고 있다. 위의 회귀 결과를 이용하여 이 학자가 주장하는 바를 $\alpha=10\%$ 수준에서 평가하라.

4) 정부예산 적자의 크기 대신 화폐공급증가율(M)을 사용하여 회귀분석한 결과 다음 회귀방정식을 얻었다면 어느 결과가 인플레이션의 행태를 보다 잘 나타내 준다고 볼 수 있는가? 이에 답하고 그 이유를 설명하라.

$$P = 0.018 + 0.80W + 1.2M, \qquad R^2 = 0.98$$
$$\qquad\qquad (0.22) \quad (0.40)$$

[12] 다음은 경기지역 과수원에서 수확한 100평당 과일의 무게(Y)를 강우량(X_1)과 비료사용량(X_2), 그리고 노동투여시간(X_3)에 대하여 회귀분석한 결과이다(괄호 안 숫자는 표준회귀오차임).

$$\hat{Y} = 20 + 51X_1 + 36X_2 + 8X_3$$
$$(15) \ (1.7) \quad (9) \quad (5)$$

$$n = 10,\ s_e = 30,\ s_y = 50,\ r^2_{YX_1,\ X_2X_3} = 0.6$$

1) 어느 독립변수의 설명력이 가장 우수한가?

2) 다중결정계수값을 구하라.

3) $R^2_{Y,\ X_1X_2X_3}$와 $r^2_{YX_1,\ X_2X_3}$값이 다른 이유를 두 계수가 갖는 의미를 비교하여 밝혀 보아라.

[13] 식 (4.12)에서 정규방정식 식 (4.13), (4.14), (4.15)가 도출되는 과정을 보여라.

[14] 식 (4.16)과 (4.17)에서 식 (4.20)과 (4.21)이 도출되는 과정을 보여라.

[15] 다음 중 동시에 성립 가능한 상관계수값들 그룹은?

a. $r_{23} = 0.9$ $\quad r_{13} = -0.2$ $\quad r_{12} = 0.8$

b. $r_{12} = 0.6$ $\quad r_{23} = -0.9$ $\quad r_{31} = -0.5$

c. $r_{21} = 0.01$ $\quad r_{13} = 0.66$ $\quad r_{23} = -0.7$

[16] $r_{23} = 0$이면 $R^2 = r_{12}^2 + r_{13}^2$가 성립하는가?

[17] 노조가 임금인상을 주장할 때 논리적인 근거로 삼는 인상요인 중 대표적인 것은 노동생산성과 물가상승률이다.

1) 부록에 있는 자료를 활용하여 1970년 1/4분기부터 1988년 4/4분기까지에 대하여 다음과 같은 회귀방정식을 추정하고 그 결과를 설명해 보아라.

$$Y = \alpha + \beta_1 X_1 + \beta_2 X_2 + \epsilon$$

(단, Y : 비농업부문임금($WNAX$)
X_1 : 노동생산성또는노동의한계생산력($MPLXV$)
X_2 : 소비자물가지수($CPIX$))

2) 위의 식 대신 다음 식을 활용하여 추정한 후 그 결과를 비교·검토하라.

$$Y = \alpha + \beta_1 \ln X_1 + \beta_2 \ln X_2 + \epsilon$$

3) 위의 두 식에서 물가상승률($\ln X_2$) 대신 예상물가상승률(PE)을 사용하면 어떤 변화가 일어나는가?

연습문제 해답

[1]~[2] (생략)

[3] 1) $\hat{Y}=10+2.1X_1+13.6X_2$

2) $\hat{Y}=10+2.1(2)+13.6(4)=68.6$

3) $R^2=0.514$

4) $F_{cal}=\dfrac{\text{MSR}}{\text{MSE}}=51.12 \quad \therefore\ H_0 : \beta_1=\beta_2=0$을 기각

[4] 1) $R^2=0.8$

2) $F_{cal}=54 \quad \therefore\ H_0$ 기각

[5] 1) β_1, β_2, β_3는 모두 각각 유의하다.

2) 유의도가 가장 높은 X_3

3) $\Delta Y=120$

[6]~[10] (생략)

[11] 1) $\hat{p}=0.02 \quad \therefore$ 2%임

2) D 변수

3) $z=-0.09 \quad \therefore\ H_0$ 채택

4) 후자

[12] 1) X_1

2) $R^2=0.76$

3) (생략)

[13]~[14] (생략)

[15] a는 불가능 b, c는 성립 가능

[16] 성립

[17] 1) $Y=-175{,}580.5+526{,}483.3X_1+1{,}522.6X_2$

$R^2=0.98 \quad d=0.58$

2) $Y=429{,}199.2+380{,}309.6\ \ln X_1+12{,}702.1\ \ln X_2$

$R^2=0.95 \quad d=0.33$

3) $Y=516{,}451.2+416{,}178.2\ \ln X_1-3{,}339.7PE$

$R^2=0.95 \quad d=0.43$

제 3 편

고전적 선형회귀분석의 한계성과 보완책

제 2 편에서 소개한 회귀분석방법은 가장 기본적인 유형의 모형을 가장 이상적인 여건이 충족된 상태에 국한시켜 전개된 것이다. 즉, 회귀모형의 함수관계가 1차함수인 경우만을 대상으로 삼았고, 또 기본가정이 충족된다는 조건 하에서 분석을 진행하여 왔다.

그러나 현실적으로 종속변수가 설명변수와 항상 1차함수관계에 있다고 단정할 수는 없으며, 제 2 편에서 활용한 기본가정이 현실적으로 충족되는 상황 또한 그리 흔하지 않다. 이외에도 현실적으로 회귀분석을 활용함에 있어 우리는 다양한 문제점에 봉착하게 되는데, 본 편에서는 이러한 제반 문제점을 그림 Ⅲ과 같이 체계적으로 분류하여 다루게 된다.

그림 Ⅲ 고전적 선형회귀분석의 한계성과 보완책

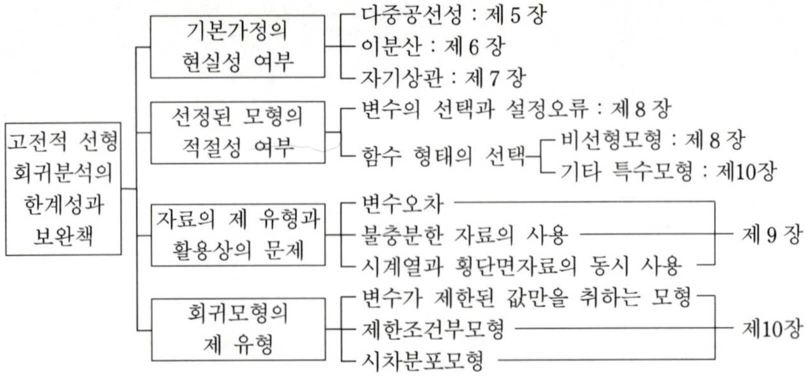

제 2 편에서 살펴본 회귀분석방안을 실제로 적용함에 있어 최우선적으로 고려하여야 할 사항은 이른바 고전회귀모형의 기본가정들이 현실적으로 충족되고 있는가 하는 사항으로 이들 문제를 제 5 장에서부터 제 7 장에 걸쳐 구체적으로 취급할 것이다. 고전적 회귀분석이 갖는 두 번째 유형의 한계성은 과연 회귀모형이 적절하게 설정되었는가 하는 문제이다. 즉, 꼭 필요한 설명변수가 모형에서 빠지지는 않았는지 또는 불필요한 변수가 모형에 포함되지는 않았는지 하는 문제와 그리고 과연 회귀모형이 비선형은 아닌지 또 그렇다면 구체적으로는 어떠한 함수관계로 정의되는지 하는 문제들을 고려하여야 하며 이들에 관한 사항이 제 8 장에서 취급될 것이다. 한편, 경우에 따라서는 우리가 필요로 하는 자료가 제대로 관측되지 못할 수도 있으며, 또 때에 따라서는 시계열자료와 횡단면자료를 겸용할 필요성이 발생하는 경우가 있는데, 이들에 관한 사항은 제 9 장에서 다루어질 것이다.

이상에서 언급한 바를 종합적으로 표현해 본다면 결국 회귀분석의 핵심적인 과제는 다양한 조건에 대응하는 최선의 추정방안을 결정하는 일이라 할 수 있다. 고전적 선형회귀모형의 추정에서는 통상 최소자승법(OLS; ordinary least squares)이 최선이었음을 제 2 편에서 밝힌 바 있는데, 본 편은 궁극적으로 그와는 다른 상황에서는 과연 어떠한 새로운 추정방안이 최적이 되는지를 밝히려는 것이다. 제 2 편에서 설정한 제반 조건이 충족되지 못하면 OLS는 더 이상 BLUE 추정량이 못 되며, 따라서 새로운 추정량의 도출이 필요해지기 때문이다.

제 5 장 기본가정의 현실성 여부 문제와 다중공선성

우리는 제 2 편에서 회귀분석의 기본적 방법론을 소개하면서 몇 가지 기본가정을 설정한 바 있다. 문제는 이른바 고전적 선형회귀분석방안을 그대로 실제 활용할 수 있으려면 이들 기본가정이 현실적으로 충족되어야 한다는 한계성이 있다는 점이다. 경우에 따라서는 이들 가정이 충족되는 상황도 있을 것이지만 대부분의 경우 정도의 차이는 있으나 이들 가정들이 충족되지 못하는 것이 일반적인 현상이다. 물론 이들 가정이 충족되지 못해도 제 2 편에서 전개한 추론방법이 하등 지장이 없다면 별 문제가 없을 것이나 사실은 여러 가지 문제를 야기하게 된다는 데에 문제점이 있는 것이다.

본 장과 다음의 두 장에서는 이들 기본가정이 충족되고 있는지 여부를 어떻게 판정할 수 있으며, 이들 기본가정이 충족되지 못할 경우 초래되는 문제점은 무엇이고 또 이들 문제점을 해소할 수 있는 방안들은 어떠한 것이 있는지 하는 문제를 집중적으로 다루게 될 것이다.

그림 5는 제 4 장에서 소개한 7가지 기본가정의 내용을 분석의 편의상 순서를 조정하여 정리한 것이다. 본 장은 이들 중 그 충족성 여부가 초래하는 문제점이 상대적으로 적으며 또 그 빈도 또한 적다고 볼 수 있는 기본가정 4가지를 묶어 먼저 다루고, 이어서 상대적인 중요도나 빈도가 큰 나머지 3가지 기본가정들 중 다중공선성문제($\rho(X_i, \cdots X_j) \neq \pm 1$가 충족되지 못하는 상황) 부분은 본 장 후반부에 다루었다. 그리고 나머지 2 가지 가정의 충족성 여부 문제는 별도로 분류하여 제 6 장과 제 7 장에서 보다 심도 있게 다루었다.

그림 5 현실성 여부를 확인할 7가지 기본가정의 내용

- 기본가정
  - $E[\epsilon_i]=0$
  - 오차항의 정규분포성 여부
  - $E[\epsilon_i X_i] = X_i \cdot E[\epsilon_i]$
  - $n \geq k+2$
  - $\rho(X_i, X_j) \neq 1$
  - $E[\epsilon_i^2] = \sigma^2$
  - $E[\epsilon_i \epsilon_j] = 0, \ i \neq j$

제 1 절 가정 $E[\epsilon_i]=0$의 의미와 현실성 여부

7가지 기본가정 중 첫번째 가정은 오차항의 평균이 0이 된다는 단순한 의미를 갖는다. 반면 이 가정은 경제이론이나 가설을 수리적으로 표현한 모회귀선이 적절히 정의되기 위하여서는 반드시 충족되어야 한다는 의미를 아울러 내포하고 있음을 주지할 필요가 있다. 즉,

$$\text{모회귀모형}: Y_i = \alpha + \beta X_i + \epsilon_i \tag{5.1}$$

에서 모회귀선을 나타내는 $E[Y_i] = \alpha + \beta X_i$란 함수관계가 정립되려면 $E[\epsilon_i]=0$란 가정이 반드시 필요한 것이다.

ϵ_i는 문자 그대로 확률오차항이라는 점을 감안할 때, 오차의 본질상 그 평균이 0이 된다는 것은 지극히 합당한 논리적 가정이다. 그러나 현실적으로는 의식적이든 무의식적이든 회귀모형에 포함되지 못한 설명변수들이 존재하며, 이들의 영향력이 혼합된 형태로 오차항에 내재되어 있는 것이 일반적인 상황이다. 따라서 $E[\epsilon_i]=0$란 가정은 모형에 포함되지 못한 설명변수들의 혼합된 효과 내지 영향력이 서로 (완전히)상쇄되는 것으로 간주하겠다는 의도를 대변하는 셈이다. 만일 위와 같은 소망이 현실적으로 이루어지지 못한 상황에서 회귀분석을 시행한다면 어떠한 결과가 초래될 것일까?

예컨대, $E[\epsilon_i]=c$ (단, c는 0이 아닌 상수)라 하면 원래의 회귀모형은 다음과 같이 개편될 수 있다.

$$\begin{aligned} Y_i &= \alpha + \beta X_i + \epsilon_i \\ Y_i &= (\alpha + c) + \beta X_i + (\epsilon_i - c) \\ Y_i &= \alpha^* + \beta X_i + \epsilon_i^* \end{aligned} \tag{5.2}$$

여기서 새로 형성된 오차항의 기대치를 정의해 보면,

$$E[\epsilon_i^*] = E[\epsilon_i - c] = E[\epsilon_i] - E[c] = c - c = 0 \tag{5.3}$$

이 성립되어 당초의 가정을 충족시킬 수 있음을 알 수 있다. 단지 개편된 회귀모형에서의 상수항은 α가 아닌 $(\alpha + c)$의 크기를 가진 α^*가 된다는 문제가 발생할 뿐이다. 즉, 절편에 대한 추정량에 편의(bias)가 발생한다. 그러나 제 2 장에

서 누차 언급한 바 있듯이 대부분의 계량분석모형에 있어서 절편항의 절대치란 그 의미가 별무한 것이어서, 결론적으로 말해 $E[\epsilon_i]=0$이란 가정의 충족성 여부는 분석자에게는 별 문제거리가 되지 못한다고 말할 수 있다. 따라서 이 가정은 계산을 간편하게 하기 위한 편의상의 가정이라 보아도 무방할 것이다.

제 2 절 오차항이 정규분포를 따르는지의 여부

오차항이 정규분포를 따른다는 가정 또한 논리적으로 보아 지극히 합당한 가정이다. 원래 정규분포란 추정오차들의 크기가 갖는 분포모양에서 유래한 것이기 때문이다. 그러나 모형에 포함되지 못한 설명변수들의 혼합된 영향력이 오차항 속에 포함되는 것이 일반적인 현실임을 감안할 때 이 가정의 자동적인 충족을 기대하기는 힘들 것이다. 그렇다면 과연 이 가정이 충족되지 못하였음에도 불구하고 OLS를 실시하면 어떤 결과가 초래될 것인가? 사실 OLS 추정량은 이 가정의 충족 여부와는 상관없이 BLUE 특성을 계속 갖게 된다. OLS 추정량이 BLUE가 되는 이유를 증명하는 과정은 오차항의 분포에 관한 가정에 의존할 필요가 없기 때문이다(제 2 장 보론 참조). 그러나 오차항의 분포에 관한 가정이 없이는 추정 결과에 관한 평가를 위한 각종 t, F 검정 등을 실시하기가 지극히 곤란해진다는 문제가 발생한다. 다행스러운 것은 제 1 편에서 소개한 바 있는 이른바 중심극한정리(CLT; central limit theorem)를 활용할 수 있다는 논리적 근거가 마련되어 있다는 점이다.

원래 중심극한정리란 "모집단의 분포가 무엇이던간에 표본의 평균들($\overline{X}$)값의 분포는 표본크기가 매우 커질 때 정규분포에 접근한다"는 것이다. 이 정리를 다소 조정하면 다음과 같은 두 가지 유용한 결과를 도출할 수 있다.[1)] 첫째, 여러 확률변수들이 동일한 분포를 서로 독립적으로 따를 경우 그들 변수의 합은

---

1) 자세한 것은 Herald Cramer, *The Elements of Probability Theory and Some of its Application*(John Wiley & Sons, 1955), pp. 114~116과 Herald Cramer, *Mathematical Methods of Statistics*(Princeton University Press, 1946), ch. 17을 참조할 것. 이들 책에서 전개된 논리를 다소 직관적으로 설명해 보면 다음과 같다. 모형에 포함되지 못한 설명변수들 X_i(단, $i=1, \cdots, k$)가 오차항 ϵ_i속에 혼재되어 있다고 보되, 이들의 분포는 서로 독립적이며 동일한 분포를 따른다고 이해하면 $(\epsilon_i+\sum X_i)/(k+1)$는 일종의 표본평균으로 이해될 수 있으며, 따라서 중심극한정리(CLT)의 적용이 가능하다. 즉, 표본평균의 의미를 갖는 실제의 오차항은 정규분포에 접근한다고 볼 수 있다.

변수들의 수가 아주 커질 때 정규분포에 접근하며, 둘째 변수의 숫자가 그리 크지 못하거나 변수들의 분포가 서로 완전히 독립성을 유지하지 못해도 이들 변수의 합은 여전히 정규분포에 접근한다는 것이다. 사실 오차항에 포함된 생략된 설명변수들의 수가 많지 않고 그들의 분포가 서로 독립적인지 아닌지 불투명한 경우에도 오차항의 분포가 정규분포라고 가정할 수 있는 근거는 바로 위와 같은 연구 결과에 있는 것이다. 일단 이러한 가정의 논리적 당위성이 인정되어야만 OLS 추정량들, 즉 $\hat{\alpha}$과 $\hat{\beta}$들의 분포($\hat{\alpha}$과 $\hat{\beta}$들은 정규분포를 따르는 확률변수의 1차함수임)가 정규분포를 따르게 되고, 이를 근거로 각종 t 또는 F 검정통계량을 도출하여 활용할 수 있을 뿐 아니라 OLS 추정량과 MLE가 같아질 수 있는 근거가 마련되는 것이다. 그러나 위에 소개한 두 가지 연구 결과는 표본크기가 아주 클 경우에 성립되는 논리들이라는 한계성이 있다. 표본크기가 아주 크지는 못한 것이 오히려 일반적인 상황인 점을 감안한다면 결국 오차항이 정규분포를 따른다는 가정은 꼭 필요한 가정이라고 볼 수 있다. 물론 이 가정의 파괴가 추정 및 검정에 미치는 효과는 그다지 크지 않은 것으로 알려져 있다.[1)]

1. χ^2분포를 이용한 정규분포성 검정

이상에서 논의된 관점에서 볼 때 뚜렷한 근거 없이 오차항이 정규분포를 따른다는 식의 가정을 설정한 경우 일단 그러한 가정의 현실성 여부를 검정할 필요가 있다. 가장 간편한 검정방안으로는 χ^2분포를 이용하는 적합도 검정법과 JB 검정을 들 수 있다.

χ^2분포를 이용하는 검정법이란 우선 표본 관측치, 또는 도출된 회귀잔차항을 절대치 크기에 따라 적당한 개수의 구간별로 구분하고, 분류된 각 구간별 기대빈도수(E_i)(가정된 정규분포표를 이용하여 산출)와 구간별로 관측된 도수(O_i)를 비교함으로써 당초 모회귀모형 상의 오차항이 정규분포를 따른다는 가정의 당위성 유무를 판정하는 일종의 적합도 판정방법이라 할 수 있다.[2)]

예컨대 크기가 n인 표본회귀오차를 관측한 다음 이들 중 가장 작은 값과 가장 큰 값 사이의 범위를 적당한 개수의 구간(예컨대, m개)으로 나눈 다음 각 구간에 속하는 관측치들의 빈도수를 O_1, O_2, $\cdots$, O_m이라 한다면 그림 5-1과

1) 자세한 것은 E.Malinvaud, *Statistical Method of Econometrics*(Rand McNally, 1966), pp. 195~197, pp. 251~254를 참조할 것.

2) 이종원, 전게서, 2004, 제13장 참조.

그림 5-1 구간별 표본관측치의 빈도수

단, n = 표본크기 = $O_1 + O_2 + \cdots + O_m$

O_j = j번째 구간에 속하는 표본관측치의 개수(빈도수)

같이 표현될 수 있을 것이다.

한편, 모회귀모형상의 오차항(ϵ_i)이 정규분포를 따른다는 가정하에 표본회귀분석에서 도출된 회귀잔차항(e_i)의 평균($\bar{e}$)과 분산(s_e^2)을 구하여 모평균($E[\epsilon_i]$)과 모분산(σ_ϵ^2)에 대한 추정치로 사용하면, 무작위로 산출된 표본관측치가 m개의 각 구간에 속한 확률을 구할 수 있다.[1] 즉,

$$\hat{P}_j = \Phi\left(\frac{e_j - \bar{e}}{s_e}\right) - \Phi\left(\frac{e_{j-1} - \bar{e}}{s_e}\right)$$

$$= \Phi(Z_j) - \Phi(Z_{j-1}) \tag{5.4}$$

위의 식은 e가 정규분포를 따를 경우 e값이 e_j와 e_{j-1} 사이에 있을 확률을 구하기 위해 e_j와 e_{j-1}을 각각 표본평균(e) 및 표본평균편차(s_e)를 이용하여 표준화함으로써 표준정규분포(Z분포)를 사용할 수 있도록 고안된 것이다.

그림 5-2는 제 1 편에서 소개한 정규분포를 갖는 확률변수가 일정구간 내에 값을 갖게 될 확률을 계산하는 작업을 단일화하기 위하여 표준정규분포로 전환하는 과정을 나타내 주고 있다. 일단 식(5.4), 그리고 그림 5-2와 같은 과정을 통하여 도출된 관측치가 m개의 각 구간에 속할 확률이 계산되면, 모집단의 크기가 표본크기인 n과 같다는 가정하에 각 구간에 귀속될 기대도수(expected frequency)를 $E_j = n \cdot \hat{P}_j$와 같은 관계식에 의해 산출할 수 있게 된다.

이상에서처럼 각 구간별로 관측된 회귀잔차항의 수, 즉 관측빈도수(O_j)와 정규분포를 따른다는 가정하에 예측, 또는 기대되는 오차항의 수, 즉 예상빈도수(E_j)가 산출되면 다음과 같은 검정통계량이 성립될 것임을 독자들은 쉽게 이해할 수 있을 것이다.

---

1) 이 과정에서 모분산(σ_ϵ^2)에 대한 추정치로는 불편추정량, s_e^2의 값을 이용하였으나, 최우추정량을 사용하기도 한다.

그림 5-2 정규분포를 따르는 변수 e의 표준화 과정

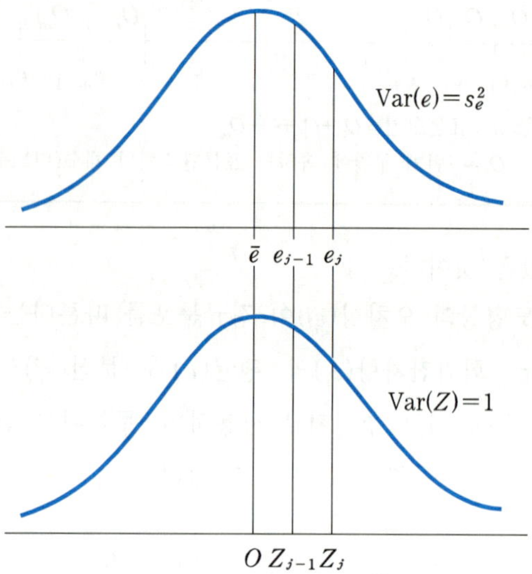

$$\chi^2_{m-k-1} = \sum_{j=1}^{m} \frac{(O_j - E_j)^2}{E_j} = \sum_{j=1}^{m} \frac{(O_j - n\hat{p}_j)^2}{n\hat{p}_j} \tag{5.5}$$

여기서 자유도는 $m-k-1$인데 k는 미지의 모수를 대신하여 사용된 추정량의 수(여기서는 $\bar{e}$와 s_e^2으로 두 개)를 나타내므로 결국 $(m-3)$이 된다. 식(5.5)와 같은 검정통계량의 값이, 예컨대 유의수준 $\alpha=5\%$ 하의 임계치 χ^2_α보다는 크지 않다고 확인되면 귀무가설, 즉 모회귀모형상의 오차항이 정규분포를 따른다는 가설을 채택하게 되는 것이다.

2. JB 통계량을 이용한 정규분포성 검정

앞서의 정규분포 검정은 일종의 적합도 검정의 성격을 갖는 것이었다. 이와는 별도로 같은 χ^2 분포를 이용하는 간편한 정규분포 검정방안이 있다. 보통 쟈크-베라 검정 또는 JB 검정으로 불리우는 일종의 대표본 검정방안(asymptotic or large-sample test)이다.

우선 표본관측치라 볼 수 있는 OLS회귀잔차항을 도출한 다음 이들의 왜도(skewness)와 첨도(kurtosis)를 산출하여 다음 식에 대입한다.

$$JB = n\left[\frac{S^2}{6} + \frac{(K-3)^2}{24}\right] = \chi_2^2 \qquad (5.6)$$

(단, S는 왜도 그리고 K는 첨도를 나타내며 각각

다음과 같이 정의된다. $S = \frac{1}{n}\Sigma\frac{e^3}{s_e^3}$, $K = \frac{1}{n}\Sigma\frac{e^4}{s_e^4}$)

바로 식(5.6)과 같이 정의된 식을 자크(Jarque)와 베라(Bera)의 이름을 따 JB 검정통계량이라 하는데 점근적으로 자유도가 “2”인 χ^2 분포를 따르는 것으로 밝혀졌다. 정규분포의 왜도(S)는 0이고 첨도(K)는 3이 된다는 점에 착안하여 개발된 검정통계량이다. 즉 잔차항이 완만하게 정규분포를 따른다면 $S=0$, $K=3$이 되므로 JB 또한 0의 값을 갖게 된다는 사실에 근거하여 작성된 정규분포통계량이라 할 수 있다.

제 3 절 $E[\epsilon_i X_i] = X_i \cdot E[\epsilon_i]$ 가정의 충족성 여부

설명변수 X_i는 비확률변수로 오차항과는 독립적이라는 가정을 복합적으로 표현한 것이 $E[\epsilon_i X_i] = X_i \cdot E[\epsilon_i]$라는 가정이다. 우선 X_i 변수를 확률변수가 아닌 상수 취급을 하는 이유는 첫째, 우리가 도출하려는 모회귀선은 $E[Y_i|X_i] = \alpha + \beta X_i$와 같이 정의하였으며, 따라서 주어진(또한 미리 정해진) X_i값에 대응하는 Y_i값들의 평균적 성향을 찾아나가는 정의식과 부합되는 논리이며, 둘째로는 일정한 조건하에서 반복적인 실험을 시행하여 결과를 관측할 수 있는 자연과학과는 달리 사회과학에서는 자료에 대한 어떤 형태의 통제도 할 수 없고 그나마도 타인이나 기관에 의해 집계된 것을 활용할 수밖에 없다는 특성이 있으므로 이들 변수가 본질적으로는 확률변수적 특징을 가지고 있더라도 우리가 취득한 설명변수들의 관측치들은 결국 외생적으로 주어진 것으로 가정하는 것이 현실적이라는 점이다. 따라서 만일 X_i를 확률변수로 보아야 한다면 모형 내의 또 다른 확률변수인 ϵ_i와 분포상 어떤 관련이 있는가를 우선 밝혀야 한다. 그런데 예컨대 X_i가 확률변수이지만 ϵ_i와는 독립적으로 분포되어 있다면 당초의 가정을 그대로 유지시켜도 상관이 없는 것으로 밝혀져 있다.[1)]

1) Jan Kmenta, *Elements of Econometrics*(Macmillan, 1971), pp. 297~304에 의하면 X_i가

한편, 설명변수 X_i가 오차항 ϵ_i와 상관관계가 있는 경우에는 OLS를 그대로 적용하여서는 일관성 있는 추정 결과를 얻을 수 없게 된다. 이러한 상황은 제 9 장에서의 변수오차모형(errors-in-variable model), 제10장에서 다루게 될 시차분포모형(distributed lag model), 그리고 제 4 편의 연립방정식모형 경우에도 유사한 문제가 발생하게 되는데 이를 해소하기 위해서는 별도의 추정방안이 필요하게 된다. 이 문제는 추후 상세히 다루어질 것이므로 여기서는 설명을 생략코자 한다.[1)]

제 4 절 $n \geq k+2$란 가정의 충족성 여부

이 가정은 연립방정식체계의 회귀방정식에 해가 존재하기 위하여 필요한 형식적인 가정이며, $n \geq k+2$란 조건의 의미는 이미 제 4 장 3절에서 자세히 설명한 바 있으므로 더 이상의 설명은 생략한다. 단, 이 가정이 충족되지 못한다면 방정식의 해(解) 자체가 존재할 수 없는 것이므로 이 가정은 반드시 만족되어야 한다.

제 5 절 가정 $\rho(X_i, X_j) \neq \pm 1$의 현실성 여부와 다중공선성(multicollinearity)

우리가 제 2 편 제 4 장에서 설정한 기본가정 중 하나는 설명변수 상호 간에는 정확히 1차함수관계가 유지되는 일이 있어서는 안 된다는 항목이 있었다. 즉, 두 설명변수 간의 상관계수가 "±1"이 되어서는 안 된다($\rho(X_i, X_j) \neq \pm 1$, $i \neq j$)는 가정을 설정한 바 있다. 바로 이 가정이 파괴되었을 때의 현상을 다중공선성이라 한다. 즉, $\rho(X_i, X_j) = \pm 1$, 바꾸어 말하면 한 설명변수가 다른 설명변

확률변수이지만 ϵ_i와는 독립적으로 분포되어 있다고 가정할 경우에도 최소자승법의 바람직한 특성은 그대로 유지됨을 증명한 바 있다. 즉, 새로운 가정하에서도 OLS 추정량은 불편성을 그대로 유지하며 일관성과 점근적 효율성을 갖게 된다는 것이다.

1) 한편, 설명변수 X_i가 확률변수가 되면 결국 X와 기존의 종속변수 Y 간에 이변량 회귀분석(bivariate)을 실시하는 효과가 발생하는 것이므로, 이 경우 궁극적으로는 어느 것이 종속변수가 되는 것이 합당한지에 대한 논의가 필요해진다. 이 점에 관한 논의는 Maddala(1977), *op. cit.*, pp. 97~101와 pp. 148~155를 참고바란다.

수와 1차함수관계를 갖게 되는 상황을 의미하는 것이다. 물론 현실적으로 이러한 상황, 즉 설명변수 상호 간에 정확히 1차함수관계가 성립되는 경우란 우연이 아니고서는 거의 발생하기 불가능한 사건이다. 따라서 보다 현실적인 다중공선성이란 개념은 설명변수 간의 1차함수적 관계가 높은 현상, 즉 $\rho(X_i, X_j)$의 값이 ± 1에 가까운 현상을 지칭하는 것이 일반적이다. 결국 다중공선성이란 존재 여부보다는 심각성 여부가 문제되는 것이라 할 수 있다.

다중공선성의 개념을 보다 명확히 하기 위해 그 의미를 다각적으로 검토해 보기로 한다.

첫째, 다중공선성은 모집단에서 성립되는 설명변수 상호간의 1차함수적 관계에 연유하는 것뿐만이 아니라 추출된 표본자료상에서 계산상 나타나는 수학적 현상의 성격이 강하다.

둘째, 원래 다중공선성이란 여러 개 변수들이(다중, multi-) 상호 간에(공, co-) 1차함수적 관계(선성, linearity)에 있는 상황을 복합적으로 표현한 용어이다. 따라서 설명변수가 3개 이상인 경우의 다중공선성의 정의식은 $\rho(X_i, X_j)=1$과는 다소 달리 표현되어야 한다. 즉, k개의 설명변수(X_1, X_2, $\cdots$, X_k) 상호 간에 완전한 다중공선성이 존재한다면 다음 조건식이 만족될 것이다.

$$\lambda_1 X_1 + \lambda_2 X_2 + \cdots + \lambda_k X_k = 0 \tag{5.7}$$

단, λ_k는 상수들로 모두가 동시에 0이 되어서는 안 된다. 따라서 위의 식은 다음과 같이 다시 쓸 수 있다(단, $\lambda_1 \neq 0$이라는 가정하에).

$$X_1 = -\frac{\lambda_2}{\lambda_1} X_2 - \cdots - \frac{\lambda_k}{\lambda_1} X_k \tag{5.8}$$

한편, 현실적인 다중공선성, 즉 완전한 다중공선상태가 아니라 단지 1차함수적 관계가 아주 높은 상황은 다음 식과 같은 조건식으로 정의될 수 있을 것이다.

$$\lambda_1 X_{1i} + \lambda_2 X_{2i} + \cdots + \lambda_k X_{ki} + v_i = 0 \tag{5.9}$$

여기서 v_i는 확률적 오차항이고 역시 모든 λ값들이 동시에 0이 되지 않는다고 가정되었다. 역시 $\lambda_1 \neq 0$이란 가정하에 위의 식을 개편하면,

$$X_{1i} = -\frac{\lambda_2}{\lambda_1} X_{2i} - \cdots - \frac{\lambda_k}{\lambda_1} X_{ki} - \frac{1}{\lambda_1} v_i \tag{5.10}$$

와 같아질 것이다. X_1이 여타 설명변수들과 정확히 1차함수관계를 유지하지는 않지만 1차함수적 관계의 정도가 높은 현실적 다중공선성현상을 잘 표현해 주는 식이다.

셋째, $Y_i = \beta_1 X_i + \beta_2 X_i^2 + \beta_3 X_i^3 + \epsilon_i$에서 두 번째와 세 번째 변수가 첫번째 설명변수와 완전한 함수관계(2차 또는 3차함수관계)를 유지하고 있다. 이 경우에도 추정상의 어려움(추정오차가 커지는)이 뒤따르기는 하지만 설명변수들 간에 설정된 관계가 1차선형관계가 아니므로 다중공선성 문제는 발생하지 않는다.

넷째, 다중공선성의 의미를 돕기 위해 시각적 설명이 가능한 Ballentine 도표를 활용해 본 것이 그림 5-3이다. (a) 경우는 두 설명변수가 전혀 다중공선성이 없는 상황을, 그리고 (b) 경우는 약간의 다중공선성이 존재하는 상황을 나타내며, (c) 경우는 다중공선성의 정도가 심한 상황을 도시해 보이고 있다. 각각의 경우 빗금친 부분이 다중공선성의 정도를 나타낸다.

다섯째, 다중회귀분석에서 다중회귀계수 $\hat{\beta}_i$의 의미는 $\hat{\beta}_i = \partial Y / \partial X_i$, 즉 여타 설명변수들 값이 일정하고 X_i값만이 변했을 때 Y에 미치는 영향의 정도를 $\hat{\beta}_i$값으로 평가하는 것이다. 그런데 이러한 상황에서 다중공선성이 존재한다면

그림 5-3 Ballentine 도표를 이용한 다중공선성

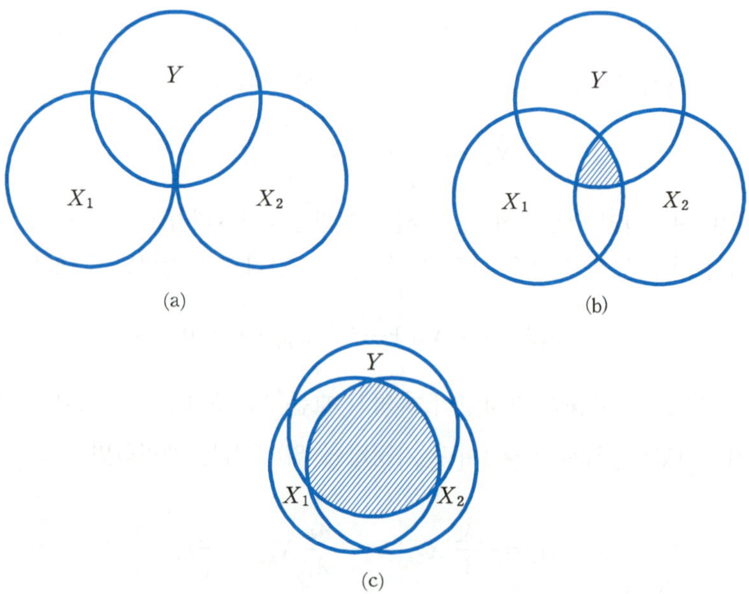

한 설명변수값(X_i)이 변할 때 1차 함수관계에 있는 여타 설명변수값들도 동시에 변화하는 효과를 갖게 되므로 도출된 다중회귀계수 $\hat{\beta}_i$는 그 본연의 의미를 상실하게 된다. 즉, 각 설명변수들의 개별적이고 독립적인 효과 또는 영향력을 분리해 낼 수 없게 되기 때문이다. 예컨대, 소비수준(C)이 소득수준(Y)과 부의 수준(W)에 의존한다고 모형을 설정할 경우, 즉 $C=f(Y,\ W)$에서 두 설명변수가 거의 같은 방향으로 변화한다면 각각의 Y에 대한 영향을 분리하여 설명하기는 매우 어려워지는 것이다.

이상과 같은 다중공선성문제는 대체적으로 다음 두 가지 요인에 주로 기인한다. 우선, 우리가 사용하는 자료는 대부분 시계열자료이며, 이들 자료는 시간이 경과함에 따라 동시에 점증(또는 점감)하는 추세를 갖게 되므로 마치 밀접한 연관이 있는 것처럼 보이게 되는 것이 일반적이다. 한편, 주요 경제지표와 같은 거시경제변수들은 간혹 지수 형태로 발표되기도 하는데, 이러한 유형의 자료를 사용할 경우에는 원자료를 사용할 때에 비해 다중공선성 문제가 높아질 가능성이 있다.

제 6 절 다중공선성이 추정에 미치는 직접적 효과

우리가 다중공선성 문제에 관심을 갖는 근본적인 이유는 이 현상이 발생할 경우 전통적인 고전적 회귀분석(OLS)을 그대로 적용하게 되면 여러 가지 바람직하지 못한 문제가 발생하기 때문이다. 다중공선성이 유발하는 문제점을 보다 확실히 파악하기 위해 제 2 편 제 4 장에서 도출한 바 있는 다중회귀계수와 그 분산의 공식을 재검토해 보기로 한다.

$$\hat{\beta}_1=\frac{\sum x_{2i}^2\sum y_ix_{1i}-\sum x_{1i}x_{2i}\sum y_ix_{2i}}{\sum x_{1i}^2\sum x_{2i}^2-(\sum x_{1i}x_{2i})^2} \tag{5.11}$$

$$\hat{\beta}_2=\frac{\sum x_{1i}^2\sum y_ix_{2i}-\sum x_{1i}x_{2i}\sum y_ix_{1i}}{\sum x_{1i}^2\sum x_{2i}^2-(\sum x_{1i}x_{2i})^2} \tag{5.12}$$

$$\mathrm{Var}(\hat{\beta}_1)=\frac{s_e^2\sum x_{2i}^2}{\sum x_{1i}^2\sum x_{2i}^2-(\sum x_{1i}x_{2i})^2} \tag{5.13}$$

$$\mathrm{Var}(\hat{\beta}_2)=\frac{s_e^2\sum x_{1i}^2}{\sum x_{1i}^2\sum x_{2i}^2-(\sum x_{1i}x_{2i})^2} \tag{5.14}$$

이제 완전한 다중공선성($\rho(X_1,\ X_2)=\pm1$), 즉 $X_2=\lambda X_1$(단, λ는 0이 아닌 상수)이 성립된다고 보고 위의 식들을 재정리해 보면 다음과 같아진다.

$$\hat{\beta}_1=\frac{\sum(\lambda x_{1i})^2\sum y_i x_{1i}-\sum x_{1i}(\lambda x_{1i})\sum y_i(\lambda x_{1i})}{\sum x_{1i}^2\sum(\lambda x_{1i})^2-(\sum x_{1i}\lambda x_{1i})^2} \tag{5.15}$$

$$=\frac{\lambda^2\sum x_{1i}^2\sum y_i x_{1i}-\lambda^2\sum x_{1i}^2\sum y_i x_{1i}}{\lambda^2(\sum x_{1i}^2)(\sum x_{1i}^2)-\lambda^2(\sum x_{1i}^2)^2}=\frac{0}{0} \tag{5.16}$$

마찬가지로,

$$\hat{\beta}_2=\frac{0}{0} \tag{5.17}$$

한편, $\mathrm{Var}(\hat{\beta}_1)$과 $\mathrm{Var}(\hat{\beta}_2)$의 분모도 완전한 다중공선성이 존재할 경우 $\hat{\beta}_1$과 $\hat{\beta}_2$의 분모값처럼 각각 0이 될 것이 자명하다. 이러한 결과로부터 우리는 완전한 다중공선성이 초래하는 두 가지 중요한 문제점을 지적할 수 있다.

첫째, 다중회귀계수값 $\hat{\beta}_i$는 결정되지 못한다(indeterminate). 즉, 계산이 불가능하다. $\hat{\beta}_i$산출공식의 분자와 분모가 동시에 모두 0이 되기 때문이다. 만일 $\hat{\beta}_i$값이 산출될 수 있다 하더라도 그 값은 매우 불안정한 상태에 있게 되며 따라서 $\mathrm{Var}(\hat{\beta}_i)$ 값이 매우 커지게 되는 결과가 초래될 것이다.

둘째, $\hat{\beta}_i$들의 분산값은 무한대가 된다. $\mathrm{Var}(\hat{\beta}_i)$공식의 분모값이 0에 접근하기 때문이다.[1)]

물론 현실적으로 완전한 다중공선성이 발생하기는 거의 불가능한 것이지

---

1) $\hat{\beta}_i$의 분산공식을 단순상관계수$\left(r_{12}=\frac{\sum x_{1i}x_{2i}}{\sqrt{(\sum x_{1i}^2)(\sum x_{2i}^2)}}\right)$ 개념을 이용하여 재정리하면 각각

$$\mathrm{Var}(\hat{\beta}_1)=\frac{s_e^2}{\sum x_{1i}^2(1-r_{12}^2)} \tag{5.f-1}$$

$$\mathrm{Var}(\hat{\beta}_2)=\frac{s_e^2}{\sum x_{2i}^2(1-r_{12}^2)} \tag{5.f-2}$$

와 같아지며, 여기서도 r_{12}($\rho(X_1,\ X_2)$의 추정치)값이 ±1에 가까워지면 $\hat{\beta}_i$의 분산값들이 급속하게 커지는 현상을 쉽게 확인할 수 있다.

표 5-1 다중공선성 증가의 파급효과

r_{12}	$\text{Var}(\hat{\beta}_i)$	β_i의 99% 신뢰구간
0.0	k_i	$\hat{\beta}_i \pm 2.575\sqrt{k_i}$
0.5	$1.33k_i$	$\hat{\beta}_i \pm 2.575\sqrt{k_i}\sqrt{1.33}$
0.6	$1.56k_i$	$\hat{\beta}_i \pm 2.575\sqrt{k_i}\sqrt{1.56}$
0.7	$1.96k_i$	$\hat{\beta}_i \pm 2.575\sqrt{k_i}\sqrt{1.96}$
0.8	$2.78k_i$	$\hat{\beta}_i \pm 2.575\sqrt{k_i}\sqrt{2.78}$
0.9	$5.26k_i$	$\hat{\beta}_i \pm 2.575\sqrt{k_i}\sqrt{5.26}$
0.95	$10.26k_i$	$\hat{\beta}_i \pm 2.575\sqrt{k_i}\sqrt{10.26}$
0.99	$50.25k_i$	$\hat{\beta}_i \pm 2.575\sqrt{k_i}\sqrt{50.25}$
0.995	$100.00k_i$	$\hat{\beta}_i \pm 2.575\sqrt{k_i}\sqrt{100}$
0.999	$500.00k_i$	$\hat{\beta}_i \pm 2.575\sqrt{k_i}\sqrt{500}$

만 다중공선성의 정도가 심할수록, 즉 $\rho(X_1, X_2)$값이 ± 1에 가까울수록 $\hat{\beta}_i$의 분산값은 매우 커질 것은 자명한 이치이다. $\hat{\beta}_i$의 분산값 도출공식의 분모가 0에 가까워지기 때문이다. 이처럼 다중공선성의 정도가 커짐에 따라 $\hat{\beta}$의 분산값이 커지면 $\hat{\beta}$의 표준오차($s_{\hat{\beta}}$)는 같은 비율로 커질 것이다. 따라서 $\hat{\beta}$에 대한 신뢰구간은 ($\beta_i = \hat{\beta}_i \pm t_{\alpha/2} \cdot s_{\hat{\beta}_i}$)구간이 매우 넓어지며, 이는 곧 $\hat{\beta}_i$가 부정확한 추정치로 전락함을 뜻하게 된다. 한편, 추정회귀계수 β_i의 표준오차 $s_{\hat{\beta}_i}$값이 커지게 되면 귀무가설 $H_0 : \beta_i = 0$에 대한 검정통계량 $t = \hat{\beta}_i / s_{\hat{\beta}_i}$값은 매우 작아지게 될 것이고, 따라서 귀무가설을 기각할 가능성은 부당하게도 매우 희박해진다는 문제가 발생한다.

이상에서 다중공선성의 정도가 심해져서 추정회귀계수($\hat{\beta}$)의 분산($s_{\hat{\beta}}^2$)이 커질 때 초래되는 문제점을 자세히 살펴보았다. 한마디로 압축해서 정리하면 다중공선성의 효과는 신뢰도가 높은 β에 대한 추정치($\hat{\beta}$)를 구할 수 없다는 것이다.

이상에서 살펴본 바와 같은 다중공선성이 OLS추정에 미치는 효과를 보다 구체적으로 독자들에게 인식시키기 위해 식 (5.f-1)과 (5.f-2)를 재음미해 보기로 한다.

$$\text{Var}(\widehat{\beta_1}) = \frac{s_e^2}{\sum x_{1i}^2(1 - r_{12}^2)} = \frac{k_1}{1 - r_{12}^2} \qquad (5.\text{f-1})'$$

그림 5-4 r값과 $\mathrm{Var}(\hat{\beta}_i)$값

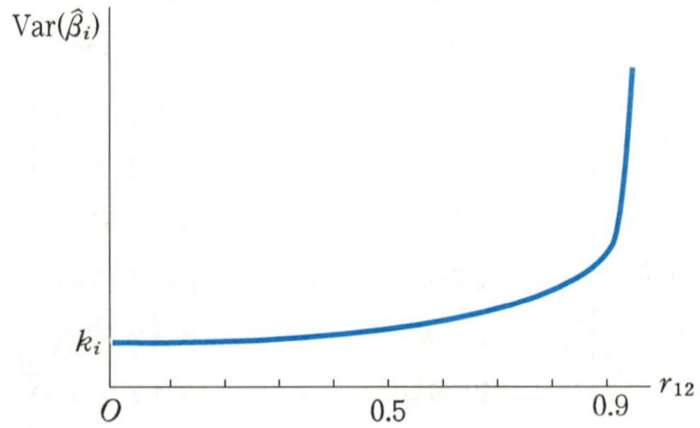

$$\mathrm{Var}(\hat{\beta_2}) = \frac{s_e^2}{\sum x_{2i}^2(1-r_{12}^2)} = \frac{k_2}{1-r_{12}^2} \qquad (5.f\text{-}2)'$$

$$\left(\text{단, } k_1 = \frac{s_e^2}{\sum x_{1i}^2},\ k_2 = \frac{s_e^2}{\sum x_{2i}^2},\ r_{12} = \frac{\sum x_{1i}x_{2i}}{\sqrt{(\sum x_{1i}^2)(\sum x_{2i}^2)}}\right)$$

이제 X_1과 X_2의 상관계수 r의 값을 0에서부터 점차 증가시켜 가며, 이 때 $\mathrm{Var}(\hat{\beta}_i)$값을 산출해 본즉 표 5-1과 같은 결과가 나타났다.

두 설명변수간의 상관계수가 증가됨에 따라 $\mathrm{Var}(\hat{\beta}_1)$값도 증가하되, 그 증가율이 점증함을 쉽게 확인할 수 있다. 따라서 β_i에 대한 신뢰구간도 구간폭이 증가하되 그 증가폭이 점차 확대되는 결과가 나타날 것이다. 이러한 현상은 그림 5-4에서 보다 잘 이해될 수 있을 것이다. 그림 5-4는 r_{12}가 약 0.9를 넘어설 때 $\mathrm{Var}(\hat{\beta}_i)$값이 폭발적으로 상승함을 보여 주고 있다.

한편, 다중공선성이 문제가 되는 경우에도 OLS 추정량은 BLUE 특성을 그대로 유지할 수 있다는 점을 지적해 둔다. 즉, 불편성(unbiasedness)과 효율성(efficiency)이 유지된다. 물론 불편성이란 원래 장기적으로 반복추정을 시행할 경우의 특성을 나타낼 뿐 주어진 개별 표본에서의 추정치에 대해선 아무런 보장도 할 수 없다. 그리고 효율성 또한 (선형의)불편추정량(linear unbiased estimator) 중에서 최소분산을 갖는다는 의미일 뿐 개별 표본분산값의 절대크기가 반드시 작은 수준이 될 수는 없음을 기억해 두어야 할 것이다.

제 7 절 다중공선성이 초래하는 문제점의 추가적 고려사항

다중공선성이 초래하는 문제점 내지 결과를 보다 다각적으로 살펴보기 위해 몇 가지 사항을 검토해 보기로 한다.

첫째, 다중공선성현상이 모집단에서가 아니라 표본에서 나타나는 현상에 불과하다 해도 설명변수 X_i들의 종속변수 Y에 대한 개별적인 영향을 구분할 수 없게 만든다는 문제점은 무시될 수가 없다. 설명변수 모두를 함께 활용해야 할 만큼 개별 설명변수의 정보가 풍부하지 못한 국면을 보여 주는 것이기 때문이다. 이 문제점을 보다 구체적으로 인식시키기 위해 $X_2=\lambda X_1$인 상황을 고려해 보자.

$$\begin{aligned} Y &= \beta_0+\beta_1 X_1+\beta_2 X_2+\epsilon \\ &= \beta_0+\beta_1 X_1+\lambda\beta_2 X_1+\epsilon \\ &= \beta_0+(\beta_1+\lambda\beta_2)X_1+\epsilon \end{aligned} \tag{5.18}$$

식 (5.18)에서 X_1과 X_2의 Y에 대한 복합적인 영향 $(\beta_1+\lambda\beta_2)$은 파악될 수 있으나 개별적인 β_i의 영향력은 설명될 수 없음을 쉽게 알 수 있다.

둘째, 설명변수가 3개 이상인 회귀분석에서 특정한 두 설명변수 간에 완전한 상관관계가 존재한다는 사실($\rho(X_i,\ X_j)=\pm 1$)은 다중공선성의 충분조건은 되지만 필요조건은 안 된다.

$$\begin{aligned} & r(X_i,\ X_j) \not\Longrightarrow \pm 1 \\ & r(X_i,\ X_k) \not\Longrightarrow \pm 1 \quad \text{이라도} \quad R_{k,\ ij} \Longrightarrow \pm 1 \\ & r(X_k,\ X_j) \not\Longrightarrow \pm 1 \end{aligned} \tag{5.19}$$

현상이 가능하기 때문이다. 따라서 두 설명변수 간의 상관계수값의 크기가 1에 가까운지 여부만으로는 다중공선성의 존재를 확인하기는 불충분하다 볼 수 있다.[1] 예컨대, $X_3=X_1+\lambda X_2$ 경우 X_3는 추가적 역할이 전무함을 유의할 필요

---

1) G. S., Maddala(1977)는 다음과 같은 예를 이용하여 증명한 바 있다.

$$X_1=(1,\ 1,\ 1,\ 1,\ 1,\ 0,\ 0,\ 0,\ 0,\ 0)$$
$$X_2=(0,\ 0,\ 0,\ 0,\ 0,\ 1,\ 1,\ 1,\ 1,\ 1)$$
$$X_3=(1,\ 1,\ 1,\ 1,\ 1,\ 1,\ 1,\ 1,\ 1,\ 1)$$

여기서 $X_3=X_1+X_2$인데, 단순상관계수들의 값은 $r_{12}=-(2/3)$, $r_{13}=r_{23}=0$이지

가 있다.

셋째, 다중회귀분석에서의 OLS 추정량을 행렬의 형태로 도출하면 $\hat{\beta}=(X^TX)^{-1}X^TY$와 같이 표현된다(부록 A 참조). 이 때 완전한 다중공선성이 존재하면 $|X^TX|=0$이 되며 따라서 $\hat{\beta}$값이 정의되지 못한다. $(X^TX)^{-1}$값이 ∞에 접근하기 때문이다. 같은 이유로 $\mathrm{Var}(\hat{\beta})=\sigma^2(X^TX)^{-1}$값 또한 ∞가 됨을 알 수 있다. 한편, $|X^TX|$값이 0에 가까워지는, 즉 다중공선성이 완전하지는 않으나 매우 높아질 경우 $\hat{\beta}$값은 매우 불안정해진다. 즉, 일부 관측치를 가감하는 정도의 약간의 변화를 주더라도 $\hat{\beta}$값은 크게 변화하게 된다. 그러나 물론 $|X^TX|$값의 절대적 크기만으로 다중공선성 여부를 판정할 수는 없다. 따라서 $|X^TX|$ 대신 상대적 크기를 가늠할 수 있는 상관계수행렬식, $|R_X|$가 0에 접근하는지의 여부를 활용하여 다중공선성의 심각성 여부를 판정하곤 한다(하단의 각주와 제 8 절 참조).

넷째, 다중공선성이 초래하는 일반적 결과, 즉 $\mathrm{Var}(\hat{\beta}_i)$값이 커지는 결과는 유의성 검정 통계량의 값($t=\hat{\beta}/s_{\hat{\beta}}$)을 부당하게 작게 하여 $H_0: \beta_i=0$이란 귀무가설을 채택할 수밖에 없는 결과가 발생된다. 물론 그러나 β_1과 β_2가 동시에 0과 같다는 가설이 반드시 채택되지는 않는다. 즉, $H_0: \beta_1=\beta_2=0$은 기각될 수 있다. 환언하면 높은 다중공선성이 나타날 때 개별적인 유의성 검정(t 검정)에서는 $H_0: \beta_i=0$가 채택되더라도 총체적 유의성 검정(F 검정)에서는 $H_0: \beta_1=\beta_2=\cdots=\beta_k=0$이 기각되는 것이 일반적 현상이기 때문이다. 이상과 같은 논의 내용을 그림으로 표현한 것이 그림 5-5이다.

그림 5-5에서 β_1과 β_2의 개별 신뢰구간은 상당히 넓어서(∵ $s_{\hat{\beta}_i}$값이 다중공선성으로 인해 커짐) 각각 0을 포함하고 있다. 따라서 $H_0: \beta=0$이 기각되지 못하는 상황을 대변하고 있다. 그러나 β_1과 β_2의 결합신뢰구간을 나타내는 타원형은 원점을 포함하고 있지 않아서 $H_0: \beta_1=\beta_2=0$이 채택되지 않는 상황을 보여 주고 있다. 바로 이러한 현상이 다중공선성으로 인해 초래되는 일반적 결과인 것이다(제 4 장 제 7 절 참조). 이 때 일반적으로 $\hat{\beta}_i$의 부호나 추정치는 부적절하게 나타난다. 물론 잘못된 부호나 부적절한 $\hat{\beta}_i$값은 반드시 다중공선성에만

만 설명변수 간의 다중상관계수값은 $R_{3,\,12}=1$이 된다는 사실을 알 수 있다. 그런데 이 때 단순상관계수값들의 조합으로 정의된 행렬식 $|R_X|$의 값은 0이 된다.

그림 5-5 개별적 신뢰구간과 총체적 신뢰구간

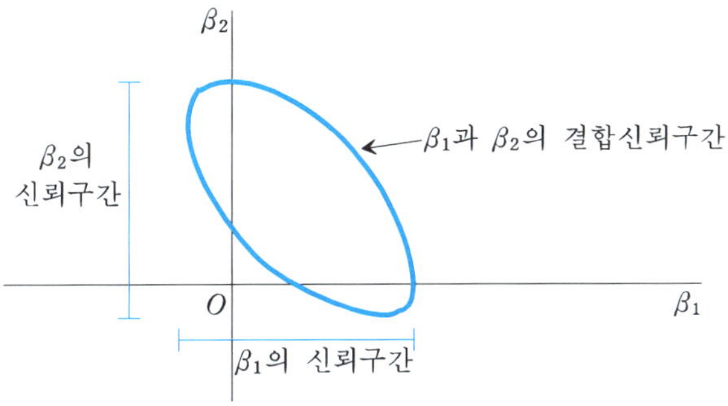

연유하는 것이 아니다. 예컨대, 제 8 장에서 소개할 설정오류가 주요인이 될 수도 있는 것이다.

제 8 절 다중공선성의 심각성 여부 판정방안

앞서 우리는 다중공선성이 초래하는 문제점에 대하여 살펴보았다. 문제는 이러한 다중공선성의 영향이 과연 심각한 정도인지를 판별하는 일이 될 것이다. 여러 학자들에 의해 제시된 판정법을 종합하여 제시하면 대체로 다음과 같다.

1. 상관계수활용법

다중공선성의 심각성 여부를 판정하는 가장 손쉬운 방법은 각 설명변수 간의 상관계수값을 활용하는 방안이다. 정도가 극심할 경우 $\mathrm{Var}(\hat{\beta}_i)$값은 아주 커져서 웬만한 컴퓨터마저 계산해 내지 못할 경우도 있다. 그러나 r값이 어느 정도가 되면 문제삼아야 되는지 기준을 정하기 어렵고, 특히 전술한 바 있듯이 설명변수가 3 이상일 때에는 r_{ij} 값만으로 다중공선성 여부를 판정하기는 곤란한다.

2. 행렬식 $|X^TX|$의 활용법

둘째로 $|X^TX|$ 값이 0에 가까워지는지의 여부를 확인하는 방안이 있다. 그

러나 $|X^TX|$값은 분산의 크기(산포도)에도 의존한다는 문제가 있다. 그리고 이 방법 또한 $|X^TX|$ 값이 어느 정도가 될 때 문제삼을 수 있는지에 대한 기준설정이 어렵다.

3. Farrar & Glauber 판정법

이상의 두 가지 방안들이 갖는 한계성을 극복할 수 있는 보다 본질적인 별도의 판정방안이 Farrar와 Glauber에 의해 제시된 바 있다.[1] 이 검정방법은 기본적으로는 다중공선성의 정도가 심할 때에는 단순상관계수들의 값이 ±1에 접근한다는 사실을 활용하되 어느 특정한 단순상관계수값 하나만을 사용하는 대신 단순상관계수값들로 구성·정의되는 상관행렬식(correlation determinants)을 활용함으로써 첫번째 판정법이 갖는 한계성을 보완하고 있다. 예컨대, 설명변수가 3개인 회귀방정식에서 표준화된 상관행렬식(R_X)의 형태는 다음과 같아지는데,

$$\begin{vmatrix} 1 & r_{12} & r_{13} \\ r_{21} & 1 & r_{23} \\ r_{31} & r_{32} & 1 \end{vmatrix}$$

다중공선성이 완전한 경우 r_{ij} 값들은 1이 될 것이므로 행렬식의 값은 0이 될 것이다. 반면 다중공선성이 전혀 없는 경우의 r_{ij} 값들은 0이 되며, 행렬식의 값은 1이 될 것이다(이 때 X값들의 행렬과 표준화된 상관행렬식 R_X는 직교행렬(orthogonal matrix)의 특성을 갖는다는 점에 유의할 것).[2] 따라서 이 행렬식의 값이 1에 가까우면 다중공선성이 낮고, 0에 가까울수록 그 정도가 높은 것으로 볼 수 있다. 문제는 어느 정도를 문제로 삼을 수 있는가 하는 점이며, Farrar와 Glauber는 다음과 같은 χ^2검정통계량을 제안하였다. 우선 귀무가설을,

---

1) D. E. Farrar and R.R. Glauber, "Multicollinearity in Regression Analysis; The Problem Revisited," *Review of Economics and Statistics*, vol. 49(1967), pp. 92~107.

2) X값들로 구성되는 행렬을 편차형으로 표현하면(설명변수가 3개일 경우)

$$\begin{bmatrix} \sum x_1^2 & \sum x_1x_2 & \sum x_1x_3 \\ \sum x_2x_1 & \sum x_2^2 & \sum x_2x_3 \\ \sum x_3x_1 & \sum x_3x_2 & \sum x_3^2 \end{bmatrix}$$

가 되는데, 이를 표준화시키면 다음과 같다.

H_0 : X 값들은 직교관계(orthogonality)에 있다. 즉, 상호 1차독립적이다.

라고 설정할 경우 적용할 수 있는 검정통계량으로 다음 공식을 제시하였다.

$$\chi^2_{\frac{1}{2}(k-1)(k-2)} = -\left[(n-1)-\frac{1}{6}\{2(k-1)+5\}\right]\ln|R_X| \qquad (5.20)$$

단, $\left(\begin{array}{l} n = \text{표본크기} \\ (k-1) = \text{설명변수의 개수} \\ \qquad\qquad (\text{절편을 포함하면 추정할 미지수는 } k\text{개임}) \\ \frac{1}{2}(k-1)(k-2) = \text{자유도} \end{array}\right)$

만일 행렬식의 값이 0에 가까워지고 따라서 χ^2통계량값이 상대적으로 상당히 커지면 유의할 만한 수준의 다중공선성이 존재한다고 결론짓게 된다.[1)]

4. Frisch의 탐색법

Farrar와 Glauber의 검정법 이외에도 여러 가지 판정방안이 제기되고 있는데 이들 대부분은 Frisch의 연구에 근거하고 있다. 탐색의 기본시각을 다중공선성이 회귀계수의 추정치를 불안정하게 한다는 사실에 입각하여 제시되고 있는 판정법들로 그 내용을 다음과 같이 요약할 수 있다.

1) 설명변수를 하나 더 추가하거나 또는 제거함에 따라 $\hat{\beta}_i$값들이 크게 변할 때,

2) 관측치(n)의 수를 약간 추가하거나 제거함에 따라 $\hat{\beta}_i$값들이 크게 변할 때,

$$R_X = \begin{bmatrix} \dfrac{\Sigma x_1^2}{\sqrt{(\Sigma x_1^2)^2}} & \dfrac{\Sigma x_1x_2}{\sqrt{\Sigma x_1^2}\sqrt{\Sigma x_2^2}} & \dfrac{\Sigma x_1x_3}{\sqrt{\Sigma x_1^2}\sqrt{\Sigma x_3^2}} \\ \dfrac{\Sigma x_2x_1}{\sqrt{\Sigma x_2^2}\sqrt{\Sigma x_1^2}} & \dfrac{\Sigma x_2^2}{\sqrt{(\Sigma x_2^2)^2}} & \dfrac{\Sigma x_2x_3}{\sqrt{\Sigma x_2^2}\sqrt{\Sigma x_3^2}} \\ \dfrac{\Sigma x_3x_1}{\sqrt{\Sigma x_3^2}\sqrt{\Sigma x_1^2}} & \dfrac{\Sigma x_3x_2}{\sqrt{\Sigma x_3^2}\sqrt{\Sigma x_2^2}} & \dfrac{\Sigma x_3^2}{\sqrt{(\Sigma x_3^2)^2}} \end{bmatrix}$$

$$= \begin{bmatrix} 1 & r_{12} & r_{13} \\ r_{21} & 1 & r_{23} \\ r_{31} & r_{32} & 1 \end{bmatrix}$$

1) 행렬식 $|R_X|$의 값이 1이면 $\log_e 1 = 0$이 되고, $|R_X|$값이 0에 가까우면 $\log_e|R_X|$는 "−"값을 가지며, 식 (5.20)의 절대값은 아주 큰 값이 됨을 유의할 것.

3) 중요한 변수의 표준오차가 커지거나 $\hat{\beta}_i$의 부호가 예상과 다를 때,

4) 각 $\hat{\beta}_i$에 대한 유의성검정통계량의 값$(t = \frac{\hat{\beta}_i}{s_{\hat{\beta}_i}})$이 아주 작음에도 불구하고 $H_0 : \beta_1 = \beta_2 = \cdots = \beta_k = 0$에 대한 검정통계량 F의 값이 아주 클 때(이 경우는 종합적 영향력에 비해 개별 설명변수의 영향력이 미미하여 독립적으로 개별 설명변수의 영향력을 분리 추정하기 힘든 상황을 대변) 등은 다중공선성이 문제되고 있다고 판정한다는 것이다.

5. Klein의 실용적 판정기준

이상과 같은 판정기준들을 근거로 하여 다음과 같은 두 가지 지극히 상식적인 처방이 제공되어 사용되기도 한다.

1) 각 $\hat{\beta}_i$에 대한 유의성검정통계량 t의 값이 $H_0 : \beta_i = 0$을 기각할 정도로 크다면 다중공선성 문제는 무시해도 무방하다.

2) 그러나 다중결정계수 R^2값이 설명변수 간의 다중상관계수를 제곱한 값보다 작아서는 곤란하다. 즉, R^2값이 $R^2_{k,\ ij}$ 값보다도 작을 정도라면 다중공선성 문제는 심각할 것으로 보아야 하기 때문이다. 이 원칙은 L. Klein의 제안에 근거한 것으로 가장 자주 통용되고 있는 기준이 되고 있다.[1)]

6. 기타 판정방안

이 외에도 특성근의 값(eigen values)이나 이를 이용한 조건지수(condition index) 등을 활용하는 방법이 있으나, 앞서의 방안을 대체할 만한 장점이 있는 것도 아니고 또 이들 방법론의 논리적 근거를 용이하게 설명하는 것이 적절치

---

1) 이 원칙은 다중공선성이 $\hat{\beta}$의 분산$(s^2_{\hat{\beta}} = s^2_e / \sum x_i^2 = \hat{\epsilon}^T \hat{\epsilon}(X^T X)^{-1})$을 크게 만드는 경향이 있는 반면 $s^2_{\hat{\beta}}$의 정의식 중 분자에 나타나는 s^2_e 값에도 직접적인 영향을 미친다는 사실에 근거하고 있다. 즉, R^2 값이 아주 높게 산출된다면, 즉 s^2_e 값이 아주 작은 값으로 산출된다면 $s^2_{\hat{\beta}}$값이 커지는 경향을 상당히 상쇄시킬 수 있을 것이므로, 다중공선성으로 인해 발생하는 문제는 그다지 큰 걱정을 할 필요가 없는 것으로 간주할 수 있다는 사실에 근거한 것이다. 단, 여기서 $R^2 = R^2_{Y\hat{Y}} = R^2_{Y,\ X_1 X_2 \cdots X_k}$를 의미하는 반면 $R^2_{k,\ ij}$는 $R^2_{X_k,\ X_i X_j}$, 즉 각 설명변수가 여러 설명변수와 연관되어 있는 정도를 나타낸다는 점에 유의하기 바란다.

않아 본문에서는 설명을 생략코자 한다.1)

제 9 절 다중공선성에 대한 대응책

일단 다중공선성이 심각한 정도로 판정되었다면 어떠한 방도를 취해야 할 것인가? 여러 학자들에 의해 제시된 방안들을 유형별로 제시하면 다음과 같다.

1. 다중공선성 유발변수의 탐색 및 제거

우선 심각한 정도의 다중공선성을 유발시키는 설명변수들을 확인한 다음 이들 중 설명력이 떨어지거나 오히려 추정에 걸림돌이 되는 변수를 제거하는 방법을 생각할 수 있다. 이를 위해 우선 다중공선성을 유발시키는 설명변수들을 찾아내는 작업이 선행되어야 할 것이며 다음과 같은 방법이 활용될 수 있다.

1.1 다중공신성 유발변수의 탐색방안

첫째, 설명변수들 간의 편상관계수를 산출한 다음 $H_0 : \rho_{ij,\,12\cdots k}=0$에 대한 검정통계량 $t_{n-k}=\dfrac{r_{ij,\,12\cdots k}\sqrt{n-k}}{\sqrt{1-r^2_{ij,\,12\cdots k}}}$값을 계산한 다음 이 값이 t의 임계치를 넘어서면 귀무가설을 기각, 즉 두 변수는 다중공선성을 유발시키는 것으로 $(\rho=\pm 1)$ 판정할 수 있다.

둘째, 각 설명변수를 여타 모든 설명변수들에 대하여 회귀분석한 다음 R^2값을 서로 비교하여 (가장)큰 R^2을 갖는 회귀방정식상의 종속변수가 다중공선성을 유발시키는 것으로 판정할 수 있다. 높은 다중공선성이란 결국 X_i가 X_j의 1차함수값에다 작은 오차항을 합한 것으로 표현될 경우를 말하는 것이므로 R^2이 높을수록 다중공선성이 높아진다는 사실을 활용하는 방법이다.

셋째, 특정 설명변수를 제외시켰을 때의 R^2값(이를 R^2 delete라 함)이 제외시키기 이전의 R^2값에 비해 별로 감소하지 않을 경우 바로 이 설명변수로 인하여 다중공선성이 높아진 것으로 판정할 수 있다. 이 설명변수가 여타 설명변수

1) 개괄적인 내용은 보론을 참고하고 상세한 내용은 D. N. Gujarati, *Basic Econometrics*, 2nd ed. (McGraw-Hill, 1988), pp. 301~302와 Kennedy, *op. cit.*, p.150을 참조할 것.

의 거의 1차함수적 관계에 있다면, 이 변수가 포함될 때 R^2값의 증가는 미미했을 것이기 때문이다.

1.2 다중공선성 유발변수의 제거방안

이상과 같은 방법으로 일단 다중공선성을 유발시키는 설명변수쌍들이 확인되면 다음 단계는 과연 이 중 어느 변수를 택하고 또 버릴 것인가 하는 문제가 될 것이고 다음과 같은 방법들을 활용할 수 있다.

1) 선형상관관계가 높은 것으로 또는 높은 다중공선성을 유발시키는 것으로 확인된 두 설명변수와 종속변수의 편상관계수를 산출·비교한 다음 편상관계수값이 작은 설명변수를 제거한다. 종속변수에 대한 (추가적인)설명능력이 상대적으로 작다고 판정할 수 있기 때문이다.

2) 위와 비슷한 용도로 사용될 수 있는 개념으로 베타계수(beta coefficient)와 탄력성(elasticity) 개념이 있다. 베타계수란 설명변수와 종속변수 모두를 표준화한 값으로 전환하였을 때의 회귀계수로 원래의 회귀계수 $\hat{\beta}_i$와는 다음과 같은 관계가 있다.[1)]

$$\frac{Y_i-\overline{Y}}{s_Y}=\beta_1{}^*\frac{X_{1i}-\overline{X}_1}{s_{X_1}}+\beta_2{}^*\frac{X_{2i}-\overline{X}_2}{s_{X_2}}+\cdots+\epsilon_i \tag{5.21}$$

$$\hat{\beta}_i{}^*=\hat{\beta}_i\cdot\frac{s_{X_i}}{s_Y} \tag{5.22}$$

(단, $\hat{\beta}_i$는 OLS 추정치, $\hat{\beta}_i{}^*$는 베타계수)

한편, 탄력성이란 설명변수값의 변화에 대응한 종속변수의 변화량의 민감도를 뜻하며, 그 값은 보통 변수들의 평균값을 기준으로 다음과 같이 산출된다.

$$E_j=\hat{\beta}_j\cdot\frac{\overline{X}_j}{\overline{Y}} \quad \text{(단 } \hat{\beta}_j\text{는 OLS 추정치)} \tag{5.23}$$

$$\left(\because\ E_j=\frac{\dfrac{\varDelta Y}{Y}}{\dfrac{\varDelta X_j}{X_j}}=\frac{\varDelta Y}{\varDelta X_j}\cdot\frac{X_j}{Y}\Longrightarrow\hat{\beta}_j\cdot\frac{X_j}{Y}\right)$$

---

1) 단순회귀모형의 경우에는 베타계수($\hat{\beta}_i{}^*$)가 단순상관계수(γ)와 같아짐(식 (3.40) 참조).

이상과 같이 정의된 베타계수나 탄력성의 값을 서로 비교하여 절대치가 큰 값을 택하고 작은 값을 회귀방정식에서 제외시키는 것이다.

3) 이 외에도 각 설명변수들을 제외시켰을 때의 평균오차자승(MSE) 등을 비교하여 선택의 기준으로 삼는 방법이 있으나 여기서는 생략한다.[1)]

그러나 일단 회귀모형 내에 도입된 변수는 합당한 이론이나 가설에 입각하여 채택된 것인바, 이상에서 소개한 상기 기준에 의해 무작정 설명변수를 제거하면 다중공선성문제는 완화될 것이나 그보다 더욱 심각한 이른바 "부적합한 모형설정에 따른 오류, 즉 설정오류(specification error)"(제 8 장 참조)를 유발할 가능성이 있다. 독자의 이해를 돕기 위해 우스개스러운 비유 하나를 해 보기로 한다. 종속변수 Y를 한 여성으로 보고 설명변수 X_i들을 남성들로 간주할 경우 우리는 이들 남성들이 여성에 대하여 독자적인 영향력을 행사할 것으로 기대한다. 그런데 만일 이들 남성들(X_i)이 여성(Y)에 대한 구애작전을 펼쳐 나갈 것이란 당초의 기대와는 달리 남성들 상호 간의 친선과 애정 표현에 탐닉하게 된다면 난감하게 될 것이다. 이러한 상황, 즉 마치 동성연애와 같은 현상을 우리는 다중공선성이라 부르고 있다. 그런데 이러한 현상이 바람직하지 않다 해서 설명변수역의 남성들 중 일부의 역할을 금지시켜 버린다는 것은 지나치다. 만일 이들 남성들이 한 집안의 형제들이라면 부모 입장에서 볼 때 자식들 간에 바람직하지 못한 행위가 자행되고 있다고 해서 이들 중 일부만을 골라 내쫓아 버리는 것은 상책이라 할 수 없다. 적절한 교육이나 상담을 통해 정상적인 생각과 기능을 회복하도록 지도하는 것이 어느 부모에게든 최선의 길이 될 것이다. 우리가 다중공선성문제에 대응하는 최선의 대응방안은 마치 동성연애 상태에 있는 아들들을 둔 부모가 취할 수 있는 현명한 대처방안과도 비슷한 측면이 있음을 지적해 두고 싶다.

2. 별도 추정방안의 활용

이상과 같은 대응책이 갖는 문제점을 회피하고자 일부 설명변수들을 제거하는 대신 추정방법 자체를 달리하는 방안들이 있다. 별도의 출처로부터 얻은 β_i에 대한 추정치(estimate of beta based on a priori information)나 선험적 가정(예컨대, $\beta_i+\beta_j=k$ 등등)에 근거하여 문제가 된 설명변수들에 관한 추가적인 정보

1) 자세한 내용은 G. S. Maddala, *Econometrics*(McGraw-Hill, 1977), pp. 190~191과 A. Koutsoyiannis, *Theory of Econometrics*, 2nd ed., pp. 242~249를 참조할 것.

를 활용하여 동시에 회귀분석을 실시하는 방안, 그리고 이른바 능형회귀분석(ridge regression)이나 주성분 분석(principal components) 활용방안 등이 있다.

2.1 능형회귀 분석

Hoerl과 Kennard에 의해 최초로 제안된 이 방법은 추정량의 정의식을 다소 변형시킴으로써 다중공선성현상을 완화시키는 가운데 추정을 도모하는 것이다. 이 과정에서 추정량은 다소의 편의(bias)를 갖게 되지만 다중공선성을 완화시켜 줌에 따라 분산이 크게 줄어 결국 평균평방오차(MSE : mean squared error : $\mathrm{Var}(\hat{\theta})+(bias(\theta)^2)$)를 축소시킬 수 있게 된다.

β의 최소자승추정량($\hat{\beta}=\Sigma x_i y_i / \Sigma x_i^2$)을 행렬대수 개념으로 표현하면 다음과 같다.

$$\hat{\beta}=(X'X)^{-1}X'Y \tag{5.24}$$

문제는 다중공선성이 극심할 경우 $X'X$의 행렬식 값이 '0'에 가까워진다는 것이다. 이는 $\hat{\beta}$ 값의 분모가 '0'에 접근한다는 의미와 상통한다. 이러한 문제를 해결하는 방안의 하나로 행렬식 $X'X$와 차수가 같은 항등행렬(identity matrix)에 λ를 곱한 다음 $X'X$에 더해 주는 것이다.

$$\hat{\beta}_{rr}=(X'X+\lambda I)^{-1}X'Y \tag{5.25}$$

즉, 인위적으로 행렬 $X'X$의 대각선상에 있는 값에 λ값을 더해 줌으로써 $X'X$의 행렬식 값이 '0'이 되는 현상을 막아 주는 것이다. 이 때 λ값은 여러 차례의 반복과정을 통해 가능한 한 MSE가 최소가 되는 추정결과를 채택하게 된다.[1)]

2.2 주성분 분석

다중공선성이 불가피하게 극심하게 되는 경우가 있다. 설명변수의 수가 지나치게 많아질 때, 더구나 설명변수의 시차변수(X_{t-i})가 여러 개 동시에 설명변

1) 실제 실증분석과정에서는 가능하다면 β추정량이 통계적으로 유의할 만큼 크게 나타나는 경우 중 최소 MSE를 갖는 λ값을 선택한다. 그러나 유의적인 추정치가 쉽사리 나타나지 않으면 일단 β추정치(들)이 안정되기 시작하는 시점의 값을 선택하는 것이 무난하다. 또한 이 과정에서 X와 Y값들은 표준화시킨 자료를 사용하며, 이 때 통상적으로는 0과 1 사이에서 λ값을 찾아 나간다.

수로 활용될 때 다중공선성은 극심해져서 β의 추정 자체가 어려워질 수 있다. 이러한 상황에서 설명변수들이 갖고 있는 특징을 그대로 보존하되 선형전환(linear transformation)을 통하여 소수의 새로운 변수를 창출하여 회귀분석을 수행하는 방법이 바로 주성분 분석이다. 이 때 기존의 설명변수(X_1, X_2, $\cdots$, X_K)를 선형전환을 통해 창출한 새로운 설명변수를 주성분변수(P_1, P_2, $\cdots$, P_m)라 하면 다음과 같이 정의될 수 있다.

$$
\begin{aligned}
P_1 &= a_{11}X_1 + a_{12}X_2 + \cdots + a_{1k}X_k \\
P_2 &= a_{21}X_1 + a_{22}X_2 + \cdots + a_{2k}X_k \\
&\vdots \\
P_m &= a_{m1}X_1 + a_{m2}X_2 + \cdots + a_{mk}X_k
\end{aligned}
\tag{5.26}
$$

단, 기존의 설명변수는 측정단위가 서로 상이하다는 문제가 있어 통상적으로는 표준화된 편차($Z_j = (X_j - \overline{X}_j)/S_{X_j}$)값을 주로 이용한다.

이러한 선형함수 전환을 통해 주성분 변수를 창출할 때 다음과 같은 원칙에 근거하게 된다.

① 새롭게 창출되는 주성분변수들은 서로 1차 독립적이어야 한다.

② 첫 번째 주성분변수(P_1)는 모든 설명변수의 총체적 변화를 최대한 수용토록 한다. 그리고 두 번째 주 성분변수(P_2)는 P_1에 수용되지 못한 나머지 변화를 최대한 흡수하도록 하여 결국 P_1이 기존 설명변수의 변화를 가장 많이 설명할 수 있도록 창출한다. 이러한 원칙에 근거할 경우 기술적으로는 설명변수의 수만큼 많은 주성분변수의 도출이 가능하지만 실제로는 소수의 주성분변수의 도출만으로 소기의 목적을 달성할 수 있게 된다.

그러면 과연 어떻게 구체적으로 주성분변수를 도출하여 활용할 수 있는가에 대하여 생각해 보기로 한다. 일단 식(5.26)에서 P_1, P_2, $\cdots$, P_m이 도출되면 이를 이용하여 종속변수에 대하여 회귀분석을 실시하게 된다.[1)]

$$Y_i = r_1 P_{1i} + \cdots + r_m P_{mi} + v_i \quad (\text{단, } m \ll k) \tag{5.27}$$

여기서 추정된 r_i값들과 전 단계에서 추정된 a_{ij}값들을 이용하여 원래의

1) 식 (5.27)에서 상수항을 제외시킨 것은 주성분도출시 통상적으로는 표준화된 값을 활용하는 전통에 따른 것이다.

회귀계수 β_i값들을 찾아내는 것이 통상적인 주성분분석에 의한 추정과정이라 할 수 있으며, 그 구체적 과정은 다음과 같다.

(1) 적재계수(a_{ij})의 추정

a_{ij}는 흔히 적재계수(loading)라고 부르는데, 앞서 제시한 원칙에 근거한 추정방식은 다음의 과정을 거쳐 이루어진다.

$$\begin{array}{c} \\ X_1 \\ X_2 \\ \vdots \\ X_k \end{array} \begin{array}{c} \begin{array}{cccc} X_1 & X_2 & \cdots & X_k \end{array} \\ \begin{pmatrix} 1 & r_{12} & \cdots & r_{1k} \\ r_{21} & 1 & \cdots & r_{2k} \\ \vdots & \vdots & & \vdots \\ r_{k1} & r_{k2} & \cdots & 1 \end{pmatrix} \end{array} \tag{5.28}$$

위와 같은 설명변수 간의 상관계수행렬식에서 우선 각 행, 또는 열의 합과 총합을 구한 다음

$$\left.\begin{array}{l} \sum_i^k r_{ij} \\ \sum_j^k r_{ij} \\ \sum_j^k \sum_i^k r_{ij} \end{array}\right) \tag{5.29}$$

다음과 같은 관계식에 의해 $\hat{a}_{ij}$의 추정치를 산출한다.

$$\hat{a}_{ij} = \frac{\sum_i^k r_{ij}}{\sqrt{\sum_j^k \sum_i^k r_{ij}}} \tag{5.30}$$

일단 첫 번째 주성분변수(P_1)가 추계되면 두 번째 주 성분변수는 본래 상관계수에서 P_1에 의해 흡수된 변동부분을 제거한 부분, 즉 잔여 상관계수값들을 이용하여 추계한다. 실제에 있어 잔여상관계수는 다음과 같이 산출된다.

$$\begin{aligned} \hat{r}_{ij} &= r_{ij} - \hat{a}_{1i} \cdot \hat{a}_{1j} \\ \hat{r}_{ii} &= r_{ii} - (\hat{a}_{1i})^2 \end{aligned} \tag{5.31}$$

일단 이와 같이 잔여상관계수가 산출되면 앞서와 같은 과정을 밟아 P_2를 도출한다.

(2) 적재계수의 유의성 검정

주성분변수를 창출하는 과정에서 추계되는 적재계수값은 실제로는 상관계수와 거의 비슷하다. 따라서 피어슨(Pearson)상관계수의 유의성 검정방식을 적용할 수 있으며, $n>50$의 경우에 a_{ij}가 0.30보다 크면 $\alpha=1\%$ 수준에서 유의한 것으로 판정된다.

그런데 피어슨의 상관계수검정은 설명변수의 수나 주성분변수의 수를 무시하고 있다는 문제가 있다. 이러한 점을 개선코자 버트(Butt)와 뱅크(Bank)는 다음과 같이 적재계수의 값의 표준오차를 산출하여 검정할 것을 제시하였다.

$$s_{\hat{a}_{ij}} = s_{r_{ij}} \sqrt{\frac{k}{k+1-m}} \tag{5.32}$$

(3) 주성분변수의 수

유의성 있는 적재계수에 의해 창출되는 주성분변수의 수는 일반적으로 설명변수의 수보다는 훨씬 작아지게 되는데, 최종적으로 몇 개로 한정시켜야 하는가에 대한 판정은 별도의 기준이 필요하다.

1) 카이저(Kaiser) 기준

주성분변수의 고유근이 1보다 큰 경우만을 채택할 것을 제시하고 있는데, $20<k<50$의 경우에는 신빙성이 있으나 $k>50$의 경우에는 주성분변수의 수가 지나치게 많아지는 경향이 있다.

2) 카텔(Cattell) 기준

주성분변수와 그 고유근이 비선형함수관계를 유지하는 부분의 주성분변수만을 채택하는 것으로 둘 간의 관계가 직선화되면 주성분변수는 더 이상 기존 설명변수의 공통적인 요인에 의해 영향을 받지 않게 된다는 사실에 근거한 판정기준이다.

3) 바틀릿(Bartlett) 기준

만일 앞서 두 검정기준에 따라 채택되지 못한 주성분변수가 있다면 이들의 고유근은 거의 비슷하다고 보아야 한다. 따라서

$$H_0: \lambda_{r+1} = \lambda_{r+2} = \cdots = \lambda_k \tag{5.33}$$

(단, r은 이미 채택된 고유근의 수)

와 같은 귀무가설이 채택되어야 할 것이다. 반면 이러한 귀무가설이 기각될 경우에는 제외시킨 주성분변수들의 고유근이 비슷하지 않음을 시사하며, 따라서 제외된 주성분변수를 추가적으로 분석에 포함시켜야 할 것이다.[1)]

(4) 주성분변수를 이용한 모형의 추정

일단 a_{ij}가 추계되고 또 적절한 개수의주성분변수가 채택되면 다음과 같은 회귀식을 OLS로 추정할 수 있다.

$$Y = r_1 P_1 + r_2 P_2 + \cdots + r_m P_m + v \tag{5.34}$$

원래 추정식이

$$Y = \beta_1 X_1 + \beta_2 X_2 + \cdots + \beta_k X_k + \epsilon \tag{5.35}$$

이고,

$$\left.\begin{array}{l} P_1 = a_{11} X_1 + \cdots + a_{1k} X_k \\ P_2 = a_{21} X_1 + \cdots + a_{2k} X_k \\ \cdots\cdots\cdots\cdots\cdots\cdots\cdots\cdots\cdots \\ P_m = a_{m1} X_1 + \cdots + a_{mk} X_k \end{array}\right\} \tag{5.36}$$

와 같다면

$$\left.\begin{array}{l} Y = r_1(a_{11} X_1 + \cdots + a_{1k} X_k) \\ \quad + r_2(a_{21} X_1 + \cdots + a_{2k} X_k) \\ \quad \cdots\cdots\cdots\cdots\cdots\cdots\cdots\cdots \\ \quad + r_m(a_{m1} X_1 + \cdots + a_{mk} X_k) + v \\ = (r_1 a_{11} + r_2 a_{21} + \cdots + r_m a_{m1}) X_1 + \cdots \\ \quad + (r_1 a_{1k} + r_2 a_{2k} + \cdots + r_m a_{mk}) X_k + v \end{array}\right\} \tag{5.37}$$

가 되므로

$$\left.\begin{array}{l} \beta_1 = r_1 a_{11} + r_2 a_{21} + \cdots + r_m a_{m1} \\ \quad \cdots\cdots\cdots\cdots\cdots\cdots\cdots\cdots\cdots \\ \beta_k = r_1 a_{1k} + r_2 a_{2k} + \cdots + r_m a_{mk} \end{array}\right\} \tag{5.38}$$

---

1) 검정통계량에 관한 자세한 내용은 Koutoyiannis(1977), *op. cit.*, 참조.

와 같은 관계식이 성립될 것인바, 추계된 a_{ij}와 추정된 r_i를 이용하여 원래의 회귀계수 β_i를 산출할 수 있는 것이다. 그러나 주성분 분석은 다중공선성을 유발한 설명변수들 간의 구조적 연관성을 주성분의 도출 및 활용을 통해 확인할 수 있을 뿐 다중공선성 자체를 해소시킬 수 있는 궁극적 추정방법이 될 수는 없다.

주성분 분석은 상호 독립성을 유지할 수 있는 인공적인 변수(설명변수들의 1차함수로 정의됨)를 대신 활용하여 다중공선성 문제를 회피한 가운데 추정할 수 있는 길을 열어 준 것이기는 하다. 그러나 이렇게 창출된 인공적 설명변수에 아무런 경제적 의미를 부여할 수 없다면 다중공선성에 대한 궁극적 해결방안이 될 수는 없기 때문이다. 또한, 주성분 분석은 추정해야 할 계수의 숫자를 대폭 감소시킬 수는 있으나 결국 표본 내 정보 중 일부만을 활용하고 있다는 문제를 안고 있다.

3. 자료의 보완 및 변형

다중공선성문제를 해소하는 궁극적이고 최선이 되는 방책은 표본관측치를 추가적으로 확보하거나 변형시켜 기존의 표본관측치값들로 인해 발생한 다중공선성의 정도를 완화시키는 것이라 하겠다.

예컨대, 첫째로 다중공선성이 시차를 둔 설명변수의 도입에 연유할 때 이른바 Koyck전환법(제10장 참조)에 의해 방정식을 전환한 다음 추정하는 방법이 있다. 즉,

$$Y_t = \alpha + \beta_1 X_t + \beta_2 X_{t-1} + \beta_3 X_{t-2} + \cdots + \epsilon_t \tag{5.39}$$

와 같은 회귀방정식을

$$Y_t = a + b_1 X_t + \rho Y_{t-1} + v_t \quad (\text{단, } v_t = \epsilon_t - \rho\epsilon_{t-1}) \tag{5.40}$$

와 같이 전환하여 다중공선성의 여지를 없애는 방법이다.

둘째로, 일차차분값(first differences)이나 비율(ratios)을 사용하는 방법도 있다. 즉,

$$Y_t = \alpha + \beta_1 X_{1t} + \beta_2 X_{2t} + \epsilon_t \tag{5.41}$$

대신에

$$\Delta Y_t = a + b_1 \Delta X_{1t} + b_2 \Delta X_{2t} + \epsilon_t \tag{5.42}$$

을 활용하거나

$$\frac{Y}{X_{1t}} = \beta_1 + \beta_2 \frac{X_{2t}}{X_{1t}} + \alpha \frac{1}{X_{1t}} + \epsilon_t' \tag{5.43}$$

를 대신 추정함으로써 다중공선성의 정도를 완화시키는 방법이다. 그러나 이 방법은 반드시 다중공선성을 완화시킬 수 있다는 보장이 없으며 Koyck 전환식 활용의 경우에는 후술하게 될 오차항의 자기상관(autocorrelation)문제가 발생할 염려도 있다.

셋째로, 따라서 앞서의 두 방법보다는 추가적인 관측치를 확보하여 활용하는 것이 최선이다. 이 때 추가로 확보하는 자료들은 가능한 한 $\overline{X}_i$(설명변수들의 평균)와 상이한 값들을 많이 포함시켜야 한다.

$$\mathrm{Var}(\widehat{\beta_1}) = \frac{s_e^2}{\sum x_{1i}^2 (1 - r_{12}^2)} \tag{5.44}$$

$$\mathrm{Var}(\widehat{\beta_2}) = \frac{s_e^2}{\sum x_{2i}^2 (1 - r_{12}^2)} \tag{5.45}$$

위의 식에서 알 수 있듯이 평균들로부터 많이 떨어진, 즉 편차가 큰 새로운 자료를 추가도입하면 x_{1i}^2이나 x_{2i}^2값은 커지고 r_{12}^2은 작아질 가능성이 높아지기 때문이다. 이러한 목적에 훌륭한 기능을 발휘할 수 있는 경우로는 기존의 자료가 시계열자료(time-series data)일 때 횡단면자료(cross-section data)를 추가하는 방안을 들 수 있다.

4. 기타 대응상의 유의사항

대응책을 마련함에 있어 우리는 항상 다중공선성이 추정오차를 크게 하여 추정치의 신뢰성을 감소시키거나 검정효과를 희석시키는 것에 불과하다는 점과 앞서 고려한 다중공선성 탐색방안의 한계성(예컨대, 유의성 검정(t검정)의 실패는 다중공선성에 연유할 수 있으나 필요충분조건은 아님), 그리고 대응책이 갖는 문제유발 가능성을 항상 동시에 염두에 두어 대응해야 할 것이다. 예컨대, 회귀분석의 주목적이 예측 또는 정책평가라면 비록 다중공선성이 추정치의 신뢰성을 저하시키는 효과를 유발한다 해도 OLS 추정치가 BLUE이므로 예측기간중에도 다중공선성이 존속될 것으로 볼 수만 있다면 OLS 추정치를 이용하여 예측을 시행해도 무방하다 볼 수 있다.[1)]

제10절 실증분석 예

본 절에서는 지금까지 설명한 다중공선성현상이 발생하는 구체적인 사례를 다루어 봄으로써 다중공선성문제에 대한 이해를 돕고자 한다. 편의상 첫번째 예에서는 가공적인 숫자를 활용하여 소비함수를 추정하여 보았고, 두 번째 예에서는 인플레이션 이론에서 가장 본질적인 인과관계로 이해되고 있는 통화량과 물가의 관계를 1970년부터 1988년까지의 한국의 분기별 자료를 가지고 추정하는 문제를 선정해 보았다.

1. 소비함수

제 3 장과 제 4 장에서 여러 유형의 소비함수를 이미 소개한 바 있다. 이번에는 경제학 교재에서 흔히 소개되고 있는 유형 중 하나로서 소비수준을 소득수준과 부의 함수로써 파악하는 함수관계를 고려해 보고자 한다. 직관적으로 보아 소득수준과 소비자가 소유하고 있는 부의 수준은 밀접한 관련성이 있을 것이고 따라서 두 변수간의 상관관계, 나아가서는 다중공선성이 유발될 가능성이 높을 것이라고 예상할 수 있기 때문이다.

표 9-2는 소비와 소득 및 부의 수준에 대한 가상적 자료이다. 이들 자료를 이용하여 소비(Y)를 소득(X_1)과 부(X_2)에 대하여 회귀분석을 실시해 본 결과는 다음과 같다.

$$\hat{Y}_i = 0.805 + 0.204X_{1i} + 0.136X_{2i}$$

$$(0.689) \quad (0.165) \quad (0.090) \qquad (\text{표준오차})$$

$$(1.169) \quad (1.239) \quad (1.519) \qquad (t\text{값})$$

1) Gujarati, *op. cit.*, pp. 307~308; Maddala, *op. cit.*, pp. 308~309 참조.

표 9-5 소비·소득 및 부에 대한 가상적 자료

소비(Y)	소득(X_1)	부(X_2)
1	2	4
3	4	12
5	10	15
4	4	16(8)
2	1	2

$$R^2 = 0.879 \qquad r_{12} = 0.738$$

$$\mathrm{Cov}(\hat{\beta}_1,\ \hat{\beta}_2) = -0.011 \qquad d = 0.550$$

일단 다중공선성이 극단적 상황($\rho(X_1,\ X_2) = \pm 1$)이 아니므로 회귀계수의 추정 결과를 위와 같이 얻을 수 있었다. 우선 R^2값은 0.879로서 $H_0 : \rho = 0$이라는 귀무가설 또는 $H_0 : \beta_1 = \beta_2 = 0$을 기각하기에 충분할 만큼 높다. 그러나 두 회귀계수에 대한 t값들은 각각 1.239와 1.519로서 $\alpha = 5\%$ 또는 10%에 대응하는 임계치 $t_{\mathrm{crit}} = 2.716$, 2.132보다 낮게 나타나 $H_0 : \beta_1 = 0$과 $H_0 : \beta_2 = 0$이라는 귀무가설을 기각할 수 없다. 결국 X_1과 X_2가 종합적으로는 Y에 대한 설명능력이 있으나(높은 R^2값) 개별적인 영향력을 구분하여 추정하는 것은 X_1과 X_2두 변수 간의 높은 상관관계($r_{12} = 0.738$) 때문에 불가능해진 상황이 벌어진 것이다.

이상과 같이 다중공선성이 문제가 되는 상황에서는 $\mathrm{Var}(\hat{\beta}_i)$가 커져서 추정치의 신뢰도는 떨어지며 자료 일부의 변화나 관측치수의 추가는 이들 회귀계수의 추정치값을 크게 변화시키게 된다. 즉, Frisch의 연구 결과에서 알려진 바 있듯이 회귀계수의 추정치는 다중공선성 존재시 상당히 불안정해지는 특성이 있다. 이러한 현상을 실제로 확인하기 위하여 표 5-2의 내용 중 부에 대한 자료 중 4번째 관측치를 16에서 8로 바꾸어 동일한 분석을 실시해 본 결과 다음을 얻었다.

$$\hat{Y}_i = 1.197 + 0.291X_{1i} + 0.071X_{2i}$$

$$\begin{array}{llll} (1.003) & (0.363) & (0.235) & (\text{표준오차}) \\ (1.193) & (0.801) & (0.302) & (t\text{값}) \end{array}$$

$$R^2 = 0.751 \qquad r_{12} = 0.898$$

$$\mathrm{Cov}(\hat{\beta}_1,\ \hat{\beta}_2) = -0.076 \qquad d = 1.108$$

우선 β_1과 β_2의 추정치 값이(특히 β_2) 크게 변했고 더욱이 각각의 t값은 큰 폭으로 하락해 버려 유의성검정을 기각할 가능성이 소멸되 버리고 말았다. 또한 두 설명변수 간의 공분산값은 −0.011에서 −0.076으로 변해 절대값 기준으로 볼 때, 거의 7배가 커졌다. 이상과 같은 변화들은 단지 관측치 하나를 교체함으로써 발생하게 되었으며, 이러한 현상은 다중공선성이 유발하는 특성에 속하는 것이다. 두 번째 회귀분석에서 각종 통계적 유의성검정 결과가 퇴보한 것은(R^2값도 0.751로 낮아짐) 두 설명변수 간의 상관관계가 0.738에서 0.898로 증가한 데 연유하는 것이다. 특히 후자의 경우 $r_{12}^2 = 0.898^2$으로서 $R^2 = 0.751$보다도 높은 값을 나타내고 있어 다중공선성으로 인한 파급효과가 유의할 만한 수준인 것으로 이해할 수 있다.

한편, 두 설명변수의 개별적인 영향력을 구분하여 추정하기 곤란할 정도로 다중공선성이 심각하게 문제가 되는 경우에도 두 변수의 공통적인 영향력은 비교적 정확히 추정될 수 있음은 전술한 바 있다. 위의 추정 결과에서 나타난 비교적 높은 R^2값이 이를 반증하고 있다. 그리고 이러한 논리는 두 회귀식에서 $\hat{\beta}_1$값과 $\hat{\beta}_2$값의 합이 각각 0.340과 0.362로서 거의 같은 수준을 유지하고 있다는 사실에서 보다 분명하게 입증될 수 있다.

2. 통화량과 물가

이번에는 물가에 영향을 미치는 대표적 변수로 인식되고 있는 통화량과의 함수관계를 실제의 자료를 활용하여 분석해 보기로 한다. 자료는 자료디스켓에 내장된 1970년 1/4분기부터 1988년도 4/4분기에 이르는 76개 분기 동안에 한국서 관측된 소비자물가지수(CPIX)와 총통화량($M2X$)에 관한 자료를 사용하였다.

소비자물가는 현기의 총통화량수준과 전기의 총통화량수준에 주로 의존할 것이라는 가정 하에 선형회귀방정식을 설정하여 추정한 결과는 다음과 같다.

$$\text{CPIX}_t = 29.794 + 0.005\text{M2X}_t - 0.003\text{M2X}_{t-1}$$

$$\begin{array}{llll} (12.478) & (0.788) & (-0.423) & (t\text{값}) \\ (2.388) & (0.0067) & (0.0070) & (\text{표준오차}) \end{array}$$

$$R^2 = 0.862 \qquad r_{12} = 0.9998$$

$$d = 0.022$$

표 5-3 물가와 통화량에 관한 ANOVA

$\frac{\text{SSR}}{k}$	$\frac{\text{SSE}}{(n-k-1)}$	F
$\frac{69,201.895}{2}$	$\frac{11,087.800}{71-2-1}$	$\frac{34,600.947}{163.056}=212.203$

$F_{\text{cal}}=212.203>F_{\alpha}=4.98$(단, $\alpha=1\%$)

예상한 대로 현기의 통화량과 전기의 통화량은 아주 높은 상관관계를 갖고 있으며($r_{12}=0.9998$), 따라서 이로 인한 다중공선성은 심각한 것으로 판정될 수 있다. $r_{12}^2=0.9996$으로 $R^2=0.862$보다는 훨씬 큰 것으로 산출되었기 때문이다.

결과적으로 두 회귀계수에 대한 t값은 0.788과 -0.423으로 $\alpha=10\%$에 대응하는 임계치 1.66보다 훨씬 작아 결국 유의성이 인정되지 못하고 있다. 그러나 귀무가설 $H_0:\beta_1=\beta_2=0$에 대한 검정 결과는 위의 자료에서처럼 쉽게 기각될 수 있음을 알 수 있어 두 설명변수의 결합된 설명력은 유의할 만한 수준인 것으로 인정될 수 있다. 즉, 산출된 검정통계량 F의 값은 212.203으로 $\alpha=1\%$ 수준에서도 임계치 4.98을 훨씬 상회하므로 상기의 귀무가설은 확신을 가지고 기각할 수 있기 때문이다.

이와 같이 설명변수들이 개별적으로는 미치는 영향력이 분리·확인될 수 없는 경우에서도 설명변수들의 결합된 설명능력(높은 R^2)은 유의할 만한 수준으로 나타나는 것은 다중공선성의 특징적 현상으로 그림 5-6에서 그 성격을 보다 분명하게 파악할 수 있다.

그림 5-6에서 β_1과 β_2의 99% 신뢰구간은 둘다 모두 0의 값을 포함하고 있어 귀무가설 $H_0:\beta_1=0$과 $H_0:\beta_2=0$을 기각하지 못한 상황을 재조명해 주고 있다. 한편, β_1과 β_2가 동시에 모두 유의성이 없다는 귀무가설 $H_0:\beta_1=\beta_2=0$이 기각된 바 있듯이 두 회귀계수의 결합된 신뢰영역(타원형 모양)은 원점 0을 포함하지 않고 있어 총체적 설명력이 다시 한번 입증되고 있음을 확인시켜 주고 있다.[1)]

설명변수간의 다중공선성의 존재가 OLS 추정 결과에 미치는 효과를 보다 구체적으로 확인해 보고자 이번에는 물가(CPIX)를 통화량변수($M2X$)의 시차를 점차 확대해 가며 회귀분석해 보았다. 표 5-4는 통화량변수를 현기부터 시작해

1) β_1과 β_2의 결합적 신뢰영역의 구체적 산출과정에 관해서는 John Neter et al., *Applied Linear Regression Models*(Irwin Inc., 1983), ch. 5를 참고할 것.

그림 5-6 β_1과 β_2 그리고 (β_1, β_2)에 대한 신뢰영역

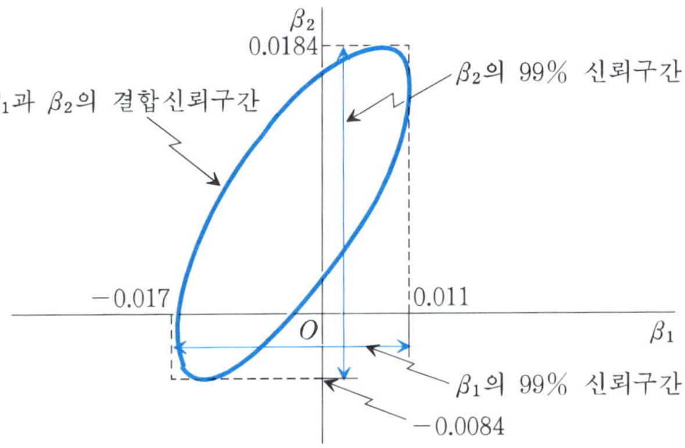

표 5-4 물가와 통화량에 관한 회귀분석

		상 수	$M2X_t$	$M2X_{t-1}$	$M2X_{t-2}$	$M2X_{t-3}$	$R^2/\overline{R}^2$	d.w.
CPIX	I	29.658 (13.266)	0.0025 (20.973)				0.863/ 0.861	0.018
	II	29.794 (12.388)	0.005 (0.787)	−0.003 (−0.423)			0.862/ 0.858	0.022
	III	30.141 (12.250)	0.003 (0.374)	0.003 (0.192)	−0.0036 (−0.423)		0.861/ 0.855	0.022
	IV	30.2395 (11.925)	0.002 (0.287)	−0.001 (−0.061)	0.009 (0.5999)	−0.0085 (−0.987)	0.862/ 0.853	0.034

주 : ( )의 숫자는 t값임.

서 3기 전까지 확대하여 설명변수로 활용한 회귀방정식의 추정 결과이다.

표 5-4에서 우리는 다음과 같은 특징을 확인할 수 있다.

첫째, 설명변수를 추가할 때마다 회귀계수의 부호가 계속 변화해 나감.

둘째, 설명변수의 회귀계수는 설명변수가 단 하나뿐인 방정식 I의 경우를 제외하고는 한번도 유의성 있는 결과를 가져오지 못할 정도로 낮은 t값이 기록됨.

셋째, 설명변수를 하나, 둘씩 추가해 보아도 총체적인 회귀식의 설명능력을 나타내는 R^2값은 거의 변하지 않음(단, 미세하지만 $\overline{R}^2$ 값이 오히려 줄어든 것은 시차를 확대함에 따라 활용 가능한 관측치수가 줄어든 데에 기인함).

이상과 같은 결과들을 Frisch의 연구 결과가 제시한 바 있는 다중공선성의

다양한 특성을 잘 대변해 주고 있다. 참고로 이 예제에서 산출된 설명변수 간의 상관계수들을 행렬의 형태(R_X)로 정리하면 다음과 같다.

$$R_X = \begin{bmatrix} 1 & 0.9998 & 0.9995 & 0.9990 \\ 0.9998 & 1 & 0.9998 & 0.9994 \\ 0.9995 & 0.9998 & 1 & 0.9998 \\ 0.9990 & 0.9994 & 0.9998 & 1 \end{bmatrix}$$

여기서 상관행렬식(correlation determinants)의 값 $|R_X|$를 산출해 보면 거의 0과 같아짐을 확인할 수 있다.

$$|R_X| = \frac{1.88812}{10^{11}} \cong 0$$

따라서 다중공선성의 정도가 심각한 상황임을 알 수 있다. 더욱이 Farrar and Glauber 검정통계량값을 산출해 보면(식 (5.20) 참조)

$$\chi_6^2 = 1,679.114268 > 16.81$$

로서 $\alpha = 1\%$에 대응하는 임계치 16.81보다 훨씬 크므로 역시 다중공선성이 심각한 것으로 판정할 수 있다.

이러한 높은 수준의 상관도를 또 다른 측면에서 파악해 보고자 $M2X_t$를 $M2X_{t-1}$과 $M2X_{t-2}$에 대해 각각 단순회귀분석을 실시하여 다음 결과를 얻었다.

$$M2X_t = 111.585 + 1.038M2X_{t-1}$$
$$(2.743) \qquad (469.145)$$
$$R^2 = 0.9997 \qquad d = 0.885$$

$$M2X_t = 234.095 + 1.077M2X_{t-2}$$
$$(3.147) \qquad (257.097)$$
$$R^2 = 0.9990 \qquad d = 0.420$$

역시 $M2X_t$가 $M2X_{t-1}$이나 $M2X_{t-2}$와 아주 밀접한 관계를 유지하고 있음을 쉽게 확인할 수 있는 결과들이다.

이상과 같은 다중공선성문제를 해소할 수 있는 방안의 하나로 자료를 변형 또는 추가하는 방안이 제시된 바 있다. 그러나 본 예제의 경우 설명변수들값을 변화율로 전환하거나 대수값을 취한 뒤 재추정해 보았으나 불행히도 다중공선성 현상으로 인한 문제는 별로 개선되지 못했다.

3. 통화량과 물가에 관한 모형 재추정 I (능형회귀분석)

앞서 고려한 바 있는 물가모형은 시차설명변수가 추정식에 포함될 경우 유의할만한 다중공선성 문제가 유발됨을 확인한 바 있다. 이제 그 문제를 능형회귀분석을 통해 해소하는 과정을 살펴보기로 한다. 표 5-5는 k값을 0에서 1까지 바꾸어가며, 능형회귀분석을 수행한 결과를 보여주고 있으며, 이 때 추정된 회귀계수값들을 도표형식으로 표현한 것이 그림 5-7이다. 그림에서 볼 수 있드시 β_1과 β_2의 추정치는 $k=0.3$ 정도에서 이미 안정적임을 알 수 있다. 그러나 분

표 5-5 능형회귀분석 추정 결과

k	$M2X_t$		$M2X_{t-1}$		MSE
	β	t-value	β	t-value	
0.0	2.005	0.79	−1.077	−0.42	0.37429
0.1	0.616	0.77	0.311	0.39	0.37511
0.2	0.543	0.94	0.383	0.66	0.37520
0.3	0.517	1.08	0.408	0.85	0.37524
0.4	0.503	1.21	0.421	1.01	0.37526
0.5	0.495	1.33	0.429	1.15	0.37527
0.6	0.489	1.43	0.434	1.27	0.37529
0.7	0.485	1.53	0.437	1.38	0.37530
0.8	0.482	1.63	0.440	1.49	0.37531
0.9	0.479	1.71	0.442	1.58	0.37532
0.91	0.479	1.72	0.442	1.59	0.37533
0.92	0.479	1.73	0.442	1.60	0.37533
0.93	0.478	1.74	0.442	1.61	0.37533
0.94	0.478	1.75	0.443	1.62	0.37533
0.95	0.478	1.76	0.443	1.63	0.37533
0.96	0.478	1.76	0.443	1.64	0.37533
0.97	0.478	1.77	0.443	1.64	0.37533
0.98	0.477	1.78	0.443	1.65	0.37533
0.99	0.477	1.79	0.443	1.66	0.37534
1.00	0.477	1.80	0.443	1.67	0.37534

그림 5-7 능형회기분석

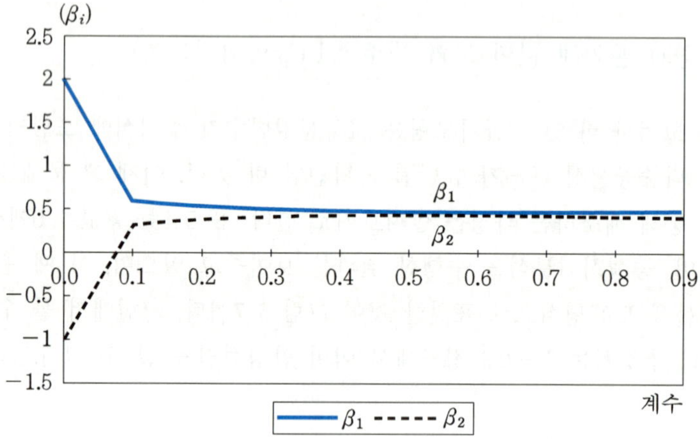

석자가 통계적 유의성을 엄밀히 고려한다면 $\alpha = 10\%$ 수준에서 적어도 $k = 0.98$ 수준에 대응하는 분석결과를 선택할 것이다.

4. 통화량과 물가모형 재추정 II (주성분 분석)

원래의 추정모형과 결과는 다음과 같았다.

$$
\begin{aligned}
CPIX_t &= \beta_0 + \beta_1 M2X_t + \beta_2 M2X_{t-1} \\
&= 29.794 + 0.0052M2X_t - 0.0029M2X_{t-1} \\
&\quad (12.48) \qquad\quad (0.79) \qquad\qquad (-0.42) \\
R^2 &= 0.86 \qquad\qquad\qquad\qquad\qquad\qquad (5.46)
\end{aligned}
$$

$M2X_t$와 $M2X_{t-1}$ 사이에는 높은 상관관계가 존재해 R^2값이 높음에도 개별변수의 유의성이 떨어지는 전형적인 다중공선성 문제가 존재하는 것으로 분석되었었다. 이를 해결하기 위해 이번에는 주성분 변수를 이용한 회귀분석을 실시하여 보았다. 먼저, 주성분 변수를 도출하기 위하여 개별변수들을 표준화시킨 후, 표준화된 설명변수를 이용해 적재계수(a_{ij})와 주성분 변수(P_1)를 도출하였다. 도출된 주성분 변수는 2개가 존재하지만, 첫 번째 주성분 변수(P_1)가 전체의 99.9% 설명하므로 P_1만을 선택해서 분석에 활용하는 것이 적절해 보였다.

$$P_1 = a_{11}VM2X_t + a_{12}VM2X_{t-1}$$
$$= 0.7071 \cdot VM2X_t + 0.7071 \cdot VM2X_{t-1} \quad (5.47)$$

(단, $VM2X_t$는 $M2X_t$의 표준화 변수임)

이제 도출된 P_1를 설명변수로 사용하여 회귀분석을 실시하면 다음과 같은 결과를 얻을 수 있다.

$$VCPIX_t = \gamma_1 P_{1t}$$
$$= 0.65622 \cdot P_{1t}$$
$$(20.84)$$
$$R^2 = 0.860 \quad (5.48)$$

식(5.46)을 표준화변수를 이용한 형태로 변화하면,

$$VCPIX_t = \beta_1{}^* \cdot VM2X_t + \beta_2{}^* \cdot VM2X_{t-1} \quad (5.49)$$

가 되고, 식(5.48)에 식(5.49)를 대입하면,

$$VCPIX_t = \gamma_1 P_1 = \gamma_1 (a_{11}VM2X_t + a_{12}VM2X_{t-1})$$
$$= \gamma_1 a_{11} VM2X_t + \gamma_1 a_{12} VM2X_{t-1} \quad (5.50)$$

따라서, 식(5.50)과 식(5.49)로부터 다음 결과가 도출된다.

$$\beta_1^* = \gamma_1 a_{11} = (0.65622 \times 0.7091) = 0.4653$$
$$\beta_2^* = \gamma_1 a_{12} = (0.65622 \times 0.7071) = 0.4612$$

이제, 표준화된 회귀계수($\beta_i{}^*$)를 원래의 회귀계수(β_i)로 전환하면 다음과 같다.

$$\beta_1 = \frac{S_{CPIX}}{S_{M2X_t}} \cdot \beta_1{}^* = \frac{33.8}{12848.9} \times 0.4653 = 0.00122$$

$$\beta_2 = \frac{S_{CPIX}}{S_{M2X_{t-1}}} \cdot \beta_2{}^* = \frac{33.8}{12377.4} \times 0.4612 = 0.00127$$

$$\beta_0 = \overline{CPIX} - \beta_1 \overline{M2X}_t - \beta_2 \overline{M2X}_{t-1}$$
$$= 65.1 - (0.00122 \times 14307.05) - (0.00127 \times 13676.6)$$
$$= 30.23842$$

제11절 요 약

본 장에서는 이른바 고전적 회귀분석이 근거하고 있는 기본가정 7가지 중 5가지가 현실적 상황에서 충족되지 못할 경우 발생하는 문제점의 내용과 그러한 문제점이 심각한지 여부를 판정하는 방법, 그리고 궁극적인 대응방안에 관하여 살펴보았다. 이 과정에서 우리는 설명변수간의 1차함수적 상관관계로 인하여 발생하는 이른바 다중공선성문제가 가장 유념할 만한 문제점임을 확인하였다.

설명변수 간에 정확히 1차함수관계가 존재할 경우에는, 즉 다중공선성의 정도가 완전한 상황에서는 회귀계수값은 정해질 수 없으며(indeterminate), 회귀계수들의 표준오차값은 무한대가 되어 버린다. 한편, 다중공선성의 정도가 완전하지는 않으나 아주 높은 상황에서는 회귀계수 추정이 가능하게 되며, 아직도 OLS 추정량은 BLUE 특성을 유지할 수 있다. 그러나 아주 높은 추정상의 (표준)오차로 인해 추정치의 신뢰성은 상실되고 만다. 특히 개별적인 설명변수의 종속변수에 대한 독립적인 영향력을 정확히 추정하는 일이 불가능해지는 결과가 초래된다.

유의할 만한 다중공선성의 존재 유무를 판정할 수 있는 확실한 방법은 아직 없다. 그러나 대체로 다음과 같은 방안들이 비교적 믿을 만한 기준을 제공해 주고 있다.

첫째, 일단 R^2값이 매우 높음에도 불구하고 아주 낮은 t값으로 인해 통상적인 유의성 검정이 모두 실패할 경우 유의할 만한 다중공선성이 존재하는 것으로 볼 수 있다.

둘째, 한편 설명변수 간의 상관계수값의 크기를 활용하여 다중공선성의 존재 여부를 판정하기도 하는데, 예컨대 설명변수가 단 2개뿐인 경우에는 두 설명변수 간의 단순상관계수값이, 그리고 설명변수가 3개 이상일 경우에는 편상관계수값이 1에 가까운지 여부를 관찰하여 판정할 수 있다. 그러나 상관행렬식을 활용하는 이른바 Farrar와 Glauber의 검정법이 보다 총괄적이고 조직적인 방법이라 할 수 있다.

셋째, 설명변수 간의 상관계수값의 탐색을 통한 다중공선성 판정방안의 한계성을 극복하기 위한 방안의 하나로 자주 그리고 쉽게 활용되는 방안은 각 설명변수를 나머지 설명변수에 대해서 회귀분석을 실시한 다음 본래의 다중결정계수(R^2)를 초과하는 $R^2_{k,\ ij}$ 값이 관측되는 방정식의 종속변수로 설정한 설명변수를 다중공선성의 주요인으로 판정하는 방법이 있다.

일단 다중공선성이 유의할 만한 정도라고 인식될 경우 이를 시정하는 방법 또한 절대적인 것은 없다. 단지 대체적으로 다음과 같은 대응방안이 자주 활용될 뿐이다. 즉, ① 다중공선성을 유발하는 주요인이 되는 변수 중 중요도가 떨어지는 변수를 제거하는 방법, ② 별도 추정방안의 활용(예컨대, 능형회귀분석이나 주성분분석 등), ③ 선험적 가정이나 자료 및 추정치의 활용, ④ 자료의 전환이나 혼합, ⑤ 추가적인 자료의 도입 등에 의해 다중공선성의 정도를 완화시키곤 한다. 단, 설명변수 중 일부를 제거할 경우 제 8 장에서 다루게 될 이른바 설정오류를 범하게 될 가능성이 높음을 유의해야 할 것이다.

한편, 종속변수의 미래예측이 주목적인 회귀분석과정에서 다중공선성문제는 경우에 따라 무시할 수도 있다. 다중공선성이란 각 설명변수의 개별적인 영향력을 독립적으로 분리 추정할 수 없게 만드는 결과를 초래할 뿐이므로 설명변수들의 복합적 영향력(effects of a combination of explanatory variables)을 확인하는 데는 별 문제가 없기 때문이다. 따라서 총체적 영향력의 척도인 R^2가 높은 경우 그리고 추정기간중의 다중공선성 현상이 구조적인 것으로 예측대상 기간중에도 계속될 것으로 전망할 수 있는 경우 다중공선성의 존재는 예측에 별 문제를 유발하지 않는 것으로 볼 수 있다.

□ 보 론

조건지수(Condition Number of a Square Matrix)

행렬 $A=X'X$를 대각화할 경우 대각선상에 특성근값들이 나타나게 된다(부록 A 참조).

$$Q'AQ=D=\begin{bmatrix} \lambda_1 & \cdots & 0 \\ & \cdots\cdots\cdots & \\ 0 & \cdots & \lambda_n \end{bmatrix} \quad (\text{단, } Q\text{는 직교행렬})$$

이들 특성근들 중 최대값과 최소값을 비교하여 그 비율이 클수록 다음과 같은 조건지수가 커지는데, 이는 최소값이 0에 가까울수록 이러한 현상이 강하게 나타난다.

$$r=\left[\frac{\text{max root}}{\text{min root}}\right]^{\frac{\alpha}{2}}$$

물론 최소특성근이 0에 접근하면 $|A|=0$이 되므로 A는 특이행렬에 가까워질 것이고, 이 때 $A=X'X$를 구성하는 설명변수(X) 간에 다중공선성이 아주 높게 나타나는 것으로 이해할 수 있는데, 위의 조건지수는 바로 이러한 특성을 이용하여 개발된 검정통계량이다.

연습문제

[1] 다음 용어들의 개념을 간략히 설명하라.
1) 상관관계와 다중공선성
2) 탄력성과 베타계수
3) 능형회귀 분석과 주성분 분석

[2] 오차항의 평균이 0이라는 가정이 충족되지 못할 경우의 예상되는 문제점을 논하라.

[3] 오차항이 정규분포를 따른다는 가정이 과연 현실적이라 볼 수 있는지에 관하여 설명해 보아라.

[4] 설명변수가 확률변수이거나 오차항과 상관관계가 있을 때 예상되는 효과를 밝혀라.

[5] 다중공선성이 OLS에 미치는 핵심적인 문제점 2가지를 지적하고 증명하라.

[6] 다중공선성의 심각성 여부를 판정할 수 있는 탐색방안에 대하여 설명하라.

[7] 다중공선성의 주요 대응방안에 대하여 논하라.

[8] 다중공선성이 예측에 미칠 수 있는 효과에 대하여 설명하라.

[9] X와 Y를 표준화시킨 변수를 각각 X^*, Y^*라 하면, 원래 회귀식 $Y_t=\alpha+\beta X_t+\epsilon_t$는 다음과 같이 전환될 수 있다.

$$Y_t^*=\alpha^*+\beta^* X_t^*+\epsilon_t$$

$$(\text{단, } X_t^*=\frac{X_t-\overline{X}}{s_X},\quad Y_t^*=\frac{Y_t-\overline{Y}}{s_Y})$$

1) 윗식에서 $\hat{\alpha}^*=0$이 됨을 증명하라.
2) 윗식에서 $\hat{\beta}^*=r_{XY}$가 됨을 보여라.
3) β^*에 대한 추정량 $\hat{\beta}^*$을 베타계수라 하는데, 이는 원래의 회귀계수 $\hat{\beta}$과는 다음 관계가 성립됨을 증명하라.

$$\hat{\beta}^*=\hat{\beta}\cdot\left(\frac{s_X}{s_Y}\right)$$

4) 결국 베타계수는 추정표본회귀선의 원점위치를 바꾸는 효과 외에 측정단위에 영향을 받지 않는 특성을 갖게 됨을 설명해 보아라.

[10] λ_1, λ_2, λ_3의 모든 값에 대하여 $\lambda_1X_{1i}+\lambda_2X_{2i}+\lambda_3X_{3i}=0$의 관계가 성립할 경우 $r_{12,\,3}$, $r_{13,\,2}$, $r_{23,\,1}$을 산출하라. 또 만일 이들 변수 중 하나를 종속변수로 하고

나머지 변수들에 회귀분석을 실시할 경우 $R^2_{1,\ 23}$, $R^2_{2,\ 13}$ 그리고 $R^2_{3,\ 12}$를 구하라. 그리고 다중공선성의 정도를 산출하라(단, $R^2_{1,\ 23}$는 X_1을 X_2와 X_3에 대해 회귀분석할 때의 결정계수임).

[11] X_2와 X_3 간의 단순상관계수값이 0일 경우 Y를 X_2와 X_3에 대해 각각 별도의 단순선형회귀분석을 실시하기로 한다.

$$Y_i = \beta_1 + \beta_2 X_{2i} + \beta_3 X_{3i} + \epsilon_i$$
$$Y_i = \alpha_1 + \alpha_2 X_{2i} + u_i$$
$$Y_i = r_1 + r_3 X_{3i} + v_i$$

1) 이 때 $\hat{\alpha}_2 = \hat{\beta}_2$와 $\hat{\beta}_3 = \hat{r}_3$가 성립되는가?

2) $\hat{\beta}_1$는 $\hat{\alpha}_1$나 $\hat{r}_1$ 또는 $\hat{\alpha}_1$과 $\hat{r}_1$의 결합함수와 같아지는지 확인해 보아라.

[12] $Y_i = \beta_0 + \beta_1 X_i + \beta_2 X_i^2 + \beta_3 X_i^3 + \epsilon_i$와 같은 회귀방정식에서 설명변수 간의 단순상관계수가 각각 0.9를 상회할 정도로 높다 하자.

1) 다중공선성 문제가 반드시 발생한다고 볼 수 있는가? 답하고 이유를 설명하라.

2) 또 이러한 상황에서 어느 변수 하나를 제거하는 것은 어떠한 결과를 가져올 것인가?

[13] 부록에 있는 실제 자료를 이용하여 소비(CPXV)를 소득(YXV)과 부(VC)에 대하여 회귀분석을 실시한 뒤 다중공선성이 존재하는지 판정해 보아라.

[14] 제10절에 소개된 두 번째 예제에서 발생한 다중공선성문제를 해소하기 위한 방안의 하나로 자료를 전환하는 방법이 쓰이곤 한다. CPIX_t를 $M2X_{t-i}$ 대신에 $\log M2X_{t-1}$ 또는 $dM2X_{t-i}(=(M2X_{t-i} - M2X_{t-i-1})/M2X_{t-i-1})$에 대하여 회귀분석을 실시하여 다중공선성 문제가 완화되는지 살펴보아라.

[15] 경제이론에 의하면 통화량 공급 또는 통화량 발행고 수준($M2X$)이 국민총생산(YXV) 수준에 주요한 영향을 미칠 것으로 예상할 수 있다. 이를 확인코자 다음과 같은 회귀식을 설정하였다 하자.

$$\text{YXV}_t = \beta_1 + \beta_2 M2X_t + \beta_3 M2X_{t-1} + \beta_4 M2X_{t-2} + \beta_5 M2X_{t-3} + \epsilon_t$$

1) 이러한 모형에서는 다중공선성이 일반적으로 예상되는데, 이를 제10절에서 보여 준 절차에 따라 다각적으로 확인해 보아라.

2) [14]번 문제에서와 같은 자료의 전환이 다중공선성문제를 완화시킬 수 있는지 확인해 보아라.

[16] 제10절에 소개된 첫번째 예제에서 소득(X_t)의 제일 마지막 관측치를 1에서 0

으로 바꾼 다음 본문에서와 같은 과정을 밟아 보아라.

[17] 역시 제10절의 첫번 예제를 활용하되 귀무가설 $H_0 : \beta_1 = \beta_2 = 0$에 대한 F검정을 실시해 보아라. 예상된 검정 결과가 도출되었는가? 답하고 그 이유를 제시하라.

연습문제 해답

[1]~[4] (생략)

[5] 모수추정치의 미결정과 무한대의 표준오차

[6]~[9] (생략)

[10] $r_{12,\ 3} = r_{13,\ 2} = r_{23,\ 1} = \pm 1$

$R^2_{1,\ 23} = R^2_{2,\ 13} = R^2_{3,\ 12} = 1$

∴ 완전한 다중공선성이 존재함.

[11] 1) $\text{Cov}(X_2,\ X_3) = 0$이므로 성립된다.

2) 성립될 수 없다.

[12] $Y_i = \beta_0 + \beta_1 X_i + \beta_2 X_i^2 + \beta_3 X_i^3 + \epsilon_i$

1) 설명변수들 간의 관계가 1차선형 관계가 아니므로 다중공선성 문제는 발생하지 않음.

2) 부적합한 모형설정에 따른 오류를 범할 수 있으므로 바람직하지 않음.

[13] $$\underset{}{\text{CPXV}} = \underset{(33.66)}{2{,}126.04} + \underset{(22.27)}{0.29\text{YXV}} + \underset{(14.87)}{0.03\text{VC}}$$

$R^2 = 0.998 \qquad r_{\text{YXV, VC}} = 0.964$

$\text{Cov}(\hat{\beta}_1,\ \hat{\beta}_2) = -0.00003 \qquad d = 1.176$

∴ 다중공선성 문제는 크게 문제시되지 않음.

[14] ① 대수전환 추정

$$\text{CPIX}_t = \underset{(-21.64)}{-168.75} - \underset{(-3.06)}{129.30 \log M2X_t} + \underset{(3.73)}{156.18 \log M2X_{t-1}}$$

$R^2 = 0.970 \qquad r_{lm2x_t,\ lm2x_{t-1}} = 0.999 \qquad d = 0.160$

∴ 다중공선성 문제 존재함.

② 변화율로 전환 추정

$$\mathrm{CPIX}_t = 124.20 - 531.66DM2X_t - 496.90DM2X_{t-1}$$
$$(12.34) \qquad (-2.25) \qquad (-2.11)$$

$R^2 = 0.360$ $r_{DM2X_t,\ DM2X_{t-1}} = 0.748$ $d = 0.128$

∴ 다중공선성 문제는 존재함.

[15] (생략)

[16] $Y_t = 0.927 + 0.168X1_t + 0.143X2_t$
$$(1.21) \qquad (0.93) \qquad (1.35)$$

$R^2 = 0.851$ $\mathrm{Cov}(\hat{\beta}_1,\ \hat{\beta}_2) = -0.015$

$r_{X1,\ X2} = 0.770$ $d = 0.709$

[17] $F_{\mathrm{cal}} = 7.276 < F_{0.05} = 19.0$ ∴ H_0 채택

(∵ 자유도가 작아 임계치가 큼)

제 6 장 이 분 산

고전적 회귀분석 방법의 현실적 적용에 있어 예상되는 한계성 중 가장 먼저 예상할 수 있는 것은 7가지 기본가정의 현실성 여부라 할 수 있으며, 우리는 바로 전절에서 이들 중 5가지의 기본가정이 충족되지 못하는 상황에 관한 문제를 다루어 보았다. 본 장과 다음 장에서도 계속하여 나머지 2가지 기본가정의 현실성 여부 문제를 다루게 된다. 즉, 기본가정 중 이른바 동분산가정의 현실성 문제는 본 장에서, 그리고 비자기상관의 현실적 충족성 여부는 제 7장에서 각각 독립적으로 다룰 것이다.

그림 6　이분산현상의 주요 내용

- 이분산
  - 이분산의 정의
  - 이분산의 요인 및 유형
  - 이분산이 초래하는 문제점
  - 이분산 현상의 심각성 여부 판정방안
    - 그래프 활용법
    - 함수유형 이용법
      - Park검정
      - Glejser검정
      - Breusch-Pagan검정
    - 오차항의 크기활용법
      - Goldfeld-Quandt검정
      - Bartlett검정
    - 비모수적 검정 – Spearman의 순위상관계수 활용법
  - 이분산 현상의 대응방안

그림 6에서 볼 수 있듯이 본 장에서는 우선 동분산 가정이 깨지는 이른바 이분산 현상의 의미와 그 발생요인 및 유형에 대하여 알아본 뒤, 이러한 현상이 존재함에도 불구하고 OLS로 추정을 시도할 경우 예상되는 문제점을 확인해 보게 된다. 이어서 이러한 이분산 현상의 정도가 심각한 정도인지를 판정하는 여러 방법을 비교·검토한 뒤, 마지막으로 이러한 이분산 문제를 완화 내지 제거하는 대응방안들을 소개할 것이다.

제 1 절　이분산 현상이란?

제 2 편 제 4 장에서 설정한 기본가정 중 하나는 오차항(ϵ_i)의 분산의 크기는 σ^2으로 일정하다는 이른바 동분산(homo-skedasticity) 가정($E[\epsilon_i^2]=\sigma^2$, $\forall_i$)이 있었다. 바로 이 가정이 파괴되는 현상을 이분산(hetero-skedasticity) 현상이라 한다. 이러한 현상은 독립변수값이 변화할 때 이에 대응하여 변화하는 종속변수값들의 산포된 정도 또는 분산(scedasticity)이 상이하게 될 때(hetero-)나타나게 된다.

그림 6-1 중 (a)는 X값이 X_1에서 X_4까지 변화해도 그에 대응하는 Y값의 분포상태가 일정한 경우, 즉 동분산 현상을 나타내고 있는 반면, (b)는 X값이 X_1에서 X_5에 이름에 따라 그에 대응하는 Y값의 산포도는 점차 확대되는 이분산 현상의 한 예를 보여 주고 있다. 그런데 일반적으로 (b)와 같은 상황에서는 설명변수가 클 때의 오차가 설명변수값이 작을 때의 오차들보다 표본회귀선의 추정(특히 기울기의 추정)에 더 큰 영향을 미칠 것임은 명백하다. 이러한 이분산 현상은 일반적으로 잔차의 분산이 설명변수와 함수관계에 있을 때 발생하는 것이라 볼 수 있으며, 그림 6-2와 같은 유형의 이분산 현상을 예상할 수 있다.

(a)는 X값이 증가함에 따라 잔차의 분산도 증가하는 경우임에 반해 (b)는 잔차의 분산이 X값과는 역의 함수관계에 있는 경우를 보여 주고 있고, (c)의 경우는 잔차의 분산이 처음에는 감소하다가 나중에는 증가하는 상황을, 그리고 (d)의 경우는 처음에는 증가하나 나중에는 감소하는 상황을 각각 예시해 주고

그림 6-1　동분산과 이분산

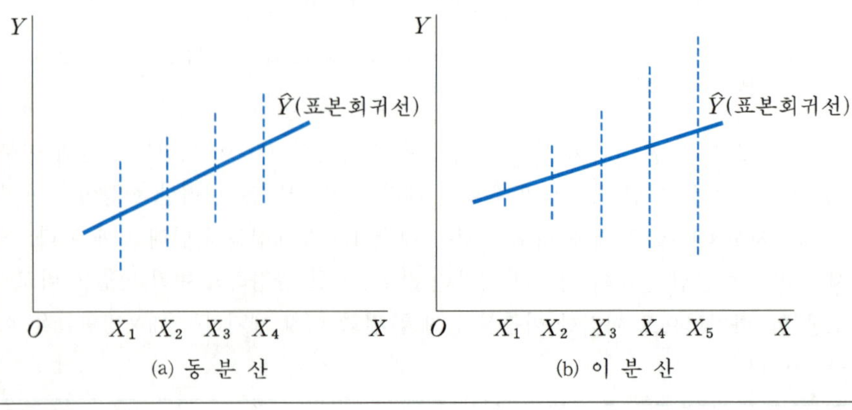

그림 6-2 이분산의 유형

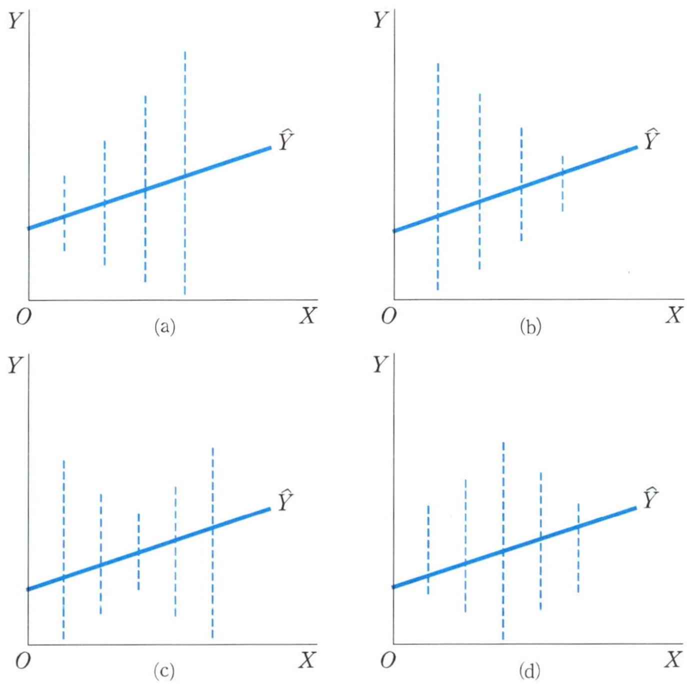

있다.

이상과 같이 정의되는 이분산 현상은 시계열 자료(time-series data)에서보다는 횡단면 자료(cross-section data)에서 자주 나타나며, 대체적으로는 다음과 같은 요인에 연유하여 발생한다.

첫째, 설명변수 X값의 수준이나 절대규모가 증가됨에 따라 이에 대응하는 Y값의 산포도가 확산 또는 확대되는 경향이 있으며, 이러한 경우에는 그림 6-2의 (a)와 같은 유형의 이분산이 발생할 것이다. 예컨대, 소득의 규모가 증가되면 소비 또한 증가하되, 소비수준의 범위가 일반적으로 확대되는 경향을 띠게 됨을 잘 알 수 있다. 뿐만 아니라 기업이윤 증가에 대응하는 배당률의 범위, 또는 광고비 증대에 따른 매상고수준의 범위 등은 바로 이러한 유형에 속하는 이분산 현상을 유발할 가능성이 높다.

둘째, 일반적으로 시간이 경과함에 따라 숙련도는 높아지고 따라서 오류를 범할 가능성이 낮아지는 현상이 발생한다. 이러한 상황에서는 오류를 범할 가능성을 나타내는 잔차의 분산이 감소할 것인바, 그림 6-2 중 (b)와 같은 유형의 이

분산이 발생할 것이다. 예컨대, 자료를 수집하는 방법과 절차가 개선되고 수집기술이 향상되면 측정 또는 관측오차는 물론 자료의 처리상 발생하는 오류는 점차 줄어들 것이다. 또한 타자수의 경우에서처럼 숙련도가 높아지면 오타발생 가능성은 줄어들게 될 것이다.

셋째, 보다 높은 임금이 제시된다면 보다 더 많은 시간을 일하기 위해 여가시간을 줄여 나가는 것이 노동공급함수의 일반적 특성이다. 그러나 임금수준이 일정 수준을 넘어서면 노동자는 소득보다는 여가선용을 선호하게 될 것이고 따라서 임금증대는 오히려 여가시간의 확대를 가져올 것이다. 만일 임금수준을 설명변수(X)로 보고 여가시간을 종속변수(Y)로 볼 경우 위와 같은 현상은 그림 6-2의 (c) 유형과 같은 이분산 현상을 유발할 가능성이 높다 할 수 있다.

넷째, 어떤 새로운 상품이 최초로 발명될 경우 처음에는 가격이 매우 높고 그 수요는 아주 낮으나 공급가격이 점차 낮아지면서 그 수요는 점차 증대된다. 그러나 일정 시점 이후부터 오히려 그 수요가 줄어들게 되고 종국에는 시장에서 사라져 버린다는 주장이 있다. 이러한 논리를 정형화한 것이 이른바 제품주기설(product cycle thesis)이다. 만일 이러한 상품의 수요를 종속변수로 보고 경과시간을 설명변수로 볼 경우 위와 같은 현상은 도표 6-2의 (d)유형에 해당하는 이분산 현상을 유발할 가능성이 크다.

제 2 절 OLS 적용시 예상되는 문제점

제 2 편 제 4 장에서 설정한 기본가정이 모두 충족되는 경우에는 OLS에 의해 도출한 추정량은 BLUE라는 특성, 즉 선형성과 불편성 그리고 효율성을 모두 갖는다는 것을 확인한 바 있다. 그런데 만일 이들 기본가정 중에서 동분산가정이 파괴되는 이분산 현상이 발생하였음에도 불구하고 OLS방법을 적용하면 과연 어떠한 결과가 초래될까? 그 결과를 우선 결론부터 간략히 정리해 보면 다음과 같다.

첫째, 이분산 현상이 발생한 경우 이를 추정과정에서 적절히 고려하더라도 OLS 추정량은 더이상 BLUE가 되지 못한다. 즉, 이러한 상황에서의 OLS 추정량은 불편성(unbiasedness)은 유지하나 최소분산을 갖는 효율성(efficiency)은 더 이상 갖지 못한다. 이러한 문제점은 표본이 아주 커질 경우에도 지속되어 이분산 현상 하의 OLS 추정량은 일치성(consistency)은 보장되지만 점근적 효율성(asymptotic efficiency)은 보장되지 못한다.

둘째, 이분산 현상에도 불구하고 이를 무시한 채 OLS를 적용할 경우 OLS 추정량 자체는 아직도 불편성을 유지하지만 OLS 추정량의 분산추정량($s_{\hat{\alpha}}^2$, $s_{\hat{\beta}}^2$)은 편의(bias)를 갖게 된다. 즉, 이분산의 존재는 $s_{\hat{\alpha}}^2$과 $s_{\hat{\beta}}^2$값에 하향편의(downward bias)를 유발시킨다.[1] 따라서 $H_0 : \beta = 0$이라는 귀무가설을 부당하게 기각시킬 가능성이 커진다. $s_{\hat{\beta}}$값이 과소추정됨에 따라 유의성 검정통계량의 값($t = \frac{\hat{\beta}}{s_{\hat{\beta}}}$)이 부당하게 커지기 때문이다.

그러면 이분산 현상으로 인하여 발생하는 문제점이 심각한 정도인지를 판정하는 방안과 이를 시정하기 위한 추정방법 등을 구체적으로 다루기에 앞서(제 4 절 참조) 독자의 이해를 돕기 위해 우선 이분산 현상이 존재하는 문제와 관련한 대응책을 간략하게 조명해 보자.

편의상 이분산 형태는 설명변수(X) 값이 클수록 오차항의 분산이 커지는 그림 6-2의 (a) 형태로 나타났다고 가정한다. 이 때 표본회귀선의 기울기는 오차의 분산이 작은 좌측에서는 비교적 정확히 추정될 것이나 분산이 큰 우측에서는 오히려 기울기 추정의 정확도가 떨어질 것이다. 따라서 이러한 문제점을 해소시키려면 좌측의 관측치들을 중시하고 우측 관측치들의 영향력을 축소시켜야 하는데, 이는 우측 관측치들에다 적절한 가중치를 두어 축소 조정함으로써 해결할 수 있다. 이제 편의상 이분산($E[\epsilon_i^2] = \sigma_i^2$)의 형태가 $\sigma_i = kX_i$ 또는 $\sigma_i^2 = k^2X_i^2$, 즉 오차항의 표준편차 크기가 설명변수의 1차함수라 가정하자. 그러면 바로 $k^2X_i^2$을 가지고 이분산 현상을 제거하는 가중치로 활용할 수 있게 된다. 즉, OLS 추정 경우에는 $L = \sum(Y_i - \hat{\alpha} - \hat{\beta}X_i)^2$를 최소화하였는데, 여기서는

$$WL = \sum \frac{1}{k^2X_i^2}(Y_i - \hat{\alpha} - \hat{\beta}X_i)^2 \tag{6.1}$$

을 최소화하게 된다. 그렇게 함으로써 이분산 현상을 제거할 수 있기 때문이다. 즉,

$$E\left[\frac{1}{k^2X_i^2}\epsilon_i^2\right] = \frac{1}{k^2X_i^2}E[\epsilon_i^2] = \frac{1}{k^2X_i^2}\sigma_i^2 = \frac{k^2X_i^2}{k^2X_i^2} = 1 \tag{6.2}$$

로서 동분산 현상이 환원된다. 이상과 같은 방법을 가중최소자승법(WLS; weighted

1) 보론 3을 참조할 것.

least squares)이라 하는데, 이 방법은 원래 식을 kX_i로 나눈 다음 OLS를 적용하는 효과와 같다. 즉,

$$\frac{Y_i}{kX_i}=\alpha\cdot\frac{1}{kX_i}+\beta\cdot\frac{1}{k}+\frac{\epsilon_i}{kX_i} \tag{6.3}$$

로 전환한 다음(단, 이 때 $\mathrm{Var}\left(\frac{\epsilon_i}{kX_i}\right)=\frac{1}{k^2X_i^2}k^2X_i^2=1$로 일정), 이 변형된 방정식에 OLS 를 시행하면,

$$WL=\Sigma\left(\frac{Y_i}{kX_i}-\hat{\alpha}\cdot\frac{1}{kX_i}-\hat{\beta}\cdot\frac{1}{k}\right)^2=\Sigma\frac{1}{k^2X_i^2}(Y_i-\hat{\alpha}-\hat{\beta}X_i)^2 \tag{6.4}$$

를 최소화하게 되므로 전술한 가중최소자승법과 같아진다. 여하튼 이상의 예에서처럼 원래의 변수값들을 기본가정(동분산가정)을 충족시킬 수 있도록 적절히 전환시킨 다음 최소자승법을 적용하는 방법을 총칭하여 일반(화)최소자승법(GLS method; generalized least squares method)이라 부르며, GLS 추정량은 비로소 BLUE 추정량이 된다. 단, 여기서 특기할 점은 첫째, 전환된 방정식에다 OLS 를 적용해서 얻은 결과에서의 상수항은 $\frac{\hat{\beta}}{k}$과 같고 $\frac{1}{kX_i}$항 앞의 계수추정치가 원래의 상수항 $\hat{\alpha}$과 같아짐을 잊지 말아야 할 것과, 둘째 이상에서 소개한 WLS 추정량은 최우추정량의 성격을 아울러 갖게 된다는 점이다.[1)]

그러나 이분산 현상이 발생할 경우 OLS 추정량은 여전히 불편추정량의 특성은 가지지만 효율적 추정량이 되지는 못한다는 점, 그리고 GLS 추정량이라야 비로소 효율성을 되찾을 수 있다는 논리를 수리적으로 증명하는 일은 논리 전개의 편의를 위해 보론으로 처리하였다.[2)] 여하튼 이분산 현상, 즉 오차항의 크기가 설명변수값과 일련의 함수관계가 있다고 볼 수 있는 상황이라면 그러한 정보를 추정에 충분히 반영하는 GLS 추정량이라야 효율성을 가질 수 있는 것이며, 그러한 추가적 정보를 무시한 채로 추정을 시도하는 OLS 추정량은 효율성이 보장되지 못함은 지극히 당연한 사실이다.

---

1) Wannacott & Wannacott(1979), 2nd ed., ch. 6. pp. 194~198 참조.

2) 관심 있는 독자들은 보론 3 또는 Kmenta(1971), pp. 249~260을 참조.

제 3 절 문제점의 심각성 여부 판정방안

앞서 우리는 이분산 현상이 초래하는 문제점과 이를 시정할 수 있는 기본적 방법론에 대하여 살펴보았다. 문제는 이러한 이분산 현상의 영향이 과연 심각한 정도인지를 판별하는 일이 될 것이다. 여러 학자들에 의해 제시된 판정법들을 종합하여 제시하면 대체로 다음과 같다.

1. 도표를 이용하는 직관적 방법

사실 우리가 실제 활용할 표본자료에서는 설명변수(X_i)에 대응하는 종속변수값(Y_i)은 대개 단 하나뿐이며, 따라서 실제 σ_i^2값을 알 수는 없다. 단지 표본수가 납득할 만큼 큰 경우라면 X값 변화에 대응하는 Y값들의 분산이 어떤 추세를 보여 줄 것이라는 논리적 직관에 근거하여 이분산 현상의 존재 유무 및 형태를 추론할 수 있을 뿐이다.

만일 이분산 현상이 실제 존재한다면 표본회귀오차항의 자승값(e_i^2) 또한 일정한 유형을 보일 것이라 추측할 수 있다. e_i^2이 ϵ_i^2과 같을 수는 없으나 훌륭한 추정량이 되기 때문이다.

그림 6-3에서 (a-1), (b-1), (c-1), (d-1)은 앞서 소개한 대표적 이분산 현상의 4 가지 유형이다. (a-1)은 X값이 증가됨에 따라 오차항의 분산이 커지는 경우이고, (c-1)은 점차 감소하는 경우이며, (b-1) 처음에는 감소하다가 나중에는 증가하는 경우를, 그리고 (d-1)은 처음에는 증가하다가 나중에는 감소하는 경우를 각각 나타낸다.

따라서 오차항의 자승값(ϵ_i^2)의 추정량인 e_i^2을 표본회귀선의 값($\hat{Y}$) 또는 어느 특정한 설명변수값(X)과 대응시켜 그래프로 나타내면 각각 (a-2), (b-2), (c-2) 그리고 (d-2)와 같은 모양을 보일 것임을 예상할 수 있으며, 이러한 성격이 뚜렷할 경우 이분산 현상이 강력할 것으로 추론할 수 있다. 또한 각 유형에 따라 이분산 현상을 제거할 수 있는 함수전환이 달리 마련될 수 있음은 물론이다.

한편, e_i^2값을 $\hat{Y}$나 X에 대하여 표현한 모양이 (e) 혹은 (f)와 같다면 오차항의 분산이 $\hat{Y}$이나 X의 이차함수적 관계를 갖는다고 볼 수 있을 것이고, 만일 (g)와 같다면 이분산 현상은 없는 것으로 간주할 수 있을 것이다. e_i^2값이 $\hat{Y}$이

그림 6-3 오차항의 유형과 이분산 현상 여부

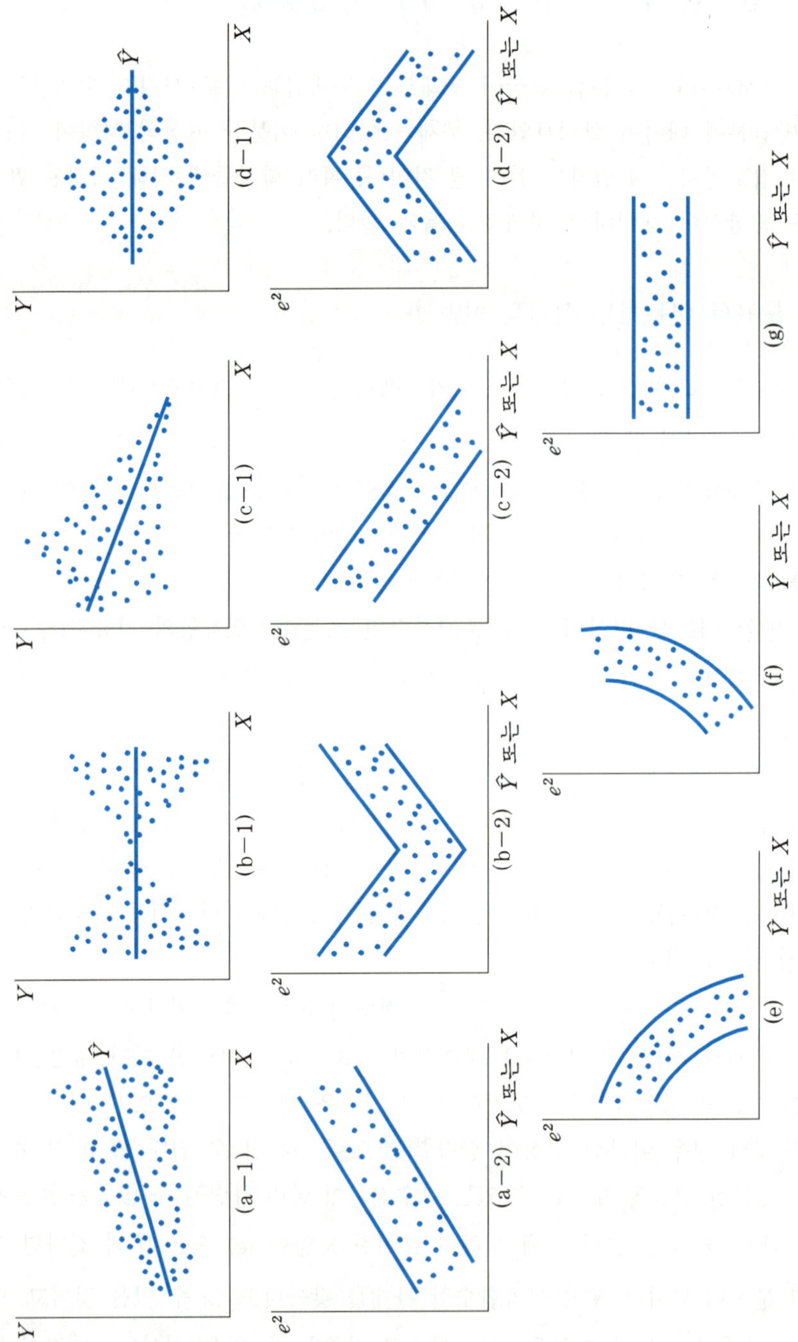

나 X값에 의존하지 않기 때문이다.

2. 함수유형을 이용하는 방법

오차항의 크기를 구체적 함수 형태로 표현하여 이분산 형태의 유형을 파악하고 나아가서는 이를 근거로 이분산 현상을 제거하는 추정방법을 제시하려는 노력이 여러 학자에 의해 이루어져 왔다. 이들 방법은 오차항의 분산(σ_i^2)을 단순히 구체적 함수 형태로 파악하였다는 데 그치지 않고 앞서의 도표를 이용하는 방법이 제시할 수 없었던 이분산 형태의 심각성 여부까지를 파악할 수 있는 방법을 일단 제기하였다는 데 그 의의가 있다.

2.1 Park 검정법[1)]

Park 은 오차항의 분산을 다음과 같이 X의 함수로 파악할 것을 제시하였다.

$$\sigma_i^2 = \sigma^2 X_i^{\beta} e^{vi} \quad (\text{단, } e\text{는 자연대수의 밑수}) \tag{6.5}$$

이 식을 log 함수전환을 통해 달리 표현하면 다음과 같아진다.

$$\ln \sigma_i^2 = \ln \sigma^2 + \beta \ln X_i + v_i \tag{6.6}$$

오차항의 분산, 즉 σ_i^2값이 과연 X_i 크기에 결정적으로 의존한다고 볼 수 있는지 여부, 즉 이분산 현상이 심각한 정도인지 여부를 확인하는 구체적 방안으로 Park 은 다음과 같은 과정을 제안하였다.

첫째, 일단 이분산 현상이 없을 것이라는 가정하에 OLS 를 실시한다.

둘째, 첫째 단계에서 도출된 회귀오차자승, 즉 e_i^2값을 σ_i^2에 대한 추정량으로 간주하여($\because E[\epsilon_i^2] = \sigma_i^2$) 아래 식에 대하여 다시 OLS 를 실시한다(설명 변수가 여럿일 때는 일단 개별적인 X_i 모두에 대해 실시).

$$\ln e_i^2 = \alpha + \beta \ln X_i + v_i \tag{6.7}$$

셋째, 둘째 단계에서 도출된 β의 추정치에 대해 유의성 검정($H_0 : \beta = 0$에 대한 t검정)을 실시하여 귀무가설이 기각되면 이분산이 유의할 만한 수준인 것

1) R. E. Park, "Estimation with Heteroscedastic Error Terms," *Econometrica*, vol. 34, no. 4, (Oct. 1966), p. 888.

으로 판정한다.

이상과 같은 검정방법은 과연 새로운 확률오차항 v_i가 고전적 회귀분석이 근거하고 있는 제 가정을 충족시킬 수 있는지에 대하여는 충분한 논리적 검토를 수행치 못했으며, 또한 오차항이 항상 그가 제안한 함수 형태로 X와 연관된다고 볼 수도 없다는 문제점이 제기될 수 있다.

2.2 Glejser 검정법[1)]

Glejser 는 Park 가 제시한 방법이 갖는 한계성을 극복하고자 오차항의 분산(σ_i^2)이 취할 수 있는 X와의 함수관계를 다양하게 제시하였다.

$$\left.\begin{aligned} |e_i| &= \alpha + \beta X_i + v_i \\ |e_i| &= \alpha + \beta\sqrt{X_i} + v_i \\ |e_i| &= \alpha + \beta\frac{1}{X_i} + v_i \\ |e_i| &= \alpha + \beta\frac{1}{\sqrt{X_i}} + v_i \\ |e_i| &= \sqrt{\alpha + \beta X_i} + v_i \\ |e_i| &= \sqrt{\alpha + \beta X_i^2} + v_i \end{aligned}\right\} \tag{6.8}$$

위의 식들은 Glejser 가 일단 이분산 현상 여부를 불문하고 OLS 를 실시한 다음 여기서 도출된 회귀오차항의 값의 절대치($|e_i|$)를 설명 변수에 대하여 2단계 OLS 를 적용하는 과정에서 사용한 함수식들이다.

이 방법은 오차항의 크기를 X의 다양한 형태의 함수로 파악할 수 있게 하였을 뿐 아니라 단순한 유의성 검정($H_0 : \beta=0$에 대한 t검정) 외에 적합도 검정($H_0 : R^2=0$에 대한 F 검정)을 아울러 실시할 수 있다는 장점이 있다. 그러나 이 방법 또한 새로운 확률오차항(v_i)의 형태에 대한 논리적 근거를 적절히 제공하지 못하였으며, 비선형함수식을 활용할 경우 추정상의 애로점 등이 문제로 지적되고 있다.

---

1) H. Glejser, "A New Test for Heteroscedasticity," *Journal of the American Statistical Association*, vol. 64, (1969), pp. 316~323.

3. 오차항분산 크기의 차이를 이용하는 방법

오차항의 크기를 구체적인 함수 형태로 파악하는 대신 단순히 오차항의 크기가 큰 차이를 보이고 있는지 여부를 확인함으로써 이분산 현상의 유의성 여부를 가릴 수 있는 방법이 제시되어 왔으며, 이들 중 대표적인 것으로 Goldfeld-Quandt 검정법과 Bartlett 검정법이 있다.[1)]

3.1 Goldfeld-Quandt 검정법

이들이 제시한 방법은 지극히 직관적이고 단순한 논리에 근거하고 있는데, 동분산 현상을 귀무가설로 설정($H_0 : \sigma_1{}^2 = \sigma_2{}^2 = \cdots = \sigma_n{}^2 = \sigma^2$)한 뒤 다음과 같은 과정을 밟아 진행된다.

첫째, 오차항의 분산이 점차 증가 또는 감소할 것이라는 가정에 근거하여 설명변수의 값을 크기에 따라 배열한다.

둘째, 순서대로 배열된 변수값들 중 중앙에 위치한 관측치들을 일부 제외시킨 다음 나머지 관측치들을 두 그룹으로 양분한다. 그들이 제안한 구분방법은 다음과 같다.

표본크기(n)가 30일 경우 : 제외할 중앙 관측치수(p) : $4 \le p \le 8$
표본크기(n)가 60일 경우 : $p = 16$

단, 위와 같은 구분은 다소 임의적이며 따라서 그들은 전체를 단순히 3등분하는 것도 무방하다 보았다. 그러나 $n \ge 30$ 경우 가능하면 $p = \frac{1}{4}n$ 으로 유지할 것을 제안하고 있다.

셋째, 일단 관측치(p개)를 제외한 나머지 두 그룹(각각의 크기는 $\frac{n-p}{2}$)에 대하여 별도로 OLS를 실시한 다음 각각의 오차자승합($SSE = \Sigma e_i{}^2$)을 산출한다(이를 각각 SSE_1과 SSE_2라 하자). 이 때 두 개의 오차자승합을 각각에 대응하는 자유도로 나눈 값들 간의 비율이 바로 F 분포를 따르게 된다. 즉,

---

1) S. M. Goldfeld and R. E. Quandt, "Some Tests for Homoscedasticity," *Journal of the American Statistical Association*, vol. 60(1965), pp. 539~547와 M. S. Bartlett, "Properties of Sufficiency and Statistical Tests," Proceedings of the Royal Society of London, A, 160. 1937, p. 268을 참조할 것.

$$\frac{\dfrac{\Sigma e_{2i}^2}{df_2}}{\dfrac{\Sigma e_{1i}^2}{df_1}} = \frac{\dfrac{\text{SSE}_2}{\left(\dfrac{n-p}{2}\right)-k}}{\dfrac{\text{SSE}_1}{\left(\dfrac{n-p}{2}\right)-k}} = F \tag{6.9}$$

(단, e_{1i}^2 또는 SSE_1은 작은 X값들로 된 표본에서 도출한 오차자승의 합이고, e_{2i}^2 또는 SSE_2는 큰 X값들로 된 표본에서 도출한 오차자승의 합임.)

넷째, 위에서 구한 F 검정통계량의 값이 상당히 커서, 예컨대 F의 임계치(F_α)를 상회하면 두 집단 간의 분산의 크기는 유의할 만큼 차이가 난다고, 즉 이분산 현상이 유의할 만한 수준이라고 판정한다(즉, 귀무가설을 기각한다).

이상과 같은 방법은 그 적용이 간편할 뿐 아니라 근거논리 또한 단순하여 가장 빈번하게 쓰이고 있다. 그러나 두 표본집단을 이용하여 오차자승합을 구하는 과정에서 회귀계수의 추정치($\hat{\beta}$)가 달리 산출됨으로 인하여 파생되는 효과가 무시되고 있음은 지적해 둘 필요가 있다.

3.2 Bartlett 검정법

Bartlett이 제시한 방법은 다음과 같이 요약될 수 있다.

첫째, 그는 평균은 μ로 일정하나 분산이 서로 다르고(σ_i^2) 서로 독립적인 모집단에서 표본이 관측되었다는 가정하에 전체 표본을 "g"개의 그룹으로 나눈 다음 각 표본 그룹의 분산을 산출한다. 단, 각 표본분산과 자유도를 각각 s_1^2, s_2^2, …, s_g^2과 f_1, f_2, …, f_g로 표현한다.

둘째, 귀무가설을 $H_0: \sigma_1^2 = \sigma_2^2 = \cdots = \sigma_\epsilon^2$이라 설정하면 σ^2에 대응하는 추정량은 다음과 같은 공통분산 또는 통합분산(결합분산)(pooled sample variance)의 형태가 될 것이다.

$$s^2 = \frac{\sum_{i=1}^{g} f_i s_i^2}{\Sigma f_i} = \frac{\Sigma f_i s_i^2}{f} \quad (\text{단, } \Sigma f_i = f) \tag{6.10}$$

그러면 다음의 관계가 성립된다.

$$\chi^2_{(g-1)} = \frac{f \cdot \ln s^2 - \Sigma(f_i \cdot \ln s_i^{\ 2})}{1 + \frac{1}{3(g-1)}\left\{\Sigma\left(\frac{1}{f_i}\right) - \frac{1}{f}\right\}} = B \tag{6.11}$$

셋째, Bartlett는 검정통계량 B의 값이 χ^2분포를 따른다는 것을 증명하고, 따라서 산출된 B의 값이 χ^2의 임계치($\chi_\alpha^{\ 2}$)보다 클 경우 동분산 가정을 기각, 즉 이분산 현상이 유의할 만한 수준이라고 판정한다. 각 그룹별 표본분산값들($s_i^{\ 2}$)이 서로 상당히 다를 경우 위의 검정통계량의 분산값은 점차 커지게 되나, 각 $s_i^{\ 2}$값이 거의 비슷할 경우에는 통합분산과의 차이가 별무해지고, 따라서 분자값이 0에 가까워진다는 사실에 근거한 검정방법이다. 그러나 이상과 같은 Bartlett 검정법은 표본수가 상당히 커야만 적용 가능할 뿐만 아니라 검정과정 또한 다소 번거롭다는 문제가 있다.

4. 비모수적 검정법

오차항의 분산값($\sigma_i^{\ 2}$)이 설명변수값(X)에 의존함으로써 이분산 현상이 나타난다는 논리에 근거하되 $\sigma_i^{\ 2}$값을 X의 구체적 함수로 파악하지 않고도 이분산 현상의 심각성 여부를 판정할 수 있는 방법이 있다. 즉, Spearman의 순위상관계수(Spearman's rank correlation)를 이용한 비모수적 검정방법이 바로 그 것이다.[1] 검정절차는 다음과 같다.

첫째, 일단 이분산 현상의 존재 여부와 상관없이 OLS를 실시하여 회귀오차(e_i)를 산출한다.

둘째, 설명변수 X_i와 회귀오차 e_i값을 그 절대치 크기에 따라 순위(rank)를 부여한 다음 Spearman의 순위상관계수(r_s)를 구한다.

$$r_s = 1 - 6\left[\frac{\Sigma d_i^{\ 2}}{n(n^2-1)}\right] \tag{6.12}$$

셋째, 이분산 현상이 강할 경우 ϵ_i의 값과 X_i값의 크기 순위는 거의 같아지고 따라서 $\Sigma d_i^{\ 2} = 0$에 가까워지므로 r_s값은 1에 접근할 것이다. 반대로

1) Spearman의 순위상관계수에 대한 자세한 내용은 이종원, 「경제경영통계학」 제 3 판, 2004, 제10장 또는 본서 제 2 장의 보론 참조.

$\sum d_i^2$값이 최대값을 가질 때는 두 변량 ϵ_i와 X_i 간의 순위가 완전히 역의 관계일 때 발생하며, 이 때 r_s값은 -1이 된다. 한편, 두 변량 간의 순위가 무작위적으로 배열된 경우에는 r_s값은 0에 가까워진다는 특성이 있다.

넷째, 이상과 같은 순위상관계수의 특성을 고려하여 귀무가설은 $H_0 : r_s = 0$, 즉 이분산 현상이 없다고 설정한 다음 부록에 나타난 스피어만의 순위상관계수의 임계치보다 클 경우에는 귀무가설을 기각한다. 즉, 이분산 현상이 심각한 것으로 판정한다.

다섯째, 상기 검정방법은 표본 크기(n)가 10을 상회하면,

$$t_{(n-2)} = \frac{r_s \sqrt{n-2}}{\sqrt{1-r_s^2}} \tag{6.13}$$

으로 대치할 수 있으며, 산출된 t값이 임계치를 상회할 때 역시 이분산 현상이 유의할 만한 수준이라고 판정한다. 물론 표본규모가 더욱 커져서 30을 상회하면 위의 검정통계량은 Z분포에 의해 검정을 대신할 수 있음은 물론이다. 그러나 이 방법은 비모수적 검정방법이어서 앞서 소개한 방법들에 비해 검정력이 원칙적으로 떨어진다는 문제점이 있다. 또한 일단 이분산 현상의 존재 여부를 판정할 수 있을 뿐 이를 해소할 수 있는 추정방법을 스스로는 제시할 수 없다는 한계성이 지적될 수 있다.

제 4 절 이분산 현상에 대한 새로운 접근방안 : 이분산 현상에 강한 표준오차 활용법

이분산 현상은 적절한 변수의 생략(omission of relevant variables) 등으로 인한 모형설정오류(제 8 장 참조)가 OLS 추정량에 초래하는 편의(bias)나 불일치성(inconsistency)과 같은 심각한 문제를 유발하지는 않는다. 단지 $\hat{\beta}$의 분산, 즉 $\mathrm{Var}(\hat{\beta}_j)$가 편의를 갖게 되는 문제가 발생할 뿐이다. 그런데 OLS 추정량의 표준오차는 바로 $\mathrm{Var}(\hat{\beta}_j)$값에 의존하므로 이에 의거한 통상적인 t검정이나 구간추정은 의미를 상실(invalid)한다. 통상적인 OLS의 t검정통계량은 이분산 존재시 더 이상 t분포를 따르지 못하게 되며, 이러한 문제는 표본 크기가 커져도 해소

되지 못하기 때문이다. 마찬가지로 통상적인 F 검정이나 LM 검정도 점근적으로도 F 분포나 χ^2 분포에 접근하지 못한다. 결국 G-M 가정 하에 설정된 검정통계량들은 이분산존재시 정당성이 없어진다.

이러한 문제는 이분산의 함수형태를 알 수 있을 때 가중최소자승법(WLS)에 의해 해소될 수 있음을 전항에서 살펴본 바 있다.[1] 그러나 현실적으로 조건부 분산의 함수형태를 알 수는 없다. 물론 Glejser 방법 등을 이용한 함수형태의 추정을 통해 가중치를 활용하는 WLS 방법론이 논리적으로는 정당하다.[2] 그러나 추정된 함수형태가 적절치 못할 때 잘못 선정된 함수형태에 근거하여 WLS를 실시할 경우 도출될 표준오차는 역시 의미를 상실하므로, 따라서 그 표준오차값을 이용하는 통계적 추론(t, F 검정 등)도 부정확할 수밖에 없어진다. 이러한 문제는 설명변수의 수가 많아지는 다중회귀분석 경우에 더욱 심각해진다.

이상과 같은 문제점을 인식하여 최근에는 대표본의 경우에는 WLS와 같은 효율적 추정량을 찾는 대신 OLS 검정통계량을 적절히 조정하여 적어도 점근적으로는 유효한 통계량이 되도록 하는 방안이 강구되어 광범위하게 쓰이고 있다. 즉, 이분산 현상에 강력히 대응할 수 있는 표준오차(heteroskedasticity-robust standard error : HRSE)를 창출하여 활용하는 방안이다.

이는 OLS의 표준오차를 다소 조정함으로써 t, F, 그리고 LM 통계량들을 정당하게 사용할 수 있게 해 준다.[3] 더구나 이 방법은 이분산의 존재 여부나 함수형태가 알려지는 것과 관계없이 표본 크기만 커지면 정당한 추론을 가능하게 해 준다는 강력성이 있다.[4]

전항에서 살펴본 바와 같이 동분산 조건이 충족된다는 가정하에 OLS 추정을 할 경우 $\hat{\beta}$의 분산은 다음과 같다.

---

1) WLS는 OLS의 추정보다 최소한 점근적으로 효율적이다. 자세한 것은 Stock and Watson(2003), pp. 583~585 참조.

2) 이분산에 대응하는 추정법으로 활용되고 있는 WLS는 일단 이분산이 설명변수의 어떤 함수 형태로 파악 가능한 것으로 보고 이를 추정하여 가중치로 쓰고 이를 '추정된 GLS'(estimated generalized least square) 또는 '실행 가능한 GLS'(feasible GLS) 라고도 부른다.

3) HRSE를 활용한 OLS 추정량은 점근적으로 정규분포를 따른다. 따라서 동분산을 제외한 통상적인 기본가정하에서 '이분산에 강한'(HR) t 검정은 귀무가설하에서 표준정규분포를 따른다.

4) 반면 이 방법은 어디까지나 OLS 추정에 해당되므로 WLS(실제로 사실인 이분산 함수에 근거한 경우)보다는 큰 분산값을 갖게 되어 비효율적이라는 불리한 특성도 가지고 있다.

$$\mathrm{Var}(\hat{\beta}) = \begin{cases} \sigma_{\hat{\beta}}^2 = \sigma^2/\sum x_i^2 & : \sigma^2 \text{ 알 경우} \\ s_{\hat{\beta}}^2 = \widehat{\sigma^2}/\sum x_i^2 & : \sigma^2 \text{ 모를 경우} \end{cases} \tag{6.14}$$

식 (6.14)의 평방근을 취한 것을 동분산조건부표준오차(homoskedasticity-only standard error : HOSE)라 부른다.

반면, 이분산을 적절히 고려하여 추정할 경우 $\hat{\beta}$의 분산은 다음과 같아진다.[1)]

$$\mathrm{Var}(\hat{\beta}) \begin{cases} = \dfrac{\sum x_i^2 \sigma_i^2}{(\sum x_i^2)^2} & : \sigma_i^2 \text{ 알 경우} \\ = \dfrac{\sum x_i^2 \widehat{\sigma_i^2}}{(\sum x_i^2)^2} & : \sigma_i^2 \text{ 모를 경우} \end{cases} \tag{6.15}$$

(단, $\widehat{\sigma}_i$은 OLS 회귀잔차임)[2)]

한편 윗 식은 다중회귀분석 경우에 대하여 개편 · 정리하면 다음과 같다.

$$\mathrm{Var}(\hat{\beta}_j) = \frac{\sum \gamma_{ij}^2 \hat{\sigma}_i^2}{(\sum x_i^2)^2} \tag{6.16}$$

(단, γ_{ij}는 x_j를 모든 다른 설명변수에 대하여 회귀분석했을 때 i번째 잔차항을 나타냄)

윗 식의 평방근이 바로 '강 · 이분산 표준오차,' 즉 이분산 현상에 강력히 대응할 수 있는 표준오차(HRSE)가 된다.[3)] 또한 이를 이용하여 t 나 F, 또는 LM검정을 수행하면 의미가 있는 추론이 도출될 수 있다. 이들을 HOSE 경우와 구분하기 위해 'HRSE t검정,' 'HRSE F검정'(이를 HRSE Wald 검정이라고도 함), 그리고 'HRSE LM 검정'이라고 부른다.

그런데 많은 컴퓨터 통계 패키지 프로그램들 경우에는 '강 LM 검정통계량'이 내장되어 있지 않아 직접계산을 해야 할 경우가 있다. 이러한 상황에 대비하

---

1) 식 (6.15)는 $\mathrm{Var}(\epsilon_i|x_i) = \sigma_i^2$이라는 조건부 이분산이 존재할 경우 $\tilde{\beta} = \beta + (\sum x_i \epsilon_i / \sum x_i^2)$이 된다는 사실에 근거하여 도출된 것임.

2) Stock and Watson(2003)은 자유도까지 고려하여 $\{n/(n-2)\} \cdot \left\{\sum x^{2_i} \epsilon^{2_i} / (\sum x_i^2)^2\right\}$을 제기하였으나 Wooldridge(2006, ch. 4) 등은 대표본상의 문제이므로 무시해도 좋다는 의견을 해 놓았고 본서는 후자의 입장에 따라 작성된 것임. 단, (6.14)와 (6.15) 간의 관계는 이종원(1994, pp. 370~372)을 참고 바람.

3) 이 식에도 자유도인 $n/(n-k-1)$ 을 곱하기도 하나 역시 대표본 경우 무시해도 무방하다.

여 아래의 과정을 참조하기 바란다.[1]

예컨대 설명변수가 5개인 다중회귀분석 모형에서의 '강 LM검정통계량'은 다음과 같이 도출된다. 단, $Y=\beta_0+\beta_1X_1+\cdots+\beta_5X_5+\epsilon$에서 귀무가설은 H_0 : $\beta_4=\beta_5=0$이라 설정한다.

통상적인 LM 검정통계량은 우선 회귀모형을 X_4와 X_5가 배제된 경우를 상정하여(이를 제한부모형(restricted model)이라 함) 회귀분석을 한 다음 그 잔차항($\tilde{e}$)을 구한다. 그런 다음 $\tilde{e}$를 모든 설명변수에 대하여 회귀분석하면 이 때 LM검정통계량은 $LM=n\cdot R_e^2$(단, R_e^2는 두 번째 회귀식에서의 결정계수(R^2)임)가 됨은 잘 알려진 사실이다.

한편 이분산에 강력대응이 가능한 '강LM 검정통계량'의 도출은 다소의 추가적인 분석과정이 필요해진다. 우선 X_4와 X_5(귀무가설하에서 제외된 q개의 설명변수들)를 각각 X_1, X_2, X_3(귀무가설하에서 포함된 모든 설명변수들)에 대하여 회귀분석을 실시한 다음 q개(본 예제에서는 $q=2$) 잔차항들을 도출하여 $\tilde{\gamma}_1$, $\tilde{\gamma}_2$라 한다. 다음으로 일단 $\tilde{\gamma}_q$와 $\tilde{e}$를 곱한 후 1을 이들($\widetilde{\gamma_1\tilde{e}}$과 $\widetilde{\gamma_2\tilde{e}}$)에 대하여 회귀분석을 실시하되 상수항이 없이 수행한다. 이 때 '강LM 통계량'은 $n\cdot\mathrm{SSR}_1$과 같아진다(단, SSR_1은 마지막 회귀식에서의 SSR). 그리고 귀무가설하에서는 강 LM 통계량은 χ_q^2분포를 따르게 된다(단, q는 제외된 설명변수의 수).[2]

제 5 절 이분산 검정문제 재론

이상에서 우리는 통상적인 이분산문제 대응방안과 최근 각광을 받고 있는 새로운 접근방안에 대하여 살펴보았다. 이와 같은 논의를 바탕으로 이분산 검정방법 또한 새로운 논리를 정리해 둘 필요가 있다.

우선 이분산 현상이 없으면 물론 OLS 추정이 최상이다. 그러나 이분산이 발생하면 OLS는 더 이상 BLUE가 되지 못하므로 WLS에 의거 추정하거나 HRSE를 활용하여 접근하게 된다.

그런데 결국 문제의 핵심은 WLS 추정의 논리적 근거가 되는 조건부 이분

1) LR, Wald 그리고 LM 검정에 관한 자세한 내용은 본 장 보론 참조.
2) Wooldridge(2005), ch. 8 참조.

산이 과연 어느 설명변수(들)과 어떤 함수관계에 있는지에 대해 정확한 근거를 제시하지 못한 채 시행되어 왔다는 점이다. 바로 이러한 이유로 인해 HRSE 활용이 최근 들어 각광을 받게 된 것이다.

그러나 HRSE 활용에 앞서 이분산의 존재 여부 및 함수관계의 유형을 확인함에 있어 Goldfeld-Quandt 검정이나 Glejser 검정보다 훨씬 논리성이 우수한 Breusch-Pagan 검정법을 살펴볼 필요가 있다.

검정할 귀무가설은 다음과 같이 표현될 수 있다.

$H_0 : \mathrm{Var}(\epsilon | X_1, \cdots, X_k) = \sigma^2$: 동분산

(단, $H_0 : \mathrm{Var}(\epsilon | X_1, \cdots, X_k) = E[\epsilon^2 | X_1, \cdots, X_k] = E[\epsilon^2] = \sigma^2$)

H_A : 하나 또는 둘 이상의 설명변수가 이분산을 유발함. (6.17)

따라서 이분산함수를

$$\epsilon_i^2 = \delta_0 + \delta_1 X_1 + \cdots + \delta_k X_k + \upsilon$$

라 설정할 경우 귀무가설은 다음과 같아진다.

$$H_o : \delta_1 = \delta_2 = \cdots = \delta_k = 0 \qquad (\because \text{ 동분산})$$

추정식 $Y = f(X_1, \cdots, X_k)$에 OLS를 추정하여 얻은 잔차항($\hat{e}^2$)으로 위 식의 ϵ^2를 대체시킨 후 재차 OLS를 실시하면 F와 LM 검정통계량은 다음과 같아진다.

$$F = \frac{R^2_{\hat{e}^2}/k}{(1 - R^2_{\hat{e}^2})/(n-k-1)} \sim F_{k,\,(n-k-1)} \tag{6.18}$$

$$LM = n \cdot R^2_{\hat{e}^2} \sim \chi^2_k \tag{6.19}$$

이러한 논리의 연장선상에서 정리한 LM 통계량이 바로 Breusch-Pagan의 이분산검정이다. 다시 한번 요약・제시하면 다음과 같다.

① 원식을 OLS 추정하여 회귀오차자승값($\widehat{e^2}$)을 구한다.

② $\widehat{e_i^2} = \delta_0 + \delta_1 X_1 + \cdots + \delta_k X_k + \nu$ 에 대하여 회귀분석을 실시하여 $R^2_{\hat{e}^2}$ 를 구한다.

③ F나 LM 검정통계량 값을 산출하여 p-value가 매우 낮으면 귀무가설(동분산가정)을 기각한다.

④ 만일 B-P 검정에서 귀무가설이 기각되면 WLS로 추정할 수도 있지만 HRSE를 활용하여 추정하고 또 이에 근거하여 각종 검정을 수행할 수도 있다.

한편 이분산 검정의 또 다른 방안의 하나로 자주 쓰이는 White의 검정을 살펴보기로 한다. 일단, 귀무가설을 동분산 가정 대신 ϵ_i^2이 모든 설명변수(X_j)는 물론 X_j^2와 X_iX_j에 대해서도 독립적이라는 가설로 대체한다. 원래 식에 OLS를 실시하여 잔차항($\widehat{e_i^2}$)을 도출하고 이를 다음 식에 대해 재차 회귀분석을 수행한다.

$$\begin{aligned}\widehat{\sigma_i^2} &= \delta_0 + \delta_1 X_1 + \cdots + \delta_k X_k + \delta_{k+1} X_1^2 + \cdots + \delta_{2k} X_k^2 \\ &\quad + \delta_{2k+1} X_1 X_2 + \cdots + \nu\end{aligned}$$

물론 이 때 귀무가설은 $H_0 : \delta_0 = \delta_k = \cdots = \delta_{2k} = \delta_{2k+1} = \cdots = 0$이 된다는 인식하에 F, 또는 LM 검정을 실시한다. 문제는 이 때 자유도가 급격히 줄이드는 어려움이 발생한다는 점이다. 이러한 문제의 해소방안의 하나로 다음 검정과정(special case of White's test for heteroskedasticity)을 대신 활용하기도 한다. 즉, 원래의 식을 OLS로 추정하여 얻는 표본회귀선을 $\hat{Y}$이라 한다.

$$\hat{Y} = \hat{\beta}_0 + \hat{\beta}_1 X_1 + \cdots + \hat{\beta}_k X_k$$

이 때의 잔차항($\hat{e}$)을 제곱한 값($\widehat{e^2}$)을 $\hat{Y}$과 $\hat{Y}^2$에 대하여 재차 회귀분석을 실시한다. 즉,

$$\hat{e}^2 = \delta_0 + \delta_1 \hat{Y} + \delta_2 \hat{Y}^2 + \upsilon$$

그런 연후에 F나 LM 검정을 실시한다.

이제 마지막으로 B-P 검정이나 White 검정을 이용하여 보다 새로운 과정에 의해 WLS를 수행하는 방안을 살펴본다.

① Y를 X_1, $\cdots$, X_k에 대해 회귀분석한 후 잔차항 $\hat{e}_i$를 구한다.

② $\hat{e}_i$의 제곱한 후 log를 취한 다음 $\log(\hat{e}_i^2)g(X_1, \cdots, X_k)$에 대하여 재차

회귀분석을 실시한다. 이 때 도출된 값(fitted value)을 $\hat{g}_i$라 한다.

③ $\hat{g}_i$값의 지수함수값을 구하여 $\hat{h}_i$라 한다. 즉, $\hat{h}_i = \exp(\hat{g}_i)$

④ $Y = f(X_1, \cdots, X_k) + \epsilon$에 가중치$(1/\hat{h}_i)$를 적용한 다음 WLS를 실시한다.

단, 제 2 단계에 $\log(\hat{e}_i^2)$를 $(X_1, \cdots, X_k)$ 대신 $\hat{Y}$과 $\hat{Y}^2$에 대하여 회귀분석한 후 이후 과정을 밟을 수도 있다.

제 6 절 대 응 책

일단 앞서 소개한 각종 검정방법에 의해 이분산 현상이 유의할 만한 것으로 판정이 되면 이에 대한 대처방안이 요구된다. 이를 무시하고 OLS를 그대로 실시할 경우 불편성은 유지되나 효율성이 침해되기 때문이다. 그리고 대처방안의 핵심은 결국 더 이상 이분산 현상이 없는 것으로 볼 수 있도록 원래의 관측치들을 함수전환시킨 다음 최소자승법을 적용하는 것이라는 점을 이미 밝힌 바 있다. 그리고 이러한 함수전환은 결국 이분산 현상을 초래하는 상이한 오차항의 값들에 적절한 가중치를 적용하여 추정하는 이른바 가중최소자승법(WLS)에 의해 실현되며, 이러한 가중최소자승법은 제 7 장에서 소개할 추정방법과 더불어 일반최소자승법(GLS)에 속한다는 사실 또한 소개한 바 있다.

전술한 바 있듯이 통상적인 최소자승법(OLS)에서는 $\sum e_i^2 = \sum(Y_i - \hat{\alpha} - \hat{\beta}X_i)^2$, 즉 가중치가 없는 오차의 자승합을 최소화시키는 $\hat{\alpha}$과 $\hat{\beta}$값을 도출하는 것이다. 그런데 만일 오차항(ϵ_i)의 분산이(σ_i^2), 예컨대 어느 한 변수(X_i)의 증가함수 형태를 취한다면 특히 관측치들이 확산현상이 심한 구간에서의 영향으로 인해 실제 회귀선을 정확히 추정하기는 힘들어진다. 이러한 현상, 즉 이분산 현상의 영향을 배제시킬 수 있는 가장 기본적인 방법은 오차항(ϵ_i)을 각각의 분산(σ_i^2)으로 나누어 줌으로써, 바꾸어 말하자면 $1/\sigma_i^2$의 가중치를 부여한 후 도출되는 오차자승합, 즉 가중된 오차자승합을 최소화시키는 조건식을 활용하는 것이 바로 가중최소자승법(WLS)이라는 일종의 일반최소자승법(GLS)인 것이다. 즉, $\sum e_i^2$ 대신,

$$\text{Min} \sum \frac{1}{\sigma_i^2} \cdot e_i^2 = \sum \frac{1}{\sigma_i^2}(Y_i - \tilde{\alpha} - \tilde{\beta}X_i)^2 \qquad (6.20)$$

을 최소화시키는 $\tilde{\alpha}$와 $\tilde{\beta}$를 도출하는 방법을 활용하는 것이다. 그리고 이 결과는 이분산의 형태를 일단 $\sigma_i^2 = \sigma^2 X_i^2$로 파악한 다음 원래의 식을 σX_i로 나눈 후 OLS를 적용하는 효과와 같음을 본 장 제 2 절에서 이미 확인한 바 있다. 즉,

$$\frac{Y_i}{\sigma X_i} = \alpha \frac{1}{\sigma X_i} + \beta \frac{1}{\sigma} + \frac{\epsilon_i}{\sigma X_i} \tag{6.21}$$

$$\text{(단, 이 때 } \mathrm{Var}\left(\frac{\epsilon_i}{\sigma X_i}\right) = \frac{1}{\sigma^2 X_i^2}\sigma^2 X_i^2 = 1 \text{로 일정)}$$

로 전환된 방정식에 최소자승법을 적용하면,

$$WL = \Sigma\left(\frac{Y_i}{\sigma X_i} - \tilde{\alpha}\frac{1}{\sigma X_i} - \tilde{\beta}\frac{1}{\sigma}\right)^2 - \Sigma\frac{1}{\sigma^2 X_i^2}(Y_i \quad \tilde{\alpha} \quad \tilde{\beta}X_i)^2 \tag{6.22}$$

로 전술한 가중최소자승법의 적용효과와 같아진다. 여하튼 여기서 문제가 되는 것은 가중치로 활용할 σ_i^2 값이 과연 알려져 있는가 하는 점이다. 그런데 사실 σ_i^2 값이 알려져 있다는 가정은 지극히 비현실적인 것이다. 따라서 일단 이분산 현상이 유의할 만한 수준인 것으로 판정되면 판정과정에서 확인된 이분산의 형태, 즉 σ_i^2가 설명변수 X_i의 어떤 함수관계로 파악되었는가에 따라 적절한 가중치를 찾아내어 가중최소자승법을 적용하게 되는데, 가장 자주 쓰이는 추정법은 다음과 같다. 가장 일반적으로 설정할 수 있는 함수관계로서 오차항(ϵ_i)의 분산(σ_i^2)이 설명변수의 자승값(X_i^2)에 비례적인 것으로 파악하는 방법이 있다. 만일 $\sigma_i^2 = \sigma^2 X_i^2$라면 위에 설명한 결과가 활용될 것이지만, σ^2이 미지이므로 통상 $\sigma_i^2 = X_i^2$이라 보고 GLS를 적용한다. 즉,

$$\frac{Y_i}{X_i} = \frac{\alpha}{X_i} + \beta + \frac{\epsilon_i}{X_i} \tag{6.23}$$

로 전환한 다음 최소자승법을 적용하며, 결과적으로

$$WL = \Sigma\frac{1}{X_i^2}(Y_i - \tilde{\alpha} - \tilde{\beta}X_i)^2 \tag{6.24}$$

를 최소화하는 가중최소자승추정량을 도출하게 된다. 한편, 오차항의 분산을 단

순히 설명변수의 1차함수로 파악하는 방법이 활용되기도 하는데, 이 경우 전환 회귀식은,

$$\frac{Y_i}{\sqrt{X_i}} = \frac{\alpha}{\sqrt{X_i}} + \beta\sqrt{X_i} + \frac{\epsilon_i}{\sqrt{X_i}} \tag{6.25}$$

와 같아지며,

$$WL = \Sigma\frac{1}{X_i}(Y_i - \tilde{\alpha} - \tilde{\beta}X_i)^2 \tag{6.26}$$

을 최소화하는 가중최소자승추정법을 수행하게 된다.

상기 소개한 함수관계식 외에도 여러 다른 형태(예컨대, Glejser 검정과정에서 소개된 함수식들)로 이분산이 파악될 수 있는 여지가 있으나 사용빈도를 감안하여 생략한다.[1] 대신 이분산 현상에 대한 별도의 해결방안을 하나 더 소개한다면 원래 변수값을 대수함수로 전환하는 방법을 들 수 있다. 즉, $Y_i = \alpha + \beta X_i + \epsilon_i$ 대신 $\ln Y_i = \alpha + \beta \ln X_i + \epsilon_i$를 추정하는 것이다. 이러한 함수전환은 추정치의 규모를 축소시키는 효과가 있으므로 이분산 현상이 완화될 수 있다는 사실을 활용하는 방법으로 자주 사용된다. 그러나 결과적으로 추정된 $\hat{\alpha}$과 $\hat{\beta}$의 의미는 원래 식에서의 회귀계수와는 달리 탄력성의 추정치가 됨을 기억해야 할 것이다.

한편 최근에는 가중최소자승법(WLS)이 이분산존재시 과연 어느 설명변수(들)과 어떤 함수관계에 있는지에 대한 확실한 근거를 제시하지 못한채 시행되고 있다는 문제가 부각되면서 이른바 강·이분산 표준오차 개념을 활용하여 추정 및 검정하는 방안이 제시되어 각광을 받고 있음은 전술한 바 있다(제 4 절 참조).

제 7 절 실증분석 예

이분산 현상이 존재하는지 여부를 다양한 검정방법에 의해 판정하고 또 이를 시정하는 구체적 방법을 예시해 보이고자 표 6-1과 같은 가상적인 소비 및 소득에 관한 횡단면 자료를 활용하기로 한다.

---

1) 관심 있는 독자는 Maddala(1988), pp. 336~341을 참조.

표 6-1 소비와 소득에 관한 가상적 자료

소 비	5	7	10	12	14	20	25	26	21	26	35	28	33	27	40	35
소 득	9	10	12	18	20	22	26	28	30	35	38	40	42	45	49	50
소 비	30	47	40	34	42	42	55	54	35	58	34	49	30	65	56	40
소 득	50	53	56	59	60	60	64	65	68	69	70	70	74	78	80	83

일단 기본가정이 충족되었을 것이라 보고 OLS를 적용하여 다음과 같은 결과를 얻었다.

$$CONS_t = 4.837 + 0.600INC_t \qquad (6.27)$$

$$(1.432) \quad (9.340) \quad (t\text{값})$$

$$(3.377) \quad (0.064) \quad (\text{표준오차})$$

$$R^2 = 0.744 \qquad d = 2.541$$

도출된 소비함수 추정식은 t값이 유의할 만큼 큰 것으로 나타났으나 R^2값이 다소 낮아 보인다. 혹시 이분산 현상이 있는지 여부를 확인해 보고자 두 변수간의 산포도(scatter diagram)와 추정식에서 파생된 오차항(ϵ_t) 그리고 오차항을 종속변수와 설명변수에 대비시킨 도표들을 작성해 본 결과 그림 6-4, 6-5와 6-6 그리고 그림 6-7을 얻었다. 4개의 그림에서 오차항의 크기는 분명히 두 변수의 크기와 강한 1차함수관계를 갖고 있는 것으로 판정된다.

그림 6-4 오차항의 산포도 I

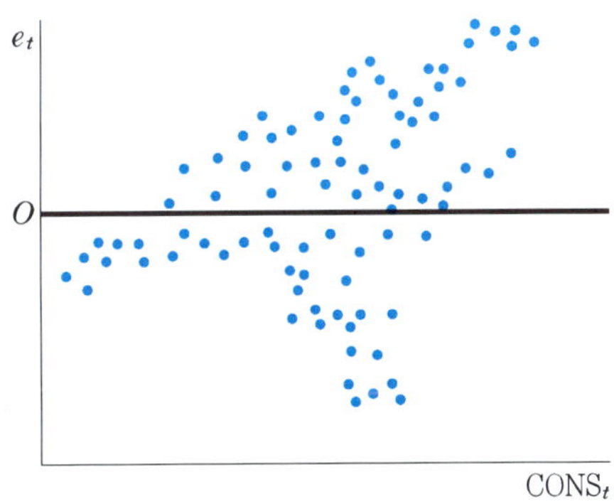

그림 6-5 오차항의 산포도 Ⅱ

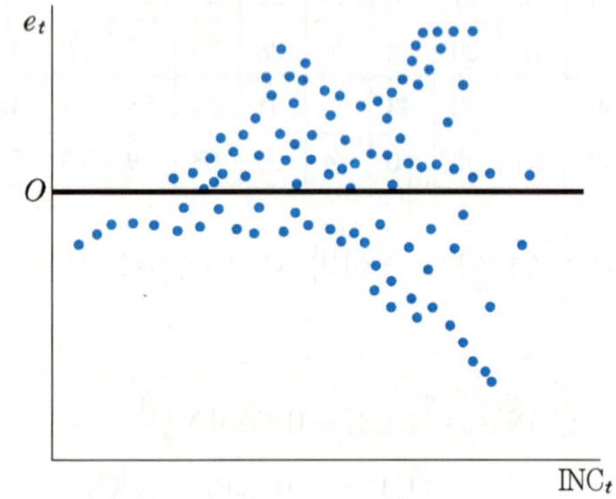

그림 6-6 오차항의 산포도 Ⅲ

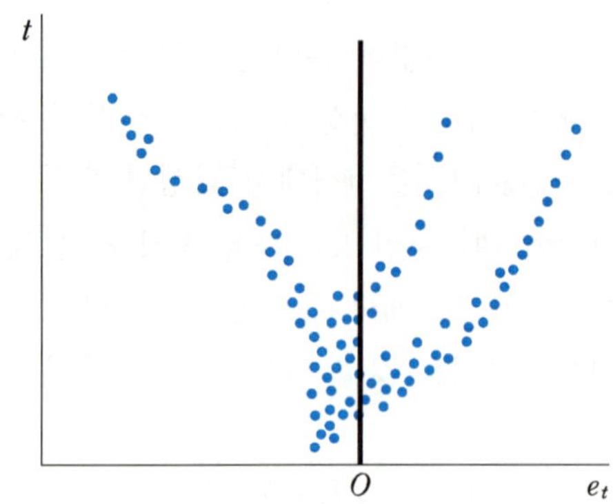

그림 6-7 오차항의 산포도 Ⅳ

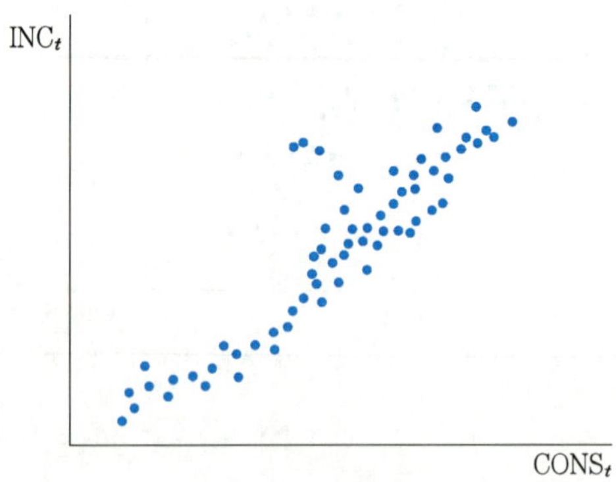

1. 이분산 현상 판정법

문제는 과연 이러한 함수관계, 즉 이분산 현상이 심각한 정도라고 판정할 수 있는지를 확인하는 일이 될 것이다. 독자의 이해를 돕기 위해 본 항에서는 다양한 방법론을 대비해 가며 소개해 보기로 한다.

1.1 Park 검정

우선 Park 에 의해 제시된 오차항과 설명변수 간의 함수식

$$\sigma_i^{\,2} = \sigma^2 \,\mathrm{INC}_i^{\beta} e^{vi}$$

을 이용하기 위해 양변에 log를 취하면,

$$\ln \sigma_i^{\,2} = \ln \sigma^2 + \beta \ln \mathrm{INC}_i + v_i$$

가 된다. $\sigma_i^{\,2}$이 미지이므로 회귀오차 $e_i^{\,2}$으로 대체하면,

$$\begin{aligned} \ln e_i^{\,2} &= \ln \sigma^2 + \beta \ln \mathrm{INC}_i + v_i \\ &= \alpha + \beta \ln X_i + v_i \end{aligned} \tag{6.28}$$

와 같은 식이 도출된다. 이제 앞서 실시한 추정식 (6.27)에서 도출된 오차항의 값을 이용하여 식 (6.28)를 OLS로 추정하여 다음 결과를 얻었다.

$$\ln e_i^2 = -0.725 + 0.893 \ln \mathrm{INC}_i$$
$$(-0.284) \quad (1.320)$$
$$R^2 = 0.055 \qquad d = 2.043$$

산출된 t값은 1.320으로서 $\alpha = 1\%$ 또는 5%에 대응하는 임계치 2.75나 2.042보다 낮으므로 Park 의 검정으로서는 이분산 현상이 심각한 것으로 볼 수는 없다.

1.2 Glejser 검정

Park 의 검정보다 다양한 함수를 활용할 수 있는 Glejser 검정을 적용하기 위해 다음의 두 함수관계식을 선정해 보았다.

$$|e_i| = \alpha + \beta \, \mathrm{INC}_i + v_i \tag{6.29}$$

$$|e_i| = \alpha + \beta \sqrt{\mathrm{INC}_i} + v_i \tag{6.30}$$

앞서 Park 의 검정 경우에서처럼 식 (6.27)에서 파생된 오차항의 값을 이용하여 식 (6.29)와 (6.30)와 같은 회귀방정식을 추정해 본 결과 다음 결과를 얻었다.

$$|e_i| = -0.128 + 0.25\mathrm{INC}_i$$
$$(-0.072) \quad (3.674)$$
$$R^2 = 0.310 \quad d = 2.149$$
$$|e_i| = -3.648 + 1.418\sqrt{\mathrm{INC}_i}$$
$$(-1.204) \quad (3.239)$$
$$R^2 = 0.259 \quad d = 2.014$$

Glejser 의 검정을 위한 추정식에서는 두 경우 모두 높은 t값이 산출되어 이분산 현상이 유의할 만한 수준인 것으로 판정되었다.

1.3 Spearman 의 비모수적 상관계수(r_s) 활용법

이번에는 비모수적 검정법을 적용해 보고자 스피어만의 비모수적 상관계수(r_s)를 산출해 보았다. 표 6-2는 상관계수 산출을 위한 과정에서 창출된 정보를 제공해 주고 있다.

제공된 자료를 활용하여 상관계수를 구해 보면,

표 6-2 잔차항의 절대값과 소득의 순위

$\lvert e_i \rvert$의 순위(A)	20	15	9	14	11	8	17	16	7	2	23	3	12	18	21	1
소득순위(B)	1	2	3	4	5	6	7	8	9	10	11	12	13	14	15	16.5
$D_i = (A-B)$	19	13	6	10	6	2	10	8	-2	-8	12	-9	-1	4	6	-15.5
$\lvert e_i \rvert$의 순위(A)	19	25	6	22	4.5	4.5	28	24	26	27	29	10	32	30	13	31
소득순위(B)	16.5	18	19	20	21.5	21.5	23	24	25	26	27.5	27.5	29	30	31	32
$D_i = (A-B)$	2.5	7	-13	2	-17	-17	5	0	1	1	1.5	-17.5	3	0	-18	-1

$$r_s = 1 - 6\left\{\frac{\sum d_i^2}{n(n^2-1)}\right\}$$
$$= 1 - 6\left\{\frac{2,932}{32(32^2-1)}\right\}$$
$$\fallingdotseq 0.4626$$

과 같다. 표본 크기가 상당히 크므로($n=32>10$) t검정통계량을 활용할 수 있다.

$$t_{n-2} = \frac{r_s\sqrt{n-2}}{\sqrt{1-{r_s}^2}} = \frac{0.4626\sqrt{32-2}}{\sqrt{1-0.214}} \fallingdotseq 2.858$$

산출된 t값은 $\alpha=1\%$에 대응하는 2.75를 상회하므로 귀무가설($H_0 : r_s=0$)을 기각할 수 있다. 한편, d.f.=30이므로 어림값으로 $Z_{\alpha/2}=2.575$를 대신 사용하여도 무방하다. 즉, 이분산 현상이 유의할 만한 수준이라고 결론짓게 된다.

1.4 Goldfeld-Quandt 검정

마지막으로 가장 자주 활용되는 검정방법인 Goldfeld-Quandt검정방법을 적용하기 위하여 소득(INC)변수 크기에 따라 자료를 정리하였다. 그리고 가운데 위치한 $n/4=32/4=8$개 자료를 일단 제외한 후 나머지를 2집단으로 분리하여 (각각 $(32-8)\div 2=12$개씩) 각각 독립적으로 OLS를 실시하였다.

처음 12개 관측치를 활용한 경우에는

$$\text{CONS}_i = -0.942 + 0.834\ \text{INC}_i \qquad (6.31)$$
$$(-0.403) \qquad (9.299)$$
$$R^2 = 0.896 \qquad d = 1.955$$
$$\text{SSE} = 100.637 \qquad \text{d.f.} = 10$$

그리고 마지막 12개 관측치로부터는

$$\text{CONS}_i = 34.662 + 0.171\ \text{INC}_i \qquad (6.32)$$
$$(1.060) \qquad (0.369)$$
$$R^2 = 0.013 \qquad d = 2.861$$
$$\text{SSE} = 1,324.623 \qquad \text{d.f.} = 10$$

를 얻었다.

따라서 검정통계량 값은

$$F=\frac{\text{SSE}_2/\text{d.f.}}{\text{SSE}_1/\text{d.f.}}=\frac{1,324.623/10}{100.637/10}=13.162$$

와 같아지는데, 이는 $\alpha=1\%$의 임계치 4.85를 훨씬 상회하므로 이분산 현상이 유의할 만한 수준인 것으로 판정할 수 있다.

이 검정과정에서 특히 식 (6.32)에 나타난 R^2값이 아주 낮은 점, 그리고 회귀계수값 또한 이전(0.834)에 비해 엄청나게 작아진 점 등은 마지막 단계의 관측치들의 산포된 정도가 극심함을 잘 반영해 주고 있다. 그리고 앞서 지적한 바 있듯이 Goldfeld-Quandt 검정은 이처럼 서로 다른 회귀계수추정값을 이용할 수 밖에 없다는 점이 문제점 중의 하나라 할 수 있다.

2. 이분산의 해소방안 : 가중최소자승법(WLS)

앞서 여러 가지 방법을 통하여 이분산의 존재가 Park의 검정을 제외하고는 모든 검정 결과가 이분산 현상이 유의할 만한 수준인 것으로 판정하였다. 이처럼 이분산 현상이 일단 문제가 되는 수준인 것으로 판정될 경우 이를 시정 내지 완화할 수 있는 가장 간편한 방법은 이른바 가중최소자승법(WLS)이라 함은 이미 여러번 지적한 바 있다. 여러 검정과정에서 우리는 오차항이 설명변수인 소득(INC)과 일정한 함수관계를 유지하고 있다는 사실을 확인한 바 있다. 이러한 사실에 입각하여 가중치를 두어 최소자승법을 적용한 결과 다음과 같은 추정식을 얻었다(단, 가중치로는 $\sqrt{\text{INC}}$를 사용하였다).

$$\frac{\text{CON}_i}{\sqrt{\text{INC}_i}}=\alpha\frac{1}{\sqrt{\text{INC}_i}}+\beta\frac{\text{INC}_i}{\sqrt{\text{INC}_i}}+\frac{\epsilon_i}{\sqrt{\text{INC}_i}}$$

$$=2.0477\frac{1}{\sqrt{\text{INC}_i}}+0.6585\sqrt{\text{INC}_i}$$

(1.0929)　　(14.0006)　　(t값)

(1.8737)　　(0.0470)　　(표준오차)

$R^2=0.4782$　　$d=2.3166$

그림 6-8 OLS와 WLS 실시 경우 오차항의 분포 형태

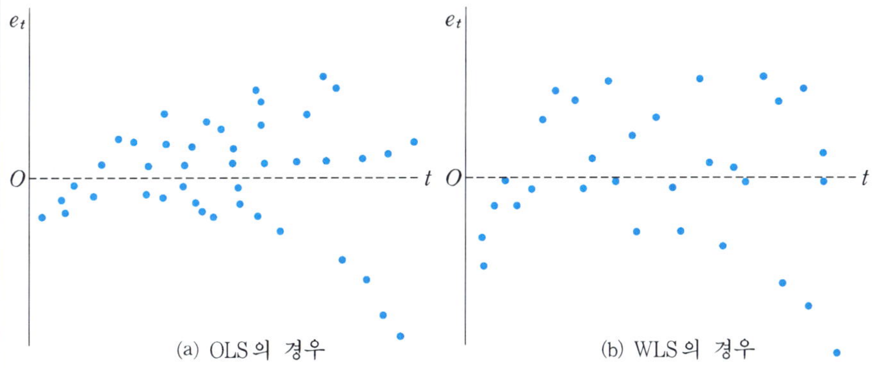

이분산 현상을 가중치를 사용하여 완화시킨 연후에 회귀분석을 실시한 결과 회귀계수값은 다소 상향조정(0.6003에서 0.6585로)되었으나 R^2값은 하락(0.744에서 0.4782로)하였음을 알 수 있다. 그런데 여기서 새로운 R^2은 전환조정된 종속변수와 관련하여 산출된 것이므로 원래 추정 결과에서의 R^2값과 직접 비교하기 곤란하다. 새로운 추정식에서의 R^2는 원래 모형의 적합도를 판정하는 기능을 가지지 못하기 때문이다.[1] 단, 가중최소자승법의 적용은 이분산 현상을 상당히 완화시켜 주었음을 회귀오차항의 분포 형태에서 확인할 수 있다.

3. 이분산 문제에 대한 새로운 추정방법 예

다음은 앞서 활용한 예제를 HRSE 접근법을 이용하여 추정한 결과를 OLS로 추정한 경우 및 WLS로 추정한 경우와 대비시켜 놓은 결과이다. 단, 비교 목적상 여기서는 ( )안에 t값과 표준오차 값을 동시에 제시하였다.

• OLS 추정결과 :

$$\begin{array}{lll} \text{CONS} = 4.837 + 0.600\ \text{INC} & & R^2 = 0.744 \\ \qquad\quad (1.432)\ \ (9.340) & & \\ \qquad\quad (3.377)\ \ (0.064) & & \end{array}$$

1) Pindyck & Rubinfeld(1981), 2nd ed., p.146 참조.

• HRSE 활용한 OLS 추정결과 :

$$\text{CONS} = 4.837 + 0.600\ \text{INC} \qquad R^2 = 0.744$$
$$(1.939)\quad(8.659)$$
$$(2.494)\quad(0.069)$$

• WLS 추정결과

$$\frac{\text{CONS}}{\sqrt{\text{INS}}} = 2.048\frac{1}{\sqrt{\text{INS}}} + 0.658\frac{\text{INC}}{\sqrt{\text{INS}}} \quad R^2 = 0.478$$
$$(1.093)\qquad\qquad(14.001)$$
$$(1.874)\qquad\qquad(0.047)$$

이상에서 다음과 같은 사실을 확인할 수 있다.

첫째, HRSE를 활용하더라도 기본적인 추정방법은 어디까지나 OLS이므로 추정계수는 OLS 경우와 동일하다. OLS 추정계수 자체에는 편의(bias)가 발생하지 않으므로 이러한 결과가 도출되는 것은 당연하다.

둘째, HRSE에 근거한 추정법은 단지 추정계수의 표준오차 값의 편의(bias)가 대표본에서는 사라질 수 있는 이른바 일관성(consistency)을 갖도록 하는 접근방법이며, 본 예제에서 $se(\hat{\beta})$는 OLS 경우의 0.064보다 큰 0.069로 산출되었다. 따라서 t값은 9.340에서 8.659로 낮아졌다. 그러나 물론 여기서 OLS 추정의 표준오차는 하향편의(downward bias)로 인해 왜곡된 값이므로 신뢰할 수 없는 수치의 성격을 가지며, 따라서 추정 방법들 간의 우월성 비교를 위해 활용될 수는 없는 것이다. 단지 이분산 내용을 구체적으로 고려함으로써 추정계수의 표준오차에 발생하였던 편의현상을 제거한 HRSE 접근법을 활용한 경우의 t검정 값이 정당하다는 사실에 유념할 필요가 있다.

셋째, WSL 추정결과는 마치 표준오차가 0.047로 더욱 작아지고 t값은 14.001로 커진 것처럼 보이며, R^2값은 오히려 낮아진 것처럼 보인다. 그러나 이것은 가중치가 고려된 변수들 간의 회귀분석 결과이므로 OLS 경우와 직접 비교할 수는 없다. 여하튼 이분산의 함수형태가 적절히 고려되었다면 효율적인 추정결과라 할 수 있다. 그러나 이분산의 함수 형태가 과연 적절하게 설정되었는지는 알 수가 없다.

제 8 절 요 약

고전적 회귀분석 모형의 기본가정 중 하나로 오차항의 분산이 동일하다는 이른바 동분산 가정이 있다. 이러한 조건이 지켜지지 못하는 상황을 이분산 현상이라 한다.

이분산 현상이 발생할 경우 이를 고려하며 OLS 를 적용하더라도 그 추정량은 불편성은 유지하되 효율성은 상실하게 되어 더 이상 BLUE 가 되지 못한다. 이러한 문제점을 해소하고 BLUE 특성을 되찾으려면 이른바 가중최소자승법(WLS)을 적용하여야 한다. 따라서 이분산을 고려하더라도 OLS 추정량의 분산 $(s_{\beta}^2 = (\sum x_i^2 \sigma_i^2)/(\sum x_i^2)^2)$은 WLS 추정량의 분산보다 큰 값을 유발하며, 신뢰구간을 부당하게 넓게 하거나 유의성검정력을 저하시키는 문제를 계속 안고 있는 것이다.

한편, 이분산 현상의 존재를 모르거나 아예 무시한 상태에서 OLS를 적용할 경우, 따라서 동분산을 가정하여 도출한 추정량 β의 분산공식, $s_{\hat{\beta}}^2 = \sigma^2 / \sum x_i^2$를 사용하게 되면 문제는 더욱 심각해진다. 이분산의 추정량은 (하향)편의를 갖게 되기 때문이다. 이러한 문제점을 도외시하고 계속 원래의 OLS 공식을 사용하면, 예컨대 유의성검정통계량 $t = \hat{\beta}/s_{\hat{\beta}}$의 값이 아주 커지게 되고 따라서 $H_0 : \beta = 0$을 부당하게 기각시키는 결과를 초래하게 된다.

따라서 일단 이분산이 존재한다고 판정되면 OLS 적용이 불가피하다 하더라도 이분산 현상을 고려하여 추정해야 하며, 가장 바람직한 것으로는 WLS 를 적용하여 BLUE 특성을 되찾는 일이라 하겠다.

이분산 현상의 존재를 확인하거나 심각성 여부를 판정하기 위한 여러 방법이 고안되었으며, 그 중 활용도가 높은 것으로 Park 검정법, Glejser 검정법, Spearman 의 비모수적 순위상관계수활용법, Goldfeld-Quandt 검정법, Bartlett 검정법 그리고 Breuch-Pagan 검정법 등이 있다.

이분산 현상이 유의할 만한 수준으로 판정될 경우 이를 해소하기 위한 최선의 방안은 적절한 가중치를 활용한 WLS 를 적용하는 것이라 하겠다. 그러나 과연 어느 것을 기준으로 가중치를 설정할 것인가 하는 것이 핵심적인 문제로 등장하게 된다. 일반적으로는 설명변수 중 어느 하나를 선정하여 산출된 회귀오차와의 함수관계를 탐색하여 구체적인 가중치를 선정하여 활용한다.

한편, 최근에는 현실적으로 적절한 가중치를 도출하기 어려우며 따라서 적절치 못한 가중치 선정에 따른 WLS 추정상의 문제점이 크게 부각되면서 대표본 경우에는 WLS와 같은 효율적 측정량을 찾는 대신 OLS 검정 통계량을 적절히 조정하여 적어도 점근적으로는 유효한 통계량이 되도록 하는 방안이 강구되어 광범위하게 쓰이고 있다. 즉 이분산 현상에 강력히 대응할 수 있는 표준화(HRSE)를 창출하여 활용하는 방안이다.

□ 보 론

1. WLS 추정량의 도출과정

$$WL = \sum w_i e_i^{\ 2} = \sum w_i (Y_i - \tilde{\alpha} - \tilde{\beta} X_i)^2 \tag{1}$$

(단, $\tilde{\alpha}$과 $\tilde{\beta}$를 WLS 추정량, 그리고 $w_i = \dfrac{1}{\sigma_i^{\ 2}}$은 적용된 가중치)

$$\frac{\partial WL}{\partial \tilde{\alpha}} = 2\sum w_i (Y_i - \tilde{\alpha} - \tilde{\beta} X_i) = 0 \tag{2}$$

$$\frac{\partial WL}{\partial \tilde{\beta}} = 2\sum w_i (Y_i - \tilde{\alpha} - \tilde{\beta} X_i)(-X_i) = 0 \tag{3}$$

(2), (3)으로부터 다음과 같은 정규방정식(normal equations)을 도출할 수 있다.

$$\sum w_i Y_i = \tilde{\alpha} \sum w_i + \tilde{\beta} \sum w_i X_i \tag{4}$$

$$\sum w_i Y_i X_i = \tilde{\alpha} \sum w_i X_i + \tilde{\beta} \sum w_i X_i^2 \tag{5}$$

이제 두 연립방정식의 해를 구하면 다음과 같아진다.

$$\tilde{\beta} = \frac{(\sum w_i)(\sum w_i X_i Y_i) - (\sum w_i X_i)(\sum w_i Y_i)}{(\sum w_i)(\sum w_i X_i^{\ 2}) - (\sum w_i X_i)^2} \tag{6}$$

$$\tilde{\alpha} = \frac{\sum w_i Y_i}{\sum w_i} - \tilde{\beta} \frac{\sum w_i X_i}{\sum w_i} = \overline{Y}^* - \tilde{\beta} \overline{X}^* \tag{7}$$

이 때 WLS 추정량들의 분산은 결과만 제시하면 다음과 같다.

$$\mathrm{Var}(\tilde{\beta}) = \frac{\sum w_i}{(\sum w_i)(\sum w_i X_i^2) - (\sum w_i X_i)^2} \tag{8}$$

$$\mathrm{Var}(\tilde{\alpha}) = \frac{\sum w_i X_i^2}{(\sum w_i)(\sum w_i X_i^2) - (\sum w_i X_i)^2} \tag{9}$$

한편, $w_i = \frac{1}{\sigma_i^2}$ 을 이용하여 미리 회귀방정식을 전환한 다음 OLS를 실시하는 과정에 따라 WLS를 구해 보면 다음과 같다. $\sqrt{w_i}Y_i = \alpha\sqrt{w_i} + \beta\sqrt{w_i}X_i + \sqrt{w_i}\epsilon_i$, 또는 $\frac{Y_i}{\sigma_i} = \alpha\frac{1}{\sigma_i} + \beta\frac{X_i}{\sigma_i} + \frac{\epsilon_i}{\sigma_i}$ 를 $Y_i^* = \alpha^* + \beta^* X_i^* + \epsilon_i^*$ 로 표현하면,

$$\hat{\beta}^* = \frac{\sum w_i x_i^* y_i^*}{\sum w_i x_i^{*2}} \tag{10}$$

$$\mathrm{Var}(\hat{\beta}^*) = \frac{1}{\sum w_i x_i^{*2}} \tag{11}$$

여기서 식 (10)과 (11)은 각각 식 (6)과 (8)의 또 다른 표현에 해당한다.

2. WLS란 GLS가 BLUE 가 되는 사유

동분산 대신 이분산을 가정할 경우, 즉 $E[\boldsymbol{\epsilon}\boldsymbol{\epsilon}^T] = \sigma^2\boldsymbol{I}$ 대신 $E[\boldsymbol{\epsilon}\boldsymbol{\epsilon}^T] = \sigma^2\boldsymbol{\Omega}$ 라 가정하면, 가중최소자승추정량(WLS)이라는 GLS 추정량이 BLUE 추정량이 됨을 증명하기 위하여 다음 과정을 살펴보기로 한다.

$$\hat{\boldsymbol{\beta}}_{\mathrm{GLS}} = (\boldsymbol{X}^T\boldsymbol{\Omega}^{-1}\boldsymbol{X})^{-1}\boldsymbol{X}^T\boldsymbol{\Omega}^{-1}\boldsymbol{Y} \tag{12}$$

식 (12)는 WLS와 같은 방법을 적용한 GLS 추정량이다. 이 추정량이 우선 선형이 되려면,

$$\hat{\boldsymbol{\beta}}_{\mathrm{GLS}} = \boldsymbol{C}_G^T\boldsymbol{Y} = \boldsymbol{C}_G^T\boldsymbol{X}\boldsymbol{\beta} + \boldsymbol{C}_G^T\boldsymbol{\epsilon} \tag{13}$$

과 같이 표현될 수 있어야 하고, 불편성 유지를 위해서는 식 (13)에서 일단

$$\boldsymbol{C}_G^T\boldsymbol{X} = \boldsymbol{I} \tag{14}$$

가 성립되어야 한다. 왜냐하면,

$$\begin{aligned} E[\hat{\boldsymbol{\beta}}_{\mathrm{GLS}}] &= E[\boldsymbol{C}_G^T\boldsymbol{X}\boldsymbol{\beta} + \boldsymbol{C}_G^T\boldsymbol{\epsilon}] \\ &= E[\boldsymbol{C}_G^T\boldsymbol{X}\boldsymbol{\beta}] + E[\boldsymbol{C}_G^T\boldsymbol{\epsilon}] \\ &= E[\boldsymbol{\beta}] + \boldsymbol{C}_G^T E[\boldsymbol{\epsilon}] \\ &= \boldsymbol{\beta} + 0 = \boldsymbol{\beta} \end{aligned} \tag{15}$$

가 되기 때문이다. 한편, 식 (13)과 (14)에서 $\hat{\boldsymbol{\beta}}_{\text{GLS}} - \boldsymbol{\beta} = \boldsymbol{C}_G^T \boldsymbol{\epsilon}$ 이므로

$$\text{Var}(\hat{\boldsymbol{\beta}}_{\text{GLS}}) = E[\boldsymbol{C}_G^T \boldsymbol{\epsilon}\boldsymbol{\epsilon}^T \boldsymbol{C}_G] = \sigma^2 \boldsymbol{C}_G^T \boldsymbol{\Omega} \boldsymbol{C}_G \tag{16}$$

$$\left(\begin{aligned} \because\ E[\hat{\boldsymbol{\beta}}_{\text{GLS}} - E[\hat{\boldsymbol{\beta}}_{\text{GLS}}]]^2 &= E[\hat{\boldsymbol{\beta}}_{\text{GLS}} - \boldsymbol{\beta}]^2 \\ &= E[\boldsymbol{C}_G^T \boldsymbol{\epsilon}]^2 \end{aligned} \right)$$

와 같아지며, $\hat{\boldsymbol{\beta}}_{\text{GLS}}$에 대응하는 $\boldsymbol{C}_G^T$는,

$$\boldsymbol{C}_G^T = (\boldsymbol{X}^T \boldsymbol{\Omega}^{-1} \boldsymbol{X})^{-1} \boldsymbol{X}^T \boldsymbol{\Omega}^{-1} \tag{17}$$

가 된다.

한편 여타의 선형불편추정량의 경우 $\boldsymbol{C}^T$는,

$$\boldsymbol{C}^T = \boldsymbol{C}_G^T + \boldsymbol{A}^T = (\boldsymbol{X}^T \boldsymbol{\Omega}^{-1} \boldsymbol{X})^{-1} \boldsymbol{X}^T \boldsymbol{\Omega}^{-1} + \boldsymbol{A}^T \tag{18}$$

와 같이 표현될 수 있으며, 불편성의 조건식인 $C^T X = I$가 성립되려면,

$$\boldsymbol{C}^T \boldsymbol{X} = (\boldsymbol{X}^T \boldsymbol{\Omega}^{-1} \boldsymbol{X})^{-1} \boldsymbol{X}^T \boldsymbol{\Omega}^{-1} \boldsymbol{X} + \boldsymbol{A}^T \boldsymbol{X} = \boldsymbol{I} \tag{19}$$

$$\text{즉, } \boldsymbol{A}^T \boldsymbol{X} = \boldsymbol{0} \tag{20}$$

이 성립되어야 하며, 그리고 여타의 불편추정량의 분산은 다음과 같다.

$$\begin{aligned} \text{Var}(\hat{\boldsymbol{\beta}}) &= \sigma^2 \boldsymbol{C}^T \boldsymbol{\Omega} \boldsymbol{C} \\ &= \sigma^2 \{ (\boldsymbol{X}^T \boldsymbol{\Omega}^{-1} \boldsymbol{X})^{-1} \boldsymbol{X}^T \boldsymbol{\Omega}^{-1} + \boldsymbol{A}^T \} \boldsymbol{\Omega} \{ \boldsymbol{\Omega}^{-1} \boldsymbol{X} (\boldsymbol{X}^T \boldsymbol{\Omega}^{-1} \boldsymbol{X})^{-1} + \boldsymbol{A} \} \\ &\qquad\qquad (\because\ (\boldsymbol{\Omega}^{-1})^T = \boldsymbol{\Omega}^{-1}) \\ &= \sigma^2 \{ (\boldsymbol{X}^T \boldsymbol{\Omega}^{-1} \boldsymbol{X})^{-1} + \boldsymbol{A}^T \boldsymbol{\Omega}^{-1} \boldsymbol{A} \} \qquad (\because\ \boldsymbol{A}^T \boldsymbol{X} = \boldsymbol{X}^T \boldsymbol{A} = \boldsymbol{0}) \end{aligned} \tag{21}$$

반면, 식 (16)과 같이 정의되는 $\hat{\boldsymbol{\beta}}_{\text{GLS}}$의 분산은 비슷한 과정에 따라 다음과 같이 도출된다.

$$\text{Var}(\hat{\boldsymbol{\beta}}_{\text{GLS}}) = \sigma^2 (\boldsymbol{X}^T \boldsymbol{\Omega}^{-1} \boldsymbol{X})^{-1} \tag{22}$$

식 (21)과 (22)에서

$$\text{Var}(\hat{\boldsymbol{\beta}}) = \text{Var}(\hat{\boldsymbol{\beta}}_{\text{GLS}}) + \sigma^2 \boldsymbol{A}^T \boldsymbol{\Omega}^{-1} \boldsymbol{A} \tag{23}$$

가 성립되므로 $\mathrm{Var}(\hat{\boldsymbol{\beta}}_{\mathrm{GLS}}) \leq \mathrm{Var}(\hat{\boldsymbol{\beta}})$, 즉 $\hat{\boldsymbol{\beta}}_{\mathrm{GLS}}$가 최소분산을 갖는 BLUE가 된다.

3. 이분산과 회귀계수($\hat{\beta}$)의 편의(bias)

이분산이 존재할 경우에 이를 적절히 고려하여 OLS를 실시하면 추정량($\hat{\beta}$)은 불편성을 유지할 수 있지만 비록 이분산을 고려하더라도 효율성은 유지할 수 없다. 효율성을 살리기 위해서는 이른바 가중최소자승법(WLS)을 적용해야 한다. 한편, 이분산이 존재함을 무시하거나 알지 못한 채 OLS를 적용할 경우에는 추정량($\hat{\beta}$) 자체의 불편성은 유지된다. 그러나 이분산을 고려한 OLS나 이분산 현상을 해소시킨 WLS와는 달리 회귀계수추정량($\hat{\beta}$)의 분산($s_{\hat{\beta}}^{\,2}$)은 더 이상 불편성을 유지하지 못하게 되며, 따라서 이분산을 고려하지 않은 OLS는 더 이상 의미를 갖지 못하게 된다는 것이 본문에서 정리된 내용이다. 이러한 결과를 보다 구체적으로 확인하기 위하여 이분산을 무시한 추정량($\hat{\beta}$)과 적절히 고려한 추정량($\hat{\beta}_h$)을 대비해 보기로 한다.

우선 이분산을 무시한 통상적인 최소자승추정량 $\hat{\beta}$과 그 분산($s_{\hat{\beta}}^{\,2}$)은 다음과 같다.

$$\hat{\beta} = \frac{\sum x_i y_i}{\sum x_i^{\,2}} \tag{24}$$

$$s_{\hat{\beta}}^{\,2} = \mathrm{Var}(\hat{\beta}) = \frac{\sigma^2}{\sum x_i^{\,2}} \tag{25}$$

한편, 이분산을 고려한 OLS를 실시할 경우의 추정량($\hat{\beta}_h$)과 분산($s_{\hat{\beta}_h}^2$)은 다음과 같아진다.

$$\hat{\beta}_h = \frac{\sum x_i y_i}{\sum x_i^{\,2}} \tag{26}$$

$$\mathrm{Var}(\hat{\beta}_h) = s_{\hat{\beta}_h}^2 = \frac{\sum x_i^{\,2} \sigma_i^{\,2}}{(\sum x_i^{\,2})^2} \tag{27}$$

여기서 식 (27)은 아래와 같은 과정을 통하여 도출된 것으로 일반적으로 식 (25)보다는 큰 값을 갖는다. 바꾸어 말하자면 통상적인 OLS를 실시한 경우의 추정량 $\hat{\beta}_{\mathrm{OLS}}$의 분산은 이분산을 고려한 불편추정량 $\hat{\beta}_h$의 분산보다 작은 값을 갖게 된다. 즉, OLS 추정량 $\hat{\beta}$의 분산($s_{\hat{\beta}}^2$)은 하향편의(downward bias)를 갖게 된다.

$$
\begin{aligned}
\mathrm{Var}(\hat{\beta}_h) &= \mathrm{Var}\left(\frac{\sum x_i y_i}{\sum x_i^2}\right) = \mathrm{Var}\left(\frac{\sum x_i Y_i}{\sum x_i^2}\right) \\
&= \mathrm{Var}(\sum C_i Y_i) \qquad (\text{단, } C_i = \frac{x_i}{\sum x_i^2}) \\
&= \sum C_i^2\, \mathrm{Var}(Y_i) \\
&= \sum C_i^2 \sigma_i^2 \qquad (\because \text{ 이분산 가정}) \\
&= \sum \left(\frac{x_i}{\sum x_i^2}\right)^2 \cdot \sigma_i^2 \\
&= \frac{\sum x_i^2 \sigma_i^2}{(\sum x_i^2)^2} \\
&= \frac{\sigma^2 \sum x_i^2 k_i}{(\sum x_i^2)^2} \qquad (\text{단, } \sigma_i^2 = k_i \sigma^2) \\
&= \left(\frac{\sigma^2}{\sum x_i^2}\right) \cdot \left(\frac{\sum x_i^2 k_i}{\sum x_i^2}\right) \\
&= \mathrm{Var}(\hat{\beta}_{\mathrm{OLS}}) \cdot \left(\frac{\sum x_i^2 k_i}{\sum x_i^2}\right) \qquad (28)
\end{aligned}
$$

식 (28)에서 $\sum x_i^2 k_i / \sum x_i^2$이 1보다 큰 이상 $\mathrm{Var}(\hat{\beta}_h)$이 통상적인 OLS 추정량 $\hat{\boldsymbol{\beta}}_{\mathrm{OLS}}$의 분산보다 큰 값을 갖게 됨을 알 수 있다(단, 여기서 k_i는 편의상 x_i의 증가함수로 1보다 큰 값을 갖는 것으로 가정된 것임).[1)]

이상의 결과를 종합할 경우 다음과 같은 결론을 얻을 수 있다.

첫째, 이분산이 존재하면 일단 이를 고려해야 추정량 자체는 물론 추정량의 분산이 불편성을 가질 수 있다.

둘째, 이분산을 고려한 추정방안 중 WLS 가 OLS 보다 작은 분산을 갖는 효율적 추정량의 특성을 갖는다.

셋째, 이분산을 고려하지 못한 채 OLS 를 적용하면 추정량 자체는 불편성

---

1) Damodar N. Gujarati, *Basic Econometrics*, 3rd ed., 1995, p. 366 참조.

을 가지나 추정량의 분산은 하향편의를 갖게 된다. 따라서 유의성검정통계량 $t=\frac{\hat{\beta}}{s_{\hat{\beta}}}$ 값이 과다하게 커지게 되어 부당하게 귀무가설 $H_0 : \beta=0$을 기각해 버리는 결과를 초래하는 등의 문제를 유발한다.

4. 대표본에서의 추정 및 검정

본 항에서는 대표본에서의 바람직한 특성을 가지고 있는 두 가지 추정방법, 즉 최우추정법(MLE)과 일반적률추정법(GMM), 그리고 연관된 검정법에 대하여 간략히 소개하고자 한다.

4.1 MLE 추정(maximum likelihood estimation)

최우추정량이란 표본추출시 관측된 표본값들이 실제로 나타날 가능성을 가장 크게 할 수 있는 값을 의미하며, $\epsilon_i \sim N(0, \sigma_\epsilon^2)$이 성립하면 MLE(maximum likelihood estimator)는 LSE와 같아진다.[1)]

기본가정이 충족될 경우 Y는 정규분포를 따르는 오차항(ϵ)의 1차함수로 표현되므로 다음 관계가 성립된다.

$$Y_i \sim N(\alpha+\beta X_i, \sigma_\epsilon^2) \tag{29}$$

따라서 $Y_1, Y_2, \cdots, Y_n$이 관측될 가능성은

$$\begin{aligned} L &= P(Y_1)P(Y_2)P(Y_3)\cdots P(Y_n) \\ &= \prod_{i=1}^{n}\left(\frac{1}{\sqrt{2\pi\sigma^2}}\right)\exp\left[-\frac{1}{2\sigma^2}(Y_i-\alpha-\beta X_i)^2\right] \end{aligned} \tag{30}$$

과 같아진다.

이제 상기 식을 극대화해 보자. 그런데 이 식에 log를 취한 후 극대화를 해도 극대화되는 위치는 변하지 않기 때문에 log를 취해 선형화시키는 것이 편리하다. 즉,

$$\log L = -\frac{n}{2}\log 2\pi - \frac{n}{2}\log \sigma^2 - \frac{1}{2\sigma^2}\Sigma(Y_i-\alpha-\beta X_i)^2$$

---

1) 이종원, 전게서, 2004, 제 6 장 참조.

$$= c - \frac{n}{2}\log\ \sigma^2 - \frac{Q}{2\sigma^2} \qquad (31)$$

여기서, $c = -(n/2)\log(2\pi)$, $Q = \sum(Y_i - \alpha - \beta X_i)^2$

위 식에서 세번째 항만이 α, β와 관계되며 이 항을 극대화하는 것은 곧, Q를 극대화하는 것과 같다.

α와 β에 관해 극대화시킨 결과 도출된 값, 즉 ML추정량($\hat{\alpha}$, $\hat{\beta}$)은 α와 β에 관한 LSE($\hat{\alpha}$과 $\hat{\beta}$)와 같다. 따라서 α를 $\tilde{\alpha}$, β를 $\tilde{\beta}$로 대체하면, σ에 관한 최우함수

$$\log\ L(\sigma) = const - \frac{n}{2}\log\ \sigma^2 - \frac{Q}{2\sigma^2}$$

$$\left(\begin{array}{l}\text{단, } \tilde{Q} = \sum(Y_i - \tilde{\alpha} - \tilde{\beta}X_i)^2 \\ \quad \text{sum of squared error : SSE} = \sum(e_i^2)\end{array}\right)$$

를 얻을 수 있다.

이제 $\log\ L(\sigma)$를 σ로 1차 미분하여 0이라 놓으면,

$$-\frac{n}{\tilde{\sigma}} + \frac{\tilde{Q}}{\tilde{\sigma}^3} = 0$$

$$\therefore\ MLE(\sigma^2) = \frac{\tilde{Q}}{n} = \frac{\text{SSE}}{n} = \frac{\sum e_i^2}{n} \qquad (32)$$

그런데 여기서 MLE는 일관성(consistency)은 가지나 불편성(unbiasedness)은 가지지 못한다. 따라서 표본이 커지면 최소자승추정량(LSE) $S_e^2 = \text{SSE}/(n-2)$과 거의 같아진다.

$\tilde{\sigma}^2 = \tilde{Q}/n$을 $\log\ L(\sigma)$에 대입하면 Max L값을 구할 수 있다.

$$\begin{aligned}\max\log\ L &= c - \frac{n}{2}\log\ \frac{\tilde{Q}}{n} - \frac{n}{2} \\ &= c - \frac{n}{2}\log\ \tilde{Q} + \frac{n}{2}\log\ n - \frac{n}{2} \\ &= const - \frac{n}{2}\log\ \tilde{Q} \qquad (33)\end{aligned}$$

그러므로

$$\max L = const(\tilde{Q})^{-n/2} = const(\text{SSE})^{-n/2} = (\Sigma(e_i^2))^{-n/2} = \frac{1}{(\sqrt{\Sigma(e_i^2)})^n}$$

이다.

4.2 LR test : Likelihood Ratio Test

최우추정법과 관련하여 LR 검정(likelihood ratio test) 통계량은 다음과 같이 설정된다.

$$\lambda = \frac{\text{제약조건하의 Max } L(\theta)}{\text{무제약조건하의 Max } L(\theta)} < 1 \tag{34}$$

우선 λ값이 1보다 클 수는 없다. 그런데 만일 특정 제약조건이 타당하다면 λ값은 '1'에 접근할 것이지만, 그렇지 않다면 '1'보다 매우 작은 값이 될 것이란 사실에 근거하여 LR 검정 통계량이 작성된다. 즉 $-2\log\lambda \sim \chi_k^2$(단, k는 제약조건의 수)와 같아지는 사실을 접목시키면,

$$-2\log\lambda = n(\log \text{SSE}_R - \log \text{SSE}_{UR}) \tag{35}$$

$$= \chi_1^2 \quad (\because \text{ 단순회귀모형 가정})$$

$$\text{여기서, } \lambda = \left(\frac{\text{SSE}_R}{\text{SSE}_{UR}}\right)^{-n/2}$$

따라서 단순회귀 모형에서 $H_0 : \beta = 0$을 검정할 경우(물론 LR 검정은 단순회귀분석보다는 다중회귀분석 및 매우 다양한 상황에 유용하며 소표본 검정이 어려운 비선형 모형에도 적용이 가능함) 다음 관계가 성립됨을 확인할 수 있다.

$$\text{SSE}_R = \Sigma y_i^2 \qquad (\because \beta = 0) \tag{36}$$

$$\text{SSE}_{UR} = \Sigma y_i^2(1-r^2) \tag{37}$$

$$\left[\begin{array}{l} \text{참고 } \hat{\beta} = \dfrac{\Sigma x_i y_i}{\Sigma x_i^2} \\ \qquad \text{SSE} = \Sigma y_i^2 - \hat{\beta}\Sigma x_i y_i = \Sigma y_i^2(1-r^2) \\ \qquad \left(\because\ r^2 = \hat{\beta} \cdot \dfrac{\Sigma x_i y_i}{\Sigma x_i^2}\right) \end{array}\right]$$

그러므로

$$-2\ln\lambda = n\cdot\ln(1/(1-r^2)) \sim \chi_1^2 \tag{38}$$

이 된다.

4.3 Wald 검정과 LM 검정

LR과 더불어 자주 대표본 검정에 쓰이는 방법으로 Wald, 또는 LM (Lagrangian Multiplier) 검정이 있다. 여기서도 논리 전개의 편의상 단순회귀분석을 가정한다. 우선 $H_0 : \beta=0$에 대한 t검정은 다음과 같다.

$$t = \frac{\hat{\beta}}{se(\hat{\beta})} \tag{39}$$

일반적으로 $se(\hat{\beta})$는 σ^2에 대한 불편추정량에 근거하여 산출된다. 그러나 여기에서는 편의가 있는 ML추정량 $\hat{\sigma}^2 = \text{SSE}/n$을 대신 사용하여 Wald 검정통계량을 정의한다.

$$\begin{aligned} W = t^2 &= \frac{\hat{\beta}^2}{\text{Var}(\hat{\beta})\text{의 추정치}} \simeq Z^2 \sim \chi_1^2 \quad (\because \text{ 대표본 경우의 검정임}) \\ &= \hat{\beta}^2 / \frac{\hat{\sigma}^2}{\sum x_i^2} \\ &= \frac{(\sum x_i y_i / \sum x_i^2)}{\left(\frac{\sum y_i^2 (1-r^2)}{n}\right) / \sum x_i^2} = \frac{n\cdot r^2}{1-r^2} \\ &\left(\begin{array}{l} \because\ \hat{\beta} = \sum x_i y_i / \sum x_i^2 \\ \quad \hat{\sigma}^2 = \dfrac{\sum y_i^2 (1-r^2)}{n} \end{array}\right) \end{aligned} \tag{40}$$

한편, LM 검정을 위해서 우리는 SSE_R($\beta=0$라는 제한부조건 하의 SSE)을 대신 쓴다. 그러면 $\beta=0$이면 $r=0$이 되고 $\hat{\sigma}^2 = \sum(y^2/n)$이 되므로,

$$LM = \frac{n\cdot r^2}{1-r^2} = n\cdot r^2 \sim \chi_1^2 \tag{41}$$

이 된다.

이상의 세 가지 검정통계량 간에는 다음과 같은 수학적 관계가 성립된다.[1]

$$LR = n \cdot \log\left(\frac{1}{1-r^2}\right) \sim \chi_1^2 \tag{42}$$

$$W = \frac{nr^2}{1-r^2} \sim \chi_1^2 \tag{43}$$

$$LM = n \cdot r^2 \sim \chi_1^2 \tag{44}$$

이 때 세 검정통계량 간에 다음과 같은 흥미로운 결과가 동시에 성립된다.

$$W \geq LR \geq LM \tag{45}$$

그런데 *LR* 검정의 경우에는 제약이 있는 경우와 없는 경우의 최우추정치(ML estimates)가 필요하다. 반대로 *W* 검정은 무제약하의 최우추정치, 그리고 *LM* 검정은 제약하의 최우추정치만이 필요하다. 일반적으로 제약하의 최우추정치가 가장 도출하기 쉽기 때문에 *LM* 검정이 가장 자주 쓰이고 있다. 단, 다중회귀분석의 경우에는 귀무가설이 $H_0 : \beta_0 = \beta_1 = \cdots = \beta_k = 0$이 되며, 각 검정통계량은 다음과 같아진다.[2]

$$LR = n \cdot \ln\left(\frac{\mathrm{SSE}_R}{\mathrm{SSE}_{UR}}\right) \sim \chi_k^2 \tag{46}$$

$$W = n \cdot \frac{\mathrm{SSE}_R - \mathrm{SSE}_{UR}}{\mathrm{SSE}_{UR}} \sim \chi_k^2 \tag{47}$$

$$LM = n \cdot \frac{\mathrm{SSE}_R - \mathrm{SSE}_{UR}}{\mathrm{SSE}_R} \sim \chi_k^2 \tag{48}$$

여기서, k : 제약조건의 수

독자들은 통상적인 *F* 검정과도 비교해 보기 바란다.

4.4 GIVE와 GMM

이번에는 다음과 같은 선형회귀모형을 일반적인 조건하에서 고려해보자.

---

1) Maddala(2001), p. 120 참조

2) Maddla(2003), pp. 176~177 참조. 단, 여기서는 단순상관계수 r 대신 다중회귀분석상의 결정계수, R^2개념이 도입됨에 유념할 것.

$$\boldsymbol{y} = X\boldsymbol{\beta} + \boldsymbol{\epsilon} \tag{49}$$

$$\text{단, } \begin{cases} E[\boldsymbol{\epsilon}\boldsymbol{\epsilon}'] = I\sigma^2 \\ E[X'\boldsymbol{\epsilon}] = 0 \\ \mathrm{Var}(X'\boldsymbol{\epsilon}) = (XX)\sigma^2 \end{cases}$$

이 때 OLS 추정량은 $\boldsymbol{\epsilon}'\boldsymbol{\epsilon}$, 즉 $(\boldsymbol{y}-X\boldsymbol{\beta})'(\boldsymbol{y}-X\boldsymbol{\beta})$를 최소화시킴으로써 도출될 것이다. 반면, 이른바 GMM(generalized method of moments)은 $\boldsymbol{\epsilon}'XWX'\boldsymbol{\epsilon}$를 최소화시키는 추정량으로 정의된다. 여기서 W는 일종의 가중행렬(weighting matrix)의 특성을 갖는다.

이제 $(\boldsymbol{y}-X\boldsymbol{\beta})'XWX'(\boldsymbol{y}-X\boldsymbol{\beta})$를 최소화시키면 일단 다음과 같은 결과가 도출될 것이다.

$$X'XWX'X\hat{\boldsymbol{\beta}} = X'XWX'\boldsymbol{y} \tag{50}$$

만일 이 때 $X'X$와 W가 각각 비특이행렬이라면 $\hat{\boldsymbol{\beta}} = (X'X)^{-1}X'\boldsymbol{y}$, 즉 OLS추정량이 초래되며, 이 경우에는 가중행렬이 아무런 의미를 갖지 못하게 된다.

한편 $E[X'\boldsymbol{\epsilon}] \neq 0$이 되는 경우에는 통상적으로 수단변수를 활용하여 추정에 임하게 되는데, 일단 $\boldsymbol{Z}$를 X와 차원(dimension)이 같은 행렬로서 X를 대신할 수단변수집합이라 정의하여 본다. 이 때 물론 $E[\boldsymbol{Z}'\boldsymbol{\epsilon}] = 0$, $\mathrm{Var}(\boldsymbol{Z}'\boldsymbol{\epsilon}) = (\boldsymbol{Z}'\boldsymbol{Z})\sigma^2$가 성립되어야 할 것이다. 그리고 수단변수 추정량(IV estimator)은 $\boldsymbol{Z}'\boldsymbol{\epsilon} = \boldsymbol{0}$이 되는 조건으로부터 다음과 같이 도출된다.

$$\hat{\boldsymbol{\beta}}_{IV} = (\boldsymbol{Z}'X)^{-1}\boldsymbol{Z}'\boldsymbol{y} \tag{51}$$

이러한 IV 추정량을 일반화시킨 개념이 바로 GIVE(generalized IV estimation)이며, 다음과 같이 도출된다.

우선 최소화할 목적함수는 다음과 같이 설정된다.

$$(\boldsymbol{y}-X\boldsymbol{\beta})'\boldsymbol{Z}(\boldsymbol{Z}'\boldsymbol{Z})^{-1}\boldsymbol{Z}'(\boldsymbol{y}-X\boldsymbol{\beta}) \tag{52}$$

만일 $E[\boldsymbol{\epsilon}\boldsymbol{\epsilon}'] = \boldsymbol{\Omega}$라면 결국 GIVE는 아래식을 최소화시키는 추정량이 될 것이다.

$$(\boldsymbol{y}-X\boldsymbol{\beta})'\boldsymbol{Z}(\boldsymbol{Z}'\boldsymbol{\Omega}\boldsymbol{Z})^{-1}\boldsymbol{Z}'(\boldsymbol{y}-X\boldsymbol{\beta}) \tag{53}$$

여기서 잠시 앞서 정의한 GMM 추정방법을 적용해 보자. 즉, $\boldsymbol{\epsilon}'\boldsymbol{Z}\boldsymbol{W}\boldsymbol{Z}'\boldsymbol{\epsilon}$, 또는 $(\boldsymbol{y}-\boldsymbol{X}\boldsymbol{\beta})'\boldsymbol{Z}\boldsymbol{W}\boldsymbol{Z}'(\boldsymbol{y}-\boldsymbol{X}\boldsymbol{\beta})$를 최소화시킴으로써

$$(\boldsymbol{X}'\boldsymbol{Z})\boldsymbol{W}(\boldsymbol{Z}'\boldsymbol{X})\hat{\boldsymbol{\beta}}=(\boldsymbol{X}'\boldsymbol{Z})\boldsymbol{W}\boldsymbol{Z}'\boldsymbol{y} \tag{54}$$

가 도출될 것인데, 이 때 $(\boldsymbol{X}'\boldsymbol{Z})$와 $\boldsymbol{W}$가 비특이 행렬(nonsingular metrix)이라면,

$$\hat{\boldsymbol{\beta}}_{GMM}=(\boldsymbol{X}'\boldsymbol{Z}\boldsymbol{W}\boldsymbol{Z}'\boldsymbol{X})^{-1}(\boldsymbol{X}'\boldsymbol{Z}\boldsymbol{W}\boldsymbol{Z}'\boldsymbol{y}) \tag{55}$$

가 될 것이다

이 때 $\boldsymbol{W}$의 최적값은 $(\boldsymbol{Z}'\boldsymbol{Z})^{-1}/\sigma^2=[\mathrm{Var}(\boldsymbol{Z}'\boldsymbol{\epsilon})]^{-1}$가 되고, $E[\boldsymbol{\epsilon}\boldsymbol{\epsilon}']=\boldsymbol{\Omega}$일 경우에는 $(\boldsymbol{Z}'\boldsymbol{\Omega}\boldsymbol{Z})^{-1}$가 된다. 따라서 이 경우에 GMM은 다음과 같아진다.

$$\hat{\boldsymbol{\beta}}=[\boldsymbol{X}'\boldsymbol{Z}(\boldsymbol{Z}'\boldsymbol{\Omega}\boldsymbol{Z})^{-1}\boldsymbol{Z}'\boldsymbol{X}]^{-1}[\boldsymbol{X}'\boldsymbol{Z}(\boldsymbol{Z}'\boldsymbol{\Omega}\boldsymbol{Z})\boldsymbol{Z}'\boldsymbol{y}] \tag{56}$$

그리고 $\mathrm{Cov}(\hat{\boldsymbol{\beta}}_{GMM})$은,

$$[\boldsymbol{X}'\boldsymbol{Z}(\boldsymbol{Z}'\boldsymbol{\Omega}\boldsymbol{Z})^{-1}\boldsymbol{Z}'\boldsymbol{X}]^{-1} \tag{57}$$

가 될 것이다.

이러한 GMM 방법은 비선형 합리적 기대모형과 $E[\boldsymbol{\epsilon}\boldsymbol{\epsilon}']=\boldsymbol{\Omega}$가 일반적으로 설정되는 상황에서 자주 활용되고 있다.

연습문제

[1] 다음 용어들을 간략히 설명하라.

1) 동분산과 이분산
2) OLS와 WLS
3) GLS
4) 순위상관계수(제 2 장 보론 참조)

[2] 이분산의 주요 요인과 유형을 밝혀라.

[3] 이분산이 존재함에도 불구하고 동분산을 가정한 OLS 공식에 의해 추정할 경우 예상되는 파급효과를 밝혀라.

[4] 이분산의 존재를 확인하고 이를 구체적으로 고려하며 OLS를 실시할 경우 WLS와 같은 결과를 얻는가? 답하고 그 이유를 밝혀라.

[5] Park 검정과 Glejser 검정을 비교·평가하라.

[6] Goldfeld-Quandt 검정과 Bartlett 검정을 비교·평가하라.

[7] $\ln Y_t = \beta_1 + \beta_2 \ln X_t + \epsilon_t$란 회귀식에서 X와 Y에 가중치를 두어 변형한 식을 다음과 같이 정의하자.

$$\ln Y_t^* = \beta_1 + \beta_2 \ln X_t^* + \epsilon_t^*$$

1) 두 변수들 간의 표본상관계수값에 변화가 생기는지 설명해 보아라.
2) 두 회귀방정식의 회귀계수값과 그 분산값들을 비교하라.

[8] 다음 자료는 RATS version 4.0 Examples files 중 states.wks 에서 추출한 자료로서 미국의 50개 주 정부의 소비지출(EXPEND), 1인당 보조금(PCAID), 인구(POP), 그리고 1인당 소득(PCINC)을 각각 나타낸다.

EXPEND	PCAID	POP	PCINC
704.0000	186.0000	1026.000	3664.000
526.0000	123.0000	774.0000	4279.000
411.0000	235.0000	460.0000	3703.000
5166.000	190.0000	5796.000	4825.000
699.0000	184.0000	969.0000	4513.000
2546.000	145.0000	3080.000	5414.000
22750.00	240.0000	18367.00	5275.000
5911.000	141.0000	7349.000	5379.000
8840.000	136.0000	11905.00	4545.000
6867.000	112.0000	10722.00	4572.000
3457.000	103.0000	5286.000	4364.000
8935.000	156.0000	11244.00	5162.000

7799.000	147.0000	9013.000	4982.000
3757.000	116.0000	4526.000	4279.000
3528.000	163.0000	3877.000	4343.000
2108.000	113.0000	2884.000	4316.000
3156.000	151.0000	4747.000	4307.000
475.0000	201.0000	634.0000	4128.000
521.0000	195.0000	680.0000	3766.000
1052.000	134.0000	1528.000	4451.000
1551.000	132.0000	2268.000	4535.000
571.0000	170.0000	571.0000	5222.000
3392.000	135.0000	4048.000	5017.000
3037.000	131.0000	4765.000	4396.000
1250.000	252.0000	1795.000	3624.000
2938.000	141.0000	5221.000	3868.000
1512.000	153.0000	2688.000	3500.000
3197.000	178.0000	4733.000	3956.000
4771.000	114.0000	7347.000	4450.000
2063.000	181.0000	3306.000	3634.000
2446.000	175.0000	4072.000	3708.000
2104.000	193.0000	3521.000	3476.000
1427.000	255.0000	2256.000	3188.000
1014.000	199.0000	2008.000	3345.000
2691.000	196.0000	3738.000	3565.000
1767.000	190.0000	2633.000	3837.000
7246.000	141.0000	11604.00	4085.000
587.0000	252.0000	716.0000	4083.000
512.0000	180.0000	755.0000	3711.000
368.0000	369.0000	346.0000	4269.000
1920.000	183.0000	2364.000	4600.000
823.0000	277.0000	1076.000	3512.000
1523.000	150.0000	1963.000	4273.000
821.0000	196.0000	1127.000	3741.000
543.0000	180.0000	533.0000	5209.000
3070.000	184.0000	3418.000	4601.000
1766.000	201.0000	2185.000	4339.000
20052.00	200.0000	20411.00	5087.000
698.0000	570.0000	325.0000	5222.000
940.0000	202.0000	816.0000	5153.000

1) EXPEND/POP 을 PCAID 와 PCINC 에 대하여 회귀분석하라.
2) 1)번의 회귀방정식에서 도출된 오차항의 산포도를 그려 보아라.
3) 1)번에서 도출된 오차항이 인구(POP)와 상관관계가 있으리라 보고 Park 검정과 Glejser 검정을 실시해 보아라.
4) Goldfeld-Quandt 검정법을 통하여 이분산의 심각성 여부를 판정하라.

5) Breusch-Pagan 검정법을 이용하여 이분산의 존재 여부를 판정해 보아라 (보론 4 참조).
6) 이분산의 유의성이 인정될 경우 WLS를 적용하여 추정한 다음 원래 추정 결과식과의 차이점을 밝혀라.
7) WLS 실시 결과 이분산 현상이 완화되었는지 적절한 도표를 이용하여 밝혀라.

[9] 부록에 있는 자료 중 소비지출(CPXV)과 가처분소득(YDXV) 그리고 인구(POP)를 이용하여 다음 문제에 답하라.

1) CPXV를 YDXV에 대하여 회귀분석하여 보아라.
2) Goldfeld-Quandt 검정법을 통하여 이분산의 존재 여부를 판정해 보아라.
3) 이분산의 정도가 유의할 만하다고 판정될 경우 WLS를 적용하여 원래의 추정 결과와 비교하라.
4) WLS 실시 후 이분산 현상이 완화 또는 소멸되었는지 여부를 확인해 보여라.

연습문제 해답

[1]~[7] (생략)

[8] 1)
$$\frac{\text{EXPEND}}{\text{POP}} = -0.697 + 0.003\text{PCAID}_t + 0.0002\text{PCINC}_t$$
$$(-7.55) \qquad (15.55) \qquad (11.95)$$
$$d = 1.607 \qquad R^2 = 0.889$$

2) (생략)

3) ① Park 검정

$t_{\text{cal}} = -2.272 < t_{0.05} = -2.021$ $\therefore$ H_0 기각. 즉 이분산 현상이 유의함.

② Glejser 검정

함수유형에 따라 이분산 현상이 일부 존재함.

4) $F = 1.202 < F_{16,\ 16,\ 0.05} = 2.33$ $\therefore$ H_0 채택, 즉 이분산 비존재

5) $\chi^2_{\text{cal}} = 0.544 < \chi^2_{2,\ 0.05} = 5.99$ $\therefore$ H_0 채택, 즉 이분산 비존재

6) $$\frac{\frac{\text{EXPEND}}{POP}}{\sqrt{\frac{1}{\text{POP}}}} = -0.778\frac{1}{\sqrt{\frac{1}{\text{POP}}}} + 0.002\frac{\text{PCAID}}{\sqrt{\frac{1}{\text{POP}}}} + 0.0003\frac{\text{PCINC}}{\sqrt{\frac{1}{\text{POP}}}}$$

(−9.160) (14.922) (13.613)

$d=1.786 \qquad R^2=0.972$

7) (생략)

[9] 1) $\text{CPXV}_t = 1,448.233 + 0.695\text{YDXV}_t$

(9.487) (51.932)

$d=1.711 \qquad R^2=0.973$

2) $F=2.56 > F_{26,\ 26,\ 0.05}=1.96$ ∴ H_0 기각, 즉 이분산 존재

3) $$\frac{\text{CPXV}}{\sqrt{\frac{1}{\text{POP}}}} = 1,488.175\frac{1}{\sqrt{\frac{1}{\text{POP}}}} + 0.691\frac{\text{YDXV}}{\sqrt{\frac{1}{\text{POP}}}}$$

(9.44) (51.49)

$d=1.841 \qquad R^2=0.978$

4) (생략)

제 7 장 자기상관(autocorrelation)

지금까지 우리는 제 5 장 및 제 6 장에서 고전적 회귀분석이 근거하고 있는 기본 가정 중 한 가지만 제외한 나머지 모든 가정들의 현실성 여부 문제에 관한 논의를 마쳤다. 본 장에서는 이제 남은 한 가지 기본가정이 현실적으로 충족되는지 여부를 탐색하고 또 대응하는 방안에 관하여 살펴보고자 한다.

그림 7 자기상관에 관한 주요 내용

- 자기상관
  - 자기상관의 정의
  - 자기상관의 요인 및 유형
  - 자기상관이 초래하는 문제점
  - 자기상관의 심각성 여부 판정방안
    - 도표활용법
    - d 검정법
    - d 검정법의 보완
      - Theil-Nagar 검정법
      - Durbin의 "h"검정법
      - 분할표이용법
    - 비모수적 검정법 : Geary 검정법
  - 자기상관문제에 대한 대응방안
    - OLS 활용법
    - Durbin 의 추정법
    - Prais-Winston 추정법
    - Cochrane-Orcutt 추정법
    - 기타
      - Hildruth-Lu 방법
      - 최우추정법
      - d 이용법
  - 자기상관문제에 대한 새로운 접근방안
    - 강·자기상관 표준오차 활용법
    - 고차자기상관
    - ARCH 모형

그림 7에서 볼 수 있듯이 본 장에서는 우선 비자기상관가정이 깨지는 이른바 자기상관(autocorrelation) 또는 계열상관(serial correlation)현상의 정확한 의미와 그 발생요인 및 유형에 대하여 살펴보게 된다. 이어서 이러한 현상이 발생하였음에도 불구하고 통상적인 최소자승법, OLS를 적용할 때 예상되는 문제점들을 다각적으로 음미하여 볼 것이다.

후반부에서는 이러한 자기상관 현상이 통계적으로 유의할 만한 수준인지 여부를 판정할 수 있는 주요 검정방법들을 소개하였고, 검정결과에 근거하여 자기상관 현상을 제거하거나 완화할 수 있는 추정방법들을 비교하여 제시할 것이다.

마지막 부분에서는 자기상관 문제에 관한 새로운 접근방안 중 주요 주제에 관한 내용을 요약·제시하였다.

제 1 절　자기상관이란?

제 2 편 제 4 장에서 설정한 기본가정 중 하나로 오차항(ϵ_i)들은 서로 (1차함수적)상관관계에 있지 않다는 가정이 있었다($E[\epsilon_i \epsilon_j]=0,\ i \neq j$). 바로 이 가정이 파괴되는 현상을 자기상관(autocorrelation) 또는 (시)계열상관(serial correlation)현상이라 한다($E[\epsilon_i \epsilon_j] \neq 0,\ i \neq j$). 이러한 현상은 일련의 연속적인 관측치들이 서로 연관되어 있을 때, 즉 한 관측치에 대응하는 잔차항의 크기가 이웃한 다른 관측치에 대응하는 잔차항의 크기와 서로 일정한 관련을 맺을 때 나타나게 된다.

그림 7-1 중 (a)부터 (e)까지는 잔차항들이 특정한 추세를 보여 주고 있는 반면, (f)는 아무런 체계적인 변화추세를 보여 주지 않고 있다. 바로 (f) 경우가 고전적 선형회귀모형이 설정하고 있는 비자기상관(non-autocorrelation 또는 no serial correlation)이란 가정이 충족되는 상황을 보는 것이다. 반면 (a)는 잔차항의 크기가 점차 상승하는 추세를, (b)는 잔차항의 크기가 점차 하강하는 추세를 각각 보여 주고 있고 (c)와 (d)는 잔차항들이 비선형(2차함수적)추세를 보여 주고 있으며, (e)는 주기적인 추세변동을 보여 주고 있는데, 이들 모두는 일단 특

그림 7-1　자기상관의 존재 여부와 유형

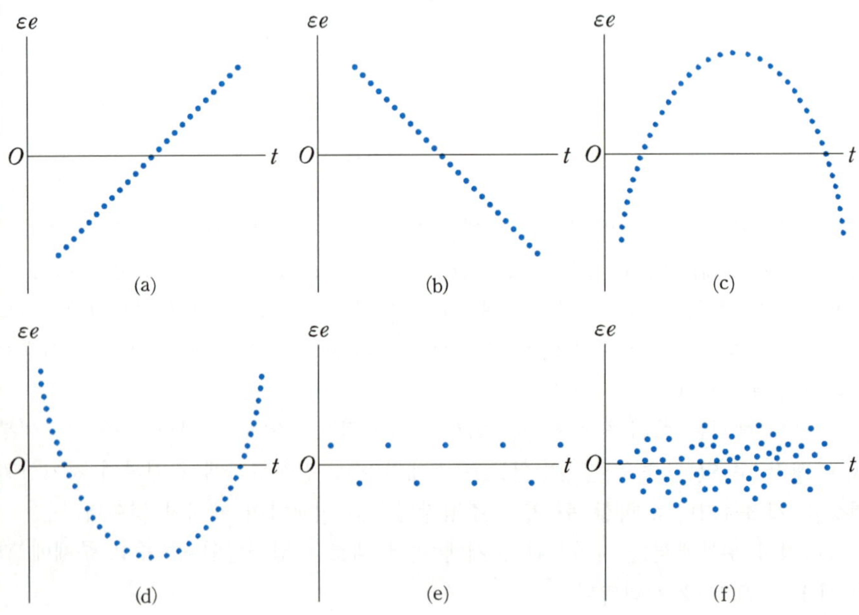

그림 7-2 정과 부의 자기상관

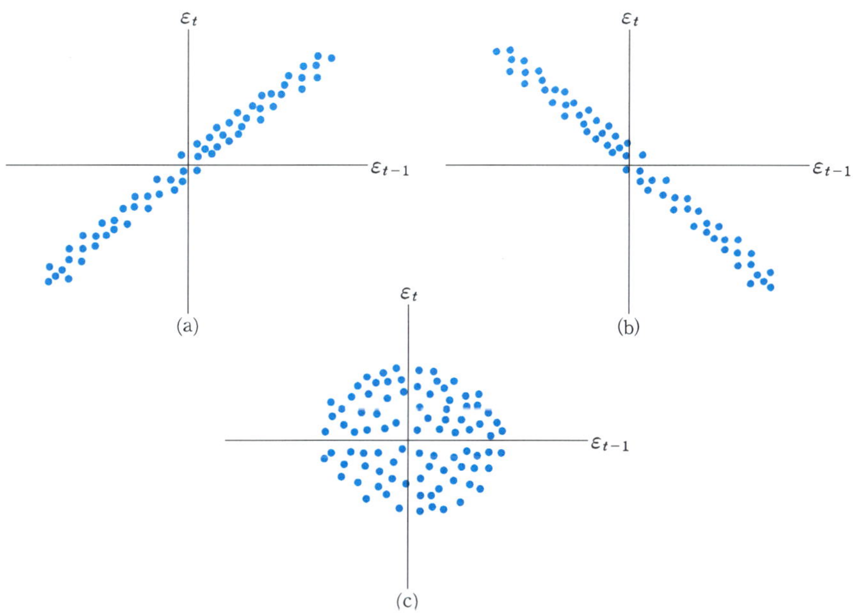

정한 유형의 자기상관이 존재하는 상황에 해당된다.

자기상관현상을 또 다른 각도에서 조명해 보기 위해 그림 7-2를 이용해 본다. 그림 7-2는 금기(今期)의 오차항의 값(ϵ_t)을 전기의 오차항의 값(ϵ_{t-1})과 대비시켜 봄으로써 자기상관의 유무와 유형을 쉽게 파악할 수 있도록 고안한 도표들이다. (c) 경우는 그림 7-1의 (f) 경우에서처럼 자기상관이 존재하지 않을 때 나타날 수 있는 결과이다. 반면 (a)와 (b)의 경우는 각각 정의 자기상관과 부의 상관이 존재하는 경우를 나타내며, 앞서 소개한 그림 7-1의 (a), (b), (c)와 (d)는 정의 자기상관, 그리고 (e) 경우는 부의 자기상관을 초래하는 경우에 해당된다. 상관계수의 정의식 내용에 비추어 볼 때 연속적인 오차항의 값이 계속 같은 부호를 가질 수 있는 경우에는 정, 그리고 자주 부호가 바뀌게 될 경우에는 부의 상관계수값이 도출되는 데 연유하여 붙여진 이름이다(제 2 장 제 2 절 참조).

이상과 같이 정의되는 자기상관은 횡단면자료에서보다는 시계열자료에서 자주 나타나며, 실제 우리가 실증분석을 시행할 때 항상 그 존재 여부를 확인하는 과정을 밟아야 할 정도로 빈번히 발생하는 현상으로 대체적으로 다음과 같은 요인에 연유하여 발생한다.

첫째, 지속적인 습관을 갖는 행태(inertia; habit resistent behavior), 예컨대 Duesenberry가 주창한 상대소득가설(relative income hypothesis)에서처럼 소득이 줄어도 소비는 급격하게 줄어들지 못한다는 이른바 톱니효과와 같은 행태가 발생하는 상황이라면 정의 자기상관이 발생할 가능성이 높아진다.

둘째, 외부충격이나 정책 내용의 변경으로 인한 효과가 점차 감소는 하지만 상당기간 존속될 경우 그림 7-1의 (a)와 (b) 경우와 같은 (정의)자기상관현상을 유발할 수 있다.

셋째, 횡단면 자료를 사용할 경우에도 특정 사건이나 현상으로 인한 효과는 인근에서 멀어질수록 약해질 것이나 상당거리에까지 영향을 미친다면 역시 그림 7-2의 (a)와 (b) 형태의 자기상관현상을 유발할 가능성이 높다. 그러나 이 경우에서처럼 횡단면자료에서 나타난 자기상관현상은 공간적 자기상관(spatial autocorrelation)이라 칭한다.

넷째, 이른바 거미집 현상(cobweb phenomenon)이라 불리우는 상황에서처럼 대부분의 농산물의 공급이 시장가격에 일정 시차를 가지며 조정되는 경우 자기상관현상이 나타날 가능성이 높다.

다섯째, 전기의 종속변수값을 설명변수로 활용하는 이른바 자기회귀모형(auto-regressive model)에서처럼 시차(time-lag)가 포함된 회귀모형, 예컨대 $C_t = \alpha + \beta_1 Y_t + \beta_2 C_{t-1} + \epsilon_t$(단, C는 소비, Y는 소득을 나타냄)와 같이 금기의 소비수준이 전기의 소비수준에도 의존한다는 논리(지속적이고 심리적인 소비관습에 근거함)에 따라 모형을 설정할 경우 오차항은 체계적인 변화추세를 보일 가능성이 높다.

여섯째, 우리는 시계열자료를 집계할 때 통상적으로 관측치들의 평균값을 취한다. 예컨대, 일간자료를 30일간 평균하여 월간자료로 삼거나, 월간자료를 3개월 간 평균하여 분기별 자료로 삼거나, 또 분기별 자료를 4분기 동안 평균하여 연간 자료로 삼게 된다. 이와 같은 과정은 원자료를 완만하게 조정하는 효과를 초래하며 자기상관현상의 발생가능성을 높여 준다. 한편, 중간중간에 관측치가 확인되지 못한 경우(missing observation) 우리는 편의상 보간법에 의해 빠진 자료값을 작성해 넣게 되는데, 이 또한 자기상관현상을 유발하는 요인이 된다.

한편, 엄밀하게 말해서 자기상관현상은 아니지만 오차항의 분포 형태가 자기상관현상에서 볼 수 있는 모양과 똑같이 나타나는 경우가 있다. 예컨대, 실제로는 설정오류현상(제 8 장 참조)에 해당되는 상황 중 자기상관적 현상을 보이는

그림 7-3 부적당한 함수설정에 따른 자기상관

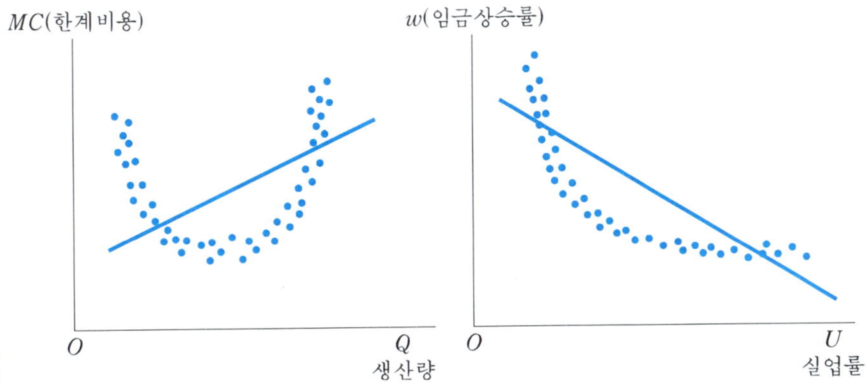

것으로 다음 두 가지 사례를 들 수 있다.

첫째, 부당하게 제외된 설명변수의 영향이 오차항에 남아 반영됨으로써 마치 순수한 오차항의 값들끼리 자기상관이 존재하는 것처럼 보일 수 있다. 물론 이 경우에는 제외된 설명변수를 도입함으로써 자기상관적 현상을 해결할 수 있다.

둘째, 애당초 회귀방정식의 함수 형태를 잘못 설정하여 정의 시계열상관적 현상이 나타날 수 있다. 예컨대, 경제이론이 시사하는 바에 따르면 비용함수나 이른바 Phillips곡선은 비선형함수관계에 있는 것이다. 이를 무시하고 선형함수로 모형을 설정할 경우 그림 7-3에서처럼 정의 자기상관현상이 나타날 것은 쉽게 짐작할 수 있다.

제 2 절 OLS 활용시 예상되는 문제점

이른바 고전적 회귀방정식에서 설정한 기본가정 중에서 비자기상관가정이 파괴되어 자기상관현상이 발생하였음에도 불구하고 OLS방법을 적용하면 과연 어떠한 결과가 초래될까? 이 때 발생하는 문제점의 내용은 이분산현상으로 인해 발생하는 효과와 기본적으로 같으며, 대략 다음과 같이 요약될 수 있다.

첫째, 자기상관이 발생할 경우 OLS 추정량은 자기상관현상을 추정과정에서 고려에 넣더라도 더 이상 BLUE가 되지 못한다. 즉, 이러한 상황에서의 OLS 추정량은 불편성(unbiasedness)은 유지하나 효율성(efficiency)은 상실하게 된다.

그리고 이러한 문제점은 표본규모가 아주 커질 경우에도 지속된다. 따라서 자기상관현상이 존재할 경우의 OLS 추정량은 일관성(consistency)은 유지하되 점근적 효율성(asymptotic efficiency)은 갖지 못한다. 이처럼 표본의 크기와 상관없이 자기상관현상이 OLS 추정량의 효율성을 파괴하는 이유는 오차항간에 존재하는 함수관계로 인하여 독립적으로 활용할 수 있는 정보의 수가 줄어든다는 사실에 연유한다. 이상의 내용을 요약해 보면 자기상관이 존재하는 경우 이를 단순히 반영한 OLS 추정량의 실제 분산은 이를 적절한 과정을 통해 처치한 후 OLS를 적용하는 이른바 일반화최소자승추정량(GLS estimator)의 분산보다 큰 값을 갖게 되며 따라서 효율성을 상실한다는 것이다.1)

둘째, 그러나 자기상관이 실제 존재하는 상황에서도 실제 실증분석의 1차적 과정에서는 일단 자기상관이 없는 것으로 가정하고, 따라서 자기상관을 구체적으로 고려하지 않은 상태하에서 OLS 를 실시한다. 이 때 산출되는 OLS 추정량의 분산($\mathrm{Var}(\hat{\beta})=\sigma^2/\Sigma x_i^{\,2}$)은 자기상관을 고려한 상태하에서 산출된 실제 분산보다 작은 값을 갖게 된다. 즉, 자기상관현상이 존재함에도 불구하고 이를 무시한 상태하에서의 OLS 추정량이 갖는 분산($s_{\hat{\beta}}^{\,2}$과 $s_{\hat{\alpha}}^{\,2}$)은 하향편의(downward bias)를 갖는다. 그리고 이러한 현상은 자기상관의 보편적 유형인 정의 자기상관이 존재할 때 더욱 심각해진다. 이러한 현상은 결과적으로 추정량의 신뢰구간을 위축시키고 $H_0 : \beta=0$이라는 귀무가설을 부당하게 기각시킬 가능성을 높이게 된다. $s_{\hat{\beta}}^{\,2}$값이 과소추정됨에 따라 신뢰구간($\hat{\beta}\pm t_{\alpha/2}\cdot s_{\hat{\beta}}$)은 좁아지고 유의성검정통계량의 값($t=\dfrac{\hat{\beta}}{s_{\hat{\beta}}}$)은 부당하게 커지기 때문이다. 이 때 오류가 증가함은 물론이다.

셋째, 한편 자기상관현상을 무시한 채 OLS를 적용하고 오차항의 분산을 $\hat{\sigma}^2=\Sigma e_i^{\,2}/(n-2)$에 의해 산출할 경우 역시 실제 오차항의 분산을 과소평가하는 결과가 초래된다.2) 이러한 현상은 위에서 밝힌 바처럼 과소추정된 OLS 추정량의 분산값($s_{\hat{\beta}}^{\,2}=\hat{\sigma}^{\,2}/\Sigma x_i^{\,2}$)을 한 차례 더 과소평가시키는 결과를 유발하게 된다.

---

1) GLS 추정량이 BLUE가 된다는 논리에 대한 증명은 보론을 참조하고 보다 자세한 내용은 Kmenta, *Elements of Econometrics*(1971), pp. 274~275와 Johnston, *Econometric Methods*, 3rd. ed.(1984), pp. 291~293을 참조할 것.

2) 결과만을 이용한다면 $E[\widehat{\sigma^2}]=E\left[\dfrac{\Sigma e_i^{\,2}}{n-2}\right]=\dfrac{\sigma^2}{n-2}\left[n-\dfrac{2}{1-\rho}-2\rho r\right]$ (단, $r=\dfrac{\Sigma x_t x_{t-1}}{\Sigma x_t^{\,2}}$ 값은 일반적으로 σ^2보다 작다. 즉, 하향편의를 갖는다. 자세한 내용은 Gujarati (1988), *Basic Econometrics*, 2nd ed., p. 364를 참고할 것.

그런데 여기서 $\hat{\sigma}^2 = \sum e_i^2 / n-2$이 과소평가됨으로 인해 결정계수 R^2값은 과대평가된다는 사실에 유념할 필요가 있다. 따라서 자기상관을 해소시키는 추정방법을 도입할 경우 R^2값이 하향조정되는 경향이 생기게 된다. 이러한 효과는 종합적 적합도 검정통계량(F)의 효력을 떨어뜨리게 될 것임은 자명한 일이다.

이상에서 지적된 문제점의 내용을 보다 분명하게 확인코자 다음과 같은 상황을 고려해 보자. 연속적인 두 오차항의 값이 서로 1차함수관계에 있다면 다음과 같이 표현될 수 있다.

$$\epsilon_t = \rho\epsilon_{t-1} + v_t \tag{7.1}$$

여기서 ρ는 ϵ_t과 ϵ_{t-1} 간의 모상관계수를 나타내며, ν_t는 $E[v]=0$; $E[v^2]=\sigma_v^2$, $E[v_i v_j]=0$가 만족되는 고전적 확률오차항으로 정의한다. 이러한 관계식을 1차자기회귀모형(first-order auto regressive model)이라 하는데, 이 식을 달리 표현하면 다음과 같다.

$$\begin{aligned}
\epsilon_t &= \rho\epsilon_{t-1} + v_t \\
&= \rho(\rho\epsilon_{t-2} + v_{t-1}) + v_t \\
&= \rho^2\epsilon_{t-2} + (\rho v_{t-1} + v_t) \\
&= \rho^2(\rho\epsilon_{t-3} + v_{t-2}) + (\rho v_{t-1} + v_t) \\
&= \rho^3\epsilon_{t-3} + (\rho^2 v_{t-2} + \rho v_{t-1} + v_t) \\
&\quad \cdots\cdots\cdots \\
&= \rho^n\epsilon_{t-n} + \sum_{i=0}^{n-1}\rho^i v_{t-i}
\end{aligned} \tag{7.2}$$

$$\therefore\ \epsilon_t = \sum_{i=0}^{\infty}\rho^i v_{t-i} \tag{7.3}$$

($\because$ $n=\infty$면 $\rho^n=0$이 되어 첫번째 항은 0이 됨)

따라서

$$E[\epsilon_t] = \sum\rho^i E[v_{t-i}] = 0 \tag{7.4}$$

한편,

$$\begin{aligned}E[\epsilon_t\epsilon_{t+\tau}] &= E[(\sum_{i=0}\rho^i v_{t-i})(\sum_{j=0}\rho^j v_{t+\tau-j})] \\ &= E[\sum_i\sum_j \rho^{i+j} v_{t-i}v_{t+\tau-j}] \\ &= \begin{cases}\Sigma\Sigma\rho^{i+j}\sigma_v^2, & \text{if } j=i+\tau \\ 0, & \text{otherwise}\end{cases} \\ &= \Sigma\Sigma\rho^{2i+\tau}\sigma_v^2 = \sigma_v^2\rho^\tau\Sigma\rho^{2i} \\ &= \sigma_v^2\rho^\tau(1+\rho^2+\rho^4+\cdots)\end{aligned} \tag{7.5}$$

즉,

$$E[\epsilon_t\epsilon_{t+\tau}] = \sigma_v^2\rho^{|\tau|}\cdot\frac{1}{1-\rho^2} \tag{7.6}$$

$$\therefore\ E[\epsilon_t^2] = \frac{\sigma_v^2}{1-\rho^2} \tag{7.7}$$

그리고

$$E[\epsilon_t\epsilon_{t+\tau}] = \frac{\sigma_v^2}{1-\rho^2}\begin{bmatrix}1 & \rho & \cdots & & \rho^{n-1} \\ \rho & 1 & \cdots & & \vdots \\ \vdots & & \cdots & 1 & \rho \\ \rho^{n-1} & & \cdots & \rho & 1\end{bmatrix} = \frac{\sigma_v^2}{1-\rho^2}\Omega \tag{7.8}$$

따라서 다음과 같은 결론을 얻을 수 있다.

$$\epsilon_t = \sum_{i=0}^{\infty}\rho^i v_{t-i} \tag{7.9}$$

$$E[\epsilon_t] = 0 \tag{7.10}$$

$$\mathrm{Var}(\epsilon_t) = E[\epsilon_t^2] = \frac{\sigma_v^2}{1-\rho^2} = \sigma_\epsilon^2 \ (\text{동분산가정은 유지됨}) \tag{7.11}$$

$$\mathrm{Cov}(\epsilon_t,\ \epsilon_{t+\tau}) = \rho^{|\tau|}\frac{\sigma_v^2}{1-\rho^2} = \rho^{|\tau|}\sigma_\epsilon^2 \neq 0 \tag{7.12}$$

그러면 자기상관의 형태가 위와 같이 정의되는 자기회귀모형에서 OLS에 의한 추정량이 갖는 성격을 살펴보자.

$$Y = \alpha + \beta X + \epsilon \tag{7.13}$$

$$\overline{Y} = \alpha + \beta \overline{X} + \overline{\epsilon} \tag{7.14}$$

윗식에서 밑의 식을 차감하면

$$y = \beta x + \epsilon' \quad \left(\text{단, } \begin{bmatrix} y = Y - \overline{Y} \\ x = X - \overline{X} \\ \epsilon' = \epsilon - \overline{\epsilon} \end{bmatrix} \right) \tag{7.15}$$

여기에 OLS를 실시하면

$$\begin{aligned} \hat{\hat{\beta}} &= \frac{\sum xy}{\sum x^2} \\ &= \frac{\sum x(\beta x + \epsilon')}{\sum x^2} = \beta + \frac{\sum x \epsilon'}{\sum x^2} = \beta + \frac{\sum x(\epsilon - \overline{\epsilon})}{\sum x^2} \\ &= \beta + \frac{\sum x \epsilon}{\sum x^2} \end{aligned} \tag{7.16}$$

(단, $\hat{\hat{\beta}}$은 자기상관관계 존재시 이를 고려한 OLS 추정량으로 정의함)

그리고 결과적으로 다음 식이 성립된다.

$$\hat{\hat{\beta}} - \beta = \frac{\sum x \epsilon}{\sum x^2} \tag{7.17}$$

이상의 결과에 근거하여 $\hat{\hat{\beta}}$의 평균과 분산을 구해 보면

$$E[\hat{\hat{\beta}}] = E\left[\beta + \frac{\sum x\epsilon}{\sum x^2}\right] = \beta + \frac{\sum x E[\epsilon]}{\sum x^2} = \beta \tag{7.18}$$

$$\begin{aligned} \mathrm{Var}(\hat{\hat{\beta}}) &= E[(\hat{\hat{\beta}} - \beta)^2] = E\left[\left(\frac{\sum x\epsilon}{\sum x^2}\right)^2\right] \\ &= \sum_{(i=j)} \left\{\frac{x^2}{(\sum x^2)^2}\right\} E[\epsilon^2] + 2 \sum_{(i \neq j)} \left\{\frac{x_i x_j}{(\sum x^2)^2}\right\} E[\epsilon_i \epsilon_j] \\ &= \frac{{\sigma_\epsilon}^2}{\sum x^2} + 2{\sigma_\epsilon}^2 \sum \frac{x_i x_j}{(\sum x^2)^2} \rho^\tau \quad (\because \text{ 식 (7.12) 참조}) \\ &= \mathrm{Var}(\hat{\beta}) + 2{\sigma_\epsilon}^2 \frac{\sum x_i x_j}{(\sum x^2)^2} \rho^\tau \end{aligned} \tag{7.19}$$

과 같아진다. 이 식의 두 번째 항은 $\rho=0$이 되지 않는 이상 0보다 큰 값으로 남게 된다. 따라서 자기상관 존재시 이를 단순히 고려한 OLS 추정량 $\hat{\hat{\beta}}$은 불편성

은 유지되나($E[\hat{\beta}]=\beta$) 효율성은 상실된다(GLS 추정량이 최소분산을 가짐). 한편, 자기상관을 무시한 상태하에서의 OLS 추정량 $\hat{\beta}$의 분산, $\mathrm{Var}(\hat{\beta})=\sigma_{\epsilon}^{2}/\sum x^{2}$은 자기상관을 고려한 OLS 추정량 $\hat{\hat{\beta}}$의 분산, $\mathrm{Var}(\hat{\hat{\beta}})$값을 과소추정하는 편의를 갖게 됨을 알 수 있다. 이러한 문제점을 해결하는 방법의 핵심은 역시 오차항의 자기상관 내용을 구체적으로 파악하고 그 효과를 제거한 후 OLS를 시행하는 효과를 줄 수 있는 별도의 GLS를 적용하는 일이 될 것이며, 구체적인 내용은 제 4 절에서 다루기로 한다.

제 3 절 문제점의 심각성 여부 판정방안

전 항에서 우리는 자기상관현상이 발생함에도 불구하고 OLS를 적용할 경우 초래될 문제점을 다각적으로 살펴보았다. 그러나 사실 특히 시계열자료를 사용할 경우 어느 정도의 자기상관현상은 항시 예상되는 것이 일반적이다. 따라서 정작 중요한 문제는 자기상관현상이 심각하여 그로 인한 영향이 우려할 만한 것인지를 판정하는 일이 된다. 여러 학자들이 제시한 판정방안 중 대표적인 것을 소개하면 다음과 같다.

1. 도표를 이용하는 직관적 방법

우리가 실제 확인하고 싶은 것은 모회귀모형에서의 확률오차항 ϵ_i가 자기상관현상이 있는지 여부이지만 ϵ_i란 실제 관측이 불가능하다는 문제가 있다. 따라서 ϵ_i에 대한 가장 적절한 추정량인 e_i(OLS 실시 결과 도출된 표본회귀오차)를 대신 활용하게 된다. e_i값들은 시간(time)을 기준으로 도표화할 경우 자기상관의 존재 여부와 유형을 판단하는 데 유용한 정보를 제공하게 된다.

그림 7-4 중 (a)에서 e_t값들은 A지점까지는 "+", A와 B지점 사이에서는 "−", 그리고 이후 지점에서는 다시 "+"값을 갖고 있어 e_t값이 순수한 확률오차항을 대변하고 있다고 보기 힘들다. 즉, 이러한 경우 ϵ_t는 정(正)의 자기상관을 가진 것으로 추론이 가능하다. 마찬가지 논리에 따라 (b) 경우는 부(負)의 자기상관이 존재하는 것으로 판정될 것인데, (a)와 (b) 두 경우를 e_t와 e_{t-1}의 두 축을 이용하여 재편할 경우 각각 (a')과 (b')같은 분포가 성립될 것이다. 현실적

그림 7-4 회귀오차와 자기상관

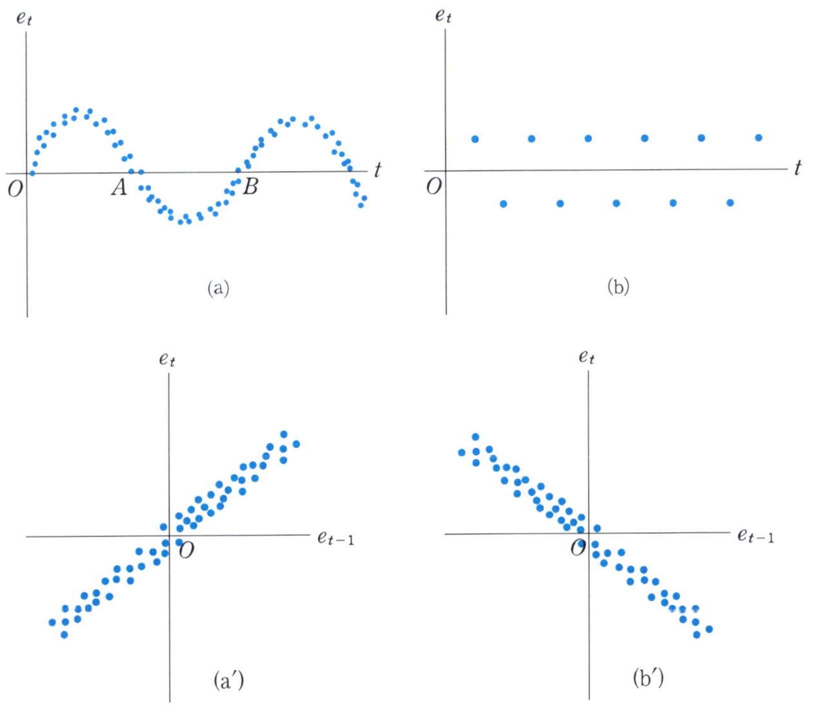

으로 우리가 회귀분석을 시행할 때 우선은 모든 가정이 충족되었을 것이란 가정하에 OLS를 실시하며, 컴퓨터를 이용한 분석내용은 상기 그림 7-4와 같은 결과를 1차적으로 제공해 줄 수 있어 그림을 이용한 판정법은 별도의 계산이나 노력 없이 활용할 수 있는 가장 손쉬운 방법임에 틀림 없다. 그러나 이 방법은 자기상관의 존재가 우려할 만한 정도인지를 정확히 판정해 줄 수 없다는 문제가 있다.

이러한 한계점은 e_t와 e_{t-1} 간의 관계를 도표 (a′)과 (b′)처럼 표현할 수 있듯이 e_t를 e_{t-1}의 1차함수로 파악함으로써 완화시킬 수 있다. 즉, $e_t = \rho e_{t-1} + v_t$와 같이 새로운 회귀방정식을 설정한 다음 OLS에 의해 ρ의 추정치 $\hat{\rho}$를 도출하고, 이어서 $H_0 : \rho = 0$에 대한 $t = \frac{\hat{\rho}}{s_{\hat{\rho}}}$ 검정 또는 $H_0 : R^2 = 0$에 대한 F검정을 실시하는 것이다. 만일 귀무가설이 기각될 정도로 $\hat{\rho}$값이 0과 차이가 있다면 유의할 만한 자기상관이 존재하는 것으로 판정하게 된다. 그러나 이러한 검정방법 절차가 갖는 검정력은 아직 잘 알려져 있지 않다.

2. Durbin-Watson 검정

이른바 d 검정이라 일컫는 자기상관검정법은 가장 보편적이고 대표적인 검정방법으로 알려져 있다. 이 방법은 일단 자기상관은 오차항 ϵ_t가 일차자기회귀함수, 즉 $\epsilon_t = \rho\epsilon_{t-1} + v_t$의 형태를 취하는 것으로 보고, 귀무가설 $H_0 : \rho = 0$ 여부를 검정함으로써 유의할 만한 자기상관현상의 존재 여부를 판정하는 방법으로서 기본적 시각은 전항 말미에 소개한 OLS 활용방법과 동일하다. 그러나 전항의 방법과는 달리 보다 논리적으로 조직화된 절차를 창출하여 활용함으로써 검정력을 제고시키고 있다.[1)]

Durbin과 Watson이 제시한 검정통계량은 다음과 같다.

$$d \text{ 또는 d.w.} = \frac{\sum_{t=2}^{n}(e_t - e_{t-1})^2}{\sum_{t=1}^{n} e_t^2} \tag{7.20}$$

단, e_t와 e_{t-1}은 원래의 회귀방정식에 OLS를 적용하였을 때 도출되는 회귀오차항들이다. 그런데

$$d = \frac{\sum_{t=2}^{n}(e_t - e_{t-1})^2}{\sum_{t=1}^{n} e_t^2}$$

$$= \frac{\sum_{t=2}^{n} e_t^2 + \sum_{t=2}^{n} e_{t-1}^2 - 2\sum_{t=2}^{n} e_t e_{t-1}}{\sum_{t=1}^{n} e_t^2}$$

$$= 2\left(1 - \frac{\sum e_t e_{t-1}}{\sum e_t^2}\right) \quad \left(\because \sum_{t=2}^{n} e_t^2 \fallingdotseq \sum_{t=2}^{n} e_{t-1}^2 \fallingdotseq \sum_{t=1}^{n} e_t^2\right) \tag{7.21}$$

$$\therefore\ d \fallingdotseq 2(1 - \hat{\rho}) \quad \left(\because\ \hat{\rho} = \frac{\sum e_t e_{t-1}}{\sum e_t^2}\right) \tag{7.22}$$

1) J. Durbin and G. S. Watson, "Testing for Serial Correlation in Least-Squares Regression," *Biometrika*, vol. 38(1951), pp. 159~177.

그림 7-5 d 분포의 변화구간

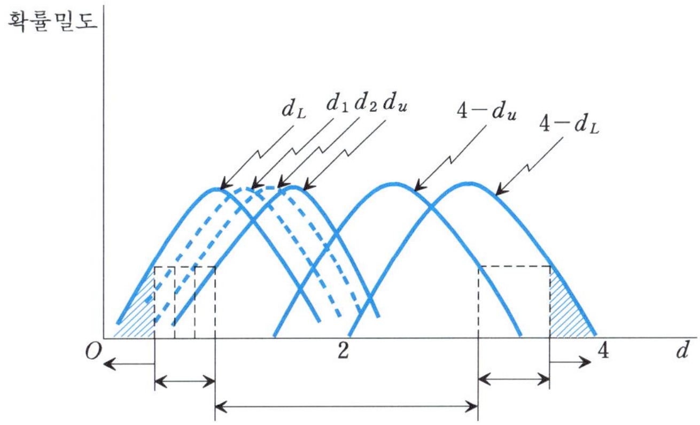

그러므로 만일

$$\begin{cases} d \Rightarrow 2\text{이면} & \hat{\rho} \Rightarrow 0 \\ d \Rightarrow 0\text{이면} & \hat{\rho} \Rightarrow 1 \\ d \Rightarrow 4\text{이면} & \hat{\rho} \Rightarrow -1 \end{cases} \tag{7.23}$$

이라 할 수 있다. 따라서 $d \Rightarrow 2$이면 $\hat{\rho}=0$, 즉 자기상관이 없는 것으로 볼 수 있고, $d \Rightarrow 0$이면 정의 자기상관, 그리고 $d \Rightarrow 4$이면 부의 자기상관이 존재할 가능성이 커진다고 해석할 수 있게 된다. 문제는 d값이 과연 0 이나 4 에 얼마만큼 접근할 때에 자기상관이 존재하는 것으로 간주할 수 있는가 하는 점이다. 이러한 작업을 수행하려면 검정통계량으로 정의한 식인 "d"라는 새로운 확률변수(random variable)는 평균과 분산을 가지며, 또 어떤 분포를 따르는가를 확인해야 할 것이다. 불행하게도 Durbin과 Watson이 정의한 검정통계량 d의 분포는 X값의 크기에 따라 달라질 수밖에 없다. d 정의식에 사용된 e_t나 e_{t-1}값이 X값의 크기에 따라 달라지기 때문이다. 그러나 다행스러운 것은 d의 분포가 일정범위 내에서만 변화한다는 사실이다. 즉, 그림 7-5 에서처럼 d분포는 d_L(lower limit of d distribution)과 d_U(upper limit of d distribution) 사이에서만 변화하게 되는 것을 발견한 것이다. 따라서 $d \Rightarrow 0$ 여부는 d_L분포를 활용하여 결정한다. d_L, d_1, d_2, $\cdots$, d_U분포들의 모든 좌측극한치들보다 작아야 한다는 조건을 모두 만족시키는 것은 d_L뿐이기 때문이다. 같은 논리에 따라 $d \Rightarrow 2$ 여부는 d_U분

그림 7-6 d검정통계량과 자기상관

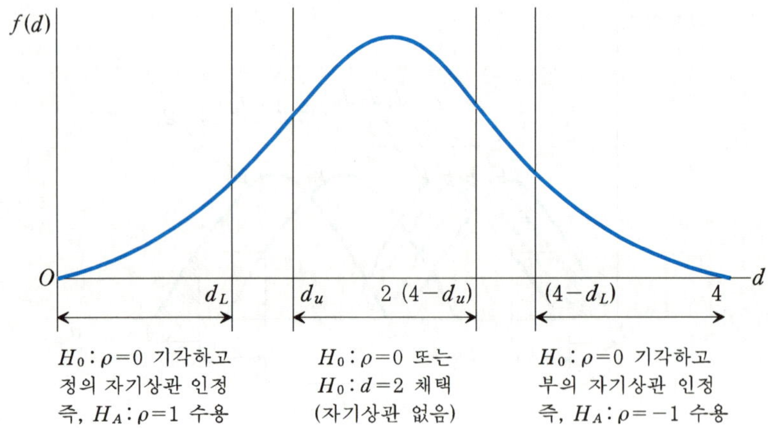

포를, 그리고 $d \Rightarrow 4$ 여부는 다시 d_L분포를 활용하게 될 것인데, 이런 식으로 판정하는 조건들을 정리해 놓은 것이 그림 7-6과 표 7-1이다.

그런데 d검정을 위한 d_L과 d_U의 임계치는 표본크기(n)와 회귀방정식에 포함된 설명변수의 수(단, 상수항은 제외)에 의존한다. 이러한 사실에 근거하여 Savin과 White(1977)에 의해 작성된 d검정통계량의 임계치중 유의수준(α) 1%와 5%인 경우에 한정하여 부록 G에 제공해 두었다.[1)]

표 7-1 d값과 자기상관 판정법

d값	판 정 방 법
$d < d_L$	정의 자기상관 인정
$d_L < d < d_U$	검정 결과는 미정
$d_U < d < (4-d_U)$	자기상관이 없다는 귀무가설 채택
$(4-d_U) < d < (4-d_L)$	검정 결과는 미정
$(4-d_L) < d$	부의 자기상관 인정

그러나 이 방법은 그림 7-6과 표 7-1에 나타난 바와 같이 산출된 d값이 d_L과 d_U 사이 또는 $(4-d_U)$와 $(4-d_L)$ 사이에 존재하면 유의할 만한 자기상관 존재 여부를 단정적으로 결론지을 수가 없다는 문제점을 안고 있다. 이러한

1) N. E. Savin and K. J. White, "The Durbin-Watson Test for Serial Correlation with Extreme Small Samples or Many Regressors," *Econometrica*, Vol. 45(Nov., 1977), pp. 1989~1996.

한계성을 보완코자 후술하게 될 Theil-Nagar 검정법과 Geary 검정법 등이 제시된 바 있다.

한편, Durbin과 Watson의 d검정통계량은 시차를 둔 종속변수가 설명변수로 등장하는 회귀모형의 경우에는 적용이 곤란하여 역시 Durbin의 "h"검정통계량과 같은 별도의 검정방안이 마련되어 있다.[1] 이 외에도 상수가 없는 회귀모형의 경우에도 d검정통계량을 직접 활용하는 것은 다소의 문제가 있으므로, d를 통한 자기상관 여부를 검정하려면 상수를 포함한 모형으로 일단 전환하여 실시하거나 별도방식으로 d를 산출해야 한다.[2]

3. Durbin-Watson 검정법의 보완책

Durbin과 Watson이 제시한 d통계량은 가장 보편적으로 쓰이고 있는 만큼 논리적 기반과 검정력이 높은 방법이다. 그러나 앞서 지적한 바 있듯이 일차자기회귀모형($\epsilon_t = \rho\epsilon_{t-1} + v_t$)에 근거하여 도출되었고, 설명변수 X는 비확률적으로 반복적인 표본에서 고정된 값을 갖는다는 가정하에 시차변수가 없는 모형을 대상으로 하였다는 등의 한계성 그리고 무엇보다도 자기상관 존재 여부를 결정할 수 없는 영역이 존재한다는 문제점이 있어 이를 보완하기 위한 방법들이 여러 학자들에 의해 제시되어 왔다. 이들 중 대표적인 것들을 소개하면 다음과 같다.

3.1 Theil-Nagar 검정법

d통계량의 영역분포문제를 해소하는 방안으로 Theil과 Nagar가 제시한 방법이다. 그들은 (설명)변수값이 시간경과에 따라 천천히 변화하면 d분포는 d_U에 가까워지고, 빨리 변화하면 d분포는 d_L에 가까워진다는 특징을 발견하였는데, 대부분의 경제변수는 서서히 변하므로 d_U를 사용함이 무난하다고 주장하였다.[3] 이들의 주장은 후에 Hannan과 Terrell(1963)에 의해 재차 확인되고 권장되었다. 반면 Hanshaw(1966), Blattbery(1972), Von Neumann(1972, Von Neumann

1) 자세한 내용은 Robert S. Pindyck and Daniel L. Rubinfeld, *Econometric Models and Economic Forecasts*, 2nd ed.(MaGraw-Hill, 1981), pp. 193~195를 참조할 것.

2) 자세한 것은 R. W. Farebrother, "The Durbin-Watson Test for Serial Correlation When There is No Intercept in the Regression," *Econometrica*, vol. 48(1980), pp. 1553~1563을 참조할 것.

3) H. Theil and A. L. Nagar, "Testing the Independence of Regression Disturbances," *Journal of the American Statistical Association*(1961), pp. 793~806.

Ratio 사용방안), Theil(1971, Theil의 BLUE 사용방안) 그리고 Durbin과 Watson 자신들(1971) 등은 별도의 방안을 강구하여 제시한 바 있으나 아직 이들 방안들이 d 통계량을 대체할 만한 것이라고는 인정하기 어렵다.[1]

3.2 Durbin의 "h" 검정

d 검정통계량이 갖는 또하나의 한계성으로 지적할 수 있는 사항은 시차가 붙은 종속변수가 설명변수로 등장하는 모형에서는 d 검정통계량으로서는 자기상관의 심각성 여부를 판정할 수 없다는 점이다. 따라서 시차분포모형에서는 d 통계량 대신 Durbin이 독자적으로 별도 개발한 "h"통계량이 일반적으로 쓰이고 있다.[2] 그는 일단 회귀모형의 형태를

$$Y_t = \alpha + \beta_1 X_t + \beta_2 Y_{t-1} + \epsilon_t \tag{7.24}$$

$$\epsilon_t = \rho \epsilon_{t-1} + v_t \tag{7.25}$$

$$v_t \sim \mathrm{iid}(0,\ {\sigma_v}^2) \tag{7.26}$$

과 같이 설정한 다음 d 통계량 대신 다음 통계량의 사용을 제안하였다.

$$h = \hat{\rho}\sqrt{\frac{n}{1 - n \cdot s^2_{\hat{\beta}_2}}} \tag{7.27}$$

(단, n : 표본크기
$\hat{\rho}$: OLS 잔차값으로 산출한 자기상관계수값
(또는 $\hat{\rho} \fallingdotseq (1 - \frac{d}{2})$를 대신 사용하기도 함)
$s^2_{\hat{\beta}_2}$: OLS 추정량 β_2의 분산추정치)

귀무가설 $H_0 : \rho = 0$을 검정하기 위하여 Durbin이 도출한 h 통계량은 표준정규분포를 따르도록 고안되어 있어 사용이 편리하다. 그러나 이 통계량은 시차변수가 단 하나인 상황을 대상으로 고안되었다는 점과 $n \cdot s^2_{\hat{\beta}_2} > 1$ 경우에는 h값이 정의되지 못한다는 점 등의 한계성이 내포되어 있다.

한편, $n \cdot s^2_{\hat{\beta}_2} > 1$경우에는 $Y_t = \alpha + \beta_1 X_t + \beta_2 Y_{t-1} + \epsilon_t$에 대하여 OLS를 실시하여 e_t를 구한 다음 e_t를 e_{t-1}과 Y_{t-1} 그리고 X_t에 대하여 재차 OLS를 실

1) Maddala(1977), pp. 284~291를 참조할 것.

2) J. Durbin, "Testing for Serial Correlation in Least Squares Regression when some of the Regressors are Lagged Dependent Variables," *Econometrica*(1970), pp. 410~421.

시한다. 이 때 e_{t-1}의 회귀계수를 ρ에 대한 추정치로 보고 t검정($H_0 : \rho=0$)을 실시한다. 즉, $t=\frac{\hat{\rho}}{s_{\hat{\rho}}}$값이 임계치보다 크면 귀무가설을 기각하는 방법이 대신 활용될 수 있다.

3.3 우연성 검정을 위한 분할표(contingency table) 활용법

d통계량을 보완할 수 있는 별도의 시계열상관 여부 판정법으로 Griliches와 Maddala 그리고 Lucas 등이 제시한 분할표활용방법이 있다.[1] 이 방법은 아주 단순한 논리에 근거하고 있는데, 만일 오차항이 지극히 우연적으로 또는 확률적(random)으로 분포되어 있다면 다음과 같이 집계되는 분할표상의 각 항(E_{ij}와 O_{ij})은 거의 비슷한 값으로 집계될 것이란 논리를 활용하는 것이다.

귀무가설 H_0에 대한 검정통계량은 다음과 같다.

$$\chi^2_{(2-1)(2-1)}=\sum_i\sum_j\frac{(O_{ij}-E_{ij})^2}{E_{ij}}$$

단, E_{ij}는 O_{ij}들이 독립적으로 분포되어 있다는 가정하에 공식 $E_{ij}=\frac{O_{i\cdot}O_{j\cdot}}{n}$에 의해 산출되며, 산출된 χ^2값이 임계치보다 클 경우 귀무가설을 기각하게 된다. 즉, 자기상관현상이 유의할 만한 수준인 것으로 판정하는 것이다.

표 7-2 오차항의 분포에 관한 분할표

	t기에서 "+"	t기에서 "−"	합 계
$(t-1)$기에서 "+"	O_{11} / E_{11}	O_{12} / E_{12}	$O_{1\cdot}$
$(t-1)$기에서 "−"	O_{21} / E_{21}	O_{22} / E_{22}	$O_{2\cdot}$
합 계	$O_{\cdot 1}$	$O_{\cdot 2}$	n

1) 자세한 것은 Z. Griliches, G. S. Maddala, R. E. Lucas, and N. Wallace, "Notes on Estimated Aggregate Quarterly Consumption Functions," Econometrica(July 1962)와 G. S. Maddala(1977), *ibid.*, pp. 87~88, 그리고 D. N. Gujarati(1988), *ibid.*, 2nd ed., pp. 373~375 또는 이종원, 「경제경영통계학」, 2004, 제13장 참조.

4. 비모수적 검정법 : Geary 검정

d 통계량이 갖는 한계성 중 미확정영역문제를 해소해 줄 수 있는 간편한 비모수적 검정방법 중 대표적인 것으로 Geary(1971)가 제시한 "연(連)"의 검정법이 있는데 그 절차는 다음과 같다.[1)]

첫째, 원래의 회귀방정식에 OLS를 실시한 다음 도출된 잔차항(e_i)들의 부호(sign)가 변한 횟수를 τ라 한다.

둘째, H_0 : $\rho=0$이라는 귀무가설을 설정한다.

셋째, 산출된 τ값이 지나치게 크면 부의 자기상관, 지나치게 작으면 정의 자기상관이 존재한다고 볼 수 있으며, τ값이 크지도 작지도 않다면 자기상관이 없는 것으로 본다(부표 H 참조). 즉, 검정의 판별기준은 다음과 같다.[2)]

$\tau_{\min} < \tau < \tau_{\max}$ 경우	H_0 : $\rho=0$ 채택
$\tau < \tau_{\min}$ 경우	정의 자기상관 인정
$\tau_{\max} < \tau$ 경우	부의 자기상관 인정

넷째, 물론 표본규모가 커질 경우 위의 검정방법은 보다 보편적인 방법으로 전환사용할 수 있다. 즉, 부호가 변한 횟수(τ) 대신 연의 수(r)를 활용하는 방안으로 전환 가능하다. 표본이 커지면 r은 정규분포에 가까워진다는 사실을 이용하는 것이다.[3)] 즉,

$$r \sim N(E[r],\ \mathrm{Var}(r)) \tag{7.28}$$

$$\left(\begin{array}{l} \text{단, } E[r]=\dfrac{2n_1n_2}{n_1+n_2}+1 \\ \mathrm{Var}(r)=\dfrac{2n_1n_2(2n_1n_2-n_1-n_2)}{(n_1+n_2)^2(n_1+n_2-1)} \\ n_1=\text{“}+\text{” 값을 갖는 } e_i\text{수} \\ n_2=\text{“}-\text{” 값을 갖는 } e_i\text{수} \\ r=\text{연의 수} \end{array}\right)$$

---

1) R.L. Geary, "Relative Efficiency of Count of Sign Changes for Assessing Residual Autoregression in Least Squares Regression," *Biometrika*, vol. 57(1970), pp. 123~127.

2) $\tau_{\min}$과 $\tau_{\max}$값들은 원래 W. Habibagahi와 J.L. Pratschles가 1972년에 Review of Economics and Statistics(pp. 179~185)에서 발표한 "A Comparison of the Von Neumann Ratio, Durbin-Watson and Geary Tests,"라는 논문 속에 소개된 것으로 본서에서는 부표 H에 전재하였다.

3) 이종원, 전게서, 2004, 제10장 참조.

따라서

$$Z=\frac{r-\left(\frac{2n_1n_2}{n_1+n_2}+1\right)}{\sqrt{\frac{2n_1n_2(2n_1n_2-n_1-n_2)}{(n_1+n_2)^2(n_1+n_2-1)}}}\sim N(0,\ 1) \tag{7.29}$$

과 같은 검정통계량을 활용하여 산출된 Z 값이 임계치보다 절대치가 크면 귀무가설은(H_0 : $\rho=0$)은 기각된다.

제 4 절 대 응 책

전 항에서 소개한 각종 검정방법에 의해 일단 자기상관현상이 유의할 만한 것으로 판정되면 이에 대한 적절한 대응책이 마련되어야 한다. 자기상관현상의 존재를 무시한 추정량은 효율성을 상실하는 등 여러 가지 문제를 유발하기 때문이나. 대처방안의 핵심은 결국 자기상관현상이 없는 것으로 볼 수 있도록 원래 관측치들을 함수전환한 다음 최소자승법을 적용한다는 점에서 이분산현상 경우의 대응책과 맥락을 같이한다. 이러한 방법은 유의할 만한 수준의 것으로 판정한 자기상관의 내용, 예컨대 ϵ_t와 ϵ_{t-1}의 구체적인 상관계수값(ρ)을 확인 내지 추정한 다음 이 값을 근거로 오차항에서의 함수전환을 실시함으로써 OLS 적용이 더 이상 문제가 안 되도록 조처하는 이른바 일반최소자승법(GLS; generalized least squares method)의 일종임은 물론이다. 자기상관현상으로 인해 초래된 문제를 GLS에 의해 해결할 수 있다는 기본적 논리를 설명하고자 일단 자기상관은 일차자기회귀체계를 가지며 상관계수 ρ값도 알려져 있다고 가정해 둔다. 즉,

$$\epsilon_t=\rho\epsilon_{t-1}+v_t \quad (\text{단},\ |\rho|<1,\ v_t\sim \text{iid}(0,\ \sigma_v^{\ 2})) \tag{7.30}$$

과 같은 상황에서 다음과 같은 회귀방정식을 추정해야 한다고 하자.

$$Y_t=\alpha+\beta X_t+\epsilon_t$$

이 식을 $(t-1)$기에 대해 전개하면,

$$Y_{t-1}=\alpha+\beta X_{t-1}+\epsilon_{t-1}$$

이 될 것인데, 윗식에서 밑의 식에다 ρ를 곱한 것을 빼면 다음과 같아진다.

$$Y_t-\rho Y_{t-1}=\alpha(1-\rho)+\beta(X_t-\rho X_{t-1})+(\epsilon_t-\rho\epsilon_{t-1}) \tag{7.31}$$

또는

$$Y_t^*=\alpha^*+\beta X_t^*+v_t \tag{7.32}$$

$$\left(\begin{array}{ll}\text{단, } Y_t^*=Y_t-\rho Y_{t-1} & X_t^*=X_t-\rho X_{t-1} \\ \quad\ \alpha^*=\alpha(1-\rho) & v_t=\epsilon_t-\rho\epsilon_{t-1}\end{array}\right)$$

이처럼 도출된 새로운 회귀방정식의 오차항은 v_t로서 $\text{iid}(0,\ \sigma_v^2)$, 즉 고전적 회귀분석모형의 기본가정을 모두 충족시키는 것으로 본다. 따라서 이 전환된 식에 OLS를 적용하는 것은 아무런 문제가 없게 된다. 이처럼 ρ값을 이용하여 적절히 함수전환을 시도하되 새로운 오차항이 기본가정을 충족시킬 수 있도록 조처한 연후에 최소자승법을 적용하는 방법론을 GLS라 한다. 그리고 식 (7.32)와 같은 방정식을 일반차분방정식(generalized difference equation)이라 하며, 특히 $\rho=1$ 경우는 별도로 일차차분방정식(first-difference equation)이라 부른다.

자기상관이 항상 1차자기회귀체계의 형태만 취한다고는 볼 수가 없어 고차자기회귀체계를 별도로 고려하는 노력이 있어 왔다. 그러나 앞서 소개한 각종 자기상관판정법들은 대부분 1차자기회귀체계의 자기상관현상의 존재를 판정할 수 있는 방안들이라는 점과 실제로 고차자기회귀체계가 언제 구체적으로 성립될 수 있는가에 뚜렷한 설명을 제시할 수 없는 점 등을 감안하면 상기와 같은 1차자기회귀체계만을 고려해도 무방할 것이다.[1)]

여하튼 이상의 논의에서 이미 밝혀진 바 있듯이 대응책을 마련하는 과정에서 가장 중요한 사항은 자기상관의 내용이 되며, 1차자기회귀체계만으로 내용을 한정할 경우 ρ의 구체적인 값이 알려져 있을 수 없는 것이 현실인 점을 감안한다면 결국 대응책 마련의 핵심은 ρ값의 합리적인 추정방안으로 귀속될 것이다.[2)] 지금까지 제시된 추정방안들 중 대표적인 것으로 다음과 같은 것이 있다.

---

1) 2차회귀체계에 관한 자세한 내용은 Maddala(1989), *ibid.*, pp. 206~207을 참조할 것.

2) 간혹 분석가에 따라서는 자기상관현상을 배제 내지는 완화시킨 상태하에서 회귀분석을 수행한다는 취지하에 애초부터 1차차분자기회귀체계를 가정($\epsilon_t-\epsilon_{t-1}=v_t\sim\text{iid}(0,\ \sigma_v^2)$)하여, 즉 $\rho=1$로 보고 추정하는 경우도 있다. 이는 자기상관내용을 구체적으로 파악하지 못한 상태의 분석인바 자기상관의 대응책으로는 적절치 못하다.

1. OLS 절차 이용방법

대응책으로 가장 먼저 떠오르는 것은 일단 원래 방정식에 OLS 를 적용하여 얻은 회귀오차값(e_t)을 이용하여 상관계수를 산출하는 방법을 들 수 있다. 즉,

$$\hat{\rho}=\frac{\sum_{t=2}^{n} e_t e_{t-1}}{\sum_{t=1}^{n} e_t^{\,2}} \tag{7.33}$$

여기서 $\hat{\rho}$은 단지 e_t와 e_{t-1} 간의 (표본)상관계수라 파악될 수 있다. 이러한 절차에 따른 ρ의 추정방식은 실제로

$$\epsilon_t=\rho\epsilon_{t-1}+v_t \tag{7.34}$$

와 같은 1차자기회귀체계의 자기상관을 일단 가정한 다음 원래 식에 OLS 를 적용하여 얻은 회귀오차값(e_t)을 이용하여

$$e_t=\hat{\rho}e_{t-1}+v_t{}^{*} \tag{7.35}$$

과 같이 새로운 회귀방정식을 설정하고, 이어서 OLS 를 실시함으로써 ρ의 추정치인 $\hat{\rho}$를 구하는 효과를 갖는다.

식 (7.35)에서 $\hat{\rho}$의 OLS 추정량 산출공식이 위의 공식 (7.33)과 같기 때문이다. 그런데 식 (7.35)에서 설명변수인 e_{t-1}는 종속변수(e_t)의 시차변수이므로 비확률적(nonstochastic) 속성을 유지할 수 없다. 이러한 상황에서의 OLS 추정량인 $\hat{\rho}$은 편의(bias)를 갖게 된다. 단, 표본규모가 아주 커질 경우 이 편의는 사라지므로 일관성(consistency)은 보장이 된다.

일단 이상과 같은 절차에 따라 $\hat{\rho}$ 값이 산출되면 이를 이용한 함수전환 및 전환된 식에 대한 OLS 를 실시하는 방법은 전술한 바와 같다.

2. Durbin 의 추정방법

Durbin 은 원래 방정식과 시차방정식을 다소 달리 활용하여 추정하는 방안을 제시하였다. 즉,

$$Y_t = \alpha + \beta X_t + \epsilon_t \tag{7.36}$$

$$Y_{t-1} = \alpha + \beta X_{t-1} + \epsilon_{t-1} \tag{7.37}$$

$$\rho Y_{t-1} = \rho\alpha + \rho\beta X_{t-1} + \rho\epsilon_{t-1} \tag{7.38}$$

따라서 다음 식이 성립된다.

$$Y_t - \rho Y_{t-1} = \alpha(1-\rho) + \beta(X_t - \rho X_{t-1}) + \epsilon_t - \rho\epsilon_{t-1} \tag{7.39}$$

이 식을 다소 조정하면 다음과 같아진다.

$$Y_t = \alpha(1-\rho) + \rho Y_{t-1} + \beta(X_t - \rho X_{t-1}) + v_t \tag{7.40}$$

$$(\text{단, } v_t \sim \text{iid}(0,\ \sigma_v^2))$$

이제 이 식은 더 이상 자기상관현상이 없는 오차항을 갖게 되었으므로 OLS를 적용하는 데 하자가 없다. 일단 OLS를 통하여 값이 추정된 이후의 과정은 전과 같으므로 생략한다.

그런데 이 방법 또한 설명변수 중 하나인 Y_{t-1}가 비확률적(nonstochastic) 속성을 만족시킬 수 없는 변수라는 문제를 안고 있다. 뿐만 아니라 Y_{t-1}의 계수(ρ)와 X_t의 계수(β)의 곱이 X_{t-1}의 계수($\beta\rho$)와 같아져야 한다는 제약조건이 만족되어야 한다는 부담이 있다. 이러한 문제 등을 감안하여 $\hat{\rho}$과 $\hat{\beta}$값을 일종의 탐색방법(search technique)에 의거 산출하도록 권고하고 있다. 즉, $\hat{\rho}=\hat{\rho}^*$라 놓고 $(Y_t - \hat{\rho}^* Y_{t-1})$를 $(X_t - \hat{\rho}^* X_{t-1})$에 대해 OLS를 실시하여 $\hat{\beta}$를 구하되, $\hat{\rho}$ 값을 계속 변화시켜 가며 여러 쌍의 $\hat{\rho}^*$과 $\hat{\beta}$ 값을 구한 다음 오차자승합(SSE; sum of squared error)이 최소인 것을 선정하는 것이다.

3. Prais-Winston 추정방법

이 방법은 일단 앞서 두 방법 중 하나를 활용하여 $\hat{\rho}$ 값을 도출한 후 다음과 같은 정의식에 근거한 GLS를 적용하는 방법이다.

$$\begin{aligned}\epsilon_t &= \rho\epsilon_{t-1} + v_t \\ &= \rho(\rho\epsilon_{t-2} + v_{t-1}) + v_t \\ &\vdots\end{aligned}$$

$$= \rho^n \epsilon_{t-n} + \sum_{i=0}^{n-1} \rho v_{t-i} \tag{7.41}$$

$$E[\epsilon_t \epsilon_{t+\tau}] = \frac{\sigma_v^{\ 2}}{1-\rho^2} \begin{bmatrix} 1 & \rho & \cdots & \rho^{n-1} \\ \rho & 1 & \cdots & \\ & \cdots\cdots & \cdots\cdots & \\ \rho^{n-1} & \cdots & \rho & 1 \end{bmatrix}$$

$$= \frac{\sigma_v^{\ 2}}{1-\rho^2} \Omega \tag{7.42}$$

즉, 도출된 $\hat{\rho}$값으로 오차항의 분산-공분산행렬(variance-covariance matrix)을 일단 구성한다.

$$\hat{\Omega} = \begin{bmatrix} 1 & \hat{\rho} & \hat{\rho}^2 & \cdots & \hat{\rho}^{n-1} \\ \hat{\rho} & 1 & \hat{\rho} & \cdots & \\ \hat{\rho}^2 & \hat{\rho} & 1 & \cdots & \\ & \cdots\cdots & \cdots\cdots & \cdots & \\ \hat{\rho}^{n-1} & & & \hat{\rho} & 1 \end{bmatrix} \tag{7.43}$$

이 행렬의 역행렬은

$$\hat{\Omega}^{-1} = \frac{1}{1-\hat{\rho}^2} \begin{bmatrix} 1 & -\hat{\rho} & 0 & 0 & \cdots & 0 & 0 & 0 \\ -\hat{\rho} & (1+\hat{\rho}^2) & -\hat{\rho} & 0 & \cdots & 0 & 0 & 0 \\ 0 & -\hat{\rho} & (1+\hat{\rho}^2) & -\hat{\rho} & \cdots & 0 & 0 & 0 \\ & \cdots\cdots & \cdots\cdots & & & & -\hat{\rho} & 0 \\ & & & & & -\hat{\rho} & (1+\hat{\rho}^2) & -\hat{\rho} \\ 0 & 0 & 0 & 0 & \cdots & 0 & -\hat{\rho} & 1 \end{bmatrix} = P^T P \tag{7.44}$$

이며, 이를 만족시키는 비특이행렬(non-singular) P 는 다음과 같다.

$$P=\sqrt{\frac{1}{1-\hat{\rho}^2}}\begin{bmatrix} \sqrt{1-\hat{\rho}^2} & 0 & 0 & \cdots & 0 \\ -\hat{\rho} & 1 & 0 & \cdots & 0 \\ 0 & -\hat{\rho} & 1 & \cdots & 0 \\ & \cdots\cdots\cdots\cdots\cdots & & & 0 \\ & & -\hat{\rho} & 1 & 0 \\ 0 & \cdots\cdots & 0 & -\hat{\rho} & 1 \end{bmatrix} \tag{7.45}$$

이제 $Y^*=PY$, $X^*=PX$로 전환한 다음 OLS를 적용하면 Aitken의 feasible GLS 추정량이 된다.[1] 따라서 그 결과는 $\hat{\beta}_{\text{GLS}}=(X^T\hat{\Omega}^{-1}X)^{-1}X^T\hat{\Omega}^{-1}Y$에 의해 $\hat{\beta}_{\text{GLS}}$값을 추정했을 때와 같아진다. 일단 이처럼 GLS를 실시한 다음 발생하는 회귀오차를 이용하여 지금까지의 과정을 반복한다. 이 반복과정은 $\rho=0$이 인정될 때까지 계속되며, 이 반복과정은 반드시 $\rho=0$으로 볼 수 있는 상황에 도달할 수 있게 해 준다. 즉, 수렴(convergence)이 보장되는 방법이다.

4. Cochrane-Orcutt 방법

이 방법은 OLS를 이용하는 첫번째 추정방법이 갖는 한계성을 보완한 방법이라 할 수 있으며, 다음과 같은 절차에 따라 추정한다.

첫째, 원래 회귀방정식에 OLS를 실시하여 e_t와 e_{t-1}을 구한다.

둘째, $e_t=\rho e_{t-1}+v_t$라는 회귀식을 설정한 다음 역시 OLS를 이용한 ρ의 추정량을 구한다.

셋째, $\hat{\rho}$ 값을 이용하여 원래 식을 일반차분함수전환(generalized differencing transformation)한다.

$$Y_t^*=\alpha^*+\beta X_t^*+v_t \tag{7.46}$$

$$(\text{단, } Y_t^*=Y_t-\hat{\rho}Y_{t-1} \qquad X_t^*=X_t-\hat{\rho}X_{t-1}$$
$$v_t=\epsilon_t-\hat{\rho}\epsilon_{t-1} \qquad \alpha^*=\alpha(1-\hat{\rho}))$$

넷째, 윗식에다 OLS를 실시하여 일단 $\hat{\beta}$ 값을 구한다.

다섯째, 앞 단계에서 산출한 $\hat{\beta}$ 값을 원래 회귀식에 대입하여 새로운 회귀

---

1) $(X^{*\prime}X^*)^{-1}X^{*\prime}Y^*=(X'P'PX)^{-1}X'P'PY$
$\qquad=(X'\hat{\Omega}^{-1}X)^{-1}X'\hat{\Omega}^{-1}Y$

오차를 구한다. 즉, $\hat{\hat{\epsilon}}_t = Y_t^* - \hat{\alpha}^* - \hat{\beta} X_t^*$

여섯째, 위에서 도출한 $\hat{\hat{\epsilon}}_t$과 $\hat{\hat{\epsilon}}_{t-1}$을 이용하여 다시 다음 식에 OLS를 실시하고 두 번째로 ρ의 추정량을 구한다.

$$\hat{\hat{\epsilon}}_t = \rho \hat{\hat{\epsilon}}_{t-1} + v_t^*$$

일곱째, 새로 추정된 ρ의 추정치를 활용하여 함수전환을 실시하고, 이어서 OLS를 적용하여 새로운 β 추정치를 구한다.

여덟째, 이상과 같은 방법을 $H_0 : \rho = 0$을 (예컨대, d 검정에 의해)채택할 수 있거나 단순히 $\hat{\rho} \le$(0.001 또는 0.005) 정도가 될 때까지 실시하여 최종적인 β의 추정치를 구하다(대부분 3~4 차례 반복하면 이 단계에 도달함). 이 방법 또한 수렴(convergence)이 보장된다. 그러나 최종적인 β의 추정량이 반드시 오차자승합(SSE)을 최소화시키지는 못한다. 한편, 이 방법에 의해 최종적으로 채택 활용된 ρ를 이용하여 함수전환하고 OLS를 실시할 경우의 추정결과는 Prais-Winston 방법에 의한 최종적 GLS 추정 결과와 거의 같아진다. 그러나 이 방법이 계산상 훨씬 간편하기 때문에 이 방법이 가장 자수 쓰이고 있다.

5. 기타 방법

지금까지 소개한 방법 외에도 자기상관문제에 대응하는 추정방법이 여럿 있다. 그 중 자주 소개되는 것으로 다음과 같은 것들이 있다.

5.1 최우추정법

이상에서 소개한 반복추정방식을 지양하고 우도함수를 설정하여 이의 극대화를 만족시키는 최우추정법이 있다. 그러나 이 방법은 비선형추정과정을 요하는 것이어서 사용빈도가 높지 않다.

5.2 Hildruth-Lu 방법

이 방법은 일종의 탐색방법(search technique)에 속하는 것으로 단순히 ρ가 취할 수 있는 모든 값의 영역을 동시에 고려해 보는 방법이다. 즉, 일단 자기상관이 판정되면 $\rho = \pm 0.1,\ \pm 0.2,\ \pm 0.3,\ \cdots,\ \pm 0.9,\ \pm 1$이라 보고, 각 경우에 대응하는 함수전환을 실시한 다음 OLS를 적용한다. 그리고 추정된 결과들 중 SSE

가 최소인 $\hat{\rho}$값을 선정한다. 이어서 선정된 값(예컨대, 0.8)을 중심으로 새로운 값들(예컨대, 0.71, 0.72, …, 0.80, 0.81, 0.82, …, 0.89)을 대입하고 각각에 대응하는 함수전환식을 마련하여 OLS를 실시한 다음 역시 SSE가 최소인 추정식을 최종적으로 채택한다.

그러나 이 방법은 이해하기는 쉬우나 시간이 많이 소요되고 추정과정이 비효율적인데다가 최종적으로 채택된 결과가 반드시 SSE의 전역적인 최소치(global minimum of SSE)를 보장하지 못한다는 등의 문제가 있다.

5.3 Durbin-Watson 통계량 이용법

유의할 만한 자기상관의 존재를 판정하기 위해 제시된 Durbin과 Watson의 검정통계량 d를 이용하여 대응방안을 마련할 수도 있다. 즉, $d \fallingdotseq 2(1-\hat{\rho})$과 같은 식을 $\hat{\rho}$에 대하여 다시 전개하면 $\hat{\rho} \fallingdotseq 1-\frac{d}{2}$가 되는데, 이렇게 산출된 $\hat{\rho}$ 값을 이용하여 원래 식을 함수전환하고, 이어서 OLS를 실시하는 추정방법을 생각할 수 있다. 그런데 이 방법은 소표본의 경우($n<15$) 적용의 한계가 있으며, 따라서 Theil과 Nagar는 다음과 같은 식을 대신 사용하여 $\hat{\rho}$ 값을 도출할 것을 제안하고 있다. 물론 이 식의 값은 n이 아주 커지면 $1-\frac{d}{2}$에 접근한다.

$$\hat{\rho}=\frac{n^2\left(1-\frac{d}{2}\right)+k^2}{n^2-k^2} \Rightarrow 1-\frac{d}{2} \quad \text{as} \quad n \to \infty \tag{7.47}$$

(단, n : 표본크기 k : 설명변수의 개수)

이 외에도 최근에는 허구적 상관현상과 관련하여 공적분(cointegration) 추정법이나 ARCH 모형(autoregressive conditional heteroscedasticity model) 추정법 등 새로운 방법들이 개발되어 사용되고 있다. 공적분 모형과 관련된 논의는 제16장에 소개하였다.[1)]

1) ARCH 모형은 금기의 오차항의 값이 과거 오차항값과 함수관계에 있을 경우, 실제로는 오차항에 자기상관현상이 없음에도 불구하고 d검정 등에서 자기상관현상이 심각한 것으로 나타나는 경우에 이른바 ARCH 효과를 제거하는, 즉 일종의 허구적 자기상관(spurious autocorrelation)을 적절히 파악하여 대처하는 분석방안이다. 한편, 우리가 자기상관현상을 해소하기 위한 방안의 하나로 원자료를 1차차분하여 전환시킨 다음 OLS를 적용할 경우 예상되는 가장 심각한 문제는 장기적 추세변동에 관한 자료를 상실한다는 점이다. 바로 이러한 문제를 해소하기 위한 방법이 공적분모형추정법이다. 보다 자세한 내용은 Maddala(1989), *ibid.*, pp. 216~219를 참조하거나 본서의 제16장을 참고할 것.

제 5 절 자기상관에 관한 새로운 접근방안

1. 강·자기상관 표준오차 활용법(serial correlation-robust inference after OLS)

제 6 장에서 이분산 문제에 대한 새로운 접근방안을 소개하면서 강·이분산 표준오차 활용방안에 대하여 살펴본 바 있다. 이는 이분산 현상이 편의(bias)나 불일치성(inconsistency)과 같은 문제를 유발하지는 않으며, 단지 $\hat{\beta}$의 분산, 즉 $Var(\hat{\beta})$가 편의를 갖는 문제가 발생할 뿐이라는 사실에 근거한 접근법이었다. 즉, ① OLS 추정량은 표준오차(s_e)는 바로 편의가 발생한 $Var(\hat{\beta})$ 값에 의존하므로 이에 근거한 통상적인 t검정이나 구간추정이 의미를 상실한다는 사실, 그리고 ② 이러한 문제점은 이른바 가중최소자승법에 의해 해소될 수 있다는 사실, ③ 그러나 현실적으로 이분산의 함수형태를 적절히 설정할 수 없어 여전히 WLS 추정의 경우에도 통계적 추정에 한계가 있다는 점, ④ 따라서 이른바 이분산 현상에 효율적으로 대응할 수 있는 이른바 강·이분산 표준오차(heteroskedasticity-robust standard error : HRSE) 개념을 창출하여 대응하는 방안을 확인한 바 있다.

자기상관발생시(예컨대 AR(1), 즉 오차항이 1차 자기회귀적일 경우) 우리는 자기회귀계수(ρ)와 오차항의 분산(σ^2)에 관한 추정치($\hat{\rho}$과 $s_e^{\ 2}$)를 이용하여 이른바 GLS 추정을 하게 된다. 이러한 접근방안은 오차항의 자기상관이 1차 자기회귀적($\epsilon_t = \rho\epsilon_{t-1} + \nu_t$)이고 동분산 조건(homoskedasticity)이 충족된다는 가정하에 수행하는 추정방식이다. 본 절의 후반부에서는 이러한 두 가정을 모두 완화(relax)시켜가며 접근하는 방안을 고려해 볼 것이다. 우선 본 항에서 자기상관현상의 구체적 함수형태를 현실적으로 확인할 수 없다고 보고 자기상관현상에 효율적으로 대응할 수 있는 이른바 강·자기상관 표준오차(serial correlation-robust standard error : SCRSE) 개념을 창출하여 대응하는 방안을 살펴보고자 한다.[1)]

추정할 회귀방정식이 다음과 같다고 하자.

$$Y_t = \beta_0 + \beta_1 X_{1t} + \cdots + \beta_k X_{kt} + \epsilon_t \tag{7.48}$$

1) 이분산과 자기상관이 모두 존재할 경우에 대한 접근 방안은 R. Davidson and J. G. Mackinnon(1993), *Estimation and Inference in Econometrics*, New York : Oxford University Press.을 참조할 것.

그리고 이 식을 OLS로 추정한다. 자기상관에 강한 $\hat{\beta}_1$의 표준오차($s_{\hat{\beta}_1}$ 또는 $s_e(\hat{\beta}_1)$)를 도출하는 과정을 모색해 보기로 한다.

우선 첫 번째 단계에서는 X_{1t}를 여타 설명변수들에 대해 회귀분석하는 모형을 설정한다.

$$X_{1t} = \sigma_0 + \sigma_2 X_{2t} + \cdots + \sigma_k X_{kt} + \gamma_t \tag{7.49}$$

(단, γ_t는 평균이 0이고, X_{2t}, …, X_{kt}와는 독립적이라 가정)

그러면 $\hat{\beta}_1$의 OLS 추정량의 점근적 분산(asymptotic variance of the OLS estimator $\hat{\beta}_1$)은 다음과 같아진다.1)

$$Avar(\hat{\beta}_1) = \sum_{t=1}^{n} E(\gamma_t^2)^{-2}\ \mathrm{Var}(\sum_{t=1}^{n} \gamma_t \epsilon_t) \tag{7.50}$$

이 때 계열상관이 없다는 기본가정이 충족된다면 $\{a_t = \gamma_t \epsilon_t\}$가 계열상관이 없게 된다. 그리고 동분산하의 OLS 표준오차나 강·이분산 표준오차를 이용한 접근이 유효한 상태가 될 것이다. 그러나 기본가정(no serial correlation)이 충족되지 못하면, $Avar(\hat{\beta}_1)$는 a_t와 a_s(단, $t \neq s$) 간의 상관관계를 설명해야 한다. 그런데 통상적으로 두 기간 간의 거리가 멀수록 이들 간의 상관도가 본질적으로 0에 가까워진다고 볼 수 있다.

이상과 같이 가정하에 $Avar(\hat{\beta}_1)$는 다음과 같이 추정된다. 우선 $s_e(\hat{\beta}_1)$는 원래의 방정식 (7.48) 추정에서 도출한 통상적인(따라서 자기상관을 고려하지 못한 부정확한) OLS 표준오차, 그리고 s_e는 통상적인 표준회귀오차를 나타내며, $\hat{\gamma}_t$는 두 번째 보조 방정식에서의 잔차항을 각각 나타내도록 하자. 이 때 (임의) 선정된 g(양의 정수임)에 대해 다음과 같은 정의식을 설정키로 한다.

$$\hat{\nu} = \sum_{t=1}^{n} \hat{a}_t^2 + 2\sum_{h=1}^{g}\left[1 - \frac{h}{(g+1)}\right]\left(\sum_{t=h+1}^{n} \hat{a}_t - \hat{a}_{t-h}\right) \tag{7.51}$$

(단, $\hat{a}_t = \hat{\gamma}_t \hat{\epsilon}_t$, $t = 1, 2, \cdots, n$)

그리고 g는 표준오차 산출시 자기상관을 허용하는 정도를 결정해 주는 정수이

1) Jefferey M. Wooldridge(2000), *Introductory Econometrics : A Modern Approach*, South-Western.

다. 일단 식 (7.51)과 같이 $\hat{\nu}$가 산출되면 $\hat{\beta}_1$의 강 · 자기상관 표준오차($s_{e_\gamma}(\hat{\beta}_1)$, 또는 $SCRSE(\hat{\beta}_1)$)는 다음과 같이 정의된다.

$$SCRSE(\hat{\beta}_1) = s_{e_\gamma}(\hat{\beta}_1) = [s_e(\hat{\beta}_1)/s_e]^2\sqrt{\hat{\nu}} \tag{7.52}$$

그런데 식 (7.51)에서 $\hat{\nu}$는 g값이 1, 또는 2가 될 경우에는 다음과 같아진다.

$$g = 1 \text{이면 } \hat{\nu} = \sum_{t=2}^{n} \hat{a}_t^2 + \sum_{t=2}^{n} \hat{a}_t \widehat{a_{t-1}} \tag{7.53}$$

$$g = 2 \text{이면 } \hat{\nu} = \sum_{t=1}^{n} \hat{a}_t^2 + \frac{4}{3} \cdot \sum_{t=2}^{n} \hat{a}_t \widehat{a_{t-1}} + \frac{2}{3} \cdot \sum_{t=3}^{n} \hat{a}_t \widehat{a_{t-1}} \tag{7.54}$$

물론 g값이 커질수록 자기상관을 시정하기위해 더 많은 항목이 고려된다.

한편 식 (7.52)에서 $S_{e_\gamma}(\hat{\beta}_1)$은 이분산에 강한 표준오차성격을 아울러 갖고 있음을 알 수 있다. 사실 식 (7.51)에서 두 번째 항을 제외시키면 전형적인 강 · 이분산 표준오차(제 6 장에서 논의한 HRSE)와 같아진다.

그런데 식 (7.52)에서의 $S_{e_\gamma}(\hat{\beta}_1)$은 일단 자기상관의 구체적 형태를 알지 못한다는 가정하에 정의된 것이어서 적절한 g값을 선정하기가 어렵다. 단지 일반적으로 표본크기(n)가 커질수록 g값도 커질 것이라 상정할 수 있을 뿐이다. 지금까지의 연구에 따르면 연도별 자료 사용시에는 아주 작은 g값(예컨대 1, 또는 2)만으로 대다수 자기상관을 설명할 수 있는 것으로 밝혀졌다. 한편, 분기별 자료의 경우에는 $g=4$, 또는 8, 그리고 월별 자료의 경우에는 $g=12$, 또는 24가 권장되고 있다.[1)]

결국 지금까지의 내용을 요약하여 $SCRSE(\hat{\beta}_1)$ 산출과정을 정리해 보면 다음과 같다.

i) 원추정식(식 (7.48))을 OLS로 추정한 다음 $s_e(\hat{\beta}_1)$과 s_e, 그리고 잔차항 $\hat{\epsilon}$값을 산출한다.

ii) 보조방정식에 대한 회귀분석에서 잔차항 $\hat{\gamma}_t$를 산출한 다음 $\hat{a}_t = \hat{\gamma}_t \hat{\epsilon}_t$를 도출한다.

iii) 적절한 g값을 선정한 다음 식 (7.51)과 같이 정의된 $\hat{\nu}$값을 구한다.

1) 학자에 따라서는 $4(n/100)^{2/9}$, 또는 $n^{1/4}$를 제시하기도 하였다.

iv) 마지막으로 식 (7.52)와 같이 정의된 $s_{e_{\gamma}}(\hat{\beta}_1)$을 산출한다.

일반적으로 자기상관 존재시 실증분석을 수행하며 *SCRSE*는 $s_e(\hat{\beta}_1)$값보다 크다. 대부분의 경우 정의 자기상관이 존재하기 때문이다. 단, *SCRSE* 값은 자기상관현상이 극심할수록, 그리고 표본 크기가 작을수록 효율성이 떨어지는 경향이 있다는 점, 그리고 g값의 선정이 항상 임의성이 동반된다는 점 등의 한계가 있음에 유의할 필요가 있다.

2. 이분산과 자기상관현상이 동시에 존재할 경우 대응방안

이번에는 이분산과 자기상관이 동시에 존재하는 상황에 대처하는 방안에 대하여 살펴보기로 한다.

그런데 일반적으로 자기상관은 이분산보다 중요한 문제로 인식된다. 자기상관이 표준오차나 추정량의 효율성에 미치는 효과가 이분산의 경우보다 훨씬 크기 때문이다. 따라서 통산적인 검정에서 자기상관현상이 심각한 경우로 판정되면 코크란 오르캇(C/O) 함수전환과정을 거쳐 추정하되, 전환식에서 강·이분산 표준오차(HRSE) 개념과 이에 근거한 검정, 심지어는 Breusch-Pagan 검정이나 White 검정에 의한 이분산 검정을 수행할 수도 있다.

또는, 아예 이분산과 자기상관을 동시에 고려하여 WLS와 C/O 추정과정을 함께 적용할 수도 있다. 예컨대 아래와 같은 추정모형을 고려해 보자.

$$Y_t = \beta_0 + \beta_1 X_{1t} + \cdots + \beta_k X_{kt} + \epsilon_t \tag{7.55}$$

$$\epsilon_t = \sqrt{h_t}\,\nu_t$$

$$\nu_t = \rho\nu_{t-1} + u_t,\ |\rho| < 1$$

단, 설명변수는 u_t와 독립적이고 h_t는 X_{it}의 함수로 가정한다. u_t는 평균이 0이고 분산은 σ_u^2로 일정하며, 자기상관이 없는 것으로 본다. 그리고 ν_t는 AR(1) 과정으로 정의한다. 그러면

$$\text{Var}(\epsilon_t) = \sigma_\nu^2 h_t$$

$$(\text{단, } \sigma_\nu^2 = \sigma_u^2/(1-\rho^2))$$

따라서 $\nu_t = u_t/\sqrt{h_t}$는 동분산을 갖는 AR(1) 모형이 된다. 그러면 상기 추

정식은 아래와 같이 함수전환이 가능하며,

$$Y_t/\sqrt{h_t}=\beta_0(1/\sqrt{h_t})+\beta_1(X_{1t}/\sqrt{h_t})+\cdots+\beta_k(X_{kt}/\sqrt{h_t})+\nu_t \quad (7.56)$$

이 때 식 (7.56)은 AR(1) 오차항을 갖는다. 이상과 같은 인식에 근거하여 WLS와 GLS를 동시에 활용하는 접근방안은 아래와 같이 정리할 수 있다.

i) 식 (7.55)를 OLS로 추정한 다음 잔차항($\hat{\epsilon}_t$)을 저장함.

ii) $\hat{\epsilon}_t^2$을 X_{1t}, $\cdots$, X_{kt}(또는 $\hat{Y}_t$와 $\widehat{Y_t^2}$)에 대해 회귀분석을 하여 산출된 값(fitted value)을 $\hat{g}_t$이라 정의하여 저장함.

iii) 다음에는 $\hat{h}_t=\exp(\hat{g}_t)$과 같아지는 관계식을 통해 h_t값을 추정함.

iv) 마지막으로 함수전환된 식 (7.56)을 C/O이나 PW(Prais-Winston)방법을 통해 추정한다.

이상과 같은 과정을 통해 도출된 feasible GLS 추정량은 점근적 효율성을 갖는다. 더욱 중요한 것은 C/O나 PW 추정에서 도출된 표준오차나 검정통계량 값들 또한 점근적으로 유효(asymptotically valid)하다는 사실이다.

3. 고차 자기상관

사실 자기상관의 적절한 함수형태를 사전적으로 알 수는 없는 것인데도 불구하고 통상적으로는 1차자기회귀(AR(1)) 형태로 파악하여 대응하는 방안이 일반적으로 활용되고 있다. 그러나 논리적으로는 보다 일반적인 고차자기회귀(AR(p), $p>1$) 형태의 자기상관현상을 파악하여 시정할 수도 있다. 이하에서는 AR(2) 자기회귀상관유형을 중심으로 이러한 상황에 대응하는 방법을 살펴보고자 한다.

$$\epsilon_t=\rho_1\epsilon_{t-1}+\rho_2\epsilon_{t-2}+u_t \quad (7.57)$$

상기 모형이 안정적이기 위해서는 아래의 조건이 충족되어야 한다.[1)]

$$\rho_2>-1,\ \rho_2-\rho_1<-1,\ \rho_1+\rho_2<1$$

이 때 자기상관현상을 제거하기 위해서는 다음과 같은 함수전환이 필요하

1) 본서 제14장 4절 참고.

다(단, $t>2$로 가정).

$$Y_t-\rho_1 Y_{t-1}-\rho_2 Y_{t-2}=\beta_0(1-\rho_1-\rho_2)+\beta_1(X_t-\rho_1 X_{t-1}-\rho_2 X_{t-2})+u_t \quad (7.58)$$

또는,

$$\widetilde{Y}_t=\beta_0(a-\rho_1-\rho_2)+\beta_1\widetilde{X}_t+u_t, \quad t=3,\ 4,\ \cdots,\ n \quad (7.59)$$

만일, ρ_1과 ρ_2값을 안다면 상기식에 OLS를 적용하여 추정할 수 있다. 그러나 ρ_i값은 알려져 있지 않으므로 이들을 우선 추정해야 한다. 통상적으로는 OLS 잔차항, $\hat{\epsilon}_{t-1}$을 활용하여 $\hat{\rho}_1$과 $\hat{\rho}_2$을 구하게 된다. 즉, $\hat{\epsilon}_t$을 $\hat{\epsilon}_{t-1}$와 $\hat{\epsilon}_{t-2}$에 대해 회귀분석을 함으로써 $\hat{\rho}_1$과 $\hat{\rho}_2$값을 추정한다. 그리고 이처럼 추정된 $\hat{\rho}_i$값을 식 (7.58)에 대입한 다음 추정하면 결과적으로 feasible GLS 추정량을 얻게 된다. 이러한 추정과정은 설명 변수가 2개 이상일 경우에도 쉽게 확대 적용할 수 있다.

다행한 것은 대다수 계량경제 분석용 컴퓨터프로그램들은 AR(p) 오차항 처리방안이 내재되어 있어 연구자가 직접 함수전환과정을 거쳐 GLS 추정을 시도할 필요가 없다.

제 6 절 실증분석 예 : 투자승수

국민소득 결정이론의 내용 중에서 특히 주목을 받아온 부분은 투자나 정부지출 및 수출의 변화가 국민소득(YXV)에 미치는 영향에 관한 이른바 승수이론 부분이다. 예컨대, 투자지출의 국민소득 수준에 대한 영향은 투자승수에 의해 설명되며 다음과 같은 식으로 표현된다.

$$k=\frac{\Delta \mathrm{YXV}}{\Delta \mathrm{IBFXV}}=\frac{1}{1-\mathrm{MPC}}=\frac{1}{\mathrm{MPS}} \quad (7.60)$$

(단, YXV : 총국민소득, IBFXV : 민간고정투자,
MPC : 한계소비성향, MPS : 한계저축성향,
그리고 IXV : 민간총투자임.)

그러나 식 (7.60)은 민간부문만을 고려한 경우의 투자승수이며, 정부부문과 해외부문을 포함시킬 경우에는 다음과 같이 변화한다.

정부부문 포함시의 투자승수 :

$$\frac{\Delta \text{YXV}}{\Delta \text{IXV}} = \frac{1}{1-c(1-t)} \tag{7.61}$$

(단, c는 MPC, t는 조세율임)

해외부문 포함시의 투자승수 :

$$\frac{\Delta \text{YXV}}{\Delta \text{IXV}} = \frac{1}{1-c(1-t)+m} \tag{7.62}$$

(단, m은 한계수입성향)

식 (7.61)과 (7.62)에서 $t<1$, $0<m<1$이므로 투자승수의 크기는 정부부문과 해외부문을 포함하여감에 따라 점차 감소하게 된다.

이상과 같은 투자승수 이론에 근거하여 투자가 소득에 미치는 승수효과(multiplier effect)를 분석코자 다음과 같은 회귀모형을 설정하여 OLS로 추정하여 보았다(자료디스켓에 있는 분기별 자료를 사용함).

$$\text{YXV}_t = 3{,}581.238 + 2.891\ \text{IBFXV}_t$$

(17.136)	(57.378)	(t값)
(208.9894)	(0.0504)	(표준오차)

$R^2 = 0.978$ $d = 0.577$

유의성 검정을 위한 t값이 커서 회귀계수가 모두 유의적이며, R^2 또한 F검정을 시도할 필요가 없을 정도로 높아 투자와 소득 간의 선형관계는 매우 안정적이라 볼 수 있다. 만일 고전적 회귀분석이 근거하고 있는 모든 기본가정이 충족될 경우, 위 추정 결과에서 투자승수는 약 2.891의 크기를 갖는 것으로 결론지을 수 있을 것이다.

여기서 잠시 제 3 장에서 소개한 바 있는 소비함수 추정 결과를 다시 고려해 보자.

$$\text{CPXV}_t = 1{,}448.233 + 0.695\ \text{YDXV}_t$$

(9.487) (51.932)

$R^2 = 0.973$ $d = 1.711$

이 추정식에 의하면 한계소비성향은 0.695로 나타나 있다.

그림 7-7 오차항의 분포도

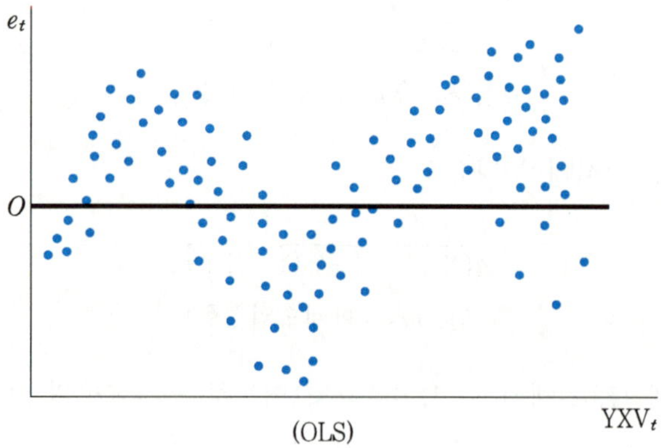

투자승수의 크기를 $\frac{1}{1-MPC}$로 보면 $\frac{1}{1-0.695}=3.274$가 될 것이지만, 상기 모형에서는 정부 및 해외부문이 암묵적으로 고려되었으므로 실제 투자승수의 크기는 $\frac{1}{1-c(1-t)+m}$로 3.274보다는 작은 값을 갖게 될 것인바, 식 (7.62)에서 도출된 투자승수의 추정치는 일단 그 절대값 측면에서 볼 때 큰 무리가 없어 보인다. 그러나 상기 추정 결과는 d값이 매우 낮아 귀무가설 $H_0: \rho=0$을 수용하기 어렵다. 즉, 위 추정 결과에 나타난 d값 0.577은 관측치수가 76일 경우 $\alpha=1\%$ 또는 5%에 대응하는 d임계치(d_L) 1.45와 1.60보다 훨씬 낮아 결국 정의 자기상관이 존재하는 것으로 보아야 할 것이다(부표 G 참조, 여타 검정방법의 활용 결과는 연습문제 [12]로 돌린다).

오차항의 분포를 종속변수(YXV)와 대비한 산포도 형태로 표현한 것이 그림 7-7이다. 그림에서 우리는 정의 자기상관현상을 쉽게 확인할 수 있다.

일단 정의 자기상관현상이 확인되었으므로 이에 대한 보편적인 대응추정 방안인 Cochrane-Orcutt 방법에 의해 재추정을 실시한 결과 다음을 얻었다(여타 추정방법의 적용 결과는 연습문제 [15]로 돌린다).

$$YXV_t = 258{,}557.0 + 0.5005\ IBFXV_t$$

(4.758)	(2.269)	(t값)
(54,343.1308)	(0.2206)	(표준오차)

$$R^2 = 0.995 \qquad d = 2.424$$

$$\hat{\rho} = 0.999$$
$$(92.748)$$

(단, ( ) 안 숫자는 t값)

재추정 결과 R^2값이 개선되고 d값도 2에 많이 접근하여 자기상관현상이 많이 완화된 것으로 볼 수 있다. 이 때 d값 2.424는 2보다 크므로 이번에는 다음과 같은 가설을 검정하게 된다.

$$H_0 : \rho = 0$$
$$H_A : \rho = -1$$

상기 가설검정을 위한 $\alpha = 1\%$와 5%에서의 임계치는 $(4 - d_L) = (4 - 1.45)$와 $(4 - 1.60)$으로 각각 2.55와 2.40이 된다. 그리고 미확정 영역의 임계치는 $(4 - d_U) = (4.0 - 1.50)$과 $(4 - 1.65)$로 각각 2.5와 2.35가 된다. 따라서

$\alpha = 1\%$ 경우 : $d > 2.55$면 대립가설을 채택(즉, 부의 자기상관 인정)하고, $2.5 < d < 2.55$면 미확정, 그리고 $d < 2.5$이면 귀무가설 채택(자기상관 없음).

$\alpha = 5\%$ 경우 : $d > 2.40$이면 대립가설 채택(부의 자기상관), $2.35 < d < 2.40$이면 미확정, $d < 2.35$이면 귀무가설 채택(자기상관 없음)과 같은 기준이 설정된다.

그런데 상기 추정 결과에서 산출된 d값은 2.424이므로 $\alpha = 5\%$ 수준에서는 귀무가설을 채택 가능하나 $\alpha = 1\%$수준에서는 대립가설을 채택하게 된다. 그러나 총체적으로 이전의 추정 결과에서보다는 자기상관현상이 많이 해소된 것임에는 분명하다. 이러한 결론은 새로운 추정식에 근거한 오차항의 산포도인 그림 7-8을 보면 더욱 확실히 알 수 있다.

한편, 두 추정식에서 $\hat{\beta}_{\text{OLS}}$의 분산(0.0504^2)이 $\hat{\beta}_{\text{GLS}}$의 분산(0.2206^2)보다 작게 계측되었는데, 이는 OLS 추정량의 분산이 갖는 하향편의 현상에 기인하는 것이다.

그런데 문제는 새 추정식에서의 투자승수 추정치가 0.5005로 한계소비성향 수준(0.695)을 감안할 때 납득하기 힘들 만큼 낮아진 것으로 평가된다. 따라서 최종적인 결론은 보다 상세한 분석을 수행해 보기 전까지는 유보해야 할 것이다.

본 예제에서 확인된 오차항의 자기상관적 현상은 일단 실제적인 자기상관

그림 7-8 Cochrane-Orcutt 적용시 오차항의 분포

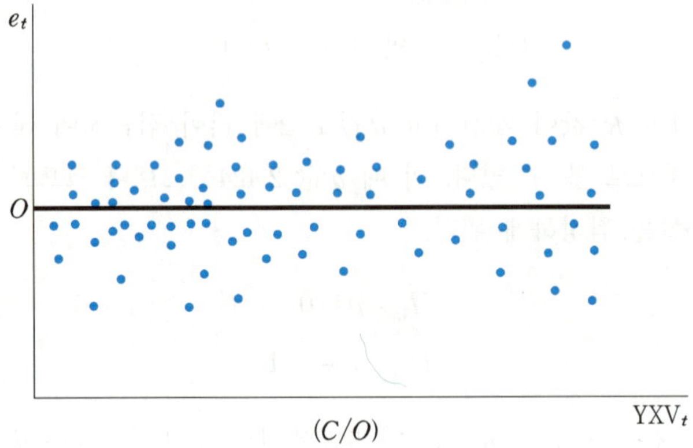

에 기인하는 것이 아니라고 보아야 할 것이다. 그림 7-8에 나타난 오차항의 분포 형태를 관찰해 보면 70년대 후반부터 80년대 초반에 걸쳐 부의 오차가 집중적으로 발생하고 있는데, 이는 자기상관현상에 근거한다기보다는 오히려 당시 한국이 겪었던 제2차 석유위기와 10·26 사태를 전후로 한 정치·경제·사회적인 불안정에 기인한다고 볼 수 있을 것이다.

제 4 절에서도 일차 지적한 바 있듯이 바로 이러한 예에서 우리는 일종의 허구적 상관(spurious correlation)현상의 한 예를 볼 수 있으며, 이러한 경우 자동적인 Cochrane-Orcutt 추정법과 같은 GLS 추정법의 적용은 부적당하다고 볼 수 있다. 이와 같은 문제에 대한 대응방안은 제 8 장과 제21장 등에서 다루어질 것이므로 여기서는 생략키로 한다.

제 7 절 요 약

회귀분석을 수행함에 있어 가장 자주 문제시되는 것이 바로 자기상관현상이라 할 수 있다. 자기상관은 지속성이 있는 행태, 거미집현상, 그리고 자료의 조작, 시차를 두고 나타나는 파급효과 등으로 인해 주로 발생하며, 특히 시계열 자료를 사용할 경우 빈번하게 나타난다.

시계열현상의 존재 여부를 일단 무시하거나 모르고 통상적인 OLS를 적용할 경우 그 추정량은 불편성은 유지되나 추정량의 분산은 편의가 발생하게 되

어 전통적인 t검정이나 F검정은 물론 신뢰구간 설정 등은 의미를 상실하게 되는 실로 심각한 문제에 봉착한다.

일단 시계열현상의 존재를 확인한 다음 이를 구체적으로 고려하여 OLS를 시행하면 불편성과 일치성은 유지되나 효율성은 상실된다. 이 문제는 일반화최소자승법(GLS)이란 별도의 추정방안을 도입해야 해소될 수 있다.

자기상관현상의 존재와 심각성 여부를 판정하는 방법으로는 도표활용법, Geary의 비모수적 검정법, d검정법 등이 있는데, d검정방법이 대표적인 판정법이라 할 수 있다. 그러나 d검정법은 이른바 판정불가능영역문제가 있으며, 특히 시차를 둔 종속변수가 설명변수로 등장하는 모형과 상수가 없는 회귀모형에는 적용할 수 없다는 문제가 있다. 이러한 문제를 해소키 위한 대응검정방안으로 Theil-Nagar 검정, Durbin의 "h"검정, 분할표활용법 등이 제시되고 있다.

각종 검정방법에 의해 자기상관현상이 유의할 만한 수준인 것으로 판정되면 이를 해소하기 위한 이른바 GLS를 적용하게 되는데, 이 때 문제의 핵심은 과연 자기상관현상의 내용을 어떻게 파악하는가 하는 것이다. 대체적으로 우리는 오차항의 자기상관현상을 1차자기회귀함수로 파악한다. 즉, 금기의 오차가 전기의 오차와 1차함수적으로 상관되어 있다고 보는 것이다. 따라서 일단 그 상관도를 계측하면 GLS 적용이 가능해진다. 이러한 과정에서 상관관계 및 상관도를 계측하는 방법이 다양하게 개발되어 왔으며, 이들 방법이 바로 자기상관현상에 대응하는 구체적 추정방법이 되는 셈이다.

대표적인 추정방안으로는 OLS 추정식 활용방법, Durbin의 추정법, Prais-Winston 추정법, Corchrane-Orcutt 추정법, Hildruth-Lu 추정법, 최우추정법, d값 활용법 등이 있다. 논리상으로는 Prais-Winston 추정법이 가장 뛰어나지만 추정과정이 번거롭다는 문제점이 있는 반면, Cochrane-Orcutt 추정방법은 상대적으로 산출과정이 덜 번거로우면서도 표본 크기가 (아주)작지 않는 이상 그 추정력이 어느 추정방법에도 뒤지지 않는 것으로 밝혀져 가장 자주 활용되고 있다.

한편, 일단 자기상관현상이 유의할 만한 수준으로 판정될 경우 본격적인 GLS를 적용하기에 앞서 원자료를 1차차분한 값으로 전환시킨 다음 OLS를 적용하기도 한다. 그러나 이 방법은 오차항 간의 상관도를 무조건 1로 가정($\epsilon_t = \epsilon_{t-1} + v_t$)하여 활용하는 결과를 초래하므로 그 측정 결과는 GLS에 비해 신뢰도가 떨어질 수밖에 없다. 그리고 만약 오차항에 나타난 자기상관적 현상이 적절한 변수의 제외나 부적절한 함수 형태의 선정 등으로 인한 모형설정상의 오류에 기인할 경우에는 GLS 방법 또한 적절한 대응책이 되지 못한다는 점에 유의할 필요가 있다.

이상과 같은 자기상관에 대한 전통적 접근방안 외에 최근에는 새로운 접근방안이 주목을 받고 있다. 예컨대 카크간-오르캇의 전통적 GLS 추정법을 적용하는 대신 강·자기상관 표준오차 개념을 이용하여 OLS로 추정하는 방법을 들 수 있다. 또한, 자기상관의 함수형태를 고차함수로 인식하여 접근하는 방안 등이 각광을 받고 있다.

□ 보　　론

1. 자기상관과 R^2값의 관계

시계열자료를 이용하여 회귀분석을 실시하는 과정에서 유의할 만한 자기상관을 나타내는 경우에 Cochrane-Orcutt 등의 방법으로 대응하는 것이 관례로 되어 있다. 또는 편의상 일차차분방정식(first-difference equation)으로 전환하여 OLS를 적용하기도 한다. 즉, $Y=f(X)$ 대신 $\varDelta Y=f(\varDelta X)$를 활용하여 자기상관현상을 완화코자 한다. 물론 d값이 0에 가깝다고 보기는 힘드나 상당히 낮은 편이어서 정의 자기상관이 존재하는 것으로 판단될 경우에는 일차차분방정식 대신 $\hat{\rho}\fallingdotseq 1/2(2.0-d)$를 이용하여 $(Y_t-\hat{\rho}Y_{t-1})$을 $(X_t-\hat{\rho}X_{t-1})$에 대하여 회귀분석을 실시하는 것이 합리적이다. 이러한 가정에서 만일,

첫째, $Y=f(X)$추정에서는 낮은 d값이 관측되었으나 높은 R^2이 도출되었고,

둘째, $\varDelta Y=f(\varDelta X)$추정에서는 d값은 개선되었으나 R^2값이 낮아졌다 하자.

이러한 상황이라면 대부분의 분석가들은 R^2값이 높은 첫번째 회귀식을 선택하는 경향이 있다. 이를 R^2 syndrome이라고 칭하기도 한다. 그러나 오히려 분석가는 이른바 설정오류(specification error : 제 8 장 참조)가 발생했을 가능성을 나타내는 낮은 d값에 주의를 기울여야 한다. 만일 둘째 회귀식에서 도출된 R^2값이 아주 낮다면 아마도 이는 두 변수간의 함수관계가 미약한 것으로 판정하는 것이 합당할 가능성이 크다.

C. W. J. Granger와 P. Newbold는 그들의 논문 “Spurious Regressions in Econometrics”(Journal of Econometrics, vol. 2, no. 2(July 1974), pp. 111~120)에서 회귀분석 결과 d.w. 값은 아주 낮으나 R^2값은 거의 1에 가까운 결과를 제공한 서로 독립적이고 무관한 가공의 자료를 1차차분한 다음 재차 OLS를 실시해 본즉 d.w. 값은 거의 2와 같아졌으나 R^2값은 반대로 거의 0에 가까워진 결과를 얻을 수 있었음을 보고한 바 있다. 물론 이 실험은 지극히 의도적이기는 하나 원래자료의 특성, 즉 서로 독립적이어서 함수관계 자체가 없었던 상황은 후자의 추정

결과가 오히려 제대로 반영해 주고 있음을 알 수 있다.

한편 제 5 편 제15장에서 소개될 내용이지만 만일 종속변수(Y_t)와 설명변수(X_t)가 모두 불안정적 변수들로서 $I(1)$에 해당된다면,

$$Y_t = \beta_0 + \beta_1 X_t + \epsilon_t, \ t = 1, \ 2, \ \cdots \tag{1}$$

(단, ϵ_t는 AR(1))

에 대해 OLS 추정을 시도하는 것은 매우 곤란하다(very misleading). 극단적인 경우에 ϵ_t는 확률보행(random walk)을 따르게 되어 $\text{Var}(\epsilon_t)$는 t값에 따라 증가하게 될 것인바 상기식(1)을 그대로 추정하는 것은 아무런 의미가 없다.

이러한 경우에는 아래와 같은 차분화된 방정식을 활용하는 것이 논리적으로 합당하다.

$$\Delta Y_t = \beta_1 \Delta X_t + \Delta \epsilon_t, \quad t = 2, \ \cdots, \ n \tag{2}$$

만일 ϵ_t가 확률보행을 따른다면, $\Delta \epsilon_t$는 평균이 0이고 일정한 분산값을 가지며, 자기상관현상이 해소된 분포를 갖게 될 것이다. 따라서 $\Delta \epsilon_t$와 ΔX_t가 상관관계가 없다는 가정하에 상기식(2)를 OLS로 추정할 수 있다(첫 번째 관측치 손실은 있지만).

한편 비록 ϵ_t가 확률보행모형을 따르지는 않더라고 ρ값이 양수로 매우 큰(1에 가까운) 값을 갖는다면 1차 차분방법은 아주 훌륭한 대응책이 된다. 대부분의 자기상관현상을 제거해 줄 것이기 때문이다. 또한, 차분방정식에서의 OLS 표준오차와 t검정통계량은 원래식에서의 경우보다 훨씬 큰 신뢰를 가질 수 있음을 지적해 둔다.

연습문제

[1] 다음 용어에 대하여 간략히 설명하라.
1) 정의 자기상관과 부의 자기상관
2) 일차차분방정식
3) 일차자기상관
4) d 통계량과 h 통계량
5) Geary의 비모수적 검정법

[2] 자기상관의 주요 발생원인과 유형을 밝혀라.

[3] 자기상관이 존재할 때 이를 무시한 OLS 추정과 이를 고려한 OLS 추정 그리고 GLS 추정량들의 특성을 비교 설명하라.

[4] Durbin-Watson 검정통계량의 한계성의 내용을 밝히고 이를 보완하기 위한 검정방안들을 소개하라.

[5] 자기상관이 유의할 만한 수준일 때 대응할 수 있는 추정방법들을 비교·평가하라.

[6] 자기상관현상을 해소키 위해 원사료를 일차차분하여 전환한 다음 OLS를 적용하는 방법을 적용할 경우 예상되는 주요 문제점은 무엇인가?

[7] 순수한 자기상관현상과 모형설정의 오류(specification error, 제 8 장 참조) 또는 구조변동(structural shift) 등으로 인한 자기상관적 현상은 구분할 수 있는가? 답하고 방법을 밝혀라.

[8] 표본크기가 $n=75$이고 d값이 0.98, 1.40, 2.55, 그리고 3.5와 같을 때 자기상관의 존재 여부를 확인해 보여라(단, 설명변수의 수는 5라고 가정).

[9] 자기상관현상에도 불구하고 OLS로 추정하였을 때에 비해 이러한 문제를 해소시키는 추정방법을 도입하였을 때 오히려 R^2이 저하될 수 있는가? 답하고 그 원인을 밝혀라.

[10] 본문에서 소개한 자기상관현상의 판정방안 이외에도 Likelihood Ratio Test, 설정오류현상에 따르는 계열상관현상 검정방안의 성격을 갖는 Wald Test, 2차계열상관현상을 검정할 수 있는 Lagrangian Multiplier Test, 그리고 주로 1차계열상관현상의 검정을 위한 Von Neumann Test 방법들이 있다. 여기서는 이들 중 사용빈도가 상대적으로 높은 Von Neumann Ratio 검정법의 활용방안을 고려해 본다(자세한 것은 Maddala, *Introduction to Econometrics*, 2nd ed.(1989), 제 1 장 또는 본서 제 6 장의 보론을 참조할 것).

Von Neumann Ratio는

$$\frac{\sigma^2}{s^2}=\frac{\Sigma(e_t-e_{t-1})^2/(n-1)}{\Sigma(e_t-\bar{e}_t)^2/n}=\frac{\Sigma(e_t-e_{t-1})^2/(n-1)}{\Sigma e_t^{\,2}/n} \quad (\because\ e=0)$$

과 같이 정의되며, 표본크기가 상당히 커지면 이 통계량은 정규분포에 가까워지는데, 이 때 그 평균과 분산은 다음과 같다.

$$E[\sigma^2/s^2]=(2n)/(n-1)$$
$$\mathrm{Var}(\sigma^2/s^2)=\{4n^2(n-2)\}/\{(n+1)(n-1)^3\}$$

1) 이 통계량과 d.w. 통계량은 어떤 함수관계를 갖는가?
2) d값이 0과 4 사이의 값을 가질 수 있다면 Von Neumann Ratio가 취할 수 있는 값의 범위는?
3) $n=100$이고 $d=1.5$일 때(단, 설명변수의 수는 5라고 가정) 자기상관의 존재 여부를 검정하고 Von Neumann Ratio 를 이용한 검정과 동일한 결론을 얻을 수 있는지 비교해 보아라.

[11] Theil 과 Nagar 는 표본크기가 작을 때 ρ값 추정을 d를 이용한 $\rho=(1-d/2)$ 공식 대신 다음 공식을 사용하도록 권고한 바 있다.

$$\rho=\frac{n^2(1-d/2)+k^2}{n^2-k^2} \quad \left(\begin{array}{l}\text{단, } n=\text{관측치의 수}\\ \quad k=\text{설명변수의 수}+1\\ \quad d=\text{통계량}\end{array}\right)$$

그러나 n 이 아주 커지면 두 공식의 거의 같은 값을 갖는다고 볼 수 있다. 이 유를 논리적으로 설명하여 보고 $d=1.5$, $k=3$, 그리고 $n=100$인 경우를 예로 사용하여 실증해 보아라.

[12] 본문 중 제 5 절에 소개한 문제를 이용하여 다음에 답하라.

1) 분할표이용법을 이용하여 오차항의 자기상관 여부를 판정하라.
2) Geary의 비모수적 검정법으로 오차항의 자기상관 여부를 판정하라.

[13] 본문 중 제 5 절에 소개한 원래의 회귀방정식 대신

$$\mathrm{YXV}_t=\alpha+\beta_1\mathrm{IBFXV}_t+\beta_2\mathrm{YXV}_{t-1}$$

를 추정한 다음 원래의 추정 결과와 비교하고 시사점을 밝혀 보아라(오차항의 분포 형태도 비교할 것).

[14] [13]번 추정식에다 Durbin의 "h" 검정을 적용하여 자기상관현상이 해소되었는지를 판정해 보아라.

[15] 본문 중 제 5 절에 소개한 예제를 (1) 일차차분시킨 자료를 활용하거나, (2) Hildruth-Lu 방법 (3) 또는 d값 활용법 등에 의해 추정한 다음 그 결과들을 원래의 것과 비교해 보아라.

[16] 본문 중 제 5 절에 소개한 모형에서 민간고정투자(IBFXV) 대신에 (1) 민간총투자[IBXV=IBFXV+IBIXV(민간재고투자)], (2) 국내총투자[IXV=IBXV+GIFXV(정부고정투자)+GIIXV(정부재고투자)], (3) 국내총투자(IXV)와 총정부지출(GEXV)의 합, 그리고 (4) 국내총투자와 총정부지출 및 총수출(EXXV)의 합을 사용하여 재추정한 후 비교하여 보아라. 아울러 자기상관 여부를 재확인하고 필요한 경우 Cochrane-Orcutt 추정법을 적용하여 결과를 평가해 보아라.

연습문제 해답

[1]~[7] (생략)

[8] ① $\alpha=5\%$ 경우

$d=0.98<d_L=1.487$ ∴ 정의 자기상관 존재

$d=1.40<d_L=1.487$ ∴ 정의 자기상관 존재

$d=2.55>(4-d_L)$

$=(4-1.487)=2.513$ ∴ 부의 자기상관 존재

$d=3.5>(4-d_L)$

$=(4-1.487)=2.513$ ∴ 부의 자기상관 존재

② $\alpha=1\%$ 경우

$d=0.98<d_L=1.340$ ∴ 정의 자기상관 존재

$d_L=1.340<d=1.40<d_U=1.617$ ∴ 검정 결과는 미정

$(4-d_U)=2.383<d=2.55<(4-d_L)=2.66$ ∴ 검정 결과는 미정

$d=3.5>(4-d_L)=2.66$ ∴ 부의 자기상관 존재

[9] (생략)

[10] 1) (생략)

2) 0~4

3) ① d 검정

$d=1.5<1.65=d_L$

∴ H_0 기각, 즉 자기상관 존재

② Von Neumann Ratio 검정

$Z=-2.55<-1.96$

$\therefore$ H_0 기각, 즉 자기상관이 존재하며 d.w. 검정과 동일한 결론을 얻음.

[11] $p = 1 - \dfrac{d}{2} = 0.25$

$$p = \frac{n^2\left(1 - \dfrac{d}{2}\right) + k^2}{n^2 - k^2} = 0.2511$$

$\therefore$ 거의 비슷하다.

[12] 1)

	t기에서 "+"	t기에서 "−"	합 계
$(t-1)$기에서 "+"	29 / 19	9 / 18	38
$(t-1)$기에서 "−"	9 / 18	28 / 18	37
합 계	38	37	75

$\chi^2 = 18.0 > \chi^{2_1}_{1,\ 0.01} = 6.63$ $\quad\therefore$ H_0 기각, 즉 자기상관 존재

2) $Z = \dfrac{20 - 39}{\sqrt{18}} = -4.478 < -Z_{0.05} = -1.96$ $\quad\therefore$ H_0 기각. 즉 자기상관 존재

[13] $\text{YXV}_t = 214.473 + 0.225\text{IBFXV}_t + 0.947\text{YXV}_{t-1}$

(0.967) (1.416) (16.959)

$R^2 = 0.996 \qquad d = 2.475$

[14] $h = -0.322 \cdot \sqrt{\dfrac{75}{1 - 75 \cdot 0.056^2}} = -2.351 < -Z_{0.05} = -1.96$

$\therefore$ H_0 기각, 즉 자기상관 존재

[15] 1) $\text{YXV}_t - \text{YXV}_{t-1} = 252.824 + 0.489(\text{IBFXV}_t - \text{IBFXV}_{t-1})$

(4.632) (0.233)

$R^2 = 0.064 \qquad d = 2.438$

2) $\text{YXV}_t = 2{,}444{,}150.313 + 0.490\ \text{IBFXV}_t$

(4.617) (2.223)

$R^2 = 0.995 \qquad d = 2.437$

3) $\text{YXV}_t - \rho \cdot \text{YXV}_{t-1} = 1{,}279.745 + 2.674(\text{IBFXV}_t - \rho \cdot \text{IBFXV}_{t-1})$

(9.031) (24.622)

$R^2 = 0.893 \qquad d = 2.075$

[16] 1) ① OLS 추정

$$YXV_t = 3{,}337.649 + 2.757\ IBXV_t$$
$$(6.122) \qquad (23.511)$$
$$R^2 = 0.917 \qquad d = 0.653$$

② Cochrane-Orcutt 방법

$$YXV_t = 202{,}430.387 + 0.466\ IBXV_t$$
$$(5.837) \qquad (4.219)$$
$$R^2 = 0.994 \qquad d = 2.090$$

2) ① OLS 추정

$$YXV_t = 2{,}696.278 + 2.779\ IXV_t$$
$$(9.036) \qquad (42.693)$$
$$R^2 = 0.961 \qquad d = 0.581$$

② Cochrane-Orcutt 방법

$$YXV_t = 255{,}884.846 + 0.618\ IXV_t$$
$$(5.571) \qquad (5.573)$$
$$R^2 = 0.996 \qquad d = 2.298$$

3) ① OLS 추정

$$YXV_t = 753.781 + 2.238\ IGXV_t$$
$$(2.311) \qquad (44.428)$$
$$R^2 = 0.964 \qquad d = 0.481$$

② Cochrane-Orcutt 방법

$$YXV_t = 248{,}521.579 + 0.569\ IGXV_t$$
$$(5.352) \qquad (5.699)$$
$$R^2 = 0.996 \qquad d = 2.297$$

4) ① OLS 추정

$$YXV_t = 3{,}042.199 + 1.037\ IGEXV_t$$
$$(25.070) \qquad (102.867)$$
$$R^2 = 0.993 \qquad d = 0.556$$

② Cochrane-Orcutt 방법

$$YXV_t = 126{,}964.281 + 0.609\ IGEXV_t$$
$$(3.261) \qquad (8.500)$$
$$R^2 = 0.997 \qquad d = 2.669$$

제 8 장 설정된 모형의 적절성 문제

우리는 앞서 제 2 편에서 회귀분석방법의 가장 기본적인 유형의 모형을 가장 이상적인 여건이 충족된 상태하에서 전개한 이른바 고전적 회귀분석방법을 고찰한 바 있다. 즉, 회귀모형 중 1차함수인 경우만을 대상으로 7가지 기본가정이 충족되는 여건하에서의 분석내용만을 취급한 것이다. 그리고 제 3 편에 들어와서는 이상과 같은 고전적 선형회귀분석의 한계성을 보완하는 구체적 내용을 유형별로 다루고 있다. 이미 제 5 장에서부터 제 7 장까지에 걸쳐 기본적인 가정 7가지가 현실적으로 충족되지 못하는 경우 발생하는 문제점과 대응방안에 대하여 알아 보았다. 한편, 기본가정의 충족성 여부와는 별도로 최근 그 중요성이 더욱 강조되고 있는 문제로 설정오류 여부의 확인문제를 들 수 있는데, 본 장에서는 바로 이러한 문제, 즉 이미 설정된 모형 자체가 적절한지 여부를 탐색하고 대처하는 방법을 집중적으로 살펴보고자 하는 것이다.

설정된 모형의 적절성 여부는 꼭 필요한 변수가 빠져버렸는지, 혹은 불필요한 변수가 포함되었는지, 그리고 변수 간의 함수관계가 제대로 파악되었는지 하는 등의 문제를 확인하는 문제로 귀착되며, 모형이 적절하게 설정되지 못한 상태를 설정오류라 일컫는다. 이와 같은 설정오류에 관한 논의를 조직적으로 전개하고자 본 장의 내용을 아래의 그림 8과 같이 구성하여 제시코자 한다.

그림 8 설정오류에 관한 주요 내용

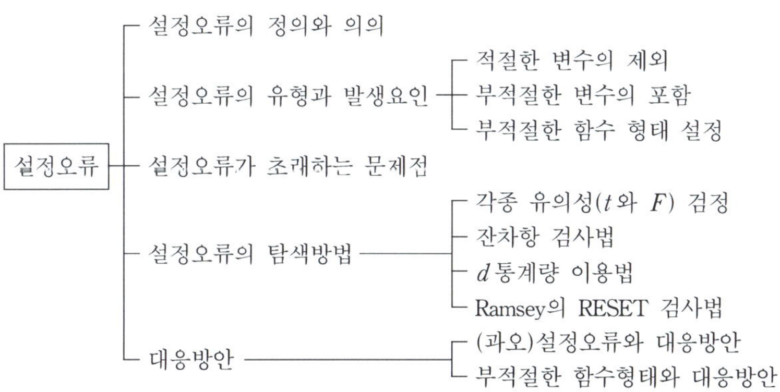

제 1 절 개 요

우리는 제 2 편 제 2 장에서 가장 기본적인 회귀모형을 소개하면서 오차항의 값이 존재하는 사유를 4가지로 압축해 본 적이 있었다. 즉,

$$Y_i = \alpha + \beta X_i + \epsilon_i$$

와 같은 회귀모형에서 현실적으로 관측한 Y_i값이 이론적인 함수관계식에서 도출된 값, $E[Y_i|X_i] = \alpha + \beta X_i$와 차이가 나는 이유, 바꾸어 표현하자면 $\epsilon_i (= Y_i - E[Y_i|X_i])$ 값이 존재하는 사유를 크게 보아 4 가지로 요약한 바 있다.

즉, ϵ_i는 ① 그 정의에서처럼 순수한 확률오차(random error)에 크게 의존하거나, ② 측정상의 오차(measurement error)에 기인하며, 또는 ③ 유용한 설명변수가 누락되었거나(omitted variables), ④ 함수형태가 부적절하게 설정됨으로써 발생한다고 보았다. 만일 ϵ_i가 첫번째와 두 번째 요인에만 근거하여 발생하는 확률오차라면 이른바 기본가정이 규정하고 있는 제반 특성을 만족시켜 줄 것으로 기대할 수 있다. 따라서 제 5 장에서부터 제 7 장까지에서 다룬 내용은 사실 ϵ_i가 바로 상기의 두 가지 요인에 의해 발생한 것으로 볼 수 있는지 여부에 관한 검증과정이었다고 볼 수 있다.

그러나 이미 여러 번 언급한 바 있듯이 정도의 차이는 있겠으나 기본가정의 내용은 현실적으로 충족되지 못하는 것이 통상적이라 할 수 있다. 그런데 이처럼 기본가정이 현실적으로 충족되지 못하는 것처럼 보이는 이유 중 중요한 것으로 바로 ϵ_i가 위에서 제시한 세 번째와 네 번째 요인으로 인해 존재한다는 사실을 지적할 수 있다. 따라서 이분산현상이나 시계열상관 등의 현상은 제 6 장이나 제 7 장에서 제시한 본질적 발생요인 외에 바로 상기 ③항과 ④항에 연유하여 발생하기도 하는 것이다.

이와 같은 영향을 미치는 상황, 즉 ϵ_i가 ③항과 ④항에 근거하여 발생하는 상황이 바로 본 장에서 다루고자 하는 설정오류에 해당한다고 볼 수 있다. 최근 계량경제학 연구의 추세는 모형의 추정(model or parameter estimation)보다는 모형설정의 적절성 평가(model specification and evaluation)에 오히려 중점을 두고 있다. ϵ_i의 발생요인을 기본가정의 충족 여부에서 주로 찾아 추정 결과를 개선하려는 것은 기술적으로도 한계가 있으며 오히려 설정오류에 근거한 ϵ_i의 존재사

유를 우선적으로 고려하는 것이 보다 효율적이란 점을 감안할 때 계량경제학의 이러한 최근 추세는 자연스러운 일이라 생각된다.

제 2 절 설정오류의 내용과 원인

설정오류를 앞 절에서처럼 인식하면 설정오류의 의미와 내용이 자명해진다. 회귀모형이란 한마디로 말해서 종속변수를 설명변수들과 오차항의 함수 형태로 파악한 수식으로 이해할 수 있으며, 설정오류는 이러한 함수관계를 적절하게 설정하지 못함으로써 발생하는 문제점이라 볼 수 있다. 즉, 포함되어야 할 설명변수를 빠뜨리거나 불필요한 설명변수를 포함시킨 경우 또는 함수 형태 자체를 잘못 설정함으로써 초래되는 현상을 설정오류라 하는 것이다.

그러면 문제는 왜 이러한 설정오류를 범하는가 하는 것이다. 애당초부터 잘못인 줄 알면서도 일부러 오류를 범할 사람은 없을 것이기 때문이다. 그러나 적절한 자료가 없다든지, 실수(oversight)에 의해, 또는 비용상의 문제나 단순한 무지로 인해 적절한 모형과는 다소 상이한 모형을 설정하여 추정할 경우 결국 설정오류 문제가 발생하는 것으로 볼 수 있다.

한편, 경우에 따라서는 애당초 어떤 모형이 적절한 모형인지 자체를 알 수 없는 상황이 있다. 예컨대, 화폐론자(monetarist) 모형과 Keynesian 모형이 이론상 동시에 활용 가능한 경우 어느 것이 현실적으로 적절한 것인지를 사전적으로 단정할 수 없으며, 이러한 상황에서 어느 한 모형을 선정하는 경우 예상되는 오류가 있다. 즉, 애당초에는 어느 것이 참된 모형(true model)인지 알지 못하기 때문에 범하는 오류를 예상할 수 있는데, 이러한 경우의 오류를 과오설정오류(misspecification error)라고 별도 칭하기도 한다. 앞서의 경우는 적절한 모형을 알고는 있으나 추정과정에서 적절한 형태를 유지하지 못함으로써 발생하는 오류를 지칭하여 설정오류(specification error)라 칭한 것과 대비시킨 용어이다.

일단 어느 경우를 막론하고 엄격히 말해서 사전에 적절한 모형을 알 수 없다는 사실을 받아들인다면 문제의 핵심은 어떠한 특성을 가진 모형을 적절한 것이라고 인정할 것인가로 귀속될 것이다. 그런데 이러한 목적을 위해 고안된 여러 판정기준들 또한 절대적 기준이라 볼 수는 없으며, 따라서 다양한 특성을 파악하기 위해 활용할 수 있는 상호 보완적 기준들로 이해하는 것이 타당하다. 결국 모형의 적절성은 일차적으로 분석목적과의 합당성 정도에서 찾게 된다.

즉, 분석의 1차적 목적이 정확한 예측에 있었는지, 또는 서로 상충되는 학설이나 논리의 비교에 있었는지, 아니면 정확한 추정 자체에 있었는지에 따라 설정된 모형의 적절성 여부에 관한 판정기준이 달라질 것이다.

우선 정확한 예측을 분석의 주요 목적으로 삼았을 경우 설정된 모형의 적절성은 그 예측력수준에서 평가되어야 할 것이다. 한편, 정확한 추정이 분석의 1차적 목표였을 경우에는 대체로 다음과 같은 사항들이 주요 평가기준이 된다. ① 분석대상이 되는 현상의 본질을 규명할 수 있는 몇 개의 핵심적인 변수만을 모형에 포함시키고 모든 다른 부차적인 변수들은 확률적 오차항에 포함시켜 함수 형태를 간편화할 수 있을 것, ② 설정된 모형의 함수 형태가 논리적인 각 회귀계수의 값이 유일하게 추정될 수 있는 형태일 것, 예컨대 $Y_t = \alpha(1-\beta) + \beta X_t + \epsilon_t$와 같은 모형에서는 β값이 유일하게 추정되기 힘들다. ③ 계수값이 이론과 합당한 부호를 가지며 추정될 것, ④ 예상된 부호와 크기를 갖는 회귀계수값 외에 전반적인 적합도(R^2), 즉 설명변수들에 의한 종속변수 변화에 대한 설명능력이 높아야 할 것 등을 기준으로 설정된 모형의 적절성을 평가할 수 있을 것이다(단, 정확한 추정이 주목적이라면 반드시 올바른 모형설정이 항상 적절한 모형설정기준이 될 수는 없다는 측면이 있다는 사실을 유념해 둘 필요가 있다).

반면 분석의 주목적이 서로 상충되는 학설이나 논리의 비교에 있을 경우에는 우선 분석모형이 이들 대립되는 논리들을 적절히 비교할 수 있도록 설정되었는가 하는 것이 우선적으로 고려되어야 할 것이다. 이러한 경우에는 예컨대, 종합가설검정(nested hypothesis test)이 가능하도록 모형을 설정함으로써 상반되는 주장의 내용을 비교하는 접근법을 활용하기도 하는데 이것이 바로 과오설정오류(mis-specification) 검정에 해당되는 것이다. 자세한 내용은 본 장 말미에서 검토키로 한다.

이상에서 우리는 가장 참되고 충실한 또는 적절한 모형(a true or an adequate model)에 대한 탐구 내지 확인에 필요한 여러 견해와 생각들을 일별해 보았다. 이러한 기준들에 의한 모형의 평가과정에서 예상할 수 있는 부적절한 모형의 대표적 유형은 다음과 같다.

1) 적절한 설명변수들이 모형에서 제외된 경우(omission of relevant variables)
2) 부적절한 설명변수가 모형에 포함된 경우(inclusion of irrelevant variables)
3) 함수 형태가 부적절한 경우(wrong functional form)
4) 사용변수의 측정오차가 불가피한 경우(errors of measurement)

5) 회귀계수값이 일정하지 않은 경우(varying parameters)

그런데 필자의 견해로서는 이들 중 4)번 항과 5)번 항의 경우는 그 성격이 다소 상이한 것이어서 본서에서는 3개 항의 경우에 한정하여 설정오류 문제를 다루었다.[1] 그러면 이러한 요인들로 인하여 이른바 설정오류가 발생하면 어떤 결과가 초래되는지, 그리고 이러한 설정오류가 유의할 만한 정도인지를 판정하는 방안과 또 이에 대처하는 방법은 어떤 것들이 있는지 등에 관한 논의를 차례대로 진행해 보자.

제 3 절 설정오류가 초래하는 문제점

본 절에서는 제 2 절에서 소개한 설정오류가 추정에 미치는 효과를 편의상 유형별로 살펴보기로 한다.

1. 적절한 설명변수가 모형에서 제외된 경우

우선 적절한 모형이 다음과 같다고 가정한다.

$$Y_i = \beta_1 + \beta_2 X_{2i} + \beta_3 X_{3i} + \epsilon_i \tag{8.1}$$

그리고 어떤 이유로든 설명변수 X_{3i}를 빼고 모형을 설정하였다고 본다.

$$Y_i = \beta_1{}^* + \beta_2{}^* X_{2i} + \epsilon_i{}^* \tag{8.2}$$

이러한 상황이 추정에 미치는 결과는 과연 어떤 것일까? 우선 상식적인 논리차원에서 예상되는 문제점을 살펴보자.

첫째, 식 (8.1)과 같은 다중회귀분석 모형에서 β_2(또는 β_3)와 같은 회귀계수의 추정은 X_{3i} 변수(또는 X_{2i})의 값을 일정하게 유지시키는 조건하에서 X_{2i}(또는 X_{3i})가 Y_i에 미치는 영향의 정도, 즉 $\partial Y_i/\partial X_{2i}$(또는 $\partial Y_i/\partial X_{3i}$)를 계측해 준다. 그러나 만일 어떤 이유든 식 (8.2)를 대신 추정에 활용하였다면 β_2의 추정은 X_{3i}값을 통제하지 못한 상태에서 이루어지게 된다는 결과가 초래된다.

---

1) 4)항을 설정오류에 포함시켜 설명하는 학자들도 있으나 본서에서는 측정오차로 인한 문제는 변수오차(errors-in-variables) 현상으로 독립시켜 제 9 장에서 소개하였다. 그리고 회귀계수값이 일정하지 않은 경우의 문제는 제10장 후미에 소개하였다.

둘째, 한편 식 (8.2)에서의 오차항은 실제로는,

$$\epsilon_i^* = \beta_3 X_{3i} + \epsilon_i \tag{8.3}$$

와 같은 의미를 갖게 된다. 따라서 우리가 고전적 선형회귀모형(CLR; classical linear regression)에서 ϵ_i에 관하여 설정한 기본가정들이 충족될 수 없게 된다. 즉, ϵ_i가 식 (8.3)과 같을 경우 $E[\epsilon_i^*]=0$ 또는 $E[X_{2i}\epsilon_i^*]=0$와 같은 조건들은 X_{3i}가 Y_i에 대한 주요 설명변수 역할을 감당할 만한 변수란 점을 감안할 때 우연이 아니고서는 만족될 수 없다. 뿐만 아니라 동분산가정이나 비자기상관가정 또한 일반적으로 충족될 수 없게 되어 OLS 추정량은 더 이상 BLUE가 되지 못하게 된다.

이상과 같은 논리적 추론에서 확인할 수 있었던 설정오류의 문제점을 보다 구체적으로 분석해 보기 위해 우선 식 (8.2)에 OLS를 적용하여 $\hat{\beta}_2^*$ 추정량을 산출하면,

$$\hat{\beta}_2^* = \frac{\sum x_{2i} y_i}{\sum x_{2i}^2} \tag{8.4}$$

(단, $y_i = Y_i - \overline{Y}$, $x_{2i} = X_{2i} - \overline{X}_2$, $x_{3i} = X_{3i} - \overline{X}_3$)

한편, 식 (8.1)을 편차형(deviation form) 함수로 전환하면 다음과 같다.

$$y_i = \beta_2 x_{2i} + \beta_3 x_{3i} + \epsilon_i \tag{8.5}$$

이제 식 (8.5)를 식 (8.4)에 대입하면 $\hat{\beta}_2^*$은 다음과 같아진다.

$$\begin{aligned}
\hat{\beta}_2^* &= \frac{\sum x_{2i}\beta_2 x_{2i} + \sum x_{2i}\beta_3 x_{3i} + \sum x_{2i}\epsilon_i}{\sum x_{2i}^2} \\
&= \beta_2 + \beta_3 \frac{\sum x_{2i} x_{3i}}{\sum x_{2i}^2} \qquad (\because \ \textstyle\sum x_{2i}\epsilon_i = 0) \\
&= \beta_2 + \beta_3 \frac{\mathrm{Cov}(X_{2i},\ X_{3i})}{\mathrm{Var}(X_{2i})}
\end{aligned} \tag{8.6}$$

식 (8.6)에서 두 번째 항의 값은 일반적으로 "0"이 아니다. 따라서 OLS 추정량 $\hat{\beta}_2^*$은 편의추정량(biased estimator)이 된다. 뿐만 아니라 표본 크기가 아주 커져도 식 (8.6)의 두 번째 항은 사라지지 않기 때문에 일관성(consistency)의 특

그림 8-1 Ballentine 도표와 적절한 변수 제외시의 설정오류

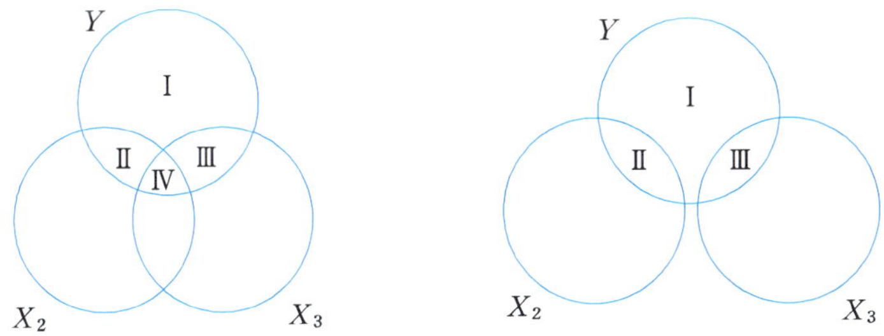

(a) X_2와 X_3가 독립적이 아닐 때　　(b) X_2와 X_3가 독립적일 때

성마저 잃게 된다. 물론 이 두 번째 항의 값은 0이 되면, 즉 생략된 변수(X_{3i})가 기존의 변수(X_{2i})와 완전히 독립적인 관계에 있다면($\mathrm{Cov}(X_{2i}, X_{3i})=0$) 편의성이나 비일관성은 사라질 것이나 현실적으로 그러한 결과는 기대하기 곤란하다.

이상과 같은 문제점 외에도 적절한 설명변수를 제외함으로서 발생한 설정오류는 $\hat{\beta}_2{}^*$의 분산과 σ^2의 추정치까지 편의(bias)를 갖게 한다. 따라서 통상적인 가설검정이나 신뢰구간의 설정에서 아주 잘못된 결론을 유발할 가능성이 크다. 이러한 문제점들의 내용을 수식으로 증명하는 일은 번거로운 측면이 있어 여기서는 편리한 발렌타인도표(Ballentine diagram)를 이용하여 설명을 시도해 보고자 한다.

Y는 X_2와 X_3에 의해 설명되어야 함에도 불구하고 X_3가 실수로 제외된 채 회귀분석이 시행될 경우 발생하는 문제점들을 그림 8-1을 통해 찾아보면 다음과 같다.

첫째, Y를 X_2에만 회귀분석할 경우 β_2는 II와 IV 부분을 이용하여 추정될 것이다. 그런데 사실 IV 부분은 X_2와 X_3의 공통적인 영향권을 대변하는 것이어서 결국 β_2의 추정은 편의가 발생한다.

둘째, 한편 X_3가 생략된 상태하의 추정이 $\beta_2{}^*$추정량에 편의를 발생시키는 결과를 가져오기는 했으나 II와 IV의 영역을 이용하여 추정에 임함에 따라 더 많은 정보를 이용하여 $\beta_2{}^*$를 추정하는 셈이 되므로 $\hat{\beta}_2{}^*$의 분산은 오히려 축소되는 결과가 발생한다. 즉, $\hat{\beta}_2{}^*$의 분산은 하향편의(downward bias)를 갖게 된다.

셋째, 이상과 같은 편의(와 비일관성)는 그림 8-1의 (b) 경우처럼 X_2와 X_3가 완전히 독립적인 상황에서는 사라지게 된다. (b)의 경우에는 (a)와는 달리

X_2와 X_3가 공유하는 Ⅳ 영역이 존재하지 않고, 따라서 이 영역의 존재로 인해 발생했던 각종 편의는 모두 사라지게 되는 것이다.

넷째, 한편 그림 8-1에서 Ⅰ 영역은 σ^2의 크기를 반영하는 것으로 볼 수 있다. 따라서 X_3가 분석에서 제외될 경우 σ^2의 추정은 Ⅲ 영역만큼 과대추정될 것이고, 나아가서는 $\hat{\beta}_2{}^*$의 분산값도 커지게 하는 효과를 갖는다. $\text{Var}(\hat{\beta}_2{}^*) = \hat{\sigma}^2/\sum x_{2i}^2 = s_e{}^2/\sum x_{2i}^2$의 관계에 있기 때문이다.

다섯째, 그리고 $\hat{\sigma}^2$가 과대추정되는 현상은 X_2와 X_3가 서로 독립적인 상황에서도 존재한다. 그림 (b)에서 Ⅲ 영역의 존재로 인한 효과가 상존하기 때문이다.

여섯째, 이상과 같은 결과들로 인해 통상적인 가설검정을 위한 통계량 t의 값 또한 왜곡될 것이어서 올바른 결론 도출이 어려워진다.

$$t = \frac{\hat{\beta}_2{}^*}{s_{\hat{\beta}_2{}^*}}$$

에서 $\hat{\beta}_2{}^*$는 편의성이 있고, $s^2_{\hat{\beta}_2{}^*} = s_e^2/\sum x_{2i}^2$ 값은 과소추정으로 인한 편의와 과대추정으로 인한 편의가 복합적으로 나타나므로 산출된 t값의 신뢰성이 크게 의문시될 것이기 때문이다.

2. 부적절한 설명변수가 모형에 포함된 경우

이번에는 반대로 적절한 모형이 다음과 같은데도 불구하고

$$Y_i = \beta_1 + \beta_2 X_{2i} + \epsilon_i \tag{8.7}$$

어떤 이유로든 X_{3i}를 모형 내에 추가하여 포함시켰다고 가정한다. 즉,

$$Y_i = \beta_1{}^* + \beta_2{}^* X_{2i} + \beta_3{}^* X_{3i} + \epsilon_i \tag{8.8}$$

그런데 이러한 상황에서 OLS를 실시할 경우에는 $\hat{\beta}_2{}^*$는 불편성(unbiasedness)을 유지하며, $\hat{\sigma}^2$ 또한 거의 불편성을 갖게 된다.[1] 그러나 $\hat{\beta}_2{}^*$의 분산은 부당하

1) 이러한 결론에 대한 증명은 연습문제로 돌린다.

그림 8-2 Ballentine 도표와 부적절한 변수 포함시의 설정오류

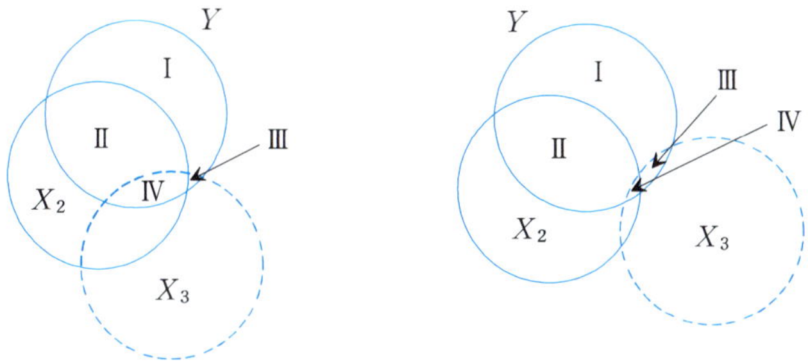

(a) X_2와 X_3가 독립적이 아닐 때 (b) X_2와 X_3가 거의 독립적일 때

게 커지며 되며, 따라서 검정통계량 $t=\frac{\hat{\beta}_2{}^*}{s_{\hat{\beta}_2{}^*}}$의 값은 작아지는 결과가 초래되므로 $H_0 : \beta_2{}^*=0$을 기각하기 어려워진다. 이상과 같은 결과를 역시 Ballentine도표를 이용하여 확인해 보기로 한다.

우선 적절한 모형은 Y의 변동량은 X_2만에 의해 결정되는 상황에서 실수로 Y에 대한 독자적인 설명능력이 극소한(Ⅲ 영역이 아주 작음) 설명변수 X_3를 회귀모형에 포함시켰다 하자. 그림 8-2의 (a)에서 Y가 X_2에 의해서만 설명될 때 그 설명력은 Ⅱ와 Ⅳ에 의해 결정될 것이다. 한편, Y가 X_2와 X_3에 의해 설명되는 경우 X_3의 독자적인 설명능력이 거의 없어 결국 X_2와 X_3의 공동영향권을 반영하는 Ⅳ 영역은 실제로는 X_2에 의한 설명영역으로 귀속된다. 이 경우 Ⅳ 영역은 단순히 X_2와 X_3의 다중공선성(multicollinearity)만을 나타낼 뿐이기 때문이다. 따라서 다음과 같은 결과들을 예상할 수 있다.

첫째, Ⅱ 영역은 오직 X_2에 의해 설명되는 Y변동량을 나타내며 Ⅳ 영역 또한 실제로는 X_2에 의한 설명영역으로 귀속되므로 전술한 X_3와 같은 설명변수의 추가도입에 의해 영향을 받지 않는다. 따라서 β_2의 OLS 추정량은 불편성이 보장된다.

둘째, 그러나 영역 Ⅱ가 영역 Ⅱ와 Ⅳ의 합보다 작은 이상 X_3가 모형에 포함될 경우 $\beta_2{}^*$ 추정에 활용되는 정보는 축소될 것이므로 $\hat{\beta}_2{}^*$의 분산은 커질 수 밖에 없으며, 따라서 OLS 추정량은 효율성을 상실하게 된다.

셋째, 한편 X_2와 X_3의 관계가 거의 1차독립적일 경우 비효율성의 근원이

되는 영역 Ⅳ의 크기가 무시할 만큼 작아질 것이며, 따라서 효율성이 크게 회복될 것이다.

넷째, 그리고 σ^2의 추정량을 나타내는 Ⅰ의 영역의 크기는 X_3의 추가도입에 의해 별 영향을 받지 않으므로 불편성이 그대로 유지된다. Ⅲ 영역의 존재만큼의 변화는 미세할 뿐만 아니라 추가도입된 변수의 수만큼 자유도가 감소되는 효과와 상쇄되는 경향이 있기 때문이다.

이상의 결과를 종합해 보면 부적절한 설명변수의 추가도입은 기존 설명변수의 분산($s^2_{\hat{\beta}_2*}$)을 증대시켜 β_2*의 추정의 정확성을 떨어뜨리는 것으로 파악할 수 있다. 따라서 적절한 설명변수를 제외시켰을 경우에 비해 문제점이 적다. 이러한 이유로 많은 분석가들은 우선 가장 핵심적인 설명변수만으로 회귀식을 구성한 다음 적절한 것으로 예상되는 변수들을 하나씩 추가도입해 가며 모형의 적합성을 평가해 나가는 경향이 있다. 그러나 계속 설명변수를 추가할 경우 효율성이 저하될 뿐 아니라 자유도도 떨어지며 설명변수 간의 다중공선성의 발생가능성이 증대되는 등의 문제가 예상된다. 따라서 보다 조직적인 대응책이 강구되어야 할 것이며, 이 점에 관해서는 제 5 절에서 보다 상세히 논의코자 한다.

표 8-1 설정오류가 초래하는 문제점

설정오류의 유형 / 구 분	적절한 변수가 제외된 경우1)	부적절한 변수가 포함된 경우2)
회귀계수의 추정량 ($\hat{\beta}_2$*)	편의성과 비일관성	불편성이 유지됨.
회귀계수의 분산값 ($s^2_{\hat{\beta}_2*}$)	작아짐(하향편의).	커짐(상향편의).
오차항의 분산값 ($\hat{\sigma}^2$ 또는 s_e^2)	커짐(상향편의).	거의 변동 없음.
검정통계량 ($t=\hat{\beta}_2$*$/s_{\hat{\beta}_2*}$)의 값	불확실	대체적으로 하락
통상적 검정 및 구간추정의 결론	무의미	의미는 유지되나 귀무가설($H_0 : \beta_2=0$)을 부당하게 채택할 가능성이 커짐.

1) 단, X_2와 제외된 X_3가 독립적일 경우 $\hat{\beta}_2$*의 편의성이나 $s^2_{\hat{\beta}_2*}$의 하향편의는 거의 사라지나 오차항의 분산값이 갖는 상향편의는 그대로 남게 됨.

2) 단, 포함된 부적절한 변수 X_3가 X_2와 독립적일 경우 $s^2_{\hat{\beta}_2*}$값이 커지는 현상은 거의 사라지게 되고 따라서 t검정의 신뢰성도 회복될 수 있으나 문제는 이러한 상황설정은 지극히 비현실적이라는 것임.

독자들의 이해를 돕고자 지금까지 논의한 내용을 표 8-1과 같이 정리해 보았다.

3. 기타 경우

상기에서 제기한 경우 이외에도, 예컨대 함수형태를 부정확하게 설정(incorrect or wrong functional form)하거나 또는 질적 변화로 인해 설명변수를 정확히 추정하지 못할 경우(measurement error due to a qualitative change in the explanatory variables), 그리고 회귀계수 자체가 변화하는 경우(time-varying parameters) 등에도 이른바 설정오류현상이 발생하는 것으로 이해할 수 있다. 함수 형태를 잘못 설정했을 경우는 결과적으로 발생하는 문제점의 내용 자체보다는 설정오류 여부를 찾아내어 처치하는 방법이 오히려 주 관심사가 될 것이며 기본적인 비선형모형의 경우는 본 장 후반에서, 그리고 기타 특수형태의 함수모형은 제10장에서 독립적으로 다루고자 한다. 그리고 회귀계수가 변화하는 모형의 추정문제 또한 제10장에서 별도 취급코자 한다.

한편, 설명변수가 질적 변화로 인해 정확한 계측이 불가능한 경우 발생하는 설정오류의 내용은 적절한 변수가 측정이 불가능하여 제외된 것과 비슷한 효과가 있다. 따라서 본 절 제 1 항에서 다룬 적절한 변수가 제외된 경우 파생되는 설정오류의 문제점과 흡사한 결과가 예상된다. 그러나 측정오차로 인한 추정상의 제반 문제점을 총괄하여 이른바 변수오차(errors in variables)라 명명한 다음 별도로 취급하는 것이 보다 적절한 측면이 있어 이와 관련한 추정문제는 제 9 장에서 다루기로 한다.

제 4 절 설정오류의 탐색방법

설정오류란 우리가 일부러 도모하지 않는 이상 대체적으로 배경이 되는 이론이나 논리가 빈약하고 적절한 자료가 부족할 때 발생한다고 볼 수 있다. 여하튼 어떤 연유로 어떤 유형의 설정오류가 발생하였는지를 확인할 수만 있다면 그 대응방안은 스스로 자명해질 것이다. 본 절에서는 여러 가지 유형의 설정오류를 탐색하는 방안들 중 대표적인 것들에 한정하여 간략히 살펴보고자 한다.

1. 부적절한 설명변수의 포함 여부 판정법

우리가 당초 설정한 모형이 다음과 같다 하자.

$$Y_i = \beta_1 + \beta_2 X_{2i} + \beta_3 X_{3i} + \beta_4 X_{4_i} + \cdots + \beta_k X_{ki} + \epsilon_i \tag{8.9}$$

만일 설명변수 중, 예컨대 X_k가 확실히 이 모형에 포함되어야 하는지가 불투명하다면 우리는 통상적인 $(t=\widehat{\beta_k}/s_{\widehat{\beta_k}})$값을 이용하여 $H_0 : \beta_k = 0$에 대한 유의성 검정을 시행함으로써 X_k변수의 포함 여부를 판정할 수 있다. 만일 t값이 아주 커서 귀무가설($H_0 : \beta_k = 0$)을 기각할 수 있다면, 이 변수는 모형에 포함하는 것이 적절하다고 판정하는 것이다. 뿐만 아니라 X_i, X_j 그리고 X_k 등 여러 개의 설명변수가 동시에 이 모형에 포함되어야 적절한지 여부를 확인코자 할 경우에는 F 검정법을 이용하여 판정할 수도 있다. 즉, 귀무가설을 $H_0 : \beta_i = \beta_j = \cdots = \beta_k = 0$이라 놓고 F 검정통계량에 의해 그 채택 여부를 판정하는 것이다(이 검정통계량에 대한 자세한 설명은 본 장의 보론 1을 참조할 것). 만일

$$F = \frac{(\mathrm{SSR_{INC}} - \mathrm{SSR_{EXC}})/(\text{포함시 추정할 계수 숫자} - \text{제외시 추정할 계수 숫자})}{\mathrm{SSE_{INC}}/(n - \text{포함시 추정할 계수 숫자})} \tag{8.10}$$

$$\left(\begin{array}{rl} \text{단, } \mathrm{SSE_{INC}} & : \text{포함시 SSE,} \\ \mathrm{SSR_{INC}} & : \text{포함시 SSR,} \\ \mathrm{SSR_{EXC}} & : \text{제외시 SSR} \end{array}\right)$$

의 값이 F 임계치(F_α)보다도 클 경우 귀무가설을 기각하며, 이들 설명변수를 모형에 포함시키는 것은 부적절하지 않은 것으로 판정한다.[1)]

이상에서 볼 수 있듯이 부적절한 변수가 포함되어 있는지를 판정하는 방안은 그다지 어렵지 않다. 그러나 여기서 한가지 주의할 점은 t 또는 F 검정을 수행하기에 앞서 사전에 핵심적인 설명변수들로 구성된 기본모형에 대한 심증 내지 확신이 있어야 한다는 점이다. 무작정 아무 변수나 임의로 t 또는 F 검정으로 채택 여부를 판정하여 선정하다 보면 마땅히 포함되어야 할 변수가 제외 될 위험성이 커지기 때문이다. 모형설정은 어디까지나 정당한 이론을 근거로 이루

1) 그런데 β_2, β_4, β_6의 t값이 모두 낮은 경우에 X_2변수 하나만 제거해도 β_4와 β_6의 t값이 높아질수도 있음에 유념할 필요가 있다(X_2와 X_4 그리고 X_6 간에 높은 다중공선성이 존재할 경우).

어진다는 점을 다시 한번 강조해 두고 싶다.

2. 적절한 변수의 제외 여부 및 함수형태의 적정성 판정법

전술한 바 있듯이 현실적으로는 우리가 선정한 모형이 명백한 진리라고 확신할 수는 없다. 따라서 일반적으로는 일단 일차적으로 추정을 수행한 연후에 여러 가지 통계적 검정을 통하여 과연 설정된 모형이 적절했다고 볼 수 있는지를 평가하게 되는 것이다. 예컨대, R^2의 값, 검정통계량 t의 값이나 회귀계수의 부호, 그리고 d통계량의 값 등을 활용하게 된다. 만일 R^2값이 지나치게 낮다면, 그리고 많은 회귀계수들의 부호가 틀리거나 t통계량의 값이 매우 작을 경우, 또는 d값이 아주 낮은 경우, 우리는 아마도 함수형태가 잘못 선정되었거나 마땅히 포함되어야 할 변수가 혹시 제외되지 않았는지 의심하게 되며, 다음과 같은 판정법을 다각적으로 활용하여 결론을 도출하게 된다.

2.1 잔차항을 이용한 비선형 함수관계 여부 검사법

제 6 장과 제 7 장에서 제시한 바 있듯이 우리는 회귀방정식의 잔차항의 분포 형태로부터 이분산현상이나 자기상관현상을 판독해 낼 수 있다. 그런데 적절한 변수가 모형에서 제외되었거나 함수 형태 자체가 잘못 설정되었을 경우에도 회귀오차항의 분포는 특수한 형태를 보일 것이고 외형상으로는 이분산현상이나 시계열상관현상에 대응하는 모양을 보일 수 있다. 따라서 우리는 회귀잔차항들의 분포 형태를 세밀히 관측 내지 검사함으로써 설정오류의 존재나 유형을 판독해 낼 수 있는 것이다. 예컨대, 우리가 추정할 모형이 어느 기업의 총비용함수라 하자. 과연 이 기업의 비용함수는 어떤 함수가 적절한지 몰라 일단 1차함수·2차함수 그리고 3차함수로 대체해 가며 추정을 시도하였다 하자. 즉, 추정에 활용한 함수들은,

$$Y_t = \alpha_0 + \alpha_1 X_t + \epsilon_t$$

$$Y_t = \beta_0 + \beta_1 X_t + \beta_2 X_t^2 + \epsilon_t$$

$$Y_t = \gamma_0 + \gamma_1 X_t + \gamma_2 X_t^2 + \gamma_3 X_t^3 + \epsilon_t$$

과 같으며, 각각의 경우에 도출된 잔차들을 검사해 본 결과가 그림 8-3과 같다고 보자.

그림 8-3 총비용함수 추정에 사용한 모형의 종류와 회귀오차의 형태

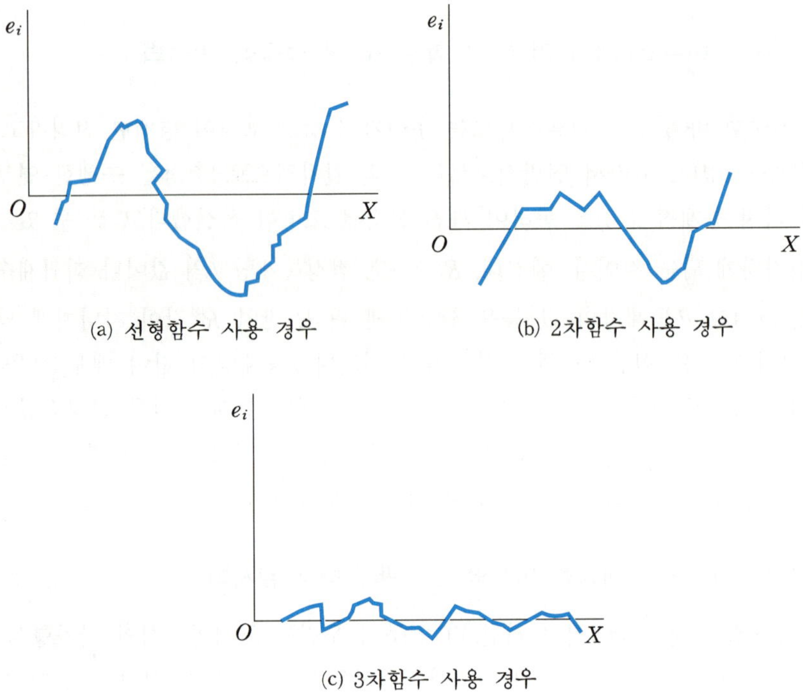

잔차항의 도표 형태로 보아 총비용함수를 선형 또는 2차함수 형태로 파악하여 추정한 경우 잔차항의 분포가 유의할 만한 특징을 나타내 주고 있어 설정오류가 발생하였을 가능성이 높음을 시사하고 있다. 그러나 이러한 현상은 2차함수를 사용한 경우 문제점이 상대적으로 적어졌으며, 3차함수 활용시에는 잔차항이 고전적 회귀모형의 오차항의 특성을 대체로 만족시켜 주고 있음을 보여주고 있다. 따라서 이 예는 경제이론이 시사하는 바와 같이 총비용곡선이 3차함수로 파악되어야 적당함을 확인시켜 준 셈이다.

2.2 d 검정통계량 활용법

앞서 살펴본 회귀오차항의 분포모양 활용법보다 더 조직적인 판정을 원할 경우 우리는 d 통계량을 활용할 수 있다. 원래 d 통계량은 자기상관현상 여부를 판정하기 위한 검정방안으로 고안된 것은 주지의 사실이다. 그러나 모형설정이 잘못된 경우 d 값은 시계열상관현상의 의미보다는 설정오류의 성격을 규명할

수 있는 역할을 수행하게 된다. 오차항 속에 모형에서 제외되어 버린 설명변수의 영향이 포함되어 있기 때문이다. 이러한 상황을 d통계량을 활용하여 보다 조직적으로 검사하기 위해서는 대체로 다음의 과정을 밟게 된다.

1) 일단 설정된 회귀모형에 OLS를 적용하여 잔차항(residuals)을 구한다.

2) 모형설정시 부당하게 제외된 것으로 생각되는 설명변수(예컨대, X_3)값의 크기 순서에 따라 과정 1)에서 도출한 잔차항들 값의 순서를 재조정한다. 한편, 설정된 모형의 함수 형태가 잘못된 것으로 생각되는 경우에는 기존의 설명변수(예컨대, X_2)의 일정 함수, 예컨대 X_2^2, X_2^3 등의 크기 순서에 따라 역시 오차항들 값의 순서를 재조정한다.

3) 일단 순서가 재조정된 잔차항들 값을 이용하여 새로운 d통계량을 산출한다(단, 아래 식에서 t는 새조정된 잔차항들 값의 순서를 나타내는 것으로 이해할 것).

$$d = \frac{\sum_{t=2}^{n}(e_t - e_{t-1})^2}{\sum_{t=1}^{n} e_t^{\,2}} \tag{8.11}$$

4) 산출된 d값이 유의적이라면($d < d_L$ 또는 $d > 4 - d_L$) 설정오류가 존재하는 것으로 판정한다(즉, '설정오류가 없다'는 귀무가설을 기각한다). 이 때 설정오류의 원인은 검색과정에서 스스로 자명해지므로 그 대응방안도 적절히 마련될 수 있다. 예컨대, 앞서의 총비용함수 예에서는 선형 및 2차함수 추정시 d값은 상당히 낮게 산출될 것이며(0에 근접), 따라서 설정오류현상 또한 형태상으로는 정의 시계열상관 경우와 비슷한 잔차항의 분포 형태를 초래하게 됨을 알 수 있다.

2.3 Ramsey의 RESET 검정법

이 외에도 Ramsey가 개발한 설정오류검정법(RESET; regression specification error test)이 있는데 그 절차는 다음과 같다.

1) 일단 설정된 모형에 OLS를 적용하여 $\hat{Y}_i$과 e_i를 구한다.

2) e_i와 $\hat{Y}_i$ 간의 함수관계가 판독되면 $\hat{Y}_i^2$이나 $\hat{Y}_i^3$ 등을 추가적인 설명변수로 도입한 다음 재추정한다. 즉, $Y_i = \beta_1 + \beta_2 X_{2i} + \beta_3 \hat{Y}_i^2 + \beta_4 \hat{Y}_i^3 + \epsilon_i$.

3) 원래 모형과 새로운 모형에서 얻은 R^2값을 이용하여 F 검정통계량을 구성한다.

$$F = \frac{(R^2_{\text{new}} - R^2_{\text{old}})/\text{추가된 설명변수의 수}}{(1 - R^2_{\text{new}})/(n - \text{새 모형에서 추정한 계수의 수})} \tag{8.12}$$

4) 산출한 F값이 F의 임계치(F_a)보다 크면 새로 도입된 설명변수에 의해 증가된 추가적인 설명능력의 향상 정도가 큰 것으로 볼 수 있다. 따라서 원래 모형은 잘못 설정되었던 것으로 판정할 수 있다(보론 1 참조).

그런데 이 방법은 대립되는 가설에 의해 모형을 설정할 필요가 없이 설정오류 여부를 판정할 수 있다는 편리성이 있다. 그러나 보다 나은 모형의 설정방안을 찾는 데에는 부적당한 측면이 있어 이른바 과오설명오류검정(mis-specification test)을 위해서는 다음 절에서 소개하는 별도의 대응법을 모색할 필요가 있다.

여하튼 이상에서 우리는 설정오류의 존재를 판정하는 방안을 다각적으로 살펴보았는데 이 과정에서 설정오류의 유형을 확인할 수 있음을 알게 되었다. 따라서 그에 대한 대응책도 스스로 명백해지는 것이어서 사실 설정오류에 대한 별도의 대안을 강구할 필요는 없다. 그러나 무작정 임의의 모형을 설정한 후 추정부터 하고나서 설정오류의 존재 여부를 탐색하고 또 처치하는 것은 비효율적인 작업임에 틀림없다. 따라서 다음 절에서는 이러한 상황을 감안하여 최초모형을 설정하여 추정하는 과정 자체에서 설정오류를 회피할 수 있는 방안이 동시에 강구될 수 있는 추정방법을 고려해 보고자 하는 것이다. 단, 비선형모형의 경우처럼 함수형태가 부적정한 것으로 판정된 경우의 대응방안은 제 6 절에서 별도로 처리코자 한다.

제 5 절 대응책 I : 과오설정오류(mis-specification error)와 대응방안

통상적으로 계량분석은 경제이론이나 가설의 현실타당성을 검증함에 있어 특정함수를 선택한 다음 기계적으로 확인하는 절차를 밟는다. 즉, 특정함수형태로 정의된 논리를 채택, 또는 기각함에 있어 단지 통상적인 R^2, t, F, 그리고 d 통계량을 활용한다. 이러한 절차에서는 일단 추정 모형이 주어지면 모수를 추정하고 가설을 검정하는 일은 사소한 일상이 될 뿐이다. 따라서 애당초 어떤 모형을 선정해야 하는가에 대한 배려가 제대로 이루어지지 못한다. 바로 이러한 문제점을 인식하여 적절한 분석절차를 밟아가는 과정에 관한 연구를 계량모형설정학(specimetrics)이라고 부르기도 한다. 즉, 실증분석에 앞서 과연 어떤 모형이 적절한 것인가에 대해 검증이 이루어져야 한다는 사실에 근거한 접근법이라 할 수 있다. 이와 관련한 연구 중 대표적인 것으로 Leamer와 Hendry의 것이 있다.[1)]

1. Leamer 의 접근법

우선 Leamer 는 베이지안 통계기법을 이용하여 참모형, 또는 적정모형을 선정해 나가는 방법론을 개발한 바 있다. 그러나 자세한 내용은 본서의 분석범위를 벗어나므로 여기에서는 생략하고자 한다.[2)]

한편 Leamer 는 회귀분석결과를 이른바 극단적 범위 활용법(EBA : extreme bound analysis)을 통해 개선해 나갈 수 있는 방안을 제시한 바 있다.

예컨대 회귀분석모형 설정에 있어 몇 개의 핵심 설명변수 외에 영향력을 확신할 수는 없는 기타 설명변수들이 병존하는 경우를 상정해 보자. 핵심 설명변수에 기타 설명변수들의 다양한 조합을 포함시켜가며 실증분석을 할 경우 핵심변수의 회귀계수 추정치가 여러 개 도출될 것이다. 그들 중 최대값과 최소값을 극단적 범위 값으로 정의하되, 두 값 간의 범위(range)를 산출하여 그 값이 상당히 좁게 나타나면 핵심 설명변수의 회귀계수 추정치가 안정적인 것으로 평가하고 반대의 경우는 불안정한 것으로 평가하는 방안이 바로 EBA 활용법이다.

2. Hendry 접근법

Hendry 와 LSE(London School of Economics) 연구팀은 이른바 '위로부터 아래로(top-down),' 또는 '일반적 유형으로부터 구체적 유형으로(general to specific)' 접근법을 제안하였다. 즉, 그들은 일단 여러 개의 설명변수를 가지고 회귀분석을 시작한 다음 적절한 과정을 거쳐 점차 그 수를 축소시킴으로써 최종적으로

---

1) E. E. leamer, *Specification Searches*(1978), Wiley, New York과 F. Hendry, "Prediction Failure and Econometric Modelling in Macroeconomics : The Transactions Demand For Money," in Paul Ormerod(ed.), *Economic Modelling*(1979 : pp. 217~242), Heineman, London 참조 바람.

2) Leamer, 상게서.

는 핵심 설명변수들만으로 구성되는 모형을 선택하도록 권고하였다.[1)]

이러한 과정에서 활용한 대표적 검증방안으로는 비복합 F검정(non-nested F test)과 Davidson-MacKinnon 의 J검정이 있다.

2.1 비복합 F 검정

통상적으로 검증할 모형은 복합 모형(nested models)과 비복합 모형(nonnested models)으로 구분할 수 있다.

$$\text{복합모형} \begin{cases} \text{모형 } A : Y_i = \beta_1 + \beta_2 X_{2i} + \beta_3 X_{3i} + \epsilon_{1i} & (8.13) \\ \text{모형 } B : Y_i = \beta_1 + \beta_2 X_{2i} + \epsilon_{2i} & (8.14) \end{cases}$$

$$\text{비복합모형} \begin{cases} \text{모형 } C : Y_i = \alpha_1 + \alpha_2 X_{2i} + \epsilon_{1i} & (8.15) \\ \text{모형 } D : Y_i = \beta_1 + \beta_3 X_{3i} + \epsilon_{2i} & (8.16) \end{cases}$$

복합 모형이란 한 모형이 비교대상 모형의 일부로 정의됨으로 마치 비교대상 모형의 특별한 경우(special case)로 이해될 수 있는 경우를 일컫는다. 즉, 모형 A 와 모형 B 에서 모형 B 는 모형 A 에 나타난 설명변수 중 일부로 정의되고 있어 마치 모형 A 의 특수한 상황에 해당되는 것으로 볼 수 있는데, 이처럼 한 모형이 다른 모형을 마치 품고 있는 것처럼 볼 수 있는 쌍의 모형을 복합 모형이라 한다.

이러한 경우에는 모형 A 와 모형 B 를 각각 추정하여 R^2 값을 구한 다음 예컨대 보다 높은 적합도가 나타난 모형을 선정할 수 있다.[2)]

이러한 방식의 검증법을 판별분석(discrimination approach)이라고도 하는데, 이는 단순히 비교대상 모형들 간의 적합도를 비교함으로써 참모형을 찾으려는 접근법이라는 한계가 있다. 참모형을 찾기 위한 보다 타당한 탐색과정은 이른바 비복합 모형 관계로 파악될 수 있는 대립적 모형들을 아울러 비교분석 대상에 포함시켜야 하는 것이다. 바로 이러한 취지하에 개발된 접근법이 바로 식별분석

---

1) 이와는 별도로 가장 직관적인 대응방안의 하나로 일단 적절하다고 생각되는 설명변수집합을 구성한 후, 이들 설명변수의 일부(또는 전부)를 활용하여 설정할 수 있는 모든 가능한 회귀모형을 설정하여 추정한 후 R^2값이 가장 큰 모형이나 s_e값이 최소인 모형을 선정하는 방법이 있다. 그러나 이 방법은 그 실행과정이 몹시 번거로울 뿐 아니라 Max R^2나 Min s_e조건에 의해 선정된 모형을 자동적으로 최선의 것으로 받아들이기는 곤란하다는 한계성이 있다.

2) 물론 R^2 외에 많은 기준이 활용될 수도 있다. 자세한 내용은 Gujarati(1995), *Basic Econometrics*, 3rd ed., McGraw-Hill, Ch. 14를 참조 바람.

(discerning approach)이다. 모형 C와 모형 D에서처럼 두 모형은 공유하는 설명변수가 없는 대립적 모형관계로 정의되고 있다.

앞서 우리는 참모형(true model)이 어떤 것인지를 알 수 없는 것이 일반적 상황이라 함은 누차 강조한 바 있다. 그런데 경우에 따라서는 충실한 모형에 대하여 서로 대립되는 이론이나 논리가 정립되어 있어 이들 중 하나를 선택해야 되는 상황이 있다. 예컨대, 소비함수를 구체적으로 설정할 경우 Keynes의 절대소득가설, Duesenberry의 상대소득가설, Tobin의 유동성자산가설들 중 어떤 논리에 따라 모형을 설정해야 하는지를 결정해야 한다. 이와 같은 상황에서 어느 한 모형을 선정하여 추정했을 경우 이른바 과오설정오류(mis-specification error)를 범할 수 있다는 것이다. 이러한 상황에서 과연 어떤 모형을, 즉 어떤 논리나 가설에 입각하여 실정한 모형을 선정하는 것이 설정오류를 회피하고 나아가서는 적절한 모형을 선정하는 길이 되는지를 찾는 길이 될 것이다.

이상과 같은 목적을 위해 개발된 모형선정방안은 다음과 같은 절차에 따라 이루어진다.

i) 서로 대립되는 모형을 설정한다. 즉 이는 모형 C와 모형 D의 경우처럼 비복합 모형(non-nested model) 관계로 설정된다.

ii) 그런 다음 두 개의 서로 대립되는 모형을 통합하여 복합, 또는 종합모형(nested or hybrid model)을 설정한다.

$$Model\ E: Y_i = \gamma_1 + \gamma_2 X_{2i} + \gamma_3 X_{3i} + \epsilon_{3i} \qquad (8.17)$$

iii) 종합모형(모형 E)을 추정한 후 X_2와 X_3의 회귀계수인 $\hat{\gamma}_2$와 $\hat{\gamma}_3$에 대하여 유의성 검정(t검정)을 실시한 다음 어느 것이 유의한지에 따라 모형 C나 모형 D 중 어느 것이 적절한 것인지를 판정하고 선택한다.

그런데 이상의 방법은 X_2와 X_3의 다중공선성이 심하여 $\hat{\gamma}_2$와 $\hat{\gamma}_3$가 둘 다 t 검정에서 유의성이 입증되지 못하는 결과가 초래될 경우 해결방법이 묘연하다는 문제점이 있다. 이러한 이유 때문에 iii)항에 소개한 방법 대신 모형 C(또는 모형 D)를 일단 주모형(reference model)으로 가정한 다음 여타 설면변수를 추가 도입해 봄으로써 두 모형 중 하나를 선택하는 방안이 활용되기도 한다. 즉,

첫째, $Y = f(X_2)$를 주모형으로 보고 일차 추정을 한다. 물론 이때 모든 회귀계수의 유의성 검정(t검정)은 성공한 것으로 본다.

둘째, X_3변수를 추가 도입시켜 재추정을 한다.

셋째, 2차에 걸친 추정에서 산출된 SSR들 값을 이용하여 F검정을 실시하여 산출된 F 값이 임계치보다 작으면 추가된 변수의 역할이 미미한 것으로 볼 수 있어 주모형인 모형 C를 적절한 모형으로 판정하면 된다.

넷째, 물론 모형 D를 주모형으로 간주하고 같은 절차를 밟아 판정할 수 있다.

그런데 사실은 이 방법 또한 X_2와 X_3 간에 다중공선성이 심한 경우에는 결국 애당초 어느 모형을 주모형으로 삼았는가에 따라 최종 채택될 모형이 결정되므로 앞서의 방법이 갖는 문제점을 해소시키지 못하고 있다.

2.2 Davidson-MacKinnon의 J 검정

이상에서 살펴본 비복합 모형의 F 검정 접근법이 갖는 한계성으로 인해 별도의 검정법들이 제안된 바 있다. 이들 중 대표적인 것이 바로 Davidson-MacKinnon의 J 검정이다.

모형 C와 모형 D를 비교하기 위한 J 검정은 다음과 같이 진행된다.

i) 모형 D를 추정하여 Y 값을 도출한 다음 이를 $\hat{Y}_i^D$라 한다.

ii) $\hat{Y}_i^D$를 모형 D에 추가적인 설명변수로 도입한다.

$$Y_i = \alpha_1 + \alpha_2 X_{2i} i + \alpha_3 \hat{Y}_i^D + \epsilon_{1i} \tag{8.18}$$

이 과정을 Hendry는 '포함 또는 망라원칙(encompassing principle)'이라 하였다.

iii) $H_0 : \alpha_3 = 0$에 대한 t검정을 한다.

iv) 만일 상기 귀무가설이 채택되면 모형 C를 참모형으로 선정한다. 모형 D에서 가져 온 정보가 아무런 기여도 하지 못하는 것으로 볼 수 있기 때문이다. 물론 귀무가설이 기각되면 모형 C는 참모형이 될 수 없다고 판정하게 된다.

v) 한편 모형 C를 먼저 추정하여 $\hat{Y}_i^C$를 도출한 다음 모형 D에 추가적인 설명변수로 활용하여 검정하는 절차를 아울러 실시하여 마찬가지 논리에 따라 모형 D가 참모형인지 여부를 식별한다.

그러나 이상과 같은 J 검정법 또한 한계성을 가지고 있다. 두 차례에 걸친 식별과정에서 두 모형이 모두 참모형으로 채택되거나 기각되는 결과가 나타날 수 있기 때문이다. 전자의 경우에는 표본자료만으로는 어느 것이 참모형인지 판정하기 어렵다고 보고 후자의 경우에는 두 모형 중 어느 것도 Y를 제대로 설명할 수 없는 것으로 해석할 수밖에 없다.

J 검정 외에 Cox 검정, JA 검정, P 검정, Mizon-Richard encompassing test 등의 과오설정오류(mis-specification)검정방안들이 있으나 본서의 분석범위 밖이어서 생략하고자 한다.[1]

3. 기타 접근법

앞서 소개한 접근법의 기본시각을 견지하되 보다 간편하게 적절한 모형을 탐색해 나가는 다음과 같은 접근법들이 활용되기도 한다.

3.1 축소제외법(backward elimination)

우선 적절하다고 생각하는 모든 설명변수를 모형에 포함시켜 회귀분석을 실시한 후 편상관계수(partial correlation coefficient)나 t값 또는 한계적 기여도측정용 F 값을 활용하여 가장 유의성이 작은 또는 기여도가 가장 작은 변수를 하나씩 단계별로 제거해 나가는 방법을 축소제외법(backward elimination)이라 한다. 특히 한계적 기여도를 나타내는 F 값이 1.0보다 작은 변수를 제외할 경우 R^2이 개선되는 효과가 일반적으로 보장된다.

그러나 이 방법은 설명변수의 다중공선성(multicollinearity)이 문제되는 경우 효과적으로 활용될 수 없다는 문제가 있다. 다중공선성으로 인해 작아진 t값을 갖게 된 변수 중 가장 핵심적인 변수가 우선적으로 제거당할 경우가 종종 발생하기 때문이다.

3.2 확대도입법(forward selection)

앞서의 방법들보다 훨씬 계산도 간편하고 설정오류의 가능성을 가능한 한 줄여가며 적용할 수 있는 방법으로 확대도입법(forward selection)이 있다. 이 방법은 우선 이론이 뒷받침하는 가장 중요하고 핵심이 되는 설명변수 또는 주요설명변수 중 종속변수와의 편상관계수가 가장 큰 변수로 구성되는 이른바 기본적 주모형(principal reference model)을 최초로 설정하여 추정한 후 추가적인 설명변수들을 점차 확대도입해가며 선별해 나가는 방법이다. 즉, 추가도입된 설명변수를 유의성 검정(t 검정)이나 추가적 기여도 검정(F 검정)을 활용하여 채택 여부를 결정한 후 더 이상 유의적인 변수가 발견되지 않을 때까지 이 과정을 반복시행하게 된다.

---

1) 자세한 것은 Maddala(2001), Ch. 12 참조.

그러나 이 경우 새로 채택되어 도입되는 변수들은 결국 기존의 설명변수들과는 (상대적으로)상관관계가 낮은 것들만으로 선택될 것이라는 문제가 있다. 기존변수들과 상관관계가 높은 변수를 도입할 경우 새로 도입될 변수가 유의성 검정에 성공하기 힘든 반면 종속변수에 공통으로 미치는 영향력의 비중이 (다중공선성의 정도가 클수록)증대되어 경우에 따라서는 지금까지 성공적이었던 기존의 설명변수들의 유의성 검정 결과를 파괴하는 결과를 초래할 가능성이 크기 때문이다.

3.3 단계적 회귀분석방법(stepwise regression procedure)

지금까지 소개한 대응방법 중에서는 확대도입법이 최선의 방안이라 볼 수 있다. 그런데 이 확대도입법이 갖는 단점은 최초 선정한 변수가 종국에 가서는 불필요한 것으로 판정될 수 있는 위험성이 내포되어 있다는 점이다. 따라서 확대도입법이 갖는 바로 이러한 단점을 보완할 수 있는 대응책이 요구되는데, 이러한 용도로 창안된 방법이 바로 단계적 회귀분석법이다.

이 방법의 특성은 확대도입법을 일부 조정한 방법으로 볼 수 있으며, 확대도입법과는 달리 일단 모형 내에 포함시켰던 설명변수를 계속 모형 내에 반드시 머물러 있도록 강요하지 않는다는 점이다. 따라서 결과적으로 보면 이 방법은 기본적으로는 확대도입법을 활용해 나가되, 매 과정에서 일종의 축소제외법을 동시에 적용하는 방법을 활용하는 셈이다.

예컨대, 최초 설정한 기본적 주모형이 $Y=f(X_1)$이라 할 때 X_2와 X_3 등을 포함할 것인지 여부를 순서대로 검정해 나가되, 매 과정에서 기존의 설명변수(들)의 한계적 기여도 판정기준인 F 값에 의거 계속 보유 여부를, 즉 지속적인 존재가치를 판정하는 과정을 동시에 실시하는 것이다.

그러나 이 방법에 의해 최종적으로 선정된 설명변수집합이 Min MSE나 Min SSE를 보장할 수 있는 최적적(optimal)인 조합이라고 단정할 수는 없다. 따라서 최종단계에서 선정된 변수들을 활용하되, 모든 가능한 유형의 회귀분석방법을 적용하여 최상의 결과를 선정하는 것이 바람직하다.

4. Phillips 곡선 추정과 단계적 추정법(stepwise regression)

임금변화율과 실업률 간에 존재하는 함수관계 중 두 변수 간에 비선형적 역함수관계가 성립된다는 이른바 Phillips 곡선 논리가 대표적이라 할 수 있다.

그림 8-4 필립스 곡선

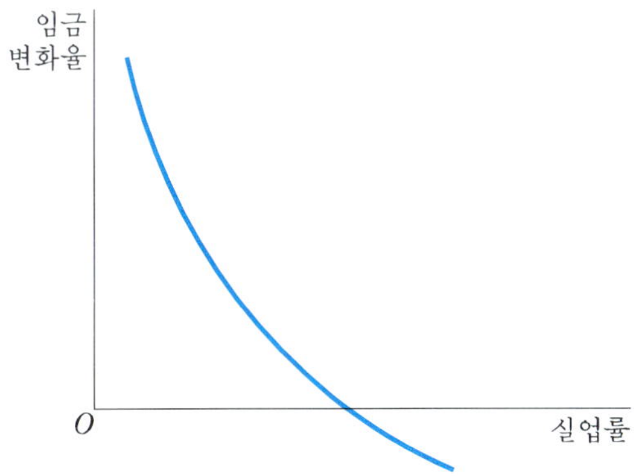

통상 그림 8-4와 같이 표현되는 필립스 곡선을 추정하고자 자료파일에 내장된 자료(1970. 1-1988. 4)를 이용하였으며, 다음과 같은 비선형함수의 추정 결과를 얻었다.

$$\log \mathrm{WNAX}_t = 13.690 \quad 0.551\mathrm{URX}_{t-1}$$
$$(19.772) \quad (-3.234) \qquad (t\text{통계량})$$
$$R^2 = 0.125 \qquad d = 0.079$$

(단, WNAX : 비농림어업부문 임금, URX : 실업률)

추정 결과식에서 높은 t값으로 회귀계수의 유의성은 인정되겠으나 아주 낮은 R^2으로 미루어 볼 때 적합도가 극히 저조할 것임을 짐작할 수 있다. 그리고 d.w. 값이 아주 낮아 0에 접근하고 있어 일단 강한 정의 자기상관적 오차분포가 발생하였음을 알려 주고 있다. 그림 8-5에 나타난 오차항의 분포형태는 이러한 심증을 보다 확실하게 입증해 주고 있다. 그러나 앞서의 예(총비용곡선 경우)에서 보았듯이 여기서의 오차항의 분포모양 또한 정의 자기상관보다는 적절한 설명변수가 제외됨으로써 발생하는 설정오류를 대변하는 유형에 가깝다.

따라서 이번에는 소비자물가변화율(log CPIX)과 시차를 둔 종속변수를 차례로 추가도입하여 재추정하여 보았다.

$$\log \mathrm{WNAX}_t = 6.041 - 0.103\mathrm{URX}_{t-1} + 1.496 \log \mathrm{CPIX}_{t-1}$$
$$(56.408) \quad (-6.127) \qquad (90.132)$$
$$R^2 = 0.992, \qquad d = 0.469$$

그림 8-5 Phillips 곡선 추정식의 오차항 분포 I

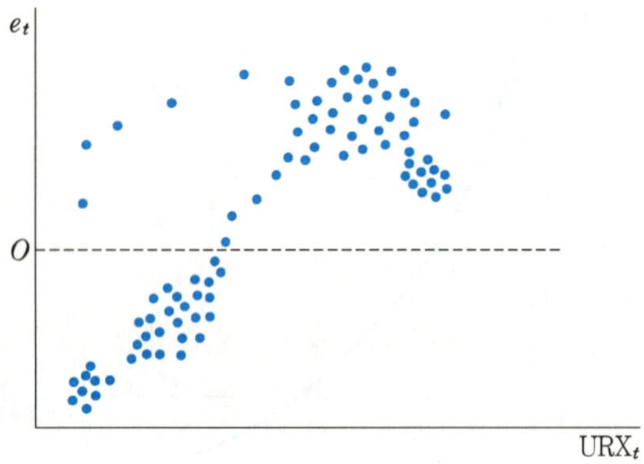

그림 8-6 Phillips 곡선 추정식의 오차항 분포 II와 III

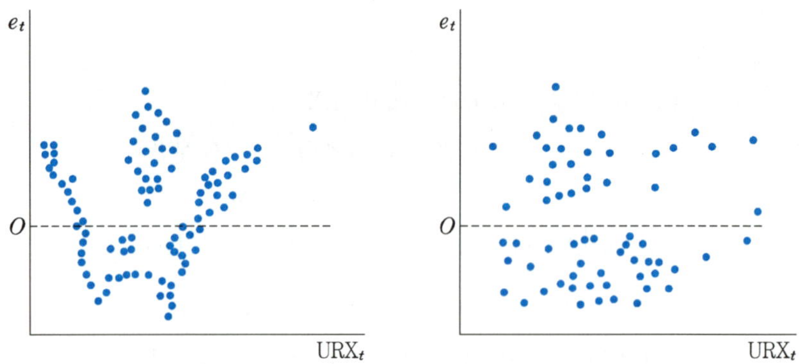

$$\log WNAX_t = 0.782 - 0.020URX_{t-1} + 0.156 \log CPIX_{t-1} + 0.889 \log WNAX_{t-1}$$
$$(2.868) \quad (-2.564) \quad (2.266) \quad (19.538)$$
$$R^2 = 0.999, \quad d = 1.893$$

적절하다고 생각되는 설명변수를 모형에 추가도입하여 추정한 결과는 당초 문제가 되었던 낮은 R^2값과 d값에 연유한 문제를 모두 해소해 준 듯 보인다. 한편, 그러나 시차를 둔 종속변수를 추가도입하여 재추정한 경우에는 제 7 장 제 3 절에서 밝힌 바 있듯이 d통계량의 유용성이 의문시되며, 따라서 Durbin 의 h통계량으로 대체하여 검정하게 된다. 그런데 위 추정식에서는 $h=$

$\rho\sqrt{\frac{n}{1-n\cdot s_{\hat{\alpha}}^{2}}}$ =0.544로 산출되었으며 α=1%에 대응하는 임계치(2.575)보다 훨씬 작으므로 귀무가설(H_0 : ρ=0)이 채택된다. 즉, 자기상관현상이 더 이상 문제되지 않는 것으로 판정할 수 있다.

추정 결과 도출된 오차항의 분포는 특히 마지막 단계에 이르러 거의 완벽할 만한 모양을 보여 주고 있다.

이제 필립스 곡선의 추정과정을 주설명변수 3개를 활용하되 실업률(URX)변수부터 시작하여 확대도입(forward selection)하거나 축소제외(backward elimination), 또는 단계적 회귀분석(stepwise regression) 방법을 적용해 본 결과 세 경우 모두 α=0.2 수준에서는 세 설명변수가 모두 유용한 것으로 채택되었다. 그러나 α=0.01 또는 0.05수준에서는 $\log \mathrm{WNAX}_{t-1}$ 변수만이 채택되었다. 구체적인 과정은 연습문제로 돌린다.

제 6 절 대응책 Ⅱ : 부적절한 함수형태와 대응방안

설정오류의 문제는 전통적으로 적절한 설명변수가 모형에서 제외되거나 부적절한 설명변수가 모형에 포함되는 상황만을 위주로 다루는 경향이 있다. 그러나 본 장 제 2 절에서 밝힌 바 있듯이 설정오류의 요인은 보다 광범위한 것이며 그 중에서도 아주 흔히 이러한 설정오류를 범하게 되는 경우로서 함수 형태 자체를 잘못 설정하는 상황을 들 수 있다.

경제이론이나 가설을 계량분석이 가능한 구체적 함수형태로 표현하는 과정에서 예상되는 유형은 그림 8-7과 같이 정리할 수 있다. 따라서 지금까지 소개하고 활용해 온 그리고 취급이 가장 편리한 선형함수모형의 적용이 부적절함에도 불구하고 이를 무시하고 선형모형을 고수할 경우 설정오류가 발생할 수 있는 상황은 생각보다 많고 또 다양함을 알 수 있다. 그런데 이러한 상황들은 그림 8-7에서처럼 세 유형으로 일단 분류할 수 있을 것인바 그림에 소개된 순서에 따라 보다 상세히 검토해 보고자 한다. 단, 부적절한 함수 형태의 모형설정으로 인해 발생하는 설정오류는 적절한 설명변수가 제외된 상황보다도 심각한 것임은 유의해 둘 필요가 있다. 그러나 역시 초래된 설정오류의 내용을 파악하는 일보다는 구체적으로 어떻게 하면 효율적인 추정이 가능한가 하는 데에 오히려 초점을 맞추는 편이 현실적으로 중요하다고 볼 수 있다.

그림 8-7 계량분석모형의 제류형

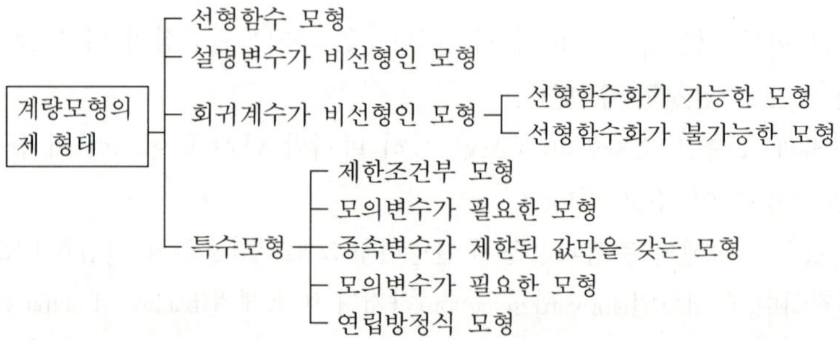

1. 설명변수가 비선형인 모형

흔히 비선형모형으로 통칭되는 모형은 다시 설명변수 형태만이 비선형인 것과 회귀계수에 관하여 비선형인 것으로 구분될 수 있다. 그 중 설명변수가 비선형인 모형은 특수한 상황이 아니라면 우리가 지금까지 활용해 온 OLS를 그대로 적용할 수 있는 경우로 대표적인 예를 들면 고차함수형태(polynomial form)의 모형이 바로 이에 속한다.

$$Y = \alpha + \beta_1 X_1 + \beta_2 X_1^2 + \epsilon \tag{8.19}$$

$$Y = \alpha + \beta_1 X_1 + \beta_2 X_1^2 + \beta_3 X_1^3 + \epsilon \tag{8.20}$$

식 (8.19)은 종속변수(Y)가 한계비용이나 평균비용의 경우처럼 설명변수인 생산량(X)에 대하여 2차함수 관계를 유지하는 경우에 적절한 모형을 나타낸다. 그리고 식 (8.20)은 총비용의 경우처럼 생산량과의 3차함수 관계로 볼 수 있는 경우에 적절한 모형이라 하겠다. 이러한 고차방정식 형태의 비선형 모형 X_1^2값을 X_2로, 그리고 X_1^3을 X_3로 정의해 버리면 지금까지 활용해 온 선형회귀 모형과 같아지므로 OLS를 적용하는 데 아무런 하자가 없다. 따라서 만일 두 식에서 오차항이 통상적인 기본가정을 충족시킬 수 있다면 설정오류의 문제는 발생하지 않는다. 물론 과연 위와 같은 고차방정식 체계의 모형에서의 오차항이 고전적 기본가정을 자동적으로 충족시킬 수 있을 것이라고 볼 수만은 없다는 점을 유념해 둘 필요가 있다.

2. 회귀계수가 비선형인 모형 : 선형화가 가능한 경우

설명변수가 비선형인 경우와는 달리 회귀계수에 대하여 비선형관계를 유지하는 모형은 선형함수관계식으로 전환이 가능한 경우와 그렇지 못한 경우가 있다. 본 항에서는 전자만을 다루고 후자는 다음 항에서 논의키로 한다. 선형화가 가능한 비선형 모형의 종류는 상당히 많고 다양하여 편의상 다음과 같이 구분해 다루고자 한다.

2.1 양측대수 모형(전대수 모형)

문자 그대로 함수 형태 자체가 또는 일차함수로 전환된 형태가 종속변수와 설명변수 모두가 log 값으로 표현되는 모형을 말한다. 즉, 기본 모형은,

$$\ln Y = \ln \alpha + \beta \ln X + \epsilon \tag{8.21}$$

과 같으며, 일차함수 전환과정을 통해 위와 같은 형태로 바꿀 수 있는 대표적인 모형으로는 Cobb-Douglas 생산함수와 같은 이른바 승법 모형(multiplicative model)이나 탄력성이 일정한 수요함수(demand curve with a constant elasticity)모형이 있다.

$$\text{생산함수} : Y = AL^{\alpha}K^{\beta}e^{\epsilon}$$

$$\text{수요함수} : Y = \beta_1 X^{-\beta_2}e^{\epsilon} \tag{8.22}$$

양쪽에 log를 취하여 함수전환을 하면,

$$\ln Y = \ln A + \alpha \ln L + \beta \ln K + \epsilon \tag{8.23}$$

$$\ln Y = \ln \beta_1 - \beta_2 \ln X + \epsilon \tag{8.24}$$

와 같아진다. 일단 이처럼 전환된 모형은, 예컨대 식 (8.24)에서 $\ln Y$를 LY로

그림 8-8 선형화가 가능한 비선형 모형

선형화가 가능한 비선형모형
- 양측대수 모형(double-log 또는 full-log model)
- 단측대수 모형(semi-log 또는 log-lin 또는 lin-log model)
- 역함수 모형(reciprocal model)
- 기타 : 테일러 전개(Taylor expansion)에 의해 선형함수로 전환이 가능한 모형

ln X를 LX로 재정의하면 통상적인 선형회귀 모형이 될 것이며, 따라서 OLS 적용이 가능해진다.

이상과 같은 특징을 가진 이른바 양측대수(double-log or full-log) 모형의 일반적인 특징은 탄력성이 일정하다는 것이다. 따라서 동탄력성(constant-elasticity) 모형이라고도 종종 불리운다. 위의 식 (8.23)에서 α와 β는 생산량의 노동 및 자본탄력성을, 그리고 식 (8.24)에서 β_2는 수요의 가격탄력성을 나타내는 모수(parameter)로서 추정대상이 되는 것이다.

2.2 단측대수 모형(반대수모형)

단측대수 모형이란 종속변수나 설명변수 중에 한쪽에만 log 값을 갖는 형태로 정의되는 모형과 일차함수 전환결과가 역시 한쪽 변수에만 log 값이 붙는 형태로 도출되는 유형의 모형을 통칭하는데, 때로는 log-lin 또는 lin-log 모형이라고도 부른다. 기본적 모형은,

$$\ln Y = \alpha + \beta X + \epsilon$$

$$Y = \alpha + \beta \ln X + \epsilon \tag{8.25}$$

와 같으며, 일차함수 전환한 결과가 위와 같은 형태로 나타나는 모형 중 잘 알려진 것들로 다음과 같은 것들이 있다.

지수함수형(exponential function form) :

$$Y = e^{\alpha + \beta X + \epsilon} \quad \text{또는} \quad Y = ab^X e^{\epsilon} \tag{8.26}$$

로지스틱곡선형(logistic curve) :

$$Y = \frac{e^{\alpha + \beta X + \epsilon}}{1 + e^{\alpha + \beta X + \epsilon}} \tag{8.27}$$

이들 모형들의 특징에 관해서는 후술하기로 하고, 일단 이들 모형들이 과연 식 (8.23)이나 (8.24)과 같이 전환 가능한지 여부를 밝혀 보자. 식 (8.26)과 같은 지수함수형 모형은 양쪽에 log를 취하면,

$$\ln Y = \alpha + \beta X + \epsilon \tag{8.28}$$

로 전환될 수 있다.

한편, 로지스틱 모형의 경우 함수전환을 해 보면,

$$Y(1+e^{\alpha+\beta X+\epsilon})=e^{\alpha+\beta X+\epsilon}$$
$$Y+Ye^{\alpha+\beta X+\epsilon}=e^{\alpha+\beta X+\epsilon}$$
$$Y=e^{\alpha+\beta X+\epsilon}(1-Y)$$
$$\frac{Y}{1-Y}=e^{\alpha+\beta X+\epsilon}$$
$$\ln\frac{Y}{1-Y}=\alpha+\beta X+\epsilon$$
$$\ln Y'=\alpha+\beta X+\epsilon \quad (\text{단, } Y'=\frac{Y}{1-Y})$$

과 같아지며, 전과 동일한 과정을 거치면 역시 선형화가 가능한 것으로 볼 수 있다.

2.3 역함수 모형(reciprocal model)

종속변수가 설명변수의 역함수로 표현되는 경우로 쌍곡선(hyperbola)형으로 나타나는 모형 중 대표적인 예로서 Phillips 곡선을 들 수 있는데, 다음과 같이 표현될 수 있다.

$$Y=\alpha+\beta\cdot\frac{1}{X}+\epsilon \tag{8.29}$$

즉, 위와 같은 기본식에서 Y를 임금변화율로, 그리고 X를 실업률로 정의한다면 윗식은 Phillips 곡선 모형으로 이해가 될 수 있다. 이러한 모형의 경우 함수 전환은 지극히 간단하다. 단지 $\frac{1}{X}$을 X'과 같은 새로운 변수로 정의하는 것으로 선형화가 완료된다.

$$Y=\alpha+\beta X'+\epsilon \tag{8.30}$$

엥겔법칙을 설명하기 위한 이른바 엥겔곡선 또한 식 (8.30)과 같이 정의될 수도 있다. 이 경우 Y는 음식비지출액으로, 그리고 X는 소득수준으로 각각 정의될 수 있으며, 이 때 β의 부호가 "−"가 된다. 따라서 엥겔곡선은 다음과 같은 형태의 쌍곡선(hyperbola)으로 파악할 수 있으며, 소득(X)이 증가할 때 음식비지출액(Y)도 증가하되(이 때 임계치 α를 극한값으로 접근) 증가율이 점차 둔화되는 현상을 보여 주고 있다.[1)]

1) 엥겔법칙에 관한 실증분석 모형은 여기서 소개한 역함수형 모형 외에도 다양한 형

그림 8-9 엥겔 곡선

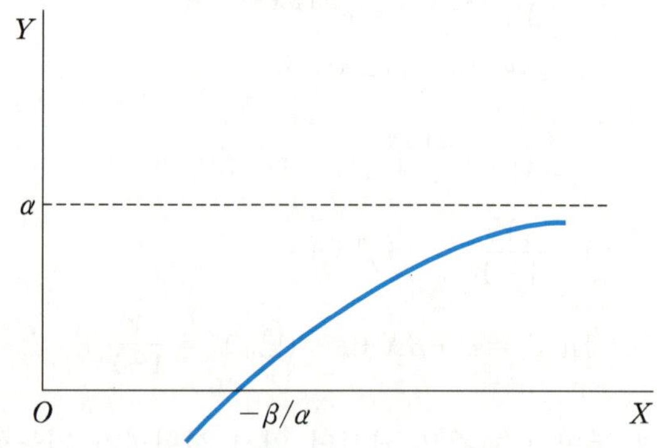

이 때 음식비 지출액은 소득수준에 의존하되 X값의 변화에 부응하는 $E[Y_i]$값의 변화는 X값과 역함수관계를 갖게 된다.

$$\frac{dE[Y_i]}{dX_i} = -\frac{\beta}{X_i^2} \tag{8.31}$$

2.4 테일러 전개(Taylor expansion)에 의해 선형함수 형태로 전환이 가능한 모형

고차함수(multinomial function)이건 지수함수건 또는 대수함수건 간에 설명변수가 연속변수이고 또 p계도함수가 존재한다면 일반적으로 다음과 같은 테일러 전개에 의해 표현할 수 있다.

$$Y = f(X) = f(a) + (X-a)f'(a) + \frac{(X-a)^2}{2!}\cdot f''(a) + \frac{(X-a)^3}{3!}\cdot f'''(a) + \cdots + \frac{(X-a)^p}{p!}\cdot f^{(p)}(a) + R_{p+1} \tag{8.32}$$

(단, R_{p+1} = 나머지(remainder)임)

이 때 p값이 충분히 커지면 잔차항의 값(R_{p+1})은 아주 작은 값이 되어 무

태로 설정되기도 한다. 예컨대, 단측대수함수인 $Y_i = \alpha + \beta \log X_i + \epsilon_i$(단, $\beta > 0$)의 형태로 표현할 수도 있는데, 이 때 $dE[Y_i]/dX_i = \beta/X_i$가 된다. 이 함수는 그러나 $E[Y_i]$가 증가할 수 있는 한계치는 형식적으로는 존재하지 않는다는 점이 역함수형과 결정적인 차이점이다.

시할 수 있다. 따라서 원래 함수 형태에 따라서 R_{p+1}의 값을 0으로 볼 수 있기에 충분할 정도의 p값을 적절히 찾아 $f(X)$값의 어림값(approximation)을 규정할 수 있게 된다. 단, 이 때의 어림값은 $X=a$ 부근에서 가장 정확도가 높아지므로 a의 값을 선택함에 있어 주의할 필요가 있다.

예컨대, $Y=f(X)=e^{bX}$를 $p=3$, $X=0$에 대한 식으로 전개하면,

$$\begin{aligned} f(0) &= 1 \\ f'(0) &= (be^{bX})_{X=0} = b \\ f''(0) &= (b^2e^{bX})_{X=0} = b^2 \\ f'''(0) &= (b^3e^{bX})_{X=0} = b^3 \\ f(X) &= 1 + bX + \frac{b^2}{2}X^2 + \frac{b^3}{6}X^3 \end{aligned}$$

와 같은 고차함수로 전환된다. 따라서 $X^2=Z_1$, $X^3=Z_2$로 각각 정의하면 선형회귀모형의 형태로 볼 수 있어 통상적인 OLS 적용이 가능해진다.

이상과 같은 테일러 전개식은 두 변수 이상인 경우, 예컨내 $Y=f(X, Z)$에서도 적용될 수 있다.[1] Y가 X 하나만의 함수이건 X와 Z 둘의 함수이건 일단 테일러 전개식에 의해 어림셈 공식의 적용이 가능할 경우에는 일단 선형모형으로의 전환이 가능해지고 따라서 OLS 적용을 활용할 수 있게 된다.

3. 회귀계수에 대한 비선형성이 해소되지 못하는 모형

회귀계수에 대하여 비선형이라도 함수전환을 통하여 선형화가 가능하고 따라서 통상적인 OLS의 적용이 가능한 모형 중 주요한 예들을 살펴보았다. 그러나 이들 모형도 특히 오차항을 조금만 잘못 설정하면 선형화작업이 불가능해진다. 뿐만 아니라 사실 회귀계수에 대하여 비선형인 경우는 선형화가 불가능한 사례가 오히려 일반적 현상으로 보는 것이 정당하며(선형화가 가능한 상황은 지극히 제한적이고 특수한 상황에 해당됨), 따라서 별도의 대응책이 요구된다.

우선 선형성의 회복이 불가능한 모형들의 예를 일별해 보면 다음과 같다.

---

1) Kmenta(1971), *op. cit.*, pp. 453~457 참조.

1) $Y=\alpha_0+\alpha_1 X_1^{\beta_1}+\alpha_2 X_2^{\beta_2}+\epsilon$
2) $Y=\alpha_1 e^{\beta_1 X_1}+\alpha_2 e^{\beta_2 X_2}+\epsilon$
3) $Y=\alpha_1(1+\beta_1)^X+\alpha_2(1+\beta_2)^X+\epsilon$
… Ⅰ

4) $Y=\alpha X_1^{\beta_1}X_2^{\beta_2}+\epsilon$
5) $Y=e^{\alpha+\beta X}+\epsilon$
6) $Y=ab^X+\epsilon$
7) $Y=1/(1+e^{\alpha+\beta X})+\epsilon$
… Ⅱ

8) $Y=c+ab^X$: 수정된 지수함수
9) $Y=\dfrac{1}{c+ab^X}$: 로지스틱함수의 일종
10) $Y=\dfrac{\gamma}{1+e^{\alpha+\beta X}+\epsilon}$: 로지스틱의 일종
11) $Y=c\cdot a^{b^x}$: 곰페르츠(Gompertz) 함수
12) $Y=f(X;\beta)+\epsilon$: 회귀계수(β)에 대하여 비선형인 함수의 일반적 표현식(예, CES 생산함수)
… Ⅲ

우선 Ⅰ그룹에 속하는 세 개의 방정식은 회귀계수와 변수가 복합적으로 결합되어 있어 회귀계수에 대하여 선형성을 회복할 수 있는 함수전환이 불가능함을 쉽게 알 수 있다. 한편, Ⅱ그룹에 속하는 방정식들은 바로 전항에서 선형화가 가능한 함수 형태와 흡사해서 혼란을 초래하기 쉬운 경우들이다. 이 그룹에 나타난 4개의 함수들이 갖는 공통점은 오차항의 존재 형태가 전항에서 다룬 모형과는 달리 기본함수관계를 규정하는 설명변수항과 분리된 이른바 가법(additive) 모형의 특징을 갖고 있다는 점이다. 바로 이러한 이유 때문에 방정식에 대수값을 취하여 선형함수로 전환하는 작업이 불가능해진 경우들이다.

Ⅲ 그룹은 Ⅰ그룹이나 Ⅱ그룹과는 달리 우리가 자주 접하는 유형들의 함수들이고, 또 전항에서 선형화가 가능했던 모형과 같은 유형에 속하는 유형의 함수들이어서 더욱 혼란을 초래하기 쉽다. 이들 함수가 계수에 대하여 비선형으로 머물 수밖에 없음은 외형상으로는 쉽게 납득이 가지 않을 것인바 구체적으로 확인해 보기로 한다.

8)번 방정식은 흔히 수정된 지수함수(modified exponential function)라 불리는

함수로 일단 함수전환을 시도해 보면 다음과 같다.

$$Y - c = ab^X$$
$$\ln(Y - c) = \ln a + X \ln b$$
$$\ln Y' = a' + b'X$$
$$(\text{단, } Y' = Y - c,\ a' = \ln a,\ b' = \ln b)$$

얼핏 잘못 생각하면 외견상 선형화가 이루어진 것 같으나 $Y' = Y - c$의 log 값이 X와 선형관계를 가질 뿐 회귀계수 c에 대한 선형성을 회복할 길이 없다. 즉, 회귀계수 a와 b에 대해서만 선형성이 회복되었을 뿐이다.

로지스틱 함수의 일종인 9)번 식의 경우도 이유는 비슷하다. 일단 함수전환을 시도해 보면,

$$Y = \frac{1}{c + ab^X}\text{에서}$$
$$\frac{1}{Y} = c + ab^X$$
$$\frac{1}{Y} - c \equiv ab^X$$
$$\ln\left(\frac{1 - cY}{Y}\right) = \ln a + X \ln b$$
$$\ln Y' = a' + b'X$$
$$(\text{단, } Y' = \frac{1 - cY}{Y},\ a' = \ln a,\ b' = \ln b)$$

가 되어 역시 외견상 선형화가 이루어진 것으로 보이나 회귀계수 c에 대한 선형성이 회복되지 못하고 있다.

또 다른 유형의 로지스틱 함수인 10)번 식은 분자가 1과 같은 상수가 아니라 γ와 같이 추정대상이 되는 상수로 정의되었다는 점이 특이할 뿐이다. 그러나 바로 이 특징이 선형화를 불가능하게 만들고 있다. 앞서와 같은 함수전환을 시도할 경우,

$$\ln\left(\frac{\gamma}{Y} - 1\right) = \alpha + \beta X + \epsilon$$

가 되어 역시 γ에 대한 선형성이 유지되지를 못하고 만다.

11)번 식은 흔히 Gompertz 함수라 불리우는 함수로서 일단 함수전환을 시

도해 보면,

$$Y = c \cdot a^{b^X}$$
$$\ln Y = \ln c + b^X \ln a$$
$$Y' = c' + a' b^X$$
$$(\text{단}, \ Y = \ln Y, \ c' = \ln c, \ a' = \ln a)$$

와 같아지므로, 역시 계수 a와 b에 대한 선형성이 회복되지 못하고 있다.

이상과 같이 흔히 볼 수 있는 함수 형태이지만 간발의 차이로 인해 선형화가 불가능한 모형 외에도 아예 선형화를 위한 함수전환 자체도 엄두를 내기 힘든, 말하자면 선천적으로 비선형인 모형이 수없이 많이 존재한다. 이를 간단히 12)번 식과 같이 일단 종합적으로 표현해 보았다.

이상에서 소개한 비선형 모형의 경우 결국 선형화가 불가능하고 따라서 통상적인 OLS를 적용할 수 없게 된다는 문제가 발생한다. 따라서 이러한 비선형 함수 모형들은 별도의 추정방법을 적용할 수밖에 없으며, 가장 대표적으로 적용되는 방법은 이른바 비선형 최소자승법(nonlinear least squares method)이라는 방법과 최우법(MLE technique)을 들 수 있다.

일단 선형화가 불가능한 함수로 모형이 설정되었을 경우라 하더라도 이 때 오차항(ϵ)이 고전적인 기본가정을 충족시킨다면(오차항의 정규분포가정 포함) 최우법을 추정하는 데 아무런 하자가 없다. 단지 우도함수를 정의한 다음 이를 미지의 회귀계수에 대하여 1차편 미분을 실시할 때 도출되는 방정식들이 비선형 관계를 유지하게 되므로 이들 1차도함수조건식들(우도를 극대화하기 위한 필요조건임)을 푸는 과정이 무척 번거롭게 된다는 문제가 있을 뿐이다. 그러나 이 문제는 컴퓨터의 발달로 더 이상 문제시할 필요가 없다. 컴퓨터가 실제로 이 비선형방정식을 푸는 기본방식은 일종의 탐색방법으로 시행착오를 감수해 가며 온갖 가능한 계수들값의 결합 형태를 고려한 후 우도함수를 극대화시키는 계수값을 선정하게 된다. 이러한 최우법에 의해 도출된 추정량은 대표본의 경우 바람직한 추정량이 가져야 할 이른바 점근적 특성(asymptotic properties of a desirable estimator)을 모두 갖는 것으로 알려져 있다.[1)]

한편, 오차항에 대한 고전적 가정, 특히 정규분포성 가정을 원하지 않거나 원할 수 없는 경우에는 기본적으로는 최소자승법을 활용하는 것이 최선이다. 그

---

1) Kmenta(1971), *op. cit.*, pp. 461~466 참조.

런데 선형화가 불가능한 함수의 경우 오차자승합을 최소화시키는 조건식은 비선형이 되므로 이 때 적용되는 추정방법을 통상적으로 비선형 최소자승법이라 부른다. 이 방법과 통상최소자승법(OLS)의 기본적 차이는 후자의 경우에서는 추정량들이 오차항의 1차함수(선형성)로 표현될 수 있다는 데 있다. 여하튼 비선형 최소자승법에 의해 도출된 추정량은 최우법에 의해 도출된 추정량이 오차자승합을 극소화시키는 점에서 결정될 경우 최우추정량과 일치하게 되며 따라서 최우추정량이 갖는 바람직한 점근적 특성을 향유하게 된다.[1] 바로 이러한 점에서도 오차항의 정규분포성 가정의 현실성 여부는 역시 크게 문제가 되지 못함을 알 수 있다.

이 외에도 SSE값을 최소화시키는 추정량을 탐색하는 방법, 테일러 전개식을 활용하는 단계적 선형회(iterative linearization)방법 등이 있으나 생략한다.[2] 한편, 비선형 모형의 경우는 통상적인 추정 결과의 평가방법을, 즉 t나 F 검정을 직접 활용하기 곤란하며 따라서 세심한 주의를 기울여야만 한다. 그리고 σ^2에 대한 추정량이 편의가 발생할 뿐 아니라 $\epsilon \sim N(0,\ \sigma^2)$ 가정이 충족되더라도 추정량은 더 이상 정규분포를 따르지 못하기 때문이다. 한편, 비선형 모형에서의 예측문제, 그리고 애당초 과연 추정한 모형이 (비)선형인지 여부를 확인하는 방법론들이 별도로 고려될 필요가 있음을 지적해 둔다.

4. 특수 모형

본 절에서 지금까지 다루어 온 비선형 모형 외에도 결과적으로 설정오류를 유발할 수 있는 부적절한 함수 형태를 선택할 가능성이 있는 경우가 많이 있다. 이들을 일단 유형별로 제시해 보면 다음과 같이 요약할 수 있다.

1) 질적 변화를 나타내는 설명변수가 포함된 모형
2) 각종 제한조건이 필요한 모형
3) 종속변수가 제한된 값만을 취하는 모형(limited-dependent-variable model)
4) 시차분포 모형(distributed-lag model)
5) 연립방정식 모형(simultaneous equation model)

이들 중 설명변수에 질적 변화를 반영해야 되는 경우는 이른바 모의변수

---

1) E. Malinaud, *Statistical Methods of Economics*(Rand Mcnally, 1966), pp. 290~294 참조.
2) 이들 문제에 관한 자세한 내용은, Kmenta(1971), *ibid.*, pp. 466~472와 Johnston(1984), *op. cit.*, 3rd ed., ch. 3. 그리고 Maddala(1977), *op. cit.*, pp. 171~182를 참조할 것.

(dummy variable)를 활용하는 추정방법이 요구되며, 역시 모의변수의 활용법과 비슷한 추정방법을 활용하되, 특수한 양상을 보이는 "종속변수가 제한된 값만을 갖는 모형"과 함께 제10장에서 다룰 것이다. 그리고 시차분포 모형은 제10장 그리고 연립방정식 모형은 제 4 편에서 상세히 다룰 것이므로 여기서는 생략한다. 단, 각종 제한조건이 필요한 모형의 경우는 가장 간단한 경우, 즉 선형제한 조건식, 예컨대 $\alpha+\beta=k$ (k는 상수)와 같은 조건을 충족시키는 조건하에 최소자승법을 적용하는 경우만을 본 장 보론에서 소개하였다.[1)]

5. 비선형 모형의 종합(요약)

본 절에서 다룬 제반 모형 중 특수 모형을 제외한 유형 중 비교적 자주 활용되는 모형들을 중심으로 표 8-2 및 그림 8-10과 같이 종합하여 독자의 보다 확실한 이해를 도모하였다.

한편, 비선형함수 중 전대수형이거나 반대수형 또는 역함수형인 것 중 선형화로 전환이 가능한 함수들의 특징은 표 8-3과 같이 요약될 수 있다.

이상에서 요약 제시된 내용과 같이 본 절에서는 설정오류를 유발시킬 수 있는 주요 비선형 모형을 적절한 함수전환을 통해 선형화가 가능한 경우와 그렇지 못한 경우로 일단 구분하였다. 그리고 선형화로 전환이 가능한 경우는 다

표 8-2 주요 비선형 모형

모형 구분	원 함 수	선형화 전환 가능 여부	도표 형태	비 고
반대수 함수	$Y=\alpha+\beta\ln X$	○	(a)	단, 오차항이 선형화에 적절한 경우에 한함.
지수 함수	$Y=ab^X$	○	(b)	
전대수 함수	$Y=\alpha X^\beta$	○	(c)	
로지스틱 함수	$Y=\dfrac{e^{\alpha+\beta X}}{1+e^{\alpha+\beta X}}$	○	(d)	
수정된 지수 함수	$Y=c+ab^X$	×	(e)	오차항의 형태와 상관 없음.
로지스틱 함수의 일종	$Y=\dfrac{1}{c+ab^X}$	×	(f)	
곰페르츠 함수	$Y=c\cdot a^{bX}$	×	(g)	

1) 비선형조건식이나 불등식에 의한 제한조건식, 그리고 확률적 조건식(stochastic restrictions)의 경우는 본서의 제10장과 Kmenta(1971), *ibid.*, ch. 11. 그리고 Kennedy (1987), 2nd ed., *op. cit.*, pp. 158~164, 166~167 등을 참조할 것.

그림 8-10 주요 비선형 함수

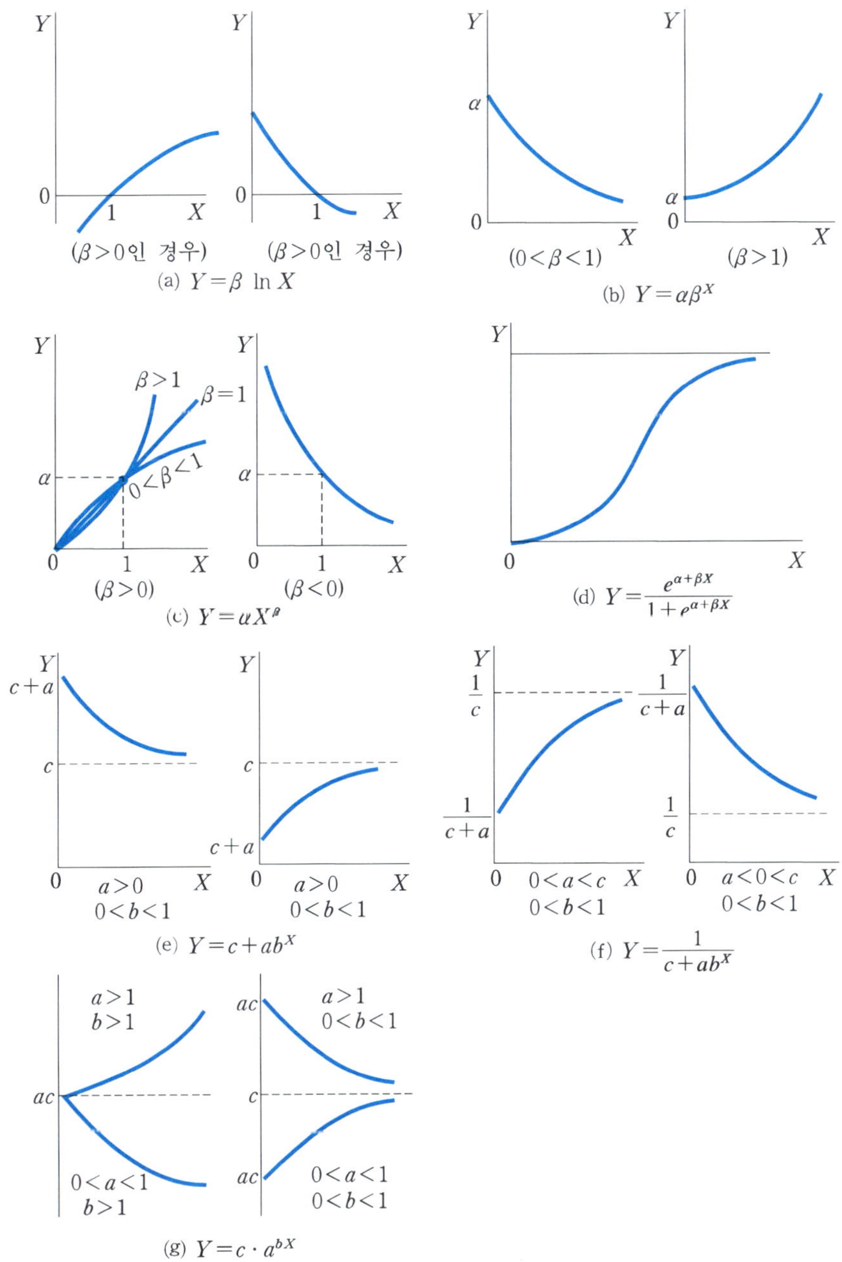

표 8-3 주요 (비)선형함수의 특징

모형 구분	원 함 수	기울기$\left(\frac{dY}{dX}\right)$	탄력성$\left(\frac{dY}{dX}\cdot\frac{X}{Y}\right)$
선 형	$Y=\alpha+\beta X$	β	$\beta\frac{X}{Y}$
전대수	$\ln Y=\alpha+\beta\ln X$	$\beta\frac{Y}{X}$	β
반대수	$\ln Y=\alpha+\beta X$	βY	βX
반대수	$Y=\alpha+\beta\ln X$	$\beta\frac{1}{X}$	$\beta\frac{1}{Y}$
역함수	$Y=\alpha+\beta\frac{1}{X}$	$-\beta\frac{1}{X^2}$	$-\beta\frac{1}{XY}$

시 전대수형과 반대수형 그리고 역함수형으로 재구분해 보았다. 전대수형 함수는 표 8-3에서 밝힌 바 있듯이 탄력성이 일정하다는 특징을 가지며, 따라서 수요의 가격탄력성이나 소득탄력성을 추정하려는 수요함수분석에 자주 활용된다. 반대수형 중 종속변수가 대수값을 취하는 모형에서 만일 설명변수가 단순히 시간을 나타내는 변수일 경우에는 회귀계수가 종속변수의 성장률의 의미를 갖는다. 역함수형 모형은 필립스곡선 모형이나 엥겔곡선분석과 같은 경우에 자주 활용된다.

제 7 절 실증분석 예

지금까지 제시한 설정오류에 관한 제반 논의를 독자들에게 보다 확실하게 이해시키고자 다음과 같이 실증분석 사례 2가지를 소개하기로 한다.

1. 비용함수의 추정

표 8-4는 어느 상품의 생산과 관련한 각종 비용에 관한 가상적 자료이다. 경제이론이 시사하는 바에 따르면 총비용곡선은 주로 3차함수로 약간 눕혀진 S자형 모양을 갖게 된다. 그리고 그로부터 도출된 평균비용과 한계비용은 모두 2차함수로 표현되는 U자형 모양을 갖되 평균비용의 최저점에서 한계비용과 교차하는 것으로 알려져 있다.

표 8-4의 자료에 나타난 총비용(TC)으로부터 한계비용과 평균비용을 산출

표 8-4 생산량과 (총)비용

생산량(Q)	총비용(TC)	한계비용(MC)	평균비용(AC)
1	100	100	100
2	125	25	62.5
3	140	15	$46.\dot{6}$
4	145	5	36.25
5	150	5	30
6	160	10	$26.\dot{6}$
7	180	20	25.714
8	210	30	26.25
9	260	50	$28.\dot{8}$
10	330	70	33

하여 도표 형태로 나타내 보면 대체로 그림 8-11과 같은 유형의 모양을 하게 됨을 확인할 수 있다.

AC와 MC가 만나는 점은 $25\frac{5}{7}$와 $26\frac{1}{4}$ 사이가 될 것이며, MC가 최소인

그림 8-11 생산량과 각종 비용곡선

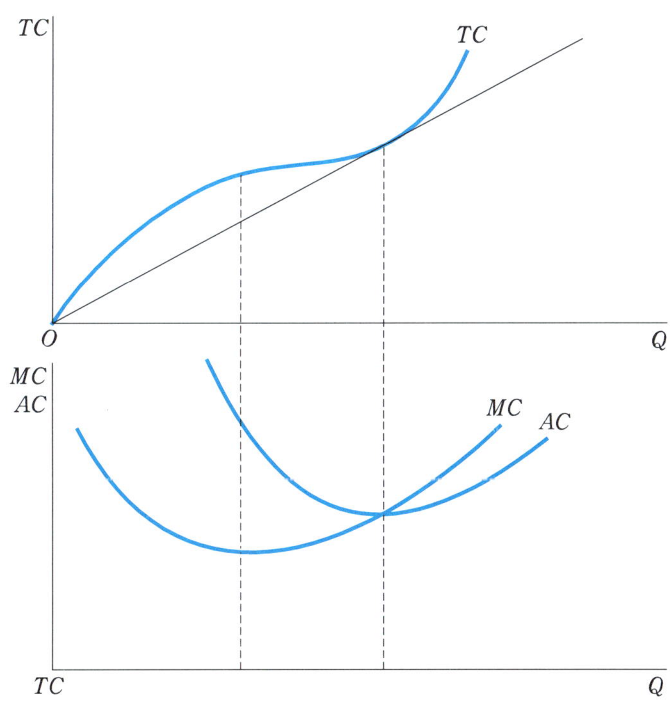

점은 TC 선상의 변곡점과 일치하게 될 것이다. 이제 TC 함수를 다음과 같은 3차함수 형태로 설정한 다음 회귀분석을 시도해 보기로 한다.

$$TC_i = \beta_0 + \beta_1 Q_i + \beta_2 Q_i^2 + \beta_3 Q_i^3 + \epsilon_i$$

단, TC 는 총비용, 그리고 Q 는 생산량을 나타내며, 아래의 조건식들은 일반적인 비용곡선의 특성이 유지되기 위해 필요한 조건들을 나타낸다.

$$\beta_0,\ \beta_1 \text{ 그리고 } \beta_3 > 0$$
$$\beta_2 < 0$$
$$\beta_2^{\ 2} < 3\beta_1\beta_3$$

한편, 표 8-4의 자료를 이용하여 위와 같은 총비용함수를 추정해 보면 다음과 같다.

$$\widehat{TC}_i = 60.833 + 49.212Q_i - 10.216Q_i^2 + 0.799Q_i^3$$
$$(24.429)\ (26.366)\ \ (-26.534)\ (34.624) \qquad (t\text{값})$$
$$R^2/\overline{R}^2 = 0.9998/0.9997, \qquad d = 1.964$$

일견해 볼 때 추정방정식의 각 계수는 높은 t값을 갖고 있어 통계적으로 매우 유의적이며 R^2값이 거의 "1"에 가까워 적합도 또한 탁월한 것으로 볼 수 있다. 더구나 d값 또한 거의 2에 가까워 자기상관현상이 없는 것으로 판정할 수 있고, 위에서 소개한 각 계수 간의 조건식들도 모두 충족되고 있어 일단 만족할 만한 추정 결과라 볼 수 있다.

$$\hat{\beta}_0 = 60.833, \quad \hat{\beta}_1 = 49.212, \quad \hat{\beta}_3 = 0.799 > 0$$
$$\hat{\beta}_2 = -10.216 < 0$$
$$\hat{\beta}_2^{\ 2} = 104.367 < 117.961 = 3\beta_1\beta_3$$

이 추정식이 그림 8-11과 같은 전형적인 총비용함수적 특징을 갖는지 여부는 독자들 스스로 확인해 보기 바란다.[1] 단, 상기 추정식을 신뢰할 만한 것으로 보고 이를 이용하여 일단 한계비용과 평균비용을 구해 보면 다음과 같다.

1) Alpha C. Chiang, *Fundamental Methods of Mathematical Economics*, 3rd ed.(McGraw-Hill, 1984), pp. 250~252 참조.

$$MC_i = \frac{\partial TC_i}{\partial Q_i} = 49.212 - 20.432Q_i + 2.397Q_i^2$$

$$AC_i = \frac{TC_i}{Q_i} = \frac{60.833}{Q_i} + 49.212 - 10.216Q_i + 0.799Q_i^2$$

한편, 만일 분석가가 총비용함수를 생산량의 1차 또는 2차함수로 잘못 설정하여 추정을 시행한다면 어떤 결과가 나타날지 확인해 보기로 한다.

1차함수로 설정한 경우 :

$$TC_i = 64.0 + 21.091Q_i$$
$$(3.249) \quad (6.644) \qquad (t\text{값})$$
$$R^2 - 0.847, \qquad d - 0.602$$

2차함수로 설정한 경우 :

$$TC_i = 129.417 - 11.617Q_i + 2.973Q_i^2$$
$$(6.537) \quad (-1.405) \quad (4.059) \qquad (t\text{값})$$
$$R^2/\bar{R}^2 = 0.954/0.941, \qquad d = 0.989$$

앞서 3차함수로 설정하여 추정한 경우에 비해 적합도가 떨어질 뿐만 아니라 특이할 만한 것은 d값이 모두 낮아 정의 자기상관현상 존재시와 같은 유형의 오차항 분포가 나타났다는 점이다(그림 8-12 참조). 전술한 바와 같이 이 예에서 우리는 부적절한 함수 형태의 선정으로 인한 설정오류가 발생할 경우에도 외형상으로 자기상관 경우와 같은 오차항의 분포가 관측되어 구분하기가 어려움을 잘 알 수 있다.

만일 1차함수 추정식 결과를 보고 설정오류가 아닌 정의 자기상관현상 문제가 발생한 것으로 판정한 다음 이를 해소하기 위해 Cochrane-Orcutt 추정방법을 적용하였다면 어떻게 될까? 그 결과는 다음과 같다.

$$TC_i = -4{,}524.165 + 170.650Q_i$$
$$(-2.377) \qquad (2.827) \qquad (t\text{값})$$
$$R^2 = 0.948, \qquad d = 0.544$$
$$(\text{단}, \ \hat{\rho} = 0.962 \quad (t = 2.441))$$

적합도를 나타내는 R^2값은 다소 높아졌으나 d값은 개선되기는커녕 오히

그림 8-12 추정방정식의 유형과 오차항의 분포

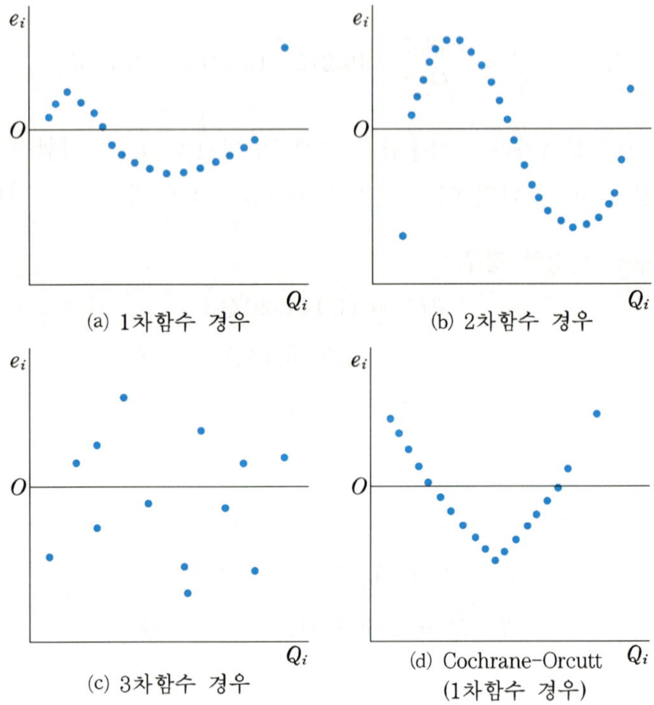

려 악화되고 말았음을 알 수 있다. 이상과 같은 결과를 시각적으로 확인코자 총비용함수를 1차함수, 2차함수 그리고 3차함수로 설정하여 OLS 로 추정한 경우와 1차함수로 설정하되 Cochrane-Orcutt 로 추정한 경우의 오차항들의 분포를 대비시켜 본 것이 그림 8-12이다. 그림에서 우리는 모형을 최초의 1차함수로 설정하고 추정했을 당시 오차항 분포의 문제점은 부적절한 모형(Q^2과 Q^3이 제외되었다고 보거나 또는 함수 형태가 잘못된 것으로 파악 가능)으로 인한 설정오류인 것으로 판정한 다음 Q^2과 Q^3을 추가도입한 3차함수 모형으로 전환할 때 비로소 오차항분포상의 문제가 해소될 수 있었음을 쉽게 알 수 있다.

최초의 설정 모형(1차함수 모형) 추정시 발생한 오차항의 자기상관적 현상이 설정오류임을 보다 조직적으로 규명하기 위해 설정오류의 대표적인 추정방안 중 하나인 Ramsey 의 RESET 검정법을 적용해 보기로 한다.

1) 우선 최초의 1차함수 모형 추정식으로부터 $\widehat{TC}_i$를 구한다.

그림 8-13 TC와 e_i의 상관관계

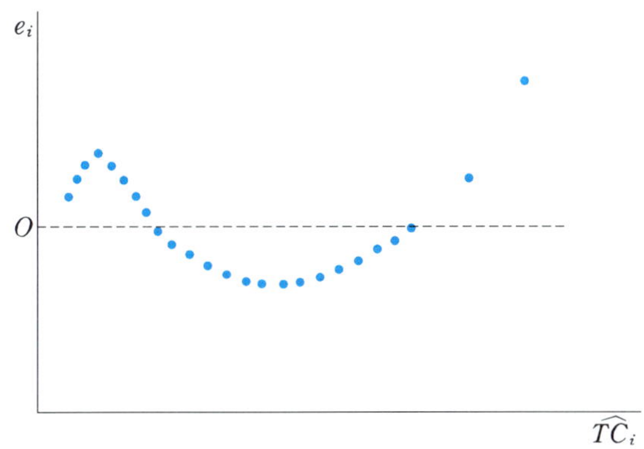

$$\widehat{TC}_i = \hat{\beta}_0 + \hat{\beta}_1 Q_i$$

$$\widehat{TC}_i = 64.0 + 21.091 Q_i$$

$$(3.249) \quad (6.644) \qquad (t\text{값})$$

$$R^2_{\text{old}} = 0.847 \qquad d = 0.602$$

2) 한편, 위의 추정식에서 잔차항 e_i를 도출하여 $\widehat{TC}_i$와의 함수관계를 확인한다. 그림에서 우리는 잔차항이 TC와 (비선형적) 3차함수관계에 있음을 확인할 수 있다.

3) 따라서 $\widehat{TC}^2$과 $\widehat{TC}^3$를 산출하여 추가적인 설명변수로 활용해 본다. 즉, 다음 식을 추정한다.

$$TC_i = \beta_0 + \beta_1 Q + \beta_2 \widehat{TC}^2 + \beta_3 \widehat{TC}^3 + \epsilon_i$$

$$\widetilde{TC}_i = 199.570 + 133.292 Q_i - 0.039 \widehat{TC}^2 + 0.00009 \widehat{TC}^3$$

$$(65.748) \quad (27.746) \quad (-29.462) \quad (34.624)\ ; \qquad (t\text{값})$$

$$R^2_{\text{new}} = 0.9998, \qquad d = 1.964$$

4) Ramsey 의 RESET 검정통계량 F 값을 구한다.

$$F = \frac{(R^2_{\text{new}} - R^2_{\text{old}})/\text{추가된 설명변수의 수}}{(1 - R^2_{\text{new}})/(n - \text{새 모형에서 추정한 계수의 수})}$$

그림 8-14 Ramsey RESET 검정을 위한 추정식에서의 오차항 분포

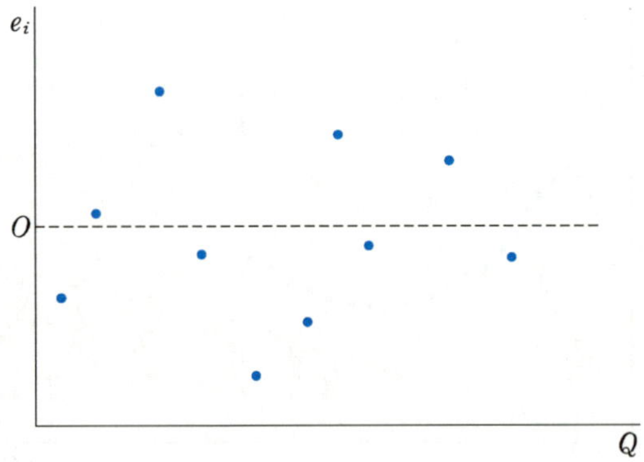

$$F_{2,\,6}=\frac{(0.9998-0.847)/2}{(1-0.9998)/(10-4)}=\frac{0.1528/2}{0.0002/6}=2,292.0$$

5) 산출된 $F_{2,\,6}$값은 2,292로 $\alpha=1\%$ 수준에서의 임계치 10.92를 훨씬 상회하므로 새로 도입된 변수들의 기여도가 탁월하다 볼 수 있다. 따라서 원래의 추정식은 부적절한 모형으로 설정오류를 유발했던 것으로 판정할 수 있다.

6) 참고로 재추정시의 오차항의 분포를 보면 그림 8-14와 같다.

2. 생산함수의 추정

노동과 자본의 결합관계인 생산기술을 나타내 주는 총생산함수는 다음과 같은 Cobb-Douglas 함수 형태로 자주 파악된다.

$$YXV_t=A\cdot LEXMWH_t^{\alpha}\cdot KEXV_t^{\beta}e^{\epsilon t}$$

(단, YXV : 총생산, A : 상수, LEX : 노동고용량
MWH : 월간노동시간, KEXV : 가동된 자본량
LEXMWH : LEX×MWH)

이와 같은 일종의 승법모형(multiplicative model)은 일단 log 값을 취해 보면 선형모형화가 가능한 전대수모형(full-log model)으로 전환될 수 있다. 일단 함수전환한 후 자료디스켓에 내재된 자료를 이용하여 OLS로 추정한 결과 다음 추정식을 얻었다.

$$\log YXV_t = -4.265 + 0.432 \log LEXMWH_t + 0.665 \log KEXV_t$$
$$(-1.661) \qquad (1.975) \qquad\qquad (10.174) \qquad\qquad (t\text{값})$$
$$R^2 = 0.976 \qquad d = 0.918$$

추정 결과 log 형태의 총생산함수는 거의 1차동차생산함수의 형태를 보였으며, 노동과 자본의 GNP에 대한 기여도는 약 4 : 6으로 나타났다. 한편, 여기서 추정된 계수 0.432와 0.665는 각각 노동과 자본의 총생산에 대한 탄력성을 나타내며, 따라서 노동과 자본의 한계생산력은 다음과 같이 표현될 수 있다.

노동의 한계생산력 :

$$\frac{\partial(YXV)}{\partial(LEXMWH)} = A \cdot \alpha \cdot LEXMWH^{\alpha-1} \cdot KEXV^{\beta}$$
$$= \alpha \frac{A \cdot LEXMWH^{\alpha} \cdot KEXV^{\beta}}{LEXMWH}$$
$$= \alpha \frac{YXV}{LEXMWH}$$
$$\fallingdotseq 0.432 \frac{YXV}{LEXMWH}$$

자본의 한계생산력 :

$$\frac{\partial YXV}{\partial KEXV} = \beta \cdot \frac{YXV}{KEXV} \fallingdotseq 0.665 \frac{YXV}{KEXV}$$

한편, Cobb-Douglas형 생산함수 추정 결과에서 두 탄력성 값의 합, 즉 ($\alpha + \beta$)의 크기에 따라 흔히 규모의 경제(economies of scale)를 판정할 수 있다. 즉,

$$\hat{\alpha} + \hat{\beta} \gtreqless 1 \text{이면, 규모에 대한} \begin{cases} \text{보수증가} \\ \text{보수불변} \\ \text{보수감소} \end{cases} \text{현상}$$

이 나타나는 것으로 판정한다. 위의 추정 결과에서는,

$$\hat{\alpha} + \hat{\beta} = 0.432 + 0.665 = 1.097$$

로서 일견해 볼 때 거의 보수불변의 법칙이 작용해 온 것으로 보여진다. 보다 확실한 결론도출을 위하여 다음과 같은 귀무가설을 설정하여 검정해 보자(보론 3 참조).

$$H_0 : \alpha+\beta=1 : \text{보수불변}$$

$$H_0 : \alpha+\beta\neq 1$$

$$t=\frac{(\hat{\alpha}+\hat{\beta})-(\alpha_0+\beta_0)}{\sqrt{\mathrm{Var}(\hat{\alpha})+\mathrm{Var}(\hat{\beta})+2\mathrm{Cov}(\hat{\alpha},\ \hat{\beta})}}$$

$$t=\frac{1.097-1}{\sqrt{(0.0479)+(0.00427)+(-0.0139)}}=\frac{0.097}{0.1956}$$

$$=0.4959<t_{\alpha=5\%,\ \nu=60}=2.0$$

산출된 t값은 $\alpha=5\%$ 수준의 임계치 2.0보다 훨씬 작아 귀무가설을 기각할 수 없다. 따라서 보수불변의 법칙이 대체로 작용해 온 것이란 결론을 얻을 수 있다.

그러면 이번에는 아예 보수불변법칙이 작용했을 것이란 가정을 기정사실로 하는 제한조건을 설정한 다음 추정을 해 보기로 한다(보론 3 참조). 즉, $\alpha+\beta=1$이란 제한조건을 만족시키는 조건하에서 이른바 제한조건부 최소자승법(RLS; restricted least squares method)을 적용한 결과 다음을 얻었다.

$$\log \mathrm{YXV}_t=-2.666+0.297\log \mathrm{LEXMWH}_t+0.703\log \mathrm{KEXV}_t$$
$$(-32.667)\qquad (14.272)\qquad\qquad (33.841)\qquad (t\text{값})$$
$$R^2=0.976,\qquad d=0.859$$

전반적으로 보아 각종 유의성검정통계량, 즉 t나 R^2값은 역시 만족할 만하다. 남은 문제는 과연 이러한 제한조건을 꼭 필요로 하는지 여부에 따라 당초의 추정 결과와 제한조건부 하의 추정 결과 중 선택을 하는 일이 될 것이다.

제 8 절 요약 및 결론

본 장에서는 고전적 선형모형의 기본가정의 충족성 여부의 문제보다는 최근 그 중요성이 더욱 크게 인식되고 있는 이른바 설정오류 여부의 확인문제에 관한 기본적 논의를 소개하였다.

회귀모형이란 한마디로 말해서 종속변수를 일련의 설명변수들과 오차항의 함수 형태로 파악한 수식으로 이해할 수 있으며, 설정오류는 이러한 함수관계를 적절하게 설정하지 못함으로써 발생하는 문제라 할 수 있다. 함수관계를 적절하게 설정하지 못하게 되는 대표적인 경우로는 우선 마땅히 모형 내에 포함되어야 할 설명변수를 제외시켰거나 또는 불필요한 설명변수를 포함시킨 경우를 들 수 있다. 이 경우 이들 변수들의 영향력이 부당하게 오차항 속에 포함되어 버리거나 또는 오차항의 분포를 왜곡시키는 결과를 초래하게 되며 이것이 바로 설정오류의 핵심적 현상이라 할 수 있다. 설정오류는 적절한 변수의 제외나 부적절한 변수를 포함시킴으로써 모형이 적절하게 설정되지 못하는 경우가 대종을 이루는 것은 사실이나 이외에도 함수형태 자체를 잘못 파악함으로써 발생할 수도 있다. 특히 비선형 함수관계에 있는 변수들 간의 함수관계를 잘못 인식하여 선형모형으로 회귀분석을 시도하는 경우가 대표적인 설정오류의 발생요인이 된다. 마땅히 포함되어야 할 변수가 모형에서 제외될 경우 발생하는 설정오류의 내용은 첫째, 추정량이 편의를 갖게 되며, 이 편의가 대표본의 경우에도 사라지지 않아 비일관성의 문제까지 갖는다. 둘째, 추정량들의 분산 또한 편의를 갖게 되어 통상적인 검정절차의 효용성을 파괴한다는 것으로 요약될 수 있다.

한편, 불필요한 변수를 모형 내에 포함시킨 경우의 설정오류 내용은 다행히도 그다지 심각하지 않다. 즉, 추정량들은 불편성을 유지하며 오차항의 분산도 적절하게 주정될 수 있게 된다. 단지 회귀계수의 분산값이 크게 추정되어 부당하게도 귀무가설($H_0 : \beta_i = 0$)을 기각하지 못할 가능성이 커지는 문제가 있을 뿐이다. 여하튼 설정오류로 인한 추정상의 문제점은 심각한 것이어서 설정오류의 발생 여부를, 즉 모형이 적절하게 설정되었는지 여부를 항상 탐색하는 습관을 기를 필요가 있다.

이를 위해 개발된 설정오류의 검정법 중 대표적인 것으로는 각 설명변수의 한계적 기여도를 확인하는 F검정, 오차항의 분포 형태를 이용하는 검사법, d검정통계량의 활용법, Ramsey 의 RESET 검정법, 그리고 종합모형(nested model) 활용법 등이 있다.

그런데 이상과 같은 탐색방안은 설정오류의 존재를 판정하는 과정 자체에서 일반적으로 설정오류의 유형과 원인을 확인할 수 있다. 따라서 설정오류의 원인이 규명되면 그에 대한 대응방안도 스스로 명백해진다.

그러나 무작정 임의의 모형을 추정부터 하고 난 연후에 설정오류 여부를 탐색하고 또 처치해 나가는 것은 지극히 비효율적인 분석태도라 할 수 있다. 따라서 모형을 최초로 설정하는 과정에서부터 설정오류를 회피할 수 있는 추정상의 기법을 필요로 하게 된다.

이러한 목적을 위해 개발된 것 중 대표적인 것으로 Leamer 접근법과 Hendry

접근법 그리고 기타 접근법 등이 있다. 기타 접근법으로서는 ① 모든 가능한 방정식을 동시에 추정한 후 특정 기준에 의해 그 중 하나를 선택하는 방법, ② 축소제외법, ③ 확대도입법 등이 활용될 수 있으나, 이들보다는 상대적으로 효율적이고 문제점도 적은 이른바 ④ 단계적 회귀분석방법이 주로 권장되고 있다.

본 장에서는 설정오류의 탐색과 대응방안 마련에 관한 내용은 일단 적절한 변수의 제외 또는 부적절한 변수의 포함으로 인해 발생하는 설정오류를 중심으로 소개하였다. 그러나 함수형태 자체를 잘못 설정함으로써 설정오류를 유발시키는 경우 또한 빈번한 것이며, 그 내용과 대응방안이 별도취급을 요할 만한 특징을 갖고 있어 제 6 절에서 독립적으로 다루었다. 특수한 형태의 모형을 제외한다면 대부분의 (비선형)모형은 전대수형 · 반대수형 그리고 역함수형으로 1차함수전환이 될 수 있으며, 따라서 전환된 1차함수식에 지금까지 활용해 온 OLS 추정방법을 그대로 적용할 수 있다.

설정오류를 요인으로 포함시켜 다룰 수 있는 경우 중 ① 사용변수의 측정오차가 불가피한 경우, ② 회귀계수값이 실제로는 일정하지 않은 경우, 그리고 ③ 제한조건이 붙거나 한정된 값밖에 가질 수 없는 종속변수를 활용해야 되는 경우 등은 추후 제 9 장 이후에서 별도로 보다 자세히 검토키로 한다.

□ 보 론

1. 추가된 설명변수의 기여도 판정을 위한 F 검정방법

설명변수를 1 또는 2개 이상 기존모형에 포함시켜 분석하는 것이 바람직한지 여부를 평가할 수 있는 방안의 하나로 추가도입된 설명변수들의 종속변수에 대한 설명력기여도를 판정할 수 있는 F 검정통계량이 자주 사용된다. 이 검정통계량이 갖는 논리적 근거의 기본적 발상은 설명변수를 추가도입했을 경우의 SSR_{new}이 도입 전의 SSR_{old}보다 현저히 클 경우 이들 추가도입변수들의 기여도가 인정할 만한 것으로 판정하자는 데 있으며, SSR_{new}와 SSR_{old}의 차이를 SSE_{new}에 대비하여 F 분포를 따르는 검정통계량을 창출하여 활용한다.

$$F = \frac{(SSR_{new} - SSR_{old})/\text{해당 자유도}}{SSE_{new}/\text{해당자유도}}$$

$$= \frac{(SSR_{new} - SSR_{old})/(k_{new} - k_{old})}{SSE_{new}/(n - k_{new})}$$

(단, k_{new} : 설명변수 추가도입시 추정할 회귀계수의 수
k_{old} : 설명변수 추가도입 전 추정할 회귀계수의 수
따라서, $k_{new} - k_{old}$: 추가된 설명변수의 수)

물론 이 검정통계량은 다음과 같은 귀무가설에 대한 검정효과를 가지며 산출된 F 값이 임계치(F_{α})보다 클 경우 추가도입된 변수들의 유의성을 인정할 수 있다.

H_0 : $\beta_{k+1} = \beta_{k+2} = \cdots = \beta_{k+k'} = 0$
(단, k = 원래의 설명변수의 수, k' = 추가된 설명변수의 수)
H_A : 추가도입된 설명변수들의 회귀계수 중 적어도 하나는 0이 아니다.

2. 추가도입한 관측자료가 미치는 효과분석

경우에 따라 추정대상 기간을 축소 또는 확대(예컨대, 다중공선성 해소를 위

해서는 대상기간을 일반적으로 확대함)하게 되는데 이러한 상황에서 중요한 것은 관측치를 추가도입한 후에도 회귀계수가 동일하게 유지될 수 있는지 또는 추가된 관측치가 원래 수집한 자료집단과 동일한 모집단에서 수집된 것인지(그렇다면 모회귀계수 β_i 값이 동일하게 유지되야 함)를 확인하는 일이다. 원래 사용한 관측치수를 "n", 그리고 추가할 관측치수를 "m"이라 하면 검정할 귀무가설은 다음과 같다.

$$H_0 : \beta^n = \beta^m$$

(단, β^n : 원래 관측치 n을 이용할 경우의 회귀계수
β^m : 새로운 관측치만을 이용할 경우의 회귀계수)

이러한 가설의 검정은 다음과 같은 검정통계량을 활용하여 이루어질 수 있는데, 이처럼 구조적 안정성 유지 여부를 검정하는 방안을 「차우 검정」(Chow test)이라고도 부른다.

$$F = \frac{(\text{SSE}_{(n+m)} - \text{SSE}_n - \text{SSE}_m)/k}{(\text{SSE}_n + \text{SSE}_m)/(n+m-2k)}$$

(단, k는 추정할 회귀계수의 숫자)

3. 제한조건부 최소자승법(restricted least squares)에 의한 회귀분석

경우에 따라 특정 회귀계수에 대하여 정확한 사전적인 정보를 가지고 있다면 이를 모형설정시 반영함으로써 여타 회귀계수 추정에 정확도를 높일 수가 있다. 예컨대, 상수항이 0이라든가, 특정 회귀계수값이 $\beta_i = c$로서 알려져 있다든가 또는 특정 회귀계수값의 합이 어떤 상수와 같다면($\beta_i + \beta_j = c$) 실제 추정할 회귀계수의 수가 1만큼 줄어들게 되므로 잔차항의 분산 $s_e^2 = \sum e_i{}^2/(n-k)$ 값이 작아지는 등 추정상의 정밀도를 높여 주게 된다.

그러나 현실적으로 특정 회귀계수에 대한 정확한 값을 사전에 알 수 있는 경우는 드물다. 따라서 일반적으로 심증이 가는 사전정보가 있다면 우선은 아무런 제한 없이 통상적인 OLS를 실시한 연후에 사전정보의 진위 여부를 검정하여 확인하는 과정을 밟게 된다. 예컨대, 제 4 장 보론에서 소개한 t검정법이 그 좋은 예가 된다. 즉,

$$H_0 : \beta_i + \beta_j = c$$

에 대한 검정통계량으로서

$$t = \frac{(\hat{\beta}_i + \hat{\beta}_j) - (\beta_i + \beta_j)}{\sqrt{\mathrm{Var}(\hat{\beta}_i) + \mathrm{Var}(\hat{\beta}_j) + 2\mathrm{Cov}(\hat{\beta}_i, \hat{\beta}_j)}}$$

을 소개한 바 있다.

물론 이와는 달리 귀무가설로 설정한 사전적 정보를 미리 활용하여 회귀분석한 다음 활용한 정보의 신뢰성을 추후로 검정하는 방법을 택할 수도 있다. 이러한 과정을 제한조건부 최소자승법(restricted least squares)이라 하며, 사전정보의 신빙성 검정은 다음과 같은 검정통계량을 이용한다(Gujarati(1988), pp. 229~231와 Maddala(1977), pp. 194~201 그리고 Theil(1971), pp. 43~45 참조).

$$F = \frac{(\mathrm{SSR}_{UR} - \mathrm{SSR}_R)/\mathrm{nor}}{\mathrm{SSE}_{UR}/(n-k)}$$

또는

$$F = \frac{(R_{UR}^2 - R_R^2)/\mathrm{nor}}{(1 - R_{UR}^2)/(n-k)}$$

(단, nor : 선형제한조건식의 수
k : 제한조건 없는 모형의 회귀계수의 수
n : 표본수)

산출된 F 값이 임계치(F_α)보다 클 경우 귀무가설은 기각되고 사전적 정보에 해당하는 제한조건의 신빙성은 거부된다.

연습문제

[1] 다음의 용어에 대하여 간략히 설명하라.

1) 전대수 모형과 반대수 모형
2) 축소제외법과 확대도입법
3) 단계적 추정법(stepwise estimation)
4) specification error와 misspecification error
5) 설정오류와 변수오차
6) Ramsey의 RESET 검정
7) 복합 F 검정
8) 비복합 F 검정
9) Davidson-Mackinnon 검정
10) 복합 또는 종합모형(nested or hybrid model)
11) 제한조건부 최소자승법(restricted least squares method)

[2] 적절한 설명변수가 제외되었을 때와 부적절한 설명변수가 포함되었을 때에 OLS를 적용할 경우 일반적으로 예상되는 문제점을 대비시켜 설명하라.

[3] 부적절한 함수 형태를 설정하여 OLS를 실시할 경우 예상되는 문제점의 내용을 약술하라.

[4] 다음의 두 모형 중

$$Y_i = \beta_1 X_i + \epsilon_i \qquad \cdots \text{I}$$

$$Y_i = \alpha_0 + \alpha_1 X_i + \epsilon_i \qquad \cdots \text{II}$$

1) 모형 Ⅰ이 참모형인데 모형 Ⅱ를 활용하여 추정한 경우와,
2) 모형 Ⅱ가 참모형인데 모형 Ⅰ을 활용할 경우의 핵심적인 문제점을 구체적으로 밝혀 보아라.

[5] 참모형이 $Y_i = \beta X_i \epsilon_i$인데(단, $\log \epsilon_i \sim \text{iid}(0, \sigma^2)$) 대신 $Y_i = \beta X_i + v_i$로 모형을 설정하여 추정하였다면

1) β의 불편성이 보장되는가?
2) 만약 보장되지 않는다면 일관성은 보장되는지 밝혀라.

[6] 두 개의 모형 중

$$Y_i = \alpha_0 + \alpha_1 X_1 + \epsilon_i \qquad \cdots \text{I}$$

$$Y_i = \beta_k + \beta_1 X_2 + v_i \qquad \cdots \text{II}$$

모형 Ⅰ이 참모형일 경우 이를 어떻게 입증할 수 있는지 설명해 보아라.

[7] 소비함수를 추정함에 있어서 다음과 같은 회귀방정식을 이용할 경우 각각에 대응하는 소비의 소득탄력성을 구하라.

$$\ln C_i = \beta_1 + \beta_2 Y_i \quad \cdots \text{I}$$

$$C_i = \beta_1 + \beta_2 \ln Y_i \quad \cdots \text{II}$$

[8] 총생산량(Y)을 노동(L)과 자본(K) 투입량의 함수로 보아 다음과 같이 모형을 설정할 경우 두 모형의 노동과 자본의 한계생산력을 대비해 보여라.

$$Y_i = \beta_1 + \beta_2 L_i + \beta_3 K_i + \epsilon_i \quad \cdots \text{I}$$

$$\log Y_i = \beta_1 + \beta_2 \log L_i + \beta_3 \log K_i + \epsilon_i \quad \cdots \text{II}$$

[9] 사전적 정보를 미리 활용하여 회귀분석을 시도할 경우 추정의 정확성을 높일 수 있다고 한다. 다음의 각 경우에 이러한 논리가 성립되는지를 입증하라 (Hint : s_e^2값의 변화내용을 이용하라).

$$Y_i = \alpha + \beta_1 X_{1i} + \beta_2 X_{2i} + \cdots + \beta_k X_{k_i} + \epsilon_i \text{에서}$$

1) $\alpha = 0$을 활용할 경우
2) $\beta_2 = 1$을 활용할 경우
3) $\beta_2 + \beta_3 = 1$을 활용할 경우

[10] 다음 회귀방정식들은 변수에 대해서는 비선형 형태를 취하고 있다. 그러나 회귀계수(β)에 대하여 선형성이 유지되는 한 통상적인 선형회귀분석의 적용이 가능하다. 적용이 불가능한 것은 어느 것이며 그 이유를 밝혀라.

1) $Y_i = \beta_1 + \beta_2 \ln X_i + \epsilon_i$
2) $Y_i = \beta_1 + \beta_2 (1/X_i) + \epsilon_i$
3) $\ln Y_i = \beta_1 + \beta_2 X_i + \epsilon_i$
4) $\ln Y_i = \ln \beta_1 + \beta_2 \ln X_i + \epsilon_i$
5) $\ln Y_i = \beta_1 - \beta_2 (1/X_i) + \epsilon_i$

[11] 다음 모형 중 일정한 함수전환과정을 거쳐 선형회귀분석의 적용이 가능한 것은 어느 것이며 그 이유를 밝혀라.

1) $Y_i = e^{\beta_1 + \beta_2 X_i + \epsilon_i}$
2) $Y_i = 1/(1 + e^{\beta_1 + \beta_2 X_i + \epsilon_i})$
3) $\ln Y_i = \beta_1 + \beta_2^2 (1/X_i) + \epsilon_i$
4) $Y_i = 1/(\beta_1 + \beta_2 X_i + \epsilon_i)$
5) $Y_i = X_i/(\beta_1 + \beta_2 X_i + \epsilon_i)$

6) $Y_i = \beta_1 + \beta_2^3 \ln X_i + \epsilon_i$

[12] $Y = f(X) = b_0 + b_1 X + b_2 X^2 + b_3 X^3$이라 놓고 $p=3$, $X=0$에 대한 Taylor 전개식을 도출해 보여라.

[13] 다음은 복리방식에 의한 원리금 계산공식과 같은 형태의 계량모형의 한 예이다. 선형함수로 전환해 보여라.

[14] 다음은 양측대수함수형의 수요함수다.

$$\ln D = \alpha + \beta_1 \ln P_1 + \beta_2 \ln I + \beta_3 \ln P_2 + \epsilon$$

(단, D=수요, P_1=해당 재화가격, P_2=타재화가격, I=소득)

1) 수요의 가격탄력성 · 소득탄력성을 구하라.
2) β_3의 의미는? 그리고 예상되는 부호는?

[15] 다음의 유동성선호이론을 설명할 수 있는 경우 중 특수한 모형의 한 예를 보여 주고 있다.

$$Y = \alpha + \beta \cdot \frac{1}{L - L_{t,\ p}}$$

Y : 이자율
L : 총통화량(수요)
$L_{t,\ p}$: 거래적 수요와 예비적 수요에 부응하는 그리고 이자율과 독립적인 통화수요
$L - L_{t,\ p}$: 통화에 대한 투기적 수요
α : 유동성 함정(최저이자율 수준)

1) 이 함수를 도표로 표현해 보여라.
2) OLS 적용이 가능한 선형함수로 전환이 가능한가?

[16] $Y = \beta_1 X_2^{\beta_2} X_3^{\beta_3} e^{\epsilon}$과 같은 Cobb-Douglas형 생산함수에서는 규모에 대한 보수불변의 법칙이 성립한다는 사실, 즉 $\beta_2 + \beta_3 = 1$이라는 제한조건을 고려하여,

1) 이른바 제한조건부 최소자승법을 적용하여 보아라.
2) 1)항에서 전개한 추정모형을 이용하되 자료디스켓에 내장된 자료를 활용하여 제한조건부 최소자승법을 실시해 보아라. 그리고 그 결과가 당초의 조건을 만족시키는지 여부와 본문의 생산함수 예제에서의 추정 결과와 일치하는지 여부를 확인해 보아라.
3) 이상과 같은 제한조건의 신빙성 여부를 적절한 방법을 통해 판정하라. 단, 이러한 목적을 위해 다음과 같은 F 검정통계량의 사용이 일반적으로 제시되고 있다.

$$F = \frac{(R_{UR}^2 - R_R^2) / \text{제한조건식의 수}}{(1 - R_{UR}^2) / (n-k)}$$

R_{UR}^2 : 제한조건식이 없는 추정식에서의 R^2

R_R^2 : 제한조건식이 있는 추정식에서의 R^2

$(n-k)$: 제한조건식이 없는 추정식의 자유도

[17] 본 장 제 7 절의 비용함수 예제에서 Q_i^2과 Q_i^3를 확대도입할 때의 한계적 기여도(marginal contribution)를 평가해 보는 방식으로 최종단계 이전의 모형들이 갖는 설정오류를 검증해 보아라.

[18] 본문 중 제 5 절의 필립스 곡선 예제에서 $\alpha=5\%$와 10% 그리고 20%를 조건으로 축소제외법과 확대도입법 그리고 단계적 추정법을 차례로 활용해 보고 그 결과를 대비해 보아라.

[19] 화폐론자(monetarists)들의 입장을 옹호하기 위하여 자주 활용되는 실증모형 분석사례로서 St. Louis모형이 있다. 이 모형의 사용법은 두 가지 상반되는 논리에 입각한 모형을 비교·평가하기 위해 종합추정모형(hybrid or nested model)을 설정하여 평가하는 방식을 취한다(참고 : 이는 결국 일종의 misspecification error의 확인방법임). GNP 증가율(DYXV)은 총통화량 증가율($DM2X$) 또는 총정부지출 변화율(DGEXV)에 의해 보다 정확하게 설명할 수 있다는 화폐론자와 Keynesian들의 입장은 다음 두 모형으로 대변될 수 있다.

화폐론자 모형 :

$$\text{DYXV}_t = \alpha + \beta_0 DM2X_t + \beta_1 DM2X_{t-1} + \cdots + \beta_4 DM2X_{t-4} + \epsilon_t$$

Keynesian :

$$\text{DYXV}_t = \gamma_0 + \delta_0 \text{DGEXV}_t + \delta_1 \text{DGEXV}_{t-1} + \cdots + \delta_4 \text{DGEXV}_{t-4} + u_t$$

1) 다음과 같은 종합모형을 이용하여 참모형을 선정해 보아라. 단, 자료는 디스켓에 내장된 (1972 : 1-1988 : 4) 기간의 자료를 활용하라.

$$\text{DYXV}_t = \lambda + \sum_{i=0}^{4} \beta_i DM2X_{t-i} + \sum_{i=0}^{4} \delta_i \text{DGEXV}_{t-i}$$

2) 1)에서 얻은 결론을 통계적 유의성 차원에서 평가하라.

[20] 수출증가율이 아주 높은 한국과 같은 나라에서 총수출액(EXXV)을 시간(time)에 대한 선형함수로 표현하기는 곤란하다. 따라서 대신 다음과 같은 반대수형의 비선형모형을 활용하는 것이 적합할 것이라 볼 수 있다. 디스켓에 있는 자료를 활용하여 추정하고 오차항의 분포상태를 살펴보아라.

[21] 다음은 국방현대화작업의 일환으로 개발건조 예정인 신예구축함의 건조비용

을 나타낸다.

생산량(Q) (단위 : 척)	고정비용(FC) (단위 : 10억 원)	총비용(TC) (단위 : 10억 원)
1	100	120
2	100	165
3	100	201
4	100	224
5	100	240
6	100	276
7	100	319
8	100	375
9	100	450
10	100	530

1) 가변비용(VC) · 한계비용(MC) 및 평균비용(AC)과 평균고정비용($AFC = FC/Q$) 그리고 평균가변비용($AVC = VC/Q$)을 산출하고 도표로 표현해 보아라.
2) 평균비용곡선(AC)의 최소점을 한계비용곡선(MC)이 지나는지 확인하라.
3) 다음 모형을 순차적으로 추정하여 변화내용을 밝혀라.
   ① $TC_i = \beta_0 + \beta_1 Q_1 + \epsilon_i$
   ② $TC_i = \beta_0 + \beta_1 Q_i + \beta_2 Q_i^2 + \epsilon_i$
   ③ $TC_i = \beta_0 + \beta_1 Q_i + \beta_2 Q_i^2 + \beta_3 Q_i^3 + \epsilon_i$
4) 앞의 문항 중 ③번식 추정에서 다중공선성 문제가 있는지 설명하라.
5) ③번식 추정 결과가 다음과 같은 통상적인 총비용곡선의 특징적인 조건식을 만족시키는지 확인하라.
   ① $\beta_0,\ \beta_1,\ \beta_3 > 0$
   ② $\beta_2 < 0$
   ③ $\beta_2^2 < 3\beta_1\beta_3$
6) ③번식 추정 결과로부터 MC와 AC 함수를 도출한 다음, 그 식에 의거 MC와 AC를 산출하고 1)번에서 도출한 비용과 대비해 보아라.

연습문제 해답

[1]~[4] (생략)

[5] 1) 안 됨

2) 안 됨

[6] (생략)

[7] Ⅰ의 경우 : $\beta_2 Y$

Ⅱ의 경우 : $\dfrac{\beta_2}{C}$

[8] Ⅰ의 경우 : $MP_L = \beta_2$

$MP_K = \beta_3$

Ⅱ의 경우 : $MP_L = \beta_2 \dfrac{Y}{L}$

$MP_K = \beta_3 \dfrac{Y}{K}$

[9] (생략)

[10] 모두 선형화 가능함.

[11] 1) 2) 4) 5) 가능

[12] (생략)

[13] $\ln Y = A + (1+r)X + \epsilon$

[14] 1) 수요의 가격탄력성 : β_1

소득탄력성 : β_2

2) 수요의 교차가격탄력성

[15] 1) (생략)

2) 가능

[16] 1) (생략)

2) $\log \text{YXV} = -2.666 + 0.297 \log X_2 + 0.703 \log X_3$

$(-32.667) \quad (14.272) \qquad (33.841)$

3) $F_{cal} = 0.388 < F_{1,\ 69,\ 0.05} = 4.0 \qquad \therefore\ H_0$ 채택

[17] 1) Q_i^2 추가시 $F_{cal} = 16.476 > F_{1,\ 7,\ 0.005} = 16.24 \qquad \therefore\ H_0$ 기각

2) Q_i^3 추가시 $F_{cal} = 1{,}198.81 > F_{1,\ 6,\ 0.005} = 18.63 \qquad \therefore\ H_0$ 기각

즉, 두 경우 모두 확대도입시 한계적 기여도는 유의할 만함.

[18] (생략)

[19] 1) 화폐론자 모형

2) ① 화폐론자 모형에 케인지언 모형 추가시 유의성 검정 :

$$F_{cal} = 0.96 < F_{5,\ 53,\ 0.05} \fallingdotseq 2.37 \qquad \therefore H_0 \text{ 채택}$$

② 케인지언 모형에 화폐론자 모형 추가시 유의성 검정 :

$$F_{cal} = 3.11 < F_{5,\ 53,\ 0.05} \fallingdotseq 2.37 \qquad \therefore H_0 \text{ 기각}$$

따라서 화폐론자 모형이 옹호될 수 있음.

[20] $\log \text{EXXV} = 6.73 + 0.04 \text{ TIME}$

(166.63) (40.56)

$R^2 = 0.96$ $d = 0.10$

[21] 1)~2) (생략)

3) $TC = 60.80 + 41.67Q$

(2.90) (12.37)

$R^2 = 0.95$ $d = 0.52$

$TC = 132.55 + 5.80Q + 3.26Q^2$

(6.88) (0.72) (4.58)

$R^2 = 0.98$ $d = 0.98$

$TC = 69.83 + 61.42Q - 8.80Q^2 + 0.73Q^3$

(5.85) (6.87) (−4.77) (6.61)

$R^2 = 0.99$ $d = 1.73$

4) 문제 없음.

5) 모두 만족됨.

6) (생략)

제 9 장 자료의 제유형과 활용상의 문제

제 3 편에 들어와 지금까지 우리가 다룬 주요 내용은 고전적 회귀분석이 근거하고 있는 기본가정들의 현실성 여부 문제(제 5 장~제 7 장)와 설정된 모형의 적절성 여부 문제(제 8 장)에 관한 분석내용들이었다. 본 장에서는 고전적 회귀분석을 그대로 적용하기에는 어려움이 예상되는 또 다른 상황 한 가지, 즉 자료가 분석목적에 합당치 못하거나 불충분한 경우 발생하는 문제와 대응책에 관한 문제를 다루고자 한다. 분석의 편의상 본 장의 내용은 아래와 같은 분류기준에 근거해서 제시될 것이다.

그림 9에 나타난 바와 같이 본 장에서는 모형에 나타난 변수가 측정 불가능하거나 또는 단순히 측정상의 오차가 발생할 경우 추정상 겪게 되는 문제점의 내용(이러한 상황에서 발생하는 문제점을 통칭하여 변수오차(errors-in-variable)현상이라 한다)과 이를 해소할 수 있는 여러 방안을 비교 검토하여 제시할 것이다. 단, 본 장 후반에 소개하는 그룹화된 자료나 일부 측정치가 빠져 있는 자료를 사용할 경우, 그리고 특히 시계열자료와 횡단면자료를 결합하여 활용하는 문제는 변수오차문제와는 기본적으로 성격이 다르다. 그러나, 예컨대 시계열자료만으로는 충분한 관측치가 확보되지 못했거나 기타 다른 이유로 인한 횡단면자료의 활용이 필요한 상황은 일면에서 볼 때 마치 기존의 자료만으로는 불충분한 상황으로 판정할 수도 있어 편의상 자료상의 여러 가지 제약으로 인해 발생하는 문제점을 다루는 본 장에서 취급하였다.

그림 9 자료의 제유형에 관한 주요 내용

- 자료의 제유형과 문제점 및 대응책
  - 자료의 유형
    - 부적절한 자료의 경우
      - 종속변수에만 오차 발생
      - 설명변수에만 오차 발생
      - 종속변수와 설명변수 모두에 오차 발생
    - 불충분한 자료의 경우
      - 자료가 그룹화되어 있을 경우
      - 일부 측정치가 빠져 있을 경우
    - 시계열자료와 횡단면자료의 결합사용 경우
  - 문제점
    - 부적절한 자료의 경우 : 변수오차
      - 편의성
      - 비일관성
    - 불충분한 자료의 경우 : 비효율성
    - 시계열자료와 횡단면자료의 결합사용 경우
  - 대응책
    - 부적절한 자료의 경우
      - 변수오차의 탐색방법
      - 변수오차에 대한 대응방안
    - 불충분한 자료의 경우
      - 그룹화된 자료 처리방안
      - 망실된 자료 처리방안
    - 결합된 자료 활용방안

제 1 절 개 요

모회귀모형 $Y_i = \alpha + \beta X_i + \epsilon_i$에서 ϵ_i가 존재하는 사유는 ① 확률오차(random error), ② 측정오차(measurement error), ③ 적절한 설명변수의 누락(omission of relevant explanatory variables), ④ 설정된 모형의 부적절성의 4가지로 요약될 수 있음은 수차 강조한 바 있다. 이들 중 제 ③항과 제 ④항에 의해 발생하는 문제를 우리는 설정오류(specification error)라 하여 제 8 장에서 다루었다. 한편, 제 ①항과 제 ②항에 의해 ϵ_i값이 주로 발생할 경우에는 이른바 고전적 회귀모형이 근거하고 있는 기본가정이 충족될 가능성이 높을 것으로 기대할 수 있다. 따라서 과연 현실적 상황이 ①항과 ②항의 두 요인(특히 ①항)에 의해 ϵ_i가 발생한다고 볼 수 있는지 여부를 확인하는 과정은 고전적 회귀모형의 기본가정의 현실성 여부를 검증하는 과정과 같은 맥락에서 이해할 수 있다. 제 5 장에서부터 제 7 장에 걸쳐 소개한 분석내용이 바로 이러한 과정에 해당된다. 그런데 ϵ_i항의 존재가 ②항, 즉 측정오차에 연유하는 상황에 대하여는 보다 면밀한 검토가 요구된다. 예컨대, 측정오차가 변수의 부정확한 정의로 인해 현실적으로 측정이 불가능하다거나 기타 다른 제약으로 인해 (유기적인 체계를 가지며) 발생할 경우, OLS를 그대로 적용하기에는 너무 곤란한 이른바 변수오차 현상이 발생하며 별도의 대응책을 찾아야 할 것이기 때문이다.

제 2 절 측정오차와 변수오차

지금까지 대부분의 논의에서 우리는 암묵적으로 측정오차(measurement error)는 없거나 무시할 만한 정도인 것으로 가정해 왔다. 그러나 현실적으로 측정오차의 발생은 불가피하다. 측정상의 오차는 단순히 측정의 부정확성에 연유하여 발생할 수 있으며, 표본추출방법이나 자료추계방법의 한계성으로 인해 발생할 수도 있다. 그리고 경우에 따라서는 계량모형에 나타난 변수가 측정이 불가능(unobservable variable)하여 다른 변수(proxy variable)를 대신 사용함에 따라 보다 체계적인 오차가 발생할 수도 있다. 즉, 측정오차는 대체적으로 이상과 같은 3가지 요인에 의해 발생한다고 볼 수 있다.

이상과 같은 요인에 의해 일단 측정오차가 발생한 경우 우리는 이른바 변수오차(errors-in-variable)라는 현상에 봉착하게 되는데, 이는 간단히 표현하자면 설명변수 X_i와 오차항 ϵ_i가 더 이상 독립적인 관계를 갖지 못하게 되는 상황, 즉 $\mathrm{Cov}(X_i, \epsilon_i) \neq 0$이 되는 현상을 말한다. 이처럼 오차항 ϵ_i와 설명변수 X_i가 독립적이지 못하면 OLS에 의해 추정된 추정량은 편의를 갖게 되며, 이 편의는 표본규모를 무한대로 증대시켜도 사라지지 않아 결국 비일관추정량(inconsistent estimator)이 되어 버린다.

우리가 제 2 편에서 검토한 기본가정 중 $E[X_i\epsilon_i] = X_iE[\epsilon_i] = 0$이라는 조건식이 있었다. 이는 첫째, 설명변수가 비확률적(nonstochastic) 변수로 상수적 특징을 가지며, 따라서 확률변수인 ϵ_i와는 독립적이라는 가정과, 둘째 ϵ_i의 평균은 0이라는 가정을 복합적으로 표현한 관계식이다.

그런데 만일 측정오차로 인해 설명변수 X_i대신 실제로는,

$$X_i + v_i \quad (\text{단, } v_i \sim \mathrm{iid}(0,\ \sigma_v^2))$$

값이 계측되었다면, 이 때의 측정치는 비확률적 특성을 가진 것으로 보기 힘들다. 뿐만 아니라 확률변수적 현상을 띠게 되는 설명변수 X_i가 더 이상 확률오차항 ϵ_i와 독립적인 관계를 유지하기 곤란한 문제가 발생하며, 바로 이러한 현상을 변수오차라 칭하는 것이다.[1)]

이상과 같은 변수오차현상은 발생요인은 다르지만 시차를 둔 종속변수를 설명변수로 사용하는 회귀모형이나 연립방정식체계의 모형에서도 자주 나타난다. 그러나 문제를 초래하는 요인 자체가 구분될 수 있고 또 이들 모형이 갖는 다른 차원에서의 특성을 보다 중요시하는 사조에 따라 전자는 시차분포모형(제10장) 그리고 후자는 제 4 편에서 별도로 다루게 된다.[2)]

한편, 변수오차현상으로 인해 초래되는 추정상의 문제점은 편의성과 비일관성으로 요약될 수 있는데, 이는 결과적으로 볼 때 제 8 장에서 논의한 설정오

1) 변수오차를 좁은 의미로 정의할 때는 측정오차 및 이에 준하는 요인으로 인해 설명변수와 확률오차항 간의 독립성이 파괴되는 상황을 지칭한다. 그러나 측정상의 오차 이외의 요인에 의해 발생하더라도 설명변수와 확률오차항 간의 독립성이 유지되지 못하게 되는 일체의 상황을 넓은 의미의 변수오차적 현상이라 일컫고 있음에 유의할 필요가 있다.

2) 이 외에도 이미 제 5 장에서 다룬 바 있는 상황, 즉 기초가정 중 하나인 $E[X_i\epsilon_i] = 0$이 충족되지 못하는 상황에서도 변수오차적 상황이 발생할 수 있다. 만약 X_i가 확률적 변수(stochastic)가 되면 확률오차항 ϵ_i와 독립성을 유지하기 어려워지고 따라서 OLS를 적용할 경우 추정량은 불편성과 비일관성을 갖게 될 것이다.

류(specification error)로 인해 파생된 문제점의 내용과 결과적으로 같아진다. 이러한 현상은 적절한 설명변수가 설정된 모형에서 제외됨에 따라 설정오류가 발생하였을 경우, 이 때 모형에서 제거된 변수들이 종속변수에 미칠 수 있는 영향력은 오차항(ϵ_i) 속에 흡수될 것이며, 모형에 포함된 설명변수들(X_i)과 독립성을 유지하기 어렵게 될 것인바, 이 때 OLS를 적용할 경우의 추정량은 변수오차의 경우와 같이 편의성과 비일관성을 갖게 되는 것이라고 볼 수 있기 때문이다.

제 3 절 변수오차의 유형과 추정상의 문제점

측정상의 오차가 발생하는 상황은 일단 네 가지로 구분될 수 있다. 즉, ① 종속변수에만 측정오차가 발생한 경우, ② 설명변수에만 측정오차가 발생한 경우, ③ 종속변수와 설명변수에 모두 측정오차가 발생한 경우, ④ 측정 불가능한 변수가 모형에 포함됨에 따라 측정 가능한 대리변수(proxy variable)를 대신 사용함으로써 결과적으로 측정상의 오차가 발생한 것과 같은 상황의 경우 등으로 나누어 볼 수 있는 것이다.

그러나 현실적으로 볼 때 측정상의 오차는 어느 정도 불가피한 것이고 따라서 측정상의 오차를 문제삼는다면 모형 내의 모든 변수가 일단 측정오차 문제를 안고 있다고 보는 것이 합리적일 것이다. 반면 일반적으로 불가피한 측정상의 오차 정도는 무시할 만한 것이라 본다면 결국 측정오차의 가장 심각한 사례는 모형 내에 포함되어 있는 변수 중 일부 또는 전부가 불투명하게 정의되어 적절한 측정자료를 구할 수 없거나 또는 정확하게 정의되었지만 합당한 관측 자체가 불가능하여 이들 변수 개념에 가장 근접하는 현실적으로 측정 가능한 변수를 대신 사용하는 경우라 하겠다. 이러한 사례의 대표적 예로서 Milton Friedman의 항상소득가설(permanent income hypothesis) 모형을 들 수 있다. 그러나 본 절에서는 우선 어떤 사유로든 측정오차가 종속변수 혹은 설명변수에만 또는 두 변수에 동시적으로 발생한 경우 OLS 추정량에 미치는 효과를 살펴보고 제 5 절 제 4 항 실증자료 분석시에 Friedman 모형을 구체적으로 다루어 보고자 한다.

1. 종속변수만의 측정오차

추정할 모형이 다음과 같다 하자.

$$Y_i = \alpha + \beta X_i + \epsilon_i \tag{9.1}$$

만약 종속변수를 계측함에 있어 오차가 발생하여 Y_i 대신 실제로는 Y_i^0이 관측되었다면, 이 때 현실적 측정치 Y_i^0의 측정오차를 u_i로 표시할 경우 다음 관계가 성립된다.

$$Y_i^0 = Y_i + u_i \tag{9.2}$$

단, 여기서의 측정오차 u_i항은 설명변수와는 독립적이라고 본다. 즉,

$$\text{Cov}(X_i,\ u_i) = 0 \tag{9.3}$$

그러면 실제 추정하는 모형은 다음과 같아진다.

$$Y_i^0 = \alpha + \beta X_i + (\epsilon_i + u_i) \tag{9.4}$$

따라서 식 (9.1) 대신 식 (9.4)에 OLS를 적용하여 추정량을 산출하면 불편성은 계속 유지될 것이고 따라서 일관성도 보장된다. 그러나 오차항의 추정량은 전보다 커지고 결과적으로 OLS 추정량 β의 분산도 커져서 효율성이 저해된다. 즉, 식 (9.1)에서의 오차항의 분산을 ${\sigma_\epsilon}^2$이라 하고, 식 (9.2)에서의 오차항의 분산을 ${\sigma_u}^2$이라 하면(단, $\text{Cov}(X_i,\ u_i) = 0$라 가정), 식 (9.4)를 추정할 경우 오차항 $(\epsilon_i + u_i)$의 분산은 $({\sigma_\epsilon}^2 + {\sigma_u}^2)$가 되며, 따라서 β의 분산은 다음과 같아진다.

$$\text{Var}(\hat{\beta}) = \frac{{\sigma_\epsilon}^2 + {\sigma_u}^2}{\sum {x_i}^2} \tag{9.5}$$

그러나 이상과 같은 문제점은 그다지 심각한 것은 아니며, 따라서 이러한 현상은 변수오차라는 범주에서 아예 제외하는 것이 일반적이다. 정작 변수오차라는 현상을 유발하는 상황은 설명변수에 측정오차가 개입되거나 또는 설명변수와 종속변수 모두에 측정오차가 발생하는 경우라 할 수 있다.

2. 설명변수만의 측정오차

이번에는 모형 (9.1)을 추정하는 과정에서 설명변수 X_i에 측정오차가 발생한 상황을 고려해 보자. 즉, X_i 대신 실제로는 X_i^0가 계측되었고 다음과 같은 관계가 성립된다고 본다.

$$X_i^0 = X_i + v_i \tag{9.6}$$

그러면 실제 추정할 모형은 다음과 같아진다.

$$\begin{aligned} Y_i &= \alpha + \beta(X_i^0 - v_i) + \epsilon_i \\ &= \alpha + \beta X_i^0 + (\epsilon_i - \beta v_i) \\ &= \alpha + \beta X_i^0 + \epsilon_i^0 \end{aligned} \tag{9.7}$$

이 때 $E[v_i]=0$, $E[v_i v_j]=0$ 그리고 $\mathrm{Cov}(v_i, \epsilon_i)=0$이라 가정하더라도 X_i^0와 새로운 오차항(ϵ_i^0)은 더 이상 독립성을 유지할 수 없게 된다. 즉,

$$\begin{aligned} \mathrm{Cov}(X_i^0, \epsilon_i^0) &= E\left[\{X_i^0 - E[X_i^0]\}\{\epsilon_i^0 - E[\epsilon_i^0]\}\right] \\ &= E\left[\{X_i + v_i - E[X_i + v_i]\}\{(\epsilon_i - \beta v_i) - E[\epsilon_i - \beta v_i]\}\right] \\ &= E[(X_i + v_i - X_i)(\epsilon_i - \beta v_i)] \\ &= E[v_i(\epsilon_i - \beta v_i)] \\ &= E[-\beta {v_i}^2] \\ &= -\beta {\sigma_v}^2 \neq 0 \end{aligned} \tag{9.8}$$

결국 실제의 설명변수 측정치와 오차항 간의 함수관계가 성립되며 이른바 변수오차라는 문제, 즉 OLS 추정량은 편의성과 비일관성을 갖게 된다는 문제가 파생된다. 이 때 편의성과 비일관성의 정도는 측정오차로 인해 파생된 분산의 크기에 비례한다.

3. 설명변수와 종속변수 모두에 측정오차가 발생한 경우

보다 현실적인 상황으로 이번에는 양측 변수 모두가 측정상의 오차를 포함한 채 관측된 경우를 고려해 보자. 즉,

$$Y_i^0 = Y_i + u_i \quad (\text{단, } u_i \sim N(0,\ \sigma_u^2)) \tag{9.9}$$

$$X_i^0 = X_i + v_i \quad (\text{단, } v_i \sim N(0,\ \sigma_v^2)) \tag{9.10}$$

를 동시에 고려하여 식 (9.1)을 개편하면 다음 식이 도출된다.

$$Y_i^0 = \alpha + \beta X_i^0 + (\epsilon_i + u_i - \beta v_i) \tag{9.11}$$

이제 여기에서 OLS 추정량 $\hat{\beta}$을 도출하여 그 결과식만을 제시하면 다음과 같다.

$$\begin{aligned}\hat{\beta}_{\mathrm{OLS}} &= \frac{\sum x_i^0 y_i^0}{\sum (x_i^0)^2} = \frac{\sum (x_i + v_i)(y_i + u_i)}{\sum (x_i + v_i)^2} = \frac{\sum (x_i + v_i)(\beta x_i + u_i)}{\sum (x_i + v_i)^2} \\ &= \frac{\beta \sum x_i^2 + \beta \sum x_i v_i + \sum x_i u_i + \sum v_i u_i}{\sum x_i^2 + \sum v_i^2 + 2\sum x_i v_i}\end{aligned} \tag{9.12}$$

그리고 이 식의 확률극한치를 구하면,

$$\begin{aligned}\mathrm{plim}\hat{\beta}_{\mathrm{OLS}} - \mathrm{plim}\left(\frac{\beta \sum x_i^2}{\sum x_i^2 + \sum v_i^2}\right) &= \frac{\beta \mathrm{Var}(X)}{\mathrm{Var}(X) + \sigma_v^2} \\ &= \frac{\beta}{1 + (\sigma_v^2/\mathrm{Var}(X))} \\ &\neq \beta\end{aligned} \tag{9.13}$$

와 같아지며(이 때 편의의 정도는 $\sigma_v^2/\mathrm{Var}(X)$값에 달려 있음), 따라서 OLS 추정량은 하향편의(downward bias)를 갖게 된다.[1] 그리고 이 편의는 표본이 아무리 커져도 사라지지 않으므로 OLS 추정량은 동시에 비일관추정량이 된다. 이상과 같은 결론은 설명변수만이 측정오차가 발생한 경우의 문제와 기본적으로 다를 바 없다. 그리고 문제점의 성격(편의성과 비일관성)만으로 보아서는 그 결과가 설정오류의 경우와 흡사하다는 점은 이미 지적한 바와 같다.

1) 그러나 이 때 α에 대한 OLS 추정량 $\hat{\alpha}$은 상향편의를 갖게 된다. 즉, $\hat{\beta}$가 하향편의를 가지므로 $\hat{\alpha} = \overline{Y} - \hat{\beta}\overline{X}$는 상향편의를 갖게 된다. 그러나 절편에 대한 추정량의 성격에 대한 별도의 분석이 특별한 의미를 갖지 못하므로 자세한 내용은 생략한다.

4. 설명변수가 둘 이상인 경우와 측정오차

설명변수가 두 개 이상 나타나는 모형에서 일부 설명변수만 측정오차가 발생한 경우와 모든 설명변수에 측정오차가 발생한 경우, 그리고 설명변수 중 일부가 대리변수(proxy variable)의 성격을 가질 경우 등은 각기 그 효과가 다소 상이하나 이 책에서는 생략한다.[1)]

제 4 절 변수오차현상의 탐색 및 대응방법 : Hausmann 검정법

변수오차현상이 추정에 미치는 효과가 심각한 것이지만 이러한 현상을 탐색하는 방법은 뚜렷하게 제시되고 있지 못한 편이다. 사실 측정오차가 수반되지 않는 측정이란 불가능하다 해도 과언이 아닐 것이다. 또 측정오차가 있다 해도 그것을 정확히 규명하는 방법이 묘연하다. 따라서 분석자들은 측정오차란 어느 정도 불가피한 것 정도로 인식하면서 OLS를 그대로 적용해 버리곤 한다.

그러나 경우에 따라서는 측정 불가능한 변수의 출현 또는 대리변수의 사용으로 인해 측정오차가 보다 본질적으로 또는 체계적으로 내재되어 있다고 인식할 수 있는 상황들이 있다. 이러한 상황에서 측정오차의 존재를 확인코자 할 경우 가장 간편한 방법은 잔차항, 즉 회귀오차항의 절대치 $|e_i|$와 설명변수의 편차 ($x_i = X_i - \overline{X}$) 값의 절대치 $|x_i|$ 간의 상관계수 $r_{|e|,\ |x|}$ 값을 구한 다음 이 값이 현저하게 큰 것으로 판정될 경우에 변수오차, 즉 $\mathrm{Cov}(X_i,\ \epsilon_i) \neq 0$란 현상이 유의할 만한 수준인 것으로 결론짓는 방법을 들 수 있다. 한편, 이보다 조직적인 검정방법을 구상해 낼 수 있는데, 예컨대 Hausman 검정법을 활용하는 방안이 있다. 이 방법은 원래 설정오류의 심각성 여부를 판정키 위한 검정방법으로 제시된 것이지만 변수오차현상의 탐색에도 적용될 수 있다(물론 변수오차현상을 광의의 설정오류 개념에 포함시키는 학자도 있기는 하다). 그리고 설정오류 또한 궁극적으로 비일관추정량을 유발시킨다는 점에서 변수오차 현상과 그 효과면에서 동일하다는 사실 또한 여러 차례 언급한 바 있다. Hausman 검정법이란 결국 OLS 추정량이 일관성과 점근적 효율성을 갖는지 여부를 판정하기 위한 검정절

1) 관심 있는 독자는 G. S. Maddala, *Introduction to Econometrics*(McMillan, 1988), pp. 387~391와 pp. 395~401를 참조할 것.

차란 점을 인식할 때 유의할 만한 설정오류의 존재 여부를 역시 이 방법을 활용함으로써 확인할 수 있다는 사실은 놀라운 일이 못 된다.

여하튼 측정오차가 발생한 경우 우리는 이른바 변수오차(errors-in-variable) 현상에 봉착하게 되는데 이는 설명변수(X_i)가 오차항(ϵ_i)과 더 이상 독립적인 관계를 유지하지 못하는 결과, 즉 $\mathrm{Cov}(x_i, \epsilon_i) \neq 0$가 되는 현상으로 인식할 수 있다. 이러한 상황에서 통상최소자승추정법(OLS : ordinary least squares method)에 의해 추정을 시도하면 추정량은 편의(bias)와 비일관성(inconsistency) 문제를 갖게 된다는 사실은 전술한 바 있다.

이러한 문제가 유의할 만큼 심각한 것인지를 확인할 수 있는 대표적 검정방안이 바로 Hausman 검정이며 변수오차현상이 심각하다고 판정될 경우의 대표적 대응방안은 문제가 된 설명변수를 내신하여 이른바 수단변수(IV : instrumental variable)를 활용하여 추정하는 방안을 들 수 있다. 수단변수 추정법은 문제가 된 설명변수 X_i와는 행태가 매우 흡사하지만 ϵ_i와의 연관성은 거의 없는 수단변수를 찾아내서 대신 추정에 활용하는 방안이다.

예컨대 추정할 모형이 다음과 같다 하자.

$$Y_i = \alpha + \beta X_i + \epsilon_i \tag{9.14}$$

원래 위식에서 $\mathrm{Cov}(X_i, \epsilon_i) = 0$이라 가정되었으나 X_i를 제대로 관측하지 못하여(예컨대 측정오차가 발생했거나 관측 자체가 불가능하여) X_i^0를 대신 사용하게 될 경우 다음 관계가 성립된다.

$$X_i^0 = X_i + v_i \tag{9.15}$$

따라서 (9.15)로부터

$$\begin{aligned} Y_i &= \alpha + \beta X_i + \epsilon_i \\ &= \alpha + \beta(X_i^0 - v_i) + \epsilon_i \\ &= \alpha + \beta X_i^0 + (\epsilon_i - \beta v_i) \end{aligned}$$

$$\text{즉, } Y_i = \alpha + \beta X_i^0 + \epsilon_i^0 \tag{9.16}$$

이 성립된다. 바로 이것이 우리가 실제 추정할 방정식이 된다.

이 때 X_i^0와 ϵ_i^0는 더 이상 독립적이지 못하게 된다. 즉 $\mathrm{Cov}(X_i^0, \epsilon_i^0) =$

$-\beta \mathrm{Var}(v_i) = -\beta\sigma_v^2 \neq 0$가 되기 때문이다. 그리고 이러한 현상이 OLS 추정시 편의(bias)와 비일관성을 초래하는 것이다.

이와 같은 변수오차현상은 X_i^0와는 연관도가 높으나 오차항 ϵ_i^0와는 독립성을 유지할 수단변수(Z_i)를 찾아내서 X_i^0 대신 추정에 활용함으로써 해소할 수 있다. 이 때 수단변수는 다음과 같은 특성을 갖는 것이라야 한다.

$$\mathrm{Cov}(Z_i,\ \epsilon_i^0) = 0 \tag{9.17}$$

따라서 일단 수단변수가 선정되면 다음과 같은 관계가 성립된다.

$$X_i^0 = \gamma Z_i + w_i \tag{9.18}$$

(단, $\mathrm{Cov}(Z_i,\ w_i) = 0$)

다음으로 (9.16)의 오차항 ϵ_i^0와 (9.18)의 w_i가 서로 독립적인지를 검정한다. 이것은 (9.16)의 X_i^0와 ϵ_i^0가 서로 연관이 없는지를 확인하는 과정과 같은 의미를 갖는다(∵ 식 (9.18)). 일단 두 변량 사이에 다음과 같은 선형관계가 성립된다고 가정한다.

$$\epsilon_i^0 = \delta w_i + u_i \tag{9.19}$$

(단, $\mathrm{Cov}(w_i,\ u_i) = 0$)

여하튼 이제 윗식을 (9.16)에 대입하면 다음 식을 얻을 수 있다.

$$Y_i = \alpha + \beta X_i^0 + \delta w_i + u_i \tag{9.20}$$

물론 W_i는 측정될 수 없으므로 (9.18)에 회귀분석을 실시하여 도출한 회귀오차 $\widehat{W}_i$으로 대체한다.

$$Y_i = \alpha + \beta X_i^0 + \delta \widehat{w}_i + u_i \tag{9.21}$$

따라서 측정오차가 심각한 수준으로 발생했다면 $\delta \neq 0$가 되고 그렇지 않다면 $\delta = 0$이 될 것이다.

이러한 사실을 이용하여 Y_i를 X_i^0와 $\widehat{w}_i$에 대하여 회귀분석 한 다음 $\widehat{w}_i$의 회귀계수(δ)에 대한 유의성 검정(이 때 귀무가설은 $H_0 : \delta = 0$)을 실시하며 귀무가설이 기각되면 측정오류가 유의할 만한 것으로 판정한다. 이러한 판정방안을 Hausman 검정법이라 한다.

한편 Hausman 검정을 위한 추정식 (9.21)에서 측정오류의 심각성 여부와는 상관없이 식의 첫번째 항에 대하여 OLS를 적용함으로써 일관적 추정량을 얻을 수 있게 된다. 추정과정에서 결과적으로 X_i^0가 수단변수 역할을 담당했기 때문이다 ($\hat{w}$을 집어넣어 X^0와 u_i가 독립이 되도록 하였음). 따라서 (9.21)은 Hausman 검정에 의한 변수오차변수의 심각성 여부와 이를 해소시키는 가운데 추정한 결과를 동시에 얻을 수 있다는 특징을 갖게 됨에 유념할 필요가 있다. 결국 귀무가설이 기각되면 (9.21)에 대한 회귀분석 자체가 측정오류문제에 대한 해결책이 되는 셈이다.

제 5 절 변수오차에 대한 대응방안

일단 측정오차로 인해 변수오차현상이 발생한 것으로 인식될 경우 대응할 수 있는 방안에는 어떤 것들이 있을까? 우선 측정오차는 아주 미세하며 따라서 그로 인한 영향은 무시할 만한 것이라고 넘겨 버리고 OLS를 적용해 버릴 수도 있다. 그러나 과연 측정오차의 효과가 무시할 만한 수준인지를 정확히 확인하기도 쉽지 않을 뿐 아니라 또 무시할 만한 수준이 아닌 것으로 판명되면 어떤 형태로든 대응책을 마련해야만 할 것이다.

일단 결론부터 제시하면 지금까지 제안된 대응책들은 현실적으로 적용하기 어렵거나 또는 상당히 제한적인 가정을 요구하는 등의 문제점을 안고 있어 현실적으로 아주 만족할 만한 변수오차의 해결책은 없다고 볼 수 있다. 반면 변수오차가 초래하는 문제점은 실로 심각한 것이다. 따라서 근본적으로 측정오차를 가능한 한 최소한으로 유지할 수 있도록 노력하는 것이 최선이라 할 수 있다.

일단 지금까지 제시된 대응방안들을 유형별로 살펴보면 다음과 같다.

1. 역최소자승법(reverse regression)

이 방법은 한마디로 표현한다면 종속변수와 설명변수의 역할을 뒤바꾸어 회귀분석을 실시한 결과를 활용함으로써 변수오차현상을 회피하려는 다소 변칙적인 방안이다. 또한 이 방법은 다음과 같은 제한적인 상황에만 적용될 수 있다.

첫째, 측정오차는 설명변수에만 존재한다.[1)]

1) 이는 Y가 설명변수역할을 담당할 회귀식에서 그 회귀계수추정량이 BLUE가 되기 위해 필요한 가정의 성격을 갖는 조건임.

둘째, 원래의 종속변수 Y는 비확률적(nonstochastic) 변수의 특징을 가지며 오차를 수반하지 않는다.

일단 위의 두 가지 제한조건을 만족시키는 회귀모형을 정립해 보면 다음과 같다.

$$Y_i = \alpha + \beta(X_i^0 - v_i) \quad (\text{단, } X_i^0 = X_i + v_i) \tag{9.22}$$

이 식을 X_i^0에 대하여 정리하면,

$$X_i^0 = -\frac{\alpha}{\beta} + \frac{1}{\beta}Y_i + v_i \tag{9.23}$$

또는

$$X_i^0 = a + bY_i + v_i \tag{9.24}$$

$$\text{단, } a = -\frac{\alpha}{\beta}, \quad b = \frac{1}{\beta} \tag{9.25}$$

와 같아지며, 식 (9.24)에 OLS를 적용하여 그 추정량을 구하면 다음과 같다.

$$\hat{b} = \frac{\sum x_i^0 y_i}{\sum {y_i}^2} \quad (\text{단, } x_i^0 = X_i^0 - \overline{X}^0, \ y_i = Y_i - \overline{Y})$$

$$\hat{a} = \overline{X}^0 - \hat{b}\overline{Y} \tag{9.26}$$

일단 $\hat{a}$와 $\hat{b}$이 구해지면 식 (9.25)를 이용하여 $\hat{\alpha}$와 $\hat{\beta}$값을 도출할 수 있다.

$$\hat{\beta} = \frac{1}{\hat{b}}, \quad \hat{\alpha} = -\hat{\beta}\hat{a} \tag{9.27}$$

바로 식 (9.27)과 같은 결과가 역최소자승법을 이용한 변수오차 문제의 해소 방안의 한 방법이라 할 수 있다. 그러나 이 방법은 앞서 제시한 제한조건이 충족되는 상황에서만 유효하다는 한계성을 내포하고 있다.

2. 수단변수추정법

변수오차 문제에 대응하는 가장 대표적인 방법으로 수단변수를 활용하는 추정방법, 즉 수단변수추정법(instrumental variable estimation technique)이 있는데, 이 방법의 핵심적인 논리는 다음과 같다.[1]

1) 이 방법은 변수오차 문제에 대한 대응책으로서도 중요성을 갖지만 제4편 연립방정식 체계의 모형을 추정하는 과정에서도 유용하게 활용된다.

2.1 일반적 수단변수활용법

수단변수추정법은 한마디로 표현하자면 원래의 설명변수 X_i와는 높은 상관관계를 가지나 확률오차항 ϵ_i와는 무관하게 아주 낮은 상관관계를 가지는 새로운 변수(이를 Z_i라 하자)를 찾아 활용하는 방법이라 할 수 있다. 따라서 수단변수는 다음 조건을 만족시키는 변수이어야 한다.

조건 1 : $\mathrm{Cov}(Z_i,\ \epsilon_i)$, $\mathrm{Cov}(Z_i,\ u_i)$, $\mathrm{Cov}(Z_i,\ v_i)$는 표본크기가 증대함에 따라 0에 접근한다.

조건 2 : $\mathrm{Cov}(Z_i,\ X_i^0)$ 또는 $\mathrm{Corr}(Z_i,\ X_i^0)$는 표본크기가 증대하더라도 0이 되지 않는다.

일단 이상의 조건을 만족시키는 수단변수들 중에서 X와 가장 높은 상관관계를 갖는 어느 한 수단변수 또는 결합된 수단변수(combination of instruments)를 선정한 다음 회귀분석과정에서 기존의 설명변수 X_i를 대체시키게 된다. 분석의 편의상 설명변수 X_i에만 측정오차가 존재하는 상황(즉, $X_i^0 = X_i + v_i$)을 고려해 보자. 추정할 모형을 편차형(deviation form)으로 다음과 같이 표현한다면,

$$y_i = \beta x_i + \epsilon_i \quad (\text{단},\ y_i = Y_i - \overline{Y},\ x_i = X_i - \overline{X})$$

실제 추정할 모형은,

$$y_i = \beta x_i^0 + \epsilon_i^0 \quad (\text{단},\ \epsilon_i^0 = \epsilon_i - \beta v_i)$$

가 된다. 여기에 OLS를 적용할 경우 추정량은,

$$\hat{\beta}_{\mathrm{OLS}} = \frac{\sum x_i^0 y_i}{\sum (x_i^0)^2} \tag{9.28}$$

으로 불편성과 일관성이 상실되는 문제점이 있다고 지적한 바 있다. 이제 이 문제를 시정하기 위하여 X_i^0를 새로운 변수, 즉 수단변수 z_i로 대치하여 추정량을 다시 정의하면 다음과 같다.

$$\hat{\beta}_{\mathrm{IV}} = \frac{\sum z_i y_i}{\sum x_i^0 z_i} \tag{9.29}$$

식 (9.29)와 같이 정의된 추정량을 수단변수추정량이라 하는데, 이렇게 정의된 추정량은 비로소 일관성을 회복하게 된다.[1] 왜냐하면,

$$\hat{\beta}_{\mathrm{IV}} = \frac{\sum z_i y_i}{\sum x_i^0 z_i} = \frac{\beta \sum x_i^0 z_i + \sum z_i \epsilon_i^0}{\sum x_i^0 z_i}$$

$$= \beta + \frac{\sum z_i \epsilon_i^0}{\sum x_i^0 z_i} \qquad (9.30)$$

식 (9.30)에서 두 번째 항의 분자 $z_i \epsilon_i^0$ 값은 표본규모가 커짐에 따라 0에 접근할 것이기 때문이다(앞의 조건 1 참조). 물론 이 추정량은 소표본의 경우에는 불편성이 회복되지 못한다는 문제점이 있지만 일단 아주 심각한 문제를 실로 간단하게 해소시킬 수 있는 논리적 근거를 갖고 있다는 점에 유의할 필요가 있다. 그러나 현실적으로 적절한 수단변수를 찾는 일이 수월치 않고, 또 선정된 수단변수가 전술한 두 가지 조건을 제대로 충족하는지를 확인하는 일 또한 아주 어렵다. 그리고 이 방법에 의해 도출된 추정량은 일관성을 대체로 회복하지만 추정량의 분산을 축소시키는 효율성제고효과와는 관련이 없으며, 오히려 수단변수 z의 채택으로 회귀오차의 크기가 증대될 가능성마저 있다.

2.2 기타 수단변수활용법

위에서 소개한 일반적인 수단변수추정법을 구체적으로 적용하는 과정에서

---

1) 여기서 주의하여야 할 것은 식 (9.29)의 분모의 값에서 $\sum {z_i}^2$ 대신 $\sum {x_i}^0 z_i$으로 대체한 점이다. $\sum {z_i}^2$로 대체할 경우 식 (9.30)에서와 같이 일관성 있는 수단변수추정량이 도출될 수 없기 때문이다. 여기서 식 (9.29)의 도출과정을 다른 측면에서 찾아보면 다음과 같다.

$$y_i = \beta x_i^0 + \epsilon_i^0$$

우선 윗식의 양편에 수단변수 z_i를 곱하면

$$z_i y_i = \beta z_i x_i^0 + z_i \epsilon_i^0$$

가 되며, 따라서 다음 식이 성립된다.

$$\sum z_i y_i = \beta \sum z_i x_i^0 + \sum z_i \epsilon_i^0 = \beta \sum z_i x_i^0 \quad (\because \text{ 조건 } 1)$$

$$\therefore \ \beta = \frac{\sum z_i y_i}{\sum z_i {x_i}^0} \Rightarrow \hat{\beta}_{\mathrm{IV}}$$

이상의 과정을 행렬식으로 표현하면 다음과 같다.

$$\boldsymbol{Y} = \boldsymbol{X}^0 \boldsymbol{\beta}, \quad \boldsymbol{Z}'\boldsymbol{Y} = \boldsymbol{Z}'\boldsymbol{X}^0 \boldsymbol{\beta}$$

$$\therefore \ \hat{\boldsymbol{\beta}}_{\mathrm{IV}} = (\boldsymbol{Z}'\boldsymbol{X}^0)^{-1} \boldsymbol{Z}'\boldsymbol{Y}$$

자주 활용되는 수단변수들은 다음과 같다.

(1) 시차변수

설명변수 X의 시차를 둔 측정치를 수단변수로 활용하는 방안이다. 단, 이 경우 측정오차 간에는 계열상관(serial correlation)이 없다는 가정이 필요하다.

(2) 구분된 두 집단의 평균활용법

Wald에 의해 제시된 방법으로 우선 X의 관측치를 크기 순서로 나열한 뒤 중앙치(median)를 중심으로 두 집단으로 나눈 다음 각 집단의 평균들을 구한다. 그리고 추정량은 다음과 같이 정의하여 추정한다.[1)]

$$\hat{\hat{\beta}} = \frac{\overline{Y}_2 - \overline{Y}_1}{\overline{X}_2 - \overline{X}_1} \tag{9.31}$$

(단, $\overline{X}_i$와 $\overline{Y}_i$는 i집단의 X와 Y의 평균임)

이처럼 단순하게 정의된 이 추정량은 놀랍게도 다음과 같은 조건을 만족시키는 수단변수 Z_i를 활용하는 수단변수추정량과 일치한다. 즉,

$$Z_i = \begin{cases} 1: & X > \text{중앙치의 경우} \\ -1: & X < \text{중앙치의 경우} \end{cases} \tag{9.32}$$

일 때,

$$\hat{\hat{\beta}}_{IV} = \frac{\Sigma Y_i Z_i}{\Sigma X_i Z_i} \Longrightarrow \frac{\overline{Y}_2 - \overline{Y}_1}{\overline{X}_2 - \overline{X}_1}$$

가 성립된다. 따라서 추정량 $\hat{\hat{\beta}}$은 일관추정량의 특성을 갖는다. 물론 최소분산을 갖지는 못한다.

(3) 구분된 세 집단의 평균활용법

Bartlett는 Wald와는 달리 크기 순서로 정리된 자료를 3등분하여 각 집단마다의 평균을 구한 다음 다음과 같은 추정량공식의 사용을 제시하였다.[2)]

---

1) A. Wald, "The Fitting of Straight Lines If Both Variables Are Subject to Errors," *Annals of Mathematicals Statistics*(1940), pp. 284~300 참조.

2) M. S. Bartlett, "Fitting of Straight Lines When Both Variables Are Subject to Error," *Biometrics*(1949), pp. 207~212 참조.

$$\hat{\hat{\beta}} = \frac{\overline{Y}_3 - \overline{Y}_1}{\overline{X}_3 - \overline{X}_1} \tag{9.33}$$

이 또한 다음과 같은 조건을 만족시키는 수단변수 Z_i를 활용하는 수단변수추정량과 일치한다. 즉,

$$Z_i = \begin{cases} 1: & \text{가장 큰 } \frac{n}{3} \text{개의 관측치 경우} \\ -1: & \text{가장 작은 } \frac{n}{3} \text{개의 관측치 경우} \end{cases} \tag{9.34}$$

일 때,

$$\hat{\hat{\beta}}_{IV} = \frac{\Sigma Y_i Z_i}{\Sigma X_i Z_i} \Longrightarrow \frac{\overline{Y}_3 - \overline{Y}_1}{\overline{X}_3 - \overline{X}_1}$$

이 방법 또한 논리상 일관성이 보장되며 두 집단구분방법의 경우보다는 상대적으로 효율적이다. 즉, 측정오차가 상대적으로 작아진다.

(4) Durbin의 순위법[1)]

상기 두 방법보다 분산을 축소시킬 수 있는 별도 방안의 하나로 Durbin은 X의 크기 순서(rank) 자체를 수단변수로 사용하는 방법을 제시한 바 있다.

$$\hat{\beta}_d = \frac{\Sigma i Y_i}{\Sigma i X_i} \tag{9.35}$$

여기서 i는 X_i의 작은 값으로부터의 순위를 나타내고, Y_i는 X_i에 대응하는 Y 값이다.

식 (9.35) 또한 i를 수단변수 Z_i로 볼 수 있어 일관성 추정량의 기본 요건을 만족시켜 주고 있다.

(5) 기타 수단변수 추정방법

위에서 소개한 구분된 집단의 평균이용방법이나 Durbin의 순위법은 X_i값의 순위에 의존하고 있어 만일 이들 순위값들이 오차항과 상관관계가 발생할 경우 일관성이 보장되지 못한다는 문제점이 Pakes에 의해 지적된 바 있어 사용상의 편리성에도 불구하고 자주 쓰이지 않고 있다.[2)]

---

1) J. M. Durbin, "Errors in Variables," *Review of the International Statistical Institute* (1954), pp. 23~32.

2) Arial Pakes, "On the Asymptotic Bias of Wald-Type Estimators of a Straight Line

한편, 어떤 형태의 수단변수를 사용하더라도 일반적으로 편의는 감소할 것이나 OLS 추정량에 비해 분산은 오히려 커지는 경향이 있다. 따라서 심지어는 OLS 추정량과 수단변수추정량의 일종의 가중평균을 사용하는 방안, 또는 최우법의 활용방안 등이 제시되기도 하고 있으나 여기서는 생략코자 한다.

3. 기타 방법

지금까지 소개한 대응책들은 기본적으로 수단변수를 활용하든가, 오차항에 대한 사전정보를 활용하는 방법에 속한다고 볼 수 있다. 이 외에도 반복된 관측치(repeated observations) 또는 추가된 방정식(more equations)을 활용하는 방안 등이 있으나 생략한다.[1)]

4. 실증분석 예 : 항상소득가설

"항상소득"(permanent income) 및 "항상소비"(permanent consumption)라는 개념을 창출해 낸 M. Friedman은 이른바 항상소득가설(permanent income hypothesis)이라 일컬어지고 있는 소비함수를 제시한 바 있다.

즉, 그는 항상소비는 항상소득과 (장기적으로)1차 함수 관계를 갖는다고 주장하였다. 이를 수식으로 표현하면,

$$\mathrm{CPXV}_t = \beta \mathrm{YDXV}_t \tag{9.36}$$

$$\left(\begin{array}{l} \text{즉, CPXV : 항상(민간)소비} \\ \quad\ \text{YDXV : 항상(가처분)소비} \end{array} \right)$$

와 같아진다. 그러나 항상소비나 항상소득은 실제로는 측정이 불가능한 것이므로 결국 일종의 대리변수(proxy variable)를 창출해내어 활용할 수밖에 없다. 이때 활용할 변수들의 측정치는 결국 측정오차를 갖는 것으로 이해할 수 있으며 오차의 내용은 다음과 같이 파악된다고 보자.

$$\left.\begin{array}{l} \mathrm{CPXV}_t^{\circ} = \mathrm{CPXV}_t + u_t \\ \mathrm{YDXV}_t^{\circ} = \mathrm{YDXV}_t + v_t \end{array}\right] \tag{9.37}$$

When Both Variables Are Subject to Error," *International Economic Review*, vol. 23 (1982), pp. 491~497 참조.

1) 관심 있는 독자는 G. S. Maddala, Econometrics(McGraw-Hill, 1977), pp. 300~302를 참조할 것.

여기서 u_t와 v_t는 각각 대리변수 CPXV_t°와 YDXV_t°의 측정오차를 나타낸다.

이제 (9.37)를 실제 측정 가능한 대리변수를 활용하여 개편하면 다음과 같아진다.

$$\begin{aligned}\text{CPXV}_t^{\circ} &= \beta(\text{YDXV}_t^{\circ} - v_t) + u_t \\ &= \beta\text{YDXV}_t^{\circ} + (u_t - \beta v_t) \\ &= \beta\text{YDXV}_t^{\circ} + \epsilon_t^{\circ}\end{aligned} \tag{9.38}$$

$$\left(\begin{aligned}&\text{단, } E[u_t] = E[v_t] = 0 \\ &\text{Var}(u_t) = \sigma_u^2 \\ &\text{Var}(v_t) = \sigma_v^2 \\ &\text{Cov}(\text{CPXV}, u) = 0 \\ &\text{Cov}(\text{YDXV}, v) = 0 \\ &\text{Cov}(u, v) = 0\end{aligned}\right)$$

이 때 (9.38)에 OLS를 적용하면 불편성과 일관성이 파괴된다는 점은 여러 번 언급한 바 있어 더 이상의 설명은 생략한다.

변수오차현상으로 대변되는 추정상의 문제점을 수단변수활용법으로 대응코자 CPXV_t°와 YDXV_t°의 4분기이동평균을 산출하여 수단변수로 삼아 보자. 즉,

$$\text{CPXVMA}_t = \frac{\text{CPXV}_t^{\circ} + \text{CPXV}_{t-1}^{\circ} + \text{CPXV}_{t-2}^{\circ} + \text{CPXV}_{t-3}^{\circ}}{4}$$

$$\text{YDXVMA}_t = \frac{\text{YDXV}_t^{\circ} + \text{YDXV}_{t-1}^{\circ} + \text{YDXV}_{t-2}^{\circ} + \text{YDXV}_{t-3}^{\circ}}{4} \tag{9.39}$$

이상에서처럼 일단 수단변수들이 선정되면 CPXV_t°와 YDXV_t°를 다음과 같이 표현할 수 있다.

$$\begin{aligned}\text{CPXV}_t^{\circ} &= \gamma\text{CPXVMA}_t + e_t \\ \text{YDXV}_t^{\circ} &= \delta\text{YDXVMA}_t + w_t\end{aligned} \tag{9.40}$$

$$(\text{단, Cov}(\text{YDXVMA}, w_t) = 0)$$

여기에 각각 OLS를 적용하면,

$$\widehat{\text{CPXV}_t^{\circ}} = \hat{\gamma}\text{CPXVMA}_t + \hat{e}_t$$

$$\widehat{\mathrm{YDXV}_t^{\circ}} = \hat{\delta}\mathrm{YDXVMA}_t + \widehat{w}_t \tag{9.41}$$

와 같이 표현될 수 있다.

그런 연후에 (9.38)의 ϵ_t°와 (9.40)의 w_t가 서로 독립적인지를 검정하게 된다. 이는 (9.38)의 YDXV_t°와 ϵ_t°가 서로 독립적인지를 확인하는 과정에 해당한다(∵ 식(9.40)). 일단 두 변량 사이에 다음과 같은 선형관계가 성립된다고 가정한다.

$$\epsilon_t^{\circ} = \delta w_t + \eta_t \tag{9.42}$$

$$(\text{단, } \mathrm{Cov}(w_t,\ \eta_t) = 0)$$

이제 위 식을 식(9.38)에 대입하면 다음 식을 얻을 수 있다.

$$\mathrm{CPXV}_t^{\circ} = \beta\mathrm{YDXV}_t^{\circ} + \delta w_t + \eta_t$$

물론 w_t는 측정될 수 없으므로 식(9.40)에 회귀분석을 실시하여 도출한 회귀식 (9.41)의 오차 $\widehat{w}_t$로 대체한다.

$$\mathrm{CPXV}_t^{\circ} = \beta\mathrm{YDXV}_t^{\circ} + \delta\widehat{w}_t + \eta_t \tag{9.43}$$

여기서 Hausman 검정을 실시하기 위해 식(9.43)에 OLS를 실시하고 마지막으로 귀무가설 H_0 : $\delta=0$을 검정하여 본 결과는 다음과 같다.

$$\widehat{\mathrm{CPXV}_t^{\circ}} = 0.8132\mathrm{YDXV}_t^{\circ} - 0.9236\widehat{w}_t$$
$$(158.5965) \qquad (-9.4759)$$
$$R^2/\overline{R^2} = 0.9728/0.9724 \qquad d = 0.1217$$

위 추정식에서 w_t의 계수 [(δ)에 대한 추정치]에 대한 t검정통계량의 값은 그 절대치가 9.4759로서 $\alpha=1\%$의 유의수준에 대응하는 임계치 2.575를 훨씬 상회하고 있어 귀무가설을 기각하게 된다.

귀무가설이 기각되었으므로 일단 측정오류가 당초에 유의할 만한 것이었던 것으로 판정할 수 있다. 그럼에도 불구하고 상기 추정식에서 도출한 '$\hat{\beta}_{\mathrm{OLS}}=$ 0.8132'는 일관성을 갖게 된다. 이 식은 수단변수들의 역할을 구체적으로 활용하여 도출된 식이기 때문이다.

제 6 절 자료가 그룹화되어 있는 경우

경우에 따라서는 특히 서베이(survey)에 의해 수집된 자료를 활용할 경우에는 개별관측치 대신 그룹별로 정리 요약된 자료를 활용하는 사례가 빈번하다. 요약된 자료는 조사담당자가 아니더라도 쉽게 얻을 수 있고, 또 조사담당자로부터 개별관측자료를 입수할 수 있다 해도 그 자료규모가 아주 크면 계산상 또는 자료처리상의 비용문제점 등 어려움이 가중되므로 요약된 자료사용이 큰 문제가 없는 형태로 집계된 경우에는 오히려 이를 보다 효율적으로 활용할 수 있기 때문이다. 자료의 요약된 형태 중 대표적인 유형은 단일기준 분류 집단자료형(one way classification table data)과 복수기준 분류 집단자료형(two way classification table data)으로 구분할 수 있어 이를 별도순서에 따라 다루어 보기로 한다.

1. 단일기준에 의해 분류된 집단자료

조사된 자료가 표 9-1과 같이 정리된 형태를 단일기준 집단자료라 한다. 전체 표본의 크기를 n이라 하고 G개로 구분된 그룹의 크기를 n_1, n_2, $\cdots$, n_G라 하면,

$$n = \sum_{g=1}^{G} n_g \tag{9.44}$$

가 성립될 것이다.

따라서 이러한 유형의 자료에 대응하는 회귀모형은 다음과 같이 표현될 수 있다.

표 9-1 단일기준에 의해 그룹화된 자료

그 룹	관측치수(n_g)	X의 평균($\overline{X}_g$)	Y의 평균($\overline{Y}_g$)
1	n_1	$\overline{X}_1$	$\overline{Y}_1$
2	n_2	$\overline{X}_2$	$\overline{Y}_2$
$\vdots$	$\vdots$	$\vdots$	$\vdots$
G	n_G	$\overline{X}_G$	$\overline{Y}_G$

$$Y_{ig} = \alpha + \beta X_{ig} + \epsilon_{ig} \tag{9.45}$$

(단, $i = 1, 2, \cdots, n_g \quad g = 1, 2, \cdots, G$)

여기서 X_{ig}와 Y_{ig}는 g그룹의 i번째 X 또는 Y관측치를 나타내며, 따라서 다음 정의식이 성립된다.

$$\overline{X}_g = \frac{\sum_{i=1}^{n_g} X_{ig}}{n_g} \tag{9.46}$$

$$\overline{Y}_g = \frac{\sum_{i=1}^{n_g} Y_{ig}}{n_g} \tag{9.47}$$

이제 개별관측치인 X_{ig}와 Y_{ig} 대신 식 (9.46)과 식 (9.47)에서 정의된 요약된 자료값을 활용할 경우 회귀방정식 (9.45)는 다음과 같이 개편되어야 한다.

$$\overline{Y}_g = \alpha + \beta \overline{X}_g + \overline{\epsilon}_g \qquad (g = 1, 2, \cdots, G) \tag{9.48}$$

여기서 만일 X_{ig}가 비확률적 변수라면 $\overline{X}_g$도 비확률적 변수(nonstochastic variable)가 될 것이다.

한편,

$$E[\overline{\epsilon}_g] = \frac{E[\epsilon_{1g} + \epsilon_{2g} + \cdots + \epsilon_{n_g g}]}{n_g} = 0 \tag{9.49}$$

$$E[\overline{\epsilon}_g \overline{\epsilon}_h] = E[\overline{\epsilon}_g] \cdot E[\overline{\epsilon}_h] = 0 \tag{9.50}$$

$$\mathrm{Var}(\overline{\epsilon}_g) = \frac{1}{n_g^2}(\sigma^2 + \sigma^2 + \cdots + \sigma^2) = \frac{\sigma^2}{n_g} \tag{9.51}$$

의 관계가 성립되므로 OLS 추정량 $\hat{\alpha}$과 $\hat{\beta}$은 불편성을 갖게 된다(∵ 식 (9.49)). 그리고 오차항끼리는 상호 독립적이어서 비계열상관조건이 충족되지만(∵ 식 (9.50)), 각 그룹의 크기(n_g)가 동일하지 않은 이상 $\mathrm{Var}(\overline{\epsilon}_g)$값은 서로 상이하게 되므로 이분산현상(heteroskedasticity)이 야기되는 문제가 발생한다.

이분산현상은 OLS 추정량의 효율성을 저해할 것이므로 이를 시정할 수 있는 대응책이 요구된다. 다행히 이분산의 내용이 구체적으로 알려져 있어(즉,

$\frac{\sigma^2}{n_g}$에서 n_g가 알려짐) 가중치(weight)를 $\frac{n_g}{\sigma^2}$으로 삼는 가중최소자승법(WLS; weighted least squares)를 적용할 수 있다(제 6 장 참조). WLS 추정량을 $\tilde{\alpha}$, $\tilde{\beta}$로 표기하면 다음과 같이 정의된다.1)

$$\tilde{\beta}=\frac{\sum n_g(\overline{X}_g-\overline{X})(\overline{Y}_g-\overline{Y})}{\sum n_g(\overline{X}_g-\overline{X})^2} \tag{9.52}$$

$$\tilde{\alpha}=\overline{Y}-\tilde{\beta}\overline{X} \tag{9.53}$$

$$\left(\begin{array}{l}\text{단, } \sum_g n_g = n_1+n_2+\cdots+n_G=n \\ \sum_g n_g\overline{X}_g = n_1\overline{X}_1+\cdots+n_G\overline{X}_G=\sum_i\sum_g X_{ig}=n\overline{X} \\ \sum_g n_g\overline{Y}_g=n\overline{Y}\end{array}\right)$$

한편, WLS 추정량들의 분산은 다음과 같이 산출된다.

$$\mathrm{Var}(\tilde{\beta})=\frac{\sigma^2}{\sum n_g(\overline{X}_g-\overline{X})^2} \tag{9.54}$$

$$\mathrm{Var}(\tilde{\alpha})=\sigma^2\left[\frac{1}{n}+\frac{\overline{X}^2}{\sum n_g(\overline{X}_g-\overline{X})^2}\right] \tag{9.55}$$

반면 OLS 추정량 $\hat{\beta}_{\mathrm{OLS}}$의 분산은

$$\mathrm{Var}(\hat{\beta}_{\mathrm{OLS}})=\frac{\sigma^2}{\sum_i\sum_g(X_{ig}-\overline{X})^2} \tag{9.56}$$

이 되므로, 식 (9.54)와 (9.55)에서 다음 결과가 도출된다.

$$\frac{\mathrm{Var}(\tilde{\beta})}{\mathrm{Var}(\hat{\beta}_{\mathrm{OLS}})}=1+\frac{\sum\sum(X_{ig}-\overline{X}_g)^2}{\sum_g n_g(\overline{X}_g-\overline{X})^2}\geq 1 \tag{9.57}$$

식 (9.57)의 오른쪽 두 번째 항의 값이 0보다 작을 수 없으므로 전체 식의 값은 1보다 작을 수 없고, 따라서 분자인 $\mathrm{Var}(\tilde{\beta})$가 분모인 $\mathrm{Var}(\hat{\beta}_{\mathrm{OLS}})$보다 작을 수 없다는 결론이 나온다. 즉, 식 (9.52)와 같이 정의된 WLS 추정량은 그룹

1) 자세한 도출과정은 Kmenta(1971), *op. cit.*, p.324 참고.

화되어 있는 자료를 활용하는 상황하에서는 효율성을 회복하지만 개별관측치를 활용하는 OLS 추정량 $\hat{\beta}_{\mathrm{OLS}}$에 비해서는 상대적으로 비효율적이라 하겠다. 이는 그룹별 평균만을 사용하는 추정과정은 개별관측치에 포함된 정보 중 일부를 고려하지 못하는 결과를 초래하며 따라서 효율성이 저해된 것이라 볼 수 있다.

참고삼아 σ^2에 대한 불편추정량의 결과만을 소개하면,

$$\tilde{s}^2 = \frac{\sum_g n_g (\overline{Y}_g - \tilde{\alpha} - \tilde{\beta}\overline{X}_g)^2}{(G-2)} \tag{9.58}$$

과 같아지며, 결정계수 $\tilde{R}^2$값은 개별관측치로 측정할 경우의 R^2보다 커지게 된다.[1] 즉,

$$\tilde{R}^2 = 1 - \frac{\sum_g (\overline{Y}_g - \tilde{\alpha} - \tilde{\beta}\overline{X}_g)^2}{\sum_g (\overline{Y}_g - \overline{Y})^2} > \frac{\hat{\beta}^2_{\mathrm{OLS}} \sum_i \sum_g (X_{ig} - \overline{X})^2}{\sum_i \sum_g (Y_{ig} - \overline{Y})^2} = R^2 \tag{9.59}$$

이러한 결과는 그룹화된 자료, 즉 그룹별 평균이란 요약된 자료만으로 회귀분석할 경우 표본회귀선을 중심으로 볼 때 개별관측치를 활용할 경우보다 산포된 정도가 낮아진다는 사실에 기인하는 것이다.

2. 복수기준에 의해 분류된 집단자료

이번에는 설명변수값의 크기와 종속변수값의 크기 두 가지 기준에 의해 측정된 자료들이 표 9-2와 같이 분류 집계된 경우 처리방안에 관하여 알아보기로

표 9-2 두 기준에 의해 그룹화된 자료

	$\overline{Y}_{.1}$	$\overline{Y}_{.2}$	……	$\overline{Y}_{.H}$	n_g
$\overline{X}_{1.}$	n_{11}	n_{12}	……	n_{1H}	$n_{1.}$
$\overline{X}_{2.}$	n_{12}	n_{22}	……	n_{2H}	$n_{2.}$
⋮	⋮	⋮	⋮	⋮	⋮
$\overline{X}_{G.}$	n_{G1}	n_{G2}	……	n_{GH}	$n_{G.}$
$n_{.h}$	$n_{.1}$	$n_{.2}$	……	$n_{.H}$	n

1) Kmenta(1971), *ibid*., pp. 322~329 참조.

한다.

이러한 상황에 대응하는 회귀방정식은 다음과 같다.

$$Y_{igh} = \alpha + \beta X_{igh} + \epsilon_{igh} \tag{9.60}$$

$$(i=1,\ 2,\ \cdots,\ n_{gh};\quad g=1,\ 2,\ \cdots,\ G;\quad h=1,\ 2,\ \cdots,\ H)$$

단, 여기서 Y_{igh}는 $\overline{X}_{g.}$와 $\overline{Y}_{.h}$ 기준에 부합되는 관측치들 중 i번째 관측치를 뜻하며, 전항과 같은 논리에 따라 식 (9.60)을 재편하면,

$$\overline{Y}_{gh} = \alpha + \beta \overline{X}_{gh} + \overline{\epsilon}_{gh} \tag{9.61}$$

와 같이 표현된다. 역시 이 경우에 $\mathrm{Var}(\overline{\epsilon}_{gh}) = \dfrac{\sigma^2}{n_{gh}}$ 관계 때문에 이분산현상이 유발될 것이며, 이를 시정하기 위한 가중최소자승추정량 $\tilde{\tilde{\beta}}$와 $\tilde{\tilde{\alpha}}$값은 다음과 같다.[1]

$$\tilde{\tilde{\beta}} = \frac{(\Sigma n_{g.})(\Sigma n_{g.}\overline{X}_{g.}\overline{Y}_{g.}) - (\Sigma n_{g.}\overline{X}_{g.})(\Sigma n_{g.}\overline{Y}_{g.})}{(\Sigma n_{g.})(\Sigma n_{g.}\overline{X}_{g.}^{2}) - (\Sigma n_{g.}\overline{X}_{g.})^2} \tag{9.62}$$

$$\tilde{\tilde{\alpha}} = \overline{Y} - \tilde{\tilde{\beta}}\overline{X} \tag{9.63}$$

이 두 식에서 우리는 두 기준에 의해 분류된 집단자료 활용의 경우 적용한 WLS 추정량은 결과적으로 한 기준에 의해 분류된 경우의 WLS 추정량과 일치하게 됨을 알 수 있다.[2]

그리고 표 9-2의 형태로 주어진 자료를 활용할 때 WLS 추정량 $\tilde{\tilde{\beta}}$와 $\tilde{\tilde{\alpha}}$는 불편성 · 일관성 그리고 점근적 효율성 등을 갖게 됨은 단일기준 경우 추정량의 결과와 동일하다.

마지막으로 이상과 같은 특성을 가진 WLS 추정량을 활용할 경우의 결정계수(R^2)는 단일기준 분류시의 결정계수보다는 작은 값을 갖게 되는데, 이는 복수기준에 의해 분류된 집단자료의 요약된 관측치값들이 단일기준에 의해 분류된 경우보다 변화의 정도가 심해지기 때문이다.

1) Kmenta(1971), *ibid.*, pp. 329~336 참조.

2) 자세한 내용 및 증명은 Kmenta(1971), *ibid.*, pp. 332~335를 참고할 것.

3. 실증분석 예 : 그룹화된 자료

다음은 가계소득 및 소비지출에 관한 임의의 횡단면자료이다.

이 자료는 원래 표 9-4와 같이 단일기준 분류자료표로도 작성될 수 있다.

이상과 같은 단일기준에 의해 분류된 집단자료나 복수기준에 의해 분류된 집단자료를 가지고 OLS 추정을 수행할 경우 그 추정량은 불편성을 갖게 되지만 이분산현상이 일반화되므로 효율성이 저해된다. 따라서 이를 시정하기 위한 가중최소자승법(WLS)이 주로 쓰이고 있다. 그러면 각각의 자료를 활용하여 WLS 추정량을 도출해 보기로 한다.

우선 단일기준 분류자료 사용시의 추정모형은 원래

표 9-3 두 기준에 의해 분류된 임의의 소득·소비자료

소득(X) / 소비(Y)	50	80	100	120	140	160	180	250	관측치수 ($n_{g.}$)
40	6	2	1						9
80	1	10	20	5	2				38
100	1	3	7	13	10	1			35
120		1	2	3	2	1		1	10
140				1		2	1		4
160							1	1	2
180								2	2
250									0
관측치수 ($n_{.h}$)	8	16	30	22	14	4	2	4	100

표 9-4 한기준에 의해 분류된 임의의 소득·소비자료

소득(Y)구간	관측치수($n_{.g}$)	평균소득($\overline{X}_g$)	평균소비($\overline{Y}_g$)
0 – 70	8	50	52.5
70 – 90	16	80	81.25
90 – 110	30	100	86.0
110 – 130	22	120	100
130 – 150	14	140	100
150 – 170	4	160	125
170 – 190	2	180	150
190 이상	4	250	160
총도수	100		

$$Y_{ig}=\alpha+\beta X_{ig}+\epsilon_{ig} \tag{9.64}$$

와 같을 것이나 이를 집단자료를 활용해야 할 경우에는,

$$\overline{Y}_g=\alpha+\beta\overline{X}_g+\bar{\epsilon}_g \quad (g=1,\ 2,\ \cdots,\ G) \tag{9.65}$$

$$\text{단, } n=\sum_{g=1}^{G} n_g,\quad \overline{X}_g=\frac{\sum_{i=1}^{n_g} X_{ig}}{n_g},\quad \overline{Y}_g=\frac{\sum_{i=1}^{n_g} Y_{ig}}{n_g} \tag{9.66}$$

를 대신 활용하여 추정하게 된다. 그리고 이 때 나타나는 이분산요인을 제거한 WLS 추정량은 다음과 같다.

$$\tilde{\beta}=\frac{\sum n_g(\overline{X}_g-\overline{X})(\overline{Y}_g-\overline{Y})}{\sum n_g(\overline{X}_g-\overline{X})^2}=0.526$$

$$\tilde{\alpha}=\overline{Y}-\tilde{\beta}\overline{X}=33.98$$

단, 여기서 $\overline{X}$와 $\overline{Y}$는 X와 Y의 총표본평균이므로 다음과 같은 정의식에 의해 산출될 수 있다.

$$n=\sum_{g=1}^{G} n_g,\quad \overline{X}=\frac{\sum_{g=1}^{G} n_g\overline{X}_g}{n},\quad \overline{Y}=\frac{\sum_{g=1}^{G} n_g\overline{Y}_g}{n}$$

한편, 복수기준 분류자료 활용시 식 (9.65)를 다음과 같이 재편성한다.

$$\overline{Y}_{gh}=\alpha+\beta\overline{X}_{gh}+\bar{\epsilon}_{gh} \tag{9.67}$$

그리고 이분산을 고려한 WLS 추정량은,

$$\tilde{\tilde{\beta}}=\frac{\sum n_{g.}(\sum n_{g.}\overline{X}_{g.}\overline{Y}_{g.})-(\sum n_{g.}\overline{X}_{g.})(\sum n_{g.}\overline{Y}_{g.})}{(\sum n_{g.})(\sum n_{g.}\overline{X}_{g.}^{\,2})-(\sum n_{g.}\overline{X}_{g.})^2}=0.526$$

$$\tilde{\tilde{\alpha}}=\overline{Y}-\tilde{\tilde{\beta}}\overline{X}=33.98$$

이 된다.

제 7 절 일부 측정치가 빠져 있는 경우

시계열자료든 횡단면자료든 예기치 못한 사고나 응답거부 등에 따라 관측할 현상에 대한 자료의 일부가 갖추어지지 못할 경우(missing observations)가 있다. 이러한 상황에 대한 대처방안은 기본적으로 첫째, 설명변수와 종속변수가 동시에 모두 측정된 값을 가진 경우의 자료만으로 회귀분석을 실시하거나, 둘째 빠져 있는 일부 측정치를 적절한 방법에 따라 창출한 뒤 회귀분석을 실시하는 두 가지 방법이 강구될 수 있다. 어느 방법을 선택할 것인지는 일부 측정치가 설명변수나 종속변수 중 한쪽에만 빠져 있을 때, 한쪽 변수에만 남아 있는 자료 또는 정보를 포기할 것인지 아니면 어떻게 해서든 활용방안을 강구할 것인가에 달려 있다.

1. 측정치가 불완전한 시기를 제외하는 방법

우선 어느 변수에도 일부 측정치가 빠져 있는 경우 남아 있는 변수의 측정치를 포기하고 모든 변수에 동시적으로 관측치가 존재하는 부분만을 활용하여 OLS 를 실시하는 경우 만일 관측치들이 우발적으로 빠졌다고 볼 수 있으면 그 추정량은 불편성과 일관성을 가지며, 주어진 상황의 자료를 가지고 활용할 수 있는 모든 가능한 추정량 중 가장 효율성이 큰 특성을 갖는 것으로 알려져 있다. 물론 모든 관측치가 갖추어진 경우에 비해서는 효율성이 떨어질 것임은 당연하다. 이 때 발생하는 효율성의 손실은 빠져버린 측정치들 값의 변화의 정도(분산)가 작거나 또는 관측된 측정치값의 평균값과 가까울수록 적어진다.

한편, 예컨대 설명변수가운데 일부 자료가 빠져 있는 경우 적절한 방법을 활용하여 망실된 부분의 X값을 재생시킨 다음 회귀분석을 수행하는 방안을 고려해 볼 수 있으며 주요 방법들로는 다음과 같은 것들이 있다.

2. 사전적 정보의 활용

만일 망실된 설명변수 관측치에 관한 적절한 사전지식이 있다면 이를 기초로 망실된 관측치에 합당한 숫자를 대입해 넣는 것이 최선의 방책이 될 것이다. 그러나 적절한 관측치를 재생할 만한 사전적 정보가 존재하지 않는다면 별도의 방안을 강구해야 할 것이다.

3. 평균값의 활용

사전적 정보가 없거나 부실하여 별도 방안을 모색할 경우 빠진 X값들을 우선 가장 간편하게 채워 넣을 수 있는 방법으로는 관측된 X값들의 평균을 대입하는 방법을 들 수 있다. 만일 회귀모형에 설명변수가 단 하나인 경우, 즉 단순선형회귀모형에서 이 방법을 적용한다면 OLS 추정량 $\hat{\beta}_{\text{OLS}}$ 자체나 또는 그 분산 $\text{Var}(\hat{\beta}_{\text{OLS}})$값에 전혀 영향을 주지 않는다. OLS 추정에 의해 도출된 표본회귀선($\hat{Y}=\hat{\alpha}+\hat{\beta}X$)은 항상 두 변수의 평균값으로 정의되는 점 $(\overline{X}, \overline{Y})$을 통과한다는 사실을 상기해 보면 이러한 결과는 놀라운 것이 아니다(제 2 장 참조). 그러나 설명변수가 여러 개인 다중회귀분석모형에서 일부 설명변수만의 자료가 망실된 경우에 해당 설명변수의 평균값을 대체해 넣는 방안은 효율성을 증대시킬지는 모르나 기존의 OLS 추정치와는 다른 값을 산출해 낼 가능성이 높다는 점에 유의할 필요가 있다.

4. 시간변수활용법

불완전한 쌍을 이루는 관측치가 존재할 때 빠진 부분의 관측치를 창출해 내는 방법으로 가장 일반적이고 또 현실적인 방안은 관측된 부분의 자료에 근거하여 망실된 부분의 자료값을 추계해 내는 방안이라 볼 수 있다. 이러한 추계 방안 중 가장 대표적이고 또 자주 활용되는 방법으로 시간변수(time variable)활용법이 있다.

이 방법은 우선 관측된 X값들을 시간(time)에 대하여 일차회귀분석을 수행한 다음 도출된 표본회귀선($\hat{X}=\hat{\alpha}+\hat{\beta}t$)에 의거하여 망실된 X값을 재생시킨다. 그런 다음 재생된 X값을 원래의 회귀모형에 대입하여 회귀분석을 수행하는 방법이다. 만일 시간변수가 원래 회귀방정식의 오차항과 상관관계가 없는 이상, 이 방법에 의해 도출된 추정량은 일관성을 갖게 된다.

그러나 이 경우 빠진 X값 대신 활용할 추계치는 어디까지나 일종의 어림값이므로 본 장 제 4 절에서 다룬 바 있는 이른바 변수오차현상을 유발하는 효과를 갖는다. 따라서 경우에 따라 편의성과 비일관성이 초래될 수 있는데, 물론 그 정도는 채택한 X값의 오류수준에 달려 있다(특히 창출된 $\tilde{X}$값이 원래의 오차항 ϵ_i와 상관관계가 높게 나타날 경우). 결국 문제는 어림값을 채택하여 얻는 효율성의 증대효과를 중요시할 것인지, 아니면 비일관성의 위험을 감수할 것인지의 문제로 요약될 수 있다. 효율성의 증대효과는 크면서 어림값 사용으로 인한 측정오차수준이 낮을 수 있다면 이 방법의 사용은 정당화될 것이나 반대의 상황에서는 권장할 수 없는 사유가 발생함을 기억해 둘 필요가 있다.

5. 최우법의 활용

한편, 설명변수의 일부 자료가 망실된 경우(이를 X_m이라 하자) 이에 대응하는 종속변수값(Y_i)과 완전히 갖추어진 자료쌍을 이용해 도출한 최우추정량, 즉 $\tilde{\alpha}$와 $\tilde{\beta}$를 이용하여 이를 창출하는 방안이 강구될 수 있다. 최우법(MLE)을 적용하여 도출된 설명변수 추계값은 결과만을 제시하면 다음과 같다.

$$\tilde{X}_m = \frac{Y_i - \tilde{\alpha}}{\tilde{\beta}} \tag{9.68}$$

이렇게 추계된 값을 대입하여 OLS를 적용할 경우 추정량은 여타의 최우추정량들이 갖는 바람직한 추정량의 대표본특성(asymptotic properties of desirable estimators)을 공유한다.

이 방법 또한 기존의 측정치를 활용하여 망실된 부분의 자료를 추계해 낸다는 점에서는 전항과 맥을 같이하고 있다.

6. 수단변수활용법

망실된 자료부분을 재생하는 데 활용할 수 있는 방법 중 마지막으로 소개할 방법은 수단변수를 활용하는 방안에 속한다. 망실된 자료를 가진 설명변수(X_i)와는 상관관계가 아주 높으면서도 확률오차항(ϵ_i)과는 독립적인 관계를 유지할 수 있는 수단변수(Z_i)를 찾아낼 수 있다 하자. 그러면 우선 망실 안 된 부분의 X관측치 ($X_1, X_2, \cdots, X_n$)를 수단변수에 대하여 회귀분석을 실시한다.

$$X_i = a + bZ_i + u_i, \quad i = 1, 2, \cdots, n \tag{9.69}$$

그런 다음 OLS 결과 추정된 $\hat{a}$과 $\hat{b}$값을 이용하여 망실된 부분의 X관측치 $(X_{n+1}, X_{n+2}, \cdots, X_{n+m})$를 산출해 낸다.

$$\hat{X}_i = \hat{a} + \hat{b} Z_i, \quad i = (n+1), (n+2), \cdots, (n+m) \tag{9.70}$$

이렇게 창출된 $\hat{X}_i$값으로 망실된 부분의 관측치를 대체해 넣은 다음 원래의 회귀방정식을 재추정한다. 즉,

$$Y_i = \alpha + \beta \hat{X}_i + v_i \tag{9.71}$$

$$\left(\text{단, } \begin{array}{l} \hat{X}_i = X_i \quad \text{for} \quad i = 1, 2, \cdots, n \\ v_i = \begin{cases} \epsilon_i, & i = 1, 2, \cdots, n\text{일 때} \\ \epsilon_i - \beta u_i, & i = (n+1), \cdots, (n+m)\text{일 때} \end{cases} \end{array} \right.$$

만일 수단변수가 적절히 선정되었다면 식 (9.71)에서 도출된 OLS 추정량은 일관성을 갖게 된다. 망실된 자료부분을 무시한 채 추정했을 경우보다 효율성도 제고됨은 물론이다.

그러나 이 방법의 활용 또한 다음과 같은 문제점을 갖고 있다.

첫째, 망실된 부분의 자료를 대체해 넣을 경우 해당 시기의 확률오차항의 분산은 여타 시기보다 커지는 문제가 있다.

$$\text{Var}(v_i) = \begin{bmatrix} \sigma_\epsilon^2, & i = 1, 2, \cdots, n\text{일 때} \\ \sigma_\epsilon^2 + \beta^2 \text{Var}(u_i), & i = (n+1), \cdots, (n+m)\text{일 때} \end{bmatrix} \tag{9.72}$$

이러한 결과는 일종의 이분산현상을 유발하며 따라서 적절한 대응책, 예컨대 가중최소자승법(WLS)을 대신 적용할 필요성을 내포하고 있다.

둘째, 다중회귀모형에서 자료가 망실된 설명변수가 여러 개 있을 경우 각 설명변수마다 다른 수단변수를 동원하여 망실된 자료를 창출해 내야 하는 번거로움이 있다. 또한 이 경우 어느 변수부터 수단변수를 활용하여 자료를 재생시키는가에 따라 결과가 달라질 수 있다는 문제가 있다.

셋째, 적절한 수단변수의 선정 자체가 현실적으로 아주 어려우며, 특히 수단변수가 얼마나 오차항과 독립적인 관계를 유지할 수 있는지가 주요 관건이 된다. 한편, 수단변수에 의해 창출된 자료 또한 일종의 어림값이므로 여기서도 자칫하면 측정오차로 인한 변수오차 문제가 유발될 여지가 남아 있음을 유의해야 한다.

7. 실증분석 예 : 일부 자료가 빠져 있는 경우

부록에 있는 자료디스켓상의 자료 중 국민소득(YXV)과 정부의 조세수입(GRTXV; government revenue from taxes)에 관한 관측치(1970년 1/4분기부터 1988년 4/4분기까지)를 이용하여 다음과 같은 간단한 형태의 조세함수를 추정하였다.

$$GRTXV_t = -191.3426 + 0.1680YXV_t$$
$$(-1.6114) \qquad (21.5425)$$
$$R^2 = 0.8625 \qquad d = 2.5739$$

추정식에서 우리는 GNP 대비 조세부담률이 약 16.8%가 됨을 확인할 수 있다.

그런데 만일 국민소득(YXV)의 1980년 1/4분기와 2/4분기 자료가 망실되는 사건이 발생하였다고 가정하고 이에 대응하는 방안을 마련해 보자. 우선 제일 먼저 생각할 수 있는 방법은 자료가 불완전한 시기를 제외해 버리는 방법이다. 전체 관측치수가 76개임을 감안할 때 2개 정도의 관측치를 아예 제거해 버리는 일은 별다른 영향을 미치지 않을 것이라고 예상되기 때문이다.

두 번째로는 YXV의 평균값으로 망실된 시기의 관측치를 내체해 넣는 방법을 고려할 수 있다. 이 때에도 측정치가 망실된 시기가 전체 추정기간의 중간시기에 해당되므로 평균치로 대체해 넣은 충격이 역시 별무할 것이라 예상할 수 있다. 참고로 실제 관측치와 이를 대체시킨 평균값을 대비해 보면 다음과 같다.

표 9-5 YXV의 실제 관측치와 평균값 (단위 : 10억 원)

시 기	YXV의 실제 관측치	YXV의 평균값
1980, 1/4	13,494.0	13,791.21
1980, 2/4	13,209.0	13,791.21

이제 이상에서 고려한 두 방법을 적용하여 새로이 추정을 실시해 본즉 다음과 같은 결과를 얻었다.

예상했던 대로 망실된 자료의 규모나 해당 시기의 중립성 등으로 인해 추정 결과는 자료가 완전히 갖추어져 있었을 경우와 별반 다름이 없었다. 따라서 시간변수활용법·최우법 또는 수단변수활용법 등은 시도하지 않았다.

표 9-6 망실된 자료 복원시 추정 결과 대비표

	상수항	YXV	R^2	d.w.
모든 관측치가 완전한 경우	−191.3426 (−1.6114)	0.1680 (21.5425)	0.8625	2.5739
측정치가 불완전한 시기를 제외시킨 경우	−205.8828 (−1.7462)	0.1682 (21.7845)	0.8683	2.5706
평균치로 망실된 관측치를 대체한 경우	−196.4394 (−1.6616)	0.1682 (21.6788)	0.8640	2.5918

주 : ( )는 t통계량

제 8 절 자료가 불충분한 경우 : 시계열자료와 횡단면자료의 결합사용문제

반드시 자료가 부족할 경우에만 두 유형의 자료를 결합시키는 것은 아니지만 추정에 사용할 자료가 충분하지 못하여 시계열자료(time series data)와 횡단면자료(cross section data)를 결합시켜 동시에 사용하는 경우가 있다. 예컨대, 여러 기간에 걸쳐 여러 가계나 기업 또는 지역에 관한 관측자료가 존재할 경우 이들 자료를 어떤 형태로든 통합하여 활용하는 방안이 강구될 수 있는 것이다.

우선 특정 산업에 속하는 여러 기업체들의 이윤수준을 종속변수로 보고 경영기술, 물적 자본의 종류, 그리고 자금조달능력 등을 설명변수로 보는 횡단면자료를 활용하는 회귀모형을 상정하여 보자. 만일 이들 각 기업체의 이윤함수에 관한 자료를 여러 기간(예컨대, 수개년)에 걸쳐 관측한 자료가 동시에 존재한다 하자. 이 때 과연 원래의 횡단면자료만으로 회귀분석을 실시하여 얻은 회귀계수값들이 시계열자료를 통합시켜 활용할 경우에도 일정하게 남아 있겠는가 하는 의문이 생긴다.

한편, 원래는 한 기업의 이윤수준을 종속변수로 보고 제품가격 · 생산량 · 이자율 · 임금수준 등과 같은 변수를 설명변수로 보는 시계열자료만으로 회귀계수를 추정하였는데, 동일 유형의 시계열자료를 여러 기업체에 걸쳐 관측한 자료와 결합시켜 활용할 경우 당초의 회귀계수값이 과연 일정하게 유지될 것인가 하는 문제가 역시 제기될 수 있다.

어느 유형에서부터 시작하였거나 결합된 자료의 활용과정은 새로운 문제를 야기시킨다. 왜냐하면, 이 경우 통합모형에서의 오차항은 횡단면자료상의 교란요인과 시계열자료상의 교란요인, 그리고 두 자료의 결합적 교란요인으로 구성될 것이기 때문이다.

이러한 상황에서 우리가 대응할 수 있는 방안은 기본적으로 4가지 유형이 있으며, 마지막 유형은 또 다시 3가지 종류로 구분될 수 있다. 즉,

첫째, 결합된 자료에 단순히 OLS를 적용하는 방법
둘째, 공분산분석(ANOCOVA; analysis of covariance)모형을 활용하는 방법
셋째, 복합오차모형(error components model)을 활용하는 방법
넷째, 어느 요인에 의한 것이든 오차항의 각 요인이 이분산현상이나 계열상관현상을 보이고 있을 경우의 대응방법

등으로 일단 구분될 수 있으며, 네 번째 유형은 기본적으로는 이른바 일반화(선형)최소자승추정법(generalized linear regression(GLR) model or generalized least squares estimation method : 제 6 장과 제 7 장 참조)을 사용하되, 다시 다음과 같이 구분될 수 있는 상황들의 성격을 고려하여 대처하게 된다.

1) 이분산현상만 있는 경우
2) 계열상관현상만 있는 경우
3) 두 현상이 혼재해 있는 경우
  ① 시계열자료는 계열상관, 횡단면자료는 이분산현상이 나타난 경우
  ② 두 계열자료가 모두 계열상관현상이 있는 경우
  ③ 두 계열자료가 모두 이분산현상이 있는 경우
  ④ 시계열자료는 이분산, 횡단면자료에는 계열상관현상이 나타날 경우

이제 이들 방법을 구체적으로 활용하는 과정을 소개하기에 앞서 결합된 자료를 활용할 경우의 모형의 형태부터 살펴볼 필요가 있다.

1. 결합된 자료활용시 추정모형

횡단면자료와 시계열자료를 결합하여 사용할 경우 추정할 회귀방정식은 다음과 같이 정의된다. 단, 분석의 편의상 설명변수가 하나인 경우를 대상으로 한다.

$$Y_{it} = \alpha + \beta X_{it} + \epsilon_{it} \tag{9.73}$$

$$\begin{pmatrix} \text{단, } i = 1,\ 2,\ \cdots,\ N \\ \quad t = 1,\ 2,\ \cdots,\ T \end{pmatrix}$$

여기서 Y_{it} 또는 X_{it}는 i번째 횡단면단위(예컨대, 가계 · 기업 · 지역 · 국가 등)의 t번째 시점에서의 Y와 X의 관측치를 나타낸다. 따라서 추정에 사용될 자료는 N개의 횡단면자료와 T개의 시계열자료로 구성된 총 $n=NT$개의 관측치가 되며, 자유도는 $n-2=NT-2$가 될 것이다.

한편, 식 (9.73)과 같은 모형에서 예상되는 핵심적인 문제점은 오차항 ϵ_{it}와 관련하여 발생하며, 이는 결국 오차항의 분산-공분산의 형태에 의존하게 된다. 그런데 위에서처럼 두 가지 유형의 자료를 결합하여 사용할 경우 이분산 및 계열상관과 같은 현상은 특수한 경우에 나타나는 현상이 아니라 오히려 항상 예상되는 현상으로 이해할 수 있다. 따라서 이러한 문제점을 각각 또는 동시에 해결할 수 있는 방안이 마련되어야 할 것이며, 문제의 성격상 일반화최소자승추정법의 적용이 요청되는 상황이라 할 수 있다.

이상과 같은 모형의 특성으로 미루어 볼 때 제일 먼저 제시해 본 추정방법, 즉 단순히 OLS를 적용하는 방안은 바람직하지 못할 것임을 쉽게 인지할 수 있을 것이다.

2. 공분산모형(covariance model)

결합된 자료를 활용하여 회귀분석을 수행하면서 각 횡단면단위별 회귀방정식이나 각 시기별 회귀방정식이 항상 같은 절편값과 기울기값을 유지할 것이라고 가정하는 것은 비합리적이다. 물론 기울기값마저 항상 변화한다면 자료의 결합사용 자체의 문제가 있다. 그러나 절편값이 일정하지 않으리라는 생각은 지극히 자연스러운 가설이다. 이러한 가설, 즉 각 시계열단위나 횡단면 단위가 서로 다른 절편값을 갖게 될 것이란 가설하에 결합된 자료를 활용하여 추정하는 방안이 있는데, 이를 공분산분석(ANOCOVA; analysis of covariance)이라 칭한다. 이 방법은 기존의 회귀방정식체계에다 제10장에서 다루게 될 이른바 가변수(dummy variable, 모의변수라고도 함)를 도입한 공분산모형(covariance model)을 추정하는 방법이라 할 수 있다. 가변수란 0과 1의 값만을 가질 수 있도록 정의된 변수로서 외관상으로는 변수처럼 보이지만 실제로는 절편값만을 변화시키는 특수기능을 수행하는 일종의 가상적인 모의변수이다.

가변수를 이용하는 공분산모형은 다음과 같이 정의된다.

$$Y_{it}=\alpha+\beta X_{it}+\gamma_2 W_{2t}+\gamma_3 W_{3t}+\cdots$$

$$+\gamma_N W_{Nt} + \delta_2 Z_{i2} + \delta_3 Z_{i3} + \cdots + \delta_T Z_{iT} + \epsilon_{it} \tag{9.74}$$

(단, $W_{it} = 1$: i번째 횡단면단위의 경우($i = 2, \cdots, N$)
0 : 기타경우
$Z_{it} = 1$: t기 경우($t = 2, \cdots, T$)
0 : 기타 경우)

식 (9.74)는 원래의 추정식 (9.73)에다 $\{(N-1)+(T-1)\}$개의 가변수를 추가시킨 것이다. 여기서 2개(즉, W_{1t}와 Z_{i1})의 가능한 추가적인 가변수를 제외시킨 것은 가변수들 간에 성립될 수 있는 완전한 다중공선성(perfect multicollinearity) 문제를 방지하기 위한 것이다(제10장 참조). 여하튼 이 식을 OLS로 추정할 경우 도출되는 추정량은 오차항이 고전적 기본가정을 충족시킬 수 있다면 불편성과 효율성 그리고 일관성을 가질 수 있다.

이 때 가변수 앞에 붙은 각 계수들의 추정치는 각 횡단면단위나 시계열 단위별 자료가 절편에 미치는 영향을 계측해 준다. 이러한 논리를 보다 쉽게 이해시키기 위해 식 (9.74)를 W_{it}와 Z_{it}의 단서조항에 의거하여 재정리하면 다음과 같다.

$$\begin{aligned}
Y_{11} &= \alpha + \beta X_{11} + \epsilon_{11} \\
Y_{12} &= (\alpha + \delta_2) + \beta X_{12} + \epsilon_{12} \\
&\vdots \\
Y_{1T} &= (\alpha + \delta_T) + \beta X_{1T} + \epsilon_{1T} \\
Y_{21} &= (\alpha + \gamma_2) + \beta X_{21} + \epsilon_{21} \\
Y_{22} &= (\alpha + \gamma_2 + \delta_2) + \beta X_{22} + \epsilon_{22} \\
&\vdots \\
Y_{2T} &= (\alpha + \gamma_2 + \delta_T) + \beta X_{2T} + \epsilon_{2T} \\
&\vdots \\
Y_{N1} &= (\alpha + \gamma_N) + \beta X_{N1} + \epsilon_{N1} \\
Y_{N2} &= (\alpha + \gamma_N + \delta_2) + \beta X_{N2} + \epsilon_{N2} \\
&\vdots \\
Y_{NT} &= (\alpha + \gamma_N + \delta_T) + \beta X_{NT} + \epsilon_{NT}
\end{aligned}$$

남은 문제는 과연 예상한 대로 실증분석 결과 횡단면단위 또는 시계열단위에 따라 절편값이 변화하는지를 확인하는 일이다. 귀무가설을 H_0 : 절편값은 변화하지 않는다라고 설정하면 이는 모든 γ_i와 δ_i값이 동시에 0이 되는지를 확인하기 위한 가설의 의미를 갖게 되는 것이다. 이 가설에 대한 검정통계량은 다음과 같다.

$$F_{(N+T-2),\ (NT-N-T)} = \frac{(\mathrm{SSR_{OLS}} - \mathrm{SSR_{COV}})/(\mathrm{N}+\mathrm{T}-2)}{\mathrm{SSE_{COV}}/(\mathrm{NT}-\mathrm{N}-\mathrm{T})}$$

단, 여기서 $\mathrm{SSR_{OLS}}$는 귀무가설($H_0 : \gamma_i = \delta_i = 0$)이 사실이란 가정하에 OLS를 적용했을 경우의 SSR(sum of squared regression)을 나타내고 $\mathrm{SSR_{COV}}$는 대립가설에 근거하여 공분산분석을 수행하였을 경우의 SSR를 나타낸다. 두 SSR 값의 차이가 아주 커지면 귀무가설은 기각되고 공분산모형의 사용은 정당화될 것이다.

그런데 이상과 같은 공분산모형활용법은

첫째, 가변수의 사용은 절편의 변화가 있었는지는 밝혀 줄 수 있으나 어떤 요인에 근거하여 촉발되었는지는 알 수가 없고,

둘째, 가변수의 사용에 자유도를 너무나 많이($N+T-2$만큼) 줄여 버리는 등의 문제점을 안고 있다.

3. 복합오차모형(error components model)

전항 말미에서 지적한 공분산모형의 단점을 보완할 수 있는 방안 중의 하나로 복합적 요인으로 구성된 오차항을 갖는 모형(error components model)을 사용하는 방안이 있다. 이 방법을 간단히 말하자면 절편항의 값이 시기와 횡단면단위에 따라 변화하는 요인을 오차항의 분포상태에서 찾으려는 방법이라 할 수 있다. 복합오차모형이라 불리우는 이 모형에서는 오차항이 3가지 서로 독립적인 요인, 즉 시간, 횡단면단위, 그리고 두 항목의 복합적 요인으로 구성되었다고 가정한다.

$$Y_{it} = \alpha + \beta X_{it} + \epsilon_{it} \tag{9.75}$$

$$\epsilon_{it} = u_i + v_t + w_{it} \tag{9.76}$$

(단, $u_i \sim N(0,\ \sigma_u^2)$: 횡단면단위 오차요인
$v_t \sim N(0,\ \sigma_v^2)$: 시계열단위 오차요인
$w_{it} \sim N(0,\ \sigma_w^2)$: 복합적 오차요인)

한편, 각 오차요인 간에는 상관관계가 없고 또 각 오차요인 내에서도 계열상관이 없다고 가정한다. 즉,

$$E[u_i u_j]=0 \quad (i \neq j)$$
$$E[v_t v_s]=0 \quad (t \neq s)$$
$$E[w_{it} w_{is}]=E[w_{it} w_{jt}]=E[w_{it} w_{js}]=0$$
$$E[u_i v_t]=E[u_i w_{it}]=E[v_t w_{it}]=0$$

그러면 복합오차항 ϵ_{it}은 다음과 같은 동분산(homoskedastic variance)을 갖게 된다.

$$\mathrm{Var}(\epsilon_{it})=\sigma^2=\sigma_u^2+\sigma_v^2+\sigma_w^2$$

그러나 주어진 시점에서의 횡단면단위 간의 오차항들끼리, 또는 주어진 횡단면단위의 서로 다른 두 시기의 오차항들끼리의 상관계수는 0이 되지 않는다. 즉,

$$\frac{\mathrm{Cov}(\epsilon_{it},\ \epsilon_{jt})}{\sqrt{\mathrm{Var}(\epsilon_{it})}\sqrt{\mathrm{Var}(\epsilon_{jt})}}=\frac{\sigma_v^2}{\sigma_u^2+\sigma_v^2+\sigma_w^2}=\frac{\sigma_v^2}{\sigma^2}$$
$$\frac{\mathrm{Cov}(\epsilon_{it},\ \epsilon_{is})}{\sqrt{\mathrm{Var}(\epsilon_{it})}\sqrt{\mathrm{Var}(\epsilon_{is})}}=\frac{\sigma_u^2}{\sigma_u^2+\sigma_v^2+\sigma_w^2}=\frac{\sigma_u^2}{\sigma^2}$$

단, ϵ_{it}와 ϵ_{js} 간의 상관관계는 존재하지 않는다.

$$\frac{\mathrm{Cov}(\epsilon_{it},\ \epsilon_{js})}{\sqrt{\mathrm{Var}(\epsilon_{it})}\sqrt{\mathrm{Var}(\epsilon_{js})}}=0 \quad (i \neq j,\ t \neq s)$$

결국 복합적 요인으로 구성된 오차항은 고전적 회귀모형의 기본가정 중에서 다소 독특한 형태이긴 하지만 계열상관현상의 문제를 갖고 있다. 따라서 이 경우 가장 효율적인 추정방안은 제 7 장에서 소개한 Aitken의 일반화최소자승법(GLS)이 될 것이다. 따라서 일차적으로는 결합된 자료를 활용하여 OLS를 적용하고, 두 번째 단계에서는 OLS 적용 결과 파생된 잔차항(또는 회귀오차)값에 근거하여 구성요인별 오차항의 추정치를 산출한 다음 GLS를 적용하는 과정을 밟게 된다. 물론 이 방법은 공분산모형 활용 경우보다 효율적 추정 결과를 제공해

준다.[1)]

4. 이분산과 계열상관이 복합적으로 나타나는 모형

복합오차모형(error components model)이 공분산모형(covariance model)보다 개선된 방안임에 틀림없지만 우리가 시계열자료와 횡단면자료를 결합하여 사용할 때 현실적으로 예상되는 상황과는 아직도 거리가 있는 상당히 제한적인 가정에 근거하고 있다는 문제가 있다.

두 가지 유형의 자료가 결합되면 이분산현상이나 계열상관현상만이 나타날 경우와 두 가지 현상이 복합적으로 나타나는 경우를 예상할 수 있으며, 그 중에서도 후자의 경우가 보다 일반적인 경우라고 볼 수 있다. 이들 경우 중 가장 자주 봉착하게 되는 상황은 오차항에 횡단면상으로는 이분산 그리고 시계열상으로는 자기상관현상이 나타나는 경우(cross-sectionally heteroskedastic and time-wise autoregressive model)라 할 수 있다.

우리는 횡단면자료를 사용할 때 오차항이 자기상관은 없으나 이분산은 갖게 된다고 흔히 예상한다. 그리고 시계열자료를 사용할 때는 오히려 자기상관이 일반적인 것으로 간주한다. 따라서 두 가지 유형의 자료를 결합하여 사용할 때 설정되는 모형의 오차항에는 두 가지 현상이 복합적으로 나타날 것이란 가정은 지극히 자연스러운 발상이다.

이와 같은 발상을 고려한 측정모형은 다음과 같은 조건들을 만족시키도록 정의되어야 할 것이다.

$$E[\epsilon_{it}^2]=\sigma_i^2 \quad \text{(횡단면상의 이분산)} \tag{9.77}$$

$$E[\epsilon_{it}\epsilon_{jt}]=0 \quad (i\neq j) \quad \text{(횡단면상의 비계열상관)} \tag{9.78}$$

$$\epsilon_{it}=\rho_i\epsilon_{i,\ t-1}+u_{it} \quad \text{(시계열상의 계열상관)} \tag{9.79}$$

단,

$$u_{it}\sim N(0,\ \sigma_{ui}^2) \tag{9.80}$$

$$E[\epsilon_{i,\ t-1}\cdot u_{jt}]=0 \quad \forall_i \text{ and } \forall_j \tag{9.81}$$

---

1) 오차항의 구체적 형태와 이를 이용한 GLS 추정에서 활용하게 될 공식은 Kmenta (1971), *op. cit.*, pp. 514~516를 참조할 것.

따라서 다음 관계가 성립된다.

$$E[\epsilon_{it}\epsilon_{is}] = \rho^{t-s}\sigma_i^{\ 2} \quad (t \geq s) \tag{9.82}$$

$$E[\epsilon_{it}\epsilon_{js}] = 0 \quad (i \neq j) \tag{9.83}$$

이제 식 (9.79)부터 식 (9.82)까지의 특징을 갖는 오차항의 분산·공분산을 행렬식으로 표현해 보면 다음과 같다.

$$\boldsymbol{\Omega} = \begin{bmatrix} \sigma_1^{\ 2}\mathbf{P}_1 & \mathbf{0} & \cdots & \mathbf{0} \\ \mathbf{0} & \sigma_2^{\ 2}\mathbf{P}_2 & \cdots & \mathbf{0} \\ \vdots & \vdots & & \vdots \\ \mathbf{0} & \mathbf{0} & \cdots & \sigma_N^{\ 2}\mathbf{P}_N \end{bmatrix} \tag{9.84}$$

단, 여기서 $\mathbf{P}_i$와 $\mathbf{0}$는 각각 다음과 같은 행렬식으로 정의된다.

$$\underset{TXT}{\boldsymbol{P}_i} = \begin{bmatrix} 1 & \rho_i & \rho_i^{\ 2} & \cdots & \rho_i^{T-1} \\ \rho_i & 1 & \rho_i & \cdots & \rho_i^{T-2} \\ \rho_i^2 & \rho_i & 1 & \cdots & \rho_i^{T-3} \\ \vdots & \vdots & \vdots & & \vdots \\ \rho_i^{T-1} & \rho_i^{T-2} & \rho_i^{T-3} & \cdots & 1 \end{bmatrix} \tag{9.85}$$

$$\underset{TXT}{\mathbf{0}} = \begin{bmatrix} 0 & 0 & \cdots & 0 \\ 0 & 0 & \cdots & 0 \\ \vdots & \vdots & \ddots & \vdots \\ 0 & & \cdots\cdots & 0 \end{bmatrix} \tag{9.86}$$

이상과 같은 특징을 갖는 회귀모형의 추정은 횡단면상의 이분산문제와 시계열상의 계열상관문제로 인해 야기되는 문제점을 해소할 수 있는 것이라야 할 것이다. 우리가 제 6 장과 제 7 장에서 전개한 논리에 의하면 일단 이러한 상황에 적절한 대응책은 일반화최소자승법(GLS)을 적용하는 것이라 볼 수 있다. 그리고 GLS를 실시하기까지는 적어도 두 단계에 걸쳐 이분산과 계열상관문제를 해소하는 과정을 거쳐야 할 것으로 예상할 수 있다. 이제 구체적인 추정과정을 단계별로 살펴보면 다음과 같다.

첫째, 결합된 $(N \times T)$개의 관측치를 사용하여 OLS를 실시한다. 이 때의 추정량은 불편성과 일관성을 가지나 효율성이 저해되는 것으로 알려져 있다(제 6 장과 제 7 장 참조).

둘째, 앞서 실시한 OLS 추정식에서 얻어진 불편추정량을 활용하여 회귀잔차항(regression residuals) e_{it}를 산출한 다음 이를 이용하여 오차항 간의 상관계수추정량 $\hat{\rho}_i$를 다음과 같이 정의한다.

$$\hat{\rho}_i = \frac{\sum e_{it} e_{i,\ t-1}}{\sum e_{i,\ t-1}^2} \quad (t=1,\ 2,\ \cdots,\ T) \tag{9.87}$$

이 때의 추정량 $\hat{\rho}_i$은 ρ_i에 대한 일관추정량(consistent estimator)이 된다.

셋째, 추정된 $\hat{\rho}_i$값을 활용하여 본래의 추정식을 함수전환시킨다. 즉,

$$Y_{it}{}^* = \alpha^* + \beta^* X_{it}{}^* + u_{it}{}^* \tag{9.88}$$

$$\left(\begin{aligned} \text{단, } Y_{it}{}^* &= Y_{it} - \hat{\rho}_i Y_{i,\ t-1} \\ X_{it}{}^* &= X_{it} - \hat{\rho}_i X_{i,\ t-1} \\ u_{it}{}^* &= \epsilon_{it} - \hat{\rho}_i \epsilon_{i,\ t-1} \end{aligned} \right)$$

넷째, 식 (9.88)에 대하여 OLS를 적용하는 것은 일단 시계열상의 계열상관문제를 해소시키는 효과를 가진다. 즉, GLS 방법을 한차례 적용한 셈이 된다. 이러한 효과를 갖는 추정과정에서 도출된 회귀잔차항 $\hat{u}_{it}{}^*$를 이용하여 u_{it}의 분산, 즉 σ_{ui}^2값의 추정치를 구한다.

$$\hat{\sigma}_{ui}^2 = \frac{1}{T-2} \sum \hat{u}_{it}{}^{*2} \tag{9.89}$$

다섯째, 일차함수 전환을 통하여 계열상관문제를 해소시킨 식 (9.88)을 이제 식 (9.89)를 이용하여 또 한차례의 함수전환을 실시한다.

$$Y_{it}{}^{**} = \alpha^{**} + \beta^{**} X_{it}{}^{**} + u_{it}{}^{**} \tag{9.90}$$

$$\left(\begin{aligned} \text{단, } Y_{it}{}^{**} &= \frac{Y_{it}{}^*}{\hat{\sigma}_{ui}} \\ X_{it}{}^{**} &= \frac{X_{it}{}^*}{\hat{\sigma}_{ui}} \\ u_{it}{}^{**} &= \frac{u_{it}{}^*}{\hat{\sigma}_{ui}} \end{aligned} \right)$$

여섯째, 이렇게 전환된 식 (9.90)에 OLS를 실시하면 이분산문제까지 해소한 결과를 얻을 수 있으며, 이는 또 한차례의 GLS 방법을 적용한 효과(이번에는

이분산문제 해소)를 갖게 된다. 즉, 이 단계에서의 오차항 u_{it}**는 점근적으로 비자기상관 및 동분산(asymptotically nonautoregressive and homoskedastic)의 성격을 갖게 된다.

이상과 같은 과정에 의해 얻어진 최종적인 추정량은 불편성과 일관성은 물론 당초에 비해서 월등하게 개선된 효율성을 갖게 될 것이다.

결국 본항에서는 결합된 자료를 사용할 경우의 오차항은 횡단면상으로는 이분산현상, 그리고 시계열상으로는 자기상관현상을 갖게 되는 상황을 일반적이라 보고 대응방안을 제시한 것이다. 그런데 과연 식 (9.78)에서 정의된 것처럼 횡단면상의 자료들은 전혀 계열상관이 발생하지 않는다고 장담할 수는 없다. 따라서 식 (9.78) 대신, 예컨대 다음과 같은 조건식으로 가정을 대체한 연후에 대응방안을 별도로 강구할 필요가 있음을 지적해 두고자 한다.

$$E[\epsilon_{it}\epsilon_{jt}]=\sigma_{ij} \quad (i\neq j) \qquad (9.78)'$$

5. 실증분석 예 : 독점기업의 효율성 분석

산업조직론에서 제기되고 있는 시장성과에 관한 논리에 따르면 기업이 전문성을 무시한 문어발식 확장이나 비업무용 부동산을 과다보유할 때 기업의 효율성을 저하시킨다는 가설이 정립될 수 있다.

이러한 가설이 한국의 경우 입증될 수 있는지를 확인해 보고자 한국의 27대 재벌기업의 매상고 대비 부가가치창출비율(VDSL)을 다변화수준(DT)과 부동산 소유규모(LAND)의 대수선형함수(log linear function)를 다음과 같이 설정해 보았다.

$$\log \text{VDSL}=\alpha+\beta_1 \log \text{DT}+\beta_2 \log \text{LAND}+\epsilon$$

단, 여기 사용된 자료는 한국의 30대 재벌기업 중 자료수집이 불가능했던 3개 재벌을 제외한 재벌그룹들을 대상으로 집계한 부가가치/매상고, 업종 등의 다변화수준 및 부동산 소유규모에 관한 횡단면자료로서 1987~1988년의 2개년에 걸쳐 조사된 것을 결합하여 사용했다.

예상되는 자기상관 및 이분산현상을 일단 무시하고 OLS를 실시하여 얻은 추정 결과는 다음과 같다.

$$\log \text{VDSL} = -0.944 - 0.241 \log \text{DT} - 0.063 \log \text{LAND}$$
$$(-3.54) \quad (-2.117) \qquad (-1.482)$$
$$R^2 = 0.169 \qquad d = 1.193$$

적합도가 매우 낮았으나 회귀계수의 부호는 가설이 시사하는 바대로 "−"로 나타났다.

두 번째 단계에서는 계열상관을 제거하기 위한 GLS를 실시하여 다음의 추정 결과를 얻었다.

$$\log \text{VDSL} = -0.145 - 0.095 \log \text{DT} - 0.183 \log \text{LAND}$$
$$(-1.40) \quad (-0.955) \qquad (-10.773)$$
$$R^2 = 0.925 \qquad d = 2.336$$

윗식에서 우리는 추정식의 적합도가 크게 향상(R^2값이 0.169에서 0.925로 증가함)되었음을 알 수 있으며, 동시에 계열상관현상의 제거로 인해 d값이 2에 근접하게 나타났음을 확인할 수 있다.

마지막 단계에서는 이분산현상을 제거하기 위한 WLS 추정방법을 적용하였으며, 이 때 다시 한번 적합도가 개선되었음을 확인할 수 있다.

$$\log \text{VDSL} = -0.200 - 0.111 \log \text{DT} - 0.182 \log \text{LAND}$$
$$(-3.337) \quad (-1.318) \qquad (-15.671)$$
$$R^2 = 0.975 \qquad d = 2.241$$

이상에서 얻은 최종추정식에서 아직도 log DT에 대한 계수의 t검정통계량의 값이 낮은 편이라는 문제가 있지만 자료가 갖는 한계성을 감안하면 납득할 만한 추정 결과라 볼 수 있다. 일단 이 추정 결과에 따르면 한국의 경우 문어발식의 무리한 사세확장이나 비업무용 부동산의 과다한 보유는 기업집단(재벌)의 효율성에 부정적인 결과를 초래한 것으로 결론지을 수 있다.

제 9 절 패널자료 활용법

패널자료란 다수의 관측대상을 여러 차례 관측한 자료집단을 일컫는 것으로 단지 관측치 수가 적어 시계열자료와 횡단면 자료를 결합시켜 놓은 결합자료와는 분석목표나 활용방법상 차이가 있다.

일반적으로 일정 수의 (동일)관측 대상을 여러 해에 걸쳐 관측한 자료이므로 형식적으로는 시계열 자료와 횡단면 자료가 혼재하는 모습을 하고 있다. 그러나 이를 조금 더 체계적인 시각에서 살펴보면, 우선 어느 한 시점에서 일정수의 관측대상에 대한 횡단면 자료를 작성할 경우 이는 마치 특정 시점을 나타내는 평면, 또는 패널 위에 일정대상물의 관측치를 분포시켜 놓은 것처럼 인식할 수 있다. 그리고 동일 대상들은 일정시기(보통 1년)마다 반복 관측한 횡단면 자료들을 작성하여 정리할 경우 마치 여러 개의 패널이 제작된 것처럼 이해할 수 있다. 바로 이러한 특성을 가진 자료집단을 패널자료라 한다. 그리고 최소 어느 한 시기나 대상물의 관측값이 빠진 경우를 불균형 패널(unbalanced panel), 그리고 어느 한 시기나 대상물의 관측값도 빠진 경우가 없는 자료를 균형 패널(balanced panel)자료라 부른다.

이상과 같이 정의되는 자료집단을 이용하여 분석하는 방안 중 대표적인 것으로는 고정효과모형(fixed effect models), 확률효과모형(random effect models), 외형상 관련이 없어 보이는 회귀모형(SUR : seemingly unrelated regression model), 그리고 확률계수모형(random coefficient model) 등이 있다.

1. 고정효과 모형

일단 패널 자료란 'n'개의 대상물을 2회 이상 관측한 자료인바 다음과 같이 표현할 수 있을 것이다.

$$(X_{it}, Y_{it}), \quad i=1, \cdots, N \quad t=1, \cdots, T$$

하첨자 i는 i번째 대상을, 그리고 하첨자 t는 t시기의 관측치를 나타낸다. 따라서 이러한 패널 자료를 이용하는 회귀모형은 다음과 같이 설정될 수 있다.

$$Y_{it} = \alpha_i + \beta X_{it} + \epsilon_{it}, \quad i=1, \cdots, N \quad t=1, \cdots, T \tag{9.91}$$

이 때 $\alpha_i (i=1, \cdots, N)$를 특정 대상의 특성(entity-specific intercepts)을 나타내는 절편값으로 인식할 수 있는 경우 이를 고정효과모형이라 한다. 물론 이 경우에 관측치가 대상별로는 변화하나 관측시기와는 무관한 상황을 대변하는 것으로 이러한 경우의 고정효과를 개별효과(individual effect)라고도 한다. 한편, 관측치가 관측시기에 의해서는 영향을 받으나 관측대상 간에는 차이가 없는 상황을 예상할 수 있다. 이러한 경우의 고정효과를 시간효과(time effect)라 한다.

그런데 식 (9.91)은 공통 절편값을 가지나 $(N-1)$개의 가변수(dummy variable)를 추가 도입하는 형태로 개편할 수도 있다(또는 공통 절편이 없이 N개의 가변수를 포함하는 식으로도 개편 가능함).

$$Y_{it} = \beta_0 + \beta_1 X_{it} + \gamma_2 D2_i + \cdots + \gamma_N DN_i + \epsilon_{it} \tag{9.92}$$

DN_i는 $(N-1)$개의 개별 관측 대상의 영향력을 대변하며, 예컨대 DN_i는 $i=2$일 때, '1', 그리고 여타 경우에는 '0'이 되는 것으로 정의된다. 물론 식 (9.92)를 관측시기를 대변하는 가변수를 이용하여 정의될 수도 있다.

한편 식 (9.92)는 개별효과와 시간효과가 동시에 존재하는 상황으로 확대 표현할 수도 있다.

$$Y_{it} = \beta X_{it} + \gamma_1 D1_i + \cdots + \gamma_N DN_i + \lambda_1 d1_t + \cdots + dT_t + \epsilon_{it} \tag{9.93}$$

고정효과 모형은 결국 상기 식 (9.93)과 같이 표현될 수 있다는 점이 강조되어 가변수최소자승 모형(LSDV model : least squares dummy variable model)이라고도 부른다. 그런데 LSDV 모형은 실제로는 시계열과 횡단면자료를 결합한 자료를 분석할 수 있는 모형 중 하나였던 공분산 모형(ANOCOVA : analysis of covariance)과 같은 의미를 갖는다. 단지 분석에 활용할 자료의 성격과 분석목표상의 차이에 따라 달리 부쳐진 명칭일 뿐이다.

고정효과모형의 추정절차는 다음과 같다.

i) 개별효과를 가변수로 처리(보통 상수항 없이 분석대상 수만큼 가변수 도입)한 다음 OLS로 추정한다.

ii) 분석대상별 영향력 검정(유의성 t검정)이 엇갈려 나타날 경우에는 분석대상 모두의 집단적 영향력 여부를 F검정(단, $H_0 : D_i = 0 \forall i$)을 통해 실시한다. 이를 집단효과(group effect)검정이라고도 한다.

iii) 시간효과를 $(T-1)$개의 가변수를 도입한 다음 OLS로 추정한다.

iv) t검정에서 엇갈린 결과가 나타나면 역시 이번에도 집단효과 F 검정 $(H_0 : d_t = o \forall t)$을 실시한다.

v) 개별효과와 시간효과를 동시에 고려해 본다.

vi) 필요에 따라 동시효과의 집단적 영향력 여부를 F 검정을 통해 확인하다.

2. 확률효과 모형

확률효과 모형에서는 상수항 α_i를 고정된 상수가 아니라 확률변수로 고려하게 된다. 이 때 α_i는 상호 독립적이며 오차항 ϵ_{it}와도 독립적인 것으로 가정하면 이른바 복합분산 모형(variance components model)이 된다.

즉,

$$\alpha_i \sim IID(0,\ \sigma_\alpha^2)$$
$$\epsilon_{it} \sim IID(0,\ \sigma_\epsilon^2) \tag{9.94}$$

그리고 α_i와 ϵ_{it}는 서로 독립적이라 가정한다. 따라서 추정할 모수는 N의 크기와는 상관없이 고정되서 있으므로 N이 크고 T가 작은 패널자료분석에 적합하다.

그런데 외형상 모형은 고정효과 기본모형과 형태가 같아 보이지만, α_i가 확률변수로 취급된다는 차이가 있다. 일단 α_i가 확률변수이므로 복합분산은 $u_{it}=\alpha_i+\epsilon_{it}$와 같아진다. α_i의 등장은 비록 α_i가 횡단면 단위 간에는 독립적이라 하더라도 같은 횡단면 단위 내에서는 자기상관을 유발할 수 있다.

따라서

$$\begin{aligned} \mathrm{Cov}(u_{it},\ u_{is}) &= \sigma_\alpha^2+\sigma_\epsilon^2 && \text{for } t=s \\ &= \sigma_\alpha^2 && \text{for } t\neq s \\ \mathrm{Cov}(u_{it},\ u_{js}) &= 0 && \text{for all } t,\ s \quad \text{if } i\neq j \end{aligned} \tag{9.95}$$

오차항 간의 자기상관이 존재하므로 고정효과 모형에서와는 달리 확률효과 모형은 GLS로 추정해야 효율적 추정량이 될 것이다.

그런데 이상에서 고려한 모형은 시계열 간에는 고정적이고 횡단면에 따른 교란요인만이 확률적이라고 본 경우에 해당되며, 통상적으로 확률효과모형은 바로 이 경우를 지칭하는 것이다 라는 사실에 유념할 필요가 있다.

개별효과 존재 여부는 이른바 Breusch-Pagan 검정으로 확인한다. 즉, H_0 : $\sigma_\alpha^2=0$에 대한 검정을 수행하여 귀무가설이 채택되면 OLS로 추정해도 무방하다는 결론을 내릴 수 있다. 최소자승추정에서의 잔차항을 $\hat{\epsilon}_{it}$라 하고,

$$S_1 = \sum_{i=1}^{N}\left(\sum_{t=1}^{T}\hat{\epsilon}_{it}\right)^2 \tag{9.96}$$

$$S_2 = \sum_{i=1}^{N}\sum_{t=1}^{T}\hat{\epsilon}_{it}^2$$

이라 하면,

$$\lambda = \frac{NT}{2(T-1)}\left(\frac{S_1}{S_2}-1\right)^2 \sim \chi^2 \tag{9.97}$$

즉, B-P 검정통계량 λ는 자유도가 1인 χ^2분포를 따르게 된다.

한편, 개별효과뿐만 아니라 시간효과도 존재한다고 보면 복합분산은 $u_{it} = \alpha_i + v_t + \epsilon_{it}$와 같아지게 된다. 그러나 논리적으로 보아 이러한 상황은 현실적으로 나타나기는 어려운 경우라 할 수 있다. 따라서 분석의 초점은 오히려 고정효과 모형과 확률효과 모형 중 어느 것이 타당한가를 확인하는 방법론에 맞추어지고 있다. 이러한 상황에 대응시킬 수 있는 대표적인 검정으로는 Hausman 검정을 들 수 있다(물론 Hausman검정이 이러한 가설검정을 위한 검정은 아니지만).

실제로 Hausman 검정은 "H_0 : α_i와 X_{it}는 상관관계가 없다"라는 귀무가설에 대한 검정형식으로 수행된다.[1] 만약 귀무가설이 채택된다면 GLS 추정량은 일관성과 효율성을 갖는다. 반면 그룹 내 표본추정량(within group estimator), $\hat{\beta}_w$는 귀무가설의 채택 여부와 상관없이 일관성을 갖는다. 모든 시간불편(time-invariant)효과는 모두 제거되었기 때문이다.

여하튼 관련 통계량들을 아래와 같이 정리하면,

$$\begin{pmatrix} q = \hat{\beta}_w - \hat{\beta}_{\text{GLS}} \\ V_m(q) = V_m(\hat{\beta}_w) - V_m(\hat{\beta}_{\text{GLS}}) \end{pmatrix}$$

다음과 같은 검정통계량이 도출된다.

$$m = \hat{q}'[\hat{V}_m(\hat{q})]^{-1}\hat{q} \sim \chi_k^2$$

(단, k는 β의 차원수(dimentionality)임)

---

1) 변수오차현상($X_i^0 = X_i + v_i$)과 유사함에 유념할 것. 단 이때에는 t검정함.

3. SUR 모형

패널자료 분석에 활용될 수 있는 추정방안으로 SUR 회귀모형에 의한 추정방법이 있다. SUR 회귀모형이란 외형상으로는 관련이 없어 보이는 회귀모형(seemingly unrelated regression model)이라는 의미에 근거한 명칭이다. 이 모형은 GLS에 의해 추정되는데 외견과는 달리 실제로는 횡단면 단위 간에 존재하는 오차항 간의 상관관계를 고려하기 위해서이다.

일반적으로 SUR 모형은 오차항들이 시간적으로는 독립적이지만 횡단면 간에는 상관관계가 존재하는 경우를 상정하여 작성된 것이다.

$$\begin{aligned} \mathrm{Cov}(\epsilon_{it}, \epsilon_{js}) &= \sigma_{ij} \quad \text{if} \ \ t=s \\ &= 0 \qquad \text{if} \ \ t \neq s \end{aligned} \tag{9.98}$$

SUR 모형의 추정관정은 다음과 같다.

i) 우선 횡단면 단위를 대상으로 N개의 추정식을 정립한 후 OLS로 추정한 다음 그 잔차항을 $\hat{\epsilon}_{it}$이라 한다.

ii) 그런 다음 $\hat{\sigma}_{ij} = \dfrac{1}{(T-k)} \sum (\hat{\epsilon}_{it} \hat{\epsilon}_{jt})$(단, k는 설명변수의 수)를 산출한다.

iii) 일단 $\hat{\sigma}_{ij}$가 산출되면 N개 방정식을 동시에 GLS로 추정한다.

물론 이상과 같은 추정법은 N이 크고, T가 작을 경우에는 적용이 어렵다.

4. 동태적 패널자료모형(Dynamic Panel Data Models)

동태적 패널자료모형에 관한 내용은 본서의 수준상 생략한다.

5. 확률적 계수 모형

패널자료 분석을 위한 다음과 같은 기본 모형을 다시 검토해 보자.

$$Y = \alpha_i + \beta_i X + \epsilon \qquad i=1, 2, \cdots, N, \quad t=1, 2, \cdots, T \tag{9.99}$$

복합분산모형에서는 α_i를 확률변수로 인식하였으나 $\beta_i = \beta \ \forall \, i$이라 가정하였었다.

그러나 확률적 계수 모형(random coefficient model)에서는 β_i 또한 확률변수로 취급된다. 논의의 편의상 α_i항을 생략하여 다음과 같은 모형을 고려한다.

$$Y = \beta_i X + \epsilon \tag{9.100}$$
$$\text{단, } \beta_i = \beta + u_i,$$
$$u_i \sim IN(0,\ \sigma^2),$$
$$\epsilon \sim IN(0,\ \sigma^2)$$

결국 상기 모형은 아래와 같이 개편된다.

$$Y_{it} = \beta X_{it} + (\epsilon_{it} + u_i X_{it}) = \beta X_{it} + v_i$$

이 때,

$$\begin{aligned} \text{Cov}(v_{it},\ v_{is}) &= \sigma_i^2 + \delta^2 X_{it}, && \text{if } t = s \\ &= \delta^2 X_{it} X_{is}, && \text{if } t \neq s \\ \text{Cov}(v_{it},\ v_{is}) &= 0 && \text{if } t \neq s \end{aligned} \tag{9.101}$$

즉, 이분산이 존재하므로 GLS로 추정해야 한다.1)

제10절 요 약

본 장에서는 자료가 분석목적에 부적절하거나 불충분한 경우에 발생하는 문제점과 대응책에 관한 문제를 다루었다. 자료가 부적절한 경우 중 대표적인 상황은 측정오차가 발생한 자료를 사용해야 되는 경우라 할 수 있는데, 이 때 발생하는 문제점을 변수오차(errors in variable)라 일컫는다. 그런데 측정오차가 종속변수에만 발생할 경우에는 OLS 추정량은 불편성과 일관성은 계속 유지한다. 단지 효율성이 저해될 뿐이다. 따라서 이 경우는 일반적으로 변수오차현상에서 제외시키고 있다. 정작 문제가 되는 경우는 측정오차가 설명변수에서 발생한 경우로서 이 때 OLS 추정량은 불편성과 일관성 모두를 잃게 되는데, 이것이 바로 변수오차현상의 핵심적 내용이 되는 것이다.

그런데 이러한 문제점을 해소하는 일은 수월치 못하다. 물론 논리상으로는 수단변수(instrumental variable)나 대리변수(proxy variable)를 활용하는 것이 바람직해 보이지만 현실적으로 적절한 수단변수를 찾아내는 일이란 결코 용이한 일

---

1) 자세한 내용은 Maddala(2001), Ch. 15 참조.

이 못 된다. 그 외 다른 대응책들이 제시되고 있으나 상당히 제약적인 가정을 필요로 하고 있다는 문제가 있다. 따라서 만약 측정오차의 정도가 심각하지 않다면 그로 인한 문제점을 무시하고 OLS 추정법을 적용해 버리는 경향이 있다. 물론 측정오차의 정도가 미약한지 여부를 확인하는 일 또한 어려운 문제여서 결국 우리가 대처할 수 있는 최선의 방책은 자료를 가능한 한 최대로 정확히 수집하는 일이라 할 수 있다.

자료가 그룹화되었거나 일부 측정치가 망실된 경우에는 불편성은 유지되지만 이분산현상 등으로 인해 효율성이 저해되는 문제가 발생한다. 자료가 하나 또는 두 기준에 의해 분류된 집단자료형의 경우의 기본적인 대응책은 가중최소자승법(WLS)의 성격을 띠게 되며, 일부 측정치가 빠져 있는 경우에는 평균값이나 기타 수단변수를 활용하여 망실된 자료부분을 대신케 하는 자료보완책에 근거한 추정을 시도하게 된다.

마지막으로 시계열자료와 횡단면자료를 결합시켜 활용할 경우 예상되는 문제점은 결국 계열상관현상과 이분산현상이 복합된 현상으로 인식할 수 있었고, 따라서 기본적인 대응방안은 결국 계열상관 및 이분산현상을 제거하기 위한 이른바 일반화최소자승법(GLS)을 두 차례에 걸쳐 시행하는 것으로 이해할 수 있다.

한편 수집된 자료가 이른바 패널자료(panel data) 형태로 수집될 경우에는 보다 다양한 분석이 가능한데 대표적인 분석방안으로는 고정효과 모형, 확률효과 모형, SUR 모형, 그리고 확률계수 모형 등이 있다.

연습문제

[1] 다음 용어에 대하여 간략히 설명하라.

1) 변수오차(errors-in-variable)
2) 대리변수(proxy variable)
3) 수단변수(instrumental variable)
4) Hausman 검정법
5) 역최소자승법(reverse regression)
6) 수단변수추정법
7) 공분산분석(ANOCOVA)
8) 복합오차모형(error components model)
9) 고정효과모형
10) 확률효과모형
11) SUR 모형
12) 확률적 계수모형

[2] 측정오차가 종속변수에만 나타날 경우와 설명변수에만 나타날 경우 발생하는 추정상의 문제점을 비교하라.

[3] 측정오차가 발생하는 주요 원인을 밝히고 대응방안을 제시하라.

[4] 변수오차현상의 심각성 여부를 판정할 수 있는 방안들을 제시하라.

[5] 자료가 그룹화되어 있는 경우와 일부 측정치가 빠져 있는 경우 추정상 겪게 되는 문제점은 무엇이며 기본적인 대응방안은 어떤 것인지 밝혀라.

[6] 제 5 절 4항에 소개한 항상소득가설에 근거한 소비함수 예제에서 β를 OLS 로 추정할 경우

1) $\hat{\beta}_{OLS}$이 갖는 통계적 특성은?
2) 표본크기가 아주 커질 때 앞서 도출된 $\hat{\beta}_{OLS}$가 일관성을 가질 수 있는가?
3) 식 (9.39)에서는 이동평균값을 4분기 값에 동일한 가중치(1/4)를 두어 산출하였는데, 만일 이 때 가중치를 (0.6, 0.3, 0.1, 0.0) 또는 (0.4, 0.3, 0.2, 0.1)과 같이 설정하여 이동평균점을 정의한다면 그 결과는 어떻게 달라지는지 보여라.
4) 이동평균 대신 두 집단 및 세 집단 평균활용법(제 5 절 참조), 그리고 Dubin 의 순위법을 활용하여 추정한 다음 서로 비교해 보아라.
5) 종속변수에는 오차가 발생하지 않았다고 가정한 다음 역최소자승법을 적용하고 그 결과를 4)항의 경우와 비교해 보아라.

[7] 제 6 절 3항에 제시된 자료에 근거하여 다음에 답하라.

1) 각각의 경우에 OLS를 적용할 경우 불편성과 비계열상관조건이 충족되는지 확인해 보아라.
2) 각 식의 추정을 P.C.를 이용하여 실시해 보아라.
3) 각각의 경우 추정량들의 분산을 산출해 보고 이들이 OLS 추정량에 비해 효율성이 저해되는지 여부를 평가하라.

[8] 다음은 16명으로 구성된 어느 학급의 출석일수와 평균성적(GPA)에 관한 자료이다. 그러나 그 중 한 명의 성적은 본인의 반대로 밝혀낼 수 없었다 하자.

출석일수(NOA)	16	15	10	14	16	16	13	12	9	15	14	15	11	8	16	10
평점(GPA)	4.0	3.5	2.0	3.5	4.0	3.0	3.0	3.0	1.5	3.5	( )	2.5	2.5	2.0	3.5	2.5

GPA는 NOA와 1차함수의 관계가 있다고 보고 다음 문제에 답하라.

1) 11번째 학생의 성적을 학급평균으로 대체하여 추정하여 보아라.
2) 완전히 갖추어진 자료쌍을 이용하여 최우추정량을 적용해서 빠진 관측치를 메꾼 다음 재추정해 보아라.
3) 상기의 두 추정방법이 갖는 통계적 특성을 대비시키고 또 그 구체적 추정결과들을 비교해 보아라.
4) 수단변수를 활용하여 대처할 때 예상되는 효과에 대하여 약술하라.

연습문제 해답

[1]~[5] (생략)

[6] 1) 편의성, 비일관성

2) 없음

3) ① (0.6, 0.3, 0.1, 0.0) 경우 :

$$\widehat{CPXV}_t^* + \hat{e}_t = 0.8122\widehat{YDXV}_t^* - 1.4710\hat{w}_t$$
$$(142.04) \qquad (-7.62)$$

② (0.4, 0.3, 0.2, 0.1) 경우 :

$$\widehat{CPXV}_t^* + \hat{e}_t = 0.813\widehat{YDXV}_t^* - 1.129\hat{w}_t$$
$$(153.32) \qquad (-8.91)$$

4) 두 집단 평균활용법 : $\beta = 0.717$

세 집단 평균활용법 : $\beta = 0.718$

더빈의 방법 : $\beta=0.809$

5) 역최소자승법 : $\beta=0.714$

[7] 1) 충족됨.

2) 본문 내용과 동일

[8] 1) $GPA=-0.016+0.224NOA$

$\quad(-0.03)\quad(6.06)$

2) $\widehat{GPA}=-0.0245+0.2264NOA$

$=-0.0245+0.2264(14)$

$=3.14448$

$GPA=-0.025+0.226NOA$

$\quad(-0.05)\quad(6.17)$

3) (생략)

4) (생략)

제10장 회귀모형의 제유형

우리가 제 3 편에서 지금까지 다룬 내용은 고전적 회귀분석이 근거하고 있는 기본가정들의 현실성 여부와 설정된 모형의 적절성 여부, 그리고 부적당하거나 불충분한 자료로 인해 발생하는 제반 문제 및 대응방안에 관한 것이었다. 그러나 어떠한 상황에서든 이제까지의 회귀분석 내용은 주로 선형회귀모형(linear regression model)을 중심으로 전개되었다. 본 장에서는 단순한 선형모형만으로는 대처하기 곤란한 여러 상황과 이러한 상황들에 적절한 여러 유형의 모형들을 다음과 같은 분류기준에 근거하여 제시하고자 한다.

이들 모형 중 단순한 선형모형과 주요 비선형모형은 이미 제 2 장부터 제 8 장에 걸쳐 상세히 다룬 바 있다. 그리고 연립방정식모형은 제 4 편에서 독립적으로 취급될 것이다. 따라서 본 장에서는 종속변수(또는 설명변수)가 제한된 값밖에 취하지 못하는 상황에 적용 가능한 제 모형과 회귀계수들 값이 일정한 조건을 충족시켜야 하는 상황에 적용 가능한 모형 그리고 이른바 시차분포모형이라 일컫는 특수모형만을 취급하였다. 그리고 가변계수모형은 개략적인 내용만을 본 장 말미에 보론으로 처리하였다.

그림 10 회귀모형의 제유형

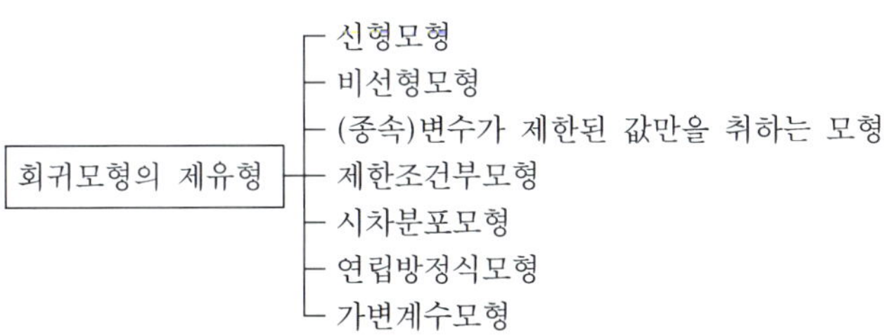

제 1 절 설명변수가 가변수일 경우

지금까지 우리는 설명변수든 종속변수든간에 일단 관측 또는 계측이 가능한 수량변수(quantitative variables)의 경우만을 다루어 왔다. 그러나 경제현상에 영향을 미치는 변수들이 수량화가 불가능한 이른바 질적 변수(qualitative variables)의 성격을 띠는 경우가 드물지 않다. 예컨대, 학력이나 성별 또는 인종이나 심지어는 종교에 따라 소비 형태나 소득수준이 달라질 수 있다. 그리고 전쟁의 발발이나 노사분규 등은 생산에 지대한 영향을 미친다. 그러나 이들 변수는 수량화가 불가능하여 지금까지 소개한 회귀분석방법을 그대로 적용할 수가 없다. 이러한 질적 변수의 영향을 고려하려면 이들을 일종의 범주별 자료(categorical data)의 형태로 파악할 필요가 있다. 즉, 일정한 특징이 존재하는지 여부에 따라 1과 0의 값을 부여하여 제한적이나마 인공적인 수량변수로 전환하게 된다.[1] 이러한 연유로 해서 우리는 이들 변수를 흔히 이원변수(binary variables)라고 부른다. 이처럼 임의의 두 값을 대입시켜 수량변수적 성격을 일부 부여함으로써 회귀분석의 적용을 가능케 하였다는 관점에서 2원변수는 통상적으로 가변수 또는 모의변수(dummy variable)라고 부른다. 즉, 원래는 (양적)변수가 아니지만 모의적인 값을 대입함으로써 (양적)변수의 기능을 수행할 수 있게 되었다는 점이 마치 사람모양의 허수아비(dummy)로 하여금 사람 대신 참새를 쫓을 수 있는 기능을 부여하는 것과 같다는 차원에서 붙여진 명칭이다.

본 절에서는 설명변수가 가변수인 경우만을 편의상 그림 10-1과 같이 분류

그림 10-1 설명변수가 가변수인 모형

- 설명변수가 가변수인 모형
  - 설명변수가 가변수 하나뿐인 경우
    - 절편이 없을 때
    - 절편이 있을 때
  - 설명변수가 2개(이상)의 가변수뿐일 경우
    - 가변수 간에 상호작용이 없는 경우
    - 가변수 간에 상호작용이 있는 경우
  - 설명변수가 양적 변수와 가변수로 구성된 경우
    - 가변수와 양적 변수가 상호작용이 없는 경우
    - 가변수와 양적 변수가 상호작용이 있는 경우

1) 두 가지로 분류된 현상에 대하여 부여한 1과 0의 값은 편의상 선택한 것일 뿐 임의의 다른 두 개의 값을 대입시켜도 논리상 하자가 없다.

하여 제시하고 종속변수가 가변수인 경우는 다음 절에서 다루고자 한다.

1. 설명변수가 가변수 하나뿐인 경우

한국의 제조업분야 종사자들의 임금수준은 최종학력에 따라 차이가 있다고 한다. 이 때 학력수준이라는 질적 변수를 수량화한 일종의 가공변수를 설명변수로 하는 회귀모형을 설정할 수 있다.

$$W_i = \alpha + \beta D_i + \epsilon_i \tag{10.1}$$

(단, W_i : 임금수준
$D_i = 1$: 대졸 이상 경우
0 : 고졸 이하 경우)

식 (10.1)은 형태상으로는 제 2 장에서 소개한 단순선형회귀모형과 동일하며, 따라서 당시 적용했던 회귀분석방법을 그대로 적용할 수 있다. 즉, 임금수준에 영향을 미칠 수 있는 여타 조건들, 예컨대 근속연수·연령 등을 일정하게 유지시킨 경우 하력수준에 따른 인금수준의 차이를 전통적인 회귀분석방법은 통하여 분석할 수 있다.

그런데 식 (10.1)은 고전적 기본가정이 충족된다고 가정할 경우 다음과 같은 2개의 식으로 재구성될 수 있다.

$D_i = 0$의 경우 :

$$W_i = \alpha + \epsilon_i \tag{10.2}$$

$$\text{따라서} \quad E[W_i | D_i = 0] = \alpha \tag{10.3}$$

$D_i = 1$의 경우 :

$$W_i = \alpha + \beta + \epsilon_i \tag{10.4}$$

$$\text{따라서} \quad E[W_i | D_i = 1] = \alpha + \beta \tag{10.5}$$

따라서 절편 α는 고졸 이하 학력자의 평균임금수준을, 그리고 $(\alpha + \beta)$는 대졸 이상자의 평균임금수준을 나타내며, 가변수(D_i)의 기울기계수(β_i)는 두 집단 간의 임금 차이($(\alpha + \beta) - \alpha = \beta$)를 나타냄을 알 수 있다. 그리고 두 집단 간의 임금수준이 차이가 없다는 귀무가설은 $H_0 : \beta = 0$이라 설정할 수 있고, 통상적인 유의성검정 통계량(t)을 이용하여 기각 여부를 확인하게 됨은 통상적인 회귀분석

그림 10-2 학력별 임금함수 I

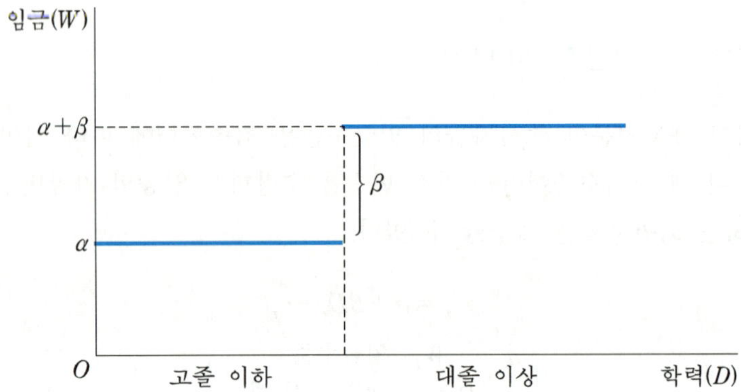

에서와 동일하다.

이해를 돕기 위해 회귀모형 (10.1)에 대한 분석내용을 도표의 형태로 표현한 것이 그림 10-2이다.

그림에서 절편 α는 고졸 이하자의 평균임금수준을, 그리고 $(\alpha+\beta)$는 대졸 이상자의 평균임금수준을 각각 나타내며, 따라서 β는 두 그룹 간의 평균임금수준의 차이를 나타내고 있다.

여기서 한 가지 특기할 만한 사실은 두 집단 간의 평균임금수준이 차이가 있는지 여부를 식 (10.1)의 회귀계수 β에 대한 유의성 검정$(t=\hat{\beta}/s_{\hat{\beta}})$으로 확인하는 과정은 제 1 편 제 1 장에서 소개한 바 있는 범주별 자료를 이용한 이른바 분산분석(ANOVA; analysis of variance)을 실시하는 효과와 동일하게 된다는 사실이다.

한편, 이상에서 소개한 방법과는 달리 절편항이 없는 회귀방정식을 활용하여 분석하는 방안에 대하여 살펴보기로 한다. 식 (10.1) 대신 회귀방정식을 다음과 같이 설정할 수도 있다.

$$W_i=\beta_h D_{hi}+\beta_c D_{ci}+\epsilon_i \tag{10.6}$$

$$\left(\begin{array}{rl}\text{단, } D_{hi}=1 & : \text{고졸 이하 경우}\\ 0 & : \text{기타 경우}\\ D_{ci}=1 & : \text{대졸 이상 경우}\\ 0 & : \text{기타 경우}\end{array}\right)$$

식 (10.6)에서는 β_h와 β_c가 각각 고졸 이하자와 대졸 이상자의 평균임금수

그림 10-3 학력별 임금함수 II

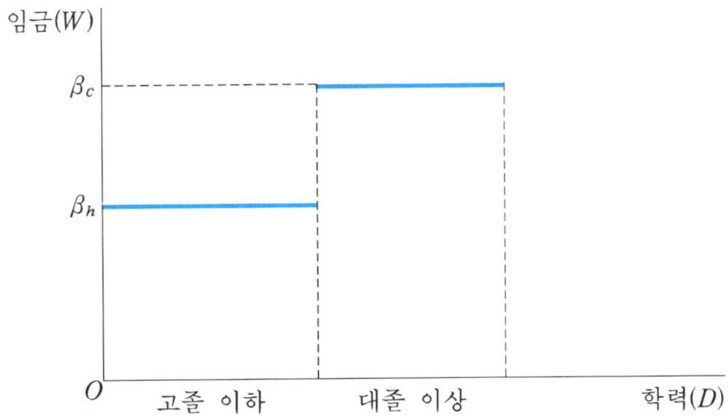

준을 나타내고 있다. 따라서 그림 10-3에 나타난 바와 같이 두 집단 간의 평균 임금수준의 차이를 확인하려면 $H_0 : \beta_c = \beta_h$에 대한 가설검정을 실시해야 한다는 변화가 생긴다.

이처럼 절편항이 없는 모형에서는 각각의 평균임금수준을 나타내 줄 수 있다는 장점이 있는 반면, 두 집단 간의 차이를 확인하기에는 부적절한 측면이 있음을 알 수 있다. 식 (10.1) 경우에는 절편 α가 한 집단의 평균임금수준을 나타내고 있고, β는 두 집단 간의 차이를 반영하고 있었음을 상기하라. 즉, 식 (10.1)에서는 두 집단 중 하나를 기준집단(상기 예에서는 고졸 이하자 집단)으로 취급하여 그 수준을 절편(α)으로 대변케 하고, 비교집단(상기 예에서는 대졸 이상자 집단)과의 차이를 기울기(β)계수로 표현하고 있다. 결과적으로 기준집단과 비교할 집단은 하나뿐이고 따라서 기울기계수의 수도 하나에 그치고 있다.

일반적으로 대다수의 분석가들은 식 (10.1)과 같은 모형을 선호한다. 분석가들의 관심은 집단별 평균보다는 집단 간의 차이가 있는지 여부와 차이가 있다면 어느 정도인지를 확인하는 데 있기 때문이다. 즉, 회귀계수에 대한 유의성 검정과 회귀계수 β의 절대치를 가지고 상기의 관심사를 직접 쉽게 해결할 수 있는 것이다.

마지막으로, 한가지 유의할 점은 각 집단의 평균을 모두 회귀계수로 표현하는 식 (10.6)과 같은 회귀방정식에서는 절대로 절편항이 포함되어서는 안 된다는 것이다. 왜냐하면, 절편항(α)을 넣을 경우 α항의 모든 설명변수값은 항상 1이 되는 것으로 이해할 수 있으며(상수항을 항상 1값만을 갖는 설명변수의 회귀계수로 간주하기 때문), 따라서 $1 = D_{hi} + D_{ci}$가 되므로 이른바 완전한 다중공선성(multicollinearity) 문제가 발생하기 때문이다. 절편항을 넣으려면 두 집단 중 하나를 기준집단으로 보고 이를 생략함으로써 절편항이 이 집단의 평균을 대변케 하여야 하며, 이렇게 시도한 것이 바로 (10.1)과 같은 모형이 되는 것이다.

2. 설명변수가 2개(이상)의 가변수뿐일 경우

앞서 우리는 가공변수가 하나뿐인 경우(물론 절편을 생략할 경우 2개의 가공변수가 필요함)에 대하여 살펴보았다. 그리고 가공변수를 이용하여 학력을 고졸 이하와 대졸 이상으로 구분하여 평균임금수준의 차이 여부를 확인할 수 있는 분석모형을 소개하였다. 그런데 이러한 예에서 만일 학력을 보다 세분하면, 예컨대 중졸 이하, 고졸, 대졸 이상으로 구분할 경우에는 2개의 가변수가 필요해진다. 세 집단 중 하나를 기준으로 삼을 경우 나머지 두 집단의 기준집단과의 차이를 나타내는 두 개의 가변수가 정의되기 때문이다. 물론 학력수준을 보다 더 세분하면 그만큼 가변수의 수도 증가할 것임은 당연한 이치이다.

한편, 가변수의 수가 2개 이상이 되는 경우는 위에서처럼 각 집단이 최종학력이라는 하나의 기준에 의해 구분될 수 있는 경우도 있으나 두 개 이상의 기준이 도입됨으로써 여러 개의 가변수가 필요하게 되는 경우도 있다.

전자의 경우에는 구분된 집단 간의 상호작용이 대체적으로 없는 것이 일반적이지만, 후자의 경우에는 구분된 집단 간의 상호작용이 통상적으로 존재한다. 예컨대, 임금수준을 학력뿐만 아니라 남녀의 성별에 따라 구분하거나 직종과 성별에 따라 구분하는 경우는 후자에 대한 좋은 예가 될 수 있을 것이다.

우선 한 가지 기준, 예컨대 직종에 따른 임금수준의 차이를 확인하기 위한 분석모형부터 고려해 보자. 편의상 조사대상 그룹은 교사·의사 및 사업가로 구성돼 있다고 가정하면 다음과 같은 분석모형을 설정할 수 있다.

$$W = \alpha_t D_t + \alpha_d D_d + \alpha_b D_b + \epsilon \tag{10.7}$$

$$\left(\begin{array}{ll} \text{단, } W : & \text{임금수준} \\ D_t = 1 : & \text{교사 경우} \\ \quad\;\; 0 : & \text{기타 경우} \\ D_d = 1 : & \text{의사 경우} \\ \quad\;\; 0 : & \text{기타 경우} \\ D_b = 1 : & \text{사업가 경우} \\ \quad\;\; 0 : & \text{기타 경우} \end{array} \right)$$

그림 10-4 직종별 임금수준

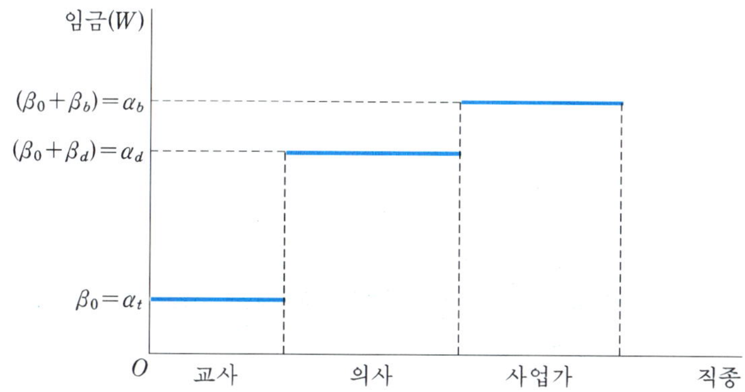

물론 위의 모형은 절편(상수항)이 생략된 모형이며, 따라서 각 가변수 앞에 붙은 계수들은 직종별 평균임금 수준을 나타내게 된다. 한편, 세 직종 중 하나를, 예컨대 교사직을 기준으로 삼아 모형을 재설정하면 다음과 같아질 것이다.

$$W=\beta_0+\beta_d D_d+\beta_b D_b+\epsilon \tag{10.8}$$

식 (10.8)에서 β_0는 교사직의 평균임금 수준을, 그리고 β_d와 β_b는 의사 및 사업가의 평균임금과 교사직의 평균임금과의 차이를 나타내게 된다. 두 모형의 비교를 위해 그림으로 표현한 것이 그림 10-4이다.

α_d와 α_b가 각각 $(\beta_0+\beta_d)$ 및 $(\beta_0+\beta_b)$와 같아짐에 유의할 필요가 있다. 여하튼 절편항의 유무와 상관없이 일단 두 개(이상)의 가변수가 등장하는 상황의 한 예를 살펴보았는데, 이 경우에는 구분된 집단 간에 상호작용이 존재한다고 보기는 어렵다.

이제 같은 예제를 사용하되 한 가지 분류기준을 추가도입한 상황을 고려해 보자. 즉, 대상집단을 직종뿐만 아니라 성별에 따라서도 구분할 경우 분석모형은 다음과 같아진다.

$$W=\alpha_t D_t+\alpha_d D_d+\alpha_b D_b+\alpha_f D_f+\epsilon \tag{10.9}$$

또는

$$W=\beta_0+\beta_d D_d+\beta_b D_b+\beta_f D_f+\epsilon \tag{10.10}$$

$$\left(\begin{array}{l}\text{단, } D_f = 1 : \text{여성 경우} \\ \qquad\quad 0 : \text{기타 경우}\end{array}\right)$$

식 (10.9)는 절편이 없는 경우를, 그리고 식 (10.10)은 절편을 포함시킴으로써 교사직의 평균임금 수준을 대변토록 하였다. 이 두 방정식이 전과 다른 것은 우선은 단순히 가변수가 하나 증가하였다는 데에서 찾아볼 수 있다. 남녀 성별의 양분효과를 고려하기 위한 가변수 D_f의 추가도입이 바로 그것이다.[1] 왜냐하면, $D_t + D_d + D_b = D_f + D_m$이 되기 때문이다.

그러나 직종에 따라 남녀 간 임금수준의 격차가 상이할 것이라고 예상하는 것이 합리적일 것이며 따라서 모형은 다음과 같이 조정될 필요가 있다.

$$W = \alpha_{ft}D_{ft} + \alpha_{mt}D_{mt} + \alpha_{fd}D_{fd} + \alpha_{md}D_{md} + \alpha_{fb}D_{fb} + \alpha_{mb}D_{mb} + \epsilon \quad (10.11)$$

또는

$$W = \beta_0 + \beta_{ft}D_{ft} + \beta_{fd}D_{fd} + \beta_{md}D_{md} + \beta_{fb}D_{fb} + \beta_{mb}D_{mb} + \epsilon \quad (10.12)$$

(단, $D_m = 1$: 남성 경우, 0 : 여성 경우)

즉, 기존의 가변수들을 남녀에 따라 세분하여 새로운 가변수들을 창조해 낸 것이다. 이렇게 함으로써 직종과 성별이란 두 가지 구분기준이 상호 결합된 상태에 따른 차이점을 확인할 수 있으며, 따라서 이와 같은 상황에서는 식 (10.9)와 식 (10.10)보다는 구분의 기준이 되는 가변수들 간의 상호작용 효과를 파악할 수 있는 식 (10.11)이나 식 (10.12)의 사용이 합리적이라 할 수 있다. 이러한 구분효과는 그림 10-5에서 잘 확인할 수 있다.

가상적인 것이지만 그림 10-5에 따르면 교사직이 가장 성별 간의 임금 차이가 적고 사업가의 경우가 가장 차이가 심각한 것으로 나타나 있다. 이러한 분석 결과는 남녀 간의 임금 차이를 직종과 상관없이 동일한 것으로 보는 식 (10.9)나 (10.10)과 같은 모형에서는 확인할 수 없다. 구분기준이 고려될 경우에는 일단 상호작용효과(interaction effects)를 고려하는 것이 합리적이다.

---

1) 식 (10.9)에 남성을 나타내는 가변수 D_m이 생략된 것은 다중공선성 문제를 배제키 위한 것이다.

그림 10-5 두 가지 기준에 의해 정의된 가변수들의 사용효과

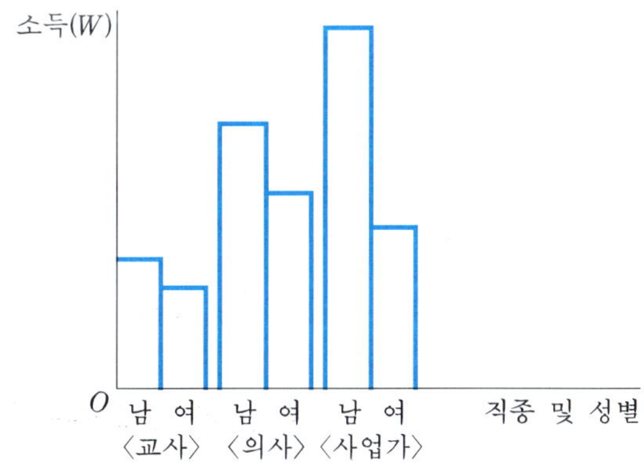

3. 설명변수가 수량변수와 가변수로 구성될 경우

지금까지 소개한 가변수의 사용예는 오직 가변수(들)만이 설명변수로 등장하는 회귀분석모형들이었다. 그러나 이러한 상황은 지극히 비현실적이며 일반적인 회귀분석모형에서는 수량변수로서 설명변수로서의 주기능을 발휘케 하고 가변수는 특수한 질적 변화나 차이를 설명케 하여 말하자면 보조적인 역할을 담당케 하는 것이라 할 수 있다. 임금수준은 어느 직종이든 근속연수(또 그에 따른 직급)에 따라 우선적으로 설명된다고 보고 앞서의 모형을 재조정해 보자.

$$W = \gamma_0 + \gamma_d D_d + \gamma_b D_b + \gamma_e E + \epsilon \tag{10.13}$$

(단, E : 근속연수(를 나타내는 설명변수))

식 (10.13)에서는 일단 근속연수라는 수량변수가 등장함에 따라 γ_d나 γ_b가 다소 달리 해석되어야 한다. γ_d와 γ_b는, 즉 같은 근속연수를 가진 교사의 평균 임금수준과의 차이를 나타내게 되는 것이다. 따라서 식 (10.13)은 일단 임금을 통상적인 회귀분석에서처럼 수량변수인 근속연수(E)에 대한 1차함수로 파악하되, 각 직종에 따른 차이를 서로 다른 절편값에 의해 표현하는 회귀방정식이라 할 수 있다. 단, 여기서는 기울기가 일정하게 유지될 것인데, 이는 근속연수만 같다면 직종 간의 임금차이 수준은 동일하다고 보는 경우가 된다.

한편, 이와 같이 수량변수와 범주별 자료의 성격을 띠는 가변수를 동시에 설명변수로 활용하는 회귀분석은 이른바 공분산분석(analysis of covariance)과 동

그림 10-6 근속연수와 직종에 따른 임금수준

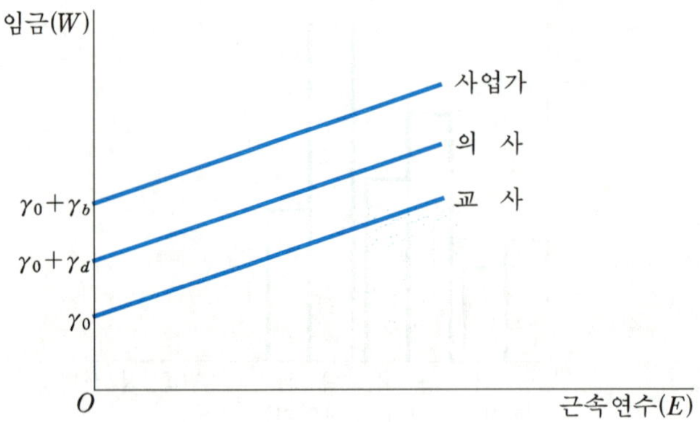

일하다는 사실을 지적해 두고자 한다.

그러나 보다 현실적인 상황은 근속연수에 따른 임금증가분이 직종마다 상이할 것이란 점이며, 이를 고려하면 분석모형은 다음과 같아질 것이다.

$$W = \gamma_0 + \gamma_d D_d + \gamma_b D_b + \gamma_e E + \gamma_{ed}(D_d E) + \gamma_{eb}(D_b E) + \epsilon \quad (10.14)$$

(단, D_dE= 의사의 근속연수 = E : 의사의 경우
0 : 기타의 경우
D_bE= 사업가의 근속연수 = E : 사업가의 경우
0 : 기타의 경우)

이 식에서 교사의 임금방정식은 $\gamma_0 + \gamma_e E + \epsilon$이 되며, 절편은 γ_0, 그리고 기울기는 γ_e가 된다. 그리고 의사 경우의 임금방정식은 $(\gamma_0 + \gamma_d) + (\gamma_e + \gamma_{ed})E + \epsilon$ 그리고 사업가의 경우는 $(\gamma_0 + \gamma_b) + (\gamma_e + \gamma_{eb})E + \epsilon$가 된다. 따라서 의사와 교사의 임금수준 차이는 절편에서는 γ_d만큼, 그리고 임금상승률을 나타내는 기울기에서는 γ_{ed}만큼 차이가 있음을 나타낸다. 사업가의 경우도 같은 식으로 설명될 수 있다. 이와 같은 모형에서는 수량변수의 크기와 직종을 나타내는 가변수가 결합되어 또 다른 형태의 상호작용효과를 나타내 주고 있음을 지적할 수 있다.

이상과 같은 상황을 되풀이한 것이 그림 10-7이다. 가상적인 상황이긴 하지만 상기 예제에 따르면 사업가가 의사보다 그리고 의사는 교사보다 평균임금수준이 높을 뿐 아니라 근속연수에 따른 임금상승분도 큰 것으로 나타나고 있음을 보여 주고 있다.

그림 10-7 직종별 근속연수에 따른 임금수준

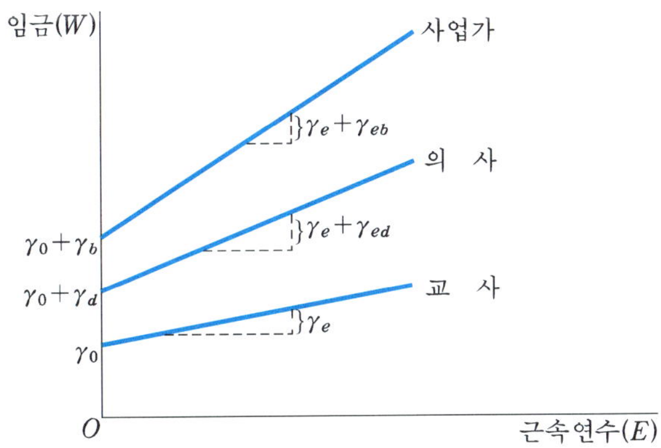

4. 예 제

4.1 기계의 생산성 비교

어느 회사가 두 가지 기계를 사용하여 제품을 생산한다고 보자. 각 기계 A, B로부터 생산된 제품 수는 정규분포를 따르며 동일한 분산을 가지나 평균만은 다르다고 가정한다. 그러면 이 때 다음과 같은 회귀식으로 대변될 수 있다.

$$Y_i=\beta_1+\beta_2 X_i+\epsilon_i \tag{10.15}$$

(단, Y_i : 생산량
$X_i=1$: 기계 A 사용 경우
0 : 기계 B 사용 경우)

윗식에서 β_1은 기계 B의 기대산출량이 되고, β_2는 B기계 대신 A기계를 사용할 때 예상되는 산출량의 변화를 나타낸다. 즉,

$$E[Y_i]=\begin{cases}\beta_1 & ; \quad X_i=0 \\ \beta_1+\beta_2 & ; \quad X_i=1\end{cases} \tag{10.16}$$

따라서 귀무가설 $H_0: \beta_2=0$에 대한 t검정은 두 기계 간의 산출량의 차이가 없다는 가설을 검정하는 효과를 갖는다.

이제 두 가지 기계를 이용해 산출한 생산량 중 무작위로 선정한 표본이 아래와 같을 때, 과연 두 기계 간의 산출량의 차이가 있다고 볼 수 있는지 확인해

보기로 한다.

기계종류	A	A	A	A	A	B	B	B	B	B
생 산 량	3	6	5	6	9	12	16	14	13	19

식 (10.15)에 의거 추정한 회귀식은 다음과 같다.

$$Y_i = 5.8 + 9.0X_i$$
$$(5.2086) \quad (5.7150) \qquad (t\text{값})$$
$$R^2 = 0.80 \qquad d = 2.2782$$

β_2에 대한 t검정통계량의 값은 5.715로서 $\alpha=1\%$(단, $\nu=n-2=10-2=8$)에 대응하는 t의 임계치 3.355를 상회하므로 귀무가설 $H_0: \beta_2=0$은 기각된다. 즉, 두 기종 간의 생산성에는 차이가 있는 것으로 판정할 수 있다.

4.2 학력 및 남녀별 초봉 비교

국내 100 대 기업체의 신년도 신입사원의 초봉이 최종학력과 성별에 따라 달라진다고 보자. 단, 범주별 초봉수준은 평균은 다르지만 동일한 분산을 갖는 정규분포를 따르되 서로 독립적인 것으로 가정한다.

$$Y_i = \beta_1 + \beta_2 X_{2i} + \beta_3 X_{3_i} + \gamma S_i + \epsilon_i \tag{10.17}$$

$$\left(\begin{array}{ll} \text{단,}\ S_i = 1: & \text{남성의 경우} \\ \qquad\ \ 0: & \text{여성의 경우} \\ X_{2i} = 1: & \text{최종학력이 대학원졸업인 경우} \\ \qquad\ \ 0: & \text{아닌 경우} \\ X_{3i} = 1: & \text{최종학력이 대학졸업인 경우} \\ \qquad\ \ 0: & \text{아닌 경우} \\ X_{2i},\ X_{3i} = 0: & \text{고졸 이하인 경우} \end{array}\right)$$

그러면

$$E[Y_i|X_{2i}=0,\ X_{3i}=0,\ S_i=0] = \beta_1$$
$$E[Y_i|X_{2i}=0,\ X_{3i}=0,\ S_i=1] = \beta_1 + \gamma$$
$$E[Y_i|X_{2i}=1,\ X_{3i}=0,\ S_i=0] = \beta_1 + \beta_2$$
$$E[Y_i|X_{2i}=1,\ X_{3i}=0,\ S_i=1] = \beta_1 + \beta_2 + \gamma$$

$$E[Y_i|X_{2i}=0,\ X_{3i}=1,\ S_i=0]=\beta_1+\beta_3$$
$$E[Y_i|X_{2i}=0,\ X_{3i}=1,\ S_i=1]=\beta_1+\beta_3+\gamma \qquad (10.18)$$

따라서 β_1은 고졸 이하 여성의 평균초봉을, $\beta_1+\gamma$는 고졸 이하 남성의 평균 초봉을, 그리고 β_2와 β_3는 대학원 및 대학 졸업자와 고졸 이하자의 평균초봉의 차이를 각각 나타낸다. 이러한 회귀방정식에 대한 OLS는 이원분산분석(two-way ANOVA)과 같은 효과를 갖는다.

이제 학력 및 성별에 따른 신입사원들의 초봉이 다음과 같이 집계되었다고 보고 이들 간의 차이가 유의할 만한 수준인지를 확인해 보기로 한다.

초봉(Y)	대학원 졸업 여부(X_2)	대학 졸업 여부(X_3)	남녀 성별(S)
95	1	0	1
100	1	0	1
105	1	0	1
90	1	0	0
93	1	0	0
97	1	0	0
85	0	1	1
80	0	1	1
87	0	1	1
77	0	1	0
75	0	1	0
70	0	1	0
60	0	0	1
63	0	0	1
68	0	0	1
50	0	0	0
55	0	0	0
57	0	0	0

식 (10.17)을 활용하여 추정한 결과는 다음과 같다.

$$Y_i = \ 54.\dot{4} \ + \ 37.8\dot{3}X_2 \ + \ 20.1\dot{6}X_3 \ + \ 8.\dot{7}S$$
$$(30.9109) \quad (17.5383) \quad (9.3486) \quad (4.9836) \quad (t\text{값})$$
$$R^2 = 0.9596 \qquad d = 1.9\dot{3}$$

일단 결정계수(R^2)값이나 d.w.통계량의 값이 모두 만족할 만한 수준으로 나타나 더 이상의 조정 없이 직접 t검정을 실시해도 무방할 것으로 보인다. 그런데 β_1, β_2, β_3는 물론 γ에 대한 검정통계량의 값들이 모두 $\alpha=1\%$에 대응하는 임계치(단, 자유도는 $\nu=n-4=14$) 2.977을 상회하므로 귀무가설 모두가 기각되고, 따라서 학력 및 성별에 따라 초임수준의 차이가 존재하는 것으로 결론지을 수가 있다.

4.3 계절가변수(seasonal dummy)

양적 변수와 질적 변수가 동시에 설명변수로 등장하는 회귀모형 중 가장 흔히 사용되는 것은 계절효과를 고려하는 회귀모형이라 할 수 있다. 예컨대, 다음과 같은 4개의 단순회귀모형이 있다 하자.

$$
\begin{aligned}
Y_t &= \alpha_1 + \beta X_t + \epsilon_t \text{ : 봄} \\
Y_t &= \alpha_2 + \beta X_t + \epsilon_t \text{ : 여름} \\
Y_t &= \alpha_3 + \beta X_t + \epsilon_t \text{ : 가을} \\
Y_t &= \alpha_4 + \beta X_t + \epsilon_t \text{ : 겨울}
\end{aligned}
\tag{10.19}
$$

결국 계절효과는 절편의 차이로 표현되고 있으므로 이 4개의 단순회귀 모형은 계절가변수(seasonal dummy)를 이용한 한 개의 다중회귀모형으로 표현 가능하다.[1]

$$
Y_t = \alpha + \beta X_t + \gamma_2 Q_{2t} + \gamma_3 Q_{3t} + \gamma_4 Q_{4t} + \epsilon_t \tag{10.20}
$$

$$
\left(\begin{aligned}
\text{단, } Q_{2t} &= 1 \text{ : 여름} \\
&\;\;\, 0 \text{ : 기타} \\
Q_{3t} &= 1 \text{ : 가을} \\
&\;\;\, 0 \text{ : 기타} \\
Q_{4t} &= 1 \text{ : 겨울} \\
&\;\;\, 0 \text{ : 기타}
\end{aligned}\right)
$$

이 때 두 종류의 회귀계수 간에는 다음 관계가 성립된다.

$$
\begin{aligned}
\alpha &= \alpha_1 \\
\alpha + \gamma_2 &= \alpha_2 \\
\alpha + \gamma_3 &= \alpha_3 \\
\alpha + \gamma_4 &= \alpha_4
\end{aligned}
\tag{10.21}
$$

---

1) 독자들은 왜 여러 개의 계절가변수를 도입하는 대신 하나의 가변수가 여러 개($D=0, 1, 2, 3$)의 값을 갖도록 하지 않는가 의아해 할 수 있다. 그러나 이들 계절별 차이가 동일할 때만 적용이 가능함에 유의할 필요가 있다.

이 때 계절변동효과를 검정하려면 F검정을 이용하여 다음 가설을 검정하게 된다.

$$H_0 : \gamma_2 = \gamma_3 = \gamma_4 = 0$$

이 때 검정통계량 F는 다음과 같다.

$$\frac{(\mathrm{SSR}_{k'} - \mathrm{SSR}_k)/(k' - k)}{\mathrm{SSE}_{k'}/(n - k')} \sim F_{(k'-k),\ (n-k')} \tag{10.22}$$

단, k'는 추가된 설명변수를 포함한 설명변수 숫자이고 k는 추가된 설명변수 포함 전의 설명변수 숫자이다(제 8 장 보론 참조).

이제 계절조정이 되지 않은 시계열을 이용하여 소비함수를 추정하는 과정에서 계절조정의 필요성이 있는지를 확인해 보기로 하자. 여기서 CPV는 민간소비, YDV는 가처분소득을 각각 의미하며, 분석기간은 1970년 1/4분기부터 1988년 4/4분기까지의 76개 분기이다.

$$\begin{aligned} \mathrm{CPV} &= 2{,}617.3633 + 0.5784\mathrm{YDV} \\ &\quad\ (8.0571) \qquad (20.9697) \qquad (t\text{값}) \\ &\quad\ R^2/\overline{R}^2 = 0.8560/0.8540 \qquad d = 2.0775 \end{aligned}$$

위의 추정식은 계절변동을 무시한 상태에서 회귀분석을 실시한 결과이며, 여기에 계절가변수를 추가도입한 후 재추정을 실시하면 다음과 같은 결과를 얻게 된다.

$$\begin{aligned} \mathrm{CPV} &= 2{,}529.0644 + 0.7094\mathrm{YDV} - 911.9829Q_2 - 810.2972Q_3 - 3{,}499.3583Q_4 \\ &\quad (21.1676) \quad (69.6041) \qquad (-7.1954) \qquad (-6.3454) \qquad (-24.3108) \quad (t\text{값}) \\ &\quad R^2/\overline{R}^2 = 0.9860/0.9852 \qquad d = 0.8247 \end{aligned}$$

일단 d.w.검정통계량의 값을 논외로 한다면 적합도가 크게 개선되었고(R^2 값이 0.8560에서 0.9860으로 증가) 주설명변수 YDV는 물론 모든 계절가변수의 계수들에 대한 t검정통계량의 값들이 매우 크게 산출되어 유의성 검정에 성공하고 있음을 알 수 있다. 그리고 모든 계절가변수가 동시에 0이 된다는 귀무가설

$$H_0 : \gamma_2 = \gamma_3 = \gamma_4 = 0$$

에 대한 검정통계량 값은,

$$F_{2,\ 71}=329.0009$$

로서 아주 큰 값이 산출되어 역시 귀무가설을 기각할 수 있음을 확인할 수 있다.

5. 가변수 문제의 요약

본 절에서는 설명변수가 질적 변수 또는 가변수뿐이거나 양적인 변수와 함께 쓰일 경우의 회귀분석효과에 대하여 살펴보았다. 가변수는 0과 1값만을 가질 수 있도록 고안된 변수로서 기본적으로는 표본을 그들의 질적 특성(성별·인종·종교 등등)에 따라 몇 개의 소그룹으로 분할한 다음 각 그룹에 대하여 개별적인 회귀분석을 시행하는 효과를 가질 수 있게 하여 준다.

만일 각 소그룹이 종속변수에 미치는 영향력에 차이가 있을 경우 이는 회귀방정식의 절편이나 기울기의 차이로서 계측된다.

가변수의 활용은 회귀분석에 ANOVA 효과를 접목시키는 유용한 분석방안이라 할 수 있다. 그러나 회귀방정식이 절편을 포함하고 있을 경우 가변수의 숫자는 구분된 소그룹의 숫자보다 하나가 작아야 하며, 각 가변수에 대응하는 회귀계수는 기준그룹과 여타 그룹의 차이를 나타내고 있다는 점에 유의하여 사용돼야 할 것이다.

제 2 절 종속변수가 제한된 값만을 취하는 경우

본 절에서는 설명변수 대신 종속변수가 질적인 변수인 경우의 회귀분석방안에 대하여 살펴보고자 한다. 그런데 종속변수가 질적 변수로서 모의변수의 성격을 띠는 경우는 제 1 절에서처럼 1과 0이란 제한된 값만을 취하는 일종의 이지선다형모형(binary-choice model)이 된다. 이러한 모형 중 대표적인 것으로는 선형확률모형(linear probability model)·프로비트모형(probit model) 그리고 로지트모형(logit model)이 있다. 한편, 프로비트모형과 로지트모형을 확대하면 종속변수가 3개 이상의 제한된 값을 갖는 경우를 분석할 수 있게 되는데, 이는 다지선다형모형(multiple-choice model)의 성격을 띠게 된다(그림 10-8 참조).

그림 10-8 종속변수가 가변수인 모형

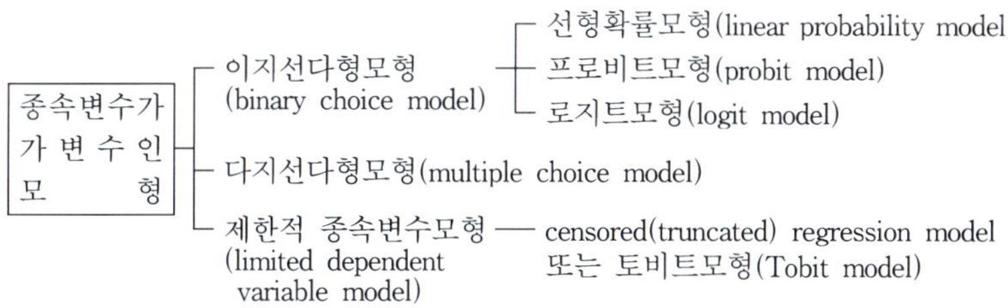

1. 선형확률모형(LPM; linear probability model)

종속변수가 0과 1의 값만을 가질 수 있는 가변수인 경우 가장 손쉽게 적용할 수 있는 분석모형이 바로 LPM이다. 예컨대, 근로자들의 파업 찬성 여부는 임금수준·교육수준·실업률·물가수준 등에 따라 결정된다고 하자. 이 때 파업에 찬성하면 1, 반대하면 0의 값을 종속변수에 배정할 경우 종속변수는 제한된 두 가지 값만을 취하는 가변수가 된다.

$$Y_i = \alpha + \beta X_i + u_i \tag{10.23}$$

$$\left(\begin{array}{l} \text{단, } Y_i = 1 : \text{파업 참가} \\ \qquad\quad\ \ 0 : \text{파업 불참} \\ \quad\ X_i = \text{임금수준} \end{array}\right)$$

모형을 식 (10.23)과 같이 설정할 경우 이를 LPM이라 한다. $Y_i = 1$이 되는 확률을 P_i라 하면 $Y_i = 0$이 되는 확률은 $1 - P_i$가 되므로 Y_i는 다음과 같은 확률분포로 표현될 수 있기 때문이다.

Y_i	확　률
0	$1-P_i$
1	P_i
합	1

이 때 Y_i의 기대치는,

$$\begin{aligned} E[Y_i] &= 0(1-P_i) + 1(P_i) \\ &= P_i \end{aligned} \tag{10.24}$$

가 되며,

$$E[Y_i|X_i] = \alpha + \beta X_i \tag{10.25}$$
$$(\because\ E[u_i] = 0\text{이라 가정함})$$

와 같으므로

$$E[Y_i|X_i] = P_i \tag{10.26}$$

가 성립된다. 즉, 식 (10.23)에 대한 조건부기대치는 Y_i에 대한 조건부확률과 같아진다. 따라서 다음과 같은 제반 조건이 필요하다.

$$0 \le E[Y_i|X_i] \le 1 \tag{10.27}$$

확률값은 0과 1 이내에 있어야 하기 때문이다.

식 (10.23)은 형태상으로 보아 보통 회귀방정식과 다를 바 없으므로 표준적인 OLS를 적용하지 못할 이유가 없다. 사실 실제로는 일단 기계적으로 OLS를 적용하고 있다. 그런데 OLS를 적용함에 있어 몇 가지 문제가 발생한다.

첫째, OLS 방법이 오차항의 분포가 정규분포일 것을 반드시 요구하는 것은 아니지만 그 추정 결과에 대한 통계적 추론을 위해 일반적으로 오차항의 정규분포성을 가정한다. 그런데 LPM의 경우 Y_i는 1과 0의 두 값만 취하고 있듯이 그 오차항도 다음에서처럼 두 값만을 취할 수 있을 뿐이다.

$$u_i = Y_i - \alpha - \beta X_i = \begin{cases} 1 - \alpha - \beta X_i \\ -\alpha - \beta X_i \end{cases} \tag{10.28}$$

즉, u_i는 정규분포가 아니라 이항분포를 따르고 있음을 알 수 있다.

u_i	확　률
$-\alpha - \beta X_i$	$1 - P_i$
$1 - \alpha - \beta X_i$	P_i
합	1

그러나 이러한 사실이 LPM에 OLS를 적용하는 데 그다지 큰 문제를 제기하지는 않는다. 우선 정규분포 가정 여부와는 상관없이 OLS 추정량은 계속 불편성(unbiasedness)을 갖고 있으며, 표본규모가 아주 커지면 OLS 추정량은 정규

분포에 접근할 것이기 때문이다.[1)]

둘째, 오차항의 분산이 동일하다는 OLS 의 통상적인 동분산가정이 지켜지지 못한다. 왜냐하면,

$$\begin{aligned}\mathrm{Var}(u_i) &= E[u_i - E[u_i]]^2 \\ &= E[u_i^2] \qquad (\because\ E[u_i]=0\text{이라 가정함}) \\ &= (-\alpha-\beta X_i)^2(1-P_i)+(1-\alpha-\beta X_i)^2 P_i \\ &= (\alpha+\beta X_i)(1-\alpha-\beta X_i) \qquad (\because \alpha+\beta X_i = P_i) \\ &= E[Y_i|X_i][1-E[Y_i|X_i]] \\ &= P_i(1-P_i) \end{aligned} \tag{10.29}$$

가 되므로 u_i의 분산은 $E[Y_i|X_i]=\alpha+\beta X_i=P_i$, 즉 X 값에 의존하므로 동분산 가정이 지켜질 수 없다. 따라서 여기에 OLS 를 적용하면 역시 불편성(unbiasedness)은 유지되지만 이번에는 효율성(efficiency)이 깨어진다. 그러나 이 문제 또한 결정적인 것이 못 되며, WLS 방법을 적용함으로써 해소될 수 있다. 이 때 가중치는 $\sqrt{P_i(1-P_i)}=\sqrt{w_i}$를 가장 보편적으로 사용한다. 즉, 식 (10.23)을 $\sqrt{w_i}$로 나눈 식 (10.30)에 OLS를 적용하는 WLS를 실시하는 것이다.

$$\frac{Y_i}{\sqrt{w_i}}=\frac{\alpha}{\sqrt{w_i}}+\frac{\beta X_i}{\sqrt{w_i}}+\frac{u_i}{\sqrt{w_i}} \tag{10.30}$$

물론 w_i는 미지수인 P_i에 의존하므로 그 추정치 $\hat{w}_i$를 사용해야 하는데, 이는 우선 식 (10.23)에 OLS 를 적용하여 $\hat{Y}_i$를 추정한 다음 $\hat{w}_i=\hat{Y}_i(1-\hat{Y}_i)$를 이용하여 w_i의 추정치를 산출한다.

셋째, 식 (10.27)과 같은 조건이 일반적으로 충족되지 못한다는 문제가 있다. 즉, 추정된 회귀선 $\hat{Y}_i$가 0과 1 사이에만 있을 수 없기 때문이다. 이 문제는 단지 일단 $\hat{Y}_i$를 OLS 로 추정한 다음 0보다 작은 값들은 0을, 그리고 1보다 큰 값들은 1을 대입하여 해소할 수 있다. 물론 추정에 앞서 추정치가 0과 1 사이에만 존재하도록 모형을 조정할 수도 있는데, 이러한 방법 중 대표적인 것이 프로

1) 이는 이른바 CLT(중심극한정리)에 근거한 결론으로 자세한 것은 E. Malinvaud, *Statistical Method of Econometrics*(Rand McNally & Co., 1966), pp. 195~197를 참조할 것.

그림 10-9 LPM

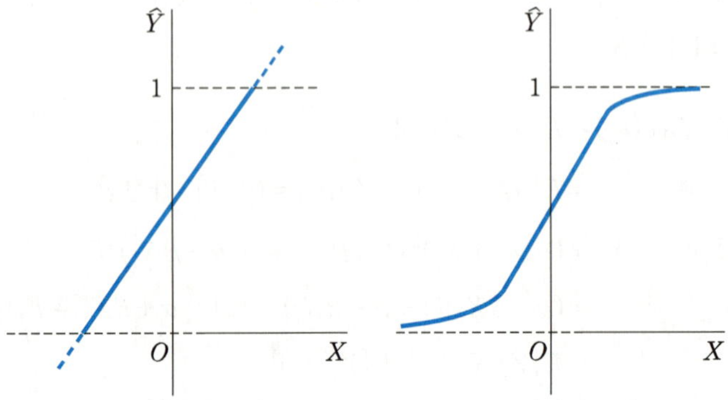

(a) 무제한부모형 (b) 제한부모형

비트모형(probit model)과 로지트모형(logit model)의 활용이라 할 수 있다.

마지막으로, 한 가지 LPM의 활용과 관련하여 지적해 둘 사항은 적합도 판정방안으로서의 R^2값은 그 의미를 상실한다는 것이다.

그림 10-9 (b)에서 볼 수 있듯이 X_i값에 따라 Y_i는 0이나 1의 값만을 취한다. 따라서 Y_i는 X축선상이나 $Y=1$선상에서만 나타나며, 이 때 회귀선은 제한조건이 없는지 또는 제한조건을 부여(truncated or constrained LPM)하였는지에 따라 상이한 모양을 갖게 된다. 따라서 R^2값은 어떤 조건하에 회귀분석을 하였는지에 따라 달라질 뿐 아니라 대체적으로 LPM 경우 R^2의 값이 0.2~0.6 사이에 머물 정도로 낮은 값을 갖게 된다. 따라서 적합도판정기준으로서의 R^2값의 기능은 LPM의 경우 별 의미를 갖지 못한다.

다음은 임금수준과 그에 대응하는 파업 참가 여부에 관한 가상적인 자료이다.

(단위 : 만 원)

임금수준(X)	파업 여부(Y)	임금수준(X)	파업 여부(Y)
79	0	99	0
58	1	87	0
92	0	74	1
52	1	72	1
64	1	61	1
92	0	90	0
53	1	53	1

76	0	94	0
77	0	57	1
67	1	80	0
66	1	80	0
58	1	75	1
100	0	79	0
99	0	58	1
100	0	66	1
60	1	93	0
96	0	83	0
67	1	89	0
94	0	96	0
59	1	51	1

이 자료를 이용하여 식 (10.23)과 같은 LPM 모형을 처음에는 $\hat{Y}_i > 1$ 또는 $\hat{Y}_i < 0$이 되는 경우를 분석에서 제외한 상태에서 추정하였고, 다음에는 $\hat{Y}_i > 1$ 경우에는 $Y_i = 0.99$, 그리고 $\hat{Y}_i < 0$ 경우에는 $Y_i = 0.01$을 대입한 다음에 추정을 실시하여 다음과 같은 결과를 얻었다. 물론 실제 추정에 활용한 회귀식은 (10.30)이다.

$P_i > 1$, $P_i < 0$을 제외한 경우 :

$$\frac{Y_i}{\sqrt{w_i}} = 2.78\frac{1}{\sqrt{w_i}} - 0.03\frac{X_i}{\sqrt{w_i}}$$

$$(21.19) \qquad (-17.98) \qquad (t\text{값})$$

$$R^2 = 0.94 \qquad d = 1.78$$

$\hat{Y}_i > 1$일 때는 $Y_i = 0.99$, $\hat{Y}_i < 0$인 경우는 $Y_i = 0.01$을 대입한 경우 :

$$\frac{Y_i}{\sqrt{w_i}} = 2.43\frac{1}{\sqrt{w_i}} - 0.02624\frac{X_i}{\sqrt{w_i}}$$

$$(27.46) \qquad (-19.71) \qquad (t\text{값})$$

$$R^2 = 0.967 \qquad d = 1.73$$

이상의 결과에서 우리는 급여수준이 10,000원 오를 때마다 파업의 가능성은 전자의 경우에는 3%, 그리고 후자의 경우에는 2.6%씩 감소하는 것으로 추정되었음을 알 수 있다. 그리고 통상적인 LPM과 달리 R^2값이 아주 높게 나타났고 t검정통계량의 값도 유의할 만한 수준으로 계측되었다. 가중최소자승법

(WLS) 대신 OLS로 추정한 경우를 참고삼아 밝혀 두면 다음과 같다.

$$Y_i = 2.59 - 0.03X_i$$
$$(13.45) \qquad (-11.22)$$
$$R^2 = 0.77 \qquad d = 1.75$$

한편, LPM 모형에 내재된 이분산현상에 대응하는 새로운 접근방법 중의 하나로 제 6 장에서 소개한 **강·이분산 표준오차**를 활용하는 방안을 들 수 있다. 즉, LPM 모형의 이분산형태를 일단 무시하고 강·이분산 표준오차 개념을 이용한 OLS 추정을 시도하는 방안이다. 놀랍게도 이처럼 간단한 접근방법은 때때로 만족스러운 결과를 가져다 준다.

물론, 일반적으로 LPM 모형에서 OLS 추정량은 비효율적이며, 따라서 점근적 효율성을 보장하는 WLS로 추정하는 것이 합당하다. 그런데 이는 $0 < \hat{Y}_i < 1$ 경우에 성립되는 논리이며, 0과 1 범위 밖을 벗어나는 경우가 많아져서 0과 1을 대신 대입해야 되는 상황에는 오히려 OLS 추정이 최선이 될 수 있다.[1)]

2. 로지트모형(logit model)

앞서 소개한 LPM은 오차항(u_i)의 비정규성과 이분산현상, 그리고 회귀선이 0과 1 밖에까지 뻗어 간다는 점과 일반적으로 매우 낮은 적합도(low R^2 value) 등의 문제점을 안고 있음을 알게 되었다. 그리고 이러한 문제점들은 표본크기의 증대, 가중최소자승법(WLS) 및 제한조건부최소자승법(restricted least square)의 적용 등을 통해 완화 내지 해소될 수 있음을 확인한 바 있다.

그러나 이상과 같은 문제점이 완화 내지 해소될 수 있다 하더라도 아직도 문제의 여지는 남아 있다. 즉, LPM은 $P_i = E[Y=1|X_i]$가 X 값에 따라 1차함수적으로 증가한다고 가정함으로써 X 값의 증대가 가져오는 한계적 영향이 항상 일정한 것으로 보고 있는데, 이는 비현실적이고 비합리적인 가정이라 할 수 있다. X 값(예컨대, 임금수준)이 어느 수준에 달하면 파업 여부와 같은 의사결정에 결정적인 영향을 미칠 것이나 X 값이 계속 증대할 때 파업 여부를 나타내는 종속변수에 대한 영향력이 크게 감퇴할 것임을 쉽게 인식할 수 있다. 이러한 현

1) 0과 1 대신에 0.01과 0.99, 또는 0.001과 0.999 등을 대입할 수도 있어 이러한 과정은 분석자의 자의적 선택을 초래한다는 문제가 있다.

그림 10-10 누적분포함수(CDF)

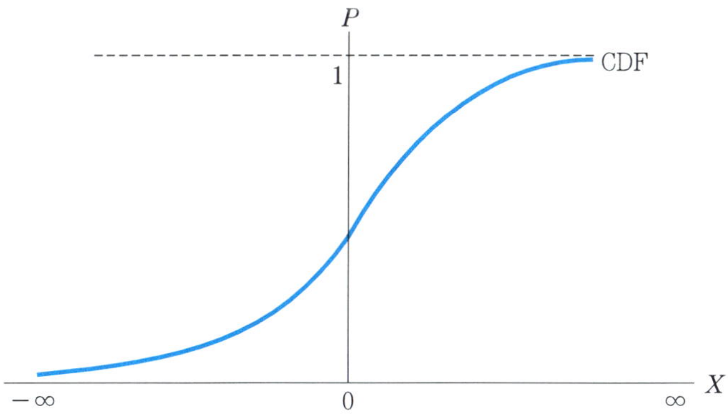

실적 상황을 구체적이고 확실히 도입함으로써 비로소 Y_i값이 0과 1 범위를 벗어나는 문제점을 완벽하게 해소시킬 수 있는 것이다.

예컨대, 그림 10-10처럼 확률변수의 누적분포함수(CDF; cumulative distribution function) 모양으로 회귀분석모형을 정의함으로써 이러한 목표를 달성할 수 있을 것이다. 문제는 과연 어떤 종류의 CDF를 활용하는 것이 적절한가 하는 점이다. 종속변수가 0과 1값만을 갖는 모형에 대하여 가장 보편적으로 받아들여지고 있는 CDF는 로지스틱 분포와 정규 분포의 누적함수이며, 이러한 CDF에 근거한 분석모형을 각각 로지트모형(logit model)과 프로비트모형 또는 노미트모형(probit model or normit model)이라 한다.

본 항에서는 전자에 대해 알아보고 후자는 다음 항에서 살펴보기로 한다.

LPM을 설명하기 위해 설정했던 식 (10.23)에서 우리는 다음 관계가 성립됨을 확인한 바 있다.

$$P_i = E[Y=1|X_i] = \alpha + \beta X_i \tag{10.31}$$

이번에는 P_i를 다음과 같이 표현해 본다.

$$\begin{aligned} P_i = E[Y=1|X_i] &= \frac{1}{1+e^{-(\alpha+\beta X_i)}} \\ &= \frac{1}{1+e^{-Z_i}} \quad (\text{단, } Z_i = \alpha + \beta X_i) \end{aligned} \tag{10.32}$$

식 (10.32)가 바로 누적로지스틱분포함수(cumulative logistic distribution function)라 불리우는 함수인 것이다. 이 함수는 CDF 이므로 Z_i는 $-\infty$부터 $+\infty$ 사이의 값을 취할 수 있음에도 불구하고 P_i는 0과 1 사이의 값만을 취할 수 있게 된다. 뿐만 아니라 P_i는 Z와 X에 대해 비선형함수가 되므로 LPM 보다 현실적인 상황을 대변해 주고 있다. 그런데 문제는 식 (10.32)가 비선형이므로 통상적인 OLS 를 그대로 적용할 수 없다는 것이다. 그러나 식 (10.32)는 일정한 함수전환을 거치면 선형모형으로 전환이 가능하므로 이러한 문제점은 더 이상 걱정할 필요가 없다. 즉, 식 (10.32)에서 다음 관계식을 얻을 수 있다.

$$1-P_i=\frac{1}{1+e^{Z_i}} \tag{10.33}$$

따라서

$$\frac{P_i}{1-P_i}=\frac{1+e^{Z_i}}{1+e^{-Z_i}}=e^{Z_i} \tag{10.34}$$

이제 식 (10.34)에 log를 취하면

$$L_i=\ln\left[\frac{P_i}{1-P_i}\right]=Z_i=\alpha+\beta X_i \tag{10.35}$$

와 같은 식이 도출되는데, 여기서 L_i는 X에 대한 선형관계로 표현되고 있어 비로소 OLS 의 적용이 가능해진다. 여기서 L_i를 logit 또는 log odd-ratios라 부르며, 식 (10.35)를 로지트모형이라 칭하는 것이다.

로지트모형에 의한 측정을 위해 우리는 통상 다음과 같이 모형을 설정한다.

$$L_i=\ln\left[\frac{P_i}{1-P_i}\right]=\alpha+\beta X_i+u_i \tag{10.36}$$

여기서 종속변수 L_i 값을 산출하려면 우선 P_i값을 알아야 하는데, 이는 표본비율(예컨대, 총근로자 수 중 파업참가자 비율)에 의한 추정치로 대체한다. 그런 다음 비로소 OLS 를 적용할 수 있다.

그런데 LPM 의 경우에서처럼 여기서도 오차항 u_i가 이분산을 갖는다는 문제가 남아 있다. 즉, 주어진 X 값에 대응하는 반응(예컨대, 파업참가 여부)은 이항분포를 따르게 되며, 따라서 만일 표본규모(n)가 아주 커질 경우 정규분포에 가까워진다고 볼 수 있다.[1)]

$$u_i \sim N\left(0,\ \frac{1}{n_i P_i (1-P_i)}\right) \tag{10.37}$$

식 (10.37)에서처럼 u_i의 분산은 n과 P_i에 따라 변하며 이들 값은 X값에 의존하므로 결국 LPM의 경우에서처럼 이분산문제가 발생한다. 따라서 여기서도 식 (10.38)에서와 같이 WLS를 적용해야 하며, 이 때의 가중치 w_i는 식 (10.39)와 같이 정의된다.

$$\sqrt{w_i}\, L_i = \alpha \sqrt{w_i} + \beta \sqrt{w_i}\, X_i + \sqrt{w_i}\, u_i \tag{10.38}$$

$$w_i = n_i \hat{P}_i (1-\hat{P}_i) \tag{10.39}$$

윗식에서처럼 가중치를 설정함으로써 $\sqrt{w_i}\, u_i$항의 새로운 분산은 이분산 현상이 없어지게 됨을 쉽게 알 수 있다.

이제 로지트모형을 적용할 수 있는 임의의 지료를 다음과 같은 형태로 얻었다고 보고 분석을 진행해 보기로 한다. 단, 여기서의 자료는 표본크기가 아주 커서 일종의 그룹화된 유형으로 정리된 것이다.

(임금수준단위 : 만 원)

임금수준(X)	30	33	38	40	46	51	57	60	64	70	76	82	88	91	100
해당 임금수준하의 근로자 수(LN)	30	36	46	52	58	62	74	84	78	60	46	34	20	18	10
파업가담자 수(SN)	4	7	11	15	18	23	32	38	36	30	26	22	14	13	8

따라서 각 임금수준별 파업참가율을 P_i라 하면,

$$\hat{P}_i = \frac{SN_i}{LN_i}$$

가 성립될 것이고, 따라서 다음과 같은

$$L_i = \ln\left(\frac{\hat{P}_i}{1-\hat{P}_i}\right) = \alpha + \beta X_i$$

1) Gujarati, *Basic Econometrics*, p. 485 참조.

로지트모형의 추정을 실시할 수 있다.

$$L_i = -2.7557 + 0.0411X_i$$
$$(-25.4822) \quad (24.8727)$$
$$R^2 = 0.9794 \qquad d = 0.8281$$

그러나 위와 같은 추정 결과는 이분산현상을 무시한 상태에서 이루어진 것이다. 일단, 검정 결과 이분산현상이 존재하는 것으로 확인되었다는 가정하에

$$w_i = LN_i\hat{P}_i(1-\hat{P}_i)$$

위와 같이 정의된 w_i 변수에 평방근값을 가중치로 삼아서 WLS를 실시해 보면,

$$\sqrt{w_i}\,L_i = -2.5852\sqrt{w_i} + 0.0387\sqrt{w_i}\,X_i$$
$$(-21.9619) \qquad (20.0954)$$
$$R^2 = 0.9703 \qquad d = 0.8284$$

와 같아진다.

이제 이러한 추정결과식을 이용하여, 예컨대 $X=60$일 경우의 파업참가 가능성을 구해 보면,

$$L = -2.59 + 0.039(60) = -0.31$$
$$P = \frac{1}{1+e^{-L}} = \frac{1}{1+0.733} = 0.423$$

그러므로 60만 원을 월급으로 받는 근로자는 42.3%의 파업참가확률을 가진다고 볼 수 있다.

3. 프로비트모형(probit model)

누적로지스틱분포함수(cumulative logistic function)를 활용하는 로지트모형 이외에 LPM이 갖는 문제점을 완화시킬 수 있는 또 하나의 모형으로 프로비트(probit)모형이 있다. 이 모형은 누적정규분포함수를 활용하고 있어 노미트(normit)모형이라고도 불리운다.

원래 모형을 함수전환함으로써 모든 X값에 대응하는 Y값의 영역을 0과 1 사이로 한정시키기 위해 누적분포함수를 활용하되 X값의 변화가 Y값에 미치는 영향력의 특성은 그대로 유지시킬 수 있도록 한다는 점에서는 logit 모형의 경우와 동일하다. 즉, 결과적으로 다음과 같은 확률분포식을 이용하게 된다.

$$P_i = E[Y=1|X_i] = F(\alpha + \beta X_i) = F(S_i) \tag{10.40}$$

프로비트모형은 누적정규분포함수를 활용하게 되는데 그 구체적 과정은 다음과 같다. 우선 총선에서 여당을 찍는가 안 찍는가 하는 선택은(이를 종속변수 Y_i로 보자) 지난 임기 동안의 정치적 만족도에 의존한다고 보자. 문제는 정치적 만족도란 계측이 불가능하므로 정치적 만족도(이를 S라 하자)를, 예컨대 경제성장률과 같은 구체적인 설명변수(이를 X_i라 하자)의 함수로 파악한다고 가정한다. 즉,

$$S_i = \alpha + \beta X_i \tag{10.41}$$

유권자는 이 S_i 값이 어떤 결정적 수준을 상회하면 여당을, 그리고 하회하면 야당을 택하게 되며, 이를 $Y_i=1$(여당 투표) 또는 0(야당 투표)으로 나타내는 것으로 파악한다.

$$\begin{aligned} &\text{여당 투표} \quad \text{if} \quad S_i > S_i^* \\ &\text{야당 투표} \quad \text{if} \quad S_i \le S_i^* \end{aligned} \tag{10.42}$$

각 개인이 느끼는 만족도나 결정적 수준은 자연히 차이가 있을 것이며, 따라서 S_i가 정규분포를 따르는 것으로 보는 데 논리적으로 하자가 없다. 즉, P_i를 표준누적정규분포함수로 보는 데 큰 무리가 없다.

$$P_i = F(S_i) = \frac{1}{\sqrt{2\pi}} \int_{-\infty}^{S_i} e^{-\frac{1}{2}Z^2} dZ \tag{10.43}$$

(단, $Z_i \sim N(0,\ 1)$)

여기서 P_i란 여당을 선택할 확률로서 누적표준정규분포에서 $-\infty$부터 S_i 사이의 면적의 크기로 계측된다. 이러한 함수를 도표화한 것이 그림 10-11이다.

이제 문제는 일종의 지수인 S_i값을 어떻게 추정하는가 하는 점이 되는데, 이는 우선 식 (10.43)의 역함수를 구하는 과정부터 시작된다.

그림 10-11 프로비트모형(probit model)

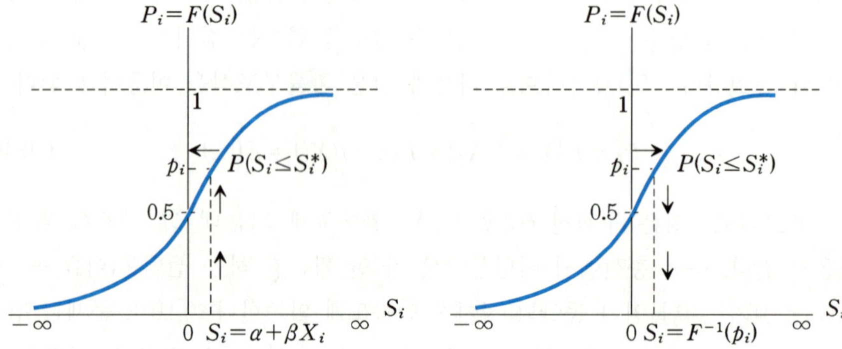

(a) S_i에 대응하는 P_i값 (b) P_i에 대응하는 S_i값

$$S_i = F^{-1}(P_i) = \alpha + \beta X_i \tag{10.44}$$

그림 10-11에서 만일 $P(S_i \le S_i^*)$가 되는 확률을 구하려면 그 누적확률 P_i를 찾음으로써 가능하듯이, 반대로 주어진 누적확률 P_i에 대응하는 S_i값을 CDF를 이용해 찾아낼 수 있는데, 이 후자의 경우를 식 (10.44)와 같이 표현한 것이다. 따라서 일단 표본에서 추정치 P_i가 얻어지면 누적분포함수를 이용하여 이에 대응하는 S_i를 얻게 된다. 이처럼 S_i추정치가 얻어지면(이를 표준정규분포에 대응하는 편차값이라는 뜻으로 normal equivalent deviate, 또는 간단히 n.e.d.로 표시하는데 normit이라고도 한다) α와 β를 추정하는 것은 쉬운 일이다. 그런데 여기서 S_i값은 $P_i<0.5$ 경우에 음수가 되는 불편한 점이 있어 통상 위에서 추정된 S_i값, 즉 n.e.d.에 5를 더하여 probit라는 새로운 지수 개념을 창출하여 사용하기도 한다. n.e.d.+5 정도라면 S_i가 "−"가 될 확률이 거의 없기 때문이다(표준정규분포의 표준편차가 1이란 점에 유의하면 이해하기 쉬울 것임).

$$\begin{aligned} \text{probit} &= \text{n.e.d.} + 5.0 \\ &= S_i + 5.0 \end{aligned} \tag{10.45}$$

이상과 같이 S_i와 probit가 추정되면 다음 식에서 α와 β를 추정하게 된다.

$$S_i = \alpha + \beta X_i + u_i \tag{10.46}$$

물론 S_i 대신 probit를 종속변수로 사용할 수도 있고, 이 때는 절편 값이 "5"만큼 변화할 뿐이다. 그런데 식 (10.46)에서도 전과 마찬가지로 오차항 u_i의 분산이 이분산현상을 갖게 되므로 역시 WLS를 적용하는 것이 합당하다.

일반적으로 프로비트모형은 로지트모형보다 경사가 가파르고 따라서 더 수평으로 긴 꼬리(flatter tails)를 갖게 되는 특징이 있는데, 역시 계산상의 편의성 등의 이유로 로지트모형이 보다 자주 활용되고 있다.

프로비트모형의 실증분석과정을 살펴보기 위해 일단 앞서 로지트모형 분석시 사용한 자료를 재활용해 보기로 한다.

임금수준(X)	30	33	38	40	46	51	57	60	64	70	76	82	88	91	100
파업가담의 표본비율(P)	.13	.19	.23	.28	.31	.37	.43	.45	.46	.50	.56	.64	.70	.72	.80
n.e.d.(S_i)	−1.1	−.8	−.7	−.5	−.5	−.3	−.2	−.1	−.1	0	.16	.38	.52	.59	.84
f_i	0.21	0.27	0.31	0.34	0.35	0.38	0.39	0.40	0.40	0.40	0.40	0.37	0.35	0.34	0.28

단, 위에서 n.e.d.는 P_i값에 대응하는 표준정규변수 Z_i값을 SAS 프로그램에 의해 산출해 놓은 것으로 본 예제에서는 S_i로 표현되어 있다.[1)] 이제 식 (10.44)를 추정하면

$$S_i(=\text{n.e.d.}) = -1.6790 + 0.0251X_i$$
$$(-28.3711) \quad (27.7078)$$
$$R^2 = 0.98 \qquad d = 0.87$$

그리고 S_i(또는 n.e.d.)에 5.0을 더하여 정의한 프로비트 개념을 이용하면,

$$\text{PBIT} = 3.3210 + 0.0251X_i$$
$$(56.1185) \quad (27.7078)$$
$$R^2 = 0.98 \qquad d = 0.87$$

이 되어 위의 추정 결과와는 상수항의 크기만이 5.0만큼의 차이를 보이고 있음(물론 그에 따라 t값도 변화)을 알 수 있다.

한편, 프로비트모형 또한 일반적으로 이분산현상을 유발하므로 가중최소자승법(WLS)의 적용이 요구된다. 이 때 사용되는 가중치는,

1) 이종원, 「경제경영통계학」, 1994, 부록 참조.

$$w_i = \frac{LN_i f_i^2}{P_i(1-P_i)}$$

가 되는데, 이는 식 (10.46)의 오차항의 분산이

$$\sigma_u^2 = \frac{P_i(1-P_i)}{LN_i f_i^2}$$

이 되는 데 연유한다.[1)]

일단 이상과 같은 과정을 통해 산출한 w_i값을 이용하여 식 (10.46)을 다음과 같이 전환시킨 다음 OLS를 실시하면 이것이 바로 WLS 효과를 갖게 된다.

$$S_i\sqrt{w_i} = -1.6621\sqrt{w_i} + 0.0251X_i\sqrt{w_i}$$

$$(-21.4049) \qquad (17.2421) \qquad (t\text{값})$$

$$R^2 = 0.9705 \qquad d = 0.8939$$

WLS 적용 결과가 OLS 적용시와 별 차이가 없이 나타난 것은 일단 애당초 예상했던 이분산현상이 심각하지 않았던 것으로 풀이할 수 있다(구체적인 내용은 독자 스스로 확인해 보기 바란다).

한편, 이상에서 도출된 추정결과식은 동일한 자료를 로지트모형으로 추정하였을 때는 다소의 차이를 보이고 있는데, 이러한 차이들의 일반적 속성이 그림 10-12와 같이 표현된다고 볼 수 있다.

---

1) 자세한 내용은 Gujarati(1988), pp. 491~504와 Griffiths et al., *Learning and Practicing Econometrics*(John Wiley & Sons, 1992), pp. 740~751을 참고할 것. 단, 윗식에서 f_i값을 산출하려면 다음과 같은 사항을 고려해야 할 것이다.

우선 $P_i = F(S_i)$가 누적표준정규분포확률을 나타내도록 정의되었으므로 이 함수의 1차도함수인 f_i는 표준정규밀도함수의 의미를 갖게 된다. 그런데 문제는 여기서 S_i 대신 P_i값이 주어졌을 때 이에 대응하는 f_i값을 산출해야 한다는 점에 있다. 따라서 $P_i = F(S_i)$를 일단 다음과 같이 변형시킨 다음

$$S_i = F^{-1}(P_i)$$

이를 f_i와 연관시키면 다음과 같은 결과식이 성립된다.

$$f_i = \frac{1}{\sqrt{2\pi}}\exp\left(-\frac{1}{2}S_i{}^2\right)$$

단, 실제로는 추정된 $\hat{P}_i$값에 대응하는 $\hat{S}_i$값을 찾아 윗식에 대입하게 된다.

이와 같은 과정에 따라 산출된 f_i값이 자료표 하단에 제시되어 있다.

그림 10-12 로지트와 프로비트의 누적확률분포

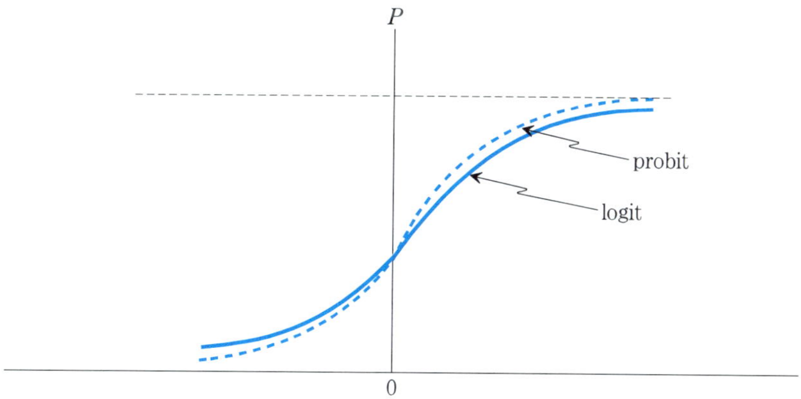

4. 다지선다형모형(multiple choice model)

앞 항에서의 논리를 일반화시키기 위해 본항에서는 3가지 이상의 서로 배타적인 다지선다형(multiple choice) 모형을 고려해 본다.

4.1 LPM의 일반화

LPM을 확대하되 3가지 중 하나를 선택할 수 있는 상황을 상정한다. 즉, 3가지 선택 가능한 경우를 $j=1, 2, 3$으로 표기하면 그에 대응하는 확률들은 다음과 같이 표현된다.

$$
\begin{aligned}
P_{1i} &= \alpha_1 + \beta_1 X_i \\
P_{2i} &= \alpha_2 + \beta_2 X_i \\
P_{3i} &= \alpha_3 + \beta_3 X_i \qquad (10.47)
\end{aligned}
$$

여기서 P_{ji}는 i번째 사람이 j번째 것을 선택할 확률이다. 그런데 이들 회귀방정식들을 OLS로 추정할 경우 3개의 LPM 모두를 추정할 필요는 없다. 왜냐하면, $P_{1i}+P_{2i}+P_{3i}=1$이 되므로, 추정될 절편항들의 합은 1, 그리고 기울기들의 합은 0이 될 것이기 때문이다. 즉, $P_{1i}+P_{2i}+P_{3i}=1$이면 $\overline{P}_{1i}+\overline{P}_{2i}+\overline{P}_{3i}=1$이 되므로 편차형들의 합은 0이 될 것이다.

$$p_{1i}+p_{2i}+p_{3i}=0$$
$$(\text{단, } p_{ji}=P_{ji}-\overline{P}_j)$$

따라서

$$\begin{aligned}\hat{\beta}_1+\hat{\beta}_2+\hat{\beta}_3&=\frac{\sum p_{1i}\cdot x_i}{\sum x_i^{\ 2}}+\frac{\sum p_{2i}\cdot x_i}{\sum x_i^{\ 2}}+\frac{\sum p_{3i}\cdot x_i}{\sum x_i^{\ 2}}\\&=\frac{\sum(p_{1i}+p_{2i}+p_{3i})x_i}{\sum x_i^{\ 2}}=0\\\hat{\alpha}_1+\hat{\alpha}_2+\hat{\alpha}_3&=(\overline{P}_1-\hat{\beta}_1\overline{X})+(\overline{P}_2-\hat{\beta}_2\overline{X})+(\overline{P}_3-\hat{\beta}_3\overline{X})\\&=(\overline{P}_1+\overline{P}_2+\overline{P}_3)-\overline{X}(\hat{\beta}_1+\hat{\beta}_2+\hat{\beta}_3)\\&=1\\\hat{P}_{1i}+\hat{P}_{2i}+\hat{P}_{3i}&=(\hat{\alpha}_1+\hat{\beta}_1X_i)+(\hat{\alpha}_2+\hat{\beta}_2X_i)+(\hat{\alpha}_3+\hat{\beta}_3X_i)\\&=(\hat{\alpha}_1+\hat{\alpha}_2+\hat{\alpha}_3)+(\hat{\beta}_1+\hat{\beta}_2+\hat{\beta}_3)X_i\\&=1\end{aligned}$$

이 된다. 따라서 셋 중 두 방정식만 OLS를 적용하면 나머지 한 방정식은 자동적으로 도출된다.

4.2 로지트모형(logit model)의 일반화

앞서 일반화된 LPM의 경우에서 처럼 3가지 중 하나를 선택하는 상황에 대응하여 다음과 같은 3개의 로지트모형을 설정할 수 있다.

$$\log\frac{P_2}{P_1}=\alpha_{21}+\beta_{21}X$$
$$\log\frac{P_3}{P_1}=\alpha_{31}+\beta_{31}X$$
$$\log\frac{P_3}{P_2}=\alpha_{32}+\beta_{32}X \tag{10.48}$$

윗식에서 개별관측치를 나타내는 하첨자 i는 생략하였고, P_j는 전과 마찬가지로 각 항목을 선택할 확률을 뜻하므로 $P_1+P_2+P_3=1$가 성립한다. 따라서 LPM의 경우와 마찬가지로 윗식들 중에서 두 개만 추정하면 나머지는 산술적

으로 도출이 가능하게 된다.[1]

4.3 프로비트모형의 일반화(ordered probit model)

이번에는 프로비트모형을 세 가지 중 택일을 하는 상황으로 확대적용하되 각 종속변수값에 대응하는 범주들을 서수적 자료로 처리한(odering) 경우를 고려해 보자.

대학입시에 관한 대학별 자율성에 관하여 살펴보면, ① 전면적인 정부관리, ② 정부에서의 관리 및 대학 본고사의 혼합, ③ 대학 본고사만을 고려하는 전면적 자율성을 주장하는 세 가지 안이 있다고 하자. 만일 각 대학의 희망하는 대학자율화 정도를 Z index로 계측할 수 있다고 보면 종속변수는 Z 값에 따라 $Y_i = 1, 2, 3$ 의 값을 갖는 것으로 파악할 수 있다. 따라서 $Z_i = \alpha + \beta X_i$ 에 근거하되,

$$Y_i = \begin{cases} 3, & \text{if} \quad Z_i \geq Z^{**} \\ 2, & \text{if} \quad Z^{*} < Z_i < Z^{**} \\ 1, & \text{if} \quad Z_i \leq Z^{*} \end{cases} \qquad (10.49)$$

와 같은 기준에 따라 Y값이 결정되는 것으로 볼 수 있는 것이다.[2]

추정에 관한 내용은 본질적으로 이원적(binary) 자료 경우와 같으므로 생략한다.

5. 제한적 종속변수모형(limited dependent variable model)

지금까지 종속변수가 질적인 변수로 두(또는 서너) 개가 범주를 대변하는 경우 이를 가변수(dummy variable)로 취급하되 LPM, 로지트 또는 프로비트모형의 형태로 추정할 수 있음을 전항에서 확인하였다. 이와는 달리 종속변수가 양적인 변수이지만 일정 영역에서는 관측될 수가 없는, 따라서 종속변수는 제한된 값(의 영역)을 갖는 경우가 있다.

예컨대, 로지트나 프로비트모형에서는,

$$Y_i = \begin{cases} 1, & \text{if} \quad Y_i^{*} > 0 \\ 0, & \text{if} \quad Y_i^{*} \leq 0 \end{cases} \qquad (10.50)$$

1) 자세한 내용은 Pindyck & Rubinfeld, pp. 270~271를 참조할 것.
2) *Ibid.*

$$(단,\ Y_i^* = \alpha + \beta X_i + u_i)$$

와 같이 가정되었다. 그런데 만일 $Y_i^* > 0$이면 관측 가능하고, $Y_i^* < 0$이면 관측이 불가능한 것으로 본 경우 관측된 Y_i는 다음과 같이 정의된다.

$$Y_i = \begin{cases} Y_i^* = \alpha + \beta X_i + u_i, & \text{if} \quad Y_i^* > 0 \\ 0, & \text{if} \quad Y_i^* \leq 0 \end{cases}$$

$$u_i \sim IN(0,\ \sigma^2) \tag{10.51}$$

바로 식 (10.51)과 같은 모형은 Tobit 모형이라 하는데, 이는 첫번째 분석가인 James Tobin을 이름은 따되 Tobin's probit을 줄여 만든 용어이다. 이 모형은 동시에 censored normal regression model 또는 truncated normal regression model로도 불리우고 있다.

이 모형에 OLS를 적용하면 추정량은 편의성과 비일관성을 갖게 되므로 MLE가 주로 사용되고 있는데 자세한 내용은 생략한다.[1)]

제 3 절 제한조건부모형(model with restricted coefficients)

경우에 따라 회귀계수 중 일부가 사전에 알려져 있거나 또는 회귀계수 간의 특정한 관계가 성립되어야 하는 등의 조건을 전제로 회귀분석을 수행하는 상황이 발생한다. 본 절에서는 이러한 상황에서 OLS가 갖는 문제점과 대응방안을 중심으로 고찰해 보고자 한다.

1. 단순제한조건(fixed-value restrictions : 단일치 제한조건)

제일 먼저 가상할 수 있는 상황은 절편이나 기울기를 나타내는 계수가 어느 특정한 값과 같다고 보는 경우라 할 수 있다.

우선 측정할 회귀모형이 다음과 같을 때 절편항인 β_1의 값이 사전에 0으로 알려졌다 하자.

---

1) Maddala(1989), pp. 283~290; Pindyck & Rubinfeld(1991), pp. 275~278, 또는 Greene (1990), ch. 21을 참조할 것.

$$Y_i = \beta_1 + \beta_2 X_{2i} + \beta_3 X_{3i} + \epsilon_i \quad (10.52)$$

그러면 실제 추정할 방정식은

$$Y_i = \beta_2 X_{2i} + \beta_3 X_{3i} + \epsilon_i \quad (10.53)$$

이 되며, 따라서 추정할 계수가 하나 줄어들게 된다. 결과적으로 자유도가 1만큼 증대되고 $\mathrm{Var}(\hat{\beta}_i)$는 작아지는 바람직한 현상이 나타난다. 단, R^2값은 낮아지는 경향이 있다.

사전적 정보에 따라 기울기를 나타내는 β_2나 β_3 중 하나가, 예컨대 β_3가 그 값이 알려졌다면 식 (10.52)는

$$Y_i^* = \beta_1 + \beta_2 X_{2i} + \epsilon_i \quad (10.54)$$

$$(\text{단, } Y_i^* = Y_i - \beta_3 X_{3i})$$

로 변환될 수 있으며, 이 경우 또한 측정할 계수가 줄어들고, $\mathrm{Var}(\hat{\beta}_i)$는 작아지는 효과가 나타나는 점은 앞서와 같다.

[예제 : 소비함수 재론]

소비함수를 $C = \alpha + \beta Y$ 형태로 설정할 경우 α는 절대소비수준, 즉 소득이 없어도($Y=0$) 생존을 위해 소비해야 되는 소비수준을 의미한다. 그러나 만일 C나 Y가 항상소득으로 간주될 수 있다면 단순히 $C = \beta Y$, 즉 절편항이 없는 형태로 소비함수를 정의할 수 있다. 물론 여기서 사용할 원자료는 항상소득이나 항상소비 개념에 충실한 자료는 아니지만 일단 $\alpha=0$이라 가정한 후 분석을 시도해 보고자 한다.

$\alpha \neq 0$인 경우 :

$$\text{CPXV} = 1{,}448.2327 + 0.6946\text{YDXV}$$
$$(9.4865) \qquad (51.9322) \qquad (t\text{값})$$
$$R^2 = 0.9733 \qquad d = 1.7111$$

$\alpha = 0$인 경우 :

$$\text{CPXV} = 0.8116\text{YDXV}$$
$$(106.4598) \qquad (t\text{값})$$
$$R^2 = 0.9408 \qquad d = 1.060$$

추정 결과 예상한 대로 $\alpha=0$ 이라는 제한조건하에서 추정할 경우 한계소비성향을 나타내는 $\hat{\beta}$값이 0.6946에서 0.8116으로 증가됨을 볼 수 있다.

2. 복합제한조건(inequality constraints : 범위적 제한조건)

사실 사전정보가 위의 항처럼 회귀계수값이 특정한 값을 갖는 경우보다는 일정 영역의 값을 갖는 것으로 규정된 경우가 일반적이라 할 수 있다. 예컨대, 소비함수에서 MPC를 나타내는 계수값은 0과 1 사이에 있다는 조건식을 들 수 있다. 이러한 식은 일반적으로 다음과 같이 표현될 수 있다.

$$a \leq \beta_k \leq b \qquad (\text{단, } a<b) \tag{10.55}$$

그런데 이러한 조건식은 절대적 항등조건식(definite equality)보다는 추정에 더욱 불편함을 초래한다. 여하튼 이러한 상황에 대응하여 추정하는 방안은 기본적으로 세 가지가 있다.

첫번째 방법은 일단 식 (10.55)와 같은 조건을 무시하고 OLS 추정치를 산출한 다음 추정치가 $a \leq \hat{\beta}_k \leq b$이면 그대로 수용하고 $\hat{\beta}_k < a$ 또는 $\hat{\beta}_k > b$면 $\hat{\beta}_k = a$ 또는 $\hat{\beta}_k = b$로 전환하는 방법이다. 이 때 추정치 $\hat{\beta}_k$가 제한된 범위 내로 구속받게 되므로 그 분포는 더 이상 정규분포 형태를 유지할 수 없게 된다. 그러나 표본규모가 커지고 조건영역 밖의 추정치가 나타날 가능성이 작아질수록 $\hat{\beta}_k$는 정규분포에 가까워진다.

두 번째 방법은 제한조건을 고려한 최우추정법(MLE)을 적용하는 것인데 이는 비선형함수적 계산을 요하게 되는 등 추정치 산출과정이 몹시 복잡하고 번거로워지는 문제가 있다.

세 번째 방법으로 가장 보편적으로 많이 쓰이는 방법은 이른바 혼합추정법 또는 혼합추정량(mixed estimation method 또는 mixed estimator)이라 불리우는 방법을 활용하는 것이다.[1)] 여기서 혼합(mixed)이란 용어는 이 방법이 표본정보 외에 회귀계수에 관해 주어진 추가적인 그리고 사전적인 정보를 추정에 동시에 고려한다는 데에서 연유한 말이다. 따라서 이 방법은 부등조건식을 마치 추가적인 관측치처럼 취급하여 이를 추가시킨 표본(extended sample)에 OLS를 적용하

1) 혼합추정량에 관한 자세한 내용은 Kennedy(1985), ch. 11; Chow(1983), ch. 3을 참조할 것.

는 방식으로 추정을 하게 된다.

이 방법론은 우선 식 (10.55)와 같은 조건식을 β_k값이 일정 구간 (a, b) 내에 있을 확률이 1이고 구간 밖에 있을 확률은 0 이라는 식으로 인식한다. β_k값들이 구간 내의 어떤 값을 갖게 될 것인가에 대해서는 구체적인 근거가 없으므로 구간 내의 모든 값이 나타날 가능성은 모두 동일한 것(equally likely)으로 간주한다. 따라서 구간 내의 β_k값들은 균등분포(uniform distribution)를 따르는 것으로 가정한다.1) 즉,

$$\beta_k = \frac{a+b}{2} + u \tag{10.56}$$

$$\left((\text{단, } E[u]=0, \ \text{Var}(u) = \frac{(b-a)^2}{12})\right) \tag{10.57}$$

과 같이 정의식을 설정한다. 그리고 이 식은 다음과 같이 전환할 수 있다.

$$\frac{a+b}{2} = \beta_1 \times 0 + \beta_2 \times 0 + \cdots + \beta_k \times 1 + \cdots + \beta_K \times 0 + (-u) \tag{10.58}$$

이제 이렇게 도출된 수식을 이용하여 $\frac{a+b}{2}$를 아래의 회귀방정식의 $(n+1)$번째의 관측치처럼 간주한다.

$$Y_i = \beta_1 X_{1i} + \beta_2 X_{2i} + \cdots + \beta_k X_{ik} + \cdots + \beta_K X_{iK} + \epsilon_i \tag{10.59}$$

그런데 식 (10.58)에서 ϵ_i가 동분산을 갖고 있다 하더라도 가상의 $(n+1)$번째 관측치를 포함시킴으로써 $\text{Var}(u) = \frac{(b-a)^2}{12}$의 영향을 받아 이분산현상이 초래된다. 이러한 문제를 해소하기 위해 식 (10.57)의 양변에 $\frac{\sigma\sqrt{12}}{b-a}$를 곱하면,

$$\begin{aligned}
&\frac{(a+b)}{2} \cdot \frac{\sigma\sqrt{12}}{b-a} \\
&= \frac{(b+a)\sigma\sqrt{3}}{b-a} \\
&= \beta_1 \times 0 + \beta_2 \times 0 + \cdots + \beta_k \times \left[\frac{\sigma\sqrt{12}}{b-a}\right] + \cdots + \beta_K \times 0 + u^*
\end{aligned} \tag{10.60}$$

1) 이종원, 「경제경영통계학」, 박영사, 1994, 제 5 장 참조.

$$\left(\text{단, } u^* = \frac{-u\sigma\sqrt{12}}{b-a}\right)$$

가 되며, 따라서 새로운 오차항의 분산이 동분산을 회복하게 된다. 즉,

$$\mathrm{Var}(u^*) = \left[\frac{12\sigma^2}{(b-a)^2}\right]\mathrm{Var}(u) = \sigma^2 \tag{10.61}$$

i	Y_i	X_{i1}	X_{i2}	$\cdots$	X_{ik}	$\cdots$	X_{iK}
1	Y_1	1	X_{12}	$\cdots$	X_{1k}	$\cdots$	X_{1K}
2	Y_2	1	X_{22}	$\cdots$	X_{2k}	$\cdots$	X_{2K}
$\vdots$	$\vdots$	$\vdots$	$\vdots$	$\cdots$	$\vdots$	$\cdots$	$\vdots$
n	Y_n	1	X_{n2}	$\cdots$	X_{nk}	$\cdots$	X_{nK}
$n+1$	$\frac{(b+a)\sigma\sqrt{3}}{b-a}$	0	0	$\cdots$	$\frac{\sigma\sqrt{12}}{b-a}$	$\cdots$	0

이 때 $(n+1)$번째 Y값은 미지의 모표준편차 σ를 포함하고 있으며, 따라서 추정시에는 표본표준편차 s로 대체해 사용할 수 있다.

[예제 : 복합제한조건하의 소비함수]

소비함수를 $CPXV_t = \alpha + \beta YDXV_t$ 형태로 설정할 경우 한계소비성향(MPC)을 나타내는 β값은 0보다 작거나 1보다 클 수 없다는 사실을 조건으로 활용하여 추정해 보기로 한다. 소비와 (가처분)소득은 자료디스켓상의 자료로 1970년 1/4분기부터 1988년 4/4분기까지의 76개 분기별 자료를 사용한다.

일단 조건식은

$$0 \le \beta \le 1$$

와 같이 설정되므로,

$$\beta = \frac{0+1}{2} = \frac{1}{2}$$

을 이용하여 추가적인 관측치를 창출한다. 즉,

$$(n+1)\text{번째} \quad CPXV_t = \frac{(a+b)\sqrt{3}\,\sigma}{b-a} = \sqrt{3}\,\sigma$$

$$(n+1)\text{번째} \qquad \mathrm{YDXV}_t = \frac{\sqrt{12}\,\sigma}{b-a} = 2\sqrt{3}\,\sigma$$

물론 σ가 미지이므로 제한조건을 무시한 상태에서 OLS를 실시하여 얻은 표본표준오차로서 대체해 넣어야 한다. 이러한 과정을 거쳐 혼합추정을 실시한 결과는 다음과 같다.

제한조건을 고려하지 않을 때(OLS 추정 결과) :

$$\mathrm{CPXV} = 1{,}448.2327 + 0.69455\ \mathrm{YDXV}$$
$$(9.4865) \qquad (51.9322) \qquad (t\text{값})$$
$$(152.6623) \qquad (0.01337) \qquad (\text{표준오차})$$
$$R^2 = 0.9733 \qquad d = 1.7111$$
$$(\text{단, } s_e = 513.0443)$$

혼합추정법을 적용했을 때 :

$$\mathrm{CPXV} = 1{,}452.6217 + 0.6941\mathrm{YDXV}$$
$$(9.5589) \qquad (52.1472)$$
$$R^2 = 0.9752 \qquad d = 1.7706$$

그런데 이러한 혼합추정법의 적용은 일단 OLS 결과가 나오면 s_e값을 동시에 활용하여 쉽게 도출할 수도 있다(자세한 내용은 연습문제로 돌린다).

3. 선형제한조건(linear restrictions)

제한조건이 개별회귀계수 각각에 대하여 설정되는 대신 회귀계수 상호간의 관계에 대하여 설정되는 경우가 있다. 그런데 이러한 상호관계가 때때로 1차함수적으로 또는 비선형함수로 표현되는데, 전자는 본 항에서 후자는 다음 항에서 보기로 한다.

선형제한조건부모형(linear restriction model)으로 가장 손쉽게 예를 들 수 있는 것은 Cobb-Douglas 생산함수이다. 이 함수는 규모에 대한 보수불변의 법칙이 성립되는 특징을 갖고 있으며, 이는 구체적으로 두 회귀계수의 합이 1이 되는 조건식으로 표현될 수 있다. 즉, 제한조건을 감안한 회귀식은,

$$Y_i = \alpha_1 + \alpha_2 X_{2i} + (1-\alpha_2)X_{3i} + \epsilon_i \tag{10.62}$$

$$\left(\begin{array}{l}\text{단, } Y_i : \text{산출량의 대수값} \\ \quad X_{2_i} : \text{노동투입량의 대수값} \\ \quad X_{3i} : \text{자본투입량의 대수값}\end{array}\right)$$

과 같아진다. 만일 제한조건이 없는 회귀식을,

$$Y_i = \beta_1 + \beta_2 X_{2i} + \beta_3 X_{3i} + \epsilon_i \tag{10.63}$$

와 같이 정의하면 다음과 같은 관계가 성립된다.

$$\begin{bmatrix}\beta_1 = \alpha_1 \\ \beta_2 = \alpha_2 \\ \beta_3 = 1 - \alpha_2\end{bmatrix} \quad \text{또는} \quad \begin{bmatrix}\alpha_1 = \beta_1 \\ \alpha_2 = \beta_2 \\ \alpha_2 = 1 - \beta_3\end{bmatrix} \tag{10.64}$$

이 경우 제한조건부 회귀식의 미지의 회귀계수는 두 개이고, 무조건부 회귀식의 회귀계수는 세개이어서 서로 1 : 1의 관계가 성립하지 않는다. 따라서 무조건부 회귀식에서 β_i들을 먼저 추정한 다음 이들로부터 조건부 회귀계수를 도출하려면 필요 이상의 정보, 즉 소위 과도식별문제(over-identification) 때문에 유일 해(unique solution)가 아니라 둘 이상의 해가 존재하게 된다.[1] 따라서 식 (10.63)을 먼저 추정한 다음 식 (10.62)의 회귀계수를 도출할 수 없으며, 따라서 식 (10.62)에 직접 OLS를 적용하여 추정치를 얻어야 한다. 즉, 식 (10.62)를 아래와 같이 전환한 다음 OLS를 적용한다.

$$Y_i^* = \alpha_1 + \alpha_2 X_{2i}^* + \epsilon_i \tag{10.65}$$

$$\left(\begin{array}{l}\text{단, } Y_i^* = Y_i - X_{3i} \\ \quad X_{2i}^* = X_{2i} - X_{3i}\end{array}\right)$$

[예제 : 생산함수 재론]

회귀계수 간에 선형제한조건이 설정된 경우 본문에서와 같은 과정에 따라 추정할 수도 있으나 동일한 추정 결과를 단지 제한조건부최소자승법(CLS; constrained least squares methods)을 적용하여 얻을 수도 있다. 아래는 우리나라의 1971～1988년 기간중(72개 분기자료 사용) 생산함수를 한 번은 제약조

1) 식별문제는 제 4 편에서 상세히 다루어질 것임. 제한조건부회귀식이 정확히 식별 또는 과소식별되는 경우는 Kmenta(1971), pp. 439~442를 참조할 것.

건 없이, 그리고 한 번은 $\alpha_2 + \alpha_3 = 1$(이는 규모에 대한 보수불변의 법칙이 성립되는 경우를 뜻함)이라는 제약조건하에 추정한 결과이다.

$$\log YXV = -4.2653 + 0.4324 \log(LEXMWH) + 0.6648 \log KEXV$$
$$(-1.6609) \quad (1.9755) \qquad\qquad (10.1738)$$
$$R^2 = 0.9762 \qquad d = 0.9179$$

$$\log YXV = -2.6661 + 0.2966 \log(LEXMWH) + 0.7034 \log KEXV$$
$$(-32.6665) \quad (14.2715) \qquad\qquad (33.8409)$$
$$R^2 = 0.9760 \qquad d = 0.8591$$

이상에서 전체적인 통계적 유의성에는 별 차이가 없으나 후자에서는 추정계수 간에 실징된 제약조긴이 충족되는 결과가 도출되었음을 알 수 있다.

단, YXV : GNP

LEXMWH = LEX × MWH

LEX : 고용량(labor employed)

MWH : 월근로시간(monthly worked hours)

KEXV : 자본사용량(capital employed)

~X : 계절조정된 변수임을 표시

~V : 1985년도 기준가격으로 환산된 자료임을 나타냄

4. 비선형제한조건(nonlinear restrictions)

비선형제한조건부 모형 중 정확한 식별(exact identification)이 달성되는 예로서 자주 볼 수 있는 것으로 스톡조정모형(stock adjustment model)이 있다.

기업이 보유를 희망하는 자본스톡(Y_t^*)이 매상고(X_t)의 1차함수라 하자. 즉,

$$Y_t^* = \alpha + \beta X_t \tag{10.66}$$

한편, 보유희망수준을 기준으로 기업이 매 시기에 실제로 조정하는 자본스톡의 변화량은,

$$Y_t - Y_{t-1} = \gamma(Y_t^* - Y_{t-1}) + \epsilon_t \tag{10.67}$$

(단, γ는 0과 1 사이 값을 갖는 조정계수임)

과 같은 식에 따라 이루어진다고 본다.

이제 식 (10.66)을 (10.67)에 대입시키면 다음과 같아진다.

$$Y_t = \alpha\gamma + \gamma\beta X_t + (1-\gamma)Y_{t-1} + \epsilon_t \tag{10.68}$$

이를 제한조건이 없는 회귀식으로 표현하면,

$$Y_t = \beta_1 + \beta_2 X_t + \beta_3 Y_{t-1} + \epsilon_t \tag{10.69}$$

와 같이 쓸 수 있으므로, 두 회귀식의 계수들 간에는 다음 관계가 성립한다.

$$\beta_1 = \alpha\gamma$$
$$\beta_2 = \beta\gamma$$
$$\beta_3 = 1-\gamma$$

따라서 다음과 같은 해가 도출된다.

$$\alpha = \frac{\beta_1}{1-\beta_3}$$
$$\beta = \frac{\beta_2}{1-\beta_3} \tag{10.70}$$
$$\gamma = 1-\beta_3$$

이상의 관계에서 α, β, γ는 β_i들의 비선형함수임을 알 수 있다. 그러나 두 계수집단간에는 1 : 1의 관계가 성립되므로, 즉 정확히 식별이 가능하며 따라서 유일한 해가 존재한다. 따라서 이 경우의 추정은 식 (10.69)를 OLS로 추정한 후 식 (10.70)에 의거 필요한 추정계수값을 얻거나 직접 (10.68)에 비선형최소자승법을 적용하여 얻어 낼 수 있다.[1)]

마지막으로 모든 유형의 제한조건부회귀식과 관련하여 지적해 둘 사항은 추가적인 정보의 활용은 추정오류를 축소시키고 예측오차를 작게 하여 정확도를 향상시킨다는 점이다. 따라서 (사전)정보가 신뢰할 만한 것일 때 이를 적극 활용하는 데 인색해선 안 될 것이다.

---

1) 보다 상세한 내용은 Kmenta (1971), pp. 442~448을 참조할 것.

제 4 절 시차분포모형(distributed-lag model)

회귀분석모형이 설명변수의 현재 관측치는 물론 과거의 관측치까지를 포함하고 있는 설명변수들로 정의된 경우 이를 시차분포모형이라 한다. 반면에 회귀모형에 하나 또는 둘 이상의 시차가 있는 종속변수가 설명변수로 등장하는 모형을 자기회귀모형(AR; autoregressive model)이라 한다.

후자에 관해서는 제 5 편 시계열분석에서 심도 있게 다룰 것이므로 여기서는 시차분포모형과 연관되는 부분만을 다루기로 한다. 엄밀히 말해서 본 절은 시차분포모형을 위한 것인데도 자기회귀모형을 등장시킨 것은 시차분포모형 중 일부는 추정상의 문제점을 함수전환을 통해 해소코자 하는데, 이 때 결과적으로 나타나는 것이 바로 자기회귀모형이기 때문이다.

우선 시차분포모형이란 원칙적으로 설명변수에만 시차가 나타나는 것으로 정의한 후 시차의 길이가 유한한 것과 무한한 것으로 구분하는 것이 논리 전개상 편리하다. 전자를 유한시차분포모형, 후자를 무한시차분포모형이라 칭한다. 학자에 따라서는 전자를 외생시차분포모형, 후자를 내생시차분포모형이라 부르기도 한다. 전자는 외생변수적 특징을 갖는 설명변수만에 시차가 나타난 형태를 그대로 유지하지만, 후자의 무한시차분포모형의 경우는 추정상의 문제로 인해 이를 함수전환할 경우 설명변수에서의 무한시차가(내생변수의 특성을 갖는) 종속변수에 유한시차가 붙는 모형으로 변모되는 데 기인하여 명명한 것이다. 그러나 이처럼 유한시차가 붙은 종속변수가 설명변수로 등장하는 모형은 동태적 분석을 위한 자기회귀모형에 해당되는 것이어서 자기회귀모형의 형태 자체에 염두를 두어 내생시차분포모형이라 칭하는 것은 오해의 소지가 있음을 밝혀 두고 싶다.

그림 10-13에서 볼 수 있듯이 유한시차분포는 가중치를 임의로 부여하는 모형과 알몬(Almon)의 다항시차분포모형(polynomial lag model)으로 구분할 수 있으며, 무한시차분포모형은 기하시차분포모형(geometric lag model)과 파스칼시차분포모형(Pascal lag model) 및 감마시차분포모형(gamma lag model) 등으로 구분할 수 있다. 본 절에서는 이들 각종 시차분포모형의 특징과 추정상의 애로 및 타개방안을 유형별로 소개코자 한다.

그림 10-13 시차분포모형의 유형과 추정문제

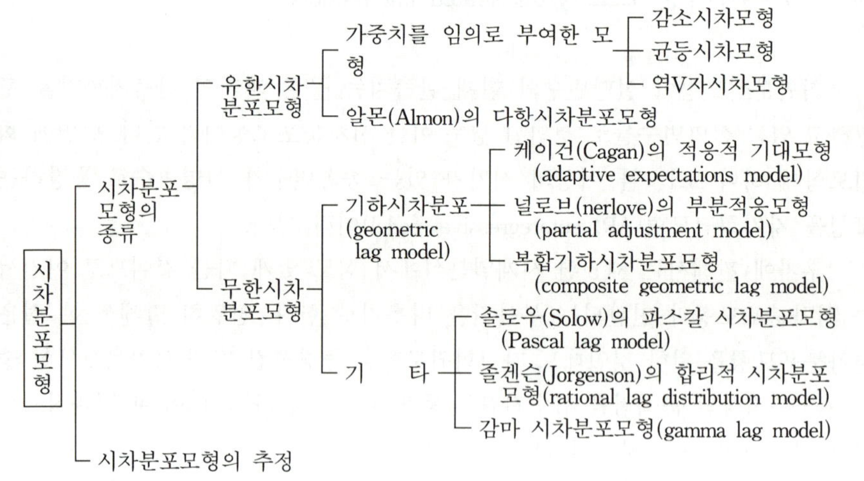

1. 유한시차분포모형

종속변수 Y가 설명변수 X의 현재 및 과거값에 의존하는 상황을 다음과 같이 표현할 수 있다.

$$Y_t = \alpha + \beta_0 X_t + \beta_1 X_{t-1} + \cdots + \beta_k X_{t-k} + \epsilon_t \tag{10.71}$$

이는 Y에 대한 영향력이 현재 및 일정 시차를 갖는 과거값들에 걸쳐 분포되어 있다는 차원에서 시차분포모형이라 일컫고 있으며, 시차의 길이 "k"가 유한한 경우를 유한시차분포모형이라 한다.

일반적으로 이러한 시차분포모형에서 Y값이 폭발적으로 증가(또는 감소)하는 상황이 발생하는 경우를 제외하기 위해 다음 조건을 암묵적으로 가정한다.

$$\sum_{i=0}^{k} \beta_i < \infty \tag{10.72}$$

그런데 비단 시차길이 "k"가 한정된 경우라 하더라도 식 (10.71)과 같은 모형을 OLS로 추정하려면 적어도 두 가지 유형의 문제가 발생한다.

첫째는 "$k+2$"개에 달하는 회귀계수를 추정하려면 그만큼 많은 자유도를 상실한다는 점, 둘째는 시차변수 상호간에 다중공선성이 존재할 가능성이 높다는 점이 바로 그것이다. 따라서 이러한 문제를 해소하기 위한 별도의 방안이 강구되어야 하는데, 제일 먼저 생각할 수 있는 방안은 특정 원칙에 따라 시차변수의 계수를 아예 사전적으로 임의의 값을 부여하는 방안이라 할 수 있다.

1.1 가중치를 임의로 부여한 시차분포모형

원칙적으로 추정해야 할 계수들을 추정상의 어려움 등의 이유로 아예 임의로 선정한 값을 대입하는 경우 가중치의 변화유형은 대개 3가지로 압축된다. 즉, 가중치가 점차 감소하는 경우, 항상 일정한 경우, 그리고 점차 증가하다가 일정 시점 후 감소하는 경우로 구분할 수 있다. 시차를 둔 설명변수들의 영향력이 과거치로 거슬러 올라갈수록 점차 증가하는 경우나 또는 점차 감소하다가 일정 시점 이후에는 증가하는 상황을 상정하기 힘들기 때문에 실제 실현 가능한 가중치들은 위와 같은 세 가지 유형의 범주를 크게 벗어나지 않을 것이라 볼 수 있다.

1.1.1 감소시차(declining lag)

식 (10.71)과 같은 시차분포모형에서 회귀계수 β_i(단, $0 \le i \le k$)값이 그림 10-14의 (1)의 경우와 같이 점차 감소하는 경우를 감소시차분포모형이라 부른다. 시차를 둔 설명변수 또한 현재의 종속변수에 영향을 미치지만 시차가 큰, 즉 먼 과거의 설명변수값일수록 현재의 종속변수에 대한 영향력이 감소할 것이란 가정은 지극히 현실적이다.

문제는 β_i의 크기가 점차 감소한다 해도 구체적으로 어떤 값들을 대입하고 또 얼마나 많은 β_i값들을 포함시킬 것인가 하는 점이다. 이와 관련하여 가장 기본적인 방법론이 피셔(Irving Fisher)에 의해 제안된 바 있다.[1)]

$$\beta_i = \begin{cases} (k+1-i)\beta \quad , & 0 \le i \le k \\ 0 \quad , & i > k \end{cases} \tag{10.73}$$

즉, 그는 가중치를 산술적으로 감소시키는 방안을 제시한 것이며 식 (10.73)과 같이 표현될 수 있는데, 이를 식 (10.71)에 대입시키면 추정할 회귀방정식은 다음과 같아진다.

---

1) Irving Fisher, "Note on a Short-Cut Method for Calculating Distributed Lags," *International Statistical Institute Bulletine*(1937), pp. 323~327.

$$Y_t = \alpha + \beta\left[\sum_{i=0}^{k}(k+1-i)X_{t-i}\right] + \epsilon_t \tag{10.74}$$

가중치가 감소하는 유형은 감소율이 피셔의 경우에서처럼 일정한 경우 외에도 점차 떨어지거나 또는 높아지는 경우를 상상할 수 있으나 이는 다른 각도에서 접근하는 것이 편리하므로 여기서는 생략한다.

1.1.2 균등시차(rectangular lag)

시차를 가진 모든 설명변수가 종속변수에 미치는 영향력이 동일한 것으로 가정한 모형을 균등시차분포모형이라 한다.

$$\beta_0 = \beta_1 = \beta_2 = \cdots = \beta_k = \overline{\beta} \tag{10.75}$$

식 (10.75)와 같이 정의되는 균등시차를 고려한 추정모형은 다음과 같다.

$$Y_t = \alpha + \overline{\beta}\sum_{i=0}^{k} X_{t-i} + \epsilon_t \tag{10.76}$$

즉, 추정할 회귀계수는 β_i의 평균의 의미를 가지며, 설명변수는 시차변수들의 단순한 합으로 단일화될 수 있다. 그러나 이러한 균등화가 나타날 상황은 지극히 드물다.

1.1.3 역 “V”자시차(inverted “V” lag)

그림 10-14의 (3)번 경우와 같이 영향력이 점차 증가하다가 일정 시점 이후부터는 점차 감소하는 경우를 역V자시차분포라 한다. 예컨대, 연구개발비의 투자효과는 일정 기간 동안 점차 확대되는 경향이 있지만 연구개발된 기술이 일반화되는 시기에 이르러서는 그 효력이 점차 축소되는 경우가 이러한 상황에 해당된다.

그런데 문제는 과연 어떤 값들로 역“V”자형 가중치를 설정할 것인가 하는 점이다. 우선은 여러 가지 상이한 가중치들을 활용하여 동시에 추정한 다음 R^2 등 여러 가지 통계적 검정 및 평가내용을 근거로 설정하는 방안을 제시할 수 있다. 그리고 이러한 방법과 관련하여 드 류(De Leeuw)는 다음과 같은 가중치를 부여할 것을 제안하였다. 단, 논리의 단순화를 위해 k는 짝수이고 $\beta_0 = \beta_k = 0$이라 가정한다.

그림 10-14 시차분포의 유형

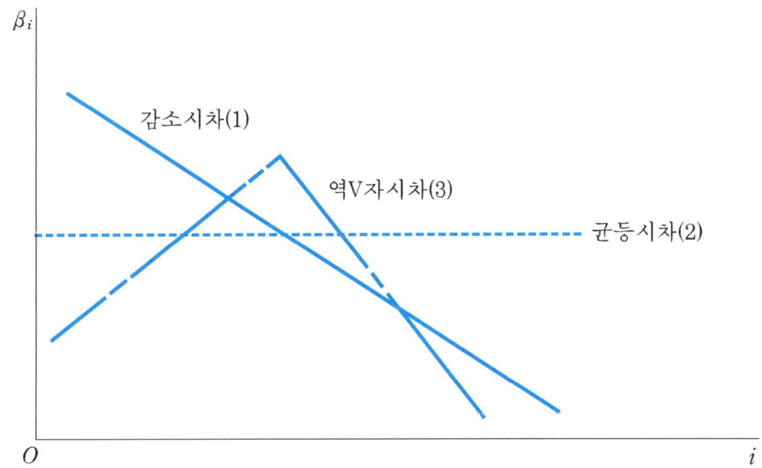

$$\beta_i = \begin{cases} i\beta & \text{for} \quad 0 \le i \le \dfrac{k}{2} \\ (k-i)\beta & \text{for} \quad \dfrac{k}{2}+1 \le i \le k \end{cases} \tag{10.77}$$

이를 (10.71)에 대입하면,

$$Y_t = \beta\left[\sum_{i=0}^{\frac{k}{2}} iX_{t-i} + \sum_{i=\left(\frac{k}{2}\right)+1}^{k} (k-i)X_{t-i}\right] + \epsilon_i \tag{10.78}$$

와 같아지므로 일단 시차(lag)의 길이 k만 결정되면 OLS에 의해 쉽게 β_i를 추정할 수 있게 된다.

1.2 알몬의 다항시차분포모형(Almon's polynomial lag model)

회귀계수에 사전적으로 특정한 유형을 갖는 값들을 부여하되 시차(회귀)계수 β_i를 i의 다항식 형태의 함수로 파악하는 방법이 Almon에 의해 제시되었다.[1)]

1) S. Almon, "The Distributed Lag between Capital Appropriations and Net Expenditures," *Econometrica*(January 1965), pp. 178~196.

$$\begin{aligned}\beta_i &= f(i) \\ &= a_0 + a_1 i + a_2 i^2 + \cdots + a_r i^r \end{aligned} \tag{10.79}$$

이 때 r이 2이면, 즉 2차함수 경우에는 시차분포는 역V자 구조를 갖게 되고, $r=3$, 즉 3차함수인 경우에는 시차분포는 순환적(cyclical) 구조를 갖게 된다. 따라서 이 방법은 시차를 i의 몇 차 함수로 파악하는가에 따라 다양한 유형의 시차분포를 포괄할 수 있다는 장점이 있다. 이러한 측면에서 보면 Almon의 모형은 Fisher의 하강시차(와 De Leeuw의 역 V자 시차)를 일반화시킨 포괄적 모형의 성격을 갖는다고 볼 수도 있다.

설명상의 편의를 위해 $r=3$이 되는 경우를 중심으로 Almon의 시차모형의 특징과 추정방법을 살펴본다.

$$\beta_i = a_0 + a_1 i + a_2 i^2 + a_3 i^3 \tag{10.80}$$

이 식을 식 (10.71)에 대입하면 다음 결과식을 얻는다.

$$\begin{aligned} Y_t &= \sum_{i=0}^{k} (a_0 + a_1 i + a_2 i^2 + a_3 i^3) X_{t-i} + \epsilon_t \\ &= a_0 Z_{0t} + a_1 Z_{1t} + a_2 Z_{2t} + a_3 Z_{3t} + \epsilon_t \end{aligned} \tag{10.81}$$

$$\left(\begin{aligned} &\text{단, } Z_{0t} = \sum_{i=0}^{k} X_{t-i}, \quad Z_{1t} = \sum_{i=0}^{k} i X_{t-i} \\ &\qquad Z_{2t} = \sum_{i=0}^{k} i^2 X_{t-i}, \quad Z_{3t} = \sum_{i=0}^{k} i^3 X_{t-i} \end{aligned} \right)$$

여기서 새로 창출된 설명변수 Z는 X_{t-i}의 1차함수이므로 원래 식의 오차항의 특성이 그대로 승계된다. 따라서 OLS를 적용하는 데 아무런 하자가 없다. 일단 a_i가 추정되면 식 (10.79)에 의해 β_i가 도출될 수 있다. 문제는 과연 시차의 길이(k)와 다항식의 차수(r)를 어떻게 선정할 것인가 하는 점이다.

우선 시차의 길이부터 선택해야 하지만 합당한 논리적 근거나 기준이 마련되기 어렵다. 따라서 통상적으로 전체 관측치수의 20%를 넘지 않는 정도에서 최대시차를 설정하고 있다.

일단 시차가 선정되면 다음으로 다항식의 차수를 결정해야 하는데, 여기서도 이렇다 할 일반적 기준이 마련되기 어렵다. 따라서 2차다항식부터 시작하여 차수를 늘려가며 추정하되, 회귀계수가 t검정 결과 유의성이 인정되는 최대차수를 선택하는 것이 일반적이다.

이상과 같은 Almon의 모형은 감소시차 및 역V자시차 등을 다양한 시차 형태로 포함하는 융통성이 있으나 시차의 길이와 다항식의 차수를 정해 줄 논리적 근거가 없어 추정과정이 번거로워진다는 문제가 있다. 그리고 X_{t-i}의 1차함수로 생성된 Z_i들 간에 다중공선성이 발생할 우려가 있다는 점이 아울러 지적될 필요가 있다.

2. 무한시차분포모형

유한시차분포모형이 비록 시차의 길이가 유한하다 하더라도 제한된 시차길이 자체가 길 경우 자유도의 상실이나 다중공선성과 같은 문제가 발생한다는 어려움을 안고 있다. 물론 전항에서 살펴본 바와 같이 사전적으로 임의의 가중치를 대입하여 이러한 문제를 완화하는 방법을 활용할 수 있다.

한편, 시차길이를 제한하지 않는 이른바 무한시차분포모형의 경우는 유한시차분포모형에서와 같은 방법으로는 추정상의 애로가 제거될 수 없을 것임은 쉽게 알 수 있다. 따라서 이 경우에는 일반적으로 간접적인 방안을 강구하여 활용하게 된다. 즉, 무한시차분포모형은 특정한 함수전환과정을 거쳐 추정이 용이한 형태로 바꾼 다음 추정에 들어가게 된다. 대표적인 무한시차분포로서는 기하시차분포모형이 있는데, 이를 이른바 Koyck 방법에 의해 함수전환하면 종속변수에 시차가 붙은 설명변수가 등장하는 이른바 자기회귀모형이 탄생한다. 이러한 이유 때문에 학자에 따라 무한시차분포모형을 그 함수전환된 형태에 근거하여 내생시차모형(여기서 종속변수를 내생변수로 보고 있음)이라 부르기도 한다.

2.1 기하시차분포모형(geometric or Koyck lag model)

가장 대표적인 무한시차분포로 기하시차분포라 일컬어지는 모형은 당초 코익(L. M. Koyck)에 의해 제안되었다.[1] 이 모형은 시차 길이는 무한대로 보되 설명변수의 종속변수에 대한 영향력은 과거로 멀어질수록 기하급수적으로 감소한다는 가정에 근거하고 있다.

무한시차분포모형은 일단 가장 일반적인 형태로 정리하면 다음과 같다.

1) L. M. Koyck, *Distributed Lags and Investment Analysis*(North-Holland, 1954).

$$Y_t = \alpha + \sum_{i=0}^{\infty} \beta_i X_{t-i} + \epsilon_t \tag{10.82}$$

이제 무한대에 이르는 β_i값들을 일정한 규칙에 따라 조직적으로 가중치를 배정한다면 식 (10.82)는 일단 다음과 같이 표현될 수 있다.

$$Y_t = \alpha + \beta_0 \sum_{i=0}^{\infty} w_i X_{t-i} + \epsilon_t \tag{10.83}$$

Koyck 시차모형은 가중치 w_i를 다음과 같이 정의하고 있다.

$$w_i = \lambda^i, \qquad 0 < \lambda < 1 \tag{10.84}$$

여기서 λ는 감소율을 나타내며, 따라서 λ값이 1에 가까울수록 w_i는 서서히 감소하고 0 에 가까울수록 w_i는 급격히 감소한다. 따라서 λ가 0 에 가까우면 비단 시차 길이가 무한대라 하더라도 실제 고려할 만한 영향력은 가까운 과거치에 한정되는 단기적 성격을 갖게 된다.

2.1.1 추정상의 문제점과 Koyck 전환

식 (10.84)를 식 (10.83)에 대입하면 추정할 시차분포모형은 다음과 같아진다.

$$Y_t = \alpha + \beta_0 \sum_{i=0}^{\infty} \lambda^i X_{t-i} + \epsilon_t \tag{10.85}$$

그런데 식 (10.85)는 추정상 몇 가지 문제가 있다. 첫째, 추정해야 할 계수의 수가 너무 많으며, 둘째 β_i가 가중치의 비선형함수로 표현되어 있어 OLS를 직접 적용하는 데 문제가 있다. 이러한 문제점을 해소하기 위해 Koyck은 다음과 같은 과정을 거칠 것을 제안하였는데 이를 Koyck의 (함수)전환이라 칭한다.

우선 식 (10.85)를 $(t-1)$을 중심으로 전개한 뒤 λ를 양변에 곱하여 다음 식을 얻는다.

$$\lambda Y_{t-1} = \lambda\alpha + \beta_0 \sum_{i=1}^{\infty} \lambda^i X_{t-i} + \lambda\epsilon_{t-1} \tag{10.86}$$

다음, 식 (10.85)에서 식 (10.86)을 빼면,

$$Y_t = \alpha(1-\lambda) + \beta_0 X_t + \lambda Y_{t-1} + u_t \tag{10.87}$$
$$(\text{단, } u_t = \epsilon_t - \lambda\epsilon_{t-1})$$

과 같아지는데, 식 (10.87)을 식 (10.85)의 Koyck전환이라 부른다.

식 (10.87)은 식 (10.85)의 형태와는 달리 첫째, 실제 추정해야 할 모수가 α, λ, β_0 세 개로 축소되어 무한대에 이르던 자유도의 상실문제가 해소되었고, 둘째 아울러 설명변수 간의 다중공선성 문제도 회피할 수 있다는 장점이 있다.

반면, Koyck 전환식은 추정상 새로운 문제를 유발하고 있다. 즉, 첫째로 새로운 오차항 $u_t = \epsilon_t - \lambda\epsilon_{t-1}$은 자기상관 문제를 유발시키고 있다. 즉,

$$\begin{aligned}\text{Cov}(u_t,\ u_{t-1}) &= E[u_t u_{t-1}] \quad (\because\ E[u_t] = E[u_{t-1}] = 0) \\ &= E[(\epsilon_t - \lambda\epsilon_{t-1})(\epsilon_{t-1} - \lambda\epsilon_{t-2})] \\ &= -\lambda E[\epsilon_{t-1}^2] \quad (\because\ E[\epsilon_i \epsilon_j] = 0,\ i \neq j) \\ &= -\lambda\sigma_\epsilon^2 \neq 0\end{aligned}$$

둘째로, 새로 등장한 설명변수, 즉 종속변수에 시차가 붙은 Y_{t-1}은 오차항 u_t와 독립적이 아니므로 OLS를 그대로 적용할 수 없게 되었다. 왜냐하면, 이러한 경우 OLS 추정량은 편의성과 비일관성을 갖기 때문이다(제 9 장 참조).[1)]

한편, 식 (10.87)과 같은 자기회귀모형(AR model)에서는 d.w.검정통계량으로 자기상관을 검정할 수 없게 되며, Durbin의 "h"검정을 실시해야 하는 번거로움이 발생한다는 점에 유의할 필요가 있다("h"검정법은 제 7 장 참조).

이상과 같은 Koyck 모형은 확고한 이론적 근거 없이 단순히 산술적인 조작을 통해 도출된 모형에 불과하다는 한계성을 갖고 있었다. 그러나 Cagan이나 Friedman(1957)에 의해 제시된 적응적 기대모형(adaptive expectations model)이나 Nerlove에 의해 전개된 부분조정모형(partial adjustment model)이 등장하면서 해소되기 시작하였다. 이들이 전개한 모형의 최종 형태들 또한 Koyck 모형과 유사한 형태로 귀착될 수 있기 때문이다.

2.1.2 케이건(Cagan)의 적응적 기대모형(adaptive expectations model)

이 모형은 1956년 Cagan의 화폐수요 추정과 1957년 Friedman의 소비함수

---

1) 단, Y_{t-1}이 u_t와 독립적일 경우에는 OLS 추정량이 편의는 가지나 일관성을 유지할 수 있다. 자세한 것은 Gujarati(1988), *op. cit.*, p. 515, pp. 522~524와 Henri Theil, *Principles of Econometrics*, John Wiley and Sons Inc., pp. 408~411을 참조할 것.

추정과정에서 제시된 것으로 경제주체들은 과거 경험에 근거하여 미래에 대한 기대를 형성하되 기대형성과정에서의 오류를 새로운 기대형성에 고려함으로써 적응해 나간다는 가설에 근거하고 있다.1)

우선 이렇게 정의된 적응적 기대를 수식으로 표현하면 다음과 같다.

$$X_t^* - X_{t-1}^* = \gamma(X_t - X_{t-1}^*) \tag{10.88}$$

(단, $0 < \gamma \leq 1$
X_t^* : 현기의 기대치
X_{t-1}^* : 전기의 기대치
X_t : 현기의 실제값
γ : 조정계수)

식 (10.88)은 다음과 같이 표현될 수도 있는데,

$$X_t^* = \gamma X_t + (1-\gamma)X_{t-1}^* \tag{10.89}$$

이는 현기의 기대치는 현기의 실제값과 전기의 기대치와의 가중평균이란 의미를 지니고 있음을 나타내 주고 있다.

이상과 같이 정의된 적응적 기대 개념을 활용하여 화폐수요를 추정하는 상황을 고려해 본다.

$$Y_t = \alpha + \beta X_t^* + \epsilon_t \tag{10.90}$$

(단, Y_t : 화폐수요(실질현금잔고)
X_t^* : 장기균형이자율(기대값))

즉, 화폐수요를 기대이자율의 함수로 파악할 경우, 기대이자율이라는 실제로 관찰할 수 없는 변수가 추정식에 포함되는 문제가 발생한다. 그러나 식 (10.89)와 같은 적응적 기대공식을 이용하여 식 (10.90)을 일단 개편하면,

$$Y_t = \alpha + \beta[\gamma X_t + (1-\gamma)X_{t-1}^*] + \epsilon_t$$

즉,

$$Y_t = \alpha + \beta\gamma X_t + \beta(1-\gamma)X_{t-1}^* + \epsilon_t \tag{10.91}$$

와 같아진다. 여기서 식 (10.90)을 $(t-1)$기에 대해 정리한 다음, $(1-\gamma)$를 양변

1) P. Cagan, "The Moneytary Dynamics of Hyper Inflation," in M. Friedman(ed.), *Studies in the Quantity Theory of Money*(University of Chicago Press, 1956); Milton Friedman, "*A Theory of the Consumption Function*," NBER(Princeton Univ. Press, 1957).

에 곱한 후 식 (10.91)로부터 빼면 다음 결과식을 얻을 수 있다.

$$Y_t = \gamma\alpha + \gamma\beta X_t + (1-\gamma)Y_{t-1} + u_t \tag{10.92}$$

$$(\text{단, } u_t = \epsilon_t - (1-\gamma)\epsilon_{t-1})$$

결과적으로 도출된 식 (10.92)는 바로 Koyck 전환식과 동일한 형태를 취하고 있으며, 따라서 추정과정은 전항의 경우에 준하여 실행될 수 있다.

자료디스켓이 수록된 자료를 이용하여 화폐수요함수를 적응적 기대모형에 근거하여 추정한 결과는 다음과 같다(추정기간 : 1973 1/4분기~1988년 4/4분기).

$$\frac{M2X_t}{\text{CPIX}_t} = 10.52 - 0.42R_t + 1.01\frac{M2X_{t-1}}{\text{CPIX}_{t-1}}$$

$$(3.76)\quad(-4.06)\quad(171.00)$$

$$R^2 = 0.999 \qquad d = 1.15 \qquad h = 3.396$$

(단, $M2X$: 총통화, CPIX : 소비자물가지수, R : 이자율, $\sim X$: 계절조정된 변수라는 표시)

종속변수에 시차가 붙은 설명변수의 등장으로 d값에 의한 자기상관의 검정이 곤란하므로, 대신 Durbin의 "h"검정통계량을 산출하였더니 3.396에 달하므로 $H_0 : \rho = 0$은 기각된다. 즉, 자기상관이 심각한 것으로 판정되었다. 이를 시정하고자 Cochrane-Orcutt 추정법을 적용하여 다음 결과를 얻었다.

$$\frac{M2X_t}{\text{CPIX}_t} = 10.01 - 0.41R_t + 1.01\frac{M2X_{t-1}}{\text{CPIX}_{t-1}}$$

$$(2.48)\quad(-2.80)\quad(114.86)$$

$$R^2 = 0.999 \qquad d = 2.07 \qquad h = -0.2791$$

그런데 이 추정식의 계수는 실제로 다음과 같이 정의된 것이므로

$$\frac{M2X_t}{\text{CPIX}_t} = \gamma\alpha - \gamma\beta R_t + (1-\gamma)\frac{M2X_{t-1}}{\text{CPIX}_{t-1}}$$

이를 α, β와 γ에 대해 풀어야 최종 추정 결과를 얻을 수 있다. 이 때 결과는 다음과 같다.[1)]

1) 그런데 아직은 종속시차변수의 추정계수값이 1보다 커서 불안정한 변화를 유발시킬 것으로 예상되고 결과적으로 양수가 되어야 할 γ값도 음수가 나왔다. 따라서 적절

$$\alpha = -674.4707 \qquad \beta = 27.4338 \qquad \gamma = -0.0148$$

2.1.3 Nerlove의 부분조정모형(partial adjustment model)

1958년 Nerlove에 의해 제시된 모형은 부분조정모형 또는 스톡조정모형(stock adjustment model)이라 불리우고 있다.[1] 그는 수요 등의 경제여건을 감안하여 투자자는 이에 부응하는 최적 또는 적정수준의 자본량을 설정하되 현실적으로는 최적자본량과 현존자본량의 차이 중 일부씩만을 조정해 나간다고 보아 다음과 같은 모형을 제시한 것이다.

$$Y_t^* = \alpha + \beta X_t + \epsilon_t \tag{10.93}$$

$$\left(\begin{array}{l}\text{단, } Y_t^* \text{ : 최적자본량} \\ \quad\;\; X_t \text{ : 산출량}\end{array}\right)$$

$$Y_t - Y_{t-1} = \delta(Y_t^* - Y_{t-1}) \tag{10.94}$$

$$(\text{단, } 0 \le \delta \le 1)$$

식 (10.94)는 실제 자본량의 변화($Y_t - Y_{t-1}$), 즉 실제 투자액($Y_t^* - Y_{t-1}$)에다 조정계수 δ를 곱한 것과 같아진다는 것을 의미한다. 여기서 $\delta = 1$이면 희망투자액이 전액 현실투자로 실현되는 상황을 대변하게 되고, $\delta = 0$이면 전혀 투자가 이루어지지 못하는 경우를 뜻하게 되는데, 현실적으로는 여러 제약에 의해 δ가 0과 1 사이의 값을 갖게 되며, 이러한 이유로 해서 부분조정모형이라 불리우고 있는 것이다.

식 (10.94)는 다음과 같이 표현할 수도 있다.

$$Y_t = \delta Y_t^* + (1-\delta) Y_{t-1} \tag{10.95}$$

식 (10.95)는 현재의 실제 자본량은 전기의 자본량(Y_{t-1})과 현기의 희망자본량(Y_t^*) 간의 가중평균의 의미를 갖고 있음을 보여 주고 있다.

이제 식 (10.93)을 식 (10.95)에 대입시킨 다음 정리하면 다음 결과를 얻는다.

$$Y_t = \delta\alpha + \delta\beta X_t + (1-\delta) Y_{t-1} + \delta\epsilon_t \tag{10.96}$$

한 대처방안이 마련될 필요가 있는데, 그 구체적 과정의 예는 부분조정모형 경우(pp. 566~567)를 참조 바람.

1) M. Nerlove, "Distributed Lags and Demand Analysis," U.S. Dept. of Agriculture Handbook 141(1958).

여기서 식 (10.96)은 Koyck 모형이나 적응적 기대모형과는 상이한 오차항을 갖고 있으며, 따라서 앞서 두 모형에서 제기되었던 문제는 발생하지 않는다. 그러므로 부분조정모형은 OLS를 그대로 적용해도 무방하다는 강점을 갖고 있다.

자료디스켓에 있는 자료를 이용하여 자본스톡조정모형을 추정해 본 결과는 다음과 같다(추정기간 : 1970년 2/4분기~1988년 4/4분기).

$$\mathrm{KXV}_t = -432.37 + 0.24\,\mathrm{YXV}_t + 0.99\,\mathrm{KXV}_{t-1}$$
$$(-3.03)\quad (5.02)\qquad\quad (135.45)$$
$$R^2 = 0.999 \qquad d = 0.44 \qquad h = 6.785$$
$$\mathrm{KXV}_t = -204.32 + 0.05\,\mathrm{YXV}_t + 1.02\,\mathrm{KXV}_{t-1}$$
$$(-0.39)\quad (0.69)\qquad\quad (80.14)$$
$$R^2 = 0.999 \qquad d = 1.82 \qquad h = 0.79$$

두 번째 추정식은 첫번째 추정식에서 발생한 자기상관 문제를 해소코자 Cochrane-Orcutt 추정방식으로 재추정한 결과이다. 그런데 이 추정식의 계수는 실제로 다음과 같이 정의된 것이므로

$$\mathrm{KXV}_t = \delta\alpha + \delta\beta\,\mathrm{YXV}_t + (1-\delta)\mathrm{KXV}_{t-1}$$

이를 α, β, δ에 대해 풀어 최종 결과를 얻게 된다.

$$\alpha = 13{,}585.60 \qquad \beta = -3.608 \qquad \delta = -0.015$$

그런데, 여기서 지적해야 할 사항은 두 번째 추정식에서 YXV_t의 계수의 t값이 너무 작다는 문제와 KXV_{t-1}의 계수가 1보다 클 뿐만 아니라 δ값 또한 음수로 나오는 등 불안정한 변화를 유발한다는 문제가 있다는 사실이다. 특히 후자의 문제는 심각한 것이어서 그 계수값이 0.99가 되도록 제한조건을 부여한 다음 Cochrane-Orcutt추정을 재실시하여 보았다.

$$\mathrm{KXV}_t = 10.19 + 0.20\,\mathrm{YXV}_t + 0.99\,\mathrm{KXV}_{t-1}$$
$$(0.01)\quad (3.88)$$
$$R^2 = 0.999 \qquad d = 0.37 \qquad h \fallingdotseq 7.04$$

그 결과 문제가 되었던 YXV의 추정계수는 유의성이 회복되었다. 그러나 d값과 h값이 다시 악화되는 문제가 초래되었다. 결국 어느 결과를 최종적으로 활용할

것인가 하는 것은 분석자의 판단에 달려 있다. 저자의 견해로는 제한조건부 추정량이 당초의 OLS 추정 결과가 초래한 자기상관 문제를 해소시키지 못하고 있어 당초의 OLS 추정 결과를 택할 수밖에 없을 것으로 판단된다. 이에 근거하여 다시 α, β, δ를 산출하면 다음과 같다.

$$\alpha = -33,448.8 \qquad \beta = 18.9 \qquad \delta = 0.013$$

2.1.4 복합기하시차분포모형(composite geometric lag model)

앞서 소개한 적응적 기대모형과 부분조정모형을 결합시켜 놓은 모형을 복합기하시차분포모형이라 한다. 즉, 종속변수는 희망최적량 Y_t^*로, 그리고 설명변수는 기대치 X_t^*로 파악한 다음 각각을 앞서 두 항에서처럼 적절히 대체 전환시킨 다음 추정에 임하게 되는데 자세한 내용은 생략한다.[1)]

2.2 기타 모형

무한시차분포모형은 곧 기하시차분포모형이라 할 만큼 기하시차분포모형의 활용이 아주 일반화되어 있다. 그러나 상황에 따라 기하시차분포모형이 적절치 못하여 별도의 모형을 설정할 필요가 발생하기도 하는데, 이러한 상황에서 제시된 시차분포모형 중 대표적인 것으로는 Solow가 제시한 파스칼시차분포모형(Pascal-lag distribution model), Jorgenson의 합리적 시차분포모형(rational lag distribution model) 그리고 감마 시차분포모형(gamma lag distribution model) 등이 있으나 여기서는 생략한다.[2)]

3. 시차분포모형의 추정문제

시차분포모형을 추정함에 있어 봉착하게 되는 문제는 우선 시차의 길이만큼 추정할 시차회귀계수가 증가함에 따라 첫째, 자유도를 상실하게 된다는 점과, 둘째 시차변수 상호간에 다중공선성이 심각해질 가능성이 높다는 점에서부터 찾아나가야 할 것이다.

이같은 기본적인 두 가지 문제점은 유한시차분포모형의 경우 대체적으로 가중치를 임의로 부여함으로써 실제 추정해야 할 회귀계수를 대폭 축소시켜 해소될 수 있다. 물론 유한시차분포모형이라도 Almon의 다항시차분포모형의 경우

1) 자세한 내용은 Gujarati(1988), pp. 521~522와 Kmenta(1971), pp. 477~478를 참조할 것.
2) 자세한 내용은 Maddala(1977), pp. 364~370 및 Kmenta(1971), pp. 487~492 참조.

는 시차 길이와 다항식의 차수가 아주 커질 때에는 당초의 (기본적인 두 가지)문제점이 별로 개선되지 못할 수 있다.

한편, 무한시차분포모형은 원래 함수 형태 자체를 활용하여 추정하는 것은 불가능하다. 추정해야 할 시차회귀계수의 수가 무한대에 이르기 때문이다. 그러나 대표적인 무한시차분포모형인 기하분포모형을 중심으로 볼 때 이를 Koyck 전환시킨 모형은 추정해야 할 회귀계수 숫자가 엄청나게 줄어들어 당초에 당면했던 문제점(자유도 상실 및 다중공선성)들을 더 이상 신경쓸 필요가 없어진다. 그러나 전항에서 살펴본 바 있듯이 Koyck 전환모형에는 시차가 붙은 종속변수가 설명변수로 등장하여 오차항과의 독립성이 유지되지 못한다는 점과 새로운 오차항 자체가 시계열상관을 갖고 있다는 점 등의 새로운 문제가 발생한다. 특히 전자의 문제는 따라서 OLS 추정량을 편의성과 불일치성을 갖게 할 뿐 아니라 시계열상관의 심각성 여부를 판정하려면 d.w.통계량 대신 Durbin의 "h"통계량을 사용해야 하는 번거로움을 유발한다. 이러한 문제점은 마치 변수오차현상(errors-in-variables) 경우에 발생했던 것과 동일한 내용이며, 따라서 변수오차문제의 경우 대응책이었던 이른바 수단변수추정방법(IV estimation)이 여기서도 최우선적으로 고려할 수 있는 추정방안이 될 것이다(제 9 장 참조). X_t와 Y_{t-1}에 대한 수단변수로서는 보통 X_t 자체와 X_{t-1}을 가장 보편적으로 사용하고 있다.[1)]

한편, 이와는 별도로 최우추정방법(MLE)이나 가중최소자승법(WLS)을 적용하는 방안이 동시에 제기되고 있으나 여기서는 생략한다.[2)] 물론 두 번째 문제, 즉 새로운 오차항의 계열상관문제는 기본적으로 일반화최소자승법(GLS)의 적용을 통해 대응할 수 있다(제 7 장 참조).

제 5 절 가변계수모형(models with varying coefficient)

전통적인 회귀방정식은 회귀계수가 일정한 상수값을 갖는 모수(parameter)라고 보고 그 값을 추정하고 또 그 추정치에 의해 예측을 수행한다. 그러나 최근들어 경제구조가 보다 복잡해지고 경제행태 또한 변모를 거듭하는 현상이 일반화되면서 미래에 대한 불확실성이 높아지고 예측 또한 정확성이 점차 떨어지

1) 자세한 내용은 Kmenta(1973), pp. 479~480를 참조할 것.
2) 구체적 내용은 *ibid.*, pp. 481~487를 참조할 것.

는 결과를 초래하고 있다.[1)]

이는 모형이 표본공간에서는 적합하지만 경제구조의 변화가 발생한 표본공간 밖에서는 적절치 못한 경우로 이해할 수 있다(물론 모형이 표본공간 내에서조차 적합하지 못한 경우를 배제할 수는 없지만). 이러한 경우, 보다 정확한 예측을 수행할 수 있는 다양한 방법론이 모색되었는데, 그 중 하나가 바로 가변계수의 활용방안이라 할 수 있으며, variable parameter model 또는 (time) varying parameter model 등으로 불리운다.

이 모형은 추정상의 적합도는 물론 예측능력을 개선코자 회귀계수값이 변화할 수 있도록 가정한 분석모형이라 할 수 있는데, 회귀계수의 변화유형에 따라 체계적 계수변동(systematic coefficient variation)모형 · 전환회귀(switching regression)모형 · 선형호함수(linear spline function)모형 · 연속적 변동계수(continuous parameter variation)모형 등으로 구분된다.

1. 체계적 변동계수모형

체계적 변동계수모형이란 계수가 변동하는 시점과 방식을 미리 예상할 수 있을 정도로 계수변동이 일정한 규칙성 내지 체계성을 갖는 경우를 지칭하는 것으로 가장 대표적인 경우로 계절변동이 고려되는 모형을 들 수 있다.

$$Y_t = \alpha + \beta X_t + \gamma_2 D_{2t} + \gamma_3 D_{3t} + \gamma_4 D_{4t} + \epsilon \tag{10.97}$$

$$\left(\begin{array}{l} \text{단, } D_{it} = 1 : i\text{번째 분기 경우} \\ \qquad\quad\; = 0 : \text{기타 경우} \end{array} \right)$$

$$Y_t = \alpha + \beta_t X_t + \epsilon_t \tag{10.98}$$

$$\beta_t = \beta + \gamma_t \tag{10.99}$$

$$Y_t = \alpha + \beta X_t + \gamma_t X_t + \epsilon_t \tag{10.100}$$

식 (10.97)은 D_{it}가 계절별 변동을 고려할 수 있는 가변수(dummy variable)로서 이들의 존재로 인해 표본회귀선의 절편값이 변화할 수 있도록 설계된 모형이며, OLS에 의해 회귀계수를 쉽게 추정할 수 있는 상황을 보여 주고 있다.

---

1) 표본회귀선에 근거한 예측은 예측에 활용된 설명변수값이 평균으로부터 멀어질수록 신뢰도가 떨어질 수밖에 없다는 본질적인 한계성을 갖고 있는데, 시계열자료는 증가추세를 갖는 것이 일반적이어서 미래에 대한 예측의 정확성을 떨어뜨리는 요인이 되고 있다는 사실도 지적될 수 있다.

한편, 식 (10.100)은 식 (10.98)과 (10.99)를 결합시켜 얻은 것으로 기울기 자체(회귀계수값)가 시간경과에 따라 체계적으로 변화(예컨대, 선형추세를 가지며)하는 상황을 나타내고 있다. 예컨대, 기술진보 등에 따라 회귀계수값이 일정한 증가율을 가지며 변화한다고 볼 수 있는 경우 등에 이러한 모형을 설정할 수 있으며, 이러한 가설에 대한 진위는 귀무가설 $H_0 : \gamma = 0$에 대한 t검정을 통해 확인할 수 있다.

2. 전환회귀모형(switching regression model)

경제구조가 어느 시점을 경과하면서 변화한다고 볼 수 있을 때(예컨대, 특정한 사건의 발생 또는 견딜 수 있는 한계상황이 돌파되는 등의 경우) 동 시점을 기준으로 전·후 시기의 구조회귀계수값이 변화되는 상황을 고려할 수 있는 모형을 전환회귀모형이라 한다. 그런데 만일 노사 간의 임금협상이 타결되었다든지 또는 독과점기업 간에 카르텔이 형성되었다든지 하는 구체적 사건이 발행할 경우에는 구조전환시점이 알려질 수도 있으나 전환시점이 추정 전에 확실히 알 수 없는 경우도 있다.

$$Y_t = \alpha_1 + \beta_1 X_t + \epsilon_t, \quad t = 1,\ 2,\ \cdots,\ t^* \tag{10.101}$$

$$Y_t = \alpha_2 + \beta_2 X_t + \epsilon_t, \quad t = t^*+1,\ t^*+2,\ \cdots,\ n \tag{10.102}$$

$$Y_t = \alpha_1 + \beta_1 X_t + (\alpha_2 - \alpha_1) D_t + (\beta_2 - \beta_1) X_t D_t + \epsilon_t \tag{10.103}$$

$$\left(\begin{aligned} \text{단, } D_t &= 0 : 1 \le t \le t^* \\ &= 1 : t^*+1 \le t \le n \end{aligned} \right)$$

$$\begin{aligned} L = &-\frac{n}{2} \log(2\pi) - \frac{t^*}{2} \log(\sigma_1^{\ 2}) - \frac{(n - t^*)}{2} \log(\sigma_2^{\ 2}) \\ &- \frac{1}{2\sigma_1^{\ 2}} \sum_{t=1}^{t^*} (Y_t - \alpha_1 - \beta_1 X_t)^2 + \frac{1}{2\sigma_2^{\ 2}} \sum_{t=t^*+1}^{n} (Y_t - \alpha_2 - \beta_2 X_t)^2 \end{aligned} \tag{10.104}$$

만일 전환시점(t^*)을 알 수 있을 경우에는 식 (10.101)과 (10.102)를 가변수를 이용하여 식 (10.103)과 같이 결합시킨 다음 OLS를 적용하면 된다. 한편, 전환시점이 불투명할 경우에는 식 (10.104)와 같은 우도함수를 작성한 후 $t^* = 3$부터 $t^* = n-3$까지 바꾸어 가며 L값을 극대화시키는 최우추정치들을 산출한 뒤 이들 중 L값이 가장 큰 t^*을 전환시점으로 보고 이에 대응하는 계수값들을 MLE로서 선정할 수 있다.

이 때 구조전환의 정도가 유의할 만한 수준이었는지를 검정하는 데에는 다음과 같은 우도비율(likelihood ratio)이 쓰인다.

$$LR = \frac{L(\hat{w})}{L(\hat{\Omega})} \tag{10.105}$$

윗식에서 $L(\hat{\Omega})$는 L함수의 총체적 극대값(global maximum)을 뜻하고, $L(\hat{w})$는 구조전환이 발생하지 않아 단일방정식(고정회귀계수)으로 추정할 때 L의 극대값을 나타낸다.

3. 선형호함수모형(linear spline function model or piecewise regression model)

앞서 설명한 전환모형은 구조전환시점에서 두 회귀선이 떨어져나가 버리는 현상이 발생하는 가능성을 내포하고 있다는 문제점이 있다. 이러한 한계성을 보완코자 전환시점에서 두(또는 둘 이상의) 회귀선이 서로 만날 뿐 아니라 회귀계수(기울기)값의 변화도 상대적으로 작은 상황을 대변할 수 있는 모형이 제시되었는데 이를 선형호함수모형 또는 부분적 선형회귀모형이라 한다.

$$\begin{aligned} Y_t &= \alpha_1 + \beta_1 X_t + u_t, \quad t \le a \\ Y_t &= \alpha_2 + \beta_2 X_t + u_t, \quad a < t < b \\ Y_t &= \alpha_3 + \beta_3 X_t + u_t, \quad b \le t \end{aligned} \tag{10.106}$$

그림 10-15에서 (a)는 전환회귀모형의 경우를 나타내며, (b)는 부분회귀선

그림 10-15 두 가지 전환유형

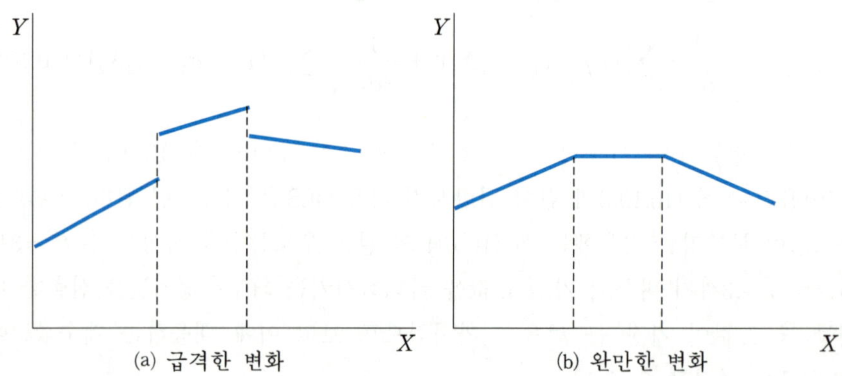

이 서로 만날 뿐 아니라 전환의 정도도 완만한 경우를 보여 주고 있다. 이 때 연결된 회귀선이 마치 원의 호를 선형의 형태로 표현(그래서 실제로는 현이 됨)한 것처럼 보인다 해서 spline 함수모형이라 일컫고 있다.

식 (10.106)을 아무런 제약 없이 독립적으로 세 방정식을 회귀분석할 경우에는 (a)와 같은 전환모형이 될 가능성이 높다. 따라서 (b)와 같은 모형을 원한다면 제약조건이 추가될 필요가 있다.

$$
\begin{aligned}
&w_{1t} = t \\
&w_{2t} = \begin{cases} 0 & : t \leq a \text{ 경우} \\ t-a & : a < t \text{ 경우} \end{cases} \\
&w_{3t} = \begin{cases} 0 & : t \leq b \text{ 경우} \\ t-b & : b < t \text{ 경우} \end{cases}
\end{aligned} \tag{10.107}
$$

$$
Y_t = \alpha_1 + \delta_1 w_{1t} + \delta_2 w_{2t} + \delta_3 w_{3t} + u_t \tag{10.108}
$$

$$
\begin{aligned}
&\beta_1 = \delta_1 \\
&\beta_2 = \delta_1 + \delta_2, \qquad \alpha_2 = \alpha_1 - \delta_2 a \\
&\beta_3 = \delta_1 + \delta_2 + \delta_3, \qquad \alpha_3 = \alpha_2 - \delta_3 b
\end{aligned} \tag{10.109}
$$

$$
\begin{pmatrix} \text{단, } \alpha_1 + \beta_1 a = \alpha_2 + \beta_2 a \\ \alpha_2 + \beta_2 b = \alpha_3 + \beta_3 b \end{pmatrix} \tag{10.110}
$$

즉, 식 (10.106)을 식 (10.108)과 같은 방정식으로 전환한 다음 식 (10.110)과 같은 제약하에 OLS를 적용하는 것이다(물론 원래의 회귀계수 α와 β_i는 식 (10.109)를 이용하여 도출될 수 있다).

4. 연속적 변동계수모형

회귀계수값이 일정 기간 동안 고정되는 대신 계속적으로 변화하는 상황에 대응하여 적용할 수 있는 모형을 연속적 변동계수모형이라 통칭하는데, 여기에는 적응적 회귀모형(adaptive regression model) · 확률적 계수모형(random coefficient model) 그리고 확률적 수렴계수모형(stochastically convergent parameter model) 등이 있으나 자세한 설명은 생략한다.[1)]

1) 관심 있는 독자는 G. S. Maddala(1977), *ibid.*, ch. 17 참조.

제 6 절 실증분석 예 : 인과관계 검정(Granger's test of causality)

시차분포모형을 이용하여 분석할 수 있는 범위는 실로 광범하다. 그 중 아주 흥미 있는 적용 예로서 Granger가 개발한 이른바 인과관계 검정법을 들 수 있다.1)

원래 회귀분석에서는 어느 것이 원인변수(설명변수)이고 어느 것이 결과변수(종속변수)인지 하는 문제는 이미 경제이론에 의해 미리 정해진 것으로 보고 그러한 인과관계를 현실적 자료를 이용하여 확인하는 것이 전통으로 되어 있다. 따라서 원인과 결과가 불투명한 경우의 함수관계에 관해서는 뚜렷한 판정을 내릴 수 없다는 문제가 있었다. 이러한 문제에 대해서 시차분포모형을 이용하여 원인과 결과를 확인할 수 있는 간편한 검정방안이 Granger에 의해 개발된 것이다.

설명상의 편의를 위해 구체적인 사례를 중심으로 Granger검정법을 살펴보기로 한다. 통화량($M2X$)과 GNP(YXV) 간에 어떤 것이 원인이 되었는지를 확인하기 위한 분석모형으로 다음의 두 회귀방정식을 대칭적으로 설정한다.

$$YXV_t = \sum_{i=1}^{m} \alpha_i M2X_{t-i} + \sum_{j=1}^{m} \beta_j \mathrm{YXV}_{t-j} + \epsilon_{1t} \tag{10.111}$$

$$M2X_t = \sum_{i=1}^{n} \lambda_i M2X_{t-i} + \sum_{j=1}^{n} \delta_j \mathrm{YXV}_{t-j} + \epsilon_{2t} \tag{10.112}$$

(단, YXV나 $M2X$ 대신 변화율 개념인 DYXV나 $DM2X$를 대신 사용하기도 한다)

일단 시차의 길이를 적절히 두고 추정하되 두 식을 각각 한 번은 그대로 추정하고, 또 한 번은 $\alpha_i=0$ for $\forall i$, $\delta_j=0$ for $\forall j$라는 조건하에 추정한 다음 이러한 조건의 현실성 여부를 검정한다.

$$F = \frac{(\mathrm{SSE}_R - \mathrm{SSE}_{UR})/q}{(\mathrm{SSE}_{UR})/(n-k)} \tag{10.113}$$

(단, n : 총관측치수
k : 제약조건이 없을 때 회귀계수의 수
q : 제약조건이 부과된 회귀계수의 수)

1) C. W. Granger, "Investigating Causal Relations by Econometric Models and Cross Spectral Methods," *Econometria*(July 1969), pp. 424~438.

윗식에서 SSE_R과 SSE_{UR}은 $\alpha_i=0$ 또는 $\delta_j=0$이란 조건을 부여했을 때와 부여하지 않고 추정했을 때의 SSE 값을 각각 나타낸다(자세한 내용은 제8장 보론 참조). 이 검정통계량의 값이 임계치보다 크면 부여된 조건의 영향이 큰 것으로 보고 귀무가설 $H_0 : \alpha_i=0$ 또는 $H_0 : \delta_j=0$을 기각하게 된다.

일단 이러한 검정과정을 거칠 때 우리가 봉착하게 되는 상황은 다음의 4가지 경우로 대변될 수 있으며, 각 상황에 대응한 결론은 다음과 같이 요약할 수 있다.

1) $H_0 : \alpha_i=0$ 기각, 그리고 $H_0 : \delta_j=0$ 채택 : 인과관계는 $M2X$에서 YXV 쪽으로 일방통행적임.

2) $H_0 : \alpha_i=0$ 채택, 그리고 $H_0 : \delta_j=0$ 기각 : 인과관계는 YXV에서 $M2X$으로 일방통행적임.

3) 두 가설 모두 기각 : 인과관계는 쌍방통행적임.

4) 두 가설 모두 채택 : 두 변수 간에는 인과관계가 없으며 상호 독립적임.

이상과 같은 요령에 따라 두 가설을 검정해 본즉 $H_0 : \alpha_i=0$은 기각되고 $H_0 : \delta_i=0$은 채택되어 통화량이 국민소득에 일방적인 영향을 미치는 것으로 확인되었다(단, 추정은 변화율 단위로 실시하여 시차 길이는 4분기로 한정함).

인과관계	F값($F_{4,\ 58}$)	가설의 채택 여부	결 론
$DM2X$ → DYXV	3.89154	$H_0 : \alpha_i=0$ 기각	인과관계 인정
DYXV → $DM2X$	1.74197	$H_0 : \delta_i=0$ 채택	인과관계 불인정

제7절 요 약

본 장에서는 제반 유형의 회귀모형 중 설명변수나 종속변수가 제한된 값만을 갖게 되는 모형과 회귀계수에 일정한 제한조건이 붙는 모형, 그리고 시차분포모형을 중심으로 각 모형이 갖는 특징과 추정방법 등을 살펴보았다.

설명변수(중 일부)가 제한된 값만을 갖는 모형이란 가변수가 설명변수로 등장하는 경우의 모형을 지칭하는 것으로 표본이 질적 차이나 특성(성별, 혼인여부, 인종, 종교 등등)에 근거하여 구분될 수 있을 때 "0"과 "1"값을 대입함으로써 단 두 가지 값이나마 양적 변수역할을 담당할 수 있도록 고안한 모형이다.

이러한 가변수의 도입은 결국 특성별 소집단을 각각 분리시켜 회귀분석을 실시하는 효과를 가지며, 만일 종속변수의 반응내용에 차이가 표출된다. 그런데 이러한 분석기능을 갖는 가변수를 이용한 추정방법을 수행할 때 상수항이 있는 모형에서의 가변수 숫자는 구분된 소집단의 수보다 하나 작아야 한다. 이는 상수항이 기준집단을 대변하기 때문이다. 따라서 가변수에 붙은 회귀계수는 기준집단과의 차이로서 풀이된다.

한편, 종속변수가 제한된 값만을 갖는 경우란 최근 그 사용이 점차 확대되고 있는 각종 서베이나 앙케이트조사 또는 인구센서스식의 자료로서 종속변수가 정의되는 상황을 대변하는 것으로, 대표적인 추정방법으로서는 LPM과 로지트모형 및 프로비트모형의 활용방안이 있다.

이들 중 가장 간편한 추정방법은 LPM인데 OLS 추정시 이분산현상이 초래된다는 점과 추정된 확률값이 0과 1 사이의 범위를 벗어날 수 있다는 비현실적 가정에 근거하고 있다는 문제점이 있다. 이러한 문제점 중 두 번째 문제를 해소시켜 줄 수 있는 방안이 바로 로지트와 프로비트모형이라 할 수 있다. 이 모형들은 확률을 지수함수나 정규분포함수를 활용하는 누적분포함수로 파악함으로써 확률과 설명변수의 비선형함수관계를 정립함과 동시에 아울러 확률값이 0과 1 범위 내로 한정될 수 있도록 고안된 것이다.

그러나 이들 모형도 이분산문제는 해소시키지 못하므로 OLS 대신 WLS 추정방법에 의존해야 한다. 한편, LPM을 포함한 모든 모형이 일반적으로 R^2에 의해 적합도를 판정하기는 어렵다는 측면이 있어 별도의 판정법이 제시되기도 한다.[1)]

본 장에서는 경우에 따라 회귀계수에 일정한 제한조건이 붙거나 또는 사전정보가 존재할 때 이를 고려하여 추정하는 방안을 살펴보았다. 방법론적으로 이른바 제한조건부최소자승법(CLS)이란 추정방법을 적용하게 되는데, 이 중 가장 특기할 만한 것으로 혼합추정법(mixed estimation method)이 있다.

마지막 부분에서 소개한 시차분포모형은 특히 심리적·기술적 또는 제도적 요인으로 인해 설명변수의 변화에 대응하는 종속변수의 변화가 시차를 가지고 나타나는 상황을 적절히 분석할 수 있는 모형체계라 할 수 있다.

그런데 실제로 설명변수로 등장하는 시차변수는 종속변수에 시차가 붙은 것과 설명변수에 시차가 붙은 것 두 가지가 있으며, 시차종속변수가 없는 경우

---

1) Gujarati(1988), 2nd ed., pp. 500~502 참조.

를 시차분포모형(distributed lag model), 시차종속변수가 포함된 경우를 자기회귀모형(autoregressive model)이라 한다. 전자는 설명변수의 종속변수에 대한 영향이 여러 기간에 걸쳐 나타나는 경우를 대상으로 하는 것이고, 후자는 종속변수가 시차가 붙은 자신의 과거치에도 의존하는 경우를 분석대상으로 하는 모형이라 할 수 있다.

시차분포모형은 일단 OLS로 추정하는 데 논리적 하자는 없다(즉, 불편성과 일관성이 보장됨). 그러나 시차의 길이가 증대됨에 따라 자유도가 감소됨은 물론 다중공선성이 높아지는 문제가 발생한다. 물론 Koyck 시차모형에서처럼 시차변수의 계수값이 기하급수적으로 감소하는 것으로 가정될 경우 시차의 길이는 대폭 축소될 수 있다.

한편, 논리상 시차 길이가 무한대에 이르는 무한시차분포모형도 이른바 Koyck의 함수전환과정을 거치면 자기회귀모형 형태로 표현이 가능하다. 그러나 이 경우에는 OLS 추정량이 더 이상 불편성이나 일관성을 향유할 수 없게 되며(시차종속변수와 오차항 간의 상관관계 때문임), 따라서 기본적으로는 수단변수(instrumental variable)를 이용한 추정방법에 의존해야 한다. 그리고 이러한 자기회귀모형을 추정할 때 자기회귀현상의 심각성 여부를 검정하기 위해서는 d.w. 대신 Durbin의 "h"검정통계량을 사용해야 한다는 점에 유의할 필요가 있다. 물론 Koyck 류의 시차분포모형 대신 Almon의 다항시차분포모형을 활용함으로써 전술한 추정상의 애로를 회피할 수도 있다. 그러나 Almon의 모형은 함수의 차수나 시차의 길이에 관한 뚜렷한 선정기준을 마련하기 곤란하다는 문제점을 안고 있다.

시차분포모형들이 이상과 같은 추정상의 어려움에도 불구하고 실제로는 자주 또 활발하게 활용되고 있는 것은 특히 시간경과에 따른 동태적 변화를 더구나 장·단기를 구분해 가며 그 경로 및 크기를 확인할 수 있다는 장점이 있다는 데 연유한다. 뿐만 아니라 Granger가 제시한 이른바 인과관계검정법(causality test)과 같은 유용한 분석이 수행될 수도 있다는 데 매력이 있다.

본 장의 말미에서는 최근 그 중요성과 활용빈도가 점차 증가하고 있는 가변계수모형 중 주요 유형에 관한 내용을 소개하였다. 구조변화가 빈번하고 또 큰 폭으로 발생하는 상황 하에서 예측의 정확성을 높이기 위한 실용적 욕구와 맞물려 빈번하게 사용되고 있다.

연습문제

[1] 다음 용어에 대하여 간략히 설명하라.

1) 모의변수(또는 가변수)
2) LPM, probit model, logit model
3) Ordered probit model
4) Tobit model
5) normal equivalent deviate(n.e.d.) 또는 normit
6) mixed estimator
7) distributed lag model
8) 공분산분석(analysis of covariance)

[2] LPM 예제에서 한번은 그대로, 두 번째는 $Y<0$과 $Y \geq 1$에 해당되는 0.01과 0.99를 대입하고, 세 번째는 아예 $Y<0$과 $Y \geq 1$에 해당되는 것은 제외하고 분석하여 그 결과를 비교해 보아라.

[3] 설명변수가 가변수인 모형에서 상수항이 포함되는 경우와 제외되는 경우의 의미를 비교하라.

[4] 계절별 가변수나 월별 가변수를 사용할 경우 각각 몇 개씩의 가변수가 필요하며 왜 그러한지를 설명하라.

[5] 가변수에 0 이나 1 대신 1 이나 2 또는 1 이나 −1 값을 대입하여 회귀분석을 수행할 경우 효과를 설명하고, 이들이 전통적인 0 이나 1 값을 갖는 가변수를 사용하는 회귀분석에 비해 갖는 이점이 있다면 밝혀라.

[6] 시내 모회사 사원들의 봉급은 기본적으로 연한에 따라 증가하지만 사원의 최종학력과 성별에 따라 차이가 발생한다고 보고 다음과 같은 회귀방정식을 설정하였다.

$$W_i = \alpha_1 + \alpha_2 D_{2i} + \alpha_3 D_{3i} + \alpha_4 (D_{2i} D_{3i}) + \beta X_i + \epsilon_i$$

$$\left(\begin{array}{l} \text{단, } W_i : \text{봉급수준} \\ \quad\; X_i : \text{근속연수} \\ \quad\; D_2 = 1(\text{대졸자}),\ 0(\text{고졸 이하자}) \\ \quad\; D_3 = 1(\text{남}),\ 0(\text{여}) \end{array} \right)$$

1) $D_{2i}D_{3i}$는 이른바 상호작용효과를 나타내는데, 이 항이 구체적으로 의미하는 내용은 무엇인가?
2) α_4계수의 의미는?
3) $E[W_i | D_2 = 1,\ D_3 = 1,\ X_i]$를 찾아내어 그 뜻을 설명하라.

[7] 다음은 임의의 노동공급함수이다.

$$N^s = \alpha_1 + \alpha_2 D_2 + \alpha_3 D_3 + \alpha_4 D_4 + \beta \frac{W}{P} + \epsilon$$

(단, N^s : 노동공급량, $\frac{W}{P}$: 실질임금)

D_2, D_3, D_4 : 제 2, 3, 4 분기를 나타내는 모의변수

다음과 같은 가설을 어떻게 검정하겠는가?

1) $\alpha_2 = \alpha_3$

2) $\alpha_2 = \alpha_4$

3) 만일 통계적으로 $\alpha_2 \neq \alpha_1$이고 $\alpha_3 \neq \alpha_1$이라면, $\alpha_2 \neq \alpha_3$라는 의미가 성립되는가?

$$\left(\begin{array}{ll}\text{힌트 : } & \mathrm{Var}(A+B) = \mathrm{Var}(A) + \mathrm{Var}(B) + 2\,\mathrm{Cov}(A, B) \\ & \mathrm{Var}(A-B) = \mathrm{Var}(A) + \mathrm{Var}(B) - 2\,\mathrm{Cov}(A, B)\end{array}\right)$$

[8] S 전자회사의 냉장고 매상고(Y_i)는 일단 판매가격(X_i)의 함수로 파악하되 계절적 요인이 있을 것으로 보고

$$Y_i = \alpha_1 + \beta X_i + \gamma_2 D_2 + \gamma_3 D_3 + \gamma_4 D_4 + \epsilon$$

와 같이 모형을 설정하였나. 추정 결과 가변수들 중에는 $\hat{\gamma}_2$만이 통계적으로 유의한 것으로 판정되었으며, 이러한 결과에 의거하여 여타 계절가변수를 제외하고 재추정할 경우 재추정한 결과식의 신빙성을 어떻게 판정할 수 있는지 대안을 제시해 보아라.

[9] 가변수의 활용방안은 실로 다양하다. 예컨대, 어느 특정 시기에 발생한 사건으로 그 이후의 행태가 상당한 변화가 발생했을 것으로 생각될 경우를 역시 가변수를 이용해 분석할 수 있다. 예컨대, Y_i는 저축, X_i는 소득을 나타내며, 공금리 인하 이전과 이후에 따라 D_i는 0과 1의 값을 갖되 분석모형을 아래와 같이 설정할 수도 있는데, 이 때 모형이 갖는 의미를 설명해 보아라.

$$Y_i = \alpha_1 + \alpha_2 D_i + \beta_1 X_i + \beta_2 (D_i X_i) + \epsilon$$

[10] D. N. Gujarati 의 학생인 Cathy Schaefer 가 77 개의 관측치로 구성된 횡단면 자료를 이용하여 온스당 콜라가격함수를 다음과 같이 가변수들을 이용하여 추정하였다(Gujarati, *Basic Econometrics*, 2nd ed., p.462).

$$P_i = \beta_0 + \beta_1 D_{1i} + \beta_2 D_{2i} + \beta_3 D_{3i} + \epsilon_i$$

단, P_i : 온스당 콜라가격

$D_{1i} = 001$: 할인점 판매

010 : 가맹점 판매

$$D_{2i} = \begin{array}{l} 100: \text{일반판매} \\ 10: \text{유명제품} \\ 01: \text{일반제품} \end{array}$$

$$D_{3i} = \begin{array}{l} 0001: 67.6 \text{ 온스(2리터) 병제품} \\ 0010: 28\sim33.8 \text{ 온스 병제품} \\ 0100: 16 \text{ 온스 병제품} \\ 1000: 12 \text{ 온스 캔제품} \end{array}$$

그 추정 결과는 다음과 같다.

$$P_i = 0.0143 - 0.000004D_{1i} + 0.00090D_{2i} + 0.00001D_{3i}$$
$$(0.00001) \quad (0.00011) \quad (0.00000) \quad (\text{s.e.})$$
$$(-0.3837) \quad (8.3927) \quad (5.8125) \quad (t)$$
$$R^2 = 0.6033$$

1) 가변수 선정방법에 대해 논평하라.
2) 추정 결과를 어떻게 해석하겠는가?
3) D_3의 계수값이 "+"이고 t값도 통계적으로 유의한 수준으로 나타났다. 이러한 결과를 어떻게 정당화하겠는가?

[11] 다음은 임의추출한 13명의 박사과정 지원자들의 GRE 시험 결과(단, Q는 수리능력시험이고 V는 어학능력시험임)와 합격 여부에 관한 정보이다.

	GRE 시험 결과		합격 여부 (합격=1, 불합격=0)
	Q	V	
1	760	550	1
2	600	350	0
3	720	320	0
4	710	630	1
5	530	430	0
6	650	570	0
7	800	500	1
8	650	680	1
9	520	660	0
10	800	250	0
11	670	480	0
12	670	520	1
13	780	710	1

자료 : Gujarati(1988) p.504에서 재인용.

1) LPM 모형을 이용하여 두 과목의 시험성적에 근거한 합격가능성을 예측해 보아라.

2) 예측 결과는 만족할 만한가? 아니라면 어떤 대체방법이 있겠는가?

[12] 프로비트모형(식 (10.44))에서 오차항의 분산은 다음과 같아진다.

$$\sigma^2 = \frac{P_i(1-P_i)}{LN_i f_i}$$

(단, f_i는 $F^{-1}(P_i)$에서 평가된 표준정규밀도함수(standard normal density function)임)

이 때 이분산을 제거하고 WLS를 적용하기 위해 사용할 가중치를 도출해 보여라(Gujarati pp. 491~495 참조).

[13] 무한시차모형을 내생시차모형이라고도 부르는 이유를 구체적 예를 들어 밝혀라.

[14] 바람직한 민간고정투자(IBFXV) 수준은 국민총생산(YXV)에 대한 함수라고 보고 다음과 같은 stock adjustment model을 설정하자.

$$\text{IBFXV}_t^* = \alpha + \beta \text{YXV}_t + \epsilon_t$$

1) 1970년 1/4분기부터 1988년 4/4분기까지의 자료를 활용하여 추정해 보아라.

2) 위의 식 대신에 다음과 같은 정의식을 활용할 경우의 결과를 도출하고 상호 비교하라.

① $\text{IBFXV}_t^* = \alpha \text{YXV}_t \cdot e^t$

② $\text{IBFXV}_t = \alpha + \text{YXV}_t^* + \epsilon_t$

③ $\text{IBFXV}_t^* = \alpha + \text{YXV}_t^* + \epsilon_t$

[15] 소비자물가수준에 관하여 다음과 같은 적응적 기대모형을 설정하였을 경우 예상소비자물가수준(CPIX_t)을 산출하라(단, $\gamma=0.5$).

시 기	1985	1986	1987	1988	1989
CPIX_t	100	102.75	105.89	113.43	116.31
CPIX_t^*	100				

[16] 식 (10.87)과 같은 모형은 설명변수 역할을 담당하고 있는 Y_{t-1}과 오차항 u_t가 더 이상 독립성을 유지할 수 없다는 데 있다. 이로 인해 발생하는 편의성과 비일관성을 해소하기 위해 일반적으로 수단변수추정법이 사용된다. 즉, X_t와 Y_{t-1}에 대해 X_t 자체와 X_{t-1}이 수단변수로 활용될 수 있다. 그런데 만일 Y_t를 X_t에 대해 1차적으로 OLS를 실시한 추정식으로부터 Y_{t-1}을 도출한 다음 원래의 수식의 Y_{t-1}을 대체한 연후에 OLS를 실시할 경우 당초의 IV 추정법에 비해 어떤 장점이 있는가?

[17] 식 (10.86)에서 u_t는 다음과 같이 1차자기회귀식의 관계를 가질 때

$$u_t = \epsilon_t - \rho\epsilon_{t-1}$$

(단, u_t는 고전적 선형회귀모형의 기본가정을 모두 충족시키는 것으로 가정)

1) 만일 $\rho=\lambda$라면 Koyck 모형을 OLS로 추정할 수 있는가?

2) 이 때의 추정량의 불편성과 일치성 여부를 확인하라.

3) $\rho=\lambda$라는 가정은 과연 합리적인가?

[18] 하강시차모형을 이용하여 추정할 경우 길이를 선택함에 있어 다음과 같은 식으로 하강시차의 가중치를 바꾸어 가며 추정한 다음 R^2이 가장 높은 것을 채택하는 방법을 평가하라.

$$Y_t = \alpha + \beta\left[\frac{2X_t + X_{t-1}}{3}\right]$$

$$Y_t = \alpha + \beta\left[\frac{3X_t + 2X_{t-1} + X_{t-2}}{6}\right]$$

$$Y_t = \alpha + \beta\left[\frac{4X_t + 3X_{t-1} + 2X_{t-2} + X_{t-3}}{10}\right]$$

[19] 시차가 붙은 종속변수를 설명변수로 도입하는 이른바 자기회귀모형은 일반적으로 R^2이 높아지는 경향이 있다. 그 이유는?

[20] Almon lag 모형에서 시차의 길이와 함수의 차수를 결정함에 있어 일반적인 지침이 될 수 있는 원칙이 있다면 밝혀 보아라.

[21] 자료디스켓에 수록된 한국주가지수(KSPI)와 고객예탁금(DEPO) 자료를 이용하여 Granger의 인과관계검정을 실시해 보아라.

[22] 본문 중 혼합추정법 적용 예제에서 제약조건을 무시한 OLS 추정 결과와 $0\leq\beta\leq1$이라는 제약하에 성립되는 다음과 같은 정규방정식을 이용하여 혼합추정법의 추정 결과를 도출해 보아라.

$$\Sigma \mathrm{CPXV} = \hat{\alpha}n + \hat{\beta}\Sigma \mathrm{YDXV}$$

$$\Sigma \mathrm{CPXV}\cdot\mathrm{YDXV} + 6s_e^2 = \hat{\alpha}\Sigma \mathrm{YDXV} + \hat{\beta}(\Sigma \mathrm{YDXV}^2 + 12s_e^2)$$

연습문제 해답

[1]~[3] (생략)

[4] 계절가변수 { i) 상수항 포함시 : 3개 / ii) 상수항 비포함시 : 4개 }

월별가변수 { i) 상수항 포함시 : 11개 / ii) 상수항 비포함시 : 12개 }

[5] (생략)

[6] 1) 학력과 성별에 따른 동시효과

2) 대졸 남자사원의 봉급과 기타 사원의 봉급 차이

3) $\hat{Y}_t - (\alpha_1 + \alpha_2 + \alpha_3 + \alpha_4) + \beta X_t$

[7] 1) 검정통계량 t는

$$t = \frac{\hat{\alpha}_2 - \hat{\alpha}_3}{\sqrt{\mathrm{Var}(\hat{\alpha}_2) + \mathrm{Var}(\hat{\alpha}_3) - 2\,\mathrm{Cov}(\hat{\alpha}_2,\ \hat{\alpha}_3)}}$$

2) $t = \dfrac{\hat{\alpha}_2 - \hat{\alpha}_4}{\sqrt{\mathrm{Var}(\hat{\alpha}_2) + \mathrm{Var}(\hat{\alpha}_4) - 2\,\mathrm{Cov}(\hat{\alpha}_2,\ \hat{\alpha}_4)}}$

3) 항상 성립되지는 않는다.

[8] (생략)

[9] 절편뿐만 아니라 기울기 자체도 차이가 발생함을 의미

[10] 1) (생략)

2) 판매점 형태의 콜라 가격에 대한 영향력으로 미미하나 상표와 병의 크기의 영향력은 유의할 만함.

3) 병의 크기가 작을수록 값이 비쌈.

[11] 1) $\hat{P}_i = -2.8673 + 0.0031Q + 0.0023V$

$(-3.422)\quad(2.976)\qquad(3.441)$

$R^2 = 0.6493$

2) 일반적으로 만족스럽지 못함. 따라서 프로비트 내지 로지트모형의 이용이 바람직함.

[12] $w_i = \dfrac{LN_i f_i^2}{P_i(1-P_i)}$ = 9.03, 11.30, 14.09, 14.97, 16.07, 15.01, 15.04, 15.97, 14.33, 9.54, 5.49, 2.56, 1.04, 0.78, 0.20

[13] (생략)

[14] 1) $IBFXV_t = -353.07 + 0.10\,YXV_t + 0.72\,IBFXV_{t-1}$

$$(-3.71) \quad (4.40) \quad (10.45)$$

$$R^2 = 0.99 \quad d = 2.12 \quad h \fallingdotseq -0.67$$

2) ① $\log IBFXV_t = -1.77 + 0.44 \log YXV_t + 0.70 \log IBFXV_{t-1}$

$$(-3.41) \quad (3.82) \quad (9.25)$$

$$R^2 = 0.98 \quad d = 2.23 \quad h \fallingdotseq -1.32$$

② 1)과 동일

③ $IBFXV_t = -354.66 + 0.10\,YXV_t + 0.65\,IBFXV_{t-1} + 0.08\,IBFXV_{t-2}$

$$(-3.66) \quad (4.26) \quad (5.41) \quad (0.77)$$

$$R^2 = 0.99 \quad d = 1.95$$

[15] 101.38, 103.63, 108.53, 112.42

[16] (생략)

[17] 1) 없다(단, Y_{t-1}이 u_t와 독립적일 경우에는 OLS 적용이 무방함. 편의는 존재해도 일관성이 보장되기 때문)

2) 편의와 비일관성 가짐.

3) 합리적임($\because$ $0 \le \rho$, $\lambda \le 1$)

[18]~[20] (생략)

[21] KSPI가 DEPO에 일방적으로 영향을 미치는 것으로 나타남.

[22] $CPXV_t = 1{,}452.6531 + 0.69413\,YDXV$

제 **4** 편

연립방정식체계와 의태분석

제 2 편과 제 3 편에서 우리가 다루어 온 회귀모형은 단 하나의 방정식만으로 경제적 행태를 분석하는 것이었다. 이러한 단일방정식 회귀모형에서는 경제적 이론이나 가설에 의거하여 어떤 변수가 종속변수가 되고 또 독립변수가 되는지가 사전에 결정되어 있다. 그리고 결과적으로 설명변수가 종속변수에 일방적으로 영향을 미친다고 보고 있어 항상 일방통행적인 인과관계를 가정하고 있다.

그러나 현실적인 상황에서는 경제현상이나 경제행위는 상호 의존적인 경우가 대부분이며 따라서 단일방정식보다는 여러 개의 방정식이 서로 연관된 형태로 모형을 설정해야 현실적인 분석대상을 제대로 묘사할 수 있게 된다. 예컨대, 특정 상품의 시장에 관한 분석모형은 이 상품에 대한 수요함수와 공급함수를 동시에 고려해야만 이 시장의 균형가격과 거래량에 관한 분석이 가능해진다. 그리고 이 때 수요나 공급 모두가 시장가격의 영향을 받는 것으로 인식되고 있지만 시장가격 또한 수요와 공급의 상대적 크기에 따라 결정되는 것으로 이해될 수 있다. 그리고 이들 변수 간의 인과관계는 더 이상 일방통행적인 것이 아니라 쌍방통행적인 것임을 쉽게 감지할 수 있다.

그런데 방정식이 하나이건 여러 개이건 각 방정식을 OLS 로 추정하여 분석하더라도 아무런 상관이 없다면 구태여 연립방정식으로 표현하는 경제현상이나 행태를 별도로 고려할 이유가 전혀 없다. 그러나 여러 변수들이 어느 방정식에서 고려되는가에 따라 종속변수가 되기도 하고 또 설명변수가 되기도 한다면 이들 변수와 각 방정식의 오차항들과는 더 이상 독립적인 관계가 유지되기 어려워지며, 따라서 OLS 를 적용하기 곤란해질 것임을 쉽게 예상할 수 있다.

본 편은 상기와 같은 문제점을 인식하여 연립방정식 체계의 모형이 갖는 특징과 이를 효율적으로 추정하는 여러 방안들을 강구하여 그림 Ⅳ와 같은 체계로 서로 비교·검토하게 될 것이다. 그리고 이처럼 상호 의존적인 모형에서의 분석, 즉 추정 및 각종 통계적 유의성 검정과 예측문제 등은 보다 복잡한 양상을 띠게 되며, 특히 이러한 과정에서 유용한 이른바 의태분석이 바로 본 편에서 다루어질 것이다.

그림 Ⅳ 연립방정식 체계와 의태분석

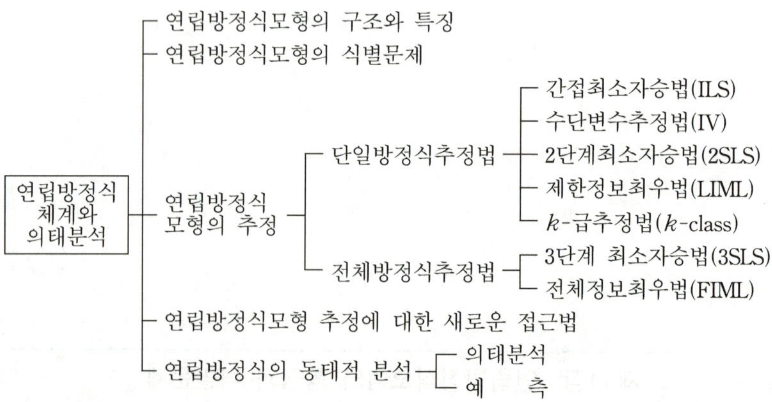

제11장 연립방정식모형의 특징과 식별문제

본 장에서는 연립방정식 체계모형의 기본구조와 특성 그리고 이로 인하여 발생하는 추정상의 제 문제를 우선 살펴본다. 그리고 추정에 앞서 연립방정식 체계가 적절히 추정될 수 있는 구조를 가지고 있는지 여부를 확인하기 위한 이른바 모형의 식별문제를 후반부에서 비교적 상세히 검토키로 한다. 식별문제란 연립방정식모형의 구조와 관련하여 가장 중요한 특성을 확인시켜 주는 과정으로 단지 여러 개의 방정식을 동시에 나열해 놓는다고 해서 모두 연립방정식모형이 될 수는 없다는 논리의 근거를 제공하게 된다.

이상과 같은 논리를 본 장에서는 그림 11와 같은 체계로 제시코자 한다.

그림 11 연립방정식모형의 특징과 식별문제

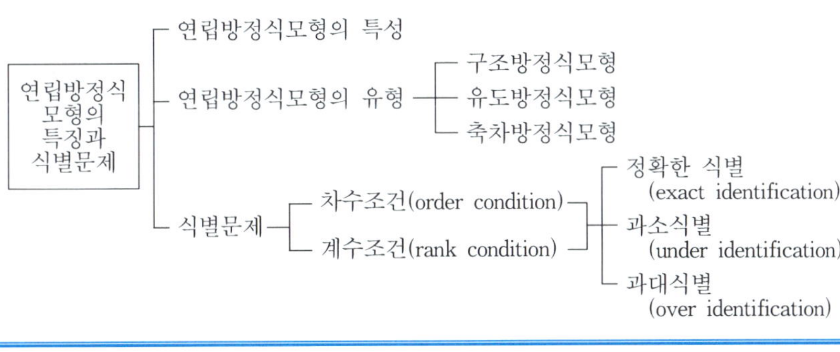

제 1 절　연립방정식모형의 특성

적어도 하나(이상)의 내생변수값을 결정하기 위해서는 모든 관계식이 필요해지는 일련의 방정식 체계를 연립방정식모형이라 정의한다. 따라서 이들 연립방정식 체계를 구성하고 있는 방정식 중 적어도 하나(이상)는 2개 이상의 내생변수를 포함하게 된다. 이렇게 정의되는 연립방정식모형이 갖는 특징은 대체로 다음과 같이 정의될 수 있다.

첫째, 지극히 당연한 이야기가 되겠지만 연립방정식모형은 둘 이상의 방정식으로 구성된다. 이 때 모형에 나타나는 변수들은 우선 내생변수(endogenous variables)와 선결변수(predetermined variables)로 구분되고, 후자는 다시 외생변수(exogenous variables)와 내생시차변수(lagged endogenous variables)로 나누어진다.

내생변수란 연립방정식 체계 내에서 그 값이 결정되고 설명될 수 있는 변수를 말한다. 그리고 선결변수란 모형 밖에서 (이미) 그 값이 결정된 변수를 지칭하며 자율적인 시장기능이나 경제활동에 의하기보다는, 예컨대 정책당국에 의해 그 값이 결정되는 통화공급 및 정부지출 등과 같은 정책변수 또는 기후조건과 같이 우리가 조정할 수 없는 외생변수들, 그리고 내생변수지만 시차가 있어 현재시점에서 볼 때 그 값이 이미 알려져 있는 내생시차변수들이 이에 속한다.

그러나 상당히 많은 경우에 내생변수와 선결변수의 구분은 자의적인 것으로 분석가의 목적에 따라 규정되기도 한다. 즉, 방정식 체계 내에서의 상호 연관관계를 중심으로 그 값을 설명코자 계획한 변수는 모두 내생변수가 된다. 한편, 성격상 내생변수로 취급할 수 있는 변수라 하더라도 그 변수가 여타 변수와의 상호 교호작용을 고려할 때 그 중요성이 상대적으로 작거나 연구자의 주관심대상이 되지 못할 경우에는 선결변수로 규정할 수도 있다. 그러나 어떤 경우를 막론하고 연립방정식 체계 내의 내생변수의 수는 연립방정식 체계 내의 독립적인 방정식 수와 같아져야 한다.

그림 11-1　연립방정식 체계상의 변수 종류

- 연립방정식모형에서의 변수
  - 내생변수
  - 선결변수
    - 외생변수
      - 외생변수
      - 외생시차변수
    - 내생시차변수

둘째, 결국 연립방정식모형이란 주어진 외생변수값에 근거하여 내생변수값들을 구해내기 위한 것이라 볼 수 있으며, 따라서 모든 내생변수들이 종속변수로만 등장한다면 추정상 아무런 문제가 없다. 그러나 내생변수들은 연립방정식체계 내의 여러 방정식에 동시에 출현하되 때로는 종속변수 위치에 그리고 때로는 설명변수 위치에 나타나며, 각 방정식은 적어도 두 개 이상의 내생변수를 포함하고 있다. 따라서 내생변수 간의 상호 교호작용(effect and feedback effect) 및 연관관계(interdependence)를 파악하지 않고는 이들 내생변수들 값을 알아낼 수 없다는 특성을 갖고 있다.

예컨대, 다음 방정식 체계에서 Y_i는 내생변수, X_i는 선결변수를 나타낸다고 보자.

$$Y_1 = \alpha_1 + \alpha_2 Y_2 + \alpha_3 X_1 + u_1 \tag{11.1}$$

$$Y_2 = \beta_1 + \beta_2 Y_3 + \beta_3 X_2 + u_2 \tag{11.2}$$

$$Y_3 = \gamma_1 + \gamma_2 Y_1 + \gamma_3 X_3 + u_3 \tag{11.3}$$

각 방정식에는 두 개씩의 내생변수가 교차적으로 나타나고 있으며, 각 내생변수는 종속변수 및 설명변수의 역할을 동시에 담당하고 있다. 따라서 설명변수가 일방적으로 종속변수에 영향을 미치는 것으로 파악하던 단일방정식모형에서의 규범은 더 이상 성립되지 못한다. 연립방정식 체계에서의 인과관계는 내생변수 간의 쌍방통행적이며 상호 의존적인 특성을 갖고 있다.

셋째, 통상적으로 회귀방정식에 OLS를 적용할 때 우리는 설명변수와 오차항이 서로 독립적이라고 가정한다. 그러나 윗식들에서처럼 Y_1, Y_2 및 Y_3와 같은 내생변수가 각 방정식에서 설명변수의 역할을 담당할 경우 이들 내생변수와 오차항이 서로 독립적이란 가정은 더 이상 현실적인 것이 못 된다. 이러한 상황은 결과적으로 OLS 추정량의 불편성과 일관성을 파괴하게 된다. 따라서 별도의 추정방안을 강구해야 할 필요가 발생한다. 이와 같은 상황에서 활용할 수 있는 방안 중 하나로 수단변수의 사용을 들 수 있다(자세한 내용은 본 장 제3절에서 다룰 것임). 우리는 이미 제3편 제9장에서 설명변수와 오차항 간의 독립성이 유지되지 못하는 이른바 변수오차(errors-in-variables) 현상을 살펴본 바 있는데, 그 경우에서도 OLS 추정량이 불편성과 일치성을 상실하는 문제를 해소코자 수단변수(instrumental variable)를 활용한 바 있음을 상기하기 바란다.

넷째, 현실적으로 어떤 경제행위를 막론하고 여러 가지 경제여건이나 정책 및 여타 경제주체의 행태와는 완전히 독립적으로 이루어질 수는 없다. 따라서 단일방정식에 의해 일방적인 인과관계를 설정함으로써 어떤 경제행위를 분석하고자 시도하는 것은 적어도 이러한 차원에서 한계를 갖고 있다. 그러나 특정 경제행위에 미치는 여타 요인들의 영향력이 무시해도 좋을 만큼 미미하다고 볼 수 있는 경우에는 단일방정식의 활용이 정당화될 수도 있다. 말하자면 이른바 "ceteris paribus," 즉 여타 조건이 일정하다는 가정이 큰 문제가 되지 않을 때 특정 변수 간에 성립되는 함수관계를 분석하는 부분균형(partial equilibrium) 분석방법을 적용할 수 있다는 논리와 같은 맥락에서 이해될 수 있다. 반면 연립방정식 체계란 일반균형(general equilibrium) 분석적인 방법론을 토대로 하는 분석모형이라고 이해할 수 있을 것이다.

제 2 절 연립방정식모형의 유형

연립방정식 체계를 나타내는 모형은 이른바 구조모형을 기본으로 하여 정립될 수 있다. 그리고 이러한 구조모형은 그 형태에 따라 통상적인 연립방정식 체계(regular simultanous equation system), 축차방정식 체계(recursive equation system), 블록축차방정식 체계(block recursive equation system), 또는 외형상 무관해 보이는 방정식 체계(seemingly unrelated equation system) 등으로 구분되기도 한다. 한편, 연립방정식모형이 갖는 추정상의 문제를 해소하기 위해 도출할 수 있는 분석모형이 있는데 이를 유도방정식 체계(reduced form equation system)라 일컫는다.

그림 11-2 연립방정식모형의 유형

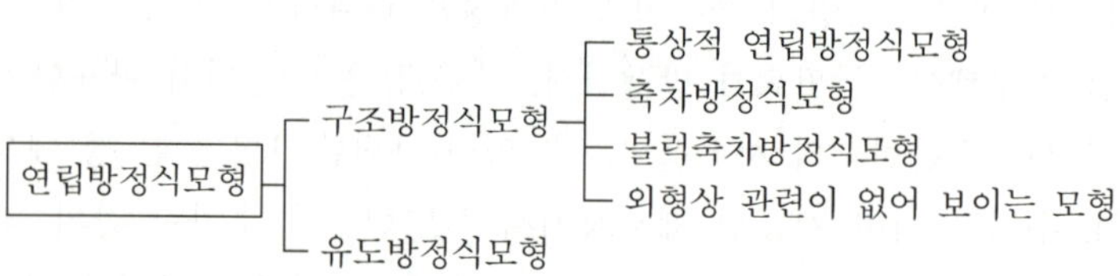

1. 구조방정식모형

여러 경제변수 간의 상호 (의존)관계 구조를 하나의 통일된 연립방정식 체계로 묘사한 것을 구조방정식(structural form equation)이라 한다. 그런데 이들 구조방정식은 경제변수 간의 상호 의존적 경제행위 및 행태를 구체적으로 표현한 방정식이라 하여 행태방정식(behavioral equation)이라고도 불리운다.

우선 가장 보편적인 구조방정식모형을 중심으로 연립방정식 체계의 특성을 다시 한번 확인해 보기로 한다.

$$Y_1 = \alpha_1 + \alpha_2 Y_2 + \alpha_3 Y_3 + \alpha_4 X_1 + \alpha_5 X_2 + u_1 \tag{11.4}$$

$$Y_2 = \beta_1 + \beta_2 Y_1 + \beta_3 Y_3 + \beta_4 X_1 + \beta_5 X_2 + u_2 \tag{11.5}$$

$$Y_3 = \gamma_1 + \gamma_2 Y_1 + \gamma_3 Y_2 + \gamma_4 X_1 + \gamma_5 X_2 + u_3 \tag{11.6}$$

$$\begin{pmatrix} \text{단, } u_i \sim N(0,\ \sigma_{u_i}^{\ 2}) \\ E[u_{it}u_{ij}] = 0 \end{pmatrix}$$

윗식들에서 Y_i는 내생변수 그리고 X_i는 선결변수를 각각 나타내고 있는데, 방정식 체계 내에서 그 값이 결정되야 하는 내생변수들이 서로 엇갈려 가며 영향력을 미치는 것으로 방정식 체계의 구조가 정립되어 있다. 이와 같은 내생변수 간의 상호 연관성으로 인해 어느 한 내생변수값도 방정식 체계 내의 모든 방정식을 동시에 풀지 않고는 구할 수 없게 된다. 바로 이러한 특성이 연립방정식 체계의 기본적 특성이라 할 수 있다. 그리고 이러한 특성을 갖게 하는 구조방정식의 내용, 즉 각 방정식마다 두 개 이상의 내생변수가 포함된다는 사실이 더 이상 OLS를 그대로 적용할 수는 없게 만들고 있다.

내생변수는 그 값이 사전에 주어지는 선결변수처럼 상수(constant)적인 특성을 갖는 것이 아니라 확률변수적(stochastic)인 특징을 가지며, 따라서 오차항들과 독립성을 유지할 수 없게 된다. 이러한 사실을 떠나서라도 식 (11.4)에서 Y_1은 u_1의 영향을 받으며, 식 (11.5)에서는 Y_2가 이러한 Y_1의 함수로 표현되었을 뿐 아니라 다시 식 (11.4)에서는 Y_1이 스스로의 함수로 표현된 Y_2의 함수로 정의되고 있어, 결국 Y_2가 u_1과 독립적이란 가정을 할 수 없음을 잘 알 수 있다.

식 (11.4), (11.5) 및 (11.6)으로 표현된 연립방정식 체계는 가장 보편적인 구조모형의 형태를 취하고 있다. 한편, 구조모형의 형태가 아래 식들과 같을 때 우리는 별도의 명칭을 부여하여 분석에 임한다.

$$\left.\begin{aligned} Y_1 &= \alpha_1 + \alpha_4 X_1 + \alpha_5 X_2 + u_1 \\ Y_2 &= \beta_1 + \beta_2 Y_1 + \beta_4 X_1 + \beta_5 X_2 + u_2 \\ Y_3 &= \gamma_1 + \gamma_2 Y_1 + \gamma_3 Y_2 + \gamma_4 X_1 + \gamma_5 X_2 + u_3 \end{aligned}\right] \quad (11.7)$$

$$\left.\begin{aligned} Y_1 &= f(Y_2, X_1, X_2) + u_1 \\ Y_2 &= f(Y_1, X_1, X_2) + u_2 \end{aligned}\right] \text{ block 1}$$
$$Y_3 = f(Y_1, Y_2, X_1, X_2) + u_3 \text{ — block 2} \quad (11.8)$$

$$\left.\begin{aligned} Y_1 &= f(X_1, X_2, \cdots, X_k) + u_1 \\ Y_2 &= f(X_1, X_2, \cdots, X_k) + u_2 \\ Y_3 &= f(X_1, X_2, \cdots, X_k) + u_3 \end{aligned}\right] \quad (11.9)$$

우선 식 (11.7)에 나타난 방정식 체계를 보면 첫번째 방정식은 선결변수만의 함수이고, 두 번째 방정식은 선결변수와 Y_1의 함수이며, 마지막 방정식은 선결변수와 Y_1 및 Y_2의 함수로 표현되고 있다. 이러한 특성을 갖는 구조방정식 체계는 내생변수 간의 상호의존성 및 쌍방통행적인 인과관계로 특징지어지는 연립방정식 체계와는 분명히 성격을 달리하고 있다. 따라서 이 경우에는 순서에 따라 OLS를 축차적으로 적용해도 아무런 문제가 발생하지 않는다. 이러한 이유로 해서 식 (11.7)과 같은 구조방정식 체계를 축차모형(recursive model)이라 명명하여 연립방정식모형과 구분하고 있다. 축차모형은 삼각(형)체계(triangular system)라고도 불리우는데, 이는 내생변수의 계수들이 삼각형의 형태로 배열되기 때문이다.

식 (11.8)에 나타난 구조방정식에서는 첫번째 방정식과 두 번째 방정식은 상호 의존적인 연립방정식 체계(이를 block 1이라 하자)를 구성하고 있다. 그러나 이 두 방정식을 하나로 묶어 세 번째 방정식(이를 block 2라 한다)과 대비하면 두 개의 block이 축차적인 성격을 갖는 구조로 파악할 수 있다. 따라서 이와 같은 유형의 구조방정식을 블럭축차모형(block recursive model)이라 부르고 있다.

한편, 식 (11.9)에 나타난 방정식집단에서는 각 내생변수들이 한 방정식에서만 나타나고 있다. 따라서 모든 내생변수들은 종속변수로서의 기능만을 할 뿐 설명변수로서 역할을 하는 경우가 없는 상황을 나타내고 있다. 물론 이 방정식 집단은 분명히 연립방정식 체계라 부를 수는 없다. 그리고 만일 각 방정식의 오차항들이 서로 독립적이라면 이 방정식들을 단지 한군데 모아 놓은 것에 지나지 않게 된다. 이러한 상황이라면 OLS를 적용하는 데 아무런 하자가 없다. 그러나 만일 이들 방정식들을 모아 놓은 사유가 오차항끼리의 연관성으로 인한 것이라면 OLS로 추정하는 것은 곤란하다. 물론 그렇다고 연립방정식 체계로 파악하여 대응하는 것도 부적절하다. 따라서 이러한 경우의 구조모형을 외형상 무관해 보이는 방정식 체계(system of seemingly unrelated equations)라 칭하여 별도의 추정방안을 강구하고 있다.[1]

2. 유도방정식 체계

식 (11.4), (11.5) 및 (11.6)과 같은 통상적인 구조방정식에 의해 대표되는 연립방정식 체계는 각 방정식에 두 개 이상의 내생변수들을 포함시킴으로써 상호간의 연관구조를 표현하고 있으며, 또 이로 인해서 OLS의 적용이 곤란해 진다는 사실을 확인한 바 있다. 반면 이러한 방정식 체계는 일반적으로 내생변수의 총수가 방정식의 수와 같아지는데, 이는 곧 미지수의 수와 방정식의 수가 같다는 의미로 이해될 수 있다. 내생변수란 연립방정식 체계 내에서 그 값이 결정되는 일종의 미지수 역할을 하기 때문이다. 그렇다면 수학적 계산과정을 통해 이러한 연립방정식의 해를 구할 수 있으며, 그 결과는 각 미지수인 내생변수를 기지수인 선결변수들의 함수 형태로 나타낸 수식이 될 것이다. 이와 같은 과정에 따라 구조방정식으로부터 도출된 수식, 즉 각 내생변수들을 선결변수들만으로 표현한 방정식들은 구조방정식모형의 유도형 방정식 체계(reduced form equations system)라 일컫는다. 물론 이 때 유도형 방정식모형의 회귀계수도 구조방정식모형상의 회귀계수의 함수로 표현될 수 있다.

만일 식 (11.4), (11.5) 및 (11.6)과 같은 구조방정식모형으로부터 유도형 방정식모형을 도출한다면 다음과 같은 모양을 하게 된다.

$$Y_1 = \Pi_{10} + \Pi_{11} X_1 + \Pi_{12} X_2 + \upsilon_1 \tag{11.10}$$

$$Y_2 = \Pi_{20} + \Pi_{21} X_1 + \Pi_{22} X_2 + \upsilon_2 \tag{11.11}$$

$$Y_3 = \Pi_{30} + \Pi_{31} X_1 + \Pi_{32} X_2 + \upsilon_3 \tag{11.12}$$

그리고 유도형 모형의 회귀계수 Π_{ij}들은 α_i, β_i 및 γ_i의 함수 형태로 표현될 수 있게 되는데 그 구체적 과정은 다음 절로 미룬다.

이상과 같은 유도방정식모형이 갖는 특징 중 중요한 것으로 다음의 두 가

1) 간단한 내용은 본서의 제9장을, 그리고 구체적인 내용은 Kmenta, *Elements of Econometrics*(1973), pp. 517~529를 참조할 것.

지를 들 수 있다.

첫째, 일단 구조방정식모형이 유도방정식모형으로 전환되면 각 내생변수는 오로지 선결변수만의 함수가 된다. 한편, 선결변수란 일반적으로 상수에 준하는 것이어서 오차항과의 독립성을 유지하는 데 별 문제가 없다. 따라서 구조방정식 모형에서 문제가 되었던 추정상의 문제는 더 이상 문제되지 않는다. 따라서 일단 식 (11.10), (11.11), (11.12)와 같은 유도형 방정식을 먼저 OLS로 추정한 뒤 추정된 $\hat{\Pi}_{ij}$값을 이용하여 $\hat{\alpha}_i$, $\hat{\beta}_i$ 및 $\hat{\gamma}_i$값들을 산출할 수도 있는데, 이러한 추정방법을 간접최소자승법(ILS; indirect least squares method)이라 한다.

둘째, 구조방정식에서의 회귀계수값들이 선결변수 및 여타 내생변수값들의 변화에 대응하는 즉시적인 영향력을 계측해 주는 반면 유도형 방정식에서의 회귀계수들은 방정식 체계 내의 각 선결변수가 궁극적으로 각 내생변수에 미치게 된 영향력의 정도를 종합적으로 계측해 준다. 이러한 이유로 해서 전자를 상대적 단기승수(shorter-run multiplier)라 하고, 후자를 상대적 장기승수(longer-run multiplier)라 부르기도 한다.[1] 따라서 특정 정책효과를 분석하거나 예측을 수행할 경우 유도형 방정식을 활용하게 된다.

제 3 절 식별문제

앞 절에서 우리는 연립방정식 체계란 단지 여러 개의 방정식을 나열해 놓은 집단이 아니며 축차적이거나 외견상 무관해 보이는 회귀모형들의 결합체도 아닌 것을 확인한 바 있다. 이러한 과정에서 우리는 연립방정식 체계가 정상적으로 성립되려면 각 변수가 조직적으로 유기적 상호의존성을 가져야 함을 확인한 셈이다. 바꾸어 말하자면 의미가 있는 또는 정상적인 조작이 가능한 연립방정식 체계가 정립되려면 최소한 몇 가지 요건이 충족되어야 한다는 것이다. 또한 역시 앞 절에서 우리는 연립방정식 체계는 구조방정식 형태로서는 OLS 적용이 곤란하지만 유도형 방정식을 이용한 간접최소자승법에 의해 추정상의 애로를 해소할 수도 있다는 것을 확인하였다. 그러나 이러한 ILS는 항상 적용 가

1) 여기서 유도방정식에서의 회귀계수를 상대적 장기승수라 일컫는 것은 이것이 단지 구조방정식에서의 계수에 비해 상대적으로 장기에 해당된다는 것일 뿐 실제로 그 효과가 장기간에 걸쳐서야 계측될 수 있다는 의미를 갖는 것이 아니다. 따라서, 예컨대 제13장에서 취급할 의태분석모형에서는 이 계수가 단기승수 또는 충격승수(short-run or impact multiplier) 등으로 불리고 있으므로 혼란이 없기 바란다.

능한 것이 아니다.

이상에서의 논의는 정상적인 연립방정식 체계가 성립되려면, 그리고 유도방정식을 이용한 ILS의 적용이 가능하려면 특정한 요건이 충족되어야 함을 시사하고 있다. 바로 이러한 문제에 대한 대응책을 마련하는 과정에서 발생하는 문제가 바로 식별문제(identification problem)라 할 수 있다.

1. 수요·공급모형에서 본 식별문제의 함의

식별문제란 결국 유도방정식모형에서의 회귀계수를 이용하여 구조방정식모형의 회귀계수를 추정하는 이른바 간접최소자승법(ILS)을 이용한 일관성 있는 추정량의 도출이 가능한지 여부를 확인하는 문제라 할 수 있다. 따라서 일반적으로 우리는 모형의 추정에 앞서서 우선 구조모형이 식별될 수 있는지 여부를 확인하게 되며, 그러한 연후에 비로소 (식별 결과에 따라)어떤 추정방법을 적용하는 것이 바람직한지를 선택하게 된다.

구조모형 내의 방정식은 만일 그 회귀계수들이 유도방정식의 회귀계수들로부터 도출하는 것이 불가능할 경우 그 방정식은 과소식별(under identified) 또는 비식별(unidentified)되었다고 하고, 그 반대 경우를 식별(identified)되었다고 한다. 그리고 식별된 경우는 유도방정식 계수들로부터 구조방정식 계수값들이 유일하게 산출될 경우를 정확히 식별(exactly identified)되었다고 하고, 2개 이상의 값으로 나타날 경우를 과대식별(over-identified)되었다고 한다.

- 식별 여부
  - 과소식별 또는 비식별
  - 식별
    - 정확한 식별
    - 과대식별

이상과 같은 식별문제를 보다 현실감 있게 이해시키기 위해 수요·공급 모형을 예로 들어 본다.

$$\text{수요함수}: Q_t^d = a_1 + a_2 P_t + u_{1t} \tag{11.13}$$

$$\text{공급함수}: Q_t^s = b_1 + b_2 P_t + u_{2t} \tag{11.14}$$

$$\text{균형조건}: Q_t^d = Q_t^s \tag{11.15}$$

(단, Q_t^d : 수요량
Q_t^s : 공급량
P_t : 시장가격)

위의 모형은 어떤 상품의 균형가격과 거래량이 시장에서 어떻게 결정되는지를 설명하는 가장 간편한 형태의 연립방정식 체계이다. 여기서 내생변수는 Q_t^d와 Q_t^s 및 P_t로 3 개가 있으며, 방정식 또한 3 개가 있어 방정식의 해가 존재하기 위한 기본요건은 충족되고 있다. 그러나 식 (11.15)에 나타난 시장균형식을 식 (11.13)과 식 (11.14)에 적용할 경우 두 식과 두 개의 내생변수로 압축은 되지만 두 식을 구체적으로 구별하기 어려워진다. 두 식 모두 Q를 단지 P만의 함수로 표현하고 있기 때문이다.

여기서 잠시 위 모형에 대한 경제이론상의 배경을 정리해 보자. 우선 수요의 법칙이란 "수요(량)는 가격에 대하여 역함수관계에 있다"는 것으로 요약되며, 따라서 가격이 오르면 수요는 감소하고 가격이 하락하면 수요는 증가하는 현상을 압축적으로 표현한 것이다. 그런데 이러한 법칙은 사실 수요에 영향을 미치는 가격 외의 요인들이 일정하게 유지되는 상태(ceteris paribus)에서 가격만이 변화할 때 수요에 미치는 효과를 파악한 것이다. 즉, 수요함수는 일반적으로

$$\text{수요함수}: \quad Q^d = f(\overset{(-)}{P}, \overset{(+,-)}{P_0}, \overset{(+,-)}{Y}, \cdots)$$

와 같이 표현되는데, 이는 수요가 자기 상품가격(P)은 물론 여타 상품의 가격(P_0), 그리고 소비자의 소득(Y) 수준에 의존함을 나타내는 것이다. 그리고 여기서 P_0나 Y가 일정하다고 볼 수 있는 단기에 있어서 P만의 변화가 Q^d에 미치는 효과를 감소함수로 파악한 것이 수요법칙이고, 이를 도표로 표현한 것이 수요곡선이다. 그리고 P 외의 요인들, 즉 P_0와 Y의 수요(Q^d)에 대한 영향은 수요곡선의 이동(shift)으로 파악된다. 단, 여타 상품이 대체재의 성격을 띠는지 아니면 보완재 성격을 띠는지에 따라 P_0의 영향력은 "+" 또는 "−"로 파악된다.

한편, 소득변화의 영향은 해당 상품이 보통재(normal goods)인지 열등재 내지 기펜재(inferior goods or Giffen goods)인지에 따라 "+" 또는 "−"로 파악한다. 즉, 이들 여타 요인들의 성격 및 분석대상 상품의 성격에 따라 우하향하는 수요함수는 위 또는 아래로 이동(shift)하는 것으로 이해할 수 있다.

반면에, 공급곡선은 기업의 한계비용곡선(marginal cost curve)이 평균비용곡선(average cost curve)을 상회하는 부분으로 정의되며, 따라서 공급량(Q^s)은 시장가격(P)에 대하여 정의 함수가 되고 우상향하는 형태를 취한다. 물론 공급량에 영향을 미치는 요인은 시장가격 외에도 기업생산비용의 핵심요소인 임금수준(W)이나 이자율(R) 그리고 자연적인 기후조건(WC) 등이 있어 공급함수는 다

음과 같이 표현될 수 있다.

$$\text{공급함수}: \quad Q^s = f(\overset{(+)}{P}, \overset{(-)}{W}, \overset{(-)}{R}, \overset{(+,-)}{WC}, \cdots)$$

여기서도 P 이외의 요인들이 일정하다고 볼 수 있는, 예컨대 단기에 있어서 공급량은 시장가격의 증가함수라는 공급법칙을 도표로 나타낸 것이 공급곡선이 된다. 따라서 여타 요인들의 실제적인 영향은 공급곡선의 이동을 통해 파악된다.

이상과 같은 수요·공급법칙에 의하면 식 (11.13)에서 a_2는 "−" 그리고 식 (11.14)에서 b_2는 "+"가 되어야 할 것이며, 이러한 조건이 충족되면 비로소 두 개의 내생변수(Q와 P) 값을 유일하게 결정할 수 있는 두 개의 연립방정식이 존재하는 것으로 볼 수 있다. 그러나 우리는 아직 추정단계에 들어가지도 않은 단계에 있으며, 따라서 a_2가 "−"이고 b_2가 "+"가 된다는 확신을 갖거나 보장을 받을 수 없고, 따라서 이 연립방정식의 유일해가 가능한지 지금으로서는 전혀 알 수가 없다.

이상과 같은 문제를 다른 각도에서 살펴보자. 우리가 어떤 상품에 대한 수요 및 공급곡선을 추정하고 나아가서 균형가격 및 거래량을 파악하기 위해서 관측자료를 모은다고 하자. 각 소비자는 해당 상품의 가격은 물론 스스로의 소득수준이나 취향 그리고 다른 상품가격 등을 고려해 가며 판매가격 등을 고려하여 구매를 결정했을 것이다. 그런데 문제는 우리가 관측할 수 있는 자료는 이러한 수요 및 공급자의 의사가 상통하여 거래가 이루어졌을 때 나타난 말하자면 균형가격 및 균형거래량에 관한 자료일 뿐이다. 따라서 우리가 얻은 자료는 수요자의 구매량인 동시에 공급자의 판매량이 되는 균형거래량과, 거래가격인 균형시장가격일 뿐이다. 즉, 우리는 관측된 자료 자체만을 가지고는 수요량(Q^d)과 공급량(Q^s)을 구분할 수가 없다.

결과적으로 식 (11.13)과 식 (11.14)에서 Q^d와 Q^s가 동일한 것이 되고, 또 설명변수 또한 시장가격인 P로 동일한 것이 되므로 두 식은 서로 구별될 수가 없다. 이러한 상황을 우리는 두 식은 구별될 수 없다고 표현하는 것이다. 즉, 어느 방정식이 수요식이고 공급식인지 구분이 불가능해지는 상황에 처해 있다는 의미가 있다. 바로 이러한 상황의 발생 여부를 확인하는 것이 식별문제라 할 수 있다. 그리고 식 (11.13)과 식 (11.14)와 같은 형태로서는 두 함수가 식별되지 못하며, 이 때 수학적으로는 유일해가 존재할 수 없다는 사실을 일단 확인한 셈이다.

그러면 결국 우리가 얻을 수 있는 자료란 균형가격 및 균형거래량이 될 수밖에 없는 것이 현실이라면 어떻게 두 개의 함수를 구분 가능하게 만들 수 있을까? 이에 대한 해답을 얻을 수 있는 방법이 마련되지 못한다면 결국 이 연립방정식을 풀 수 없게 된다.

이러한 방정식을 풀 수 있게 하고 나아가서는 식별이 가능하게 만드는 가장 기본적이고 직관적인 방법은 두 식의 모양이 달라지도록 유도하는 길이다. 이는 식 (11.13)에 추가적인 설명변수를 도입하거나 또는 식 (11.14)에 추가적인 설명변수를 도입함으로써 가능하다. 물론 두 식에 모두 설명변수를 추가도입할 경우에는 도입되는 두 설명변수는 서로 다른 것이어야 한다. 그러면 과연 어떤 설명변수를 추가로 각 식에 도입할 것인가 하는 문제가 제기된다. 이는 아주 쉬운 문제다. 왜냐하면, 각 식에 추가도입되는 변수는 수요나 공급에 주요한 영향을 미치는 설명력 있는 변수라야 될 것이고, 예컨대 이는 수요의 경우는 소득수준(Y) 그리고 공급의 경우는 임금수준(W) 등이 바로 이러한 역할로서는 최적임을 이미 우리는 경제이론을 통해 확인하였기 때문이다. 그러면 구체적으로 이들 추가적인 설명변수가 도입될 때마다 변화되는 내용을 보다 상세히 살펴보기로 한다.

우선 그림 11-3의 (a)는 지금까지 설명한 식별문제의 기본개념에 관한 설명을 위한 것으로, 관측치들이란 실제로는 수요와 공급이 일치하여 형성된 수많은 균형점이고 따라서 수요나 공급에 관한 추가적인 정보가 없이는 이들 관측치만으로 수요곡선과 공급곡선을 구분하여 추정하는 것이 불가능한 상황을 보여 주고 있다.

(b)의 경우는 수요곡선은 전혀 이동하지 않고 공급함수만이 이동하는 상황을 보여 주고 있다. 이러한 상황을 수요함수는 식 (11.13)과 동일한 형태로 남아 있으나 공급함수인 식 (11.14)에 추가적인 설명변수가, 예컨대 임금수준(W)이 추가도입된 경우를 대변하고 있다.

$$\text{수요함수}: Q_t^d = a_1 + a_2 P_t + u_{1t} \qquad (11.13b)$$

$$\text{공급함수}: Q_t^s = b_1 + b_2 P_t + b_3 W_t + u_{2t} \qquad (11.14b)$$

$$\text{균형조건}: Q_t^d = Q_t^s \qquad (11.15b)$$

즉, 임금수준이 상승 또는 하락하면 기업의 생산비용 또한 상승 또는 하락하게

그림 11-3 관측자료와 식별문제

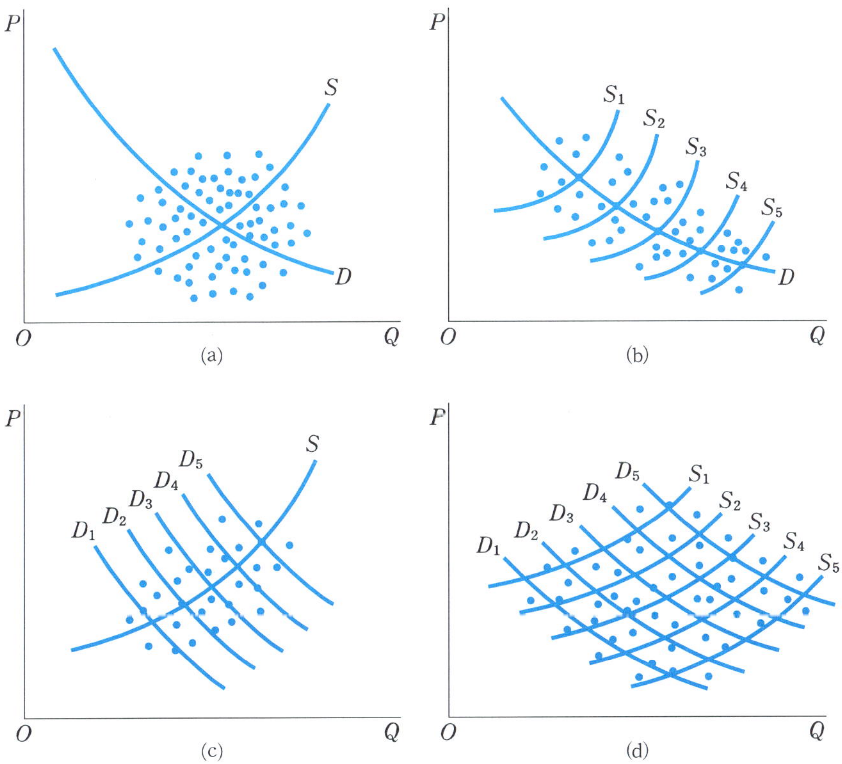

되고, 따라서 기업의 한계비용으로 대변되는 공급곡선은 위·아래로 이동하는 결과를 초래하게 된다. 이러한 상황에서는 수요곡선과 공급곡선들이 서로 교차한 모든 점들이 바로 수요곡선상에 있게 되는 특징이 나타난다. 따라서 이러한 점들로 연결된 곡선을 수요곡선으로 간주할 수 있을 것이며, 동시에 이들 교차점들에 의해 비로소 수요곡선이 식별됨을 알 수 있게 되었다. 동시에 이처럼 수요곡선이 식별될 수 있었던 것은 공급곡선의 이동을 유발하는 선결변수를 공급함수 내에 포함시킴으로써 가능했던 것임을 확인한 셈이다.

한편, (c)의 경우는 공급곡선은 전혀 이동하지 않거나 이동의 폭이 극히 미미한 반면 수요곡선의 이동은 괄목할 만한 상황을 보여 주고 있다. 이러한 상황은 공급함수는 식 (11.14)와 동일한 상태로 남아 있으나 수요함수인 식 (11.13)에 새로운 설명변수로서, 예컨대 소득수준(Y)을 포함하게 되는 경우를 나타내 주고 있다.

$$수요함수 : Q_t^d = a_1 + a_2P_t + a_3Y_t + u_{1t} \tag{11.13c}$$

$$공급함수 : Q_t^s = b_1 + b_2P_t + u_{2t} \tag{11.14c}$$

$$균형조건 : Q_t^d = Q_t^s \tag{11.15c}$$

즉, 소비자의 소득수준이 상승 또는 하락하게 되면 열등재나 기펜재가 아닌 이상 수요곡선이 상하로 이동하는 결과를 초래하게 된다. 이러한 상황에서는 공급곡선이 수요곡선들과 교차한 모든 점들이 공급곡선상에 위치하게 되므로 이들 교차점을 연결한 곡선이 공급곡선으로 식별될 수 있게 된다. 물론 이러한 식별을 가능케 한 수요곡선의 이동은 수요함수 내에 새로운 설명변수로서 선결변수의 성격을 갖는 소득변수를 도입한 것에 연유한다.

마지막으로 (d)의 경우는 수요와 공급곡선 모두가 이동하는 상황을 보여주고 있는데, 이는 수요함수와 공급함수 모두에 새로운 설명변수가 추가도입될 때 가능한 현상이다. 예컨대, 수요 및 공급함수가 식 (11.13)과 (11.14) 대신 다음과 같은 형태를 취할 때 나타나는 현상이라 할 수 있다.

$$수요함수 : Q_t^d = a_1 + a_2P_t + a_3Y_t + u_{1t} \tag{11.13d}$$

$$공급함수 : Q_t^s = b_1 + b_2P_t + b_3W_t + u_{2t} \tag{11.14d}$$

$$균형조건 : Q_t^d = Q_t^s \tag{11.15d}$$

아마도 현실적으로는 (d)의 경우가 가장 일반적인 상황이라 볼 수 있고, 이때에 비로소 수요 및 공급곡선 모두가 동시에 식별될 수 있다. 그리고 이는 수요 및 공급함수 모두에 서로 다른 추가적인 설명변수가 도입됨으로써 가능한 것임을 재차 확인한 셈이다.

이상과 같은 수요·공급모형의 예에서 우리는 다음과 같은 결론을 도출할 수 있다. 수요곡선이 식별되려면 공급곡선이 이동해야 하고, 공급곡선이 식별되려면 수요곡선이 이동해야 한다. 따라서 수요곡선은 공급함수에의 추가적 설명변수 도입에 의해, 그리고 공급곡선은 수요함수에의 추가적 설명변수 도입으로 식별이 가능해진다.

따라서 그림 11-3에서 (a)의 경우는 두 곡선이 모두 식별되지 못하고, (b)의 경우는 수요곡선만이 식별되고 공급곡선은 식별되지 못하는 반면, (c)의 경우는 반대로 공급곡선만 식별되고 수요곡선은 식별되지 못하는 것으로 판정할 수 있다. 그리고 (d)의 경우만이 두 곡선 모두가 식별되는 상황이라 할 수 있다.

이상에서 우리는 수요·공급모형의 식별문제를 도형적으로 분석해 보았다. 이번에는 본래의 식별문제에 대한 정의에 충실하게 입각하여 어떤 조건이 충족될 때에 유도형 모형에서 구조형 모형의 회귀계수를 도출 가능한지 여부를 확인하는 과정을 살펴보기로 한다.

수요·공급모형이 그림 11-3의 (a), (b), (c) 및 (d)와 같은 상태로 표현될 경우를 일단 동시에 고려하기 위하여 우선 가장 일반적인 경우 (d)를 중심으로 이에 대응하는 유도방정식 모형체계를 정립한다. 내생변수는 Q와 P 두 개로 압축되고(원래는 Q^d, Q^s, P로 세 개였으나 $Q^d=Q^s=Q$로 보면 두 개로 볼 수 있음) 방정식 체계 내의 선결변수는 Y와 W 두 개이므로 유도방정식은 다음과 같이 표현된다.

$$P_t = \Pi_{11} + \Pi_{12} Y_t + \Pi_{13} W_t + v_{1t} \tag{11.16}$$

$$Q_t = \Pi_{21} + \Pi_{22} Y_t + \Pi_{23} W_t + v_{2t} \tag{11.17}$$

물론 이에 대응하는 구조방정식모형은 다음과 같다.

$$\text{수요함수 : } Q_t^d = a_1 + a_2 P_t + a_3 Y_t + u_{1t} \tag{11.13d}$$

$$\text{공급함수 : } Q_t^s = b_1 + b_2 P_t + b_3 W_t + u_{2t} \tag{11.14d}$$

식 (11.13d)에서 식 (11.14d)를 뺀 다음 P_t에 대하여 풀면,

$$P_t = \frac{-(a_1 - b_1)}{a_2 - b_2} - \frac{a_3}{a_2 - b_2} Y_t + \frac{b_3}{a_2 - b_2} W_t - \frac{u_{1t} - u_{2t}}{a_2 - b_2} \tag{11.18}$$

와 같아지고, 이를 식 (11.13d)에 대입하여 Q_t에 대해 정리하면 다음과 같다.

$$Q_t = \frac{-a_1 b_2 + a_2 b_1}{a_2 - b_2} - \frac{a_3 b_2}{a_2 - b_2} Y_t + \frac{a_2 b_3}{a_2 - b_2} W_t - \frac{u_{1t} b_2 - u_{2t} a_2}{a_2 - b_2} \tag{11.19}$$

따라서 식 (11.16)과 식 (11.17)을 위의 두 식 (11.18)과 (11.19)에 대비시키면 구조방정식 계수와 유도방정식 계수 간에는 다음과 같은 관계가 성립됨을 알 수 있다.

$$\Pi_{11} = \frac{-(a_1 - b_1)}{a_2 - b_2} \qquad \Pi_{12} = \frac{-a_3}{a_2 - b_2} \qquad \Pi_{13} = \frac{b_3}{a_2 - b_2}$$

$$\Pi_{21} = \frac{-a_1b_2 + a_2b_1}{a_2 - b_2} \qquad \Pi_{22} = \frac{-a_3b_2}{a_2 - b_2} \qquad \Pi_{23} = \frac{a_2b_3}{a_2 - b_2} \tag{11.20}$$

그리고

$$v_{1t} = -\frac{u_{1t} - u_{2t}}{a_2 - b_2} \qquad v_{2t} = -\frac{u_{1t}b_2 - u_{2t}a_2}{a_2 - b_2} \tag{11.21}$$

그런데 식 (11.16)과 (11.17)을 직접 OLS를 적용하여 추정할 경우 추정량 $\widehat{\Pi}_{ij}$가 일차적으로 도출된다. 따라서 식 (11.20)을 새로운 미지수인 a_1, a_2, a_3, b_1, b_2 및 b_3에 대하여 풀어 그 값을 간접적으로 도출할 수 있다. 즉, 미지수가 6, (독립적인) 방정식 또한 6개가 되므로 유일해가 도출될 수 있는 것이다. 그 구체적인 해는 다음과 같다(단, ^은 추정치를 뜻한다).

$$\begin{aligned} \hat{a}_1 &= \widehat{\Pi}_{21} - \hat{a}_2\widehat{\Pi}_{11} & \hat{b}_1 &= \widehat{\Pi}_{21} - \hat{b}_2\widehat{\Pi}_{11} \\ \hat{a}_2 &= \widehat{\Pi}_{23}/\widehat{\Pi}_{13} & \hat{b}_2 &= \widehat{\Pi}_{22}/\widehat{\Pi}_{12} \\ \hat{a}_3 &= -\widehat{\Pi}_{12}(\hat{a}_2 - \hat{b}_2) & \hat{b}_3 &= \widehat{\Pi}_{13}(\hat{a}_2 - \hat{b}_2) \end{aligned}$$

한편, 식 (11.13d)와 (11.14d) 대신 식 (11.13)과 (11.14) 또는 (11.13b)와 (11.14b) 또는 (11.13c)와 (11.14c)를 대신 활용할 경우에는 각각 다음과 같은 결과가 도출된다.

(a) 경우[1]

$$\Pi_{11} = \frac{-(a_1 - b_1)}{a_2 - b_2}, \qquad \Pi_{21} = \frac{a_2b_1 - a_1b_2}{a_2 - b_2} \tag{11.22}$$

(b) 경우

$$\Pi_{11} = \frac{-(a_1 - b_1)}{a_2 - b_2} \qquad \Pi_{12} = \frac{b_3}{a_2 - b_2}$$

$$\Pi_{21} = \frac{a_2b_1 - a_1b_2}{a_2 - b_2} \qquad \Pi_{22} = \frac{-a_2b_3}{a_2 - b_2} \tag{11.23}$$

(c) 경우

$$\Pi_{11} = \frac{-(a_1 - b_1)}{a_2 - b_2} \qquad \Pi_{12} = \frac{-a_3}{a_2 - b_2}$$

1) (11.13)과 (11.14)를 (a) 경우라 처리하자.

$$\Pi_{21} = \frac{a_2b_1 - a_1b_2}{a_2 - b_2} \qquad \Pi_{22} = \frac{-a_3b_2}{a_2 - b_2} \tag{11.24}$$

결국 식 (11.22)는 (a)의 경우에 미지수가 4이지만 방정식은 2개여서 해가 존재하지 않으며, 따라서 두 방정식(수요 및 공급)이 모두 식별되지 못함을 시사해 주고 있다. 그리고 식 (11.23)과 (11.24)를 관찰해 보면 (b) 경우와 (c) 경우 모두 미지수가 5이지만 방정식은 각각 4개밖에 안 되어서 역시 해를 얻는 데 어려움이 발생하며, 따라서 구조방정식 체계 전체가 완전히 식별되지는 못하게 된다. 구체적으로는 (b) 경우에서는 공급곡선, 그리고 (c) 경우에서는 수요곡선이 식별되지 못하게 되는데 구체적인 증명과정은 연습문제로 돌린다(힌트 : (b) 경우에는 b_1, b_2, b_3가, 그리고 (c) 경우에는 a_1, a_2, a_3값이 결정되지 못함).

마지막으로 새로운 상황을 한 가지 더 고려해 본다. 즉, 이번에는 수요함수가 자기 상품가격과 소득수준은 물론 이자율수준에도 의존하는 반면 공급은 단지 자기 상품가격만의 함수인 경우를 살펴보고자 한다.

$$\text{수요함수 : } Q_t^d = a_1 + a_2P_t + a_3Y_t + a_4R_t + u_{1t} \tag{11.13e}$$

$$\text{공급함수 : } Q_t^s = b_1 + b_2P_t + u_{2t} \tag{11.14e}$$

$$\text{균형조건 : } Q_t^d = Q_t^s \tag{11.15e}$$

위와 같이 표현되는 구조방정식모형에 대응하는 유도방정식은,

$$P_t = \Pi_{11} + \Pi_{12}Y_t + \Pi_{13}R_t + v_{1t} \tag{11.16e}$$

$$Q_t = \Pi_{21} + \Pi_{22}Y_t + \Pi_{23}R_t + v_{2t} \tag{11.17e}$$

앞서와 마찬가지 과정을 밟아 Π_{ij}값을 구하면,

$$\Pi_{11} = \frac{b_1 - a_1}{a_2 - b_2} \qquad \Pi_{12} = \frac{-a_3}{a_2 - b_2} \qquad \Pi_{13} = \frac{-a_4}{a_2 - b_2}$$

$$\Pi_{21} = \frac{b_1a_2 - a_1b_2}{a_2 - b_2} \qquad \Pi_{22} = \frac{-a_3b_2}{a_2 - b_2} \qquad \Pi_{23} = \frac{-a_4b_2}{a_2 - b_2}$$

와 같아지고, 이를 구조방정식 계수에 대하여 풀 경우 다음과 같은 결과가 도출된다. 우선 공급곡선을 이동시키는 선결변수가 공급함수에 포함되지 않아 수요방정식은 식별되지 못하고 따라서 a_1, a_2, a_3, a_4값은 결정되지 못한다. 한편,

수요곡선을 이동시키는 선결변수는 2개씩이나 수요함수에 포함되어 공급함수가 식별되는 데에는 아무런 문제가 없다. 그러나 필요 이상의 정보, 즉 식별에 필요한 수보다 더 많은 선결변수의 등장으로 인해 과대식별된 공급함수는 구조계수값이 복수로 등장하는 현상이 발생하게 되는데 이러한 현상이 바로 과대식별의 특성이다. 여하튼 이 때 공급함수의 구조계수는 다음과 같아진다.

$$\hat{b}_1 = \widehat{\Pi}_{21} - \hat{b}_2 \widehat{\Pi}_{11}$$

$$\hat{b}_2 = \widehat{\Pi}_{22} / \widehat{\Pi}_{12} \qquad \text{또는} \qquad \widehat{\Pi}_{23} / \widehat{\Pi}_{13}$$

이상까지의 논의를 통해 우리는 도표적으로 또는 수학적 풀이과정을 통해 수요·공급모형의 식별문제를 다각적으로 살펴보았다. 이제 마지막으로 지금까지 얻은 결론을 별도의 표현방식을 빌어 정리해 보고자 한다.

위 예에서 공급함수에는 포함되지 않은 선결변수들이 수요함수에 포함되어 수요곡선을 이동시킴으로써 결국 공급함수가 식별되었음을 확인하였다. 그러나 수요함수에는 포함되지 않은 선결변수로서 공급함수에 포함되어 공급함수를 이동시키는 영향을 미침으로써 수요함수가 식별될 수 있게 하는 요인은 없었다. 결국 우리는 연립방정식 체계 내의 어느 한 함수의 식별은 그 함수에는 포함되지 않았으나 다른 방정식들에는 포함되어 영향을 미치는 선결변수들의 존재에 달려 있음을 알 수 있다. 따라서 각 방정식의 식별은 그 함수에 포함되지 않은 선결변수가 무엇인가에 달려 있게 된다. 이 때 해당 방정식에 포함 안 된 선결변수는 마치 그 선결변수의 계수가 해당 방정식에서는 "0"인 것이라고 풀이할 수도 있다. 이러한 이유로 해서 이와 같은 근거에 입각한 식별방식을 영제약 조건, 즉 선결변수계수에 "0"을 대입하는 제한조건에 의한 식별문제(zero restrictions on coefficients)라 부른다.

단, 식별문제란 추정해야 할 계수를 포함하고 있는 구조방정식에 한정된 것이어서 추정할 필요가 없는 정의식·항등식 내지 균형조건식에는 해당되지 않는다. 여하튼 이상과 같은 식별방법에 대한 인식은 보다 본격적인 식별방법 정립에 아주 중요한 것이며 다음 항에서 자세히 살펴보게 된다.

2. 식별에 관한 필요충분조건

식별이란 기본적으로 유도방정식의 회귀계수로부터 구조방정식의 회귀계수들을 도출할 수 있는지 여부를 확인하는 문제로 이해할 수 있다. 그러나 연립방정식 체계의 규모가 커지면 유도형 모형을 이용하는 식별방법은 거의 불가능하리만큼 복잡해진다. 따라서 유도형 모형을 이용하지 않고도 구조방정식모형을 식별할 수 있는 별도의 방법이 요청된다. 이러한 요구에 부응한 보다 조직적인 식별방법으로 차수조건(order condition)과 계수조건(rank condition)이 있다. 전자는 필요조건이지만 후자는 충분조건을 제공해 준다.

2.1 차수조건에 의한 식별 : 필요조건

전 항에서 우리는 수요·공급모형 예제를 통하여 한 방정식에서는 배제되었으나 다른 방정식에는 포함되는 변수의 존재 여부와 그 숫자가 식별의 중요기준이 됨을 확인한 바 있다. 차수조건도 비슷한 맥락에서 이해될 수 있는 식별의 필요조건으로서 결론부터 제시하면 다음과 같다.

[식별을 위한 필요조건 : 차수조건]

$$G^{\Delta\Delta}+K^{**}\geq G-1 \tag{11.25}$$

또는

$$K^{**}\geq G^{\Delta}-1 \tag{11.26}$$

[단, G : 방정식의 총수 ; 내생변수의 총수
G^{Δ} : 특정 방정식에 나타난 내생변수의 수
$G^{\Delta\Delta}$: 특정 방정식에서 제외된 내생변수의 수
$G=G^{\Delta}+G^{\Delta\Delta}$
K : 선결변수의 총수
K^{*} : 특정 방정식에 나타난 선결변수의 수
K^{**} : 특정 방정식에서 제외된 선결변수의 수
$K=K^{*}+K^{**}$]

따라서 식 (11.25), (11.26)은 다음과 같이 표현될 수 있다.

$$\begin{bmatrix}\text{특정 방정식에서 배제된}\\ \text{내생 및 선결변수의 총수}\end{bmatrix}\geq\begin{bmatrix}\text{연립방정식 체계}\\ \text{내의 방정식 총수}\end{bmatrix}-1 \tag{11.25a}$$

또는

$$\begin{bmatrix}\text{특정 방정식에서 배제된} \\ \text{선결변수의 총수}\end{bmatrix} \geq \begin{bmatrix}\text{특정 방정식에 포함된} \\ \text{내생변수의 수}\end{bmatrix} - 1 \qquad (11.26a)$$

그런데 실제로 식 (11.25)와 (11.26)은 동일한 것이다. 왜냐하면,

$$G^{\Delta\Delta} + K^{**} \geq G-1$$
$$K^{**} \geq G-1-G^{\Delta\Delta}$$
$$\therefore \; K^{**} \geq G^{\Delta}-1 \qquad (\because \; G^{\Delta} = G - G^{\Delta\Delta})$$

와 같아지기 때문이다.

그런데 이상에서 소개한 식별을 위한 차수조건은 일견해서 이해하기도 어렵고 또 증명하기도 번거로운 것이다. 우선 이 조건을 그 도출된 경위에 근거하여 설명하면 다음과 같다.

식 (11.26) 또는 (11.26a)에 나타난 조건식은 원래 유도방정식을 이용하여 구조방정식 계수를 도출할 때 형성된 방정식의 수는 K^{**}가 되는 반면 미지수의 수는 $(G^{\Delta}-1)$이 되는 데 연유한다. 방정식의 수가 미지수 숫자보다 작아서는 해가 없다는 사실에 근거한 조건식이다. 여기서 미지의 수가 식별중인 방정식에 나타난 내생변수의 수보다 1이 적은 것은 내생변수 중 하나가 종속변수로 표현된 구조방정식에서 그 계수는 1로(일종의 numeraire 역할을 함) 이미 정해져 있고, 따라서 여타 내생변수의 계수는 종속변수의 위치에 있는 내생변수와의 상대비율로 이해할 수 있다는 데 기인한다.

반면 식별할 방정식에서 제외된 선결변수들은 각각이 마치 한 개씩의 방정식을 대변하는 것 같은 역할을 담당하고 있는 것으로 이해할 수 있다. 이상과 같은 다소 직관적인 논리에 근거하여 식 (11.26)으로 대변되는 식별을 위한 차수조건을 재음미하면 이는 단지 연립방정식 체계의 해가 존재하기 위한 최소한의 필요조건에 해당함을 알 수 있다.

이상과 같은 차수조건에 대한 보다 체계적인 설명은 행렬(식)의 표현을 빌어야 가능하며 구체적인 내용은 보론에 실었다.

그러면 이상에서 소개한 차수조건을 이용하여 전 항에서 살펴본 수요·공급에 관한 여러 모형이 식별되는지 여부를 살펴보자.

1) 식 (11.13), (11.14), (11.15) 경우

① 수요함수 : $K^{**}=0<G^{\Delta}-1=2-1$

∴ 비식별됨.

② 공급함수 : $K^{**}=0<G^{\Delta}-1=2-1$

∴ 비식별됨.

2) 식 (11.13b), (11.14b), (11.15b)의 경우

① 수요함수 : $K^{**}=1=G^{\Delta}-1=2-1$

∴ 정확히 식별됨.

② 공급함수 : $K^{**}=0<G^{\Delta}-1=2-1$

∴ 비식별됨.

3) 식 (11.13c), (11.14c), (11.15c)의 경우

① 수요함수 : $K^{**}=0<G^{\Delta}-1=2-1$

∴ 비식별됨.

② 공급함수 : $K^{**}=1=G^{\Delta}-1=2-1$

∴ 정확히 식별됨.

4) 식 (11.13d), (11.14d), (11.15d)의 경우

① 수요함수 : $K^{**}=1=G^{\Delta}-1=2-1$

∴ 정확히 식별됨.

② 공급함수 : $K^{**}=1=G^{\Delta}-1=2-1$

∴ 정확히 식별됨.

5) 식 (11.13e), (11.14e), (11.15e)의 경우

① 수요함수 : $K^{**}=0<G^{\Delta}-1=2-1$

∴ 비식별됨.

② 공급함수 : $K^{**}=2>G^{\Delta}-1=2-1$

∴ 과대식별됨.

위에서 우리는 식별을 위한 필요조건인 차수조건을 이용하여 수요공급에 관한 여러 모형의 식별 여부를 판정해 보았고, 그 결과는 전 항에서 도표를 이용하여 확인해 본 결과와 정확히 일치함을 알 수 있다.

2.2 계수조건에 의한 식별 : 충분조건

앞서 소개한 차수조건은 유도방정식모형으로부터 구조방정식 계수를 도출할 때 형성되는 방정식의 숫자(K^{**})가 미지수의 숫자($G^{\Delta}-1$)보다 작아서는 안 된다는 최소한의 필요조건식의 의미를 갖는다고 지적한 바 있다. 그런데 여기서 방정식 숫자를 대변하는 K^{**}에 대해서 한 가지 문제가 제기될 수 있다. 즉, 과연 K^{**}개의 방정식들이 서로 1차독립적인가 하는 점이다. 만일 이 방정식들 중 일부가 서로 1차함수관계에 있다면 실제 활용 가능한 독립적인 방정식의 수는 K^{**}보다 작아질 것이기 때문이다. 따라서 우리가 실제로 확인해야 할 사항은 서로 1차독립적인 방정식 숫자가 미지수의 숫자와 같아지는지를 별도로 확인할 필요가 생긴다. 바로 이러한 필요성을 충족시키는 조건식을 계수조건(rank condition)이라 하는데, 이것이 바로 식별을 위한 충분조건의 역할을 담당하게 된다. 계수조건은 그 도출과정은 생략하고(보론 참조) 결과만을 제시하면 다음과 같다. 단, 이 조건식은 차수조건의 정의식인 식 (11.26)의 우측항과 관련한 계수의 의미를 갖고 있음을 유의하기 바란다.

[식별을 위한 충분조건 : 계수조건]

$$r(\Pi_{\Delta, **}) = G^{\Delta}-1 \tag{11.27}$$

(1차독립적인 방정식의 수) = (미지수의 수)

그런데 식 (11.27)은 직접 활용하기가 번거로워 보통은 다음 식으로 대체하여 사용한다.

[간편화된 계수조건]

$$r(\Delta) = G-1 \tag{11.28}$$

(단, $\Delta = [B_{\Delta\Delta}\Gamma_{**}]$)

식 (11.28)은 $r(\Pi_{\Delta**}) = r(\Delta) - G^{\Delta\Delta}$가 되는 관계식을 이용하여 재정리한 것이다(보론 참조). 즉,

$$r(\Pi_{\Delta, **}) = r(\Delta) - G^{\Delta\Delta} = G^{\Delta}-1$$

$$\therefore r(\Delta) = G^{\Delta} + G^{\Delta\Delta} - 1 = G - 1$$

식 (11.28)이 시사하는 바를 서술적으로 정리하면 다음과 같다. 단, 이 조건식은 차수조건의 정의식인 식 (11.25)의 우측항과 관련한 계수(rank)의 의미를 갖고 있다.

> 구조방정식이 식별되기 위한 필요충분조건은 "그 방정식에 포함되지 않은 모든 내생 $[B_{\Delta\Delta}]$ 및 선결변수 $[\Gamma_{**}]$들의 계수로 이루어진 행렬의 계수(rank)가 $G-1$, 즉 연립방정식 체계 내의 모든 변수의 숫자보다 하나가 작은 수와 같아져야 한다"는 것이다.

그러면 앞서 활용한 바 있는 식 (11.13d), (11.14d) 및 (11.15d)를 다시 한번 이용하여 식별을 위한 충분조건이 만족되는지 여부를 확인해 보기로 한다.

$$\text{수요함수}: Q_t^d = a_1 + a_2 P_t + a_3 Y_t + u_{1t} \tag{11.13d$'$}$$

$$\text{공급함수}: Q_t^s = b_1 + b_2 P_t + b_3 W_t + u_{2t} \tag{11.14d$'$}$$

$$\text{균형조건}: Q_t^d = Q_t^s \tag{11.15d$'$}$$

이를 일반적인 구조방정식 형태로 정리하면 다음과 같다.

$$Q_t^d - a_1 - a_2 P_t - a_3 Y_t = u_{1t}$$

$$Q_t^s - b_1 - b_2 P_t - b_3 W_t = u_{2t}$$

$$Q_t^d - Q_t^s = 0$$

그리고 구조계수를 행렬 형태로 정리하면,

	Q^d	Q^s	P	Y	W
수요함수	1	0	$-a_2$	$-a_3$	0
공급함수	0	1	$-b_2$	0	$-b_3$
균 형 식	1	-1	0	0	0

과 같아지며, 수요함수의 식별을 확인코자 $r(\Delta)$를 구하면 다음과 같다.

$$r(\Delta)=r[B_{\Delta\Delta}\Gamma_{**}] \quad \left(\begin{array}{l}\text{확인중인 방정식 행과 그 계수가 0이 아닌}\\ \text{열을 지운 다음 이루어지는 행렬의 계수임.}\end{array}\right)$$

$$=r\begin{bmatrix} 1 & 0 & -a_2 & -a_3 & 0 \\ 0 & 1 & -b_2 & 0 & -b_3 \\ 1 & -1 & 0 & 0 & 0 \end{bmatrix}$$

$$=r\begin{bmatrix} 1 & -b_3 \\ -1 & 0 \end{bmatrix}$$

$$=2$$

한편,

$$G-1=3-1=2$$

그러므로 수요함수는 식별된다.

마찬가지 방법으로 공급함수에 대하여 계수조건을 적용해 보면,

$$r(\Delta)=r\begin{bmatrix} 1 & -a_3 \\ 1 & 0 \end{bmatrix}=2$$

이므로 역시 식별된다.

이상과 같은 식별을 위한 충분조건인 계수조건을 식별을 위한 필요조건인 차수조건과 종합하여 정리하면 다음과 같다.

1) $K^{**}>G^{\Delta}-1$

$r(\Pi_{\Delta,\,**})=G^{\Delta}-1$이면 과도식별

2) $K^{**}=G^{\Delta}-1$

$r(\Pi_{\Delta,\,**})=G^{\Delta}-1$이면 정확한 식별

3) $K^{**}\geq G^{\Delta}-1$

$r(\Pi_{\Delta,\,**})=G^{\Delta}-1$이면 비식별

4) $K^{**}<G^{\Delta}-1$이면 비식별

3. 기타 식별방안

지금까지 소개한 구조방정식의 식별문제는 결국 구조방정식 계수(β_i와 γ_i

들) 값이 어느 한 방정식에서 "0"이 되는지 여부에 의해, 즉 해당 방정식에 포함되지 않는 변수(그래서 그 계수가 "0"인 것으로 이해함)가 무엇인가에 따라 판정하는 방법이라 할 수 있다. 이러한 이유로 해서 이들 방법을 영의 제약(zero restrictions)에 의한 식별법이라 부른다.

그러나 특정 구조방정식 계수가 반드시 0이 아니라 어떤 상수와 같다는 이른바 비영의 제약(non-zero restrictions)을 이용하여서도 식별문제를 해결할 수 있다. 뿐만 아니라 교란항의 분산-공분산(variance-covariance)에 관한 사전 정보가 주어질 경우 이에 근거하여 식별 여부를 판정할 수도 있다. 결국 식별을 위해서는 특정 계수가 "0" 또는 어떤 상수와 같다든가 또는 오차항에 관한 사전적 정보가 활용 가능하든가 하여 추가적인 정보가 제공됨으로써 구조방정식의 식별가능성을 높여 주는 것이라고 볼 수 있다. 그러나 본서에서는 "영의 제약"에 근거한 식별법 이외의 방법은 생략하고자 한다.[1] 단, 식별문제와 관련하여 마지막으로 지적할 필요가 있는 사항을 정리하면 다음과 같다.

첫째, 만일 어느 구조방정식이 과소식별 내지 비식별이 되는 경우에는 활용 가능한 영의 제약이나 비영의 제약 또는 오차항에 관한 추가적 정보를 추가하여 고려함으로써 식별조건을 충족시킨 다음 추정에 들어가는 것이 바람직하다. 물론 과소식별된 방정식도 OLS로 추정이 가능한 것은 사실이지만 일관성 있는 추정량을 얻을 수 없다는 문제를 해소하려면 결국 식별조건을 충족시킬 수 있어야 하기 때문이다.

둘째, 지금까지 소개한 식별방안은 변수와 회귀계수들이 선형인 모형에만 적용 가능하다는 사실을 유념해 둘 필요가 있다.

셋째, 일단 식별조건이 충족된 형태의 구조방정식을 추정하였다 해도 결과적으로 나타난 회귀계수들이 "0"이 아니라는 사실을 유의성 검정($H_0 : \beta_i = 0$에 대한 t검정)을 거쳐 확인할 필요가 있다. 회귀계수들의 유의성이 확인되어야만 식별조건이 최종적으로 충족된 것으로 볼 수 있기 때문이다. 이러한 과정에서 특히 구조방정식 내에 도입된 설명변수들 간에 다중공선성(multi-collinearity)이 심각한 수준으로 나타날 경우 식별조건이 실제로는 충족되지 못하고 마는 경우가 종종 발생한다는 사실에 유념할 필요가 있다.

1) 자세한 내용은 Kmenta(1973), pp. 547~550을 참조할 것.

제 4 절 실증분석 예 : 국민소득결정모형

본 절에서는 연립방정식의 대표적인 예로 자주 활용되는 거시계량경제모형과 수요·공급모형의 실제 추정과정에서 발생하는 식별문제를 고찰해 보고자 한다.

다음은 국민소득결정모형의 성격을 갖는 아주 간단한 일종의 거시계량모형이다.

$$\mathrm{CPXV}_t = a_0 + a_1\,\mathrm{YXV}_t + a_2\,\mathrm{CPXV}_{t-1} + a_3 R_t + \varepsilon_{1t} \tag{11.29}$$

$$\begin{aligned}\mathrm{IBFXV}_t = b_0 + b_1\,\mathrm{YXV}_t + b_2 DM2X_t + b_3\,\mathrm{IBFXV}_{t-1} \\ + b_4 \mathrm{GCXV}_t \text{ (또는 } \mathrm{GIXV}_t) + \varepsilon_{2t}\end{aligned} \tag{11.30}$$

$$\mathrm{YXV}_t = \mathrm{CPXV}_t + \mathrm{IBFXV}_t + \mathrm{GCXV}_t + \mathrm{ZCXV}_t \tag{11.31a}$$

$$(\text{단, } \mathrm{ZCXV}_t = \mathrm{IBIXV}_t + \mathrm{GIXV}_t + \mathrm{EXXV}_t - \mathrm{IMXV}_t)$$

또는

$$\mathrm{YXV}_t = \mathrm{CPXV}_t + \mathrm{IBFXV}_t + \mathrm{GIXV}_t + \mathrm{ZIXV}_t \tag{11.31b}$$

$$(\text{단, } \mathrm{ZIXV}_t = \mathrm{IBIXV}_t + \mathrm{GCXV}_t + \mathrm{EXXV}_t - \mathrm{IMXV}_t)$$

단, CPXV : 개인소비(personal consumption)
IBFXV : 기업고정투자(fixed business investment)
IBIXV : 기업재고투자(business inventory investment)
YXV : 국민소득(gross national income)
R : 이자율(interest rate)
$DM2X$: 총통화(M2) 증감률
EXXV : 수출(exports)
IMXV : 수입(imports)
GCXV : 정부소비 (government consumption)
GIXV : 정부투자 (government investment)
~X : 계절조정된 자료
~XV : 계절조정된 자료로서 1985년도 기준가격으로 표현된 관측치

식 (11.29)는 통상적인 소비함수로서 소비를 전기의 소비와 소득수준 그리고 이자율의 함수로 설정하고 있다. 그리고 식 (11.30)은 투자함수로서 투자를

표 11-1 거시계량모형의 OLS 추정 결과(추정기간 : 1975 : 1~1987 : 4)

종속변수	설명변수									
	상수항	YXV_t	$CPXV_{t-1}$	R_t	$DM2X_t$	$IBFXV_{t-1}$	$GCXV_t$	$GIXV_t$	R^2	h
$CPXV_t$ 식 (11.29)	585.26 (3.60)	0.10 (3.37)	0.81 (14.25)	-8.63 (-2.10)					0.998	-2.50
$IBFXV_t$ 식 (11.30a)	-341.72 (-1.07)	0.11 (3.35)			1247.45 (0.68)	0.73 (8.71)	-0.16 (-0.45)		0.982	-0.99
$IBFXV_t$ 식 (11.30b)	-349.92 (-1.57)	0.09 (3.08)			1942.61 (1.03)	0.78 (8.49)		-0.47 (-1.25)	0.983	-0.98

주 : ( ) 안의 숫자는 t값임.
식 (11.30a)는 GCXV, 그리고 (11.30b)는 GIXV를 설명변수로 사용함.

선거의 더미와 소득수준 그리고 총통화증가율과 정부소비(또는 정부투자)의 함수로 파악하고 있다.

한편, 식 (11.31)은 국민소득 구성항목으로 표현된 항등식으로 식 (11.30)에서 정부소비(GCXV)를 사용했는지 정부투자(GIXV)를 사용했는지에 따라 식 (11.31a) 또는 식 (11.31b)의 형태로 정립하였다.

이상과 같은 방정식 체계는 내생변수가 3개($CPXV_t$와 $IBFXV_t$ 그리고 YXV_t)이고 외생변수는 5개($CPXV_{t-1}$, $IBFXV_{t-1}$, R_t, $GCXV_t$ 또는 $GIXV_t$; $ZCXV_t$ 또는 $ZIXV_t$)인 연립방정식모형임을 쉽게 알 수 있다. 따라서 본 장 서두에서 언급한 바 있듯이 OLS를 적용할 경우에 추정량들은 편의성과 비일관성을 갖게 된다. 그러나 일단 이러한 문제점을 무시한 채 자료디스켓상의 자료를 이용하여 OLS로 추정한 결과(추정기간 : 1975년 1/4 분기부터 1987년 4/4 분기까지)를 정리한 것이 표 11-1이다.

우선 일견해서 볼 때 R^2으로 본 적합도는 모든 방정식에서 높게 나타났다. 한편, 수요함수의 경우에는 모든 추정계수의 부호가 정상적으로 나타났고 t검정통계량의 값도 모두 통계적으로 유의할 만한 수준인 것으로 확인되었다.

그런데 투자함수의 경우에는 정부소비(GCXV)를 설명변수로 포함시킨 경우 GCXV에 대한 구조계수 추정치가 잘못된 부호를 갖고 있으며 전반적으로 t 검정통계량의 값들이 낮았다.

한편, 정부소비 대신 정부투자(GIXV)를 이용하여 정의된 투자함수를 추정한 경우에는 모든 계수가 정상적인 부호를 갖고 있으며 t값도 정부소비를 이용한 경우보다 개선되었다. 여기서 GIXV(정부투자)의 추정계수가 "−"가 된다는 것은 정부투자가 민간기업투자를 위축시키는 효과를 갖는다는 것을 의미하는 것으로 이러한 현상을 상쇄효과(crowding out effect)라 부르고 있다.

식 (11.30b)의 추정 결과 통계적으로 유의할 만한 수준은 못 되지만 이러한 상쇄효과가 미약하게나마 나타나고 있다. 물론 이상의 추정 결과들은 편의성과 비일관성이 있는 OLS 추정방법에 의해 도출된 것이어서 정당한 결론은 내릴 수 없다. 그리고 두 방정식 모두에서 시차가 붙은 종속변수들이 설명변수로 등장하고 있어 d 검정통계량에 의해 자기상관현상의 심각성 여부를 판정하기는 곤란하다는 사실을 지적해 둔다.

여하튼 위의 추정 결과가 문제가 있는 OLS에 의해 산출된 것이므로 이를 해소할 수 있는 간접최소자승법(ILS)의 적용을 시도해 볼 필요가 발생한 셈이다. 그런데 과연 위의 방정식 체계에 ILS의 적용이 가능할까? 이를 확인하는 과정이 바로 식별문제(identification problem)라 함은 전술한 바와 같다.

이상과 같은 필요에 따라 일단 차수조건과 계수조건을 이용하여 식별을 시도해 보자.

〈소비함수의 식별〉

1) 차수조건

$$K^{**} = 4 > G^{\Delta} - 1 = 2 - 1 = 1$$

2) 계수조건

	$CPXV_t$	$IBFXV_t$	YXV_t	$CPXV_{t-1}$	$DM2X_t$	R_t	$IBFXV_{t-1}$	$GCXV_t$ ($GIXV_t$)	$ZCXV_t$ ($ZIXV_t$)
$CPXV_t$	1	0	$-a_1$	$-a_2$	0	$-a_3$	0	0	0
$IBFXV_t$	0	1	$-b_1$	0	$-b_2$	0	$-b_3$	$-b_4$	0
YXV_t	−1	−1	1	0	0	0	0	−1	−1

$$\therefore\ r(\Delta) = r\begin{bmatrix} 1 & -b_2 & -b_3 & -b_4 & 0 \\ -1 & 0 & 0 & -1 & -1 \end{bmatrix} = 2$$

한편, $G-1 = 3-1 = 2$

즉, $r(\Delta) = 2 = G-1$

따라서 $r(\Pi_{\Delta,\,**}) = G^{\Delta}-1$이 성립됨.

이상에서 소비함수는 과대식별된 것으로 판정된다.

〈투자함수의 식별〉

1) 차수조건

$$K^{**}=3>G^{\Delta}-1=2-1=1$$

2) 계수조건

$$r(\Delta)=r\begin{bmatrix}1 & -a_2 & -a_3 & 0\\ -1 & 0 & 0 & -1\end{bmatrix}=2=G-1$$

∴ 투자함수도 과대식별된 것으로 판정된다.

이상에서 식별 여부를 확인해 본 결과 두 방정식 모두가 과대식별되고 있음을 알 수 있다. 따라서 본 장에서 소개한 간접최소자승법(ILS)의 적용은 불가능하다고 결론지을 수 있다.

물론 투자함수에서 부호가 틀리거나 t값이 낮은 외생변수들($DM2X_t$와 $GCXV_t$ 또는 $GIXV_t$)을 제거해 버리고 소비함수에서는 t값이 상대적으로 낮은 외생변수 R_t를 제거한 상태에서 재추정을 시도한다면 두 방정식 모두 정확히 식별되는 체제를 갖출 수 있다(결과는 독자 스스로 확인하기 바란다). 그러나 표 11-1에 나타난 추정 결과가 문제가 있는 OLS에 의해 산출되었다는 사실을 고려할 때 그 결과에 의해 구조를 변경하는 것이 적절치 못할 뿐 아니라 자칫하면 심각한 설정오류를 범하게 된다는 점에 유의해야 한다. 뿐만 아니라 통화정책(통화량 증감에 의한)이나 재정정책(정부지출 증대에 의한)의 실시효과 등을 확인할 수 있는 경로가 모두 막혀 버리는 등의 문제가 아울러 유발되기도 한다.

제5절 요 약

연립방정식모형이란 여러 개의 구조방정식으로 구성되는 방정식 체계로서 내생변수(방정식 체계 내에서 값이 결정되어야 하는 변수) 간의 상호의존성 및 쌍방통행적인 인과관계로 특징지어진다. 이러한 연립방정식 체계에서는 각 구조방정식마다 내생변수들이 설명변수로 등장하게 되며, 이들 내생변수들이 오차항과 독립성을 유지할 수 없다는 사실 때문에 OLS에 의해 추정하는 것은 부적절하게 된다. 즉, 이 경우 OLS 추정량은 편의성과 비일관성을 갖는다.

이러한 문제를 해소할 수 있는 방안의 하나로 일단 구조방정식을 유도방정식 형태로 전환한 다음 유도방정식 계수를 추정하고 이 추정치들을 이용하여 구조방정식 계수를 도출해 내는 방법이 있는데 이를 간접최소자승법(ILS)이라 한다. 각 내생변수들을 모형체계 내의 (모든) 외생변수들만의 함수로 정의한 것이므로 외생변수들만이 설명변수의 역할을 담당하게 되고, 따라서 더 이상 이들 설명변수와 오차항 간의 연관성 문제는 걱정할 필요가 없어진다는 특성을 갖고 있다. ILS는 바로 유도방정식의 이러한 특성을 활용하고 있는 것이다.

그런데 문제는 유도방정식 계수에 대한 추정치로 항상 구조방정식 계수 값을 구할 수는 없다는 점이다. 따라서 두 계수집단 간의 함수관계가 성립될 수 있는지 여부를 확인할 필요가 생기는데 이를 식별문제라 한다. 유도계수로부터 구조계수를 도출할 수 없는 경우를 과소식별 또는 비식별이라 하고 반대 경우를 식별되었다고 한다. 그리고 유도계수로부터 구조계수값이 유일하게 산출될 경우를 정확한 식별, 그리고 2개 이상의 값으로 나타날 경우를 과대식별되었다고 한다.

식별은 필요조건이라 할 수 있는 차수조건과 충분조건이라 할 수 있는 계수조건이 있는데, 이들 조건의 충족 여부를 확인하는 과정이 추정에 앞서 시행되어야 할 것이다.

□ 보 론

1. 행렬식으로 본 식별에 관한 차수조건 및 계수조건

구조방정식에 관한 가장 일반적인 형태는 다음과 같이 표현된다.

$$\left.\begin{aligned}
&\beta_{11}y_{1t}+\beta_{12}y_{2t}+\cdots+\beta_{1G}Y_{Gt}+\gamma_{11}x_{1t}+\gamma_{12}x_{2t}+\cdots+\gamma_{1K}x_{Kt}=u_{1t}\\
&\beta_{21}y_{1t}+\beta_{22}y_{2t}+\cdots+\beta_{2G}Y_{Gt}+\gamma_{21}x_{1t}+\gamma_{22}x_{2t}+\cdots+\gamma_{2K}x_{Kt}=u_{2t}\\
&\vdots\\
&\beta_{G1}y_{1t}+\beta_{G2}y_{2t}+\cdots+\beta_{GG}y_{Gt}+\gamma_{G1}x_{1t}+\gamma_{G2}x_{2t}+\cdots+\gamma_{GK}x_{Kt}=u_{Gt}
\end{aligned}\right] \quad (1)$$

(단, $t=1\cdots T$)

여기서 y는 내생변수, x는 선결변수를 뜻하며, 따라서 내생변수는 G개, 선결변수는 모두 K개가 있다. 단, 변수들은 편차형(deviation form)으로 정의하기 위해 소문자로 표기하였고 결과적으로 상수항은 생략되었다. 일단 윗식을 matrix 형태로 표현하면 다음과 같다.

$$\mathbf{B}\bar{\mathbf{y}}+\boldsymbol{\Gamma}\bar{\mathbf{x}}=\bar{\mathbf{u}} \quad (2)$$

$$\underset{(G\times 1)}{\bar{\mathbf{y}}}=\begin{bmatrix}y_{1t}\\y_{2t}\\\vdots\\y_{Gt}\end{bmatrix}\qquad \underset{(K\times 1)}{\bar{\mathbf{x}}}=\begin{bmatrix}x_{1t}\\x_{2t}\\\vdots\\x_{Kt}\end{bmatrix}\qquad \underset{(G\times 1)}{\bar{\mathbf{u}}}=\begin{bmatrix}u_{1t}\\u_{2t}\\\vdots\\u_{Gt}\end{bmatrix}$$

$$\underset{(G\times G)}{\mathbf{B}}=\begin{bmatrix}\beta_{11}&\cdots&\beta_{1G}\\\vdots&&\vdots\\\beta_{G1}&\cdots&\beta_{GG}\end{bmatrix}\qquad \underset{(G\times K)}{\boldsymbol{\Gamma}}=\begin{bmatrix}\gamma_{11}&\cdots&\gamma_{1K}\\\vdots&&\vdots\\\gamma_{G1}&\cdots&\gamma_{GK}\end{bmatrix}$$

식 (2)를 $t=1, 2, \cdots, T$에 대한 모든 y, x 및 u를 포괄하는 형태로 표현하면 다음과 같다.

$$\mathbf{BY}+\boldsymbol{\Gamma}\mathbf{X}=\mathbf{U} \quad (3)$$

단, $$\underset{(G\times T)}{\mathbf{Y}}=\begin{bmatrix}y_{11}&y_{12}&\cdots&y_{1T}\\y_{21}&y_{22}&\cdots&y_{2T}\\\vdots&\vdots&&\vdots\\y_{G1}&y_{G2}&\cdots&y_{GT}\end{bmatrix}\qquad \underset{(K\times T)}{\mathbf{X}}=\begin{bmatrix}x_{11}&x_{12}&\cdots&x_{1T}\\x_{21}&x_{22}&\cdots&x_{2T}\\\vdots&\vdots&&\vdots\\x_{K1}&x_{K2}&\cdots&x_{KT}\end{bmatrix}$$

$$\underset{(G\times T)}{\mathrm{U}} = \begin{bmatrix} u_{11} & u_{12} & \cdots & u_{1T} \\ u_{21} & u_{22} & \cdots & u_{2T} \\ \vdots & \vdots & & \vdots \\ u_{G1} & u_{G2} & \cdots & u_{GT} \end{bmatrix}$$

한편, 이에 대응하는 유도방정식은 다음과 같은 형태로 파악될 것이므로

$$\left.\begin{aligned} y_{1t} &= \Pi_{11}x_{1t} + \Pi_{12}x_{2t} + \cdots + \Pi_{1K}x_{Kt} + v_{1t} \\ y_{2t} &= \Pi_{21}x_{2t} + \Pi_{22}x_{2t} + \cdots + \Pi_{2K}x_{Kt} + v_{2t} \\ &\vdots \\ Y_{Gt} &= \Pi_{G1}x_{1t} + \Pi_{G2}x_{2t} + \cdots + \Pi_{GK}x_{Kt} + v_{Gt} \end{aligned}\right] \tag{4}$$

이를 행렬식 형태로 표현하면 다음과 같다.

$$\underset{(G\times T)}{\mathrm{Y}} = \underset{(G\times K)}{\boldsymbol{\Pi}} \quad \underset{(K\times T)}{\mathrm{X}} + \underset{(G\times T)}{\mathrm{V}} \tag{5}$$

이제 문제는 구조방정식 (2)의 회귀계수(β_{ij}와 γ_{ij})를 유도형 방정식 (4)의 회귀계수(Π_{ij})로 표현하는 것이 가능한지 여부를 확인하는 이른바 식별문제를 어떻게 정리하는가 하는 점이다.

우선 두 회귀계수 간의 관계를 정립하기 위하여 식 (3)을 변형시키면,

$$\mathrm{BY} + \boldsymbol{\Gamma}\mathrm{X} = \mathrm{U} \tag{3'}$$

$$\mathrm{B}^{-1}\mathrm{BY} + \mathrm{B}^{-1}\boldsymbol{\Gamma}\mathrm{X} = \mathrm{B}^{-1}\mathrm{U}$$

$$\therefore\ \mathrm{Y} = -\mathrm{B}^{-1}\boldsymbol{\Gamma}\mathrm{X} + \mathrm{B}^{-1}\mathrm{U} \tag{6}$$

와 같아진다. 이제 식 (5)와 (6)을 대비시키면 다음 관계식이 성립된다.

$$\boldsymbol{\Pi} = -\mathrm{B}^{-1}\boldsymbol{\Gamma} \tag{7}$$

$$\mathrm{V} = \mathrm{B}^{-1}\mathrm{U} \tag{8}$$

그러면 구조방정식 중 한 방정식, 예컨대 g번째 방정식의 식별문제를 구체적으로 살펴본다.

우선 식 (2)를 g번째 방정식에 대해 정리하되 g번째 방정식에 포함된 내생변수와 선결변수의 수가 각각 G^{Δ}와 K^*라 한다. 즉,

$$G = G^{\Delta} + G^{\Delta\Delta} \tag{9}$$

$$K = K^{*} + K^{**} \tag{10}$$

단, G : 방정식 체계 내의 내생변수의 총수
K : 방정식 체계 내의 선결변수의 총수
G^{Δ} : g번째 방정식에 포함된 내생변수의 수
$G^{\Delta\Delta}$: g번째 방정식에 포함 안 된 내생변수의 수
K^{*} : g번째 방정식에 포함된 선결변수의 수
K^{**} : g번째 방정식에 포함 안 된 선결변수의 수

가 되므로 식 (2)는 다음과 같이 표현된다.

$$[\beta_{g1}\beta_{g2} \cdots \beta_{gG^{\Delta}} 0 \cdots 0]\begin{bmatrix} y_{1t} \\ \vdots \\ y_{Gt} \end{bmatrix} + [\gamma_{g1}\gamma_{g2} \cdots \gamma_{gK^{*}} 0 \cdots 0]\begin{bmatrix} x_{1t} \\ \vdots \\ x_{Kt} \end{bmatrix} = \begin{bmatrix} u_{1t} \\ \vdots \\ u_{Gt} \end{bmatrix}$$

또는

$$[\overline{\boldsymbol{\beta}}_{\Delta}\ \overline{\boldsymbol{\beta}}_{\Delta\Delta}]\begin{bmatrix} \overline{\boldsymbol{y}}_{\Delta} \\ \overline{\boldsymbol{y}}_{\Delta\Delta} \end{bmatrix} + [\overline{\boldsymbol{\gamma}}_{*}\ \overline{\boldsymbol{\gamma}}_{**}]\begin{bmatrix} \overline{\boldsymbol{x}}_{*} \\ \overline{\boldsymbol{x}}_{**} \end{bmatrix} = \overline{\boldsymbol{u}}$$

따라서

$$\overline{\boldsymbol{\beta}}_{\Delta}\overline{\boldsymbol{y}}_{\Delta} + \overline{\boldsymbol{\gamma}}_{*}\overline{\boldsymbol{x}}_{*} = \overline{\boldsymbol{u}} \tag{11}$$

한편, 같은 방법으로 유도방정식을 재정리하면 다음과 같다.

$$\begin{bmatrix} \overline{\boldsymbol{y}}_{\Delta} \\ \overline{\boldsymbol{y}}_{\Delta\Delta} \end{bmatrix} = \begin{bmatrix} \boldsymbol{\Pi}_{\Delta *} & \boldsymbol{\Pi}_{\Delta **} \\ \boldsymbol{\Pi}_{\Delta\Delta *} & \boldsymbol{\Pi}_{\Delta\Delta **} \end{bmatrix}\begin{bmatrix} \overline{\boldsymbol{x}}_{*} \\ \overline{\boldsymbol{x}}_{**} \end{bmatrix} + \begin{bmatrix} \overline{\boldsymbol{V}}_{\Delta} \\ \overline{\boldsymbol{V}}_{\Delta\Delta} \end{bmatrix} \tag{12}$$

그런데 식 (7)을 다시 쓰면,

$$\mathrm{B}\boldsymbol{\Pi} = -\boldsymbol{\Gamma} \tag{13}$$

가 되며, 따라서 식 (11)과 (12)를 이 관계식에 따라 재정리하면,

$$\underset{(1\times G^{\Delta})\,(1\times G^{\Delta\Delta})}{[\overline{\boldsymbol{\beta}}_{\Delta}\ \overline{\boldsymbol{O}}_{\Delta\Delta}]}\ \underset{(G\times K)}{\begin{bmatrix} \boldsymbol{\Pi}_{\Delta *} & \boldsymbol{\Pi}_{\Delta **} \\ \boldsymbol{\Pi}_{\Delta\Delta *} & \boldsymbol{\Pi}_{\Delta\Delta **} \end{bmatrix}} = -\underset{(1\times K^{*})\,(1\times K^{**})}{[\overline{\boldsymbol{\gamma}}_{*}\ \overline{\boldsymbol{O}}_{**}]} \tag{14}$$

와 같아지며, 이는 곧 두 식으로 재편될 수 있다.

$$\overline{\boldsymbol{\beta}}_{\Delta} \boldsymbol{\Pi}_{\Delta *} = -\overline{\boldsymbol{\gamma}}_{*} \quad (15)$$
$$(1 \times K^{*})$$

$$\overline{\boldsymbol{\beta}}_{\Delta} \boldsymbol{\Pi}_{\Delta **} = -\overline{\boldsymbol{O}}_{**} \quad (16)$$
$$(1 \times K^{**})$$

그런데 상기 두 식에서 구조방정식 계수들 중 하나(β_i 중 하나)는 1의 값을 갖도록 구조방정식이 표현되므로 실제 미지수의 숫자는 $(G^{\Delta}-1)$개의 β_i 값들과 K^*개의 γ_i값들의 합이 된다고 볼 수 있다. 그런데 실제로는 우선 식 (16)에서 $\overline{\boldsymbol{\beta}}_{\Delta}$를 구한 뒤 식 (15)에서 γ_*값을 구하게 된다. 이 때 문제는 식 (16)에서 방정식 숫자는 K^{**}이고 미지수의 숫자는 $(G^{\Delta}-1)$이므로

$$K^{**} \geq G^{\Delta}-1 \quad (17)$$

의 조건이 충족되어야 한다. 이것이 바로 식별을 위한 필요조건인 차수조건(order condition)이다.

그런데 문제는 과연 K^{**}개의 방정식 전부가 과연 서로 1차독립적이어서 실제 활용 가능한 것인가 하는 점이 된다. 이러한 여건이 충족되는지 여부를 확인하는 것이 바로 계수조건(rank condition)이라 하며, 이 조건이 비로소 식별을 위한 충분조건이 되는 것이다. 여하튼 K^{**}방정식 중 실제로 1차독립적인 방정식의 수를 찾아 그 값이 미지수의 숫자인 $G^{\Delta}-1$과 같아지는지 여부를 확인해야 하는데, 이는 통상 다음과 같은 행렬의 rank를 확인하는 과정으로 대행된다.

계수조건 :

$$\text{rank}(\boldsymbol{\Pi}_{\Delta **}) = G^{\Delta}-1 \quad (18)$$

이는 물론 식 (16)의 좌변항에서 도출된 식이다.

그런데 $\Pi_{\Delta **}$의 rank를 직접 산출하는 일은 용이하지 못하므로 rank$(\Delta)-G^{\Delta\Delta}$를 대신 쓴다. 즉,

$$r(\boldsymbol{\Pi}_{\Delta **}) = r(\boldsymbol{\Delta}) - G^{\Delta\Delta} = G^{\Delta}-1 \quad (19)$$

$$\therefore\ r(\boldsymbol{\Delta}) = G^{\Delta}+G^{\Delta\Delta}-1 = G-1$$
$$r(\boldsymbol{\Delta}) = G-1 \quad (20)$$

단, 여기서 $\boldsymbol{\Delta}$는 다음과 같이 정의된 것이다.

$$\boldsymbol{\Delta} = [\mathrm{B}_{\Delta\Delta}\ \boldsymbol{\Gamma}_{**}] \tag{21}$$

단, $\mathrm{B} = \begin{bmatrix} \overline{\boldsymbol{\beta}}_{\Delta} & \overline{\boldsymbol{O}}_{\Delta\Delta} \\ \mathrm{B}_{\Delta} & \mathrm{B}_{\Delta\Delta} \end{bmatrix}$

$$\boldsymbol{\Gamma} = \begin{bmatrix} \overline{\boldsymbol{\gamma}}_{*} & \overline{\boldsymbol{O}}_{**} \\ \boldsymbol{\Gamma}_{*} & \boldsymbol{\Gamma}_{**} \end{bmatrix}$$

$$\begin{pmatrix} \mathrm{B}_{\Delta} : (G-1)\times G^{\Delta} \\ \mathrm{B}_{\Delta\Delta} : (G-1)\times G^{\Delta\Delta} \\ \boldsymbol{\Gamma}_{*} : (G-1)\times K^{*} \\ \boldsymbol{\Gamma}_{**} : (G-1)\times K^{**} \end{pmatrix}$$

여기서 임의의 $\boldsymbol{\Delta}_{*}$를 다음과 같이 정의한다.

$$\boldsymbol{\Delta}_{*} = \begin{bmatrix} \overline{\boldsymbol{O}}_{**} & \overline{\boldsymbol{O}}_{\Delta\Delta} \\ \boldsymbol{\Gamma}_{**} & \mathrm{B}_{\Delta\Delta} \end{bmatrix} \tag{22}$$

이 때 $r(\boldsymbol{\Delta}) = r(\boldsymbol{\Delta}_{*})$가 성립된다. 왜냐하면, $\boldsymbol{\Delta}_{*}$는 단지 행렬 $\boldsymbol{\Delta}$에 O행렬을 추가(augment)시켜 정의한 것에 불과하기 때문이다.

한편, 식 (7)에서 $\boldsymbol{\Pi} = -\mathrm{B}^{-1}\boldsymbol{\Gamma}$이므로 다음의 두 식이 성립된다.

$$-\overline{\boldsymbol{\beta}}_{\Delta}\boldsymbol{\Pi}_{\Delta,**} = \overline{\boldsymbol{O}}_{**} \tag{23}$$

$$-\overline{\mathrm{B}}_{\Delta}\boldsymbol{\Pi}_{\Delta,**} - \overline{\mathrm{B}}_{\Delta\Delta}\boldsymbol{\Pi}_{\Delta\Delta,**} = \boldsymbol{\Gamma}_{**} \tag{24}$$

그리고 식 (23)과 (24)는 행렬 B를 이용하여 다음과 같은 관계식으로 표현될 수 있다.

$$\begin{aligned} \Delta_{*} = \begin{bmatrix} \overline{\boldsymbol{O}}_{**} & \overline{\boldsymbol{O}}_{\Delta\Delta} \\ \boldsymbol{\Pi}_{**} & \mathrm{B}_{\Delta\Delta} \end{bmatrix} &= \mathrm{B}\begin{bmatrix} -\boldsymbol{\Pi}_{\Delta,**} & \boldsymbol{O}_{\Delta,\Delta\Delta} \\ -\boldsymbol{\Pi}_{\Delta\Delta,**} & \mathrm{I}_{\Delta\Delta} \end{bmatrix} \\ &= \begin{bmatrix} \boxed{\overline{\boldsymbol{\beta}}_{\Delta} \quad \overline{\boldsymbol{O}}_{\Delta\Delta}} \\ \boxed{\mathrm{B}_{\Delta} \quad \mathrm{B}_{\Delta\Delta}} \end{bmatrix} \begin{bmatrix} \boxed{\begin{matrix} -\boldsymbol{\Pi}_{\Delta,**} \\ -\boldsymbol{\Pi}_{\Delta\Delta,**} \end{matrix}} & \begin{matrix} \boldsymbol{O}_{\Delta,\Delta\Delta} \\ \mathrm{I}_{\Delta\Delta} \end{matrix} \end{bmatrix} \end{aligned} \tag{25}$$

즉 행렬 $\boxed{}$(점선)와 행렬 $\boxed{}$의 곱에서 식 (23)이, 그리고 행렬 $\boxed{}$과 행렬 $\boxed{}$의 곱에서 식 (24)가 성립됨을 알 수 있다.

그런데 $r(\boldsymbol{\Delta}_{*}) = r(\boldsymbol{\Delta})$이므로

$$r(\boldsymbol{\Delta}_*) = r(\boldsymbol{\Pi}_{\Delta, **}) + G^{\Delta\Delta} \tag{26}$$

와 같아진다. 따라서 식 (26)이 성립될 경우 식 (20)이 자동적으로 성립됨을 뜻하게 된다. 왜냐하면,

$$\begin{aligned}
r(\boldsymbol{\Delta}_*) &= r(\mathrm{B}^{-1}\boldsymbol{\Delta}_*) \quad \left(\because \mathrm{B}^{-1}\text{는 비특이행렬이므로 다른 행렬에 곱해도 rank를 변화시키지 않음.}\right) \\
&= r\begin{bmatrix} -\boldsymbol{\Pi}_{\Delta, **} & \mathrm{O}_{\Delta, \Delta\Delta} \\ -\boldsymbol{\Pi}_{\Delta\Delta, **} & \mathrm{I}_{\Delta\Delta} \end{bmatrix} \quad (\because \text{식 (25)}) \\
&= r\begin{bmatrix} -\boldsymbol{\Pi}_{\Delta, **} & \mathrm{O}_{\Delta, \Delta\Delta} \\ -\boldsymbol{\Pi}_{\Delta\Delta, **} & \mathrm{I}_{\Delta\Delta} \end{bmatrix} \begin{bmatrix} \mathrm{I}_{**} & \mathrm{O}_{**, \Delta\Delta} \\ \boldsymbol{\Pi}_{\Delta\Delta, **} & \mathrm{I}_{\Delta\Delta} \end{bmatrix} \\
&= r\begin{bmatrix} -\boldsymbol{\Pi}_{\Delta, **} & \mathrm{O}_{\Delta, \Delta\Delta} \\ -\mathrm{O}_{\Delta\Delta, **} & \mathrm{I}_{\Delta\Delta} \end{bmatrix} \\
&= r(\boldsymbol{\Pi}_{\Delta, **}) + G^{\Delta\Delta} \\
&= r(\Delta)
\end{aligned}$$

가 되기 때문이다. 따라서 식별문제를 위한 충분조건은 식 (18) 대신 식 (20)을 주로 활용하게 된다.

연습문제

[1] 다음 용어들을 간략히 설명하라.

1) 연립방정식 · 축차방정식 · 블럭축차방정식
2) 내생변수 · 외생변수 · 선결변수
3) 구조방정식 · 유도방정식
4) 과대식별, 과소식별, 정확한 식별

[2] 외형상 관련이 없어 보이는 모형(seemingly unrelated equation model)은 OLS로 추정해도 무방한가? 답하고 설명하라.

[3] 내생과 외생변수는 사전적으로 결정되는가? 적절한 예제를 통하여 답하고 설명하라.

[4] 연립방정식 체계 내의 각 방정식을 OLS로 추정할 경우 발생하는 문제점과 변수오차현상을 비교하라.

[5] 다음 모형과 관련하여 물음에 답하라.

$$Y_1 = \beta_{12}Y_2 + \gamma_{11}X_1 + \gamma_{12}X_2 + \gamma_{13}X_3 + \epsilon_1$$
$$Y_2 = \beta_{21}Y_1 + \gamma_{21}X_1 + \gamma_{22}X_2 + \gamma_{23}X_3 + \epsilon_2$$

1) 각 방정식의 식별 여부를 밝혀라.
2) 다음과 같은 조건하에서 위 두 방정식의 식별 여부를 검토하라.
   ① $\gamma_{21} = \gamma_{23} = 0$
   ② $\gamma_{12} = \gamma_{22} = 0$
   ③ $\beta_{12} = 0$
   ④ $\beta_{12} = \beta_{21} = \gamma_{23} = 0$
   ⑤ $\gamma_{21} + \gamma_{22} = 1$
   ⑥ $\gamma_{12} = \gamma_{23} = 0$
   ⑦ $\gamma_{21} = \gamma_{22} = 0$
3) 위의 두 방정식에서 각 변수를 1차차분한 형태로 계측하여 추정할 경우 원래 형태에 비해 R^2 값이 일반적으로 낮아질까? 답하고 이유를 밝혀라.

[6] 다음과 같은 수요 · 공급모형을 식별하라.

수요 : $\ln Q = a_1 + a_2 \ln P + a_3 \ln Y + \epsilon_1$

공급 : $Q = b_1 + b_2 P + b_3 W + \epsilon_2$

(단, Q는 수요 및 공급량, P는 가격, Y는 소득, W는 임금수준)

[7] 다음 모형의 식별 여부를 차수조건과 계수조건에 의하여 확인하라.

$$Y_1 = \beta_{12}Y_2 + \gamma_{11}X_1 + \epsilon_1$$
$$Y_2 = \beta_{21}Y_1 + \gamma_{22}X_2 + \gamma_{23}X_3 + \epsilon_2$$

[8] 다음 모형에서

$$\text{구조방정식} \begin{cases} Y_1 = \beta_{10} + \beta_{12}Y_2 + \gamma_{11}X_1 + \epsilon_1 \\ Y_2 = \beta_{20} + \beta_{21}Y_1 + \gamma_{22}X_2 + \epsilon_2 \end{cases}$$

$$\text{유도방정식} \begin{cases} Y_1 = \Pi_{10} + \Pi_{11}X_1 + \Pi_{12}X_2 + u_1 \\ Y_2 = \Pi_{20} + \Pi_{21}X_1 + \Pi_{22}X_2 + u_2 \end{cases}$$

1) 구조방정식들은 식별되는가?
2) $\gamma_{11}=0$이면 식별 여부는 달라지는가?
3) 유도방정식 추정 결과가 다음과 같다면,

$$\hat{\Pi}_{10}=4 \qquad \hat{\Pi}_{11}=3 \qquad \hat{\Pi}_{12}=8$$
$$\hat{\Pi}_{20}=2 \qquad \hat{\Pi}_{21}=6 \qquad \hat{\Pi}_{22}=10$$

구조계수들의 값은 얼마가 될까?

[9] 다음의 거시모형에서

$$C_t = a_1 + a_2Y_t + a_3P_t + a_4C_{t-1} + \epsilon_{1t}$$
$$I_t = b_1 + b_2Y_t + b_3\Pi_t + \epsilon_{2t}$$
$$\Pi_t = c_1 + c_2PV_t + c_3\Pi_{t-1} + \epsilon_{3t}$$
$$Y_t = d_1 + d_2I_t + d_3Y_{t-1} + \epsilon_{4t}$$

(단, C : 소비지출　　Y : 국민소득
　　P : 물가　　　　I : 투자지출
　　Π : 이윤　　　PV : 생산성)

1) 내생과 외생 또는 선결변수를 찾아라.
2) 위 방정식 중 OLS를 적용해도 무방한 것이 있는가? 답하고 설명하라.
3) 각 방정식의 식별 여부를 결정하라.

연습문제 해답

[1] (생략)

[2] 무방하지 않음.

[3] 아님

[4] (생략)

[5] 1) i)식 : 비식별

ii)식 : 비식별

2) ① 비식별 ; 과대식별

② 과소식별 ; 과소식별

③ 정확한 식별 ; 과소식별

④ 정확한 식별 ; 과대식별

⑤ 비식별 ; 비식별

⑥ 정확한 식별 ; 정확한 식별

⑦ 비식별 ; 과대식별

3) (생략)

[6] 두 곡선 모두 정확히 식별됨.

[7] i) 의 경우 과대식별됨.

ii) 의 경우 정확한 식별

[8] 1) 두 방정식 모두 정확한 식별

2) i) 식은 정확한 식별

ii) 식은 비식별

3) $\hat{\beta}_{10} = \frac{12}{5}$ $\hat{\beta}_{12} = 0.8$ $\hat{\gamma}_{11} = -1.8$

$\hat{\beta}_{20} = -6$ $\hat{\beta}_{21} = 2$ $\hat{\gamma}_{22} = -6$

[9] 1) 내생변수 : C, I, Π, Y

선결변수 : P, C_{t-1}, PV, Π_{t-1}, Y_{t-1}

2) 이윤함수

3) C : 과대식별

I : 과대식별

Π : 과대식별

Y : 과대식별

제12장 연립방정식모형의 추정

변수 간의 상호의존성에 근거한 연립방정식모형은 일반적으로 OLS를 적용할 경우 편의성과 비일관성을 야기하는 것으로 알려져 있다. 이러한 문제를 회피하기 위한 추정방법의 하나가 간접최소자승법(ILS)인데, 이 방법의 적용 가능성 여부를 확인하는 것을 식별문제라 하여 제11장에서 자세히 살펴보았다. 동시에 우리는 구조방정식이 정확히 식별될 경우에 한해서만 ILS의 적용이 가능하다는 점과 과소식별의 경우에는 추가적인 정보를 활용하여 식별조건을 만족시킬 수 있다는 점, 그리고 과대식별의 경우에는 별도의 추정방안이 강구되어야 한다는 점을 확인한 바 있다. 이러한 제반 상황에 대응하여 연립방정식모형을 추정하는 방법은 크게 두 가지로 분류된다. 첫번째 방법은 단일방정식추정방법(single equation estimation method)이라 하는데, 구조방정식을 개별적으로 추정하는 방법이다. 그리고 두 번째 방법은 전체방정식추정방법(system method of estimation)이라 하며, 구조방정식 전부를 동시에 고려하여 추정하는 방법이라 할 수 있다. 한편 최근에는 연립방정식모형의 추정에 대한 새로운 접근법이 개발되어 주목을 받고 있어 이를 후반에 간단히 소개하였다. 본 장에서는 연립방정식모형의 추정문제를 그림 12와 같은 골격으로 살펴보고자 한다.

그림 12 연립방정식모형의 추정문제

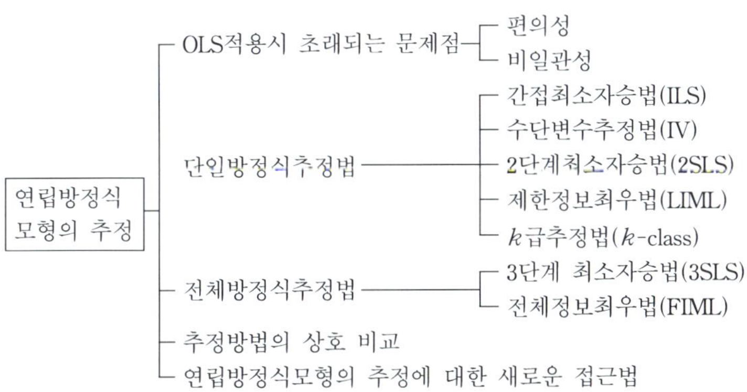

제 1 절 OLS 적용시 초래되는 문제점

연립방정식모형에서는 방정식 체계 내에서 그 값이 결정되는 내생변수가 종속변수가 되기도 하고 또 설명변수가 되기도 한다. 이는 내생변수 간에도 인과관계가 쌍방통행적으로 상호 연관되어 있는 상황을 대변하는 모형이며, 따라서 설명변수가 교란항과 독립적이라는 가정이 충족되기 어려운 상황에 해당한다. 통상적으로 단일방정식모형에서는 설명변수(X_i)가 비확률적(nonstochastic)이거나 또는 확률적(stochastic)이라 하더라도 교란항(ϵ_i)과는 독립적이라고 가정($E[X_i\epsilon_i]=X_iE[\epsilon_i]$)하고 OLS를 적용한다(제 2 장 참조). 그러나 연립방정식 체계에서는 설명변수 중 일부가 내생변수이며, 이는 속성상 확률변수(stochastic variable)일 뿐 아니라 교란항과도 독립적이 못 되는 특성을 갖는다(제11장 제 1 절 참조). 따라서 연립방정식모형을 구성하고 있는 구조방정식에 OLS를 적용할 경우 그 추정량은 편의성과 비일관성을 갖게 된다는 문제가 발생한다. 이는 제 9 장 제 3 절에서 다룬 바 있는 이른바 변수오차(errors-in-variables) 경우에 나타나는 문제와 동일한 현상에 해당한다. 따라서 다음 절에서 소개하겠지만 이 문제에 대한 해소방안 또한 변수오차의 경우와 같이 수단변수(IV; instrumental variable)를 활용하는 추정법이 활용될 수도 있다.

연립방정식모형에 OLS를 적용할 때 나타나는 문제점을 구체적으로 확인하기 위해 다음과 같은 간단한 케인즈(Keynesian)의 국민소득결정모형을 예로 들어 본다.

$$\text{소비함수}: C_t = \alpha + \beta Y_t + u_t, \quad 0<\beta<1 \tag{12.1}$$

$$\text{소득항등식}: Y_t = C_t + I_t \tag{12.2}$$

$$\left(\begin{array}{ll} \text{단, } C_t: \text{소비지출} & E[u_t]=0 \\ \quad Y_t: \text{소 득} & E[u_t^2]=\sigma^2 \\ \quad I_t: \text{투 자} & E[u_t u_{t+j}]=0,\ j\neq 0 \\ \quad \beta: \text{한계소비성향}(MPC) & \mathrm{Cov}(I_t,\ u_t)=0 \end{array}\right)$$

위의 모형에서 C와 Y는 내생변수이고 I는 외생변수로 가정되었다. I_t를 내생 변수로 처리하려면, 예컨대 $I_t = b_0 + b_1 Y_t + b_2 r_t + v_t$(단, r은 이자율이며 외생변수로 가정함)와 같은 행태방정식 하나를 추가하면 된다. 그러나 여기서는 논의의 편의상 I_t를 외생변수로 보았고, 암묵적으로는 I_t(투자)가 S_t(저축)와 같아져 국민소득이 균형을 이루는 것으로 가정되어 있다. 물론 이 모형은 민간부문만을 고려한 지극히 단순한 소득결정모형이며, 이를 정부부문과 해외부문까지 확대하려면 식 (12.2)는, 예컨대 $Y_t = C_t + I_t + G_t + X_t - M_t$로 대체하고 이들 설명변수 중 내생변수로 취급하고 싶은 것은 별도의 함수를 제시함으로써 가능해질 것이다. 이제 식 (12.1)에 OLS를 적용하여 기울기 β에 대한 추정량을 얻는다면 다음과 같아질 것이다.

$$\begin{aligned}\hat{\beta} &= \frac{\sum(C_t-\overline{C})(Y_t-\overline{Y})}{\sum(Y_t-\overline{Y})^2} = \frac{\sum c_t y_t}{\sum y_t^2}\\ &= \frac{\sum C_t y_t}{\sum y_t^2} \qquad \left(\begin{array}{l}\because\ c_t = C_t - \overline{C}\\ \quad \sum \overline{C} y_t = \overline{C}\sum y_t = 0\end{array}\right)\end{aligned} \tag{12.3}$$

이 결과에 식 (12.1)을 대입시키면,

$$\begin{aligned}\hat{\beta} &= \frac{\sum C_t y_t}{\sum y_t^2} = \frac{\sum(\alpha+\beta Y_t+u_t)y_t}{\sum y_t^2}\\ &= \frac{\alpha\sum y_t}{\sum y_t^2} + \frac{\beta\sum Y_t y_t}{\sum y_t^2} + \frac{\sum u_t y_t}{\sum y_t^2}\\ &= \beta + \frac{\sum u_t y_t}{\sum y_t^2} \qquad \left(\begin{array}{l}\because\ \sum y_t = 0\\ \quad \dfrac{\sum Y_t y_t}{\sum y_t^2} = 1\end{array}\right)\end{aligned} \tag{12.4}$$

가 되며 그 기대치는 아래와 같다.

$$E[\hat{\beta}] = \beta + E\left(\frac{\sum u_t y_t}{\sum y_t^2}\right) \tag{12.5}$$

문제는 식 (12.5)의 마지막 항의 값이 무엇인가 하는 것으로 귀착되는데, 이것이 0이면 $\hat{\beta}$는 불편추정량이 되고 그렇지 못하면 편의추정량이 되는 것이다. 그런데 (12.1)과 (12.2)로 도출된 식 (12.5)의 마지막 항은 0이 되지 않는다는 특성이 있다는 것이다. 이를 확인하기 위해서 우선 식 (12.2)를 식 (12.1)에 대입시킨 다음 Y_t에 대해 정리하면,

$$Y_t = \alpha + \beta Y_t + u_t + I_t$$

$$Y_t = \frac{\alpha}{1-\beta} + \frac{1}{1-\beta} I_t + \frac{1}{1-\beta} u_t \tag{12.6}$$

가 되고 그 기대치는 다음과 같다.

$$E[Y_t] = \frac{\alpha}{1-\beta} + \frac{1}{1-\beta} I_t \tag{12.7}$$

$(\because\ E[u_t]=0,\ E[I_t]=I_t:\quad I_t$는 외생변수임)

따라서

$$\begin{aligned} \text{Cov}(Y_t,\ u_t) &= E[(Y_t - E[Y_t])(u_t - E[u_t])] \\ &= E\left[\left(\frac{u_t}{1-\beta}\right)u_t\right] \\ &= E\left[\frac{u_t^2}{1-\beta}\right] \\ &= \frac{\sigma^2}{1-\beta} \end{aligned} \tag{12.8}$$

식 (12.8)이 시사하는 바는 바로 설명변수 역할을 하고 있는 내생변수 Y_t가 교란항 u_t와 독립적이지 못하며 따라서 두 변수 간의 공분산이 0이 아니라는 사실이다.

한편, 식 (12.5)의 마지막 항은 다음과 같이 고쳐 쓸 수 있다.

$$\begin{aligned} \frac{\sum u_t y_t}{\sum y_t^2} &= \frac{\sum (u_t - E[u_t])(Y_t - \overline{Y})}{\sum (Y_t - \overline{Y})^2} \\ &= \frac{\text{Cov}(u_t,\ Y_t)}{\text{Var}(Y_t)} \end{aligned} \tag{12.9}$$

식 (12.9)에서 분모는 Y_t의 분산으로 0이 아니며 분자는 Y_t와 u_t 간의 공분산으로 식 (12.8)에 의하면 역시 0이 아니다. 따라서 $E[\hat{\beta}] \neq \beta$가 되므로 $\hat{\beta}$는 편의추정량이 된다. 여기서 한 가지 유의할 점은 식 (12.8)은 모집단에서의 관계식이고 식 (12.9)는 표본에서의 관계식이라는 점 때문에 위의 결론은 다소 제한적이라는 것이다. 그러나 표본규모가 커지면 표본통계량은 모집단의 모수에 점차 접근해 갈 것이므로 표본크기가 아주 큰 상황을 대신 고려하면 위에서 제기된 제한성은 사라질 것이다. 그러면 표본크기가 아주 큰 경우의 OLS 추정량의 특성을 알아보기 위해 다음 과정을 밟아 본다.

$$\begin{aligned}\text{plim}(\hat{\beta}) &= \text{plim}(\beta) + \text{plim}\left(\frac{\sum y_t u_t}{\sum y_t^2}\right)\\ &= \beta + \text{plim}\left(\frac{\sum y_t u_t / n}{\sum y_t^2 / n}\right)\\ &= \beta + \frac{\text{plim}(\sum y_t u_t / n)}{\text{plim}(\sum y_t^2 / n)}\\ &= \beta + \frac{\sigma^2/(1-\beta)}{\sigma_Y^2} \qquad (\because \text{ 식 } (12.8))\end{aligned}$$

$$\text{plim}(\hat{\beta}) = \beta + \frac{1}{1-\beta}\left(\frac{\sigma^2}{\sigma_Y^2}\right) \tag{12.10}$$

식 (12.10)에서 $0<\beta<1$이고 σ^2과 σ_Y^2은 각각 0보다 크므로 두 번째 항의 값은 0보다 큰 것으로 큰 표본에서도 소멸되지 않고 남게 된다. 바로 이 항이 편의의 크기를 나타내는 것으로 결국 OLS 추정량, $\hat{\beta}$을 비일관적 추정량으로 만들게 되는 것이다.

제 2 절 단일방정식추정방법

제 1 절에서 우리는 연립방정식모형을 구성하고 있는 구조방정식을 OLS로 추정하면 편의성과 비일관성이 발생하므로 별도의 추정방법을 강구해야 함을 확인한 바 있다. 이러한 연유로 해서 개발된 연립방정식모형의 추정방법에는 단일방정식추정방법과 전체방정식추정방법이 있으며, 전자는 본 절에서 그리고 후자는 제 3 절에서 논의하고자 한다.

단일방정식추정방법은 연립방정식 체계 내의 회귀식을 각각 독립적으로 추정하는 방법이다. 이 방법은 연립방정식 체계 내의 다른 회귀방정식들을 전혀 고려하지 않고 해당 개별방정식 하나씩만을 별개로 고려하므로 제한정보추정방법(limited information estimation method)이라고도 한다. 간접최소자승법(ILS method)·수단변수추정방법(IV estimation method)·2단계최소자승법(2SLS method) 그리고 제한정보최우법(LIML estimation method) 등이 단일방정식추정법에 속한다.

1. 간접최소자승법(ILS)

간접최소자승법이란 구조방정식을 OLS 추정할 경우 발생하는 문제점을 해소하기 위해 일단 구조방정식모형을 유도형 방정식모형으로 전환한 다음 여기에 OLS를 적용하여 유도계수의 추정치를 구한 다음 이를 이용하여 역으로 구조(방정식들의 회귀)계수를 산출해 내는 방법을 일컫는 것이다. 이 때 유도계수와 구조계수 간에는 1 : 1 관계가 유지되어야 하며, 즉 구조계수들을 유도계수로 풀 때 그 해(解)가 유일한 것이어야 한다. 구조계수값이 유도계수로 정의될 수 있을 때 이를 식별되었다고 하고 유일한 값으로 산출되면 정확한 식별, 여러 개 값이 동시에 산출되면 과대식별된 것으로 판정한다는 것은 제11장에서 이미 기술한 바 있다. 물론 ILS를 이용하여 추정하는 방법은 정확한 식별이 가능한 경우로 제한될 수밖에 없다.

유도형 방정식에서는 모든 내생변수가 한번씩만 종속변수로 등장하고 각 내생변수는 선결변수들만의 함수로 표현되기 때문에 더 이상 선결변수인 설명변수와 오차항 간에 상관관계가 존재하지 않는다. 따라서 이러한 유도형 방정식에 OLS를 적용하면 불편성과 일관성이 있는 추정량을 얻을 수 있으며, 이들 유도계수와 구조계수 간에 성립되는 수학적 관계식을 이용하여 구조계수의 추정치를 간접적으로 산출하면 당초의 문제점을 회피할 수 있다는 데에 착안한 것이 ILS 추정방법이다.

제11장에서 활용한 바 있는 간단한 수요·공급모형을 이용하여 ILS 방법을 구체적으로 살펴보기로 한다.

$$\text{수요함수} : Q_t = a_1 + a_2 P_t + a_3 Y_t + u_{1t} \tag{12.11}$$

$$\text{공급함수} : Q_t = b_1 + b_2 P_t + u_{2t} \tag{12.12}$$

위와 같은 구조방정식에 대응하는 유도방정식은 다음과 같다.

$$P_t = \Pi_{11} + \Pi_{12} Y_t + v_{1t} \tag{12.13}$$

$$Q_t = \Pi_{21} + \Pi_{22} Y_t + v_{2t} \tag{12.14}$$

이제 식 (12.13)과 (12.14)에 OLS를 적용하여 유도계수의 추정치를 구하면,

$$\hat{\Pi}_{11} = \overline{P} - \hat{\Pi}_{12} \overline{Y} \tag{12.15}$$

$$\hat{\Pi}_{12} = \frac{\sum p_t y_t}{\sum y_t^2} \tag{12.16}$$

$$\hat{\Pi}_{21} = \overline{Q} - \hat{\Pi}_{22}\overline{Y} \tag{12.17}$$

$$\hat{\Pi}_{22} = \frac{\sum q_t y_t}{\sum y_t^2} \tag{12.18}$$

(단, $\overline{P}$, $\overline{Q}$, $\overline{Y}$는 P_t, Q_t, Y_t의 평균이고 p_t, q_t, y_t는 평균으로부터의 거리로 표현한 편차임.)

가 된다.

제11장에서 소개한 식별방법을 적용해 보면 식 (12.11)은 과소식별되고 식 (12.12)는 정확한 식별이 되는 것을 쉽게 알 수 있다. 따라서 정확히 식별된 공급함수의 구조계수인 b_1과 b_2만을 ILS로 도출하여 보기로 한다.

우선 제11장에서 확인한 바 있듯이 구조계수와 유도계수 간에는 다음 관계가 성립된다.

$$\Pi_{11} - \frac{-(a_1 - b_1)}{a_2 - b_2} \qquad \Pi_{12} - \frac{-a_3}{a_2 - b_2}$$

$$\Pi_{21} = \frac{a_2 b_1 - a_1 b_2}{a_2 - b_2} \qquad \Pi_{22} = \frac{-a_3 b_2}{a_2 - b_2} \tag{12.19}$$

그리고 Π_{ij}의 추정치를 이용하여 구조계수의 추정치에 대하여 정리하면,

$$\left.\begin{array}{l} \hat{b}_1 = \hat{\Pi}_{21} - \hat{b}_2 \hat{\Pi}_{11} \\ \hat{b}_2 = \hat{\Pi}_{22} / \hat{\Pi}_{12} \end{array}\right] \tag{12.20}$$

(여기서 $\hat{a}_1$, $\hat{a}_2$, $\hat{a}_3$는 수요함수가 식별되지 않아서 구할 수 없다)

과 같아진다(여기서 ^는 추정치를 뜻함). 따라서 식 (12.16)과 (12.18)을 연관시킨 다음 이를 식 (12.20)과 연결시키면 다음 관계식을 얻을 수 있다.

$$\left.\begin{array}{l} \hat{b}_2 = \dfrac{\hat{\Pi}_{22}}{\hat{\Pi}_{12}} = \dfrac{\sum q_t y_t / \sum y_t^2}{\sum p_t y_t / \sum y_t^2} = \dfrac{\sum q_t y_t}{\sum p_t y_t} \\ \hat{b}_1 = \hat{\Pi}_{21} - \hat{b}_2 \hat{\Pi}_{11} \end{array}\right| \tag{12.21}$$

식 (12.21)에 나타난 추정량이 바로 ILS 추정량이 된다. 단, 여기서 유념해야 될 사항이 하나 있다. 유도형 방정식의 회귀계수에 OLS를 적용한 추정량

$\hat{\Pi}_{ij}$는 물론 모두 불편추정량이다. 그러나 식 (12.21)에서처럼 두 개의 불편추정량의 비율로 표현되는 구조계수 $\hat{b}_2$는 더 이상 불편추정량이 아니다. 일반적인 통계법칙에 따르면 단지 1차(선형)함수전환만이 불편성을 계승할 뿐이기 때문이다. 즉,

$$E[\hat{b}_{\mathrm{ILS}}] = E\left[\frac{\hat{\Pi}_{22}}{\hat{\Pi}_{12}}\right] \neq \frac{E[\hat{\Pi}_{22}]}{E[\hat{\Pi}_{12}]} \tag{12.22}$$

가 되기 때문이며, 이는 일반적 기대치 법칙에서 $E\left[\frac{X}{Y}\right] \neq \frac{E[X]}{E[Y]}$의 관계가 성립되는 것과 같은 맥락에서 이해할 수 있다. 그러나 ILS의 추정량이 비록 소표본특성인 불편성은 가지지 못하나 대표본 특성인 일치성은 보유하게 된다.

$$\begin{aligned} \mathrm{plim}(\hat{b}_{\mathrm{ILS}}) &= \mathrm{plim}\left(\frac{\hat{\Pi}_{22}}{\hat{\Pi}_{12}}\right) \\ &= \frac{\mathrm{plim}(\hat{\Pi}_{22})}{\mathrm{plim}(\hat{\Pi}_{12})} = \frac{\Pi_{22}}{\Pi_{12}} \end{aligned} \tag{12.23}$$

가 되기 때문이다.

2. 수단변수추정방법

앞서 여러 번 지적한 바 있듯이 연립방정식모형을 OLS로 추정해서는 곤란한 사유는 설명변수 역할을 담당하는 내생변수들이 교란항과 독립성을 유지할 수 없다는 사실이다. 이러한 상황에 대처할 수 있는 직관적인 접근방안은 원래의 설명변수와는 아주 비슷하지만 오차항과는 독립성을 유지할 수 있는 수단변수(instrumental variables)를 찾아 원래의 설명변수 대신 사용하는 방법이 될 것이다. 이를 수단변수추정방법이라 하는데, 이는 제 9 장에서 동일한 추정상의 문제를 야기하는 이른바 변수오차 경우에서 이미 소개한 바 있는 추정방법이다.

2.1 수단변수추정방법의 기본논리

논의의 편의상 우선 단일방정식을 중심으로 수단변수추정법의 구체적인 내용을 살펴보기로 한다. 추정할 방정식은,

$$Y_i = \alpha + \beta X_i + u_i \tag{12.24}$$

이고, 이 때 다음과 같은 문제가 있다 하자.

$$E[X_i u_i] \neq 0 \tag{12.25}$$

이러한 상황에서 식 (12.24)에 OLS를 적용하면 그 추정량은 편의성과 비일관성을 갖는 추정량이 된다. 따라서 설명변수 X_i와는 상관관계가 아주 높으면서도 오차항 u_i와는 독립성을 유지시킬 수 있는 수단변수 Z_i를 찾아내야 한다. 물론 이 때 수단변수 Z_i는 다음의 특성을 가져야 한다.

$$\left.\begin{array}{l} \text{Cov}(X,\ Z) \neq 0 \\ \text{Cov}(Z,\ u) = 0 \end{array}\right] \tag{12.26}$$

만일 식 (12.24)에 OLS를 적용하여 추정량을 얻으면,

$$\hat{\beta}_{\text{OLS}} = \frac{\sum xy}{\sum x^2} \tag{12.27}$$

(단, 여기서 소문자는 평균으로부터의 편차를 뜻함)

이 될 것인데, 전술한 바와 같이 편의성과 비일관성의 문제를 가지므로 설명변수 X 대신 수단변수 Z를 다음과 같은 추정량이 도출되도록 대체 사용한 IV추정량은

$$\hat{\beta}_{\text{IV}} = \frac{\sum zy}{\sum zx} \tag{12.28}$$

(단, 여기서도 소문자는 편차형을 나타냄)

과 같아진다.

이제 수단변수 Z를 사용하여 추정한 수단변수추정량 $\hat{\beta}_{\text{IV}}$가 과연 일치추정량이 될 수 있는지를 살펴보기로 한다.

$$\begin{aligned} \text{plim}(\hat{\beta}_{\text{IV}}) &= \text{plim}\left(\beta + \frac{\sum zu}{\sum zx}\right) \\ &= \beta + \text{plim}\left(\frac{\sum zu}{\sum zx}\right) \\ &= \beta \end{aligned} \tag{12.29}$$

결국 식 (12.29)가 보여 주고 있듯이 $\hat{\beta}_{\mathrm{IV}}$는 일관성을 회복하는 특성을 갖고 있음을 알 수 있다.[1)]

이제 문제는 식 (12.26)과 같은 특성을 갖는 수단변수 Z를 어떻게 찾아내는가 하는 것으로 귀착된다.

2.2 연립방정식 체계에서의 수단변수

편의상 제11장에서 일차 활용한 바 있는 수요·공급모형을 다소 변형시켜(공급함수를 분석의 편의상 P에 대해 정리한 형태로 사용함) 사용하여 수단변수추정법의 내용을 살펴봄과 동시에 여타 추정법의 적용 결과와의 비교를 시도해 보고자 한다.

$$Q_t = a_1 + a_2 P_t + a_3 Y_t + u_{1t} \tag{12.30}$$

$$P_t = b_1 + b_2 Q_t + b_3 W_t + b_4 R_t + u_{2t} \tag{12.31}$$

여기서 Q와 P는 내생변수이고, Y, W 및 R은 외생변수이다. 따라서 다음 관계가 성립되는 것으로 볼 수 있다.

$$\left.\begin{array}{l} \mathrm{Cov}(Y,\ u_1)=0 \\ \mathrm{Cov}(W,\ u_2)=0 \\ \mathrm{Cov}(R,\ u_2)=0 \end{array}\right] \tag{12.32}$$

---

1) 식 (12.29)에서 $\dfrac{\Sigma zu}{\Sigma zx}=\dfrac{\mathrm{Cov}(z,\ u)}{\mathrm{Cov}(z,\ x)}$이며, 식 (12.26)에서 $\mathrm{Cov}(z,\ u)=0$이 되도록 수단변수 Z가 선정되었으므로 $\mathrm{plim}\left(\dfrac{\Sigma zu}{\Sigma zx}\right)=0$이 되는 것이다. 그리고 식 (12.29)는 동시에 다음 관계식에 근거하여 전개된 것이다.

$$\begin{aligned} \hat{\beta}_{IV} &= \frac{\Sigma zy}{\Sigma zx} \quad (\because \text{ 식 (12.28)}) \\ &= \frac{\Sigma z(\beta x+u)}{\Sigma zx} \\ &= \frac{\beta\Sigma zx+\Sigma zu}{\Sigma zx} \\ &= \beta+\frac{\Sigma zu}{\Sigma zx} \end{aligned}$$

여기서 주의할 것은 식 (12.28)의 분모의 값에서 Σz_i^2 대신 Σxz로 대체한 점이다. Σz_i^2로 대체할 경우 식 (12.29)의 과정과 같이 일관성 있는 수단변수추정량이 도출될 수 없기 때문이다. 이에 관한 구체적인 증명은 제 9 장을 참조하기 바란다.

$$\left.\begin{array}{l}\mathrm{Cov}(P,\ u_1)\neq 0\\ \mathrm{Cov}(Q,\ u_2)\neq 0\end{array}\right] \qquad (12.33)$$

식 (12.33)과 같은 사정으로 인해서 식 (12.30)과 (12.31)에 OLS를 적용하면 편의가 발생하며 이를 제거하기 위해 수단변수가 활용될 수 있다.

식 (12.31)을 추정할 경우 문제가 되는 설명변수인 내생변수 Q 대신에 사용할 수 있는 수단변수로서 우선적으로 고려할 수 있는 것은 Q와는 밀접하게 관련되어 있지만(∵ 식 (12.30)) u_2와는 독립적인(∵ 식 (12.32)) 외생변수 Y_t를 들 수 있다.

한편, 식 (12.30)을 추정할 경우에는 문제가 되는 설명변수인 내생변수 P 대신에 P와는 상관도가 높으나 u_1과는 독립적인 외생변수 W 또는 R을 수단변수로 대체하여 문제의 소지를 제거할 수 있다. 또 이 경우 수단변수로 사용할 수 있는 외생변수가 2개인 것은 식 (12.30)이 과대식별되고 있음을 의미한다. 식 (12.31)은 정확한 식별이 된 경우여서 수단변수로서 사용할 수 있는 외생변수는 하나였음을 상기하기 바란다.

이러한 측면에서 볼 때 식별을 위한 차수조건은 결국 우리가 추정하려는 구조방정식에 포함된 내생설명변수를 대체시킬 수 있는 수단변수의 수와 결부시킬 수 있다. 즉, 과소식별의 경우에는 내생설명변수를 대체시킬 만큼 충분한 수의 수단변수(연립방정식 체계 내의 여타 방정식에 나타난 선결변수)가 존재하지 못하는 경우를 나타내며, 과대식별의 경우는 대체시킬 내생설명변수보다 동원 가능한 수단변수의 수가 많은 경우를 대변하게 된다. 물론 정확히 식별된 경우에는 대체할 내생설명변수의 수와 동원 가능한 수단변수의 수가 정확히 일치한다.

그런데 추정할 방정식이 과대식별되는 경우에는 대체시킬 내생설명변수보다 수단변수의 수가 오히려 많으므로 과연 이들 수단변수들 중 어느 것을 선택하여 사용하는 것이 바람직한가 하는 문제가 발생한다. 어느 수단변수를 사용하든지 일단 일관성이 보장된다면 대표본에서는 편의가 사라지게 된다. 따라서 이러한 점근적 불편성을 향유하는 수단변수 중에서 가능하면 점근적 효율성이 큰 것, 즉 점근적 분산이 작은 것을 선택하는 것이 순리일 것이다. 그런데 증명과정은 생략하고 결과만을 제시한다면 가장 효율적인 경우는 모든 수단변수들의 가중평균으로 정의된 파생적 수단변수를 활용하는 경우로 밝혀졌다.

그러면 과연 어떤 방식으로 각 수단변수에 가중치를 부여할 것인가 하는 문제가 제기된다. 지금까지 연구된 결과에 따르면 연립방정식의 구조방정식을 수단변수추정법으로 접근할 때 가장 효율적인 수단변수의 선정방법은 문제 요인이 되는 각 내생설명변수를 연립방정식 체계 내에 존재하는 모든 선결변수의 함수로 표현한 이른바 유도형 방정식을 활용하는 것으로 알려져 있다. 즉, 유도방정식 체계 내의 각 내생변수를 모든 선결변수에 대하여 OLS로 추정한 다음 추정된 회귀방정식을 통해 산출된 내생변수값들로 수단변수를 삼는 것이다. 이 때의 수단변수, 즉 유도형 방정식 체계에서 추정된 내생변수는 마치 체계 내의 모든 선결변수의 가중평균치와 같은 의미를 갖게 되며, 따라서 이렇게 선정된 수단변수를 사용하여 추정할 경우 점근적 효율성이 보장되는 것이다. 그런데 이러한 접근방법은 아주 보편적으로 인정되고 있으며 따라서 별도의 이름으로 불리고 있는데, 이것이 곧 다음 항에서 소개할 이른바 이단계 최소자승법(2SLS)이다. 그러면 식 (12.30)과 (12.31)로 대변되는 변형된 수요·공급모형에서 내생설명변수인 P와 Q를 유도방정식에서 추정하여 얻은 수단변수 $\hat{P}$과 $\hat{Q}$으로 대체하는 과정을 살펴보자. 우선 추정할 유도형 방정식모형은 다음과 같다.

$$P_t = \Pi_{11} + \Pi_{12}Y_t + \Pi_{13}W_t + \Pi_{14}R_t + v_{1t} \tag{12.34}$$

$$Q_t = \Pi_{21} + \Pi_{22}Y_t + \Pi_{23}W_t + \Pi_{24}R_t + v_{2t} \tag{12.35}$$

그리고 이들 유도방정식에 OLS를 적용하여 그 추정량 $\hat{\Pi}_{ij}$를 도출하면 다음과 같은 P와 Q에 대한 추정치가 산출된다.

$$\hat{P}_t = \hat{\Pi}_{11} + \hat{\Pi}_{12}Y_t + \hat{\Pi}_{13}W_t + \hat{\Pi}_{14}R_t \tag{12.36}$$

$$\hat{Q}_t = \hat{\Pi}_{21} + \hat{\Pi}_{22}Y_t + \hat{\Pi}_{23}W_t + \hat{\Pi}_{24}R_t \tag{12.37}$$

여기서 산출된 $\hat{P}$과 $\hat{Q}$이 바로 식 (12.30)과 (12.31)에 나타난 내생설명변수 P와 Q에 대한 효율적인 수단변수가 되는 것이다.

우선 식 (12.31)에 Q_t 대신 수단변수 $\hat{Q}_t$을 대체한 후 OLS를 실시할 경우부터 그 의미를 재음미해 보자. 일단 $\hat{Q}$를 수단변수로 채택한 것은 $\hat{Q}$와 오차항 u_2가 서로 독립적일 수 있기 때문이다. 즉,

$$\mathrm{Cov}(\hat{Q}_t,\ u_{2t}) = 0 \quad \text{또는} \quad \sum \hat{Q}_t u_{2t} = 0 \tag{12.38}$$

여기에 식 (12.37)을 대입하면,

$$\Sigma \hat{Q}_t u_{2t} = \Sigma(\hat{\Pi}_{21} + \hat{\Pi}_{22}Y_t + \hat{\Pi}_{23}W_t + \hat{\Pi}_{24}R_t)u_{2t} = 0$$

$$\therefore\ \hat{\Pi}_{22}\Sigma Y_t u_{2t} + \hat{\Pi}_{23}\Sigma W_t u_{2t} + \hat{\Pi}_{24}\Sigma R_t u_{2t} = 0 \qquad (12.39)$$

$$(\because\ \Sigma\hat{\Pi}_{21}\cdot u_{2t} = \hat{\Pi}_{21}\Sigma u_{2t} = 0)$$

그런데 $\mathrm{Cov}(W,\ u_2) = \mathrm{Cov}(R,\ u_2) = 0$이므로 $\Sigma Y_t u_{2t} = 0$을 의미하며, 이러한 결과는 Y_t를 수단변수로 사용했을 경우와 동일한 것임을 알 수 있다.

한편, 식 (12.30)에서 내생설명변수 P 대신 식 (12.36)에서 도출된 수단변수 $\hat{P}$을 사용할 경우에는 일단 $\hat{P}$과 오차항 u_1이 독립적인 것을 의미한다. 즉,

$$\mathrm{Cov}(\hat{P}_t,\ u_{1t}) = 0 \quad 또는 \quad \Sigma\hat{P}_t u_{1t} = 0 \qquad (12.40)$$

(단, (12.32)에 의해 $\mathrm{Cov}(Y_t,\ u_{1t}) = 0$) (12.41)

이제 식 (12.36)을 (12.40)에 대입시키면,

$$\Sigma\hat{P}_t u_{1t} = 0$$

$$\Sigma(\hat{\Pi}_{11} + \hat{\Pi}_{12}Y_t + \hat{\Pi}_{13}W_t + \hat{\Pi}_{14}R_t)u_{1t} = 0$$

$$\hat{\Pi}_{12}\Sigma Y_t u_{1t} + \hat{\Pi}_{13}\Sigma W_t u_{1t} + \hat{\Pi}_{14}\Sigma R_t u_{1t} = 0$$

$$(\because\ \Sigma\hat{\Pi}_{11}u_{1t} = \hat{\Pi}_{11}\Sigma u_{1t} = 0)$$

$$\therefore\ \hat{\Pi}_{13}\Sigma W_t u_{1t} + \hat{\Pi}_{14}\Sigma R_t u_{1t} = 0 \quad (\because\ 식\ (12.41)) \qquad (12.42)$$

가 된다. 식 (12.42)가 시사하는 바는 결국 수단변수 $\hat{P}$은 W_t와 R_t를 가중평균한 값의 성격을 띠게 된다는 것이며, 이는 식 (12.30)이 과대식별되었기 때문에 대체시켜야 할 내생설병변수는 P_t 하나임에 반해 수단변수로 채택 가능한 외생변수는 W_t와 R_t의 2개가 존재한다는 사실에 기인하여 선택한 방안이라 할 수 있다.

2.3 수단변수추정방법에 대한 평가

지금까지의 논의를 근거로 우선 수단변수추정방법이 갖는 특성 내지 통계적 속성을 정리하면 다음과 같다.

1) 수단변수추정량은 소표본의 경우에는 편의를 갖는 추정량이 된다. 이는 소표본의 경우 수단변수와 오차항 간의 독립성이 완전하지 못하기 때문에 나타나는 결과라 할 수 있다.

2) 그러나 수단변수추정량은 대표본의 경우에는 편의가 점차 소멸되어 버려 점근적 불편성을 가질 뿐 아니라 일치성을 갖는 추정량이 된다.

3) 한편 수단변수추정량은 점근적 불편성과 일치성을 가지고 있으나 점근적 효율성을 갖지 못한다. 즉, 수단변수추정량은 여타의 추정량과 비교해 볼 때 그 점근적 분산이 최소가 되지는 못한다. 이러한 현상은 대체시킨 내생설명변수와 도입된 수단변수 간의 상관도가 약할수록 강해진다.[1)]

4) 그렇지만 ILS 는 정확히 식별되는 경우에만 적용이 가능한 반면 수단변수추정법은 정확히 식별된 경우는 물론 과대식별된 경우에도 적용이 가능하다는 장점이 있다. 단, 정확히 식별되는 방정식 경우에는 ILS 와 IV 추정방법이 동일한 추정 결과를 가져오게 된다는 사실에 유념할 필요가 있다.

5) 수단변수추정방법이 이상과 같은 장점이 있음에도 불구하고 실제로는 별로 자주 사용되지 않고 있는데 그 주요한 이유는 다음과 같다.

첫째, 수단변수의 선정은 상당히 많은 경우에 지극히 임의적이고 따라서 선정된 수단변수에 따라 추정량의 값이 변하는 문제가 있음.

둘째, 선정된 수단변수가 오차항과의 상관도가 매우 낮아야 하고 대체할 내생설명변수와는 상관도가 아주 높을 뿐 아니라 방정식 내에 있는 기존의 외생설명변수와는 상관도가 낮아 다중공선성의 우려가 없어야 하는 등의 상당히 큰 제약으로 인해 적절한 수단변수의 선정이 실제로는 상당히 어려운 점.

6) 그러나 수단변수의 선정시 발생하는 임의성은 외생변수들의 선형결합(예컨대, 가중평균)을 통하여 어느 정도는 완화할 수 있고 또 그렇게 함으로써 점근적 효율성도 다소 제고할 수 있다.

7) 한편, 수단변수추정법은 다음에 논의할 이단계최소자승법(2SLS)이나 제한정보최우법(LIML)을 이해하는 데 도움을 줄 수 있다는 점에서 그 의의를 찾을 수도 있다.

---

1) 추정할 연립방정식모형 중 한 구조방정식이

$$Y_1 = \alpha + \beta Y_2 + \gamma X + u_1$$

이고, 내생설명변수 Y_2 대신 체제 내의 여타 구조식에 나타난 외생변수 Z를 수단변수로 사용하여 추정한 β의 값, 즉 $\hat{\beta}_{IV}$의 분산은 다음과 같아지며,

$$\mathrm{Var}(\widehat{\beta_{IV}}) = \frac{\sigma_u^{\ 2}}{\sum y_2^{\ 2}} \cdot \frac{1}{r^2_{Y_2 Z}}$$

따라서 $r_{Y_2 Z}$가 작을수록 분산값이 커진다.

3. 이단계최소자승법(2SLS)

현실적인 연립방정식은 과대식별되는 경우가 많고 따라서 ILS 나 IV 추정방법으로는 대응할 수 없어 별도의 추정방안이 필요해진다. 이러한 요구에 부응하여(1950년대에 Henry Theil과 R. L. Basmann에 의해) 특히 과대식별된 구조방정식모형의 추정을 위해 개발된 추정방법으로 이단계최소자승법(2SLS; two stage least squares method)이 있다. 그런데 2SLS 또한 연립방정식모형에 OLS 적용시 예상되는 연립방정식 편의를 가능한 한 최소한도로 줄이고, 나아가서는 일관성을 회복시키는 추정방안으로 과대식별된 모형의 추정에 적용되는 가장 중요하고 대표적인 단일방정식추정방안이다.

3.1 2SLS 에 의한 추정절차 및 특성

2SLS 란 그 용어 자체가 시사하는 바와 같이 기본적으로는 2단계에 걸쳐 최소자승법을 적용하여 추정하는 방법으로 그 구체적 과정은 다음과 같다.

3.1.1 제 1 단계

2SLS 의 제 1 단계는 구조방정식 내에 있는 내생변수들이 교란항과의 독립성을 유지할 수 있도록 가공하는 과정이라 할 수 있다. 즉, 각 내생설명변수들을 연립방정식 체계 내의 모든 선결변수의 함수로 표현하는 유도방정식모형에 OLS 를 적용함으로써 그 추정치를 얻는다. 이렇게 추정된 결과를 내생설명변수의 본래 관측치들을 대체시킴으로써 교란항과의 연관성을 단절시키고자 하는 것이 주된 발상이라 할 수 있다. 유도형 방정식에서는 모든 설명변수들이 선결변수이므로 방정식 내의 교란항과는 독립적이라 볼 수 있기 때문에 OLS 를 적용하는 데 아무런 하자가 없다.

3.1.2 제 2 단계

제 2 단계에서는 제 1 단계에서 도출한 각 내생설명변수들의 추정치로 원래의 각 내생설명변수들의 관측치를 대체시킨 다음 개별구조방정식에 OLS 를 적용하여 구조계수들을 추정한다. 이 때 사용된 추정치들은 일종의 수단변수라 볼 수 있으며, 또 제 1 단계에서의 작업 취지대로 구조방정식의 교란항과는 독립성을 유지하도록 조치된 가공변수의 성격을 가지므로 이들 변수로 대체시킨 연후의 구조방정식을 OLS 로 추정하여도 더 이상 당초 문제가 되었던 연립방정식 편의문제는 발생하지 않게 된다. 단, 여기서 주의할 점은 구조방정식에 나타난 내생변수 중 설명변수 역할을 하는 내생설명변수만을 제 1 단계에서 얻은 추정치로 대체하는 것이며 따라서 종속변수 위치에 있는 내생종속변수는 당초의 관측치를 그대로 대입해야 한다. 추정치로 대체된 내생설명변수나 선결변수들은 비확률변수(nonstochastic variables)의 성격을 띠게 되므로 교란항과의 연관성이 없는 것으로 볼 수 있는 반면 종속변수 위치에 있는 내생변수는 계속 확률변수로 남아 있게 되며, 이 때의 확률적 변동내용이 바로 교란항에 의해 설명되는 것이기 때문이다.

이상과 같은 두 단계를 거쳐 얻어지는 추정량이 바로 2SLS 이다. 이 추정량은 내생선결변수와 교란항의 연관성을 감소 내지 제거함으로써 구조방정식에 직접 OLS 를 적용할 수 있도록 고안되었기 때문에 대체로 다음과 같은 통계적 특성을 갖게 된다.

첫째, 표본크기가 작은 경우에는 연립방정식 편의가 완전히 제거되지 못한 상태로 남아 있어 2SLS 는 계속 편의를 갖게 된다. 이는 제 1 단계에서 도출한 내생설명변수가 구조방정식의 교란항과 완전한 독립성을 유지한다는 것이 현실적으로 어렵기 때문에 나타나는 현상이다.

둘째, 그러나 표본규모가 아주 커지면 점차 편의는 작아져서 0에 가까워지므로 2SLS 추정량은 점근적 불편성을 갖게 된다.

셋째, 또한 대표본 경우에 2SLS 는 점근적 불편성 회복에 힘입어 일관성을 갖게 된다.

3.2 2SLS의 적용 예

이상과 같은 2SLS 의 추정과정 및 2SLS 추정량의 통계적 특성을 보다 구체적으로 살펴보기 위해 케인즈의 단순한 국민소득결정모형을 예로 들어 본다.

$$\text{소비함수}: C_t = \alpha + \beta Y_t + u_t \tag{12.43}$$

$$\text{균 형 식}: Y_t = C_t + I_t \tag{12.44}$$

(단, C_t : 소비지출
Y_t : 국민소득
I_t : 투자
β : 한계소비성향)

위 모형에서 C와 Y는 내생변수이고 I는 외생변수로 가정되어 있다. 따라서 $I_t = S_t$(저축)가 유지되는 국민소득 균형조건이 암묵적으로 가정되어 있다.

물론 I를 내생으로 보고 투자함수를 추가시킬 수도 있으며, 민간부문만을 고려한 위의 모형을 정부 및 해외부문을 포함한 모형으로 아래와 같이 전환할 수도 있다.

$$\begin{aligned} C_t &= \alpha + \beta Y_t + u_t \\ I_t &= b_1 + b_2 Y_t + v_t \\ Y_t &= C_t + I_t + G_t + (X_t - M_t) \end{aligned} \tag{12.45}$$

(단, G, X, M은 외생변수로 가정됨)

여하튼 식 (12.43)에서 $\mathrm{Cov}(Y,\ u) \neq 0$ 현상이 나타나므로 OLS 추정은 연립방정식 편의를 초래할 것이다. 이를 해소하기 위해 2SLS를 적용하려면 다음 과정을 밟게 된다.

우선 식 (12.43)과 (12.44)에 대응하는 유도형 방정식을 설정한다. 즉, 체계 내의 내생설명변수인 C와 Y를 체계 내의 외생변수인 I의 함수로 표현한다.

$$C_t = \Pi_{11} + \Pi_{12} I_t + v_{1t} \tag{12.46}$$

$$Y_t = \Pi_{21} + \Pi_{22} I_t + v_{2t} \tag{12.47}$$

그런데 식 (12.44)는 균형조건식이므로 이 식에서 C_t의 계수는 1이며 따라서 실제상으로는 설명변수 역할을 할 필요가 없다. 따라서 식 (12.46)과 같은 유도방정식 또한 불필요한 것이 되므로 단지 식 (12.47)만을 고려하면 족하다.

제 1 단계로서 우선 OLS를 적용하여 $\widehat{\Pi}_{21}$과 $\widehat{\Pi}_{22}(=\Sigma y_t i_t / \Sigma i_t^2$, 단 $y_t = Y_t - \overline{Y}$, $i_t = I_t - \overline{I}$)를 구한 다음 $\hat{Y} = \widehat{\Pi}_{21} + \widehat{\Pi}_{22} I_t$를 산출한다. 다음 단계에선 여기서 추계된 $\hat{Y}$로서 식 (12.43)에 있는 Y를 대체한 식에 OLS를 적용하여 2SLS 추정치 $\hat{\beta}_{2SLS}$를 구하게 된다.

$$\hat{\beta}_{2SLS} = \frac{\Sigma c_t \hat{y}_t}{\Sigma \hat{y}_t^2} \tag{12.48}$$

3.3 2SLS의 특성과 평가

연립방정식 편의를 제거하기 위한 추정방법이란 측면에서는 ILS나 IV 추정의 경우와 같으나 ILS가(경우에 따라서는 IV도) 정확히 식별된 구조방정식에만 적용될 수 있는 데 반해서 2SLS는 과도식별된 경우에 가장 보편적으로 활용할 수 있는 추정방법이다.

2SLS 추정량은 소표본의 경우에는 여전히 편의가 발생하지만 표본규모가 증대할수록 편의는 축소되어 결국 0에 접근하게 된다. 따라서 2SLS 추정량은 점근적 불편성을 갖게 되며 동시에 일관성을 향유하게 된다. 이러한 2SLS 추정량에 관한 통계적 특성을 확인하기 위해 앞서 활용한 국민소득모형을 재차 이용해 보기로 한다.

구조방정식 (12.43)과 (12.44) 중 실제 추정할 필요가 있는 식 (12.43)을 2SLS 로 추정하려면 유도방정식들 중 식 (12.47)을 활용하면 된다. 2SLS 추정의 1단계로서 식 (12.47)을 OLS 로 추정한다.

$$\hat{Y}_t = \hat{\Pi}_{21} + \hat{\Pi}_{22} I_t \tag{12.49}$$

$$\text{단, } \hat{\Pi}_{22} = \frac{\sum i_t y_t}{\sum i_t^2} \quad (y_t = Y_t - \overline{Y},\ i_t = I_t - \overline{I}) \tag{12.50}$$

그러면 유도방정식의 내생종속변수 Y는 다음과 같이 표현될 수 있다.

$$Y_t = \hat{Y}_t + \hat{v}_t \tag{12.51}$$

그리고 이 식은 다음과 같이 정리될 수 있다.

$$\hat{Y}_t = Y_t - \hat{v}_t$$

또는

$$\hat{y}_t = y_t - \hat{v}_t \tag{12.52}$$

이제 2SLS 의 두 번째 단계를 수행키 위해 식 (12.51)을 식 (12.43)에 대입시키면 다음과 같아진다.

$$\begin{aligned} C_t &= \alpha + \beta Y_t + u_t \\ &= \alpha + \beta \hat{Y}_t + (\beta \hat{v}_t + u_t) \end{aligned} \tag{12.53}$$

이 때 새로 등장한 설명변수 $\hat{Y}$과 새로 형성된 오차항 $(\beta \hat{v}_t + u_t)$가 독립성을 유지할 수 있다면 식 (12.53)에 OLS 를 적용해도 무방하며 이렇게 해서 얻어진 추정량이 바로 2SLS 추정량이다(식 (12.48) 참조).

이제 남은 문제는 과연 식 (12.53)에서 $\hat{Y}$과 $(\beta \hat{v}_t + u_t)$가 서로 독립적인지,

즉 $\text{Cov}(\hat{Y}_t, (\beta\hat{v}_t + u_t)) = 0$이 성립되는지 여부를 확인하는 일이다. 우선 식 (12.51)에서 Y_t는 추정치 $\hat{Y}_t$와 잔차항 $\hat{v}_t$의 합으로 표현되고 있으며, 따라서

$$\text{Cov}(\hat{Y}_t, \hat{v}_t) = 0 \tag{12.54}$$

또는

$$\text{Cov}(\hat{y}_t, \hat{v}_t) = 0$$

이 성립한다. 따라서 문제는 $\text{Cov}(\hat{Y}_t, u_t) = 0$이 성립되는가에 달려 있다. 그런데

$$\begin{aligned}\hat{Y}_t &= \hat{\Pi}_{21} + \hat{\Pi}_{22} I_t \qquad (\because \text{ 식 } (12.49)) \\ &= (\bar{Y} - \hat{\Pi}_{22}\bar{I}) + \hat{\Pi}_{22} I_t\end{aligned}$$

이므로

$$\hat{y}_t = \hat{\Pi}_{22} i_t \tag{12.55}$$
$$(\text{단, } i_t = I_t - \bar{I})$$

가 성립된다. 이제 식 (12.55)에서

$$\begin{aligned}\hat{y}_t &= \hat{\Pi}_{22} i_t \\ &= \frac{\sum i_t y_t}{\sum i_t^2} \cdot i_t \\ &= \left(\frac{\sum \hat{\Pi}_{22} i_t^2 + \hat{v}_t i_t}{\sum i_t^2}\right) i_t \quad (\because\ y_t = \hat{y}_t + v_t = \hat{\Pi}_{22} i_t + \hat{v}_t)\end{aligned}$$

$$\therefore\ \hat{y}_t = \left(\hat{\Pi}_{22} + \frac{\sum i_t \hat{v}_t}{\sum i_t^2}\right) i_t \tag{12.56}$$

따라서

$$\sum \hat{y}_t u_t = \hat{\Pi}_{22} \sum i_t u_t + \frac{\sum i_t \hat{v}_t}{\sum i_t^2} \sum i_t u_t \tag{12.57}$$

가 되며,

$$\left.\begin{aligned} \text{plim}(\Sigma i_t \hat{v}_t / n) = 0 \\ \text{plim}(\Sigma i_t u_t / n) = 0 \end{aligned}\right] \tag{12.58}$$

이 되므로,

$$\text{plim}(\Sigma \hat{y}_t u_t / n) = 0 \tag{12.59}$$

이 된다. 따라서 표본이 커질 때 $\hat{y}_t$은 u_t와 독립적이 되며, 식 (12.53)에서 $\hat{y}_t$와 $(\beta \hat{v}_t + u_t)$는 역시 대표본에서 독립성을 유지할 수 있게 된다. 따라서 식 (12.53)에 OLS를 적용하여 취득한 2SLS 추정량은 점근적 불편성과 나아가서는 일관성을 향유하게 된다는 결론을 도출할 수 있게 된다. 즉,

$$\begin{aligned} \hat{\beta}_{2SLS} &= \frac{\Sigma c_t \hat{y}_t}{\Sigma \hat{y}_t^2} \\ &= \frac{\Sigma \hat{y}_t (\beta y_t + u_t)}{\Sigma \hat{y}_t^2} \\ &= \frac{\beta \Sigma \hat{y}_t y_t + \Sigma \hat{y}_t u_t}{\Sigma \hat{y}_t^2} \\ &= \frac{\beta \Sigma \hat{y}_t (\hat{y}_t + \hat{v}_t)}{\Sigma \hat{y}_t^2} + \frac{\Sigma \hat{y}_t u_t}{\Sigma \hat{y}_t^2} \\ &= \beta + \frac{\Sigma \hat{y}_t \hat{v}_t}{\Sigma \hat{y}_t^2} + \frac{\Sigma \hat{y}_t u_t}{\Sigma \hat{y}_t^2} \\ &= \beta + \frac{\Sigma \hat{y}_t u_t}{\Sigma \hat{y}_t^2} \qquad (\because \text{ 식 (12.54)에서 } \Sigma \hat{y}_t \hat{v}_t = 0) \end{aligned}$$

$$\therefore\ \text{plim}(\hat{\beta}_{2SLS}) = \text{plim}\left(\beta + \frac{\Sigma \hat{y}_t u_t}{\Sigma \hat{y}_t^2}\right) = \beta$$

$$(\because\ \text{plim} \Sigma \hat{y}_t u_t = 0\ ;\ \text{식 (12.59)})$$

따라서 $\hat{\beta}_{2SLS}$는 일관성 있는 추정량이 된다.

한편, 주의 깊은 독자는 이미 의문을 가지고 스스로 확인할 수도 있었겠지만 2SLS 추정량과 관련하여 특기할 만한 사항 중 하나는, 2SLS는 정확히 식별

된 구조방정식의 경우 ILS 나 IV 추정방법과 동일한 결과를 제공한다는 점이다.

다시 한번 식 (12.43)과 (12.44)로 표현되는 Keynes 국민소득결정모형을 활용하여 위와 같은 결론의 사실 여부를 확인해 보기로 한다. 우선 앞서 도출된 2SLS 추정량을 다시 쓰면 다음과 같다(식 (12.48) 참조).

$$\hat{\beta}_{2SLS} = \frac{\sum c_t \hat{y}_t}{\sum \hat{y}_t^{\,2}} \qquad (12.48)'$$

한편, ILS 를 적용하여 β에 대한 추정량을 유도방정식 계수 Π_{ij}로부터 도출할 경우 다음과 같이 산출될 수 있다.

$$\hat{\beta}_{ILS} = \frac{\hat{\Pi}_{12}}{\hat{\Pi}_{22}} = \frac{\sum c_t i_t / \sum i_t^{\,2}}{\sum y_t i_t / \sum i_t^{\,2}} = \frac{\sum c_t i_t}{\sum y_t i_t} \qquad (12.60)$$

반면 IV 추정방법을 활용하되 I_t로서 수단변수를 삼는다면 그 추정량은 다음과 같아진다.

$$\hat{\beta}_{IV} = \frac{\sum c_t i_t}{\sum y_t i_t} \qquad (12.61)$$

$$\left(\text{참고} : \hat{\beta}_{OLS} = \frac{\sum c_t y_t}{\sum y_t^{\,2}}\right)$$

그리고 2SLS 추정량을 다시 정리해 보면,

$$\begin{aligned}
\hat{\beta}_{2SLS} &= \frac{\sum c_t \hat{y}_t}{\sum \hat{y}_t^{\,2}} \\
&= \frac{\sum c_t (\hat{\Pi}_{22} i_t)}{\sum \hat{y}_t (\hat{\Pi}_{22} i_t)} \qquad (\because \text{ 식 (12.55)에서 } \hat{y}_t = \hat{\Pi}_{22} i_t) \\
&= \frac{\sum c_t i_t}{\sum \hat{y}_t i_t} \\
&= \frac{\sum c_t i_t}{\sum (y_t - \hat{v}_t) i_t} \\
&= \frac{\sum c_t i_t}{\sum y_t i_t} \qquad (\because \text{ 식 (12.58)에서 } \sum \hat{v}_t i_t = 0) \qquad (12.62)
\end{aligned}$$

가 되며, 따라서 다음 관계식이 성립된다.

$$\hat{\beta}_{\text{ILS}} = \hat{\beta}_{\text{IV}} = \hat{\beta}_{\text{2SLS}} \tag{12.63}$$

4. 기타 단일방정식추정방법

단일방정식추정방법에는 지금까지 소개한 ILS, IV 및 2SLS 추정방법 이외에 2SLS를 일반화시킨 것으로 이해할 수 있는 소위 k-급추정량(k-class estimator)과 제한된 정보에 근거하는 제한정보최우법(LIML; limited information maximum likelihood method)이 있다.

4.1 k-급 추정량

연립방정식 체계의 구조방정식을 OLS로 추정할 때 발생하는 편의와 비일관성을 해소하기 위하여 2SLS를 활용할 경우 우리는 일차적으로 유도방정식을 이용하여 내생설명변수에 대한 추정치를 산출한다. 즉, 추정할 구조방정식이

$$Y_1 = \beta_1 + \beta_2 Y_2 + \beta_3 Y_3 + \cdots + \beta_G Y_G + \gamma_1 X_1 + \cdots + \gamma_k X_k + u_1 \tag{12.64}$$

과 같을 때 내생설명변수들 $Y_i\,(i=2,\ \cdots,\ G)$에 대한 추정치들은 다음과 같은 유도방정식의 추정식에 의거 산출된다.

$$\hat{Y}_i = \hat{\Pi}_{i0} + \hat{\Pi}_{i1} X_1 + \hat{\Pi}_{i2} X_2 + \cdots + \hat{\Pi}_{ik} X_k \quad (\text{단},\ i=2,\ \cdots,\ G) \tag{12.65}$$

여기서 $\hat{\Pi}_{ij}$는 유도방정식에 OLS를 적용한 추정량이다. 그리고 2SLS의 경우에는 구조방정식에 나타난 내생설명변수 $Y_2,\ \cdots,\ Y_t$들을 유도방정식에서의 추정치인 $\hat{Y}_2,\ \cdots,\ \hat{Y}_G$으로 대체시킨 다음 OLS를 적용하는 것이다.

그런데 이 때 Y_i들을 $\hat{Y}_i$로 완전히 대체시키는 대신 Y_i와 $\hat{Y}_i$에 각각 $(1-k)$와 k의 가중치를 두어 산출한 가중평균값으로 대체시키는 방법을 상정할 수 있는데 이를 k-급추정량이라 한다.

$$\hat{\hat{Y}}_i = (1-k)Y_i + k\hat{Y}_i = Y_i + k(\hat{Y}_i - Y_i) \tag{12.66}$$

윗식에서 $\hat{\hat{Y}}_i$는 k-급추정을 위해 채택된 Y_i에 대한 일종의 수단변수의 의

미를 갖는다. 여기서 만일 $k=0$이면, $\hat{\hat{Y}}_i$를 이용한 추정량은 OLS와 같아지며, $k=1$이면 2SLS 추정량과 같아짐을 쉽게 알 수 있다. 이러한 이유로 해서 OLS나 2SLS는 k-급추정량의 특수한 경우로 이해할 수 있다. 그런데 일반적으로 k값이 1보다 훨씬 클 경우 추정량은 현저하게 달라질 것이므로 이러한 k값은 사전에 정당한 근거를 찾아 배정되야 할 것이다. 그리고 k급추정량들은 반드시 일관추정량이 되지는 못하며, 이는 $k=0$인 OLS 추정량이 비일관추정량이 되는 사례에서 쉽게 확인될 수 있다.

4.2 제한정보최우법(LIML)

LIML이란 문자 그대로 제한된 정보만을 활용하는 최우법이다. 즉, LIML은 2SLS 경우와 마찬가지로 단일방정식추정법에 속하며 추정할 구조방정식 내에 포함된 내생변수와 연립방정식모형 전체에 나타난 선결변수들에 관한 정보만을 활용하며, 따라서 모형 내의 여타 구조방정식들과 또 그 속에 포함된 여타 내생변수에 대한 정보를 요구하지 않는다. 그리고 LIML은 과대식별된 구조방정식에 적용하여 일관추정량을 도출한다는 점에서 역시 2SLS와 특징을 같이한다. 그런데 LIML은 결국 설명변수로 등장한 내생변수들로부터 그들이 갖는 확률적 부분을 제거함으로써 오차항과의 독립성을 회복시키려는 방법의 성격을 띠고 있으며, 수단변수(IV) 추정법을 일반화한 성격을 아울러 가지고 있다. 즉, IV 추정법은 외생변수들 중 일부만을 선정하여 활용하는 임의성의 문제가 있는데, LIML은 구조모형 내의 모든 외생변수를 활용함으로써 이러한 종류의 문제점을 해소시키고 있기 때문이다.

그러나 LIML 추정의 구체적인 내용은 상당히 복잡하고 번거로워 여기서는 기본적인 골격만을 요약 제시코자 한다.1)

1) 우선 각 구조방정식은 과도식별되지만 선형함수로 정의되어 있으며 그들의 확률오차항은 시계열상 독립적인 정규분포를 따른다고 가정한다(단, 방정식 간의 확률오차항 간에는 연관관계가 존재할 수도 있다고 가정).

2) 추정할 구조방정식에 나타난 내생변수를 종속변수로 하고 모형 내의 모든 선결변수를 설명변수로 하는 유도방정식들을 설정한다.

3) 일단, 유도방정식이 작성되면 종속변수로 표현된 내생변수들이 구조방정식에서와 같은 계수를 갖도록 각 유도방정식을 구조계수로 곱해 준다.

---

1) 자세한 내용은 Kmenta(1971), *op. cit.*, pp. 567~573와 Koutsoyannis, *Theory of Econometrics*, 2nd ed.(Harper & Row, 1977), ch. 18을 참조할 것.

4) 구조계수와 같은 계수를 갖는 유도방정식 형태의 내생(종속)변수들을 이용하여(마치 연립방정식을 풀 때 대입법을 활용하듯) 구조방정식을 모형 내의 모든 외생변수들의 함수로 표현한 형태로 개편한다.

5) 이렇게 개편된 구조방정식을 원래의 구조방정식과 대비시킬 경우, 예컨대 원래 식에는 포함되지 않았으나 개편식에는 포함된 외생변수의 구조계수는 “0”이 되어야 한다는 제약조건이 부여될 수 있다. 따라서 이러한 제약조건식의 수는 원래 식에 포함되지 않았던 외생변수의 수와 같아진다.[1)]

6) 한편, 이러한 과정은 새로 형성된 구조방정식의 오차항과 원구조방정식상의 오차항 간에 일정한 관계를 형성시키게 된다. 즉, 유도방정식의 오차항들은 구조방정식의 오차항들의 선형결합함수로 표현된다. 그런데 원래 구조방정식의 오차항들은 정규분포를 따른다고 가정하였으므로 유도방정식상의 오차항들도 정규분포를 따르게 된다. 이러한 관계를 이용하여 우도함수를 정의할 수 있다.

7) 제 5)단계에서 파생된 제약식을 만족시키는 상태하에서 우도함수를 극대화시키는 추정량, 즉 LIML 을 구하면 이것이 바로 LIML 이 되는 것이다.

이상과 같은 LIML 추정방법은 모형이 규모가 커질수록 매우 복잡해지므로 실제 추정에서는 동일한 추정 결과를 보장할 수 있는 최소분산비율(least variance ratio; LVR) 추정법이 주로 활용된다.[2)]

이상과 같이 요약될 수 있는 LIML 추정량은 2SLS 추정량과 마찬가지로 소표본 경우에는 편의를 가지나 대표본 경우에는 점근적 불편성 및 일관성을 가지며 구조방정식모형들이 정규분포를 따를 경우 점근적 효율성을 아울러 갖게 되지만 모형의 설정오류에는 민감해지는 특성을 갖는다. 한편, LIML 또한 결국 IV 추정방법의 아이디어를 이용한 것이라 볼 수 있으며 동시에 k급추정량에 속하는 방법이라 할 수 있다. 이처럼 LIML은 2SLS 와 같은 여건(과대식별된 방정식에 적용)에 적용되며, 대부분 동일한 통계적 특성을 갖는 추정량을 산출하고 있으나 계산상의 간편성 등으로 인해 2SLS 가 주로 쓰이고 있다.

---

1) 추정대상이 되고 있는 구조방정식들이 과도식별된 식들이므로 구조계수를 유도방정식계수를 이용하여 유일한 값을 도출할 수는 없다. 이러한 문제점을 LIML은 제 5)항에서처럼 도출된 제약식을 활용하여 해소하고 있는 셈이다.

2) 자세한 내용은 W. C. Hood and T. C. Koopmans, “The Estimation of Simultaneous Linear Economic Relations,” in Hood & Koopmans, eds., *Studies in Econometric Method* (Yale University Press, 1953)를 참조하고 개략적인 내용은 본 장의 보론 2를 참고할 것.

제 3 절 전체방정식 체계 추정방법

제 2 절에서 소개한 각종 추정방법들은 기본적으로 연립방정식 내의 각 구조방정식을 개별적으로 추정하는 방법들이며, 따라서 단일방정식 추정방법이라 일컫고 있다. 예컨대 2SLS 나 LIML 방법은 유도방정식을 고려하는 과정에서 모형 내의 선결변수들을 모두 포함시키지만 막상 개별구조방정식을 추정하는 과정에서는 모형 내의 여타 구조방정식에 관한 정보(예컨대, 각 구조식의 교란항간의 연관성)를 전혀 고려하지 않고 마치 독립된 방정식처럼 추정한다. 이러한 단일방정식추정방법은 결국 모형 내에 있는 유용한 정보를 제대로 다 활용하지 못하게 되므로 효율성을 다소 상실할 수밖에 없다는 문제점이 있으며, 바로 이러한 결함을 극복하기 위해 고안된 방안이 바로 전체방정식추정방법이라 할 수 있다.

전체방정식추정방법은 구조방정식 체계 내의 정보 중 제한된 부분만을 활용하는 단일방정식추정방법과는 달리 모형 내에 포함된 모든 정보를 활용하며 구조방정식 전부를 동시에 추정하게 된다. 따라서 이 방법은 일관성은 물론 점근적 효율성이 보장되는 특성을 갖게 된다. 물론 이러한 사유가 아니라 하더라도 연립방정식 형태로 분석모형을 설정하는 근본적인 이유가 변수 상호간의 교호작용 및 연관성을 규명하는 데 있다는 점을 감안하면 연립방정식모형의 추정은 전체방정식을 동시에 모두 고려하여 추정하는 것이 마땅할 것이다.

이상과 같은 전체방정식추정방법에는 구조방정식 체계 내에 포함된 정보를 동시에 모두 활용한다는 점에 근거한 전체정보최우법(full information maximum likelihood estimation method)과 구조방정식을 동시에 모두 함께 추정하는 방법론에 근거한 이른바 3단계최소자승법(3SLS; three stage least squares estimation method)이 있다.[1)]

1. 3단계최소자승법(3SLS)

3단계최소자승법(three stage least squares estimation method)은 문자 그대로 3단계과정을 거쳐 추정에 임하는 방법으로, 제 2 절에서 소개한 2SLS 와 제 7 장

1) A. Zellner and M. Theil, "Three Stage Least Squares : Simultaneous Estimation of Simultaneous Equations," *Econometrica*, vol. 30(1962).

에서 소개한 GLS 추정방법을 결합한 추정방법이라 할 수 있다. 이 방법은 2SLS 과정에서는 무시되었던 구조방정식 상호간의 연관성을 교란항 간의 상관관계를 통하여 파악하게 되는데, 이를 위하여 모든 구조방정식을 동시에 추정하게 된다.

이 방법은 당초 Theil에 의해 개발된 2SLS 추정방법(1958년)을 후에 Theil과 Zellner(1962년)가 확장시켜 완성된 것이며, 따라서 3단계 중 처음 2단계는 2SLS 와 기본적으로 같다. 즉, 그들은 2SLS 에 의해 일단 모든 구조방정식들을 개별적으로 추정한 다음 이들로부터 산출된 잔차항의 분산·공분산 행렬을 작성하되 3단계에서는 2단계에서 작성된 오차항의 상관관계에 근거하여 일반화최소자승법(GLS)을 적용할 것을 제안한 것이다.

이상과 같은 3SLS 방법은 각 구조방정식들의 교란항 간에는 상관관계가 있으나 개별구조방정식 내의 교란항은 자기상관이 없다는 가정하에 실시되며, 추정과정에서 구조방정식모형에 포함되어 있는 항등식과 식별이 되지 않는 방정식은 일단 제거한 후 적용하게 된다. 3SLS 추정과정의 각 단계를 간단히 요약하면 다음과 같다.

1) 제 1 단계 : 구조방정식모형에 대응하는 유도방정식을 작성한 다음 이에 OLS 를 적용하여 각 내생변수에 대한 추정치를 구한다.

2) 제 2 단계 : 제 1 단계에서 산출한 추정치로 각 내생설명변수들의 원래 관측치들을 대체시킨 다음 OLS 를 적용하고 그 결과 발생한 잔차항들로 오차항에 대한 분산·공분산행렬을 작성한다.

3) 제 3 단계 : 제 2 단계에서 도출된 오차항의 분산·공분산행렬을 이용하여 GLS 를 적용함으로써 최종적인 추정치를 구한다.

이상과 같은 과정에 의해 도출되는 3SLS 추정량은 다음과 같은 특성을 갖고 있다.

첫째, 3SLS 추정량은 소표본에서는 편의를 가지나 대표본의 경우 이 편의는 점차 줄어들어 0에 접근하는 점근적 불편성을 보유하게 된다.

둘째, 3SLS 추정량은 2SLS 경우와 마찬가지로 일관성을 갖게 되는 반면 2SLS 추정량보다 더욱 효율적이다. 이는 3SLS 가 보다 광범한 정보를 활용하여 추정에 임하기 때문이다.

셋째, 반면 3SLS 는 그 추정과정이 복잡하여 시간과 비용이 더 들 뿐 아니라 어느 한 구조방정식에서의 설정오류가 발생하면 모형 전체에 그 효과가 파급되어 버리는 등의 문제가 발생한다. 따라서 각 구조방정식 간의 상호의존성에 관한 정확한 지식이 결여되어 있거나 또는 상호의존성 자체가 미약할 때는 2SLS 가 오히려 바람직하다 볼 수 있다.

넷째, 3SLS 추정시 정확히 식별된 구조방정식은 생략하여도 여타 구조방정식 추정에 하등의 영향을 미치지 않는다. 과도식별된 구조식처럼 추정에 추가적인 정보를 제공해 주지 못하기 때문이다.[1] 한편, 전술한 바 있듯이 과소식별된 구조방정식은 3SLS 적용이 불가능하므로 결국 3SLS 는 과대식별된 구조방정식들만을 모아 한꺼번에 추정하는 셈이 된다.

2. 완전정보최우법(FIML)

구조방정식 전체를 동시에 추정하는 또 하나의 전체방정식추정방법으로 전체정보최우법이 있다. 이는 연립방정식 체계의 모든 확률방정식에 통상적인 최우추정법의 원칙을 동시에 적용하는 것이라 할 수 있다.

FIML는 우선 각 구조방정식의 교란항들이 평균이 “0”이고 분산이 일정한 상수와 같은 정규분포를 따른다는 가정하에 적용되며, 이 때 모든 구조방정식에 관한 정보가 완전히 알려져 있어야 함은 물론이다.

FIML 추정량 또한 소표본에서는 편의를 가지나 대표본에서는 점근적 불편성과 일관성을 향유하게 된다. 물론 FIML 추정량은 제한정보최우추정량(LIML estimator)보다는 더 효율적이다. 그러나 전자가 후자에 비해 설정오류 등에 더욱 민감하며 복잡한 계산과정으로 인한 시간과 비용의 문제가 뒤따른다.

제 4 절 제추정방법의 비교

제 2 편이나 제 3 편에서 우리가 논의한 회귀분석내용은 이상적인 상황에서건 아니면 특정한 문제(이분산현상이나 자기상관 또는 변수오차)가 발생하는 여

---

1) 따라서 만일 수요·공급모형에서 수요함수는 과대식별되고 공급함수는 정확히 식별된 경우

$$Q^D = f(P, Y)$$
$$Q^S = f(P, W, R)$$

수요함수는 2SLS 추정량과 3SLS 추정량이 같게 된다. 그러나 공급함수는 2SLS 와 3SLS 추정량이 다르게 된다. 정확히 식별된 공급함수는 수요함수를 3SLS 로 추정할 때 아무런 영향을 못 주나 공급함수는 과대식별된 수요함수가 제공한 추가정보를 활용한 3SLS 추정량이 2SLS 와는 달라지기 때문이다.

건 하에서든 기본적으로는 최선의 추정방안 한 가지를 마련하여 제시하는 것이었다. 그런데 제 4 편에서 논의한 연립방정식모형의 추정에서는 여러 가지 다양한 추정방법이 동시에 제시되고 있어 독자들을 혼란스럽게 하고 있다. 따라서 어떤 방법이 더 좋다든가 또는 언제 어느 것을 활용하는 것이 바람직하다든가 하는 등의 평가가 내려지기를 기대하는 것은 지극히 당연하다.

그러나 지금까지 소개한 각종 추정방법들은 나름대로의 장단점을 가지고 있어 한마디로 단호하게 우열을 가릴 수는 없다. 특히 판단을 어렵게 하는 사유로 대표적인 것 두 가지를 들면 다음과 같다.

첫째, 추정방법의 선택은 1차적으로는 추정할 방정식의 식별 여부에 의존하지만 궁극적으로는 추정할 방정식 체계가 쓰여질 목적에 달려 있다. 예컨대, 경제이론이나 가설의 검정이 주목적인지 아니면 정책효과분석이나 미래예측이 주관심인지에 따라 적절한 추정기법이 달라질 것이기 때문이다. 일반적으로 전자의 경우에는 구조계수의 정확성이, 그리고 후자의 경우에는 유도방정식 계수의 정확성과 예측의 효율성이 보다 강력히 요구된다.

둘째, 각 추정방법이 갖는 통계적 속성은 대부분 대표본 경우를 중심으로 파악되고 있으며, 막상 소표본 경우에 성립되는 특성에 대해서는 분명히 알려진 것이 없이 단지 편의가 발생한다는 정도만이 알려져 있다. 실제 자료들을 이용하여 각 추정방법의 우열을 가리기 위한, 예컨대 민감도검정(sensitivity test) 등을 실시하거나 임의의 가공자료를 이용하여 검정하는 몬테칼로 연구(Monte Carlo Studies)가 수행되었지만 그 판정 결과 또한 다양한 기준에 근거하여 작성되어 있어 절대적인 우선순위를 일목요연하게 제공한다는 것은 어렵다.

이상과 같은 어려움을 십분 감안하여 각종 추정방법에 대한 비교 평가를 수행한 연구 결과들을 정리해 보면 다음과 같다.[1)]

1) 식별 여부와 관련한 추정방법의 선정은 다음과 같은 사항을 고려하여 실시할 필요가 있다. 정확히 식별된 방정식 경우는 ILS=2SLS=LIML=3SLS 가 되며, 따라서 간단한 모형의 경우 계산이 간편한 ILS 의 적용이 무난하나 과대식별된 방정식 경우는 ILS 가 적용될 수 없다. 따라서 2SLS 나 LIML 등이 적용되는데 일반적으로 2SLS≠LIML≠3SLS 가 성립된다. 물론 과소식별된 방정식을 적절히 추정할 수 있는 방안은 없다.

2) 경제이론의 검정을 주목적으로 할 경우 구조계수의 정확성이 무엇보다

1) 자세한 것은 A. Koutsoyannis, Theory of *Econometrics*, 2nd ed.(Harper & Row, 1977), ch. 21을 참고하고 개략적인 안내서로는 본 장의 보론 3을 참조할 것.

중요한 것으로 강조되고 있으며, 이는 대표본 경우에는 일관성과 점근적 효율성 그리고 소표본 경우에는 불편성과 최소분산 및 최소 MSE 등의 통계적 속성을 갖는지 여부에 따라 우열을 구분하게 된다.

3) 대표본 경우 구조방정식 계수의 정확성 정도를 기준으로 각 추정방법을 비교할 경우 다음과 같은 결론이 도출될 수 있다.

① OLS는 비일관성을 가지며 따라서 가장 열등하다.

② 2SLS와 LIML 상호간에 우열을 가리기 어려우나 둘 다 IV보다는 우수하다.

③ 3SLS나 FIML은 2SLS나 LIML보다 효율성이 크지만 설정오류에 민감하다. 따라서 어느 한 방정식에 설정오류가 발생할 경우 전체 모형에로의 파급효과가 지대하다.

4) 소표본 경우, 구조방정식 계수의 정확성 정도를 기준으로 평가한 내용은 다음과 같다(단, ≫는 판정 결과상 선호도를 나타냄).

① 편의를 중심으로 볼 때는 FIML~LIML≫2SLS≫OLS이고,

② RMSE를 기준할 경우에는 FIML≫2SLS≫LIML≫OLS이지만,

③ 분산을 중심으로 평가할 때는 OLS≫FIML≫2SLS≫LIML가 된다.
그러나 OLS의 이러한 장점은 사실 편의를 가진 평균을 중심으로 추정된 것이므로 중요한 의미를 부여할 수 없다.

④ 그러나 이상의 결론은 이상적인 상황에서의 평가일 뿐 설정오류나 자기상관·이분산 등의 문제가 발생하는 상황에서는 사정이 달라진다. 예컨대 다중공선성이 발생하는 경우에는 OLS와 여타 방법과의 우열의 차가 극소화된다.

5) 정책평가나 예측을 주목적으로 하는 경우에는 유도방정식 계수의 정확성과 예측의 효율성이 주요 판정기준이 되는데, 이 경우 또한 일반적으로 OLS가 가장 열등한 반면 2SLS는 어느 추정방법에도 별로 뒤지지 않는다. 물론 여기서도 고전적 기본가정이 침해되는 상황에서는 상이한 결론이 도출된다. 예컨대, 자기상관과 다중공선성이 심각할 경우에는 OLS가 가장 우수한 방법이 되기도 한다.

6) 이상의 모든 평가내용을 종합해 볼 때 결국 모든 경우에 적용이 가능하고 그 적용 및 계산이 간단하면서도 대부분의 기준에서 여타 측정방법에도 뒤지지 않는 것은 2SLS 추정방법이라 할 수 있다. 한편, OLS는 대체적으로 가장 열등한 편이지만 고전적 기본가정이 위배될 때(특히 다중공선성), 그리고 표본규

모가 아주 커질 때에는 여타 추정방법에 비해 손색없는 추정치를 제공한다는 점을 지적할 필요가 있다.

제 5 절 연립방정식 추정에 대한 새로운 접근법

지금까지 우리는 연립방정식 모형에 대한 전통적 분석체계에 대하여 살펴보았다. 그러나 최근에 이르러서는 현실적으로 활용이 매우 간편한 접근방법이 등장하여 각광을 받고 있다. 즉 연립방정식 문제에 관한 필수적인 식별문제(identification problem)를 복잡하게 확인할 필요가 없고 다양한 추정방법을 비교검토하여 선택하는 번거로움도 불필요한 접근법이 제기된 것이다. 이는 제 4 장에서 이미 소개한 바 있는 이른바 수단변수(instrumental variable : 이후부터 IV라 표기함)를 활용하는 방안이다. 이제 IV를 이용하는 추정에 관한 논리를 제공하기 위해 기본적 고려사항부터 정리해 보기로 한다.

지금까지 살펴본 바에 따르면 기본 가정 중 하나로 볼 수 있는 $E[X_{i,}\ \epsilon_i]=E[X_i]\cdot E[\epsilon_i]=0$라는 조건이 깨지는 결과가 초래되는 경우는 세 가지 경우가 있었다.[1] 즉, 적절한 설명변수가 제외된 경우와 변수오차현상(errors-in- variable)이 발생한 경우, 그리고 연립방정식상의 편의(simultaneous bias)가 발생한 경우라 할 수 있다.

첫 번째 경우는 단순히 생략된 변수를 찾아 포함시킴으로써 문제를 해소했으나, 두 번째는 IV의 도입으로서만이 해결 가능한 것이었다. 세 번째 경우 또한 바로 이 두 번째 경우의 문제해결을 위해 제시된 논리의 연장선상에서 접근하는 것이 가능하다는 것은 이미 잘 알려진 사실이다. 그런데 바로 이 방법이 일치성을 보장해 줄 뿐 아니라 복잡한 식별문제에 대해서 간단히 대처해도 무방하다는 논리가 편승되면서 매우 혁신적인 연립방정식 추정방안으로 부각되고 있는 것이다.

한마디로 표현하자면 IV 추정은 설명변수(X)와 오차항(ϵ)이 상관되어 있을 때 일관적인 추정을 할 수 있는 일반적 방법이다. 그렇다면 IV 추정은 어떻

1) 원래 기본가정 중 하나는 $E[X_i,\ \epsilon_i]=X_i\cdot E[\epsilon_i]=0$로서, X_i를 '비확률적,' 즉, '상수적인 것'으로 가정했던 것이다. 이는 일면 편의상의 가정이란 성격이 강하여 X_i, 또한 변수로서 취급하되 같은 의미를 부여할 수 있는 조건으로 전환하면 $E[X_i,\ \epsilon_i]=E[X_i]\cdot E[\epsilon_i]=0$, 즉 설명변수와 오차항이 독립적이라는 조건으로 표현할 수 있다.

게 가능할까? IV 추정은 우선 X의 변화를 ϵ과 독립적인 부분과 연관된 부분으로 구분한 다음 OLS 추정에 편의(bias)를 유발하는 후자는 무시해버리고 전자만을 대상으로 회귀분석을 한다. ϵ과 독립적인 X의 변동량에 관한 정보는 IV라 부르는 별도의 변수로부터 수집된다. 이와 같은 과정을 통해 ϵ과 독립적인 X의 변동량을 분리된 IV를 통해 일관적(consistent)인 추정결과를 얻는다. 이제 설명변수가 하나인 경우부터 자세히 논의해 보자.

1. 설명변수가 하나인 경우

$$Y_i = \beta_0 + \beta_1 X_{1i} + \beta_2 W_{1i} + \cdots + \beta_{1+r} W_{ri} + \epsilon_i$$

단, X_{1i}은 ϵ_i와 상호 연관되어 있으나 외생변수들(W_{ri})은 ϵ_i와 독립적이라 가정한다. $E[X_i \epsilon_i] \neq 0$ 라면 OLS 추정량은 비일관적이며 따라서 표본 크기가 커져도 OLS는 참 모수(true parameter) 값에 접근하는 값을 추정하지 못하게 된다. 그런데 $E[X_i \epsilon_i] \neq 0$가 되는 현상을 내생성(endogeneity)이라고도 한다. 이는 연립방정식 체계 분석 시 외생변수(exogenous variables)와 내생변수(endogenous variables)를 구분하면서 전자는 방정식 체계 밖에서 이미 그 값이 정해진 반면(exogeneity), 후자는 모형 내에서 그 값이 결정되어야 하는 일종의 미지수와 같은 의미(endogeneity)를 갖는 것으로 정의한 데서 유래한다. 후자의 경우, 즉 내생변수는 일반적으로 오차항과 상관관계를 갖는다.

이러한 상황을 타개하기 위해 도입되는 IV는 다음의 2가지 조건이 충족되어야 한다.

1) $\mathrm{Corr}(Z, X) \neq 0$: 수단변수로의 적합성(instrument relevance)

2) $\mathrm{Corr}(Z, \epsilon) = 0$: 수단변수의 외생성(instrument exogeneity)

즉, 상기 두 조건을 만족시키는 IV, 예컨대 Z를 창출하여 모수를 추정하게 되는 것이다.

이상과 같은 IV 추정은 기본성격상 일종의 '이단계추정법(2SLS)'의 특성을 갖는다. 즉, 상기 2가지 조건을 충족시키는 IV의 창출과정과 X에 대한 대체를 통한 추정과정으로 이어지기 때문이다. 이 때 첫 번째 단계는 X를 ϵ과 연관된 부분과 독립된 부분으로 분해하는 과정이고, 두 번째 단계는 문제가 해소된 부분을 이용해 추정하는 과정이 된다. 통상 첫 번째 단계는 X를 Z에 대한 회귀분석 방정식으로 설정함으로써 시작된다.

$$X_i = \Pi_0 + \Pi_1 Z_i + \nu_i$$

즉, X는 두 부분, Z에 의해 예측될 수 있는 부분(이는 오차항 ϵ와 독립적)과 ν_i, 즉 X의 변화 중 ϵ과 연관된 부분으로 구분된다. 따라서 2SLS는 ν_i부분을 무시하고 $\Pi_0 + \Pi_1 Z_i$ 부분만을 활용하게 된다.

문제는 Π_0, Π_1를 모르므로 X_i를 Z_i에 OLS로 회귀분석하여 ($\hat{X}_i = \hat{\Pi}_0 + \hat{\Pi}_1 Z_i$)를 도출해야 한다는 점이다. 물론 두 번째 단계에서는 Y_i를 $\hat{X}_i$과 w_i에 대하여 OLS 함으로써 추정결과를 얻게 된다.

그런데 이러한 2SLS 추정량의 정확한 분포는 소표본 경우 매우 복잡한 측면이 있으나 대표본 경우에는 일관성이 존재하는 정규분포를 따르게 되는 것으로 알려져 있다.[1)]

2. 다중회귀 또는 연립방정식 경우

다음과 같은 모형을 고려해 보자.

$$\underbrace{Y_i}_{\text{종속변수}} = \beta_0 + \underbrace{\beta_1 X_{1i} + \cdots + \beta_k X_{ki}}_{\text{내생변수}} + \underbrace{\beta_{k+1} W_{1i} + \cdots + \beta_{k+r} W_{ri}}_{\text{외생변수}} + \underbrace{\epsilon_i}_{\text{추정오류나 제외된 변수요인}}$$

단, IV는 m개 (Z_{1i}, $\cdots$, Z_{mi})가 도입되는 것으로 가정한다. 이 때 모형의 식별문제는 번거로운 전통적 방법대신 다음과 같이 간편한 조건으로 개편된다. 만일

$$\begin{cases} m > k & : \text{과대식별} \\ m = k & : \text{정확한식별} \\ m < k & : \text{비식별} \end{cases}$$

(여기서, k는 내생변수의 수이고, m은 수단변수의 수임)

물론 IV 추정은 정확한 식별이나 과대식별 경우에만 가능하다. 우선 논의의 편의상 설명변수가 하나($k=1$)인 경우부터 살펴보자.

첫번째 단계는 다음과 같아진다.

1) Stock & Waston, 2003, pp. 368~372 참조.

$$X_i = \Pi_0 + \Pi_1 Z_{1i} + \cdots + \Pi_m Z_{mi} + \Pi_{m+1} W_{1i} + \cdots + \Pi_{m+r} W_{ri} + \nu_i \qquad (12.67)$$

(12.67)은 일종의 축약방정식(reduced form equation)이다. 이 때 내생변수 X_i는 모형 내에 포함된 모든 외생변수들(W_i)과 IV인 Z_i의 함수로 표현된다.

두 번째 단계는 (12.67)에 OLS를 적용하여 $\hat{X}_i$을 도출한 다음 Y_i를 $\hat{X}_i$과 W_i에 대해 OLS를 적용하는 과정이 된다. 이제 그러면 $k \geq 2$인 경우를 고려해 보자.

• $k \geq 2$ 경우

이 때는 각 내생변수 X_i마다 (6.24)와 같은 제1단계 회귀방정식이 설정되며 따라서 k개의 IV($\hat{X}_{1i}$, …, $\hat{X}_{ki}$)가 창출된다. 그런 연후에 Y_i를 $\hat{X}_i$와 W_i에 대해 OLS하는 2SLS를 실시하게 되는 것이다. 이 때 물론 $\mathrm{Corr}(Z_{1i}, \epsilon_i) = 0$, …, $\mathrm{Corr}(Z_{mi}, \epsilon_i) = 0$이 성립되어야 한다.

이 시점에서 주의할 사항이 있다. 제2단계에서 OLS하여 얻은 표준오차는 부정확하다는 사실이다. 왜냐하면 2단계 OLS 표준오차는 2단계 회귀분석이 해당식에 포함된(나타난) 내생변수의 일종의 예측치를 이용하여 회귀분석한다는 사실을 적절히 고려하기 곤란하기 때문이다. 그러나 이런 문제는 대다수 컴퓨터 프로그램의 2SLS 명령어 실행으로 해소되므로 실제로는 문제가 안 된다. 오히려 정작 문제가 되는 것은 항상 그렇듯이 ϵ_i에 이분산이 존재할 경우이다. 이 경우에도 '이분산에 강한 표준오차'(HRSE) 활용법을 이용하여 추정해야 한다는 점을 다시 한번 강조해 둔다.

3. IV의 정당성

그런데 IV 추정에서 가장 중요한 문제는 과연 도출하여 사용한 IV가 정당한가 하는 점이다. 일반적으로 말해서 X의 변동이 IV에 의해 더 잘 설명될 수 있을수록 IV 추정은 더 정확한 추정이 된다. 이는 마치 표본 크기가 커질수록 더 많은 정보가 활용될 수 있어 더 정확한 추정이 가능해지는 이치와 비슷하다. 또한 표본 크기가 클 경우 2SLS를 활용한 통계적 추론은 2SLS 추정량이 거의 정규분포를 따른다는 가정 하에 수행될 수 있다는 장점이 있다.[1)]

1) 이는 중심극한정리(central limit theorem : CLT)에 의거하여 정립될 수 있는 논리임.

한편, 만일 X의 변동을 IV가 제대로 설명하지 못할 때 이를 '약한 수단변수(weak instruments)'라 한다. 이러한 경우에는 2SLS의 표본분포는 표본 크기가 클 경우에라도 정규분포에 의한 어림셈은 제대로 수행되기 어렵다. 왜냐하면 약한 수단변수의 경우 2SLS 추정량은 극심한 편의(bias)를 갖게 될 것이며, 따라서 더 이상 2SLS는 신뢰할 수 없게 된다.

예컨대 단순회귀분석에서처럼 외생변수는 없고 내생변수는 단 하나뿐일 경우 만일 IV가 적절히 도입되었다면 $\hat{\beta}_{2SLS}$는 일관추정량이 된다.

$$\left(\because \ \hat{\beta}_{2SLS} = \frac{\text{Cov}(Z,\ Y)}{\text{Cov}(Z,\ X)} \Rightarrow \beta \right)$$

그런데 IV가 약(weak)한 정도가 아니라 부적절한 경우라면, 즉 $\text{Cov}(Z,\ X)=0$이 되어버리면 2SLS 추정량의 분모가 0이 되므로 의미를 상실한다. 즉, IV의 정당성이 훼손되면 IV 추정량이 일관성을 갖는다는 논리는 성립될 수 없게 된다. 이 때에는 표본 크기가 커도 2SLS 추정량은 비정규분포의 표본분포를 갖게 된다. 즉 IV가 부적절하다면 2SLS의 대표본분포는 정규분포가 못되며 단지 두 정규분포변수 간의 비율(ratio)로 정의되는 분포가 될 뿐이다.

문제는 과연 어떤 경우가 부적절한 경우라고 판단할 것인가 하는 점이다. 이 점에 관해 단일 내생 설명변수 모형의 경우 상식적인 차원의 기준이 마련될 수 있다. 즉 우선 첫 단계에서 모든 IV들의 계수가 0이 된다는 귀무가설 ($H_0 : \Pi_1 = \cdots = \Pi_m = 0$)을 F 검정하는 것이다. IV들이 X 변동에 관한 정보가 많을수록 귀무가설이 기각될 가능성이 크지만 반대의 경우는 기각하기 어려워질 것이다. 대략 산출된 F검정통계량값이 10보다 작으면 (대표본 경우라도) 2SLS의 t검정통계량이나 신뢰구간은 신뢰할 수 없는 것으로 분석되고 있다.

그렇다면 만일 약한 수단변수(weak instruments) 현상이 발생한다면 어떻게 대처해야 할까? 우선 여러 개의 IV들 중 상대적으로 약한(weak) IV들을 제거하는 방안을 생각할 수 있다. 그러나 당초 정확히 식별된 상태에서 시작했다면 어느 한개의 IV도 버릴 수 없다. 이 때는 별도의 강한 IV를 발굴하거나 보다 고급추정방안을 도입한다. 2SLS보다는 약한 IV에 덜 민감한 제한정보최우추정법(LIML : limited information maximum likelihood)을 사용할 수 있다.

한편 과연 IV는 외생적인지(exogenous)를 확인할 수 있을까? 대답은 엄밀하게 말한다면 '불가능하다' 라고 답해야 할 것이다.[1] 단지 전문적인 식견이나

1) 그러나 IV가 부적절한지 또는 도입된 IV가 정당한지 여부를 평가하는 이른바 '내

기초이론에 의거 외생적인 것으로 평가된 것을 IV로 쓸 뿐이다. 단, 설명변수 수보다 IV 수가 많을 경우(과도식별된 경우)에는 이른바 '과도식별판정법(test of over-identifying restrictions)'을 활용할 수 있다.

4. 과도식별판정법(overidentifying restrictions test)

만일 설명변수는 하나뿐이고 외생변수는 없으며 2개의 IV가 가능한 경우에는 다음 과정에 따라 외생성검정을 할 수 있다.

① 각각의 IV를 이용하여 2SLS한 다음 두 결과가 매우 비슷하다면 두 개의 IV는 모두 외생적인 것으로 본다.

② 그러나 반대의 경우 둘 중 하나 또는 두 개 모두 IV는 비외생적이라 판단한다.

③ 그런데 외생성이란 결국 IV가 2SLS에서 도출된 e_i들과 연관성이 없다는 것을 의미한다는 사실에 착안하여 2SLS의 e_i들을 IV들과 외생변수들에 대하여 회귀분석한 다음 모든 IV 계수들 값이 '0'이 되는지 여부를 확인하여 외생성을 검정할 수 있다.

$$e_i = \delta_0 + \delta_1 Z_{1i} + \cdots + \delta_m Z_{mi} + \delta_{m+1} W_{1i} + \cdots + \delta_{m+r} W_{ri} + \nu_i$$

④ 이 때 검정통계량은 HOSE를 활용한 F 검정통계량을 활용(HRSE를 활용하는 F 검정통계량이 아님에 유의)하는데 이를 통상 과도식별 검정을 위한 J 검정통계량이라 하며, $J = mF$와 같이 정의된다.

⑤ 표본 크기가 클 때 만일 IV가 약(weak)하지 않고 오차는 동분산을 갖는다면 모든 IV는 외생적이라는 귀무가설 하에서 J 검정통계량은 $(m-k)$ 자유도를 갖는 분포를 따른다. 물론 이 검정통계량은 과도식별의 경우만 활용 가능하다. 즉, $J = mF \sim \chi^2_{m-k}$

생성검정'(test of endogeneity) 방법이 있다. 즉 도입된 IV 변수와 오차항이 독립성을 유지할 수 있는 것으로 볼 수 있는지를 검정하는 방안이다. 그런데 이 검정방법의 기본적인 논리는 제9장에서 소개한 Hausman의 검정법(당시는 측정오류로 인한 변수오차현상의 유무를 검정하는 데 초점이 맞춰짐)과 유사하다. 한편 IV 창출 이전단계에서 과연 연립방정식 체계 내의 일부설명변수들이 가정한 대로 내생적인지를, 또는 외생적인지를 확인하기 위해 Hausman의 내생성(또는 연립성) 검정, 또는 외생성 검정을 수행하기도 한다. 자세한 것은 본 장의 보론을 참조 바람.

결국, 만일 $k=1$, $m=k$ 경우, 즉 정확히 식별된 단일 내생변수 모형의 경우에는 외생성 검정은 불가능하다. 따라서 이 때 J 검정통계량의 값은 0이 된다. 그러나 이 때에도 IV가 둘이면(과도식별된 경우) 각각을 이용하여 2SLS 한 다음 그 결과를 비교하여 외생성검정을 수행할 수 있다.

5. 정당한 IV 창출법

한편, 과도식별판정법을 적용하기 전에 과연 어떻게 하면 정당한 IV를 찾아낼 수 있을까 하는 의문을 해소할 필요가 있다. 우선 기본 경제이론에 근거하여 찾아낸다는 원칙을 제시할 수 있다. 단 일반적으로 비선형모형경우에는 IV의 추정이 불가능한 점에 유념할 필요가 있다.

따라서 비선형모형에 IV 방법을 도입하는 별도의 방안이 강구되었는데, 예컨대 GMM(generalized method of moments) 추정이 그것이다. 그러나 이 방법이 항상 작동하지는 못한다.[1)]

두 번째로는 우발적 현상 중 내생변수를 이동(shift)시킬 수 있는 것으로 평가되는 IV를 찾아내는 방법이 있다. 그러나 적절하면서도 외생성이 강한 IV를 찾는 것은 과학이라기보다는 예술이라 표현하는 것이 적절할 것이다.

제 6 절 실증분석 예

제11장에서 식별문제를 분석하기 위해 소개한 바 있는 국민소득결정모형을 다시 한번 활용해 보기로 한다. 물론 본문에서 지적된 바 있듯이 연립방정식체계를 갖는 구조식들을 OLS로 추정하는 것은 편의성과 비일관성을 유발하므로 바람직하지 않은 것으로 분석되고 있다. 따라서 본 절에서는 제11장에서 시도한 OLS 추정 결과를 2SLS, 3SLS, 그리고 IV 등의 방법으로 추정한 결과와 대비시켜가며 각 추정방법의 특성을 재음미해 보고자 한다.

표 12-1에 나타난 추정 결과들로부터 다음과 같은 특징들이 발견되었다.

1) 모든 추정식들이 높은 적합도(R^2)를 보이고 있어 추정방법 간의 차이를 구분하기 어려웠으나, 이는 단지 이곳에서 분석한 모형의 자료상의 성격에 연유

---

1) Maddala(2001), 3rd. ed., p. 585와 pp. 589~591 참조.

하는 바가 큰 것으로 보아야 할 것이다.

2) 수요함수의 경우 국민소득변수(YXV)만이 낮은 유의성을 보였으나, 투자함수의 경우에는 개인소득은 물론 총통화량증가율 · 정부소비 및 투자변수 등이 모두 낮은 유의성을 보여 주고 있으며, 추정방법에 따른 차이도 미미한 것으로 나타났다. 따라서 의태분석이나 미래예측의 적합도마저 나쁘게 나타날 경우 구조조정을 시도해 볼 필요성이 발생한 셈이다.

3) 그러나 거의 모든 추정식에서 구조계수에 대한 2SLS와 3SLS추정치는 거의 비슷하게 나타났다. 반면 OLS추정치와는 상당한 차이를 보이고 있어 OLS추정량이 갖는 편의성을 간접적으로 입증해 주고 있다.

4) 특히 투자함수에 정부소비(GCXV) 변수를 설명변수로 설정한 경우 OLS추정치는 잘못된 부호까지 보여 주고 있어 편의현상이 가장 크게 나타난 경우로 분석된다.

5) 한편, 수단변수추정방법을 적용해 보고자 첫째, 소비함수방정식에 설명변수로 등장한 국민소득(YXV_t)은 모형 내 외생변수들인 $DM2X_t$, $GCXV_t$(또는 $GIXV_t$), $IBFXV_{t-1}$ 그리고 $ZCXV_t$(또는 $ZIXV_t$)들을 가중평균한 선형결합함수를 수단변수로 삼았다. 그리고 투자함수의 경우에는 내생설명변수인 YXV_t 대신에 모형 내 여타 외생변수들, 즉 $CPXV_{t-1}$, $GCXV_t$(또는 $GIXV_t$) (그리고 R_t)들의 선형결합함수로 정의된 수단변수를 추정에 활용해 보았다. 추정 결과 IV추정치는 OLS추정치와는 상당한 차이를 보이고 있으나 2SLS나 3SLS들에 의해 산출된 추정치들과는 상당히 유사한 결과를 보여 주고 있음이 확인되었다. 따라서 일단 IV추정량은 2SLS나 3SLS에는 못 미치지만 OLS보다는 우수한 추정방법이라고 판정할 수 있을 것이다.[1)]

6) 각 방정식의 추정계수들은 OLS, IV, 2SLS 그리고 3SLS로 추정할 경우 산출된 추정량들의 표준추정오차 또는 분산들을 비교해 본즉 OLS가 가장 작은 분산(과 표준편차) 값을 기록하였고, 그 다음이 3SLS, 그리고 2SLS가 가장 큰 값을 나타내었다. 따라서 일단 OLS가 상대적으로 효율적인 것으로 볼 수 있는 자료가 집계된 것이다.

---

1) 단, 여기서의 IV추정은 공식 $\hat{\beta}_{IV} = \dfrac{\sum zy}{\sum zx}$ 대신 편의상의 추정공식 $\hat{\beta}_{IV}* = \dfrac{\sum zy}{\sum z^2}$을 활용하여 이루어진 것임. 이러한 편법은 설명변수가 둘 이상이되, 그 중 한 설명변수만을 수단변수로 대체할 경우 자주 활용된다.

표 12-1 구조방정식의 추정 결과(추정기간 : 1975. 1~1987. 4)

			Constant	YXV	R	$CPXV_{t-1}$	*DM2X*	GCXV	GIXV	$IBFXV_{t-1}$	*d*	R^2
I_aII_a	OLS	CPXV	346.61 (2.89)	0.12 (3.96)		0.79 (13.64)					2.38	0.997
		IBFXV	− 341.72 (− 1.07)	0.11 (3.35)			1,247.45 (0.68)	− 0.16 (− 0.45)		0.73 (8.71)	2.22	0.982
	2SLS	CPXV	110.81 (0.79)	0.04 (1.20)		0.94 (13.16)					2.59	0.997
		IBFXV	− 494.32 (− 1.47)	0.04 (1.11)			1,185.18 (0.62)	0.29 (0.80)		0.85 (9.37)	2.26	0.981
	3SLS	CPXV	143.83 (1.07)	0.05 (1.53)		0.92 (13.51)					2.59	0.997
		IBFXV	− 490.72 (− 1.59)	0.05 (1.30)			1,340.39 (0.76)	0.25 (0.75)		0.85 (10.13)	2.28	0.981
	IV	CPXV	70.76 (0.60)	0.03 (1.20)		1.00 (18.01)					2.50	0.997
		IBFXV	− 496.06 (− 1.43)	0.04 (1.28)			1,593.94 (0.79)	0.24 (0.61)		0.86 (10.38)	2.23	0.979
I_aII_b	OLS	CPXV	346.61 (2.89)	0.12 (3.96)		0.79 (13.64)					2.38	0.997
		IBFXV	− 349.92 (− 1.57)	0.09 (3.08)			1,942.61 (1.02)		− 0.47 (− 1.25)	0.78 (8.49)	2.20	0.983
	2SLS	CPXV	162.81 (1.21)	0.06 (1.72)		0.90 (13.27)					2.59	0.997
		IBFXV	− 155.17 (− 0.67)	0.04 (1.32)			2,343.96 (1.20)		− 0.72 (− 1.85)	0.93 (9.46)	2.41	0.982
	3SLS	CPXV	184.57 (1.42)	0.06 (1.97)		0.89 (13.59)					2.58	0.997
		IBFXV	− 198.78 (− 0.91)	0.05 (1.57)			2,280.66 (1.24)		− 0.59 (− 1.61)	0.91 (9.89)	2.42	0.982
	IV	CPXV	85.43 (0.80)	0.04 (1.66)		0.95 (20.74)					2.52	0.997
		IBFXV	− 194.92 (− 0.79)	0.04 (5.47)			2,713.99 (1.35)		− 0.71 (− 1.79)	0.93 (11.09)	2.35	0.980

			Constant	YXV	R	$CPXV_{t-1}$	*DM2X*	GCXV	GIXV	$IBFXV_{t-1}$	d	R^2
I_bII_a	OLS	CPXV	585.26 (3.60)	0.10 (3.37)	−8.63 (−2.10)	0.81 (14.25)					2.63	0.998
		IBFXV	−341.72 (−1.07)	0.11 (3.35)			1,247.45 (0.68)	−0.16 (−0.45)		0.73 (8.71)	2.22	0.982
	2SLS	CPXV	473.24 (2.75)	0.04 (1.18)	−10.85 (−2.51)	0.92 (13.75)					2.87	0.997
		IBFXV	−473.29 (−4.3)	0.05 (1.40)			1,193.76 (0.63)	0.23 (0.62)		0.83 (9.35)	2.28	0.981
	3SLS	CPXV	455.30 (2.78)	0.05 (1.48)	−9.55 (−2.92)	0.91 (14.24)					2.86	0.997
		IBFXV	−454.58 (−1.46)	0.06 (1.73)			1,206.14 (0.68)	0.18 (0.52)		0.82 (9.77)	2.28	0.982
	IV	CPXV	510.64 (2.76)	0.04 (1.42)	−12.68 (−2.93)	0.93 (18.55)					2.84	0.997
		IBFXV	−459.77 (−1.43)	0.04 (1.29)			1,599.23 (0.79)	0.23 (0.64)		0.86 (10.38)	2.23	0.979
I_bII_b	OLS	CPXV	585.26 (3.60)	0.10 (3.37)	−8.63 (−2.10)	0.81 (14.25)					2.63	0.998
		IBFXV	−349.92 (−1.57)	0.09 (3.08)			1,942.61 (1.03)		−0.47 (−1.25)	0.78 (8.49)	2.20	0.983
	2SLS	CPXV	467.69 (2.71)	0.04 (1.10)	−10.96 (−2.52)	0.93 (13.76)					2.87	0.997
		IBFXV	−160.23 (−0.69)	0.04 (1.37)			2,333.55 (1.20)		−0.72 (−1.84)	0.92 (9.45)	2.40	0.982
	3SLS	CPXV	477.31 (2.89)	0.05 (1.38)	−10.47 (−2.52)	0.91 (14.24)					2.86	0.997
		IBFXV	−187.22 (−0.86)	0.05 (1.71)			2,223.18 (1.22)		−0.66 (−1.79)	0.90 (9.81)	2.39	0.982
	IV	CPXV	452.60 (2.64)	0.03 (1.36)	−11.56 (−2.64)	0.94 (21.93)					0.82	0.997
		IBFXV	−188.95 (−0.77)	0.04 (1.45)			2,709.87 (1.35)		−0.73 (−1.83)	0.93 (11.13)	2.35	0.980

주 : 모형 I_a와 I_b는 설명변수 R_t의 포함 여부에 따라서, 그리고 모형 Π_a와 Π_b는 설명변수 $GCXV_t$와 $GIXV_t$ 중 어느 것을 사용하였는가에 따라서 구분됨.

$$\text{OLS} \gg \text{3SLS} \gg \text{2SLS}$$

그러나 전술한 바 있듯이 이는 편의가 있는 평균을 중심으로 산출된 분산값이라는 점 때문에 이러한 결론은 유보될 수밖에 없다. IV 추정량의 경우의 추정량의 분산은 본 예제에서는 추정계수에 따라 순위가 달라져 객관적인 평가가 어려웠다.

제 7 절 요 약

일단 연립방정식 내의 구조방정식이 정확히 또는 과대식별될 경우 우리가 적용할 수 있는 추정방법은 일단 크게 두 부류로 구분할 수 있다. 첫 번째 부류의 추정방법은 단일방정식추정법이라 부르고 있는데, 이는 모형 내의 여타 구조방정식에 대한 정보는 제한적으로만(최소한도로) 활용한다는 사실에 근거하여 붙여진 이름이다. 반면 전체방정식추정방법이라 일컬어지는 다른 부류의 추정방법은 모형 내의 모든 구조방정식을 동시에 고려하여 추정한다는 특징을 갖는다.

단일방정식추정방법에는 OLS, ILS, IV, 2SLS, LIML 등이 있는데, 이들 중 OLS 가 가장 열등한 추정방법으로 알려져 있다(물론 OLS 의 단점은 구조방정식체계가 축차방정식 형태로 나타날 경우에는 별로 발생하지 않는다). 그리고 ILS 는 정확히 식별된 방정식에만 적용될 수 있다는 한계성이 있다. 한편, IV 가 선결변수 중 일부만을 그것도 임의적으로 선정하여 활용하는 데 반해 2SLS 는 모든 선결변수들의 선형결합함수로 내생설명변수를 대체시킨 다음 OLS 를 적용하는 방법론을 구사하고 있으므로 보다 효율적인 추정방법이라 할 수 있다. LIML 또한 2SLS 와 거의 비슷한 장점을 갖고 있으나 계산상의 번거로움이 커서 통상 2SLS 추정방법이 가장 선호되고 있다. 전체방정식을 동시에 고려하여 추정하는 3SLS 나 FIML 추정방법은 논리상 2SLS 나 LIML 보다 효율적인 추정방법임에 틀림이 없으나 설정오류 등에 민감한 점, 그리고 계산과정이 지나치게 번거로운 점 등으로 인해 자주 활용되지는 못하고 있다.

그런데 이상과 같은 결론은 기본적으로 고전적 선형회귀모형을 가정함으로써 얻어진 것이어서 자기상관현상이나 다중공선성이, 그리고 설정오류나 측정오차가 유의할 만한 상황일 때 또는 구조방정식들이 자기회귀모형 내지 시차분포 형태로 나타나거나 또는 비선형으로 정의되는 상황 등에서는 보다 세밀한 추정절차가 모색되어야 할 것이다.

한편 장 말에서는 연립방정식 추정에 필수적인 식별문제를 검토할 필요도 없고 또 다양한 추정방법 중 어느 것을 선택할 것인가를 고민할 필요도 없는 새로운 연립방정식 추정방안을 소개하였다.

□ 보 론

1. 행렬식으로 본 주요 연립방정식추정방법

여기서는 본문의 효율적인 논리전개상 생략하였던 각종 연립방정식추정 방안의 주요 사항을 행렬을 이용하여 정리해 보고자 한다.

우선 구조방정식모형의 일반적 형태와 이에 대응하는 유도방정식모형을 행렬식 형태로 표현하면 다음과 같다(이하의 수식 중 굵은 활자로 표시한 대문자는 행렬을, 그리고 소문자를 굵은 활자로 표시하되 글자 위에 bar를 붙인 것은 벡터를 각각 나타냄).

구조방정식 :

$$\underset{(G\times G)(G\times 1)}{\boldsymbol{B}\bar{\boldsymbol{y}}} + \underset{(G\times K)(K\times 1)}{\boldsymbol{\Gamma}\bar{\boldsymbol{x}}} = \underset{(G\times 1)}{\bar{\boldsymbol{u}}} \tag{1}$$

또는

$$\underset{(G\times G)(G\times T)}{\boldsymbol{BY}} + \underset{(G\times K)(K\times T)}{\boldsymbol{\Gamma X}} = \underset{(G\times T)}{\boldsymbol{U}} \tag{2}$$

유도방정식 :

$$\underset{(G\times 1)}{\bar{\boldsymbol{y}}} = \underset{(G\times K)(K\times 1)}{\boldsymbol{\Pi}\bar{\boldsymbol{x}}} + \underset{(G\times 1)}{\bar{\boldsymbol{v}}} \tag{3}$$

또는

$$\underset{(G\times T)}{\boldsymbol{Y}} = \underset{(G\times K)(K\times T)}{\boldsymbol{\Pi X}} + \underset{(G\times T)}{\boldsymbol{V}} \tag{4}$$

이상과 같은 모형에서 상수항의 존재는 $x_1=1(t=1, \cdots, T)$로 가정함으로써 창출될 수 있다. 그리고 이들 모형은 다음과 같은 고전적 가정에 근거하고 있다.

$$u_{gt} \sim N(0,\ \sigma_{gg}), \qquad g=1, \cdots, G$$
$$E[u_{gt}u_{gs}]=0, \qquad t,\ s=1, \cdots, T \quad (t\neq s)$$

$$E[u_{gt}u_{ht}] = \sigma_{gh}, \qquad g, h = 1, \cdots, G$$

이를 행렬로 표현하면,

$$\bar{\boldsymbol{u}}_t \sim N(\bar{\boldsymbol{O}}, \boldsymbol{\Phi}) \tag{5}$$

$$E[\bar{\boldsymbol{u}}_t \bar{\boldsymbol{u}}_s] = 0 \tag{6}$$

$$\text{단, } \boldsymbol{\Phi} = \begin{bmatrix} \sigma_{11} & \sigma_{12} & \cdots & \sigma_{1G} \\ & \cdots\cdots\cdots & & \\ \sigma_{G1} & \sigma_{G2} & \cdots & \sigma_{GG} \end{bmatrix} \tag{7}$$

와 같고, 식 (1)을 식 (3)과 같은 형태로 전환시켜 대비하면 다음 결과를 얻는다. 즉,

$$\bar{\boldsymbol{y}}_t = -\boldsymbol{B}^{-1}\boldsymbol{\Gamma}\bar{\boldsymbol{x}}_t + \boldsymbol{B}^{-1}\bar{\boldsymbol{u}}_t \tag{8}$$

이므로,

$$\boldsymbol{\Pi} = -\boldsymbol{B}^{-1}\boldsymbol{\Gamma} \tag{9}$$

그리고

$$\bar{\boldsymbol{v}}_t = \boldsymbol{B}^{-1}\bar{\boldsymbol{u}}_t \tag{10}$$

1.1 2SLS 추정

이제 과대식별된 구조방정식 중 하나(첫번째 식으로 가정)를 2SLS로 추정한다고 하자.

$$\underset{(T\times 1)}{\bar{\boldsymbol{y}}_1} = \underset{(T\times(G^{\Delta}-1))((G^{\Delta}-1)\times 1)}{Y_1\bar{\boldsymbol{\beta}}_1} + \underset{(T\times K^*)(K^*\times 1)}{X_1\bar{\boldsymbol{\gamma}}_1} = \underset{(T\times 1)}{\bar{\boldsymbol{u}}_1} \tag{11}$$

이 식에 나타난 내생변수가 G^{Δ}개이며, 그 중 하나를 종속변수($\bar{\boldsymbol{y}}_1$)로 뽑아내었기 때문에 방정식 내에 존재하는 내생설명변수의 수는 $(G^{\Delta}-1)$개가 되므로 위와 같은 차원(dimension)이 성립된다.

이제 식 (11)을 간편히 나타내기 위해 다음과 같이 고쳐 쓴다.

$$\bar{\boldsymbol{y}}_1 = Z_1\bar{\boldsymbol{\alpha}}_1 + \bar{\boldsymbol{u}}_1 \tag{12}$$

$$\text{단, } \boldsymbol{Z}_1 = [Y_1 X_1] \tag{13}$$

$$\overline{\boldsymbol{\alpha}}_1 = \begin{bmatrix} \overline{\boldsymbol{\beta}}_1 \\ \overline{\boldsymbol{\gamma}}_1 \end{bmatrix} \tag{14}$$

그리고 Y_1을 분할하여 표현하면 다음과 같다.

$$\begin{aligned} &Y_1 = [\overline{\boldsymbol{y}}_2 \ \overline{\boldsymbol{y}}_3 \ \cdots \ \overline{\boldsymbol{y}}_G^{\Delta}] \\ &\text{단, } \overline{\boldsymbol{y}}_2 = X\overline{\boldsymbol{\pi}}_2 + \overline{\boldsymbol{v}}_2 \\ &\quad \overline{\boldsymbol{y}}_3 = X\overline{\boldsymbol{\pi}}_3 + \overline{\boldsymbol{v}}_3 \\ &\quad \vdots \\ &\quad \overline{\boldsymbol{y}}_G^{\Delta} = X\overline{\boldsymbol{\pi}}_G^{\Delta} + \overline{\boldsymbol{v}}_G^{\Delta} \end{aligned} \tag{15}$$

한편,

$$V_1 = [\overline{\boldsymbol{v}}_2 \ \overline{\boldsymbol{v}}_3 \ \cdots \ \overline{\boldsymbol{v}}_G^{\Delta}] \tag{16}$$

이므로, 다음 식이 성립된다.

$$Y_1 - V_1 = [X\overline{\boldsymbol{\pi}}_2, \ X\overline{\boldsymbol{\pi}}_3, \ \cdots, \ X\overline{\boldsymbol{\pi}}_G^{\Delta}] \tag{17}$$

따라서 식 (11)은 다음과 같이 고쳐 쓸 수 있다.

$$\overline{\boldsymbol{y}}_1 = (Y_1 - V_1)\overline{\boldsymbol{\beta}}_1 + X_1\overline{\boldsymbol{\gamma}}_1 + (\overline{\boldsymbol{u}}_1 + V_1\overline{\boldsymbol{\beta}}_1) \tag{18}$$

그런데 여기서 V_1은 추정 불가능한 것이며, 따라서 유도방정식 추정과정에서 산출된 $\hat{V}_1$로 대체해야 할 것이다(제 1 단계 추정). 즉,

$$\hat{Y}_1 = Y_1 - \hat{V}_1 = [X_{\Delta}\boldsymbol{\pi}_2, \ X_{\Delta}\boldsymbol{\pi}_3, \ \cdots, \ X_{\Delta}\boldsymbol{\pi}_G^{\Delta}] \tag{19}$$

이 때 $(Y_1 - \hat{V}_1)$과 식 (18)의 오차항 $(\overline{\boldsymbol{u}}_1 + V_1\overline{\boldsymbol{\beta}}_1)$은 점근적으로 독립적이므로 다음 식에 OLS를 적용할 수 있다(제 2 단계 추정).

$$\overline{\boldsymbol{y}}_1 = \hat{Y}_1\overline{\boldsymbol{\beta}}_1 + X_1\overline{\boldsymbol{\gamma}}_1 + \overline{\boldsymbol{u}}_1^* \tag{20}$$

$$\text{단, } \overline{\boldsymbol{u}}_1^* = \overline{\boldsymbol{u}}_1 + \hat{V}_1\overline{\boldsymbol{\beta}}_1 \tag{21}$$

또는

$$\overline{\boldsymbol{y}}_1 = \hat{\boldsymbol{Z}}_1 \overline{\boldsymbol{\alpha}}_1 + \overline{\boldsymbol{u}}_1{}^* \tag{22}$$

$$(\text{단, } \hat{\boldsymbol{Z}}_1 = [\hat{Y}_1 X_1])$$

따라서 2SLS 추정량 $\hat{\overline{\boldsymbol{\alpha}}}_1$는 다음과 같이 정의될 수 있다.

$$\hat{\overline{\boldsymbol{\alpha}}}_1 = \begin{bmatrix} \hat{\overline{\boldsymbol{\beta}}}_1 \\ \hat{\boldsymbol{\gamma}}_1 \end{bmatrix} = (\hat{\boldsymbol{Z}}_1{}'\hat{\boldsymbol{Z}}_1)^{-1}(\hat{\boldsymbol{Z}}_1{}'\overline{\boldsymbol{y}}_1) = \begin{bmatrix} \hat{Y}_1{}'\hat{Y}_1 & \hat{Y}_1{}'X_1 \\ X_1{}'\hat{Y}_1 & X_1{}'X_1 \end{bmatrix}^{-1} \begin{bmatrix} \hat{Y}_1{}'\overline{\boldsymbol{y}}_1 \\ X_1{}'\overline{\boldsymbol{y}}_1 \end{bmatrix} \tag{23}$$

그런데 오차항과의 독립성으로 인해 $\hat{V}_1{}'\hat{Y}_1 = 0$ 그리고 $\hat{V}_1{}'X_1 = \mathbf{0}$가 되는 사실을 이용하면,

$$\hat{Y}_1{}'\hat{Y}_1 = (Y_1 - \hat{V}_1)'(Y_1 - \hat{V}_1) = Y_1{}'Y_1 - V_1{}'\hat{V}_1$$

$$\hat{Y}_1{}'X_1 = (Y_1 - \hat{V}_1)'X_1 = Y_1{}'X_1$$

$$X_1{}'\hat{Y}_1 = X_1{}'(Y_1 - \hat{V}_1) = X_1{}'Y_1$$

$$\hat{Y}_1{}'\overline{\boldsymbol{y}}_1 = (Y_1 - \hat{V}_1)'\overline{\boldsymbol{y}}_1 = Y_1{}'\overline{\boldsymbol{y}}_1 - \hat{V}'\overline{\boldsymbol{y}}_1$$

가 된다. 따라서 (23)은 다음과 같이 정리될 수 있다.

$$\hat{\overline{\boldsymbol{\alpha}}}_1 = \begin{bmatrix} \hat{\overline{\boldsymbol{\beta}}}_1 \\ \hat{\boldsymbol{\gamma}}_1 \end{bmatrix} = \begin{bmatrix} Y_1{}'Y_1 - \hat{V}_1{}'\hat{V}_1 & Y_1{}'X_1 \\ X_1{}'Y_1 & X_1{}'X_1 \end{bmatrix}^{-1} \begin{bmatrix} Y_1{}'\overline{\boldsymbol{y}}_1 - \hat{V}_1{}'\overline{\boldsymbol{y}}_1 \\ X_1{}'\overline{\boldsymbol{y}}_1 \end{bmatrix} \tag{24}$$

1.2 기타 추정량

1) OLS : 만일 구조방정식을 OLS로 추정한다면 다음과 같은 추정량이 도출될 것이며, 따라서 2SLS 추정량과의 차이점이 어디에 있는지 쉽게 알 수 있다.

$$\hat{\overline{\boldsymbol{\alpha}}}_1^{(\mathrm{OLS})} = \begin{bmatrix} Y_1{}'Y_1 & Y_1{}'X_1 \\ X_1{}'Y_1 & X_1{}'X_1 \end{bmatrix}^{-1} \begin{bmatrix} Y_1{}'\overline{\boldsymbol{y}}_1 \\ X_1{}'\overline{\boldsymbol{y}}_1 \end{bmatrix} \tag{25}$$

2) IV : 그리고 2SLS는 수단변수를 $\boldsymbol{W}_1 = [\hat{Y}_1 \ X]$와 같이 정의할 때의 IV 추정량과 동일한 결과를 제공할 것임은 쉽게 이해할 수 있다.

$$\hat{\overline{\boldsymbol{\alpha}}}_1^{(\mathrm{IV})} = (\boldsymbol{W}_1{}'\boldsymbol{Z}_1)^{-1}(\boldsymbol{W}_1{}'\overline{\boldsymbol{y}}_1) \tag{26}$$

$$= \cdots = \hat{\boldsymbol{\alpha}}_1^{2SLS}$$

3) ILS : 뿐만 아니라 정확히 식별되는 구조방정식의 경우에는 2SLS 와 ILS 가 역시 같은 추정 결과를 가져오게 되는데 자세한 내용은 생략한다(Kmenta (1971) pp. 562~563 참조).

4) k-급추정량은 다음과 같아지며,

$$\hat{\boldsymbol{\alpha}}_1^{(k)} = \begin{bmatrix} \boldsymbol{Y}_1{}'\boldsymbol{Y}_1 - \boldsymbol{k}\hat{\boldsymbol{V}}_1{}'\hat{\boldsymbol{V}}_1 & \boldsymbol{Y}_1{}'\boldsymbol{X}_1 \\ \boldsymbol{X}_1{}'\boldsymbol{Y}_1 & \boldsymbol{X}_1{}'\boldsymbol{X}_1 \end{bmatrix}^{-1} \begin{bmatrix} \boldsymbol{Y}_1{}'\overline{\boldsymbol{y}}_1 - \boldsymbol{k}\hat{\boldsymbol{V}}_1{}'\overline{\boldsymbol{y}}_1 \\ \boldsymbol{X}_1{}'\boldsymbol{y}_1 \end{bmatrix} \tag{27}$$

$k=0$이면 OLS, 그리고 $k=1$이면 2SLS가 됨을 쉽게 알 수 있다.

5) LIML, FIML 및 3SLS는 생략한다(자세한 것은 Kmenta(1971), pp. 567~581 참조).

2. 최소분산비율추정법(LVR; least variance ratio)

이 방법은 LIML이 갖는 계산상의 번거로움을 대체할 수 있는 일종의 간편 계산법으로 LIML과 동일한 추정 결과를 보장할 수 있는 방법이며, 그 분석과정은 대략 다음과 같이 요약될 수 있다.

1) 고려중인 구조방정식에 나타난 각 내생변수들을 모형 전체에 나타난 모든 외생변수들의 함수로 표현하는 유도방정식을 설정한 다음 이를 OLS 로 추정한다.

2) 각 내생변수에 원래의 구조방정식에서 부여된 구조계수를 곱한 다음 이들 내생변수로 구성된 항을 모두 더한 방정식(이 식은 모형 내 모든 외생변수들의 함수로 표현됨)을 설정한다. 이렇게 설정된 방정식에서 형성된 오차항의 분산을 $\hat{\sigma}_{UR}^2$이라 정의한다.

3) 다음에는 원래의 구조방정식에 나타난 외생변수들만으로 각 내생변수들을 정의하는 축소된 약식 유도방정식을 설정한 다음 역시 OLS 로 추정한다.

4) 이번에도 역시 각 내생변수에 구조계수를 곱한 다음 모두 합한 방정식(이 때는 제한적 외생변수들만의 함수로 표현됨)을 설정하고, 이 방정식에서 형성되는 오차항의 분산을 $\hat{\sigma}_R^2$라 정의한다.

5) 이상에서 정의된 두 분산 간의 비율로 $l = \hat{\sigma}_R^2 / \hat{\sigma}_{UR}^2$라는 새로운 통계량

을 정의한다.

6) 이렇게 정의된 l값을 극소화시켜 주는 구조계수값을 선정하여 추정치로 삼는데, 이를 최소분산비율(LVR) 추정량이라 부른다. 이는 원래 구조방정식에는 포함되지 않았던 외생변수들을 모두 추가도입하여 고려해도 종속변수의 변동을 설명하는 능력이 거의 개선되지 않는 것으로(추가적인 설명능력기여도가 최소가 되는) 볼 수 있는 추정량을 선택하는 효과를 갖게 된다. 이는 결국 당초 설정한 구조방정식이 주요한 외생변수를 모두 포함하고 있었을 때 발생할 수 있는 현상을 근거로 하고 있는 셈이다.

7) 일단 l을 최소화시키는 구조계수가 선정되면 이를 원래 구조방정식에 대입한 다음 모든 내생변수항을 방정식의 등호 왼편으로 이항시켜 외생변수들만의 함수로 전환시키고, 이어서 OLS를 실시하여 외생변수들에 대한 구조계수들의 추정치를 구한다.

8) 제 6 단계와 제 7 단계에서 산출한 내생 및 외생변수의 구조계수 추정치들이 바로 LVR 추정량이 되며, 이는 LIML과 같은 추정 결과를 도출시켜 주는 것으로 알려져 있다.

3. 소표본 추론 : 반복표본추출법

제 6 장에서는 대표본에서 바람직한 특성을 갖는 추정방법 및 이와 관련된 검정방안, 즉 최우추정법(ML)과 일반적률추정법(GMM), 그리고 LR, Wald 및 LM 검정에 대하여 살펴본 바 있다. 그리고 LR과 Wald 그리고 LM 검정통계량들은 χ^2분포 또는 점근적 정규분포를 따르는 것으로 확인한 바 있다. 그러나 이들 검정 통계량들이 소표본에서는 어떤 분포를 따르게 되는지 알 수 없다. 이러한 어려움을 해소하기 위해 소표본을 반복 추출하여 고안되어 사용되고 있는바 가장 대표적인 것이 몬테칼로 분석법(Monte Carlo methods)과 부트스트랩 분석법(bootstrap methods)이 있다.

3.1 몬테칼로 연구(Monte Calro Study)

연립방정식 체계의 방정식에 대한 다양한 추정기법 중 소표본추정의 경우 어떤 것이 바람직한지에 관하여 기준을 설정하고 또 이에 의거하여 한정을 시도한 작업 중 대표적인 것으로 몬테칼로 연구가 있다.

(1) 추정기법 선정기준

1) 추정방법을 선정하는 문제에서 제일 우선 고려할 수 있는 요인은 식별조건이다. 예컨대 어느 방정식이 정확히 식별된 경우에는 단순성이 큰 ILS가 선호될 것이지만 과도식별된 경우에는 ILS보다는 2SLS나 IV 또는 LIML이 선호될 것이기 때문이다.

2) 두 번째로 고려될 수 있는 선정기준으로는 분석목표를 들 수 있다. 왜냐하면,

첫째, 경제이론의 타당성 검정을 분석의 목표로 삼을 경우에는 구조계수의 정확성이 가장 중요하고,

둘째, 각종 경제정책에 대한 평가가 주 목적일 경우에는 유도계수의 정확성이 더욱 중요하며,

셋째, 예측을 주 분석목표로 할 때는 유도방정식에 주안점을 두지만 유도계수 자체의 정확성보다는 예측의 효율성에 중점을 두기 때문이다.

3) 따라서 예측을 목표로 하는 분석에서는 모형의 주요 선정기준으로 MSE나 RMSE를 활용하게 되며, 기타의 경우에는 우선 구조모형의 계수 또는 유도모형의 계수에 대한 추정량 중 어느 것에 주안점을 두어 우선순위를 부여할지 결정해야 한다.

4) 일단 중점을 둘 방정식의 종류가 결정되면 다음으로는 추정량들의 대표본과 소표본 특성 중 어느 것을 기준으로 삼을 것인지를 결정하게 된다.

첫째, 대표본 특성을 중시할 경우에는 일관성과 점근적 효율성을, 그리고

둘째, 소표본 특성을 중시할 경우에는 불편성과 최소분산 그리고 MSE가 주요 판정기준으로 활용될 수 있기 때문이다.

5) 예컨대, 구조방정식모형을 대표본속성을 기준으로 비교할 경우에는 일관성이 결여된 OLS가 가장 열등하며, 기타 추정방법 간에는 다음과 같은 서열이 존재하는 것으로 분석되고 있다.

$$\text{OLS} \ll \text{IV} \ll \text{2SLS, LIML} \ll \text{3SLS, FIML}$$

6) 한편, 구조방정식모형을 소표본 속성을 기준으로 평가할 때는 실제 관측치 대신 실험용 모의관측치(simulated data)를 사용하는 이른바 몬테칼로 연구가 주로 활용되는 것이다. 이는 다중공선성이나 이분산, 자기상관 또는 설정오류 등으로 인해 실제 자료를 활용할 경우 여러 계량기법들의 이론적 속성을 파

악하기 어렵기 때문에 실험자료의 통제가 가능한 별도 분석방안의 활용이 필요한 데 연유하는 것이다.

(2) 몬테칼로 연구의 분석절차

이상과 같은 필요에 따라 시행되는 몬테칼로 연구의 분석과정은 다음과 같이 요약될 수 있다.

1) 우선 구조모형을 설정하고 구조방정식 계수에 특정 수치들을 부여한다.

2) $\epsilon_i \sim N(0,\ \sigma_\epsilon)$라 가정한다(공분산도 주어진 것으로 가정).

3) 외생변수들에 임의의 값들을 선정한다.

4) ϵ_i가 정규분포를 따른다는 가정에 근거하여 각 구조방정식의 오차항 값을 정규분포로부터 임의추출을 통해 산정한다.

5) 주어진 실제 모수(구조계수)값, 선정된 설명변수 및 오차항의 값을 구조방정식에 대입하여 내생변수값들을 산출한다.

6) 이상과 같은 절차를 통해 소표본(보통 20개 내외의 내생변수값)을 창출한 다음 기 선정 변수값을 이용하여 구조계수를 다양한 방법으로 추정한다.

7) 분석기법에 따라 도출된 구조계수 추정치들의 분포 형태를 통하여 편의·분산·MSE 등을 도출한 다음 추정방법별 우열을 판정한다.

8) 이러한 방법에 근거하여 그 동안 이루어진 연구 결과는 대체로 다음과 같은 결론이 도출된 바 있다.

① 불편성 기준 : OLS≪2SLS≪FIML, LIML

② 분산 기준 : LIML≪2SLS≪FIML≪OLS

③ RMSE 기준 : OLS≪LIML≪2SLS≪FIML

그러나 분산을 기준으로 하는 한 우선순위는 OLS 추정량의 경우 편의가 있는 평균을 중심으로 추정되었으므로 별 의미가 없다.

한편 각종 검정통계량들 중 어떤 것이 가장 바람직한 특성을 많이 향유하고 있는지 여부를 판정하기 위해서는 이들이 소표본에서 어떤 분포를 따르는지를 우선 확인할 필요가 있다. 이러한 목적을 위한 몬테칼로 접근법을 다음과 같은 단계로 진행한다.

첫째, 표본크기(n)를 선정한 다음 일단 모수(parameters)에 임의로 일정한 값을 부여함.

둘째, 오차항의 분포로부터 표본을 반복 추출함.

셋째, 크기가 'n'인 표본들로부터 모수에 대한 추정치를 산출하되 이러한 과정을 m번 반복함.

넷째, m개의 모수추정치들은 크기 'n'인 표본들에 대한 모수추정치들의 표본분포를 구성하게 됨.

다섯째, 이렇게 도출된 표본분포를 점근적 분포와 비교하거나 또는 두 개(이상)의 추정량들의 표본분포를 각각 도출하여 서로 비교함.

이상과 같은 몬테칼로 분석법의 분석과정을 보다 상세히 설명하기 위해 다음과 같은 가상적인 회귀모형을 고려해 보자.

$$Y_t = \beta X_t + \epsilon_t, \quad \epsilon_t \sim N(0,\ \sigma^2) \tag{28}$$

우선 표본 크기 $n=30$이고 $\beta=5$, 그리고 $\sigma^2=1$이라 가정한다.

다음으로 $N(0,\ 1)$인 분포로부터 난수(random numbers)를 추출하여(대부분 컴퓨터 프로그램들은 이러한 작업 기능을 갖추고 있음) $\epsilon_1,\ \epsilon_2,\ \cdots,\ \epsilon_{30}$라 정의한다.

그런 연후에 주어진 설명변수값(X_t)과 임의 선정한 β값을 활용하여 Y의 표본관측치($Y_1,\ Y_2,\ \cdots,\ Y_{30}$)들을 생성시킨다.

이렇게 생성된 Y값을 이용하여 우선 β의 추정치($\hat{\beta}$)를 구하되, 이러한 과정을 m번 반복한다(예컨대, $m=1000$번). 그러면 $\widehat{\beta}_j(j=1,\ 2,\ \cdots,\ 100)$ 값들은 β의 최소자승추정량($\hat{\beta}$)의 분포를 구성하게 될 것이다. 물론 이 때 $\hat{\beta}$의 평균$\left(=\frac{1}{1000}\Sigma\widehat{\beta}_j\right)$은 '5'에 매우 가까워질 것이다.

그런데 사실 이상과 같은 예에서는 $\hat{\beta}$의 소표본 분포가 이미 알려져 있어 몬테칼로 분석을 시도할 필요는 없는 경우이다.

따라서 이번에는 자기상관이 존재하는 경우의 회귀모형을 고려해 보기로 한다.

$$Y_t = \beta X_t + \epsilon_t, \quad \epsilon_t = \rho\epsilon_{t-1} + u_t, \quad u_t \sim N(0,\ \sigma_u^2) \tag{29}$$

이러한 경우에는 통상적으로 Cochrane-Orcutt 추정법을 활용한다. 즉 우선 β에 대한 OLS 추정량($\hat{\beta}_{\text{OLS}}$)을 산출하되 그 과정에서 도출된 잔차항을 $\hat{\epsilon}_t$이라 정의한다. 그런 다음 $\hat{\epsilon}_t$을 $\hat{\epsilon}_{t-1}$에 대하여 회귀분석 함으로써 회귀계수에 대한 추정치($\hat{\rho}$)를 구한다. 그리고 이렇게 산출된 $\hat{\rho}$값을 이용하여 $\hat{\beta}_{GLS}$를 도출하게 된다. 문제는 이렇게 도출된 $\hat{\beta}_{GLS}$는 대표본 경우에는 평균이 '0'이고 분산이 $(X'\hat{\Omega}^{-1}X)^{-1}$인 정규분포를 따르게 될 것이지만, 소표본 분포는 알 수가 없다는 점이다. 이때 몬테칼로 실험은 다음과 같이 진행된다.

첫째, 예컨대 크기가 $n=30$인 표본을 고려하여 설명변수 값을 정한다

$$(X_1,\ X_2,\ \cdots,\ X_{30}).$$

둘째, 모수($\beta,\ \rho,\ \sigma_u^2$)에 임의값을 부여한다.

셋째, $N(0,\ \sigma_u^2)$분포로부터 임의추출한 오차항의 표본값($u_1,\ u_2,\ \cdots,\ u_{30}$)을 구성한다.

한편, 통상적으로 ϵ_t의 균형분포로부터 표본값을 ϵ_0라 정의한다. 단 이때 균형분포는 $N(0,\ \sigma_u^2/(1-\rho^2))$이 된다.

넷째, $\hat{\epsilon}_t$값을 이용하여 Y_t값을 생성시킴으로써 크기 $n=100$인 표본 $(Y_t,\ X_t)$: 1, 2, ⋯, 30을 구성한다.

다섯째, Cochrane-Orcutt 추정법을 적용하여 $\hat{\beta}_{GLS}$를 도출하되, 이러한 과정을 예컨대 $m=1000$번 반복한다. 그리고 그 결과 $\hat{\beta}_{GLS}$의 소표본 분포를 얻게 된다.

3.2 표본재활용법(resampling methods) : 재크나이프(jack knife)와 부트스트랩(bootstrap)

몬테칼로접근법에서는 가상적 오차항분포로부터 일정 크기의 표본을 반복 추출하는 방식이 활용되었다. 이와는 달리 주어진 표본으로부터 표본을 다시 추출하는 방식이 활용되기도 한다. 이러한 방식을 이용하는 분석기법 중 대표적인 것으로 '재크나이프'(jack knife)와 '부트스트랩'(bootstrap)을 들 수 있다. 이들 방법에서는 표본정보를 재순환(recycle)시킴으로써 관심을 갖는 표본통계량의 표본분포를 구성하게 된다.

그런데 재크나이프 기법은 매순환 산출과정에서 일정 수의 관측치를 제거하는 반면 부트스트랩 기법은 매 순환산출과정에서 주어진 표본관측치들 중 무작위추출(random sampling)한 정보를 활용한다.

(1) 재크나이프 기법

가장 간단한 단일 관측치 제거방식(delete-one method)은 다음과 같이 진행된다. 우선 $(Y_1, Y_2, \cdots, Y_n)$자료세트로부터 도출된 추정량을 $\hat{\theta}$라 하자. 그런 연후에 한 개의 관측치(Y_i)를 제거한 다음 다시 $\hat{\theta}$을 추정하여 $\hat{\theta}_i$이라 한다. 그리고 추정된 $\hat{\theta}_i$값을 이용하여 $p_i = n\hat{\theta} - (n-1)\hat{\theta}_i$ 값을 구한다. 이때 θ의 재크나이프 추정량($\hat{\theta}_{JK}$)는 다음과 같이 정의된다.

$$\hat{\theta}_{JK} = \Sigma p_i / n \tag{30}$$

단, 이 때 분산추정량은 다음과 같아진다.

$$\hat{V}_{JK} = \Sigma (p_i - \hat{\theta}_{JK})^2 / n(n-1) \tag{31}$$

(2) 부트스트랩 기법

재크나이프 기법에서처럼 편의(bias)를 축소시키고 보다 신뢰할 수 있는 표준오차(standard errors)를 제공하기 위해 표본을 재활용하는 또 다른 방법의 하나로 부트스트랩 기법이 있다. 그 분석절차의 큰 틀은 다음과 같다.

일단 주어진 표본을 $(Y_1, Y_2, \cdots, Y_n)$이라 표기한다.

첫째, 주어진 표본으로부터 크기 n인 표본을 복원방식을 통해 추출(sampling with replacement)한 다음 이를 $B_j(Y_1^*, Y_2^*, \cdots, Y_n^*)$라 표기하는데 이것을 부트스트랩 표본이라 한다. 물론 이 때 각 Y_i^*는 $(Y_1, Y_2, \cdots, Y_n)$으로부터 무작위로 추출된 관측치이다.

둘째, 이러한 과정을 $j=1, 2, \cdots, m$번 반복하여 매 단계별 부트스트랩 표본(β_j)을 구성한 다음 $\hat{\theta}_j$을 산출한다.

이 때, $\hat{\theta}_j$의 분포가 바로 θ의 추정량의 부트스트랩 분포가 되는 것이다. 이 분포로부터 θ의 편의(bias)와 분산에 대한 부트스트랩 추정치들이 도출될 수 있게 된다.

이상과 같은 과정에서의 표본재활용 방식은 당초의 표본에 어떤 새로운 정보도 추가하지 않는다는 사실에 일단 주목할 필요가 있다. 여하튼 이 방법은 표본통계량의 소표본 분포가 쉽사리 찾기 어려울 때 매우 유용하게 활용되는 분석기법이다. 단, 점근적 또는 부트스트랩 표준오차가 모든 표본에서 같더라도 신뢰구간은 서로 달라질 수 있다는 문제가 있다는 사실에 유념할 필요가 있다.

부트스트랩 분포는 가끔 왼쪽으로 긴 꼬리를 갖는 모양(skewed to the left)을 갖기 때문이다.[1)]

4. 연립성 검정과 외생성 검정

4.1 내생성 검정(test of simultaneity)

연립방정식을 OLS로 추정할 경우 이른바 연립성 또는 연립방정식 체계에 따른 편의(simultaneous bias)로 인해 심지어 일관성(consistency)마저 유지되지 못하게 된다. 따라서 이단계최소자승법(2SLS)이나 수단변수(IV) 추정법이 대신 활용된다.

이들 추정법은 일관성은 물론 효율성을 회복시켜 준다. 그러나 '연립편의'가 없을 때 이 방법들을 적용하면 일관성은 있으나 효율성이 보장되지 못하는 문제가 발생한다. 따라서 연립방정식이라 하더라도 일단 '연립성'의 존재 여부를 먼저 확인할 필요가 있다.

본문에서 확인한 바 있듯이 연립성 문제는 일부 설명변수들이 내생적(endogenous) 특성을 갖고 있으며 따라서 오차항과 유의할 만한 상관관계를 갖고 있을 가능성이 높다는 데 연유한다. 따라서 연립성 검정은 (내생적)설명변수와 오차항 간의 상관도 존재 여부를 확인하는 과정이 될 것이다. 이른바 Hausman의 설정오류검정법(Hausman specification test)이 바로 이러한 목표를 달성하는 데 활용될 수 있다.

• Hausman specification test[2)]

검정절차를 설명하기 위해 다음과 같은 연립방정식모형을 설정한다.

---

1) 자세한 내용은 Maddla(2001), 제17장 참고.

2) 원래 Hausman의 설정오류검정은 misspecification test 성격을 갖는다. 검정의 기본시각은 예컨대 마땅히 포함되어야 할 일부 설명변수가 제외됨으로써, 또 그리하여 그 영향력이 오차항 속에 혼재되어 있게 되어 결국 포함된 설명변수와 제외된 설명변수가 귀속된 오차항 간에 상관관계가 존재한다는 사실에 근거한 것이다. 따라서 이로 인한 문제점을 해결하기 위해 수단변수 추정법을 활용하게 된다. 그런데 외형상으로 보면 변수오차 현상(errors-in-variable)이 발생하거나 연립성(simultaneity)이 존재할 때도 측정오류를 수반한 설명변수와, 또는 설명변수 역할을 하는 내생변수와 오차항 간에 상관관계가 성립되는 문제해결을 위해 수단변수 추정법을 활용하게 된다는 점에서는 유사한 측면이 있다. 이러한 이유로 인해 Hausman 검정은 설정오류는 물론 변수오차 현상이나 연립성 문제의 존재 여부를 확인하는 데 두루 쓰이고 있다. 단 본서에서는 간편한 검정방식만을 소개하였음을 밝혀 둔다. 보다 정교한 검정방법은 Maddala(2001), Ch. 12 참조.

$$\text{수요함수} : Q_t = \alpha_0 + \alpha_1 P_t + \alpha_2 I_t + \alpha_3 R_t + \epsilon_{1t} \quad (32)$$

$$\text{공급함수} : Q_t = \beta_0 + \beta_1 P_t + \epsilon_{2t} \quad (33)$$

(단, P는 가격, Q는 수량, I는 소득, R은 부를 각각 나타냄)

여기서 I와 R은 외생적이고, P와 Q는 내생적이라 가정한다. 공급함수에서 만일 P와 Q가 독립적이어서 연립성 문제가 발생하지 않는다면 P_t와 ϵ_{2t}는 상관성을 갖지 않을 것이지만, 반대의 경우에는 두 변수 간에 상관관계가 존재하게 된다.

일단 두 방정식을 축약방정식 형태로 전환하면 다음과 같다.

$$P_t = \Pi_0 + \Pi_1 I_t + \Pi_2 R_t + \nu_{1t} \quad (34)$$

$$Q_t = \Pi_3 + \Pi_4 I_t + \Pi_5 R_t + \nu_{2t} \quad (35)$$

그리고 식 (34)을 OLS로 추정하면,

$$\hat{P}_t = \hat{\Pi}_0 + \hat{\Pi}_1 I_t + \hat{\Pi}_2 R_t \quad (36)$$

가 된다. 이 때

$$P_t = \hat{P}_t + \hat{\nu}_t \quad (37)$$

이 성립되는데 이를 식 (33)에 대입하면 다음과 같아진다.

$$Q_t = \beta_0 + \beta_1 \hat{P}_t + \beta_1 \hat{\nu}_{1t} + \epsilon_{2t} \quad (38)$$

여기서 연립성이 존재하지 않는 귀무가설이 사실이라면 $\hat{\nu}_{1t}$와 ϵ_{2t} 간의 상관도는 점근적으로 '0'에 접근하여야 한다. 따라서 식 (38)에 회귀분석을 적용한 다음 $\hat{\nu}_{1t}$의 회귀계수가 '0'이라고 판정할 수 있는지를 t검정을 통해 확인해 본다. 만일 회귀계수의 통계적 유의성이 기각(즉, $H_0 : \beta_1 = 0$을 채택)되면 연립성 문제는 없는 것으로 결론지을 수 있다. 물론 반대의 경우는 연립성이 존재하는 것으로 판정될 것이다.

한편 연립성 검정과는 다소 다른 측면에서 외생성 검정을 통해 당초 설정한 연립방정식 체계의 정당성을 평가하기도 하는데 주요 내용은 다음과 같다.

4.2 외생성 검정(tests for exogeneity)

통상적으로 연구자는 모형 내 변수들 중 어느 것이 외생적이고 또 어떤 것이 내생적인지를 사전적으로 규정하게 된다. 문제는 과연 연구자의 생각대로 특정변수들이 외(내)생적이라 볼 수 있는지를 확인할 필요가 있다는 점이다. 바로 이를 외생성 검정이라 하는데 Granger의 인과관계 검정과 비슷한 방식에 따라 진행된다.

3개의 구조방정식으로 구성된 연립방정식 모형이 3개의 내생변수(Y_1, Y_2, Y_3)와 3개의 외생변수(X_1, X_2, X_3)에 의해 정의되고 있으며, 그 중 첫 번째 방정식이 다음과 같다 하자.

$$Y_{1t} = \beta_0 + \beta_2 Y_{2i} + \beta_3 Y_{3i} + \alpha_1 X_{1i} + \epsilon_{1i} \tag{39}$$

만일 Y_2와 Y_3가 당초 예상대로 외생적이라면 식 (39)를 OLS로 추정할 수는 없게 된다. 그러면 이 둘이 과연 내생적인지 또는 외생적인지는 어떻게 검정할 수 있을까?

우선 축약방정식을 구성하여 $\hat{Y}_{2i}$와 $\hat{Y}_{3i}$을 각각 구한 다음 식 (39)를 다음과 같이 개편한다.

$$Y_{1t} = \beta_0 + \beta_2 Y_{2i} + \beta_3 Y_{3i} + \alpha_1 X_{1i} + \lambda_2 \hat{Y}_{2i} + \lambda_3 \hat{Y}_{3i} + \epsilon_{1i} \tag{40}$$

그런 다음 식 (40)에 대해 OLS를 실시한다. 그리고 $H_0 : \lambda_2 = \lambda_3 = 0$이라는 귀무가설에 대해 F검정을 실시한다. 만일 귀무가설이 기각되면 당초 예상대로 Y_2와 Y_3는 내생적이라 볼 수 있다. 그러나 귀무가설이 채택되면 Y_2와 Y_3는 외생적이라 보아도 무방하다.

연습문제

[1] 다음의 용어들을 간략히 설명하라.

1) 간접최소자승법(ILS)
2) 수단변수추정법(IV)
3) 이단계최소자승법(2SLS)
4) 제한정보최우법(LIML)
5) k-급추정량
6) 3단계최소자승법(3SLS)
7) 완전정보최우법(FIML)
8) 단일방정식추정법과 전체방정식추정법
9) 약한 수단변수(weak instruments)
10) 최소분산비율추정법(least variance ratio)
11) 표본재활용법(resampling methods)
12) 재크나이프(jack krife)와 부트스트랩(bootstrap)
13) 내생성 검정(test of simultaneity)
14) 외생성 검정(test of exogeneity)

[2] 연립방정식 체계를 구성하는 한 방정식이 다음과 같다 하자.

$$Y_1 = \alpha + \beta Y_2 + \epsilon \text{ (단, } Y_1, Y_2 \text{ 모두 내생변수)}$$

이를 편차형으로 표현하면 $y_1 = \beta y_2 + \epsilon$이 된다. 이 때 이 방정식의 추정을 위해 Y_2 대신 수단변수 Z를 도입하여 윗식의 각 항에 곱한 다음 또 그 합을 구하면 다음과 같다.

$$\sum y_1 z = \beta \sum z y_2 + \sum z\epsilon$$

이 때 $E[\sum z\epsilon] = 0$ 이 되므로 $\beta_{\text{IV}} = \sum z y_1 / \sum z y_2$가 되는데 이것이 바로 IV 추정량이 된다. 이렇게 도출될 수 있는 IV 추정량이 점근적 불편성을 갖는지 확인하라.

[3] 식 (12.30)과 (12.31)을 이용하여 OLS 적용시 초래되는 편의(bias)와 비일관성(inconsistency)을 보여라.

[4] 수단변수추정방법과 2SLS 추정법의 유사점을 밝혀라.

[5] 수단변수추정법이 갖는 대표적인 한계성을 제시하고 이들이 2SLS 추정법에 의해 어떻게 해소될 수 있는지 설명하라.

[6] OLS 와 2SLS 가 모두 k-급 추정량의 일종이란 주장을 평가하라.

[7] 정확히 식별되는 경우 ILS=IV=2SLS가 되는 사실을 식 (12.1)과 (12.2)를 활

용하여 증명하라.

[8] 3SLS 추정시 정확히 식별된 구조방정식은 생략하여도 여타 구조방정식 추정에 하등 영향을 미치지 않는다. 과도식별된 구조식처럼 추정에 추가적인 정보를 제공해 주지 못하기 때문이다. 그렇다면 다음과 같은 수요-공급모형에서

$$Q^D = f(P, Y)$$
$$Q^S = f(P, W, R)$$
$$Q^D = Q^S$$

1) 수요·공급함수의 식별 내용은?
2) 수요함수는 2SLS와 3SLS 추정량이 같으나 공급함수는 다르다는 주장의 진위를 밝히고 설명하라.

[9] 화폐수요함수와 공급에 관하여 다음과 같은 모형이 설정되었다 하자.

$$M^D = f(Y, R, P)$$
$$M^S = f(Y)$$
$$M^D = M^S$$

1) 내생과 외생변수를 구분해 보아라.
2) 각각의 방정식을 식별해 보아라.
3) 화폐공급함수에 추가적인 설명변수로 M_{t-1}을 도입한 후 2)번에 다시 답하라.
4) 어떤 추정방법을 적용하겠는가? 답하고 설명하라.

[10] 다음은 IS-LM 모형의 일종이다.

$$LM : R = f(Y, M)$$
$$IS : Y = f(R)$$

(R : 이자율, Y : 국민소득, M : 통화량)

1) 각 방정식을 식별하여 보아라.
2) 어떤 추정방법을 적용하겠는가?
3) 두 식이 모두 식별될 수 있으려면 어느 식에 설명변수가 추가되어야 하며, 어떤 변수가 적절한가?
4) 3) 과정이 끝난 후 적절한 추정방법은?
5) 4) 과정을 실제 자료(자료디스켓 참조)를 이용해 추정해 보아라(단, 자료디스켓상에는 R, Y, M이 R, YXV, $M2X$로 표기되어 있음).

연습문제 해답

[1] (생략)

[2] 갖는다.

[3]~[7] (생략)

[8] 1) 공급함수는 정확한 식별
수요함수는 과대식별
2) 옳다.

[9] 1) 내생변수 : M^d, M^s, Y
외생변수 : R, P
2) M^D : 비식별
M^S : 과대식별
3) M^D : 정확한 식별
M^S : 과대식별
4) 2SLS

[10] 1) LM : 비식별
IS : 정확한 식별
2) IS : OLS, ILS
LM : 방법 없음
3) IS 에 추가적인 설명변수로 도입
4) ILS, 2SLS
5) IS : $\text{YXV}_t = 12{,}210.297 - 343.863R_t + 2.375\text{IBFXV}_t$
$\quad(6.38) \quad (-4.62) \quad (16.65)$
$R^2 = 0.946 \quad d = 0.45$
LM : $R_t = 5.230 + 0.002\text{YXV}_t - 0.001M2X_t$
$\quad(0.88) \quad (3.04) \quad (-3.87)$
$R^2 = 0.465 \quad d = 0.217$

제13장 연립방정식모형의 동태적 분석 : 의태분석

앞서 두 개 장에 걸쳐서 우리는 경제변수 상호간의 연관관계를 연립방정식모형으로 파악하여 분석할 경우 발생하는 문제점과 이를 해소하기 위한 제반 추정방안에 관하여 살펴보았다. 동시에 제시된 여러 추정방안들을 식별 여부 및 분석목적 등에 따라 어느 것이 보다 적절한지 비교·검토하였다. 그러나 여기서 검토된 사항은 어디까지나 논리적인 차원에서의 평가이며, 따라서 제시된 방법이 적용되기만 하면 반드시 그 추정 결과 또한 자동적으로 바람직한 결과가 되는 것은 아니다. 고전적 기본가정이 충족될 때 OLS가 바람직한 추정방안이 되긴 하지만 OLS를 적용하여 얻은 추정치가 모두 바람직한 것은 못 되는 것과 마찬가지이다. 즉, 우리는 유의성 검정이나 적합도 검정을 추가로 활용하여 OLS의 각 추정 결과를 평가한 바 있다. 이와 같은 추정 결과에 대한 구체적 평가작업이 연립방정식모형에서도 당연히 필요하게 된다. 이러한 필요성에 부응하여 개발된 분석방안이 의태분석(simulation analysis)이라 할 수 있다.

의태분석은 기본적으로 추정된 모형을 다각적으로 평가하기 위한 분석장치로서 경제행태 및 구조 그리고 각종 경제정책 및 경제여건의 변화가 미치는 영향을 보다 정확히 파악하고 미래 예측을 효과적으로 수행하기 위한 구체적 분석과정이라 할 수 있으며, 본 장에서는 이를 그림 13과 같은 체계로 살펴보고자 한다.

그림 13 의태분석의 주요 내용

- 의태분석
  - 의태분석의
    - 정의
    - 목적
    - 유형
      - 소급의태분석
      - 사후적 의태분석
      - 사후적 예측
      - 사전적 예측
  - 의태분석의 기본과정
    - 모형의 설정과 추정
    - 의태분석에 의한 평가
  - 의태분석모형과 동태분석
    - 모형의 안정성 분석
    - 승수효과와 탄력성 분석
  - 의태모형의 조정
    - 계수조정(tuning)
    - 구조조정(adjusting)

제 1 절 의태분석이란?

의태분석이란 적절하게 설정되고 추정된 연립방정식모형에 추정된 회귀계수와 선결변수(내생시차변수 및 외생변수)값을 대입시켜 내생변수값들을 도출한 다음 이렇게 도출된 내생변수값들이 실제 관측치를 얼마나 잘 대변해 주는지를 평가해 보는 일종의 모의행태분석이라 할 수 있다.

t검정이나 R^2값으로 추정방정식의 적합성 여부를 쉽게 판정할 수 있다. 그러나 연립방정식모형의 경우에는 각 개별방정식의 추정 결과가 비록 단일 방정식 평가기준인 t나 R^2값을 기준으로 볼 때는 그 적합도가 아주 높더라도 연립방정식 체계 전체로서는 적합도가 별로 좋지 못할 수 있다. 즉, 바람직한 t나 R^2값을 갖는 방정식들로 구성된 연립방정식모형에 선결변수를 대입하여 내생변수값을 산출해 보면 실제의 내생변수값과 상당히 다른 결과를 보일 수 있다는 것이다. 따라서 연립방정식 경우에는 그 적합성 여부를 적절하게 판정할 수 있는 별도의 분석방안이 필요하게 되는데, 의태분석이 바로 이러한 요구에 부응하는 분석방안이라 할 수 있다.

한편, 연립방정식모형에서 선결변수를 구성하는 주요 변수로서 등장하는 시차가 붙은 내생변수, 즉 내생시차변수 측면에서 보면 연립방정식은 마치 차분방정식을 연립시켜 놓은 것으로 이해될 수도 있다. 따라서 의태분석이란 이러한 연립차분방정식의 해를 구하는 과정으로 볼 수도 있는데, 이 때의 연립차분방정식을 의태모형(simulation model)이라 부르고 있다. 물론 연립차분방정식으로 파악된 의태모형에서는 오직 외생변수만이 상수항(선결변수 역할)으로 남게 되며 내생변수는 내생시차변수와의 동태적 변화과정으로 파악되므로, 이러한 측면에서 보면 의태분석은 곧 연립방정식모형으로 본 동태적 분석이라 할 수도 있다.

여하튼 이상과 같은 의태분석모형은 일차적으로는 내생변수의 실제 관측치와 의태모형에서 도출된 값을 비교하여 추정된 모형, 즉 의태모형이 얼마나 실제 행태를 잘 대변하고 있는지를 확인해 봄으로써 추정모형의 적합도를 평가한다는 데에 그 목표가 있다. 그러나 의태모형은 그 분석과정을 미래에까지 적용하여 가정된 선결변수값에 근거한 내생변수의 미래 예측치를 산출해 줄 수도 있다. 뿐만 아니라 의태모형은 정책당국에 의해 조정되는 이른바 정책변수의 특성을 갖는 외생변수값을 임의로 변화시켜 그 결과를 살펴봄으로써 각종 정책효

그림 13-1 대상시기에 따른 의태분석의 유형

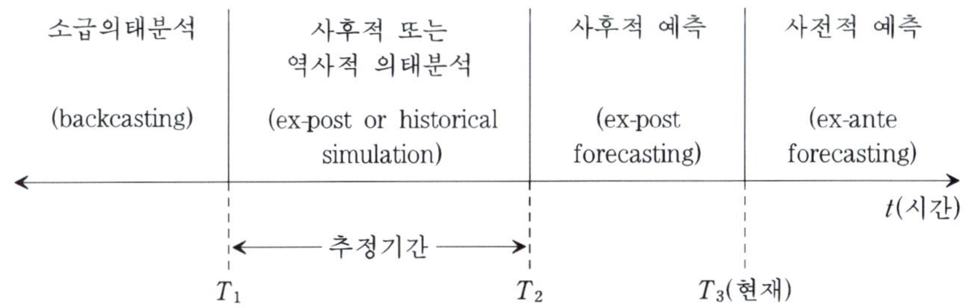

과를 진단해 볼 수 있으며, 나아가서는 기존의 정책을 평가하거나 장래의 정책을 결정하는 데 활용할 수도 있다.

이상에서 살펴본 바와 같이 의태분석은 그 의도하는 목표가 다양하고 따라서 분석대상이 되는 시점이나 내생시차변수의 이용방법 등에 따라 다소 그 형태를 달리한다.

우선 내생시차변수값을 활용하는 방법에 따라 의태분석은 일차적으로 정태분석과 동태분석으로 나누어진다. 전자는 의태분석과정에서 모형 내의 내생시차변수를 일반 외생변수처럼 실제 관측치를 대입하여 내생변수값을 도출하며, 후자는 내생시차변수를 그 초기값만 실제 관측치로 대입하고 그 이후 시기는 의태분석과정에서 창출되는 값이 자동적으로 이용되도록 하여 내생변수값을 산출해 나가게 된다. 우리가 흔히 연립방정식모형과 관련하여 수행하는 의태분석은 동태적 분석을 지칭하는 것이고, 단일방정식을 평가하는 과정에서 수행하는 의태분석은 정태분석이 주종을 이루고 있다.

한편, 분석대상이 되는 시기와 관련하여 의태분석은 4가지 유형으로 구분될 수 있다.

연립방정식모형이 T_1부터 T_2까지의 자료를 이용하여 추정된 경우 추정된 계수와 선결변수값(단, 내생시차변수값은 초기인 T_1의 시초값만 대입하고 외생변수는 전 구간의 관측치를 대입)에 근거하여 동 기간에 대한 내생변수값을 산출하는 것을 사후적 의태분석(ex-post simulation) 또는 역사적 의태분석(historical simulation)이라 한다.

이렇게 하여 산출된 내생변수값과 실제 관측치를 비교함으로써 모형의 적합도나 동태적 안정성을 평가할 수 있다. 물론 이 때 정책적인 외생변수값을 변화시켜 나타나는 결과를 바탕으로 각종 경제정책의 효과를 분석할 수도 있는데,

이상과 같은 사후적 의태분석이 바로 의태분석의 중심을 이루는 부분이라 할 수 있다.

추정된 의태모형에 근거하여 추정에 사용된 기간 이후 시기의 외생변수 값을 산출해 내는 것을 예측(forecasting)이라 한다. 여기서도 의태분석상의 예측은 단일방정식 경우와는 달리 동태적 분석의 성격을 띤다. 따라서 내생시차변수는 T_2 또는 T_3시기를 기점으로 한 시초값만을 대입하고 여타 외생변수값들은 전체 예측대상 기간에 대하여 가정(또는 관측)된 값을 대입하여 내생변수의 장래값을 예측해 낸다. 이 때 예측대상 기간이 순수한 미래인지 아니면 추정대상 기간보다는 이후 시기이지만 현재시점(T_3)보다는 과거인지에 따라 예측은 다시 사전적 예측(ex-ante forecasting)과 사후적 예측(ex-post forecasting)으로 나누어진다. 물론 순수한 예측이란 사전적 예측을 의미한다. 사후적 예측은 이미 모든 변수값이 알려져 있기 때문에 의태모형을 통한 예측치의 정확성을 평가할 수 있다는 데 그 사용가치가 크다 하겠다.

한편, 추정기간 이전 시기에 대하여 의태모형을 이용하여 내생변수값을 추론하는 과정을 소급의태분석(backcasting)이라 한다. 이 때 선결변수들의 초기값은 T_1시기의 관측치가 되며, 그 이전 기간대로 한 기간씩 소급하여 거슬러 올라가면서 내생변수값을 추론하게 되는데, 이는 모형의 동태적 안정성을 확장된 시간대에 걸쳐 검정하거나 특정 사건의 발생 여부에 관한 가설검정 등을 수행하는 데 활용된다.

제 2 절 의태분석의 기본과정

상호 의존적인 경제행태는 연립방정식모형으로 분석하는 것이 적절하며, 이 때 변수간의 상호 의존관계는 시간 경과에 따른 방정식간의 상호작용으로 파악될 것이므로 연립방정식모형에서의 의태분석은 기본적으로 동태적 분석이라 할 수 있다. 이러한 의태분석은 기본적으로 연립방정식모형의 설정과 추정 그리고 추정 결과에 대한 검정과정을 통해 이루어지게 된다.

1. 연립방정식모형의 설정과 검정

(동태적)의태분석을 수행하려면 우선 분석대상이 되는 경제현상 및 행태를

적절히 묘사할 수 있는 연립방정식모형이 설정되고 추정되어야 함은 당연하다. 이 과정에 관한 내용은 이미 제11장과 제12장에서 다루었으므로 상세한 내용은 생략하기로 한다. 단지, 의태분석과 관련하여 강조할 필요가 있는 부분만 요약해 보면 다음과 같다.

우선 분석대상이 되는 경제현상을 변수간의 상호 연관성을 고려하여 구조방정식(또는 행태방정식)을 설정한다. 이 때 모형 내에 포함되는 변수는 분석목적을 고려하여 내생과 외생 및 선결변수로 구분해야 한다. 특히 각 방정식은 식별조건이 충족될 수 있도록 적절한 개수의 내생 및 선결변수를 포함해야 한다. 일단, 각 변수의 성격과 상호 관계가 적절하게 파악되어 연립방정식 형태의 구조방정식이 설정되면 추후의 분석을 위해 일종의 연관도표(flow chart)를 작성하는 것이 편리하다. 연관도표란 인과관계(causality) 및 대응적 연관효과(feedback effect) 등을 시각적으로 이해하기 쉽게 도표 형태로 나타낸 분석도구라 할 수 있다.

일단 적절한 구조모형이 설정되면 유도모형을 아울러 작성한 다음 식별조건에 따라 또는 분석목적에 따라 적절한 추정방법을 선정하여 적용하게 된다. 이와 같은 과정을 거쳐 얻은 추정결과식이 바로 차후의 분석을 가능케 하는 의태분석모형이 되는 것이다.

2. 의태분석모형의 평가

연립방정식모형이 추정되어 의태분석을 수행할 수 있는 여건이 마련되면 과연 어떤 방식으로 의태모형, 즉 추정된 연립방정식모형의 적합도를 평가할 것인가 하는 문제가 발생한다. 이와 관련하여 여러 가지 대안이 제시되어 왔지만 성격상 결정적인 기준이 정립될 수는 없는 것이어서 본 절에서는 다음과 같은 방식으로 정리해 보고자 한다.

2.1 개별방정식별 적합도 판정기준과 한계성

우선 연립방정식을 구성하고 있는 각 구조방정식의 적합도를 독립적으로 평가하는 방안을 제일 처음 생각할 수 있다. 즉, 각 방정식을 별개로 취급하고 개별적으로 유의성 검정과 적합도 검정을 실시하는 것이다. 이를 위해 t값이나 R^2값 또는 F값을 활용하는 것은 단일방정식의 경우와 동일하다. 이 외에도 물론 d검정이나 예측의 표준오차 등을 참고하게 된다.

이상과 같은 각종 검정통계량 중 과연 어떤 것을 보다 중시하여 적합도를 판정하는가 하는 것은 모형의 설정목적에 따라 달라진다. 예컨대 특정 가설의 검정이 주 목적이라면 t검정을 통한 유의성 검정이, 그리고 예측이 주 목적이면 예측의 표준오차가 주요 평가기준이 되어야 할 것이다. 그러나 일단 개별방정식이 분석목적을 감안하여 적절히 평가되었다 하더라도 여러 개의 방정식으로 구성된 연립방정식모형 전체에 대한 평가는 전체 모형의 통계적 유의성과 적합도를 별도 방안에 의해 검정할 필요가 있다. 예컨대 방정식 중 일부는 적합도가 훌륭하지만 또 다른 일부는 적합도가 높지 못할 경우 과연 어떻게 종합적인 판정을 내릴수 있는가 하는 등의 문제가 생기기 때문이다. 뿐만 아니라 경우에 따라서는 개별방정식의 적합도는 우수해도 전체 모형체계로서는 적합도가 좋지 못할 수도 있다. 즉, 의태모형에서 도출된 값들이 실제 내생변수의 관측치와 상당한 차이를 보일 수도 있으며, 이는 연립방정식모형 특유의 동태적 연관성에 연유하는 것이다. 물론 반대로 개별방정식의 적합도는 우수하지 못한 편이라도 전체 모형의 적합도는 높을 수도 있으며, 바로 이러한 점들이 연립방정식모형에 대한 평가를 어렵게 하는 요인이 되고 있다.

2.2 개별내생변수별 적합도 판정방법과 한계성

위에서 살펴본 바와 같이 개별방정식별 적합도 판정방안이 갖는 한계성 때문에 결국은 모형 전체로서의 적합성에 우선을 둘 수밖에 없다는 사실을 확인하게 되었다. 그리고 이러한 과정에서 사후적 의태분석 결과가 실제 관측치를 얼마나 근사하게 추적하고 있는가를 판정하는 방법으로는 다음과 같은 평가기준들이 활용되고 있다.

2.2.1 RMS 의태오차(root mean square simulation error)

$$\text{RMSE} = \sqrt{\frac{1}{T}\sum_{t=1}^{T}(Y_t^s - Y_t^a)^2} \tag{13.1}$$

(단, Y_t^s : 의태(분석된)값(simulated value)
Y_t^a : 실제값(actual value)
T : 의태분석 대상기간)

평균평방근 의태오차(root mean square simulation error)라 명명되고 있는 이 판정기준은, 의태값과 실제 관측된 값의 편차를 제곱한 값들의 평균을 구한 다음 그 평방근을 구하는 것으로 정의되며, 해당 변수의 의태값과 실제값 간의 밀접도를 추정해 주고 있다.

2.2.2 RMS 백분률 의태오차(RMS percent simulation error)

RMS 오차와 기본적인 발상은 같으나 RMS 오차가 측정단위에 따라 그 값이 달라지는 문제점을 갖고 있어 이를 시정하기 위하여 상호 비교가 가능한 백분율단위로 전환한 것이 RMS 백분율 의태오차이다.

$$\mathrm{RMSPE} = \sqrt{\frac{1}{T}\sum_{t=1}^{T}\left(\frac{Y_t^s - Y_t^a}{Y_t^a}\right)^2} \times 100 \tag{13.2}$$

2.2.3 평균의태오차와 평균백분율 의태오차

한편 RMS 의태오차와 RMS 백분율 의태오차의 정의식에서 평방근 부호를 떼어낸 상태로 의태오차를 계측하기도 한다.

$$\mathrm{MSE} = \frac{1}{T}\sum_{t=1}^{T}(Y_t^s - Y_t^a) \tag{13.3}$$

$$\mathrm{MSPE} = \frac{1}{T}\sum_{t=1}^{T}\left(\frac{Y_t^s - Y_t^a}{Y_t^a}\right) \times 100 \tag{13.4}$$

그런데 이 기준들은 평방근 부호가 없어 계산상 편리한 점은 있으나 (절대치가 큰) 정의 오차들과 부의 오차들이 서로 상쇄되어 없어져 버림으로 인해서 실제의 적합도를 제대로 반영할 수 없다는 문제점이 있다. 따라서 MSE 나 MSPE 보다는 RMSE 와 RMSPE 가 주로 활용된다.

이상과 같은 의태오차 판정기준은 연립방정식모형을 전체적으로 고려하여 적합도를 산출해 주고 있어 개별방정식에 대한 통계적 유의성 검정이나 적합도 판정방안보다 훨씬 중요한 기준이라 할 수 있다. 하지만, 어떤 방정식이 통계적 유의성이나 적합도가 훌륭하다 하더라도 또는 그 방정식 내의 내생변수에 대한 의태오차 분석이 개별방정식에 대한 적합도 검정보다 중요한 판정기준이 된다 하더라도, 최종적인 의태적합도 판정을 내리는 데에는 문제의 여지가 남아 있다. 예컨대, 어떤 내생변수들의 RMSE 는 아주 작은 반면 다른 내생변수들의 RMSE 는 크게 산출되는 상황이 발생할 수 있기 때문이다. 이 때에는 결국 개별 방정식의 통계적 적합도가 다소 손상이 되더라도 문제가 된 내생변수들을 포함한 전체 모형의 의태오차가 축소될 수 있도록 해당 방정식을 재정립하여 추정하는 것이 바람직하다 볼 수 있다. 물론 현실적으로 이러한 목표는 쉽사리 달성되기 힘든 것이고, 따라서 이러한 의태분석과정은 과학이라기보다는 오히려 일종의 예술(an art rather than science)의 영역에 속한다고 할 수 있다.

2.3 변환점검색

개별방정식의 적합도 그리고 RMSE 로 대표되는 의태오차 판정기준 외에 변환점(turning point) 검색에 의한 적합도 판정방안이 있다. 이는 의태값이 실제값의 변화패턴, 특히 상승과 하강국면을 구분하는 봉우리(peak)와 골짜기(trough)의 발생시기를 얼마만큼 정확히 재현시켜 주고 있는가를 확인하는 방법이다. 이러한 변환점 검색은 주로 RMSE 기준을 보완하는 기능을 가지지만 경우에 따라서는 RMSE 를 다소 희생해서라도 변환점 재현이 보다 충실한 의태모형을 선정하기도 한다. 그러나 이 방법은 주로 시각적인 판정에 의존하고 있으며 따라서 객관적인 척도가 산출되지 못하는 한계성이 있다.

2.4 예측오차

앞서 소개한 기준들은 주로 추정기간을 대상으로 실시한 사후적 또는 역사적 의태분석 결과를 바탕으로 의태모형의 적합도를 판정하는 방안들에 관한 것이었다. 그러나 의태분석의 유형에서 살펴본 바와 같이 의태모형의 적합도 판정은 추정기간 이후 시기에 대하여서도 실시할 수 있다. 이 때 활용되는 판정기준이 바로 예측오차(forecast error)이다. 이는 예측대상 시기에 따라 사후적 예측오차와 사전적 예측오차로 구분된다. 물론 예측치와 실제 관측된 값의 밀접도를 확인할 수 있는 경우는 사후적 예측에 한정되어 있다. 그리고 사후적 예측오차를 구하는 과정은 RMS 의태오차 경우에 준하므로 사후적 RMS 예측오차(ex-post RMS forecast error)라 불리우기도 한다.

2.5 Theil의 불균등계수

사후적 예측은 물론 사후적 의태분석에도 동시에 적용할 수 있는 의태모형의 적합도 판정방안으로 Theil이 개발한 불균등계수(inequality coefficient)가 있다.[1)]

---

1) 자세한 내용은 Theil, *Economic Forecast and Policy*(North-Holland, 1961), pp. 30~37 를 참조할 것. 그리고 개략적인 안내는 Pindyck and Rubinfeld(1991), *op. cit.*, 2nd ed., pp. 340~342를 참조할 것.

$$U=\frac{\sqrt{\frac{1}{T}\sum_{t=1}^{T}(Y_t^s-Y_t^a)^2}}{\sqrt{\frac{1}{T}\sum_{t=1}^{T}(Y_t^a)^2}} \tag{13.5}$$

여기서 U값은 0과 1 사이에 놓이게 되며, 이 때 Y^s와 Y^a가 가까울수록 U값은 0에 접근하여 적합도가 훌륭한 것으로 판정하는 것이다.

2.6 민감도 검정

추정된 연립방정식모형, 즉 의태모형의 적절성 여부를 판정하는 또 하나의 기준으로서 민감도 검정(sensitivity test)이 있다. 이는 의태모형에 어떤 변화를 주입시켰을 때 나타나는 반응의 내용을 가지고 모형의 적절성을 판정하려는 방안이다.

예컨대 정책내용의 변화를 의미하는 외생변수값의 변화가 경제이론이 시사하는 방향으로 변화하는지 여부를 확인하거나 또는 기준시점 변경이나 추정된 계수값의 (미세한)조정 등에 따라 모형 전체의 의태분석 결과가 얼마만큼 민감하게 반응 또는 변화하는지를 조사하여 의태모형의 안정성을 판정하게 된다.

이상에서 우리는 개별방정식의 적합도, 내생변수별 의태적합도, 예측의 정확도 및 모형의 안정성 등을 기준으로 의태모형의 적절성을 판정하는 방안을 살펴보았다. 그러나 이들 기준들이 서로 상반되는 판정 결과를 초래할 경우 어느 것을 우선할 것인가 하는 것은 분석목적에 따라 달라질 것이며, 따라서 절대적인 선호원칙을 제공할 수는 없다.

제 3 절 의태분석모형과 동태분석

우리가 제 2 절에서 살펴본 의태분석의 기본과정은 단순히 의태모형의 적합도 검정으로 끝나는 것이 아니고 모형의 동태적 안정성을 보다 면밀하게 검토한 뒤 필요한 경우에는 추정된 모형의 내용을 다소 변경시키는 이른바 의태모형의 조정과정까지를 거쳐야 완결되는 것이다. 그러나 이들과 관련한 내용의 길이와 분량을 감안하여 동태적 안정성문제는 본 절에서, 그리고 모형의 조정문제는 제 4 절에서 별도로 제시코자 한다.

1. 의태모형의 안정성

의태모형은 동시에 풀어야 하는 일련의 차분방정식집단으로 이해할 수도 있는데, 이 때 해(解)가 존재하는지 그리고 해가 존재한다면 안정적인지 여부에 관한 분석을 수행할 필요가 있다. 안정성이 결여된 의태모형으로서는 신뢰할 만한 예측을 수행하거나 각종 경제정책 효과에 대한 정확한 분석을 수행할 수 없기 때문이다. 일반적으로 여러 개의 방정식으로 구성되는 연립방정식모형에서 안정성이란 가장 중요한 문제라 할 수 있다.

차분방정식집단의 안정조건은 모형의 구조뿐만 아니라 각 방정식의 추정된 계수값의 크기에도 의존하게 되는데, 이해의 편의를 도모하기 위하여 국민소득결정에 관한 사뮤엘슨(Paul A. Samuelson)의 "상호작용모형"(interaction model)을 예로 들어 보고자 한다.

$$C_t = a_1 + a_2 Y_{t-1} \tag{13.6}$$

$$I_t = b_1 + b_2 (Y_{t-1} - Y_{t-2}) \tag{13.7}$$

$$Y_t = C_t + I_t + G_t \tag{13.8}$$

(단, C_t : 민간소비지출
Y_t : 국민소득
I_t : 기업투자
G_t : 정부지출)

위 모형은 가속도 원리(acceleration principle, 식 (13.7))와 투자승수(multiplier effect, 식 (13.6)과 (13.8)에서 도출 가능)의 상호작용에 의해 국민소득이 동태적으로 결정되는 과정을 보여 주고 있으며, 이 때의 국민소득수준은 내생적으로 주기적 변동을 보이게 된다.

여하튼 위와 같은 상호작용모형은 일단 구조방정식 형태로 설정된 것이고 이를 유도방정식으로 전환하여, 예컨대 선결변수 변화에 따른 내생변수들의 변동내용에 관한 단기예측을 실시할 수도 있다. 이 때 유도방정식의 회귀계수들은 선결변수(내생시차변수와 외생변수)의 변화에 대응하는 내생변수의 즉각적인 변화 정도를 계측해 주므로 단기적 승수(impact multiplier)라 불리우기도 한다. 따라서 유도방정식은 단기예측과 같은 목적에는 유용하지만 외생변수 변화가 모형체계 전체에 어떻게 지속적으로 작용해 나가는지를 분석하는 목적에는 적합하지 못하므로 별도의 분석방안이 필요해진다. 이러한 목적을 위해 창출되는 방정식을 최종형식의 방정식(final form equations)이라 한다.

최종형식의 방정식이란 내생변수의 현재 값을 현재 및 과거의 외생변수 값과 교란항의 함수로 표현한 식인데, 유도방정식에서처럼 내생시차변수가 포함된 식에서는 외생변수의 내생변수에 대한 영향을 효과적으로 파악해 낼 수 없기 때문에 창출된 개념이라 할 수 있다.

내생시차변수의 제거는 기본적으로 다음 두 과정을 거쳐 수행된다.

〈제 1 과정〉

우선 유도방정식들을 이용하되 한 방정식에는 단지 한 개의 내생변수(현재 및 과거시차 불문)만이 나타나도록 새로운 방정식을 도출시킨다. 예컨대 위 모형에서 식 (13.6)과 (13.7)을 식 (13.8)에 대입시키면 다음과 같은 식을 얻을 수 있다.

$$Y_t-(a_2+b_2)Y_{t-1}+b_2Y_{t-2}=(a_1+b_1)+G_t \tag{13.9}$$

이와 같은 방정식을 근본적 동태방정식(fundamental dynamic equation)이라 한다. 같은 방식으로 여타 내생변수인 I_t와 Y_t에 대해서도 같은 유형의 방정식을 도출할 수 있다. 이렇게 도출되는 근본적 동태방정식은 실상 차분방정식의 모양을 하게 되는데, 식 (13.9)는 바로 일종의 비동차 2계차분방정식(a second order difference equation with constant coefficients and constant terms)에 해당된다. 따라서 이러한 방정식을 이용하여 모형의 안정성을 검정할 수도 있다.

〈제 2 과정〉

일단 식 (13.9)와 같은 근본적 동태방정식이 정립되면 여기서 시차가 붙은 내생변수를 제거하여 이른바 최종형식의 방정식(final form equations)을 도출하게 된다. 이 과정은 실제로는 근본적 동태방정식이라 불리는 차분방정식의 해를 구하는 것과 같다. 여하튼 이렇게 구해진 최종형식에서는 외생변수가 내생변수 값의 시간경로를 어떻게 결정해 주는지를 보여 주게 된다. 이 때 외생변수 앞에 붙은 계수들을 동태적 승수(dynamic multiplier)라 부른다.

이제 그러면 식 (13.9)를 일단 보다 보편적인 형태의 차분방정식으로 표현한 다음의 식을 이용하여 그 해를 구해 보기로 한다.

$$Y_{t+2}+a_1Y_{t+1}+a_2Y_t=C \tag{13.10}$$

일반적으로 식 (13.10)과 같은 차분방정식의 해는 임시적 균형 또는 이동 균형수준(intertemporal or moving equilibrium level)을 나타내는 이른바 특수적분(particular integral) Y_p와 이러한 균형값으로부터의 편차를 나타내는 이른바 보조함수(complementary function) Y_c로 구성된다.

Y_p는 일단 차분방정식에 대한 불특정한 해이므로 우선 $Y_t = k$라 보고 이를 원래 식에 대입한 다음 k값을 산출함으로써 도출할 수 있다. 즉, $Y_t = k$를 식 (13.10)에 대입하면,

$$k + a_1 k + a_2 k = C$$

$$\therefore\ k = \frac{C}{1 + a_1 + a_2} \tag{13.11}$$

따라서

$$Y_p = k = \frac{C}{1 + a_1 + a_2} \quad (\text{단},\ a_1 + a_2 \neq -1) \tag{13.12}$$

가 도출된다. 만일 $a_1 + a_2 = -1$일 경우에는 $Y_t = k$ 대신 $Y_t = kt$를 대입하여 Y_p를 구한다. 즉,

$$k(t+2) + a_1 k(t+1) + a_2 kt = C$$

$$\therefore\ Y_p = kt = \frac{C}{a_1 + 2} t \quad (\text{단},\ a_1 \neq -2) \tag{13.13}$$

한편, 보조함수(complementary function)을 찾기 위해서 우리는 식 (13.10)에서 상수항을 제거한 축소식(이는 동차차분방정식(homogeneous difference equation)이 됨)을 활용한다.

$$Y_{t+2} + a_1 Y_{t+1} + a_2 Y_t = 0 \tag{13.14}$$

이러한 형태의 차분방정식에 대한 일반적인 해는 "Ab^t"와 같은 항목이 주요한 역할을 담당한다. 따라서 일단 $Y_t = Ab^t$라 놓고 원래 식에 대입한 다음 A와 b값을 도출함으로써 해를 구하게 된다. $Y_t = Ab^t$를 식 (13.14)에 대입하면,

$$Ab^{t+2} + a_1 Ab^{t+1} + a_2 Ab^t = 0$$

가 되고, 이를 Ab^t로 나누면

$$b^2 + a_1 b + a_2 = 0 \tag{13.15}$$

가 되는데, 식 (13.15)를 식 (13.14)에 대한 특성방정식(characteristic equation)이라 한다. 그리고 식 (13.15)에서 산출된 b값들을 특성근(characteristic roots)이라 한다.

$$b_1,\ b_2 = \frac{-a_1 \pm \sqrt{a_1^{\ 2} - 4a_2}}{2} \tag{13.16}$$

이렇게 도출된 특성근은 식 (13.14)와 같은 동차차분방정식(homogeneous difference equation)의 일반해를 표현하는 데 쓰이게 된다. 즉, 이 때의 일반해는 서로 일차독립적인 두 항의 합으로 표현되며, 각 항은 임의의 상수로 곱한 형태를 취한다.

이제 식 (13.16)에 나타난 특성근의 값에 따라 예상되는 3가지 상황을 살펴보기로 한다.

case 1 : 두 특성근 값이 서로 다른 실수인 경우

만일 $a_1^{\ 2} - 4a_2 > 0$이면 b_1과 b_2는 두 개의 서로 다른 독립적인 두 개의 실수가 될 것이며, 따라서 이 때의 보조함수는,

$$Y_c = A_1 b_1^{\ t} + A_2 b_2^{\ t} \tag{13.17}$$

가 된다.

case 2 : 두 특성근 값이 동일한 실수값일 경우

만일 $a_1^{\ 2} = 4a_2$가 되면 $b_1 = b_2 = -\dfrac{a_1}{2}$가 된다. 따라서

$$A_1 b_1^{\ t} + A_2 b_2^{\ t} = (A_1 + A_2) b^t \equiv A_3 b^t \tag{13.18}$$

가 되어버려 추가적인 항이 필요하게 된다. 이러한 상황에서 추가할 수 있는 적절한 항의 모양은 $A_4 t b^t$가 되며, 따라서 보조함수는,

$$Y_c = A_3 b^t + A_4 t b^t \tag{13.19}$$

와 같이 표현된다.

case 3 : 두 특성근 값이 허수가 되는 경우

한편, 만일 $a_1^2 < 4a_2$가 되면,

$$b_1,\ b_2 = h \pm vi \quad \text{또는} \quad \frac{-a_1}{2} \pm \frac{\sqrt{4a_2 - a_1^2}}{2} i$$

가 된다. 따라서 보조함수는,

$$\begin{aligned} Y_c &= A_5 b_1^t + A_6 b_2^t \\ &= A_5 (h+vi)^t + A_6 (h-vi)^t \end{aligned} \tag{13.20}$$

와 같아진다. 그런데

$$(h \pm vi)^t = R^t (\cos \theta t \pm i \sin \theta t) \tag{13.21}$$

$$(\because \text{De Moivre's Theorem})$$

$$\text{단,} \quad R = \sqrt{h^2 + v^2} = \sqrt{(a_1^2 + 4a_2 - a_1^2)/4} = \sqrt{a_2} \tag{13.22}$$

$$\cos \theta = \frac{h}{R} = \frac{h}{\sqrt{a_2}} \tag{13.23}$$

$$\sin \theta = \frac{v}{R} = \frac{v}{\sqrt{a_2}} \tag{13.24}$$

이므로

$$Y_c = R^t (A_7 \cos \theta\, t \pm A_s \sin \theta\, t) \tag{13.25}$$

$$\left(\begin{aligned} \text{단,}\ A_7 &= A_5 + A_6 \\ A_8 &= (A_5 - A_6) i \end{aligned} \right)$$

와 같이 표현될 수 있다.

이상과 같은 차분방정식에 대한 일반적인 해를 구하는 과정에 근거하여 앞에서 도출했던 근본적 동태방정식(식 (13.9))의 해를 구해 보자. 단, 여기서는 외생변수인 G_t의 변화에 따라 내생변수 Y_t가 어떻게 새로운 균형에 도달하는지를 결정하는 데 주안점을 두기로 한다. 이는 Y_t에 대한 임시해(transient solution)를 구함으로써 추적할 수 있다. 이러한 해 Y_c를 구하기 위해 일단 식 (13.9)에 대응하는 동차방정식 또는 축약방정식(homogeneous difference equation)을 설정한다.

$$Y_t-(a_2+b_2)Y_{t-1}+b_2Y_{t-2}=0 \tag{13.26}$$

$Y_t=a\lambda^t$라 놓고 특성방정식을 구하면,

$$\lambda^2-(a_2+b_2)\lambda+b_2=0 \tag{13.27}$$

와 같아지며, 따라서 특성근은

$$\lambda_1,\ \lambda_2=\frac{(a_2+b_2)\pm\sqrt{(a_2+b_2)^2-4b_2}}{2} \tag{13.28}$$

가 되며, 만일 λ_1, λ_2가 실수라면,

$$Y_t=A_1\lambda_1{}^t+A_2\lambda_2{}^t \tag{13.29}$$

가 될 것이다.

물론 식 (13.29)는 λ_1, λ_2가 서로 다른 두 개의 실수일 경우를 상정하여 작성한 해이며, 실제로는 a_2와 b_2값에 따라 그 해는 다음의 4가지 유형의 특성을 갖게 된다.

첫째, λ_1과 λ_2가 모두 실수로서 1보다 작을 경우 Y는 진동(oscillation) 없이 수렴할 것인바 안정적 해를 가짐(그림 13-2의 case Ⅰ 참조).

둘째, λ_1과 λ_2가 모두 1보다 작지만 허수부분을 포함하고 있을 경우 Y는 점차 수축되는 진동(damped oscillation)을 가지며 수렴할 것인바, 역시 안정적 해를 가짐(그림 13-2의 case Ⅱ 참조).

셋째, λ_1과 λ_2가 모두 실수이지만 1보다 큰 경우 Y는 진동(oscillation)은 없지만 불안정한 해를 가짐(그림 13-2의 case Ⅲ 참조).

넷째, λ_1과 λ_2중 하나 또는 모두가 1보다 크고 또 허수부분을 포함하는 경우 Y는 진동이 증폭되는 불안정한 해를 가짐(그림 13-2의 case Ⅳ 참조).

이상과 같은 결과는 a_2와 b_2값으로 정의된 특성근 λ_1과 λ_2 값이 1보다 크면 해는 폭발적으로 증가(explosive growth)하게 되고, λ_1과 λ_2가 허수를 포함할 경우에는 삼각함수적 진동(oscillation)을 갖는 데 연유한 것이다. 이러한 원칙은 고계차분방정식에도 적용된다. 단지 λ_i의 개수만이 증가할 뿐이다. 그러나 비선형모형에는 직접 적용될 수 없으므로 보통은 일단 선형화시킨 다음 위와 같은 기준에 따라 모형의 안정성을 판정한다. 그러나 선형화시킨 모형의 안정성이 반

그림 13-2 2차선형차분방정식의 해와 안정성

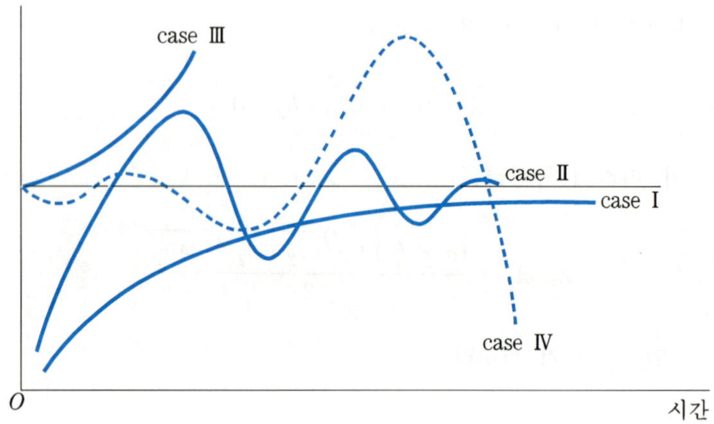

드시 원래의 모형의 안정성을 보장하지는 못한다.

2. 승수효과와 탄력성분석

의태모형의 형태 및 특성을 분석함에 있어 외생변수의 변화에 대응하는 내생변수의 변화 내용은 승수 개념이나 탄력성 개념으로 파악하는 것이 편리한 경우가 많다. 앞서 우리는 구조방정식에 대응하는 유도방정식의 회귀계수를 단기적 승수 또는 충격승수(impact multiplier)라 명명한 바 있는데, 이는 단기에 있어서의 즉시적 대응 정도를 계측해 주기 때문이다. 한편, 근본적 동태방정식으로부터 도출된 최종형식의 방정식의 회귀계수들은 동태승수(dynamic multiplier)라 부른다. 그리고 전 기간에 걸친 동태승수들을 모두 합친 것을 총장기승수(total long run multiplier)라 한다.

외생변수 변화에 부응하는 내생변수의 반응도를 측정하는 또 다른 방안으로는 우리가 익히 잘 알고 있는 탄력성 개념을 이용할 수도 있다. 즉, 두 변수의 변화분만을 직접 대비($\Delta Y_t/\Delta X_t$)하는 대신 각 변동량을 기준시점의 두 변수값으로 일단 나눈 값들로 대비시키는 방안이 있다$\left(\dfrac{\Delta Y_t/Y_t}{\Delta X_t/X_t}\right)$. 예컨대, 가격변화에 대한 수요탄력성은,

$$E_p(\tau) = -\frac{P_t}{Q_t}\cdot\left(\frac{Q_{t+\tau}-Q_t}{\Delta P_t}\right) \tag{13.30}$$

(단, P_t는 가격, Q는 수요, 그리고 τ는 시차를 나타냄)

과 같이 표현할 수 있다. 그런데 여기서의 탄력성은 시차(τ)를 포함한 효과를 고려하여 정의된 것으로 동태적 탄력성(dynamic elasticity)이라 부르기도 한다. 이러한 동태적 탄력성은 τ의 증가에 따라 점차 작아지는 것이 일반적인데, 이는 당초 외생변수의 변화로 인한 충격효과가 시간이 경과함에 따라 점차 감소할 것이기 때문이다.

제 4 절 의태모형의 조정

일단 추정된 연립방정식에 대하여 다각적인 평가를 수행한 결과 경우에 따라 추정된 모형, 즉 의태모형의 동태적 행태가 거의 불안정한 상태에 가까운 것으로 판정되었다고 하더라도 조금만 구조를 조정하면 안정성을 회복시킬 수 있는 상황이 발생할 수 있다. 이러한 경우에 대처하는 방법 중 대표적인 것은 다음과 같은 것들이 있다.

(1) **구조조정**(adjustments)

추정된 모형의 방정식들이 개별적으로는 통계적 유의성이나 적합도는 훌륭하지만 모형 전체로서의 동태적 행태가 다소 불안정하여 종합적 적합도가 저하되고 예측력도 떨어지는 경우가 있다. 이 때 개별방정식의 통계적 적합도가 다소 손상되더라도 구조방정식의 함수 형태나 시차구조 등을 다소 변화시키거나 새로운 설명변수를 추가하는 등의 방법으로 모형 전체의 안정성과 적합도를 개선시킬 수 있는데, 이를 설정모형의 구조조정(adjustments)이라 한다. 이러한 구조조정작업을 수행할 때, 바로 전술한 바 있는 상호연관도표(flow chart)가 유용하게 사용될 수가 있다. 왜냐하면, 변수 간의 상호관련성 및 인과관계를 점검해 가며 모형의 불안정성을 유발한 사유를 찾아내는 데 결정적인 정보를 제공하기 때문이다.

(2) **계수조정**(tuning)

의태모형의 안정성은 특정 회귀계수값에 의존하는 경향이 있다. 따라서 모형의 성능이 구조조정에 의해 개선되지 못할 경우에는 추정된 회귀계수값 중 일부를 조정함으로써 의태효과 및 예측력을 신장시킬 수도 있다. 이러한 작업을 계수조정(tuning)이라 한다. 이는 바이올린 연주자가 연주에 앞서 피아노의 음계를 맞추는 작업 또는 자동차 수리공이 엔진의 성능을 효율적으로 발휘시키기 위해 연소량조절밸브를 조작하는 작업에서처럼 감각에 의해 조정폭을 결정할 수 있을 뿐이라는 문제가 있기는 하다.

(3) 기 타

이상과 같은 조정작업 이외에도 의태모형의 성과를 개선시키기 위해 추정 방법을 달리할 수도 있고, 오차항에 나타나는 자기상관이나 이분산과 같은 제반 문제를 적절히 처치할 수 있는 절차를 밟을 수도 있다.

제 5 절 실증분석 예

제12장에서 추정한 국민소득 결정모형은 개별방정식의 이론적 타당성과 통계적 적합성도 중요하지만 모형 전체로서의 상호의존성 및 안정성 그리고 의미 있는 예측력을 가질 때 현실적 의의를 갖는다고 볼 수 있다. 여기서는 이러한 성격을 규명하기 위하여 우선 1982년 1/4 분기에서부터 1985년 4/4 분기까지의 사후적인 의태분석(historical simulation)을 수행해 보았다. 구체적인 의태분석 방법으로서 외생변수(R, $M2X$, GCXV 또는 GIXV, ZCXV 또는 ZIXV)는 실제 관측치를 사용하는 반면 내생시차변수($CPXV_{t-1}$, $IBFXV_{t-1}$)는 모형에서 추정된 값을 사용하는 동태적 의태분석을 적용하였으며, 모형의 오차분석방법으로서는 Gauss-Seidel 방법을 사용하였다.

1. 사후적 의태분석과 동태적 안정성

구조방정식 형태로 표현된 소형거시계량모형의 사후적 의태분석을 시도하여 분석기간(82. 1~85. 4) 동안에 추정된 내생변수값이 실제값을 얼마나 근접하게 추적하는지를 살펴보고자 RMSPE 오차를 산정해 본 결과가 표 13-1과 같다.

4가지 유형의 구조방정식 체계를 OLS 와 2SLS 로 추정한 경우를 상호 대비시켜 가며 모형의 동태적 안정성을 살펴본즉,

1) 모형의 단순성에도 불구하고 RMSPE 오차가 매우 작게 나타났고 2SLS 로 추정한 경우에는 거의 모든 경우가 5% 이내의 오차를 기록하였다.

2) OLS 로 추정한 경우에 비해 2SLS 로 추정한 경우가 모든 경우에 있어서 의태오차가 작게 나타나 구조분석에 보다 적절한 추정방법으로 다시 한번 확인

표 13-1 사후적 의태분석과 RMSPE(분석기간 : 1982. 1~1985. 4)

	OLS			2SLS		
	CPXV	IBFXV	YXV	CPXV	IBFXV	YXV
I_aII_a	6.72	11.30	7.32	3.14	5.48	3.42
I_aII_b	5.61	7.76	5.60	3.54	4.94	3.46
I_bII_a	4.07	8.96	5.00	0.92	5.05	1.98
I_bII_b	3.26	6.13	3.67	0.73	4.20	1.61

되었다.

3) 3개의 내생변수 중 개인소비지출변수가 가장 정확하게 그리고 고정기업투자가 가장 부정확하게 추적된 것으로 나타났다.

4) 구조방정식 유형별로 볼 때에는 I_bII_b체계, 즉 소비함수에 이자율이 포함되고 투자함수에는 정부투자가 설명변수로 등장하는 경우가 가장 정확성이 큰 것으로 나타났다. 총체적으로 볼 때는 소비함수에서 이자율변수가 제외된 경우보다는 포함된 경우가, 그리고 투자함수에서는 정부소비변수보다는 정부투자변수를 포함시켰을 때 모형의 안정성과 정확성이 향상되는 것으로 판정할 수 있다. 이러한 결과는 추정단계에서 이자율변수의 추정계수는 대부분 통계적으로 유의적이었고 GIXV(정부투자)가 GCXV(정부소비)보다는 높은 t값을 기록했던 점과 전혀 무관하지 않다(제12장 표 12-1 참조).

5) 그림 13-3은 4가지 모형(I_aII_a, I_aII_b, I_bII_a, I_bII_b) 중 I_bII_b모형을 임의로 선정하여 사후적 의태값들을 실제 관측치와 대비시켜 표현한 도표다. 그림에 나타난 사후적 의태값들은 모든 경우에 있어서 OLS 보다는 2SLS 를 활용한 경우가 전반적으로 실제 관측치에 가까운 값으로 산출되었음을 분명하게 보여 주고 있다. 그리고 세 내생변수 중 CPXV 가 가장 정확하게 추적된 반면 IBFXV 는 가장 부정확하게 추적되었음을 알 수 있다.

6) 한편, 우리가 도입한 모형이 논리상 무리가 갈 만큼 작은 모형임에도 불구하고 특히 YXV 에 대한 사후적 의태값들은 실제 관측치의 변화점(turning point)마저 놀랄 정도로 정확하게 추적해 주고 있음을 확인할 수 있었다.

그림 13-3 사후적 의태값과 실제 관측치(I_bII_b모형의 경우)

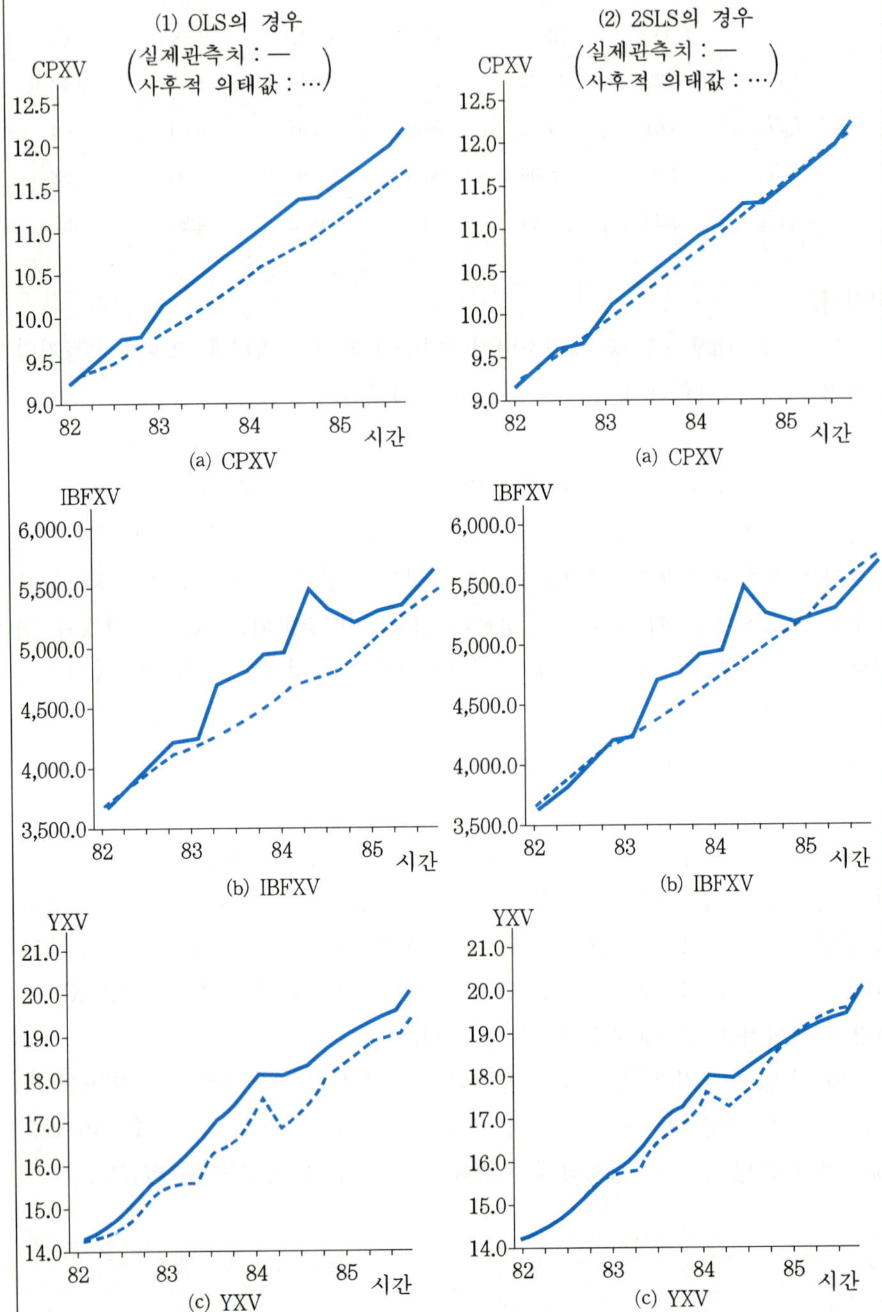

2. 경제정책 의태분석

정책효과분석은 경제정책변수의 변화가 내생변수에 미치는 영향을 추정결과식을 이용하여 사후적으로 모의분석해 보는 과정이라 할 수 있다. 여기서는 금융정책의 핵심인 총통화량증가율(DM2X)은 의태분석기간(82. 1~85. 4)중 2%와 5%씩을 상향조정해 보았고 GCXV와 GIXV는 1982년 1/4 분기를 기준으로 전기 실제치의 1% 또는 2%에 해당하는 정부소비 또는 투자액을 분석기간 전체에 걸쳐 상향조정하여 보았으며, 분석 결과는 표 13-2부터 표 13-5에서와 같이 나타났다.

분석 결과 다음과 같은 결론이 도출되었다.

첫째, 전반적으로 보아 정부지출의 변화보다는 총통화량의 변화가 경제 각 부문에 가장 큰 변화를 유발하는 것으로 나타난 반면 정부지출에 의한 일종의 공공사업 실시는 더 이상 한국 경제에 큰 영향을 미치지 못하는 것으로 분석되었다. 이는 부분적으로는 정부투자가 오히려 민간투자를 위축시킨다는 상쇄효

표 13-2 정책의태분석 결과표(*M2X*를 2%씩 증가시킨 경우)

	연 도	OLS			2SLS		
		CPXV	IBFXV	YXV	CPXV	IBFXZ	YXV
I_aII_a	82	0.30	2.36	0.82	0.10	2.01	0.61
	83	0.79	3.64	1.46	0.28	2.99	1.00
	84	1.27	4.46	1.98	0.50	3.51	1.27
	85	1.69	4.88	2.38	0.70	3.65	1.46
I_aII_b	82	0.47	3.51	1.25	0.29	4.46	1.40
	83	1.22	5.51	2.27	0.91	7.80	2.73
	84	1.98	6.73	3.06	1.72	10.29	3.93
	85	2.64	7.38	3.68	2.61	12.08	5.04
I_bII_a	82	0.25	2.31	0.77	0.09	2.03	0.61
	83	0.64	3.45	1.32	0.26	2.98	0.97
	84	1.01	4.07	1.72	0.43	3.43	1.20
	85	1.33	4.33	2.02	0.59	3.53	1.35
I_bII_b	82	0.39	3.47	1.18	0.18	4.40	1.31
	83	1.00	5.29	2.06	0.56	7.53	2.41
	84	1.59	6.28	2.71	1.03	9.66	3.32
	85	2.10	6.74	3.19	1.55	11.03	4.10

표 13-3 정책의태분석 결과표($M2X$를 5%씩 증가시킨 경우)

	연 도	OLS			2SLS		
		CPXV	IBFXV	YXV	CPXV	IBFXZ	YXV
I_aII_a	82	0.76	5.89	2.04	0.25	5.01	1.52
	83	1.97	9.11	3.66	0.71	7.48	2.51
	84	3.18	11.14	4.94	1.24	8.77	3.18
	85	4.24	12.20	5.94	1.76	9.13	3.65
I_aII_b	82	1.17	8.79	3.13	0.73	11.15	3.51
	83	3.06	13.77	5.67	2.28	19.50	6.82
	84	4.95	16.82	7.66	4.30	25.72	9.83
	85	6.59	18.45	9.20	6.52	30.19	12.61
I_bII_a	82	0.63	5.79	1.93	0.23	5.07	1.51
	83	1.59	8.63	3.30	0.64	7.45	2.43
	84	2.53	10.17	4.31	1.08	8.58	3.01
	85	3.32	10.83	5.05	1.48	8.81	3.38
I_bII_b	82	0.97	8.67	2.96	0.46	10.99	3.27
	83	2.49	13.22	5.16	1.39	18.82	6.02
	84	3.98	15.70	6.78	2.58	24.15	8.30
	85	5.26	16.84	7.97	3.88	27.58	10.25

표 13-4 정책의태분석 결과표
(GCXV 또는 GIXV를 1982년 1/4분기의 1% 수준만큼씩 증가시킨 경우)

	연 도	OLS			2SLS		
		CPXV	IBFXV	YXV	CPXV	IBFXZ	YXV
I_aII_a	82	0.08	−0.01	0.16	0.06	0.50	0.28
	83	0.13	0.04	0.20	0.13	0.75	0.39
	84	0.17	0.10	0.23	0.20	0.89	0.47
	85	0.20	0.15	0.25	0.27	0.94	0.52
I_aII_b	82	0.001	−0.12	−0.01	−0.01	−0.23	−0.04
	83	−0.01	−0.17	−0.03	−0.03	−0.41	−0.11
	84	−0.03	−0.20	−0.05	−0.07	−0.54	−0.17
	85	−0.05	−0.22	−0.07	−0.11	−0.63	−0.23

	82	0.06	−0.02	0.15	0.05	0.42	0.26
$I_b II_a$	83	0.10	0.02	0.18	0.10	0.63	0.34
	84	0.13	0.06	0.20	0.16	0.74	0.39
	85	0.15	0.10	0.21	0.20	0.77	0.43
$I_b II_b$	82	0.001	−0.12	−0.01	−0.004	−0.23	−0.04
	83	−0.01	−0.17	−0.03	−0.02	−0.39	−0.10
	84	−0.02	−0.19	−0.05	−0.04	−0.50	−0.15
	85	−0.04	−0.20	−0.06	−0.07	−0.57	−0.19

표 13-5 정책의태분석 결과표
(GCXV 또는 GIXV를 1982년 1/4분기의 2% 수준만큼씩 증가시킨 경우)

	연 도	OLS			2SLS		
		CPXV	IBFXV	YXV	CPXV	IBFXZ	YXV
$I_a II_a$	82	0.16	−0.03	0.33	0.11	1.00	0.57
	83	0.26	0.07	0.40	0.25	1.50	0.781
	84	0.34	0.19	0.46	0.40	1.78	0.93
	85	0.39	0.30	0.51	0.54	1.88	1.04
$I_b II_b$	82	0.002	−0.23	−0.01	−0.01	−0.47	−0.09
	83	−0.03	−0.35	−0.07	−0.07	−0.82	−0.22
	84	−0.06	−0.41	−0.11	−0.14	−1.07	−0.34
	85	−0.09	−0.43	−0.14	−0.23	−1.25	−0.46
$I_b II_a$	82	0.13	−0.04	0.30	0.10	0.85	0.52
	83	0.21	0.03	0.35	0.21	1.27	0.68
	84	0.26	0.12	0.40	0.31	1.48	0.79
	85	0.30	0.20	0.42	0.40	1.54	0.85
$I_b II_b$	82	0.002	−0.23	−0.01	−0.01	−0.46	−0.08
	83	−0.02	−0.34	−0.06	−0.04	−0.79	−0.20
	84	−0.05	−0.39	−0.10	−0.08	−1.01	−0.29
	85	−0.08	−0.41	−0.12	−0.13	−1.14	−0.37

과(crowding out effect)에 연유하는 것으로 볼 수 있으며, 또 한편으로는 최근의 한국 경제는 더 이상 정부 주도 하에 경제성장이 효율적으로 추구되기 어려운 체질이 정착되어 가고 있다는 주장이 제기될 수 있는 근거로 활용될 수도 있는 결과라 하겠다.

둘째, 분석대상 기간중 총통화량이나 정부소비의 증가는 개인소비와 민간투자 그리고 국민소득 모두를 지속적으로 증가시키고 있으나 그 증가율은 점차 줄어들고 있어 안정적 동태모형의 특성이 재삼 확인될 수 있었다.

셋째, 총통화량 증가율을 상향조정할 경우 특히 민간투자의 변화가 크게 나타나 국민소득 증대를 선도하는 것으로 나타났으며(표 13-2와 표 13-3 참조), 이러한 현상은 특히 투자함수에 정부소비변수 대신 정부투자변수를 활용한 경우에 강하게 나타났다.

한편, 소비함수에 이자율변수를 설명변수로 포함시킨 경우는 이를 제외시킨 경우에 비해 경제 각 부문에 미치는 효과가 상대적으로 낮게 나타났다. 통화량 증가로 인해 이자율이 하락할 경우 예상할 수 있는 합당한 결과로 이해할 수 있겠지만 여기서 활용한 모형에서는 통화량이 이자율에 미치는 영향이 연결되지 못한 소규모 모형이란 점에 유의할 필요가 있다.

넷째, 정부지출을 정부투자의 증가로 실현시킬 경우에는 예상한 대로 상쇄효과에 따른 민간투자 감소효과가 두드러지게 나타나 미미하지만 국민소득수준까지 위축되는 분석 결과가 나왔다(표 13-4와 표 13-5의 방정식 I_aII_b와 I_bII_b 참조).

다섯째, 대부분의 경우에(표 13-2의 경우 제외), OLS 추정방법을 활용한 경우보다 2SLS 추정방법을 활용한 경우가 정책효과가 큰 것으로 나타나고 있는데, 이는 일면 2SLS가 OLS보다 각 설명변수의 변화에 보다 민감한 반응을 보인다는 특성을 반영하고 있는 것으로 이해할 수 있다.

3. (사후적)미래예측(ex-post forecasting)

예측은 순수한 미래에 대한 사전적 예측(ex-ante forecasting)과 추정기간 이후 기간이지만 과거에 해당되는 시기에 대한 사후적 예측(ex-post forecasting)으로 대분된다. 본 장에서는 1989년 1/4 분기부터 1992년 4/4 분기까지 시기에 대한 사후적 예측을 실시해 보기로 한다.

예측대상 기간중 실현된 외생변수값을 추정모형에 대입시켜 산출한 내생변수들의 예측치를 실제 관측치와 대비시켜 본 것이 표 13-6이다. 표 13-6에 나타난 예측오차들은 1988년 1/4 분기부터 1992년 4/4 분기에 걸치는 20개 분기에 대하여 (사후적)예측을 실시한 후 그 정확도를 가늠해 보기 위해 산출한 RMSPE 값들이다. 이를 근거로 할 경우 다음과 같은 의견이 제시될 수 있을 것이다.

첫째, 총체적으로 보아 예측기간이 5개년에 걸친 중장기 예측이었음에도

표 13-6 유형별 예측치의 RMSPE
(예측기간 : 1988년 1/4분기~1992년 4/4분기)

		OLS			2SLS			REDUCED FORM		
		CPXV	IBFXV	YXV	CPXV	IBFXV	YXV	CPXV	IBFXV	YXV
I_aII_a	본 모 형	10.7	20.7	13.6	6.5	11.4	7.7	6.3	9.9	7.0
	GCXV 5% 증가	11.3	22.0	14.4	6.0	9.7	6.7	5.2	9.1	6.1
	GCXV 5% 감소	10.1	19.4	12.8	7.0	13.3	8.7	7.4	10.6	7.9
I_aII_b	본 모 형	10.5	18.9	12.9	8.1	16.3	10.5	9.5	13.9	10.4
	GIXV 5% 증가	10.8	19.4	13.2	8.4	17.5	11.1	10.4	15.2	11.4
	GIXV 5% 감소	10.3	18.4	12.5	7.7	15.1	9.9	9.2	14.2	10.3
I_bII_a	본 모 형	13.3	23.1	16.0	11.1	13.8	11.3	7.3	11.4	8.1
	GCXV 5% 증가	13.8	24.3	16.8	10.8	12.3	10.5	5.2	9.6	6.2
	GCXV 5% 감소	12.8	21.9	15.3	11.5	15.4	12.1	8.5	10.8	8.6
I_bII_b	본 모 형	13.0	20.8	15.1	12.0	18.1	13.4	10.5	14.9	11.3
	GIXV 5% 증가	13.2	21.3	15.4	12.2	19.2	14.0	10.8	15.6	11.8
	GIXV 5% 감소	12.8	20.3	14.8	11.8	17.0	12.9	10.5	15.4	11.5

난, 각 모형은 원래의 구조방정식 및 유도방정식 모형은 물론 GCXV나 GIXV의 계수값을 5% 수준만큼씩 증감시켜 본, 즉 계수조정(tuning)을 실시한 연후의 추정모형을 동시에 이용하여 예측오차를 산출한 것임.

불구하고 RMSPE 수준은 예상보다 낮았으며, 개인소비(CPXV)에 관한 예측이 가장 정확하게 그리고 민간투자(IBFXV)에 관한 예측이 가장 오차가 크게 나타났다. 이러한 결과는 사후적 의태분석 경우의 특징과 흡사하다.

둘째, 예상했던 대로 OLS 추정식에 의한 예측이 가장 부정확하게 나타났다. 한편, 2SLS 추정식과 유도방정식 체계에 의한 예측은 큰 차이를 보이지는 않았지만 역시 이론이 시사하는 바대로 유도방정식의 추정 결과를 활용하여 예측을 수행한 경우가 다소 우수한 것으로 분석되었다.

셋째, OLS 추정식에 의한 부정확성은 단순한 예측오차가 상대적으로 크다는 데 그치지 않고 있음을 그림 13-4에서 확인할 수 있다. OLS 추정식의 경우 구조방정식 상호간의 그리고 내생변수 상호간의 연관관계(effect and feedback effect)를 무시한 나머지 장기적인 추세를 제대로 추적해 내지 못하고 있음이 확연히 나타난 것이다.

넷째, 2SLS 추정식과 유도방정식 추정 결과를 이용한 예측의 경우는 후자의 경우가 다소 우수하게 나타났지만 국민소득의 예측에 관한 양자 모두가

그림 13-4 사후적 예측치와 실제 관측치($I_a II_a$모형의 경우)

(1) OLS의 경우 (2) 2SLS의 경우

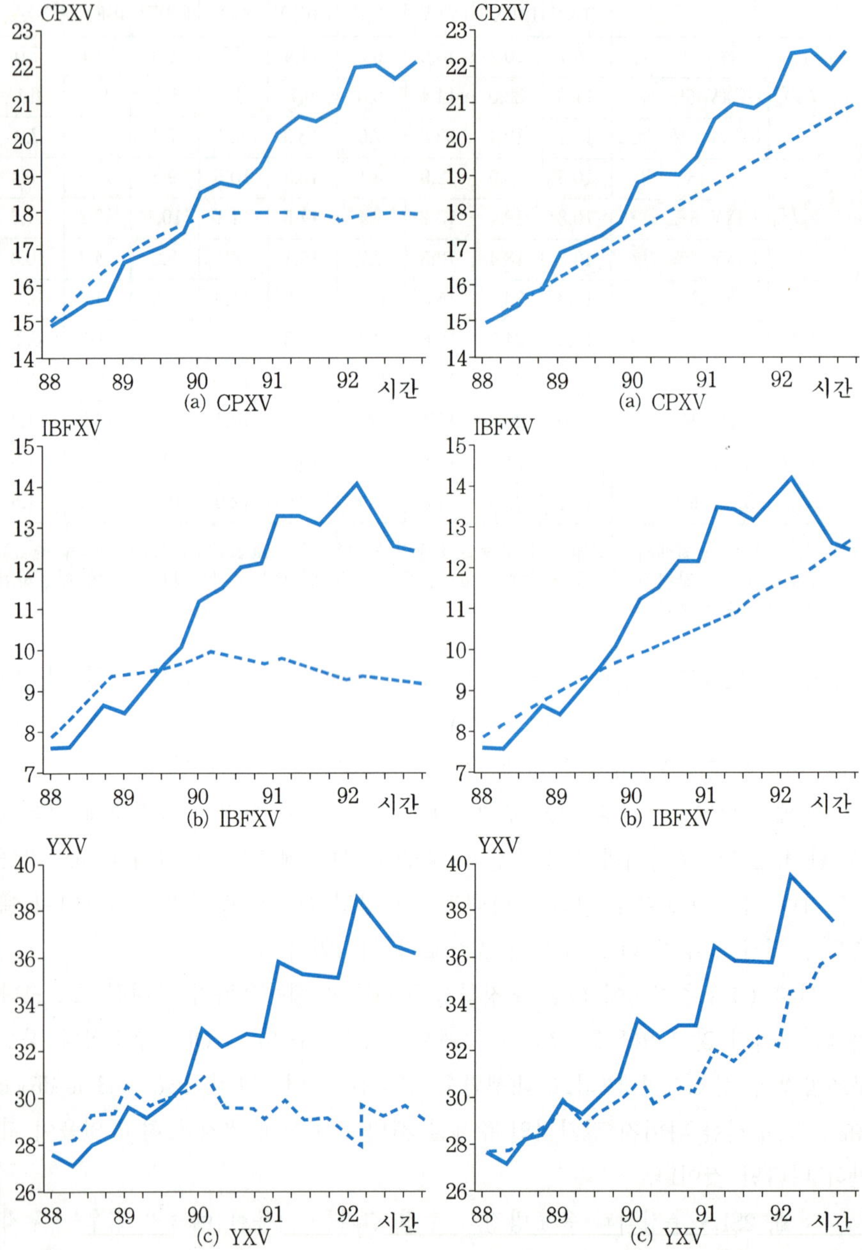

(3) 유도방정식 활용의 경우

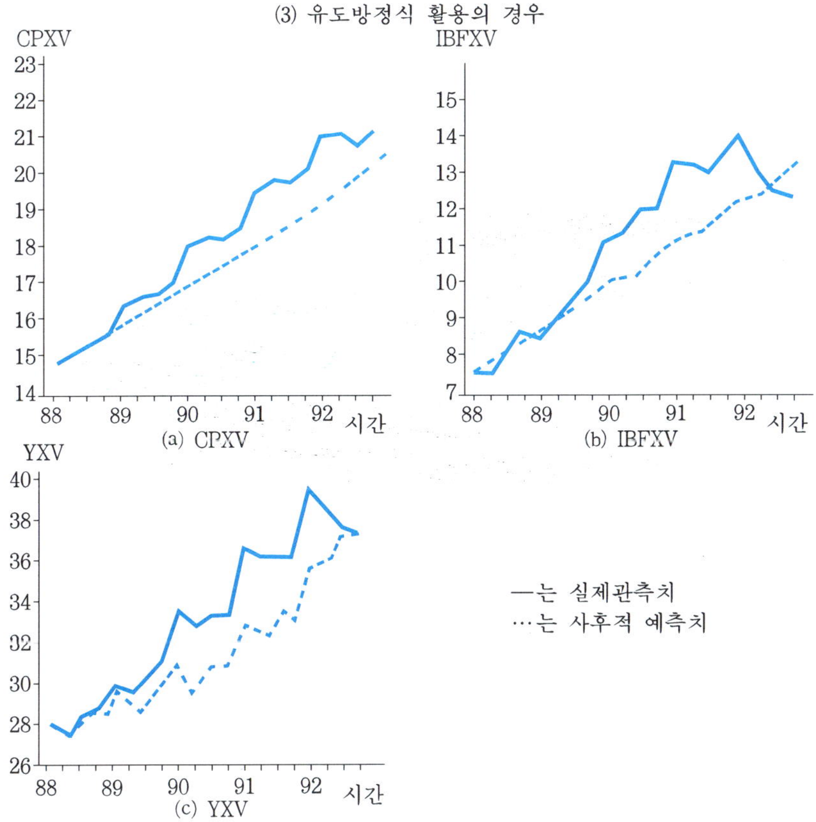

변환점까지 비교적 정확히 추적해 내고 있다. 그런데 여기서 산출된 예측치가 비록 사후적 예측에 해당되기는 하지만 GCXV 와 GIXV(따라서 ZCXV 와 ZIXV) 경우에는 정확한 자료가 없어(1970. 1~1988. 4) 기간에 대해서는 별도 기준에 따라 산출한 추정치를 활용할 수밖에 없었으므로 사전적 예측의 성격을 아울러 갖고 있다. 바로 이 점이 예측오차를 다소 크게 만든 이유로 일단 제기해 볼 수 있을 것이다.

4. 구조조정 및 계수조정

모형의 예측능력은 의태분석모형을 다소 조정함으로써 향상될 수도 있는데 이를 구조조정(adjustments)이라 한다. 예컨대 모형이 동태적으로 거의 불안정한 상태에 가깝다면, 외생변수를 추가도입하거나 제외시킴으로써 모형 전체의 적합도나 안정성을 개선시키고 나아가서는 예측력을 향상시킬 수도 있는 것이다. 물론 동일한 효과를 외생변수의 포함 여부 대신 구조방정식의 추정계수값 중 일부를 약간 수정함으로써 추구하는 계수조정(tuning)방식을 활용할 수도 있다.

어느 방법을 활용하든 이러한 작업에서 가장 유용하게 이용할 수 있는 것이 상호연관도표(flow chart)이다. 변수 간의 상호관련성 및 인과관계의 방향 등을 점검해 가며 모형의 안정성이나 정확성을 개선해 나갈 수 있는 결정적인 정보를 제공해 주기 때문이다.

구조계수를 조정할 경우 개별방정식의 통계적 적합도는 오히려 나빠질 수도 있지만 모형 전체의 동태적 상호작용에 주안점을 둘 때 이러한 문제는 감수해야 한다.

그리고 계수조정(tuning)을 시도할 경우 어느 계수값을 조정할 것인가 하는 것은 일차적으로는 플로우차트를 참조할 것이지만 정책의태분석의 내용이 아울러 좋은 길잡이가 될 수도 있다. 외생변수(정책변수)값의 변화 대신 그 구조계수값을 조정해도 유사한 변화내용을 도출할 수도 있기 때문이다. 또 한가지 계수조정시 주로 고려할 수 있는 항목으로 내생시차변수(시차가 붙은 종속변수)의 계수값을 들 수 있다. 시차종속변수가 포함된 모형은 기본적으로 자기회귀모형(autoregressive model)에 속하므로 회귀계수의 크기에 따라 장기적 추세 및 동태적 조정과정의 변화를 유도할 수 있기 때문이다.

한편, 시차종속변수 이외의 설명변수값을 조정할 때에는 각별한 주의를 기울여야 하는데, 기본적인 원칙은 구조계수의 t값이 유의할 만큼 큰 계수들은 조정해서는 안 된다는 것이다.

앞서 고려한 의태분석 결과와 그림 13-5를 참고로 우선 구조조정작업을 시도해 볼 수 있을 것이다. 그런데 의태모형을 구성할 때 이미 외생변수를 번갈아 고려해 가며 분석 결과를 비교해 보았기 때문에 이미 구조조정을 시행해 본 셈이다. 결과적으로 볼 때 소비함수에 이자율을 포함시키는 과정과 투자함수에서 정부소비를 정부투자로 대체시키는 과정으로 표출된 구조조정작업은 모형 전체의 동태적 안정성과 적합도의 모든 부분에 있어 개선된 결과를 가져다 준 것으로 평가되었다. 그러나 예측능력을 기준으로 할 경우에는 소비함수에서는 이자율변수(R_t)를 제외하고 투자함수에서는 정부투자변수(GIXV_t)를 사용한 경우가 오히려 좋은 결과를 보여 준 바 있어 최종적인 평가는 모형설정의 목표에 따라 달리 내려져야 할 것이다. 단, 한가지 추가해서 지적해 둘 사항은 만일 화폐시장에 관한 구조방정식을 추가시키되 통화공급량과 이자율을 연결시킬 경우

그림 13-5 국민소득결정모형의 연관도표

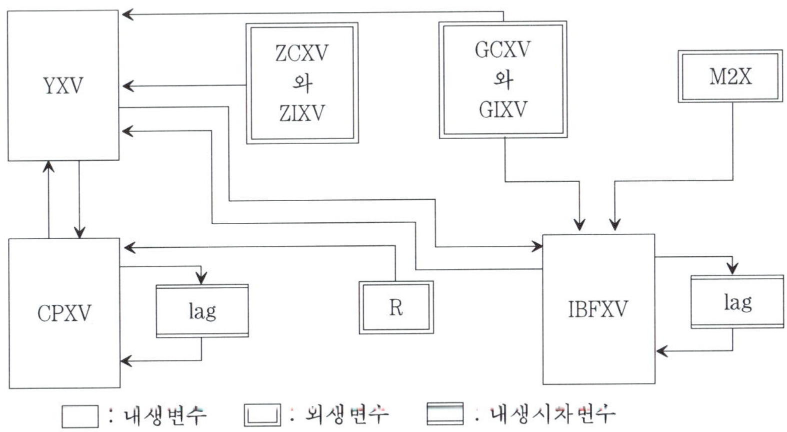

보다 세밀한 분석 결과가 도출될 수도 있다는 사실이다.

한편, 계수조정의 경우는 위에서 제시한 여러 기준을 감안할 때 내생시차변수인 $IBFXV_{t-1}$이나 t값이 낮은 $GCXV_t$ 또는 $GIXV_t$의 구조계수추정치를 조정해 볼 수 있는 것으로 이해할 수 있다. 여기서는 $GCXV_t$와 $GIXV_t$의 추정계수값을 5%씩 증감시켜 보는 모의실험만을 실시해 보았다.

표 13-7에 나타난 바에 따르면 계수조정 후 실시한 사후의태분석의 RMSPE 오차는 전체적으로는 다소 개선된 것으로 이해할 수 있다. 그리고 투자함수에 정부소비(GCXV)가 포함된 모형에서는 GCXV 추정계수를 5% 증대시킨

표 13-7 계수조정 후 사후의태분석과 RMSPE

		OLS			2SLS		
		CPXV	IBFXV	YXV	CPXV	IBFXZ	YXV
I_aII_a	GCXV 5% 증대	7.25	13.09	8.16	2.74	3.51	2.40
	GCXV 5% 감소	6.20	9.55	6.49	3.55	8.26	4.51
I_aII_b	GIXV 5% 증대	5.79	8.34	5.89	3.75	5.92	3.91
	GIXV 5% 감소	5.43	7.19	5.31	3.34	4.14	3.01
I_bII_a	GCXV 5% 증대	4.50	10.60	5.74	0.73	3.66	1.43
	GCXV 5% 감소	3.65	7.39	4.28	1.16	7.07	2.72
I_bII_b	GIXV 5% 증대	3.41	6.64	3.92	0.81	4.90	1.87
	GIXV 5% 감소	3.11	5.64	3.42	0.68	3.81	1.44

경우가, 그리고 정부투자(GIXV)가 포함된 모형에서는 GIXV 추정계수를 5% 감소시킨 경우가 의태분석 결과를 개선시키는 효과를 가져온 것으로 판정되었다. 이는 GCXV 계수가 "+"부호를, 그리고 GIXV 의 계수는 "−"부호를 갖는 것으로 추정된 결과와 연관된 효과라 볼 수 있다.

한편, 계수조정 후의 추정모형을 이용한 정책의태분석의 결과는 뚜렷한 차이점이 발견되지 못하였다(지면관계상 그 결과표는 생략함). 그리고 마지막으로 실시해 본 예측능력의 평가(표 13-6 참조)에서는 오히려 계수조정된 모형들의 성과가 전반적으로 떨어지는 것으로 나타났다.

제 6 절 요 약

연립방정식의 추정 결과에 대한 구체적인 평가작업을 수행할 수 있는 의태분석이란 경제구조 및 정책효과분석을 보다 정확히 파악하고 효과적인 예측을 수행할 수 있는 동태적 분석방안이다.

의태분석은 실시대상 시기에 따라 소급의태분석(backcasting)·사후적 의태분석(ex-post or historical simulation)·사후적 예측(ex-post forecasting) 그리고 사전적 예측(ex-ante forecasting)으로 구분되는데, 사후적 의태분석은 주로 구조모형의 적합성과 동태적 안정성을 평가하기 위한 대표적 의태분석방안이라 할 수 있다. 이 때 평가기준으로 가장 자주 사용되는 통계량은 RMS 백분율 의태오차(RMSPE 또는 RMS%E)이며, 변환점(turning point)검색 또는 민감도 검정(sensitivity test)방법 등이 보조적인 평가기준으로 활용될 수 있다.

한편, 외생변수 중 정책적으로 크기를 조정할 수 있는 성격을 가진 정책변수나 외부적인 여건의 (급격한)변화를 대변하는 순수한 외생변수값의 변화가 모형 내의 주요 내생변수에 미치는 효과를 분석할 수 있는 이른바 정책의태분석(policy simulation)은 단순히 추정된 구조모형의 동태적 안정성을 검색하는 차원을 넘어 계량경제학의 보다 근본적인 역할 중 하나인 각종 경제정책의 실시효과를 분석해 주는 역할을 담당하게 된다.

순수한 미래에 대한 사전적 예측(ex-ante forecasting) 또한 의태분석의 일종으로 이해할 수 있어 의태분석이 갖는 총체적인 의의는 실로 중차대하다고 볼 수 있다. 사전적 예측의 정확도는 일단 시간이 경과한 연후에야 확인할 수 있는 것이므로, 이에 앞서 통상적으로 사후적 예측(ex-post forecasting)을 실시하여 모형의 예측능력을 일차적으로 평가해 보는 것이 관례화되어 있다.

설정된 모형의 추정 결과가 당초의 분석 목표, 즉 경제적 행태분석이나 경제정책의 효과분석 또는 미래예측 등에 얼마나 적합한지 여부를 일단 의태분석을 통해 확인한 후 그 결과가 다소 바람직하지 못한 측면이 있을 때 우리는 구조조정(adjustment)이나 계수조정(tuning) 과정을 통해 분석 목표에 보다 합당한 추정모형을 창출해 낼 수도 있다.

연습문제

[1] 다음 용어들을 간략히 설명하라.

1) 소급의태분석(backcasting)과 사후적 의태분석(ex-post simulation)
2) 구조조정(adjusting)과 계수조정(tuning)
3) RMSE, RMSPE, MSE, MSPE
4) Theil의 불균등계수(inequality coefficient)
5) 민감도 검정(sensitivity test)과 변환점(turning point) 검색
6) 유도방정식과 최종형식의 방정식
7) impact multiplier, dynamic multiplier, total long-run multiplier

[2] 의태모형의 안정성 판정기준을 특성근의 값과 부호를 근거로 설정해 보아라.

[3] 본문 중 식 (13.9)의 도출과정을 보여라.

[4] Paul A. Samuelson 의 이른바 interaction model(식 (13.7), (13.8))과 관련하여 다음 문항에 답하라.

1) 각 식의 식별 여부를 확인하라.
2) OLS 와 2SLS 추정 결과를 대비해 보아라(부록에 있는 자료디스켓 활용. 단, 자료디스켓에는 Y, C, I, G가 YXV, CPXV, IBFXV, GEXV 로 표기되어 있음).
3) 1985년 1/4~4/4 분기 자료를 이용하여 사후적 의태분석을 실시하라.
4) 의태분석 결과의 적합도를 평가하라.

[5] 제11장 제 4 절 제 2 항에서 소개한 승용차의 수요공급모형 예제를 활용하여 다음에 답하라.

1) log YXV 값을 1982 년~1985 년 구간에 대하여 1 %와 2 %씩을 증가시킨 효과를 의태분석을 통해 밝혀 보아라.
2) 1989 년도 log YXV 와 log RPO 값을 각각 4.78396 과 5.76958 이라 보고 내생변수에 대한 예측을 실시해 보아라.

[6] 경쟁시장에서 형성되는 수요공급모형 중 이른바 거미집모형이라는 것이 있는데, 다음과 같은 식에 의해 표현되는 경우를 고려해 보자.

수요 : $Q_t^D = a_1 + a_2 P_t, \quad a_2 < 0$

공급 : $Q_t^S = b_1 + b_2 P_{t-1}, \quad b_2 > 0$

균형조건식 : $Q_t^D = Q_t^S$

만일 일시적으로 시장이 균형상태를 벗어났다고 하면,

1) $\frac{b_2}{a_2}<1$의 경우 가격은 균형가격을 향하여 안정적으로 수렴하고,

2) 균형점으로의 경로는 $b_2>0$의 경우에는 순환변동이 발생하나 $b_2<0$의 경우에는 순환변동 없이 수렴하게 됨을 증명하라.

연습문제 해답

[1]~[3] (생략)

[4] 1) 식 (13.6) : 과대식별

식 (13.7) : 식별 불필요

2)

추정방법	종속변수	상 수	Y_{t-1}	$(Y_{t-1}-Y_{t-2})$	d	R^2
OLS	C_t	1,655.89 (20.03)	0.52 (94.26)	–	0.80	0.99
	I_t	3,139.30 (11.43)	–	1.72 (3.34)	0.39	0.13
2SLS	C_t	1,665.70 (19.69)	0.52 (92.57)	–	0.81	0.99
	I_t	3,139.30 (11.43)	–	1.72 (3.34)	0.39	0.13

3) (생략)

4)

RMSPE	OLS			2SLS		
	C_t	I_t	Y_t	C_t	I_t	Y_t
	12.285	33.324	15.790	12.278	33.324	15.787

[5] 1)

연 도	log YXV 1% 증가		log YXV 2% 증가	
	log P	log Q	log P	log Q
82	0.52586	0.97979	1.05159	1.95964
83	0.52114	0.95006	1.04228	1.90011
84	0.51632	0.93003	1.03263	1.86005
85	0.51277	0.91535	1.02554	1.83069

2) $P_{1989}=\begin{cases}\text{실제치 : } 6,884 \\ \text{예측치 : } 6,859.2\end{cases}$

$$Q_{1989} = \begin{cases} \text{실제치 : } 499,946 \\ \text{예측치 : } 476,857.8 \end{cases}$$

[6] (생략)

제 5 편
시계열분석과 경제예측

제 1 편이 본격적인 계량분석에 필요한 기초통계분석을 요약 제시한 것이라면, 제 2 편에서부터 제 4 편까지는 이러한 통계분석 내용을 근거로 시행하는 전통적인 계량경제 분석을 단계별로 소개한 것이라 할 수 있다. 여기서 전통적인 계량분석이라 함은 회귀분석에 근거한 분석방안을 지칭한 것이다. 이러한 회귀분석방안은 이미 확인한 바와 같이 두 변수(이상) 간에 성립되는 인과관계 또는 함수관계를 규명하는 데 주된 목적이 있다. 그리고 어떤 경제현상을 특수함수관계로 파악하고 또 성공적으로 그 관계를 추정할 경우 그 추정 결과에 근거하여 장래에 대한 예측을 시행하게 된다.

그런데 미래 예측을 주 관심사로 볼 때 오히려 회귀분석방법보다 쉽게 활용할 수 있을 뿐만 아니라 인과관계에 관한 어떠한 이론적 배경이 없이도 예측을 수행할 수 있는 방법론이 특히 1980 년대 이후 크게 발전되어 왔다. 즉, 어느 한 변수의 미래값을 단지 자신의 과거 관측치만에 근거하여 파악할 수 있는 이른바 시계열분석방법이 크게 각광을 받게 된 것이다. 시계열분석은 기본적으로 한 변수의 변동 내용을 장기적 추세변동(secular trend)과 주기적 변동(cyclical variation) 및 계절적 변동(seasonal variation) 그리고 불규칙변동 등으로 구성되어 있는 것으로 보고 이를 분해하여 추정하는 방법을 사용한다.

이러한 시계열분석방법론은 최근 Box 와 Jenkins 에 의해 보다 체계화되었고 자기회귀이동평균(ARMA; autoregressive moving average)모형을 중심으로 하는 모형의 식별과 추정, 그리고 추정된 모형의 진단과 예측을 수행하는 방법론이 제시되어 널리 사용되게 되었다. 문제는 과연 경제변수를 과거의 관측치에만 근거하여 예측하는 시계열분석방법론이 일반적으로 계량경제모형의 분석력에 비견될 수 있을까 하는 점이다. 그러나 지금까지의 주요 연구 결과에 따르면 이러한 시계열분석모형의 예측력이 오히려 회귀분석모형에 비해 우수한 것으로 밝혀졌다.

그러나 시계열분석방법과 전통적인 회귀분석방법을 서로 대립되거나 이질적인 방법론으로 간주하는 양분적(dichotomy)인 인식은 시계열분석방법이 발전함에 따라 크게 변모하게 되었다. 따라서 시계열분석이 대부분 독자적으로 활용되고는 있으나 경우에 따라서는 회귀분석과 함께 쓰이기도 한다. 예컨대 인과관계에 근거하는 구조방정식을 회귀분석으로 분석할 경우에도 회귀오차항에 관한 분석은 시계열분석으로 대신할 수도 있는 것이다.

한편, 원자료를 시계열분석에 따라 적절히 조정한 후 조정된 시계열자료 간의 인과관계적 함수관계를 회귀분석으로 파악하는 방법 등이 아울러 제시되어 왔다.

이 밖에도 시차분포모형(distribution-lag model)에서 파생된 자기회귀분포모형(autoregressive distributed-lag model)의 활용방안, 이른바 허구적 회귀(spurious regression) 현상으로 인한 문제를 해소하기 위한 공적분(cointegration)모형분석방안, 그리고 자기회귀이동평균(ARMA)모형을 다변량모형(multivariate models)으로 확장시킨 것으로 볼 수 있는 벡터자기회귀(VAR; vector auto-regression)모형의 활용방안 등은 시계열분석과 회귀분석이 접목되는 대표적인 사례로 볼 수 있다.

본 편에서는 이상과 같은 시계열분석의 핵심적인 내용 및 연관된 주제를 그림 V와 같은 체계로 정리하여 제시코자 한다.

그림 V 시계열분석의 주요 내용

- 시계열분석
  - 시계열분석기초 : Box-Jenkins 방법
    - 시계열의 안정성 검정
    - 주요 시계열모형
    - 모형의 식별
    - 모형의 추정
    - 모형의 진단
    - 모형의 예측
  - 고급 시계열예측모형
    - ARIMA 오차항을 갖는 회귀분석모형
    - ARIMA 오차항을 갖는 동태적 회귀분석모형
    - ARIMA 오차항을 갖는 충격모형
    - VAR, SVAR 모형
    - ARCH, GARCH 모형
    - 오차수정모형(ECM)

제14장 시계열분석기초 : Box-Jenkins 방법

본 장에서는 시계열분석이 갖는 본질적 의의와 특성, 그리고 유형에 대하여 살표본 후 시계열분석에 관한 중심과제를 분석단계별로 정리해 보았다.

시계열분석의 궁극적 목표는 정확한 (단기)예측에 있으며, 분석대상변수의 과거 관측치만을 이용하여 분석을 수행하는 것이 기본적인 특징이라 할 수 있다.

그런데 시계열분석을 이용한 예측은 우선 시계열자료의 안정성을 전제로 하고 있어 ACF와 PACF 등의 개념을 이용한 안정성 검정방안을 제2절과 제3절에서 요약 제시하였다. 이어서 안정성을 바탕으로 정립 가능한 여러 ARIMA 모형 가운데 가장 적절한 모형을 식별해 내어 추정한 다음 추정된 결과가 적절할 경우 추정된 모형에 근거하여 예측을 수행하는 구체적인 과정을 아래와 같은 체계로 살펴보고자 한다.

그림 14 시계열분석의 주요 내용

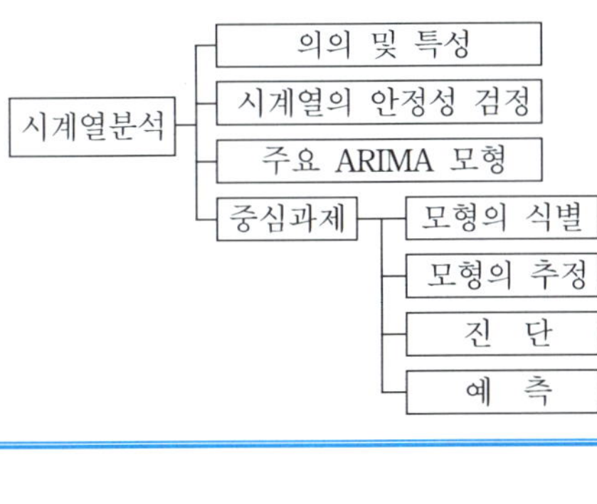

제1절 개 요

전통적으로 시계열분석은 분석대상변수의 시계열자료, 즉 과거의 관측치에 근거하여 미래값을 예측하는 데 목표를 두었다. 이러한 목적을 위해 도입된 초창기 시계열분석은 주로 요인별 분해(decomposition) 또는 평활화(smoothing)방법을 활용하였다.

한편 1970년대 초에 이르러 George Box와 Gwilym Jenkins에 의해 ARIMA 모형을 이용한 시계열예측방안이 제시되면서 시계열분석은 획기적인 발전을 이룩하게 되었다.

시계열분석은 본질적으로 1변량분석에 해당되므로(즉 분석대상 변수 한 개만의 관측치를 활용하는 분석임) Box-Jenkins 모형, 즉 ARIMA 모형 또한 기본적으로는 1변량 시계열분석모형에 해당된다. 한편 ARIMA 모형이 도입되면서 시계열분석은 초창기의 전통적 접근방법과는 달리 안정적 시계열(stationary time series)의 도출과정을 통해 예측을 도모하게 되었다. 불안정한 시계열 속에 내재된 바람직하지 못한 속성을 제거한 후 변동상의 특징적인 패턴을 보다 체계적으로 파악하여 예측에 활용하게 된 것이다. 즉, 현대적 시계열분석은 안정적 시계열을 대상으로 예측하는 접근방법에 초점이 맞춰지고 있는 것이다. 따라서 Box와 Jenkins에 의해 개발된 ARIMA 모형의 분석은 다음의 단계에 따라 수행된다.

첫 번째 단계는 수집된 자료의 검증과정으로 자료가 평균 또는 분산을 기준으로 볼 때 불안정성이 내재되어 있을 경우, 이를 차분(differencing) 또는 함수전환(transformation)을 통해 안정적 시계열(stationary time series)로 전환한다.

두 번째 단계는 첫 단계에서 도출된 안정적 시계열의 변동패턴을 가장 잘 대변할 수 있는 시계열 모형을 선정한다. 이러한 모형의 식별단계에서 자기상관함수(ACF : autocorrelation function)와 편자기상관함수(PACF : partial auto-correlation function)가 주로 활용된다.

세 번째 단계에서는 기 선정된 모형을 추정하게 되며 적절한 기준에 의거하여 최적의 추정결과를 선정하게 된다.

네 번째 단계는 선정된 추정결과가 당초 설정했던 모형에서 가정된 것처럼 그 잔차항이 백색소음(white noise)으로 간주될 수 있는지를 검증하게 된다. 이때에도 ACF 나 PACF, 그리고 이른바 portmanteau 검정이 활용된다. 추정식의

그림 14-1 Box-Jenkins 모형의 분석 절차

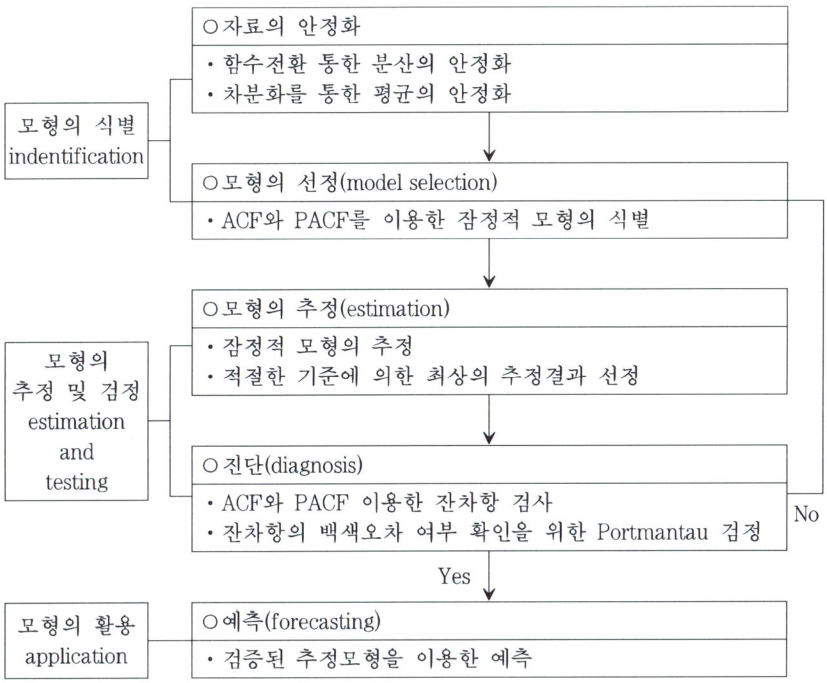

잔차항이 백색소음으로 볼 수 있다면, 당초 설정된 모형의 특성에 충실한 추정결과로 볼 수 있으나 그렇지 못할 경우에는 다시 모형선정단계(제 2 단계)부터 같은 과정을 되풀이하게 된다.

다섯 번째 단계에서는 진단결과 적합성이 검증된 추정모형을 활용하여 예측을 수행하게 된다.

제 2 절 ACF와 PACF를 이용한 자료의 검색

본 절에서는 수집된 시계열자료의 특성을 파악하는 데 가장 유용한 분석도구인 ACF 와 PACF 의 개념과 활용방안을 살펴보고자 한다.

1. 자기상관함수(ACF : autocorrelation function)

자기상관계수(autocorrelation coefficient) r_k란 k시기만큼 시차가 있는 관측치들 간의 1차 함수관계적 밀접도를 계측하기 위한 통계적 개념이다.

$$r_k = \frac{\sum_{t=k+1}^{n}(Y_t - \overline{Y})(Y_{t-k} - \overline{Y})}{\sum_{t=1}^{k}(Y_t - \overline{Y})^2} \tag{14.1}$$

따라서 r_1은 기준 관측치와 바로 전시기의 관측치 간의, 즉 연이은 관측치들 간의 상관관계를 나타내고, r_2는 두 시기만큼씩 떨어진 관측치들 간의 상관관계를, 그리고 r_k는 k시기만큼씩 떨어진 관측치들 간의 상관도를 나타낸다. 여기서 모든 시차(k)를 총괄적으로 고려한 개념을 바로 자기상관함수(ACF : autocorrelation function)라 한다.

표 14-1은 36개의 관측치로 구성된 시계열자료이며 이를 도표화한 것이 그림 14-2이다. 사실 이 숫자들은 0과 100 사이의 난수들이며 따라서 서로 독립적이라 볼 수 있는 자료이다. 따라서 이 경우 각 자기상관 계수값들은 '0'에 가까울 것으로 기대할 수 있다. 그림 14-3은 시차를 1, 2, …, 10까지 확대해가며 산출한 자기상관계수값들을 도표화한 것이며, 모두 일정한도(점선 친 구간) 내의 크기를 갖는 것으로 나타났다.

이상과 같은 자기상관함수는 시계열 자료의 특성을 탐색하는 데 매우 귀중

표 14-1 시계열자료의 예

Period	Value	Period	Value	Period	Value
1	25	13	20	25	64
2	97	14	30	26	67
3	47	15	7	27	81
4	83	16	24	28	71
5	94	17	25	29	13
6	70	18	95	30	52
7	16	19	85	31	97
8	21	20	28	32	23
9	23	21	20	33	8
10	52	22	54	34	37
11	41	23	92	35	47
12	55	24	74	36	61

그림 14-2 시계열자료의 시간도표(time plot)

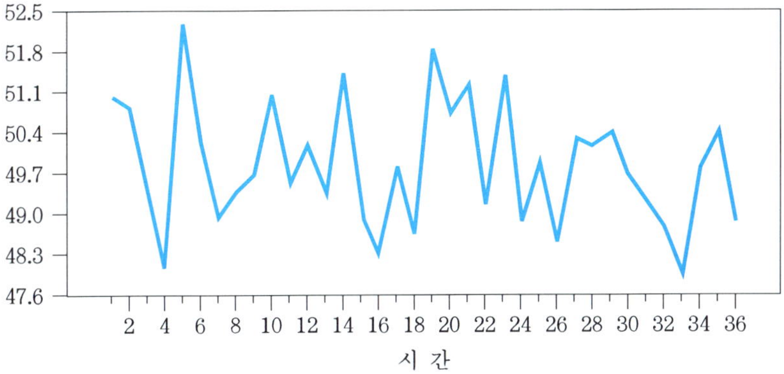

그림 14-3 자기상관도표(autocorrelogram)

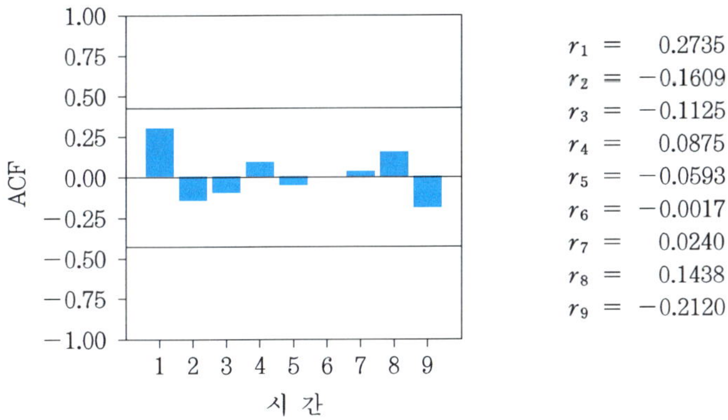

한 분석도구가 된다. 그러나 자기상관함수에 관한 통계이론은 매우 복잡하다는 문제가 있다.

2. 백색소음모형(white noise model)

시계열 모형 중 가장 간단한 논리적 표준모형으로 백색소음 또는 백색오차라 불리우는 모형이 있는데 다음과 같이 정의된다.

$$Y_t = c + e_t \tag{14.2}$$

단, 백색소음 Y_t는 총체적 수준을 나타내는 'c'와 기간 간에 연관성이 없는 확률오차를 나타내는 'e_t'로 구성된다.

표 14-1의 자료는 바로 이러한 모형으로부터 얻을 수 있는 자료들이다.

백색소음이란 문제가 되지 않는, 즉 해를 끼치지는 못하는 정도의, 따라서 무시할 만한 수준의 이탈현상이란 의미를 가지며, 원래는 공학분야에서 창출된 개념이다.

이러한 백색소음은 시계열분석에 매우 중요한 모형이다. 예컨대 훌륭한 시계열 모형은 그 예측오차가 백색소음이 될 수 있도록 추정되어야 한다는 점 등을 지적할 수 있다.

3. ACF의 표본분포를 이용한 백색소음 검정

이론적으로 무작위수(random numbers)와 같은 백색소음자료는 모든 자기상관계수값이 '0'이 되어야 한다. 그러나 표 14-1의 예에서처럼 표본크기가 작을 때(finite samples) 표본자기상관계수들이 정확히 '0'이 될 수는 없다. 그러나 백색소음표본자료의 자기상관계수값들은 평균이 '0'이고 분산이 $\frac{1}{n}$인 정규분포에 접근하는 것으로 밝혀졌다(n은 관측치의 수). 따라서 모든 표본 자기상관계수값들의 약 95%는 평균 '0'을 중심으로 표준오차($\frac{1}{\sqrt{n}}$)의 ± 1.96배 이내의 범위 내에 속하게 된다. 한편 $\pm 1.645/\sqrt{n}$ 구간 내에는 약 90%, 그리고 $\pm 2.575/\sqrt{n}$ 구간 내에는 약 99%의 표본 자기 상관계수값들이 귀속된다. 즉,

$$P(-1.645\frac{1}{\sqrt{n}} < Y_t < 1.645\frac{1}{\sqrt{n}}) \doteq 0.9$$

$$P(-1.96\frac{1}{\sqrt{n}} < Y_t < 1.96\frac{1}{\sqrt{n}}) \doteq 0.95$$

$$P(-2.575\frac{1}{\sqrt{n}} < Y_t < 2.575\frac{1}{\sqrt{n}}) \doteq 0.99$$

이 된다.

만일 표본 자기상관자료들이 위와 같은 조건을 충족시키지 못할 경우 시계열자료는 백색소음이라고 볼 수 없게 된다. 표 14-1의 표본자료의 경우는 모든 표본 자기상관계수값들이 $\pm 1.96/\sqrt{n}$ 구간 내에 속하므로 백색소음자료로 인정할 수 있다(그림 14-3 참조).

4. Portmanteau 검정

자기상관계수값들을 개별적으로 검정하여 백색소음 여부를 판정하는 대신 모든 자기상관계수값을 총체적으로 고려하여 백색소음검정을 시도할 수 있는 검정 방안이 마련되어 활용되고 있다. 이들을 '결합적', 또는 '총체적' 백색소음 검정(portmanteau test)이라 한다.

가장 대표적인 Portmantea 검정으로서 Box-Pierce 의 Q검정을 들 수 있다.

Box-Pierce 검정통계량 :

$$Q = n \sum_{k=1}^{h} r_k^2 \sim \chi^2_{(h-m)}$$

단, h는 최대시차, n은 관측치수를 나타내는데, 통상 h값은 20 안팎으로 잡는다.

만일 거의 모든 r_k값들이 '0'에 가깝다면 Q값은 상대적으로 작을 것이나, 일부 또는 상당수 r_k값들이 커지면 Q값도 상대적으로 커지며 결국 시계열자료가 백색소음이란 주장을 기각할 가능성이 높아진다. 원래 Q검정 통계량은 Box와 Pierce가 예측모형의 잔차항들이 백색오차에 가까운지를 확인하기 위해 만든 것으로 자유도가 $(h-m)$인 χ^2분포를 따르는 특성을 갖고 있다(단, m은 모형 내에서 추정할 모수들의 수).

앞서의 예제에서는 추정된 모수가 없으므로 $m=0$이 되고 $h=9$로 설정하였으므로 유의수준(α) 10%에 대응하는 χ^2의 임계치는 14.68이 된다. 한편 산출된 Q값은 6.33으로 임계치보다 아주 낮으므로 자기상관계수들이 총체적으로 '0'과 다르다고 볼 수 없다. 즉, 관측치가 백색소음이라는 주장을 기각하지 않게 된다.

한편 Ljung과 Box는 Box-Pierce 의 Q검정통계량보다 χ^2 분포에 더욱 가까운 분포를 갖는 별도의 검정통계량을 도출하여 제시한 바 있다. 이를 Ljung-Box 의 Q^*검정통계량이라 한다.

Ljung-Box 의 Q^*검정통계량 :

$$Q^* = n(n+2) \sum_{k=1}^{h} (n-k)^{-1} r_k^2 \sim \chi^2_{(h-m)}$$

상기 예제의 경우 Q^*값은 8.29로 여전히 임계치보다 낮으므로 관측치가 백색소음임을 재확인할 수 있다.

만일시계열자료가 백색소음이라면 Q와 Q^*는 정확히 동일한 분포를 갖게 된다.

그런데 불행하게도 Q와 Q^*검정은 간혹 적합도가 높지 않은 모형들을 기각하지 못하는 단점이 있다. 따라서 Q와 Q^*검정만으로 예측오차의 백색오차 여부를 판정하여 예측모형을 설정하는 일이 없도록 주의할 필요가 있다.

5. 편자기상관함수(PACF : partial autocorrelation coefficient)

k 이외의 모든 시차를 갖는 관측치(Y_{t-1}, Y_{t-2}, $\cdots$, $Y_{t-(k-1)}$)들로부터의 영향력을 배제한 가운데 Y_t와 Y_{t-k} 간의 상관도를 계측할 수 있는 개념으로써 편자기상관함수(partial autocorrelation function)가 있다.

이는 다중회귀분석모형 시 개별회귀계수를 추정함에 있어 편미분개념을 도입했던 것과 유사한 상황을 대변하기 위해 창출된 개념이다. 즉, 종속변수 Y를 두 개의 설명변수 X_1과 X_2에 대해 회귀분석할 경우, 우리는 일단 X_2의 영향력을 배제시킨 가운데 X_1만이 Y에 미치는 영향을 계측하였고 마찬가지로 X_1의 영향력을 배제한 가운데 X_2만의 독자적인 Y에 대한 영향력을 계측한 바 있다.

$$\begin{aligned}\widehat{Y}_i &= \hat{\alpha}+\widehat{\beta}_1 X_{1i}+\widehat{\beta}_i X_{2i} \\ &= \hat{\alpha}+\frac{\partial Y_i}{\partial X_{1i}}X_{1i}+\frac{\partial Y_i}{\partial X_{2i}}X_{2i}\end{aligned}$$

즉, 위와 같은 표본회귀선을 도출할 경우 추정된 $\widehat{\beta}_1$과 $\widehat{\beta}_2$은 각각 $\partial Y_i/\partial X_{1i}$, 그리고 $\partial Y_i/\partial X_{2i}$, 즉 각 설명변수의 종속변수에 대한 편미분값들이 됨을 확인한 바 있었다.

보다 직관적인 측면에서 편자기상관계수의 의미를 재조명해 보자. 우선 Y_t와 Y_{t-1} 간의 자기상관도가 높다고 가정하면 Y_{t-1}과 Y_{t-2} 간의 상관도도 높아질 것이다. 그러면 결국 Y_t와 Y_{t-2} 간의 상관도도 높게 될 것이다. 두 관측치가 모두 Y_{t-1}과 높은 연관을 맺고 있기 때문이다. 이러한 상황에서 Y_{t-1}을 중

개로 한 영향력을 배제하면서 Y_t와 Y_{t-2}와의 상관도를 계측하기 위한 분석도구가 바로 편자기상관계수인 것이다.

따라서 이상과 같은 특성을 갖는 편자기상관계수는 Y_t를 Y_{t-k}에 대하여 회귀분석을 실시하여 회귀계수를 추정함으로써 산출할 수 있다. 즉,

$$Y_t = b_0 + b_1 X_{t-1} + b_2 Y_{t-2} + \cdots + b_k Y_{t-k} + \epsilon_t \tag{14.3}$$

과 같은 회귀식에서 각 회귀계수의 추정치들($\hat{b_0}$, $\hat{b_1}$, …, $\hat{b_k}$)은 $k = 1, 2, \cdots, k$에 대응하는 편자기상관함수(α_k)와 유사하다.1)

식 (14.3)은 일반적인 설명변수 대신 종속변수의 과거치들로 하여금 설명변수 역할을 하도록 정립한 특수모형으로 자기회귀(AR : auto-regression)모형이라 불리운다.

앞서의 예제를 이용하여 $k = 10$일 때까지의 PACF를 산출한 결과가 그림 14-4와 같다.

만일 분석대상 자료가 백색소음이라면 ACF 경우에서처럼 모든 PACF 값들루 거의 '0'에 가까워져야 한다. 또한 추정된 표본 PACF 값들도 평균이 '0'이고 분산이 '$1/n$'인 정규분포에 가까운 분포를 갖게 된다. 따라서 $\pm 1.96/\sqrt{n}$ 구간 내에 모든 표본편상관계수들이 귀속된다면 대상변수는 백색소음으로 간주해

그림 14-4 7-1 자료에 대한 PACF

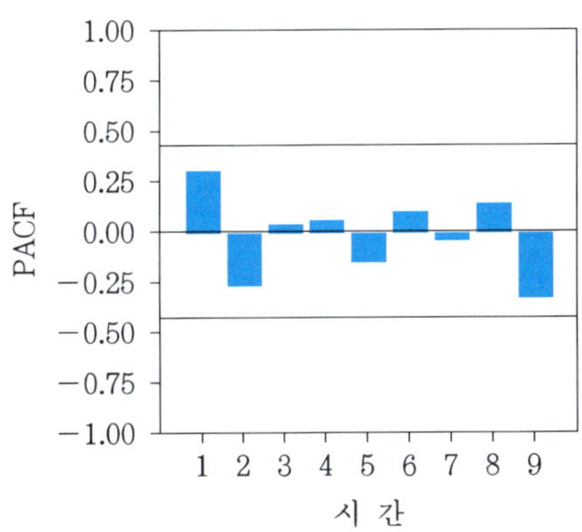

$\alpha_1 = 0.2735$
$\alpha_2 = -0.2547$
$\alpha_3 = 0.0143$
$\alpha_4 = 0.0934$
$\alpha_5 = -0.1685$
$\alpha_6 = 0.1256$
$\alpha_7 = -0.0422$
$\alpha_8 = 0.1526$
$\alpha_9 = -0.3393$

1) 실제 편자기상관계수는 일반적으로 보다 간편한 별도의 산출과정을 통해 도출된다. 자세한 내용은 Alan Pankrats, *Forecasting with Univariate Box-Jenkins Models*(Wiley, 1983), pp. 40-42 참조.

도 무방할 것이다.

상기 예제의 경우 PACF 값들은 모두 일정구간(기준선구간) 내에 속하고 있어 관측자료가 백색소음임을 입증해 주고 있다.

6. 계절변동성의 확인과 대응

한편 월별자료나 분기별 자료 사용시 12개월(의 배수 포함) 시차 값이나 4 분기(의 배수 포함) 시차 값과의 자기상관계수 값이 상당히 높은 양수를 나타낼 때 우리는 일단 계절변동성이 유의할 만한 수준인지 여부를 확인할 필요가 있다.

월별자료사용 시 12, 24, 36개월 시차 값과의 자기상관계수 값이 뚜렷이 그리고 지속적으로 높게 임계치를 벗어날 만큼 높게 나타나면 계절변동이 유의할 만한 것으로 인식해야 한다. 물론 이와 같은 계절성 시차 값들과의 편자기상관

그림 14-5 월별 돼지 도축수를 이용한 계절 변동성 분석

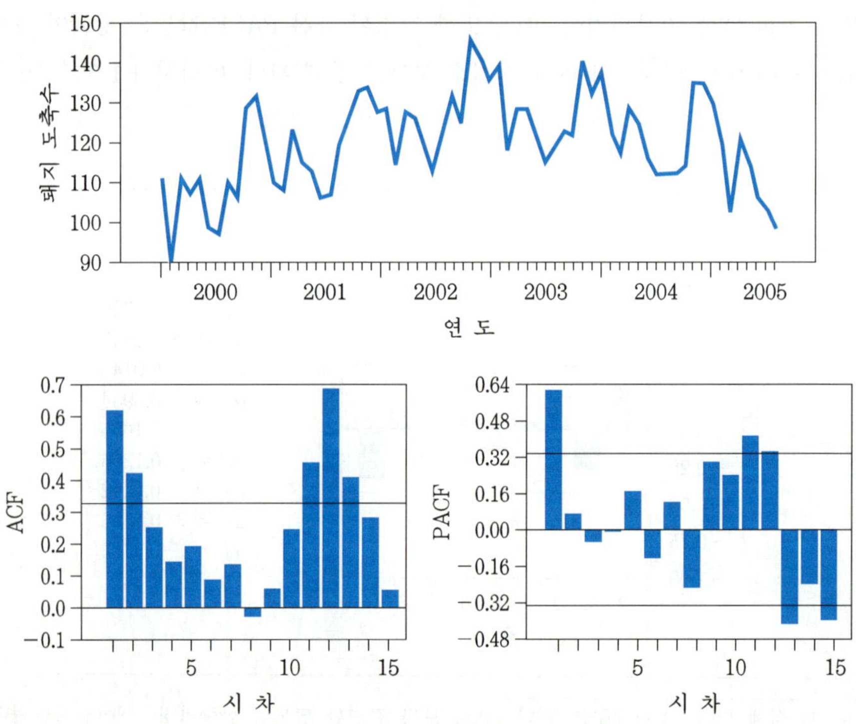

자료 : 2000년 1월~2005년 7월, 싸이버 축산 연합회

계수 값도 높게 나타날 것이다.

그림 14-5는 2000년 1월부터 2004년 12월까지 월별 돼지 도살 두수에 관한 시간도표 및 ACF, 그리고 PACF 도표들이다. ACF 값은 시차 1과 12 근처에서 유의적으로 나타나 계절변동성이 강한 것으로 보인다. PACF의 경우는 ACF 경우처럼 확연하지는 않으나 역시 계절성의 존재를 암시하고 있는 것으로 평가된다. 또한 이러한 계절변동성으로 인해 관측자료는 백색소음이 아닌 것으로 진단할 수 있다.

한편 하기 예제의 경우 Q와 Q^* 검정통계량 값은 각각 82.9와 122.8로서 유의수준 10%에 대응하는 χ^2임계치인 22.30보다 크므로 총체적인 측면에서 보더라도 이 자료는 백색소음으로 간주될 수 없다.

제 3 절 시계열의 안정성 검정(examination of stationarity)

시계열자료가 지속적으로 증가 또는 감소하지 않고 일정수준을 중심으로 즉, 대략 수평선에 가까운 추세를 유지할 경우 이를 평균에 대하여 안정적 시계열이라 한다. 그리고 시간에 상관 없이 변동폭, 즉 분산이 기본적으로 일정수준을 유지한다면 이를 분산에 대한 안정적 시계열이라 한다. 이처럼 시간과 상관 없이 일정한 평균과 분산값을 가지는 시계열을 안정적 시계열이라 한다.[1)]

만약 그림 14-6에서의 (a)처럼 평균과 분산이 시간 경과에 상관 없이 일정한 수준을 유지할 경우, 이는 안정적 시계열이 될 가능성이 높다. 그러나 (b)에서처럼 상향추세를 보이거나 (c)에서처럼 점차 변동폭이 확장적일 경우 이는 평균 또는 분산에 대해 불안정적 시계열이 될 가능성이 높다.

시계열의 안정성 여부를 그림 14-6에서처럼 시각적 판단을 통해 확인할 수도 있으나, 이를 보다 체계적으로 검증할 수 있는 효율적 방안이 있다. 즉, ACF와 PACF 도표를 이용하는 것이다. 일반적으로 안정적 시계열의 경우는 ACF

---

1) 엄밀히 말하면 평균과 분산에 대한 안정성이란 '약안정성(weak stationarity)'을 의미하는 것으로 평균과 분산이 시간과 관계 없이 일정하고 공분산은 시점에 관계 없이 단지 시차의 크기만의 함수로 표현되는 경우를 일컫는다. 한편, 결합밀도함수가 시간이 흘러도 전혀 변하지 않아 $P(Y_1, Y_2, \cdots, Y_n) = P(Y_{k+1}, Y_{k+2}, \cdots, Y_{k+n})$과 같은 관계가 성립되는 조건까지를 포함한 개념을 '강안정성(strict stationarity)'이라 한다. 물론 강안정성이 보장되면 좋겠지만 이는 지나치게 엄격한, 따라서 비현실적일 수 있는 조건이라 할 수 있다.

그림 14-6 시계열자료추세의 유형

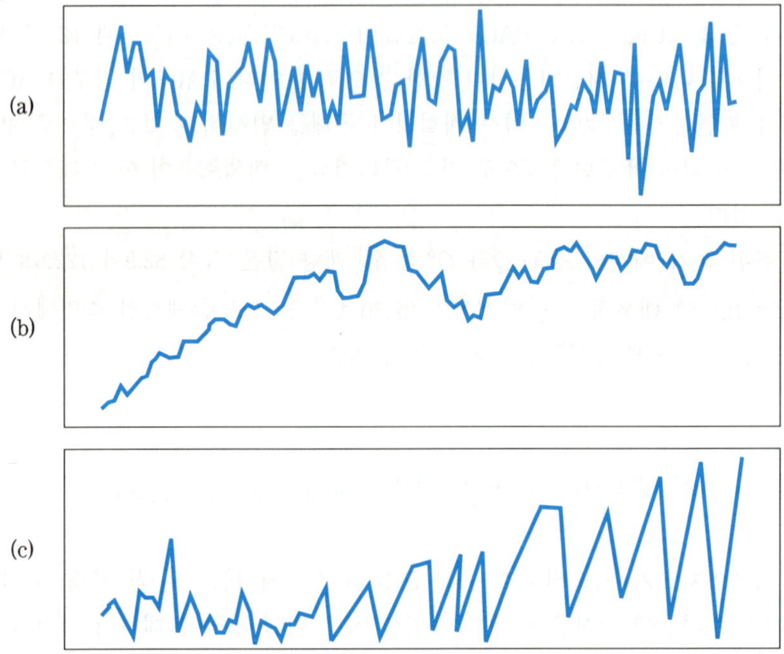

값들이 급격하게 '0'에 접근하게 된다. 따라서 ACF 가 시차가 증가함에 따라 천천히 점진적으로 감소하는 추세를 보이며, 따라서 여러 개 시차에 걸쳐 '0'과 유의할 만큼 차이가 나는 큰 값들이 나타나며, 해당 시계열은 불안정적이라 볼 수 있게 된다. 불안정적 시계열의 경우 PACF 값은 첫 번째 시차에서 거의 '1'에 가까울 만큼 큰 값(large spike)을 기록하게 된다.

그림 14-7은 2004년 7월부터 2005년 7월까지 한국종합주가지수에 관한 시간도표 및 ACF, 그리고 PACF 도표들이다. 시간도표에서 우리는 쉽사리 이 자료가 평균에 관하여 불안정적임을 알 수 있다. ACF 도표 또한 자기상관함수 값이 서서히 감소하는 불안정적 시계열의 표본적 특징을 보여 주고 있다. PACF 도표의 경우에서도 시차 '1'에서 스파이크 값이 거의 '1' 과 같을 뿐 여타 시차에서는 모두 '0'에 가까워지는 불안정적인 시계열의 특징적 유형이 나타나고 있다.

그림 14-7 한국종합주가지수의 일별변화자료를 이용한 분석

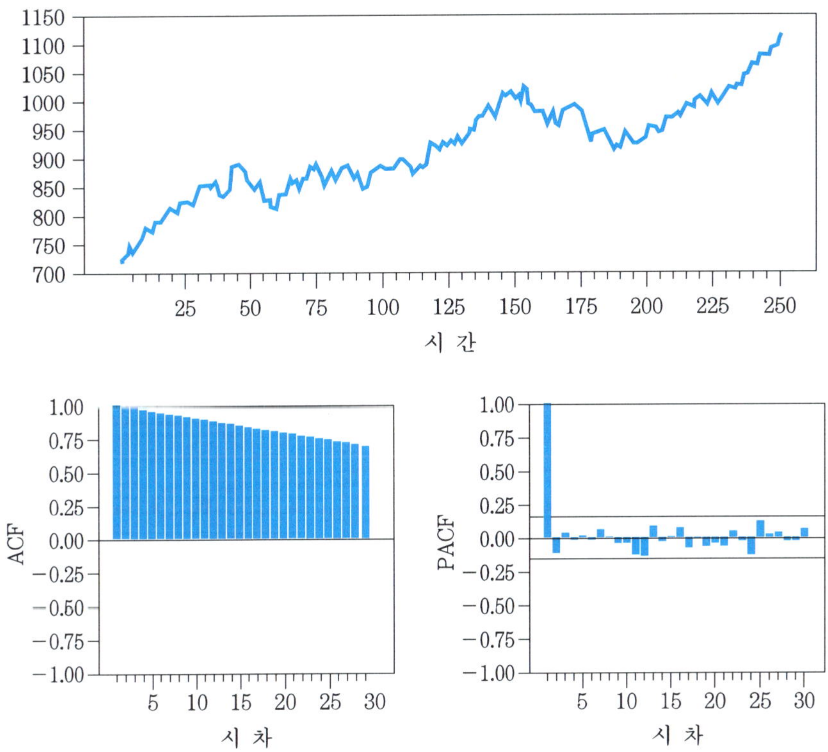

1. 불안정성의 제거(removal of non-stationarity)

경제예측에 활용되는 이른바 시계열 모형이란 기본적으로 안정적 시계열만을 대상으로 설정된다. 따라서 시계열자료가 불안정적인 경우에는 일단 불안정성을 제거하는 작업부터 수행해야 한다. 불안정성을 제거하는 가장 간편한 방안 중 하나가 '차분'(differencing)이다. 차분이란 각 원시계열 관측치 간의 변화분, 또는 차이를 말힌다.

$$\Delta Y_t = Y_t - Y_{t-1}$$

차분된 시계열은 $(n-1)$개 값을 갖게 된다. 첫 번째 관측치에 대한 ΔY_t 값이 산출될 수 없기 때문이다.

그림 14-8 1차 차분한 한국종합주가지수자료를 이용한 분석

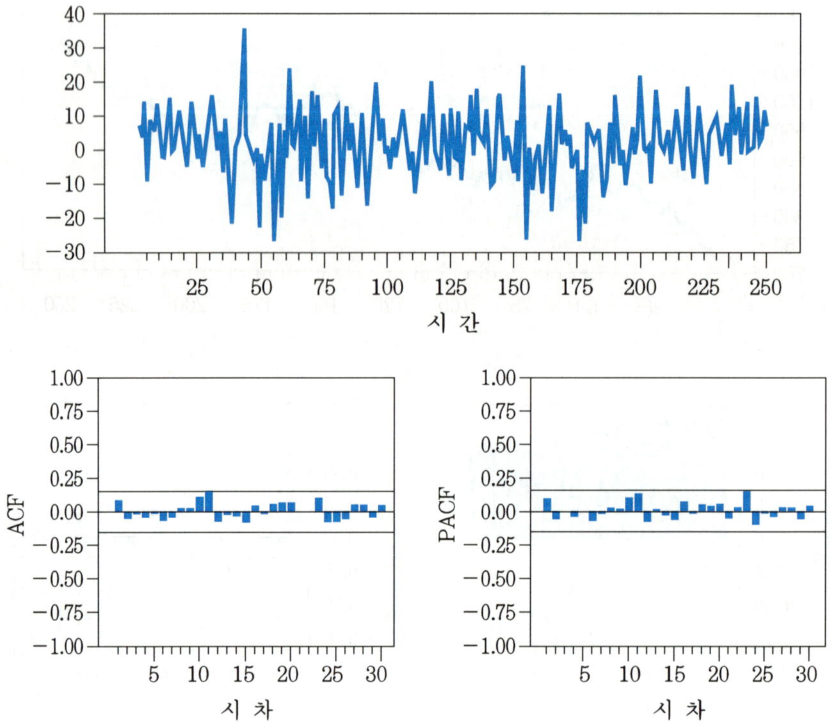

그림 14-8에서 앞서 살펴본 시계열 자료를 1차 차분한 시계열자료의 변동 패턴은 거의 '백색소음'에 가까운 모양을 하고 있다. 거의 모든 ACF와 PACF 값도 임계치 내에 머물고 있음을 알 수 있다.

한편 Box-Pierce의 Q통계량 값은 38.42, 그리고 Ljung-Box의 Q^*통계량 값은 35.94로서 각각 $h=30$, $m=0$에 대응하는 χ^2의 임계치(10% 경우에 40.26)보다 낮으므로 더 이상 유의할 만한 불안정성은 없는 것으로 판단된다. 결국 한국종합주가지수의 일별 변화(daily change)는 본질적으로 지난 날들의 변화와는 상관이 없는, 따라서 백색 소음적 특성을 갖는 것으로 평가된다.

그런데 간혹 1차 차분한 시계열자료가 여전히 불안정성을 갖고 있는 것으로 나타날 수도 있다. 이런 경우에는 한 차례 정도 더 차분을 수행하여 안정적 시계열을 도출하게 된다. 현실적 상황에서 볼 때 어떤 불안정적 시계열이라 하더라도 한 두 차례 차분을 통해 안정화가 가능한 것으로 알려져 있다.

$$\Delta^2 Y_t = \Delta Y_t - \Delta Y_{t-1} = (Y_t - Y_{t-1}) - (Y_{t-1} - Y_{t-2}) = Y_t - 2Y_{t-1} + Y_{t-2}$$

그런데 한국종합주가지수처럼 한 차례의 차분으로 안정성이 확보되는 특성을 가진 시계열 중 가장 대표적인 시계열은 다음과 같이 정의될 수 있다.

$$Y_t - Y_{t-1} = e_t \tag{14.4}$$

$$\text{또는 } \Delta Y_t = Y_t - Y_{t-1} = e_t$$

(단, e_t는 백색소음)

이러한 모형을 흔히 확률보행모형(random walk model)이라 한다. 이는 술이 많이 취한 사람이 결국은 일정방향으로 걷기는 하되, 그 과정에서 어느 한 방향으로 진행하다가 갑자기 방향을 바꾸기도 하는 등 다음 발걸음의 진행방향을 예측하기 힘든 것과 같이 변화하는 시계열을 지칭하는 것으로 바로 주가지수 같은 시계열 자료가 대표적인 예라 할 수 있다.

2. 불안정성과 계절변동의 동시적 제거

불안정적 시계열자료가 계절변동을 갖고 있을 경우에는 우선 계절적 차분(seasonal differencing)을 수행함으로써 계절변동 요인을 제거해야 한다. 계절적 차분이란 한 관측치에서 1년 전 관측치를 차감하는 것을 의미한다. 예컨대 월별 자료의 경우 다음과 같이 정의된다.

$$\Delta^s Y_t = Y_t - Y_{t-12}$$

일반적으로 계절적으로 차분화된 시계열 $\Delta^s Y_t$는 's'기간 시차를 둔 관측치(단, s는 1년 중 계절의 수를 뜻함. 따라서 월별자료의 경우에는 $s=12$, 그리고 분기별 자료의 경우에는 $s=4$가 됨)와의 차이분을 나타내도록 정의한다. 물론 희귀한 경우이기는 하지만 1차 차분만으로 계절적 변동이 제거되지 못하면 2차 계절차분을 시도할 수 있다.

전력생산량은 계절변동을 갖는 불안정적 시계열의 좋은 예가 될 수 있다.

그림 14-9에서처럼 한국의 분기별 GDP는 상승추세에 따른 불안정성과 계절변동성을 동시에 갖고 있다. 따라서 ACF는 19분기의 시차에 걸쳐서도 좀처럼 '0'에 접근하지 않고 있으며(단, 4분기마다 ACF 값이 상대적으로 크게 나타남), PACF는 1, 2, 4, 그리고 5분기의 시차에서 유의할 만큼 큰 값을 기록하고 있다.

그림 14-9 분기별 GDP 자료를 이용한 분석

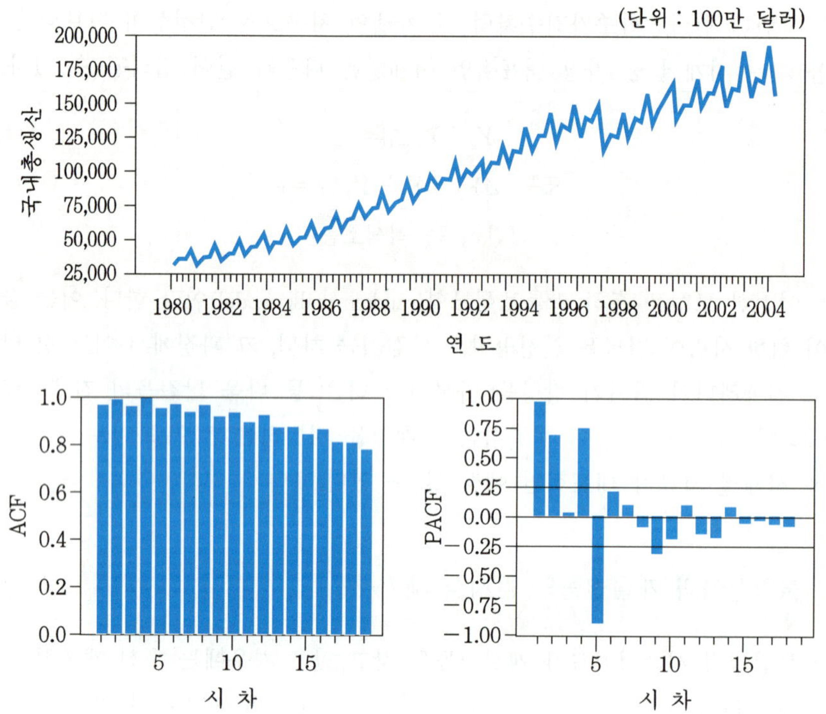

그림 14-10은 일단 계절변동분을 계절적 차분을 통해 제거한 결과를 보여주고 있다. 예상했던 대로 불안정성이 다소 완화되었지만 여전히 남아 있다.

따라서 이번에는 계절적 차분과 안정성회복을 위한 1차 차분을 동시에 실행해 보았다. 결국 그림 14-11은 다음과 같은 시계열을 도표화한 것이라 할 수 있다.

$$
\begin{aligned}
Y_t^* &= \Delta^s Y_t - \Delta^s Y_{t-1} \\
&= (Y_t - Y_{t-12}) - (Y_{t-1} - Y_{t-13}) \\
&= Y_t - Y_{t-1} - Y_{t-12} + Y_{t-13} \qquad (14.5)
\end{aligned}
$$

예상했던 대로 불안정성은 대폭적으로 제거되었고 동시에 계절성도 많이 완화되었다. 물론 1차 차분에 의해 먼저 불안정성을 제거한 다음 계절 변동을 제거해도 결과는 같아진다.

그림 14-10 계절적 차분을 통한 GDP자료의 분석

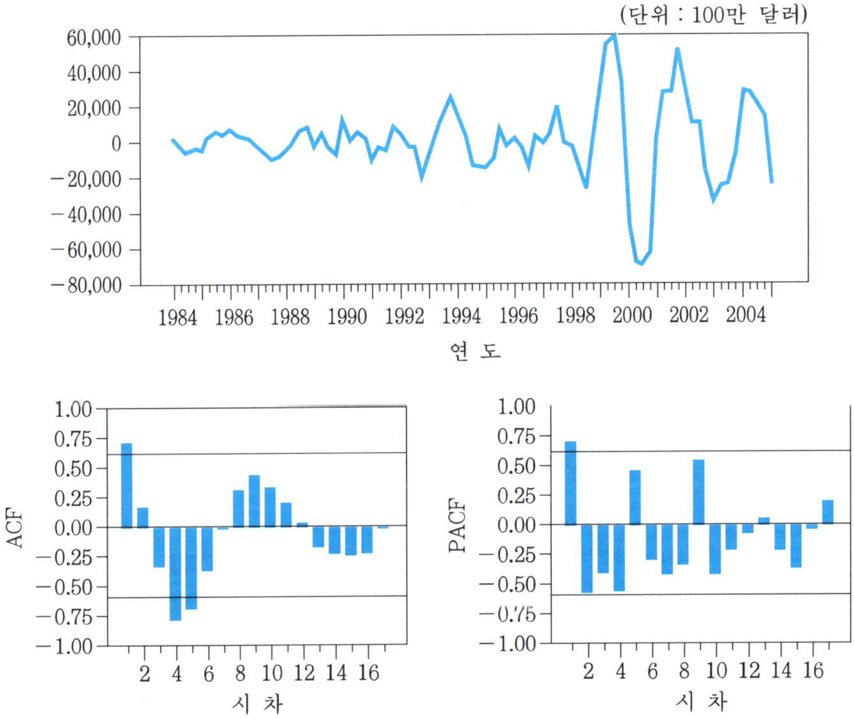

3. 안정성 검정(test for stationarity)

시계열자료의 안정성 여부는 앞서 서술한 바 있듯이 1차적으로는 관측자료가 상승(또는 하강)하는 추세가 있는지, 그리고 변화폭(또는 분산의 크기)이 변화가 있는지를 살펴 확인할 수 있다. 그리고 보다 체계적인 확인과정은 ACF와 PACF 도표를 활용하여 이루어질 수 있다. 그러나 이 두 가지 과정만으로는 안정성 여부를 단정적으로 판단내리기 어려운 경우가 많다. 따라서 보다 정량적인 검정방안이 도입되었는데 그 대표적인 것이 '단위근 검정'(unit root tests)이다. 단위근 검정을 위해 여러 검정통계량이 제시된 바 있는데 가장 간편하고 일반적으로 쓰이는 것이 Dickey와 Fuller가 개발한 D-F 검정통계량이다. 자세한 내용은 제16장까지 일단 미루어 두고 그 판정 과정의 일부만을 소개하면 다음과 같다.

그림 14-11 계절적 차분과 1차 차분을 통한 GDP 자료의 분석

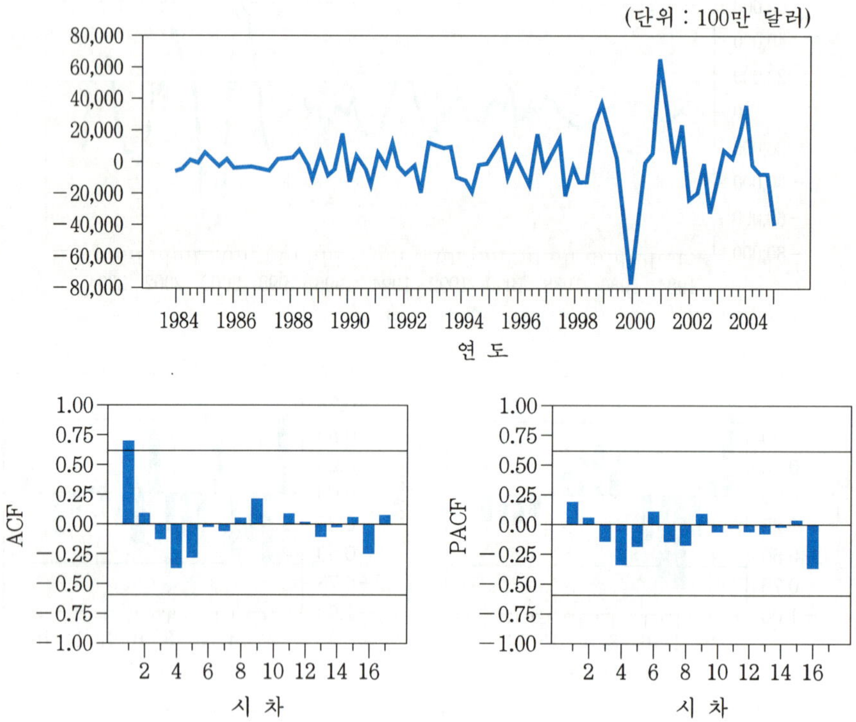

$$\Delta Y_t = \phi Y_{t-1} + b_1 \Delta Y_{t-1} + b_2 \Delta Y_{t-2} + \cdots + b_p \Delta Y_{t-p} \tag{14.6}$$

식 (14.6)에서 ΔY_t는 1차 차분된 시계열($Y_t - Y_{t-1}$)인데, 회귀방정식의 설명변수를 구성하는 1차 차분된 시차변수들은 통상 $p=3$ 정도까지 고려하면 충분한 것으로 밝혀져 있다. 일단 검정방법의 결과적 특성만을 소개하면 ϕ의 추정치가 '0'에 접근하면 불안정성이 존재하는 것으로, 또는 단위근이 존재하는 것으로 보고 원래 시계열자료를 1차 차분함으로써 불안정성을 제거한다.

물론 식 (14.6)에서 ϕ를 추정하기 위해서는 OLS를 적용하게 된다. 그런데 차분화가 필요한 경우, 즉 단위근이 존재하는 경우에는 ϕ에 대한 t검정은 더 이상 유효하지 못하게 된다. 대신 Fuller가 제시한 통계표[1]를 대신 사용하게 되

1) 부록 (F) 참조.

는데 ϕ가 유의할 만큼 '0'과 다르다면 시계열자료는 안정적인 것으로 판정하게 된다.

후방연산자(backshift notation)

시계열 분석방안을 논의함에 있어 표현의 간편화를 위해 후방연산자(backward shift operator)가 매우 유용하게 사용되고 있다.

$$BY_t = Y_{t-1} \tag{14.7}$$

여기서 B는 Y_{t-1}값을 1기전으로 한 번 이동시키는 연산자이다. 따라서 두 번 이동시키려면 즉 2기전으로 이동시키려면,

$$B(BY_t) = B^2 Y_t = Y_{t-2} \tag{14.8}$$

와 같이 표현한다. 따라서 월별자료에서 전년 동기 같은 달로 이동시키려면,

$$B^{12} Y_t = Y_{t-12}$$

와 같이 나타낸다.

그런데 이러한 후방연산자는 특히 차분화를 표현하는 데 매우 유용하다.

$$\Delta Y_t = Y_t - Y_{t-1} = Y_t - BY_t = (1-B)Y_t \tag{14.9}$$

또한 이러한 후방연산자는 특히 복합적 차분화를 나타내는 데 매우 유용하다. 예컨대 식 (14.9)는 다음과 같이 표현될 수도 있다.

$$\begin{aligned}(1-B)(1-B^s)Y_t &= (1-B-B^s+B^{s+1})Y_t \\ &= Y_t - Y_{t-1} - Y_{t-s} + Y_{t-s-1}\end{aligned}$$

즉, 식 (14.9)에서처럼 1차 차분을 $(1-B)$로 나타낼 수 있게 된다. 같은 방식으로 2차 차분은 다음과 같아진다.

$$\begin{aligned}\Delta^2 Y_t &= \Delta Y_t - \Delta Y_{t-1} \\ &= (Y_t - Y_{t-1}) - (Y_{t-1} - Y_{t-2}) \\ &= Y_t - 2Y_{t-1} + Y_{t-2} \\ &= (1-2B+B^2)Y_t\end{aligned} \tag{14.10}$$

$$= (1-B)^2 Y_t$$

물론 2차 차분(second-order differencing)은 두 기간 관측치 간의 차분(second difference), $1-B^2$과 구분되어야 한다. 또한 12기간 간의 차분(twelfth difference)은 $1-B^{12}$와 같을 것이나 12차 차분은 $(1-B)^{12}$가 될 것이다. 일반적으로 d차 차분을 다음과 같이 표기한다.

$$(1-B)^d Y_t$$

한편 1차 차분한 자료의 계절차분(seasonal difference)는 다음과 같다.

$$(1-B)(1-B^s)Y_t \tag{14.11}$$

제 4 절 주요 ARIMA 모형

아래의 식은 전통적인 회귀분석방정식이다.1)

$$Y = \alpha + \beta_1 X_1 + \beta_2 X_2 + \cdots + \beta_k X_k + e \tag{14.12}$$

Y는 종속변수, X_1, X_2, $\cdots$, X_k는 설명변수, 그리고 e는 오차항이다. 이제 여기서 각 설명변수들을 종속변수의 시차변수들로 대체하면 다음과 같아진다.

$$Y_t = b_0 + b_1 Y_{t-1} + b_2 Y_{t-2} + \cdots + b_p Y_{t-p} + e_t \tag{14.13}$$

회귀방정식의 틀을 갖추었으나 종속시차변수들로 하여금 설명변수역할을 담당토록 설정된 것이다. 결국 Y_t는 Y_{t-1}의 과거시차 값들(만으)로 설명되도록 정의되었기 때문에 이를 통상 자기회귀모형(AR model : auto-regressive model)이라 한다.

식 (14.13)과 같은 자기회귀모형은 첫째, 오차 간의 독립성 가정($E[e_i, e_j]$

1) 제 2 장과 제 5 장에서는 모회귀모형의 오차항을 ϵ_i, 그리고 그 추정량인 회귀오차는 e_i로 표기하였고, 제11장에서는 연립방정식 체계 분석상의 전통에 따라 모회귀모형의 오차항을 u_i(구조방정식의 경우), 또는 ν_i(유도방정식의 경우) 등으로 표기하였다. 한편 본 장에서는 시계열분석사의 전통에 따라 오차항(대부분은 백색소음)을 주로 e_i로 표기하되, 상황에 따라 ϵ_i를 동시에 활용하고 있음에 유념하기 바란다.

=0)이 지켜질 수 없다는 점, 둘째 도입할 시차의 수에 대한 확실한 논리가 결여된 점, 셋째 설명변수 상호간에도 상관도가 높은 점($\rho(Y_{t-i}, Y_{t-j}) \neq 0$) 등의 문제로 인해 통상적인 회귀방정식과는 다른 각도에서 접근할 필요가 있다. 한편 식 (14.12)와 같은 전통적 회귀모형의 설명변수($X_1, X_2, \cdots, X_k$)를 오차항의 시차변수($e_{t-1}, e_{t-2}, \cdots, e_{t-q}$)로 대체시킬 모형을 도출할 수 있다.

$$Y_t = b_0 + b_1 e_{t-1} + b_2 e_{t-2} + \cdots + b_q e_{t-q} + e_t \tag{14.14}$$

식 (14.14)는 오차항 간의 종속관계를 매우 구체적으로 설정한 경우에 해당한다고 볼 수 있는데 이는 통상 이동평균모형(MA model : moving average model)이라 한다. 그런데 이 시점에서 주의할 사항은 우리가 평활화를 위해 도입, 활용한 바 있는 이동평균 개념과 혼란을 겪어서는 안 된다는 점이다. 본 장에서의 이동평균은 오차항들의 이동평균이므로 관측치들의 이동평균과는 구분하여 인식해야 할 것이다.

그런데 상황에 따라서는 자기회귀모형과 이동평균모형이 복합된, 말하자면 보다 일반화된 시계열 모형이 설정되기도 하는데 이를 ARMA(auto-regressive moving average) 모형이라 부른다. 그런데 이러한 모형들은 안정적 시계열에만 적용될 수 있다.

한편 Box와 Jenkins는 1970년에 불안정적 시계열에도 시계열 모형분석을 적용할 수 있는 방안을 제시하였다. 즉, 불안정적 시계열의 경우에는 일단 차분화(differencing)를 통해 안정성을 회복시킨 다음 ARMA 모형을 적용하는 접근법을 개발한 것이다. 이러한 경우의 모형은 ARIMA(auto regressive integrated moving average) 모형이라 칭한다. ARIMA 모형의 가장 일반적 표현식은 ARIMA(p,d,q)인데, 이는 d차 차분을 통해 안정성을 회복시킨 시계열을 p차 자기회귀모형 및 q차 이동평균모형의 결합형태로 정립할 수 있는 상황을 종합적으로 대변하는 것이다.

따라서 백색소음은 ARIMA(0,0,0)이 되고, 확률보행 모형은 ARIMA(0,1,0)으로 분류될 수 있을 것이다. 또한 p, d, q 중 '0'이 되는 경우는 축약된 형식으로 표현되기도 한다. 예컨대 ARIMA(1,0,0)은 AR(1)로, ARIMA(1,0,1)은 ARMA(1,1)으로, ARIMA(0,1,1)은 IMA(1,1)으로 나타낼 수 있다.

1. AR(1) 모형

AR(1) 또는 ARIMA(1,0,0)은 다음과 같이 정의한다.

$$Y_t = c + \phi_1 Y_{t-1} + e_t$$
$$(\text{단}, \ -1 < \phi_1 < +1)$$

AR(1)의 시간도표는 ϕ_1값에 의존한다. 예컨대 $\phi_1 = 0$이면 Y_t는 백색소음이 되고 $\phi_1 = 1$이면 확률보행시계열이 될 것이다. 물론 대다수 AR(1)은 ϕ_1가 두 극단치 사이의 값을 갖게 되는데 ϕ_1값이 '−'가 되면 시계열 값이 '+'와 '−' 값 사이를 반복적으로 변동하게 된다.

이와 같은 ARIMA(1,0,0) 모형의 분석을 위하여 계수의 제약조건($-1 < \phi_1 < +1$)을 만족시키는 임의의 식을 설정하여 분석해 보았다.

$$Y_t = 4 + 0.6Y_{t-1} + e_t$$
$$(\text{단, 여기서 } e_t \sim N(0,\ 1))$$

그림 14-12는 AR(1)과 그의 ACF와 PACF의 그림이다. AR(1)의 시간도표 자체가 시계열이 안정적임을 보여 주고 있으며, ACF가 급격히 '0'에 접근하고, PACF는 단 한 개의 스파이크(spike)만이 시차 1에서 유의하게(ϕ_1값이 0과 유의할 만큼 다르다는 의미)나타남을 알 수 있다.

2. MA(1) 모형

MA(1) 모형, 또는 ARIMA(0,0,1)은 다음과 같이 정의된다.

$$Y_t = c + e_t - \theta_1 e_{t-1} \qquad (14.15)$$
$$(\text{단}, \ -1 < \theta_1 < +1)$$

시계열 Y_t는 오차항 e_t의 이동평균으로 표현되고 있으며 전통적으로 θ_1 앞에 '−' 부호를 붙인다.

ARIMA(0,0,1) 모형의 분석을 위하여 다음과 같은 모형을 임의로 설정해 보았다.

그림 14-12 AR(1) 모형을 이용한 분석

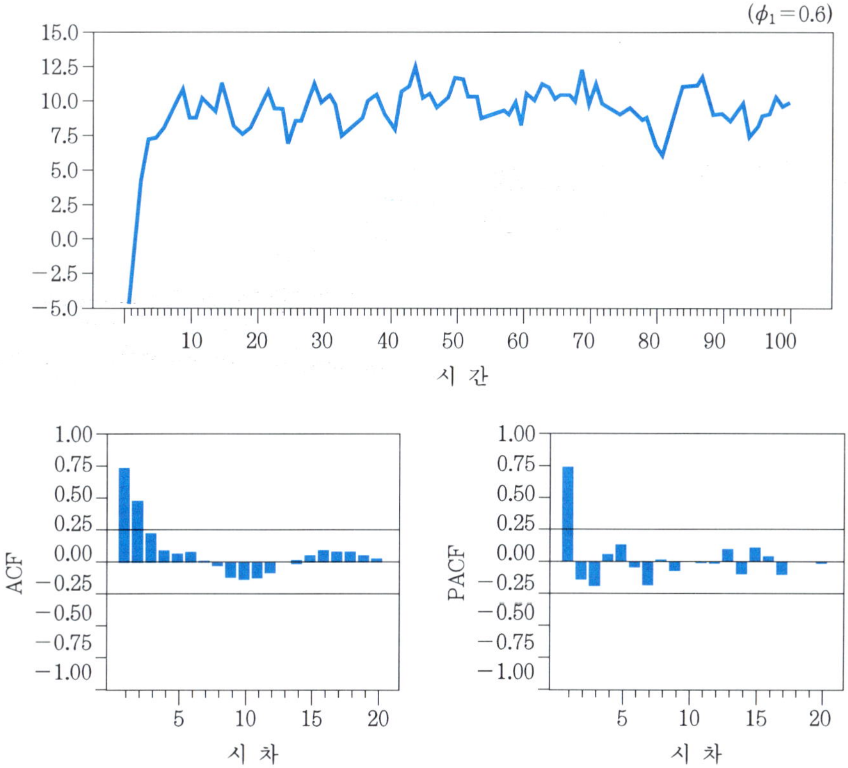

$$Y_t=5+e_t+0.6e_{t-1}$$
$$(\text{단, 여기서 } e_t \sim N(0,\ 1))$$

그림 14-13은 MA(1)과 그의 ACF와 PACF의 그림이다. 그의 PACF가 급격히 '0'에 접근하는 반면 ACF는 단 한 개의 스파이크만이 시차 1에서 유의하게 (θ_1값이 0과 유의할 만큼 다르다는 의미)나타나는 사실을 통해 이를 확인할 수 있다. 또한, 그림 14-13은 MA(1) 자체가 안정적 시계열임을 잘 나타내 주고 있다.

3. 고차자기회귀모형 : AR(p)

자기회귀모형을 일반화시킨 AR(p) 모형은 다음과 같이 정의된다.

그림 14-13 MA(1) 모형을 이용한 분석

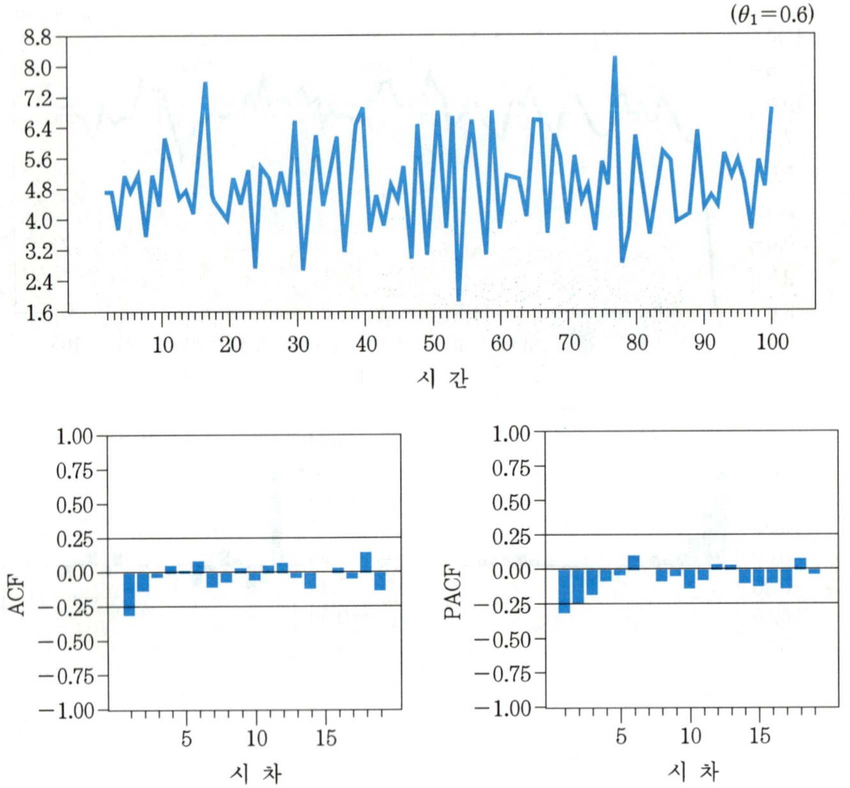

$$Y_t = c + \phi_1 Y_{t-1} + \phi_2 Y_{t-2} + \cdots + \phi_p Y_{t-p} + e_t \tag{14.16}$$

AR(1)이 안정적이려면 $-1 < \phi_1 < +1$ 조건이 충족되어야 하는 것처럼 AR(2)가 안정적이려면 $-1 < \phi_2 < +1$, $\phi_1 + \phi_2 < +1$, $\phi_2 - \phi_1 < 1$과 같은 세 가지 조건이 충족되어야 하고 $p \geq 3$인 고차 자기회귀모형의 경우의 안정조건은 점점 더 복잡해진다.

한편 식 (14.16)을 후방전위연산자를 이용하여 표현하면 다음과 같다.

$$Y_t - \phi_1 Y_{t-1} - \phi_2 Y_{t-2} - \cdots - \phi_p Y_{t-p} = c + e_t \tag{14.17}$$
$$(1 - \phi_1 B - \cdots - \phi_p B^p) Y_t = c + e_t$$

AR(p)의 시간도표 또한 ACF가 급속히 '0'에 접근할 것이다. 그러나 '0'과

그림 14-14 AR(2) 모형을 이용한 분석

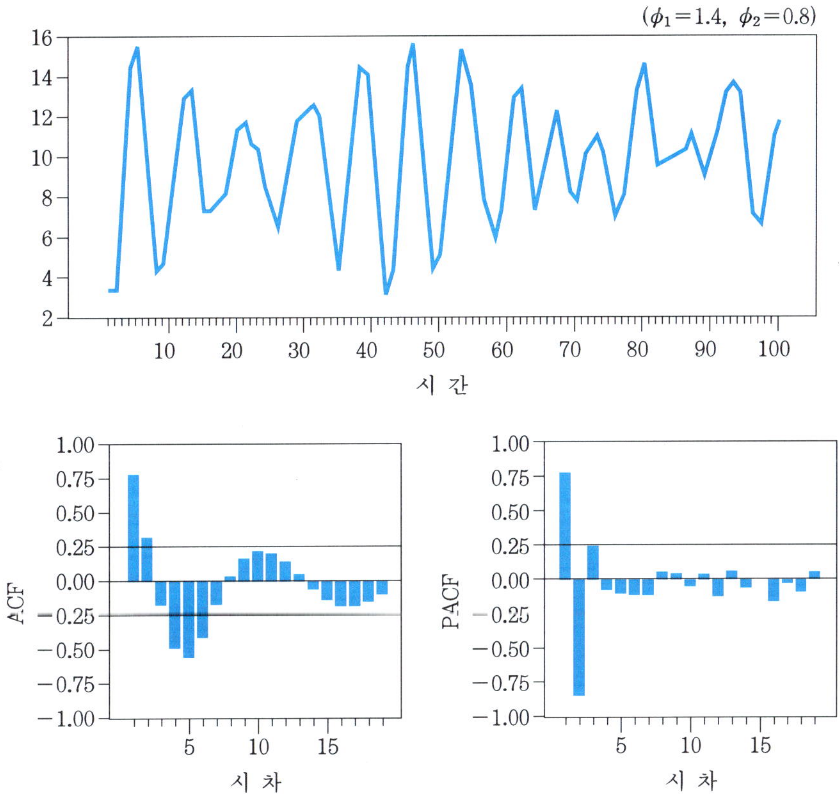

유의할만큼 다르다고 볼 수 있는 PACF 시차의 스파이크 수는 p개를 기록 후 그 이후는 '0'에 가까워진다.

고차 자기회귀모형의 한 예로 AR(2) 모형의 안정성 조건을 만족시키는 계수를 설정하여 다음과 같이 임의의 모형을 설정해 보았다.

$$Y_t = 7 + 1.4Y_{t-1} - 0.8Y_{t-2} + e_t$$
$$(\text{단, 여기서 } e_t \sim N(0,\ 1))$$

상기예제의 경우, 그림 14-14에서처럼 ACF 함수의 추세가 sin함수 형태의 파동을 나타내며 0으로 접근하며 사라지는 것으로 나타났고, PACF 함수는 두 개의 스파이크만이 유의적으로 0과 다른 것으로 나타났다. 따라서 위의 분석결과는 AR(2) 모형이 가질 수 있는 일반적인 형태를 잘 보여주고 있다고 할 수

표 14-2 5가지 주요 안정적 과정의 특성

확률과정	acf	pacf
AR(1)	점차 감소하여 0에 접근하되, ① $\phi_1>0$ 경우 : 모두 '+' 가짐. ② $\phi_1<0$ 경우 : "−"부터 시작하여 부호가 계속 바뀜.	시차 1에서만 그 값이 존재하고 그 이후 시차는0이 됨. ① $\phi_1>0$ 경우 : "+"스파이크를 가짐. ② $\phi_1<0$ 경우 : "−"스파이크를 가짐.
AR(2)	기하급수적으로 서서히 감소하는 추세와 수축적인 sin함수파동(damped sine wave)효과가 혼합되어 나타나며, 정확한 형태는 ϕ_1과 ϕ_2의 부호와 크기에 의존.	시차 1, 2에서만 스파이크가 존재하고 그 이후는 0이 됨.
MA(1)	시차 1에서만 스파이크가 존재한 후 그 이후 시차에서는 0이 됨. 스파이크는, ① $\phi_1<0$ 경우 : "+"쪽에 나타남. ② $\phi_1>0$ 경우 : "−"쪽에 나타남.	점차 감소하여 0에 접근하되, ① $\theta_1<0$ 경우 : "+"쪽부터 시작하여 부호 바뀜. ② $\theta_2>0$ 경우 : 모두"−"쪽에 나타남.
MA(2)	스파이크는 시차 1, 2에 한하여 나타난 후 그 이후 시차에선 0이 됨.	기하급수적으로 서서히 감소하는 추세와 수축된 sin함수파동(damped sine wave)효과가 혼합되어 나타나며, 정확한 형태는 θ_1과 θ_2의 부호와 크기에 의존.
ARMA(1,1)	시차 1 이후부터 점차 감소하여 0에 수렴. 이 때 ρ_1의 부호는 $(\phi_1-\theta_1)$의 부호와 같으며, ① $\phi_1>0$ 경우 : ρ_k는 모두 같은 부호 ② $\phi_1<0$ 경우 : ρ_k는 부호 바뀜.	시차 1 이후부터 점차 감소하며 0에 수렴. 이 때 $\phi_1=\rho_1$이 되고, ① $\theta_1>0$ 경우 : 모두 같은 부호 ② $\theta_2<0$ 경우 : 부호 바뀜.

있다.

4. 고차 이동평균모형 : MA(q)

이동평균모형을 일반화시킨 MA(q) 모형은 다음과 같이 정의된다.

$$Y_t=c+e_t-\theta_1 e_{t-1}-\theta_2 e_{t-2}-\cdots-\theta_q e_{t-q} \tag{14.18}$$

그림 14-15 MA(2) 모형을 이용한 분석

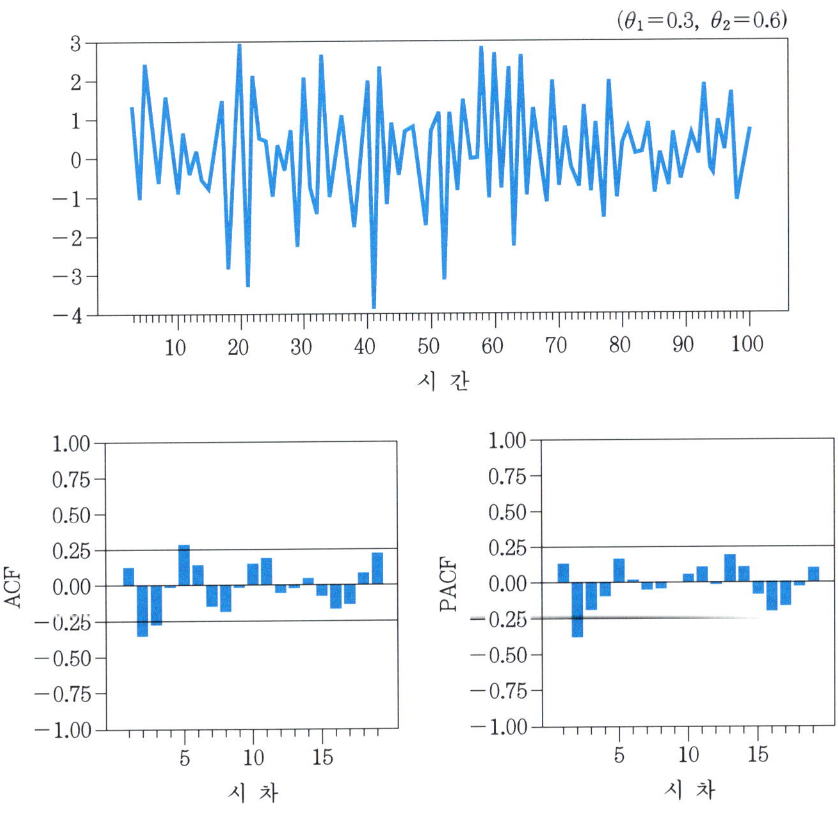

MA(1)의 경우 $-1<\phi_1<+1$ 조건이 필요했던 것처럼 MA(2)의 경우에는 $-1<\phi<+1$, $\phi_1+\phi_2<1$, $\phi_2-\phi_1<1$와 같은 세 가지 조건이 필요하다. $q\geq 3$가 되는 고차이동평균모형은 $Y_t=c+(1-\phi_1 B-\phi_2 B^2-\cdots-\phi_q B^q)e_t$와 같이 표현되며 필요조건은 더욱 복잡해진다.

MA(2)는 PACF가 급격히 '0'에 접근하고 ACF는 단 처음 두 시차에서만 '0'과 유의할 만큼 근사한 값이 나온 후 '0'이 되어 버린다. 일반적으로 MA(q)의 ACF는 q시차 후 '0'이 되는 특성을 갖는다.

고차이동평균모형의 한 예로 MA(2) 모형의 안정성 조건을 만족시키는 계수를 설정하여 다음과 같이 임의의 모형을 설정해 보았다.

$$Y_t=7-0.3e_{t-1}-0.6e_{t-2}+e_t$$

(단, 여기서 $e_t \sim N(0,\ 1)$)

상기 예제의 경우, 그림 14-15에서처럼 ACF 함수에서 두 개의 값이 유의하게 0과 다른 점과, PACF 함수가 불완전하게나마 sin함수 형태의 파동을 나타내며 0으로 접근하며 사라지는 것을 볼 때 위의 분석결과는 MA(2) 모형이 가질 수 있는 형태를 보여주고 있다고 할 수 있다.

5. ARMA 모형과 ARIMA 모형

AR(1)과 MA(1)이 결합된 형태의 시계열 모형이 정립될 수도 있다.

$$Y_t = c + \phi_1 Y_{t-1} + e_t - \theta_1 e_{t-1} \tag{14.19}$$

식 (14.19)와 같은 모형을 ARMA(1,1) 또는 ARIMA(1,0,1)이라 한다. 이는 Y_t가 자신의 과거 관측치(Y_{t-1}) 뿐만 아니라, 과거 오차항(e_{t-1})에도 의존하는 상황을 대변하는 것으로 역시 안정적 시계열을 대상으로 설정되는 모형이다.

후방전위연산자를 이용하여 ARMA(1,1)을 표현하면, $(1-\phi_1 B)Y_{t-1} = c + (1-\theta_1 B)e_t$와 같아지며, 이를 일반화시킨 ARIMA$(p,d,q)$는 다음과 같이 표현된다.

$$(1-\phi_1 B - \cdots - \phi_p B^p)Y_t = c + (1-\theta_1 B - \cdots - \theta_q B^q)e_t \tag{14.20}$$

이제 모형의 일반화를 한 단계 더 진행시켜 원시계열이 불안정한 경우에 시계열 분석을 적용하는 경우를 정리하면 ARIMA(p,d,q) 모형이 정립될 수 있다. 가장 간단한 형태의 ARIMA(1,1,1)는 다음과 같이 정의된다.

$$\underbrace{(1-\phi_1 B)}_{\text{AR(1)}}\underbrace{(1-B)Y_t}_{\text{1차차분}} = c + \underbrace{(1-\theta_1 B)e_t}_{\text{MA(1)}}$$

ARIMA(p,d,q) 모형의 ACF와 PACF가 갖는 변동 패턴은 매우 복잡하여 일률적으로 정리하기 어렵다. 따라서 본서에서는 ARMA(1,1)에 한정하여 그 특성을 표 14-2에 정리해 두었다.

이 시점에서 독자들에게 주의를 환기하고 싶은 점은 같은 시계열을 여러 개의 다른 모형 (AR(p), MA(q), ARIMA(p,d,q))들로 표현할 수도 있고 또 그

그림 14-16 ARIMA 모형을 이용한 분석

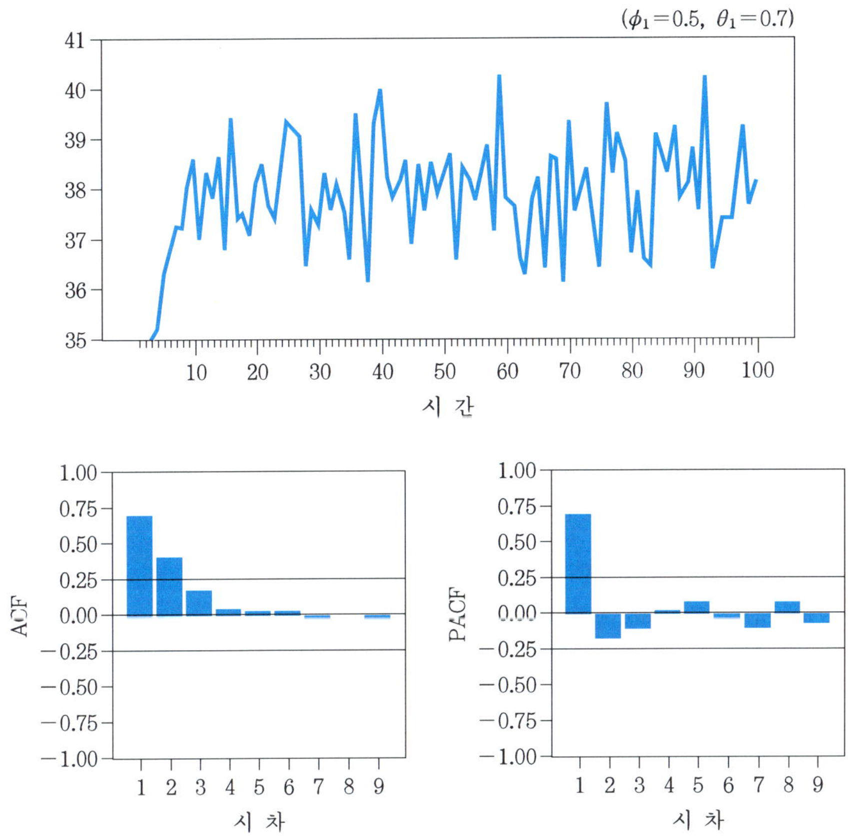

들을 이용한 예측도 거의 같은 수준의 정확도를 보장해 줄 수 있다는 사실이다. 따라서 가능한 한 모형을 간단하게 표현하는 것이 보다 효율적이라 볼 수 있다.

또 한가지 주목할 점은 현실적으로 p, d, q의 차수는 0, 1, 또는 그 수준을 넘을 필요가 없으며 그것만으로도 매우 다양한 유형의 예측결과를 도출해 낼 수 있다는 사실이다.

그림 14-16은 고차이동평균모형의 한 예로 MA(2) 모형의 안정성 조건을 만족시키는 계수를 설정하여 다음과 같이 임의의 모형을 설정한 예이다.

$$Y_t = 19 + 0.5Y_{t-1} + e_t - 0.7e_{t-1}$$

(단, 여기서 $e_t \sim N(0,\ 1)$)

예상했던 대로, PACF는 빠른 속도로 감소하고, ACF는 2개의 큰 스파이크를 기록한 후 소멸하는 모습을 보여주고 있다.

6. ARIMA 모형과 계절변동

시계열 모형의 마지막 일반화 단계로서 계절변동(seasonality)을 포함하는 ARIMA 모형을 정립할 수 있다(seasonal ARIMA models).

만일 계절성이 전년 동기(전년도의 같은 달이나 분기) 값들과 연속적으로 관련되어 있는 유형이 마치 AR이나 MA, 또는 ARIMA 형태로 표현될 수 있다면 최종적인 복합모형은 다음과 같아진다.

$$\text{ARIMA}(p,\ d,\ q)(P,\ D,\ Q)_s$$

비계절변동부문 계절변동부문

이를 가장 간단한 형태로 표현해 보면,

$$(1-\phi_1 B)(1-\Phi_1 B^4)(1-B)(1-B^4)Y_t = (1-\theta_1 B)(1-\theta_1 B^4)e_t$$

비계절적 AR(1) 계절적 AR(1) 비계절적 차분 계절적 차분 비계절적 MA(1) 계절적 MA(1)

와 같아진다. 단, 설명의 편의상 상수항은 생략하였다.

제 5 절 모형의 식별(model identification)

앞 절에서 우리는 가장 대표적인 ARIMA 모형에 대하여 간단히 살펴보았다. 그러나 보다 광범위한 모형들이 다양한 특성을 갖고 활용되고 있는 것이 현실이다. 따라서 주어진 자료에 가장 적절한 모형을 식별해 내는 일은 상당히 어려운 과제이다. 이러한 현실 하에서 적절한 모형을 식별할 수 있는 실용적 절차를 정리해 보면 다음과 같다.

첫째 단계 :

시간도표를 그려 변동상의 특징을 파악한다. 시간경과에 따라 변동폭이 확대(또는 축소)되는 추세가 확인되면 이를 분산에 대하여 불안정적(non-stationary in the variance)인 시계열로 인식하고 함수전환을 통해 안정성을 회복시킨다. 대부분의 경우 함수전환은 log 값을 취하는 형식을 선택한다.

둘째 단계 :

일단 함수 전환된 자료의 시간도표(time plot)를 다시 그려봄으로써 안정성이 회복되었는지를 일차 확인한다. 그리고 ACF와 PACF 그림을 아울러 활용하여 안정성 여부를 동시에 점검한다.

즉, 함수 전환된 시계열자료가 일정함수들의 평균값을 중심으로 수평선을 이루며 분포되어있는지, ACF와 PACF가 거의 '0'에 신속하게 접근하는지를 확인하여 안정성 여부를 판정한다.

셋째 단계 :

두 번째 단계에서도 안정성이 확보되지 않았다면 아마도 이는 평균에 대한 안정성이 회복되지 못한 것으로 예상되며 따라서 1차 차분을 통해 안정화를 도모한다. 물론 계절변동이 강한 경우에는 계절별 차분을 실시한다. 그런 연후에도 안정성이 회복되지 않는다면 2차 차분을 시도한다. 통상 두 차례 정도의 차분이면 대부분의 시계열의 안정성은 확보될 수 있다.

넷째 단계 :

일단 안정성이 회복되면 자기상관도표 등을 이용하여 적절한 시계열 모형을 찾아낸다. 이를 모형의 식별이라 하는데 다음 세 가지 가능성을 고려해야 한다.

i) 계절성이 강한지 여부를 계절별시차 간의 ACF와 PACF 값이 유의할 만큼 '0'과 다른지를 확인함으로써 판정한다.

ii) AR(p), 또는 MA(q) 여부를 확인한다. 즉, q시차 이후 ACF 값이 '0'에 가깝다면 MA(q)로, 그리고 p시차 이후 PACF 값이 '0'에 점근하면 AR(p) 모형이 적절한 것으로 판단한다.

iii) AR(p)나 MA(q)가 확실치 않을 경우에는 보다 면밀한 검토 과정을 거쳐 복합모형의 형태로 식별해 낸다.

예제 14-1 비계절적 시계열

다음은 2004년 8월에서 12월까지 일별 대미달러 환율자료를 이용한 결과이다.

그림 14-17 대미 달러 환율자료에 관한 도표적 분석

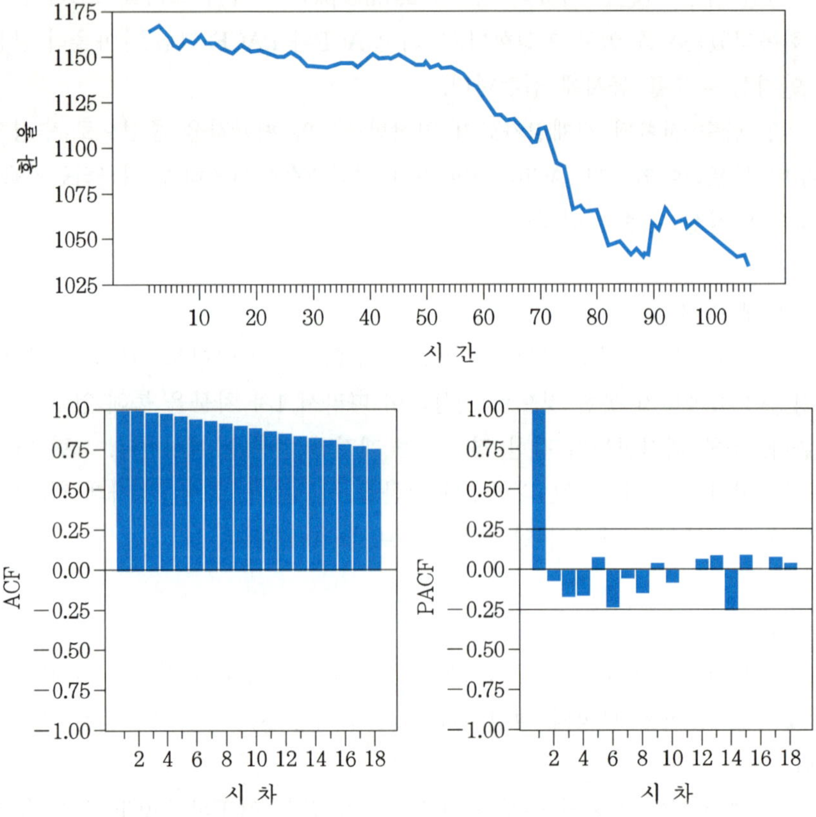

자료 : 2004년 8월~12월, 한국은행

자료의 추세나 ACF로 미루어 볼 때 불안정적 시계열임을 짐작할 수 있다. 시차 1에서 거의 1의 값에 가까운 PACF 역시 이를 뒷받침한다. 이러한 사실에 근거하여 시계열의 안정화를 위해 1차 차분을 시도해 보았더니 다음과 같았다.

그림 14-18 그림 14-17의 자료를 일차 차분한 결과

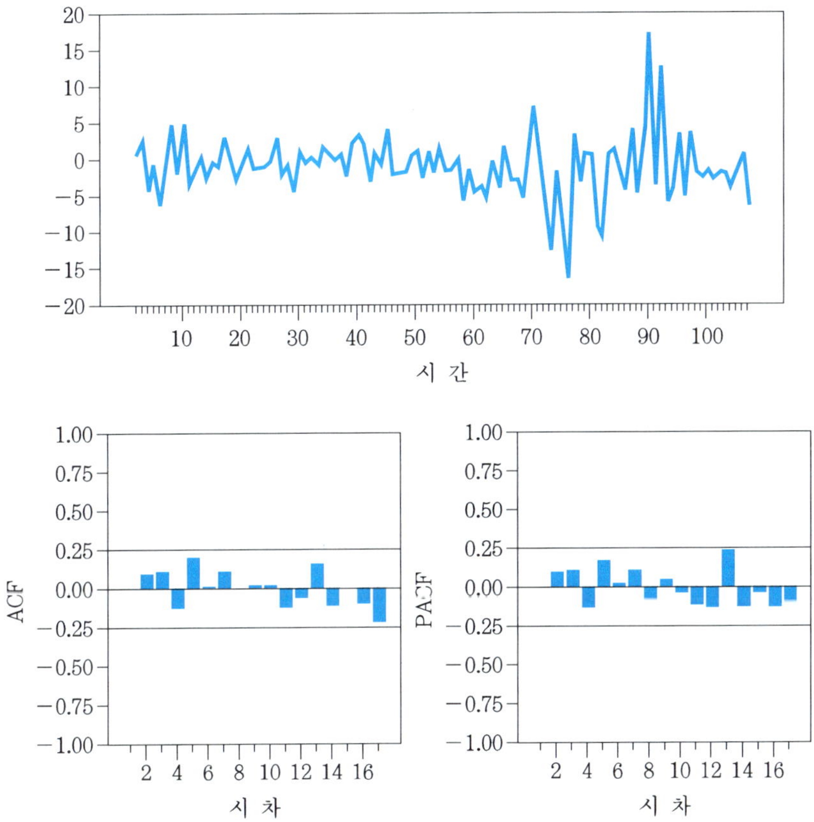

ACF와 PACF의 추세가 밴드 내에($\pm 2.575\times\frac{1}{\sqrt{n}}$) 속하는 것으로 볼 때 차분을 거친 시계열 자료가 안정화되었음을 알 수 있다. 따라서 적절한 추정모형으로 우선은 ARIMA(0,1,0)을 선정할 수 있다.

예제 14-2 계절적 시계열 분석의 예

다음은 1994년 1월에서 2004년 12월까지 월별 고용률 자료를 이용한 결과이다.

그림 14-19 고용률 월변화자료를 이용한 분석

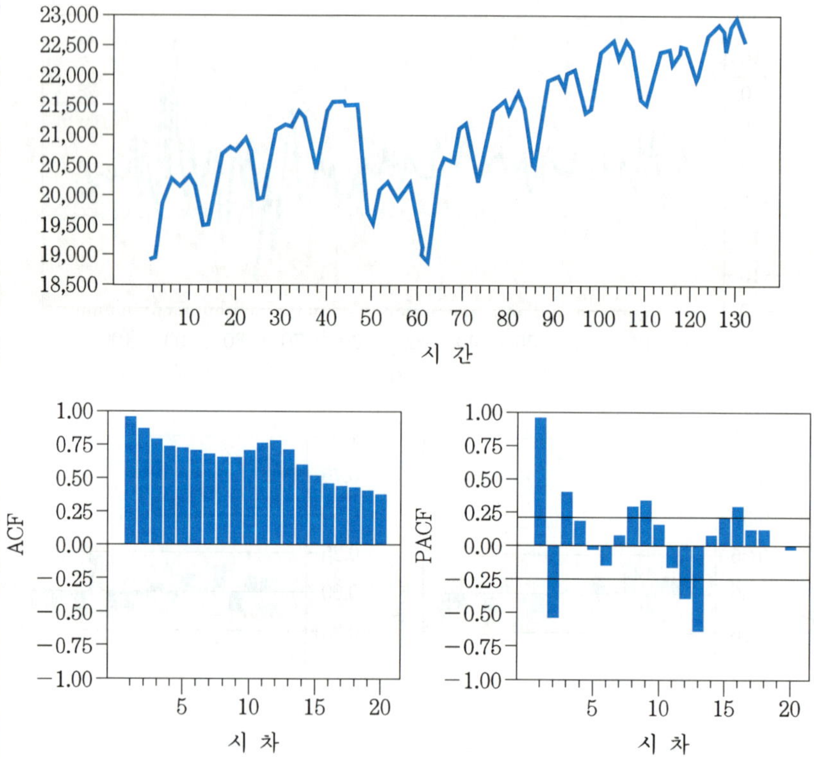

자료의 시간도표가 같은 추세로 반복되는 것으로 볼 때 계절적 요인이 있음을 짐작할 수 있다. 이는 시차 12 근처에서의 ACF 값이 다른 값들 보다 큰 값을 가진다는 사실로도 확인할 수 있다. 이와 같은 사실에 근거하여 고용률 자료의 안정화를 위한 계절차분을 시도해 보았다.

그림 14-20을 그리기 이전에 먼저 계절차분만을 실시해 보았더니 역시 불안정한 것으로 판명되어 추가적으로 1차 차분을 실시하여 보았다. 이와 같은 상태에서는 임시모형으로 ARIMA$(p,1,q)(P,1,Q)_{12}$를 설정할 수 있으므로 이제 p, q, P, 그리고 Q를 결정하는 일만 남은 셈이다. ACF 함수에서 세 번째 시차의 값이 다소 크기는 하지만 일단 무시하기로 한다. 그러나 시차 12의 값은 상당히 유의적인 것으로 판명되므로 계절적인 MA(1)을 추가할 수 있을 것이다. PACF 분포모양으로 보아 $P=1$을 추가적으로 고려할 수도 있으나 이는 모형의 간편성(parsimony) 원칙에 근거하여 우선 ARIMA

그림 14-20 계절적 차분과 1차 차분을 통한 고용률 자료의 분석

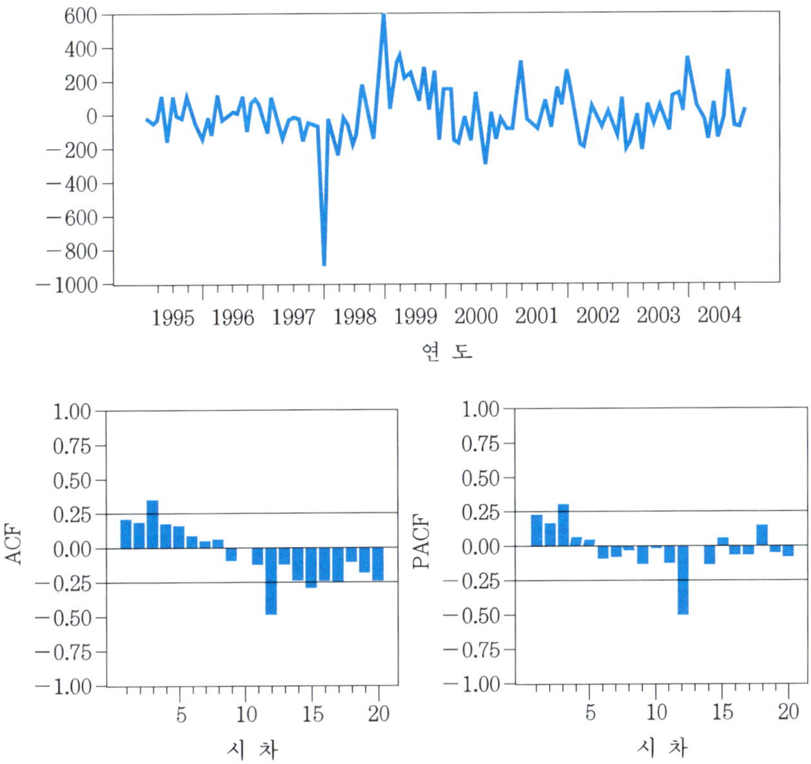

$(0,1,0)(0,1,1)_{12}$모형을 추정해 본 연후에 고려하는 것이 타당할 것이다.

예제 14-3 함수전환이 필요한 시계열의 예

다음은 1988년 1월에서 2005년 9월까지의 자동차 수출액(천 달러) 자료를 이용한 시간도표이다. 그림에서 시간이 지남에 따라 변동폭이 확연히 증가하고 있음을 알 수 있다. 이러한 변동추세는 주어진 자료가 분산에 대해 불안정적임을 의미한다. 따라서 ARIMA 모형의 추정을 위해서는 분산을 안정화시키는 방향으로 조정되어야 함을 알 수 있다.

분산의 안정화를 위해 사용되는 주된 방법으로 주어진 자료를 로그변환하는 방법을 생각할 수 있다. 그림 14-22는 로그변환된 자동차 수출액의 시간도표와 ACF 및 PACF의 도표이다. 로그 변환된 자료의 변동폭이 일단 많

그림 14-21 자동차 수출량을 이용한 시간도표

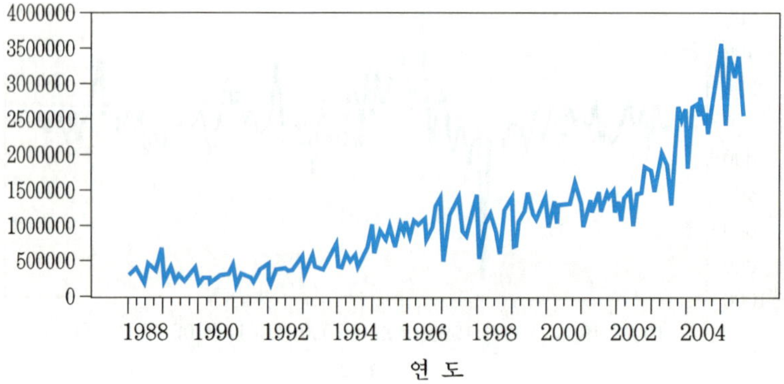

그림 14-22 로그변환을 통한 분산 안정화 결과

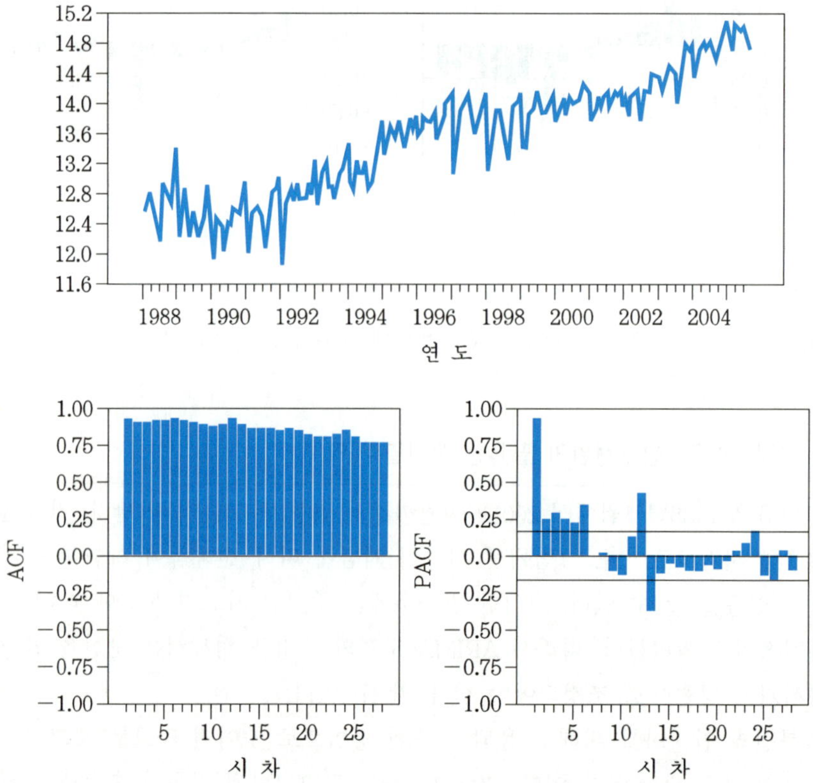

이 완화된 것을 확인할 수 있다.

이러한 사실은 로그 변환된 자료가 분산에 대한 안정화 효과를 가져다 주었음을 말해 준다. 그러나 거의 모든 시차에서 0과 유의적으로 차이가 크게 나는 ACF 분포로 미루어 보아 이 자료에 대한 추가적인 차분이 필요함을 알 수 있다. 또한 ACF와 PACF 모두에서 계절변동성이 뚜렷하게 나타나고 있어 로그 변환된 자료에 대해 계절차분과 1차 차분을 실시하여 보았다 (그림 14-23 참조).

그림 14-23 로그변환과 차분을 통한 평균과 분산의 안정화

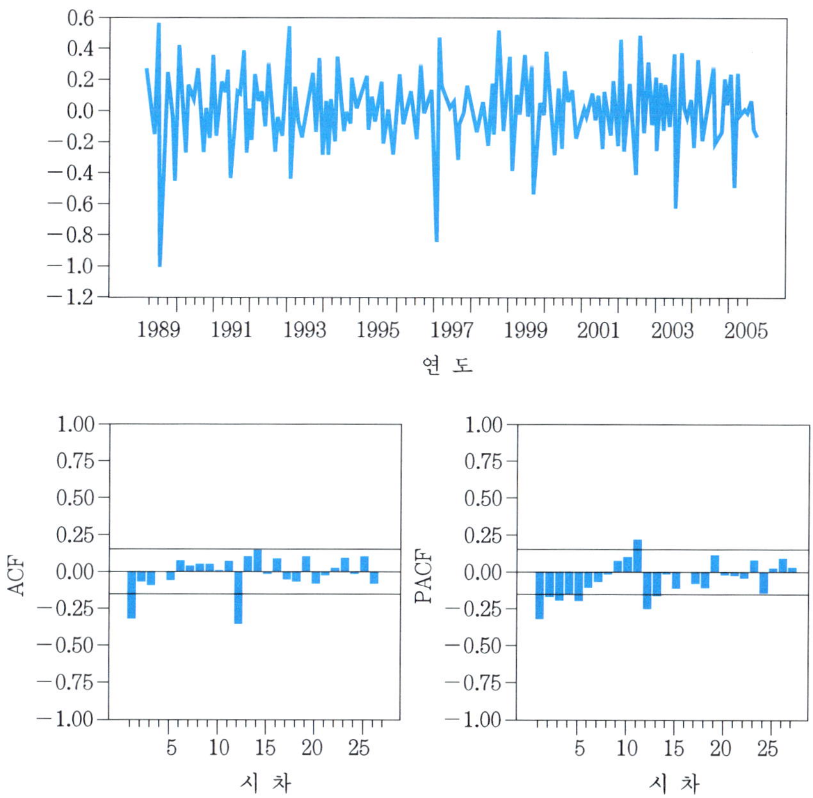

그림 14-23에서 ACF 분포모양으로 보아 안정성이 크게 높아진 것으로 평가할 수 있다. PACF 또한 log함수전환만을 적용했을 경우에 비해 안정성이 크게 향상된 것으로 판단된다. 물론 ACF와 PACF 모두가 시차 1과 12 근처에서다소 유의할 만한 크기의 스파이크를 기록하고 있어 $p=1$과 $P=1$

을 추가적으로 고려할 수 있으나 간편성 원칙(parsimony)에 따라 우선 상기 모형을 추정해 본 연후에 고려하는 것이 타당할 것이다.

제 6 절 모형의 추정

1. 추정방법

적절한 모형의 식별과정이 끝나면 선정된 모형의 추정에 임하게 된다. ARIMA 모형의 추정 경우에도 최소자승법이 도입될 수 있다. 그러나 이동평균(MA) 부문이 포함된 모형 경우에는 적절한 추정방안의 확보가 어렵다. 따라서 일종의 연산법(iterative method)이 활용된다. 즉 일단 임시추정치를 선정한 다음, 컴퓨터 프로그램을 이용하여 SSE(sum of squared errors)가 최소가 될 때까지 추정치를 조정해 나가는 방법을 활용하게 된다.

자주 활용되는 또 다른 추정방법의 하나로 최우법(MLE : maximum likelihood estimation)을 들 수 있다. 이 방법은 최소자승법의 경우에서처럼 연산법을 활용하는 것으로 MLE가 갖는 바람직한 통계적 특성 때문에 자주 활용되고 있다

대부분의 주요 통계분석 패키지 프로그램은 최소자승법 또는 최우법을 활용하되 모수에 대한 적절한 초기 추정치를 선정한 다음 연산과정을 거쳐 최적해가 도출될 때까지 계속 추정치를 조정해 나가는 과정을 수행할 수 있도록 짜여져 있다.

예제 14-4 MLE 추정을 통한 종합주가지수 분석

본 장 제 3 절에서 일차 활용한 바 있는 종합주가지수 자료 중 일부(2005년 5월~7월)를 적절한 모형선정 과정을 거쳐 추정할 모형으로 일단 ARIMA(1,1,0)을 선정하였다. 이 모형의 계수를 MLE 방법을 이용하여 추정해 보고자 우선 1차 차분된 변수를 중심으로 다음과 같이 모형을 설정해 보았다.

$$Y_t' = \phi_1 Y'_{t-1} + e_t$$
$$(\text{단, } Y_t' = Y_t - Y_{t-1})$$

최우법을 이용하여 각 계수값에 대해 다음과 같은 결과를 얻었다.

변 수	추정치	표준오차	t값	p-value
ϕ_1	0.152	0.0028	54.54	0.0000
σ^2	1.046	0.0028	371.1	0.0000

따라서 추정된 결과는 다음과 같이 표현될 수 있다.

$$(Y_t - Y_{t-1}) = 0.152(Y_{t-1} - Y_{t-2}) + e_t$$

이 때, σ^2는 오차항 e_t의 분산에 대한 추정치를 의미한다. 1차 차분변수로 표현된 위의 모형을 재정리 하면 다음과 같다.

$$Y_t = 1.152Y_{t-1} - 0.152Y_{t-2} + e_t$$

추정결과 도출된 각 계수별 추정치에 대한 유의성 검정을 수행하는 과정은 통상적인 회귀분석 과정에서와 동일하다. 이 경우 모든 모수 값의 p-value가 0에 근접하는 것으로 나타나 모든 추정치가 유의하다고 판단된다. 만약 추정된 계수 중 일부가 유의하지 못할 경우 해당항을 제외시킨 연후 재 추정을 하여 개선된 결과를 도출할 수 있다.

2. 추정 결과의 선정(추정 모형의 재식별)

당초 식별과정에서 선정되어 추정은 하였으나 유의성 검정 과정에서 추정결과가 개선될 여지가 있을 경우 모형의 재식별을 시도하게 된다.

즉, 만일 일부 추정계수가 유의적이지 못한 것으로 나타나면 여타 추정모형을 선정하여 추정을 시도해 본다. 일반적으로 최초 모형 식별시 ARMA나 ARIMA 모형을 확신을 가지고 선정하기는 어렵다.

따라서 보통은 AR이나 MA 모형이 유의성 검정결과 문제가 발견되면 일단 ARMA나 ARIMA 모형을 대신 선정하게 된다.

물론 모형의 재식별이 확신을 가지고 이루어지기는 쉽지 않은 것이어서 통상 몇 몇 개의 모형을 함께 선정하여 추정한 다음 적절한 기준에 따라 최상의 추정결과를 보여 줄 모형을 선정하게 된다.

추정결과 선정기준으로 SSE 값이 최소가 되거나 우도(likelihood)가 최대가 되는지 여부를 활용하는 방안이 우선 검토될 수 있다. 그런데 이 방법은 다소의 문제가 있다. 더 많은 항목을 모형에 포함시키면 간혹 SSE는 감소하고 우도는 증가할 수 있기 때문이다. 아마도 독자들은 다중회귀분석 시 설명변수 수를 추가 투입할수록 R^2값이 증가되는 현상이 발생하며 이러한 문제를 해소하기 위해 R^2값을 조정한 조정결정계수($\overline{R^2}$)를 대신 활용함으로써 해소한 바 있었음을 기억하리라 믿는다.

시계열 모형에서도 비슷한 접근방법에 의해 문제를 해결한다. 즉, 우도는 한 항목이 모형 내에 추가될 때마다 벌점(penalty)을 부여한다. 추가 도입된 항목이 추가된 벌점보다 더 큰 폭으로 우도를 개선하지 못하면 이를 채택할 이유가 없다. 가장 보편적으로 쓰이는 벌점이 부과된 우도 활용방안으로 AIC(Akaike's Information Criterion)를 들 수 있다.1)

$$AIC = -2\log L + 2m \tag{14.21}$$

$$\text{단, } m = n + q + P + Q$$

$$L : \text{우도}$$

식 (14.21)은 1974년에 Akaike가 제시한 기준으로 AIC가 최소로 나타나는 추정결과를 선정하는 것이 최적의 선택인 것으로 분석되고 있다.

이 외에도 Schwarz가 제안한 BIC(Baysian Information Criterion)과 FPC(Final Prediction Error) 등이 사용되기도 한다.2)

AIC나 여타 어느 기준을 사용하든 그 기준의 산출치 자체에 의미를 부여할 수는 없다. 단지, 여러 개 추정식 중 상대적으로 어떤 모형이 적절한지를 가늠해 주는 비교좌표로서 이해하는 것이 옳다.

물론 AIC가 최소가 되는 추정모형을 선정할 것이지만 AIC 값의 차이가 2 이하일 경우 그 차이가 유의하다고 볼 수는 없으며, 따라서 Min AIC를 충족시키는 모형이 여러 개 나올 수도 있다. 이 때에는 가능하면 간단한 것을 선정하는 것이 관행이다. 이를 간편성(parsimony)의 원칙이라 하는데, 상대적으로 추정이 간편할 뿐 아니라 적합도도 개선될 여지가 크기 때문이다.

---

1) 만일 통계패키지 프로그램이 AIC를 자동적으로 제공하지 않을 경우에는 다음과 같이 계산할 수 있다.

$$AIC \fallingdotseq n(1+\log(2\pi)+n\log\sigma^2+2m)$$

2) Brockwell and Davis(1996) 참조.

제 7 절 진단(diagnostic checking)

비록 여러 추정결과 중 최상의 것을 선정하였더라도 예측에 활용하기에 앞서 마지막으로 한 단계 더 확인해야 할 사항이 있다. 과연 추정된 모형이 적절하다고 볼 수 있는지 검토해 보아야 하기 때문이다. 이 과정을 모형의 진단(diagonostic checking)이라고 한다. 이 과정은 추정결과에서 도출된 잔차항이 과연 백색소음으로 간주될 수 있는지를 확인하는 과정이라 할 수 있다. 아직도 특정 변동유형이 추정과정에서 고려되지 못한 채 잔차항에 남아 있다면 잔차항이 백색소음이 될 수 없기 때문이다.

정확한 예측을 위해서는 추정에서 발생한 잔차항이 백색소음이어야 한다는 사실을 다시 한 번 강조해 둔다.

잔차항의 백색소음 여부는 잔차항의 ACF와 PACF 도표를 작성하여 유의할 만한 자기 상관계수나 편자기 상관계수가 발견되지 않았는지를 확인하는 모형의 진단을 통해 이루어진다.

일반적으로 추정결과 도출될 잔차항의 수는 $n-d-sD$(난, n은 관측치수, d와 D는 비계절 및 계절변동의 차분회수, 그리고 s는 연간 관측치 수를 나타냄)가 되는데 일단 표준화(standardization)를 시켜 분산값이 '1'이 되도록 함수전환 한 다음 시간도표(time plot)를 작성하는 것이 편리하다. 만일 표준편차 3배 범위 밖을 벗어나는 표준잔차항이 존재한다면 이는 일단 극단적 잔차항(outliers)으로 간주하여 면밀히 분석할 필요가 있다. 그렇지 않을 경우, 그리고 이들의 ACF나 PACF 값들이 모두 임계치 이내에 귀속될 경우 비로소 우리는 잔차항들이 백색소음이라고 평가하게 된다.

ACF와 PACF 검사 이외에 Box-Pierce의 Q통계량이나 Ljung-Box의 Q^*검정통계량을 이용하여 총체적인 유의성을 점검하는 것이 일반적인 관행이다.

만일 이들 검사에서도 잔차항들이 백색소음으로 간주될 수 있다면 더 이상 모형에 대한 추가적 진단은 할 필요가 없을 것이다.

반면 이상과 같은 모형의 진단결과 잔차항을 백색소음으로 보기 어려울 만한 특정변화 패턴이 남아 있다면 최초의 모형의 설정과정부터 모든 과정을 다시 밟아나가야 한다.

제 8 절 예 측

예측은 사건발생 여부(event outcome), 사건발생 시기(event timing), 그리고 시계열 예측(time series forecast)의 세 가지로 구분할 수 있는데, ARIMA 모형은 세 번째 유형의 예측을 목표로 하고 있으며, 특히 단기 예측에 비교적 정확도가 높은 것으로 알려져 있음은 전술한 바 있다.

예측치의 선정은 발생 가능한 오차를 최소화시키는 방안을 통하여 이루어진다. 즉, MSFE(mean square forecast error)를 최소화시키는 예측치를 도출하게 된다. 일반적인 ARIMA 모형을 이용하여 현재로부터 'l'시기 앞에 대한 예측치를 구할 때 이를 $\hat{Y}_t(l)$, 또는 $\hat{Y}_{t+l}$이라 하면,

$$\hat{Y}_t(l) = E[Y_{t+l} | Y_t, Y_{t-1}, \cdots, Y_1] \tag{14.22}$$

와 같이 정의된다. 따라서 이 때의 MSFE는,

$$E[e_t^2(l)] = E[(Y_{t+l} - \hat{Y}_t(l))^2] \tag{14.23}$$

$$\text{단, } e_t(l) = Y_{t+l} - \hat{Y}_t(l)$$

과 같아지고 이를 최소화시키는 예측치를 산정하게 된다.

일반적으로 먼 장래에 대한 예측은 불확실성으로 인해 예측오차가 점차 커지게 되므로 구간예측의 폭은 확대되어 나갈 수밖에 없다. 따라서 비교적 정확한 예측을 목표로 한다면 ARIMA 모형에 의해 예측은 추정된 모형의 특성이 변화하지 않을 만한 가까운 장래에 대한 단기적 예측에 국한하는 것이 바람직하다.

1. 주요 ARIMA 모형에 의한 예측의 특성

각종 ARIMA 모형의 예측결과가 산출되었을 때 이러한 예측치들이 갖는 특성이 모형에 따라 다소의 차이가 있다. 따라서 이를 비교·검토하는 일은 예측치에 대한 정확한 이해와 활용에 있어 유용한 일이 될 것이다.

(1) **확률충격모형**(random shock form)

AR(p) 과정은 무한 MA 과정으로 함수전환이 가능하므로 ARIMA 모형은 결국 일정 과정을 거치면 단순히 확률적 충격의 MA 형태로 전환이 가능하다.

$$\phi(B)(1-B)^d Y_t = \theta(B)\epsilon_t \tag{14.24}$$

$$Y_t = \phi^{-1}(B)(1-B)^{-d}\theta(B)\epsilon_t$$
$$= \varphi(B)\epsilon_t$$

$$\therefore\ Y_t = \sum_{j=0}^{\infty}\varphi_j \epsilon_{t-j} \tag{14.25}$$

같은 맥락에서 보면 현재 (T)로부터 l기 후의 미래에 대한 예측치 Y_{t+l}은,

$$\widehat{Y}_t(l) = \sum_{j=0}^{\infty}\widehat{\varphi}_{t+j}\epsilon_{T-j} \tag{14.26}$$

와 같이 표현할 수 있다. 이 때 MSFE는 다음과 같아진다.

$$E[e_T^2(l)] = (\varphi_0^2 + \varphi_1^2 + \cdots + \varphi_{t-1}^2)\sigma^2 + \sum(\varphi_{t-j} - \widehat{\varphi}_{t+j})^2\widehat{\sigma}^2 \tag{14.27}$$

바로 이 식을 극소화시키는 예측치를 도출하게 되는데 결과적으로 이 경우의 예측치는 Y_{T+l}에 대한 조건부 기대치의 의미를 갖는다.

$$\widehat{Y}_t(l) = \sum\widehat{\varphi}_{t+j}\epsilon_{T-j} = E[Y_{t+l}|Y_T,\ \cdots,\ Y_1] \tag{14.28}$$

(2) AR(1) : ARIMA(1,0,0)

AR(1)은 일반적으로 다음과 같이 표현된다.

$$Y_t = \delta + \phi_1 Y_{t-1} + \epsilon_t \tag{14.29}$$

따라서 1기 후에 대한 예측은

$$\widehat{Y}_t(1) = E[Y_{t+1}|Y_t,\ \cdots,\ Y_1]$$
$$= \phi_1 Y_t + \delta \tag{14.30}$$

(단, ϵ_{t+1}은 미지이고, 그 기대치는 0으로 보게 됨)

마찬가지 논리에 따라 $\widehat{Y}_t(2)$는 다음과 같아진다

$$\widehat{Y}_t(2) = \phi_1\widehat{Y}_{t+1} + \delta$$
$$= \phi_1\widehat{Y}_t(1) + \delta$$

(Y_{t+1}이 미지이므로 $\hat{Y}_t(l)$로 대체함)

따라서

$$\hat{Y}_t(2) = \phi_1(\phi_1 Y_t + \delta) + \delta$$
$$= \phi_1^2 Y_t + \delta(\phi_1 + 1) \tag{14.31}$$

가 되며, l기 후의 예측치는,

$$\hat{Y}_t(l) = \phi_1^l Y_t + (\phi_1^{l-1} + \phi_1^{l-2} + \cdots + \phi_1 + 1)\delta \tag{14.32}$$

가 된다. 결국 $l>1$ 경우의 예측치는 바로 전기의 예측치를 근거로 같은 패턴에 따라 전개된다. 이러한 과정은 초기 또는 전기 값이 부여되면 자율적 연산과정에 의해 예측치가 산출된다는 사실로 인해 '자율적 연산' 또는 '부트스트랩'(bootstrap)이라고도 한다.

한편 식 (14.32)은 t 값이 점점 커지면 일정 값에 수렴하게 된다.

$$\lim_{t \to \infty} \hat{Y}_t(l) = \delta \sum_{l=0}^{\infty} \phi_1^l = \frac{\delta}{1-\phi_1} \Rightarrow E[Y_t] \tag{14.33}$$

이 때 수렴하는 값은 Y_t의 평균값이 되는데 안정적 시계열 모형에서 일반적으로 나타나는 현상이다. 이러한 현상은 전혀 놀라운 것이 못 된다. 아주 먼 장래를 예측할 경우 지금까지 관측된 자료들은 별 효용성이 없게 될 것이므로 $\hat{Y}_t(l)$값을 안정적 과정 Y_t의 평균과 다른 것이라 보고 조정할 근거가 희박해지기 때문이다. 물론 그 수렴되는 정도나 속도는 모형에 따라 다소 상이하다. 예컨대 MA(q) 모형 경우는 매우 빨리 수렴하게 되는데, 이는 과거 추정된 확률적 충격에 대한 정보를 빨리 상실하기 때문이다. 뿐만 아니라 $l>q$경우 확률적 충격은 0으로 대체되므로 MA의 예측치는 추정된 상수값(c)와 같고 $\hat{c}=\mu_Y$이므로 예측치는 $\hat{\mu}$가 된다. 이에 비해 AR이나 ARMA는 관측치 대신 예측치를 근거로 자율적으로 수렴(bootstrap)하게 되므로 수렴의 속도가 더디게 된다.

한편, 이러한 예측의 예측오차를 $e_t(l)$이라 하면 다음과 같이 정의될 수 있다.

$$E[e_t^2(l)] = E[(Y_{t+l} - \hat{Y}_t(l))^2]$$

$$\begin{aligned}\therefore\ Y_t &= \sum_{l=0}^{\infty}\varphi_l\epsilon_{t-l}\\ &= \cdots\cdots\\ &= \phi_1^l Y_t + (\phi_1^{l-1}+\phi_1^{l-2}+\cdots+\phi_1+1)\delta\\ &\quad + \epsilon_{t+l}+\phi_1\epsilon_{t+l-1}+\cdots+\phi_1^{l-1}\epsilon_{t+1}-\hat{Y}_t(l)\end{aligned}$$

$$\therefore\ e_t(l) = \epsilon_{t+l}+\phi_1\epsilon_{t+l-1}+\cdots+\phi_1^{l-1}\epsilon_{t+1} \tag{14.34}$$

그리고 이 예측오차의 분산은 다음과 같아지며 l이 증가함에 따라 분산이 커지게 될 것임은 자명하다.

$$E[e_t^2(l)] = (1+\phi_1^2+\phi_1^4+\cdots+\phi_1^{2l-2})\sigma_\epsilon^2$$

(3) MA(1) : ARIMA(0,1,0)

ARIMA(0,1,0), 또는 MA(1)을 다음과 같이 표현하자.

$$Y_t = \delta+\epsilon_t-\theta_1\epsilon_{t-1z} \tag{14.35}$$

그러면 예측치들은

$$\begin{aligned}\hat{Y}_t(l) &= E[Y_{t+1}|Y_t,\ \cdots,\ Y_1]\\ &= \delta-\theta_1\hat{\epsilon}_t\end{aligned}$$

(단, ϵ_{t+1}은 미지수이므로 '0'으로 보았고 $\hat{\epsilon}_t$는 실제의 잔차항 임)

$$\begin{aligned}&\hat{Y}_t(2) = \delta\\ &\cdots\cdots\\ &\hat{Y}_t(l) = E[Y_{t+1}|Y_t,\ \cdots,\ Y_1]\\ &\qquad = E[\delta+\epsilon_{t+l}-\theta_1\epsilon_{t+l-1}]\\ &\qquad = \delta\end{aligned} \tag{14.36}$$

이 결과 역시 놀라울 것이 없는 당연한 일이다. MA(1)은 단지 1기 기억(one period memory) 밖에 없으므로 2~3기 이상 미래에 대한 예측을 할 경우 최근까지의 자료는 더 이상 효용성이 없어진다. 따라서 $l>q$ 경우의 예측치가 $E[Y_t]=\delta$가 됨은 당연하다.

한편, $l>1$ 경우의 예측오차와 그 분산은 다음과 같다.

그림 14-24 MA(1)의 예측과 신뢰구간 예

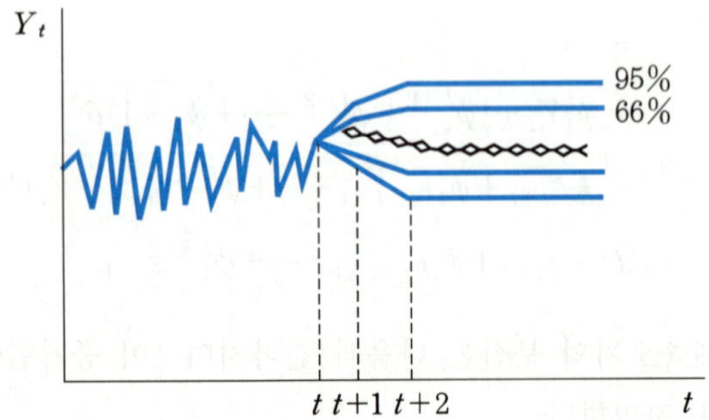

$$e_t(l) = Y_{t+l} - \hat{Y}_t(l)$$
$$= \epsilon_{t+l} - \theta_1 \epsilon_{t+l-1} \tag{14.37}$$

$$\mathrm{Var}(e_t(l)) = E[e_t^2(l)]$$
$$= E[(\epsilon_{t+l} - \theta_1 \epsilon_{t+l-1})^2]$$
$$= (1+\theta_1^2)\sigma_\epsilon^2 \tag{14.38}$$

따라서 MA(1)은 $l=2, 3, \cdots, \infty$ 의 경우 일정한 예측오차의 분산을 갖는다.

(4) ARMA(1,0,1) : ARIMA(1,0,1)

가장 간단한 형태의 Mixed ARMA 과정은 다음과 같이 표현될 수 있다.

$$Y_t = \phi_1 Y_{t-1} + \delta + \epsilon_t - \theta_1 \epsilon_{t-1} \tag{14.39}$$

그리고 예측치들은,

$$\hat{Y}_t(1) = E[\phi_1 Y_t + \delta + \epsilon_{t+1} - \theta_1 \epsilon_t] \tag{14.40}$$
$$= \phi_1 Y_t + \delta - \theta_1 \hat{\epsilon}_t$$
$$\hat{Y}_t(2) = \phi_1 \hat{Y}_t(1) + \delta \tag{14.41}$$

또는

$$\hat{Y}_t(2) = \phi_1^2 Y_t + (\phi_1 + 1)\delta - \phi_1 \theta_1 \hat{\epsilon}_t \tag{14.42}$$

……

$$\hat{Y}_t(l) = \phi_1 \hat{Y}_t(l-1) + \delta \tag{14.43}$$

또는

$$\hat{Y}_t(l) = \phi_1 Y_t + (\phi_1^{l-1} + \cdots + \phi_1 + 1)\delta - \phi_1^{l-1}\theta_1 \hat{\epsilon}_t \tag{14.44}$$

그리고 $\widehat{Y}_t(l)$의 극한치는,

$$\lim_{l \to \infty} \hat{Y}_t(l) = \frac{\delta}{1-\phi_1} = E[Y_t] \tag{14.45}$$

와 같아지며, 따라서 예측치가 역시 Y_t의 평균에 수렴하게 됨을 알 수 있다. 단, AR(1)과는 달리(식 (14.40)과 식 (14.41), 식 (14.43)과 식 (14.44) 비교) 현재의 교란항이 1기 후의 예측치를 산출하는 데 활용될 뿐 아니라, 그 이후는 영향력이 점차 감소하여 결국 $\widehat{Y}_t(l)$이 $\delta/(1-\phi_1)$에 수렴하는 결과가 된다. 사실 이처럼 형태를 막론하고 ARIMA 모형의 장기예측치가 Y_t의 평균에 수렴해 간다는 사실은 시계열 분석모형이 단기 예측에만 유용할 뿐이어서 중장기 예측에는 별도의 방식, 예컨대 회귀분석 모형 등이 활용되어야 할 것을 암시한다.

(5) ARI(1,1) / ARIMA(1,1,0)

ARI, 즉 ARIMA(1,1,0) 모형은 다음과 같이 표현된다.

$$w_t = \phi_1 w_{t-1} + \delta + \epsilon_t$$

$$(\text{단, } w_t = \Delta Y_t = Y_t - Y_{t-1})$$

이 때의 예측치들은 다음과 같다.

$$\hat{Y}_t(1) = Y_t + \hat{w}_t(1) \tag{14.46}$$

$$\begin{aligned} \hat{Y}_t(2) &= Y_{t+1} + \hat{w}_t(2) \\ &= \hat{Y}_t(1) + \hat{w}_t(2) \\ &= Y_t + \hat{w}_t(1) + \hat{w}_t(2) \end{aligned} \tag{14.47}$$

……

$$\hat{Y}_t(l) = Y_t + \hat{w}_t(1) + \hat{w}_t(2) + \cdots + \hat{w}_t(l) \tag{14.48}$$

한편, w_t는 AR(1)이므로,

$$\hat{w}_t(l) = \phi_1^t w_t + (\phi_1^{t-1} + \phi_1^{t-2} + \cdots + \phi_1 + 1)\delta$$

$$\therefore\ \hat{w}_t(l) = \phi_1^l Y_t - \phi_1^l Y_{t-1} + (\phi_1^{t-1} + \phi_1^{t-2} + \cdots + \phi_1 + 1)\delta \qquad (14.49)$$

따라서 식 (14.46)과 식 (14.47), 그리고 식 (14.48)과 식 (14.49)에서

$$\hat{Y}_t(1) = Y_t + \phi_1(Y_t - Y_{t-1}) + \delta$$

$$\begin{aligned}\hat{Y}_t(2) &= Y_t + \hat{w}_t(1) + \hat{w}_t(2) = \hat{Y}_t(1) + \hat{w}_t(2)\\ &= \hat{Y}_t(1) + (\phi_1^2 Y_t - \phi_1^2 Y_{t-1} + (\phi_1 + 1)\delta)\\ &= Y_t + \phi_1(Y_t - Y_{t-1}) + \delta + (\phi_1^2 Y_t - \phi_1^2 Y_{t-1} + (\phi_1 + 1)\delta)\\ &= (1 + \phi_1 + \phi_1^2)Y_t - (\phi_1 + \phi_1^2)Y_{t-1} + (\phi_1 + 1)\delta + \delta\end{aligned}$$

……

$$\hat{Y}_t(l) = \hat{Y}_t(l-1) + \hat{w}_t(l) \qquad (14.50)$$

한편 w_t는 AR(1) 과정이 되므로 식 (14.50)의 두 번째 항의 극한치는 다음과 같다.

$$\lim_{l \to \infty} \hat{w}_t = \frac{\delta}{1 - \phi_1}$$

따라서 l이 커질수록 $\hat{Y}_t$의 예측치는 $\delta/(1-\phi_1)$의 기울기를 가지는 직선에 접근하게 된다.

$$\Delta\hat{Y}_t(l) = \hat{Y}_t(l) - \hat{Y}_t(l-1) = \hat{w}_t(l)$$

가 $\delta/(1-\phi_1)$에 접근하기 때문이다. 따라서 예측치는 l이 증가함에 따라 기울기 $\delta/(1-\phi_1)$를 갖는 이 과정의 확정적 추세가 압도하는 값을 따르게 된다(그림 14-25 참조).

이상에서 살펴본 바와 같이 불안정적 과정과 예측은 시계열의 평균으로 수렴되지 않는다. 단지 차분된 시계열(w_t)이 수렴될 뿐이며, 이 점이 여타 AR이나 MA와 다른 점이라 하겠다.

한편, ARIMA(1,1,0)의 예측오차와 예측오차의 분산 등은 다음과 같이 산출될 수 있다.

그림 14-25 AR(1,1,0) 과정의 가상적 예측

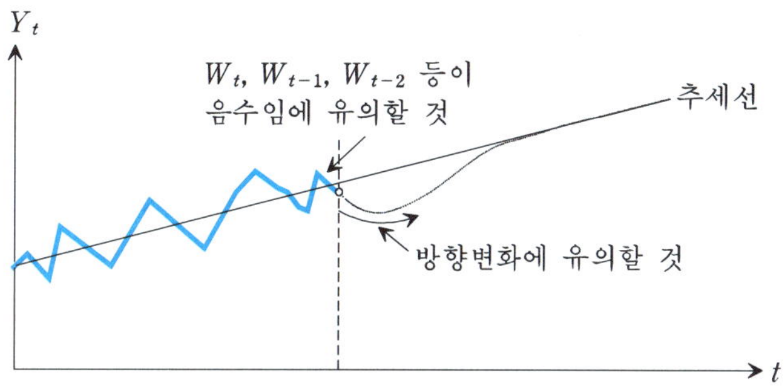

$$
\begin{aligned}
e_t(1) &= Y_{t+1} - \hat{Y}_t(1) \\
&= (Y_{t+1} - Y_t) + Y_t - (Y_t + \hat{w}_t(1)) \\
&= w_{t+1} - \hat{w}_t(1) \\
&= \epsilon_{t+1}
\end{aligned}
$$

$$\therefore \ \mathrm{Var}(e_t(1)) = \sigma_\epsilon^2$$

$$
\begin{aligned}
e_t(2) &= Y_{t+2} - \hat{Y}_t(2) \\
&= Y_t + w_{t+1} + w_{t+2} - Y_t - (\hat{w}_t(1) + \hat{w}_t(2)) \\
&= (w_{t+1} - \hat{w}_t(1)) + (w_{t+2} - \hat{w}_t(2)) \\
&= (1+\phi_1)\epsilon_{t+1} + \epsilon_{t+2}
\end{aligned}
$$

$$\therefore \ \mathrm{Var}(e_t(2)) = \sigma_\epsilon^2[(1+\phi_1)^2 + 1]$$

$$e_t(l) = \sum_{i=1}^{l} \epsilon_{t+i} \sum_{j=0}^{l-i} \phi_1^j$$

$$\mathrm{Var}(e_t(l)) = E[e_t^2(l)] = \sigma_\epsilon^2 \sum_{i=1}^{l} \left(\sum_{j=0}^{l-i} \phi_1^j \right)^2$$

이상에서 우리는 AR I 의 예측오차 및 그 분산은 누적적으로 증가하고 있음을 알 수 있다.

(6) 구간예측(interval forecast)

앞의 항에서 우리는 Min MSFE를 만족시키는 예측치에 대한 산출량을 주요 기본 ARIMA 모형을 중심으로 살펴 보았다. 그리고 이러한 점예측치에 근거한 예측오차 및 예측오차의 분산을 산출하여 그 특성을 확인한 바 있다. 따라서 이제 이러한 분석구간예측을 수행할 수 있게 되었다. 구간예측은 물론 점예측치를 중심으로 일정 신뢰구간을 설정하는 과정이라 할 수 있으며, 신뢰구간 설정에 있어 바로 예측오차의 분산값이 활용되는 것이다.

그런데 앞서 소개한 예측오차의 분산공식들은 모형의 계수가 알려져 있다는 가정하에 산출된 것들이다. 그러나 현실적으로는 추정된 계수값을 대신 대입해 넣어야 하므로 현실적인 예측오차의 분산은 더욱 커질 수밖에 없다.

문제는 예측오차의 분산이 어느 정도나 커지는가 하는 것인데, 이는 추정계수들의 분산을 알아야 가능하다. 우리가 할 수 있는 최선은 반복적 NLE의 최종 추정 결과에 근거한 선형추정식에서 표준오차를 산출하는 길이 될 것이다. 그러나 이렇게 산출한 표준오차는 추정계수들에 대한실제 표준오차의 충실한 추정치가 될 수 없다. 추정에 활용된 방법이 NLE이기 때문이다. 따라서 예측오차의 분산을 산출하기 위해 위와 같은 표준오차를 활용하는 대신 단순히 다음 식에 근거한 예측오차분산을 산출하기도 한다.

$$
\begin{aligned}
E[e_t^2(l)] &= (\varphi_0^2+\varphi_1^2+\cdots+\varphi_{t-1}^2)\sigma_\epsilon^2 \\
&= (1+\varphi_1^2+\cdots+\varphi_{t-1}^2)\sigma_\epsilon^2 \qquad (14.51)
\end{aligned}
$$

$(\because\ \varphi_0=1)$

한편, 교란항의 분산에 대한 추정치는 최종추정단계에서 SSE를 근거로 산출할 수 있다.

$$
\hat{\sigma}_\epsilon^2 = \frac{\text{SSE}}{T-p-q} = \frac{\sum \hat{\epsilon}_t^2}{T-p-q} \qquad (14.52)
$$

(단, $T-p-q$는 자유도 임)

이제 식 (14.51)과 식 (14.52)를 토대로 구간예측공식을 도입하면 다음과 같다.

$$
\hat{Y}_t(l) \pm t_{\alpha/2}\text{Var}(e_t(l))^{1/2}
$$

$$
\hat{Y}_t(l) \pm t_{\alpha/2}\left(1+\sum_{j=1}^{t-1}\varphi_j^2\right)^{1/2}\hat{\sigma}_\epsilon
$$

이 식에서 우리는 먼 장래에 대한 예측일수록(즉, l이 커질수록) 신뢰구간의 폭이 넓어질 것임을 쉽게 알 수 있다.

2. 차분이 예측에 미치는 영향

시계열의 안정화를 위해 적용하는 차분(differencing)은 예측에 적지 않은 영향을 미친다. 따라서 차분화로 인해 예측이 어떻게 영향을 받는지를 이해하는 일은 중요하며, 특히 2번 이상 차분을 해야 할 것인가를 결정할 때 심사 숙고할 필요가 있다.

물론 서로 다른 차수만큼 차분한 모형들이지만 비슷한 예측력을 보여 줄 수도 있다. 그러나 예측치의 행태는 매우 다를 수 있다는 점에 유의할 필요가 있다.

(1) 차분하지 않은 경우

차분하지 않은 시계열자료를 이용하여 예측을 수행하면 시계열 모형에 상수가 포함된 경우에는 평균값으로 수렴하게 된다. 반면 상수항이 포함 안 된 시계열 모형의 경우에는 예측치들이 '0'으로 수렴한다.

이 때 예측치의 분산값은 과거 관측치들의 분산값으로 수렴하게 된다. 따라서 예측구간은 수렴현상을 보이게 된다.

(2) 시차 1에서 한 번 차분한 경우

시차 1에서 한번 차분한 시계열 자료(data differenced once at lag 1)를 이용하여 예측을 수행할 때 만일 모형 내에 상수항이 포함되지 않았다면 예측치는 마지막 관측치 값으로 수렴할 것이다. 한편 상수항이 포함된 모형의 경우에는 긴 기간에 대한 예측(long-range forecasts)은 선형 추세선을 따르게 된다. 이 때의 추세선의 기울기는 추정된 상수항 값이 된다.

그런데 어느 경우이던간에 예측치의 분산값들은 먼 장래에 이를수록 증가하게 되고 따라서 예측구간도 넓어지게 된다.

(3) 시차 1에서 두 번 차분한 경우

시차 1에서 두 번 차분한 시계열 자료(data differenced twice at lag 1)를 이용하여 예측을 수행하는 경우, 만일 모형 내에 상수항이 포함되지 않았다면 긴 기간에 대한 예측치들(long-range forecasts)은 마지막 관측치부터 시작하여 선형추세를 보이게 된다.

반면 상수항이 포함된 모형의 경우에는 2차 함수적 추세를 보이게 된다.

그런데 어느 경우이든간에 예측치들의 분산은 매우 급격하게 확산되므로 예측구간 또한 급격하게 넓어질 것이다.

(4) 계절적으로 차분한 경우

계절적으로 차분한 자료(seasonally differenced data)를 이용하여 예측을 수행할 경우 차분화가 예측에 미치는 영향과 유사하다.

계절적 차분과 (비계절적) 1차 차분을 동시에 수행한 시계열 자료의 경우는 시차 1에서 두 번 차분한 시계열 자료를 이용하여 예측할 때와 유사한 특징을 갖는다. 단지 예측치 또한 계절변동 패턴을 보여 줄 것이란 점만이 유일한 차이가 될 것이다.

(5) 차분화 대신 추세나 계절성을 제거하여 예측하는 방안

예측을 수행함에 있어 가능한 한 구간 예측폭을 줄이고자 하는 것이 자연스러운 연구자의 희망 사항이 될 것이다. 따라서 차분화(의 횟수)는 가능한 한 절제할 필요성이 생긴다. 더구나 예측치의 분산이(또는 예측오차가) 선형함수, 또는 2차 함수적으로 확대되어야 한다고 가정할 수 없는 이상 차분화는 자제되어야 할 것이다.

이러한 문제를 회피할 수 있는 매우 현실적인 예측 방안이 있는데 추세나 계절성을 별도 방식으로 제거하는 것이다.

예컨대 식별과정을 통해 선정된 모형이 ARIMA$(0,1,1)(0,1,1)_{12}$라 하자.

$$(1-B)(1-B)^{12}Y_t = (1-\theta_1 B)(1-\theta_1 B^{12})e_t \tag{14.53}$$

상기 식 (14.53))을 일단 풀어쓰기 형태로 재정리 하면,

$$Y_t = Y_{t-1} + Y_{t-12} - Y_{t-13} + e_t - \theta_1 e_t - \Theta_1 e_{t-12} + \theta_1 \Theta_1 e_{t-13} \tag{14.54}$$

와 같아 질 것이다. 따라서 1기 후의 예측방정식은 아래와 같아질 것이다.

$$Y_{t+1} = Y_t + Y_{t-11} - Y_{t-12} + e_{t+1} - \theta_1 e_t - \Theta_1 e_{t-11} + \theta_1 \Theta_1 e_{t-12} \tag{14.55}$$

그런데 e_{t+1}값은 알 수 없으므로 미래의 오차에 대한 기대치로 인식하여 '0'을 대입한다. 물론 e_t, e_{t-11}, e_{t-12} 등을 추정 결과에 나타난 잔차항 값을 대입한다. 만일 l기 후에 대한 예측을 한다면 같은 논리에 의거 모든 미래 잔차항 값을 '0'으로 처리한다. 물론 θ_1이나 Θ_1값은 추정 과정에서 산출된 추정치를 대

입하여 예측에 활용한다.

3. 시계열 분해시 ARIMA 모형의 활용

우리는 앞서 시계열을 분해하는 다양한 방법을 살펴 본 바 있다. 그리고 이 과정에서 양쪽 끝 시기의 값들이 왜곡된다는 문제점이 발생함을 확인한 바 있다. 이러한 문제를 해결하기 위해 ARIMA 모형을 이용하여 전방예측(forecast), 혹은 후방예측(backcast)한 값들을 활용할 수도 있다. X-11 ARIMA나 X-12 ARIMA 과정은 ARIMA 모형을 이런 식으로 활용한다.

이 때 활용할 모형은 독자적으로 설정할 수도 있지만 대다수 프로그램들은 아래와 같은 다섯 가지 모형을 적용하여 동시에 결과들을 제공하므로 그 중 최적의 모형을 선정하여 활용하면 된다.

$$\begin{pmatrix} ARIMA(0,1,1)(0,1,1),\ with\ log\ transformation \\ ARIMA(0,1,2)(0,1,1),\ with\ log\ transformation \\ ARIMA(2,1,0)(0,1,1),\ with\ log\ transformation \\ ARIMA(0,2,2)(0,1,1),\ with\ log\ transformation \\ ARIMA(2,1,2)(0,1,1),\ with\ log\ transformation \end{pmatrix}$$

예제 14-5 ARIMA 모형을 이용한 예측

예제 14-3에서 다룬 바 있는 자동차 수출자료를 이용하여 ARIMA 모형을 이용한 예측을 실시해 보고자 한다. ARIMA 모형에 의한 추정과 예측에 앞서 원자료가 가진 분산에 대한 불안정성을 제거하기 위해 로그 전환을 실시하였다.

변환된 자료를 이용하여 일단 AIC 기준을 최소로 하는 모형을 선정해 보았다. 이 모형은 각 계수에 대한 안정화 조건을 만족하며 각 계수의 t값도 유의적인 것들을 선정한 것이다.

이렇게 추정된 모형 중 AIC 값이 가장 낮은 log ARIMA(1,1,2)(ARIMA with log transformation)를 가지고 잔차항에 대한 ACF와 PACF를 그려 보았다.

그림 14-26 log ARIMA(1,1,2)를 이용한 자동차 수출자료의 ACF와 PACF

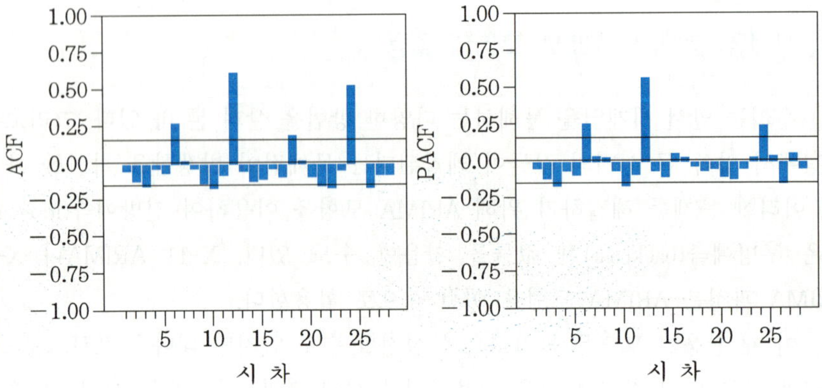

위의 그림으로부터 추정에서 발생한 잔차항이 백색소음이 되지 않음을 알 수 있으며, 특히 시차 12에서 유의적으로 큰 값을 가지는 ACF와 PACF로 볼 때 자료에 계절요인이 존재하는 것으로 판단된다. 이와 같은 계절요인을 제거하기 위해 계절차분을 실시해 보았다. 그런 연후에 이를 토대로 AIC 기준에 의거하여 아래의 5개의 모형을 선정해 보았다.

Model	AIC	MAPE
$\text{ARIMA}(2,1,0)(2,1,0)_{12}$	310	1.03
$\text{ARIMA}(2,1,1)(2,1,1)_{12}$	314	1.02
$\text{ARIMA}(1,1,0)(2,1,0)_{12}$	315	1.05
$\text{ARIMA}(1,1,0)(2,1,1)_{12}$	316	1.04
$\text{ARIMA}(1,1,1)(1,1,0)_{12}$	322	1.13

단, AIC나 MAPE 기준 상의 차이가 크지 않아 간편성의 원칙에 근거하여 $P=1$을 추가적으로 고려하는 수준에서의 모형 $\text{ARIMA}(1,1,1)(1,1,0)_{12}$을 선정하여 보았다. 선정된 모형의 오차항에 대한 분석을 수행한 결과 백색소음적 특성을 나타내는 것으로 판단되어 일단 이를 최종 추정결과로 채택하였다.

그림 14-27 ARIMA(1,1,1)(1,1,0) $_{12}$ 모형을 이용한 자동차 수출자료의 ACF와 PACF

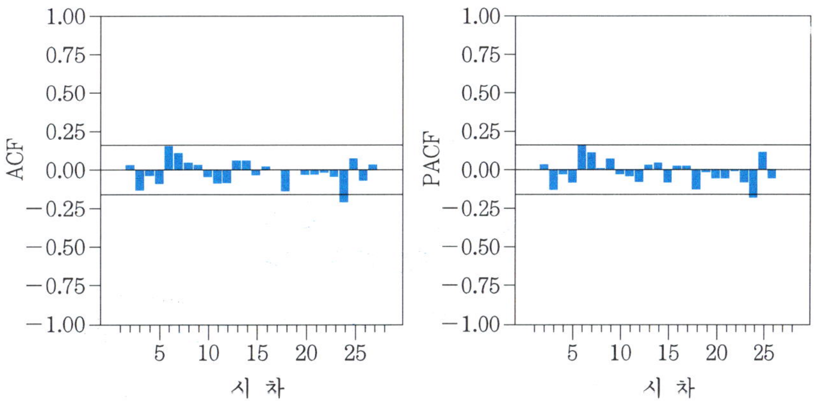

이렇게 추정된 ARIMA(1,1,1)(1,1,0)$_{12}$ 모형에 의거하여 추정기간 이후 시점인 2005년 10월에서 2006년 10월까지의 예측을 시도해 보았다.

먼저 점예측치를 구한 후 구해진 값을 지수변환과 차분변환을 통해 원자료로 변환시키는 과정을 거쳤다. 표 14-2는 12개월간의 예측치 및 95% 신뢰구간 값을 정리해 놓은 것이다. 한편 점 예측치를 중심으로 80% 신뢰구간을 설정하여 그림으로 표현한 것이 그림 14-28이다.

표 14-3 점예측치 및 95% 신뢰구간

기 간	점예측치	95% 신뢰 하한	95% 신뢰 상한
2005 10	3606759.103	2572473.195	5056888.931
2005 11	3965185.205	2737771.484	5742880.223
2005 12	4297150.152	2925003.923	6312982.792
2006 01	3372325.463	2271041.716	5007648.671
2006 02	3318818.658	2213383.654	4976343.466
2006 03	4203168.093	2777164.262	6361388.940
2006 04	4195939.417	2747347.104	6408330.264
2006 05	3958232.156	2568813.081	6099159.924
2006 06	4298183.153	2765296.872	6680793.880
2006 07	3985185.678	2542168.081	6247307.175
2006 08	3402597.026	2152454.688	5378820.092
2006 09	3628400.152	2276520.954	5783073.350
2006 10	4662377.999	2683019.767	8101978.552

그림 14-28 점예측치 및 80% 신뢰구간

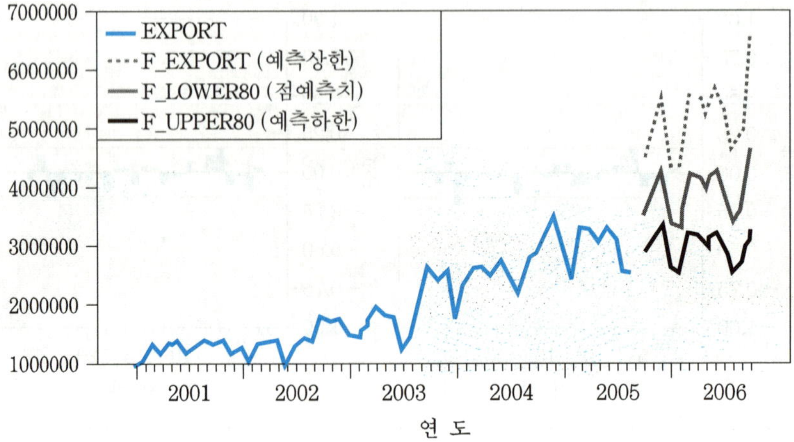

여기에서 우리는 추정된 모형의 예측치가 기존 자료가 가졌던 패턴을 보이며 점근적으로 추세선에 접근하게 됨을 확인할 수 있다. 한편 보다 장기적인 예측을 수행할 경우, 예측구간의 폭은 점차 확대되는 특성을 가지게 될 것이므로 ARIMA 모형을 토대로 한 예측은 단기적인 예측에 머무르는 것이 바람직하다.

□ 보 론

1. 안정성과 가역성

ARIMA 모형에서의 안정성과 가역성 조건에 관하여 본문에서 개략적인 설명을 직관적 논리에 따라 전개한 바 있다. 여기서는 보다 체계적인 논리로 이들 조건에 관한 내용을 정리해 보기로 한다.

분석대상 시계열을 ARMA(p,q)라 하면 다음과 같이 나타낼 수 있다.

$$(1-\phi_1 B-\cdots-\phi_p B^p)y_t=(1-\theta_1 B-\cdots-\theta_q B^q)\epsilon_t \tag{1}$$

또는, 간단히

$$\phi(B)y_t=\theta(B)\epsilon_t \tag{2}$$

$$(\text{단},\ y_t=Y_t-\mu_Y)$$

라 표현된다. 이러한 시계열이 안정적이기 위한 필요조건이 다음과 같아짐은 이미 여러 번 확인한 바 있다.

$$\phi_1+\phi_2+\cdots+\phi_p<1 \tag{3}$$

한편, 식 (2)를 y_t에 대해서 풀면,

$$y_t=\phi^{-1}(B)\theta(B)\epsilon_t \tag{4}$$

이 된다. 이 때 y_t가 안정적 과정이라면 $\phi^{-1}(B)$값은 수렴해야 한다. 이러한 조건이 달성되기 위해서는 다음과 같은 특성방정식(characteristic equation)의 근들(roots)이 모두 단위원(unit circle) 밖에 존재해야, 즉 식 (5)의 해인 $B_1, \cdots, B_p$가 모두 절대치가 1보다 커야 한다.[1)]

$$\phi(B)=1-\phi_1 B-\cdots-\phi_p B^p=0 \tag{5}$$

1) 자세한 내용은 Box & Jenkins, *op. cit.*,를 참조할 것.

한편, 식 (2)를 ϵ_t에 대해서 정리하면,

$$\epsilon_t = \theta^{-1}(B)\phi(B)y_t \tag{6}$$

가 된다. 만일 식 (2)를 식 (6)과 같이 전환할 수 있다면, 즉 ARMA 과정의 MA 부분이 순수한 AR 과정으로 전환될 수 있을 때, y_t는 가역적이라 한다. 그런데 이러한 조건이 달성되려면 $\theta^{-1}(B)$는 수렴해야 하며, 이는 다음과 같은 특성방정식의 모든 근이 모두 단위원 밖에 존재해야, 즉 식 (7)에 대한 해, B_1, …, B_q가 모두 그 절대치가 1보다 커야 한다.[1)]

$$\theta(B) = 1 - \theta_1 B - \theta_2 B^2 - \cdots - \theta_q B^q = 0 \tag{7}$$

이해를 돕기 위해 MA(1) 및 MA(2) 경우의 조건을 찾아보자. MA(1) 경우의 특성방정식은 다음과 같다.

$$1 - \theta_1 B = 0 \tag{8}$$

따라서 가역조건은,

$$|B| = \frac{1}{|\theta_1|} > 1$$

즉,

$$|\theta_1| < 1 \tag{9}$$

가 된다.

한편, MA(2) 경우의 특성방정식은,

$$1 - \theta_1 B - \theta_2 B^2 = 0 \tag{10}$$

이며, 따라서 그 근은,

$$B = \frac{-\theta_1 \pm \sqrt{\theta_1^2 + 4\theta_2}}{2\theta_2} \tag{11}$$

1) Box & Jenkins, 또는 U. Grenander and M. Rosenblatt, *Statistical Analysis of Stationary Time Series*(N. Y., Wieley, 1957) 참조.

이 되는데, 이 값들이 모두 1보다 크려면 다음 조건이 만족되야 한다.

$$\begin{aligned} &\theta_2 + \theta_1 < 1 \\ &\theta_2 - \theta_1 < 1 \\ &|\theta_2| < 1 \end{aligned} \tag{12}$$

한편, 식 (2)가 불안정하지만 $\phi(B)=0$의 근 중 d개는 정확히 단위원 선상에, 그리고 나머지 $(p-d)$개는 단위원 밖에 존재한다면 다음과 같이 재정리할 수 있다.

$$\alpha(B)(1-B)^d y_t = \theta(B)\epsilon_t \tag{13}$$

또는

$$\alpha(B)w_t = \theta(B)\epsilon_t \tag{14}$$

단, 여기서 w_t는 안정적 과정이고, $\alpha(B)$는 $(p-d)$ 차수를 갖는 안정적 AR 연산자이다. 이 때 워래 시계열 y_t를 차수가 d인 동차 불안정적 시계열이라 하는데, 이러한 시계열은 다음과 같은 AR 연산자 $\phi(B)$를 갖는다.

이상까지의 논의를 바탕으로 안정성 및 가역성의 판정기준을 요약하면 다음과 같다.

모형의 종류	안정성 조건	가역성 조건
순수한 AR	차수(p)에 따라 다름.	항상 충족됨.
순수한 MA	항상 충족됨.	차수(q)에 따라 다름.
AR(1)	$\|\phi_1\| < 1$	항상 충족됨.
AR(2)	$\phi_2 + \phi_1 < 1$ $\phi_2 - \phi_1 < 1$ $\|\phi_2\| < 1$	항상 충족됨.
MA(1)	항상 충족됨.	$\|\theta_1\| < 1$
MA(2)	항상 충족됨.	$\theta_2 + \theta_1 < 1$ $\theta_2 - \theta_1 < 1$ $\|\theta_2\| < 1$
ARMA(p, q)	차수(p)에 따라 다름.	차수(q)에 따라 다름.

2. ACF와 PACF를 이용한 식별법

(a) AR(1)의 이론적 acf와 pacf

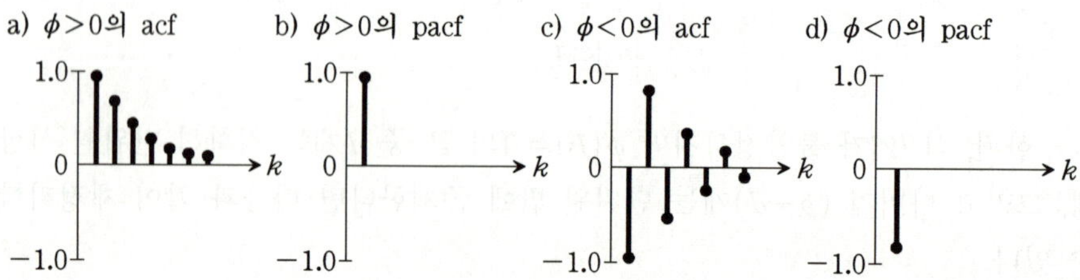

(b) AR(2)의 이론적 acf와 pacf

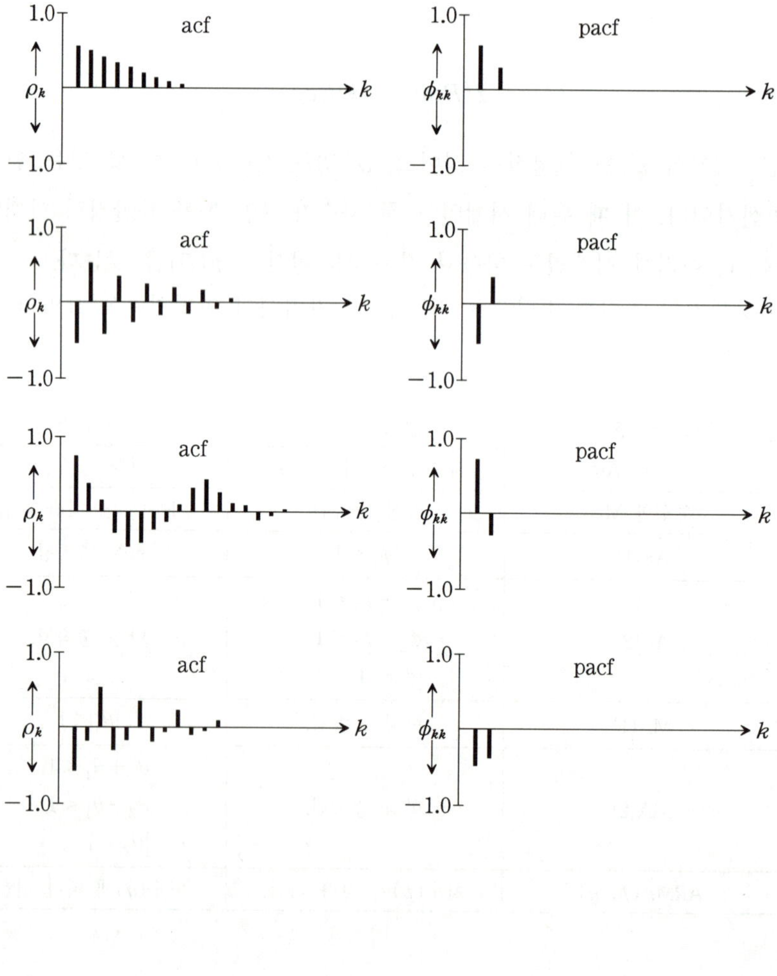

(c) MR(1)의 이론적 acf와 pacf

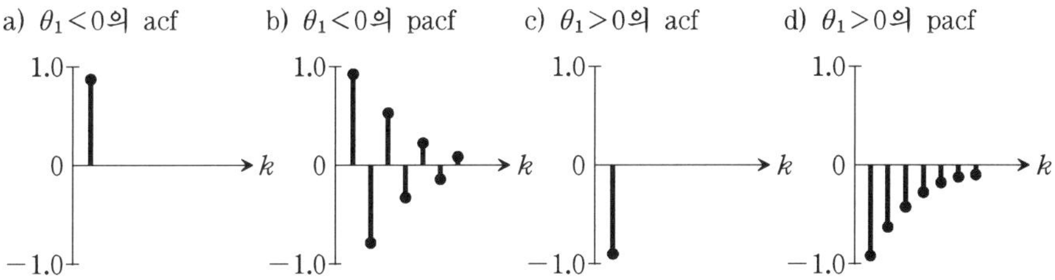

(d) MR(2)의 이론적 acf와 pacf

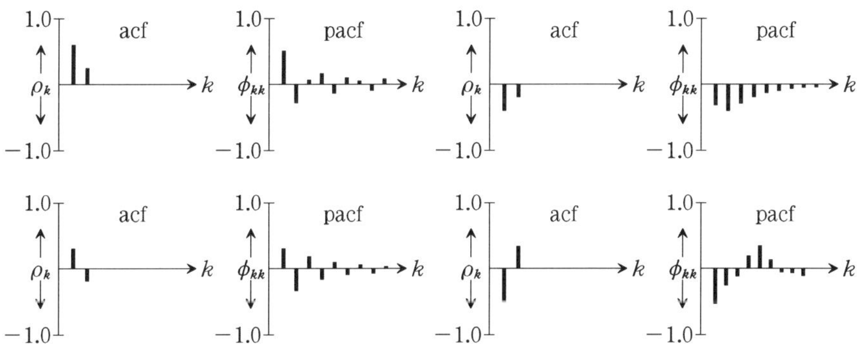

(e) ARMA(1,1)의 acf와 pacf

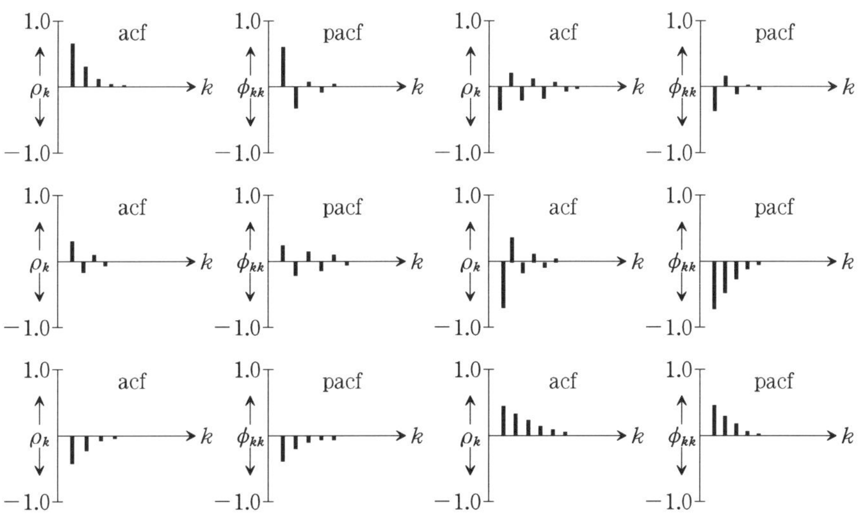

acf와 pacf의 변동 상의 특징에 의해 ARIMA 모형을 판정할 수 있는 기준이 본문에 제시된 바 있는데, 이를 기준으로 AR(1), AR(2), MA(1), MA(2), 그리고 ARMA(1,1) 모형이 취할 수 있는 acf와 pacfqnsvh 형태를 정리해 보면 다음과 같다.

첫째, AR 모형은 pacf가 AR의 차수보다 긴 시차구간에서는 0이 된다.

둘째, MA 모형은 acf가 MA의 차수보다 긴 시차구간에서는 0이 된다.

셋째, ARMA 모형은 acf와 pacf가 모두 점차 0에 수렴하는데, 일반적으로 acf는 $(q-p)$시차 이후 pacf는 $(p-q)$시차 이후부터 감소한다.

넷째, 특히 ARMA 모형의 경우에는 초기 단계에서의 식별이 어려우므로 우선 순수한 AR 모형으로 추정을 한 다음 잔차항의 acf 값에 의거하여 계수값들을 조정해 나가는 방식이 권장되고 있다. 단순성 원칙의 차원뿐만 아니라 이른바 모형의 중복성(near-redundancy) 문제를 회피할 수 있다는 장점이 있기 때문이다.

3. 추정상의 참고사항

구체적인 추정과정에서 다음과 같은 요령이 유용하게 활용될 수 있다.

첫째, 식별단계에서 선정된 모형의 차수는 단지 추정해야 할 계수의 최대수를 나타낼 뿐이지 총수를 나타내는 것은 아니다. 예컨대 MA(2) 모형이 단지 θ_2계수(단, $\theta_1=0$)만으로 정의될 수도 있기 때문이다. 그런데 대다수 컴퓨터 프로그램들은 자동적으로 모든 ϕ_i나 θ_j를 추정해 주고 있어 단순성 원칙을 무시하고 있으므로 분석자의 현명한 판단이 요구된다.

둘째, 어떤 컴퓨터 프로그램들은 분석가로 하여금 AR이나 MA 계수의 초기(임시)추정치를 입력하도록 짜여 있다. 많은 경우에 모든 임시추정치를 0.1로 설정할 경우 좋은 결과가 나온다. 그러나 보다 좋은 결과를 얻으려면 초기 추정치를 식별단계에서 추정된 acf나 pacf로부터 산출하는 것이 바람직하다(단, MA 추정치나 $\hat{\rho}_k$값에 "−"를 붙여 사용해야 함).

셋째, 추정단계에서 추정된 계수들의 t값이 2.0보다 아주 작다면 이들 계수가 시차 1이나 2, 그리고 계절시차에 관한 것이 아닌 이상 이를 그대로 보유하는 것은 매우 조심해야 하는 일이다.

넷째, 1차 차분된 자료로 정의되는 모형은 그 평균이 0에 가까운 경우가 많다. 그 평균이 0과 상당히 다르거나 그래서 모형의 상수항이 역시 0과 다르다면 이는 확정적 추세가 존재한다는 것을 의미하므로 컴퓨터 프로그램이 AR이나 MA의 계수는 물론 평균값을 아울러 추정해 줄 때에는 통계적 유의성 검정을 반드시 실시해야 한다.

4. 추정 및 진단, 그리고 예측상의 참고사항

첫째, 추정된 acf의 t값과 관련하여 현실적으로 주의를 요하는 수준(warning level)은 다음의 표와 같다.

acf 의 시차	식별단계 (acf 의 초기 추정치)	진단단계 (잔차항의 acf)
단 기	1.6	1.25
seasonal (s, $2s$, …)	1.25	1.25
near-seasonal ($s-1$, $s+1$, $2s-1$, $2s+1$, …) and half seasonal ($0.5s$, $1.5s$, …)	–	1.25
기 타	1.6	1.6

둘째, 잔차항의 acf 값에 근거하여 모형을 재설정할 경우에는 계수의 중복성을 피하기 위해, 그리고 모형의 단순성 원칙에 충실하기 위해서 계수를 하나씩만(그것도 AR과 MA 중 한 가지만) 증가시켜 나가며 판정을 해야 한다.[1)]

셋째, 최종적으로 선정한 ARIMA 모형의 잔차항도표를 자세히 관찰할 필요가 있다. 자료의 변동요인에 대한 보다 훌륭한 직관을 제공해 줄 수 있기 때문이다. 예컨대, 모형의 전반적인 적합도는 좋으나 표본의 초기부분의 적합도가 좋지 못하다면 이는 다른 확률과정에 의해 파생된 것으로 볼 수 있으므로 초기자료를 제외시킨 후 다시 식별단계로 되돌아갈 필요가 있다. 반면 모형이 오히려 최근 자료를 제대로 재현시켜 주지 못하는 것으로 나타나면 이 모형은 원천적으로 재고해야 할 것이다. 이러한 경우 전반적인 적합도(RMSE나 MAPE 등)는 과대평가된 값에 불과하다.

---

1) 이러한 기준은 Granger 등의 주장에 근거한 것이며, 학자에 따라서는 가장 일반적인 모형에서부터 시작해(p, q)의 차수를 줄여 가며 가장 간단한 모형을 찾아나가는 방법을 제안하기도 한다.

연습문제

[1] 다음 용어를 간략히 설명하라.

1) 안정성(stationarity)
2) 자기상관함수(acf)와 편자기상관함수(pacf)
3) 동차적인 불안정적 과정(homogeneous nonstationary process)
4) 자시상관도표(autocorrelogram)
5) AR · MA · ARMA · ARIMA 과정
6) 추세선을 갖는 확률보행과정(random walk with drift)
7) 백색오차(white noise)
8) 식별(identification)
9) 진단(diagnostic checking)
10) 가역성(ivertibility)
11) Box-Pierce의 χ^2 검정법
12) Ljung-Box의 Q^* 검정법

[2] 강안정성(strong stationarity)과 약안정성(weak stationarity) 개념을 비교하라.

[3] AR 과정의 편자기상관함수(pacf)는 AR의 차수와 동일한 시차까지만 스파이크(spike)가 존재한 후 갑자기 0이 되어 버리는 이유는?

[4] MA 과정의 자기상관함수(acf)는 MA의 차수와 동일한 시차까지만 스파이크(spike)가 존재한 후 갑자기 0이 됨을 적절히 증명해 보아라

[5] 다음과 같은 ARIMA 모형과 관련하여 물음에 답하라

$$Y_t = c - \theta_1\epsilon_{t-1} - \theta_2\epsilon_{t-2} + \epsilon_t$$

1) 이 과정의 AR 차수는?
2) 이 과정의 MA 차수는?
3) 왜 θ계수들에 "−"부호가 붙는가?

[6] 다음을 ARIMA(p, d, q) 모형의 표현식과 일반적인 수식으로 표현하라

1) $(1-\phi_1 B)(1-B)Y_t = \epsilon_t$
2) $(1-B)^2 Y_t = (1-\theta_1 B)\epsilon_t$
3) $(1-\phi_1 B)Y_t = (1-\theta_1 B)\epsilon_t$
4) $(1-B)Y_t = (1-\theta_1 B - \theta_2 B^2)\epsilon_t$
5) $Y_t = (1-\theta_2 B^2)\epsilon_t$

[7] 다음 식을 후방전위연산자(backward shift operator)를 이용하여 표현하라.

1) ARIMA(1,1,1)

2) ARIMA(0,2,1)

3) ARIMA(2,0,2)

4) $Y_t = \mu(1-\phi_1-\phi_2)+\phi_1 Y_{t-1}+\phi_2 Y_{t-2}+\epsilon_t$

5) $Y_t = \mu(1-\phi_1)+\phi_1 Y_{t-1}-\theta_1\epsilon_{t-1}+\epsilon_t$

6) $Y_t = Y_{t-1}+\phi(Y_{t-1}-Y_{t-2})+\phi_2(Y_{t-2}-Y_{t-3})+\epsilon_t$

7) $Y_t = Y_{t-1}-\theta_1\epsilon_{t-1}-\theta_2\epsilon_{t-2}+\epsilon_t$

8) $Y_t = 2Y_{t-1}-Y_{t-2}-\theta_1\epsilon_{t-1}+\epsilon_t$

[8] MA(1) 과정과 AR(∞) 과정이 같아지는 사유를 밝혀라.

[9] $p=1$, $q=1$ 경우의 ARIMA 모형의 분산과 공분산 및 acf를 구하라.

[10] 다음의 acf와 pacf쌍들은 AR, MA, 또는 ARMA 과정 중 어느 것에 해당된다고 볼 수 있는가? 답하고 설명하라.

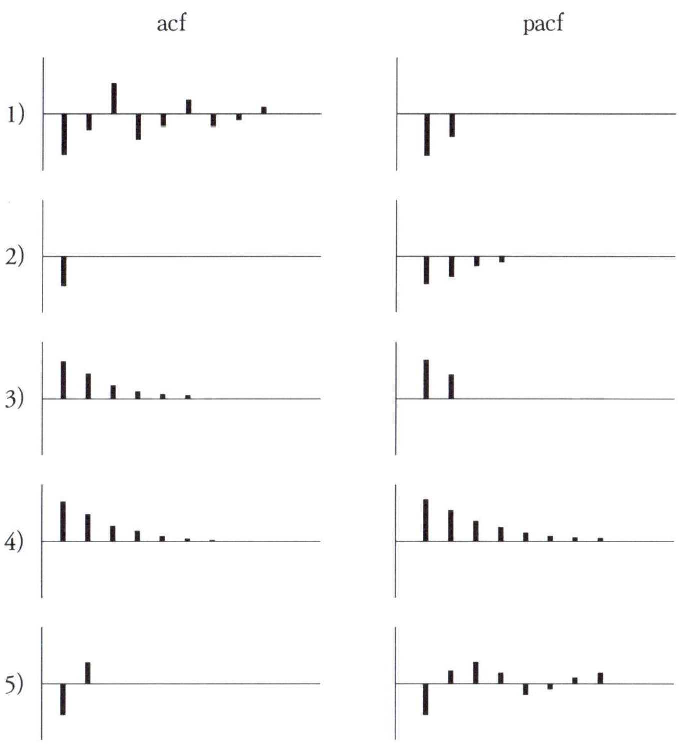

6) 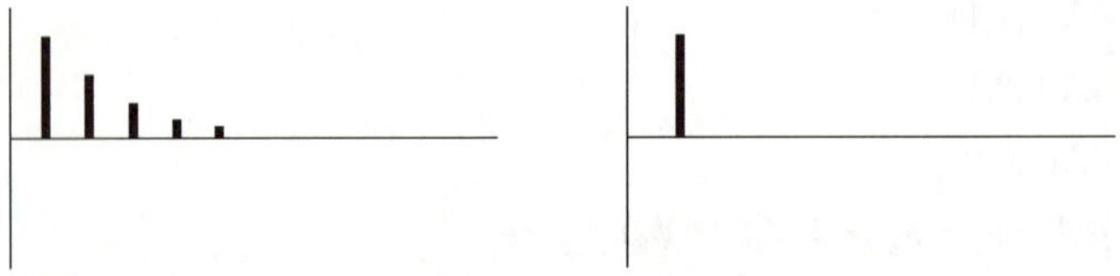

7) 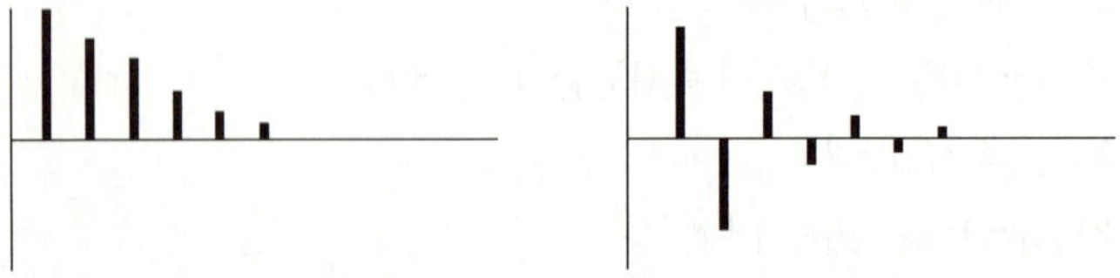

[11] $c=0.8B$인 AR(1) 과정에서

$$(1-0.80)y_t=\epsilon_t \quad 단, \ \sigma_\epsilon^2=1$$

1) 첫 번부터 5개까지의 자기공분산값(autocovariance)은?
2) 첫 번부터 5개까지의 이론적 자기상관계수 값은?
3) 첫 번부터 5개까지의 이론적 편자기상관계수 값은?
4) 이론적 자기상관함수(acf)와 편자기상관함수(pacf)를 도시해 보아라.

[12] 다음 과정들의 안정성과 가역성을 밝혀라.

1) $(1-1.05B-0.42B^2)y_t=\epsilon_t$
2) $(1-1.05B)y_t=\epsilon_t$
3) $(1+0.8B)y_t=(1-0.25B)\epsilon_t$
4) $y_t=(1-0.7B-0.5B^2)\epsilon_t$
5) $y_t=(1-0.8B)=\epsilon_t$
6) $(1-0.4B^2)y_t=\epsilon_t$
7) $(1+1.06B)y_t=(1+0.9B^2)\epsilon_t$

[13] MA(2)의 경우 $c=\mu$임을 보여라.

[14] 다음과 같은 MA(1) 과정의 첫 번부터 다섯 개까지의 이론적 자기상관계수들을 산출하고 도시하라.

$$y_t=(1-0.6B)\epsilon_t$$

[15] 다음과 같은 MA(2) 과정의 이론적 acf를 도출하라. 그리고 처음 다섯 개의 이론적 자기상관값(autocorrelations)을 산출하고 도시하라.

$$y_t=(1+0.8B-0.4B^2)\epsilon_t$$

[16] 계절적인 요인과 비계절적인 요인을 동시에 가지고 있는 주요 시계열 모형을 구성하여 설명해 보아라

[17] 자차항의 자기상관값들(residual autocorrelations)에 대한 통상적인 t검정 외에 χ^2 검정을 적용하는 동기는?

[18] 다음 식을 이용하여 물음에 답하라.

$$(1-\phi_1 B-\phi_2 B^2)y_t=(1-\theta_1 B)\epsilon_t$$

1) 윗식을 차분방정식 형태로 고쳐 써라

2) $n=100$, $Y_{99}=53$, $Y_{100}=56$, $\hat{\epsilon}_{100}=1.4$, $\hat{\phi}_1=1.4$, $\hat{\phi}_2=-0.7$, $\hat{\theta}_1=0.3$, $\mu=50$ 을 이용하여선행시간(lead time) $l=1,\ 2,\ 3$에 대한 예측을 하라.

3) 2)에서의 예측치에 대한 95% 신뢰구간을 설정하라. 단, $\sigma_\epsilon^2=3.3$이라 한다.

연습문제 해답

[1]~[4] (생략)

[5] 1) 0

2) 2

3) 일반적인 관계임.

[6] 1) ARIMA(1,1,0), $Y_t=(1+\phi_1)Y_{t-1}-\phi_1 Y_{t-2}+\epsilon_t$

2) ARIMA(0,2,1), $Y_t=2Y_{t-1}-Y_{t-2}+\epsilon_t-\theta_1\epsilon_{t-1}$

3) ARIMA(1,0,1), $Y_t=\phi_1 Y_{t-1}+\epsilon_t-\theta_1\epsilon_{t-1}$

4) ARIMA(0,1,2), $Y_t=Y_{t-1}+\epsilon_t-\theta_1\epsilon_{t-1}-\theta_2\epsilon_{t-2}$

5) ARIMA(0,0,2), $Y_t=\epsilon_t-\theta_2\epsilon_{t-2}$

[7] 1) $(1-\phi_1 B)(1-B)Y_t=(1-\theta_1 B)\epsilon_t$

2) $(1-B)^2 Y_t=(1-\theta_1 B)\epsilon_t$

3) $(1-\phi_1 B-\phi_2 B^2)Y_t=(1-\theta_1 B-\theta_2 B^2)\epsilon_t$

4) $(1-\phi_1 B-\phi_2 B^2)y_t=\epsilon_t$ (단, $y_t=Y_t-\mu$)

5) $(1-\phi_1 B)y_t=(1-\theta_1 B)\epsilon_t$ (단, $y_t=Y_t-Y_{t-1}$)

6) $(1-\phi_1 B-\phi_2 B^2)(1-B)Y_t=\epsilon_t$

7) $(1-B)Y_t=(1-\theta_1 B-\theta_2 B^2)\epsilon_t$

8) $(1-B)^2 Y_t=(1-\theta_1 B)\epsilon_t$

[8] (생략)

[9] 1) 분산$=\dfrac{1+\theta_1-2\phi_1\theta_1}{1-\phi_1^2}\sigma_\epsilon^2$

2) 공분산 : $r_k=\phi_1 r_{k-1}$, $k\geq 2$

$$r_1=\frac{(\phi_1-\theta_1)(1-\phi_1\theta_1)}{(1-\phi_1^2)}\sigma_\epsilon^2$$

3) acf : $\rho_1=\dfrac{(1-\phi_1\theta_1)(\phi_1-\theta_1)}{1+\theta_1^2-2\phi_1\theta_1}$

$\rho_k=\phi_1\rho_{k-1}$, $k\geq 2$

[10] 1) AR(2)

2) MA(1)

3) AR(2)

4) ARMA(1,1) (단, $\phi_1>0$, $\theta_1>0$)

5) MA(2)

6) AR(1)

7) ARMA(1,1) (단, $\phi_1>0$, $\theta_1<0$)

[11] 1) $r_0=2.778$, $r_1=2.222$, $r_2=1.778$, $r_3=1.422$, $r_4=1.138$

2) $\rho_0=1$, $\rho_1=0.8$, $\rho_2=0.64$, $\rho_3=0.512$, $\rho_4=0.410$

3) $\phi_{11}=0.8$, $\phi_{22}=\phi_{33}=\phi_{44}=\phi_{55}=0$

4) (생략)

[12] 1) 안정적이고 가역적임.

2) 불안정적이고 가역적임.

3)~7) 안정적이고 가역적임.

[13] (생략)

[14] $r_0=1.366\sigma_\epsilon^2$, $r_1=-0.66\sigma_\epsilon^2$, $r_2=r_3=r_4=0$이므로

$\rho_0=1$, $\rho_1=-0.441$, $\rho_2=\rho_3=\rho_4=0$

[15] $\rho_0=1$, $\rho_1=0.267$, $\rho_2=-0.222$, $\rho_3=\rho_4=0$

[16]~[17] (생략)

[18] 1) $y_t=\phi_1 y_{t-1}+\phi_2 y_{t-2}+\epsilon_t-\theta_1\epsilon_{t-1}$

2) $\hat{y}_{101}=E[\phi_1(Y_{100}-\overline{Y})+\phi_2(Y_{99}-\overline{Y})+\hat{\epsilon}_{101}-\theta_1\epsilon_{100}]$

$=1.4(56-50)-0.7(53-50)+E[\epsilon_{101}]-0.3(1.4)=5.88$

$\hat{y}_{102}=E[\phi_1 y_{101}+\phi_2 y_{100}+\hat{\epsilon}_{102}-\theta_1\hat{\epsilon}_{101}]=4.032$

$$\hat{y}_{103} = E[\phi_1 \hat{y}_{102} + \phi_2 \hat{y}_{101}] = 1.5288$$

$$\therefore\ \hat{Y}_{101} = \hat{y}_{101} + \overline{Y} = 55.88$$

$$\hat{Y}_{102} = \hat{y}_{102} + \overline{Y} = 54.032$$

$$\hat{Y}_{103} = \hat{y}_{103} + \overline{Y} = 51.5288$$

3) $Y_{t+l} = \widehat{Y}_t(l) \pm t_{\alpha/2} \sqrt{\sigma_\epsilon^2}$

$$52.283 < Y_{t+l} < 59.477$$

$$48.460 < Y_{t+l} < 59.604$$

$$46.839 < Y_{t+l} < 56.219$$

제15장 고급 시계열 예측모형 I

제14장에서는 ARIMA 모형을 이용하여 단일 시계열에 대한 예측을 수행하는 기본적 방법론에 대하여 살펴 보았다. 그런데 시계열모형에 의한 자료 외에 추가적인 정보를 포함시킬 경우, 예측력이 향상될 수 있다는 사실에 일단 유념할 필요가 있다. 예컨대 특정사건의 발생(파업, 주요 정책의 변화나 법규의 개정, 또는 여러 유형의 외부충격 등)에 관한 외부적 정보나 심지어는 다른 시계열자료를 모형 내에 포함시켜 함께 고려할 수 있다. 또는 아예 전형적인 회귀분석 모형에 ARIMA 모형을 접목시키는 방안도 고려될 수 있다. 본 장은 이와 같은 상황과 관련하여 기본 ARIMA 분석모형을 확대 적용할 수 있는 주요 분석방법을 아래와 같은 체계로 살펴 보고자 하는 것이다.

그림 15 고급시계열 예측모형 I

고급시계열 예측모형 I

- ARIMA 오차항을 갖는 회귀분석모형
- ARIMA 오차항을 갖는 동태적 회귀분석모형
- ARIMA 오차항을 갖는 충격모형
- 다변량 자기회귀(VAR)모형
- 구조형 벡터자기회귀(SVAR)모형

제 1 절에서는 전형적인 다중회귀분석모형에 ARIMA 모형을 접목시켜 활용하는 방안을 소개할 것이다. 즉 통상적인 회귀분석모형의 형태를 취하지만 오차항이 ARIMA 모형에 의해 정의될 수 있는 예측모형에 대하여 살펴 볼 것이다.

제 2 절에서는 ARIMA 오차를 갖는 회귀분석 모형 중 시차 독립변수(lagged independent variables)들이 설명변수로 등장하는 이른바 동태적 회귀모형(dynamic regression models)에 대하여 살펴 볼 것이다.

한편 동태적 회귀모형 중 특별한 경우로써 설명변수가 특정 사건의 발생을 대변하는 상황을 들 수 있다. 즉 파업이나 전쟁의 발생 또는 특정 사건에 대한 규제법의 도입 등과 같은 외부 충격이 발생할 경우 이로 인한 효과를 고려하여 분석하기 위해 별도의 (특수)설명변수를 도입하기도 하는데, 제 3 절에서는 바로 이와 같이 일시적 충격을 고려할 수 있는 분석방안에 대해 살펴 볼 것이다.

그런데 제 1 절부터 제 3 절까지 소개할 모형들은 설명변수가 종속변수에 영향을 미치는 전형적 회귀모형의 특성을 공유하고 있다. 따라서 종속변수가 자신의 과거 관측치에 의해서는 영향을 받지 않도록 모형이 설정되어 있다. 그런데 변수들 간의 상호반응(feedback)이 존재하는 경우 이러한 제약은 제거되어야 하는데, 이러한 상황과 관련하여 개발된 대표적 분석모형이 다변량 자기회귀모형(multivariate autoregressive models or vector autoregressive models(VAR))이다. 제 4 절에서는 바로 VAR 모형을 이용한 예측방안에 대하여 살펴 볼 것이다. 그리고 본 장 말미에서는 VAR 모형이 갖는 문제점을 일부 개선할 수 있는 이른바 SVAR 모형의 활용방안을 간략히 소개할 것이다.

이 시점에서 한 가지 강조해 둘 사항이 있다. 본 장에서 소개할 모형들은 모형의 식별, 추정, 진단, 그리고 예측에 이르는 과정이 제14장에서 소개한 모형보다 훨씬 복잡하고 많은 계산을 요한다는 사실이다. 일반적으로 보다 정교한 논리에 근거한 모형일수록 보다 정확한 예측이 보장될 것이라고 계량경제학자들은 기대하는 경향이 있다. 그러나 순수한 미래 예측에 관한 한 간단할수록 좋은 예측결과를 가져다주는 것으로 알려져 있다. 복잡한 모형을 활용할 경우 여러 변수들의 미래 값에 관련한 가정이 필요해지기 때문이다.

제 1 절 ARIMA 오차항을 갖는 회귀분석모형

제 5 장에서 소개한 다중회귀분석모형의 일반 정의식은 다음과 같았다.

$$Y_t = b_0 + b_1 X_{1,t} + \cdots + b_k X_{k,t} + N_t \tag{15.1}$$

식 (15.1)에서 Y_t는 종속변수, $X_{1,t}, \cdots, X_{k,t}$는 K개의 설명변수를 각각 나타낸다. 즉 Y_t는 K개의 설명변수의 1차함수적 인과관계에 있다는 의미가 된다. 한편 ϵ_t는 오차항을 나타내는데 제 4 장에서는 오차항이 백색소음(white noise)이라고 가정하였었다. 따라서 오차항 간에는 자기상관이 존재하지 않는 것으로 일단 가정했었다. 그러나 본 장에서는 오차항 ϵ_t에 자기상관 현상이 존재하는 상황을 중심으로 논의를 전개하고자 한다.

일단 오차항 N_t가 자기상관을 갖는다면 이를 ARIMA 모형으로 표현할 수 있게 된다. 결과적으로 식 (15.1)은 통상적인 변수 간의 인과관계를 바탕으로 하는 회귀분석모형에 그 오차항이 ARIMA 모형으로 정의될 수 있는 복합모형이 된다. 만일 N_t를 ARIMA(1,1,1)으로 설정한다면 다음과 같이 정의된다.

$$(1-\phi_1 B)(1-B)N_t = (1-\theta_1 B)e_t \tag{15.2}$$

(단 e_t는 백색소음)

따라서, 식 (15.1)을 1차 차분할 경우 아래와 같은 결과가 도출된다.

$$Y_t' = b_1 X'_{1,t} + \cdots + b_k X'_{k,t} + N_t' \tag{15.3}$$

이 때 식 (15.3)은 오차항이 ARMA(1,1)가 되는 회귀모형이 될 것이다.

1. 추정모형의 탐색

문제는 과연 식 (15.3)과 같은 모형을 어떻게 추정할 것인가 하는 점이다. 일단 통상최소자승법(OLS)을 적용한다면 오차항 간의 자기상관으로 인해 추정량 $\hat{b}_i$들의 분산은 하향 편의(downward bias)가 발생할 것인바 결국 유의성 검정통계량, t값을 부당하게 크게 만들게 된다. 따라서 실제로는 $X_{i,t}$가 Y_t에 미치는 한계적 영향력이 유의하지 못함에도 불구하고 t검정상으로 유의한 것처럼 나타나는 이른바 허구적 회귀(spurious regression) 현상을 초래한다.

한편 일반적인 다중회귀모형과는 달리 식 (15.1)과 같은 복합다중회귀모형의 경우에는 N_t가 ARMA 모형을 따라야만 GLS가 적용될 수 있다. GLS 추정은 오차항이 안정적(stationary error)일 경우에만 적용이 가능하기 때문이다.

그러나 문제는 실제 추정해 보기 전에는 오차항에 적절한 ARMA 모형을 식별해 낼 수 없다는 사실이다. 따라서 일반적으로는 우선 임의로 잠정모형(proxy model)을 설정하여 추정한 다음 오차항에 대한 검증과정을 거치게 된다. 그리하여 보다 더 적절한 모형이 선정되면 전체 회귀모형 자체를 다시 추정한다. 통상적으로 잠정모형은 AR(1) 또는 AR(2)와 같이 가장 간단한 모형에서부터 선정하는 것이 효율적이다.

만일 오차항이 결국은 불안정적 모형(non-stationary model)으로 판별된다면 전체 모형을 1차(또는 그 이상) 차분한 다음 위에서 설명한 과정을 따라야 한다. 물론 추정작업은 회귀잔차항(e_t)이 백색소음이 될 때에 종결된다.

예제 15-1 연간 운송장비제품의 수출액을 이용한 분석

ARIMA 오차항을 가진 회귀분석 모형의 가장 간단한 예로서 설명변수가 시간을 나타내는 경우를 들 수 있다.[1] 예컨대 운송장비의 연간 수출액이 표 15-1과 같을 때 선형추세선을 가진 회귀모형을 다음과 같이 설정할 수 있다.

$$Y_t = \alpha + \beta X_t + N_t$$
$$\text{단, } X_t = t - \text{시작년도수}$$

회귀분석결과 나타나는 회귀오차항의 분포와 ACF 및 PACF는 그림 15-1과 같다.

이들 그림의 특성으로 미루어 볼 때 오차항(N_t)에 대한 추정모형으로는 AR(2)을 잠정적으로 선정하는 것이 적절해 보인다. 왜냐하면 ACF 값들은 급속히 감소하는 추세를 보였고 PACF 경우에는 두 개의 spike만이 유의적으로 나타난 후 감소하는 형태를 취했기 때문이다. 따라서 전체 회귀모형은 다음과 같이 설정될 수 있다.

$$Y_t = \alpha + \beta X_t + N_t$$

1) 이는 차분방정식 대신에 추세를 제거하는 대안방안으로 쓰이기도 하는 회귀모형이다.

표 15-1 운송장비제품의 연간 수출액(달러, 2000년 기준=100)

period	dollar	period	dollar
1975	38.38	1990	103.17
1976	41.2	1991	104.91
1977	48.4	1992	104.83
1978	56.19	1993	102.4
1979	67.66	1994	104.76
1980	85.39	1995	109.51
1981	88.5	1996	110.83
1982	84.42	1997	109.22
1983	80.58	1998	100.85
1984	83.02	1999	100.12
1985	84.07	2000	100
1986	83.69	2001	100.51
1987	88.02	2002	101.81
1988	97.75	2003	109.73
1989	104.49	2004	115.31

그림 15-1 회귀오차항의 분포와 ACF 및 PACF

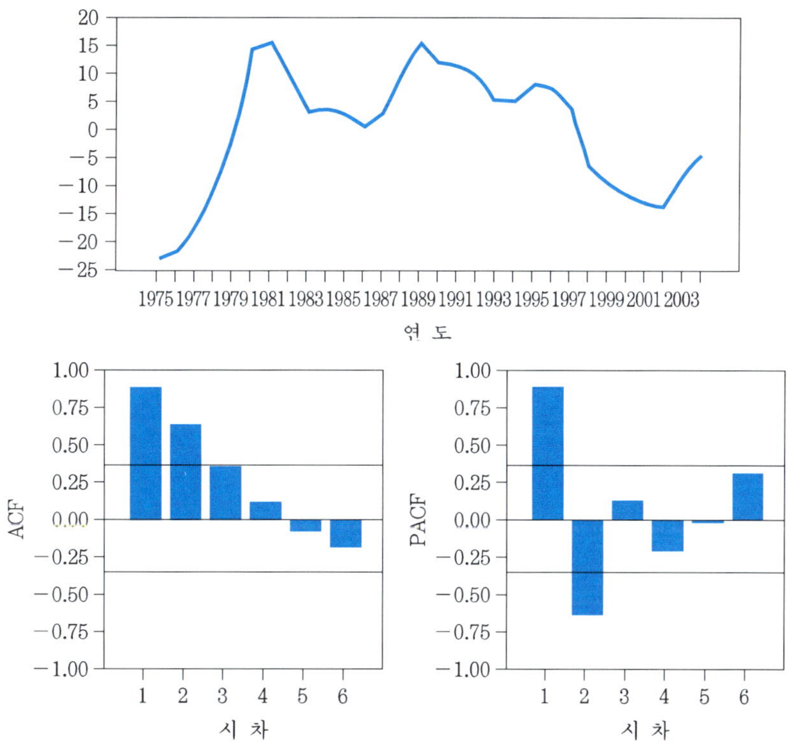

$$단,\ N_t = \phi_1 N_{t-1} + \phi_2 N_{t-2} + e_t$$

(여기서 e_t는 '백색소음')

N_t의 추정결과는 다음과 같다.

표 15-2 N_t의 추정결과

모 수	추정계수	표준오차	T 값	P 값
AR(1)	1.337	0.153	8.75	0.0000
AR(2)	−0.580	0.142	−4.08	0.0004
절 편	2.279	3.095	0.74	0.4683
기울기	2.021	0.238	8.51	0.0000

이제 마지막으로 회귀오차(e_t)가 과연 백색소음으로 볼 수 있는지 여부를 확인해야 할 것이다. 그 과정은 제14장에서와 같으므로 여기서는 생략한다.[1)]

2. 예 측

일단 추정과정이 완성되면 예측과정에 들어가게 된다. 그런데 설명변수가 시간(time)변수처럼 그 미래값을 확정적으로 알 수 있는 경우가 아닌 이상 설명변수들 자체의 미래값을 우선 예측해야 한다. 이러한 과정은 제14장에서의 통상적인 ARIMA 모형분석에 의해 수행된다. 한편 이상에서 살펴본 복합적 회귀모형에서의 예측은 예측오차가 두 가지(이상의) 요인에 의존할 것이므로 상대적으로 예측구간은 이전모형들에 비해 넓어지게 된다.

1) 예컨대 회귀오차항의 시간도표와 ACF 및 PACF를 작성하여 백색소음 여부를 확인할 수 있다. 이 때 ACF와 PACF의 spike가 모두 유의수준 내에 머무르는 모양을 보여주어야 한다. 저장된 예제의 프로그램에는 이 과정을 첨부하였으므로 독자 스스로 확인할 수 있을 것이다.

제 2 절 ARIMA 오차항을 갖는 동태적 회귀분석 모형

1. 시차분포모형과 동태적 회귀모형

설명변수가 일정시간대에 걸쳐 종속변수에 영향을 미치는 경우가 있다. 예컨대 광고효과는 해당 시기 한번 뿐만 아니라 상당기간 동안 매상고에 영향을 줄 것으로 기대할 수 있다. 이러한 경우에는 여러 기간에 걸쳐 시차가 부여된 설명변수가 동시에 독립변수로 등장하게 된다. 이러한 모형을 시차분포모형(distributed lag model)이라 한다. 이러한 시차분포모형의 오차항이 ARIMA 모형에 의해 대변된다고 가정하면 시차분포모형은 아래와 같이 조정되는데 이를 동태적 회귀분석 모형이라 정의한다.[1] 결국 식 (15.4)와 같은 동태적 회귀모형 중 오차항 N_t가 백색소음이 되는 경우를 시차분포모형이라 한다.

$$Y_t = \alpha + \beta_0 X_t + \beta_1 X_{t-1} + \cdots + \beta_k X_{t-k} + N_t \tag{15.4}$$

특히 어떤 한 주도적 설명변수의 역할을 집중적으로 조명코자 할 때 상기와 같은 모형이 자주 활용된다. 이 때 $\beta_i (i=0, 1, \cdots, k)$를 충격반응가중치(impact response weights)라 하는데, 이는 시차 설명변수(X_{t-1})의 변화가 종속변수 내에 미치는 독립적 영향력의 정도를 대변한다. 그런데 시차설명변수들 간에 다중공선성이 발생할 가능성이 매우 높기 때문에 개별 $\hat{\beta}_i$ 값이 '0'에 가까워지거나 심지어 '−'값이 나올 때에는 설명변수의 시차를 다소 조정하는 것이 합리적이다.

한편 이와 같은 시차분포모형의 경우에서는 오차항에 자기상관이 발생하는 것은 필연적이라는 사실을 기억해 둘 필요가 있다.

식 (15.4)는 아래와 같이 간략히 표현되기도 한다.

$$\begin{aligned} Y_t &= \alpha + \beta_0 X_t + \beta_1 X_{t-1} + \cdots + \beta_k X_{t-k} + N_t \\ &= \alpha + (\beta_0 + \beta_1 B + \cdots + \beta_k B^K) X_t + N_t \\ &= \alpha + \beta(B) X_t + N_t \end{aligned} \tag{15.5}$$

식 (15.5)에서 $\beta(B)$를 전이함수(transfer function)이라 한다. 이는 설명변수 X_t의 변화가 어떻게 종속변수 Y_t로 전이 또는 전환되어가는지를 나타내 주기

1) 결국 식 (15.4)와 같은 동태적 회귀모형 중 오차항 N_t가 백색소음이 되는 경우를 시차분포모형이라 한다.

때문에 붙여진 이름이다. 그리고 식 (15.5)와 같은 모형을 동태적 회귀모형이라 한다. 설명변수의 변화와 그에 대한 대응 간의 동태적 관계를 나타내 주기 때문이다. Box와 Jenkins 같은 학자들은 전이함수모형(transfer function model)이라 부르기도 하였다. 여하튼 전술한 바 있듯이 식 (15.5)에서 오차항 N_t가 백색소음(white noise)이 되는 경우에는 이를 단순히 시차분포모형(distributed lag model)이라 부른다.

여하튼 이 모형에서 여전히 설명변수의 현재값과 과거값들이 종속변수에 일반적으로 영향을 미친다는 일방 통행적 인과관계를 가정하고 있다는 사실에 유념할 필요가 있다. 이러한 전통적 가정이 완화되는 모형은 본 장 후반부에서 다루게 된다.

2. Koyck의 함수전환

식 (15.5)는 추정해야 할 계수가 많다는 문제 외에도 필연적으로 나타날 다중공선성 문제를 해소해야 하는 등의 어려움이 있다. 이러한 어려움을 해소할 수 있는 방안 중 하나로 Koyck의 함수전환 방식을 들 수 있다.

우선 설명변수의 영향력이 시간경과에 따라 점차 줄어든다고 보고 동태적 회귀모형을 다음과 같이 표현한다.

$$Y_t = \alpha + w(X_t + \delta X_{t-1} + \delta^2 X_{t-2} + \cdots + \delta^k X_{t-k}) + N_t \tag{15.6}$$

(단, $|\delta| < 1$)

식 (15.6)에서 X_{t-k}의 계수 $\beta_k = w\delta^k$는 k가 상당히 커지면 '0'에 접근할 것이다. δ값의 절대치가 '1'보다 작기 때문이다.

이 때 충격반응함수는,

$$\beta(B) = w(1 + \delta B + \delta^2 B^2 + \cdots + \delta^k B^k) \tag{15.7}$$

가 될 것이므로 $(t-1)$기의 충격반응함수에 δ를 곱한 다음 식 (15.7)에서 차감하면 다음 식이 도출된다.

$$\begin{aligned}
&(1-\delta B)\beta(B) \\
&= w(1-\delta B)(1 + \delta B + \delta^2 B^2 + \cdots + \delta^m B^m) \\
&= w(1 + \delta B + \delta^2 B^2 + \cdots + \delta^k B^k - \delta B - \delta^2 B^2 - \cdots - \delta^k B^k - \delta^{k+1} B^{k+1})
\end{aligned}$$

$$= w(1-\delta^{k+1}B^{k+1})$$
$$\doteq w \quad (k\text{가 매우 클 때}) \tag{15.8}$$

식 (15.8)을 다시 정리하면,

$$\beta(B) \doteq \frac{w}{1-\delta B} \tag{15.9}$$

와 같아지는데 이렇게 함으로써 전이함수(transfer function)를 보다 간편한 방식으로 표현할 수 있다.

이상과 같은 Koyck의 함수전환 메커니즘을 이용하여 식 (15.6)을 보다 간편하게 표현하면 다음과 같다.

$$Y_t = \alpha + \frac{w(B)}{\delta(B)} X_{t-b} + N_t \tag{15.10}$$
$$w(B) = w_0 - w_1 B - w_2 B^2 - \cdots - w_s B^s$$
$$\delta(B) = 1 - \delta_1 B - \delta_2 B^2 - \cdots - \delta_r B^r$$

식 (15.10)에서 $w(B)$와 $\delta(B)$는 식 (15.9)의 $\beta(B)$를 대체하기 위해 도입된 표현방식으로 이렇게 함으로써 앞서 지적한 추정식의 어려움을 완화할 수 있다. 즉, 다중공선성을 완화해 줄 수 있을 뿐만 아니라 추정할 계수의 숫자를 줄임으로써 보다 정확한 예측을 수행할 수 있다.

일반적으로 식 (15.10)의 'r'와 's'는 식 (15.7)의 'k'보다 훨씬 작다. 예컨대 앞서에서의 Koyck 함수전환 모형에서는 $r=1$, $s=0$이다.

한편 식 (15.10)에서의 'b'(X_{t-b}에서의 일부 하첨자)는 일종의 유예 또는 연착기간(delay of 'b' periods) 수를 말하는 것으로 X가 Y에 영향을 미치기 시작하기 전에 경과될 시기 숫자를 나타낸다. X가 Y변화의 일종의 선행지수(leading indicator)역할을 담당하는 상황을 표현하는 것이다.

3. 모형의 식별과 추정

식 (15.10)의 구체적 형태를 선정하려면 r, s, b값과 N_t의 ARIMA(p,d,q) 차수를 결정해야 한다.

전에는 이러한 문제를 Box와 Jenkins가 제안한 복잡한 방법을 통해 접근하였다.[1] 최근에는 Pankratz(1991)가 제시한 훨씬 간편한 방법을 사용하고 있는데 이른바 '선형전이함수'(LTF : linear transfer function) 방법이 바로 그것이다. 일반적 절차는 다음과 같다.

첫째 단계, 설명변수에 의미가 있을 만한 최대시차를 최대한 부여하여 시작한다. 이 단계에서는 N_t는 낮은 차수의 AR로 초기화한다.

둘째 단계, 만일 회귀분석결과 오차항이 불안정적이라면 Y와 X를 차분화한 다음 다시 모형을 추정한다.

셋째 단계, 만일 오차항이 안정적으로 나타나면 적절한 전이함수를 식별해낸다. 즉 b, r, 그리고 s값을 찾아야 한다. 'b'는 X_t가 Y_t에 영향을 미치기 시작할 때까지 소요될 기간 수, 's'($w(B)$의 차수)는 전이함수 계수값들이 감소하기 직전의 전이함수계수의 수를, 그리고 $\delta(B)$의 차수인 'r'은 감소 또는 소멸되는 패턴을 제어한다는 사실에 근거하여 다음과 같은 원칙에 따라 그 값을 설정한다.

우선 유의성이 입증되지 않은(즉 '0'이 아니라도 볼 수 없는) 전이함수의 가중치들의 숫자를 유보시간 수(dead time) 'b'로 보자. 즉 '0'과 같다는 귀무가설을 기각 못할 가중치들의 수(β_0, β_1, …, β_{b-1})를 확인하여 b값을 결정한다.

다음, 유의성이 인정된 전이함수의 가중치들의 감소패턴(decay pattern)을 고려하여 'r'값을 결정한다. 즉 만일 전혀 감소패턴 자체가 존재하지 않으면 $r=0$이 되고, 만일 지수함수적 감소패턴이 나타나면 $r=1$, 그리고 만일 축소적 진동(삼각함수적 사이클 파동이 점차 줄어들 때)이 나타나면 $r=2$를 대입한다.

단, 위와 같은 감소패턴이 시작되기 이전의 유의성이 인정된 전이함수의 가중치 숫자기 바로 's'가 된다.

넷째 단계 이상에서 전이함수가 식별(즉, b, r, s값 결정)되면 오차항의 적절한 ARMA 모형을 설정한다(제14장의 방법론에 의거함).

$$N_t = Y_t - \alpha - \beta_0 X_t - \beta_1 X_{t-1} - \cdots - \beta_k X_{t-k}$$

다섯째 단계, 이제 전이함수는 물론 오차항의 적절한 모형이 모두 식별되면 이를 동시에 고려한 모형을 추정한다.

여섯째 단계, 추정결과 도출된 잔차항이 과연 백색소음인지를 진단(diagnostic tests)하여 최종 채택 여부를 결정한다.

---

1) 선백색화(先白色化, prewhitening)와 교차상관계수(cross correlations) 개념을 활용함.

4. 예 측

일단 모형이 아래와 같이 식별되고 또 추정이 되면 분석모형은,

$$Y_t = \alpha + \frac{w(B)}{\delta(B)} X_{t-b} + \frac{\theta(B)}{\phi(B)} e_t \tag{15.11}$$

(단, e_t는 백색소음)

와 같이 표현될 수 있다. 단 이 식은 N_t가 안정된 ARMA 모형으로 식별된 경우에 해당된다. 만일 N_t가 불안정적이라면 물론 모든 변수들은 1차 차분을 거친 후 추정에 들어가야 할 것이다.

이제 식 (15.11)에 $\delta(B)\phi(B)$를 곱하면,

$$\delta(B)\phi(B)Y_t = \delta(B)\phi(B)\alpha + \phi(B)w(B)X_{t-b} + \delta(B)\theta(B)e_t \tag{15.12}$$

과 같아지며 이를 다소 조정하면 다음 결과가 도출될 수 있다.[1)]

$$Y_t = \alpha + \frac{w_0 - w_1 B}{1 - \delta_1 B} X_t + (1 - \theta B)e_t \tag{15.13}$$

이 때 식 (15.13)을 Y_{t-1}에 대해 정리한 다음 δ_1를 곱하여 식 (15.13)에서 차감하는 통상적인 Koyck 함수전환 과정을 거치면 다음 결과를 얻을 수 있다.

$$\begin{aligned} Y_t = {} & \alpha(1-\delta_1) + \delta_1 Y_{t-1} + w_0 X_t - w_1 X_{t-1} + e_t \\ & -(\delta_1 + \theta_1)e_{t-1} + \delta_1 \theta e_{t-2} \end{aligned} \tag{15.14}$$

그러면 추정된 각종 계수값과 Y와 X, 그리고 e의 과거 관측치 그리고 X의 미래값(이것은 ARIMA 모형을 이용하여 별도로 산출함)들을 이용하여 Y에 대하여 예측을 수행할 수 있게 된다.

예제 15-2 국민총소득

이번에는 동태적 회귀모형을 이용해 접근해 보기로 한다. 우선 계절조정된 국민총소득(GNI)를 종속변수로 두고 통화지표(M1)의 시차변수들을 설명변수로 하는 다중회귀 모형을 추정하면 다음과 같다(단, N_t는 AR(1)이라 가정

1) Makridakis *et al.* (1998), ch. 8 참조.

하였다. 추정결과 MSE는 233,066,747 그리고 AIC값은 2,686으로 나타났다).

$$Y = \alpha + \beta_0 X_t + \beta_1 X_{t-1} + \cdots + \beta_4 X_{t-4} + N_t$$

$$\text{단, } N_t = \phi_1 N_{t-1} + e_t$$

(여기서 e_t는 백색소음)

최초모형추정 결과 오차항이 불안정적인 것으로 나타나 X와 Y변수에 대해 1차 차분을 실시하였다. 그림 15-2는 1차 차분된 변수를 이용한 전이함수계수의 추정 결과와 이를 그림 형태로 표현한 것이다. 추정계수 값은 시차가 0일 때부터 기하급수적으로 감소함을 알 수 있다.

그림 15-2 전이함수계수추정치와 도표

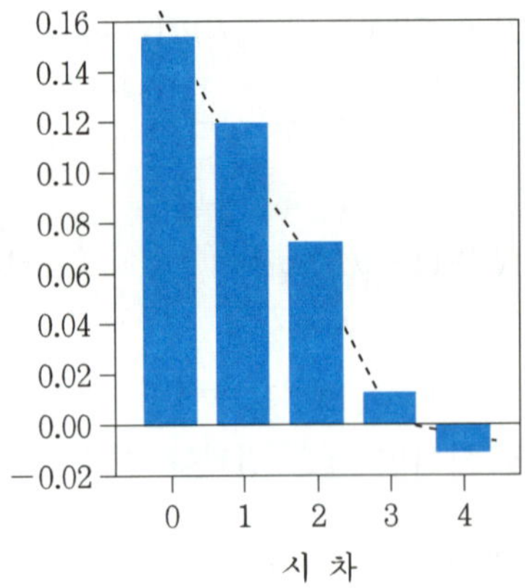

변수	추정치	표준오차	t-통계량	p값
α	676.5943	145.9427	4.6360	0.0000
β_0	0.1549	0.0303	5.1104	0.0000
β_1	0.1202	0.0314	3.8306	0.0002
β_2	0.0727	0.0306	2.3749	0.0191
β_3	0.0130	0.0314	0.4138	0.6798
β_4	−0.0105	0.0309	−0.3404	0.7341

이제 이 모형을 동태적 회귀모형으로 접근하여 추정 결과가 개선될 수 있는지 확인해 보기로 한다. 도입할 동태적 회귀모형의 기본식은 다음과 같다.

$$Y_t = \alpha + \frac{\omega(B)}{\delta(B)} X_{t-b} + N_t$$

그림 15-2의 p값으로 미루어 보아 효과발생 상의 시차(delay)는 없어 보인다. 시차 '0'에서 회귀계수가 유의하였기 때문이다. 그러므로 $b=0$이라 볼 수 있다. 이는 총 통화량이 같은 시기에서부터 국민총소득에 영향을 미친다는 예상된 결과라 할 수 있다. 추정된 계수값들 역시 시차 '0'에서부터 감소하기 시작하고 있어 $S=0$이라 볼 수 있다. 그리고 점선으로 나타난 감소추

그림 15-3 회귀오차항의 분포

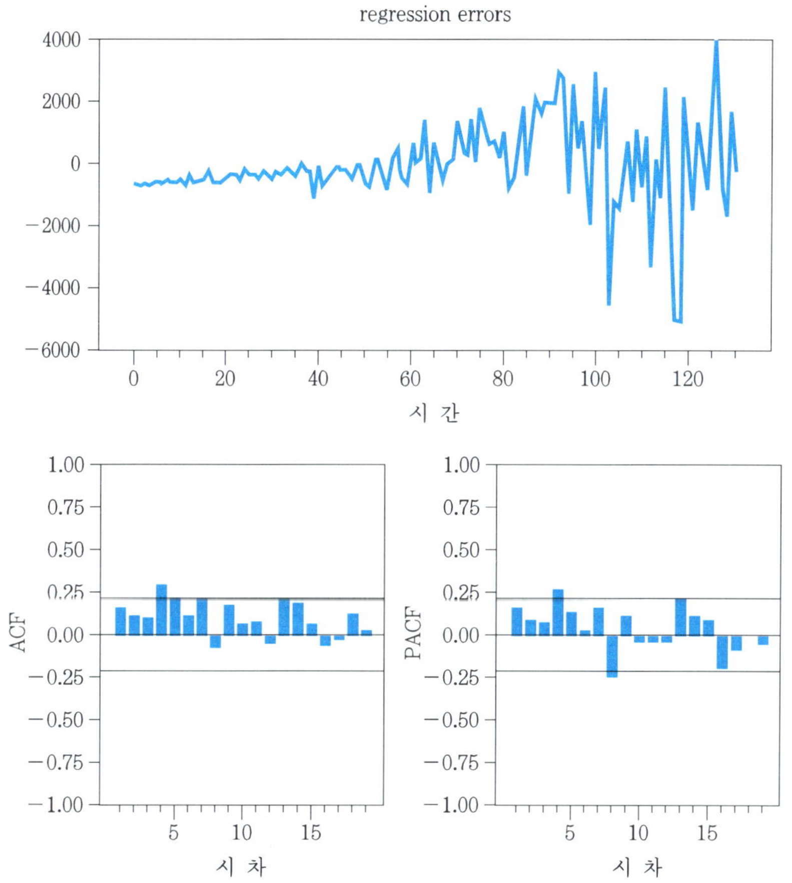

세선에서처럼 지수함수적인 추세를 나타내며 감소하고 있는 점으로 미루어 볼 때 $\gamma=1$이라 할 수 있다.

한편 오차항의 그림에서 보면 ACF와 PACF가 시차 4에서 모두 한 개의 유의한 spike를 가지고 있어 N_t는 SAR(1) 또는 SMA(1)이라 볼 수 있다. 그런데 SAR(1)이 상대적으로 낮은 AIC 값을 갖고 있어 이를 채택하였다. 결과적으로 추정모형은 다음과 같이 설정될 수 있다.

$$Y_t = a + \frac{\omega_0}{1-\delta_1 B} X_t + N_t$$

$$\text{단, } (1-\Theta B^4) N_t = e_t$$

이러한 모형의 추정은 통상 최우법에 의해 수행되며 최우추정치는 다음과 같다.

$$\alpha = -743.7,\ \omega_0 = -0.06,\ \delta_1 = 0.005,\ \Phi = 0.81$$

따라서 모형의 추정결과는 아래와 같이 표현된다.

$$Y_t = -743.7 - \frac{0.06}{1-0.005B} X_t + 0.81 N_{t-4} + e_t$$

마지막으로 회귀오차항의 백색소음 여부를 확인함으로써 추정과정이 완결된다. 최종 추정결과식에서 MSE는 1,830,673.2, AIC는 2,502으로 나타나 당초 추정모형에 비해 우수한 추정모형임이 입증되었다.

일단 이상과 같이 만족할 만한 추정결과가 도출되면 이에 근거하여 예측을 수행할 수 있다. 그러면 추정된 각종 계수값과 Y와 X의 과거관측치 그리고 X의 미래값(이것은 확정적 정책변수가 아닌 한 일단 확률변수로 간주하되 ARIMA 모형을 이용하여 별도로 산출함)들을 이용하여 Y에 대하여 예측을 수행할 수 있다. 대다수 컴퓨터 통계분석을 이용하는 패키지들을 통해 동태적 회귀분석 모형을 이용하는 예측치와 예측구간을 구할 수 있다.

예제 15-3 한국의 민간소비지출

아래는 한국의 분기별 민간소비지출에 관한 자료를 이용하여 동태적 회귀모형을 추정하고자 한다. 단, 오차항(N_t)은 잠정적으로 ARMA 모형을 따를 것으로 가정하였고, 설명변수는 국민총소득 수준으로 파악하여 일종의 국민총소득이 민간소비에 동태적으로 미치는 영향을 예측할 수 있는 모형을 설정하였다. 이 두 변수들의 시간도표는 그림 15-4와 같으며 예상했던 대로 국민총소득과 민간소비지출은 계절변동이 확연하게 나타나고 있다.

민간소비지출은 지속적으로 증가세를 보여 주고 있으나 1998년~1999년 기간 중에는 다소 감소하는 추세를 보이고 있다. 이는 아마도 1997년 말 IMF 외환위기 도래로 인한 충격에 연유하는 것으로 분석된다.

일반적으로 최종소비지출은 국민총소득과 정합수관계에 있는 것으로 이해되고 있다.

그림 15-4 민간소비지출과 국민총소득의 시간 도표

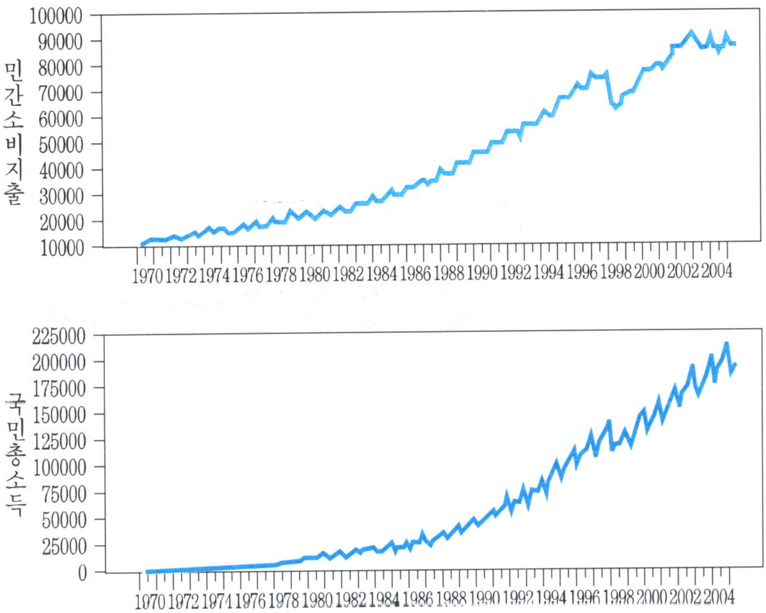

$$Y_t = a + b_0X_t + b_1X_{t-1} + \cdots + b_6X_{t-6} + N_t$$

$$\text{단, } N_t = \phi N_{t-1} + e_t$$

(여기서 e_t는 백색소음)

최초설정모형을 추정한 결과 회귀오차항이 불안정적인 것으로 판단되어 X와 Y변수에 대해 1차 차분을 실시하였다. 차분된 변수를 이용하여 최초설정모형을 적용한 추정결과는 표 15-3과 같다.

차분된 변수를 이용하여 추정된 모형에서의 회귀오차항은 안정적인 것으로 나타나 다음 단계인 적절한 동태적 회귀모형을 식별하는 과정으로 넘어갔다. 위 표에서 설명변수는 0, 3, 4, 5의 시차에서 유의적으로 나타났다. 반면 회귀계수는 지수함수적으로 또는 삼각함수적으로 감소하는 추세를 보이지 않았다. 따라서 다음 단계의 추정모형은 다음과 같이 설정하였다.

$$Y_t = a + (b_0 + b_2B^3 + b_3B^4 + b_3B^5)X_t + N_t$$

다음 단계로 오차항의 ACF와 PACF 검사를 실시하였다. 시차 4에서 유

표 15-3 차분된 변수를 이용한 모형의 추정 결과

모수	추정계수	표준오차	t	P 값
a	351.153	178.432	1.968	0.05125
b_0	0.287	0.053	5.434	0.00000
b_1	−0.020	0.053	−0.374	0.70874
b_2	0.056	0.052	1.077	0.28331
b_3	−0.090	0.026	−3.400	0.00090
b_4	−0.148	0.054	−2.720	0.00745
b_5	0.121	0.057	2.117	0.03623
b_6	−0.059	0.056	−1.054	0.29406

의하게 큰 스파이크 값을 보이는 점을 감안하여 계절적인 요인을 추가해야 할 것으로 판단되었다. 간편성의 원칙에 근거하여 오차항은 $(0,1,0)(1,0,0)_4$을 설정하여 분석해 보았다.

즉,

$$(1-B)(1-\Phi_1 B^4)N_t = e_t$$

이렇게 설정된 오차항에 대해 ACF와 PACF 분석을 수행하면 오차항이 백색소음적 특성을 보임을 확인할 수 있다. 단 전술한 바와 같이 단순한 ARIMA 모형보다 본 항에서의 AR 오차항을 가진 동태적 회귀모형이 더 좋은 예측을 보장하는 것은 물론 아니다.

제 3 절 ARIMA 오차항을 갖는 충격모형 분석 (intervention analysis with ARIMA errors)

특정사건의 발생이나 정책변경 등의 동태적 효과분석을 수행하기 위해 이른바 충격분석(intervention analysis) 모형이 Box와 Tiao(1975)에 의해 개발되어 활용되고 있다.

그런데 일시적 환경변화의 충격이 미치는 영향력의 패턴과 지속시기에 따라 충격모형은 크게 두 가지 유형으로 구분되며, 또 각각은 반응방식에 따라 두

그림 15-5 4가지 유형의 충격

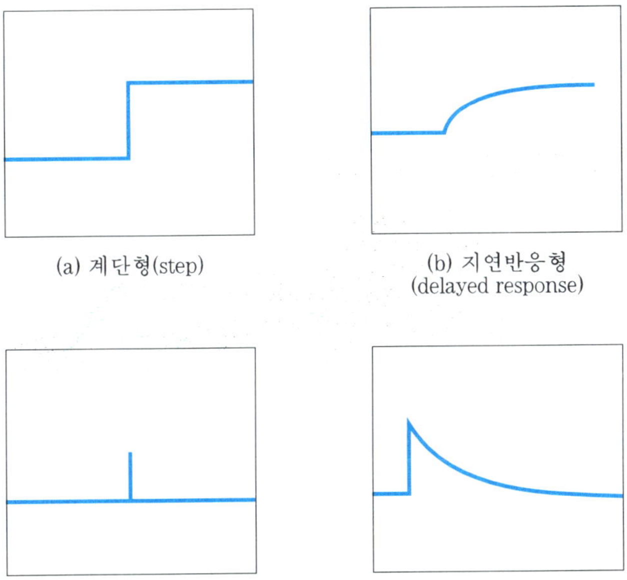

(a) 계단형(step)

(b) 지연반응형 (delayed response)

(c) 맥박형(pulse)

(d) 소멸형반응형 (decayed response)

가지 형태로 재 분류되기도 한다(그림 15-5 참조).

1. 계단형 충격모형(step-based intervention)

가장 단순한 충격유형으로 계단식 충격함수를 들 수 있다. 그림 15-5의 (a)에서처럼 특정 충격이 예측할 변수의 갑작스런 상승(혹은 하락) 후 변화된 수준을 유지하는 상황이 바로 이에 해당된다. 마치 계단을 한 칸 올라가거나 내려간 형상과 같다는 데에서 붙여진 용어이다.

이러한 상황은 이른바 가변수(dummy variable)를 이용하여 쉽게 접근할 수 있다. 즉,

$$D_t = \begin{cases} 0, & t < s \\ 1, & t \geq s \end{cases} \tag{15.15}$$

특정 충격이 's'시기에 발생하였다면 그 이전시기의 가변수 값은 '0', 그 이후는 '1'이 되도록 설정할 수 있다.

따라서 이 때 분석모형은 다음과 같아진다.

$$Y_t = \alpha + wD_t + N_t \tag{15.16}$$

여기서 N_t는 ARIMA 오차항, w은 상승(또는 하강)의 크기를 나타낸다. 그 이후 모형의 식별과 추정 그리고 예측을 수행하는 방법은 통상적인 ARIMA 오차항을 가진 회귀모형을 분석하는 절차와 동일하다.

그런데 충격이 예측할 변수값을 상승, 또는 하강시키기는 하되, 즉시적으로 변화가 나타나는 대신 일정 시간 지연되며 발생할 수 있는 경우가 오히려 현실적일 수 있다. 이처럼 충격 여파가 지연되는 방식으로 발생할 경우에는 전이함수는 다음과 같아진다.

$$\beta(B) = \frac{w}{1-\delta B} D_t \tag{15.17}$$

여기서 D_t가 바로 계단변수(step variable)가 되며, δ는 수준변화율(level shift rate)을 나타내는데, 궁극적인 수준변화의 크기는 $w/(1-\delta)$가 된다.

2. 맥박형 충격모형(pulse-based intervention)

계단형 충격모형은 충격의 여파가 영속된다고 가정하고 있다. 반면 충격은 예측할 변수에 잠정적인 영향만을 준 다음 사라져 버리는 경우를 생각할 수 있다. 이러한 경우를 대변하는 분석모형을 맥박형 충격모형이라 한다. 마치 맥박이 한번 불쑥 뛰고 다시 정상상태(steady state)로 되돌아가는 것에 비유하여 붙여진 이름이다. 그런데 그림 15-5의 (c)에서처럼 충격여파가 사라지기는 하지만 일시에 없어지는 것이 아니라 급속하기는 하지만 소멸과정이 일정기간에 걸쳐 진행되는 경우도 있다.

맥박형 충격 경우는 역시 가변수를 사용하여 분석할 수 있다. 즉,

$$D_t = \begin{cases} 0, & t \neq s \\ 1, & t = s \end{cases} \tag{15.18}$$

가변수가 충격발생시기에만 '1'값을 갖고 여타 시기에는 '0'값을 갖도록 정의한 다음,

$$Y_t = \alpha + wD_t + N_t \tag{15.19}$$

와 같은 일시적 충격(예컨대 파업 등)을 분석하는 회귀모형을 통해 예측을 수행하게 된다.

한편 충격여파가 다소 지연되며 진행되다가 소멸되는 경우(그림 15-5의 (d) 경우)는 다음과 같은 분석모형을 대신 활용하게 된다.

$$Y_t = \alpha + \frac{w}{1-\delta B} D_t + N_t \tag{15.20}$$

여기서 w는 Y_t의 즉시적 변화의 크기를, 그리고 δ는 소멸률(rate of decay)을 결정해 준다.

이상에서 살펴 본 충격모형은 특정사건의 영향을 분석해 냄으로써 예측력을 개선할 수 있었다. 그러나 특정사건이 발생한 적이 없다면 그 영향 분석을 수행할 수 없다.

제 4 절 다변량 자기회귀모형(multivariate autoregressive models : VAR)

1. VAR 모형의 등장 배경

제 2 절에서 소개한 동태적 회귀모형은 설명변수가 종속변수에 일방적으로 영향을 미칠 뿐 상호교호작용(feedback) 효과는 없다고 단정할 경우에 적용할 수 있는 모형이다.

그런데 예컨대 소득과 투자처럼 투자증가는 소득을 증대시키며, 또한 소득증가는 다시 투자증가를 유발할 수 있는 상황과 같이 인과관계가 쌍방 통행적일수도 있다. 이러한 경우에는 별도의 분석방안이 마련될 필요가 있는데, 이른바 다변량 자기회귀모형이 이러한 상황에 대처할 수 있는 분석모형으로 자리잡게 되었다. 이 모형에서는 종속변수가 시차설명변수뿐만 아니라 자신의 과거측정치를 대변하는 시차종속변수에 의해 영향을 받는다고 가정하고 있다. 그리고 분석대상변수 중 특정 변수만을 종속변수로 취급하는 대신 모든 변수를 차례대로 종속변수로 취급하되 자신의 시차변수와 여타 변수의 시차변수들의 함수로 설정하게 된다. 이러한 이유로 인해 다변량 자기회귀모형은 벡터 자기회귀모형이라 불리우기도 한다.

결과적으로 VAR 모형은 경제구조나 행태적 특성 등에 관한 경제이론이나 가설을 무시한 채 단지 시계열자료가 지니고 있는 통계적 정보만을 활용하여 분석한다는 비판을 받기도 하였다. 이러한 측면에서 볼 때 상호교호작용(feedback)을 고려하되, 변수 간의 상호연관성을 여러 개 방정식으로 설정한 다음 이들을 동시에 추정하는 연립방정식 체계(simultaneous equation system)와는 본질적으로 다르다.

제11장에서 살펴 본 바 있듯이 연립방정식모형의 경우에는 경제이론이나 가설이 시사하는 바에 따라 특정변수들만이 종속변수역할을 할 수 있도록 가정한다. 이들을 내생변수(endogenous variables)라 부르며 이들은 교대로 종속변수역할을 하되, 여타 내생변수와 자신의 시차변수 그리고 이른바 외생변수들의 함수로 표현된다. 내생변수란 연립방정식 체계 내에서 그 값이 결정되어야 하는 변수이고 외생변수(exogenous variable)란 그 값이 모형 외에서 이미 결정된 것으로서 모형 내에서는 설명변수기능만을 담당하는 변수임은 전술한 바 있다.

연립방정식 체계를 통상최소자승법(OLS)으로 추정하면 이른바 편의(bias)가 발생하므로 이러한 문제점을 해소하는 방안의 하나로 구조방정식(structural equations)을 일단 축약방정식 reduced-form equations) 형태로 전환하여 OLS로 추정한 다음 이를 이용하여 구조방정식의 회귀계수 값들을 간접적으로 도출하는 이른바 간접 최소자승법(ILS : indirect least squares method)을 활용한다는 사실을 제12장에서 지적한 바 있다. 그런데 이 때의 축약방정식도 반드시 내생변수만을 종속변수로 놓고 외생변수집단의 함수로 파악하여 정의되고 있어 본 절에서 소개하는 VAR 모형과는 여전히 본질적인 차이가 있다.

내생변수가 3개인 경우, (Y_1, Y_2, Y_3)의 구조방정식과 축약방정식은 다음과 같이 표현될 수 있다.

$$\begin{cases} Y_1 = \alpha_1 + \alpha_2 Y_2 + \alpha_3 Y_3 + \alpha_4 X_1 + u_1 \\ Y_2 = \beta_1 + \beta_2 Y_1 + \beta_3 Y_3 + \beta_4 X_2 + u_2 \\ Y_3 = \gamma_1 + \gamma_2 Y_1 + \gamma_3 Y_2 + \gamma_4 X_3 + u_3 \end{cases}$$

$$\begin{cases} Y_1 = \pi_{10} + \pi_{11} X_1 + \pi_{12} X_2 + \pi_{13} X_3 + v_1 \\ Y_2 = \pi_{20} + \pi_{21} X_1 + \pi_{22} X_2 + \pi_{23} X_3 + v_2 \\ Y_3 = \pi_{30} + \pi_{31} X_1 + \pi_{32} X_2 + \pi_{33} X_3 + v_3 \end{cases}$$

(단, X_1, X_2, X_3는 외생변수)

반면, VAR 모형은 다음과 같이 표현된다.

$$\begin{cases} Y_{1t} = \alpha + \phi_{11}Y_{1,\,t-1} + \phi_{12}Y_{1,\,t-2} + \cdots + \phi_{1R}Y_{1,\,t-R} \\ \qquad + \phi_{21}Y_{2,\,t-1} + \phi_{22}Y_{2,\,t-2} + \cdots + \phi_{2R}Y_{2,\,t-R} \\ \qquad + \phi_{k1}Y_{k,\,t-1} + \phi_{k2}Y_{2,\,t-2} + \cdots + \phi_{kR}Y_{k,\,t-R} \\ Y_{2t} = \cdots \\ \vdots \\ Y_{kt} = \cdots \end{cases}$$

이 경우에는 내생과 외생변수의 구분이 없이 모든 변수가 돌아가면서 종속변수역할을 하도록 하되, 자신의 과거 값은 물론 모든 여타 변수들의 시차 값들에 의존하는 형태로 추정모형을 설정하는 방식이다.

결국 VAR 모형은 AR(MA) 모형을 다변량 모형으로 확장시킨 모형의 성격을 가지고 있으며, 따라서 회귀분석과 시계열 분석이 결합된 유형으로서 인식할 수 있다. 여하튼 하나의 변량을 가지고 ARMA 모형을 추정하는 것이 아니라 2개 이상의 변량에 대해 추정하게 되므로 통상 비선형함수추정을 불가피하게 하는 이동평균(MA) 부분을 생략한 채 자기회귀(AR) 부분만을 고려하는 형태로 모형이 설정된 것이다.

2. VAR 모형의 의의와 특성

경제현상의 복잡화가 증폭되면서 기존의 이론만으로 현실상황을 만족스럽게 설명하기가 점차 어려워지고 있다. 따라서 이론적 배경이 다소 약화되더라도 보다 정확한 예측을 수행할 수 있는 방법의 활용성이 절실하게 요청되어 왔고 결국 회귀분석과 시계열분석이 결합된 형태의 VAR 모형에 의한 예측방안이 등장한 것이다.

VAR 모형은 원래 Minnesota 연방준비은행의 Litterman과 Sims 등에 의해 단기예측을 주목적으로 개발되었는데, 이 모형에 의한 예측방법이 갖는 의의와 장·단점으로 제기된 것 중 주요한 내용은 다음과 같다.

1) 전통적인 회귀분석에 의존하는 구조방정식 모형은 특정 경제이론에 근거한 주요 변수 간의 인과관계적 함수관계를 현실에서 관측한 자료를 이용하는

통계적 검증을 거쳐 그 현실 타당성 내지 객관 타당성을 확인하고, 이를 근거로 경제구조 분석은 물론 경제정책 평가와 미래 예측을 수행하는 데 주로 쓰여 왔다. 물론 방정식의 수가 아주 큰 연립방정식 모형의 경우에는 구조방정식보다는 유도방정식에 의해 주로 예측이 이루어져 왔고 나아가서는 각 내생변수를 단순히 외생변수만의 함수로만 보는 유도방정식에 해당 내생변수의 과거시차변수를 동시에 설명변수에 포함시키는 방법이 자주 활용되어 왔다. 그런데 이러한 구조모형은 다음과 같은 이유로 인하여 마래 예측에 관한 그 입지가 점차 약화되어 왔다.

첫째, 구조적 변화가 급속히 진행되는 시기에 이를 적절히 고려하여 분석에 대응할 수가 없다. 왜냐하면 구조모형은 각 방정식의 종속변수를 불과 몇 개의 설명변수만에 의해 영향을 받으며,[1] 그것도 고정된 크기(fixed value of the regression coefficients)의 영향을 계속 받는 것으로 이해해야 하는 경직성을 애초부터 갖고 있기 때문이다.[2]

둘째, 구조모형의 설정은 기본적으로 잘 정의된 경제이론이나 가설 또는 직관에 근거하여 이루어지며, 따라서 분석가가 어떤 논리를 선호하는가에 따라 모형이 작성되므로 분석가의 선험적 주관(a priori restriction)이 지나치게 많이 반영된다는 문제가 있다.[3]

셋째, 구조모형은 일반적으로 식별문제를 해결하기 위하여 모형 내의 변수들을 내생과 외생변수로 구분하게 되는데, 이 과정 또한 모형작성자의 자의적인

---

1) 이는 어느 종속변수에 대해 영향을 줄 수 있는 많은 변수 중 중요하다고 간주된 변수들만 설명변수로 채택함으로써 여타 변수는 하등의 영향도 주지 않는 것으로 가정한 셈이되는데, 이는 여타 변수의 회귀계수가 마치 "0"이라고 가정한 것과 마찬가지여서 이를 "영(零)의 제약"(zero restriction)이라 한다.

2) 물론 가변계수모형(varying parameter)이나 합리적 기대모형 등에 의해 고정계수 값 문제가 다소 완화될 수는 있지만 이를 일일이 고려하여 예측하는 것은 역시 번거로운 과정임.

3) 1976년 루카스(Lucas)가 경제 주체들의 합리적 기대를 고려할 경우 전통적인 거시계량경제 모형을 통한 각종 경제정책효과 분석은 부적절하다는 이른바 '루카스비판'(Lucas critique)을 제기하면서 특히 거시계량경제 모형의 식별방식에 대한 근본적인 비판이 Sargent(197 7), Sims(1980) 등에 의해 제기된 바 있다. 합리적 기대하의 경제주체들의 최적 의사결정과정은 경제정책에 따라 달라지는 확률변수가 되므로 추정된 계수가 고정된 값을 갖는다는 전통적 회귀분석 접근방법으로는 현실적인 정책효과를 분석하기 어렵다는 것이다. 결국 복잡한 현실경제에 비해 지나치게 자의적인 경제이론이나 가설에 근거하여 설정된, 따라서 특정 경제변수들 간의 선험적 인과관계 및 내외 생성을 경직적으로 가정하여 온 거시계량모형 대신에 가능한 모든 정보를 동시에 고려하여 변수들 간의 상호작용을 분석할 수 있는 VAR 모형이 Sims (1980), Litterman(1985) 등에 의해 개발·제시되었던 것이다.

판단 내지 주관에 따라 변수의 구분이 이루어진다는 문제가 있다.

결국 이와 같은 경직성과 주관성으로 인해 구조의 변화나 여건변화 자체는 물론 이에 대응하는 경제주체의 행태변화를 적절히 고려할 수 없다는 한계성이 점차 크게 인식되면서 구조방정식에 의한 예측에 큰 회의가 야기되었다.

2) 구조방정식모형에 의한 예측능력에 회의가 일면서 ARIMA 모형을 이용한 예측이 크게 주목을 받게 되었고, 이로 인하여 시계열분석이론이 크게 발전하는 계기를 맞기도 하였다. 시계열분석은 어느 한 경제변수에 대한 현재까지의 관측치에 내재되어 있는 규칙성울 찾아내어 그 규칙성이 미래에도 지속된다는 가정 하에 예측을 수행하는 방법론이다. 모형작성이 용이하고 예측의 정밀도를 높일 수 있다는 데에서 이 분석방법의 장점을 찾을 수 있다. 그러나 이 방법론은 변수들 사이의 상호작용을 전혀 무시하는 일변량분석이라는 문제점을 피할 수 없다.

3) VAR 모형은 이상과 같은 기존의 두 가지 분석방법이 갖는 단점을 보완할 수 있는 특성을 갖고 있어 최근 들어 예측에서의 활용이 보편화되고 있다. VAR라는 이름은 시계열벡터(vector)들을 서로 연관시킬 때 모형 내의 모든 변수의 과거 관측치들을 이용하므로 형태상 자기회귀(autoregressive)함수의 모양을 갖게 되는 데서 유래한 것인데 대체로 다음과 같은 장점을 갖는다.

첫째, 모형작성자의 선험적 주관을 가급적 배제하여 지극히 일반화된 유형의 모형으로 작성된다. 즉, 모형 내의 각 변수는 자신의 시차변수와 모형 내의 모든 여타 변수의 시차변수들을 동시에 설명변수로 삼는다. 따라서 이 모형에서는 내생변수와 외생변수 간의(주관적인) 구분이 필요하지 않고 특정 계수를 "0"이라 보는 가정(zero restriction) 또한 불필요하다. 즉, 특정 이론의 지배를 전혀 받지 않게 되는 것이다. 단지 이 모형작성에서 요구되는 것은 모형 내에 포함시킬 변수들을 선정하는 것뿐이다.

둘째, 일반적으로 모형 내에 포함되는 변수가 많지 않아 실제 예측을 수행하는 데 비용과 시간이 많이 절약되고, 또 대규모 모형에서 제기되는 자료의 수집과 변형의 번거로운 문제도 없다.

셋째, 베이지안추정법을 도입함으로써 최우법을 적용할 수 있는 확률예측모형이 개발되었고, 지금까지 VAR 모형에 의한 예측은 대체적으로 양호한 것으로 평가되고 있다.

반면, VAR 모형은 다음과 같은 문제점을 아울러 갖고 있다.

첫째, 추정이나 분석 결과는 결국 모형 내에 어떤 변수를 포함시켰는가에 주로 의존하며, 모형의 도입된 변수의 수가 대체적으로 작아 포함시킬 변수의 선정 결과에 따라 추정 및 자료분석 결과가 민감한 변화를 보일 수밖에 없게 된다.

둘째, VAR 모형은 이론적 근거를 무시한 채 설정되므로 구조모형을 이용할 경우 가능한, 예컨대 정책효과분석이 많은 제약을 받으며 정책변수에 대한 연관효과(feedback effect)를 분석하려는 조건부예측 또한 수월치 못하다. 따라서 단순히 비조건부예측만을 주로 시행하는 방법론으로 남을 수밖에 없다.

3. 추 정

VAR 모형은 n개의 선형회귀방정식으로 구성되는데, 각 방정식은 각 변수들의 현재 관측치를 종속변수로 하고 자신과 여타 변수들의 과거 관측치들을 설명변수로 설정한다. 결국 VAR 모형은 모형 내의 모든 변수의 현재 관측치를 내생변수로, 그리고 모든 시차변수들은 외생변수로 간주하고 있는 셈이다.

그런데 이러한 모양의 방정식 체계는 동태적 방정식 형태의 연립방정식 체계로 정의된 구조방정식을 유도형 방정식 체계로 전환시킨 모습과 같아진다.

$$\begin{aligned} \mathbf{X}_t &= \mathbf{B}(L)\mathbf{X}_t + e_t \\ &= \sum_{k=1}^{\infty} \mathbf{B}_k \mathbf{X}_{t-k} + e_t \\ &= \sum_{k=1}^{l} \mathbf{B}_k \mathbf{X}_{t-k} + e_t \quad (\text{시차를 } l\text{로 제한할 경우}) \end{aligned} \tag{15.21}$$

원래 VAR 기본모형에서의 시차의 수는 무한대이지만 실제 추정이 가능한 l로 축소하여 추정하게 되는데, 회귀오차가 백색오차에 가까워질 수 있는 선에서 결정한다. 여하튼 식 (15.21)는 일종의 유도형 방정식이므로 OLS를 적용할 때 추정량은 일관성과 효율성을 아울러 갖게 된다.

그런데 식 (15.21)과 같은 VAR 모형을 추정할 경우 이용 가능한 시계열의 길이(관측치수)에 비해 추정해야 할 계수의 수(미지수의 수)가 지나치게 커서 자유도를 급격하게 떨어뜨리고 나아가서는 예측 자체의 정확도를 크게 떨어뜨리는 결과를 초래한다는 문제를 내포하고 있다.[1)]

---

1) 한편 설명변수 간의 높은 상관관계가 나타날 공산이 크다는 문제가 예상되는데, 이는 상관관계가 없는 소수의 주성분으로 변환시킴으로써(주성분 분석) 다중공선성

반드시 이러한 문제를 해소하기 위한 방안의 하나로 제시된 것은 아니지만 Todd(1984) Litterman(1979, 1984, 1985) 등이 제시한 베이지안 방법을 활용할 경우 이러한 문제는 완화될 수 있다. 물론 베이지안 VAR 모형의 근본적 관심사는 다중공선성 문제가 아니라 식별(identification) 문제라 할 수 있다. 즉, 이들은 경제이론이나 기존의 실증연구 결과에 근거하여 선험적 주관(Baysian prior)을 구체적으로 설정한 다음 여기에다 자료에 나타난 객관적 정보를 조화시켜 최적예측을 도출코자 하였던 것이다.

4. 예 측

일단 추정이 성공적으로 이루어지면 추정식을 근거로 예측을 수행하게 되는데, 기본적인 방법은 일종의 연쇄적 또는 단계적 예측(chain rule of forecasting)의 성격을 갖는다. 산출된 예측치를 평가하는 방법으로는 의태분석을 통해 작성한 사후예측과 역사적 의태분석 결과를 RMSE와 Theil의 U 통계량을 이용하여 적합도 내지 정밀도를 검증하는 방법이 활용되고 있다.

5. 충격반응함수와 촐레스키의 행렬 분해

이와는 별도로 모형 내의 어느 특정 변수에 대하여 일정한 충격을 가한 다음 모형 내의 모든 변수들이 시간 결과에 따라 반응하는 결과를 확인할 수 있는 충격반응함수(impulse response function)를 이용하여 변수 간의 상호 연관 관계 또는 정책변수의 변화에 따른 파급효과를 분석할 수 있다.[1)]

충격반응함수는 통상 VAR 모형체계의 이동평균함수로 정의된다.

$$\begin{aligned} \mathbf{X}_t &= [\mathbf{I}-\mathbf{B}(L)]^{-1}e_t = \mathbf{M}(L)e_t \\ &= \mathbf{M}_0 e_t + \mathbf{M}_1 e_{t-1} + \mathbf{M}_2 e_{t-2} + \cdots \end{aligned} \tag{15.22}$$

즉, 이동평균함수(MAR : Moving Average Representation) $\mathbf{X}_t$는 계수행렬 $\mathbf{M}_k$를 이용하여 정의되는데, 이 때 e_{it}와 e_{jt}가 상관관계를 가질 공산이 크다. 이러

문제를 완화함과 동시에 자유도의 손실 문제를 해결할 수도 있다.

1) 그러나 여기서의 분석은 전체적인 동태적 연관성을 파악할 수는 없는 것이고, 단지 부분 균형 하에서의 민감도 분석(sensitivity analysis)의 성과만을 제공해 줄 뿐이다. 왜냐하면 VAR 모형은 기본적으로 유도형방정식 체계의 성격을 갖기 때문이다.

한 현상을 제거하기 위해 Cholesky가 제시한 행렬분해법(Cholesky decomposition of a matrix)을 활용하게 된다.[1)]

$$\mathbf{X}_t = \mathbf{M}(L)\mathbf{G}^{-1}\mathbf{G}e_t \qquad (15.23)$$

즉, G행렬을 이용하여 원행렬을 분해하되 $\mathbf{G}e_t$를 공분산행렬이 대각행렬이 되도록 유도한다.

이 때 이른바 촐레스키 분해(Cholesky Decomposition)는 다음과 같은 과정을 통해 공분산행렬을 도출함으로써 이루어진다.

$$\mathbf{G}^{-1}(\mathbf{G}^{-1})' = V = E[e_t(e_t)']$$

한편 $\mathbf{M}(L)\mathbf{G}^{-1} = C(L)$, 그리고 $\mathbf{G}e_t = \mathbf{W}_t$이라 설정하면 다음과 같이 표현될 수 있다.

$$\mathbf{X}_t = \mathbf{C}(L)\mathbf{W}_t = \sum_{k=0}^{\infty}\mathbf{C}_k\mathbf{W}_{t-k} \qquad (15.24)$$

$$(\text{단, } \mathbf{M}(L)\mathbf{G}^{-1} = \mathbf{C}(L), \quad \mathbf{G}e_t = \mathbf{W}_t)$$

그러면 윗 식에서 $\mathbf{C}_k$의 한 원소인 $\mathbf{C}_k^{ij}$는 i번째 변수의 한 단위 충격에 따라 발생한 j번째 변수의 반응 크기라 이해할 수 있다. 이 때 식 (15.24)에서는 $\mathbf{W}_{t-k}$원소 간에 상관관계가 존재하지 않게 되므로 $\mathbf{C}_k$의 원소인 $\mathbf{C}_k^{ij}$는 i번째 변수의 j번째 변수 1단위 변화에 대한 순수한 반응의 정도를 나타내게 된다. $\mathbf{W}_{t-k}$의 공분산행렬 $\mathbf{V}(\mathbf{W}_{t-k})$이 대각행렬이 되었기 때문이다.

한편, 예측을 수행할 때 어떤 변수의 변화가 상대적으로 큰 영향을 미치는지를 확인하고자 할 경우에는 예측오차의 분산을 분해하는 방법을 이용한다.

$$\mathbf{P}_{t-1}\mathbf{X}_t = \sum_{k=l}^{\infty}\mathbf{C}_k\mathbf{W}_{t-k} \;:\; l\text{-step 예측치}$$

---

1) 대칭적인 양정부호행렬은, 좌하단 삼각행렬(lower triangular matrix) L과 그의 전치행렬인 우상단삼각행렬(upper triangular matrix) U(=L′)이 존재하여, L과 U를 곱한 것과 같아진다는 정리가 있으며, 이를 Cholesky의 행렬분해(matrix decomposition or Cholesky factorization)라 한다.

$$\mathbf{B} = \mathbf{LU} = \mathbf{LL}'$$

단, 이 정리는 $\mathbf{B}^{-1}$가 존재할 때만 성립되며, 따라서 다음의 관계도 성립된다.

$$\mathbf{B}^{-1} = \mathbf{L}^{-1}\mathbf{U}^{-1}$$

$$\mathbf{X}_t - \mathbf{P}_{t-1}\mathbf{X}_t = \sum_{k=0}^{\infty} \mathbf{C}_k \mathbf{W}_{t-k} - \sum_{k=l}^{\infty} \mathbf{C}_k \mathbf{W}_{t-k} : l\text{-step 예측오차} \tag{15.25}$$

$$= \sum_{k=0}^{l-1} \mathbf{C}_k \mathbf{W}_{t-k}$$

이 때 공분산 행렬을 $\mathbf{V}_l$이라 하면,

$$\mathbf{V}_l = \Sigma \mathbf{C}_k \underbrace{\mathbf{V}(\mathbf{W}_{t-k})}_{\text{대각행렬}} \mathbf{C}_k^T \tag{15.26}$$

이 때 X_t의 i번째 변수인 X_l^i의 l기간 후 예측오차의 분산은 v_l^i라 표기할 경우 이는 V_l 행렬의 대각선 상의 i번째 원소로 이해할 수 있고 다음과 같이 정의된다.

$$v_l^i = \Sigma\left[(c_k^{i1})^2\sigma_1^2 + (c_k^{i2})^2\sigma_2^2 + \cdots + (c_k^{in})^2\sigma_n^2\right] \tag{15.27}$$

식 (15.27)에서 X^i의 예측오차에 대한 분산은 모형 내 모든 변수의 예측오차에 대한 분산의 합으로 표현되고 있다. 그러므로 다음과 같은 백분율에 의해 i변화의 j에 대한 영향력을 파악할 수 있는데, 이를 i에 대한 분산분해(variance decomposition or innovation accounting)라 한다.

$$\frac{\sum_{k=0}^{l-1}(c_k^{ij})^2\sigma_j^2}{v_l^i} \times 100 \tag{15.28}$$

전술한 바 있듯이 이상과 같은 VAR 모형은 모형설정자의 주관적 선입견 없이 실제 시계열자료들 간에 실현된 연관성을 마치 특정이론에 근거한 인과관계적 함수형태로 해석할 수 있게 해 준다. 뿐만 아니라 충격반응함수와 예측오차의 분산분해분석을 통해 정책변화의 파급효과는 물론 설명변수들의 기여도를 백분율로 나타낼 수 도 있다. 또한 이러한 분산분해공식으로 i변수의 영향력을 비교 평가할 수 있을 뿐 아니라 그 영향력이 아주 미미할 경우 i변수를 외생적인 성격의 변수로 판정할 수도 있다.

예제 15-4 VAR 모형을 이용한 경기변동 분석 사례

본 항에서는 벡터자기회귀모형을 적용할 수 있는 예제로서 경기변동론에 근거하는 예측문제를 고려해 보기로 한다.

시장경제를 채택하고 있는 나라의 경제는 거의 모두가 장기적인 추세선을 중심으로 경기가 변동하는 특성을 갖는다. 경기변동의 문제는 아담 스미스 이래 중요한 과제가 되어오다가 케인즈 이론이 등장한 이후에는 다소 등한시되어 온 경향이 있으나 최근 들어 다시 활발한 연구과제로 대두되고 있다.

경기변동 현상을 분석하는 방법으로는 크게 보아 두 가지 논리가 정립되고 있다.그 중 하나는 실물적 경기변동이론(real equilibrium business cycle theory)이라 불리는 것으로 총수요 및 총공급의 교란요인으로부터 경기변동의 원인을 찾으며, 경제 각 부문별 상호연관성을 고려하여 경기변동의 내용을 규명하는 방법론을 활용하고 있다. 한편 통화량의 변동을 경기변동의 주된 요인으로 파악하고 통화량의 변화율과 생산량 그리고 물가 간의 관계를 중시하는 방법론으로서 주로 화폐론자들에 의해 주장되고 있는 화폐적 경기변동론(monetary equilibrium business cycle theory)이 있다.

실물적 경기변동론의 측면에서 볼 때 공급측 요인으로는 실질임금이나 노사관계 등에 관한 노동시장의 여건 변화, 연구개발 및 기술진보 등에 따른 생산성수준의 변화 그리고 국내외 금리와 원자재 가격 등의 변화에 따른 해외 부문에서의 여건 변화 등을 들 수 있고, 수요측 요인으로는 통화량이나 정부지출규모의 증감 그리고 해외로부터의 수출수요나 국제적 경기변동 내용 등을 들 수 있다. 그리고 한국경제는 해외의존도가 높은 특성을 갖고 있어 국내부문의 경기변동요인(통화량, 정부지출, 등등)보다는 해외부문의 요인(원자재 가격, 국제금리, 외국의 수요, 등등)이 주도적이며 수요보다는 공급측 요인, 즉 임금수준이나 파업일수, 금리 등이 경기변동에 보다 주도적으로 영향을 미쳐왔다고 알려져 있다.

이상과 같은 논리와 정황을 감안하여 경기변동요인들을 상품시장에서의 물가변동, 화폐시장에서의 통화량 증감, 노동시장에서의 임금수준 그리고 해외시장에서의 환율변화 등으로 압축시켜 실물적 경기변동분석 모형을 정립한 다음 이를 VAR 분석방식으로 접근해 보고자 한다.

한편 국민소득 수준을 중심으로 파악하는 경기변동 내용을 통화량과 물가수준만으로 분석하는 화폐적 경기변동 모형은 VAR 모형에 적용하여 분석하고 그 결과를 특히 예측력을 중심으로 비교 평가해 보고자 한다.

우선 실물경기변동(RBC; real business cycle) 분석을 위해 GNP(YXV)와 소비자물가지수(CPIX), 총통화량(M2X)과 비농림어업 부문 임금(WNAX) 그리고 환율(ER) 변수들로 구성되는 VAR 모형을 설정하되, GNP를 종속변수로 놓고 모든 변수들의 시차변수(편의상 4개 분기까지만 고려함)를 설명변수로 활용하는 유형으로 추정을 시도하여 보았다.

추정결과의 적합도는 매우 높은 것($R^2=0.998$)으로 나타났고, 각 변수별 유의성 검정통계량인 F값들이 WNAX를 제외하고는 모두 유의할 만큼 크게 나타나 일단 의미 있는 추정결과로 볼 수 있다. 그런데 종속변수를 CPIX나 $M2X$, WNAX나 ER 등으로 설정하고 추정할 경우에는 여러 개의 F통계량값이 매우 낮게 기록되어 유의성이 기각되었다. 한편 CPIX 대신에 정부지출변수(GEXV), 그리고 $M2X$ 대신에 이자율(R) 등을 바꾸어 가며 대입해 보았으나 최초 모형의 추정결과를 능가하는 것을 찾을 수 없었다. 따라서 최초의 추정결과를 최종적으로 채택함과 동시에 1988년 1/4분기부터 1988년 4/4분기에 이르는 4개 분기 기간에 대하여 예측을 실시하여 표 15-4과 같은 결과를 얻었다.

표 15-4 VAR 모형에 실물적 경기변동 분석자료표(추정기간 : 1970 : 1~1987 : 4)

		실물적 경기변동모형(RBC)				
		YXV	CPIX	M2X	WNAX	ER
R^2		0.9984	0.9997	0.9998	0.9989	0.9964
d		2.06	1.86	2.28	1.80	1.91
F^*	YXV	73.58	6.67	2.56	5.62	2.04
	CPIX	5.35	280.86	0.19	2.97	1.96
	M2X	7.69	0.41	254.81	4.84	1.39
	WNAX	1.84	1.10	1.52	5.66	0.66
	ER	8.54	5.03	0.94	0.89	41.59

주 : $\alpha=5\%$에 대응하는 Fq, $(n-k)$의 임계치는 $F4{,}51=2.57$임(단, 여기서 q는 '0'으로 가정된 회귀계수, 그리고 k는 추정계수의 총수를 나타냄).

표 15-5 RBC 모형에 의한 예측(1988 : 1~1988 : 4)

		예 측 치	실제 관측치	RMSPE(%)
88	1	26,552.7	27,634.4	3.5844
	2	27,030.1	27,165.8	
	3	26,990.0	28,130.5	
	4	27,279.5	28,535.8	

예측치의 변화내용이 전환점을 기준으로 볼 때 오히려 반대방향을 나타내는 문제점이 있었으나 총체적인 예측의 정확도를 가늠할 수 있는 RMSPE는 3.58%로 낮게 기록되고 높은 예측력을 갖고 있는 것으로 평가할 수 있었다.

표 15-6 VAR 모형에 의한 화폐적 경기변동 분석자료표

		화폐적 경기변동모형(MBC)		
		MBC Ⅰ	MBC Ⅱ	MBC Ⅲ
R^2		0.9970	0.9964	0.9964
d.w.		1.89	1.89	1.90
F^*	YXV	128.47	127.67	397.41
	CPIX	2.23		2.29
	M2X	4.15	4.24	

주 : $\alpha=5\%$에 대응하는 Fq, $(n-k)$의 임계치는 F 4,51=2.57임(단, 여기서 q는 '0'으로 가정된 회귀계수, 그리고 k는 추정계수의 총수를 나타냄).

다음으로 화폐경기변동 모형(MBC; monetary business cycle)을 대표할 수 있는 추정모형으로 다음과 같은 3가지 VAR 모형을 선정하여 추정해 보았다.

$$\text{MBC I} : \text{YXV}_t = f(\Sigma \text{YXV}_{t-i},\ \Sigma M2X_{t-i},\ \Sigma \text{CPIX}_{t-i})$$

$$\text{MBC II} : \text{YXV}_t = f(\Sigma \text{YXV}_{t-i},\ \Sigma M2X_{t-i})$$

$$\text{MBC III} : \text{YXV}_t = f(\Sigma \text{YXV}_{t-i},\ \Sigma \text{CPIX}_{t-i})$$

모든 경우가 높은 적합도($R^2=0.997$, 0.996, 0.996)를 보여주고 있고, 각 추정계수의 유의성 검정을 위한 F값도 충분히 높게 나타나 일단 신뢰할 수 있는 추정결과로 판정된다(추정기간 : 1970 : 1~1987 : 4). 한편, MBC 모형의 경우 RBC 모형과는 달리 대체투입시켜 볼 적절한 변수가 없어 당초의 추정결과를 그대로 채택하였다.

세 모형의 추정결과식을 이용하여 각각 1988 : 1~1988 : 4기간에 대한 예측을 수행한 경우 다음과 같은 결과를 얻었다.

표 15-7 MBC모형에 의한 예측(1988 : 1~1988 : 4)

		예 측 치			실 제 치
		MBC I	MBC II	MBC III	
88	1	26,066.7	25,959.8	25,691.1	27,634.4
	2	26,517.1	26,287.1	26,266.8	27,165.8
	3	27,469.0	27,259.4	26,718.4	28,535.8
	4	28,187.6	28,152.5	27,198.4	28,535.8
RMSPE(%)		3.3506	3.8268	5.2104	

이러한 예측결과들 도표로 작성한 것이 그림 15-6이다.

그림 15-6에 나타난 바에 의하면 전환점의 변화 내용을 기준으로 할 경우 MBC I ≫MBC II ≫MBC III 모형의 순으로 우열을 구분할 수 있을 것이다. 한편, 총체적인 예측의 정확도를 나타내 주는 RMSPE 의 크기를 기준으로 평가해 보즉 역시 같은 순위의 우열이 확인되었다. 즉, MBC I 의 RMSPE는 3.35%, MBC II는 3.83% 그리고 MBC III는 5.21%로 각각 산출된 것이다. 특히 MBC I 모형은 설명변수가 5개나 되는 RBC 모형보다는 예측의 정확도가 높은 것으로 나타난 점이 특기할 만하다(그림 15-6의 (d) 참조).

이번에는 경기변동에 대한 보다 심도 있는 분석을 위해 VAR 모형을 이용한 경기변동 분석에 사용한 모형 중 화폐경기변동 모형(즉, MBC I)을 이용하여 변수 간의 관계를 살펴보는 분산분해 분석을 실시하여 보았다.

즉, GNP(YXV), 총통화량(M2X), 소비자물가지수(CPIX)의 3 변수로 구성된 VAR 모형을 고려하되, 시차는 앞서의 경우에서처럼 '4'로 선정하였다. 그러나 안정성을 위하여 관측치를 증가율($DYXV(t) = \dfrac{YXV(t) - YXV(t-1)}{YXV(t-1)}$)로 전환하여 분석을 실시하였다.[1] 이어서 촐래스키 분해법을 이용하여 24 horizon step(즉 분기별 자료이므로 6년 기간)에 대한 분산분해 분석을 실시하였다.

아래의 표는 VAR 모형을 구성하고 있는 종속변수($DYXV$)들의 예측오차 분산을 각 설명변수별로 분해한 결과이다.

1) 본 예제를 정상적으로 분석하기 위해서는 관측치의 안정성 검정과 적정 시차길이 분석이 선행되어야 할 것이나 여기서는 편의상 변화율로의 자료전환을 통한 안정성 회복과 사전 검증된 시차길이(4)를 활용하였다.

그림 15-6 MBC모형에 의한 예측치와 실제치

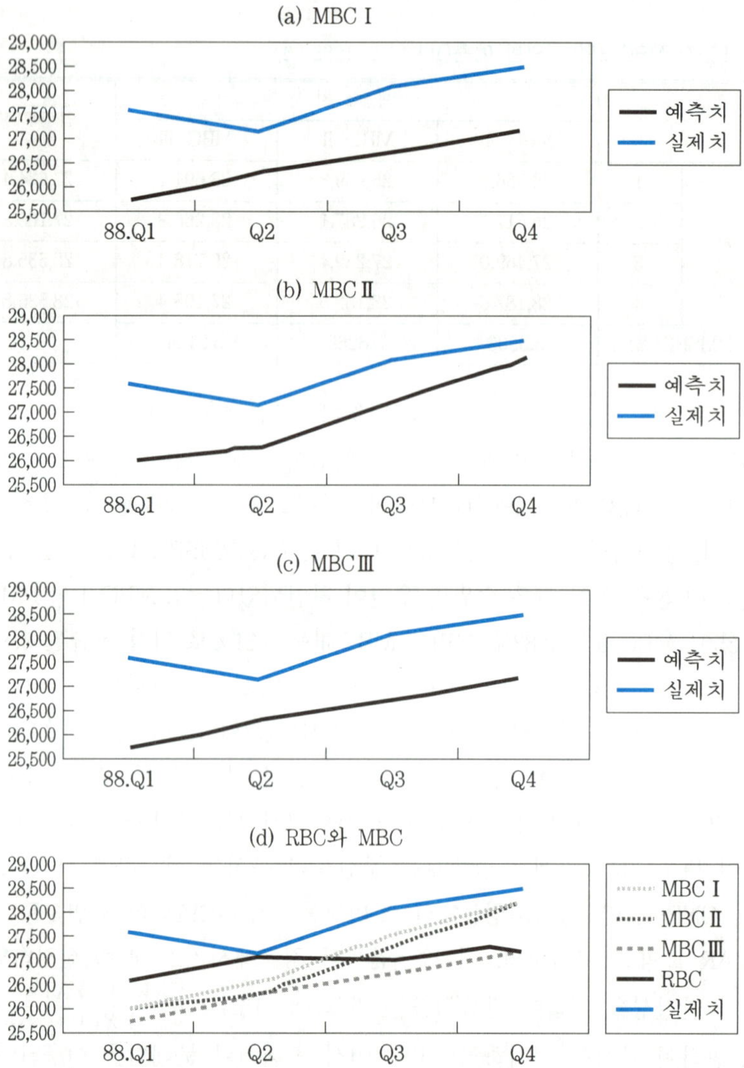

물론 모형 내 모든 변수(3개)에 대한 예측오차 분산분석 결과가 도출될 수 있으나, 이 중 우리가 관심을 지니는 DYXV 에 대한 분산분해 결과만을 제시하여 설명하고자 한다.

아래 결과표에서 나타나고 있는 것처럼, 예상대로 DYXV 가 자신의 one step 예측오차분산(variance of forecast error)의 100%를 설명하고 있다. 이후

2 step에서는 DYXV가 여전히 예측오차분산의 83.2%를 설명하고 있고, DM2X와 DCPIX가 각각 14.9%와 1.8%를 설명해 주고 있다.

이러한 방식으로 분석결과의 특징을 살펴보면 다음과 같다.

먼저, DYXV에 영향을 미치는 주요변수는 DYXV 자체와 DM2X라 할 수 있다. 이 중 DYXV는 전체적으로 가장 큰 영향력을 미치며, 4 step 이후에는 73%대의 일정한 영향력을 보이며, DM2X는 3 step 이후 16~17%대의 영향력을 보인다.

반면, DCPIX는 9%대의 설명력을 지녀 상대적으로 별 영향을 미치지 못하는 것으로 분석되었다.

한편, 충격반응함수를 이용하여 변수 간의 관계를 좀 더 명확하게 살펴보기 위하여 3변수 각각에 대해 1 표준편차(one standard deviation) 만큼의 충격을 가한 다음, 다른 변수들에 미치는 영향을 살펴 보았다.

표 15-8 DYXV의 분산분해

Step	Std Error	DYXV	DM2X	DCPIX
1	0.021841977	100.000	0.000	0.000
2	0.024873960	83.219	14.982	1.800
3	0.025761163	77.986	17.495	4.519
4	0.026634891	73.710	16.805	9.485
5	0.026734344	73.811	16.775	9.414
6	0.026784813	73.876	16.715	9.408
7	0.026797728	73.808	16.728	9.463
8	0.026870951	73.539	17.016	9.445
9	0.026925068	73.263	17.224	9.513
10	0.026938786	73.216	17.218	9.566
11	0.026953129	73.144	17.247	9.609
12	0.026958714	73.117	17.277	9.606
13	0.026961895	73.103	17.276	9.622
14	0.026964979	73.098	17.272	9.629
15	0.026970954	73.084	17.265	9.651
16	0.026975790	73.064	17.259	9.677
17	0.026978720	73.053	17.257	9.691
18	0.026980925	73.046	17.256	9.698
19	0.026982109	73.043	17.257	9.700
20	0.026983234	73.040	17.260	9.700
21	0.026984250	73.036	17.264	9.699
22	0.026985097	73.033	17.268	9.699
23	0.026985856	73.031	17.271	9.698
24	0.026986439	73.029	17.273	9.698

DYXV의 경우 1 표준편차만큼의 충격을 가할 경우, 그림에서 볼 수 있듯이 DM2X는 0.1 표준편차만큼 감소하고, DCPIX는 0.19 표준편차만큼 감소하는 것으로 시작하되 시간이 흐름에 따라 그 충격은 모두 0으로 수렴하는 것으로 나타났다.

그림 15-7 DYXV의 충격반응함수도표

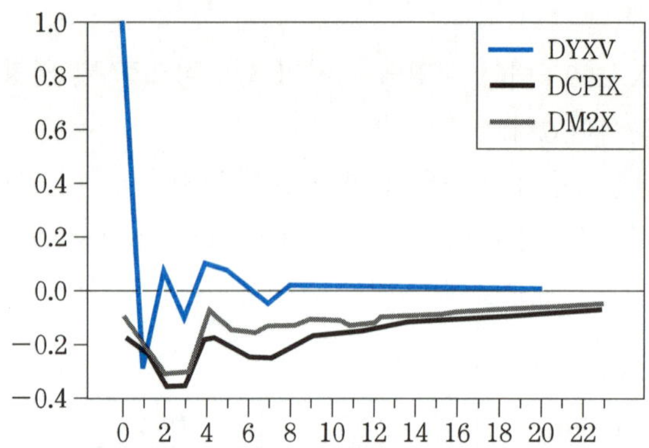

제 5 절 구조형 벡터자기회귀모형(SVAR : structural VAR model)

그러나 VAR 모형은 잔차항의 직교화 과정에서 촐래스키분해법을 이용하고 있는데, 그 과정에서 임의의 좌하단 삼각행렬을 이용함으로써 결국 최종적으로 선정된 방정식 체계가 축차형(recursive form)의 경제구조를 갖게 만들 뿐 아니라 변수들의 배치 순서에 따라 해석결과가 매우 상이하게 된다는 문제점을 안고 있는 것이다. 그리고 이러한 VAR 모형의 단점을 보완하기 위해 SVAR 모형이 탄생하였다. SVAR은 기본적으로는 잔차항의 직교화 과정에 경제이론을 연계시킬 수 있는 방법론을 도입한 것으로 모형의 구조적 해석과 관련하여 구조충격의 단기적 영향을 나타내도록 모형을 식별하는 이른바 단기적 SVAR(contemporaneous SVAR)와 장기적 영향을 나타내는 계수들의 식별을 통해 구조식을 식별하는 장기적 SVAR(long-run SVAR)모형으로 구분된다.

SVAR 모형에 대한 효율적 이해를 도모하기 위해 이번에는 VAR 모형을 다음과 같은 선형연립방정식 체계의 구조모형으로 표현하여 본다.

$$A_0 X_t = A(L) X_{t-1} + D Z_t \tag{15.29}$$

(단, X_t는 내생변수 벡터
Z_t는 외생변수 벡터
D는 외생변수 변화에 대한 내생변수의 단기대응을 나타내는 계수행렬임.)

이를 축약형으로 표현하면 다음과 같다.

$$X_t = A_0^{-1} A(L) X_{t-1} + A_0^{-1} D Z_t \tag{15.30}$$

전술한 바와 같이 Z_t의 충격효과가 일시적이라면 Z_t는 계열상관이 없는 백색소음 e_t가 된다. 즉,

$$Z_t = e_t \tag{15.31}$$

따라서

$$X_t = B(L) X_{t-1} + \epsilon_t \tag{15.32}$$

$$\text{단, } B(L) = A_0^{-1} A(L), \quad \epsilon_t = A_0^{-1} D e_t \tag{15.33}$$

와 같아지며 이것이 일반적인 VAR의 정의식이 된다(식 (15.21)와 같음).

그리고 교란요인 Z_t의 충격이 영구적일 경우에는 Z_t는 다음과 같은 단위근 진행과정으로 표현된다.

$$Z_t = Z_{t-1} + e_t$$

여하튼 식 (15.21), 그리고 식 (15.29)에서 우리는 구조계수행렬 A_0와 D에 관한 사전정보를 가지고 있다면 모형의 동태적 구조를 나타내는 계수행렬 $A(L)$과 구조충격 e_t는 식 (15.21)의 VAR 추정에 의해 다음과 같이 계산될 수 있을 것이다(식 (15.33) 참조).

$$A(L) = A_0 B(L) \tag{15.34}$$

$$e_t = D^{-1} A_0 \epsilon_t \tag{15.35}$$

그런데 실제로는 A_0와 D의 계수값들은 사전적으로 알 수 없는 것이다. 따라서 Sims(1980)는 D를 항등행렬(identity matrix)로 가정하고 촐레스키분해를 통

해 잔차항을 직교화하는 과정에서 $\boldsymbol{A}_0$의 계수를 구하였다. 즉 $\boldsymbol{D}$가 항등행렬이므로 VAR의 잔차항은,

$$\boldsymbol{\epsilon}_t = \boldsymbol{A}_0^{-1}\boldsymbol{e}_t$$

가 되고 이를 직교화시키는 좌하단 삼각행렬 G는 다음과 같이 도출된다.

$$E[\boldsymbol{\epsilon}_t\boldsymbol{\epsilon}_t'] = \boldsymbol{A}_0^{-1}\boldsymbol{e}_t\boldsymbol{e}_t'(\boldsymbol{A}_0^{-1})' = \boldsymbol{G}^{-1}(\boldsymbol{G}^{-1})'$$

한편, $E[e_te_t']$는 항등행렬이므로 결국 위 식은 다음과 같이 표현할 수 있다.

$$E[\boldsymbol{\epsilon}_t\boldsymbol{\epsilon}_t'] = \boldsymbol{A}_0^{-1}(\boldsymbol{A}_0^{-1})' = \boldsymbol{G}^{-1}(\boldsymbol{G}^{-1})' \qquad (15.36)$$

즉 촐레스키분해를 통해 얻어진 좌하단 삼각행렬은 바로 구조연립방정식 체계를 구성하고 있는 당기의 계수행렬이 됨을 알 수 있다.

따라서 전술한 바 있듯이, 촐레스키분해를 통한 잔차항의 직교하는 구조모형의 계수를 식별해 주지만 이 과정에서 도출된 당기계수행렬 $\boldsymbol{A}_0$가 좌하단 삼각행렬이 되어 구조연립방정식 체계가 축차형 구조를 갖게 되는 문제가 발생한다. 특히 $\boldsymbol{\epsilon}_t$의 배치순서에 따라 계수행렬 및 교란항의 벡터의 순서가 바뀌므로 충격반응관계와 예측오차분해에 대한 결과가 달라지고 결과적으로 경제구조에 대한 전혀 다른 해석이 나올 수 있기 때문이다.

이러한 문제해결을 위해 Bernanke는 식 (15.35)에 명백한 경제이론에 따른 경제구조를 부여하여 식 (15.12)를 추정함으로써 올바른 충격반응함수와 분산분해를 얻는 방법을 제시하였다.

$$\begin{aligned}\Sigma\boldsymbol{\epsilon} = E[\boldsymbol{\epsilon}_t\boldsymbol{\epsilon}_t'] &= \boldsymbol{A}_0^{-1}\boldsymbol{D}E(e_te_t')\boldsymbol{D}'(\boldsymbol{A}_0^{-1})' \\ &= \boldsymbol{A}_0^{-1}\boldsymbol{D}\Sigma\boldsymbol{e}\boldsymbol{D}'(\boldsymbol{A}_0^{-1})' \qquad (15.37)\end{aligned}$$

즉 식 (15.37)과 같은 관계식을 풀 때 추정계수의 최대수가 $\Sigma\boldsymbol{\epsilon}$의 계수의 수와 일치되어야 하며, 이러한 식별을 위해 우선 경제의 구조 교란이 상호 독립적으로 발생한다는 가정(즉 $E[\boldsymbol{e}_t\boldsymbol{e}_t']$가 대칭행렬이 됨)을 하였다. 또한 정규화(normalization) 과정을 통해 $\boldsymbol{A}_0$와 $\boldsymbol{D}$의 대각에 위치한 계수값을 1로 만드는 과정을 통해 $\boldsymbol{D}$가 항등행렬이 되도록 가정하게 된다. 이러한 가정에 근거한 VAR 모형분석을 단기적 SVAR 모형분석이라 한다.

한편 구조식의 당기계수행렬 $\boldsymbol{A}_0$에 식별을 위해 제약을 부과하는 대신 장기적 경제논리에 의해 제약을 가함으로써 장기적 SVAR가 제시된 바 있다.

우선 식 (15.22)를 이용하여 VAR 모형을 추정($\Delta X_t = \boldsymbol{B}(L)\Delta X_{t-1} + \boldsymbol{\epsilon}_t$, 단, $\boldsymbol{B}(L) = \boldsymbol{A}_0^{-1}\boldsymbol{A}(L)$, $\boldsymbol{\epsilon}_t = \boldsymbol{A}_0^{-1}\boldsymbol{D}\boldsymbol{e}_t$)한다고 가정한다. 이때 식 (2)는 변형하여 $\boldsymbol{\epsilon}_t$충격에 대한 X_t변화를 나타내는 식으로 표현하면 다음과 같다.

$$\begin{aligned} X_t &= X_0 + \theta_0 \boldsymbol{e}_t + (\theta_0 + \theta_1)\boldsymbol{e}_{t-1} + \cdots + (\sum \theta_j)\boldsymbol{e}_1 \\ &= X_0 + \boldsymbol{P}(L)\boldsymbol{e}_t \\ &= X_0 + \sum P_i \boldsymbol{e}_{t-i} \qquad (15.38) \\ &\text{단, } \boldsymbol{P}_i = \sum \theta_j \end{aligned}$$

식 (15.38)에서 $\boldsymbol{e}_t$의 변화에 대한 $\boldsymbol{X}_{t+i}$의 변화는 $\boldsymbol{D}_i$이다. $\Delta \boldsymbol{X}_t$가 안정적 시계열이므로 행렬 θ_j는 j가 증가함에 따라 '0'에 수렴하며, $\boldsymbol{P}_i$는 $\boldsymbol{\theta}(L)$의 계수들의 합에 수렴한다. 즉, 식 (15.38)에서 $\boldsymbol{e}_t$의 충격에 대한 장기적인 효과는 $\boldsymbol{\theta}(L)$의 계수들의 합으로 나타난다. 그런데 $\boldsymbol{\theta}(L)$계수합은 $\boldsymbol{\theta}(L)$의 정의($\boldsymbol{\theta}(L) = \theta_0 + \theta_1 L + \theta_2 L^2 + \cdots + \theta_n L^n$)에 따라 L을 1로 바꾸어 구할 수 있다. 이 때 계수행렬 $\theta(1)$은 구조교란의 장기적 충격효과를 나타내는 계수행렬이 된다.

이제 식 (15.22)를 이용하면 SVAR의 이동평균함수의 계수행렬, 당기 구조계수행렬 및 VAR의 계수행렬 사이에 다음과 같은 관계를 도출할 수 있다.

$$\boldsymbol{\theta}(L) = (1 - \boldsymbol{B}(L)L)^{-1}\boldsymbol{A}_0^{-1}\boldsymbol{D} \qquad (15.39)$$

이 식에서 L 대신 1을 대입하여 $\boldsymbol{A}_0^{-1}\boldsymbol{D}$에 대해 정리 한 후 식 (15.37)에 대해 대입하면 다음과 같은 식별식을 구할 수 있다.

$$(1 - \boldsymbol{B}(1))^{-1}\sum \boldsymbol{\epsilon}[(1 - \boldsymbol{B}(1))^{-1}]' = \boldsymbol{\theta}(1)\sum \boldsymbol{\epsilon}\boldsymbol{\theta}(1)' \qquad (15.40)$$

여기서 e_t요소들이 상호 독립적이라 가정한 다음 $\boldsymbol{\theta}(1)$의 대각요소들을 정규화함으로서 식별을 하게 되는데, 이는 구조충격의 장기적 영향을 나타내는 $\theta(1)$에 장기 경제이론에 근거한 최소한의 제약을 가함으로써 행렬 $\boldsymbol{\theta}(1)$을 구한 다음 이를 식 (15.35)와 식 (15.39)에 대입하여 $\boldsymbol{A}_0$와 $\boldsymbol{e}_t$를 식별할 수 있도록 고안된 방안이라 할 수 있다.

예제 15-5 SVAR 모형에 의한 노동생산성 분석

본 예제에서는 구조형 벡터자기회귀모형(structural VAR)에 대한 실증분석 사례로 Gali(1999)의 구조형 벡터자기회귀모형을 기술혁신이 고용에 미치는 영향을 분석하면서 기술충격은 장기적으로 노동생산성에 영향을 미치는 반면 비기술충격은 노동생산성에 영향을 미치지 않는다는 점을 제약조건으로 이용한 바 있다. 물론 이와 같은 제약조건은 장기식별조건으로 이해할 수 있다.

이제 Gali(1999)의 구조형 VAR 모형을 추정해 보도록 하자. 먼저 노동생산성($\boldsymbol{x}_t$)과 노동시간($\boldsymbol{n}_t$) 등의 2변수로 구성된 VAR 모형을 생각하자. 그런데 노동생산성과 노동시간은 단위근 검정을 실시해 본 결과 모두 불안정한 I(1) 변수로 나타났으므로 각각 대수변환 후 1차 차분하여 안정적인 변수로 전환하여 사용하였다. 이렇게 전환된 변수로 구성된 벡터를 $\boldsymbol{X}_t = \begin{pmatrix} \Delta\boldsymbol{x}_t \\ \Delta\boldsymbol{n}_t \end{pmatrix}$라 하면 구조형 VAR 모형은 다음과 같다.[1)]

$$\boldsymbol{A}_0\boldsymbol{X}_t = \boldsymbol{A}(L)\boldsymbol{X}_{t-1} + \boldsymbol{e}_t$$

이를 좀 더 풀어서 써 보면, 아래와 같이 표현될 수 있다.

$$\begin{pmatrix} a_0^{11} & a_0^{12} \\ a_0^{21} & a_0^{22} \end{pmatrix}\begin{pmatrix} \Delta\boldsymbol{x}_t \\ \Delta\boldsymbol{n}_t \end{pmatrix} = \begin{pmatrix} \boldsymbol{A}^{11}(L) & \boldsymbol{A}^{12}(L) \\ \boldsymbol{A}^{21}(L) & \boldsymbol{A}^{22}(L) \end{pmatrix}\begin{pmatrix} \Delta\boldsymbol{x}_{t-1} \\ \Delta\boldsymbol{n}_{t-1} \end{pmatrix} + \begin{pmatrix} \boldsymbol{e}_t^z \\ \boldsymbol{e}_t^m \end{pmatrix}$$

여기서 $\boldsymbol{e}_t^z$는 기술충격, $\boldsymbol{e}_t^m$은 비기술충격을 각각 나타내며, 구조충격항의 분산은 $E[\boldsymbol{e}_t\boldsymbol{e}_t'] = I$ 라고 가정한다.

이제 양변에 $\boldsymbol{A}_0^{-1}$를 곱해 주어 축약형 모형으로 전환해 주면 다음과 같다.

$$\begin{pmatrix} \Delta\boldsymbol{x}_t \\ \Delta\boldsymbol{n}_t \end{pmatrix} = \begin{pmatrix} \boldsymbol{C}^{11}(L) & \boldsymbol{C}^{12}(L) \\ \boldsymbol{C}^{21}(L) & \boldsymbol{C}^{22}(L) \end{pmatrix}\begin{pmatrix} \Delta\boldsymbol{x}_{t-1} \\ \Delta\boldsymbol{n}_{t-1} \end{pmatrix} + \begin{pmatrix} a_0^{11} & a_0^{12} \\ a_0^{21} & a_0^{22} \end{pmatrix}^{-1}\begin{pmatrix} \boldsymbol{e}_t^z \\ \boldsymbol{e}_t^m \end{pmatrix} \equiv \boldsymbol{C}(L)\boldsymbol{X}_{t-1} + \boldsymbol{A}_0^{-1}\boldsymbol{e}_t$$

이 때 $\boldsymbol{C}(L) = \boldsymbol{A}_0^{-1}\boldsymbol{A}(L)$이다.

한편 실제로 추정과정에서 사용할 축약형 VAR 모형은 다음과 같이 나타낼 수 있다.

---

1) 단, 당 변수들은 1차 차분에 앞서 Gali(1999) 모형의 전통에 따라 대수변환 하였음.

$$\boldsymbol{X}_t = \boldsymbol{B}(L)\boldsymbol{X}_{t-1} + \boldsymbol{\epsilon}_t.$$

이를 보다 자세하게 나타내면 다음과 같다.

$$\begin{pmatrix} \Delta \boldsymbol{x}_t \\ \Delta \boldsymbol{n}_t \end{pmatrix} = \begin{pmatrix} \boldsymbol{B}^{11}(L) & \boldsymbol{B}^{12}(L) \\ \boldsymbol{B}^{21}(L) & \boldsymbol{B}^{22}(L) \end{pmatrix} \begin{pmatrix} \Delta \boldsymbol{x}_{t-1} \\ \Delta \boldsymbol{n}_{t-1} \end{pmatrix} + \begin{pmatrix} \boldsymbol{\epsilon}_{xt} \\ \boldsymbol{\epsilon}_{nt} \end{pmatrix}$$

여기서 $\boldsymbol{\epsilon}_{xt}$와 $\boldsymbol{\epsilon}_{nt}$는 축약형 충격항들이며, 분산은 $\boldsymbol{\Sigma}$이다.

위의 축약형 VAR 모형이 구조형 VAR 모형과 동일한 모형이라고 해석되기 위해서는 $\boldsymbol{C}(L) = \boldsymbol{B}(L)$ 및 $\boldsymbol{\epsilon}_t = \boldsymbol{A}_0^{-1}\boldsymbol{e}_t$라는 관계가 만족되어야 한다. 따라서 $E[\boldsymbol{\epsilon}_t \boldsymbol{\epsilon}_t'] \equiv \boldsymbol{\Sigma} = A_0^{-1}(A_0^{-1})'$라는 관계가 성립하여야 한다는 점은 전술한 바와 같다.

이제 축약형 VAR 모형을 추정하게 되면 축약형 모형의 계수인 $\hat{\boldsymbol{B}}(L)$과 $\hat{\boldsymbol{\Sigma}}$의 값을 알 수 있다. 따라서 축약형 모형에서 계산된 $\hat{\boldsymbol{B}}(L)$과 $\hat{\boldsymbol{\Sigma}}$으로부터 구조형 모형의 계수값인 $\hat{\boldsymbol{A}}_0$와 $\hat{\boldsymbol{A}}(L)$를 도출하는 문제가 남게 된다. 이 때 Gali(1999) 모형에서 식별을 위한 핵심 조건은 비기술충격이 장기적으로 노동생산성에 영향을 미치지 않아야 한다는 조건이다.

먼저 구조형 VAR 모형 즉,

$$\begin{pmatrix} \Delta \boldsymbol{x}_t \\ \Delta \boldsymbol{n}_t \end{pmatrix} = \begin{pmatrix} \boldsymbol{C}^{11}(L) & \boldsymbol{C}^{12}(L) \\ \boldsymbol{C}^{21}(L) & \boldsymbol{C}^{22}(L) \end{pmatrix} \begin{pmatrix} \Delta \boldsymbol{x}_{t-1} \\ \Delta \boldsymbol{n}_{t-1} \end{pmatrix} + \begin{pmatrix} a_0^{11} & a_0^{12} \\ a_0^{21} & a_0^{22} \end{pmatrix}^{-1} \begin{pmatrix} \boldsymbol{e}_t^z \\ \boldsymbol{e}_t^m \end{pmatrix}$$

로부터

$$\begin{pmatrix} \Delta \boldsymbol{x}_t \\ \Delta \boldsymbol{n}_t \end{pmatrix} = \begin{pmatrix} \boldsymbol{D}^{11}(L) & \boldsymbol{D}^{12}(L) \\ \boldsymbol{D}^{21}(L) & \boldsymbol{D}^{22}(L) \end{pmatrix} \begin{pmatrix} \boldsymbol{e}_t^z \\ \boldsymbol{e}_t^m \end{pmatrix}$$

와 같이 이동평균 표현을 도출할 수 있다.

이때

$$\begin{pmatrix} \boldsymbol{D}^{11}(L) & \boldsymbol{D}^{12}(L) \\ \boldsymbol{D}^{21}(L) & \boldsymbol{D}^{22}(L) \end{pmatrix} = \left[\boldsymbol{I}_2 - \begin{pmatrix} \boldsymbol{C}^{11}(L) & \boldsymbol{C}^{12}(L) \\ \boldsymbol{C}^{21}(L) & \boldsymbol{C}^{22}(L) \end{pmatrix} L \right]^{-1} \begin{pmatrix} a_0^{11} & a_0^{12} \\ a_0^{21} & a_0^{22} \end{pmatrix}^{-1}$$

이다.

한편 축약형 VAR 모형을 앞서와 유사하게 이동평균 표현으로 나타내면 다음과 같다.

$$\begin{pmatrix} \Delta \boldsymbol{x}_t \\ \Delta \boldsymbol{n}_t \end{pmatrix} = \begin{pmatrix} \boldsymbol{F}^{11}(L) & \boldsymbol{F}^{12}(L) \\ \boldsymbol{F}^{21}(L) & \boldsymbol{F}^{22}(L) \end{pmatrix} \begin{pmatrix} \boldsymbol{\epsilon}_{xt} \\ \boldsymbol{\epsilon}_{nt} \end{pmatrix}$$

여기서

$$\begin{pmatrix} \boldsymbol{F}^{11}(L) & \boldsymbol{F}^{12}(L) \\ \boldsymbol{F}^{21}(L) & \boldsymbol{F}^{22}(L) \end{pmatrix} = \left[\boldsymbol{I}_2 - \begin{pmatrix} \boldsymbol{B}^{11}(L) & \boldsymbol{B}^{12}(L) \\ \boldsymbol{B}^{21}(L) & \boldsymbol{B}^{22}(L) \end{pmatrix} L \right]^{-1}$$

이다.

위의 두 이동평균 표현이 동일한 표현이 되기 위해서는,

$$\begin{aligned} & E[\boldsymbol{F}(L)\boldsymbol{\epsilon}_t\boldsymbol{\epsilon}_t{}'\boldsymbol{F}(L)'] = E[\boldsymbol{D}(L)\boldsymbol{e}_t\boldsymbol{e}_t{}'\boldsymbol{D}(L)'] \\ & \rightarrow \boldsymbol{F}(1)E[\boldsymbol{\epsilon}_t\boldsymbol{\epsilon}_t{}']\boldsymbol{F}(1)' = \boldsymbol{D}(1)E[\boldsymbol{e}_t\boldsymbol{e}_t{}']\boldsymbol{D}(1)' \\ & \rightarrow \boldsymbol{F}(1)\boldsymbol{\Sigma}\boldsymbol{F}(1)' = \boldsymbol{D}(1)\boldsymbol{D}(1)' \end{aligned}$$

가 성립하여야 한다는 것을 알 수 있다. 그런데 위의 조건은 앞서 언급한 바와 같이 $\boldsymbol{\Sigma} = \boldsymbol{A}_0^{-1}(\boldsymbol{A}_0^{-1})' = \boldsymbol{GG}'$라는 조건과 동일하다는 것을 알 수 있다. 결과적으로 위의 조건으로부터 다음과 같은 3개의 방정식을 도출할 수 있다.

먼저 행렬 A_0^{-1}의 역행렬의 각 원소를 알 수 있다면 구조계수인 A_0는 A_0^{-1}에 대한 역행렬을 계산함으로써 쉽게 구할 수 있다. 그러면 이제 남은 것은 g^{11}, g^{12}, g^{21}, g^{22} 등의 값을 찾아내는 것이다.

이제 $\boldsymbol{\Sigma} = \boldsymbol{A}_0^{-1}(\boldsymbol{A}_0^{-1})'$라는 조건은 $\boldsymbol{\Sigma} = \boldsymbol{GG}'$와 같다. 즉,

$$\begin{pmatrix} \sigma^{11} & \sigma^{12} \\ \sigma^{21} & \sigma^{22} \end{pmatrix} = \begin{pmatrix} g^{11} & g^{12} \\ g^{21} & g^{22} \end{pmatrix} \begin{pmatrix} g^{11} & g^{12} \\ g^{21} & g^{22} \end{pmatrix}$$

이다.

여기서 등호의 양변이 일치한다는 조건으로부터

$$\sigma^{11} = (g^{11})^2 + (g^{12})^2, \quad \sigma^{12} = g^{11}g^{21} + g^{12}g^{22}, \quad \sigma^{22} = (g^{21})^2 + (g^{22})^2$$

라는 3개의 방정식을 도출할 수 있다.

여기서 4개의 방정식이 아니라 3개의 방정식만 도출되는 이유는 Σ가 대칭행렬이어서 $\sigma^{12} = \sigma^{21}$이 되므로 행렬 Σ로부터 얻을 수 있는 정보는 사

실상 σ^{11}, σ^{12}, σ^{22} 등 세 가지이기 때문이다.

그런데 주어진 모형에서 미지수는 g^{11}, g^{12}, g^{21}, g^{22} 등 4개이므로 여전히 하나의 방정식이 추가적으로 필요하다. 그렇다면 필요한 하나의 방정식은 어떻게 도출할 수 있을까?

바로 이 때 나머지 하나의 방정식은 Gali의 식별조건으로부터 채워 넣을 수 있다. 즉 Gali의 장기식별조건은 이동평균 표현에서 $\boldsymbol{D}^{12}(1)=0$ 즉, $\sum_{i=1}^{\infty}\boldsymbol{D}^{12}(L)=0$가 성립하여야 한다는 것을 나타내므로 이 조건을 이용하여 나머지 하나의 방정식을 찾아낼 수 있다.

먼저 장기식별조건이 어떻게 하나의 방정식과 연관되는지 살펴보기 위해 $D(1)$ 행렬을 계산해 보면,

$$\begin{aligned}\begin{pmatrix}\boldsymbol{D}^{11}(1) & \boldsymbol{D}^{12}(1)\\ \boldsymbol{D}^{21}(1) & \boldsymbol{D}^{22}(1)\end{pmatrix} &= \left[\boldsymbol{I}_2-\begin{pmatrix}\boldsymbol{B}^{11}(1) & \boldsymbol{B}^{12}(1)\\ \boldsymbol{B}^{21}(1) & \boldsymbol{B}^{22}(1)\end{pmatrix}\right]^{-1}\begin{pmatrix}g^{11} & g^{12}\\ g^{21} & g^{22}\end{pmatrix}\\ &= \left[\begin{pmatrix}1 & 0\\ 0 & 1\end{pmatrix}-\begin{pmatrix}\boldsymbol{B}^{11}(L) & \boldsymbol{B}^{12}(L)\\ \boldsymbol{B}^{21}(L) & \boldsymbol{B}^{22}(L)\end{pmatrix}\right]^{-1}\begin{pmatrix}g^{11} & g^{12}\\ g^{21} & g^{22}\end{pmatrix}\\ &= \begin{pmatrix}1-\boldsymbol{B}^{11}(1) & -\boldsymbol{B}^{12}(1)\\ -\boldsymbol{B}^{21}(1) & 1-\boldsymbol{B}^{22}(1)\end{pmatrix}^{-1}\begin{pmatrix}g^{11} & g^{12}\\ g^{21} & g^{22}\end{pmatrix}\end{aligned}$$

와 같다. 그런데,

$$\begin{pmatrix}1-\boldsymbol{B}^{11}(1) & -\boldsymbol{B}^{12}(1)\\ -\boldsymbol{B}^{21}(1) & 1-\boldsymbol{B}^{22}(1)\end{pmatrix}^{-1}=\frac{1}{K}\begin{pmatrix}1-\boldsymbol{B}^{22}(1) & \boldsymbol{B}^{12}(1)\\ \boldsymbol{B}^{21}(1) & 1-\boldsymbol{B}^{11}(1)\end{pmatrix}$$

(단, K는 행렬 $\begin{pmatrix}1-\boldsymbol{B}^{11}(1) & -\boldsymbol{B}^{12}(1)\\ -\boldsymbol{B}^{21}(1) & 1-\boldsymbol{B}^{22}(1)\end{pmatrix}$의 행렬식)

이므로,

$$\begin{pmatrix}\boldsymbol{D}^{11}(1) & \boldsymbol{D}^{12}(1)\\ \boldsymbol{D}^{21}(1) & \boldsymbol{D}^{22}(1)\end{pmatrix}^{-1}=\frac{1}{K}\begin{pmatrix}1-\boldsymbol{B}^{11}(1) & -\boldsymbol{B}^{12}(1)\\ -\boldsymbol{B}^{21}(1) & 1-\boldsymbol{B}^{22}(1)\end{pmatrix}\begin{pmatrix}g^{11} & g^{12}\\ g^{21} & g^{22}\end{pmatrix}$$

가 성립하여야 한다. 위의 행렬에서 등호의 좌우변이 일차하여야 하고 특히 Gali의 식별조건은 $\boldsymbol{D}^{12}(1)=0$이 충족되어야 한다는 것을 의미하므로 다음과 같은 4번째 방정식을 도출할 수 있다.

$$D^{12}(1) = (1 - B^{22}(1))g^{12} + B^{12}(1)g^{22} = 0$$

따라서 앞서 도출한 3개 방정식과 조금 전에 도출한 1개의 방정식을 통해 g^{11}, g^{12}, g^{21}, g^{22} 등의 값을 찾아낼 수 있다. 즉,

$$\sigma^{11} = (g^{11})^2 + (g^{12})^2$$
$$\sigma^{12} = g^{11}g^{21} + g^{12}g^{22}$$
$$\sigma^{22} = (g^{21})^2 + (g^{22})^2$$
$$0 = (1 - B^{22}(1))g^{12} + B^{12}(1)g^{22}$$

라는 4개의 방정식을 이용하여 g^{11}, g^{12}, g^{21}, g^{22}값, 따라서 a_0^{11}, a_0^{12}, a_0^{21}, a_0^{22}의 값을 복원할 수 있고, 이를 이용하여 구조형 VAR 모형의 충격반응함수를 계산할 수 있다.

그런데 일반적으로 위와 같이 4개의 연립방정식은 비선형방정식 체계이므로 수계산을 통해 방정식의 해를 직접 도출하기는 어렵다. 따라서 실제로는 위와 같이 연립방정식의 해를 구하기 위해 수치해석(numerical analysis)기법을 이용하게 된다.

이상의 논의는 모두 모집단에 대한 논의이고, 실제로는 추정된 값을 이용하게 되므로, 실제의 해는 다음과 같이 결정된다.

$$\hat{\sigma}^{11} = (g^{11})^2 + (g^{12})^2$$
$$\hat{\sigma}^{12} = g^{11}g^{21} + g^{12}g^{22}$$
$$\hat{\sigma}^{22} = (g^{21})^2 + (g^{22})^2$$
$$(1 - \hat{B}^{22}(1))g^{12} + \hat{B}^{12}(1)g^{22} = 0$$

사용된 자료는 총노동시간(취업자수×평균노동시간)의 전년 동기 대비 차분치(Δn_t)와 시간당 평균노동생산성(실질GDP/총노동시간)의 전년 동기 대비 차분치(Δx_t)이며, 1989년 1/4분기부터 2004년 4/4분기까지 60개의 분기자료이다.

VAR 모형의 최적시차는 SIC 기준을 적용하여 4로 설정하였다.

축약형모형과 구조형 모형 모두에 대해 충격반응함수를 그래프로 나타내 보았다. 그림 15-7은 축약형 모형의 경우이고, 그림 15-8은 구조형 모형의

그림 15-8 축약형 VAR 모형의 충격반응함수

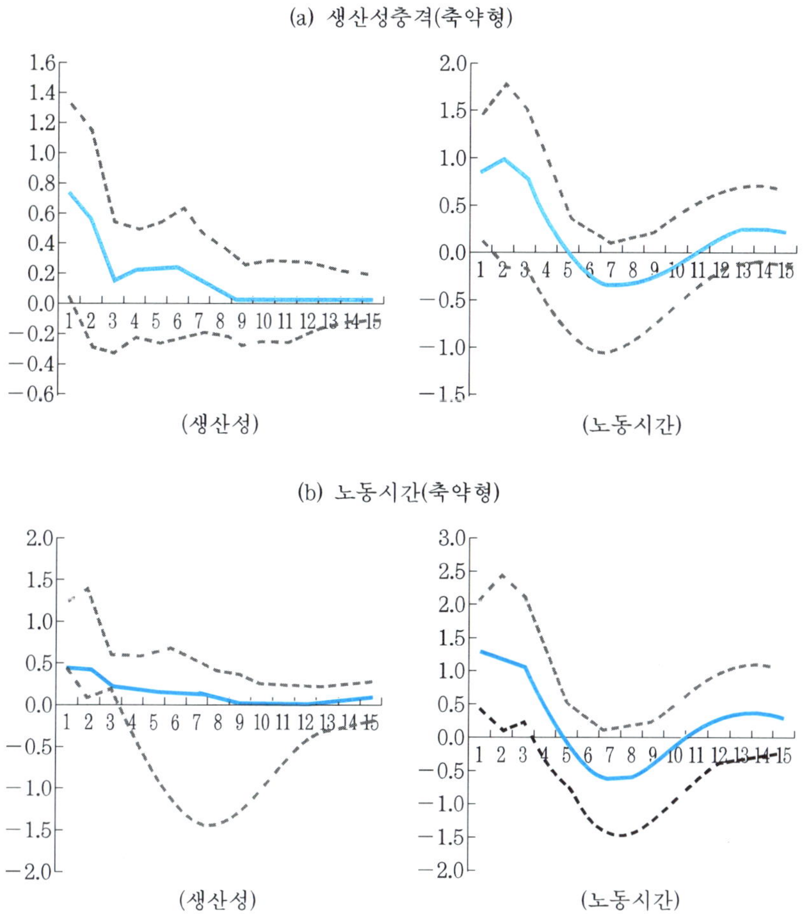

경우에 대한 충격반응함수를 나타내고 있다.

구조형 충격반응함수에 의하면 기술충격은 생산성을 향상시키는 반면 노동시간은 초기에는 증가시키다가 시간이 흐르면서 노동시간을 감소시킨 후 다시 노동시간을 증가시키는 것으로 나타났다.

비록 축약형 모형에서 생산성 변수 충격의 반응함수가 구조형 모형의 기술충격에 대한 반응함수와 비슷하게 나타나고 있지만, 축약형 모형의 경우에는 노동생산성 변수에 가해진 충격은 기술충격과 비기술충격이 혼합되어 선형결합된 형태로 나타난 충격이기 때문에 단순히 문자 그대로 노동생산

그림 15-9 구조형 VAR 모형의 충격반응함수

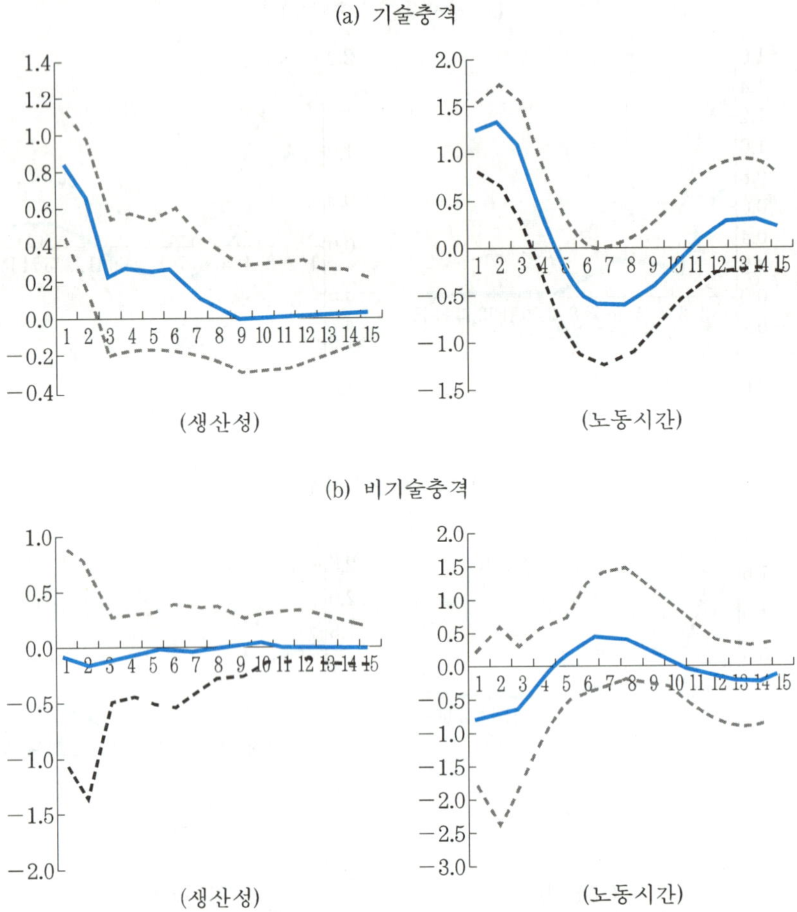

성에 충격이 발생한 상황에서 해석할 수 없음을 유의할 필요가 있다.

이와 같은 점은 노동시간변수 충격에 대한 반응함수와 비기술충격에 대한 반응함수 간의 차이점으로부터 알 수 있다. 즉, 두 충격에 대한 반응함수는 정반대의 효과를 나타내고 있음을 그림으로 확인할 수 있다. 결과적으로 비록 두 모형의 충격함수가 비슷한 모양을 보이고 있다고 하더라도, 경제구조가 어떠한 형태로 모형에 반영되었느냐에 따라서 VAR 모형의 충격반응함수에 대한 해석이 달라진다는 데에 유의할 필요가 있다.

연습문제

[1] 다음 용어들에 대하여 간략히 설명하라.
1) 동태적 회귀모형
2) 전이함수
3) Koyck의 함수전환
4) 계단형 충격모형
5) 맥박형 충격모형
6) VAR 모형과 SVAR 모형
7) 충격반응함수
8) 촐레스키의 행렬분해

[2] 예측에 있어서 VAR 모형이 갖는 장·단점을 논하라.

[3] SVAR 모형으로 VAR 모형의 어떤 문제점을 완화할 수 있는지 설명하라.

[4] 시차분포모형을 동태적 회귀모형으로 전화하여 활용하는 방안에 대하여 설명하라.

[5] 충격모형의 다양한 유형을 비교 설명하라.

연습문제 해답

[1]~[5] (생략)

제16장 고급 시계열 예측모형 II

본 장에서는 전 장에 이어 고급시계열 예측모형 중 주요한 그리고 자주 쓰이는 분석모형에 대하여 살펴 볼 것이다. 즉 본 장에서는 최근 많은 주목을 받아 온 이른바 ARCH 모형과 ECM 모형에 관한 주요 내용을 다음과 같은 체계로 제시코자 한다.

그림 16 고급 시계열 예측모형 II

- 고급시계열 예측모형 II
  - 군집적 변동성과 ARCH 및 GARCH 모형
  - 오차수정모형(ECM)
    - 추세변동과 불안정적 시계열
    - 허구적 회귀
    - 단위근 검정
    - 공적분 검정
    - 오차수정모형에 의한 예측

1. 군집적 변동성과 ARCH 및 GARCH 모형에 의한 예측

1.1 ARCH 모형의 출현과 필요성

통상적으로 환율의 수익률, 주가수익률 등과 같은 금융변수의 분포를 그래프로 그려 보면 정규분포보다 봉우리는 뾰족하고 꼬리는 두꺼운(fat tail) 모양을 하고 있으며, 심지어는 경우에 따라서 분포의 형태가 비대칭적인 모양을 나타내기도 하는 것으로 확인되어 왔다.

예컨대 정규분포의 경우 첨도는 3이고 왜도는 0인 반면, 미국의 S&P500 수익률의 경우는 왜도가 −4.5, 첨도가 6.2로서 왼쪽으로 긴 꼬리를 가지며 뾰족한 모양을 보이고 있다.[1] 또한 금융시계열의 경우는 분산값이 변동성군집(volatility clustering)이라는 독특한 속성을 지니고 있는 것으로 밝혀져 있다. 여기서 변동성군집 현상이란 분산값이 한번 커진 후에는 장기간 동안 커진 분산값이 유지되다가 어느 순간부터 분산값이 작아지면 그 이후 장기간 동안 작아진 분산값이 유지되는 현상으로서, 그래프 상으로 관찰해 보면 분산값이 군데군데 뭉쳐 있는(clustering) 것처럼 보이기 때문에 부여된 명칭이다.

여하튼 이처럼 금융변수들에서 나타나고 있는 두꺼운 꼬리나 변동성의 군집현상을 제대로 모형화하지 못하고서는 올바른 예측이 불가능하게 된다. 그런데 변동성 군집현상이 이분산의 일종이라는 점에서 기존의 이분산에 대처하는 기법(WLS 또는 GLS 등)을 고려해 볼 수 있으나, 금융시계열에서 발생하는 독특한 이분산 현상은 분산 스스로가 일정한 지속적 패턴을 보여 주는 현상이라는 점에서 이들을 이용하는 것은 적절치 못하다. 따라서 위와 같은 군집현상은 현재 분산과 과거 분산이 조직적인 관계를 지니고 있기 때문에 발생하는 것이라는 점에 착안하여, 분산값이 자신의 과거값(auto)에 조건부(conditional)로 의존하는 '이분산(heteroscakdsticity) 현상'을 모형화한 것이 바로 Engle(1982)에 의하여 고안된 ARCH라는 시계열모형이다.

1.2 무조건부 분산과 조건부 분산(unconditional heteroscedasticity and conditional heteorscedasticity)

통상적으로 선형회귀모형의 G-M 가정에서는 오차항의 무조건부 분산값이 일정하다고 간주하고, 오차항의 무조건부 분산값이 시간에 따라서 상이한 현상

1) 왜도는 분포가 좌우로 치우친 정도를 나타내는 개념이며, 첨도는 봉우리가 얼마나 뾰족한지를 나타내는 개념임.

을 '이분산' 현상으로 정의하고 있다. 반면, ARCH 모형에서 고려하고 있는 이분산성은 이러한 무조건부 분산값에서 나타나는 이분산성이 관심의 대상이 아니다. 기존의 OLS에서와 마찬가지로 무조건부 분산은 동 분산을 유지할 수 있으나, 본질적인 차이점은 과거 오차항을 조건부로 하는 조건부 분산값이 이분산성을 보이는 것으로 모형을 설정한다는 점이라 하겠다.

선형시계열모형이 널리 활용되는 이유는 바로 조건부 평균과 비조건부 평균을 구분하여 조건부 평균개념을 도입함으로써 예측이라는 측면에서 성공적이었기 때문인데(예컨대, 조건부 예측의 예측오차 분산이 무조건부의 경우보다 작음) 비슷한 사유로 ARCH 모형에서는 조건부 2차적률(분산)과 비조건부 2차적률(분산)을 구분함으로써, 금융시계열 등에서 관찰되는 독특한 분산군집현상 등을 잘 설명해 줄 수 있다는 장점이 있다.

이러한 구분이 의미를 지니는 것은 옵션 가격결정 모형, 이자율의 기간구조, 자산가격결정 모형 등과 같은 이론 및 현상에서 볼 수 있는 바와 같이 관심변수의 공분산 행렬이 시간에 대해 불변이라 할지라도그 조건부 공분산 행렬은 과거 사건에 의존하는 현상이 발생하기 때문이다. 한편 계량경제학적 추론(inference)과 관련하여서도 이분산 현상을 무시하게 되면 표본이 커질 때에도 효율성의 상실을 회피할 수 없게 되며, 결과적으로 가설의 검정 등에서도 문제가 생길 수 있다는 점에서도 이러한 이분산 현상을 적절하게 다루어 줄 필요가 있다.

1.3 조건부 분산 및 무조건부 분산의 비교

무조건부 분산은 시간에 대해 일정(constant)한 데 반해 조건부 분산은 시간에 따라 변한다. AR(1) model을 통해 그 차이를 살펴보자. 일단 가장 단순한 형태인 ARCH(1) 모형은 다음과 같이 표현한다.

$$Y_t = \beta_0 + \beta_1 X_t + \epsilon_t \tag{16.1}$$

(단, $\epsilon_t \sim N(0,\ \sigma_t^2)$)

$$\epsilon_t = u_t [\alpha_0 + \alpha_1 \epsilon_{t-1}^2]^{1/2} \tag{16.2}$$

(단, $u_t \sim N(0,\ 1)$)

$$\sigma_t^2 = \alpha_0 + \alpha_1 \epsilon_{t-1}^2 \tag{16.3}$$

(16.1)식은 평균방정식(mean equation)이라 부르고 (16.3)식을 분산방정식(variance equation)이라 부르는데, 분산방정식은 오차항(disturbance)이 (16.2)식과

같이 정의될 때 도출된 것이다.

분산방정식에 따르면 분산은 과거 오차의 제곱에 영향을 받는데, 이는 전기의 변동성이 크면 다음 기에도 변동성이 커질 것으로 예상된다는 군집변동성(volatility clustering) 현상을 나타내고 있다.

ARCH 과정의 기본가정에 따르면 조건부 평균(conditional mean)은,

$$E[\epsilon_t|\epsilon_{t-1}]=E(u_t[\alpha_0+\alpha_1\epsilon_{t-1}^2]^{1/2})$$
$$=[\alpha_0+\alpha_1\epsilon_{t-1}^2]^{1/2}E(u_t)=0 \quad (\because\ \epsilon_{t-1}=\text{상수},\ E(u_t)=0)$$

와 같아지는 반면, 무조건부 평균(unconditional mean)은 $E(\epsilon_t)=0$와 같이 표현될 수 있다. 이러한 가정 하에 조건부와 무조건부 분산을 도출하면 다음과 같다.

(1) 조건부 분산

$$\sigma_t^2=\mathrm{Var}(\epsilon_t|\epsilon_{t-1})=E([\epsilon_t-E(\epsilon_t)]^2|\epsilon_{t-1})$$
$$=E(\epsilon_t^2|\epsilon_{t-1}) \qquad (\because\ E(\epsilon_t|\epsilon_{t-1})=0)$$
$$=E(u_t^2)([\alpha_0+\alpha_1\epsilon_{t-1}^2]^{1/2})^2 \qquad (\because\ \epsilon_{t-1}=\text{상수})$$
$$=\alpha_0+\alpha_1\epsilon_{t-1}^2 \qquad (\because\ E(u_t^2)=1)$$

즉, 조건부 분산(conditional variance)은 ϵ_{t-1}에 의존하며, 따라서 오차항 ϵ_t는 1차 회귀적 이분산현상을 갖는다.

(2) 무조건부 분산

무조건부 분산(unconditional variance)은 다음과 같이 도출될 수 있다.

$$\sigma^2=\mathrm{Var}(\epsilon_t)=E(\epsilon_t^2)-[E(\epsilon_t)]^2$$
$$=E(\epsilon_t^2) \qquad (\because\ E(\epsilon_t)=0)$$
$$=E(u_t^2)([\alpha_0+\alpha_1E(\epsilon_{t-1}^2)]^{1/2})^2 \qquad (\because\ \epsilon_{t-1}=\text{확률변수})$$
$$=\alpha_0+\alpha_1E(\epsilon_{t-1}^2) \qquad (\because\ E(u_t^2)=1)$$
$$=\alpha_0+\alpha_1\mathrm{Var}(\epsilon_{t-1})$$

따라서 시계열과정의 오차항이 2차적률(분산) 안정적(variance stationary)이라면 무조건부 분산이 시간 경과에 상관 없이 다음과 같이 일정한 값을 갖는다($\because\ \mathrm{Var}(\epsilon_t)=\mathrm{Var}(\epsilon_{t-1})=\sigma^2$).

$$\mathrm{Var}(\epsilon_t) = \frac{\alpha_0}{1-\alpha_1}$$

즉, 무조건부 오차는 동분산가정을 충족시킨다. 물론 이 때 안정적 시계열이 되려면 $|\alpha_1|<1$이어야 한다. 따라서 무조건부 분산보다는 조건부 분산으로 파악할 때 예측오차의 분산이 작아지게 된다.

1.4 ARCH(p) 모형

조건부 이분산성(Heteroskedasticity)을 좀더 구체화하여 자기회귀(AR) 형태로 나타내면, 다음과 같다.

$$\sigma_t^2 = c + \alpha_1 \epsilon_{t-1}^2 + \cdots + \alpha_p \epsilon_{t-p}^2$$

여기서 σ_t^2이 비음(nonnegativity)이어야 하므로 계수값 c, α_1, …, α_p들이 비음조건을 만족하여야 하며, 이러한 조건을 만족하는 시계열을 ARCH(p) 과정이라고 부른다. 그런데 이러한 ARCH(p) 모형은 시차 길이가 길어짐에 따라서 추정해야 할 모수의 수가 증가한나는 난점을 지니고 있다.

1.5 GARCH(p) 모형

GARCH 모형은 ARCH(p) 모형을 추정할 경우 당면하게 되는 긴 시차 및 그에 따른 추정해야 할 모수의 수 문제를 극복하기 위해 개발된 모형이다 (Bollerslev (1986)). ARCH 모형을 좀더 일반화하였다는 의미에서 일반화된 ARCH(generalized ARCH), 혹은 GARCH 모형이라고 부르는데, GARCH 모형의 기본적인 아이디어는 통상적인 AR(p) 모형이 가역조건을 만족하게 되면, MA 모형으로 전환될 수 있는 것처럼, 그리고 긴 시차를 지니는 AR 모형이나 MA 모형보다는 간결한 시차를 지니는 ARMA 모형이 선호되는 것과 동일한 논리를 오차항이 지니는 AR 속성에 적용한 것이다.

ARCH(p) 모형을 보다 일반화하여 ARMA(p, q) 모형과 유사하게 나타내주면,

$$\begin{aligned}\sigma_t^2 &= c + \sum_{i=1}^{p} \alpha_i \epsilon_{t-i}^2 + \sum_{i=1}^{q} \beta_i \sigma_{t-i}^2 \\ &= c + \alpha_1 \epsilon_{t-1}^2 + \cdots + \alpha_p \epsilon_{t-p}^2 + \beta_1 \sigma_{t-1}^2 + \cdots + \beta_q \sigma_{t-q}^2\end{aligned}$$

$$= c + \alpha_p(L)\epsilon_t^2 + \beta_q(L)\sigma_t^2$$

(단, L은 시차연산자)

가 되는데 이 때, ARCH 과정과 마찬가지로 σ_t^2이 의미 있게 정의되기 위해서 모든 계수가 비음(non-negative)이어야 한다.

현실적으로 GARCH(1,1)이 가장 많이 사용되고 있는데, 기본모형은 다음과 같이 표현된다.

$$\begin{aligned} Y_t &= \beta_0 + \beta_1 X_t + \epsilon_t \\ \epsilon_t &\sim N(0,\ \sigma_t^2) \\ \sigma_t^2 &= \alpha_0 + \alpha_1 \epsilon_{t-1}^2 + \delta_1 \sigma_{t-1}^2 \end{aligned} \tag{16.4}$$

(16.4)의 분산방정식에서 오른쪽 항의 시차를 둔 오차항(lagged disturbance)을 연속적으로 대체하면,

$$\sigma_t^2 = \frac{\alpha_0}{1-\delta_1} + \alpha_1(\epsilon_{t-1}^2 + \delta_1\epsilon_{t-2}^2 + \delta_1^2\epsilon_{t-3}^2 + \delta_1^3\epsilon_{t-4}^2 + \cdots)$$

와 같아진다. 즉 현재 t기의 분산은 모든 과거의 오차자승에 따라 달라지게 된다는 의미를 갖는다.

이처럼 GARCH(1,1) 모형은 ARCH(∞) 모형으로 다시 쓸 수 있으므로 적은 수의 모수 또는 회귀계수(parameter)를 사용함에도 불구하고 긴 시차의 ARCH 모형을 추정하는 것과 유사한 결과를 도출할 수 있다는 점에서 그 유용성을 찾을 수 있다.

1.6 ARCH(p) 모형의 확장

ARCH 모형을 이용하면 주가, 환율과 같은 금융변수의 경우 한번 변동성이 커지면 계속 커지고 상대적으로 안정되면 일정기간 안정되는 특징을 설명할 수 있음을 이미 지적한 바 있다.

ARCH 모형은 기존의 회귀분석에서는 큰 의미를 두지 않았던 분산을 명시적으로 모형화하여 분석대상 변수의 변동성을 측정하는 통계적 수단을 제공한 것에 의미가 있으며, 특히 외환, 주식, 채권시장에서의 가격변동성은 위험(risk)으로 해석될 수 있으므로 투자의 수익률과 위험을 동시에 고려하는 연구에서 많이 이용되고 있다.

한편, ARCH 모형은 다양한 형태로 발전되었는데 예컨대 GARCH 모형의 가역조건 및 비음조건이 만족되지 않는 경우, 즉, $0 \le \alpha(1)+\beta(1) < 1$가 만족되지 않는 경우에 IGARCH를 사용한다. 한편 조건부 분산은 단지 시차가 있는 잔차들의 크기만의 함수일 뿐 그 부호에는 무관하므로 레버리지 효과(leverage effect)를 고려하기 위하여 EGARCH를 사용하기도 한다. 여기서 레버리지 효과란 예컨대 주식가격변동성의 변화가 주식가격의 변화와 음의 상관관계를 가지는 경향, 즉, 주식가격이 하락할 때 주식가격변동성이 가격이 상승할 때보다 더 큰 현상을 말한다. 이 외에도 ARCH-M 등 특정여건을 보다 구체적으로 고려하는 많은 변종이 계속적으로 창출되고 있다.[1)]

1.7 ARCH 효과의 검정

임의의 시계열이 ARCH 유형의 확률과정인가를 진단하는 데는 다양한 통계적 검정방법이 사용된다.

(1) Jarque-Bera(1986) 정규성 검정과 Ljung-Box-Pierce 검정 :

ARCH 확률과정이 정규분포에 비해 꼬리부분이 두텁고 때때로 비대칭적 특징을 보인다는 데 착안한 검정방법들이다.

① Jarque-Bera(1986) 정규성 검정

이 검정법은 오차항의 분포가 정규분포인지를 확인하기 위해 분포와 왜도와 첨도를 구하여 정규분포(각각 0과 3)와 비교하는 접근방식을 쓰고 있다. $\hat{\epsilon}_t$를 OLS 잔차항이라 하면 라그랑지승수(LM) 통계량인 Jarque-Bera 검정통계량은 다음과 같아진다.

$$JB = n\left[\frac{1}{6}\left(\frac{1}{n}\sum_{i=1}^{n}\frac{\hat{\epsilon}_t^3}{\hat{\sigma}^3}\right)^2 + \frac{1}{24}\left(\frac{1}{n}\sum_{i=1}^{n}\frac{\hat{\epsilon}_t^4}{\hat{\sigma}^4} - 3\right)^2\right]$$

이 때, 분포가 정규분포라는 귀무가설 하에서 JB는 점근적으로 $\chi^2(2)$ 분포를 따르며, $JB < \chi^2(2)$이면 귀무가설을 수용하고 그렇지 않으면 기각하게 된다. 일단 정규성에 대한 귀무가설이 기각되면 오차항 및 그 제곱시계열의 계열상관 존재 여부를 검정하여야 하는데, 통상 Box-Pierce Q 검정통계량 또는 Ljung-Box Q* 검정통계량을 이용한다. $\hat{\rho}_j$를 j차 표본자기상관계수라고 하면 두 검정

1) 자세한 내용은 박준용 외 2인(2002, 경문사), 경제시계열분석, 제 6 장 참조.

통계량은 다음과 같아진다.

$$\text{Box-Pierce Q 검정통계량} \equiv n\sum_{j=1}^{q}\hat{\rho}_j^2 = \sum_{j=1}^{q}(n^{1/2}\hat{\rho}_j)^2 \to \chi^2(q)$$

$$\text{Ljung-Box } Q^* \text{ 검정통계량} \equiv n(n+2)\sum_{j=1}^{q}\frac{\hat{\rho}_j^2}{n-j} = \sum_{j=1}^{q}\frac{n+2}{n-j}(n^{1/2}\hat{\rho}_j)^2 \to \chi^2(q)$$

이 두 검정통계량의 극한분포는 q차의 자기상관계수가 모두 0이고 따라서 자기계열상관이 없다는 귀무가설 하에서는 두 검정통계량 모두가 $\chi^2(q)$분포를 따르게 된다. 만약 어떤 시계열이 ARCH 유형의 확률과정을 따른다면 오차항에 대한 이들 검정은 자기계열상관이 없다는 귀무가설은 기각하지 않겠지만 그 제곱된 시계열의 경우에는 이러한 귀무가설을 기각하게 된다.[1)]

② LM-ARCH 검정(Engle, 1982)

y_t를 X_t에 회귀분석하여 얻은 OLS 잔차항의 제곱을 p개의 시차(lag)항 $(\epsilon_{t-1}^2, \cdots, \epsilon_{t-q}^2)$에 대하여 두 번째 단계의 회귀분석을 실시하여 이들 회귀계수가 동시에 유의적인지를 검정하는 LM-ARCH 검정법이 있다.

$$H_0 : \alpha_1 = \alpha_2 = \cdots = \alpha_p = 0$$
$$H_1 : \text{적어도 한 개의 } \alpha_i \neq 0,\ i = 1, \cdots, p$$

두 번째 단계에서 t개의 OLS 잔차항 제곱을 사용할 경우, ϵ_t가 $i.i.d \sim N(0, \sigma^2)$라는 귀무가설 하에서 LM-ARCH 통계량은 $\chi^2(q)$분포에 수렴하게 될 것이다. 따라서 주어진 유의수준에서 검정통계량값이 $\chi^2(q)$보다 작으면 귀무가설을 수용하고, 그렇지 않으면 귀무가설을 기각하게 된다.[2)]

이 검정법은 간단하다는 장점이 있으나 회귀식에 중요한 설명변수가 누락되었거나 비선형성 등이 고려되지 못한 경우에는 제곱된 오차항에 계열상관 현상이 나타날 수 있어 시계열이 백색소음이라는 귀무가설이 기각되기 쉽다는 문제점이 있다. 따라서 귀무가설이 기각되었다 해도 성급하게 ARCH 확률과정이라고 판단하는 것은 다소 무리가 있음에 유의할 필요가 있다.

1) 박준용(2002), 전게서, 제 6 장 참조.
2) 검정통계량의 구체적 내용은 박준용(2002), 전게서 참조.

1.8 ARCH 및 GARCH 모형의 추정

전술한 바 있듯이 ARCH 모형을 실증분석에 사용하는 경우 모형의 적합도를 높이기 위해서 긴 시차를 필요로 하는 경우가 종종 발생한다. 이런 경우 많은 모수의 추정이 요구되어 최우추정과 같은 수치적 극대화 방법을 이용하는 경우 때때로 추정값이 수렴되지 않는 문제가 발생한다. 이러한 문제를 극복하기 위해 Bollerslev(1986)은 ARCH 모형을 일반화하였다는 의미에서 (Generalized) ARCH, 혹은 GARCH 과정이라는 모형을 제안하였음은 전술한 바 있다.

여하튼 일단 검정결과 ARCH 효과가 있는 것으로 나타나면 ARCH 유형의 모형은 최우추정법(maximum likelihood method)에 의해 주로 추정된다. 최우추정을 위해서는 먼저, 다음과 같은 오차항의 분포에 대한 정보가 필요하다.

$$y_t = x_t{}'\beta + \epsilon_t$$

$$\epsilon_t = u_t\sigma_t, \sim ARCH(p) \quad (\text{즉, } \epsilon_t | \psi_{t-1} \sim N(0,\ \sigma_t^2) \text{ and } \sigma_t^2 = \alpha_0 + \alpha_1\epsilon_{t-1}^2)$$

$$u_t | \psi_{t-1} \sim i.i.d.\ D(0,\ 1)$$

(즉, u_t는 평균 0, 분산 1인 미지의 동일 독립분포를 따른다)

오차항의 분포가 정규분포인 경우 ψ_{t-1}에 대한 u_t의 조건부 분포 $D(0,\ 1)$은 표준정규분포가 되며 log우도함수는 다음과 같다.

$$\log L = -\frac{T}{2}\log(2\pi) - \frac{1}{2}\sum_{t=1}^{T}(\log\ \sigma_t^2 + \epsilon_t^2/\sigma_t^2)$$

여기서 수치최적화 방법(BHHH, BFGS 등)을 이용하여 로그우도함수를 극대화하는 모수(α_0, α_1, $\cdots$, β)를 구한다. 이 때 오차항의 분포가 비정규분포인 경우에는 student-t분포(Bollerslev, 1987), 일반화된 오차분포(GED), 비대칭 student-t 분포(Fernandez and Steel, 1998) 등을 고려할 수 있는데, 두꺼운 꼬리모양(fat-tail) 및 비대칭적 분포의 특징을 모두 고려하기 위해서는 비대칭 student-t분포를 사용하는 것이 바람직하다. 이 경우 평균이 0이고 분산이 1인 비대칭 student-t 분포의 로그우도함수를 이용한다.[1)]

---

1) 박준용(2002), 전게서, 제 6 장 참조.

1.9 ARCH 모형의 한계

ARCH 모형은 분산의 군집현상이라는 금융시계열만의 독특한 속성을 다루기 위하여 개발된 모형인데, 특히 시계열자료의 관측주기가 짧을 때,(즉, 일별자료, 시별자료 등) 분산의 군집현상이 발생하는 경향이 높다는 점에서 금융시계열을 분석하는 데 특히 유용하다. 반면, 관측주기가 상대적으로 긴 여타의 경제시계열(예컨대, GDP(분기 자료), 물가(월간 자료) 등)에는 분산의 군집현상이 심하게 발생하지 않는 것으로 알려져 있는데, 결국 이들 자료에 대해서는 굳이 ARCH 류의 기법을 활용할 여지가 없다고 할 수 있다. 다양한 논리의 사유를 바탕으로 다종의 ARCH 모형(EGARCH, IGARCH, ARCH-M 등등)들이 제시되고 있어서, 실제로 자료를 분석하고자 할 경우에 어떤 모형이 최적의 모형인지에 대해 혼란이 야기될 수 있다.

예제 16-1 ARCH 모형을 이용한 한국의 종합주가지수 분석

본 예제에서는 가장 대표적인 투기적 가격중의 하나인 주가지수 (KOSPI)를 ARCH 모형을 이용하여 추정해 보았다.

사용한 자료는 2005년 일일자료로 221개의 관측치를 활용하였다. 그런데 그림 9-1에서처럼 주가지수는 불안정성을 가지고 있어 이를 일단 1일주가수익률($DKOSPI=(kospi_t-kospi_{t-1})/kospi_{t-1}$))로 전환하였다.[1] 그림 9-2에서처럼 전환된 자료는 안정성을 회복한 것으로 보인다. 그러나 여전히 군집변동성이 존재가 의심되므로 ARCH 모형에 의한 추정을 시도해 보았다.

우선, 1일 주가수익률($DKOSPI=(kospi_t-kospi_{t-1})/kospi_{t-1}$))을 설명하기위하여 상수항만을 포함하는 단순한 모형을 설정하되, 변동성을 감안하여 ARCH(p) 모형을 도입하였다.

$$DKOSPI_t=\beta_0+\epsilon_t$$

$$\sigma_t^2=Var(\epsilon_t)=\alpha_0+\alpha_1\epsilon_{t-1}^2+\cdots+\alpha_p\epsilon_{t-p}^2$$

상수항만으로 이루어진 모형을 추정한 결과는 아래와 같다.

---

1) 물론 KOSPI를 AR(1) 모형으로 설정하거나 ΔKOSPI 로 전환한 모형을 활용할 수도 있으나, 이곳에서는 추정결과의 편의를 위해 상기와 같은 모형을 설정하였다.

그림 16-1 주가지수(kospi)의 변화추이(2005년 기간중)

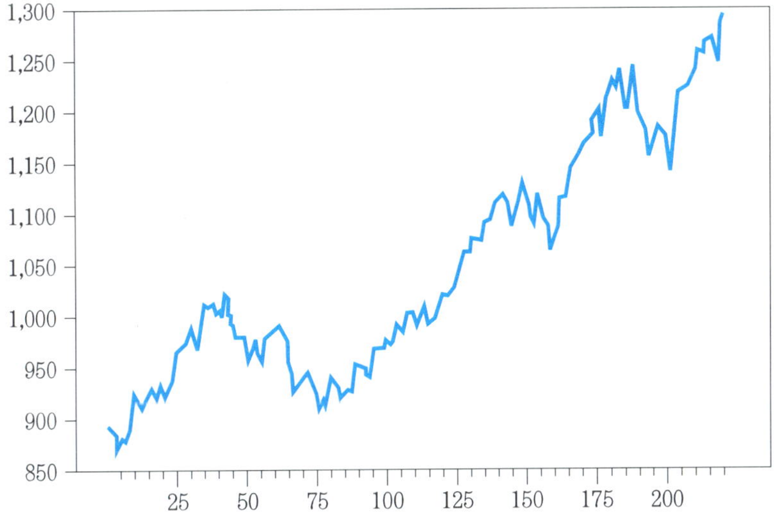

그림 16-2 일일주가수익율(DKOSPI)의 변화추이(2005년 기간중)

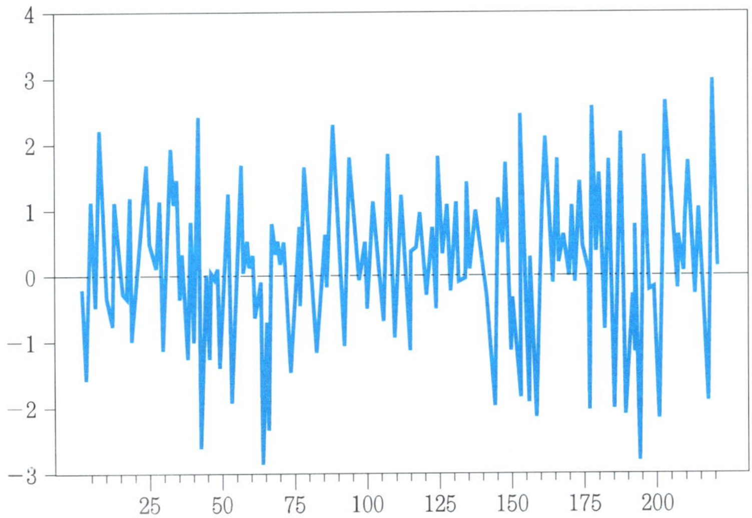

$$DKOSPI_t = 0.174 + \epsilon_t$$
$$(2.368)$$

추정된 값은 0.17로 1일 평균수익률을 의미한다. 즉 2005년 기간 중 우리나라 1일 주가수익률은 0.17%의 수익률을 기록한 것으로 해석될 수 있다. 한편, 도출된 모형에서 잔차항을 도출하여 분산을 추정한 결과 $Var(\epsilon_t)=1.187$로 '1'이 아닌 값을 지니는 것으로 나타났다.

이제 변동성 여부(즉 ARCH 효과)를 확인하고자 추정된 잔차항을 제곱한 값을 종속변수로, 그리고 시차종속변수를 설명변수로 놓고 다양한 시차에 대해 회귀분석을 실시해 보았다. 이러한 과정에서 ARCH 효과가 존재하는가를 검정하기 위한 방안으로는 Engle(1982)이 제안한 LM 검정법을 활용해 보았다.

LM 검정법은,

$$\sigma_t^2 = Var(\epsilon_t) = \alpha_0 + \alpha_1 \epsilon_{t-1}^2 + \cdots + \alpha_p \epsilon_{t-p}^2$$

같은 모형에서 ARCH 효과가 존재할 경우 $H_0: \alpha_0 = \alpha_1 = \cdots = \alpha_p = 0$와 같은 귀무가설을 기각할 수 있다는 사실에 근거한 검정법이다. 이 때 활용한 LM 검정통계량은 추정된 모형에서 n(잔차항의 수)$\times R^2 \cdot \chi^2$와 같아지며, p(ARCH 차수)의 자유도를 지니는 χ^2분포를 따르게 된다.

본 예제의 경우에는 다양한 p차에 대한 LM 검정을 실시한 결과 $p=2$일 때, ARCH 효과가 상대적으로 강하게 존재하는 것으로 나타났다. 이 때의 추정결과는,

$$\sigma_t^2 = Var(\epsilon_t) = \underset{(5.94)}{0.974} - \underset{(-0.07)}{0.005\epsilon_{t-1}^2} + \underset{(2.75)}{0.184\epsilon_{t-2}^2}$$

와 같고, 계산된 검정통계량은 7.42로서 임계치(유의수준 5% 경우) 5.99보다 크게 나타났다.

$$\chi_{cal}^2 = 7.42 > 5.99 = \chi_{\alpha=0.05}^2$$

따라서, 귀무가설(H_0)을 기각하고, ARCH(2)가 존재하는 것으로 해석되었다.

그런데 이와 같이 ARCH 효과가 존재할 경우에는 GLS 추정을 실시하여야 한다. 그리고 두 추정모형을 효율적으로 추정하기 위해서는 개별추정식이 수렴하는지 여부를 살펴가면서 반복추정을 실시해야 한다. 그러나 실질

적으로는 개별 방정식을 비선형 MLE 추정법을 이용하여 동시에 추정을 실시한다. ARCH 효과를 감안하여 재추정된 결과는 아래와 같다.

$$DKOSPI = 0.204 + \epsilon_t$$

$$\sigma_t^2 = Var(\epsilon_t) = \underset{(6.52)}{0.955} - \underset{(0.389)}{0.029}\epsilon_{t-1}^2 + \underset{(1.914)}{0.158}\epsilon_{t-2}^2$$

ϵ_{t-1}^2을 제외하고는 전체적으로 유의성이 있는 것으로 나타났으며, 결과적으로 2005년 기간 중 우리나라의 평균 1일 주가수익률은 0.204%의 고수익률을 기록한 것으로 분석될 수 있다.

2. 추세변동과 불안정적 시계열, 그리고 오차수정모형에 의한 예측

시계열분석과 전통적인 회귀분석은 우선 출발부터 성격상 차이가 있었고, 따라서 이들 두 가지 분석방법론을 서로 다른 성격의 것으로 인식하는 경향은 1970년대 후반에 이르기까지 지속되었다. 그러나 회귀분석에서 사용되는 자료는 주로 시계열자료이며, 시계열자료 분석에서 야기되는 문제점을 해소하기 위해 노력하는 과정에서 두 가지 분석방법이 근원적으로 달리 전개되어야 한다는 이원론적 인식은 한계를 드러내게 되었다. 예컨대, 자기상관문제는 시계열자료 분석에서 가장 대표적이고 또 초보적인 문제로 간주되고 있으며, 이러한 자기상관문제는 동시에 시계열분석의 가장 기본적인 분석대상이 되고 있기 때문이다.

시계열분석과 회귀분석의 결합현상은 우선 동태모형(dynamic model) 설정에서 찾아볼 수 있다. 동태모형이란 종속변수를 과거의 종속변수값(Y_{t-j}, $j>0$)이나 현재 및 과거의 독립변수들(X_{t-j}, $j\geq 0$)의 함수로 정의하는 회귀모형이라 할 수 있다. 이 때 과거변수가 현재의 종속변수 Y_t에 어떻게 영향을 미치는가에 대한 구조적 관계에 당연히 관심의 초점이 모아지게 되는데, 이러한 시차적 인과관계에 따라 동태모형이 설정된다. 예컨대, 시차분포모형(distributed-lag model)은 동태적 회귀모형의 대표적인 예로 볼 수 있으며, 일단 동태회귀모형이 설정되면 후술하는 바와 같은 동태적 승수분석이 가능하게 됨은 주지의 사실이다.

그런데 동태모형에서의 오차항은 마치 순수시계열분석의 ARMA 모형처럼 파악할 수 있게 된다는 데 주목할 필요가 있다. 즉, 통상적인 회귀모형이 오차항을 AR(1), 즉 $\epsilon_t = \rho\epsilon_{t-1} + v_t$로만 파악하던 관행을 탈피하여 보다 일반화된 유형의 AR(p)오차, 즉 $\epsilon_t = \rho\epsilon_{t-1} + \cdots + \rho_p\epsilon_{t-p} + v_t$로써 파악하는 것이다. 시계열분석의 관점에서 볼 때는 AR(1)오차는 특수한 경우에 지나지 않는다고 볼 수 있기 때문에, 이에 한정된 회귀분석의 자기상관문제 해소방안에는 한계가 있다고 볼 수 있다. 자기상관의 존재 유무를 판별하는 데 흔히 사용되는 d통계량은 AR(1)오차의 식별에만 유효하며, 종속시차변수가 설명변수로 등장하는 경우나 일반화된 AR(p)오차가 존재할 때에는 사용될 수 없다는 점은 기존의 회귀분석의 한계를 지적하는 데 좋은 예가 될 수 있을 것이다.

여하튼 시계열자료를 이용하는 일련의 분석과정에서 만일 시계열자료가 불안정적(non-stationary)일 경우 기존의 회귀분석 이론에 입각한 추정 및 검정에 오류가 있을 수 있다는 점은 수차례 지적된 바 있다. 이러한 사실은 정태모형이나 동태모형에 관계 없이 적용되는 내용으로 1980년대 후반 이후에 학계에서 크게 주목받기 시작하였다. 이에 관한 논의는 실제로는 서로 상관이 없는 시계열자료가 불안정적인 특성을 가질 경우에는 회귀분석상 서로 상관이 있는 것으로 나타날 수도 있다는 이른바 허구적 회귀(spurious regression) 현상의 인식에서 출발되었다. 즉, 변수 간에 상관이 없음에도 불구하고 불안정적 변수 간의 회귀분석 결과에서는 다중결정계수(R^2) 값과 유의성 검정을 위한 검정통계량(t) 값이 높게 나타날 수 있다는 것이다.[1)]

따라서 이러한 상황 발생 가능성과 관련하여 우선 시계열자료가 불안정적인가의 판별이 주요한 관심사항이 되는데, 이를 판별하는 방법이 바로 단위근 검정(unit root test) 방법이다.

단위근 검정은 앞 장에서 논의한 ARMA 모형의 안정성문제와 그 맥락을 같이 하는 것으로서 일반적인 확률적 차분모형(stochastic difference model)에서 자기회귀항(autoregressive term)을 중심으로 정의되는 행태방정식의 근이 1이라는 값을 포함하느냐를 판별하는 방법론이다.

그러나 단위근 검정에 의해 시계열자료가 불안정적인 것으로 판별되더라도 허구적 회귀현상이 발생하지 않을 수도 있다는 점에 유의를 해야 한다. 즉,

---

1) 여기서 흔히 오류를 범하기 쉬운 주의할 사항이 있다. 허구적 회귀의 내용은 우리가 자주 사용하는 검정통계량, 즉 R^2, d통계량 및 t값들이 의미가 없을 수 있다는 것이지, 회귀분석 자체가 항상 무의미하다는 것을 말해 주는 것은 아니라는 것이다. 즉, 후술하는 바와 같이 불안정적인 시계열자료가 사용될 때에는 회귀계수의 분포가 정규분포 등 표준적 분포를 따르지 못하고 비표준적 분포(non-standard distribution)를 따르기 때문에 이들 통계량에 근거하는 검정 결과가 오류가 있다는 것만을 의미할 뿐이다.

둘 또는 그 이상의 시계열과정이 개별적으로는 불안정적이라 할지라도 이들의 선형결합함수는 안정적일 수 있기 때문이다. 이러한 관계가 성립되는 경우 이들 변수들은 서로 공적분 관계(cointegration)에 있다고 하며, 이 경우에는 더 이상 허구적 회귀현상이 발생하지 않게 된다. 현재 공적분 관계의 성립 여부를 판별하는 방법론이 여러 학자들에 의해 개발되고 있으며, 일단 공적분 관계가 존재하는 것으로 판정될 경우에는 오차수정모형(ECM; error correction model)을 이용하여 추정하도록 권고되고 있다.

한편, 전 장에서 살펴 본 ARMA 모형을 중심으로 한 단순시계열분석을 다중시계열분석(multiple or multivariate time series analysis)으로 확장시킨 벡터 ARMA(vector ARMA; VARMA) 모형을 고려할 수 있다. 그러나 이동평균(MA) 부분은 비선형함수관계를 야기시켜서 추정상 어려움을 초래하므로 이 부분을 제외시킨 벡터 AR(vector AR; VAR) 모형을 주로 고려하게 된다. 이 AR(p) 모형에서 시계열이 벡터 형태를 갖는 모양으로 표현된 것이어서 통계적으로 볼 때는 단순한 일반화에 불과한 것으로 보여진다. 그러나 VAR 모형에 입각한 예측의 정확도가 뛰어나다는 점, 그리고 통상 최소자승법에 의한 추정이 가능하다는 점 등의 유용성 때문에 특히 예측을 주목적으로 하는 분석에 자주 그리고 널리 사용되고 있다.

최근에는 공적분 검정과 공적분이 존재하는 경우의 추정에 VAR 모형을 결합시키는 새로운 방법론이 발표되고 있다.

2.1 허구적 회귀(spurious regression)

원래 경제이론이란 경제변수 간에 성립되는 인과관계적 함수관계로 표현되며, 이러한 논리의 현실성 여부는 계량분석을 통해 확인되는 것이다. 그런데 이러한 실증분석을 수행하는 데 활용되는 경제변수들의 시계열자료는 대부분 불안정성(non-stationary)을 갖고 있는 것으로 알려지고 있다. 그리고 이러한 상황에도 불구하고 전통적인 회귀분석을 실시할 경우에 실제로는 변수 간에 아무런 상관관계가 없음에도 불구하고 외견상 의미 있는 연관관계가 있는 것처럼 보이는 이른바 허구적 회귀(spurious regression)현상이 발생된다는 사실이 최근 들어 학계에서 큰 주목을 받게 된 것이다. 예컨대 불안정적 변수 간에 회귀분석을 실시할 경우 서로 관련이 없는 경우에도 R^2의 값이 1에 가깝게 나타나고 F 통계량 및 회귀계수에 대한 t통계량이 유의적으로 나타나는 현상이 나타나서 이들에 의한 검정에는 오류가 발생될 수 있다는 것이다. 이 때 d.w.통계량 값은 매우 낮은 값으로 산출되는 경향이 있어서 계측된 상관현상이 변수 간의 연관관계에 의하기보다는 변수들의 불안정성(또는 오차항의 정의 자기상관현상)에 기인하는 것으로 볼 수 있다. 따라서 흔히 높은 R^2의 값을 동반하는 낮은 d 통계량 값이 허구적 회귀의 대표적 특징으로 인식되고 있다.

이러한 현상이 나타나는지 여부는 결국 시계열자료가 불안정성을 갖고 있는지의 여부에 달려 있는데, 확률적 추세(stochastic trends)를 갖는 불안정적 시계열은 오직 차분(differencing)에 의해서만 안정적으로 전환될 수 있는바, 시계열이 안정적인지 여부는 확률적 차분방정식(stochastic difference equations)의 자기회귀항으로 이루어지는 특성방정식이 '1'이라는 근을, 즉 단위근을 갖는가에 달려 있다.[1)]

단위근 검정은 다음 절에서 자세히 논의하게 될 것이다. 여기서 허구적 회귀의 해석과 대응방법상에 주의해야 할 사항이 있다. 일반적으로 단위근을 갖는 시계열을 회귀분석할 경우 (연속적인)차분과정을 거쳐 안정적 시계열을 도출한 다음 회귀분석을 수행하게 된다. 그런데 이러한 방법은 시계열의 고유한 잠재정보를 상실시키므로 동태적이고 안정적인 장기균형을 도출할 수 없게 된다는 문제가 있음을 유념할 필요가 있다.

2.2 적분된 시계열(integrated process)과 공적분(cointegration)

원래 단위근이란 불안정적 시계열을 자기회귀모형(autoregressive model : $Y_t = \alpha + \beta Y_{t-1} + \epsilon_t$)으로 표현했을 때 그 특성근이 1, 즉, 단위근을 갖는다(위 모형에서는 $\beta = 1$)라는 사실에 근거하여 붙여진 이름이다.

시계열의 안정성이란 시계열의 평균이 시간의 흐름과 상관 없이 일정 평균을 중심으로 하는 변동량, 즉 분산이 유한한 값을 갖는 특성을 지칭하는 것이다. 이러한 안정적 시계열은 평균과 분산값이 표본기간에 상관 없이 일정한 성격을 가지며, 어떤 외부충격이 발생할 때 그로 인해 발생하는 효과 또한 평균을 중심으로 일정 한도(유한한 분산) 내에서의 변동으로 나타나되 항상 평균으로 복귀하려는 성향을 가지므로 안정적 시계열의 자기상관함수(ACF) 값들은 시차가

---

1) 여기서 주의할 점은 그림 16-3에서처럼 이른바 확정적 추세의 제거는 시간변수(time)에 대한 회귀분석만으로도 가능하지만, (a)→(b) 이것만으로는 확률적 추세를 제거할 수 없을 수 있으며, 결국은 차분에 의해서만 제거((b)→(c))됨으로써 비로소 안정적 시계열로 전환될 수 있다는 점이다.

그림 16-3 확정적 추세와 확률적 추세

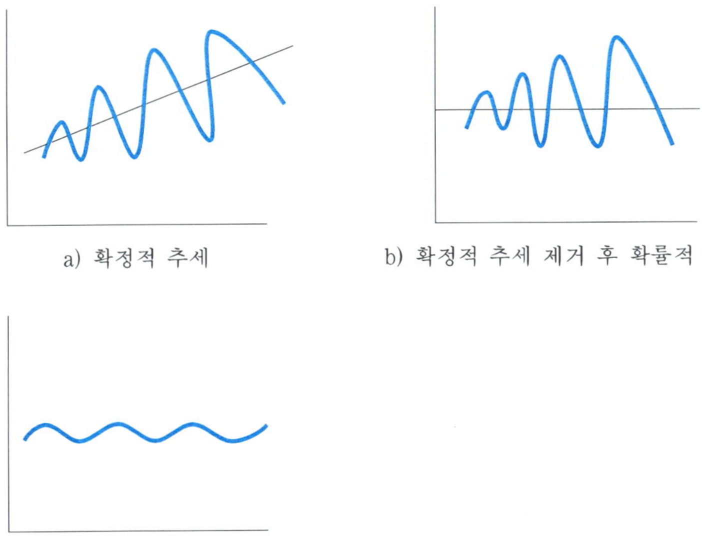

a) 확정적 추세

b) 확정적 추세 제거 후 확률적 추세

c) 확률적 추세 제거 후 안정적 시계열

확대됨에 따라 급격히 0으로 감소하게 된다는 특징을 갖는다.

그런데 대다수의 경제변수들이 불안정적이라는 사실은 전술한 바와 같다. 따라서 무작위적 충격은 누적적으로 미래에 대해 영속적인 영향을 미치는 것으로 분석될 수 있다. 이러한 문제를 유발하는 불안정성은 일반적으로 차분을 통해 해소될 수 있는데, 안정성이 회복되기까지에 필요한 차분횟수가 d라 할 때 원 시계열은 d차 적분된 시계열이라 부르며 $Y_t \sim I(d)$라 표기한다.[1)]

즉, 일반적으로 어느 시계열 Y_t가 확정적 추세(deterministic trends)를 제거한 후 d번의 차분에 의하여 안정적이며 가역적인 ARMA 모형으로 나타날 때, 그 시계열은 d차수만큼 적분되었다고(integrated of order d) 말하며, 이 때 $Y_t \sim I(d)$라고 표시한다. 예를 들어서 만약 $Y_t \sim I(1)$라면 1차 차분으로 ΔY_t는 안정적이 되며, 또 만약 $Y_t \sim I(0)$라면 차분이 필요 없이 그 자체로서 안정적이라는 것이다. 따라서 어느 시계열이 $I(0)$가 아니라면, 단위근이 존재함을 의미한다.

학자들 간에 논란의 여지가 있지만, 많은 경제 시계열자료는 $I(1)$이라고

1) 이러한 이유 때문에 불안정한 시계열을 적분된 시계열과정(integrated process)이라고도 한다.

알려져 있으며, 장기적으로 일정 수준을 유지하는 시계열자료만이 $I(0)$라고 알려져 있다. 또한 $I(0)$가 아닌 시계열은 확률적 추세(stochastic trends)를 갖는다고 표현하기도 한다.

한편, 확정적 추세만을 갖는 시계열의 경우에는 그의 평균이나 분산이 시간에 따라 변한다는 차원에서는 역시 불안정적이라고 할 수 있지만, 확률적 추세가 존재하지 않으므로 차분과정을 거치지 않고 $I(0)$변수로 전환이 가능하다는 점에서 적분된 시계열과 구분된다.[1)]

이제 공적분(cointegration)의 의의와 그 개념에 대해 살펴보자. 대부분의 경제적시계열은 불안정한 것으로 이해되고 있으며, 이는 주로 일률적으로 상승 또는 하강하는 추세와 확률적 추세 등을 갖는 데 기인한다. 이와 같은 추세를 갖는 변수 간에 통상적인 회귀분석을 실시할 경우 실제로는 상관관계가 전혀 없는 변수 간에서도 외견상으로는 의미 있는 인과관계가 있는 것처럼 보이는 허구적 회귀현상이 발생할 수 있음은 전술한 바와 같다. 그리고 이러한 사실은 대체적으로 표본수가 증가함에 따라 R^2값이나 t값이 증가하나 일반적으로 d값은 작아지는 현상으로 나타나는데, 낮은 d값은 오차항이 정의 자기상관적 현상을 갖고 있음을 의미하며, 이로 인한 오차항의 불안정성이 바로 허구적으로 높은 적합도(R^2, t)를 유발하는 것이라는 사실도 지적한 바 있다.

따라서 우리는 시계열 Y_t가 단위근을 가질 경우 Y_t에 대한 회귀분석은 의미를 상실할 수 있으며, 따라서 1차 차분을 통해 안정적 과정, ΔY_t를 도출한 다음 이를 이용하여 분석하면 허구적 회귀를 피할 수 있게 된다. 이 때의 회귀계수는 통상적인 분포를 따른다고 볼 수 있다. 물론 Y_t 증가추세를 갖되 단위근을 갖지는 않는 경우($|\rho|<1$)에는 단순히 추세제거법에 의해 안정적 과정으로 전환이 가능하며, 이 경우에는 Y_t에 대한 회귀방정식에 확정적 추세를 나타내는 항을 포함시킨 다음 전통적인 회귀분석을 수행함으로써 대응하게 된다.

---

1) 여기서 다시 한번 $I(0)$와 $I(1)$의 성격을 대비시켜 정리하면 다음과 같다. 우선 $I(0)$의 경우는 ① 그 분산값이 시간과는 무관하고 또 일정한 범위 내에 한정되어 있으며, ② 확률적 충격의 영향은 일시적으로 끝나며, ③ 그 변수의 평균치(또는 결정적 추세치)를 중심으로 변동하며, ④ 시차가 증가함에 따라 acf는 급격히 감소하게 된다. 한편, $I(1)$의 경우는 ① 분산값이 시간에 따라 커지며($Var(Y_t)=t\sigma_\epsilon^2$), ② 일시적 충격의 영향이 영구적으로 지속되며, ③ 따라서 변화의 폭이 급격히 커지며, ④ 시차가 증가해도 acf의 값이 별로 감소하지 않는다(acf가 모든 시차에서 1에 가까움). 따라서 $I(0)$의 경우 단기적 충격으로 결정적 추세치를 벗어나더라도 다시 추세치로 돌아오는 경향이 있는 반면, $I(1)$은 추세치로 회귀하는 대신 나름대로 확률적 추세를 따르게 되는 특성을 갖게 되는 것이다.

그런데 정작 문제는 Y_t가 단위근을 갖고 있는 것으로 판정이 될 경우 비록 차분을 통해 안정적 과정으로 전환된 ΔY_t를 가지고 분석할 수는 있다. 하지만 이 때에는 장기적인 변화 내용에 관한 정보는 전부 유실되어 버린다는 문제가 있음은 전술한 바와 같다. 더구나 많은 연구 결과 상당한 거시경제변수들이 단위근을 갖는다고 분석되고 있어 계량분석의 어려움을 증폭시켜 왔다. 바로 이러한 상황에 대응하여 문제를 회피할 수 있는 경우가 있는데 바로 공적분 관계가 존재할 때라 할 수 있다.

두 변수가 모두 확률보행을 따르더라도 이들 변수의 1차(결합)함수(linear combination)는 안정적이 될 수 있는 경우가 있다. 즉, Y_t와 X_t가 모두 확률보행이라도 '$Z_t = Y_t - \beta X_t$'는 안정적이 될 수 있다. 예컨대 Y_t와 X_t가 모두 $I(1)$이면 두 변수의 선형결합함수인 $Z_t = Y_t - \beta X_t$도 $I(1)$이 될 것이다.

그러나 Z_t가 $I(0)$가 될 수 있는 β가 존재할 수도 있는데, 이 때 우리는 Y와 X가 공적분화되었다고 하고 β를 공적분모수(cointegrating parameter)라 부른다. 이 때 β에 대한 추정치는 X를 Y에 대하여 OLS를 실시하여 얻을 수 있다. X와 Y가 공직분화되지 못하는 확률보행의 경우와는 달리 여기서는 OLS가 β에 대해 일단 의미 있는 추정치를 제공해 줄 수 있다. 그리고 이 때 얻어지는 회귀오차, 즉 잔차항을 이용하여 Y와 X가 실제로 공적분화되었는지의 여부도 판정할 수 있다.

그런데 공적분이론은 단지 선형회귀분석의 존재가치 여부를 검정하는 데 그치는 것이 아니다. 두 변수가 공적분화되는지를 검정하는 것은 결국 두 변수 간에 설정된 이론적 함수관계를 검정하는 효과를 갖는다. 예컨대 소비와 소득이 확률보행과 같이 행동하더라도 두 변수의 선형결합이 안정적이 된다면 두 변수가 장기간에 걸쳐 일정한 관계를 유지하며 함께 변동할 것으로 기대할 수 있는 것이다.

일반적으로 이상과 같은 의의를 갖는 공적분 모형을 보다 구체적으로 정리해 보면 다음과 같다. 두 변수 Y_t와 X_t가 각각 $I(1)$변수라고 할 때, 이의 선형결합인 $Y_t - \beta X_t$도 일반적으로 $I(1)$변수라고 기대할 수 있다. 만약 이것이 $I(1)$변수가 아니라 $I(0)$로 나타내진다면 우리는 두 변수 Y_t와 X_t가 서로 공적분 관계에 있다고 말한다 일반적으로 규정하자면, 변수들 Y_t와 X_t가 각각 $I(d)$와 $I(b)$일 때, 이의 선형결합 $Y_t - \beta X_t$이 $I(d-b)$, $d \geq b \geq 0$이라면 Y_t와

X_t는 (d, b) 차수로 공적분 관계에 있다고 하며, 이 때 Y_t, $X_t \sim CI(d, b)$라고 표기한다.[1] 이 때 벡터 $(1, -\beta)$를 공적분 벡터(cointegrating vector)라 하며, 두 변수 간에는 장기적 균형관계가 성립된다고 설명된다. 이 경우 공적분 벡터는 장기적 균형을 나타내는 모수이며, $Y_t - \beta X_t$는 단기간에 장기적 균형으로부터 벗어나는 불균형오차(disequilibrium error)라고 부른다. 또한 공적분 벡터의 계수 β는 장기승수(total multiplier)와 같은 개념을 갖는 것으로 해석된다. 공적분 관계는 다음에서 살펴보듯이 불안정적 시계열의 회귀분석방법을 강구하는 데 매우 중요한 위치를 차지한다.

여하튼 만약 $Z_t = Y_t - \beta X_t$가 $I(0)$이 되면 변화가 유발되더라도 일정한 평균치를 중심으로 움직일 것이고, 또 평균으로 복귀하는 특성이 있어(장기적인) 균형관계로부터 멀어지지 않을 것이다. 결국 공적분이란 개별적으로는 불안정적인 변수들의 선형결합이 안정적인 상태라 할 수 있다. 이러한 공적분 개념은 첫째, 불안정적 변수를 차분하지 않고도 회귀분석을 적용할 수 있는 논리적 근거를 제공하였고(따라서 수준변수 간의 회귀분석이 꼭 필요한 경우에는 공적분 관계검정이 필수적으로 요구됨. 공적분 관계의 존재가 OLS 추정량에 일관성을 보장하기 때문이다), 둘째 변수들의 수준변수값들 간에 존재하는 안정적인 장기적 균형관계와 이를 중심으로 변동하는 단기적 변동(불균형오차)을 동시에 고려할 수 있는 동태적 분석체계를 발전시키는 데 큰 기여를 한 것이다.

2.3 불안정적 시계열의 회귀분석

앞에서 잠시 논의한 바와 같이 확률적 추세를 갖는 불안정적 시계열의 회귀분석을 위하여, 그것이 허구적 회귀의 가능성을 내포한다고 하여 단순히 차분을 통하여 안정성을 회복시킨 변환된 시계열, 즉 $I(0)$변수로써만 회귀분석을 하는 방법은 하나의 방편은 될 수 있으나, 가장 바람직한 대안은 될 수 없다.

또 경우에 따라서는 $I(0)$변수, $I(1)$ 변수 또는 $I(2)$변수들이 혼재된 상태의 회귀분석이 있을 수 있는데, 이 경우에 $I(0)$변수를 제외한 모든 변수를 차분하여 $I(0)$변수를 만들어서 회귀분석을 해야 한다면 모형의 설정 상에 상당한 제약이 따르고 추정 결과의 해석에도 무리가 있을 수 있다. 실제로 어떤 경우에는 이렇게 다른 차수를 갖는 적분변수들의 회귀분석도 의미가 있다고 한다. 그렇다면 단위근을 갖는 회귀분석이 의미가 있는 경우가 있다면 그 의미란 무엇인가,

1) R. F. Engle and C. W. J. Granger, "Cointegration and Error Correction : Representation, Estimation and Testing," Econometrica 55(1987), pp. 251~276.

또 이 경우에 어떤 방법으로 회귀모형을 추정해야 할 것인가?[1] 여기서는 이들에 대한 답을 찾기 위하여, 불안정적 시계열의 회귀분석에 대하여 1980년대 후반 이후 진행된 주요 연구 중 본서의 수준에서 벗어나지 않는 정도에서 개괄적인 내용을 살펴보기로 한다.

(1) $I(1)$변수의 회귀분석

우선 다음의 모형을 고려해 보자.

$$Y_t = \alpha + \beta X_t + \epsilon_t \tag{16.5}$$

여기서 Y_t와 X_t가 각각 $I(1)$변수라면, 윗 식에 대한 통상의 최소자승법에 의한 추정은 이들 변수가 공적분 관계에 있지 않는 한 허구적 회귀현상의 문제점을 내포하고 있다. 이제 통상의 최소자승법에 의한 추정 결과, 높은 R^2값과 유의성을 시현하는 t통계량을 얻더라도 이들 결과를 그대로 믿고자 하는 독자는 없을 것이다. 이와 같은 $I(1)$변수의 회귀분석이 의미하는 바를 약간 더 구체적으로 살펴보기로 하자.

첫째, 주정된 회귀계수의 분포는 통상 비표순적 분포(non-standard distributions)를 갖게 된다. 여기서 비표준적이라는 의미는 표본크기가 증가하더라도 정규분포에 접근하지 못한다는 것을 나타내며, 따라서 정규분포로부터 도출되는 t분포, F분포 또는, χ^2분포 등을 사용할 수 없음을 의의한다. 대신에 회귀계수의 분포는 위너계수(Wiener process) 또는 브라우니안 운동(BM; Brownian motion)으로써 표현되는 연속성을 갖는 분포를 따르게 되는데, 이들 분포는 모의실험에 의하여 산출되어야 하는 문제점을 안고 있다. 비표준적 분포의 문제는 공적분 상태에서도 없어지지 않는다.

둘째, 추정된 회귀계수는 불편추정량(unbiased estimator)의 성격을 갖지 못하며, 이 문제는 표본이 증가하더라도 없어지지 않는다. 편의(bias)는 소표본에서 더욱 심각하며, 이의 원인은 대체로 모형설정(model specification) 상의 문제로부터 연유한다고 믿어지고 있다.

---

1) 단위근을 갖는 시계열에 대한 전통적인 회귀분석이론이 갖는 문제점은 앞서 논의한 바와 같다. 그런데 지금까지 제기된 문제 이외에도 전통적 회귀이론에서 논의된 제 유형의 모형들과 그의 추정방법에 있어서도 많은 문제가 추가적으로 제기될 수 있을 것이다. 그러나 이러한 문제에 대한 해답은 아직도 연구단계에 있으며 지금까지 연구된 내용도 학자들 간에 이견이 많은 상태이다.

(2) 혼재된 적분계열의 회귀분석

앞서 잠시 언급한 바와 같이, 때때로 $I(1)$변수와 $I(0)$변수가 혼재된 상태에서의 회귀분석이 가능한 경우가 있는데, 여기서는 종속변수가 $I(0)$인 경우를 중심으로 살펴보고자 한다.

일반적으로 종속변수의 차수가 독립변수의 차수와 같아야 회귀모형이 성립된다. 이 조건을 만족시키지 않는 경우를 예를 들자면 표 16-1의 (사례 3) 앞의 (16.5)식에서 만약 $Y_t \sim I(0)$이고 $X_t \sim I(1)$이라면 이 모형은 넌센스가 된다. 왜냐하면 $I(1)$ 변수의 변동은 $I(0)$ 변수의 변동을 상쇄하게 마련인데, $I(0)$ 변수가 $I(1)$의 함수로 표현될 수 없기 때문이다. 한편, 만약 $Y_t = I(1)$이라면 X_t의 차수가 0 또는 1인 경우는 회귀계수가 모두 비표준적 분포를 따르게 된다.[1)]

이상의 논의는 X_t가 2개 이상의 설명변수로 정의될 때(단, 그들 간의 공적분이 존재하지 않을 때)도 성립한다.

이제 두 개 이상의 독립변수를 고려하기 위해 다음의 식을 상정해 본다.

$$Y_t = \alpha + \beta X_t + \gamma Z_t + \epsilon_t \tag{16.6}$$

이 때는 앞의 표 16-1의 (사례 5)에서 보듯이 $Y_t \sim I(0)$이고, 두 개 이상의 독립변수가 존재하며, 독립변수들 간에 서로 공적분 관계가 성립할 경우(즉, X_t와 Z_t 각각은 $I(1)$변수이나 이들의 선형결합이 $I(0)$일 경우), 외견상 종속변수의 차수가 독립변수의 차수보다 낮아서 넌센스의 문제가 발생할 것으로 보일지 모르나 실제적으로는 독립변수의 선형결합과 종속변수가 모두 $I(0)$가 되므로 회귀계수는 표준적 분포를 따르게 된다는 것이다.[2)] 만약 $Y_t \sim I(1)$이라면 차분한 변수 ΔY_t는 $I(0)$이므로 이를 종속변수로 사용하면 된다. 이 사실은 실제의 회귀분석에 유용한 수단을 제공해 줄 수 있다. 즉, 회귀계수가 비표준분포를 따르는 것을 막기 위한 하나의 방편으로서 여러 개의 과거시차변수를 독립변수에

1) 일반적으로 공적분이 성립되기 위한 선행조건으로 관련된 변수의 적분차수가 동일해야 한다는 것을 들 수 있다. 그런데 만약 $Y_t \sim I(1)$, $X_t \sim I(0)$라면 $Z_t = Y_t - \beta X_t$는 $I(1)$이 된다. $I(0) + I(1) = I(1)$이 되기 때문이다. 이 때 물론 $\beta = 0$이 되어야 한다.

2) P. C. B Philips and B. E. HaI1Sen, "Statistical Infere1Ice in Instrumental Variables Regression with I(1) Process," *Review of Economic Studies* 57(l990), pp. 99~I25., J. Y. Park, "Canonical Cointegrating Regression," *Econometrica* 60(l992), pp. 119~143. 이 논문들도 이와 비슷한 방법을 취하는데 이들은 $I(1)$변수를 적절한 변환에 의해 $I(0)$변수로 만들어서 회귀분석을 실시한다. 전자는 FM(fully modified) 추정법, 후자의 논문은 CCR 추정법으로 각각 불리운다.

표 16-1 혼재된 적분의 회귀분석

구 분	내 용	결 과
사례 1	$Y_t \sim I(1)$, $X_t \sim I(1)$	비표준적 분포(허구적 회귀 또는 공적분)
사례 2	$Y_t \sim I(1)$, $X_t \sim I(0)$	오차항 $\epsilon_t \sim I(1)$이어야 함, 사례 1과 동일
사례 3	$Y_t \sim I(0)$, $X_t \sim I(1)$	넌센스
사례 4	$Y_t \sim I(0)$, $X_t \sim I(0)$	표준적 분포
사례 5	$Y_t \sim I(0)$, $X_t Z_t \sim CI(1, 1)$	표준적 분포

추가시키면[1] 이들 간의 공적분이 성립하므로 종속변수를 $I(0)$로 전환시켜 사용하는 한, 회귀계수는 표준분포를 따르게 되기 때문이다.

한편, 독립변수 내에 $I(1)$과 $I(0)$시계열이 혼재되어 있을 때에도 종속변수가 $I(1)$시계열인 이상 문제가 되지 않는다. 다만 이 경우는 표 9-1의 (사례 1)과 (사례 2)가 혼합되어 있는 것으로 해석되며, 회귀계수가 비표준적 분포를 갖는다는 점에는 다를 바가 없다.

(3) 공적분과 오차수정모형

일단 앞서 살펴 본 판정방식에 따라 “특정 경제변수 사이에 공적분이 존재하면, 예컨대 $(X_t, Y_t) \sim CI(1, 1)$이라면, 이를 대변(represent)하는 이른바 오차수정모형이 존재한다는 대표정리(representation theorem)가 Engle과 Granger에 의해 개발되었는데 오차수정모형(ECM; error correction model)의 일반형식은 다음과 같다.

$$\Delta Y_t = \alpha + \gamma \widehat{\epsilon_{t-1}} + \sum^{n}(\delta_i \Delta X_{t-i}) + \sum^{n}(\theta_i \Delta Y_{t-i}) + v_t \tag{16.7}$$

(단, 시차의 길이는 v_t가 백색오차가 될 때까지 연장)

윗식에서 $\hat{\epsilon}_{t-1}$은 공적분이 존재할 때 전기의 X_{t-1}과 Y_{t-1} 사이의 불균형 오차를 반영한 오차수정항($\hat{\epsilon}_{t-1} = Y_{t-1} - \beta X_{t-1}$)이다. 따라서 $\hat{\epsilon}_{t-1} \sim I(0)$이다. 그러므로 (16.7)는 Y_t의 변화가 X_t변화 뿐만 아니라 두 변수 간의 불균형의 정도에 의해서도 영향을 받는 것으로 표현하고 있다. 이러한 ECM은 장기균형의 특징을 파악함과 동시에 단기적 조정과정을 동태적인 측면에서 파악할 수 있게 해 주고 있다. 결국 장기적 균형관계는 공적분 회귀식에서 추정될 수 있는 반면

1) 만약 $X_t = I(1)$이라면 X_{t-i}와 X_{t-j}(단, $i \neq j$)는 서로 공적분 관계에 있게 된다. 따라서 예를 들어서 X_{t-1}과 X_{t-2}를 독립변수에 추가시킨다.

에 단기 동태적 조정과정은 ECM에서 고려될 수 있는 것이라 할 수 있다.

그런데 이러한 ECM 모형에는 차분변수와 수준변수가 동시에 포함되어 있어 설정오류(misspecification)의 발생가능성이 존재한다. 그러나 이러한 문제점은 공적분 검정의 도입으로 해결해 줄 수 있다. 즉, 오차수정항으로 정의된 수준변수와 공적분 관계가 성립되면 추정식 상의 모든 항목은 동일한 적분의 차수를 갖게 되므로(즉, $\hat{\epsilon}_t \sim I(0)$로써 공적분이 성립되면, ΔX_t, ΔY_t, 그리고 $\hat{\epsilon}_t = Y_t - \beta X_t$ 변수가 모두 $I(0)$가 됨) 하등 문제가 될 것이 없다. 바로 이 오차수정항의 존재가 차분변수만으로 구성된 회귀모형에서 발생하는 정보유실문제를 아울러 해소시켜 주는 역할을 담당하고 있는 것이다. 그리고 이 오차수정항의 계수(r)는 장기균형에서 이탈한 불균형오차($\hat{\epsilon}_{t-1}$)가 Y_t에 얼마나 빨리 균형상태에 복귀하게 되는가를 나타내는 속도조정계수(speed adjustment coefficient)의 의미를 아울러 함께 지니고 있다.

이상과 같은 공적분 개념과 ECM 개념에 근거하여 Engle과 Granger는 이른바 동태모형의 2단계 추정절차(two-step estimation procedure for dynamic modelling)를 제시하였다. 즉,

1) Y_t와 X_t가 $I(1)$일 때 공적분 회귀방정식

$$Y = \alpha + \beta X_t + \epsilon_t$$

를 일단 OLS로 추정한 다음 공적분 잔차 $\hat{\epsilon}_t$가 $I(0)$가 되는지 확인한다. 물론 이러한 공적분 검정은 변수 간의 장기적 관계의 존재를 확인하는 효과를 갖는 것이다.

2) 공적분 관계가 확인되면 공적분 잔차 $\hat{\epsilon}_t$를 포함하는 ECM 방정식에 포함된 모든 변수들은 $I(0)$가 되므로 통상적인 추정방식을 적용할 수 있으며, 이러한 2단계 추정에 의해 동태적 관계를 확인할 수 있다.[1)]

이상과 같은 ECM 모형은 대부분의 계량구조모형이 장기적 균형관계를 중시하는 정태모형의 성격을 갖고 있는 데 반해, 경제이론에 입각한 장기적 균형

1) 그런데 여기서 ECM 추정식에서 불균형 오차항($\hat{\epsilon}_{t-1}$)의 계수가 통계적으로 유의한지 여부를 검정함으로써 공적분 관계의 존재 여부를 추가적으로 확인할 수 있다는 점을 지적해 두고 싶다. 물론 비단 이 항의 계수에 대한 유의성이 기각(즉, $H_0 : \gamma = 0$을 채택)되더라도 이는 공적분 관계의 부재를 의미하는 것이 아니라 공적분 관계는 없다 하더라도 불균형 오차가 단기적 동태조정에 미치는 영향이 미미하다는 것을 의미한다는 사실에 유념할 필요가 있다.

관계에 불균형 상태를 나타내는 항목을 포함시켜 단기적 동태구조를 접목시켰다는 데에서 큰 의의를 찾을 수 있다. 즉, ECM 모형은 지금까지 단기적 불균형 동태모형으로 제시된 부분조정모형(partial adjustment model)이나 적응적 기대모형(adaptive expectations model)의 연장선 상에서 이해할 수도 있으며, 단기 동태적 관계를 명시적으로 고려하면서 변수의 장기적 균형으로의 점진적인 조정과정을 보여 줄 수 있다는 장점이 있다.

한편, ECM 모형은 ARIMA 모형과는 달리 수준변수(level variable)와 차분변수를 동시에 회귀방정식 내에 포함하여 분석한다는 데에서 특징을 발견할 수도 있다. 종속변수(통상적으로 안정적인 1차 차분변수)는 불안정한 수준변수에 의해 장기균형관계가 설명되고 차분변수들에 의해 단기적 조정과정이 설명되는 것이다.

물론 ECM에 포함된 수준변수들이 독자적으로는 불안정적이지만 이들의 선형결합은 안정적이라는 공적분 관계가 유지된다는 것을 전제로 하고 있어 허구적 회귀문제는 발생하지 않는다. 결국 ECM 모형은, 일반적으로 수준변수들이 공적분됨에도 불구하고 차분된 자료만을 이용하여 자기회귀모형을 추정하게 되면 설정오류(specification error)가 발생하며, 반면에 수준변수만을 사용하게 되면 자료 상의 중요한 제약을 누락시키는 결과를 초래한다는 사실을 고려하여 작성된 것이며 따라서 시차가 붙은 오차수정항에 의해 제약을 받는다.

지금까지 논의한 단위근과 공적분 검정 및 오차수정모형에 관한 분석내용을 활용하는 구체적 절차는 다음과 같이 요약할 수 있다.

1) 사용할 시계열 자료를 변수별로 단위근 검정을 실시하고 그 적분의 차수를 확인한다.

2) 경제이론에 입각하여 설정한 분석모형의 공적분 회귀방정식을 OLS로 추정한다. 단, 이 때 각 변수는 동일한 차수로 적분되어야 한다.

3) 공적분 회귀방정식에 OLS를 적용하여 얻어진 공적분 잔차를 이용하여 공적분의 존재 여부를 확인한다.

4) 일단 공적분이 존재하는 것으로 판정되면 공적분 회귀식의 잔차항에 1기 시차를 둔 이른바 오차수정항을 이용하여 오차수정모형(ECM)을 구성하고 이를추정한다.

(4) 공적분 모형의 예

공적분 모형에 대해 보다 자세히 알아보기 위하여 비내구재소비(non-durable

consumption)와 소득(income) 간에 다음과 같은 균형(equilibrium)관계가 성립되는 상황을 고려해 보자.

$$C_t = bY_t \tag{16.8}$$

만일 소비가 매순간마다 항상(장기) 균형경로를 따라 이루어진다면 다음 관계식이 성립된다.

$$C_t - bY_t = 0 \tag{16.9}$$

그러나 현실적으로 항상 소비가 균형경로를 따라 발생할 수는 없으며, 단기적인 이탈현상이 발생할 것이다.

$$C_t - bY_t = \epsilon_t \tag{16.10}$$

따라서 (16.9)의 현실적 표현은 불균형오차(disequilibrium errors)를 포함하는 (16.10)의 형태로 전환되야 할 것이다. 그리고 이 때 C_t와 Y_t 간의 균형관계로부터의 이탈, 즉 불균형상태를 조직적으로 조정시키는 과정의 하나로서 이른바 오차수정 메커니즘(error correction mechanism)이었다. 이에 관해서는 본 장 후반에서 언급할 것이다.

여하튼 위의 모형에서 C와 Y 간에 균형관계가 성립된다는 것은 바로 두 시계열이 공적분되었다는 것을 의미한다. 물론 역의 논리도 성립된다. 즉, 두 시계열이 공적분되면 두 변수 사이에 균형관계가 존재한다. 한편, 공적분된 변수들 간의 관계는 오차수정모형에 의해 표현될 수 있으며, 이 경우 또한 역의 논리가 성립된다.[1)]

한편, (16.9)과 같은 장기균형관계가 성립될 때 C와 Y간은 공적분된다는 것은 구체적으로 다음 조건이 충족됨을 의미한다. 즉, C와 Y가 공적분되려면,

1) C와 Y는 같은 차수(d)만큼 적분되어야 하고,

2) 두 시계열의 선형결합이 존재되어 개별시계열의 차수보다는 낮은 차수만큼 공적분되어야 한다.

이 두 조건이 시사하는 바는 자명하다. 우선 두 변수가 같은 차수로 적분되

---

1) 이를 흔히 Granger Representation Theorem(C. W. J. Granger, "Co-integreted Variables and Error Correction Models," *UCSD discussion Paper*, 1983)이라 함. 이는 후에 R. F. Engle and C. W. J. Granger, "Co-integrated and Error Correction : Representation, Estimation, and Testing," *Econometrica*, vol. 55, 1987, pp. 251~276에 재정리됨.

지 않는다면 (16.8)와 같은 관계식은 의미를 상실할 것이 당연하다. 그리고 현실적인 관계식 (16.10)에서 좌변은 두 변수 간의 선형결합으로써 ϵ_t에 의해 대변되고 있는데 $\epsilon_t \sim I(0)$는 C나 Y보다 차수가 낮은, 즉 "O"의 차수를 갖고 있다. 따라서 두 번째 조건이 충족되는 상황임을 알 수 있다.[1)]

한편, 안정성에 관한 검정 결과 C_t와 Y_t는 $I(1)$이고 $(C_t - bY_t)$는 $I(0)$인 것으로 확인되었다면, 다음과 같은 오차수정표현방식은 다음과 같다.

$$\Delta C_t = \alpha \Delta Y_t + \lambda(C - bY)_{t-1} + v_t \tag{16.11}$$

모든 항이 $I(0)$이므로 단기적 조정내용(short-run adjustment)을 추정할 수 있는 중요한 방정식이 된다.[2)] 따라서 (16.8)과 (16.11)을 동시에 활용할 경우 전자는 두 변수 간의 장기적 균형관계에 관한 계수를 추정 가능케 해 줄 것이고, 후자는 동태적 조정계수(dynamic adjustment coefficient; A)의 크기를 추정할 수 있게 할 것이다.

오차수정모형이 갖는 핵심적 특성과 장점을 확인하기 위하여 (16.11)을 다소 변형시킨 다음 식을 고려해 보자.

$$\Delta Y_t = \alpha_0 + \alpha_1 \Delta X_t + \lambda(Y_{t-1} - \beta X_{t-1}) + v_t \tag{16.12}$$

$$\Delta Y_t = \alpha_0 + \alpha_1 \Delta X_t + \lambda(Y_{t-1} - X_{t-1}) + v_t \quad (\because \beta = 1)$$

편의상 공적분 모수를 $\beta = 1$로 가정한다. (16.12)은 모든 항이 $I(0)$이므로 전통적 회귀분석을 적용하는 데 아무런 하자가 없다.

이 때 만일 $\Delta Y_t = \Delta X_t = 0$이 되면,

---

1) 여기서 두 변수 간에 균형관계가 성립된다는 것을 보다 이해하기 쉽게 설명해 본다면 다음과 같다. 만약 어느 남자 무용수가 확률보행을 하면서 춤을 춘다고 하자. 따라서 $I(1)$과정을 따른다. 이 때 다른 여자 무용수가 나와서 같이 춤을 추기 시작하는데 그 여자 무용수도 역시 확률보행을 하면서 춤을 춘다. 그러나 이들 간에는 서로 무언의 대화로서 하나의 작품을 만들어 가는 암묵적인 동의가 이루어져 있고, 따라서 이들간의 춤추는 거리 차이는 확률보행을 따르지 않게 된다면 $I(0)$과정을 밟는 것으로 볼 수 있다. 즉, 두 무용수 간에는 균형이 존재하는 셈이며 바로 이것이 공적분이 의미하는 바이다.

2) 어떤 공적분된 시계열도 (16.12)에서와 같은 오차수정표현식을 가진다는 것은 Engle & Granger(I987)에 의해 입증됨.

$$Y_t - X_t = -\frac{\alpha_0}{\lambda} \tag{16.13}$$

와 같은 변화가 없는 정상상태("no change" steady state) 균형이 도출된다. 따라서 와 X_t와 Y_t가 시차로 측정된 변수라면 두 변수 간에는 장기적으로 일정 비율(long-run proportionality)이 성립되는 것으로 이해할 수 있는 상황이 발생한다.

한편, $\Delta Y_t = \Delta X_t = g$ 경우에는 다음과 같은 정상상태성장경로(steady state growth path)가 도출된다.

$$Y_t - X_t = -\frac{[\alpha_0 - g(1-\alpha_1)]}{\lambda} \tag{16.14}$$

그리고 따름정리(corollery)로서 이상과 같은 논리의 역도 성립함이 입증되었는데 이를 대표정리(representation theorem)라 함은 전술한 바와 같다. 즉, X와 Y가 모두 $I(1)$이고 오차수정표현식을 갖는다면 이들 변수들은 필연적으로 공적분된다고 할 수 있다.[1)]

공적분 모형의 추정방법으로서 E-G(Engle and Granger)의 2단계 추정법(two-step estimator)과 Johansen의 최우법(MLE)이 있다.[2)] 여기서는 앞서 언급한 바 있는 E-G의 2단계 추정법에 한하여 부연설명해 두고자 한다.

1) 1단계 : 장기적 균형관계를 나타내는 공적분 회귀방정식을 최소자승법으로 추정한다(이 때 절편을 나타내는 상수항을 포함시켜야 함). 추정결과 도출된 회귀오차(residuals)를 이용하여 공적분 검정을 시행하는데, 만일 공적분이 확인된다면 OLS로 추정한 장기적 균형관계를 나타내는 공적분 회귀방정식의 계수에 대한 추정치 $\hat{\beta}_{OLS}$는 일관적 추정량이 된다.

이 단계에서 적용한 OLS가 일관적 추정량을 보장할 수 있는 사유는 다음과 같다. 원래의 변수들이 $I(1)$이라면 이들은 $t \to \infty$에 따라 무한분산(infinite variance)을 갖는다. 반면, 이들 변수의 선형결합 중 공적분 결합(cointegration combination)은 $I(0)$가 되면 점근적 유한분산(asymptotically finite variance)을 갖는다. OLS는 잔차항의 분산에 준하는 SSE를 최소화시키는 추정량을 찾아내는 것이며, 이는 공적분 결합 경우에만 가능해짐을 알 수 있고 따라서 일관적 추정량

1) 자세한 내용은 Engle and Granger(1987), *op. cit.*을 참조.

2) Engle & Granger(1987), ibid. 그리고 S. Johansen, "Statistical Analysis of Cointegration Vectors," *Journal of Economic Dynamics and Control*, vol. 12, 1988, pp. 231~254를 참조.

이 창출되는 것이다.

2) 2단계 : 공적분 결합이 존재한다는 조건 하에서 일단 1단계 과정에서 $\hat{b}_{OLS}$가 추정되면 이를 (16.11)의 오차수정항(error-correction term), $(C_t - bY_t)$ 속의 b에 대입한다. 그리고 나서 (16.11)을 OLS로 추정하면 a와 λ에 관한 일관적 추정량을 구할 수 있다. 물론 OLS를 b에 대입하는 대신 1단계 OLS 추정에서 얻은 잔차항(estimated residuals)으로 오차수정항을 대체시킨 후 OLS를 적용해도 결과는 동일하다. '$C_t - \hat{b}Y_t = e_t$' 또는 '$C_t = \hat{b}Y_t + e_t$'이기 때문이다.

2.4 단위근 검정(unit root tests)

시계열이 단위근을 갖는다는 의미는 앞에서 여러 번 설명한 바와 같이 시계열이 확률적 추세를 내포하여 차분에 의해서 시계열의 안정성을 회복시켜야 하는 것을 뜻한다. 예를 들어, $I(1)$시계열은 1 차차분으로써 안정성을 갖게 되므로 단위근을 포함하고 있다. 단위근(unit root)의 존재 여부는 단어 자체가 의미하는 대로 특성방정식(characteristic equation)의 근이 단위(unit), 즉 1이라는 값을 지니는가에 달려 있다. 여기서 특성방정식은 시계열을 ARMA 모형으로 식별할 때 자기회귀(AR) 부분을 확률적 차분방정식(stochastic difference equation)으로 표시하여 설정된다. 예를 들어서, 확률보행과정 $Y_t = Y_{t-1} + \epsilon_t$의 특성방정식은 $(1-L)Y_t = \epsilon_t$(단, L은 후방전위연산자)로부터 $1-\lambda=0$으로 표시되며, 이 때 근은 $\lambda=1$이란 값을 가지므로 단위근을 갖는다고 이야기한다.

그러나 주어진 시계열에 있어서 특성방정식은 선험적으로 알 수 없으므로 일정한 검정방법이 요구되며, 이것이 바로 단위근 검정방법이다.

(1) DF 검정법

단위근 검정은 일반회귀분석에서의 검정과 다른 특성을 갖는다. 이는 검정할 회귀계수의 분포가 앞에서 살펴 본 바와 같이 비표준적인 분포를 갖게 되기 때문이다.[1] 단위근 검정의 특성을 좀더 구체적으로 설명하기 위하여 다음의 식을 고려해 본다.

$$Y_t = \rho Y_{t-1} + \epsilon_t \tag{16.15}$$

1) 여기서 ρ의 분포가 왜 비표준적인가는 앞에서 살펴 본 대로 공적분 관계에 있는 시계열의 회귀분석이기 때문이라고 설명할 수 있다. 즉, $\rho=1$일 때 $Y_t \sim I(1)$이며, 이 때 Y_t와 Y_{t-1}이 언제나 공적분 관계에 있기 때문이라고 할 수 있다.

여기서의 ρ 값은 아직 알려져 있지 않으나, ρ의 값에 따라 Y_t의 성격이 결정된다. 만약 $|\rho|<1$이면, 이는 통상의 AR(1) 모형으로 간주되어 회귀계수 $\hat{\rho}$의 분포는 통상의 t-분포를 따르게 된다.[1)]

만약 $\rho=1$이면, 즉 단위근이 존재할 경우에는 $\Delta Y_t=\epsilon_t$로 표시되어 시계열은 1차 차분하여야 비로소 안정적이 됨은 전술한 바와 같으며 위너과정(Wiener process)으로 표현되는 비표준적 분포를 따른다. 이 비표준적 분포에 대한 임계치는 Fuller가 처음으로 모의시험과정(Monte Carlo simulation)을 통하여 통계표로 작성 제시하였다.[2)]

따라서 Dickey-Fuller(DF) 검정법은 일단 시계열 Y_t가 AR(1)의 과정으로 표현될 수 있다고 보고 Y_t와 Y_{t-1}의 회귀계수 ρ가 1과 같은지(단위근을 갖는지) 여부를 검정하는 방법이다.[3)] 그러나 절편과 선형추세의 가능성이 함께 존재하므로 Dicky-Fuller는 다음의 3가지 모형을 상정하고 상황에 따라 적절한 모형을 선정하여 검정할 것을 제안하였다.

$$\begin{cases} H_0: \rho=1 \\ H_A: |\rho|<1 \end{cases}$$

모형 Ⅰ : $Y_t=\rho Y_{t-1}+\epsilon_t$ (16.16)

모형 Ⅱ : $Y_t=\alpha+\rho Y_{t-1}+\epsilon_t$ (16.17)

모형 Ⅲ : $Y_t=\alpha+\beta T+\rho Y_{t-1}+\epsilon_t$ (16.18)

(단, $\epsilon_t \sim iid(0, \sigma_\epsilon^2)$, T : 선형추세변동을 나타내는 시간변수)

Dicky-Fuller는 위의 3가지 식에 의거하여 다음의 검정통계량, 비율(τ ratio)을 제시하였다.

---

1) 한편, 만약 $|\rho|>1$이라면, 1차 차분한 결과는 $Y_t-Y_{t-1}=\Delta Y_t=(\rho-1)Y_{t-1}+\epsilon_t$로써 표시되고, 우측 편의 첫째 항이 여전히 I(1)이므로 차분한 계열이 안정적이 될 수 없다. 이 때는 $I(2)$ 또는 2 이상 차수의 가능성이 있다고 할 수 있으며, 이 때 회귀계수 $\hat{\rho}$의 분포는 코시(Cauchy)분포를 따른다고 알려져 있다.

2) 자세한 것은 D. A. Dickey and W. F. Fuller, "Distribution of the Estimators for AR Time Series With a Unit Root," *Journal of American Statistical Association*, vol. 74(1979), pp. 427~431를 참조. 단, DF 통계표는 W. A. Fuller, *Introduction to Statistical Time Series*(N. Y. : Wiley, 1976), p. 373, Table 8.5.2에서 인용한 부록 G를 참조.

3) 한편, 단위근을 갖는 시계열은 차분에 의해 안정성이 회복된다고 하여 차분안정적(difference stationary)이라 말하는데, 이는 선형 추세·계절변동 등 확정적 추세를 제거함으로써 안정성이 회복되는 경우, 즉 추세안정적(trend stationary)인 경우와 구분된다는 사실에 다시 한번 유념하기 바란다.

$$\tau = \frac{\hat{\rho}}{s_{\hat{\rho}}}$$

(단, $s_{\hat{\rho}}$는 $\hat{\rho}$의 표준오차) (16.19)

위의 검정통계량은 3가지 모형에 대해 적용될 수 있으며, 귀무가설 하에서 이 분포 는 브라우니안 운동함수 또는 위너과정의 함수로 불리우는 비표준적 분포를 따른다는 것은 전술한 바와 같다. 즉, 회귀계수 $\hat{\rho}$의 분포는 1을 중심으로 한 정규분포를 따르지 않고, 그의 통계량 $\hat{\tau}$도 0을 중심으로 대칭이 아니라 부의 값으로 치우친 분포를 갖게 된다. Fuller(1976)와 Dickey-Fuller(1979)가 이들 분포를 이용하여 작성한 τ통계량의 임계치들은 부표 G에 정리되어 있다.

그런데 DF 검정은 일반적으로 검정상의 편의를 위해 위의 세 추정식 대신에 아래와 같은 식을 이용하여 수행된다.

$$\begin{aligned}
&\text{모형 I} : \Delta Y_t = \gamma Y_{t-1} + \epsilon_t \\
&\text{모형 II} : \Delta Y_t = \alpha + \gamma Y_{t-1} + \epsilon_t \qquad (16.20)\\
&\text{모형 III} : \Delta Y_t = \alpha + \beta T + \gamma Y_{t-1} + \epsilon_t
\end{aligned}$$

이 때 귀무가설은 $H_0 : \gamma = 0$이 되며($H_0 : \gamma = 1$의 경우 성립되는 가설임), 검정통계량은 역시 t검정과 비슷한 유형이지만 비표준적 분포를 따르는 τ비율이 될 것이다.

$$\tau = \frac{\hat{\gamma}}{s_{\hat{\gamma}}}$$

(단, $s_{\hat{\gamma}}$는 $\hat{\gamma}$의 표준오차임)

여기서 한 가지 주의할 점은 위의 식들 중에서 어느 것이 적절한지는 일단 세 번째 식에서 $H_0 : \beta = 0$에 대한 DF 검정을 거쳐 판정할 수 있다. 이 때 검정통계량은,

$$\tau = \frac{\hat{\beta}}{s_{\hat{\beta}}}$$

가 된다. 만일 Y_t에 추세선이 있는데도 불구하고 이를 무시하면 Y_t와 Y_{t-1}이 모두 장기적으로는 추세선에 비해 압도될 것이므로 결국 추세선을 추세선에다

회귀시키는 결과를 초래하고, 나아가서는 $H_0 : \rho = 1$ 또는 $H_0 : \gamma = 0$을 기각할 가능성이 희박하게 될 것인바 추세선의 존재 여부는 사전에 철저히 확인되어야 한다. 마찬가지 논리에 따라 상수항에 대한 유의성 검정($H_0 : \alpha = 0$)을 통하여 모형 I과 모형 II 중 어떤 것으로 단위근 검정을 수행하는 것이 적절한지를 사전에 검증할 수 있다. 이상과 같은 과정을 통해 선정될 3가지 모형에서의 DF 검정과정을 보다 구체적으로 살펴보기로 하자.

모형 I은 추세치나 절편항을 포함하지 않는 가장 단순한 형태로서 귀무가설이 채택되면 표류가 없는 확률보행(random walk with no drift)이라고 판정한다. 모형 II는 절편항을 포함하고 있는데, 귀무가설이 채택되면 표류를 갖는 확률보행(random walk with drift)이라고 판정한다. 그런데 이 모형에서는 표류(절편)의 존재 여부와 단위근을 함께 검정할 수 있다.

$$\begin{cases} H_0 : \rho = 1, \ \alpha = 0 \\ H_a : |\rho| < 1, \ \alpha \neq 0 \end{cases} \quad \text{또는} \quad \begin{cases} H_0 : \alpha = \gamma = 0 \\ H_a : \alpha \neq 0 \ \text{또는} \ \gamma \neq 0 \end{cases}$$

이를 위해서는 Dickey-Fuller(1979)의 $\phi(1)$ 통계량을 사용한다.[1)]

모형 III은 절편항과 확정적 추세치를 갖는 일반적인 모형으로서 귀무가설이 채택되면 표류와 선형추세를 갖는 확률보행(random walk with drift and trend)이라고 판정한다. 이 경우에도 표류와 추세의 존재 여부와 단위근을 동시에 검정할 수 있는데,

$$\begin{cases} H_0 : \rho = 1, \ \alpha = \beta = 0 \\ H_a : |\rho| < 1, \ \alpha \neq 0, \ \beta \neq 0 \end{cases} \quad \text{또는} \quad \begin{cases} H_0 : \gamma = \alpha = \beta = 0 \\ H_a : \gamma \neq 0, \ \alpha \neq 0, \ \beta \neq 0 \end{cases}$$

의 검정을 위해서는 Dickey-Fuller(1979)의 $\phi(2)$ 통계량을 사용하며 귀무가설이 채택될 때, 전자의 경우는 표류와 추세가 없는 확률보행으로 판정하게 된다.

한편, 모형 III에서 추세가 없이 표류하는 확률보행 여부를 검정할 수도 있

1) $\phi(1)$ 또는 $\phi(2)$와 $\phi(3)$ 통계량의 기본적인 발상은 제 4 장에서 소개한 바 있는 F검정통계량에 근거하여 창출된 것이다. 즉,

$$\phi(i) = \frac{(\text{SSE}_R - \text{SSE}_{UR})/q}{\text{SSE}_{UR}/(T-k)} = \frac{(R^2_{UR} - R^2_R)/q}{(1-R^2_{UR})/(T-k)}$$

(단, q는 제약된 모수의 수, T는 관측치 수, 그리고 k는 설명변수의 수를 나타냄)
자세한 것은 D. A. Dickey and W. A. Fuller, "Likelihood Ration Statistics for Autoregressive Time Series with a Unit Root," *Econometrica*, 49, pp. 1057~1072를 참조하고 이들이 작성한 통계표는 부표 H를 참조.

는데, 이 때 설정될 귀무가설은,

$$\begin{cases} H_0 : \rho = 1,\ \beta = 0 \\ H_a : |\rho| < 1,\ \beta \neq 0 \end{cases} \quad \text{또는} \quad \begin{cases} H_0 : \gamma = \beta = 0 \\ H_a : \gamma \neq 0,\ \text{또는}\ \beta \neq 0 \end{cases}$$

가 되며, 이 때 적용될 통계량은 $\phi(3)$가 된다(부표 J 참조).

이상에서 살펴 본 Dickey-Fuller 검정방법은 처음으로 개발된 단위근 검정 방법이라는 점에 의의를 부여할 수 있으나 오차항이 자기상관을 내포하지 않는다는 비현실적인 가정에 입각하고 있다는 문제점을 안고 있다. 일반적으로 이 가정은 만족되지 못하는 것으로 기대되기 때문에, 자기상관이 존재하는 일반적인 상황을 가정한 단위근 검정방법이 필요하게 된다. 이러한 요구에 부응하여 개발된 검정방안 중 대표적인 것으로 ADF 검정법과 Phillips-Perron 검정법 등이 있다. 그러나 DF 검정법은 자기상관을 고려하는 이들 검정방법들을 개발하는 데 기본이 되고 있다. 즉, 이 방법들은 기본적으로 자기상관의 영향을 추정해 낸 다음 이를 이용하여 검정통계량을 변화시키고 있는데, 결국 이들의 검정통계량의 분포가 DF 검정통계량의 분포와 동일하게 되도록 조정을 가하고 있는 것이다. 여기서는 ADF 검정법과 PP 검정법에 한정하여 살펴보기로 한다.

(2) ADF 검정법

단순한 DF 검정의 치명적인 취약점은 시계열변수가 AR(1)이고, 오차항 ϵ_t는 상호 독립적이며 동일한 (공)분산을 갖는 분포를 갖는다는 가정($\epsilon_t \sim iid$)에 기초를 두고 있다는 점이다. 일반적으로 추정 결과 도출되는 잔차항 $\hat{\epsilon}_t$은 대부분의 경우 자기상관 현상을 갖고 있으며, 따라서 일관성 있는 추정량의 도출을 불가능하게 하므로 DF 검정의 유효성에 심각한 회의를 갖게 된다.

ADF(augmented Dickey-Fuller test) 검정방법은 이러한 자기상관의 영향을 제거하기 위하여, 위에서 살펴 본 3가지 모형의 식에 각각 차분추가항(augmented terms), ΔY_{t-j}, $j = 1, \cdots, p$을 추가시킨 다음 추정할 것을 제안하고 있다. Said-Dickey(1984, 1985)는 이와 같이 차분추가항을 충분히 추가시켜 주면, 이 때 산출되는 검정통계량은 자가상관의 효과가 제거된 상태에서 도출되는 효과를 가지므로 그의 분포가 DF 검정통계량과 점근적으로 동일하게 된다는 사실을 증명하였다.

$$\text{모형 I} : \Delta Y_t = \gamma Y_{t-1} + \sum_{i=1}^{p} \delta_i \Delta Y_{t-i} + \epsilon_t \tag{16.21}$$

$$\text{모형 II} : \Delta Y_t = \alpha + \gamma Y_{t-1} + \sum_{i=1}^{p} \delta_i \Delta Y_{t-i} + \epsilon_t \tag{16.22}$$

$$\text{모형 III} : \Delta Y_t = \alpha + \beta t + \gamma Y_{t-1} + \sum_{i=1}^{p} \delta_i \Delta Y_{t-i} + \epsilon_t \tag{16.23}$$

ADF 검정은 DF 검정과 동일한 방법으로 F 통계량을 위의 세 모형에 적용하게 되며(이 때 ADF 통계량은 DF 통계량과 점근적으로 동일한 분포를 가짐), 가설의 설정이나 검정요령 등도 DF 검정의 경우와 같다.

여기서 한 가지 유의할 사항은 DF 검정이나 ADF 검정은 시계열이 순수한 AR 과정에 의해서 생성되었다는 가정에 입각하여 전개되었다는 점이다. 그러나 Said와 Dickey는 현실적으로 시계열이 MA 과정에 의해 생성될 수도 있다는 점을 감안하여 시계열이 보다 일반적인 ARIMA 과정에 의해 생성되었다는 가정 하에 단위근 검정을 시행할 것을 제안하였다. 물론 ARIMA(p,d,q) 모형은 AR(1)으로 전환이 가능하므로 결국 Said-Dickey 검정은 형태상으로는 ADF 검정과 같아지며 단지 AR의 차수만이 달라진다는 특성을 갖게 된다.

여하튼 ADF 검정법은 적용상의 편리성으로 인해 가장 널리 사용되고 있는 방법이지만, 근래에 들어와서는 그의 검정능력(power of the test)이 취약하다는 비판이 일고 있다. 즉, ADF 검정방법의 Type-II 오차의 확률이 비교적 크다는 것이 단점으로 지적되고 있다. 반면에 이 방법은 Type-I 오차의 확률은 작은 것으로 알려져 있다.[1)]

(3) Phillips-Perron(PP) 검정법

$\epsilon_t \sim iid(0,\ \sigma_\epsilon^2)$와 같은 오차항에 대한 가정이 충족되지 못하는 보다 포괄적인 상황, 즉 ϵ_t가 자기상관은 물론 이분산 현상까지 갖게 되는 경우를 상정하여 단위근 검정을 적용하고자 다시 한번 DF 검정을 수정하게 되는데, 이를 제안자 이름의 첫자를 따서 PP 검정이라 부른다. PP 검정은 1차적으로 DF 검정통계량을 추산한 후, 2차 단계에서는 추정된 오차항의 분산값을 이용하여 DF

---

1) 반면에 PP 검정법은 역으로 자가상관이 심한 경우에 Type-I 오차의 확률이 크고 오히려 Type-II 오차의 확률이 작다고 알려져 있다. 자세한 것은 G. W. Schwert, "Tests for Unit Roots : A Monte Carlo Investigation," *Journal of Business & Economic Statistics*, 7(1989), pp. 147~159 참조.

검정통계량을 변환시킴으로써 자기상관 등의 영향을 제거시킨 검정통계량(기존의 검정통계량들이 활용하는 값과 오차항의 분산을 합성하여 만듦)을 창출한 다음 검정을 실시하게 되는데 구체적인 내용은 생략한다.[1)]

(4) 구조변동시(structural change) 단위근 검정

시계열 분석의 시작은 기본적으로 AR 모형이다. AR 모형에는 일반적으로 시차 종속변수가 설명변수로 도입된다(물론 시차를 둔 일반 설명변수도 포함 가능). 이 때 적절한 시차(lag)수를 선택하는 데에는 Min BIC 기준이 사용된다. 이 경우 추정된 시차의 수는 일관적이라는 통계적 특성을 갖는다.

물론 시계열분석의 최우선적 관심사는 안정성 문제이다. 만일 시계열이 안정적이라면 추정결과에 대한 통계적 검정과정을 거쳐 예측을 수행한다. 그러나 불안정적 시계열 경우에는, 그리고 불안정성이 확률적 추세(stochastic trend)에 기인할 경우 OLS 추정량과 t검정통계량은 대표본 경우에도 비표준적(non-standard or non-normal) 분포를 따르게 되어 통계적 추론이나 예측이 어렵게 된다. 이런 경우에는 1차차분 등을 통해 일단 안정성을 회복한 후 추론을 시도해야 한다. 이러한 유형의 불안정성은 ADF(augmented D-F) 검정을 이용한 단위근 검정을 통해 확인된다.

한편 시계열자료에 구조변화가 발생한 경우에 이를 무시하거나 알아채지 못하면 의미 없는 결과만 초래된다. 일반적으로 구조변화가 발생하였는지는 예측력이 급격히 저하되는지 여부를 확인하여 짐작할 수 있다.

일반적으로 구조변화가 발생한 경우 단위근 검정은 크게 두 가지로 구분할 수 있다. 우선 구조변동 시점이 알려진 경우(아래와 같이 상호작용까지를 고려한 가변수를 활용할 경우)에는,

$$\begin{aligned} Y_t = \beta_0 + \beta_1 Y_{t-1} + \delta_1 X_{t-1} + \gamma_0 D_t(\tau) \\ + \gamma_1 [D_t(\tau) \times Y_{t-1}] + \gamma_2 [D_t(\tau) \times X_{t-1}] + \epsilon_t \end{aligned}$$

$H_0 : \gamma_0 = \gamma_1 = \gamma_2 = 0$이란 귀무가설을 F검정(Chow 검정)을 통해 수행하여 구조변화 여부를 확인할 수 있다.

한편 구조변화 발생시기를 모르거나 단지 일정기간 내로만 알려진 경우(예컨대 $\tau_0 \sim \tau_1$ 사이) 동구간 내에 모든 가능한 소구간별로 Chow 검정을 수행한 다

1) 자세한 것은 P. C. B. Phillips and P. Perron, "Testing for a Unit Root in Time Series Regression," *Biometrika*, vol. 75(1988), no. 2, pp. 335~346 참조.

그림 16-4 안정적 시계열 상의 구조변화

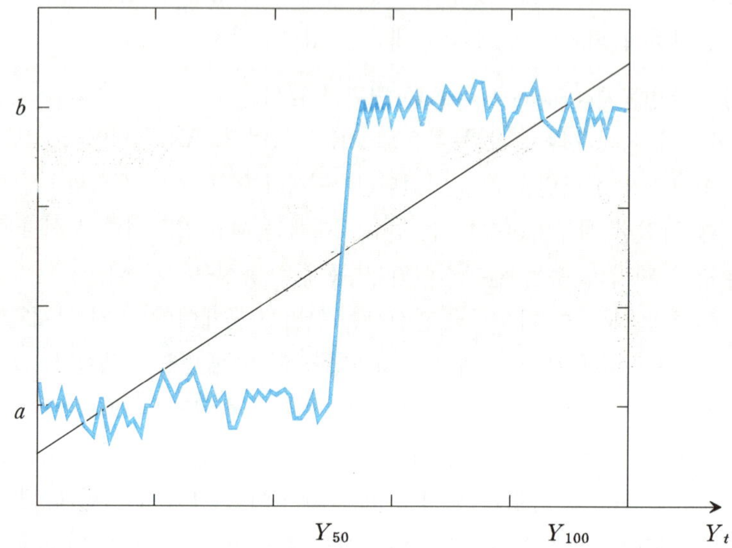

음 그 중 Max F검정통계량 값이 나온 구간을 구조변화 시기로 볼 수 있다. 이렇게 조정된 Chow 검정을 Quandt Likelihood Ratio(QLR 검정 : Quandt, 1960), 또는 Sup-Wald 검정이라 부른다.

물론 QLR 검정은 한 차례의 급격한 변동 발생 여부(a single discrete break)는 물론 여러 차례의 급격한 변동 발생 여부(multiple discrete breaks), 또는 급격한 변동의 점진적 소멸 여부(slow evolution)까지를 확인시켜 줄 수도 있다.[1)]

한편 구조변화가 발생할 수 있는 보편적인 상황을 구체적으로 고려하며 단위근 검정을 수행하는 경우를 고려해 보자.

우선 구조변화가 발생할 경우 단위근 검정은 왜곡(biased)된다는 사실에 주목할 필요가 있다. 예컨대 구조변화 발생시 Dickey-Fuller 검정은 단위근 현상을 기각하지 못하는 방향으로 편의가 발생한다. 그림 16-4에서처럼 시계열이 본질적으로는 안정적이지만 어느 한 시점에서 평균이 변하는 구조변화가 발생할 경우 이는 마치 단위근 현상이 있는 것처럼 잘못 평가될 가능성이 높다.

즉, 그림 16-4는 Y_t는 0부터 50기까지는 평균 0을 중심으로 안정적이었으나 Y_{50} 전후로 한 차례 구조변화가 발생하여 Y_{51} 이후부터의 관측치를 평균($b-$

1) 자세한 것은 Stock & Watson(2003), pp. 467-478참조.

a)만큼 상향시켰으나 이후에는 역시 안정성을 유지하는 경우를 보여 주고 있다.

이를 무시하거나 모른채 D-F 검정을 할 경우 단위근이 존재한다는 귀무가설을 기각하기 어려워진다. 그림 16-4에서 우상향하는 직선이 OLS에 의해 도출된 표본회귀선($Y_t = a_0 + a_1 t + \epsilon_t$)이라면 이는 마치 시계열이 확정적 추세를 갖는다는 의미를 제공할 것이기 때문이다. 물론 이러한 상황은 가변수(dummy variable)를 도입함으로써 적절히 해소될 수 있다. 또는 표본을 두 그룹으로 나누어 각 그룹 별로 D-F 검정을 실시할 수 있다. 후자의 방식은 많은 자유도를 잃게 되므로 가능한 한꺼번에 단위근 검정을 할 수 있는 방안을 강구하는 것이 바람직하다.

물론 단위근을 갖는 시계열에도 구조변화가 발생할 수 있다. 그림 16-5는 $t=51$에서 구조변화가 발생한 확률보행모형의 모양을 하고 있다.

한편 단위근 시계열 과정의 어느 한 시기에만 구조변화가 발생한 경우도 생각할 수 있다. 이 경우의 구조변화는 일종의 맥박(pulse)유형으로 일종의 충격이 어느 한 시점에서 발생한 후 즉시 소멸되는 상황에 해당된다. 이를 귀무가설로 설정하면 다음과 같이 표현할 수 있다.

그림 16-5 불안정적 시계열 상의 구조변화

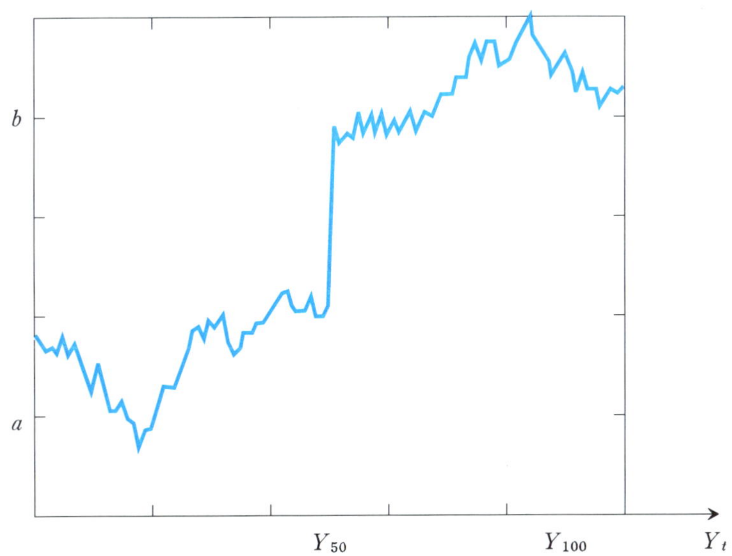

$$H_0 : Y_t = a_0 + Y_{t-1} + \beta_1 D_P + \epsilon_t \tag{16.24}$$

$$H_A : Y_t = a_0 + a_2 t + \beta_2 D_L + \epsilon_t \tag{16.25}$$

반면 대립가설은 추세안정적 시계열과정(trend stationary process)에 그 효과가 소멸되지 않는 구조변화(이는 일종의 수준(level)변화 유형으로 계단형이라고도 함)가 발생한 상황을 대변한다.[1)]

이제 이상과 같이 상반되는 두 가설에 Perron(1989)의 검정법을 적용해 보면 다음과 같다.

• 1 단계 :

대립가설(16.25) 모형을 추정하여 추세를 제거하고 이 때 회귀오차를 $\hat{e}_t$이라 하자.

즉, $Y_t = \hat{a}_0 + \hat{a}_2 t + \hat{\beta}_2 D_L + \hat{e}_t$

• 2 단계 :

단위근을 가정한 귀무가설이 충족되었다고 보고 다음과 같이 회귀분석을 실시한다(단위근 존재시 이론적으로는 $a_1 = 1$이어야 함).

$$\hat{e}_t = a_1 \hat{e}_{t-1} + \epsilon_t \tag{16.26}$$

이 때 a_1값은 구조변화발생 이전 관측치의 비중(이를 λ라 하자)에 의존한다. 그러면 이 비중은 $\lambda = \tau / T$(단, T는 총 관측치수)와 같이 표현된다.

• 3 단계 :

(16.26)의 잔차항에 자기상관이 존재하는지 확인하여 존재시에는 다음 회귀방정식을 대신 쓴다.

$$\hat{e}_t = a_1 \hat{e}_{t-1} + \sum_{i=1}^{k} \gamma_i \Delta \hat{e}_{t-i} + \epsilon_t \tag{16.27}$$

• 4 단계 :

$H_0 : a_1 = 1$ 성립 여부에 대한 F 검정을 수행한다. 이 때 $\lambda = 0$ 또는 1이면 D-F 검정을 활용해도 무방하나 $0 < \lambda < 1$ 사이에서는(즉 구조변화 발생 경우)

---

1) 계단형(step형)은 통상 급격한 변화(distinct changes) 발생 후 같은 변화 크기가 유지되는 경우를 지칭하는 것으로(지속적 변화(형)), 서서히 충격이 변화하는 소멸형(slow evolution)과 차별화되기도 한다.

Perron의 통계표를 써야 한다.

물론 1,2,3 단계를 합쳐 처음부터 다음과 같은 추정식을 활용해도 된다.

$$Y_t = a_0 + a_1 Y_{t-1} + a_2 t + \beta_2 D_L + \sum_{i=1}^{k} \beta_i \Delta Y_{t-i} + \epsilon_t$$

(5) **공적분 검정**(cointegration test)

앞서 설명한 바와 같이 시계열 Y_t와 X_t가 각각 단위근을 가질 때(예를 들어, $Y_t \sim I(1)$, $X_t \sim I(1)$), 이들의 선형결합인 $Y_t - \beta X_t$가 단위근을 갖지 않는다면(즉, $Y_t - \beta X_t \sim I(0)$) 이들 시계열은 서로 공적분 관계에 있다고 정의하였으며, 이러한 공적분이 존재할 때 회귀분석의 추정방법을 아울러 살펴 보았다. 여기서는 이러한 과정에서 필수적인 확인작업, 즉 공적분의 존재 여부를 판별하는 방법에 대하여 고찰해 보고자 한다.

공적분의 검정방법은 크게 2 가지로 나누어진다. 첫째는 전술한 공적분의 정의에서 시현된 바와 같이 회귀잔차 $\hat{\epsilon}_t$에 대하여 이것이 안정적인가를 단위근 검정에 의하여 판별하는 방법으로서 회귀잔차에 기초한 검정(residual based tests)이라고 일컫는다. 따라서 앞에서 설명한 단위근 검정방법들, 즉 DF와 ADF 그리고 PP 검정방법이 그대로 사용되는데, 이 때 산출되는 검정통계량의 분포는 역시 비표준적 위너과정으로 표시된다. 그런데 공적분 검정의 경우에는 검정통계량의 분포가 사용된 불안정적 독립변수의 개수 등에 의존하게 되므로 단위근 검정통계량의 통계표가 그대로 사용되지는 못한다.

둘째, 일반적으로 3개 이상의 불안정적 시계열 간의 공적분 관계를 규명함에 있어서 2개 이상의 공적분 관계가 존재할 수 있는데, 위에서 소개한 회귀잔차에 의한 공적분 검정방법은 오직 1 개의 공적분 관계만을 판별할 수 있는 단점이 있다는 점과, 종속변수와 독립변수의 선정이 애매할 수 있다는 단점이 있기 때문에 방정식 체계(systems equation)에 의한 다변량 시계열분석(예를 들어, VAR 모형)을 통하여 검정방법을 수행하는 방법이 제시되고 있다.

전자의 회귀잔차에 의한 방법은 ADF 공적분 방법[1]과 PP 단위근 검정방법[2]을 확장시킨 Phillips-Ouliais 검정방법이 가장 널리 사용된다. 이 밖에도 공

1) Engle and Granger(1984), *op. cit.*
2) P. C. B. Phillips and S. Ouliaris, "Asymptotic Properties of Residual Based Tests for Cointegration," *Econometrica*, 58(1990), pp. 165~193.

적분 회귀에서 나온 d.w.통계량(CRDW; Cointegrating Regression Durbin Watson)검정법을 비롯한 다수의 검정방법을 Phillips-Ouliais의 논문에서 소개한 바 있다.

후자의 다변량 시계열분석에 의한 공적분 검정법으로서는 최근에 발표된 Johansen 검정방법[1])이 지금까지 알려진 다른 어떤 공적분 검정법보다 우월한 것으로 인정되어 널리 사용되고 있다. 특히 이 방법은 단순히 공적분을 검정하는 데 지나지 않고 공적분이 존재할 때 공적분 모수의 추정과 기타 모형의 설정에 관련한 여러가지 가설검정까지도 수행하고 있다는 장점이 있다. 이와 유사한 검정방법으로는 Stock-Watson 검정법[2])이 있다.

여기서는 전자의 회귀잔차에 기초한 공적분 검정방법에 한해서 설명코자 한다. 공적분 검정을 위해서 단위근 검정과 마찬가지로 다음의 3가지 모형을 설정한다.

$$\text{모형 I} : Y_t = \beta X_t + \epsilon_t \tag{16.28}$$

$$\text{모형 II} : Y_t = \alpha + \beta X_t + \epsilon_t \tag{16.29}$$

$$\text{모형 III} : Y_t = \alpha + \gamma t + \beta X_t + \epsilon_t \tag{16.30}$$

이들은 단위근 검정에서와 마찬가지로 절편과 선형추세의 존재유무에 따라 달리 정의되었다. 단, 독립변수 X_t는 2개 이상의 시계열을 내포하는 벡터로 간주된다. 여기서 Y_t와 X_t는 모두 같은 차수를 갖는 시계열(예로서 $I(1)$)로 간주한다.[3)] 그러나 회귀잔차에 의한 공적분 검정은 위의 3가지 모형의 회귀오차항이 안정적인가를 판별하는 방법이라는 점에서는 하등의 차이가 없다.

즉, 모형 I의 경우를 예로 들면 오차항 $\epsilon_t = Y_t - \beta X_t$는 $I(1)$ 시계열들의 선형결합 형태로 표현될 수 있으며, 만약 이것이 단위근을 갖는다면 공적분은 존재하지 않는 것으로 판정된다. 그러나 이것이 단위근을 갖지 않는 안정적 선형결합이라면(즉, $I(0)$) $I(1)$ 시계열 간에 안정적 장기균형상태를 의미하는 공적분이 존재한다고 할 수있다. 따라서 위의 3 가지 모형을 통상의 최소자승법으로 추정한 후 이들의 회귀잔차($\hat{\epsilon_t}$)에 대하여 단위근 검정을 수행한다. 즉, DF, 또는

1) S. Johansen, "Statistical Analysis of Cointegration Vectors," *Journal of Economic Dynamics and Control*, 12(1988), pp. 231~254.

2) Stock, J.H. and M.W. Watson, "Testing for Common Trends," *Journal of the American Statistical Association*, 83, pp. 1097~1107 참조.

3) 물론 X_t가 $I(0)$와 $I(1)$시계열을 혼합하여 포함하는 경우도 고려될 수 있고 이 경우에도 검정방법에는 차이가 없다.

ADF 통계량을 이용한 공적분 검정을 다음과 같은 회귀식에 근거하여 실시하게 된다.

$$\text{DF 검정의 경우 : } \hat{\epsilon}_t = \rho\hat{\epsilon}_{t-1} + u_t \tag{16.31}$$

$$\text{또는 } \Delta\hat{\epsilon}_t = \gamma\hat{\epsilon}_{t-1} + u_t$$

$$\text{ADF 검정의 경우 : } \hat{\epsilon}_t = \rho\hat{\epsilon}_{t-1} + \sum_{i=1}^{p}\delta_i\Delta\hat{\epsilon}_{t-i} + u_t$$

$$\text{또는 } \Delta\hat{\epsilon}_t = \gamma\hat{\epsilon}_{t-1} + \sum_{i=1}^{p}\delta_i\Delta\hat{\epsilon}_{t-i} + u_t$$

단, 두 경우 모두에 있어 귀무가설은 동일하며 다음과 같이 표현될 수 있다.

$$\begin{cases} H_0 : \rho = 1 \text{ 또는 } \gamma = 0 \text{ (공적분 부재)} \\ H_a : |\rho| < 1 \text{ 또는 } \gamma \neq 0 \text{ (공적분 존재)} \end{cases}$$

공적분 검정 통계량은 단위근 검정과 마찬가지로 정의되며, 이들에 대한 임계치는 Engle-Granger의 논문에 나타난 통계표에 의해 주어진다.[1](부표 I 참조)

본절에서 소개한 단위근 검정 내용과 공적분 검정 절차를 요약하면 다음과 같다.

1) 한편, Phillips-Ouliaris의 공적분 검정법도 회귀잔차에 대하여 단위근 검정을 시행하는데, 마찬가지로 앞의 3가지 모형에 의하여 회귀추정을 수행한 수 회귀잔차에 대한 DF 통계량을 PP 단위근 검정과 동일한 방법으로 변환시킨 통계량에 의해 검정을 수행한다. 변환된 검정통계량의 형태는 PP 단위근 검정 통계량의 그것과 동일하다. 산출된 검정 통계량은 독립변수의 개수에 따라 달리 주어지는 임계치와 비교하여 그들보다 큰 경우에 (부의 값을 가지므로) 공적분이 존재하지 않는다는 귀무가설을 채택한다.

표 16-2 단위근 검정 : DF 와 ADF 검정

모형	검 정 식	귀무가설	검정 통계량	사용 통계표
I	$Y_t=\rho Y_{t-1}+\epsilon_t$ 또는 $\Delta Y_t=\gamma Y_{t-1}+\epsilon_t$	$H_0:\rho=1$ 또는 $H_0:\gamma=0$	τ	부표 I
II	$Y_t=\alpha+\rho Y_{t-1}+\epsilon_t$ 또는 $\Delta Y_t=\alpha+\gamma Y_{t-1}+\epsilon_t$	$H_0:\rho=1$ 또는 $H_0:\gamma=0$	τ_μ	부표 I
		$H_0:\beta=\gamma=0$	$\phi(1)$	부표 J
III	$Y_t=\alpha+\beta T+\rho Y_{t-1}+\epsilon_t$ 또는 $\Delta Y_t=\alpha+\beta T+\gamma Y_{t-1}+\epsilon_t$	$H_0:\rho=1$ 또는 $H_0:\gamma=0$	τ_τ	부표 I
		$H_0:\alpha=\beta=\gamma=0$ $H_0:\beta=\gamma=0$	$\phi(2)$ $\phi(3)$	부표 J
ADF 모형	ΔY_t $=\alpha+\beta T+\gamma Y_{t-1}+\sum\delta_i\Delta Y_{t-i}+\epsilon_t$	$H_0:\alpha=\beta=\gamma=0$	DF 경우와 동일	DF 경우와 동일

표 16-3 공적분 검정 절차

단계	내용
I 단계	$\left.\begin{matrix}H_0:Y_t\sim I(1)\\H_0:X_t\sim I(1)\end{matrix}\right]$에 대한 DF 또는 ADF 검정으로 단위근 존재 여부로 인하여 $H_0:\gamma=0$(또는 $H_0:\rho=1$)이 채택되면 다음 단계로 진행
II 단계	$Y_t=\alpha+\beta X_t+\epsilon_t$에 대하여 OLS를 적용하여 회귀잔차항 $\hat{\epsilon}_t=Y_t-\hat{a}-\hat{\beta}X_t$를 도출
III 단계	$\Delta\hat{\epsilon}_t=\gamma\hat{\epsilon}_{t-1}+u_t$에 OLS를 적용한 다음 $H_0:\gamma=0$에 대한 DF 검정 오차항의 단위근 존재 여부를 확인함.[1] 귀무가설이 기각되면 공적분 관계가 성립되는 것으로 판정하고 다음 단계로 진행
IV 단계	불균형 오차항의 의미를 갖는 오차수정항($\hat{\epsilon}_{t-1}$)을 이용하여 $\Delta Y_t=\alpha+\gamma\hat{\epsilon}_{t-1}+\sum\delta_j\Delta X_{t-i}+\sum\theta_i\Delta Y_{t-i}+v_t$와 같은 ECM 모형을 설정하여 추정한다(단, 이 때 $H_0:\gamma=0$에 대한 유의성 검정으로 ECM 항의 영향력 정도를 동시에 평가할 수 있다).

1) $\Delta\hat{\epsilon}_t=\gamma\hat{\epsilon}_{t-1}+\sum\delta_i\Delta\hat{\epsilon}_{t-i}+u_t$ 식을 이용한 ADF 검정을 실시할 수도 있음.

예제 16-2 ECM 모형을 통한 경기변동분석 사례

본 항에서는 제15장에서 소개한 경기변동모형 중 화폐경기변동모형(MBC model)들만을 선정하여 모형에서 사용된 변수들에 대한 단위근 검정(unit root test)을 실시하고 공적분 검정(co-integration test)을 거쳐 필요한 경우 오차수정모형(ECM; error correction model)을 설정하여 추정해 보고자 한다.

단, 본 항에서도 3가지 MBC 모형을 동시에 고찰하되 원자료 자체를 그대로 사용하거나 LOG를 취한 값, 또는 1차 차분한 자료값을 번갈아가며 활용해 보았다. 그리고 통화량개념에 대해서는 전항에서 사용한 총통화개념($M2X$) 외에 M1X(현금통화+요구불예금)와 M2AX(조정된 총통화 개념)를 역시 동시에 고려하였다.

• 단위근 검정

모형에 도입된 변수는 YXV와 CPIX 그리고 $M2X$($M1X$ 또는 $M2AX$로도 대체하여 검토함)이다.이 세 변수들이 단위근을 갖는지 여부를 DF 및 ADF 검정방식에 따라 판별해 보았다. 단, 이 때 검정할 변수를 Y_t로 표현할 경우 검정에 필요한 기본 식은,

DF 검정의 경우 : $\varDelta Y_t = \alpha + \beta T + \gamma Y_{t-1} + \epsilon_t$

ADF 검정의 경우 : $\varDelta Y_t = \alpha + \beta T + \gamma Y_{t-1} + \sum \delta_i \varDelta Y_{y-i} + \epsilon_t$

가 되며, 검정할 귀무가설은 다음과 같은 3 가지 유형으로 구분될 수 있음은 전술한 바와 같다. 단, 본 항에서는 이들 중 가장 일반적인 첫번째 가설을 중심으로 검정을 수행하였다.

$$\text{Test I} : H_0 : \gamma = 0$$

$$\text{Test II} : H_0 : \gamma = \alpha = 0$$

$$\text{Test III} : H_0 : \gamma = \alpha = \beta = 0$$

유의수준을 $\alpha = 2\%$로 보고 양측검정을 시행할 경우 τ_τ임세치는 약 −4.10과 −0.26으로 나타난다($T=72$이므로 $T=50$과 $T=100$ 경우의 중간값을 택함 부표 I 참조). 따라서 표 16-6에서 볼 수 있듯이 DF 검정 경우에는 CPIX와 $M2AX$, 그리고 ADF 검정 경우에는 YXV와 CPIX, 그리고 $M2AX$가 귀무가설($H_0 : \gamma = 0$)을 기각하지 못하여 단위근을 갖고 있는 것으로 판정되었다.

이상과 같은 결과에 근거하여 이후의 분석은 YXV와 CPIX, 그리고 $M2AX$를 중심으로 시도하였으며, $M2X$와 $M1X$는 분석대상에서 제외하였다.

표 16-4 원자료에 대한 단위근 검정 결과

변 수	DF	ADF	τ_τ의 임계치
YXV	0.284	−0.265	($\alpha=2\%$ 경우)
CPIX	−1.473	−2.768	
$M2X$	2.321	0.888	−4.10
$M1X$	0.156	−0.134	과
$M2AX$	−0.357	−0.846	−0.26

한편, 1차 차분한 자료에 대하여 DF 검정을 실시해 본 결과 YXV와 M2AX는 $\alpha=20\%$ 수준에서 귀무가설이 기각되어 단위근 현상이 사라지는 것으로 나타났으며, 따라서 ADF 검정은 생략하였다[1](표 16-5 참조).

이상에서 나타나 결과들이 시사하는 바는 일단 원자료를 차분하는 경우에는 일반적으로 단위근의 존재가 사라지는 경향이 나타난다는 것이다.

표 16-5 1차 차분된 자료의 단위근 검정 결과

검정대상 변수	DF
ΔYXV	−8.930
ΔCPIX	−3.361
$\Delta M2AX$	−4.361

• 공적분 식의 추정 및 검정

단위근을 갖는 것으로 판정된 변수들 간에 과연 공적분 모형이 성립될 수 있는지 여부를 확인하고자 일단 YXV를 CPIX와 M2AX에 대하여 개별적으로 또는 한꺼번에 고려한 회귀분석을 실시한 다음 이 때 형성되는 잔차항

1) ADF 검정 결과는 p 값의 선택에 따라 달라질 수 있기 때문에 일률적으로 고정된 값을 이용하는 대신, 예컨대 표본수 T의 네 제곱근 비율로 증가시킬 것을 제안한 바 있다(Diabold and Nerlove, 1988). 한편, Hall(1990)과 Campbell과 Perron(1991)은 사전적으로 충분히 긴시차를 잡은 후 마지막 시차 차분항이 유의적인가를 검정함으로써 p값을 정하도록 하기도 하였다. 결국 분명한 것은 차분변수의 시차수를 너무 작게 하면 오차항의 변색오차 가정이 만족되기 곤란할 것이고, 너무 크게 하면 과다추정으로 인한 자료소실의 문제가 발생한다는 사실에 유념하여 p값을 선정해야 할 것이다. 편의상 $p=4, 6, 8$ 정도를 대입하여 검정하면 무난할 것이다.

그림 16-6 τ_τ분포($H_0 : \gamma = 0$)(T=72, α =2% 경우)

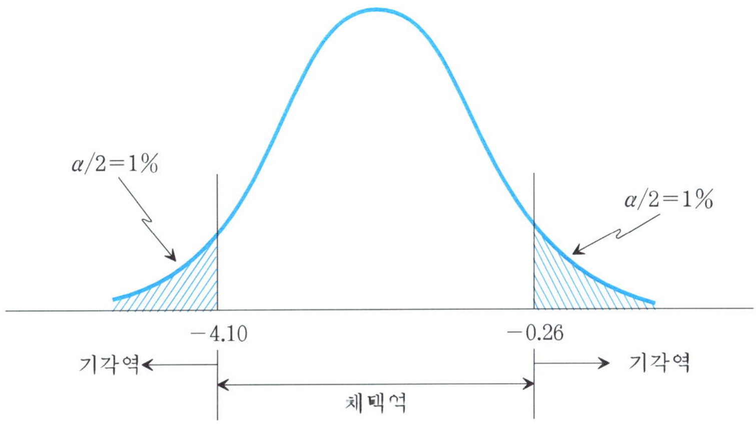

을 이용하여 DF와 ADF 검정, 그리고 CRDW 검정을 실시해 보았다. 단, DF 검정에는,

$$\Delta\hat{\epsilon}_t = \hat{\gamma}\,\hat{\epsilon}_{t-1} + \upsilon_t$$

그리고 ADF 검정에는,

$$\Delta\hat{\epsilon}_t = \hat{\gamma}\,\hat{\epsilon}_{t-1} - \sum_{t=1}^{p}\delta_i \Delta\hat{\epsilon}_{t-i} + \upsilon_t$$

와 같은 기본식이 활용되었으며, 표 21-8과 같은 검정 결과가 도출되었다. DF 통계량을 이용하여 공적분 검정을 실시한 결과(단, α =10% 수준 하의 단측검정을 가정함) 세 모형 전부에서 잔차항($\hat{\epsilon}_t$)의 단위근 현상($H_0 : \gamma = 0$)이 기각되지 못하여 공적분 관계가 성립되지 못하는 것으로 분석되었다. 한편, CRDW 통계량을 이용하여 검정한 경우에도 모든 추정식에서 공적분 관계가 부정되었다. 그러나 ADF 통계량을 이용한 경우에는 세 번째 모형에서 공적분 관계가 성립되는 것으로 확인되었다. ADF 가 DF 나 CRDW 통계량에 비해 갖는 상대적 신뢰성을 감안할 때, 일단 ADF에 의한 공적분 검정 결과를 채택하는 것이 합리적일 것이다. 결국 화폐적 경기변동 현상은 한국의 경우 GNP(YXV)가 총통화(M2AX)에 의해 주로 설명될 수 있다는 세 번째 모형에 의해 가장 잘 대변되고 있는 것으로 판정할 수 있다.

표 16-6 공적분 모형의 추정 결과

		DF	ADF	CRDW
$YXV_t = \alpha + \beta_1 CPIX_t + \beta_2 M2AX_t$		−1.650	−3.216	0.090
$YXV_t = \alpha + \beta_1 CPIX_t$		0.533	−2.628	0.055
$YXV_t = \alpha + \beta_2 M2AX_t$		−1.900	−3.052	0.083
임계치(α =10% 단측검정)	$N=2$	−3.28∼−3.03	−2.91∼−2.90	0.32∼0.69
	$N=3$	−3.73∼−3.59	−3.36∼−3.32	

• ECM 모형을 이용한 추정 및 예측

일단 공적분 관계가 확인되면 최종적인 예측을 수행하기에 앞서서 ECM 모형을 구성하여 추정할 필요가 있다. 주지하는 바와 같이 ECM 모형이란 변수 간의 장기적 균형관계를 중심으로 단기적으로 이탈되는 단기적 동태 분석을 결합시킬 수 있는 분석장치이며 Engel과 Granger가 제시한 2 단계 추정법이 가장 보편적으로 적용되고 있다.

2 단계추정법이란 장기적 관계를 나타내는 공적분 함수식을 바탕으로 하되 차분변수들의 시차구조와 오차항을 이용하여 동태적 관계를 파악해 냄으로써 단기적 이탈현상을 규명해냄과 동시에 통계적 적합도를 아울러 제고시킨다는 의의를 갖고 있다.

본 항에서 활용한 오차수정모형의 기본식은 다음과 같다.

$$\Delta Y_t = \alpha + \gamma \hat{\epsilon}_{t-1} + \sum \delta_i \Delta X_{t-i} + \sum \theta_i \Delta Y_{t-i} + \upsilon_i$$

↑ (오차수정항) ↑ (시차설명변수) ↑ (시차종속변수)

(단 $\hat{\epsilon}_t$는 공적분 추정에서 도출된 잔차항임.)

일단 공적분 검정에 성공한 세 번째 모형을 중심으로 추정모형을 설정하여 비교목적상 다른 두 모형도 함께 추정해 보았다.

오차수정항의 계수는 대체로 0.01에서 0.70 사이로 추정되었다. 이는 측정시기에 균형상태로부터의 이탈, 즉 전기의 실제치와 균형치 간의 괴리 중 약 1~7%정도가 금기의 GNP 변화에 수정 반영됨을 의미하는 것으로 이해할 수 있다.

추정식들에 대한 적합성 검정과 동태적 안정성을 평가하기 위하여 1982년 1/4분기부터 1985년 4/4분기까지의 구간에 대하여 동태적 의태분석을

표 16-7 ECM을 이용한 MBC 모형의 추정 결과

설명변수	모형 1	모형 2	모형 3
	381.20 (3.77)	375.36 (4.44)	204.28 (2.67)
$DYXV_{t-1}$	−0.15 (−0.99)	−0.03 (−0.25)	−0.02 (−0.18)
$DCPIX_{t-1}$	−56.99 (−0.99)	−65.98 (−1.21)	
−2	−45.42 (−0.97)	−42.56 (−0.76)	
−3	−91.92 (−1.57)	−81.09 (−1.42)	
−4	93.71 (1.67)	126.22 (2.19)	
$DM2AX_{t-1}$	0.31 (1.19)		0.28 (1.06)
−2	0.18 (0.60)		0.20 (0.63)
−3	−0.07 (−0.20)		−0.02 (−0.06)
−4	−0.17 (0.60)		−0.19 (−0.66)
ECM1			
ECM2	−0.01 (−0.33)	0.01 (0.38)	
ECM3			−0.07 (−1.61)
R^2	0.25	0.15	0.12
$\overline{R}^2$	0.10	0.07	0.02
d	2.03	2.03	2.01
RMSPE (1982 : 1~1985 : 4)	3.43	2.43	3.00

실시해 본 결과 RMSPE가 3.43% 이하로 산출되어 예측에 큰 무리가 없는 것으로 판정되었다.

YXV를 총통화만의 함수로 설정한 모형을 활용하여 1988년1/4분기부터 4/4분기까지의 기간을 대상으로 예측을 시행한 결과를 정리한 것이 표 16-8과 같다. 한편, 세 모형의 예측 내용을 도표로 정리한 것이 그림 16-7, 그림 16-8, 그림 16-9이다. 예측 결과에서도 M2AX를 활용한 모형 3의 경우가 예측력이 가장 우수한 것으로 나타났으며, RMSPE는 6.31%에 머무르고 있다.

표 16-8 ECM 모형의 예측 결과 대비표

모 형		실제 관측치	예측치	RMSPE
모형 1	1988 : 1	27,634.1	25,433.5	6.91
	2	27,165.8	25,721.7	
	3	28,130.5	26,116.6	
	4	28,535.8	26,554.1	
모형 2	1988 : 1	27,634.1	25,334.3	7.49
	2	27,165.8	25,677.6	
	3	28,130.5	25,931.9	
	4	28,535.8	26,254.8	
모형 3	1988 : 1	27,634.1	25,638.9	6.31
	2	27,165.8	25,828.9	
	3	28,130.5	26,280.2	
	4	28,535.8	26,738.1	

그림 16-7 모형 1의 예측결과

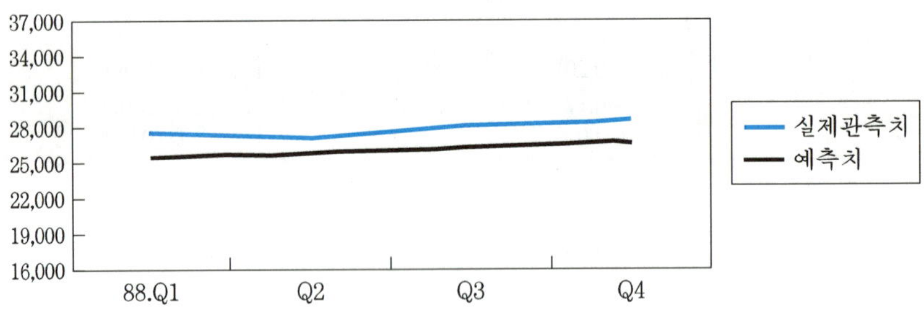

그림 16-8 모형 2의 예측결과

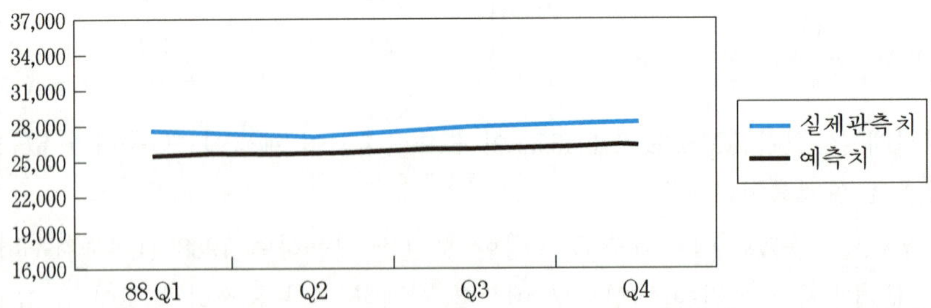

또한 전환점(turning point) 검정 측면에서도 가장 분명한 변화유형을 보여주고 있음을 확인할 수 있다.

그림 16-9 모형 3의 예측결과

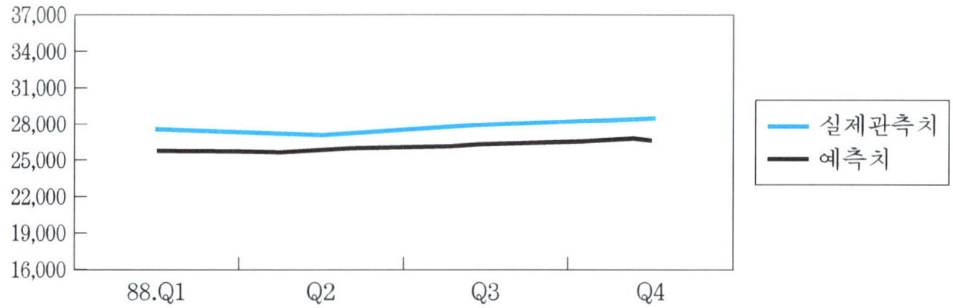

연습문제

[1] 다음 용어들에 대하여 간략히 설명하라.

1) 단위근 검정(unit root test)
2) 공적분 검정(cointegration test)
3) 오차수정모형(error correction model)
4) DF와 ADF 검정법
5) CRDW 검정
6) 허구적 회귀
7) 군집적 변동성
8) ARCH와 GARCH 모형
9) 조건부 분산과 무조건부 분산

[2] ARCH 효과의 검정방안을 논하라

[3] 오차수정모형(ECM)을 적용하는 데 필요한 요건을 밝히고 이 모형이 갖는 논리적 의의를 약술하라

[4] 시계열 분석과 회귀분석이 갖는 예측력을 논리적으로 비교 검토하고 두 분석방법을 동시에 활용할 수 있는 분석모형을 제시해 보아라.

[5] 자료디스켓에 있는 GNP(YXV)와 가처분소득(YDXV) 자료를 이용하여 소비함수에 관한 실증분석을 수행하되, 다음 절차에 따라 실시해 보아라.

1) VAR 모형을 이용하여(단, 시차는 4분기까지만 활용) 소비함수를 추정하라.
2) 추정된 VAR 모형을 이용하여 1988년 1/4분기부터 1988년 4/4분기 구간에 대하여 예측을 실시한 다음 RMSPE를 산출해 보아라.
3) YXV와 YDXV 변수가 단위근을 갖는지 여부를 DF와 ADF 검정을 통하여 확인해 보아라.
4) 오차수정모형(ECM)을 정립하여 소비함수를 재추정하고 역시 1988. 1/4~1988. 4/4 구간에 대한 VAR 모형에 의한 예측치와 비교해 보아라.

부　　　록

A. 회귀분석에 필요한 행렬대수

설명변수가 하나인 단순회귀분석과는 달리 설명변수가 둘 이상인 다중회귀분석의 경우에는 제반 분석을 수행하는 과정은 일반적인 수식만으로는 간단명료하게 표현하기가 상당히 어려워진다. 이러한 어려움을 해소하기 위해 통상적으로 행렬식을 활용하게 된다. 따라서 여기서는 행렬식을 "복잡한 계산이 요구되는 연립방정식 체계의 방정식들을 풀기 위한 별도의 분석장치"라고 이해하고자 한다. 즉, 우리가 회귀분석 및 기타 분석(예컨대, 투입-산출분석)에서 행렬식을 활용하게 되는 근본적인 원인은 번거로운 계산과정을 간편하게 파악하고 표현할 수 있는 분석상의 편의를 도모하기 위한 것이라는 데에서 찾을 수 있기 때문이다. 그러나 이러한 방식의 설명이 행렬식의 본질을 왜곡시키지 않도록 노력하였다.

행렬식을 일단 위와 같은 측면에서 파악하되 논리전개의 편의상 다음과 같은 체계로 정리하였다.

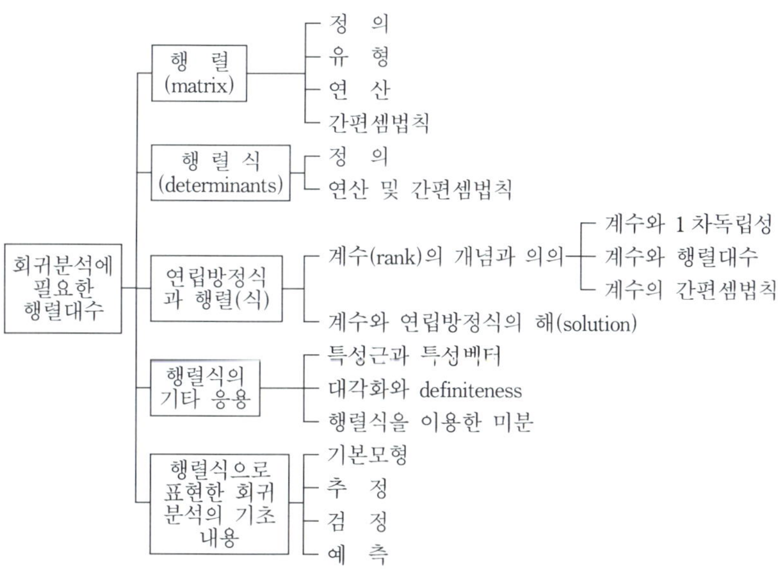

제 1 절 행렬(matrix)

1. 행렬의 정의

행렬(matrix)이란 행(row)과 열(column)로 구성된 (직)사각형 형태의 수자집단 또는 집합을 말한다.

$$A = \begin{bmatrix} a_{11} & a_{12} & \cdots & a_{1n} \\ a_{21} & a_{22} & \cdots & a_{2n} \\ \cdot & \cdot & \cdots & \cdot \\ a_{m1} & a_{m2} & \cdots & a_{mn} \end{bmatrix} = \{a_{ij}\} \quad \begin{pmatrix} \text{단, } i=1,\ 2,\ \cdots,\ m \\ j=1,\ 2,\ \cdots,\ n \end{pmatrix}$$

행렬 A가 m개의 행과 n개의 열로 구성되어 있을 때는 A는 $(m \times n)$개의 원소(element)를 (직)사각형 형태로 배열한 행렬이라 하며(이 때 A는 $m \times n$ 행렬이라 쓰고 m by n이라 읽는다), 이를 간단히 $A = \{a_{ij}\}$ 와 같이 표현하기도 한다.

2. 행렬의 유형

행렬은 그 외형상의 특징에 따라 다음과 같이 불리운다.

(1) 벡터(vector)

$i=1$ 또는 $j=1$이 되어 모든 원소가 하나의 행이나 열만으로 구성되는 행렬

(2) 정방행렬(square matrix)

$i=j$, 즉 행과 열의 수가 같은 행렬

$$A = \begin{bmatrix} a_{11} & a_{12} & a_{13} \\ a_{21} & a_{22} & a_{23} \\ a_{31} & a_{32} & a_{33} \end{bmatrix}$$

(3) 대각행렬(diagonal matrix)

정방행렬 중 우하향하는 대각선 상의 원소들만이 0 이 아니고 나머지 원소는 모두 0 이 되는 행렬($a_{ij}=0$ for $i \neq j$)

$$A = \begin{bmatrix} a_{11} & 0 & 0 \\ 0 & a_{22} & 0 \\ 0 & 0 & a_{33} \end{bmatrix}$$

(4) scalar 행렬(scalar matrix)

대각행렬 중 대각선 상의 모든 원소들의 값이 같은 실수(real number)로 구성되는 행렬($a_{ij}=0$ for $i \neq j$ and $a_{ij}=a$)

$$\boldsymbol{A}=\begin{bmatrix} a & 0 & 0 \\ 0 & a & 0 \\ 0 & 0 & a \end{bmatrix}$$

(5) 항등행렬(identity or unity matrix)

scalar 행렬 중 대각선상의 모든 원소들의 값이 1 이 되는 행렬($a_{ij}=0$ for $i \neq j$ and $a_{ij}=1$)

$$\boldsymbol{A}=\begin{bmatrix} 1 & 0 & 0 \\ 0 & 1 & 0 \\ 0 & 0 & 1 \end{bmatrix}=\boldsymbol{I}$$

(6) 영 행 렬

모든 원소들이 0 으로 구성되어 있는 행렬($a_{ij}=0$)

$$\boldsymbol{A}=\begin{bmatrix} 0 & 0 & 0 \\ 0 & 0 & 0 \\ 0 & 0 & 0 \end{bmatrix}=\boldsymbol{O}$$

(7) 전치행렬(transpose matrix)

원래 행렬($\boldsymbol{A}$)의 행은 열로, 그리고 열은 행으로 위치를 바꾸어 구성한 행렬로 A'와 같이 표기한다.

$$\boldsymbol{A}=\begin{bmatrix} a_{11} & a_{12} & a_{13} \\ a_{21} & a_{22} & a_{23} \\ a_{31} & a_{32} & a_{33} \end{bmatrix} \quad \boldsymbol{A}'=\begin{bmatrix} a_{11} & a_{21} & a_{31} \\ a_{12} & a_{22} & a_{32} \\ a_{13} & a_{23} & a_{33} \end{bmatrix}$$

(8) 대칭행렬(symmetric matrix)

원래행렬과 그에 대한 전치행렬이 동일한 행렬(즉, $\boldsymbol{A}=\boldsymbol{A}'$)

$$\boldsymbol{A}=\begin{bmatrix} a_{11} & a_{12} & a_{13} \\ a_{12} & a_{22} & a_{23} \\ a_{13} & a_{23} & a_{33} \end{bmatrix}$$

(9) 왜대칭행렬(skew symmetric matrix)

원래행렬과 전치행렬의 원소값들이 절대치는 같으나 부호가 다른 행렬(즉,

$A = -A'$: $a_{ij} = -a_{ij}$ for $i \neq j$, and $a_{ij} = 0$ for $i = j$)

$$A = \begin{bmatrix} 0 & a_{12} & a_{13} \\ -a_{12} & 0 & a_{23} \\ -a_{13} & -a_{23} & 0 \end{bmatrix}$$

(10) 삼각행렬(triangular matrix)

대각선을 중심으로 우상단 또는 좌하단에만 영이 아닌 요소로 구성되는 행렬로, 전자를 우상단삼각행렬(upper triangular matrix) 후자를 좌하단삼각행렬(lower triangular matrix)이라 부름.

$$A = \begin{bmatrix} a_{11} & a_{12} & a_{13} \\ 0 & a_{22} & a_{23} \\ 0 & 0 & a_{33} \end{bmatrix} \quad B = \begin{bmatrix} b_{11} & 0 & 0 \\ b_{21} & b_{22} & 0 \\ b_{31} & b_{32} & b_{33} \end{bmatrix}$$

$(a_{ij} = 0 \text{ for } i > j)$ $\qquad$ $(b_{ij} = 0 \text{ for } i < j)$

(11) 멱등행렬(idempotent matrix)

$AA = A$가 성립되는 행렬(제 4 절 참조)

$$A = \begin{bmatrix} 1 & 0 & 0 & 0 \\ 0 & 1 & 0 & 0 \\ 0 & 0 & 0 & 0 \\ 0 & 0 & 0 & 0 \end{bmatrix}$$

이 때 $AA = A$가 됨.

(12) 분할행렬(partitioned matrix)

원래행렬을 수직 및 수평선을 중심으로 차원이 작은 여러 개 소행렬(submatrix)로 분할한 행렬

$$A = \left[\begin{array}{cc:c} a_{11} & a_{12} & a_{13} \\ a_{21} & a_{22} & a_{23} \\ \hdashline a_{31} & a_{32} & a_{33} \end{array}\right] = \begin{bmatrix} A_{11} & A_{12} \\ A_{21} & A_{22} \end{bmatrix}$$

(단, $A_{11} = \begin{bmatrix} a_{11} & a_{12} \\ a_{21} & a_{22} \end{bmatrix}$ $A_{12} = \begin{bmatrix} a_{13} \\ a_{23} \end{bmatrix}$

$A_{21} = [a_{31} \quad a_{32}]$ $\quad A_{22} = [a_{33}]$)

(13) 역행렬(inverse matrix) : 제 2 절 참조

3. 행렬의 연산(operation)

가감승제와 같은 정수의 4 칙연산법이 있듯이 행렬형태의 숫자집단도 기본적인 연산법이 있다.

(1) 더하기와 빼기(addition and subtraction)

두 행렬 $\boldsymbol{A}$와 $\boldsymbol{B}$가 같은 차원(즉, 행과 열의 수가 동일)일 경우 같은 위치에 있는 원소값들을 서로 더하거나 빼는 것을 행렬의 가감법이라 한다. 즉, $c_{ij}=a_{ij}\pm b_{ij}$가 성립할 때 $\boldsymbol{C}=\boldsymbol{A}\pm\boldsymbol{B}$라 함.

(2) 곱하기(multiplication)

1) $c_{ij} - \sum_{k=1}^{n} a_{ik}b_{kj}$가 성립될 때 $\boldsymbol{C}-\boldsymbol{AB}$라 함.

2) 이 때 앞쪽 행렬 $\boldsymbol{A}$의 열의 수와 뒤쪽 행렬 $\boldsymbol{B}$의 행의 수가 같아야 곱하기계산이 가능하다.

3) 일반적으로 어느 행렬을 앞에 두고 곱하는가에 따라 결과가 달라지므로, 즉 $\boldsymbol{AB}\neq\boldsymbol{BA}$가 성립되므로 앞에다 곱하는 것과 뒤에서 곱하는 것을 구분하여 전자를 premultiplication, 그리고 후자를 postmultiplication 이라 부른다.

4. 행렬연산의 여러 가지 간편셈 법칙

정수의 연산에서 가감승제를 편리하고 신속하게 하기 위한 여러 가지 개념과 법칙들(예컨대, 인수분해방법)이 고안되어 활용되고 있듯이 행렬의 계산에도 이러한 목적을 하여 여러 가지 추가적인 행렬개념과 간편셈공식이 개발되어 활용되고 있다.

(1) 가감법의 제법칙

1) 교환법칙(commutative law) : $\boldsymbol{A}+\boldsymbol{B}=\boldsymbol{B}+\boldsymbol{A}$

2) 결합법칙(associative law) : $(\boldsymbol{A}+\boldsymbol{B})+\boldsymbol{C}=\boldsymbol{A}+(\boldsymbol{B}+\boldsymbol{C})$

(2) 승법의 제법칙

1) 비교환법칙(non-commutative law) : $\boldsymbol{AB}\neq\boldsymbol{BA}$ (단, A와 B가 같은 dimension을 갖는 대각행렬 또는 항등행렬일 때는 제외)

2) 결합법칙(associative law) : $(\boldsymbol{AB})\boldsymbol{C}=\boldsymbol{A}(\boldsymbol{BC})$

3) 분배법칙(distributive law) : $\boldsymbol{A}(\boldsymbol{B}+\boldsymbol{C})=\boldsymbol{AB}+\boldsymbol{AC}$

(3) 전치행렬의 제법칙

1) $(A')' = A$

2) $(A \pm B)' = A' \pm B'$

3) $(AB)' = B'A'$

(4) trace의 연산법칙

1) $\mathrm{tr}(A) = \sum_{i=1}^{n} a_{ii}$: 주대각선 상의 원소의 합(정방행렬에서만 정의됨)

2) $\mathrm{tr}(A+B) = \mathrm{tr}(A) + \mathrm{tr}(B)$

3) $\mathrm{tr}(AB) = \mathrm{tr}(BA) = \sum_{i=1}^{n}\sum_{j=1}^{n} a_{ij} b_{ji}$

(5) 분할행렬의 연산법칙

$$\underset{(3\times4)}{A} = \left[\begin{array}{cc:cc} a_1 & a_2 & a_3 & a_4 \\ a_5 & a_6 & a_7 & a_8 \\ a_9 & a_{10} & a_{11} & a_{12} \end{array}\right] \qquad \underset{(4\times2)}{B} = \left[\begin{array}{cc} b_1 & b_2 \\ b_3 & b_4 \\ \hdashline b_5 & b_6 \\ b_7 & b_8 \end{array}\right]$$

1) $\underset{(3\times4)}{A} = [\underset{(3\times2)}{A_1} \vdots \underset{(3\times2)}{A_2}], \quad B = \left[\begin{array}{c} B_1 \\ \hdashline B_2 \end{array}\right]$

2) $A' = (A_1 \vdots A_2)' = \left(\begin{array}{c} A_1' \\ \hdashline A_2' \end{array}\right)$

3) $C = AB = [A_1 \vdots A_2]\left[\begin{array}{c} B_1 \\ \hdashline B_2 \end{array}\right] = [A_1B_1 + A_2B_2]$

(6) 역행렬의 연산법칙(정방행렬에서만 정의됨)

1) 만일 $AB = I = BA$이고 A가 비특이(nonsingular)행렬일 때 $B = A^{-1}$라 쓰고 A의 역행렬(inverse matrix)이라 한다. 이 개념은 정수의 4칙, 가감승제 중 나누기에 해당되는 계산이 행렬계산에서는 직접 이루어지지 못하는 데 대한 대응방안으로 창출된 개념이다. 따라서 다음과 같이 활용될 수 있다.

> $AX = B$일 때 $A^{-1}AX = A^{-1}B$
> 따라서 $IX = A^{-1}B$가 되므로 $X = A^{-1}B$와 같아짐.

2) $(A^{-1})^{-1} = A$

3) $(A')^{-1} = (A^{-1})'$

4) $(\boldsymbol{AB})^{-1} = \boldsymbol{B}^{-1}\boldsymbol{A}^{-1}$

($\because$ $(\boldsymbol{AB})\boldsymbol{B}^{-1}\boldsymbol{A}^{-1} = \boldsymbol{A}(\boldsymbol{BB}^{-1})\boldsymbol{A}^{-1} = \boldsymbol{AIA}^{-1} = \boldsymbol{AA}^{-1} = \boldsymbol{I}$)

5) $\boldsymbol{A}^{-1}$도출방법 : 행렬식 부분 참조

(7) $\boldsymbol{i}$벡터를 이용한 연산

행렬연산에 유용한 개념으로 모든 원소가 1 인 열벡터 $\boldsymbol{i}$가 있으며 수의 합을 정의하는 데 주로 쓰임.

1) $\sum_{i}^{n} X_i = X_1 + X_2 + \cdots + X_n = \boldsymbol{i'x} = [1\ 1\ \cdots\ 1]\begin{bmatrix} X_1 \\ X_2 \\ \vdots \\ X_n \end{bmatrix}$

2) $\sum a X_i = a \sum X_i = a\boldsymbol{i'x}$ (단, a는 상수)

3) $\overline{X} = \frac{1}{n}\sum X_i = \frac{1}{n}\boldsymbol{i'x}$ (식 2)에서 $a = \frac{1}{n}$인 경우)

4) $\sum X_i = \boldsymbol{i'x} = n \cdot \overline{X}$

5) $\sum X_i^2 = \boldsymbol{x'x}$ (벡터 X의 각 원소를 제곱한 값의 합)

6) $\sum X_i Y_i = \boldsymbol{x'y}$

이 외에도 $\boldsymbol{i}$벡터는 통계학에서 자주 표현되는 편차항(deviations from their mean)자료를 표현하는 데 유용함.

7) $\boldsymbol{i}\overline{X} = \boldsymbol{i}\frac{1}{n}\boldsymbol{i'x} = \begin{bmatrix} \overline{X} \\ \overline{X} \\ \vdots \\ \overline{X} \end{bmatrix} = \frac{1}{n}\boldsymbol{ii'x} = \begin{bmatrix} \frac{1}{n} & \frac{1}{n} & \cdots & \frac{1}{n} \\ \frac{1}{n} & \frac{1}{n} & \cdots & \frac{1}{n} \\ \vdots & \vdots & & \vdots \\ \frac{1}{n} & \frac{1}{n} & \cdots & \frac{1}{n} \end{bmatrix}\begin{bmatrix} X_1 \\ X_2 \\ \vdots \\ X_n \end{bmatrix}$

8) $\begin{bmatrix} X_1 - \overline{X} \\ X_2 - \overline{X} \\ \vdots \\ X_n - \overline{X} \end{bmatrix} = [\boldsymbol{x} - \boldsymbol{i}\overline{X}] = \left[\boldsymbol{x} - \frac{1}{n}\boldsymbol{ii'x}\right] = \left[\boldsymbol{Ix} - \frac{1}{n}\boldsymbol{ii'x}\right]$ ($\because$ $\boldsymbol{x} = \boldsymbol{Ix}$)

$$= \left[\boldsymbol{I} - \frac{1}{n}\boldsymbol{ii'}\right]x = \boldsymbol{M}^0\boldsymbol{x}$$

$$=\begin{bmatrix} 1-\frac{1}{n} & -\frac{1}{n} & \cdots & -\frac{1}{n} \\ -\frac{1}{n} & 1-\frac{1}{n} & \cdots & -\frac{1}{n} \\ \vdots & \vdots & & \vdots \\ -\frac{1}{n} & -\frac{1}{n} & \cdots & 1-\frac{1}{n} \end{bmatrix}\begin{bmatrix} X_1 \\ X_2 \\ \vdots \\ X_n \end{bmatrix}$$

9) $\boldsymbol{M}^0\boldsymbol{I}=\left[\boldsymbol{I}-\frac{1}{n}\boldsymbol{ii}'\right]\boldsymbol{i}=\boldsymbol{i}-\frac{1}{n}\boldsymbol{i}(\boldsymbol{i}'\boldsymbol{i})=\boldsymbol{0}$

따라서 $\boldsymbol{i}'\boldsymbol{M}^0=\boldsymbol{0}'$, 즉 평균으로부터의 편차의 합은 0이 됨.

$\sum(X_i-\overline{X})=\boldsymbol{i}'[\boldsymbol{M}^0\boldsymbol{x}]=\boldsymbol{0}'\boldsymbol{x}=0$

10) $\sum(X_i-\overline{X})^2=(\boldsymbol{x}-\overline{X}\boldsymbol{i})'(\boldsymbol{x}-\overline{X}\boldsymbol{i})=(\boldsymbol{M}^0\boldsymbol{x})'(\boldsymbol{M}^0\boldsymbol{x})$

$$=\boldsymbol{x}'\boldsymbol{M}^{0\prime}\boldsymbol{M}^0\boldsymbol{x}=\boldsymbol{x}'\boldsymbol{M}^0\boldsymbol{x}$$

($\because$ $\boldsymbol{M}^{0\prime}\boldsymbol{M}^0=\boldsymbol{M}^0$, 즉 $\boldsymbol{M}^0$는 대칭적인 멱등행렬(idempotent matrix)임)

11) $\sum(X_i-\overline{X})(Y_i-\overline{Y})=(\boldsymbol{M}^0\boldsymbol{x})'(\boldsymbol{M}^0\boldsymbol{y})$

12) $\begin{bmatrix} \sum(X_i-\overline{X})^2 & \sum(X_i-\overline{X})(Y_i-\overline{Y}) \\ \sum(Y_i-\overline{Y})(X_i-\overline{X}) & \sum(Y_i-\overline{Y})^2 \end{bmatrix}=\begin{bmatrix} \sum x_i^2 & \sum x_i y_i \\ \sum y_i x_i & \sum y_i^2 \end{bmatrix}$

$$=\begin{bmatrix} \boldsymbol{x}'\boldsymbol{M}^0\boldsymbol{x} & \boldsymbol{x}'\boldsymbol{M}^0\boldsymbol{y} \\ \boldsymbol{y}'\boldsymbol{M}^0\boldsymbol{x} & \boldsymbol{y}'\boldsymbol{M}^0\boldsymbol{y} \end{bmatrix}$$

13) 윗식에서 $\boldsymbol{Z}=[\boldsymbol{xy}]$라 정의하면,

$$\begin{aligned}(\boldsymbol{M}^0\boldsymbol{Z})'(\boldsymbol{M}^0\boldsymbol{Z})&=(\boldsymbol{M}^0[\boldsymbol{xy}])'(\boldsymbol{M}^0[\boldsymbol{xy}])\\ &=(\boldsymbol{M}^0\boldsymbol{x}\quad \boldsymbol{M}^0\boldsymbol{y})'(\boldsymbol{M}^0\boldsymbol{x}\quad \boldsymbol{M}^0\boldsymbol{y})\\ &=\begin{bmatrix} \boldsymbol{x}'\boldsymbol{M}^{0\prime} \\ \boldsymbol{y}'\boldsymbol{M}^{0\prime} \end{bmatrix}[\boldsymbol{M}^0\boldsymbol{x}\quad \boldsymbol{M}^0\boldsymbol{y}]\\ &=\begin{bmatrix} \boldsymbol{x}'\boldsymbol{M}^0\boldsymbol{x} & \boldsymbol{x}'\boldsymbol{M}^0\boldsymbol{y} \\ \boldsymbol{y}'\boldsymbol{M}^0\boldsymbol{x} & \boldsymbol{y}'\boldsymbol{M}^0\boldsymbol{y} \end{bmatrix}\end{aligned}$$

한편, $(\boldsymbol{M}^0\boldsymbol{Z})'(\boldsymbol{M}^0\boldsymbol{Z})=\boldsymbol{Z}'\boldsymbol{M}^{0\prime}\boldsymbol{M}^0\boldsymbol{Z}=\boldsymbol{Z}'\boldsymbol{M}^0\boldsymbol{Z}$

14) 참고

① $\boldsymbol{A}=\begin{bmatrix} \boldsymbol{A}_{11} & \boldsymbol{A}_{12} \\ \boldsymbol{A}_{21} & \boldsymbol{A}_{22} \end{bmatrix}$이면,

$$A^{-1}=\begin{bmatrix} \boldsymbol{A}_{11}{}^{-1}(\boldsymbol{I}+\boldsymbol{A}_{12}\boldsymbol{F}_2\boldsymbol{A}_{21}\boldsymbol{A}_{11}{}^{-1}) & -\boldsymbol{A}_{11}{}^{-1}\boldsymbol{A}_{12}\boldsymbol{F}_2 \\ -\boldsymbol{F}_2\boldsymbol{A}_{21}\boldsymbol{A}_{11}{}^{-1} & \boldsymbol{F}_2 \end{bmatrix}$$

(단, $\boldsymbol{F}_2=(A_{22}-A_{21}A_{11}{}^{-1}A_{12})^{-1}$)

② $\boldsymbol{A}=\begin{bmatrix} n & \sum X_i \\ \sum X_i & \sum X_i^2 \end{bmatrix}=\begin{bmatrix} \boldsymbol{i}'\boldsymbol{i} & \boldsymbol{i}'\boldsymbol{x} \\ \boldsymbol{x}'\boldsymbol{i} & \boldsymbol{x}'\boldsymbol{x} \end{bmatrix}$

그러면 $\boldsymbol{A}^{-1}$의 우측하단(①에서의 $\boldsymbol{F}_2$)은

$$\begin{aligned} \boldsymbol{F}_2 &= [\boldsymbol{x}'\boldsymbol{x}-(\boldsymbol{x}'\boldsymbol{i})(\boldsymbol{i}'\boldsymbol{i})^{-1}(\boldsymbol{i}'\boldsymbol{x})]^{-1} \\ &= \left\{\boldsymbol{x}'\left[\boldsymbol{I}\boldsymbol{x}-\boldsymbol{i}\left(\frac{1}{n}\boldsymbol{i}'\boldsymbol{x}\right)\right]\right\}^{-1} \\ &= \left\{\boldsymbol{x}'\left[\boldsymbol{I}-\frac{1}{n}\boldsymbol{i}'\boldsymbol{i}\right]\boldsymbol{x}\right\}^{1} = [\boldsymbol{x}'\boldsymbol{M}^0\boldsymbol{x}]^{-1} \\ &= \frac{1}{\sum(X_i-\overline{X})^2}=\frac{1}{\sum x_i^2} \end{aligned}$$

제 2 절 행렬식(determinant)

1. 행렬식의 정의

(1) 정방행렬

$\boldsymbol{A}$의 원소들을 일정한 법칙에 따라 곱한 값들을 가감하여 얻은 스칼라값을 행렬식이라 하며 det($\boldsymbol{A}$)로 표시한다. 간단한 예를 들면 다음과 같다.

$$\begin{vmatrix} a_{11} & a_{12} \\ a_{21} & a_{22} \end{vmatrix}=a_{11}a_{22}-a_{12}a_{21}$$

(2) 라플라스 전개(Laplace expansion)에 의한 정의

1) (1)항의 예와 같은 행렬식 정의방식은 2×2 또는 3×3 행렬까지는 직접 적용이 가능하나 4×4 이상 경우는 매우 번거로워지며, 따라서 이러한 이유로 별도의 정의식이 창출되었다.

2) $\det(\boldsymbol{A})=\sum_{j=1}^{n}a_{ij}c_{ij}=\sum_{j=1}^{n}(-1)^{i+j}a_{ij}M_{ij}$

단, 여기서 c_{ij}는 a_{ij}라는 인자(factor)에 대한 여인자(cofactor)로서 $c_{ij}=(-1)^{i+j}M_{ij}$와 같이 정의된다. 즉, 여인자는 일정 법칙에 따라 부호를 붙인 소행렬식(signed minor)이다. 한편 행렬식을 라플라스 전개 형태로 표현할 때 특정 인자 a_{ij}와 그에 대응하는 여인자를 곱한 형태로 표현되는데, 여기서 각 항의 표현식에서 인자를 뺀 나머지(여) 부분으로 정의된다는 의미에서 여인자란 이름이 붙었음에 유의하기 바란다.

한편, 소행렬식(minor) M_{ij}는 원래 행렬식의 원소들 a_{ij} 중에서 i번째 행과 j번째 열을 제외시킨 다음 얻은 행렬식이다.

3) 이제 이상의 개념들을 이용한 행렬식의 정의를 최종적으로 정리해 보면 다음과 같다.

$$\begin{aligned}|\boldsymbol{A}|&=a_{i1}c_{i1}+a_{i2}c_{i2}+\cdots+a_{in}c_{in}\\&=a_{i1}(-1)^{i+1}M_{i1}+a_{i2}(-1)^{i+2}M_{i2}+\cdots+a_{in}(-1)^{i+n}M_{in}\end{aligned}$$

(i행 중심의 전개식)

또는

$$\begin{aligned}|\boldsymbol{A}|&=a_{1j}c_{1j}+a_{2j}c_{2j}+\cdots+a_{nj}c_{nj}\\&=a_{1j}(-1)^{1+j}M_{1j}+a_{2j}(-1)^{2+j}M_{2j}+\cdots+a_{nj}(-1)^{n+j}M_{nj}\end{aligned}$$

(j열 중심의 전개식)

예컨대, $\boldsymbol{A}$가 3×3 행렬일 경우

$$\begin{aligned}|\boldsymbol{A}|&=a_{11}c_{11}+a_{12}c_{12}+a_{13}c_{13}=a_{11}M_{11}-a_{12}M_{12}+a_{13}M_{13}\\&=a_{11}\begin{vmatrix}a_{22}&a_{23}\\a_{32}&a_{33}\end{vmatrix}-a_{12}\begin{vmatrix}a_{12}&a_{13}\\a_{32}&a_{33}\end{vmatrix}+a_{13}\begin{vmatrix}a_{12}&a_{13}\\a_{22}&a_{23}\end{vmatrix}\end{aligned}$$

또는

$$\begin{aligned}|\boldsymbol{A}|&=a_{11}c_{11}+a_{21}c_{21}+a_{31}c_{31}=a_{11}M_{11}-a_{21}M_{21}+a_{31}M_{31}\\&=a_{11}\begin{vmatrix}a_{22}&a_{23}\\a_{32}&a_{33}\end{vmatrix}-a_{21}\begin{vmatrix}a_{12}&a_{13}\\a_{32}&a_{33}\end{vmatrix}+a_{31}\begin{vmatrix}a_{12}&a_{13}\\a_{22}&a_{23}\end{vmatrix}\end{aligned}$$

(3) 연립방정식의 해와 연계시킨 정의식

당초 행렬식은 계량경제학에서 주로 연립방정식 체계의 해를 보다 간편하

게 구하기 위해 도입하였다고 언급한 바 있다. 이러한 당초의 목표와 관련하여 보다 현실감 있는 행렬식의 정의를 정립해 보자.

1) 우선 다음과 같은 연립방정식 체계를 고려하자.

$$a_{11}X_1 + a_{12}X_2 = b_1$$
$$a_{21}X_1 + a_{22}X_2 = b_2$$

2) 미지수가 둘(X_1, X_2)이고 방정식수가 둘이므로 두 방정식이 서로 1차 독립적이라면 유일한 해가 도출될 것이다. 통상적인 절차에 따라 방정식을 풀면,

$$\begin{array}{rl} & a_{11}a_{22}X_1 + a_{12}a_{22}X_2 = b_1a_{22} \\ -) & \underline{a_{21}a_{12}X_1 + a_{22}a_{12}X_2 = b_2a_{12}} \\ & (a_{11}a_{22} - a_{21}a_{12})X_1 = b_1a_{22} - b_2a_{12} \end{array}$$

가 된다. 따라서,

$$X_1 = \frac{b_1a_{22} - b_2a_{12}}{a_{11}a_{22} - a_{12}a_{21}}$$

같은 방식으로,

$$X_2 = \frac{b_2a_{11} - b_1a_{21}}{a_{11}a_{22} - a_{12}a_{21}}$$

가 도출된다.

3) 한편, 원래 방정식을 행렬 개념으로 표현하면 $\boldsymbol{Ax} = \boldsymbol{b}$가 된다. 단,

$$\boldsymbol{A} = \begin{bmatrix} a_{11} & a_{12} \\ a_{21} & a_{22} \end{bmatrix}, \quad \boldsymbol{x} = \begin{bmatrix} X_1 \\ X_2 \end{bmatrix}, \quad \boldsymbol{b} = \begin{bmatrix} b_1 \\ b_2 \end{bmatrix}$$

따라서 해는 $\boldsymbol{x} = \boldsymbol{A}^{-1}\boldsymbol{b}$가 되며, $\boldsymbol{x} = \frac{1}{|\boldsymbol{A}|}(\text{adj } \boldsymbol{A}) \cdot \boldsymbol{b}$로 바꿔 쓸 수 있다(단, adj $\boldsymbol{A}$는 여인자의 전치행렬 (c'_{ij})로 수반행렬이라 부르는데, $\boldsymbol{A}^{-1} = \frac{1}{|\boldsymbol{A}|}(\text{adj } \boldsymbol{A})$ 관계는 추후 설명).

4) 이 때 통상적인 방법과 행렬식을 이용한 연립방정식의 해를 대비시켜 보면,

$$X_1 = \frac{b_1 a_{22} - b_2 a_{12}}{a_{11}a_{22} - a_{12}a_{21}}$$

$$X_2 = \frac{b_2 a_{11} - b_1 a_{21}}{a_{11}a_{22} - a_{12}a_{21}}$$

$$\boldsymbol{x} = \begin{bmatrix} X_1 \\ X_2 \end{bmatrix} = \frac{(\mathrm{adj}\ \boldsymbol{A}) \cdot \boldsymbol{b}}{|\boldsymbol{A}|}$$

와 같다. 결국 행렬식(determinant)이란 연립방정식의 해를 구할 때 분모값에 해당되는 scalar 의 값의 의미를 갖게 된다.

5) 통상적으로 해가 존재하려면 윗식에서 분모값, 즉 $|\boldsymbol{A}|$의 값이 0 이 되어선 곤란하다. $|\boldsymbol{A}|=0$ 이 될 때 $\boldsymbol{A}$를 특이행렬(singular matrix)이라 하는데, 따라서 연립방정식의 해가 존재하기 위한 조건으로 $\boldsymbol{A}$가 비특이행렬(nonsingular matrix)이 될 것을 통상 요구하게 된다.

2. 행렬식의 간편셈 법칙

1) 라플라스 전개에 의한 행렬식의 연산법을 여인수전개법(cofactor expansion)이라고도 하는데, 실수로 타행이나 열에 대응하는 여인자로 전개한 행렬식의 값은 항상 0 이 됨에 주의해야 한다. 즉,

$$|A| = \sum_{j=1}^{n} a_{ij} c_{ij} = \sum_{i=1}^{n} a_{ij} c_{ij}$$

인 반면,

$$\sum_{j=1}^{n} a_{ij} c_{kj} = 0 \quad (\text{단, } i \neq k)$$

가 된다.

2) 임의의 두 행(이나 열)을 서로 바꾸면 행렬식의 부호는 바뀌나 절대치는 바뀌지 않는다.

① $\begin{vmatrix} a & b \\ c & d \end{vmatrix} = ad - bc, \quad \begin{vmatrix} c & d \\ a & b \end{vmatrix} = bc - ad = -(ad - bc)$

② 연립방정식에서 한 변수를 제거할 때 한 변수 앞에 붙은 계수값을 같게 조정한 후 윗식에서 아래 식을 빼는 과정을 거치게 되는데, 이

때 만약 아래 식에서 윗식을 뺀다면 효과는 마찬가지일 것이나 해의 분모값은 그 부호가 바뀌게 된다. 이러한 효과가 바로 위의 법칙을 대변해 주고 있다.

$$aX_1 + bX_2 = e_1$$

$$cX_1 + dX_2 = e_2$$

$$adX_1 + bdX_2 = e_1 d \quad \cdots\cdots \text{①}$$

$$bcX_1 + bdX_2 = e_2 b \quad \cdots\cdots \text{②}$$

$$X_1 = \frac{e_1 d - e_2 b}{ad - bc} = \frac{e_1 d - e_2 b}{|\boldsymbol{A}|} \quad \text{(①−② 활용시)}$$

$$\text{또는} \quad \frac{e_2 b - e_1 d}{bc - ad} = \frac{-(e_1 d - e_2 b)}{-|\boldsymbol{A}|} \quad \text{(② ① 활용시)}$$

3) 임의의 한 행(이나 열)에 상수 k를 곱하면 행렬식의 값도 k배가 된다.

$$\begin{vmatrix} ka & kb \\ c & d \end{vmatrix} = kad - kbc = k(ad - bc) = k\begin{vmatrix} a & b \\ b & d \end{vmatrix}$$

4) 어느 한 행(이나 열)의 k배를 다른 행(이나 열)에 더하거나 빼 주어도 행렬식의 값은 변하지 않는다.

① $\begin{vmatrix} a & b \\ c + ka & d + kb \end{vmatrix} = (ad + kab) - (bc + kab)$

$= ad - bc = |\boldsymbol{A}|$

② 이 특성은 연립방정식을 푸는 과정에서 일반적으로 활용되는 기법에 대응되는 계산법이다. 앞의 예제에서 첫번째 식에 d배를 한 다음 b배를 한 두 번째 식을 빼어 해를 구했던 점을 상기하라.

5) 어느 한 행(이나 열)이 다른 행(이나 열)의 k배가 되면 행렬식의 값은 0이다.

① $\begin{vmatrix} a & b \\ 2a & 2b \end{vmatrix} = 2ab - 2ab = 0$

② 이는 외형상으로는 방정식처럼 보이지만 실제로는 한 개 방정식에 불과한 경우에 해당되며, 이 때 해는 도출할 수 없게 된다. 해의 분모값인 $|\boldsymbol{A}|$가 0이 됨에 유의하라.

6) 전치행렬과 본래행렬의 행렬식은 같다. 즉, $|\boldsymbol{A}|' = |\boldsymbol{A}|$

$$|A'| = \begin{vmatrix} a & c \\ b & d \end{vmatrix} = ad - bc = \begin{vmatrix} a & b \\ c & d \end{vmatrix} = |A|$$

7) $|\boldsymbol{A}| + |\boldsymbol{B}| \neq |\boldsymbol{A}+\boldsymbol{B}|$

8) $|\boldsymbol{AB}| = |\boldsymbol{A}||\boldsymbol{B}|$

9) $|k\boldsymbol{A}| = k^n|\boldsymbol{A}|$

$|-\boldsymbol{A}| = (-1)^n|\boldsymbol{A}|$

10) $|\boldsymbol{A}|=0$ 이면 $\boldsymbol{A}$를 특이행렬(singular matrix)이라 함.

$|\boldsymbol{A}| \neq 0$ 이면 $\boldsymbol{A}$를 비특이행렬(nonsingular matrix)이라 함.

11) 행렬의 계수(rank)가 차수(order)보다 적으면 그 행렬식은 0 이다. 즉, $r(\boldsymbol{A}) < n$ 이면 $|\boldsymbol{A}| = 0$ 이다(제 3 절 참조).

3. 행렬(식)의 기하학적 설명

아래의 그림은 2 차원적 평면에서의 벡터공간(vector space; R^2)을 구성하는 임의의 두 기저벡터(base vector) $\boldsymbol{a}$, $\boldsymbol{b}$와 관련한 행렬문제를 설명하기 위한 분석도구이다. 여기서 2 차원적 벡터공간 내의 어떤 벡터도 임의의 두 벡터 $\boldsymbol{a}$와 $\boldsymbol{b}$의 1 차함수로 표현될 수 있다면, 이 때 두 벡터를 기저벡터라 한다. 즉, $\boldsymbol{a}$와 $\boldsymbol{b}$가 기저벡터이면 이 벡터공간 내의 임의의 벡터 $\boldsymbol{c}$는 다음과 같이 표현된다.

$$\boldsymbol{c} = \alpha_1 \boldsymbol{a} + \alpha_2 \boldsymbol{b}$$

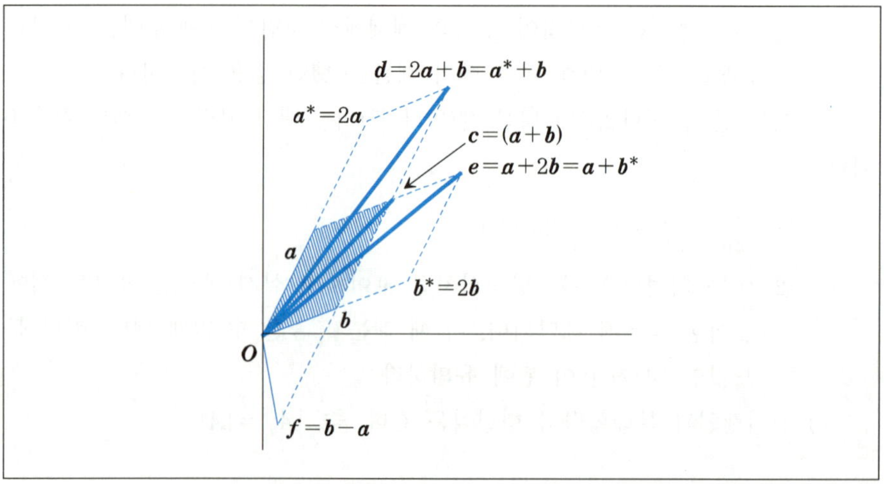

$$\left(\text{단, } \boldsymbol{a}=\begin{bmatrix} a_1 \\ a_2 \end{bmatrix},\ \boldsymbol{b}=\begin{bmatrix} b_1 \\ b_2 \end{bmatrix},\ \boldsymbol{c}=\begin{bmatrix} c_1 \\ c_2 \end{bmatrix}\right)$$

한편, 그림에서

$\boldsymbol{c}=\boldsymbol{a}+\boldsymbol{b}$에 해당되는 벡터는 $\boldsymbol{Oc}$
$\boldsymbol{f}=\boldsymbol{b}-\boldsymbol{a}$에 해당되는 벡터는 $\boldsymbol{Of}$
$\boldsymbol{d}=2\boldsymbol{a}+\boldsymbol{b}$에 해당되는 벡터는 $\boldsymbol{Od}$
$\boldsymbol{e}=\boldsymbol{a}+2\boldsymbol{b}$에 해당되는 벡터는 $\boldsymbol{Oe}$

로 표현할 수 있음을 알 수 있다. 여하튼 위의 식을 구체적으로 표현하면 다음과 같다.

$$c_1=\alpha_1 a_1+\alpha_2 b_1$$
$$c_2=\alpha_1 a_2+\alpha_2 b_2$$

따라서 이 연립방정식의 해는,

$$\alpha_1=\frac{b_2 c_1-b_1 c_2}{a_1 b_2-b_1 a_2}$$

$$\alpha_2=\frac{a_1 c_2-a_2 c_1}{a_1 b_2-b_1 a_2}$$

이 된다. 그런데 이러한 해가 성립하려면 분모가 0이 되면 안 된다. $(a_1 b_2-b_1 a_2)=0$이란 $a_1/a_2=b_1/b_2$의 의미가 되고, 이는 결국 벡터 $\boldsymbol{b}$가 벡터 $\boldsymbol{a}$의 일정 배수에 불과함을 나타내며, 예컨대 그림에서 $\boldsymbol{a}^*$와 같은 벡터가 좋은 예가 될 것이다. 이처럼 한 벡터가 다른 벡터와 1차함수관계에 있을 때 두 벡터는 동일선상(의 연장선상)에 있게 되며, 이 때 두 벡터는 1차종속적이라 부르는 것이다. 반면에 $\alpha_1\boldsymbol{a}+\alpha_2\boldsymbol{b}=0$과 같은 관계가 α_1과 α_2 모두가 0이 될 때에만 성립될 때 두 벡터는 1차독립적이라 한다.

한편, 그림에서 빗금친 부분과 같이 형성된 마름모꼴 $oacb$의 면적은 두 벡터 $\boldsymbol{a}$와 $\boldsymbol{b}$로 구성되는 행렬 $A=[\boldsymbol{a},\ \boldsymbol{b}]$의 행렬식(determinant)의 절대값과 같아지는 특성이 있다. 따라서 만일 $\boldsymbol{b}$가 $\boldsymbol{a}$의 연장선상, 예컨대 $\boldsymbol{a}^*$에 있게 되면 $|A|=0$이 될 것임은 자명하다.

제 3 절 연립방정식과 행렬(식)

제 2 절에서 행렬식(determinant)의 의미를 다각적으로 검토하는 과정에서 일단 행렬을 연립방정식 체계의 효율적 분석을 위한 분석도구로 본다면 행렬식이란 연립방정식의 해를 구할 때 형성되는 각 변수의 분모값에 해당되는 scalar 값의 의미를 갖게 됨을 확인한 바 있다. 따라서 연립방정식을 풀기 위해서는 일단 연립방정식의 계수값으로 정의되는 행렬식의 값을 구하는 과정이 필수적이라 할 수 있다. 그리고 행렬식의 값은 0 이 되어서는 곤란하게 된다. 그러므로 우리는 일반적으로 행렬로 표현된 연립방정식을 본격적으로 풀어 나가기에 앞서서 연립방정식의 계수값으로 정의되는 행렬식의 값이 0 이 되는지 여부를 확인할 필요가 있다. 이러한 확인작업을 보다 조직적으로 가능케 하는 개념으로 계수(rank)가 있다. 일단 계수를 이용하여 연립방정식 체계의 해가 (유일하게)존재함을 확인했을 때 비로소 그 해를 구체적으로 산출하게 되는데, 산출방법은 기본적으로 세 가지가 있다. 본항에서는 우선 이들 산출방법에 대하여 간략히 소개한 후 이어 계수 개념을 이용한 연립방정식 체계에서의 활용법에 대하여 설명하고자 한다.

1. 연립방정식의 해를 구하는 기본적인 방법

행렬 개념을 이용하는 연립방정식을 푸는 방법은 기본적으로 다음의 세 가지로 축약될 수 있다.

(1) 역행렬(inverse matrix) 활용법

연립방정식 체계를,

$$\boldsymbol{Ax}=\boldsymbol{b}$$

라 표현할 경우, 그 해는,

$$\boldsymbol{x}=\boldsymbol{A}^{-1}\boldsymbol{b}$$

가 된다. 이 방법에서는 일단 역행렬이 구해지면 벡터 $\boldsymbol{b}$를 곱하여 해를 구할 수 있으므로 결국 핵심은 역행렬의 산출방법으로 귀속된다. 그런데 역행렬은,

$$A^{-1} = \frac{1}{|A|}(\text{adj } A)$$

(단, adj A = 여인자(cofactor)행렬의 전치행렬로 수반행렬이라 부름)

와 같은 정의식에서처럼 다시 행렬식의 값을 구하는 과정으로 연결됨을 알 수 있다.

(2) 크래머법칙(Cramer's rule)을 이용하는 방법

Cramer 는,

$$\boldsymbol{Ax} = \boldsymbol{b}$$

와 같은 연립방정식 체계의 해는 다음과 같은 법칙에 의해 자동적으로 산출됨을 입증한 바 있다.

$$X_j = \frac{\boldsymbol{\Delta}_j}{|\boldsymbol{A}|}$$

단, X_j는 벡터 $\boldsymbol{x}$의 j번째 변수를 나타내고 $\boldsymbol{\Delta}_j$는 $|\boldsymbol{A}|$ 중 j번째 열(column)의 값들을 벡터 $\boldsymbol{b}$값들로 대치해 놓은 후 구한 행렬식을 의미한다.

(3) Gauss-Jordan 소거법

여러 가지 행렬식의 간편셈법칙을 이용하는 소위 행조작법(row operation)에 의해 연립방정식을 푸는 방법으로 Gauss-Jordan 소거법이 있으나 여기서는 지면상 생략한다. 자세한 것은 중급 경제수학 교재나 선형대수 교재를 참조하기 바란다.

2. 계수(rank)

(1) 계수의 정의

행렬 $\boldsymbol{A}$의 계수는 $r(\boldsymbol{A})$라 표기하며 행렬 $\boldsymbol{A}$에서 서로 1차독립적인 행벡터나 열벡터의 최대수(the maximum number of linearly independent vectors in A)로 정의된다.

(2) 1차독립 및 종속의 의미

1) n개의 $(n \times 1)$벡터들이 모두가 동시에 0이 되지는 않는 상수들; $\{c_1, \cdots, c_n\}$과 결합되어 다음과 같은 관계가 성립될 때 이들 벡터들을 1차

종속적이라 한다.

$$c_1\mathbf{x}^1+\cdots+c_n\mathbf{x}^n=0$$

예컨대, c_1과 c_n을 제외한 모든 상수($c_2 \cdots c_{n-1}$)가 0 이라면 윗식은 다음의 관계식으로 전환된다.

$$c_1\mathbf{x}^1+c_n\mathbf{x}^n=0$$

따라서

$$\mathbf{x}^1=\left(-\frac{c_n}{c_1}\right)\mathbf{x}^n=k\mathbf{x}^n \quad \left(\text{단, } k=-\frac{c_n}{c_1}\right)$$

즉, 벡터 $\mathbf{x}^1$은 벡터 $\mathbf{x}^n$의 1 차함수로 표현된다. 즉, 열벡터 $\mathbf{x}^1$은 열벡터 $\mathbf{x}^n$에 대하여 1 차종속적이라고 정의하는 것이다. 이처럼 한 개의 열이 다른 열의 1 차함수로 표현될 경우 그 행렬식의 값이 0 이 된다는 점에 유의하기 바란다.

2) 반면 연속된 상수들($c_1, \cdots, c_n$)이 동시에 0 이 되는 경우에만 다음과 같은 관계가 성립된다면 n 개의 $(n\times 1)$ 벡터들은 1 차독립적이라 한다.

$$c_1\mathbf{x}^1+\cdots+c_n\mathbf{x}^n=0$$

이 때에는 1)항의 경우처럼 한 열이 다른 열의 1 차함수, 즉 다른 열의 k 배와 같아지는 일이 없다. 따라서 모든 열이 서로 1 차독립적이라 정의한다. 이처럼 각 열이 서로 1 차독립적일 경우에는 이들 열벡터들로 구성된 행렬식의 값은 0 이 되지 않으며, 따라서 이 행렬식이 연립방정식 상의 계수들로 구성되는 행렬일 경우 그 해가 존재하게 된다.

(3) 계수와 행렬식(rank and determinant)

1) 행렬 $\mathbf{A}$의 계수는 행렬식의 값이 0 이 아닌 $\mathbf{A}$의 submatrix 중 가장 높은 차수(order)를 갖는 submatrix 의 차수와 같다.

2) $\mathbf{A}$가 $n\times n$ 행렬일 경우 $\mathbf{A}$가 비특이(nonsingular)행렬이면,

$$r(\mathbf{A})=n$$

$\mathbf{A}$가 특이행렬이면,

$$r(A) < n \quad (\text{이 때 } |A| = 0)$$

3) $\boldsymbol{A}$가 $m \times n$ 행렬일 경우

① 행으로 본 계수(row rank)나 열로 본 계수(column rank)는 같다.

② $r(\boldsymbol{A}) \leq \mathrm{Min}(m, n)$

4) $r(\boldsymbol{AB}) \leq \mathrm{Min}\{r(\boldsymbol{A}), r(\boldsymbol{B})\}$

$\boldsymbol{AB}$란 $\boldsymbol{A}$의 행에다 $\boldsymbol{B}$의 열을 1차함수적으로 결합시킨 결과(linear combinations of the rows of $\boldsymbol{B}$)인데, 일반적으로 이러한 결합과정은 $\boldsymbol{A}$의 1차독립적인 행이나 $\boldsymbol{B}$의 1차독립적인 열의 수를 증가시키지 않는다. 결합과정이란 결국 1차종속적인 관계의 창출과정의 성격을 갖기 때문이다.

5) $r(\boldsymbol{\theta}) = 0$ (단, $\boldsymbol{\theta}$는 영행렬)

6) $r(\boldsymbol{A}') = r(\boldsymbol{A}) = r(\boldsymbol{AA}') = r(\boldsymbol{A}'\boldsymbol{A})$

7) $\boldsymbol{A}$가 대각행렬일 경우 $r(\boldsymbol{A})$는 대각선 상의 원소 중 0이 아닌 원소의 수와 같다. 예컨대, $r(\boldsymbol{I}_n) = n$이 됨.

8) $r(\boldsymbol{AB}) = r(\boldsymbol{A})$, 단 $\boldsymbol{B}$가 비특이행렬인 경우

$r(\boldsymbol{CA}) - r(\boldsymbol{A})$, 단 $\boldsymbol{C}$가 비특이행렬인 경우

$r(\boldsymbol{CAB}) = r(\boldsymbol{A})$, 단 $\boldsymbol{B}$와 $\boldsymbol{C}$가 비특이행렬인 경우

(4) 계수와 연립방정식의 해

1) 특이성과 해의 수

$r(\boldsymbol{A}) = n$, 즉 $\boldsymbol{A}$가 비특이행렬이면 $\boldsymbol{Ax} = \boldsymbol{b}$는 유일한 해(unique solution)를 갖는다.

$r(\boldsymbol{A}) < n$, 즉 $\boldsymbol{A}$가 특이행렬이면 $\boldsymbol{Ax} = \boldsymbol{b}$는 여러 개의 해(nonunique solutions)를 갖는다.

2) 계수 개념과 연립방정식해의 기본원리

만약 $\boldsymbol{Ax} = \boldsymbol{b}$가 해를 갖는다면 $r(\boldsymbol{A}) = r(\boldsymbol{A} \vdots \boldsymbol{b})$가 된다. 즉, 행렬 $\boldsymbol{A}$에 $\boldsymbol{b}$를 결합시킨 A-augmented-b matrix의 계수와 원래행렬 $\boldsymbol{A}$의 계수가 같다는 것이다. 이 논리의 기본은 만일 $\boldsymbol{Ax} = \boldsymbol{b}$에서 $\boldsymbol{b}$가 $\boldsymbol{A}$와 1차함수적 결합관계에 있을 때 해가 존재할 수 있다는 데 있다.

3) 계수와 연립방정식의 해($\boldsymbol{A}$가 $n \times n$인 경우)

$r(\boldsymbol{A} \vdots \boldsymbol{b}) = r(\boldsymbol{A})$일 경우 방정식체계는 논리적으로 일관성이 있으며 적어도 한 개의 해를 갖는다.

$r(\boldsymbol{A} \vdots \boldsymbol{b}) = r(\boldsymbol{A}) = n$일 경우 방정식은 유일한 해를 갖는다.

$r(A \vdots b) = r(A) < n$일 경우 방정식은 여러 개의 해를 갖는다.

$r(A \vdots b) \neq r(A)$일 경우 방정식체계는 논리적으로 일관성이 없으며 따라서 해가 없다.

제 4 절 행렬식의 기타 응용

행렬(식)을 (계량)경제학에서 활용하게 되는 주목적은 연립방정식 체계로 표현되는 경제문제를 보다 편리하게 다루기 위한 것이라고 볼 수 있으며, 이러한 시각에서 지금까지의 행렬과 행렬식의 연산방법 및 연립방정식의 해를 구하는 과정에 대하여 살펴보았다. 그런데 경제분석은 항상 그 분석의 기초를 합리적 경제행위, 즉 최적화(optimization)에 두고 있다. 따라서 경제문제를 행렬(식)이란 분석도구를 사용하는 경우에서도 바로 최적화과정과 관련한 제반 분석방법을 강구할 필요가 있다. 예컨대 어떤 목적함수(objective function)로 표현된 경제적 변량의 값을 극대, 극소화시키는 조건식을 찾기 위해 우리는 미분법을 사용하게 된다. 일단 미분법에 의해 1 차 또는 2 차도함수값이 도출되면 이 도함수값이 항상 0 과 같거나 큰지(또는 작은지)를 확인하여 극소(극대)를 판정하게 된다.

이상과 같은 일반적인 경제분석과정을 염두에 두면 우선 목적함수가 행렬형태로 정립되었을 경우 이를 미분하는 방안이 강구되어야 할 것이고, 둘째로 2 차도함수값의 크기를 확인하는 방법이 고찰되어야 할 것임을 알 수 있다. 특히 2 차도함수값을 차후에 논의할 2 차형식(quadratic form)의 형태로 표현할 수 있는 개념과 분석방안에 대하여 살펴볼 필요가 있다. 예컨대 2 차형식에 필수적인 대각화(diagonalization)과정, 대각화를 가능케 하는 직교행렬(orthogonal matrix) 그리고 직교행렬 도출에 기본이 되는 특성근과 특성벡터 개념 등에 대한 설명이 필요해진다. 이러한 측면을 감안하여 본항은 특성근과 특성벡터문제, 직교행렬과 대각화문제, 2 차형식, 그리고 마지막으로 행렬식의 미분법에 관하여 간략히 소개하고자 한다.

1. 특성근과 특성벡터(대칭행렬 경우만 해당)

(1) 배 경

2 차형식으로 표현된 목적함수 $\boldsymbol{x}'A\boldsymbol{x}$를 $\boldsymbol{x}'\boldsymbol{x} = 1$ 이라는 조건 하에 극대화시

키는 상황을 고려해 보자.

$$\text{Max } \boldsymbol{x}'\boldsymbol{A}\boldsymbol{x} \quad \text{st.} \quad \boldsymbol{x}'\boldsymbol{x}=1$$

즉, $\text{Max } L=\boldsymbol{x}'\boldsymbol{A}\boldsymbol{x}-\lambda(\boldsymbol{x}'\boldsymbol{x}-\boldsymbol{I})$에서

$$\frac{\partial L}{\partial \boldsymbol{x}}=2\boldsymbol{A}\boldsymbol{x}-2\lambda\boldsymbol{x}=0$$

이라는 1 차도함수조건이 도출된다. 이제 이 조건식을 다시 정리하면 다음과 같아진다.

$$(\boldsymbol{A}-\lambda\boldsymbol{I})\boldsymbol{x}=0$$

통상 $\boldsymbol{x}$값이 모두 0 이 되는 경우란 예상하기 어려우므로 위의 식이 성립되기 위해서는 $r(\boldsymbol{A}-\lambda\boldsymbol{I})<n$, 즉 $|\boldsymbol{A}-\lambda\boldsymbol{I}|=0$ 이 되어야 정상적일 것이다.

$|\boldsymbol{A}-\lambda\boldsymbol{I}|=0$ 이란 방정식은 n개의 근을 갖는 n차방정식으로 이해될 수 있는데, 이 방정식을 특성방정식(characteristic equation)이라 하며, 여기서 도출된 근(λ)을 특성근(characteristic roots), 그리고 그에 대응하는 해벡터(solution vectors) $\boldsymbol{x}$를 특성벡터(characteristic vectors)라 한다.

(2) 정 의

위와 같은 배경을 감안하여 도출한 특성방정식과 관련하여 특성근과 벡터를 다시 한번 정리하면 다음과 같다.

$\boldsymbol{A}\boldsymbol{x}=\lambda\boldsymbol{x}$를 만족시키는 λ값과 이에 대응하는 벡터($\boldsymbol{A}\neq\boldsymbol{0}$)를 행렬 $\boldsymbol{A}$의 특성근(잠재근(latent root) 또는 고유치(eigen value)라고도 함)과 특성벡터(잠재벡터(latent vector) 또는 고유벡터(eigen vector)라고도 함)라 한다.

(3) 구체적인 도출과정 예

$(\boldsymbol{A}-\lambda\boldsymbol{I})\boldsymbol{x}=\boldsymbol{0}$에서 $\boldsymbol{A}\neq\boldsymbol{0}$이라 보면 $r(\boldsymbol{A}-\lambda\boldsymbol{I})<n$, 즉 $|\boldsymbol{A}-\lambda\boldsymbol{I}|=0$ 이 되어야 한다. 이제 편의상 $\boldsymbol{A}$가 (2×2)행렬인 경우를 고려해 보자.

$$(a_{11}-\lambda)x_1+a_{12}x_2=0$$
$$a_{21}x_1+(a_{22}-\lambda)x_2=0$$

$\boldsymbol{x}\neq\boldsymbol{0}$이므로 $|\boldsymbol{A}-\lambda\boldsymbol{I}|=0$, 즉,

$$\begin{vmatrix} (a_{11}-\lambda) & a_{12} \\ a_{21} & (a_{22}-\lambda) \end{vmatrix} = 0$$

따라서 $(a_{11}-\lambda)(a_{22}-\lambda)-a_{12}a_{21}=0$ 과 같은 λ에 대한 2차방정식이 도출된다. 즉,

$$\lambda^2-(a_{11}+a_{22})\lambda+(a_{11}a_{22}-a_{12}a_{21})=0$$

근의 공식에 의해 이 식을 풀면,

$$\lambda=\frac{(a_{11}+a_{22})\pm\sqrt{(a_{11}+a_{22})^2-4(a_{11}a_{22}-a_{12}a_{21})}}{2}$$

과 같아지는데, 이제 두 개의 특성근 λ값을 원래 식에 대입한 다음 X_i값들을 구하면 특성벡터를 도출할 수 있게 된다.

(4) 행렬 $\boldsymbol{A}$의 형태와 특성근의 성격

1) 행렬 $\boldsymbol{A}$가 대칭행렬이면 특성근은 실근(real number root)이 된다.

2) $\boldsymbol{A}$가 $n\times n$인 n차 대칭행렬이면 일반적으로 실근의 수도 n개가 된다.

3) $\boldsymbol{A}$가 대각행렬일 경우 특성근은 $\boldsymbol{A}$의 대각선상의 원소값들이 된다.

4) $\boldsymbol{A}$가 대칭행렬일 때 그에 대응하는 특성벡터들은 직교(orthogonal)관계에 있게 된다. 즉, 두 벡터 $\boldsymbol{x}$, $\boldsymbol{y}$가 $\boldsymbol{x}'\boldsymbol{y}=\boldsymbol{y}\boldsymbol{x}'=0$ 이 될 때 서로 직교관계에 있다고 하는데, 바로 대칭행렬 $\boldsymbol{A}$로부터 도출된 특성벡터들 간에 이러한 관계가 성립되는 것이다.

2. 직교행렬과 대각화(orthogonal matrices and diagonalization)

(1) 직교관계와 직교행렬

1) 두 벡터, $\boldsymbol{x}_i$와 $\boldsymbol{x}_j$ 간에 다음 관계가 성립될 경우 서로 직교관계에 있다고 한다.

$$\boldsymbol{x}_i{}'\boldsymbol{x}_j=\boldsymbol{x}_i\boldsymbol{x}_j{}'=0$$

2) $\boldsymbol{A}$가 대칭행렬일 때 여기서 도출된 특성벡터들은 서로 직교관계에 있다. 이를 증명해 보면, $\boldsymbol{A}$가 (2×2)인 대칭행렬이고 여기서 두 개의 특성근 λ_1과 λ_2 그리고 두 개의 특성벡터 $\boldsymbol{x}^1$과 $\boldsymbol{x}^2$가 도출되었다 하자.

$$Ax^1 = \lambda_1 x^1 \rightarrow (x^2)' Ax^1 = \lambda_1 (x^2)' x^1$$
$$Ax^2 = \lambda_2 x^2 \rightarrow (x^1)' Ax^2 = \lambda_2 (x^1)' x^2$$

윗식을 전치(transpose)한 다음 두 번째 식을 빼면 $(\lambda_1 - \lambda_2)((x^1)' x^2) = 0$ 이 된다.

$\lambda_1 \neq \lambda_2$이므로 $(x^1)'(x^2) = 0$ 이 되어야 하고 따라서 서로 직교관계에 있음을 알 수 있다.

3) A가 $(n \times n)$ 대칭행렬일 때 특성근과 특성벡터는 n개가 창출되며, n개의 특성벡터들은 상호 간에 직교관계가 유지된다. 즉, $(x_i)'(x_j) = 0$, $\forall$ i, j and $i \neq j$.

4) 직교관계에 있는 모든 특성벡터들을 각각 정규화(normalization), 즉 모든 i에 대해 $x_i' x_i = 1$ 을 만족시키도록 조정한 경우 특성벡터들은 정규직교집합(orthonormal set)을 이룬다.

5) 행(이나 열)이 정규직교집합을 이루도록 구성된 행렬 Q를 직교행렬이라 하는데 다음과 같이 정리된다.

$A' = A^{-1}$이면 A는 직교행렬(orthogonal matrix)이라 한다. 따라서 A가 직교행렬이면 $A'A = I$가 된다. 그리고 A가 직교행렬이면 $|A| = 1$ 이 된다($\because$ $A'A = I$, $|A|^2 = 1$, $A' = A$이므로 $|A| = \pm 1$).

6) $(n \times n)$ 대칭행렬 A에서 도출된 특성벡터를 정규화하여 얻은 벡터들은 정규직교집합관계를 이루며, 이들 벡터들이 각 열(column)을 이루는 $(n \times n)$ 행렬 Q를 구성하면 이 때 Q가 바로 직교행렬이 되며 따라서 다음 관계가 성립된다. 즉,

$$(x_i)'(x_j) = \sigma_{ij} = \begin{Bmatrix} 0, & i \neq j \\ 1, & i = j \end{Bmatrix}$$

일 경우 x_i, x_j들로 열을 구성한 행렬 Q는 $Q'Q = I_n$ 그리고 $Q' = Q^{-1}$ 관계가 성립되는 직교행렬이 된다.

(2) 대각화(diagonalization)

1) 정 의

① 어떤 행렬 A를 적절한 조작을 통해 대각행렬로 변환하는 것을 대각화라 한다.

② $\boldsymbol{A}$가 $(n \times n)$대칭행렬이고 여기서 n개의 서로 다른 특성근이 도출될 경우 $\boldsymbol{A}$는 대각화가 가능하다.

2) 대칭행렬의 대각화 : $\boldsymbol{A}$가 $(n \times n)$대칭행렬이고 여기서 도출된 직교행렬을 $\boldsymbol{Q}$라 하면 $\boldsymbol{A}$는 다음과 같은 과정에 따라 대각행렬이 될 수 있다.

$$\boldsymbol{Q}'\boldsymbol{A}\boldsymbol{Q} = \boldsymbol{Q}^{-1}\boldsymbol{A}\boldsymbol{Q} = \boldsymbol{D} = \begin{vmatrix} \lambda_1 & 0 & \cdots & 0 \\ 0 & \lambda_2 & & \\ \vdots & & \ddots & \\ 0 & & & \lambda_n \end{vmatrix}$$

단, 여기서 λ_i들은 특성근들로 도출된 대각행렬의 대각선상의 값으로 나타난다.

$$\because \ \boldsymbol{A}\boldsymbol{x} = \lambda \boldsymbol{x}$$
$$(\boldsymbol{x}_{i})'\boldsymbol{A}(\boldsymbol{x}_j) = (\boldsymbol{x}_i)'\lambda_j(\boldsymbol{x}_j) = (\boldsymbol{x}_i)'(\boldsymbol{x}_j)\lambda_j = \delta_{ij}\lambda_j \qquad \text{(Q. E. D.)}$$

3) 대칭행렬과 대각행렬의 특성

① $(n \times n)$대칭행렬 $\boldsymbol{A}$의 행렬식(determinant)값은 그에 대응하는 특성근들의 곱과 같다. 즉,

$$|\boldsymbol{A}| = \lambda_1 \cdot \lambda_2 \cdot \cdots \cdot \lambda_n$$
$$(\because \ |\boldsymbol{Q}'\boldsymbol{A}\boldsymbol{Q}| = |\boldsymbol{D}| = \lambda_1 \cdot \lambda_2 \cdot \cdots \cdot \lambda_n \text{이고 } |\boldsymbol{Q}'| = |\boldsymbol{Q}| = 1 \text{ 이기 때문})$$

② $(n \times n)$대칭행렬 $\boldsymbol{A}$의 trace는 특성근들의 합과 같다.

$$\because \ \mathrm{tr}(\boldsymbol{D}) = \lambda_1 + \lambda_2 + \cdots + \lambda_n \text{이고}$$
$$\mathrm{tr}(\boldsymbol{Q}'\boldsymbol{A}\boldsymbol{Q}) = \mathrm{tr}(\boldsymbol{A}\boldsymbol{Q}'\boldsymbol{Q}) = \mathrm{tr}(\boldsymbol{A}\boldsymbol{I}) = \mathrm{tr}(\boldsymbol{A}) \qquad \text{(Q. E. D.)}$$

③ $(n \times n)$대칭행렬 $\boldsymbol{A}$의 계수(rank)는 0이 아닌 특성근의 수와 같다. 왜냐하면 행렬의 계수는 비특이행렬을 앞에서 또는 뒤에서 곱해 주어도 변하지 않으므로 $r(\boldsymbol{A}) = r(\boldsymbol{Q}'\boldsymbol{A}\boldsymbol{Q}) = r(\boldsymbol{D})$가 되기 때문이다.

④ $\boldsymbol{A}$가 멱등행렬(idempotent matrix)이면 그 특성근은 0이나 1이다. 즉,

$$\boldsymbol{A}\boldsymbol{x} = \lambda \boldsymbol{x}$$
$$\boldsymbol{A}^2\boldsymbol{x} = \lambda \boldsymbol{A}\boldsymbol{x} = \lambda^2 \boldsymbol{x} \ \cdots\cdots \ ①$$

한편,

$$A^2\boldsymbol{x} = A\boldsymbol{x} = \lambda\boldsymbol{x} \quad (\because A^2 = A) \;\cdots\cdots \text{②}$$

두 식에서

$$\lambda^2\boldsymbol{x} = \lambda\boldsymbol{x}$$
$$\therefore\ \lambda^2 - \lambda = 0\,(\boldsymbol{x} \neq \boldsymbol{0})$$

따라서

$$\lambda = 0,\ 1$$

3. 대각화와 이차형식

(1) 이차형식(quadratic form)의 정의

1) $\boldsymbol{A}$가 $(n \times n)$대칭행렬일 때 $\boldsymbol{x}'\boldsymbol{A}\boldsymbol{x}$를 2차형식이라 한다.

(참고 : $\boldsymbol{x}'\boldsymbol{A}\boldsymbol{y}$는 bilinear 형식이라 함)

2) 따라서

$$\begin{aligned}\boldsymbol{x}'\boldsymbol{A}\boldsymbol{x} &= [X_1 \quad X_2]\begin{bmatrix} a_{11} & a_{12} \\ a_{21} & a_{22} \end{bmatrix}\begin{bmatrix} X_1 \\ X_2 \end{bmatrix} \\ &= a_{11}{X_1}^2 + 2a_{12}X_1X_2 + a_{22}{X_2}^2 \quad (\because\ a_{12} = a_{21})\end{aligned}$$

3) 한편, $\boldsymbol{A}$가 $(n \times n)$대각행렬일 경우의 2차형식은 다음과 같아진다.

$$\boldsymbol{x}'\boldsymbol{A}\boldsymbol{x} = a_{11}X_1^2 + a_{22}{X_2}^2 + \cdots + a_{nn}{X_n}^2$$

이 된다. 즉, 이 때의 2차형식은 X_i를 제곱한 값들을 가중치를 두어 더한 값(weighted sum of squares)의 의미를 갖는다.

(2) 대각화와 이차형식(diagonalization and quadratic form)

1) $\boldsymbol{A}$를 $(n \times n)$대칭행렬이고 $\boldsymbol{D}$를 $\boldsymbol{A}$로부터 도출된 직교행렬을 이용하여 얻은 대각행렬이라면 다음 관계가 성립한다.

$$\boldsymbol{Q}'\boldsymbol{Q} = \boldsymbol{I}$$
$$\boldsymbol{Q}'\boldsymbol{A}\boldsymbol{Q} = \begin{bmatrix} \lambda_1 & \cdots & 0 \\ \vdots & \ddots & \\ 0 & & \lambda_n \end{bmatrix} = \boldsymbol{D}$$

2) 이상과 같은 특징을 갖는 직교행렬 $\boldsymbol{Q}$에다 비영벡터(nonnull vector) $\boldsymbol{z}$를 곱한 결과가 $\boldsymbol{y}$벡터와 같다 하자. 즉, $\boldsymbol{y}=\boldsymbol{Q}'\boldsymbol{z}$. 그러면 $\boldsymbol{Qy}=\boldsymbol{QQ}'\boldsymbol{z}=\boldsymbol{QQ}^{-1}\boldsymbol{z}$. 즉, $\boldsymbol{Qy}=\boldsymbol{z}$. 따라서

$$\begin{aligned} z'Az &= \boldsymbol{y}'\boldsymbol{Q}'A\boldsymbol{Qy}=\boldsymbol{y}'D\boldsymbol{y} \\ &= \lambda Y_1{}^2+\lambda Y_2{}^2+\cdots+\lambda Y_n{}^2 \end{aligned}$$

과 같은 2차형식이 창출될 수 있다.

3) 이상과 같은 결과를 회귀분석에 활용한 예를 하나 들어 보자.

$$\boldsymbol{y}=\boldsymbol{X}'\boldsymbol{z}$$

라 하자. 단, 여기서 $\boldsymbol{X}$는 2)항의 $\boldsymbol{Q}$처럼 직교행렬의 특성을 갖는 형태로 고전적 회귀방정식에서 비확률적 변수로 정의되는 설명변수들 값으로 구성된 것이라 본다.

한편, $\boldsymbol{z}$는 오차항(ϵ_i)을 대표하는 벡터로 통상 다음과 같이 정의된다.

$$\boldsymbol{z}\sim N(0,\ \sigma^2\boldsymbol{I})$$

즉, $\boldsymbol{z}$는 정규분포를 따르되 평균은 0이고 분산은 σ^2으로 일정하다. 그러면 종속변수격인 $\boldsymbol{y}$벡터에 관하여 다음 결과가 성립된다.

$$\begin{aligned} &E[\boldsymbol{y}]=E[\boldsymbol{X}'\boldsymbol{z}]=\boldsymbol{X}'E[\boldsymbol{z}]=\boldsymbol{0} \\ &E[\boldsymbol{yy}']=E[\boldsymbol{X}'\boldsymbol{zz}'\boldsymbol{X}]=\boldsymbol{X}'E[\boldsymbol{zz}']\boldsymbol{X}=\boldsymbol{X}'\sigma^2\boldsymbol{IX}=\sigma^2\boldsymbol{X}'\boldsymbol{X}=\sigma^2\boldsymbol{I} \end{aligned}$$

즉, Y_i값들도 정규분포를 따르되 평균이 0이고 $\boldsymbol{z}$와 동일한 분산·공분산행렬(variance-covariance matrix)을 갖는다.

(3) 이차형식의 특징과 극대·극소 판정방안

1) definiteness의 정의

① $\boldsymbol{A}$가 대칭행렬이고 $\boldsymbol{x}'\boldsymbol{Ax}>0$이면 positive definite

② $\boldsymbol{A}$가 대칭행렬이고 $\boldsymbol{x}'\boldsymbol{Ax}<0$이면 negative definite

③ $\boldsymbol{A}$가 대칭행렬이고 $\boldsymbol{x}'\boldsymbol{Ax}\geq 0$이면 nonnegative definite

④ $\boldsymbol{A}$가 대칭행렬이고 $\boldsymbol{x}'\boldsymbol{Ax}\leq 0$이면 nonpositive definite

2) definiteness의 특성

① $\boldsymbol{A}$가 positive definite이면 $\boldsymbol{A}^{-1}$도 positive definite하다.

② 대칭행렬 A의 특성근이 모두 positive 이면 A는 positive definite matrix 가 된다. 이를 증명하면,

$$Q'AQ = D$$

한편, $y = Q'x$라 하면 $Qy = x$가 되고

$$x'Ax = y'Q'AQy = y'Dy$$
$$= \sum_{i=1}^{n} \lambda_i Y_i^{\,2} > 0$$

③ A가 pos. def.면 A는 비특이행렬이다. 왜냐하면 만일 A가 특이행렬이면 $Ax = 0$에서 $x'Ax = 0$, $x \neq 0$이 되기 때문이다.

④ A가 pos. def.고 P가 비특이행렬이면 $P'AP$도 pos. def.가 된다.

⑤ A가 pos. def.면 비특이행렬 P와 다음의 관계가 성립될 수 있다.

$$A = P'P$$

이를 증명하면,

$$Q'AQ = \begin{bmatrix} \lambda_1 & \cdots & 0 \\ \vdots & \ddots & \\ 0 & & \lambda_n \end{bmatrix} = D$$

이제 $K = \begin{bmatrix} 1/\sqrt{\lambda_1} & \cdots & 0 \\ \vdots & \ddots & \\ 0 & & 1/\sqrt{\lambda_n} \end{bmatrix}$이라 정의하면,

$$(QK)'A(QK) = I \text{ 또는 } R'AR = I \quad (\text{단, } R = QK)$$
$$A = (R')^{-1}R'ARR^{-1} = (R')^{-1}R^{-1}$$
$$= (R^{-1})'R^{-1} = PP' \quad (\text{단, } P = (R^{-1})')$$

3) definiteness 와 극대 · 극소판정

① A가 $(n \times n)$대칭행렬일 때 A가 pos. def.되기 위한 필요충분조건은 모든 주소(主小)행렬(principal minors)값이 positive 여야 한다. 즉,

$$a_{11} > 0, \ \begin{vmatrix} a_{11} & a_{12} \\ a_{21} & a_{22} \end{vmatrix} > 0, \ \cdots, \ \begin{vmatrix} a_{11} & \cdots & a_{1n} \\ \vdots & & \vdots \\ a_{n1} & \cdots & a_{nn} \end{vmatrix} > 0$$

② 만일 어떤 목적함수를 2차미분한 2차도함수가 2차함수 형태로 표현될 경우 pos. def.(또는 neg. def.)하면 극소(또는 극대)조건을 만족시키는 것으로 이해할 수 있다.

4. 행렬(식)의 미분

1) $\boldsymbol{a}'\boldsymbol{x} = a_1X_1 + a_2X_2 + \cdots + a_nX_n$ 이면

2) $\boldsymbol{x}'\boldsymbol{A}\boldsymbol{x} = [X_1 \cdots X_n]\begin{bmatrix} a_{11} & \cdots & a_{1n} \\ \vdots & & \vdots \\ a_{n1} & \cdots & a_{nn} \end{bmatrix}\begin{bmatrix} X_1 \\ \vdots \\ X_n \end{bmatrix}$ 경우

① $\dfrac{\partial(\boldsymbol{x}'\boldsymbol{A}\boldsymbol{x})}{\partial\boldsymbol{x}} = 2\boldsymbol{A}\boldsymbol{x} = 2\boldsymbol{x}'\boldsymbol{A}$

② $\dfrac{\partial(\boldsymbol{x}'\boldsymbol{A}\boldsymbol{x})}{\partial\boldsymbol{A}} = \boldsymbol{x}\boldsymbol{x}'$

3) 같은 논리로

① $\dfrac{\partial(\boldsymbol{x}'\boldsymbol{A}\boldsymbol{y})}{\partial\boldsymbol{x}} = \boldsymbol{A}\boldsymbol{y}$

② $\dfrac{\partial(\boldsymbol{x}'\boldsymbol{A}\boldsymbol{y})}{\partial\boldsymbol{A}} = \boldsymbol{x}\boldsymbol{y}'$

4) $Y = f(X_1, X_2, \cdots, X_n)$

① $\dfrac{\partial Y}{\partial\boldsymbol{x}} = \begin{bmatrix} \dfrac{\partial Y}{\partial X_1} \\ \vdots \\ \dfrac{\partial Y}{\partial X_n} \end{bmatrix} = \begin{bmatrix} f_1 \\ \vdots \\ f_n \end{bmatrix} = [f_j] = \boldsymbol{f}$

② $\dfrac{\partial^2 Y}{\partial\boldsymbol{x}^2} = \begin{bmatrix} \dfrac{\partial^2 Y}{\partial X_1 \partial X_1} & \cdots & \dfrac{\partial^2 Y}{\partial X_1 \partial X_n} \\ \vdots & & \vdots \\ \dfrac{\partial^2 Y}{\partial X_n \partial X_1} & \cdots & \dfrac{\partial^2 Y}{\partial X_n \partial X_n} \end{bmatrix} = [f_{ij}]$

5) $Y = f(X_1, \cdots, X_m)$

① $dY = \sum_i f_i dX_i = f_1 dX_1 + f_2 dX_2 + \cdots + f_n dX_n$

② $d^2Y = \sum_i \sum_j f_{ij} dX_i dX_j = (dX_1 \cdots dX_n)\boldsymbol{F}\begin{bmatrix} dX_1 \\ \vdots \\ dX_n \end{bmatrix}$

$$\left(\begin{aligned} &\text{단, } \boldsymbol{F} = \{f_{ij}\} \\ &\qquad f_{ij} = \frac{\partial^2 Y}{\partial X_i X_j} \end{aligned}\right)$$

가 되며, $d^2Y>0$ 일 때, 즉 2 차형식 d^2Y 가 pos. def.하면, 따라서 $\boldsymbol{F}$ 행렬이 pos. def.하면 Y 는 극소값을 갖는다.

제 5 절 행렬(식)을 이용한 회귀분석의 기초내용

지금까지 소개한 행렬대수(matrix algebra)를 기초로 해서 회귀분석의 기초내용, 즉 고전적 선형회귀분석(classical linear regression analysis)에 해당되는 내용을 작성해 보기로 한다. 내용의 구분과 전개순서는 제 2 편 제 6 장부터 8 장에 이르는 내용에 준하기로 한다.

1. 일반적인 다중선형회귀모형

설명변수가 k 개(사실은 $(k-1)$개의 설명변수와 항상 "1"값만 갖는 임의의 설명변수 1 개를 합한 숫자임 : 항상 "1"값만을 갖는 설명변수를 X_1 으로 정의함으로써 그 앞에 붙는 계수 β_1은 자동적으로 상수항이 되도록 조정한 것임)이고 각 변수가 n 번 관측된 경우의 다중회귀모형은 다음과 같다.

$$\begin{aligned} Y_1 &= \beta_1+\beta_2 X_{21}+\beta_3 X_{31}+\cdots+\beta_K X_{K1}+\epsilon_1 \\ Y_2 &= \beta_1+\beta_2 X_{22}+\beta_3 X_{32}+\cdots+\beta_K X_{K2}+\epsilon_2 \\ &\cdots\cdots\cdots\cdots\cdots\cdots \\ Y_n &= \beta_1+\beta_2 X_{2n}+\beta_3 X_{3n}+\cdots+\beta_K X_{Kn}+\epsilon_n \end{aligned} \tag{1}$$

이를 행렬의 형태로 표현하면 다음과 같다.

$$\boldsymbol{y} = \boldsymbol{X}\beta + \boldsymbol{\varepsilon} \tag{2}$$

$$\underset{(n\times 1)}{\boldsymbol{y}} = \begin{bmatrix} Y_1 \\ \vdots \\ Y_n \end{bmatrix}, \quad \underset{(n\times K)}{\boldsymbol{X}} = \begin{bmatrix} 1 & X_{21} & \cdots & X_{K1} \\ \vdots & \vdots & & \vdots \\ 1 & X_{2n} & \cdots & X_{Kn} \end{bmatrix}, \quad \underset{(K\times 1)}{\boldsymbol{\beta}} = \begin{bmatrix} \beta_1 \\ \vdots \\ \beta_k \end{bmatrix}, \quad \underset{(n\times 1)}{\boldsymbol{\varepsilon}} = \begin{bmatrix} \varepsilon_1 \\ \vdots \\ \varepsilon_n \end{bmatrix} \tag{3}$$

2. 기본가정

기본가정은 다음과 같은 5 개 항으로 집약될 수 있다.

$$\text{A1} : E[\boldsymbol{\varepsilon}] = \mathbf{0} \tag{4}$$

$$\text{A2} : E[\boldsymbol{\varepsilon}\boldsymbol{\varepsilon}'] = \sigma^2\boldsymbol{I} = \sigma^2\begin{bmatrix} 1 & 0 & \cdots & 0 \\ 0 & 1 & & \vdots \\ \vdots & \vdots & \ddots & \\ 0 & 0 & \cdots & 1 \end{bmatrix} = \begin{bmatrix} \sigma^2 & 0 & \cdots & 0 \\ 0 & \sigma^2 & & \vdots \\ \vdots & \vdots & \ddots & \\ 0 & \cdots & & \sigma^2 \end{bmatrix} \tag{5}$$

A3 : $\boldsymbol{X}$는 비확률변수임. (6)

A4 : $\boldsymbol{\varepsilon}$는 다변량정규분포를 따름. (7)

$$\text{A5} : r(\boldsymbol{X}) = k < n \tag{8}$$

두 번째 가정은 분산이 동일($E[\varepsilon_i^2] = \sigma^2$)하다는 동분산가정과 시계열상관이 없다는($E[\varepsilon_i\varepsilon_j] = 0,\ i \neq j$) 비자기상관가정을 묶어 동시에 표현한 것이다. 그리고 다섯 번째 가정에서 $r(\boldsymbol{X}) = k$가 된다는 것은 설명변수가 상호 간에 1 차독립적이어서 각각 독자적인 설명능력을 가질 수 있다는 것을 의미하며, 또한 이 가정이 충족됨으로써 모형체계가 일관성을 갖게 되어 해가 존재하게 된다. ($k < n$)이란 관측치의 수가 미지수의 수보다는 커야 한다는 의미이다.

한편, 두 번째 가정을 표현함에 있어서 $(n \times 1)$벡터인 $\boldsymbol{\varepsilon}$을 전치시켜 $\boldsymbol{\varepsilon}$에다 뒤에서 곱함으로써 $(n \times n)$인 행렬 $\boldsymbol{\varepsilon}\boldsymbol{\varepsilon}'$이 도출되도록 하여 분산·공분산행렬을 정의하고 있다. 한편, 일반대수(scalar matrix)에서 제곱(ε_i^2)이나 곱($\varepsilon_i\varepsilon_j$)의 형태로 표시되는 것은 행렬대수에서는 해당 벡터에 그 벡터를 전치시킨 다음 벡터를 앞에서 곱한 것으로 표현할 수 있는데, 예컨대 $\boldsymbol{\varepsilon}'\boldsymbol{\varepsilon} = \sum\varepsilon_i^2$의 의미가 된다.

3. 통상최소자승법(OLS; ordinary least squares)에 의한 추정

우선 식 (2)에 나타난 모회귀모형에 대한 표본회귀모형을 구성하면 다음과 같이 표현할 수 있다.

$$\boldsymbol{y} = \boldsymbol{X}\hat{\boldsymbol{\beta}} + \hat{\boldsymbol{\varepsilon}} \tag{9}$$

$$\left(\text{단, } \hat{\boldsymbol{\beta}} = \begin{bmatrix} \hat{\beta}_1 \\ \vdots \\ \hat{\beta}_k \end{bmatrix},\ \hat{\boldsymbol{\varepsilon}} = \begin{bmatrix} e_1 \\ \vdots \\ e_n \end{bmatrix}\right)$$

따라서 오차자승의 합($\boldsymbol{\varepsilon}'\boldsymbol{\varepsilon}$)을 최소화시키는 추정량($\hat{\boldsymbol{\beta}}$)을 도출하는 과정은 다음과 같아진다.

$$S = \hat{\boldsymbol{\varepsilon}}'\hat{\boldsymbol{\varepsilon}} = (\boldsymbol{y} - X\hat{\boldsymbol{\beta}})'(\boldsymbol{y} - X\hat{\boldsymbol{\beta}}) \tag{10}$$

$$= \boldsymbol{y}'\boldsymbol{y} - 2\hat{\boldsymbol{\beta}}'X'\boldsymbol{y} + \hat{\boldsymbol{\beta}}'X'X\hat{\boldsymbol{\beta}}$$

$$\frac{\partial S}{\partial \hat{\boldsymbol{\beta}}} = -2X'\boldsymbol{y} + 2X'X\hat{\boldsymbol{\beta}} = 0 \tag{11}$$

즉, $X'X\hat{\boldsymbol{\beta}} = X'\boldsymbol{y}$가 되므로,

$$\therefore\ \hat{\boldsymbol{\beta}} = (X'X)^{-1}X'\boldsymbol{y} \tag{12}$$

식 (12)가 바로 (통상)최소자승추정량인 것이다. 제 6 장에서 도출한 일반대수형의 공식 $\hat{\beta}_i = \frac{\sum x_i y_j}{\sum x_i^2}$와 대비하여 행렬대수로 표현한 공식에 익숙하기 바란다.

한편, 식 (12)를 다시 한번 $\hat{\boldsymbol{\beta}}$에 대하여 미분하면 2 차도함수조건식이 도출된다.

$$\frac{\partial^2 S}{\partial \hat{\boldsymbol{\beta}}^2} = 2X'X > 0 \tag{13}$$

여기서 $X'X$로 표현되는 2 차형식은 0 보다 작을 수도 없을 뿐 아니라 X가 영행렬이 아니므로 결국 항상 0 보다 크게 된다. 즉, 2 차형식 $X'X$는 항상 0 보다 크다(pos. def.). 따라서 2 차도함수가 항상 0 보다 크다는 논리가 성립되므로 1 차도함수조건식에서 도출된 최소자승추정량공식 (12)는 오차자승합을 최소화시켜 줌을 확인할 수 있게 된다.

4. OLS 추정량의 특성

(1) OLS 추정량은 BLUE 가 됨

1) 불편성 :

$$\hat{\boldsymbol{\beta}} = (X'X)^{-1}X'\boldsymbol{y} = (X'X)^{-1}X'(X\boldsymbol{\beta} + \boldsymbol{\varepsilon})$$

$$= (X'X)^{-1}(X'X)\boldsymbol{\beta} + (X'X)^{-1}X'\boldsymbol{\varepsilon}$$

즉,

$$\hat{\boldsymbol{\beta}} = \boldsymbol{\beta} + (X'X)^{-1}X'\boldsymbol{\varepsilon} \tag{14}$$

따라서 $E[\hat{\boldsymbol{\beta}}]=\boldsymbol{\beta}+(X'X)^{-1}X'E[\boldsymbol{\varepsilon}]$ (∵ 가정 ③)

$\therefore\ E[\hat{\boldsymbol{\beta}}]=\boldsymbol{\beta}$ (∵ 가정 ①)

2) 효율성 :

① 우선 $\mathrm{Var}(\hat{\boldsymbol{\beta}})$를 식 (14)를 이용하여 도출한다.

$$\begin{aligned}\mathrm{Var}(\hat{\boldsymbol{\beta}})&=E[(\hat{\boldsymbol{\beta}}-\boldsymbol{\beta})(\hat{\boldsymbol{\beta}}-\boldsymbol{\beta})']\\&=E[(X'X)^{-1}X'\boldsymbol{\varepsilon}\boldsymbol{\varepsilon}'X(X'X)^{-1}]\\&=(X'X)^{-1}X'E[\boldsymbol{\varepsilon}\boldsymbol{\varepsilon}']X(X'X)^{-1}\\&=(X'X)^{-1}X'\sigma^2X(X'X)^{-1}\quad(\because \text{ 가정 ②})\end{aligned}$$

$$\therefore\ \mathrm{Var}(\hat{\boldsymbol{\beta}})=\sigma^2(X'X)^{-1} \tag{15}$$

(참고 : 일반대수식에서의 공식은 $\mathrm{Var}(\hat{\beta}_i)=\sigma^2/\Sigma x_i^2$이었음)

② 한편, OLS 추정량 $\hat{\boldsymbol{\beta}}$ 외에 임의의 선형불편추정량(linear unbiased estimator) $\tilde{\boldsymbol{\beta}}$를 적절히 정의한 다음 그 분산을 구하여 OLS 추정량 $\hat{\boldsymbol{\beta}}$의 분산과 비교해 보자.

$$\tilde{\boldsymbol{\beta}}=C'Y \tag{16}$$

(단, C는 $(n\times k)$인 상수로 구성된 행렬임)

$$\begin{aligned}E[\tilde{\boldsymbol{\beta}}]&=E[C'Y]=E[C'(X\boldsymbol{\beta}+\boldsymbol{\varepsilon})]\\&=E[C'X\boldsymbol{\beta}+C'\boldsymbol{\varepsilon}]\\&=C'X\boldsymbol{\beta}+C'E[\boldsymbol{\varepsilon}]\end{aligned}$$

$$\therefore\ E[\tilde{\boldsymbol{\beta}}]=C'X\boldsymbol{\beta} \tag{17}$$

식 (17)에서 $E[\tilde{\boldsymbol{\beta}}]=\boldsymbol{\beta}$, 즉 $\tilde{\boldsymbol{\beta}}$가 불편추정량이 되려면 다음 식이 성립되어야 한다.

$$C'X=I \tag{18}$$

(참고 : OLS 경우 C'에 해당되는 부분은 $C'=(X'X)^{-1}X'$임을 유의할 것)

이제 OLS 와의 비교의 편의상 $\tilde{\boldsymbol{\beta}}$를 위한 C'를 다음과 같이 정의한다.

$$C'=(X'X)^{-1}X'+A' \tag{19}$$

(참고 : 윗식은 OLS 의 상수부분에다 A'를 더한 것이며, OLS 경우는 $A'=\mathbf{0}$이라 볼 수도 있다.)

식 (19)를 (18)에 대입시키면

$$C'X = ((X'X)^{-1}X' + A')X = (X'X)^{-1}X'X + A'X$$
$$= I + A'X$$

가 되므로 식 (18)이 성립되기 위한 조건식은,

$$A'X = 0 \tag{20}$$

③ 이제 불편선형추정량으로 정의된 $\tilde{\boldsymbol{\beta}}$의 분산을 도출해 보자.

$$\tilde{\boldsymbol{\beta}} = C'Y = \boldsymbol{\beta} + C'\boldsymbol{\varepsilon}$$
$$\tilde{\boldsymbol{\beta}} - \boldsymbol{\beta} = C'\boldsymbol{\varepsilon}$$
$$\mathrm{Var}(\tilde{\boldsymbol{\beta}}) = E[(\tilde{\boldsymbol{\beta}} - \boldsymbol{\beta})(\tilde{\boldsymbol{\beta}} - \boldsymbol{\beta})'] = E[(C'\boldsymbol{\varepsilon})(\boldsymbol{\varepsilon}'C)]$$
$$= C'E[\boldsymbol{\varepsilon}\boldsymbol{\varepsilon}']C = \sigma^2 C'C$$
$$= \sigma^2[\{(X'X)^{-1}X' + A'\}\{X(X'X)^{-1} + A\}]$$
$$= \sigma^2[(X'X)^{-1} + A'X(X'X)^{-1} + (X'X)^{-1}X'A + A'A]$$
$$= \sigma^2[(X'X)^{-1} + A'A] \quad (\because\ X'A = A'X = 0)$$
$$= \sigma^2(X'X)^{-1} + \sigma^2 A'A$$
$$\therefore\ \mathrm{Var}(\tilde{\boldsymbol{\beta}}) = \mathrm{Var}(\hat{\boldsymbol{\beta}}) + \sigma^2 A'A \tag{21}$$

그런데 식 (21)에서 $A'A$는 2차형식으로 0보다 작을 수는 없다(non-negative definite). 따라서 다음 식이 성립된다.

$$\mathrm{Var}(\tilde{\boldsymbol{\beta}}) \geq \mathrm{Var}(\hat{\boldsymbol{\beta}}) \tag{22}$$

따라서 OLS 추정량 $\hat{\boldsymbol{\beta}}$은 임의의 선형불편추정량 중 최소분산을 갖게 됨이 입증되었다. 따라서 OLS 추정량은 BLUE가 된다.

(2) σ^2에 대한 추정

일반대수에서 $s_e^2 = \dfrac{\sum(Y_i - \hat{Y}_i)^2}{n-K} = \dfrac{\sum e_i^2}{n-K}$로 표현되었던 오차항의 분산 σ^2에 대한 불편추정량을 행렬대수로 표현하면 다음과 같다(도출과정은 생략함. 관심 있는 독자는 Johnston, Econometrics, 3rd., ch. 4를 참조할 것).

$$\hat{\sigma}^2 = \frac{\hat{\boldsymbol{\varepsilon}}'\hat{\boldsymbol{\varepsilon}}}{n-K} \quad (\text{단, } E[\hat{\sigma}^2] = \sigma^2) \tag{23}$$

(3) 기타 통계적 특성

1) $(\hat{\boldsymbol{\beta}}-\boldsymbol{\beta})$의 특성 : 식 (14)에서 다음 식이 도출된다.

$$\hat{\boldsymbol{\beta}}-\boldsymbol{\beta} = (\boldsymbol{X}'\boldsymbol{X})^{-1}\boldsymbol{X}'\boldsymbol{\varepsilon} \tag{24}$$

그런데 $(\hat{\boldsymbol{\beta}}-\boldsymbol{\beta})$는 정규분포를 따르는 $\boldsymbol{\varepsilon}$의 1차함수이므로 역시 정규분포를 따른다(제1장 [정리 1.1] 참조). 그리고

$$E[\hat{\boldsymbol{\beta}}-\boldsymbol{\beta}] = (\boldsymbol{X}'\boldsymbol{X})^{-1}\boldsymbol{X}'E[\boldsymbol{\varepsilon}] = \mathbf{0}$$

가 된다. 한편,

$$\begin{aligned}\mathrm{Var}(\hat{\boldsymbol{\beta}}-\boldsymbol{\beta}) &= \mathrm{Var}\{(\boldsymbol{X}'\boldsymbol{X})^{-1}\boldsymbol{X}'\boldsymbol{\varepsilon}\} = (\boldsymbol{X}'\boldsymbol{X})^{-1}\boldsymbol{X}'\{(\boldsymbol{X}'\boldsymbol{X})^{-1}\boldsymbol{X}'\}'\mathrm{Var}(\boldsymbol{\varepsilon}) \\ &= (\boldsymbol{X}'\boldsymbol{X})^{-1}\boldsymbol{X}'\boldsymbol{X}(\boldsymbol{X}'\boldsymbol{X})^{-1}\sigma^2 = \sigma^2(\boldsymbol{X}'\boldsymbol{X})^{-1}\end{aligned} \tag{25}$$

따라서 새로운 확률변수$(\hat{\boldsymbol{\beta}}-\boldsymbol{\beta})$는 다음과 같은 특성을 갖는다.

$$(\hat{\boldsymbol{\beta}}-\boldsymbol{\beta}) \sim N(\mathbf{0},\ \sigma^2(\boldsymbol{X}'\boldsymbol{X})^{-1}) \tag{26}$$

2) $\dfrac{\hat{\boldsymbol{\varepsilon}}'\hat{\boldsymbol{\varepsilon}}}{\sigma^2}$는 χ^2_{n-K}를 따른다.

① 우리는 제1장에서 확률변수 X가 정규분포를 따르면 X를 표준화시킨 파생적 확률변수

$$Z = \frac{X-E[X]}{\sqrt{\mathrm{Var}(X)}} \sim N(0,\ 1) \tag{27}$$

는 표준정규분포를 따르게 되며, 이 새로운 변수 Z를 제곱한 값들의 합은 χ^2분포를 따르게 된다는 사실을 확인한 바 있다.

② 그런데 여기서 확률변수 $\boldsymbol{\varepsilon}$는 $\boldsymbol{\varepsilon} \sim N(0, \sigma^2)$이고, 이를 표준화하면,

$$\frac{\boldsymbol{\varepsilon}-E[\boldsymbol{\varepsilon}]}{\sqrt{\mathrm{Var}(\boldsymbol{\varepsilon})}} = \frac{\boldsymbol{\varepsilon}-\mathbf{0}}{\sqrt{\sigma^2}} = \frac{\boldsymbol{\varepsilon}}{\sigma} \tag{28}$$

③ 식 (28)과 같이 행렬대수형식으로 표현된 식의 제곱의 합은 전술한 바

있듯이 해당 식의 전치된 행렬을 곱하여 구한다. 즉,

$$\left(\frac{\boldsymbol{\varepsilon}}{\sigma}\right)'\left(\frac{\boldsymbol{\varepsilon}}{\sigma}\right)=\frac{\boldsymbol{\varepsilon}'\boldsymbol{\varepsilon}}{\sigma^2} \tag{29}$$

이렇게 도출된 식 (29)는 χ^2분포모양을 할 것이다.

④ 한편, 도출과정을 생략(Johnston(1980), 전게서, 제 4 항 참조)하고 결과만을 제시하면,

$$\hat{\boldsymbol{\varepsilon}}'\hat{\boldsymbol{\varepsilon}}=\boldsymbol{\varepsilon}'\boldsymbol{M}\boldsymbol{\varepsilon} \tag{30}$$

또

$$\begin{cases}\boldsymbol{M}=(\boldsymbol{I}-\boldsymbol{X}(\boldsymbol{X}'\boldsymbol{X})^{-1}\boldsymbol{X}') \\ \mathrm{tr}(\boldsymbol{M})=r(\boldsymbol{M})=n-K\end{cases}$$

로 멱등행렬(idempotent matrix)이다. 그런데 Cochrane의 정리(Wilks, p. 212 참조)에 의하면 $\boldsymbol{\varepsilon}'\boldsymbol{M}\boldsymbol{\varepsilon}/\sigma^2$은 자유도가 $\mathrm{tr}(\boldsymbol{M})=n-k$인 χ^2을 따른다.

⑤ 따라서 $\hat{\boldsymbol{\varepsilon}}'\hat{\boldsymbol{\varepsilon}}/\sigma^2$도 χ^2_{n-K}를 따른다. 즉,

$$\hat{\boldsymbol{\varepsilon}}'\hat{\boldsymbol{\varepsilon}}/\sigma^2 \sim \chi^2_{n-K} \tag{31}$$

또는

$$(n-k)\hat{\sigma}^2/\sigma^2 \sim \chi^2_{n-K} \tag{32}$$

$$(\because\ \hat{\sigma}^2=\hat{\boldsymbol{\varepsilon}}'\boldsymbol{\varepsilon}/(n-K))$$

3) $(n-K)\hat{\sigma}^2/\sigma^2$와 $(\hat{\boldsymbol{\beta}}-\boldsymbol{\beta})$은 서로 독립적으로 분포되어 있다.

5. 검 정

각종 검정을 위한 통계량을 도출과정을 생략(Johnston, 전게서, 제 4 장 참조)하고 결과만을 정리하면 다음과 같다.

(1) 유의성검정(t검정)

1) 개별적 β_i에 대한 검정

$$H_0 : \beta_i = \beta_i{}^* \qquad : \text{귀무가설} \tag{33}$$

$$t_{n-K} = (\hat{\beta}_i - \beta_i{}^*)/\sigma_{\hat{\beta}_i} : \text{검정통계량} \tag{34}$$

$$\left(\begin{array}{l} \text{단, } \sigma_{\hat{\beta}_i} = \sqrt{\hat{\sigma}^2 x^{ii}} \\ \quad x^{ii}\text{는 } (\boldsymbol{X}'\boldsymbol{X})^{-1}\text{의 } i\text{번째 대각선상의 원소값} \\ \quad (\text{참고} : \hat{\boldsymbol{\beta}} \sim N(\boldsymbol{\beta},\ \sigma^2(\boldsymbol{X}'\boldsymbol{X})^{-1}) \end{array} \right)$$

2) 모든 β_i에 대한 종합적 검정(F검정)

$$H_0 : \boldsymbol{\beta} = \boldsymbol{\beta}^* \ \text{ 또는 } \ H_0 : \beta_1 = \beta_2 = \cdots = \beta_K = 0 \tag{35}$$

$$F_{K,\, n-K} = \frac{R^2/k}{(1-R^2)/(n-K)} \tag{36}$$

(2) 적합도검정(도출과정 생략)

$$R^2 = \frac{\hat{\boldsymbol{\beta}}'\boldsymbol{X}'\boldsymbol{y} - n\overline{Y}^2}{\boldsymbol{y}'\boldsymbol{y} - n\overline{Y}^2} \tag{37}$$

$$\overline{R}^2 = 1 - (1-R^2)\frac{n-1}{n-K} \tag{38}$$

6. 예 측

역시 도출과정은 생략(Johnston, 전게서, 제 4 장 참조)하고 결과만을 정리하면 다음과 같다.

(1) 개별적 점예측

$$\hat{Y}_f = (Y_f | \boldsymbol{X}_f{}') = \boldsymbol{X}_f{}'\hat{\boldsymbol{\beta}}$$

(2) 개별적 구간예측

$$(Y_f | \boldsymbol{X}_f{}')_c = \hat{Y}_f \pm t_{\alpha/2}\sqrt{1 + \boldsymbol{X}_f{}'(\boldsymbol{X}'\boldsymbol{X})^{-1}\boldsymbol{X}_f}$$

(3) 신뢰구간

$$Y_f - t_{\alpha/2}\sqrt{1 + \boldsymbol{X}_f{}'(\boldsymbol{X}'\boldsymbol{X})^{-1}\boldsymbol{X}_f} \le E[Y | \boldsymbol{X}_f] \le Y_f + t_{\alpha/2}\sqrt{1 + \boldsymbol{X}_f{}'(\boldsymbol{X}'\boldsymbol{X})^{-1}\boldsymbol{X}_f}$$

B. RATS 사용안내

RATS(Regression Analysis of Time Series)는 계량경제분석을 위해 작성된 컴퓨터 프로그램으로서 경제예측에 있어서도 강력한 기능을 발휘하고 있어, 전 세계적으로 경제학자를 비롯하여 계량모형 개발 및 추정, 예측, 시계열 및 횡단면자료 분석등에 종사하는 사람들에 의해 널리 사용되고 있다. 특히, 2004년에 발표된 6.0 Version 에서는 계량경제분석을 위한 메뉴방식의 마법사(wizards) 기능을 추가하여 초보자라도 쉽게 사용할 수 있게 되었다.

RATS는 대형컴퓨터와 PC(IBM호환기종이나 메킨토시) 모두에서 사용이 가능하며 본서에서는 국내에서 가장 널리 보급된 IBM 호환용 PC를 염두에 두고 활용방안을 작성하였다.

RATS는 기타 주요 통계분석 프로그램(SPSS, SAS, MINITAB)들과는 달리 계량경제학과 관련된 분야를 주 대상으로 하고 있으며, 시계열자료는 물론 횡단면자료의 분석 및 예측에도 널리 적용되고 있다. 특히, 최근 각광을 받고 있는 ARCH를 비롯한 관련 모형, 상태공간모형 및 패널(panel)자료를 이용한 추정 및 예측에서도 매우 강력한 기능을 발휘하고 있다.

본서는 이러한 RATS를 이용하여 경제예측을 수행하는 데 필요한 기본지식과 활용방안에 관한 안내를 위해 작성된 것으로 다음과 같은 분류체계에 따라 주요 내용을 소개하고자 한다. 본서에서 제시된 분석범위를 넘는 부분에 관해서는 RATS 메뉴얼을 참고하기 바란다.[1)]

그림 RATS 사용 안내

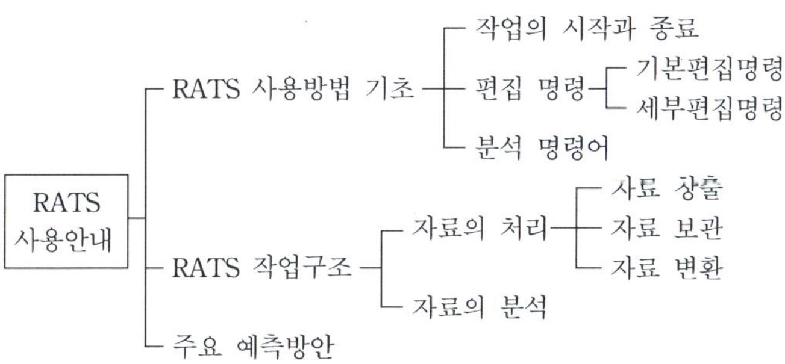

1) Thomas A. Doan, *RATS User's Guide*, Version 6(2004).

1. RATS 사용방법 기초

1.1 작업의 시작과 종료

(1) 작업의 시작

RATS 프로그램이 이미 설치되어 있고 실행을 위한 단축아이콘이 바탕화면 위에 설정되어 있다면, 아래와 같은 RATS 아이콘(icon)을 연속 두 번 누르면(double-click) 잠시 후에 그림 1과 같은 초기화면이 나타나며 작업과정 준비가 완료된다.

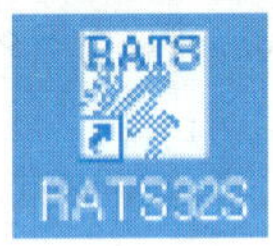

RATS 초기화면은 그림 1에서 볼 수 있듯이 메뉴상자(㉮), 도구상자(㉯), NONAME00.TXT라는 제목을 지닌 작업창(㉰), 그리고 커서위치표시(㉱)로 구성되어 있다.

그림 2 RATS의 초기화면

(2) 작업의 종료

분석을 마친 후 작업을 종료하기 위해서는 작업종료 명령어인 'END'를 사용하거나 편집명령어 중 File 메뉴의 'EXIT'을 선택하면, RATS 프로그램이 종료된다.

1.2 편집명령

RATS 프로그램의 명령어는 크게 '편집명령어'와 '분석명령어'로 양대분된다. '분석명령어'란 RATS 프로그램을 이용하여 각종 통계분석을 수행하는 과정과 관련된 명령어이고, '편집명령어'는 RATS 프로그램을 운영하는 과정과 관련된 일종의 기능어이다.

(1) 기본편집명령

RATS 프로그램 사용상의 가장 기본적인 편집명령어에 대해서 앞서 소개한 그림 1. RATS 프로그램의 초기화면을 이용하여 설명하고자 한다.

대부분의 윈도우(Windows)용 프로그램들이 그러하듯이 RATS 프로그램도 자주 사용하는 명령어들은 단한번의 마우스 클릭으로 실행이 가능한 그림형식의 버튼(Button)으로 만들어서 그림 1 RATS 초기화면의 ㉯처럼 화면상단에 위치시키는데 이처럼 실행버튼들을 모아 놓은 것을 도구모음 또는 도구상자(Toolbar)라 한다.

초기화면에 나타난 각각의 버튼과 그 내용은 표 1과 같다.

표 1 RATS 도구모음을 구성하는 버튼과 그 기능

버 튼	명 령 어	기 능
 (Open)	File - Open	작업하고자 하는 file을 불러 옴.
 (Save)	File - Save 또는 File - Save As	화면 상에 작성된 프로그램을 file로 저장함.
 (Print)	File - Print	화면 상의 내용을 프린터로 인쇄함.
 (Functions)	Wizards - Function	RATS에서 사용되는 모든 함수유형을 불러옴(이후 함수유형과 해당변수를 선택하여 함수전환을 실시함).
 (Input)	Window - Use for Input	현재 작업창(active window)[1]을 입력창(Input window)으로 지정함(이후 입력창을 통해서만 명령이 실행됨).

1) Windows RATS 프로그램은 여타 Windows용 프로그램과 마찬가지로 여러 개의 창

(Output)	Window - Use for Output	현재 작업창(active window)을 출력창(Output window)으로 지정함(이후 출력창을 통해서만 입력창을 통해서 실행된 결과가 화면에 제시됨).
(I/O Horizon)	Window - Tile Horizontal	입력창과 출력창을 한화면에서 볼 수 있도록 수평하게 배열함(이 때 상단이 입력창이고, 하단이 출력창으로 구성됨).
(I/O Vertical)	Window - Tile Vertical	입력창과 출력창을 한 화면에서 볼 수 있도록 수직으로 배열함(이 때 좌측이 입력창이고, 우측이 출력창으로 구성됨).
(Select All)	Edit - Select All	화면 상의 전체 내용을 블럭으로 설정함(이후 실행명령을 이용하여 블럭화된 내용 전체를 일괄 처리함).
(Run)	~	현재 커서가 위치하고 있는 행 또는 블럭으로 설정된 화면 내용을 실행함.
(Ready/Local)	–	현재 화면상태가 실행상태(R)인지 편집상태(L)인지를 표시해 줌.
(Clear Mem.)	File - Clear Program	메모리 상의 내용을 일괄 삭제하여, 새로운 작업을 수행할 여건을 만들어 줌.

1) 화면상태의 전환 : 작업유형의 선정

RATS의 화면상태는 프로그램의 작성을 위한 입력 및 복사와 이동 등을 수행할 수 있는 '편집상태(edit mode)'와 프로그램을 직접 실행하여 분석을 실시할 수 있는 '분석상태'(analysis mode)로 양대분된다. 또한 분석상태는 실행에 앞서 간단한 프로그램의 입력 및 간단한 수정을 실시할 수 있는 '임시상태'(local mode)와 프로그램을 실제로 실행하는 '실행상태'(ready mode)로 구분할 수 있다.

RATS 프로그램을 시작할 때, 자동으로 발생하는 초기화면 상의 작업창은 자동적으로 분석상태를 유지하며, 기존의 외부프로그램파일을 RATS 안으로 불러들어올 때 해당창은 편집상태를 유지한다.

만일, 현재의 화면상태를 편집상태에서 분석상태로 전환하기 위해서는 도구모음의 I (Use for Input)와 O (Use for Output)을 각각 선택하면, 현재의 화면상태를 분석상태로 전환할 수 있다. 현재의 화면 상태가 분석상태라는 것은 편집상태에서 선택할 수 없었던 'Run'과 'Ready/Local' 버튼이 선택할 수 있는

을 화면 상에 동시에 띄어 놓은 상태에서 계량분석을 실시한다. 이중 커서가 위치하여 현재 작업이 진행중인 창을 작업창(active window)이라 한다. 작업창은 화면의 전면에 위치하므로 전면창(front window)으로도 불리운다.

항목으로 바뀌게 된 것에서도 확인할 수 있다.

한편, 분석상태에서 임시상태와 실행상태 간의 전환은 도구모음의 'Ready/Local' 버튼을 마우스로 한번 누룸으로써 실행된다. 즉, 현상황이 'Ready' 상황이면 버튼을 눌러 'Local' 상황으로 전환할 수 있고, 버튼을 다시 한번 누르면, 다시 'Ready' 상황으로 재전환된다. 이 두 상태 간의 전환은 키보드의 [Ctrl]과 [L]을 동시에 누룸으로써도 전환된다. 즉, 현상황이 'Ready' 상황이면 [Ctrl] + [L]을 눌러 'Local' 상황으로 전환할 수 있고, [Ctrl] + [L]키를 다시 한번 눌러, 다시 'Ready' 상황으로 돌아갈 수 있다.

2) 명령어 실행법

RATS에서 분석을 실시하기 위해서는 [Enter↵]키를 일일히 눌러 주어야 한다. 이것이 번거롭다면 키보드 상의 [Enter↵]를 누르는 대신 마우스로 도구모음중 , 즉 'Run'버튼을 눌러 동일한 효과를 얻을 수 있다.

즉, 'Run'버튼을 누르면 현재 커서가 위치한 行에 지시된 작업이 실행된다. 만일, 프로그램의 길이가 짧을 때는 문제 없으나 만일 프로그램의 길이가 매우 긴 경우에는 'Run' 비튼을 연속 눌러야 하는 번거로움이 발생한다. 이런 경우에는 마우스로 선택하고자 하는 영역의 처음부분부터 끝부분까지 마우스의 왼쪽 버튼을 누른 채로 이동시킨 후 왼쪽 버튼을 떼면 선택영역이 블럭으로 설정된다. 그런 다음 마우스로 'Run' 버튼을 한번 누르면 블럭으로 선택된 영역의 분석 명령어들이 일괄적으로 실행된다. 만일, 프로그램 전체를 선택하고자 할 경우에는 도구모음중 , 즉 'Select All' 버튼을 누르면 프로그램 전체를 선택할 수 있다.

(2) 세부편집명령

RATS는 앞서 설명한 기본 편집명령어 이외에 파일관리 등을 위한 기능을 지닌 편집명령어를 지니고 있다. 즉, 그림 1의 ㉮에서 볼 수 있듯이 'File', 'Edit', 'Wizards', 'Window', 'Help'의 5가지 메뉴로 구성된 편집명령어가 있다.

이 5가지 메뉴는 일명 주메뉴(main menu)라 불리며, 각각의 주메뉴들은 그 안에 여러 종류의 하부메뉴(sub menu)들을 포함하고 있다. 이들 메뉴를 사용하기 위해서는 해당 메뉴를 마우스의 왼쪽 버튼을 눌러 메뉴를 개방(open)하게 된다. 또는, 키보드 상의 [Alt]키와 5가지 주메뉴를 나타내는 영문 명칭 중 밑줄처리된 문자를 동시에 누름으로써 해당 메뉴를 개방(open)할 수 있다. 즉, File 메뉴를 개방하기 위해서는 Alt 키와 F 키를 동시에 누르고, Wizards 메뉴를 개방하기 위해서는 Alt 키와 Z 키를 동시에 누르면 된다. 이 때, 해당 메뉴에서 원래의 작업화면으로 돌아오기 위해서는 Esc 키를 누른다.

세부편집명령에 관한 자세한 내용은 별도 책자(「RATS를 이용한 경제예측분석」, 해남사, 근간)를 참고하기 바란다.

1.3 분석명령

기본명령어가 RATS 프로그램을 효율적으로 수행하기 위한 일종의 보조적인 역할을 수행하는 반면, 분석명령어야 말로 실질적인 각종 경제예측을 실시하는데 사용되는 명령어이다. 이러한 분석명령어는 방대한 내용 및 중요성을 감안하여 항목을 달리하여 살펴보고자 한다.

2. RATS 작업구조

2.1 자료의 처리

(1) 자료특성 지정 : CALLENDAR, ALLOCATE

자료처리과정 초기에 입력 또는 분석할 자료의 시간대 또는 크기 그리고 성격 등을 구체적으로 규명하는 작업을 실시하게 되는데, 이는 'CALEMDER'와 'ALLOCATE' 명령어를 통해 아래와 같은 형식으로 이루어진다.

```
ⓐ  CALENDAR option1 option 2 option 3
             ㉮        ㉯        ㉰

ⓑ  ALLOCATE option1
             ㉱
```

ⓐ : 'CALENDAR' : 자료형태를 구분하고, 분석기간의 시작을 지정하는 데 사용되는 명령어.[1)]

㉮ 'option 1' : 분석시작년도

㉯ 'option 2' : 시작시기(分期, 月, etc.)

㉰ 'option 3' : 연간횟수

즉, 월별 자료의 경우는 1년이 12개월이므로 '12'를, 분기별 자료의 경우는 1년이 4개 분기이므로 '4'를, 연간자료의 경우는 1년에 한번뿐이므로 '1'을 사용한다.

ⓑ : 'ALLOCATE' : 분석기간의 종료를 지정하는 데 사용되는 명령어

㉱ 'option 1' : 분석기간 종료시기

단, 횡단면 자료의 경우에는 ⓐ는 생략되고 ⓑ만이 사용됨에 유의할 것.

(2) 분석자료의 입력 : DATA

RATS는 분석에 사용되는 자료들을 입력시킬 때, RATS 프로그램에서 직접 입력하는 방법(free format)과 외부 프로그램을 이용하여 이미 작성된 자료를 입력하는 방법 등 두 기지 접근방법이 있다. 이중 외부 프로그램을 이용하는 방법은 다시 메모장(notepad)과 워드프로세서 등의 편집기를 이용하여 입력하는 방법(ASCII format), RATS 프로그램과 함께 제공되는 자료관리 전용프로그램인 RATSDATA를 이용하는 방법(rats data format) 그리고 일반 PC 사용자들이 자

---

1) RATS에서는 명령어의 첫 번째부터 세 번째까지의 문자로 해당 명령어를 인식한다. 따라서, 'CALLENDAR'의 경우는 'CAL'만을 써 주어도 같은 의미로 받아들인다.

료관리를 위해 널리 사용하고 있는 스프레드쉬트(spread shee) 프로그램인 Excel 및 Lotus 등을 이용하는 방법등 크게 3가지 방법이 사용된다.

그러나 이해의 편의상 이하에서는 RATS 프로그램에서 직접 입력하는 방법에 한하여 설명을 전개하고자 한다. 자료의 입력은 'DATA'라는 명령어를 통해 수행된다.

1) 변수별 입력 방법

```
DATA(unit=input, org=var) option1 list of variables
        ㉮          ㉯        ㉰           ㉱
```

㉮ unit=input : data를 화면상에서 직접 입력하는 것을 의미함.
(단, unit=data : data를 외부에 위치한 file로부터 끌어 옴을 나타냄, 그리고 excel로 작성된 자료를 가져 온 경우에는 Format=XLS, ORG=VAR이라 표기함)

㉯ org=var : data를 변수별로 입력함을 나타냄.

㉰ option1 : data입력기간을 나타냄.

㉱ list of variables : 입력자료의 변수 이름을 나열

2) 관측치별 입력 방법

```
DATA(unit=input(또는 data),org=obs) option1 list of variables
           ㉮          ㉯      ㉰        ㉱            ㉲
```

㉮ unit=input : DATA를 화면 상에서 직접 입력하는 것을 의미함.

㉯ unit=data : DATA를 외부에 위치한 File로부터 끌어 옴을 나타냄.

㉰ org=obs : DATA를 관측치별로 입력함을 나타냄.

㉱ option1 : data입력기간을 나타냄.

㉲ list of variables : 입력자료의 변수 이름을 나열

(3) 자료 변환 및 창출 : SET

일단 원자료가 입력되면, 이러한 자료들을 가공 또는 함수전환시켜 사용할 수 있는데, 이는 'SET'라는 명령어를 통해 이루어진다.

```
SET new variable = function(variable)
         ㉮              ㉯
```

㉮ new variable : 새롭게 창출하고자 하는 data를 저장하는 변수이름

㉯ function : 기존에 존재하는 변수들을 이용하여 새로운 변수를 창출하기 위한 일련의 함수식을 정의함.

이러한 자료변환을 가능케 하는 RATS 함수는 매우 많으며 이들 중 자주 이용되는 것들은 아래와 같다.

1) 기초 함수

ABS : 절대값의 산출

EXP : e(2.71828)에 근거한 지수함수 값을 계산

SQRT : 평방근 값을 계산

LOG : 자연대수값을 계산

2) 삼각함수

COS : 코사인의 값을 계산

SIN : 사인의 값을 계산

TAN : 탄젠트의 값을 계산

3) 기 타

이 밖에 자료전환에 필요한 주요 RATS 연산자로는 표 2와 같은 것들이 있다.

표 2 자료전환에 필요한 주요 RATS 연산자

종 류	기 능	종 류	기 능
+	덧 셈	>= or .GE.	크거나 같다.
−	뺄 셈	> or .GT.	크다.
*	곱 셈	<= or .LE.	작거나 같다.
/	나 눗 셈	< or .LT.	작다.
**	제 곱	== or .EQ.	같다.

(4) 자료의 보관

RATS는 입력된 자료와 분석과정에서 변환 및 창출된 자료를 차후의 분석에서 재사용하기 위하여 하나의 file로 보관할 수 있다. 이 때, 자료입력시 다양한 방법을 활용할 수 있듯이 보관시에도 편집기 등에서 사용할 수 있는 'ASCII' 형식뿐만 아니라 'Excel', 'LOTUS' 및 'RATS FORMAT DATA' 등의 file 형식으로도 저장할 수 있다. 그러나 이해의 편의상 여기서는 'ASCII' 형식으로의 보관 경우에 한해서 설명을 전개하고자 한다. 자료의 보관을 위해서는 다음과 같이 3단계를 거쳐야 한다.

먼저, 'OPEN COPY' 명령어를 이용하여 보관하고자 하는 file을 창출한 뒤, 둘째로 'COPY'라는 명령어를 통해 보관하고자 하는 자료를 지정한 후, 끝으로 'CLOSE COPY' 명령어를 이용하여 보관과정을 마친다.

```
OPEN COPY filename
     ㉮          ㉯

COPY(org=var,dates) option 1 list of variables
          ㉰      ㉱        ㉲            ㉳

CLOSE COPY
```

ⓐ : 자료를 보관하고자 하는 file을 창출

㉮ OPEN COPY ; 자료를 보관할 file을 창출코자 할 때 사용되는 명령어

㉯ filename ; 창출되는 file이 존재할 드라이브 및 디렉토리와 이름을 나타냄.

ⓑ : 입력·가공 및 변환된 자료의 일부나 전부를 보관하라는 명령

㉰ org=var ; DATA를 변수별로 보관하겠다는 의미
(단, DATA를 관측치별로 보관할 경우에는 org=obs라 표기함)

㉱ dates ; 자료를 보관시 관측시기를 알수 있도록 해당 관측시기를 동시에 저장시키기 위해 사용됨.

㉲ option 1 ; 자료를 보관하려는 시기를 정의함.

㉳ list of variables ; 보관할 자료의 변수이름을 나열

ⓒ : 자료보관 과정이 끝남을 알리는 명령

2.2 자료의 분석

일단 자료가 창출되면 비로소 계획했던 통계분석을 수행하게 된다. 일단, 본격적인 자료분석(통계분석)은 항목을 달리하여 살펴보기로 하고, 여기서는 기초적인 자료분석명령 몇 가지만을 소개한다.

(1) (화면상에서의)자료의 인쇄 : PRINT

변수별 또는 관측치별로 입력된 자료들이 제대로 입력되었는지 여부를 확인하기 위해서 'PRINT' 명령어를 이용하여 자료를 화면상에 재현할 수 있다. 단, 이 명령어는 화면상에서 자료를 보여주는 것일 뿐, 'DOS'의 'Print' 명령어처럼 프린터를 통해 인쇄를 하라는 의미는 아님을 명심하기 바란다.[1)]

```
PRINT option1 list of variables
          ⓐ            ⓑ
```

ⓐ option1 : 인쇄하고자 하는 자료의 기간을 지정

1) 화면 상의 내용을 프린터를 이용해 인쇄하기 위해서는 화일메뉴의 'Print' 명령이 사용됨을 앞서 편집명령어에서 설명하였다.

ⓑ list of variables : 인쇄하고자 하는 변수들의 이름을 지정
만일 생략시에는 모든 변수들을 인쇄하라는 의미가 됨.

(2) 그래프 작성 : GRAPH, SCATTER

각각의 자료들의 추세 등을 그림의 형태로 표현하고자 할 때 'GRAPH', 'SCATTER' 명령어를 이용하여 그림을 도출할 수 있다.

1) GRAPH

변수들이 시간경과에 따라 변화해 간 내용을 그림 형태로 표현하고자 할 때 'GRAPH'란 명령어를 사용한다.

```
ⓐ GRAPH number
ⓑ # series
```

ⓐ : 지정한 변수가 시간경과에 따라 변화하는 내용의 도표를 작성.
이 때 'number'는 graph로 표현하고자 하는 변수의 수를 나타냄.

ⓑ : 변수를 지정하는 명령.
'#'는 'graph' 명령어를 보조해 주는 명령어로서 graph화하고자 하는 변수를 지정할 때 사용.
한 행에 한 변수만을 쓸 수 있으므로, 두 개 이상의 변수를 지정하는 경우에는 두 개 이상의 행에 '#'이 사용됨.

2) SCATTER

X, Y축을 이용하여 두 변수 간의 연관성을 살펴보는 일종의 상관도표를 창출하고자 할 때, 'SCATTER'란 명령어를 사용한다.

```
ⓐ SCATTER pairs
ⓑ # x-series y-series
```

ⓐ : X, Y축을 이용하여 두변수 간의 연관성을 살펴보는 산포도를 작성하라는 명령. 따라서 'GRAPH' 명령어와 달리 X축의 변수와 Y축의 변수를 나타내는 한쌍의 변수를 동시에 지정함.
이 때 'pairs'는 graph로 표현하고자 하는 변수쌍의 수를 나타냄.

ⓑ : 변수쌍을 지정하는 명령
'x-series'는 X축에 'y-series'는 Y축에 설정할 변수를 지정함.
'GRAPH' 명령어와 달리 한행에 한쌍을 이루는 두 개의 변수를 지정함에 유의할 것.

3. 주요 계량분석방안

3.1 기초통계분석

(1) 특성치 산출

1) 1변량분석

```
ⓐ  CALENDAR 87 1 4
ⓑ  ALLOCATE 88 : 4
ⓒ  OPEN DATA A : \econdata.rat
              ↗ ㉮
ⓓ  DATA(FORMAT=RATS) / yxv cpix

ⓔ  CLOSE DATA
                  ↗ ㉯
ⓕ  STATISTICS(FRACTILES) yxv
```

ⓐ~ⓑ : 분석기간 설정과 분석자료의 유형정의

ⓐ : 분석기간이 87년 1/4분기부터이며 자료의 유형은 분기별 자료임을 알려 줌.

ⓑ : 분석종료기간이 88년 4/4분기임을 알려 줌.

ⓒ~ⓔ : 분석자료를 외부 파일로부터 불러오는 과정

ⓒ : 불러들일 자료가 들어 있는 drive명(여기서는 A drive)과 자료 file이름을 지정

ⓓ : 자료 file 안에 있는 변수 yxv 자료를 불러내 옴.
단, ㉮는 외부화일의 형태가 'RATS' DATA FORMAT의 형태를 지니고 있을 때 사용되는 옵션임.

ⓔ : 앞서 ⓒ에서 지정한 외부화일로부터의 자료를 불러오는 과정이 종료됨을 나타냄.

ⓕ : 변수 yxv의 특성치를 구하라는 명령
이 때 ㉯는 널리 사용되는 평균, 표준편차, 왜도, 첨도 이외의 추가적인 특성치(예컨대, 최대값, 최소값, 중앙치 등)을 구할 때 사용되는 옵션임.

2) 다변량분석

```
                 ㉮
                ↗
ⓐ  DISPLAY %COV(yxv,cpix)
                  ㉯
                 ↗
ⓑ  DISPLAY %CORR(yxv,cpix)
```

ⓐ : 두 변수 yxv와 cpix의 공분산을 구해 화면상에 나타내라는 명령 'display'는 RATS 명령어를 이용한 계산결과를 화면 상에 나타낼 때 사용하는 명령어

㉮ 공분산을 구할 때 사용하는 RATS 함수(function)
RATS에서 함수는 독자적인 실행능력을 가지고 있는 명령어와는 달리 프로그램 작성을 돕는 한 부분으로 사용되며, '%'는 함수를 나타낼 때 사용하는 부호

ⓑ : 두 변수 yxv와 cpix의 상관계수를 구해 화면 상에 나타내라는 명령

㉯ 상관계수를 구할 때 사용하는 RATS 함수(function)

3) 시계열분석

```
ⓐ  CORRELATE yxv
                          ㉮
                        ↗
ⓑ  CORRELATE(COVARIANCES) yxv
```

ⓐ : 변수 yxv의 자기상관함수(ACF)를 도출

ⓑ : 변수 yxv의 자기공분산 함수를 도출

㉮ 자기공분산함수를 도출할 때 사용하는 보조명령어

(2) 특성치 산출과 관련한 부차적인 작업명령

1) 입력된 자료를 재배열하는 방법

```
ⓐ  ORDER v1
ⓑ  ORDER(RANK=v2) v1
```

ⓐ : 변수 v1의 값들을 올림차순(increasing order)으로 재배열해 줌. 만일, 내림차순으로 재배열하고자 할 때는 'DECREASING'이라는 보조명령어를 사용함. 즉 "ORDER(DECREASING) v1"

ⓑ : 변수를 크기 순으로 배열하되 각 관측치가 갖는 순위값을 v2변수라 정의코자 할 때에는 rank라는 보조명령어를 사용함. 이러한 명령은 차후 순위상관계수를 설명할 때 자세히 설명될 것임.

2) 변수값의 합계

```
ⓐ                        ㉮
                        ↙
   ACCUMULATE v1 / v2
```

ⓐ : 변수 v1의 누적값 산출하여 v 2라는 변수를 창출함.

㉮ RATS에서는 분석명령어 이용시 분석기간을 일일이 지정해 주어야 한다. 그러나 만약 앞서 CALENDAR, ALLOCATE 명령을 이용해 설정한 분석기간을 그대로 사용할 경우에는 일일이 분석기간을 다시 설정하는 대신에 '/' 기호로 대체해 표기할 수 있다. 이경우 '/'의 의미는 '87 : 1－88 : 4'와 동일한 의미를 가진다.

3.2 계량경제분석

(1) 상관분석

1) 상관계수산출과 구간추정

```
ⓐ CAL start
ⓑ ALL end
ⓒ DATA(UNIT=INPUT) / v1 v2
ⓓ       rats data set
ⓔ CMOMENT(CORR,PRINT)
ⓕ # v1 v2
ⓖ COM rx=%CMOM, n=%NOBS
ⓗ COM r12=rx(1,2)
ⓘ COM Z = Zα/2
ⓙ COM Zu = r12 + Z*(1/SQRT(n-3)), Zl = r12 - Z*(1/SQRT(n-3))
ⓚ COM Ru = (EXP(2*Zu)-1) / (EXP(2*Zu)+1)
ⓛ COM Rl = (EXP(2*Zl)-1) / (EXP(2*Zl)+1)
ⓜ DIS ru rl
```

ⓐ～ⓓ : 분석기간 설정 및 자료입력과정

ⓔ～ⓕ : 상관계수를 구하는 과정

ⓔ : 'CMOMENT'는 다음 줄의 '#'에 뒤따르는 변수들 간의 표본상관계수를 구하는 명령. 이 때 보조명령어로 '(CORR, PRINT)'가 뒤따라야 함. 즉, 일반적으로 'CMOMENT' 명령어는 상관관계 이외에 변수 간의 'CROSS-MOMENT MATRIX'를 계산하는 데에도 사용되므로, 상관계수를 구하기 위해서는 따로 이와 같은 보조명령어를 필요로 한다.

ⓕ : v1, v2 두 변수 간의 상관계수를 구하라는 의미

ⓖ : ⓔ～ⓕ에서 도출한 상관계수행렬을 '%CMOM'문을 이용해 'rx'에 저장하고, 관측치의 수는 'n'에 저장하여 차후 분석에 사용함.

ⓗ : 단순상관계수행렬 rx로부터 단순상관계수값을 구해 정의함.

ⓘ : 주어진 유의수준(alpha)에 대응하는 임계치를 통계표에서 찾아 'Z'에 저장

ⓙ : Z_r에 대한 신뢰구간의 최저임계치 및 최고임계치를 구하는 과정

ⓚ～ⓛ : 모상관계수에 대한 신뢰구간의 최저임계치 및 최고임계치를

구하는 과정

ⓜ : 계산 결과를 출력하라는 명령

$$\left(\text{참고 : } \frac{e^{2Z_l}-1}{e^{2Z_l}+1} < \rho < \frac{e^{2Z_u}-1}{e^{2Z_u}+1} \quad \text{단, } Z_u = r + Z\cdot\frac{1}{\sqrt{n-3}},\ Z_l = r - Z\cdot\frac{1}{\sqrt{n-3}} \right)$$

2) 상관계수의 검정

```
ⓐ  CAL start
ⓑ  ALL end
ⓒ  DATA(UNIT=INPUT) / v1 v2
ⓓ        rats data set
ⓔ  CMOMENT(CORR,PRINT)
ⓕ  # v1 v2
ⓖ  COM rx=%CMOM, n=%NOBS
ⓗ  COM r12=rx(1,2)
ⓘ  COM tstat = (r12*SQRT(n-2)) / SQRT(1-r12**2)
ⓙ  CDF TTEST tstat n-2
```

ⓐ~ⓗ : '2. 1. 1'의 경우와 동일

ⓘ : 귀무가설 H_0 : $\rho=0$에 대한 검정통계량$\left(\text{tstat}=\frac{r\sqrt{n-2}}{\sqrt{1-r^2}}\right)$의 값을 구해 'tstat'에 저장

ⓙ : 앞서 산출된 tstat 값을 임계치로 하는 확률을 산출하라는 명령. 이때 해당 확률값이 유의수준(α)보다 크면 귀무가설을 채택함.

(2) 회귀분석

1) 기본적인 회귀분석 절차

```
ⓐ  LINREG depvar start end residuals coeffs
      ㉮     ㉯      ㉰         ㉱        ㉲
ⓑ  # explanatory variables
                ㉳
ⓒ  PRJ variable
     ㉴     ㉵
```

ⓐ : 회귀분석의 실시명령과 옵션 내용

㉮ LINREG : 선형회귀분석을 실시하라는 명령어

㉯ depvar : 종속변수를 지정함.

㉰ start end : 분석기간을 설정

㉱ residual : 잔차항의 값을 저장해 두고자 할 때 지정하는 변수명

㉲ coeffs : 해당 추정계수의 값을 저장하고자 할 때 지정하는 변수명

여기서, ㉱는 추후 GRAPH를 명령을 통해 잔차항의 분포형태를 살펴봄으로써 이분산이나 시계열상관 현상 등의 심각성 여부를 확인하기 위하여 그리고 ㉲는 시차분포모형을 추정할 경우 추정계수들의 분포도를 확인하기 위하여 설정하는 일종의 옵션명령임.

(단, 잔차항은 필요 없고 계수의 값만을 필요로 할 때에는 ㉱는 변수명 대신 '0'을 쓴 후 계수의 값을 저장코자 하는 변수명을 정의하면 됨. 이 때 '0'은 잔차항을 저장하지 않겠다는 의미를 지님. 한편, 계수값은 필요 없이 잔차항만을 필요로 할 경우에는 잔차항을 저장할 변수만을 정의해 주면 됨.)

ⓑ : 설명(독립)변수들을 지정해 주는 과정

'#' : 회귀분석을 돕는 일종의 보조명령어로서 RATS로 하여금 뒤 따르는 변수들이 설명변수임을 인식하도록 함.

㉳ 설명변수들을 지정함. 단, 상수항은 'constant'라는 설명변수로 지칭됨.

ⓒ : 종속변수의 추정치(fitted value)를 구하는 명령임.

㉴ 앞서 분석한 회귀분석에서 산출된 종속변수의 추정치를 산출하라는 명령

㉵ 산출한 추정치를 저장할 경우 지정하는 변수명

2) 최 우 법

```
ⓐ  CALENDAR start
ⓑ  ALLOCATE end
ⓒ  OPEN DATA a : \econdata.rat
ⓓ  DATA(FORMAT=RATS) / y x
ⓔ  CLOSE DATA

ⓕ  NONLIN alpha beta sigma
ⓖ  FRML resi = y - alpha - beta*x
                                                   ㉮     ㉯
ⓗ  FRML llh = -1*n*0.5*log(sigma) - 0.5*%QFORM(INV(sigma),resi)
ⓘ  COMPUTE alpha=0.15, beta=0.32, sigma=2.15

ⓙ  MAXMIZE(ITERATION=1000,METHOD=bhhh) llh
```

ⓐ~ⓔ : 분석기간 설정과 자료를 불러오는 과정

ⓕ~ⓙ : 최우법을 이용하여 계수를 추정하는 과정

ⓕ : 추정할 모수 중 회귀계수는 'alpha', 'beta'로 오차자승의 합은 'sigma'로 정의함.

ⓖ : 오차항(resi)을 수식과 같이 정의함.

ⓗ : 오도함수를 'llh'라 정의함. 오차항이 iid 분포를 갖는 경우에 우도함수는 다음과 같이 나타내지므로 'llh'는 이를 위에서 정의한 모수를 가지고 정의한 것임.

$$\log L = -\frac{n}{2}\log 2\pi - \frac{n}{2}\log \sigma^2$$
$$-\frac{1}{2\sigma^2}\sum_{i}^{n}(gpa_i - alpha - beta^* noa_i)^2$$

㉮ 해당 행렬리 역행렬을 구할 때 사용하는 명령어. 즉, INV(A) $=A^{-1}$

㉯ 해당 행렬의 계산에 사용되는 명령어, 즉, %QFORM(A,B) =B'AB

따라서,

$$\%QFORM(INV(sigma), resi) = resi' sigma^{-1} resi$$
$$= \frac{\sum resi^2}{sigma}$$

ⓘ : 비선형추정을 위해 추정될 모수의 초기값(initial value)을 정의하는 과정. 이러한 초기값 설정은 사용자의 직감에 의해 자의적으로 설정할 수 있으나, 계산상의 간편화를 위하여 사전에 회귀분석을 통해 구한 값과 유사한 값을 설정하는 것이 일반적이다.

ⓙ : 'BHHH'라는 수리최적법을 사용하여 최우추정법을 시행하라는 명령. 반복횟수는 'ITERATION'에 의해 사전에 정의하지 않으면 20번 반복하고 그 때의 추정값을 산출해 준다. 경우에 따라 최적해를 구하기 위해 수많은 반복추정이 필요할 가능성도 있으므로, 반복횟수는 가능한 한 크게 잡는 것이 적절하다.

3) 다중공선성

① 다중공선성의 탐색법

• Farrar & Glauber 검정

```
ⓐ  CAL start
ⓑ  ALL end
ⓒ  DATA(UNIT=INPUT) / x1 x2 x3
ⓓ          rats data set
ⓔ  CMOMENT(PRINT,CORR)
ⓕ  # x1 x2 x3
```

```
ⓖ  COM rx = %CMOM  k = %NCMOM,  n = %NOBS
ⓗ  COM drx = %DET(rx)
ⓘ  COM chi = -1 * ( (n-1) - (1/6)*(2*(k-1)+5) ) * LOG(drx)
ⓙ  COM df = (1/2)*(k-1)*(k-2)
ⓚ  CDF CHISQ chi df
```

ⓐ~ⓓ : 분석기간 설정과 자료입력과정

ⓔ~ⓕ : 'CMOMENT' 명령을 이용하여 설명변수 x1, x2, x3 간의 표준화된 상관계수값들로 구성되는 상관행렬을 구하는 과정

ⓖ : ⓔ~ⓕ에서 도출한 표준화된 상관계수행렬은 '%CMOM'문을 이용하여 'rx'에 저장하고, 설명변수의 수는 '%NCMOM' 명령을 이용하여 'k'에 저장하며, 관측치의 수는 'n'에 저장하라는 명령

ⓗ : 표준화된 상관계수행렬 'rx'의 determinant 를 '%DET' 명령을 이용하여 산출한 다음 'drx'에 저장함(단, '%DET'은 해당 행렬식의 값을 구하라는 명령임).

ⓘ : ⓖ~ⓗ에서 창출된 값들을 이용하여 Farrar & Glauber의 검정통계량, χ^2값을 산출함.

ⓙ : 해당 자유도를 산출하여 'df'에 저장함.

ⓚ : 앞서 산출된 χ^2값을 임계치로 하는 확률을 산출하라는 명령. 이 때 해당 확률값이 유의수준(α)보다 크면 다중공선성이 존재하지 않는다는 귀무가설을, 즉 설명변수들은 상호 1 차 독립적이라는 가설을 채택함.

• Klein이 제시한 실용적인 판정기준

```
ⓐ  CAL start
ⓑ  ALL end
ⓒ  DATA(UNIT=INPUT) / y x1 x2 x3
ⓓ          rats data set
ⓔ  LINREG y
ⓕ  # constant x1 x2 x3
ⓖ  COMPUTE rs = %RSQUARED
ⓗ  LINREG x1
ⓘ  # constant x2 x3
ⓙ  COMPUTE rs1 = %RSQUARED
ⓚ  LINREG x2
ⓛ  # constant x1 x3
ⓜ  COMPUTE rs2 = %RSQUARED
ⓝ  LINREG x3
ⓞ  # constant x1 x2
ⓟ  COMPUTE rs3 = %RSQUARED
ⓠ  DISPLAY rs rs1 rs2 rs3
```

ⓐ~ⓓ : 분석기간 설정과 자료입력과정

ⓔ~ⓕ : 각 설명변수에 대한 유의성 검정통계량 t의 값이 '$H_0 : \beta_i = 0$'을 기각할 수 있는가를 회귀분석을 실시해 분석하는 과정. 이때 귀무가설이 기각되면 다중공선성 문제는 무시할 만한 수준이라 판정함.

ⓖ~ⓠ : 다중결정계수 R^2값과, 각 설명변수 간의 다중상관계수의 제곱값($R^2_{k,\, ij}$)을 구해 비교함으로써 다중공선성 문제를 판정하는 과정

ⓖ : '%RSQUARED'명령을 이용해 다중결정계수를 구하여 'rs'라 정의함.

ⓗ~ⓙ : x1=f(x2, x3)를 회귀분석한 후 다중상관계수의 제곱값을 구해 'rs1'라 정의함.

ⓚ~ⓜ : x2=f(x1, x3)를 회귀분석한 후 다중상관계수의 제곱값을 구해 'rs2'라 정의함.

ⓝ~ⓟ : x3=f(x1, x2)를 회귀분석한 후 다중상관계수의 제곱값을 구해 'rs3'라 정의함.

ⓠ : 앞에서 구한 다중결정계수와 설명변수 간 다중상관계수의 제곱값을 비교함. 만일, 다중결정계수가 설명변수 간의 다중상관계수의 제곱값보다 작을 시에는 다중공선성은 심각한 상황으로 판정함.

② 다중공선성에 대한 대응책

• **다중공선성 유발변수의 탐색**

```
ⓐ  CAL start
ⓑ  ALL end
ⓒ  DATA(UNIT=INPUT) / y x1 x2 x3
ⓓ           rats data set
ⓔ  LINREG x1
   # constant x2 x2
   COM rs1 = %RSQUARED
ⓕ  LINREG x2
   # constant x3 x1
   COM rs2 = %RSQUARED
ⓖ  LINREG x3
   # constant x1 x2
   COM rs3 = %RSQUARED
ⓗ  DIS rs1 rs2 rs3

ⓘ  * R² delete Method
```

```
ⓙ  LINREG y
   # constant x1 x2 x3
   COM rs4 = %RSQUARED
ⓚ  LINREG y
   # constant x1 x2
   COM rs5 = %RSQUARED
ⓛ  LINREG y
   # constant x1 x3
   COM rs6 = %RSQUARED
ⓜ  LINREG y
   # constant x2 x3
   COM rs 7 = %RSQUARED
ⓝ  DIS rs4 rs5 rs6 rs7
```

ⓐ~ⓓ 분석기간 설정과 자료입력과정

ⓔ~ⓖ : 각 설명변수를 여타의 설명변수들에 대해 회귀분석을 실시하여 산출한 다중결정계수값(R^2)들을 비교하여 다중공선성 유발변수를 탐색하는 과정. 즉, 설명변수가 x1, x2, x3 의 3개이므로 총 3개의 회귀식이 나옴. 이 때 각각의 다중결정계수는 '%RSQUARED'명령을 이용하여 저장함.

ⓗ : 앞서 구한 다중결정계수들을 화면상에 출력하라는 명령. 이 때 가장 큰 다중결정계수값을 지니는 회귀식의 종속변수가 다중공선성을 유발하는 변수로 볼 수 있음.

ⓘ : 이후의 분석과정은 R^2 delete 방법에 관한 것이라는 사실을 알려주는 일종의 주석문

'*' : 분석편의를 위해 필요한 메모 등을 프로그램 내에 삽입하고자 할 때 사용되는 명령기호로 RATS 는 '*'로 시작되는 행은 주석문으로 인식하고 분석을 실행하지 않고 다음 단계로 넘어간다.

ⓙ~ⓜ : 'R^2 delete'법을 이용하여 다중공선성 유발변수를 탐색하는 과정. 즉, 특정 설명변수를 하나씩 제외해 회귀분석을 실시하여 산출한 다중결정계수값들을 비교하여 다중공선성 유발변수를 탐색하는 과정

ⓝ : 앞서 구한 다중결정계수들을 화면상에 출력하라는 명령. 이 때 본래 방정식의 다중결정계수값과 비교시 별 차이가 나지 않는 다중결정계수를 지니는 회귀식에서 제외된 설명변수를 유발변수로 선택함(본문 제 5 장 참조).

• **다중공선성 유발변수의 제거방안Ⅰ : 편상관계수 이용법**

```
ⓐ  CAL start
ⓑ  ALL end

ⓒ  DATA(UNIT=INPUT) / y x1 x2
ⓓ            rats data set
ⓔ  CMOMENT(PRINT,CORR)
ⓕ  # y x1 x2
ⓖ  COM rx = %CMOM
                 ㉮             ㉯             ㉰
               ↗             ↗               ↗
ⓗ  COM r12 = rx(1,2), r13 = rx(1,3) , r23 = rx(2,3)
ⓘ  COM r12_3 = (r12 - r13*r23) / SQRT((1-r13**2)*(1-r23**2))
ⓙ  COM r13_2 = (r13 - r12*r23) / SQRT((1-r12**2)*(1-r23**2))
ⓚ  COM r23_1 = (r23 - r12*r13) / SQRT((1-r12**2)*(1-r13**2))
ⓛ  DIS r12_3  r13_2  r23_1
```

ⓐ~ⓓ : 분석기간 설정과 자료입력과정

ⓔ~ⓖ : 'CMOMENT' 명령을 이용하여 설명변수 y, x1, x2의 단순상관계수 행렬식을 구하여 '%CMOM'문을 이용하여 'rx'에 저장

ⓗ : 단순상관계수행렬 'rx'에서 각각의 단순상관계수를 뽑아 'r12', 'r13', 'r23'이라 정의(단, r12 = r_{YX_1}, r13 = r_{YX_2}, r23 = $r_{X_1X_2}$)

㉮ ⓖ에서 구한 단순상관계수행렬 'rx'의 1행의 2번째 열의 수치(즉, r_{YX_2})를 r12라 정의. RATS는 행렬 중의 어느 한 수치를 뽑아 쓸 때, 먼저 행렬명(여기서는 'rx')을 쓴 후 괄호 안에 해당 값이 위치한 행과 열의 수를 입력함으로써 해당 수치를 뽑아 사용하는 방식을 취함. 즉, r_{12}에서 '1'은 행렬 'r'의 첫번째 행을, '2'는 두 번째 열을 각각 의미함.

㉯ ⓖ에서 구한 단순상관계수행렬 'rx'의 1행의 3번째 열의 수치(즉, r_{YX_2})를 r13라 정의

㉰ ⓖ에서 구한 단순상관계수행렬 'rx'의 2행의 3번째 열의 수치(즉, $r_{X_1X_2}$)를 r23라 정의

ⓘ~ⓚ : ⓗ에서 산출한 단순상관계수를 이용하여 편상관계수를 구하는 과정(단, r12_3 = r_{X_1,X_2}, r13_2 = r_{YX_2,X_1}, r23_1 = $r_{X_1,X_2,Y}$).

ⓛ : 앞서 구한 각 편상관계수의 값을 화면 상에 인쇄하라는 명령. 이 때 상대적으로 작은 편상관계수값을 지니는 설명변수를 제거하는 것이 편상관계수를 이용한 다중공선성 유발변수 제거방안임.

$$\left(\begin{aligned} \text{참고 : } r_{YX_1,\, X_2} &= \frac{r_{YX_1} - r_{YX_2} - r_{X_1X_2}}{\sqrt{(1-r^2_{YX_2})(1-r^2_{X_1X_2})}} \\ r_{YX_2,\, X_1} &= \frac{r_{YX_2} - r_{YX_1} - r_{X_1X_2}}{\sqrt{(1-r^2_{YX_1})(1-r^2_{X_1X_2})}} \\ r_{X_1X_2,\, Y} &= \frac{r_{X_1X_2} - r_{YX_1} - r_{YX_2}}{\sqrt{(1-r^2_{YX_1})(1-r^2_{YX_2})}} \end{aligned}\right)$$

• **다중공선성유발변수 제거방안Ⅱ : 베타계수와 탄력성 이용법**

```
ⓐ  CAL start
ⓑ  ALL end
ⓒ  DATA(UNIT=INPUT) / y x1 x2
ⓓ           rats data set
           ㉮
ⓔ  LIN y  /  0  beta
    # CONSTANT x1 x2
ⓕ  STAT x1
ⓖ  COM sx1 = SQRT(%VARIANCE), mx1 = %MEAN
ⓗ  STAT x2
ⓘ  COM sx2= SQRT(%VARIANCE), mx2 = %MEAN
ⓙ  STAT y
ⓚ  COM sy = SQRT(%VARIANCE), my = %MEAN
ⓛ  COM beta1 = beta(2) * sx1 / sy
ⓜ  COM beta2 = beta(3) * sx2 / sy
ⓝ  DIS beta1 beta2

ⓞ  * elasticity method

ⓟ  COM e1 = beta(2) * mx1 / my
ⓠ  COM e2 = beta(3) * mx2 / my
ⓡ  DIS e1 e2
```

ⓐ~ⓓ : 분석기간 설정과 자료입력과정

ⓔ : 향후 탄력성 및 베타계수를 도출하기 위해 회귀계수를 산출하여 'beta'에 저장해 둠.

㉮ '0' ; 잔차항은 저장하지 않겠다는 의미임(단, 'beta'는 상수항, x1, x2변수의 회귀계수를 지니는 일종의 vector의 형태를 지니며, 배열순서는 '#' 이후에 뒤따르는 설명변수들의 순서를 따름. 따라서 향후 분석을 위해 각각의 회귀계수를 사용하기 위해서는 앞서의 설명변수의 순서에 따라 상수항의 경우는 beta(1), x1은 beta(2), x2는 beta(3)으로 표현됨).

ⓕ~ⓚ : 베타계수를 구하기 위해 각 변수들의 표준편차와 평균을 구하는 과정

ⓛ~ⓜ : 각각의 베타계수$\left(\hat{\beta}_i \cdot \frac{s_{X_i}}{s_Y}\right)$를 구해 'beta 1' 'beta 2'라 정의. 'beta (2)'는 ⓔ에서 구한 저장한 회귀계수 중 두 번째 회귀계수, 즉 'x1'의 추정계수이며, 'beta (3)'은 세 번째 회귀계수 'x2'의 추정 회귀계수임.

ⓝ : 계산된 베타계수를 출력하라는 명령

ⓞ : 이후의 분석과정은 탄력성을 이용한 다중공선성 유발변수를 제거하는 방안에 관한 것이라는 것을 알려 주는 일종의 주석문. '*'로 시작되는 행은 RATS에서는 명령을 실행하지 않고 다음 행으로 넘어가는 기능을 발휘함.

ⓟ~ⓠ : 각 설명변수의 탄력성$\left(\hat{\beta}_i \cdot \frac{\overline{X}_i}{\overline{Y}}\right)$을 구해 'e1', 'e2'라 정의

ⓡ : 계산된 탄력성을 출력하라는 명령

③ 다중공선성에 대한 대응책 I : 자료의 보완 및 변형

```
ⓐ CAL start
ⓑ ALL end
ⓒ DATA(UNIT=INPUT) / y x1 x2 x3
ⓓ         rats data set
ⓔ DIFFERENCE y / dy
ⓕ DIFFERENCE x1 / dx1
ⓖ DIFFERENCE x2 / dx2
ⓗ DIFFERENCE x3 / dx3
ⓘ LIN dy
ⓙ # constant dx1 dx2 dx3

ⓚ * ratio method

ⓛ SET vy = y / x1
ⓜ SET vx1 = 1 / x1
ⓝ SET vx2 = x2 / x1
ⓞ SET vx3 = x3 / x1
ⓟ LIN vy
ⓠ # constant vx1 vx2 vx3
```

ⓐ~ⓓ : 분석기간 설정과 자료입력과정

ⓔ~ⓙ : $y=f(x_1,\ x_2,\ x_3)$를 일차차분한 자료를 이용하여 회귀분석하는 과정

ⓔ~ⓗ : 각 변수의 일차차분 변수를 창출하는 과정
'DIFFERENCE'는 일차차분시킬 때 사용하는 명령으로 ⓔ는 'y'를 일차차분시켜 'dy'라는 변수를 창출($dy_t = y_t - y_{t-1}$)함을 의미함. 이 때 '/'는 앞서 ⓐ~ⓑ에서 설정한 분석기간 전체에 대

해서 일차차분을 실시하라는 의미임. 'DIFFERENCE' 보조명령어를 이용하여 다양한 차분을 실시할 수 있으며, 차후에 소개할 'ARIMA' 모형에서 자세히 살펴보고자 함.

ⓘ~ⓙ : 차분변수를 이용하여 회귀분석을 실시함으로써 다중공선성 문제에 대응함.

ⓚ : 이후의 분석과정은 비율값을 이용한 다중공선성 대응방안에 관한 것이라는 것을 알려 주는 일종의 주석문. '*'로 시작되는 행은 RATS에서는 명령을 실행하지 않고 다음 행으로 넘어가는 기능을 발휘함.

ⓛ~ⓠ : $y=f(x_1, x_2, x_3)$를 한 설명변수를 이용해 나누어 산출한 비율값을 이용해 회귀분석을 수행하는 과정

ⓛ~ⓞ : 각 변수의 비율변수를 창출하는 과정. 여기서는 각 변수를 'x1'으로 나눔으로써 비율변수를 창출시킴.

ⓜ : 상수항을 'x1'으로 나누어 'vx1'변수를 창출(단, '1'은 'constant'를 의미함)

ⓟ~ⓠ : 비율변수를 이용하여 회귀분석을 실시함으로써 다중공선성 문제에 대응함(단, 'constant'는 실질적으로 '$\frac{x_1}{x_1}=1$'을 의미함).

④ **다중공선성의 대응책 Ⅱ : 능형회귀분석**

```
ⓐ  CAL 1970 1 4
ⓑ  ALL 1988 : 4

ⓒ  OPEN DATA a : \econdata.rat
ⓓ  DATA(format=rats) / cpix m2x
ⓔ  CLOSE DATA

ⓕ  LINREG cpix
ⓖ  # constant m2x{0 to 1}
                                        ㉮
ⓗ  DO row = 1,3
ⓘ  COMPUTE %CMOM(row,row) = %CMOM(row,row) + k
ⓙ  END DO row  ㉯

ⓚ  LINREG(CMOMENT) cpix
ⓛ  # constant m2x{0 to 1}
```

ⓐ~ⓔ : 분석기간 설정과 자료입력과정

ⓕ~ⓖ : 회귀분석 과정.

ⓗ~ⓙ : 능형회귀분석을 실시하기 앞서서 X'X 행렬을 변화하기 위해 DO 명령을 이용하여 반복과정을 단순화함.

ⓗ : 이하의 DO 반복명령에 사용할 row 값을 1에서 3까지로 설정

시작값과 끝나는 값을 ','로 구분하면, 단계적으로 '1'씩 증가함.

ⓘ : ⓕ~ⓖ에서 실시한 회귀분석결과로부터 X'X 행렬을 구하여 주대각선 상의 원소에 상수(k)를 더해 줌.

ⓙ : DO 반복명령의 종료를 나타냄.

㉮ ⓕ~ⓖ에서 실시한 회귀분석결과로부터 X'X 행렬을 구하는 RATS 함수

ⓚ~ⓛ : 변화된 X'X 행렬을 이용하여 능형회귀분석을 실시

㉯ 변화된 X'X 행렬을 이용하여 회귀분석을 실시하라는 보조명령어

4) 이 분 산

① 이분산의 탐색

• 그래프 활용법

```
ⓐ CALENDAR start
ⓑ ALLOCATE end
ⓒ DATA(UNIT=INPUT) / v1 v2 v3
ⓓ      rats data set
ⓔ LINREG v1 / resi
ⓕ # constant v2 v3
ⓖ GRAPH 1
ⓗ # resi
```

ⓐ~ⓓ : 분석기간 설정과 자료입력과정

ⓔ~ⓕ : 회귀분석 과정

'resi'는 회귀분석 결과 생성된 잔차항을 차후의 분석에 이용하기 위해서 resi라는 변수에 저장하라는 명령

ⓖ~ⓗ : 그래프 명령어를 사용하여 앞서 구한 잔차항 변수 'resi'의 분포형태를 살펴봄으로써 이분산 현상 여부를 확인함.

• Park검정법

```
ⓐ CAL start
ⓑ ALL end
ⓒ DATA(UNIT=INPUT) / y x1
ⓓ      rats data set
ⓔ LINREG y / resi
  # constant  x1
ⓕ SET lresisq = LOG(resi**2)
ⓖ SET lx1 = LOG(x1)
ⓗ LINREG lresisq
  # constant lx1
```

ⓐ~ⓓ : 분석기간 설정과 자료입력과정

ⓔ : 회귀분석을 실시한 후 잔차항을 'resi'에 저장

ⓕ~ⓖ : Park 검정을 위해 잔차항의 자승과 설명변수에 log를 취하는 과정

ⓗ : 앞서 ⓕ~ⓖ에서 전환한 변수를 이용하여 회귀분석을 실시하는 과정. 분석 결과 설명변수 'lx1'의 추정치에 대한 유의성 검정을 실시하여 귀무가설($H_0 : \beta = 0$)이 기각되면 이분산이 유의할 만한 수준이라고 판정함.

• **Glejser 검정법**

```
ⓐ  CALENDAR start
ⓑ  ALLOCATE end
ⓒ  DATA(UNIT=INPUT) / y x1
ⓓ       rats data set
ⓔ  LINREG y / resi
   # CONSTANT x1
ⓕ  SET abresi = ABS(resi)
ⓖ  SET x1sqr = SQRT(x1)
ⓗ  SET x1rc = 1 / x1
ⓘ  SET x1sqrrc = 1 / SQRT(x1)
ⓙ  LINREG abresi
   # constant x1
ⓚ  LINREG abresi
   # constant x1sqr
ⓛ  LINREG abresi
   # constant x1rc
ⓜ  LINREG abresi
   # constant x1sqrrc
```

ⓐ~ⓓ : 분석기간 설정과 자료입력 과정

ⓔ : 회귀분석을 실시한 후 잔차항을 'resi'에 저장

ⓕ~ⓘ : Glejser 검정을 위해 잔차항의 절대값과 설명변수를 여러 형태의 함수관계를 이용하여 전환시킨 값을 도출하는 과정

ⓙ~ⓜ : 앞서 ⓕ~ⓘ에서 도출된 변수를 이용하여 회귀분석을 실시하는 과정

분석결과 각 설명변수 'x1, x1sqr, x1rc, x1sqrrc'의 회귀계수에 대한 유의성 검정을 실시하여 귀무가설($H_0 : \beta = 0$)이 기각되면 이분산이 유의할 만한 수준이라고 판정함.

• Goldfeld-Quandt 검정법

```
ⓐ  CALENDAR start
ⓑ  ALLOCATE end
ⓒ  DATA(UNIT=INPUT) / y x1 x2
ⓓ  rats data set
ⓔ  ORDER x1 / y x2
                  ㉮        ㉯
                  ↑         ↑
ⓕ  LINREG y start 3*end/8
ⓖ  # constant x1 x2
ⓗ  COMPUTE rss1 = %RSS, ndf1 = %NDF
                ㉰    ㉱
                ↑     ↑
ⓘ  LINREG y 5*end/8 end
ⓙ  # constant x1 x2
ⓚ  COMPUTE rss2 = %RSS, ndf2 = %NDF
ⓛ  COMPUTE fstat = (rss2/ndf2) / (rss1/ndf1)
ⓜ  CDF ftest fstat ndf2 ndf1
```

ⓐ~ⓓ : 분석기간 설정과 자료입력 과정

ⓔ : 관측치들을 대표적인 설명변수 x1을 중심으로 나머지 변수인 Y와 x2를 크기 순으로 재배열하는 과정

ⓕ~ⓖ : 전체 분석기간 중 가운데 기간(일반적으로 n/4)을 제외하고 2등분하여 전반부의 분석기간에 대하여 회귀분석을 실시

㉮ 분석시작 기간을 지정하는 것으로써 ⓐ에서 정의한 시작기간과 동일함.

㉯ 분석종료 기간을 지정하는 것으로써 ⓑ에서 정의한 분석기간의 $\frac{3n}{8}\left(=\frac{n-\frac{n}{4}}{2}\right)$ 기간을 종료기간으로 정의

ⓗ : 앞서 ⓕ~ⓖ의 추정결과 생성된 오차자승합을 '%RSS' 명령을 이용하여 'rss1'에 자유도를 '%NDF'명령을 이용하여 'ndf1'에 저장함.

ⓘ~ⓙ : 전체 분석기간 중 가운데 기간(일반적으로 n/4)을 제외하고 2등분하여 후반부의 분석기간에 대하여 회귀분석을 실시

㉰ 분석시작 기간을 지정하는 것으로서 $\frac{5n}{8}$기간부터 분석을 시작함.

㉱ 분석종료 기간을 지정하는 것으로써 ⓑ에서 정의한 분석종료기간과 동일함.

ⓚ 앞서 ⓘ~ⓙ의 추정결과 생성된 오차자승합을 '%RSS' 명령을 이용하여 'rss2'에 자유도를 '%NDF'명령을 이용하여 'ndf2'에 저장함.

ⓛ : 앞서 전반부와 후반부 각각의 오차자승합과 자유도를 이용하여 F

검정통계량의 값을 산출하여 'fstat'에 저장

ⓜ : ⓛ에서 구한 fstat를 임계치로 보고 분자의 자유도 'ndf2'와 분모의 자유도 'ndf1'에 대응하는 유의수준을 구함.
여기서 'CDF'는 주어진 임계치에 대한 유의수준을 계산해 주는 명령. 이 때 'ftest'는 F분포의 유의수준을 구하라는 명령

• Breusch-Pagan 검정

```
ⓐ CALENDAR start
ⓑ ALLOCATE end
ⓒ DATA(UNIT=INPUT) / y x1
ⓓ     rats data set
ⓔ LINREG y / resi
  # constant x1 x2
ⓕ COMPUTE n = %NOBS
ⓖ SET resisq = resi ** 2
ⓗ COMPUTE sigmasq = %SUM(resisq) / n
ⓘ SET g = resisq / sigmasq
ⓙ LINREG g
  # constant x1 x2
ⓚ COMPUTE rsq=%RSQUARED, sse=%RSS
ⓛ COMPUTE ssr = sse*(rsq/(1-rsq)),df = %NREG-1
ⓜ COMPUTE ssrd = ssr / 2
ⓝ CDF CHISQUARED ssrd df
```

ⓐ~ⓓ : 분석기간 설정과 자료입력 과정

ⓔ : 회귀분석을 실시한 후 잔차항을 'resi'에 저장

ⓕ : 관측치의 수를 구해 'n'이라 정의

ⓖ : 잔차(resi)의 자승값을 지니는 resisq 변수 창출

ⓗ : 최우추정량 공식($\frac{\sum e_i^2}{n}$)을 이용하여 $\hat{\sigma}^2$값을 구해 'sigmasq'라 설정
이 때 '%sum'은 해당변수의 합계를 구하는 명령

ⓘ : 오차항의 자승과 오차자승의 평균 즉, 분산값과의 비율($\frac{e_i^2}{\hat{\sigma}^2}$)을 'g'라 설정

ⓙ : g를 본래 회귀식의 설명변수에 대하여 회귀분석을 실시

ⓚ~ⓛ : Breusch-Pagan 검정을 실시하기 위해서는 앞서 ⓙ의 결과로부터 회귀변동(ssr) 값을 구하여야 하는바, RATS에서는 이 값을 자동적으로 구할 수 없기 때문에 잔차변동(SSE)과 결정계수(R2) 값을 이용하여 SSR 값을 구하는 과정
'%RSQUARED'와 '%RSS'를 이용하여 결정계수와 잔차변동을 각각 'RSQ'와 'SSE'라 설정한후 '$SSR = SSE(\frac{R^2}{1-R^2})$'식을 이

용하여 'SSR'을 구함.

(단, 이 때 자유도는 ⓙ의 추정계수의 수에서 1을 뺀 값임을 고려하여 '%NREG'를 이용하여 추정계수를 구한 후 1을 빼 주어 자유도(df)를 구함)

ⓜ : 'ssr'을 2로 나눈 값을 'ssrd'라 설정

ⓝ : 앞서 ⓜ에서 구한 'ssrd'가 χ^2분포를 따른다는 사실을 이용하여 산출된 ssrd를 임계치로 하는 확률의 계산을 명령함.

계산된 우단면적이 유의수준($\frac{\alpha}{2}$) 보다 클 때 귀무가설(동분산 가정)은 채택된다

② 이분산의 대응책 : 가중최소자승법

```
ⓐ  CALENDAR start
ⓑ  ALLOCATE end
ⓒ  DATA(UNIT=INPUT) / y x1 x2
ⓓ  rats data set
ⓔ  LINREG(SPREAD=x2) y
    # CONSTANT x1 x2

ⓕ  * WLS의 확인 검색

ⓖ  SET w = 1 / SQRT(x2)
ⓗ  SET vy = y * w
ⓘ  SET vx1 = x1 * w
ⓙ  SET vx2 = x2 * w
ⓚ  LINREG vy
    # w vx1 vx2
```

ⓐ~ⓓ : 분석기간 설정과 자료입력과정

ⓔ : 이분산이 존재시 이를 해결해 주는 가중 최소자승법(WLS)을 실시하라는 명령. 추정명령어는 '회귀분석(LINREG)'과 동일하나 옵션으로 'SPREAD'를 이용하여 가중치로 사용할 변수명을 지정하면, 해당 회귀식은 여기서 지정된 변수를 가중치로 삼아 가중 최소자승법을 실시함.

(단, RATS 에서는 가중치로 선정된 변수의 제곱근의 역수로 각각의 변수를 곱해줌으로써 변수를 전환시켜 이분산 문제를 해소하는 방법을 사용함에 유의할 것)

ⓕ : 이후의 분석과정은 WLS의 검색과정에 관한 것이라는 것을 알려주는 일종의 주석문.

'*'로 시작되는 행은 RATS에서는 명령을 실행하지 않고 다음행으로 넘어가는 기능을 발휘함.

ⓖ~ⓚ : ⓔ에서의 WLS 결과가 각 변수를 가중처리한 후 회귀분석한 결과와 일치하는가를 살펴보는 과정

ⓖ~ⓙ : ⓔ에서 가중치로 정의된 변수의 제곱근의 역수를 w라 정의한 후 이를 각의 변수에 직접 곱해줌으로써 해당변수를 가중변수로 전환시키는 과정

ⓚ : ⓖ~ⓙ에서의 전환변수를 이용하여 회귀분석을 실시

이 때, 분석결과는 ⓔ의 결과와 동일하게 나타남.

즉, ⓔ의 'SPREAD' 옵션을 이용한 회귀분석은 변수를 ⓖ~ⓙ과정에서처럼 가중처리한 후 회귀분석을 실시한 경우와 동일한 결과를 가져다 줄 것이다.

5) 자기상관

① 자기상관의 탐색

• 그래프 활용법

```
ⓐ  CALENDAR start
ⓑ  ALLOCATE end
ⓒ  DATA(UNIT=INPUT) / y x1 x2
ⓓ       rats data set
ⓔ  LINREG y / resi
ⓕ  # constant x1 x2
ⓖ  GRAPH 1
ⓗ  # resi
```

ⓐ~ⓓ : 분석기간 설정과 자료입력과정

ⓔ~ⓕ : 회귀분석 과정

회귀분석 결과 생성된 잔차항을 차후의 분석에 이용하기 위해서 'resi'라는 변수에 저장함.

ⓖ~ⓗ : 그래프 명령어를 사용하여 앞서 도출된 잔차항 변수 'resi'의 분포형태를 살펴봄으로써 자기상관 현상의 심각성 여부를 일차적으로 판정함.

• *d* 검정법

```
ⓐ  CALENDAR start
ⓑ  ALLOCATE end
ⓒ  DATA(UNIT=INPUT) / y x1 x2
ⓓ       rats data set
ⓔ  LINREG y
ⓕ  # constant x1 x2
```

ⓐ~ⓓ : 분석기간 설정과 자료입력과정

ⓔ~ⓕ : d.w. 검정법을 실시하는 과정.
회귀분석 결과에는 d.w.검정통계량의 값이 자동적으로 산출·제시되므로 이를 이용하여 자기상관의 존재 여부를 탐색함.

• Durbin의 h검정법

```
ⓐ  CAL start
ⓑ  ALL end
ⓒ  DATA(UNIT=INPUT) / y x1 x2
ⓓ          rats data set

ⓔ  LINREG y
ⓕ  # constant x1 x2 y{1}

ⓖ  COM vbeta2=시차종속변수의 분산추정치, n=%NOBS, d=%DURBIN
ⓗ  COM h = (1-d/2) * SQRT(n / (1-n*vbeta2) )
ⓘ  CDF NORMAL h1)
```

ⓐ~ⓓ : 분석기간 설정과 자료입력과정

ⓔ~ⓕ : 회귀분석과정. 이 때, 설명변수로 시차종속변수(y{1})이 존재하여 자기상관검정을 위한 d.w.검정을 적용하는 데 문제가 따르므로 문제를 해결하기 위해 더빈의 h검정법이 사용됨.

ⓖ : h검정법에 사용하기 위해 ⓔ~ⓕ에서 도출된 시차종속변수의 회귀계수 추정량($\hat{\alpha}$)의 분산값을 'vbeta2'에 저장하고, 관측치의 수를 'n'에 저장. 또한 d.w.값을 'd'라 정의함.

ⓗ : h검정통계량의 값을 구하는 과정

ⓘ : h검정통계량의 값을 임계치로 하는 정규분포상의 확률을 구하는 과정. h통계치는 정규분포를 따르므로 위에서 도출된 확률이 유의수준(α)보다 크면 자기상관이 존재하지 않는다는 귀무가설을 채택함.

(참고 : $h=\hat{\rho}\sqrt{\dfrac{n}{1-n\cdot s^2_{\hat{\beta}_2}}}\doteqdot\left(1-\dfrac{d}{2}\right)\sqrt{\dfrac{n}{1-n\cdot s^2_{\hat{\beta}_2}}}$)

1) 앞서 검정에서 배운 방법을 그대로 사용하면 ① 대신

```
COM pvalue = %ZTEST(h)
DIS pvalue
```

를 사용하면 된다.

• Geary검정

```
ⓐ CAL start
ⓑ ALL end
ⓒ DATA(UNIT=INPUT) /  y x1 x2
ⓓ     rats data set

ⓔ LINREG y / resi
ⓕ # constant x1 x2

ⓖ GRAPH 1
ⓗ # resi

ⓘ COM tau = 잔차항의 부호가 변한 회수, n = %NOBS
ⓙ COM sample = %IF(resi>0,1,%NA)          ↘
ⓚ STAT sample                                ㉮

ⓛ COM n1 = %NOBS, n2 = n - n1
ⓜ COM r = tau+1
ⓝ COM er = (2*n1*n2)/(n1+n2) + 1
ⓞ COM vr=((2*n1*n2)*(2*n1*n2-n1-n2))/((n1+n2-1)*(n1+n2)**2)
ⓟ COM z = (r - er) / SQRT(vr)
ⓠ CDF NORMAL z
```

ⓐ~ⓓ : 분석기간 설정과 자료입력과정

ⓔ~ⓕ : 잔차항을 구하기 위한 회귀분석

ⓖ~ⓗ : 잔차항 변수 'resi'의 분포 형태를 그래프를 통해 살펴봄으로써 잔차항의 부호가 변하는 횟수를 확인함.

ⓘ : 앞서 ⓖ~ⓗ에서 살펴본 잔차항의 부호가 변한 횟수를 'tau'에 저장하고, '%NOBS'를 이용하여 ⓔ~ⓕ의 회귀분석에서 사용된 전체 관측치의 수를 'n'에 저장

㉮ '%NOBS' ; 'LINREG' 'STAT'등과 같은 분석명령 실시 이후에 사용하여 해당 분석에 사용된 관측치의 수를 차후 분석에 활용하기 위해 저장하고자 할 때 사용되는 명령어

ⓙ : 잔차항의 값 중 각각 양수와 음수의 관측치수를 구하기 위한 변수 창출과정. 즉, '%IF'문을 이용하여 잔차항의 값이 양이면 '1', 음이면 'missing value'의 값을 지니는 sample 이라는 변수를 창출. 이때, 'samlpe'의 관측치들은 모두 '1'이고 따라서 관측치수는 잔차항의 값 중 양수의 값을 지니는 수와 동일함(단, '%IF(x, y, z)'은 일종의 논리적 성격을 지닌 명령으로 만일, x가 영이 아닌 값을 지니면(또는 사실이면) *y*값을 취하고, 영의 값을 지니면(또는 거짓이면) z값을 취하도록 하는 명령임).

ⓚ : 변수 'sample'에 관한 특성치를 산출하는 명령을 실행함.

ⓛ : '%NOBS' 명령을 이용하여 ⓚ에서 사용된 sample의 관측치수(즉, 양수의 관측치수)를 'n1'에 저장하고, 전체의 관측치수에서 양수의 관측치수를 빼 줌으로써 산출된 음수의 관측치수를 'n2'에 저장.

ⓜ～ⓠ : 부호가 변한 횟수(tau) 대신 연의 수(r)가 정규분포를 따르는 특성을 이용해 자기상관문제를 파악하는 과정

ⓜ : 부호가 변한 횟수를 이용해 연의 수를 구하여 'r'이라 정의함.

ⓝ : 연의 수(r)의 평균을 구해 er로 정의

ⓞ : 연의 수(r)의 분산을 구해 vr로 정의

ⓟ : ⓝ～ⓞ에서 구한 평균과 분산을 이용해 해당 연의 수(r)를 표준화시킨 통계량의 값을 구해 'z'로 정의

ⓠ : ⓟ에서 구한 통계량의 값 'z'를 임계치로 하는 표준정규분포 상 확률을 구하는 과정. 만일 산출된 확률이 유의수준(alpha)보다 크면 자기상관이 존재하지 않는다는 귀무가설을 채택

② 자기상관의 대응책

```
ⓐ  AR1(options) depvar start end resid coeff
ⓑ  # list of variables
```

ⓐ～ⓑ : 코크란 오컷(Cochrane-Orcutt) 추정법을 이용하여 자기상관 문제를 해결하는 과정.

'AR1'은 코크란-오컷 분석을 실시하는 명령어로 회귀분석 명령어인 'LINREG'와 같은 format으로 활용됨.

즉, ⓐ 는 분석코자 하는 회귀식의 종속변수와 분석범위 등을 나타내고, ⓑ는 설명변수들을 나타내고 있음.

다만, 차이점은 ⓐ에서의 'options' 이라 할 수 있다.

즉 옵션으로 「METHOD=CORC」는 'Cochrane - Orcutt' 방법을, 「METHOD = MAXL」은 최우법을, 「METHOD = HILU」는 'Hildruth-Lu' 방법을 이용하여 자기상관문제를 처리하도록 지시하게 된다.

6) 설정오류

① 설정오류의 탐색 Ⅰ : 부적절한 설명변수들의 포함 여부 검정

```
ⓐ  CALENDAR start
ⓑ  ALLOCATE end
ⓒ  DATA(UNIT=INPUT) / y1 x1 x2 x3
ⓓ          rats data set
```

```
ⓔ  LINREG y1
   # constant x1 x2 x3
ⓕ  EXCLUDE
ⓖ  # x2 x3
```

ⓐ~ⓓ : 분석기간 설정과 자료입력과정

ⓔ~ⓖ : 부적절한 다수의 설명변수 포함과 관련된 설정오류 검정

ⓔ : 본래의 회귀식에 대해 회귀분석 실시

ⓕ~ⓖ : 부적절한 다수의 설명변수 포함과 관련된 설정오류를 검정하기 위해 F통계량을 구하는 과정
'EXCLUDE'는 'LINREG'명령을 시행한 후에 뒤따르는 명령어로서 앞서'LINREG' 명령에서 실행한 회귀방정식에 포함된 설명변수의 일부를 제외(즉, 일부변수의 회귀계수를 '0'이라 가정)시키는 가설의 타당성을 확인하기 위해 F검정을 실시할 때 사용되는 명령어
이때, 계산되는 F검정통계량은,

$$F = \frac{(SSR_{INC} - SSR_{EXC})/(\text{포함시 추정할 계수 숫자} - \text{제외시 추정할 계수 숫자})}{SSE_{INC}/(n - \text{포함시 추정할 계수 숫자})}$$

이 때 제외되는 설명변수는 보조명령어 '#' 다음에 나열함.
만일, 산출된 F검정통계량이 F임계치보다 크면, 특정설명변수들을 제외시키는 것이 타당하다는 귀무가설을 기각하게 된다. 즉 가상적으로 제외시켜 본 설명변수들을 모형에 포함시키는 것이 적절한 것으로 판정함.

② 설정오류의 탐색Ⅱ : Ramsey의 RESET 검정법

```
ⓐ  CAL start
ⓑ  ALL end
ⓒ  DATA(UNIT=INPUT,ORG=VAR) / y1 x1
ⓓ       rats data set

ⓔ  LIN y1 / resi
   # constant x1
ⓕ  COM rsold = %RSQUARED, n = %NOBS,  norold = %NREG
ⓖ  PRJ y1fit

ⓗ  SCATTER 1
   # y1fit resi

ⓘ  SET y1fit2 = y1fit**2
   SET y1fit3 = y1fit**3
```

```
ⓙ  LIN y1
   # constant x1 y1fit2 y1fit3
ⓚ  COM rsnew = %RSQUARED, nornew = %NREG

ⓛ  COM f = ((rsnew-rsold)/(nornew-norold))/((1-rsnew)/(n-nornew))
ⓜ  CDF FTEST  f  nornew-norold  n-nornew
          ↓    ↓        ↓            ↓
          ㉮   ㉯       ㉰           ㉱
```

ⓐ~ⓓ : 분석기간 설정과 자료입력과정

ⓔ~ⓖ : 원래의 모형을 추정하여 종속변수의 추정치와 잔차항, R^2, 관측치수, 설명변수의 수 등을 차후 Ramsey의 RESET 검정에 사용하기 위하여 저장하는 과정

ⓔ : 모형을 추정하여 잔차항을 'resi'에 저장

ⓕ : ⓔ에서 산출된 R^2를 'rold', 관측치수를 'n', 설명변수의 수를 'norold'에 저장

ⓖ : ⓔ의 추정식으로부터 설명변수의 추정치를 도출하여 'y1fit'에 저장

ⓗ : ⓔ~ⓖ에서 산출된 Y1의 추정치와 잔차항의 상관관계를 살펴보기 위하여 두 변수를 양축으로 하는 그래프 도출

ⓘ : ⓗ의 그래프로부터 추정치와 잔차항 간의 관계가 2차 내지 3차함수로 나타나면, 추가적인 설명변수로 사용하기 위해 추정치의 제곱 및 세 제곱의 값을 구해 'y1fit2', 'y1fit3'라 정의

ⓙ : ⓘ에서 산출된 변수를 추가적인 설명변수로 포함하여 회귀식을 추정

ⓚ : ⓙ에서 산출된 R^2를 'rsnew', 설명변수의 수를 'nornew'에 저장

ⓛ : Ramsey의 RESET 검사법을 위한 F검정통계량을 구하여 'f'에 저장

ⓜ : ⓛ에서 구한 F검정통계량 'f'를 이용하여 F검정을 실시하는 과정

㉮ 'FTEST' ; F통계량에 대해 F검정을 실시하라는 명령

㉯ 'f' ; ⓛ에서 구한 검정통계량

㉰ 'nornew-norold' ; F검정에 사용될 분자의 자유도(즉, 새로 추가한 회귀계수의 수)

㉱ 'n-nornew' ; F검정에 사용될 분모의 자유도(즉, 전체 관측치수에서 새로 추가한 회귀계수의 수를 빼준 값)

$$\left(\text{참고} : F = \frac{(R^2_{\text{new}} - R^2_{\text{old}})/\text{새로 추가한 회귀계수의 수}}{(1-R^2_{\text{new}})/(n-\text{새 식에서의 회귀계수의 수})} \right)$$

③ 설정오류의 대응책

• 축소제외법

```
ⓐ  CALENDAR start
ⓑ  ALLOCATE end
ⓒ  DATA(UNIT=INPUT,ORG=VAR) / y x1 x2 x3
ⓓ      rats data set

ⓔ  STWISE(METHOD=BACKWARD,FORCE=1,SLSTAY=0.05) y
   # constant x1 x2 x3
```

ⓐ~ⓓ : 분석기간 설정과 자료입력과정

ⓔ : 유의수준($\alpha=0.05$) 하에서의 'STWISE'명령어를 이용한 축소제외법 추정

'STWISE' ; 축소제외법, 확대도입법 및 단계적 회귀분석을 실시하는 데 사용되는 RATS 명령어

'METHOD=BACKWARD' ; 축소제외법으로 추정하라는 옵션명령

'FORCE=1' ; 추정시 설명변수 중 첫번째 설명변수는 유의수준에 상관 없이 반드시 모형 안에 포함하라는 옵션.

'SLSTAY' ; 축소제외법이나 단계적 추정방법을 사용해 변수제거시에 기준이 되는 유의수준을 지정하는 데 이용하는 옵션명령

여기서처럼 'SLSTAY=0.05'는 유의수준이 0.05임을 의미함.

단, 이 옵션이 생략될 경우 유의수준은 0.2로 정의됨.

• 확대도입법

```
ⓐ  CALENDAR start
ⓑ  ALLOCATE end
ⓒ  DATA(UNIT=INPUT,ORG=VAR) / y x1 x2 x3
ⓓ      rats data set

ⓔ  STWISE(METHOD=FORWARD,FORCE=1,SLENTER=0.05) y
   # constant x1 x2 x3
```

ⓐ~ⓓ : 분석기간 설정과 자료입력과정

ⓔ : 유의수준($\alpha=0.05$) 하에서의 'STWISE'명령어를 이용한 확대도입법 추정

'STWISE' ; 축소제외법, 확대도입법 및 단계적 회귀분석을 실시하는 데 사용되는 RATS 명령어

'METHOD=FORWARD' ; 확대도입법으로 추정하라는 옵션명령

'FORCE=1' ; 추정시 설명변수 중 첫번째 설명변수는 유의수준에 상관 없이 반드시 모형 안에 포함하라는 옵션.

'SLENTER' ; 확대도입법이나 단계적 추정방법을 사용해 추가변수 포함시에 기준이 되는 유의수준을 지정하는 데 이용하는 옵션명령

여기서처럼 'SLENTER=0.05'는 유의수준이 0.05임을 의미함.
단, 이 옵션이 생략될 경우 유의수준은 0.2로 정의됨.

• **단계적 회귀분석법**

```
ⓐ  CALENDAR start
ⓑ  ALLOCATE end
ⓒ  DATA(UNIT=INPUT,ORG=VAR) / y x1 x2 x3
ⓓ      rats data set

ⓔ  STWISE(METHOD=STEPWISE,FORCE=1,SLSTAY=0.05,SLENTER=0.05) y
   # constant x1 x2 x3
```

ⓐ~ⓓ : 분석기간 설정과 자료입력과정

ⓔ : 유의수준($\alpha=0.05$) 하에서의 'STWISE'명령어를 이용한 다단적 회귀분석법

'STWISE' ; 축소제외법, 확대도입법 및 단계적 회귀분석을 실시하는 데 사용되는 RATS 명령어

'METHOD=STEPWISE' ; 단계적 회귀분석으로 추정하라는 옵션

'FORCE=1' ; 추정시 설명변수 중 첫번째 설명변수는 유의수준에 상관 없이 반드시 모형 안에 포함하라는 옵션

단계적 회귀분석은 확대도입법과 축소제외법을 혼합한 방법으로 확대도입법과 같이 변수를 하나씩 추가해 나가되 단계마다 축소제외법을 병행하여 이전 단계에서 포함된 변수라도 다음단계에서 제외될 수 있는 것이 차이점임.

7) 변수오차

① **변수오차의 탐색**

```
ⓐ  CAL start
ⓑ  ALL end
ⓒ  DATA(UNIT=INPUT) / y x
ⓓ     rats data

ⓔ  SET xma = (x+x{1}+x{2}+x{3}) / 4

ⓕ  LIN x / resix
   # constant xma
ⓖ  PRJ xfit

ⓗ  LIN y
   # constant x resix
```

ⓐ~ⓓ : 분석기간 설정 및 자료입력과정

ⓔ : 변수오차 존재시의 문제점을 해소하기 위하여 수단변수로 사용코자 x의 4분기 이동 평균변수를 창출

ⓕ : x를 수단변수인 xma에 대해 회귀분석을 실시하면서 얻어지는 오차항을 'resix'에 저장

ⓖ : ⓕ 회귀식의 fitted value를 xfit에 저장

ⓗ : y를 x와 resix에 대해 회귀분석을 실시함(단, $x_t = x_t^0$, resi$x_t = \hat{w}_t$). resix의 회귀계수[$(\hat{\beta}-\beta)$에 대한 추정치]에 대한 t검정을 실시하여 귀무가설($H_0 : \hat{\beta}-\beta=0$, 즉 변수오차가 없음)이 기각되면 측정오류가 당초에 유의할 만한 것이었다고 판정함.

② 변수오차의 대응방안

• **역최소자승법**

```
ⓐ  CAL start
ⓑ  ALL end
ⓒ  DATA(UNIT=INPUT) / x y
         rats data set
           ㉮  ㉯
           ↑   ↑
ⓓ  LIN x /  0  coef
ⓔ  # constant y

                     ㉰
                     ↑
ⓕ  COM beta = 1 / coef(2)
ⓖ  COM alpha = -1*beta*coef(1)
                          ↓
                          ㉱
ⓗ  DIS alpha beta
```

ⓐ~ⓒ : 분석기간 설정 및 자료입력과정

ⓓ~ⓔ : 종속변수(y)와 설명변수(x)를 서로 뒤바꾸어 추정(즉, 원래 방정식 $Y=\alpha+\beta X$ 대신 $X=a+bY$를 추정함)

㉮ '0' ; 오차항을 저장하지 않겠다는 의미

㉯ 'coef' ; 추정된 회귀계수들을 저장할 변수명 정의

ⓕ~ⓖ : ⓓ~ⓔ에서 도출된 회귀계수(즉, a, b)를 이용하여 원래 방정식의 회귀계수(α, β)를 산출하는 과정

㉰ 'coef(2)' ; 변수 coef의 두 번째 관측치로, 실질적으로는 ⓓ~ⓔ에서 도출된 y의 계수인 b를 의미함.

㉱ 'coef(1)' ; 변수 coef의 첫번째 관측치로, 실질적으로는 ⓓ~ⓔ에서 도출된 상수항의 계수인 a를 의미함.

ⓗ : 도출된 회귀계수를 화면 상에 나타내라는 명령

(참고 : 원래 방정식과 수정된 방정식 회귀계수 간의 관계
$\hat{\beta}=\frac{1}{\hat{b}}$, $\hat{\alpha}=\hat{\beta}\,\hat{a}$)

• **일반적 수단변수활용법**

i) 이론적 방법

```
ⓐ  CAL start
ⓑ  ALL end
ⓒ  DATA(UNIT=INPUT) / x y
       rats data set
ⓓ  SET z = ( x + x{1} + x{2} + x{3} ) / 4

ⓔ  STAT x
    COM xmean = %MEAN
ⓕ  STAT y
    COM ymean = %MEAN
ⓖ  SET zy = z*y
ⓗ  SET xz = x*z

ⓘ  COM beta = %SUM(zy) / %SUM(xz)
ⓙ  COM alpha = ymean - beta*xmean

ⓚ  DIS alpha beta
```

ⓐ~ⓒ : 분석기간 설정 및 자료입력과정

ⓓ : 수단변수로 사용하기 위해 설명변수의 4시차 이동평균변수 'z'를 창출

ⓔ~ⓕ : x, y의 평균을 구해 각각 xmean과 ymean에 저장

ⓖ~ⓗ : x, y에 수단변수 z를 곱해 새로운 변수 zy, xz를 창출

ⓘ : 수단변수를 이용하여 회귀계수 β를 구하는 과정

ⓙ : x, y의 평균과 β를 이용하여 절편 α를 구하는 과정

ⓚ : 산출된 회귀계수를 화면상에 출력하라는 명령

(참고 : $\hat{\beta}_{\mathrm{IV}}=\frac{\sum z_i y_i}{\sum x_i z_i}$)

ii) 통상적 방법

```
ⓐ  CAL start
ⓑ  ALL end
ⓒ  DATA(UNIT=INPUT) / x y
    rats data set
ⓓ  SET z = ( x + x{1} + x{2} + x{3} ) / 4

ⓔ  LIN y
    # constant z
```

ⓐ~ⓒ : 분석기간 설정 및 자료입력과정

ⓓ : 수단변수로 사용하기 위해 설명변수의 4시차 이동평균변수 'z'를 창출

ⓔ : 설명변수(x)를 수단변수(z)로 대체하여 추정하는 과정

• **시차변수사용법**

i) 이론적 방법

```
ⓐ CAL start
ⓑ ALL end
ⓒ DATA(UNIT=INPUT) / x y
       rats data set
ⓓ SET z = x{l}

ⓔ STAT x
   COM xmean = %MEAN
ⓕ STAT y
   COM ymean = %MEAN
ⓖ SET zy = z*y
ⓗ SET xz = x*z

ⓘ COM beta = %SUM(zy) / %SUM(xz)
ⓙ COM alpha = ymean - beta*xmean

ⓚ DIS alpha beta
```

ⓐ~ⓒ : 분석기간 설정 및 자료입력과정

ⓓ : 수단변수로 사용하기 위해 설명변수의 l시차변수 'z'를 창출

ⓔ~ⓕ : x, y의 평균을 구해 각각 xmean과 ymean에 저장

ⓖ~ⓗ : x, y에 수단변수 z를 곱해 새로운 변수 zy, xz를 창출

ⓘ : 수단변수를 이용하여 회귀계수 β를 구하는 과정

ⓙ : x, y의 평균과 β를 이용하여 절편 α를 구하는 과정

ⓚ : 산출된 회귀계수를 화면상에 출력하라는 명령

iii) 통상적 방법

```
ⓐ CAL start
ⓑ ALL end
ⓒ DATA(UNIT=INPUT) / x y
     rats data set
ⓓ LIN y
   # constant x{l}
```

ⓐ~ⓒ : 분석기간 설정 및 자료입력과정

ⓓ : 설명변수의 l시차변수를 수단변수로 대체하여 추정하는 과정

• 두 평균활용법

```
ⓐ  CAL start
ⓑ  ALL end
ⓒ  DATA(UNIT=INPUT) / x y
     rats data set
ⓓ  ORDER x / y
ⓔ  STAT x
ⓕ  COM xmean = %MEAN
ⓖ  STAT y
ⓗ  COM ymean = %MEAN
   *  LOWER GROUP
           ㉮    ㉯
           ↑     ↑
ⓘ  SMPL start end/2
ⓙ  STAT x
ⓚ  COM lxmean = %MEAN
ⓛ  STAT y
ⓜ  COM lymean = %MEAN
   * HIGHER GROUP
           ㉰       ㉱
           ↑       ↑
ⓝ  SMPL end/2+1 end
ⓞ  STAT x
ⓟ  COM hxmean = %MEAN
ⓠ  STAT y
ⓡ  COM hymean = %MEAN
ⓢ  COM beta = (hymean - lymean) / (hxmean - lxmean)
ⓣ  COM alpha = ymean - (beta * xmean)
ⓤ  DISPLAY alpha beta
```

ⓐ~ⓒ : 분석기간 설정 및 자료입력과정

ⓓ : x를 기준으로 x, y의 관측치를 크기 순으로 배열

ⓔ~ⓕ : x의 특성치를 구해 이 중 평균을 xmean에 저장

ⓖ~ⓗ : y의 특성치를 구해 이 중 평균을 ymean에 저장

ⓘ~ⓜ : 전체 관측치를 중앙치를 중심으로 상·하 두 개의 그룹으로 구분한 다음 그 중 작은 크기의 관측치로 이루어진 하위 그룹의 x, y의 평균을 구하는 과정

ⓘ : 이하의 분석에 사용되는 분석시기를 'SMPL' 명령을 이용하여 ⓐ~ⓑ에서 정의한 분석기간을 재조정함.

㉮ 'start' ; 재조정되는 분석기간의 시작시기를 나타내며, 여기서는 ⓐ에서 정의한 것과 동일한 시기를 시작시기로 설정함.

㉯ 'end/2' ; 재조정되는 분석기간의 끝시기를 나타내며, 여기

서는 중앙치까지를 끝시기로 잡고자 하므로 ⓑ에서 정의한 시기의 반에 해당하는 시기$\left(즉, \frac{\text{end}}{2}\right)$를 끝시기로 설정함.

ⓙ~ⓚ : 하위 그룹의 x 특성치를 구해 이 중 평균을 $l$xmean에 저장

ⓛ~ⓜ : 하위 그룹의 y 특성치를 구해 이 중 평균을 $l$ymean에 저장

ⓝ~ⓡ : 전체 관측치를 중심으로 상하 두 개의 그룹으로 구분한 다음 그 중 큰 크기의 관측치로 이루어진 상위 그룹의 x, y의 평균을 구하는 과정

ⓝ : 이하의 분석에 사용되는 분석시기를 'SMPL'명령을 이용하여 ⓘ에서 정의한 분석기간을 재조정함.

㉰ 'end/2+1';조정되는 분석기간의 시작시기를 나타내며, 여기서는 중앙치부터 끝까지의 시기를 분석기간으로 삼고자 하므로 ⓘ에서 정의한 끝시기의 다음시기를 시작시기로 설정함.

㉱ 'end';재조정되는 분석기간의 끝시기를 나타내며, 여기서는 ⓑ에서 정의한 것과 동일한 시기를 끝시기로 설정함.

ⓞ~ⓟ : 상위 그룹의 x 특성치를 구해 이 중 평균을 hxmean에 저장

ⓠ~ⓡ : 상위 그룹의 y 특성치를 구해 이 중 평균을 hymean에 저장

ⓢ~ⓣ : 상·하 그룹의 특성치를 이용하여 본 모형의 회귀계수를 산출하는 과정

ⓤ : 산출된 회귀계수를 화면상에 나타내라는 명령

• **세 평균활용법**

```
ⓐ  CAL start
ⓑ  ALL end
ⓒ  DATA(UNIT=INPUT) / x y
     rats data set

ⓓ  ORDER x / y

ⓔ  STAT x
ⓕ  COM xmean = %MEAN
ⓖ  STAT y
ⓗ  COM ymean = %MEAN

    *  LOWER GROUP
             ㉮      ㉯
             ↑       ↑
ⓘ  SMPL start end/3
ⓙ  STAT x
ⓚ  COM lxmean = %MEAN
ⓛ  STAT y
```

```
ⓜ  COM lymean = %MEAN

    * HIGHER GROUP
          ㉰   ㉱
          ↑    ↑
ⓝ  SMPL 2*end/3+1 end
ⓞ  STAT x
ⓟ  COM hxmean = %MEAN
ⓠ  STAT y
ⓡ  COM hymean = %MEAN

ⓢ  COM beta = (hymean - lymean) / (hxmean - lxmean)
ⓣ  COM alpha = ymean - (beta * xmean)
ⓤ  DISPLAY alpha beta
```

ⓐ~ⓒ : 분석기간 설정 및 자료입력과정

ⓓ ; x를 기준으로 x, y의 관측치를 크기 순으로 배열

ⓔ~ⓕ : x의 특성치를 구해 이 중 평균을 xmean에 저장

ⓖ~ⓗ : y의 특성치를 구해 이 중 평균을 ymean에 저장

ⓘ~ⓜ : 전체 관측치를 크기 순으로 상·중·하 세 개의 그룹으로 구분한 다음 그 중 작은 크기의 관측치로 이루어진 하위 그룹의 x, y의 평균을 구하는 과정

ⓘ : 이하의 분석에 사용되는 분석시기를 'SMPL'명령을 이용하여 ⓐ~ⓑ에서 정의한 분석기간을 재조정함.

㉮ 'start' ; 재조정되는 분석기간의 시작시기를 나타내며, 여기서는 ⓐ에서 정의한 것과 동일한 시기를 시작시기로 설정함.

㉯ 'end/3' ; 재조정되는 분석기간의 끝시기를 나타내며, 여기서는 전체 관측치수의 1/3에 해당하는 관측치를 분석자료로 사용코자 하므로 ⓑ에서 정의한 시기의 1/3에 해당하는 시기$\left(\text{즉, } \frac{\text{end}}{3}\right)$를 끝시기로 설정함.

ⓙ~ⓚ : 하위 그룹의 x 특성치를 구해 이 중 평균을 $l$xmean에 저장

ⓛ~ⓜ : 하위 그룹의 y 특성치를 구해 이 중 평균을 $l$ymean에 저장

ⓝ~ⓡ : 전체 관측치를 크기 순으로 상·중·하 세 개의 구룹으로 구분한 다음 그 중 가장 큰 크기의 관측치로 이루어진 상위 그룹의 x, y의 평균을 구하는 과정

ⓝ : 이하의 분석에 사용되는 분석시기를 'SMPL'명령을 이용하여 ⓘ에서 정의한 분석기간을 재조정함.

㉰ '$2\times\frac{\text{end}}{3}+1$' ; 재조정되는 분석기간의 시작시기를 나타내며, 여기서는 전체 관측치수의 마지막 1/3에 해당하는 관측

치를 분석자료로 사용코자 하므로 $2\times\frac{\text{end}}{3}+1$ 시기를 시작시기로 설정함.

㉣ 'end' ; 재조정되는 분석기간의 끝시기를 나타내며, 여기서는 ⓑ에서 정의한 것과 동일한 시기를 끝시기로 설정함.

ⓞ~ⓟ : 상위 그룹의 x 특성치를 구해 이 중 평균을 hxmean에 저장

ⓠ~ⓡ : 상위 그룹의 y 특성치를 구해 이 중 평균을 hymean에 저장

ⓢ~ⓣ : 상·하 그룹의 특성치를 이용하여 본 모형의 회귀계수를 산출하는 과정

ⓤ : 산출된 회귀계수를 화면 상에 나타내라는 명령

• Durbin의 순위법

```
ⓐ  CAL start
ⓑ  ALL end
ⓒ  DATA(UNIT=INPUT) / x y
     rats data set

ⓓ  ORDER x / y

ⓔ  SET i =  T
            ↓
            ㉮
ⓕ  STAT x
ⓖ  COMP xmean = %MEAN
ⓗ  STAT y
ⓘ  COMP ymean = %MEAN

ⓙ  SET vx = i * x
ⓚ  SET vy = i * y

                  ㉯
                  ↑
ⓛ  COMP beta = %SUM(vy) / %SUM(vx)
ⓜ  COMP alpha = ymean - (beta * xmean)
ⓝ  DISPLAY alpha beta
```

ⓐ~ⓒ : 분석기간을 설정 및 자료입력과정

ⓓ : x를 기준으로 x, y의 관측치를 크기 순으로 배열

ⓔ : x의 크기에 따라 순위를 나타내는 순위변수 'i'를 창출하는 과정. 단, i의 관측치는 1, 2, 3, 4, …, n임.

㉮ 'T' ; RATS 에서 시차(time) 내지 순서를 나타내기 위하여 사용되는 명령어

ⓕ~ⓖ : x의 특성치를 구해 이 중 평균을 xmean에 저장

ⓗ~ⓘ : y의 특성치를 구해 이 중 평균을 ymean에 저장

ⓙ~ⓚ : 본래의 변수들에 순위변수를 곱해 새로운 변수 'vx', 'vy'를 창출

ⓛ~ⓜ : 본래 모형의 회귀계수를 창출하는 과정

㉯ '%SUM(vy)' ; 변수 vy의 합계를 구하는 명령. 즉, '%SUM'은 뒤따르는 변수의 합계를 구하는 명령

ⓝ : 산출된 회귀계수를 화면상에 나타내라는 명령

8) 특수모형

① LPM 모형

```
ⓐ  CALENDAR start
ⓑ  ALLOCATE end
ⓒ  DATA(UNIT=INPUT) / y x
ⓓ            rats data set

ⓔ  LINREG y
ⓕ  # constant x
ⓖ  PRJ yhat

    * CASE 1 : EXCLUDE yhat > 1 and yhat < 0

ⓗ  SET yhat1 = %IF(yhat<0,%NA,yhat)
ⓘ  SET yhat1 = %IF(yhat>1,%NA,yhat)
ⓙ  SET w1 = yhat1*(1-yhat1)
ⓚ  SET sw1 = SQRT(W1)

ⓛ  SET vc1 = 1/sw1
ⓜ  SET vx1 = x/sw1
ⓝ  SET vy1 = y/sw1

    * WLS METHOD

ⓞ  LINREG vy1
ⓟ  # vc1 vx1

    * CASE 2 : IF yhat > 1 THEN yhat = 0.99
    *          IF yhat < 0 THEN yhat = 0.01

ⓠ  SET yhat2 = %IF(yhat<0,0.01,yhat)
ⓡ  SET yhat2 = %IF(yhat>1,0.99,yhat)
ⓢ  SET w2 = yhat2*(1-yhat2)
ⓣ  SET sw2 = SQRT(w2)

ⓤ  SET vc2 = 1/sw2
ⓥ  SET vx2 = x/sw2
ⓦ  SET vy2 = y/sw2

    * WLS METHOD

ⓧ  LINREG vy2
ⓨ  # vc2 vx2
```

ⓐ~ⓓ : 분석기간 설정과 자료입력과정

ⓔ~ⓕ : 가중치를 구하기 위한 전 단계로 y를 x에 대해 회귀분석 실시

ⓖ : 앞서 추정한 회귀식의 종속변수의 추정치를 구하여, 이분산해소를 위한 가중 최소자승법에 사용하기 위한 가중치를 구하는 데 사용하기 위하여 yhat 변수로 저장

ⓗ~ⓟ : 추정된 yhat 값이 음수이거나 1을 초과하는 문제가 발생시 해결하는 데 사용되는 두 가지 방법 중 하나로 관련 관측치들을 분석에서 제외시키는 방법이 사용되는 과정

ⓗ~ⓘ : 추정된 yhat 값이 음수일 경우와 1을 초과할 경우에는 관축치에서 제외하는 과정

ⓗ : 음수값을 지니는 yhat 의 관측치를 관측치에서 제외하는 과정
%IF(x,y,z) ; %IF는 일종의 조건문으로서 만일 x가 옳다면, y 값을 취하며, 틀리다면 z 값을 취하는 명령

ⓘ : 1을 초과하는 yhat 값을 관측치에서 제외하는 과정

ⓙ : 가중 최소자승법에 사용하기 위한 가중치를 창출함.

ⓚ : 앞서 창출한 가중치의 제곱근을 구함. 이 때 yhat 값이 음수이거나 1보 다 큰 경우에는 가중치의 제곱근은 missing value가 되어 분석에서 빠짐을 고려해야 함. 'SQRT'는 제곱근을 구하라는 명령어

ⓛ~ⓝ : 가중치의 제곱근으로 나눔으로써 가중 최소자승법에 사용할 새로운 변수 창출

ⓞ~ⓟ : 가중 최소자승법을 실시. 이 경우 앞서 ⓗ에서 missing value로 처리된 관측치는 분석에서 제외되고 나머지 관측치만이 분석에 사용됨.

ⓠ~ⓡ : 앞서 방법은 자유도를 상실하는 문제점이 있어, 이를 해결하기 위해 추정된 yhat 값이 음수일 경우에는 0.01로, 1을 초과할 경우에는 0.99로 대체하여 추정하는 과정임.

ⓠ : 음수값을 지니는 yhat 의 관측치를 0.01로 대체하는 명령
즉, yhat 값이 0보다 작은 관측치는 0.01로 대체하고 그 외의 경우는 본래의 yhat 값을 지님.
%IF(x,y,z) ; %IF는 일종의 조건문으로서 만일 x가 옳다면, y 값을 취하며, 틀리다면 z 값을 취하는 명령

ⓡ : 1을 초과하는 yhat 값을 0.99로 대체하라는 명령

ⓢ~ⓣ : 새롭게 정리된 yhat 값을 이용하여 새로운 가중치와 가중치의 제곱근 을 창출하는 과정

ⓤ~ⓦ : 가중치의 제곱근으로 나눔으로써 가중 최소자승법에 사용할

새로운 변수 창출

ⓧ~ⓨ : 가중 최소자승법을 실시

② LOGIT 모형

```
ⓐ CALENDAR start
ⓑ ALLOCATE end
ⓒ DATA(UNIT=INPUT) / x ln sn
ⓓ           rats data set
  *
ⓔ SET p = sn/ln
ⓕ SET l = LOG(p/(1-p))
  *

ⓖ LINREG l
ⓗ # constant x
  *
  * WLS
  *
ⓘ SET w = ln*p*(1-p)
ⓙ SET sw = SQRT(w)
ⓚ SET vl = l*sw
ⓛ SET vx = x*sw


ⓜ LINREG vl
ⓝ # sw vx
```

ⓐ~ⓓ : 분석기간 설정과 자료입력과정

ⓔ : 표본비율을 구하여 변수 p로 명명함.

ⓕ : LOGIT 모델의 종속변수로 사용하기 위하여 표본비율에 LOG를 취하여 변수 명 l이라 명명

ⓖ~ⓗ : 본래의 모형을 그대로 회귀분석함.

ⓘ~ⓙ : 가중 최소자승법을 실시하기 위해 가중치를 구하여 변수명 W로 명명하고 이의 제곱근을 sw로 명명

ⓚ~ⓛ : 가중치의 제곱근을 각각 곱하여 WLS에 사용하기 위해 변수변환하는 과정

ⓜ~ⓝ : 변환된 자료를 이용하여 WLS를 실시함.

③ PROBIT 모형

```
ⓐ CALENDAR start
ⓑ ALLOCATE end
ⓒ DATA(UNIT=INPUT) / p s ln x
ⓓ           rats data set
```

```
ⓔ  SET pbit = s + 5

ⓕ  LINREG s
   # constant x
ⓖ  LINREG pbit
   # constant x

   * WLS

ⓗ  SET fi = EXP(-0.5*s**2) / SQRT(2*%PI)
ⓘ  SET w = (ln*fi**2)/p*(1-p)
ⓙ  SET sw = SQRT(w)
ⓚ  SET vs = s * sw
ⓛ  SET vx = x * sw

ⓜ  LINREG vs
   # sw vx
```

ⓐ~ⓓ : 분석기간 설정과 자료입력 과정

단, 입력자료는 p(표본비율), s(n.e.d.), x(설명변수), ln(표본수)임. RATS에서는 주어진 표본비율과 대칭되는 INDEX(즉 표준 CDF 의 역함수 값, N.E.D or NORMIT)를 구하는 명령어를 RATA 프로그램에 존재하지 않기 때문에 분석에 앞서 미리 SAS 등 여타 프로그램을 이용하여 사전에 산출하여야 하는 문제점을 지니고 있음.

ⓔ : $p < 0.5$일 때, s는 음수이기 때문에 양수를 만들기 위해 5를 더하여 pbit 변수를 창출

ⓕ : s에 대해 회귀분석을 실시

ⓖ : pbit에 대해 회귀분석을 실시

ⓗ~ⓛ : 가중 최소자승법을 실시하기 위해 가중치를 창출하고 이를 이용해 변수를 전환하는 과정

ⓗ : 가중치를 구할 때 사용되는 f_i를 창출

(단, $\mathrm{f_i} = \frac{1}{\sqrt{2\pi}} \exp^{(-\frac{1}{2}s^2)}$)

ⓘ : 가중치($\mathrm{w_i} = \sqrt{\frac{\ln_i f_i^2}{\mathrm{p_i}(1-\mathrm{p_i})}}$)를 창출하는 과정

ⓙ : 가중치의 제곱근을 창출

ⓚ~ⓛ : ⓕ에 사용된 설명변수(s)와 종속변수(x)에 ⓙ에서 구한 가중치 제곱근(sw)을 각각 곱하여 WLS에 사용하기 위해 변수변환하는 과정

ⓜ : 변환된 자료를 이용하여 WLS를 실시함.

(3) 시차분포모형

1) Cagan의 적응적 기대모형

```
ⓐ  CAL start
ⓑ  ALL end
ⓒ  OPEN DATA a:\data.rat
ⓓ  DATA(FORMAT=RATS) / y x
ⓔ  CLOSE DATA
                ㉮   ㉯
               ↗    ↗
ⓕ  LIN y /  0  coef
ⓖ  # constant x y{1}
                     ㉰                ㉱                      ㉲
                    ↗                ↗                      ↗
ⓗ  COM gamma=1-coef(3), beta=coef(2)/gamma, alpha=coef(1)/gamma
ⓘ  DISPLAY alpha beta gamma
```

ⓐ~ⓑ : 분석기간 설정

ⓒ~ⓔ : 분석자료를 외부에서 불러오는 과정

ⓒ : 불러 올 외부파일이 A 드라이브에 있는 'data.rat'임을 알려 줌.

ⓓ : 'FORMAT=RATS'는 외부파일의 자료 형태가 RATS data format임을 나타냄(단, 외부파일의 자료 형태가 LOTUS data format 이라면, 'FORMAT=WKS'를 대신 사용함).

ⓕ~ⓖ : 회귀분석을 실시

㉮ '0' ; 잔차항을 저장하지 말라는 보조명령어

㉯ 'coef' ; 차후의 분석에 사용하기 위해 회귀계수를 해당 이름으로 저장하라는 지시. 이 때, 회귀식의 구체적인 형태는 아래와 같다.

$Y_t = \gamma\alpha + \gamma\beta X_t + (1-\gamma)Y_{t-1}$

ⓗ : ⓕ~ⓖ에서 추정한 회귀계수는 복합된 계수로 구성됨. 따라서 회귀분석과정에서 1차적으로 도출한 회귀계수를 이용하여 궁극적으로 구하고자 하는 계수들, 즉 α, β, γ값을 구하는 과정

㉰ 'coef(3)' ; ⓕ~ⓖ의 회귀분석에서 도출된 회귀계수 중 3번째 설명변수의 회귀계수(즉, y{1}의 추정회귀계수)를 의미

㉱ 'coef(2)' ; ⓕ~ⓖ의 회귀분석에서 도출된 회귀계수 중 2번째 설명변수의 회귀계수(즉, x의 추정회귀계수)를 의미

㉲ 'coef(1)' ; ⓕ~ⓖ의 회귀분석에서 도출된 회귀계수 중 1번째 설명변수의 회귀계수(즉, 상수항의 추정회귀계수)를 의미

ⓘ : 계산된 α, β, γ를 화면 상에 출력하는 과정

2) Nerlove의 부분조정모형

```
ⓐ  CAL start
ⓑ  ALL end
ⓒ  OPEN DATA a:\data.rat
ⓓ  DATA(FORMAT=RATS) / y x
ⓔ  CLOSE DATA
ⓕ  LIN y / 0 coef
ⓖ  # constant x y{1}

ⓗ  COM delta=1-coef(3),beta=coef(2)/delta,alpha=coef(1)/delta
ⓘ  DISPLAY alpha beta delta
```

ⓐ~ⓑ : 분석기간 설정

ⓒ~ⓔ : 분석자료를 외부에서 불러오는 과정

ⓒ : 불러올 외부파일이 A 드라이브에 있는 'data.rat'임을 지정

ⓓ : 'FORMAT=RATS'는 외부파일의 자료형태가 RATS data format임을 알려 줌.

ⓕ~ⓖ : 회귀분석을 실시

'0' ; 잔차항을 저장하지 말라는 의미

'coef' ; 차후의 분석에 사용하기 위해 회귀계수를 해당 이름으로 저장하라는 지시. 이 때, 회귀식의 구체적인 형태는 아래와 같다.

$$Y_y = \delta\alpha + \delta\beta X_t + (1-\delta)Y_{t-1}$$

ⓗ : ⓕ~ⓖ에서 추정한 회귀계수는 복합된 계수로 구성됨. 따라서 회귀분석과정에서 1차적으로 도출한 회귀계수를 이용하여 궁극적으로 구하고자 하는 계수들, 즉 α, β, δ값을 구하는 과정

'coef(3)' ; ⓕ-ⓖ의 회귀분석에서 도출된 회귀계수 중 3번째 설명변수의 회귀계수(즉, y{1}의 추정회귀계수)를 의미

'coef(2)' ; ⓕ~ⓖ의 회귀분석에서 도출된 회귀계수 중 2번째 설명변수의 회귀계수(즉, x의 추정회귀계수)를 의미

'coef(1)' ; ⓕ~ⓖ의 회귀분석에서 도출된 회귀계수 중 1번째 설명변수의 회귀계수(즉, 상수항의 추정회귀계수)를 의미

ⓘ : 계산된 α, β, δ를 화면상에 출력하는 과정

(4) 연립방정식

1) 연립방정식 추정법

① 단일방정식 추정법 : 2단계 최소자승법

```
ⓐ  CALENDAR start
ⓑ  ALLOCATE end
ⓒ  DATA(UNIT=INPUT) / y1 y2 y3 x1 x2 x3 x4
ⓓ  rats data set
ⓔ  INSTRUMENT x1 x2 x3 x4

            ㉮
            ↑
ⓕ  LINREG(INST) y1
   # constant x1 x2 y2 y3
ⓖ  LINREG(INST) y2
   # constant x3 x4 y1 y3
```

ⓐ~ⓓ : 분석기간 설정과 자료입력 과정

ⓔ : 내생설명변수의 추정치를 구할 때 사용되는 연립방정식 내의 모든 선결변수들을 정의함.

'INSTRUMENTS' 명령어는 연립방정식 체계 내에 존재하는 모든 선결변수들(즉,외생변수와 시차내생변수들)을 일종의 수단변수로 지정하여 내생설명 변수들의 추정치들을 구하는 데 사용함.

ⓕ : 개별방정식 내의 내생설명변수를 ⓔ에서 정의된 선결변수들의 함수로 표현되는 유도방정식을 이용하여 추정한 다음 이를 개별구조방정식 내의 내생설 명변수와 대체시킨 다음 회귀분석을 실시하는 과정.

즉, ⓕ의 y2, y3 의 관측치는 원래의 값이 아닌 ⓔ에서 정의된 선결변수들을 이용해 유도방정식 상에서 도출된 추정치임.

㉮ 'INST' ; 해당 방정식에 내재된 내생설명변수를 'INSTRUMENTS' 명령에서 정의된 선결변수들의 함수로 표현되는 유도방정식을 이용한 추정치로 대체시킨 다음 회귀분석을 실시하라는 옵션 명령.

만일, 이 옵션이 사용 안 되면 해당 방정식의 결과는 단순히 구조 방정식에 OLS를 적용하는 과정이 되어 버림(RATS에서는 유도방정식을 통해 내생설명변수의 추정치를 구하는 제1단계 추정과정은 출력되지 않고 제2단계 추정결과만이 나타남)

ⓖ : 또 다른 구조방정식($y_2 = f(y_1, y_3, x_3, x_4)$)의 2SLS 추정과정

② 전체방정식 추정법

```
ⓐ CALENDAR start
ⓑ ALLOCATE end
ⓒ DATA(UNIT=INPUT) / y1 y2 x1 x2 x3
ⓓ      rats data set
ⓔ INSTRUMENT x1 x2 x3
ⓕ LINREG(INST,DEFINE=eq1) y1
ⓖ # constant x1 x2 y2
ⓗ LINREG(INST,DEFINE=eq2) y2
ⓘ # constant x3 y1
ⓙ SUR(INST) 2
ⓚ # eq1
ⓛ # eq2
```

ⓐ~ⓓ : 분석기간 설정과 자료입력 과정

ⓔ : 'INSTRUMENTS' 명령어는 방정식안에 존재하는 외생변수들(즉, 외생변수 와 내생시차변수들)을 설정하여 내생변수들의 추정치들을 구하기 위하여 사용됨.

ⓕ~ⓖ : 앞서 ⓔ에서 구한 내생변수의 추정치들을 원래의 내생변수들 값 대신 사용하여 회귀분석을 실시하는 과정.
이 추정방정식을 차후에 사용하기 위해 'DEFINE' 옵션을 이용하여 'eq1'이라 설정

ⓗ~ⓘ : 앞서 ⓔ에서 구한 내생변수의 추정치들을 원래의 내생변수들 값 대신 사용하여 회귀분석을 실시하는 과정.
이 추정방정식을 차후에 사용하기 위해 'DEFINE' 옵션을 이용하여 'eq2'라 설정

ⓙ~ⓛ : 3단계 최소자승법을 실시하라는 명령
ⓙ에서 '2'는 추정방정식이 두 개라는 것을 의미
ⓚ와 ⓛ은 각각 추정방정식이 앞서 정의한 'eq1'과 'eq2'임을 나타냄.

2) 연립방정식 모형의 적합도 및 안정성 검정 : 의태분석

① 개별방정식 및 정의식의 이름 명명

• 방정식의 경우

'FRML'이라는 보조명령을 이용하여 아래와 같은 방식으로 이름을 명명한다.

```
ⓐ LINREG(FRML=eqname1) y1
  # constant x1 x2 x3
ⓑ LINREG(FRML=eqname2) y2
  # constant x4 x5
```

ⓐ : 회귀방정식 $y_1 = f(x_1, x_2, x_3)$을 추정하면서 차후 연립방정식 모형의 안정성 검정에 사용하기 위해 방정식의 이름을 'eqname1'이라 명명함.

ⓑ : 회귀방정식 $y_2 = f(x_4, x_5)$을 추정하면서 차후 연립방정식 모형의 안정성 검정에 사용하기 위해 방정식의 이름을 'eqname2'라 명명함. (단, 각 방정식의 이름은 같아서는 안 됨)

• 정의식의 경우

방정식과는 달리 'FRML'이란 명령어를 직접 이용하여 정의식의 이름을 명명한다.

```
ⓐ  FRML(IDENTITY) idname1 expression1
    ↓              ↓       ↓
    ㉮             ㉯      ㉰

ⓑ  FRML(IDENTITY) idname2 expression2
```

ⓐ : 정의식을 차후 연립방정식 모형의 안정성 검정에 사용하기 위하여 이름을 'idname1'이라 명명

㉮ 'FRML' ; 원래는 비선형모형을 추정하기에 앞서 모형을 설정할 때 사용되는 명령어로서 'DENTITY'란 보조명령과 함께 사용할 경우에는 뒤따르는 정의식의 이름을 명명하는 기능을 함.

㉯ 'idname1' ; 지정된 정의식의 이름

㉰ 'expression1' ; 정의식의 내용을 표현함. 이 표현은 'SET' 명령어의 표현과 동일함.

ⓑ : 정의식의 이름을 'idname2'라 명명(단, 각 정의식의 이름은 같아서는 안 됨)

② 분석모형의 설정

```
             ㉮          ㉯               ㉰               ㉱      ㉲
             ↑           ↑                ↑                ↑      ↑
ⓐ  GROUP gname eqname1>>feq1 eqname2>>feq2 eqname3>>feq3 $
ⓑ               idname1>>fid1 idname2>>fid2
                           ↓              ↓
                           ㉳             ㉴
```

ⓐ～ⓑ : 3개의 방정식과 2개의 정의식으로 구성된 연립방정식 체계를 작성하고 그 이름을 'gname'이라 명명함.

㉮ 'gname' ; 명명된 연립방정식 체계의 이름

㉯～㉱ 분석모형에 포함될 방정식을 사전에 명명된 방정식 이

름을 이용하여 구성하는 명령.

‘>>’는 시뮬레이션 실시로 발생된 각 방정식의 종속 변수의 시뮬레이션 값을 차후 RMSE 값 등을 산출하는 데 사용하기 위해 저장하고자 하는 변수명을 지정하는 데 사용됨.

㉯ ‘eqname1’이라 명명된 방정식을 시뮬레이션을 실시 후 산출된 종속 변수의 시뮬레이션 값을 ‘feq1’에 저장하라는 의미

㉰ ‘$’ ; RATS명령은 각 행단위로 명령이 실행되나, ‘GROUP’ 명령을 이용해 분석모형을 설정하는 등 몇몇 경우에는 한 행에 모든 과정을 표현할 수 없는 문제점이 발생한다. 이 때 ‘$’라는 보조명령어를 이용하여 여러 행에 걸쳐 있는 명령들. 하나의 명령어라고 RATS에게 인식시켜 줄 수 있다.

㉱~㉲ 분석모형에 포함될 방정식을 사전에 명명된 정의식 이름을 이용하여 구성하는 명령.

‘>>’는 시뮬레이션 실시로 발생된 각 정의식의 파생 변수의 시뮬레이션 값을 차후 RMSPE 값 등을 산출하는 데 사용하기 위해 저장하고자 하는 변수명을 지정하는 데 사용됨.

㉱ ‘idname1’이라 명명된 방정식을 시뮬레이션을 실시 후 산출된 파생 변수의 시뮬레이션 값을 ‘fid1’에 저장하라는 의미

③ 시뮬레이션 실행과 RMSPE를 통한 평가

```
ⓐ  SMPL start end
ⓑ  FORECAST(MODEL=gname,PRINT)
                   ↓       ↓
                   ㉮      ㉯
ⓒ  SET spe = ((svalue-avalue) / avalue) ** 2
                  ↓       ↓
                  ㉰      ㉱
ⓓ  ACC spe / sspe
ⓔ  COMPUTE rmspe = 100 * SQRT(sspe(end) / 관측치수)
                                  ↓
                                  ㉲
ⓕ  DISPLAY rmspe
```

ⓐ : 시뮬레이션을 실시하려는 분석기간 설정

ⓑ : 사전에 설정된 분석모형에 대해 시뮬레이션을 실행하고 그 결과를 화면 상에 보이라는 명령

㉮ ‘MODEL=gname’ ; 시뮬레이션을 실시하려는 분석모형을 ‘MODEL’ 보조명령을 통해 지정(단, gname은 분석모형의 이름)

㈏ 'PRINT' ; 산출된 시뮬레이션 값을 화면상에 보이라는 보조명령

ⓒ~ⓔ : rmspe를 산출하는 과정

ⓒ : $(\frac{\text{예측치}_t - \text{실제치}_t}{\text{실제치}_t})^2$를 'spe'이라 정의

㈐ 'svalue' ; 예측치, 즉 시뮬레이션을 통해 산출된 값

㈑ 'avalue' ; 실제치

ⓓ : 'spe'의 누적값을 ⓐ에서의 지정한 분석기간 동안에 대해 산출하여 'sspe'라 정의

ⓔ : 'spe'의 누적값을 분석기간의 관측치의 수로 나눈값의 제곱근 값을 구한 후 100을 곱함으로써 'rmspe'를 산출해 냄.

㈒ 'sspe(end)' ; 분석기간에 대한 'spe'의 누적값을 의미. 'ACCUMULATE' 명령을 이용해 누적값을 구할 때 총누적값은 파생된 변수의 마지막 시기의 자료이므로 'end'를 사용함.('ACCUMULATE' 명령어 설명 참고)

ⓕ : 산출된 rmspe 값을 화면 상에 보이라는 명령

(참고 : $\text{rmspe} = 100\sqrt{\frac{1}{n}\sum_{t=1}^{n}(\frac{\hat{x}_t^s - x_t^a}{x_t})^2}$

단, $\hat{x}_t^s$: 예측치, x_t^a : 실제치, n : 표본 수)

3.3 시계열분석

(1) ARIMA 모형

1) 모형의 식별

① 안정적인 시계열의 경우

```
ⓐ  CALENDAR start
ⓑ  ALLOCATE end
ⓒ  OPEN DATA a : econdata.rat
ⓓ  DATA(FORMAT=RATS) / x
ⓔ  CLOSE DATA            ㉮                ㈏
                        ↗                 ↗
ⓕ  CORRELATE(CORRELATIONS=a_x,PARTIAL=p_x) x
                  ㈐       ㈑
                 ↗        ↗
ⓖ  GRAPH(MAX=1.0,MIN=-1.0) 1
ⓗ  # a_x
ⓘ  GRAPH(MAX=1.0,MIN=-1.0) 1
ⓙ  # p_x
```

ⓐ~ⓔ : 분석기간 설정과 자료를 불러오는 과정

ⓕ : 분석대상 시계열의 식별을 위해 'CORRELATE'명령어를 시계열 x

의 acf와 pacf를 구하는 과정

㉮ 분석대상 시계열의 acf를 구해 a_x에 저장하라는 보조명령어

㉯ 분석대상 시계열의 pacf를 구해 p_x에 저장하라는 보조명령어

ⓖ~ⓗ : 분석대상 시계열의 식별을 위해 ⓕ에서 도출한 시계열 'x'의 자기상관함수(a_x)를 그래프를 통해 살펴보는 과정

㉰ 그래프 Y축의 최대크기를 '1'로 규정하는 보조명령어

㉱ 그래프 Y축의 최소크기를 '−1'로 규정하는 보조명령어

ⓘ~ⓙ : 분석대상 시계열의 식별을 위해 ⓕ에서 도출한 시계열 'x'의 편자기상관함수(p_x)를 그래프를 통해 살펴보는 과정

② 불안정적인 시계열의 경우

• 비계절적 시계열 경우

```
ⓐ  CALENDAR start
ⓑ  ALLOCATE end
ⓒ  OPEN DATA a : econdata.rat
ⓓ  DATA(FORMAT=RATS) / x
ⓔ  CLOSE DATA          ㉮          ㉯
                      ↗          ↗
ⓕ  DIFFERENCE(DIFFERENCES=p) x / dx
ⓖ  CORRELATE(CORRELATIONS=a_dx,PARTIAL=p_dx) dx
ⓗ  GRAPH(MAX=1.0,MIN=-1.0) 1
ⓘ  # a_dx
ⓙ  GRAPH(MAX=1.0,MIN=-1.0) 1
ⓚ  # p_dx
```

ⓐ~ⓔ : 분석기간 설정과 자료를 불러오는 과정

ⓕ : 불안정한 시계열 'x'를 p차 차분을 통해 안정된 시계열 'dx'를 도출하는 과정

㉮ p차 차분을 실시하라는 보조명령어

㉯ 분석기간 즉 '/'은 앞서 ⓐ~ⓑ에서 설정한 기간과 동일하다는 옵션명령어

ⓖ : 분석대상 시계열의 식별을 위해 'CORRELATE'명령어를 시계열 dx의 acf와 pacf를 구하는 과정

ⓗ~ⓘ : 분석대상 시계열의 식별을 위해 ⓖ에서 도출한 시계열 'dx'의 자기상관함수(a_dx)를 그래프를 통해 살펴보는 과정

ⓙ~ⓚ : 분석대상 시계열의 식별을 위해 ⓖ에서 도출한 시계열 'dx'의 편자기상관함수(p_dx)를 그래프를 통해 살펴보는 과정

• 계절적 시계열 경우

```
ⓐ  CALENDAR start
ⓑ  ALLOCATE end
ⓒ  OPEN DATA a : econdata.rat
ⓓ  DATA(FORMAT=RATS) / x
ⓔ  CLOSE DATA
                                                  ㉮
ⓕ  DIFFERENCE(DIFFERENCES=p,SDIFFERENCES=q) x / sdx
ⓖ  CORRELATE(CORRELATIONS=a_sdx,PARTIAL=p_sdx) sdx
ⓗ  GRAPH(MAX=1.0,MIN=-1.0) 1
ⓘ  # a_sdx
ⓙ  GRAPH(MAX=1.0,MIN=-1.0) 1
ⓚ  # p_sdx
```

ⓐ~ⓔ : 분석기간 설정과 자료를 불러오는 과정

ⓕ : 계절요인을 지니는 불안정한 시계열 'x'를 q차의 계절차분과 p차 차분을 통해 안정된 시계열 'sdx'를 도출하는 과정

㉮ q차 계절차분을 실시하라는 보조명령어

ⓖ : 분석대상 시계열의 식별을 위해 'CORRELATE' 명령어를 시계열 sdx의 acf와 pacf를 구하는 과정

ⓗ~ⓘ : 분석대상 시계열의 식별을 위해 ⓖ에서 도출한 시계열 'sdx'의 자기상관함수(a_sdx)를 그래프를 통해 살펴보는 과정

ⓙ~ⓚ : 분석대상 시계열의 식별을 위해 ⓖ에서 도출한 시계열 'sdx'의 편자기상관함수(p_sdx)를 그래프를 통해 살펴보는 과정

• 함수전환이 필요한 시계열 경우

```
ⓐ  CALENDAR start
ⓑ  ALLOCATE end
ⓒ  OPEN DATA a : econdata.rat
ⓓ  DATA(FORMAT=RATS) / x
ⓔ  CLOSE DATA

ⓕ  SET lx = LOG(x)

ⓖ  DIFFERENCE(DIFFERENCES=p,SDIFFERENCES=q) lx / sdlx
ⓗ  CORRELATE(CORRELATIONS=a_sdlx,PARTIAL=p_sdlx) sdlx
ⓘ  GRAPH(MAX=1.0,MIN=-1.0) 1
ⓙ  # a_sdlx
ⓚ  GRAPH(MAX=1.0,MIN=-1.0) 1
ⓛ  # p_sdlx
```

ⓐ~ⓔ : 분석기간 설정과 자료를 불러오는 과정

ⓕ : 안정성 확보를 위해 시계열 'x'를 log 함수전환을 통해 'lx' 창출

ⓖ : 계절요인을 지니는 불안정한 시계열 'lx'를 q차의 계절차분과 p차

차분을 통해 안정된 시계열 'sdlx'를 도출하는 과정

ⓗ : 분석대상 시계열의 식별을 위해 'CORRELATE' 명령어를 시계열 sdlx의 acf와 pacf를 구하는 과정

ⓘ~ⓙ : 분석대상 시계열의 식별을 위해 ⓗ에서 도출한 시계열 'sdlx'의 자기상관함수(a_sdlx)를 그래프를 통해 살펴보는 과정

ⓚ~ⓛ : 분석대상 시계열의 식별을 위해 ⓗ에서 도출한 시계열 'sdlx'의 편자기상관함수(p_sdlx)를 그래프를 통해 살펴보는 과정

2) 선정된 모형의 추정 및 진단

```
ⓐ CALENDAR start
ⓑ ALLOCATE end
ⓒ OPEN DATA a : econdata.rat
ⓓ DATA(FORMAT=RATS) / x
ⓔ CLOSE DATA
  ********************
  * Estimation *
  ********************
ⓕ BOXJENK(CONSTANT,AR=p,DIFFS=d,MA=q,SDIFFS=sd) x / resi
                              ㉮      ㉯      ㉰
ⓖ COMPUTE aic = log(%RSS/%NOBS)+%NREG*2.0/%NOBS
ⓗ SET fitt = x - resi
ⓘ SET are = ABS(resi/x)
ⓙ ACC are / sare
ⓚ COMP n=%NOBS , mape=(100/n)*sare(end), nreg=%NREG-1
ⓛ DISPLAY aic mape
  *************************
  * Diagnostic Checking *
  *************************
  * ACF test
ⓜ CORR x / xacf
ⓝ CORR fitt / facf
ⓞ GRAPH 2
ⓟ # xacf
ⓠ # facf

  * Bartlett Test & Chi Square Test
ⓡ COR(NUMBER=n/4,STDERRS=se,QSTATS,DFC=nreg) resi / racf
ⓢ SET racfsq = racf**2
ⓣ ACC racfsq / sracf
ⓤ COMPUTE q = n * sracf(n/4)
ⓥ DISPLAY q
ⓦ SET tstat = racf / se
ⓧ PRINT / tstat
```

ⓐ~ⓔ : 분석기간 설정과 자료를 불러오는 과정

ⓕ~ⓛ : 모형의 추정과 적합도 검정 과정

ⓕ : 'BOXJENK' 명령어를 이용해 ARIMA 모형을 추정
'CONSTANT' ; 모형추정시 상수항을 포함하라는 명령, 만일 상수항이 필요 없을 경우에는 제외함.
'AR=p' ; AR의 차수를 p로 지정
'MA=q' ; MA의 차수를 q로 지정
'DIFFS=d' ; 차분의 차수를 d로 지정
'SDIFFS=sd' ; 계절차분의 차수를 sd로 지정

ⓖ : 추정모형을 재식별하기 위해 AIC(Akaike's Information Criterion) 값을 구하는 과정
㉮ ⓕ에서 실시한 추정결과의 잔차자승합을 계산에 이용하는 함수
㉯ ⓕ에서 사용한 관측치의 수를 계산에 이용하는 함수
㉰ ⓕ에서 사용한 추정식의 설명변수(상수항 포함)의 수를 계산에 이용하는 함수

ⓗ~ⓚ : MAPE를 구하는 과정 ; RATS에서는 RMSE는 자동적으로 구해주나 MAPE는 아래와 같은 과정을 통해 산출해야 한다.
ⓖ : 원자료에서 잔차를 빼서 추정치를 구함.
이는, BOXJENK는 비선형 추정방법이라서 'LINREG'에서처럼 'PRJ' 명령어를 사용할 수 없기 때문임.
ⓘ : $MAPE = \frac{100}{N} \cdot \sum |\frac{\hat{\epsilon}_t}{Y_t}|$에서 $|\frac{\hat{\epsilon}_t}{Y_t}|$를 구해 상대 오차의 절대치 (absolute value of relative errors)란 의미에서 'are'라 정의
ⓙ : ⓘ에서 구한 값의 누적값을 구해 'sare'라 정의
ⓚ : 관측치의 수를 n으로 지정한 후 이를 이용해 MAPE를 구함.
차후 모형의 검정을 위해 상수항을 제외한 회귀계수의 수(즉, p+q ; p는 AR의 차수, q는 ma의 차수를 의미함)를 'nreg'라 지정
'sare(end)' ; ⓘ 에서 구한 누적값을 의미함. 이 때 'end'는 sare 자료의 마지막 관측시기를 의미함(자세한 것은 'ACCMULATE' 명령어에 대한 설명 참조).
ⓛ : MAPE 값을 출력하라는 명령

ⓜ~ⓧ : 모형의 검정 과정
ⓜ~ⓠ : acf 대비법
ⓜ~ⓝ : 원자료와 추정치의 자기상관함수를 구해 각각 xacf, facf라 정의 ⓞ~ⓠ xacf, facf를 그래프를 통해 비교

ⓡ~ⓧ : Box-Pierce 검정 과정 RATS는 Ljung-Box의 Q통계량은 자동적으로 계산해 주나 Box-Pierce 통계량과 Barttlet 검정을 위한

t통계량의 값은 아래와 같은 과정을 거쳐 구해야 함.

ⓡ : 잔차항의 자기상관함수를 구해 racf라 정의

'NUMBER=n/4' ; 자기상관 값을 전체 관측치의 1/4 만큼 계산하라는 옵션

'STDERRS=se' ; 자기상관값의 표준편차를 'se'라 정의

'QSTATS' ; Ljung-Box의 Q통계량을 구하라는 옵션명령

'DFC=nreg' ; Ljung-Box의 Q통계량을 구할 때 필요한 자유도를 조정하는 옵션

(이 때 조정되는 자유도는 모형추정에 사용된 상수항을 제외한 회귀계수의 수만큼을 본래 자유도에서 빼줌으로써 자유도를 조정함. 즉, ⓙ에서 구한 nreg를 사용함)

ⓢ : Box-Pierce의 $Q = N \cdot \sum_{k=1}^{k} \hat{\gamma}_k^2$에서 $\hat{\gamma}_k^2$를 구하는 과정

ⓣ : $\hat{\gamma}_k^2$의 누적값을 구하는 과정

ⓤ~ⓥ : Box-Pierce 값을 구해 출력하는 명령

ⓦ : Barttlet의 $t = \dfrac{\gamma_k}{s_{\hat{\gamma}_k}}$를 구하는 과정

ⓧ : ⓦ에서 구한 t통계량을 출력하는 명령

3) 모형의 예측

```
ⓐ  CALENDAR 2000 1 12
ⓑ  ALLOCATE 2006 : 12

ⓒ  SMPL 2000 : 1 2005 : 12
ⓓ  OPEN DATA a : econdata.rat
ⓔ  DATA(FORMAT=RATS) / x
ⓕ  CLOSE DATA
                                                         ㉮
ⓖ  BOXJENK(CONSTANT,AR=p,DIFFS=d,MA=q,SDIFFS=sd,DEFINE=xeq) x / resi
                                                   ㉯

ⓗ  UFORECAST(EQUATION=xeq,PRINT) x 2006 : 1 2006 : 12
```

ⓐ~ⓑ : 분석기간 설정. 예측기간을 염두에 두고 설정해야 함.

ⓒ : 자료가 실제 가용한 기간에 대해 분석기간을 재설정

ⓓ~ⓕ : 자료를 불러오는 과정

ⓖ : 최선의 모형으로 선정된 ARIMA 모형을 추정하는 과정

㉮ 예측을 위해 추정결과를 'xeq'에 저장한다는 의미

ⓗ : ⓖ에서 저장한 추정결과를 이용하여 시계열 'x'의 예측을 실시

'UFORECAST' ; 단일시계열을 예측하는 명령어
'EQUATION=xeq' ; 예측시 사용할 추정결과를 지정하는 보조명령어
'PRINT' : 예측치를 화면상에 출력하라는 보조명령어
㉯ 예측하고자 하는 기간을 지정

(2) ARIMA 오차항을 갖는 회귀분석모형

```
ⓐ  CALENDAR 1975 1 1
ⓑ  ALLOCATE 2004 : 1

ⓒ  OPEN DATA a : \econdata.rat
ⓓ  DATA(FORMAT=RATS) / y
ⓔ  CLOSE DATA

ⓕ  SET trend = t+100

ⓖ  LINREG y / resi1
   # constant trend

ⓗ  CORRELATE(CORRELATIONS=a_resi1,PARTIAL=p_resi1) resi1
                                             ㉮
                                            ↗
ⓘ  GRAPH(MAX=1.0,MIN=-1.0,STYLE=bar) 1
   # a_resi1
ⓙ  GRAPH(MAX=1.0,MIN=-1.0,STYLE=bar) 1
   # p_resi1

ⓚ  BOXJENK(CONSTANT,AR=p,DIFFS=d,MA=q) resi1
                      ㉯
                     ↗
ⓛ  BOXJENK(REGRESSORS,CONSTANT,AR=p,DIFFS=d,MA=q) y / resi2
   # constant trend

ⓜ  CORRELATE(CORRELATIONS=a_resi2,PARTIAL=p_resi2) resi2
ⓝ  GRAPH(MAX=1.0,MIN=-1.0,STYLE=bar) 1
   # a_resi2
ⓞ  GRAPH(MAX=1.0,MIN=-1.0,STYLE=bar) 1
   # p_resi2
```

ⓐ~ⓔ : 분석기간 설정 및 자료를 불러오는 과정
ⓕ : RATS 내장함수 't'를 이용하여 추세변수(trend) 창출
ⓖ : 일반적인 회귀분석 과정. 분석결과 도출된 잔차항을 'resi1'에 저장
ⓗ~ⓙ : 잔차항(resi1)의 분포를 살펴보기 위하여 acf와 pacf를 도출하여 그래프를 창출
㉮ 그래프 형태를 막대그래프 형태로 도출하라는 보조명령어
ⓚ : ⓗ~ⓙ에서 식별된 잔차항의 ARIMA 모형에 따라 추정을 실시

ⓛ : ⓚ에서 도출한 잔차항의 ARIMA 모형을 원래의 회귀모형 ⓖ에 포함하여 ARIMA 잔차항을 갖는 회귀분석모형을 추정하는 과정. 잔차항은 'resi2'에 저장

㉯ 일반적인 회귀분석상의 설명변수들을 ARIMA 모형 추정에 사용되는 명령어인 BOXJENK에 포함하여 ARIMA 잔차항을 갖는 회귀분석모형을 추정하도록 하는 보조명령어

ⓜ~ⓞ : 잔차항(resi2)이 백색소음을 지니는지 여부를 살펴보기 위하여 acf와 pacf를 도출하여 그래프를 창출

(3) ARIMA 오차항을 갖는 동태적 회귀분석모형

```
ⓐ  CALENDAR 1975 1 1
ⓑ  ALLOCATE 2004 : 1
ⓒ  OPEN DATA a : \econdata.rat
ⓓ  DATA(FORMAT=RATS) / x y
ⓔ  CLOSE DATA

ⓕ  LINREG y / resi1
ⓖ  # constant x y{1}

ⓗ  CORRELATE(CORRELATIONS=a_resi1,PARTIAL=p_resi1) resi1

ⓘ  BOXJENK(CONSTANT,AR=p,DIFFS=d,MA=q) resi1

ⓙ  BOXJENK(REGRESSORS,CONSTANT,AR=p,DIFFS=d,MA=q) y / resi2
ⓚ  # constant x y{1}

ⓛ  CORRELATE(CORRELATIONS=a_resi2,PARTIAL=p_resi2) resi2
```

ⓐ~ⓔ : 분석기간 설정 및 자료를 불러오는 과정

ⓕ~ⓖ : 시차분포 모형을 Koyck 함수 전환모형으로 추정
'y{1}' ; 시차종속변수(즉, Y_{t-1})를 설명변수로 사용한다는 의미
'resi1' 분석결과 도출된 잔차항을 'resi1'에 저장

ⓗ : 잔차항(resi1)의 분포를 살펴보기 위하여 acf와 pacf를 도출

ⓘ : ⓗ에서 식별된 잔차항의 ARIMA 모형에 따라 추정을 실시

ⓙ~ⓚ : ⓘ에서 도출한 잔차항의 ARIMA 모형을 원래의 회귀모형 ⓕ~ⓖ에 포함하여 ARIMA 잔차항을 갖는 동태적 회귀분석모형을 추정하는 과정. 잔차항은 'resi2'에 저장

ⓛ : 잔차항(resi2)이 백색소음을 지니는지 여부를 살펴보기 위하여 acf와 pacf를 도출

(4) ARIMA 오차항을 갖는 충격모형 분석

```
ⓐ CALENDAR 1975 1 1
ⓑ ALLOCATE 2004 : 1
ⓒ OPEN DATA a : \econdata.rat
ⓓ DATA(FORMAT=RATS) / y
ⓔ CLOSE DATA

ⓕ SET d1 = T>=1998 : 1
ⓖ SET d2 = T==1998 : 1

ⓗ BOXJENK(REGRESSORS,CONSTANT,AR=p,DIFFS=d,MA=q) y
ⓘ # constant D1

ⓙ BOXJENK(REGRESSORS,CONSTANT,AR=p,DIFFS=d,MA=q) y
ⓚ # constant D2
```

ⓐ~ⓔ : 분석기간 설정 및 자료를 불러오는 과정

ⓕ~ⓖ : 충격을 주기위한 더미변수 창출과정

ⓕ : 지속적 충격을 나타내는 더미변수 창출해 'd1'이라 정의

'T>=1998 : 1' ; T는 현재시점을 반영하는 RATS 내장함수로 1998년 이후는 '1'의 값을, 1998년 이전은 '0'의 값을 취함.

이 때, '>='는 논리연산자로 주어진 설명식이 맞으면 '1'을, 틀리면 '0'의 값을 취함.

ⓖ : 일시적 충격을 나타내는 더미변수 창출해 'd2'라 정의

'T==1998 : 1' ; 1998년 당해 연도는 '1'의 값을, 나머지 연도는 '0'의 값을 취함.

이 때, '=='는 논리연산자로 주어진 설명식이 맞으면 '1'을, 틀리면 '0'의 값을 취함.

ⓗ~ⓘ : 계단형 충격모형을 분석하기 위한 모형 추정과정

ⓙ~ⓚ : 맥박형 충격모형을 분석하기 위한 모형 추정과정

(5) VAR 모형

1) VAR 모형의 추정과 예측

```
ⓐ CALENDAR start
ⓑ ALLOCATE end
ⓒ OPEN DATA A : \econdata.rat
ⓓ DATA(FORMAT=RATS) / x1 x2 x3 x4 x5
ⓔ CLOSE DATA
ⓕ SYSTEM 1 to 5
ⓖ VARIABLES x1 x2 x3 x4 x5
ⓗ LAGS 1 to 4
```

```
ⓘ  DET CONSTANT
ⓙ  END(SYSTEM)
ⓚ  ESTIMATE
ⓛ  FORECAST(PRINT) 5 step start
ⓜ  # 1 f_x1
ⓝ  # 2 f_x2
ⓞ  # 3 f_x3
ⓟ  # 4 f_x4
ⓠ  # 5 f_x5
```

ⓐ~ⓔ : 분석기간 설정과 자료를 불러오는 과정

ⓕ~ⓙ : VAR 모형 설정 과정

ⓕ : VAR 모형설정 시작을 알림과 동시에 추정방정식의 수를 지정함.
'1 to 5' ; 방정식 수가 1에서부터 5까지 즉, 5개임을 나타냄.

ⓖ : 추정에 사용되는 변수 지정

ⓗ : 각 설명변수의 시차 수 설정
'1 to 4' ; 시차를 4 로 정함을 의미함.

ⓘ : 모형 안에 상수항을 포함시키도록 명령함.
상수항이 필요 없을시에는 생략함.

ⓙ : VAR 모형 설정이 끝났음을 알리는 명령어

ⓚ : 설정된 VAR 모형을 추정하라는 명령

ⓛ~ⓠ : 추정된 모형을 이용하여 VAR 모형을 구성하고 있는 5개 방정식의 종속변수에 대한 예측을 실시하는 과정

ⓛ : 'PRINT' ; 예측결과를 화면 상에 나타내라는 보조명령어
'5' ; 예측할 방정식의 수가 5개임을 나타내는 옵션명령어
'step' ; 예측시작시기에서부터 시작해서 예측횟수를 나타내는 옵션명령어
'start' ; 예측을 시작하는 시기를 설정하는 옵션명령어

ⓜ : 첫 번째 방정식을 예측해서, 예측결과를 f_x1에 저장하라는 의미

ⓠ : 다섯 번째 방정식을 예측해서, 예측결과를 f_x5에 저장하라는 의미

2) VAR 모형의 분산분해와 충격반응함수

```
ⓐ  CALENDAR 1970 1 4
ⓑ  ALLOCATE 1988 : 4
ⓒ  OPEN DATA a : \econdata.rat
ⓓ  DATA(FORMAT=RATS) / yxv m2x cpix
ⓔ  CLOSE DATA

ⓕ  SYSTEM(MODEL=decom)
```

```
ⓖ  VARIABLES yxv m2x cpix
ⓗ  LAGS 1 TO 4
ⓘ  DETERMINISTIC constant
ⓙ  END(SYSTEM)

ⓚ  ESTIMATE(NOPRINT,OUTSIGMA=vcv)

ⓛ  ERRORS(MODEL=decom) 3 20 vcv

ⓜ  IMPULSE(MODEL=decom,RESULT=out) 3 20 * vcv

ⓝ  SET i_yxv = out(1,1) / SQRT(vcv(1,1))
ⓞ  SET i_m2x = out(2,1) / SQRT(vcv(2,2))
ⓟ  SET i_cpix = out(3,1) / SQRT(vcv(3,3))

ⓠ  GRAPH(key=below,number=0) 3
ⓡ  # i_yxv
ⓢ  # i_m2x
ⓣ  # i_cpix
```

ⓐ~ⓔ : 분석기간 설정과 자료를 불러오는 과정

ⓕ~ⓙ : VAR 모형 설정 과정

'MODEL=decom' ; VAR 모형을 이용한 다양한 분석에서 쉽게 활용하기 위해 설정된 VAR 모형을 decom이라 정의함.

ⓚ : 설정된 VAR 모형을 추정하는 명령. 동시에 분산분해와 충격반응함수를 도출하기 위해 필요한 잔차항의 공분산 행렬을 도출함.

'NOPRINT' ; 본 프로그램의 목적이 VAR 모형의 추정이 아닌 분산분해와 충격반응함수의 도출이므로 추정결과를 화면상에 보이는 과정을 생략하라는 보조명령어

'OUTSIGMA=vcv' ; 잔차항의 공분산 행렬을 도출하여 vcv에 저장

ⓛ : ⓕ~ⓙ에서 정의한 VAR 모형(즉, decom)을 이용하여 분산분해를 실시하라는 명령

'3' ; 방정식의 수가 3을 의미

'20' ; 분산분해를 실시되는 횟수가 20임을 의미(일반적으로 5개년에 해당하는 결과를 살펴봄)

'vcv' ; 분산분해시 ⓚ에서 도출한 공분산행렬을 이용

ⓜ : ⓕ~ⓙ에서 정의한 VAR 모형(즉, decom)을 이용하여 충격반응함수를 도출하라는 명령

'RESULT=out' ; 계산된 충격반응함수를 out에 저장하라는 보조명령어로, 저장형태는 out(i,j)로 j는 충격을 받은 변수이고, i는 영향을 받은 변수를 의미함.

'3' ; 방정식의 수가 3을 의미
'20' ; 충격반응값을 도출하는 횟수가 20임을 의미
'*' ; VAR 모형을 구성하고 있는 모든 변수에 대해 충격을 가한다는 의미
'vcv' ; 분산분해시 ⓚ에서 도출한 공분산행렬을 이용

ⓝ~ⓟ : 계산된 충격반응값을 예측오차로 나누어 정규화된 충격반응값을 도출
'out(2,1)' ; 첫 번째 변수인 yxv에 충격을 줄 때, 이에 따라 두 번째 변수인 m2x가 영향을 받은 값을 의미함.
'SQRT(vcv(2,2))' ; 두 번째 변수인 m2x의 예측오차
즉, i_yxv는 yxv에 충격을 가할 때 yxv에 자체에 미치는 영향을 나타냄.
i_m2x는 yxv에 충격을 가할 때 m2x에 미치는 영향을 나타냄.
i_cpix는 yxv에 충격을 가할 때 cpix에 미치는 영향을 나타냄.

ⓠ~ⓣ : yxv에 충격을 주었을 때, 다른 변수에 미치는 충격반응 효과를 살펴보기 위하여 그래프를 창출

※ 본 프로그램은 VAR 모형을 구성하고 있는 3변수중 지면상 yxv에 대한 충격반응함수의 그래프를 도출하고 있음. 나머지 두 변수인 m2x와 cpix에 대한 충격반응함수도 동일한 방법으로 도출됨.

(6) SVAR 모형

```
ⓐ  CALENDAR 1970 1 4
ⓑ  ALLOCATE 1988 : 4
ⓒ  OPEN DATA a : \econdata.rat
ⓓ  DATA(FORMAT=RATS) / yxv m2x cpix
ⓔ  CLOSE DATA

ⓕ  SYSTEM(MODEL=svar)
ⓖ  VARIABLES yxv m2x cpix
ⓗ  LAGS 1 TO 4
ⓘ  DETERMINISTIC constant
ⓙ  END(SYSTEM)

ⓚ  ESTIMAE(NOPRINT,OUTSIGMA=sigma)

ⓛ  NONLIN alpha beta
ⓜ  DEC FRML[RECT] cov
ⓝ  FRML COV = ||1.0,0.0,0.0|alpha,1.0,0.0|beta,0.0,1.0||
ⓞ  COMPUTE alpha=0.0, beta=0.0
ⓟ  CVMODEL(FACTOR=scov) sigma cov
```

```
ⓠ IMPULSE(MODEL=svar,RESULT=out) 3 20 * scov

ⓡ SET i_yxv = out(1,1) / SQRT(scov(1,1))
ⓢ SET i_m2x = out(2,1) / SQRT(scov(2,2))
ⓣ SET i_cpix = out(3,1) / SQRT(scov(3,3))

ⓤ GRAPH(key=below,number=0) 3
ⓥ # i_yxv
ⓦ # i_m2x
ⓧ # i_cpix
```

ⓐ~ⓔ : 분석기간 설정과 자료를 불러오는 과정

ⓕ~ⓙ : 축약형 VAR 모형 설정 과정(SVAR 모형 제약 부과전의 VAR 모형)

'MODEL=svar' ; VAR 모형을 이용한 다양한 분석에서 쉽게 활용하기 위해 설정된 VAR 모형을 svar라 정의함.

ⓚ : 설정된 축약형 VAR 모형을 추정하는 명령. SVAR 모형을 이용한 충격반응함수를 도출하기 위해서 필요한 잔차항의 공분산을 도출하기 위한 과정

'OUTSIGMA=sigma' ; 잔차항의 공분산 행렬을 도출하여 sigma에 서상

ⓛ~ⓟ : ⓚ에서 도출한 축약형 VAR 모형의 잔차항 분산을 이용하여 경제이론에 입각한 제약을 부과하여 SVAR 모형으로 전환하기 위한 새로운 공분산 행렬을 도출하는 과정

ⓛ : SVAR 모형을 구성하는 새로운 공분산행렬의 원소를 추정하기 위해, 잔차항 간의 관계를 나타내 주는 추정할 계수를 정의하는 명령어

'NONLIN' ; 비선형모형 추정시 추정할 계수를 설정하는 명령

ⓜ : SVAR 모형의 잔차항 간의 관계를 나타내 주는 계수행렬을 'cov'라 정의

'DEC' ; 새롭게 창출하는 자료형태를 정의하는 명령어.

'FRML[RECT]' ; 새롭게 창출되는 자료의 형태가 공식(FRML) 형태의 2차원 행렬(RECT)임을 의미하는 옵션명령어

ⓝ : ⓜ에서 정의된 계수행렬(cov)의 구성요소들을 정의

'FRML' ; 공식을 창출하는 명령어

(본문의 식(8-35)에 의하여, SVAR 모형을 구성하고 있는 잔차항 간의 관계는 아래와 같다는 가정 하에 도출)

$$\epsilon_{1t} = e_{1t}$$
$$\alpha\epsilon_{1t} + \epsilon_{2t} = e_{2t}$$
$$\beta\epsilon_{1t} + \epsilon_{3t} = e_{3t}$$

ⓞ : ⓝ에서 정의한 미지수 alpha(α)와 beta(β)의 값을 비선형으로 추정하기에 앞서서 초기값으로 각각 '0'을 지정

ⓟ : SAVR 모형에서 필요로 하는 공분산을 도출하여 'scov'라 정의
'CVMODEL' ; 공분산 모형을 추정할 때 사용하는 명령어로 주로 SVAR 모형 추정에 사용됨.
'FACTOR=' ; 도출된 공분산을 저장할 때 사용하는 보조명령어
'sigma' ; ⓚ에서 저장한 축약형 VAR 모형의 잔차항의 공분산을 새로운 공분산 도출에 활용
'cov' ; ⓝ에서 정의한 잔차항 간의 관계를 나타내 주는 계수행렬

ⓠ~ⓧ : 새롭게 도출된 잔차항의 공분산을 이용하여 SVAR 모형의 충격반응함수를 도출하여 그래프로 도출하는 과정(VAR 모형의 분산분해와 충격반응함수의 ⓜ~ⓣ와 동일)

(7) ARCH 모형

```
ⓐ  CALENDAR start
ⓑ  ALLOCATE end
ⓒ  OPEN DATA a : \econdata.rat
ⓓ  DATA(FORMAT=RATS) / yxv m2x cpix
ⓔ  CLOSE DATA

ⓕ  LINREG yxv / resi
ⓖ  # constant m2x cpix
ⓗ  SET resisq = resi**2

ⓘ  LINREG resisq
ⓙ  # constant resisq{1 to p}

ⓚ  COMPUTE lmarch = %trsquared
ⓛ  CDF CHISQ lmarch p

ⓜ  GARCH(Q=p,REGRESSOR) / yxv
ⓝ  # constant m2x cpix
```

ⓐ~ⓔ : 분석기간 설정과 자료를 불러오는 과정

ⓕ~ⓖ : 기본모형에 대한 회귀분석 실시. 잔차항은 resi에 저장

ⓗ : 잔차항의 제곱값을 구해 resisq라 정의

ⓘ~ⓛ : ARCH 효과를 검정하기 위한 과정

ⓘ~ⓙ : 잔차항의 제곱을 p개의 시차항에 대해 회귀분석 실시

ⓚ : LM-ARCH 통계량을 구해 'lmarch'라 정의
'%trsquared' ; N(잔차항의 수)×R^2을 구하는 RATS 함수

ⓛ : LM-ARCH 검정통계량이 χ^2분포를 따르므로, 자유도(p) 하에서의 유의수준을 도출하여 H_0(ARCH 효과가 없다) 검정하는 과정
'CDF' ; 주어진 분포 하에서 검정통계량의 유의수준을 구하는 명령어
'CHISQ' ; χ^2분포에 대해 유의수준을 구하라는 명령어
'p' ; 해당 분포의 자유도, 여기서는 ARCH 효과가 존재하는 오차항 분산의 시차를 나타냄.

ⓜ~ⓝ : ARCH 효과를 ⓕ~ⓖ에서 추정한 본래의 회귀모형에 포함하여 재추정하는 과정
'GARCH' ; ARCH 모형을 추정하는 명령어
'Q=p' ; ARCH 효과가 존재하는 시차(p)를 지정하는 보조명령어
'REGRESSOR' ; 일반적인 회귀분석상의 설명변수들을 ARCH 모형 추정에 사용되는 명령어인 GARCH에 포함하여 ARCH 효과를 지니는 잔차항을 포함한 회귀분석모형을 추정하도록 하는 보조명령어

(8) 오차수정(ECM) 모형

1) 단위근 검정

```
ⓐ CALENDAR start
ⓑ ALLOCATE end
ⓒ OPEN DATA A : \econdata.rat
ⓓ DATA(FORMAT=RATS) / x
ⓔ CLOSE DATA
ⓕ SOURCE c : \rats\dfunit.src
ⓖ @DFUNIT(TREND) x
ⓗ @DFUNIT(TREND,LAGS=p) x
ⓘ SOURCE c : \rats\ppunit.src
ⓙ @DFUNIT(TREND,LAGS=p) x
```

ⓐ~ⓔ : 분석기간 설정과 자료를 불러오는 과정

ⓕ : 'SOURCE' 명령어를 이용해 'dfunit.src'를 작동시키는 과정
RATS는 통상적인 명령어를 이용해 분석할 경우 복잡한 과정을 거치게 되는 분석절차를 사전에 별도 프로그램으로 작성하여 내장시켜 두었다가 필요할 때마다 사용자가 이를 불러내어 손쉽게 활용할 수 있는 편의를 제공하고 있다. 예컨대 DFUNIT Source란 프로그램은 DF 및 ADF 단위근 검정을 위해 사전에 작성된 프로그램의 예라 할 수 있다.

이 프로그램을 사용하기 위해서는 일단 'source' 명령어를 이용하여 작동을 시켜 두어야 함.

ⓖ : 시계열 'x'의 DF 단위근 검정을 실시하는 명령

'@' : 특정목적을 위하여 작성된 프로그램을 실행할 때 사용하는 부호로 즉, ⓕ에서 작동시킨 'dfunit' 명령어를 실행하라는 명령임.

'TREND' ; 추세항을 포함한 모형에 대해 DF 단위근을 검정하라는 보조명령어. 단, 추세항을 제거한 모형에 대해 DF 단위근을 검정할 경우에는 제외함.

ⓗ : 시계열 'x'의 ADF 단위근 검정을 실시하는 명령

'LAGS=p' ; ADF 단위근 검정시 사용되는 시차종속변수의 시차(p)를 정할 때 사용하는 보조명령어.
단, 이 명령어가 사용되지 않으면 DF 단위근 검정을 실시함.

ⓘ : 'SOURCE' 명령어를 이용해 'ppunit.src'를 작동시키는 과정

PPUNIT Source란 프로그램은 PP 단위근 검정을 위해 사전에 작성된 프로그램임.

ⓙ : 시계열 'x'의 PP 단위근 검정을 실시하는 명령

'LAGS=p' ; PP 단위근 검정시, 가중공분산 추정치의 계산에 사용되는 시차(p)를 정할 때 사용하는 보조명령어.

2) 공적분 검정

```
ⓐ CALENDAR start
ⓑ ALLOCATE end
ⓒ OPEN DATA A:\econdata.rat
ⓓ DATA(FORMAT=RATS) / y x1 x2
ⓔ CLOSE DATA
ⓕ LINREG y / resi
ⓖ # constant x1 x2
ⓗ DIF resi / dresi
ⓘ LINREG dresi
ⓙ # resi{1}
ⓚ LINREG dresi
ⓛ # resi{1} dresi{1 to 4}
```

ⓐ~ⓔ : 분석기간 설정과 자료를 불러오는 과정

ⓕ~ⓛ : 공적분 검정 과정

ⓕ~ⓖ : y,x1,x2 간의 공적분 존재 여부를 검정하기 위해 사용되는 잔차항을 구하여 'resi'라 정의

ⓗ : ‘resi’를 일차차분한 자료를 ‘dresi’라 정의

ⓘ~ⓙ : ‘y = f(x1,x2)’ 방정식이 공적분을 지니는가를 살펴보기 위해 잔차항에 대해 DF 검정을 실시

ⓚ~ⓛ : ‘y = f(x1,x2)’ 방정식이 공적분을 지니는가를 살펴보기 위해 잔차항에 대해 ADF 검정을 실시

3) ECM 추정

```
ⓐ CALENDAR start
ⓑ ALLOCATE end
ⓒ OPEN DATA A:\econdata.rat
ⓓ DATA(FORMAT=RATS) / y x1 x2
ⓔ CLOSE DATA
ⓕ LINREG y / resi
ⓖ # constant x1 x2
ⓗ DIF y / dy
ⓘ DIF x1 / dx1
ⓙ DIF x2 / dx2
ⓚ LINREG dy
ⓛ # constant dy{1} dx1{1 to 4} dx2{1 to 4} resi{1}
```

ⓐ~ⓔ : 분석기간 설정과 자료를 불러오는 과정

ⓕ~ⓖ : 오차수정모형에 사용할 잔차를 구하는 과정

ⓗ~ⓙ : 오차수정 모형에 추정에 사용될 각 변수의 일차차분을 구하는 과정

ⓚ~ⓛ : 오차수정모형을 추정하는 과정

부 표

A. 누적표준정규분포표

B. t분포의 임계치(t_α)

C. χ^2분포의 임계치(χ^2_α)

D. F분포의 임계치

E. $Z_r = \frac{1}{2} \ln \frac{1+r}{1-r}$의 값

F. 스피어만의 순위상관계수 r_s의 임계치

G. Durbin-Watson 통계량

H. Geary 검정통계량(τ)의 임계치

I. Dickey-Fuller 검정통계량의 분포

J. Dickey-Fuller 의 ϕ검정통계량의 분포

K. CRDW 검정통계량의 임계치

L. 공적분검정통계량(τ)의 임계치

A. 누적표준정규분포표

$$\Phi(Z) = \frac{1}{\sqrt{2\pi}} e^{-z/2} dZ$$

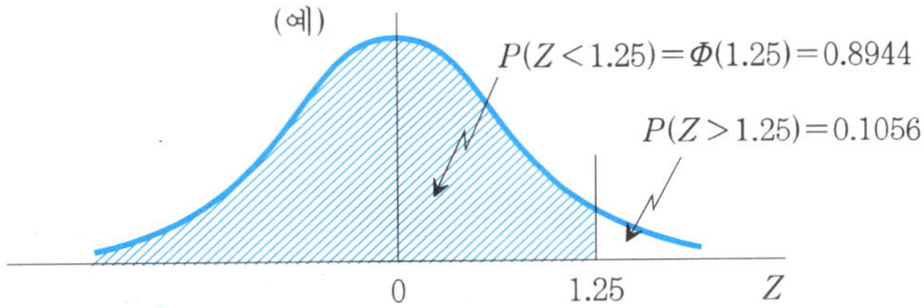

z	.00	.01	.02	.03	.04	.05	.06	.07	.08	.09
.0	.5000	.5040	.5080	.5120	.5160	.5199	.5239	.5279	.5319	.5359
.1	.5398	.5438	.5478	.5517	.5557	.5596	.5636	.5675	.5714	.5753
.2	.5793	.5832	.5871	.5910	.5948	.5987	.6026	.6064	.6103	.6141
.3	.6179	.6217	.6255	.6293	.6331	.6368	.6406	.6443	.6480	.6517
.4	.6554	.6591	.6628	.6664	.6700	.6736	.6772	.6808	.6844	.6879
.5	.6915	.6950	.6985	.7019	.7054	.7088	.7123	.7157	.7190	.7224
.6	.7257	.7291	.7324	.7357	.7389	.7422	.7454	.7486	.7517	.7549
.7	.7580	.7611	.7642	.7673	.7704	.7734	.7764	.7794	.7823	.7852
.8	.7881	.7910	.7939	.7967	.7995	.8023	.8051	.8078	.8106	.8133
.9	.8159	.8186	.8212	.8238	.8264	.8289	.8315	.8340	.8365	.8389
1.0	.8413	.8438	.8461	.8485	.8508	.8531	.8554	.8577	.8599	.8621
1.1	.8643	.8665	.8686	.8708	.8729	.8749	.8770	.8790	.8810	.8830
1.2	.8849	.8869	.8888	.8907	.8925	.8944	.8962	.8980	.8997	.9015
1.3	.9032	.9049	.9066	.9082	.9099	.9115	.9131	.9147	.9162	.9177
1.4	.9192	.9207	.9222	.9236	.9251	.9265	.9279	.9292	.9306	.9319
1.5	.9332	.9345	.9357	.9370	.9382	.9394	.9406	.9418	.9429	.9441
1.6	.9452	.9463	.9474	.9484	.9495	.9505	.9515	.9525	.9535	.9545
1.7	.9554	.9564	.9573	.9582	.9591	.9599	.9608	.9616	.9625	.9633
1.8	.9641	.9649	.9656	.9664	.9671	.9678	.9686	.9693	.9699	.9706
1.9	.9713	.9719	.9726	.9732	.9738	.9744	.9750	.9756	.9761	.9767
2.0	.9772	.9778	.9783	.9788	.9793	.9798	.9803	.9808	.9812	.9817
2.1	.9821	.9826	.9830	.9834	.9838	.9842	.9846	.9850	.9854	.9857
2.2	.9861	.9864	.9868	.9871	.9875	.9878	.9881	.9884	.9887	.9890
2.3	.9893	.9896	.9898	.9901	.9904	.9906	.9909	.9911	.9913	.9916
2.4	.9918	.9920	.9922	.9925	.9927	.9929	.9931	.9932	.9934	.9936
2.5	.9938	.9940	.9941	.9943	.9945	.9946	.9948	.9949	.9951	.9952
2.6	.9953	.9955	.9956	.9957	.9959	.9960	.9961	.9962	.9963	.9964
2.7	.9965	.9966	.9967	.9968	.9969	.9970	.9971	.9972	.9973	.9974
2.8	.9974	.9975	.9976	.9977	.9977	.9978	.9979	.9979	.9980	.9981
2.9	.9981	.9982	.9982	.9983	.9984	.9984	.9985	.9985	.9986	.9986
3.0	.9987	.9987	.9987	.9988	.9988	.9989	.9989	.9989	.9990	.9990
3.1	.9990	.9991	.9991	.9991	.9992	.9992	.9992	.9992	.9993	.9993
3.2	.9993	.9993	.9994	.9994	.9994	.9994	.9994	.9995	.9995	.9995
3.3	.9995	.9995	.9995	.9996	.9996	.9996	.9996	.9996	.9996	.9997
3.4	.9997	.9997	.9997	.9997	.9997	.9997	.9997	.9997	.9997	.9998
3.5	.9998	.9998	.9998	.9998	.9998	.9998	.9998	.9998	.9998	.9998
3.6	.9998	.9998	.9999	.9999	.9999	.9999	.9999	.9999	.9999	.9999
3.7	.9999	.9999	.9999	.9999	.9999	.9999	.9999	.9999	.9999	.9999
3.8	.9999	.9999	.9999	.9999	.9999	.9999	.9999	.9999	.9999	.9999
3.9	1.000	1.000	1.000	1.000	1.000	1.000	1.000	1.000	1.000	1.000
4.0	1.000	1.000	1.000	1.000	1.000	1.000	1.000	1.000	1.000	1.000

B. t분포의 임계치(t_α)

$P(t \le t_\alpha) = 1-\alpha$ 또는 $P(t \ge t_\alpha) = \alpha$
(단, α는 오른쪽꼬리부분 면적)

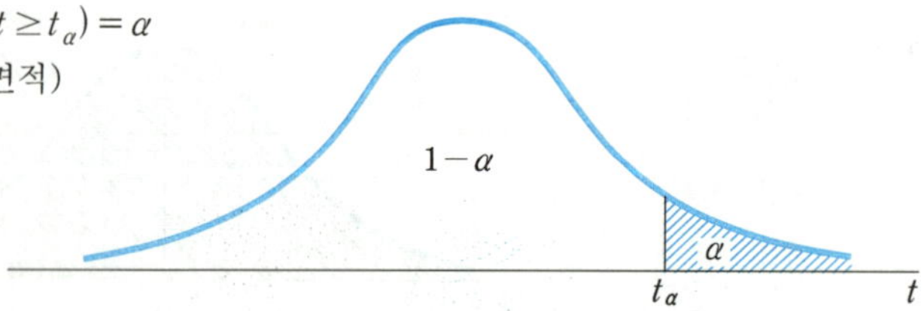

α / 자유도(ν)	0.10	0.05	0.025	0.02	0.01	0.005	0.0005
1	3.078	6.314	12.706	15.895	31.821	63.657	636.619
2	1.886	2.920	4.303	4.849	6.965	9.925	31.599
3	1.638	2.353	3.182	3.482	4.541	5.841	12.924
4	1.533	2.132	2.776	2.999	3.747	4.604	8.610
5	1.476	2.015	2.571	2.757	3.365	4.032	6.869
6	1.440	1.943	2.447	2.612	3.143	3.707	5.959
7	1.415	1.895	2.365	2.517	2.998	3.499	5.408
8	1.397	1.860	2.306	2.449	2.896	3.355	5.041
9	1.383	1.833	2.262	2.398	2.821	3.250	4.781
10	1.372	1.812	2.228	2.359	2.764	3.169	4.587
11	1.363	1.796	2.201	2.328	2.718	3.106	4.437
12	1.356	1.782	2.179	2.303	2.681	3.055	4.318
13	1.350	1.771	2.160	2.282	2.650	3.012	4.221
14	1.345	1.761	2.145	2.264	2.624	2.977	4.140
15	1.341	1.753	2.131	2.249	2.602	2.947	4.073
16	1.337	1.746	2.120	2.235	2.583	2.921	4.015
17	1.333	1.740	2.110	2.224	2.567	2.898	3.965
18	1.330	1.734	2.101	2.214	2.552	2.878	3.922
19	1.328	1.729	2.093	2.205	2.539	2.861	3.883
20	1.325	1.725	2.086	2.197	2.528	2.845	3.850
21	1.323	1.721	2.080	2.189	2.518	2.831	3.819
22	1.321	1.717	2.074	2.183	2.508	2.819	3.792
23	1.319	1.714	2.069	2.177	2.500	2.807	3.768
24	1.318	1.711	2.064	2.172	2.492	2.797	3.745
25	1.316	1.708	2.060	2.167	2.485	2.787	3.725
26	1.315	1.706	2.056	2.162	2.479	2.779	3.707
27	1.314	1.703	2.052	2.158	2.473	2.771	3.690
28	1.313	1.701	2.048	2.154	2.467	2.763	3.674
29	1.311	1.699	2.045	2.150	2.462	2.756	3.659
30	1.310	1.697	2.042	2.147	2.457	2.750	3.646
40	1.303	1.684	2.021	2.123	2.423	2.704	3.551
60	1.296	1.671	2.000	2.099	2.390	2.660	3.460
120	1.289	1.658	1.980	2.076	2.358	2.617	3.373

C. χ^2분포의 임계치(χ^2_α)

$P(\chi^2 \le \chi^2_\alpha) = 1-\alpha$ 또는 $P(\chi^2 > \chi^2_\alpha) = \alpha$
(단, α는 오른쪽꼬리부분 면적)

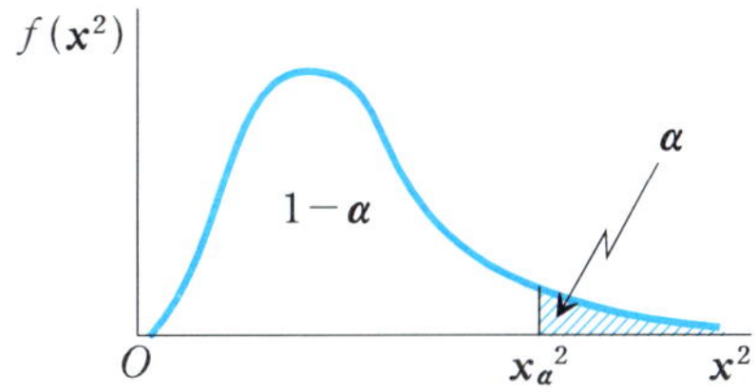

α / 자유도(γ)	0.995	0.990	0.975	0.950	0.900	0.100	0.050	0.025	0.010	0.005
1	0.00	0.00	0.00	0.00	0.02	2.71	3.84	5.02	6.63	7.88
2	0.01	0.02	0.05	0.10	0.21	4.61	5.99	7.38	9.21	10.60
3	0.07	0.11	0.22	0.35	0.58	6.25	7.81	9.35	11.34	12.84
4	0.21	0.30	0.48	0.71	1.06	7.78	9.49	11.14	13.28	14.86
5	0.41	0.55	0.83	1.15	1.61	9.24	11.07	12.83	15.09	16.75
6	0.68	0.87	1.24	1.64	2.20	10.64	12.59	14.45	16.81	18.55
7	0.99	1.24	1.69	2.17	2.83	12.02	14.07	16.01	18.48	20.28
8	1.34	1.65	2.18	2.73	3.49	13.36	15.51	17.53	20.09	21.95
9	1.73	2.09	2.70	3.33	4.17	14.68	16.92	19.02	21.67	23.59
10	2.16	2.56	3.25	3.94	4.87	15.99	18.31	20.48	23.21	25.19
11	2.60	3.05	3.82	4.57	5.58	17.28	19.68	21.92	24.72	26.76
12	3.07	3.57	4.40	5.23	6.30	18.55	21.02	3.34	26.22	28.30
13	3.57	4.11	5.01	5.89	7.04	19.81	22.36	24.74	27.69	29.82
14	4.07	4.66	5.63	6.57	7.79	21.06	23.68	26.12	29.14	31.32
15	4.60	5.23	6.26	7.26	8.55	22.31	25.00	27.49	30.58	32.80
16	5.14	5.81	6.91	7.96	9.31	23.54	26.30	28.85	32.00	34.27
17	5.70	6.41	7.56	8.67	10.09	24.77	27.59	30.19	33.41	35.72
18	6.26	7.01	8.23	9.39	10.86	25.99	28.87	31.53	34.81	37.16
19	6.84	7.63	8.91	10.12	11.65	27.20	30.14	32.85	36.19	38.58
20	7.43	8.26	9.59	10.85	12.44	28.41	31.41	34.17	37.57	40.00
21	8.03	8.90	10.28	11.59	13.24	29.62	32.67	35.48	38.93	41.40
22	8.64	9.54	10.98	12.34	14.04	30.81	33.92	36.78	40.29	42.80
23	9.26	10.20	11.69	13.09	14.85	32.01	35.17	38.08	41.64	44.18
24	9.89	10.86	12.40	13.85	15.66	33.20	36.42	39.36	42.98	45.56
25	10.52	11.52	13.12	14.61	16.47	34.38	37.65	40.65	44.31	46.93
26	11.16	12.20	13.84	15.38	17.29	35.56	38.89	41.92	45.64	48.29
27	11.81	12.88	14.57	16.15	18.11	36.74	40.11	43.19	46.96	49.64
28	12.46	13.56	15.31	16.93	18.94	37.92	41.34	44.46	48.28	50.99
29	13.12	14.26	16.05	17.71	19.77	39.09	42.56	45.72	49.59	52.34
30	13.79	14.95	16.79	18.49	20.60	40.26	43.77	46.98	50.89	53.67
40	20.71	22.16	24.43	26.51	29.05	51.81	55.76	59.34	63.69	66.77
50	27.99	29.71	32.36	34.76	37.69	63.17	67.50	71.42	76.15	79.49
60	35.53	37.48	40.48	43.19	46.46	74.40	79.08	83.30	88.38	91.95
70	43.28	45.44	48.76	51.74	55.33	85.53	90.53	95.02	100.43	104.21
80	51.17	53.54	57.15	60.39	64.28	96.58	101.88	106.63	112.33	116.32
90	59.20	61.75	65.65	69.13	73.29	107.57	113.15	118.14	124.12	128.30
100	67.33	70.06	74.22	77.93	82.36	118.50	124.34	129.56	135.81	140.17
Z_α	−2.576	−2.326	−1.96	−1.646	−1.28	+1.28	+1.646	+1.96	+2.326	+2.576

단, 자유도(ν)가 100 이상일 경우에는 표하단에 제시한 Z_α값을 다음 식에 대입하여 χ^2_α값의 근사치를 구할 수 있다.

$$\chi^2 = \nu\left[1-\frac{2}{9\nu}+Z_\alpha\cdot\sqrt{\frac{2}{9\nu}}\right]^2 \text{ 또는 } \chi^2 = \frac{1}{2}[Z_\alpha + \sqrt{(2\nu-1)}]^2$$

D. F 분포의 임계치

D-a F 분포의 임계치(F_α)
($\alpha=0.05$ 경우)

$P(F \le F_\alpha)=1-\alpha=0.95$, 또는 $P(F \ge F_\alpha)=\alpha=0.05$ (단 α는 오른쪽꼬리부분 면적)

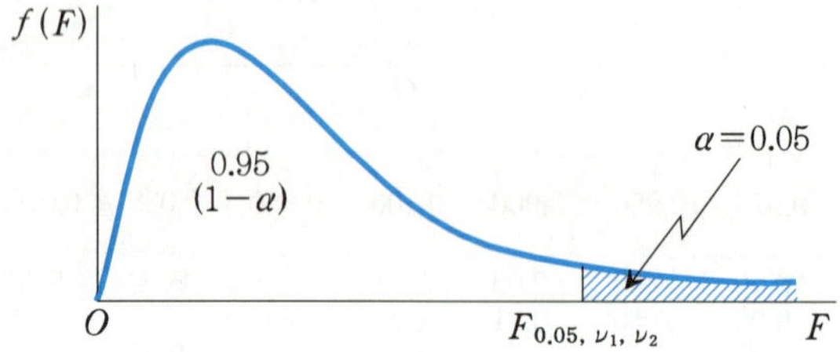

ν_1=분자의 자유도
ν_2=분모의 자유도

ν_2 \ ν_1	1	2	3	4	5	6	7	8	9	10	11	12	13	14	15	16
1	161.45	199.50	215.71	224.58	230.16	233.99	236.77	238.88	240.54	241.88	242.98	243.91	244.69	245.36	245.95	246.46
2	18.51	19.00	19.16	19.25	19.30	19.33	19.35	19.37	19.38	19.40	19.40	19.41	19.42	19.42	19.43	19.43
3	10.13	9.55	9.28	9.12	9.01	8.94	8.89	8.85	8.81	8.79	8.76	8.74	8.73	8.71	8.70	8.69
4	7.71	6.94	6.59	6.39	6.26	6.16	6.09	6.04	6.00	5.96	5.94	5.91	5.89	5.87	5.86	5.84
5	6.61	5.79	5.41	5.19	5.05	4.95	4.88	4.82	4.77	4.74	4.70	4.68	4.66	4.64	4.62	4.60
6	5.99	5.14	4.76	4.53	4.39	4.28	4.21	4.15	4.10	4.06	4.03	4.00	3.98	3.96	3.94	3.92
7	5.59	4.74	4.35	4.12	3.97	3.87	3.79	3.73	3.68	3.64	3.60	3.57	3.55	3.53	3.51	3.49
8	5.32	4.46	4.07	3.84	3.69	3.58	3.50	3.44	3.39	3.35	3.31	3.28	3.26	3.24	3.22	3.20
9	5.12	4.26	3.86	3.63	3.48	3.37	3.29	3.23	3.18	3.14	3.10	3.07	3.05	3.03	3.01	2.99
10	4.96	4.10	3.71	3.48	3.33	3.22	3.14	3.07	3.02	2.98	2.94	2.91	2.89	2.86	2.85	2.83
11	4.84	3.98	3.59	3.36	3.20	3.09	3.01	2.95	2.90	2.85	2.82	2.79	2.76	2.74	2.72	2.70
12	4.75	3.89	3.49	3.26	3.11	3.00	2.91	2.85	2.80	2.75	2.72	2.69	2.66	2.64	2.62	2.60
13	4.67	3.81	3.41	3.18	3.03	2.92	2.83	2.77	2.71	2.67	2.63	2.60	2.58	2.55	2.53	2.51
14	4.60	3.74	3.34	3.11	2.96	2.85	2.76	2.70	2.65	2.60	2.57	2.53	2.51	2.48	2.46	2.44
15	4.54	3.68	3.29	3.06	2.90	2.79	2.71	2.64	2.59	2.54	2.51	2.48	2.45	2.42	2.40	2.38
16	4.49	3.63	3.24	3.01	2.85	2.74	2.66	2.59	2.54	2.49	2.46	2.42	2.40	2.37	2.35	2.33
17	4.45	3.59	3.20	2.96	2.81	2.70	2.61	2.55	2.49	2.45	2.41	2.38	2.35	2.33	2.31	2.29
18	4.41	3.55	3.16	2.93	2.77	2.66	2.58	2.51	2.46	2.41	2.37	2.34	2.31	2.29	2.27	2.25
19	4.38	3.52	3.13	2.90	2.74	2.63	2.54	2.48	2.42	2.38	2.34	2.31	2.28	2.26	2.23	2.21
20	4.35	3.49	3.10	2.87	2.71	2.60	2.51	2.45	2.39	2.35	2.31	2.28	2.25	2.22	2.20	2.18
21	4.32	3.47	3.07	2.84	2.68	2.57	2.49	2.42	2.37	2.32	2.28	2.25	2.22	2.20	2.18	2.16
22	4.30	3.44	3.05	2.82	2.66	2.55	2.46	2.40	2.34	2.30	2.26	2.23	2.20	2.17	2.15	2.13
23	4.28	3.42	3.03	2.80	2.64	2.53	2.44	2.37	2.32	2.27	2.24	2.20	2.18	2.15	2.13	2.11
24	4.26	3.40	3.01	2.78	2.62	2.51	2.42	2.36	2.30	2.25	2.22	2.18	2.15	2.13	2.11	2.09
25	4.24	3.39	2.99	2.76	2.60	2.49	2.40	2.34	2.28	2.24	2.20	2.16	2.14	2.11	2.09	2.07
26	4.23	3.37	2.98	2.74	2.59	2.47	2.39	2.32	2.27	2.22	2.18	2.15	2.12	2.09	2.07	2.05
27	4.21	3.35	2.96	2.73	2.57	2.46	2.37	2.31	2.25	2.20	2.17	2.13	2.10	2.08	2.06	2.04
28	4.20	3.34	2.95	2.71	2.56	2.45	2.36	2.29	2.24	2.19	2.15	2.12	2.09	2.06	2.04	2.02
29	4.18	3.33	2.93	2.70	2.55	2.43	2.35	2.28	2.22	2.18	2.14	2.10	2.08	2.05	2.03	2.01
30	4.17	3.32	2.92	2.69	2.53	2.42	2.33	2.27	2.21	2.16	2.13	2.09	2.06	2.04	2.01	1.99
40	4.08	3.23	2.84	2.61	2.45	2.34	2.25	2.18	2.12	2.08	2.04	2.00	1.97	1.95	1.92	1.90
60	4.00	3.15	2.76	2.53	2.37	2.25	2.17	2.10	2.04	1.99	1.95	1.92	1.89	1.86	1.84	1.82
120	3.92	3.07	2.68	2.45	2.29	2.18	2.09	2.02	1.96	1.91	1.87	1.83	1.80	1.78	1.75	1.73

(표 D-a 계속)

17	18	19	20	21	22	23	24	25	26	27	28	29	30	40	60	120
246.92	247.32	247.69	248.01	248.31	248.58	248.83	249.05	249.26	249.45	249.63	249.80	249.95	250.10	251.14	252.20	253.25
19.44	19.44	19.44	19.45	19.45	19.45	19.45	19.45	19.46	19.46	19.46	19.46	19.46	19.46	19.47	19.48	19.49
8.68	8.67	8.67	8.66	8.65	8.65	8.64	8.64	8.63	8.63	8.63	8.62	8.62	8.62	8.59	8.57	8.55
5.83	5.82	5.81	5.80	5.79	5.79	5.78	5.77	5.77	5.76	5.76	5.75	5.75	5.75	5.72	5.69	5.66
4.59	4.58	4.57	4.56	4.55	4.54	4.53	4.53	4.52	4.52	4.51	4.50	4.50	4.50	4.46	4.43	4.40
3.91	3.90	3.88	3.87	3.86	3.86	3.85	3.84	3.83	3.83	3.82	3.82	3.81	3.81	3.77	3.74	3.70
3.48	3.47	3.46	3.44	3.43	3.43	3.42	3.41	3.40	3.40	3.39	3.39	3.38	3.38	3.34	3.30	3.27
3.19	3.17	3.16	3.15	3.14	3.13	3.12	3.12	3.11	3.10	3.10	3.09	3.08	3.08	3.04	3.01	2.97
2.97	2.96	2.95	2.94	2.93	2.92	2.91	2.90	2.89	2.89	2.88	2.87	2.87	2.86	2.83	2.79	2.75
2.81	2.80	2.79	2.77	2.76	2.75	2.75	2.74	2.73	2.72	2.72	2.71	2.70	2.70	2.66	2.62	2.58
2.69	2.67	2.66	2.65	2.64	2.63	2.62	2.61	2.60	2.59	2.59	2.58	2.58	2.57	2.53	2.49	2.45
2.58	2.57	2.56	2.54	2.53	2.52	2.51	2.51	2.50	2.49	2.48	2.48	2.47	2.47	2.43	2.38	2.34
2.50	2.48	2.47	2.46	2.45	2.44	2.43	2.42	2.41	2.41	2.40	2.39	2.39	2.38	2.34	2.30	2.25
2.43	2.41	2.40	2.39	2.38	2.37	2.36	2.35	2.34	2.33	2.33	2.32	2.31	2.31	2.27	2.22	2.18
2.37	2.35	2.34	2.33	2.32	2.31	2.30	2.29	2.28	2.27	2.27	2.26	2.25	2.25	2.20	2.16	2.11
2.32	2.30	2.29	2.28	2.26	2.25	2.24	2.24	2.23	2.22	2.21	2.21	2.20	2.19	2.15	2.11	2.06
2.27	2.26	2.24	2.23	2.22	2.21	2.20	2.19	2.18	2.17	2.17	2.16	2.15	2.15	2.10	2.06	2.01
2.23	2.22	2.20	2.19	2.18	2.17	2.16	2.15	2.14	2.13	2.13	2.12	2.11	2.11	2.06	2.02	1.97
2.20	2.18	2.17	2.16	2.14	2.13	2.12	2.11	2.11	2.10	2.09	2.08	2.08	2.07	2.03	1.98	1.93
2.17	2.15	2.14	2.12	2.11	2.10	2.09	2.08	2.07	2.07	2.06	2.05	2.05	2.04	1.99	1.95	1.90
2.14	2.12	2.11	2.10	2.08	2.07	2.06	2.05	2.05	2.04	2.03	2.02	2.02	2.01	1.96	1.92	1.87
2.11	2.10	2.08	2.07	2.06	2.05	2.04	2.03	2.02	2.01	2.00	2.00	1.99	1.98	1.94	1.89	1.84
2.09	2.08	2.06	2.05	2.04	2.02	2.01	2.01	2.00	1.99	1.98	1.97	1.97	1.96	1.91	1.86	1.81
2.07	2.05	2.04	2.03	2.01	2.00	1.99	1.98	1.97	1.97	1.96	1.95	1.95	1.94	1.89	1.84	1.79
2.05	2.04	2.02	2.01	2.00	1.98	1.97	1.96	1.96	1.95	1.94	1.93	1.93	1.92	1.87	1.82	1.77
2.03	2.02	2.00	1.99	1.98	1.97	1.96	1.95	1.94	1.93	1.92	1.91	1.91	1.90	1.85	1.80	1.75
2.02	2.00	1.99	1.97	1.96	1.95	1.94	1.93	1.92	1.91	1.90	1.90	1.89	1.88	1.84	1.79	1.73
2.00	1.99	1.97	1.96	1.95	1.93	1.92	1.91	1.91	1.90	1.89	1.88	1.88	1.87	1.82	1.77	1.71
1.99	1.97	1.96	1.94	1.93	1.92	1.91	1.90	1.89	1.88	1.88	1.87	1.86	1.85	1.81	1.75	1.70
1.98	1.96	1.95	1.93	1.92	1.91	1.90	1.89	1.88	1.87	1.86	1.85	1.85	1.84	1.79	1.74	1.68
1.89	1.87	1.85	1.84	1.83	1.81	1.80	1.79	1.78	1.77	1.77	1.76	1.75	1.74	1.69	1.64	1.58
1.80	1.78	1.76	1.75	1.73	1.72	1.71	1.70	1.69	1.68	1.67	1.66	1.66	1.65	1.59	1.53	1.47
1.71	1.69	1.67	1.66	1.64	1.63	1.62	1.61	1.60	1.59	1.58	1.57	1.56	1.55	1.50	1.43	1.35

D-b F 분포의 임계치(F_α)
($\alpha = 0.025$ 경우)

$P(F \le F_\alpha) = 1 - \alpha = 0.975$, 또는 $P(F \ge F_\alpha) = \alpha = 0.025$ (단 α는 오른쪽꼬리부분 면적)

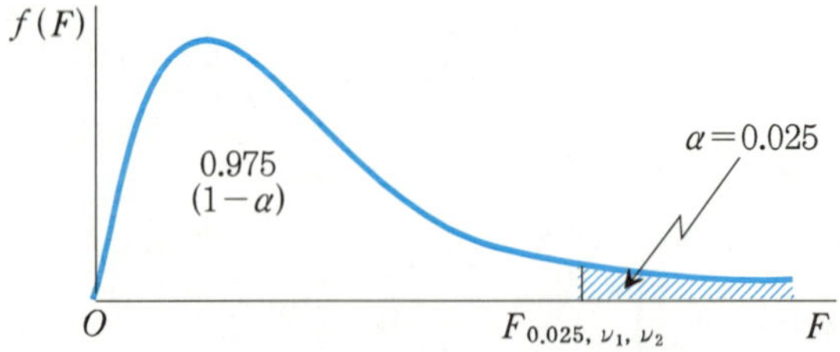

ν_1 = 분자의 자유도
ν_2 = 분모의 자유도

ν_2 \ ν_1	1	2	3	4	5	6	7	8	9	10	11	12	13	14	15	16
1	647.79	799.50	864.16	899.58	921.85	937.11	948.22	956.66	963.28	968.63	973.03	976.71	979.84	982.53	984.87	986.92
2	38.51	39.00	39.17	39.25	39.30	39.33	39.36	39.37	39.39	39.40	39.41	39.41	39.42	39.43	39.43	39.44
3	17.44	16.04	15.44	15.10	14.88	14.73	14.62	14.54	14.47	14.42	14.37	14.34	14.30	14.28	14.25	14.23
4	12.22	10.65	9.98	9.60	9.36	9.20	9.07	8.98	8.90	8.84	8.79	8.75	8.71	8.68	8.66	8.63
5	10.01	8.43	7.76	7.39	7.15	6.98	6.85	6.76	6.68	6.62	6.57	6.52	6.49	6.46	6.43	6.40
6	8.81	7.26	6.60	6.23	5.99	5.82	5.70	5.60	5.52	5.46	5.41	5.37	5.33	5.30	5.27	5.24
7	8.07	6.54	5.89	5.52	5.29	5.12	4.99	4.90	4.82	4.76	4.71	4.67	4.63	4.60	4.57	4.54
8	7.57	6.06	5.42	5.05	4.82	4.65	4.53	4.43	4.36	4.30	4.24	4.20	4.16	4.13	4.10	4.08
9	7.21	5.71	5.08	4.72	4.48	4.32	4.20	4.10	4.03	3.96	3.91	3.87	3.83	3.80	3.77	3.74
10	6.94	5.46	4.83	4.47	4.24	4.07	3.95	3.85	3.78	3.72	3.66	3.62	3.58	3.55	3.52	3.50
11	6.72	5.26	4.63	4.28	4.04	3.88	3.76	3.66	3.59	3.53	3.47	3.43	3.39	3.36	3.33	3.30
12	6.55	5.10	4.47	4.12	3.89	3.73	3.61	3.51	3.44	3.37	3.32	3.28	3.24	3.21	3.18	3.15
13	6.41	4.97	4.35	4.00	3.77	3.60	3.48	3.39	3.31	3.25	3.20	3.15	3.12	3.08	3.05	3.03
14	6.30	4.86	4.24	3.89	3.66	3.50	3.38	3.29	3.21	3.15	3.09	3.05	3.01	2.98	2.95	2.92
15	6.20	4.77	4.15	3.80	3.58	3.41	3.29	3.20	3.12	3.06	3.01	2.96	2.92	2.89	2.86	2.84
16	6.12	4.69	4.08	3.73	3.50	3.34	3.22	3.12	3.05	2.99	2.93	2.89	2.85	2.82	2.79	2.76
17	6.04	4.62	4.01	3.66	3.44	3.28	3.16	3.06	2.98	2.92	2.87	2.82	2.79	2.75	2.72	2.70
18	5.98	4.56	3.95	3.61	3.38	3.22	3.10	3.01	2.93	2.87	2.81	2.77	2.73	2.70	2.67	2.64
19	5.92	4.51	3.90	3.56	3.33	3.17	3.05	2.96	2.88	2.82	2.76	2.72	2.68	2.65	2.62	2.59
20	5.87	4.46	3.86	3.51	3.29	3.13	3.01	2.91	2.84	2.77	2.72	2.68	2.64	2.60	2.57	2.55
21	5.83	4.42	3.82	3.48	3.25	3.09	2.97	2.87	2.80	2.73	2.68	2.64	2.60	2.56	2.53	2.51
22	5.79	4.38	3.78	3.44	3.22	3.05	2.93	2.84	2.76	2.70	2.65	2.60	2.56	2.53	2.50	2.47
23	5.75	4.35	3.75	3.41	3.18	3.02	2.90	2.81	2.73	2.67	2.62	2.57	2.53	2.50	2.47	2.44
24	5.72	4.32	3.72	3.38	3.15	2.99	2.87	2.78	2.70	2.64	2.59	2.54	2.50	2.47	2.44	2.41
25	5.69	4.29	3.69	3.35	3.13	2.97	2.85	2.75	2.68	2.61	2.56	2.51	2.48	2.44	2.41	2.38
26	5.66	4.27	3.67	3.33	3.10	2.94	2.82	2.73	2.65	2.59	2.54	2.49	2.45	2.42	2.39	2.36
27	5.63	4.24	3.65	3.31	3.08	2.92	2.80	2.71	2.63	2.57	2.51	2.47	2.43	2.39	2.36	2.34
28	5.61	4.22	3.63	3.29	3.06	2.90	2.78	2.69	2.61	2.55	2.49	2.45	2.41	2.37	2.34	2.32
29	5.59	4.20	3.61	3.27	3.04	2.88	2.76	2.67	2.59	2.53	2.48	2.43	2.39	2.36	2.32	2.30
30	5.57	4.18	3.59	3.25	3.03	2.87	2.75	2.65	2.57	2.51	2.46	2.41	2.37	2.34	2.31	2.28
40	5.42	4.05	3.46	3.13	2.90	2.74	2.62	2.53	2.45	2.39	2.33	2.29	2.25	2.21	2.18	2.15
60	5.29	3.93	3.34	3.01	2.79	2.63	2.51	2.41	2.33	2.27	2.22	2.17	2.13	2.09	2.06	2.03
120	5.15	3.80	3.23	2.89	2.67	2.52	2.39	2.30	2.22	2.16	2.10	2.05	2.01	1.98	1.94	1.92

(표 D-b 계속)

17	18	19	20	21	22	23	24	25	26	27	28	29	30	40	60	120
988.73	990.35	991.80	993.10	994.29	995.36	996.35	997.25	998.08	998.85	999.56	1000.2	1000.8	1001.4	1005.6	1009.8	1014.0
39.44	39.44	39.45	39.45	39.45	39.45	39.45	39.46	39.46	39.46	39.46	39.46	39.46	39.46	39.47	39.48	39.49
14.21	14.20	14.18	14.17	14.16	14.14	14.13	14.12	14.12	14.11	14.10	14.09	14.09	14.08	14.04	13.99	13.95
8.61	8.59	8.58	8.56	8.55	8.53	8.52	8.51	8.50	8.49	8.48	8.48	8.47	8.46	8.41	8.36	8.31
6.38	6.36	6.34	6.33	6.31	6.30	6.29	6.28	6.27	6.26	6.25	6.24	6.23	6.23	6.18	6.12	6.07
5.22	5.20	5.18	5.17	5.15	5.14	5.13	5.12	5.11	5.10	5.09	5.08	5.07	5.07	5.01	4.96	4.90
4.52	4.50	4.48	4.47	4.45	4.44	4.43	4.41	4.40	4.39	4.39	4.38	4.37	4.36	4.31	4.25	4.20
4.05	4.03	4.02	4.00	3.98	3.97	3.96	3.95	3.94	3.93	3.92	3.91	3.90	3.89	3.84	3.78	3.73
3.72	3.70	3.68	3.67	3.65	3.64	3.63	3.61	3.60	3.59	3.58	3.58	3.57	3.56	3.51	3.45	3.39
3.47	3.45	3.44	3.42	3.40	3.39	3.38	3.37	3.35	3.34	3.34	3.33	3.32	3.31	3.26	3.20	3.14
3.28	3.26	3.24	3.23	3.21	3.20	3.18	3.17	3.16	3.15	3.14	3.13	3.13	3.12	3.06	3.00	2.94
3.13	3.11	3.09	3.07	3.06	3.04	3.03	3.02	3.01	3.00	2.99	2.98	2.97	2.96	2.91	2.85	2.79
3.00	2.98	2.96	2.95	2.93	2.92	2.91	2.89	2.88	2.87	2.86	2.85	2.85	2.84	2.78	2.72	2.66
2.90	2.88	2.86	2.84	2.83	2.81	2.80	2.79	2.78	2.77	2.76	2.75	2.74	2.73	2.67	2.61	2.55
2.81	2.79	2.77	2.76	2.74	2.73	2.71	2.70	2.69	2.68	2.67	2.66	2.65	2.64	2.59	2.52	2.46
2.74	2.72	2.70	2.68	2.67	2.65	2.64	2.63	2.61	2.60	2.59	2.58	2.58	2.57	2.51	2.45	2.38
2.67	2.65	2.63	2.62	2.60	2.59	2.57	2.56	2.55	2.54	2.53	2.52	2.51	2.50	2.44	2.38	2.32
2.62	2.60	2.58	2.56	2.54	2.53	2.52	2.50	2.49	2.48	2.47	2.46	2.45	2.44	2.38	2.32	2.26
2.57	2.55	2.53	2.51	2.49	2.48	2.46	2.45	2.44	2.43	2.42	2.41	2.40	2.39	2.33	2.27	2.20
2.52	2.50	2.48	2.46	2.45	2.43	2.42	2.41	2.40	2.39	2.38	2.37	2.36	2.35	2.29	2.22	2.16
2.48	2.46	2.44	2.42	2.41	2.39	2.38	2.37	2.36	2.34	2.33	2.33	2.32	2.31	2.25	2.18	2.11
2.45	2.43	2.41	2.39	2.37	2.36	2.34	2.33	2.32	2.31	2.30	2.29	2.28	2.27	2.21	2.14	2.08
2.42	2.39	2.37	2.36	2.34	2.33	2.31	2.30	2.29	2.28	2.27	2.26	2.25	2.24	2.18	2.11	2.04
2.39	2.36	2.35	2.33	2.31	2.30	2.28	2.27	2.26	2.25	2.24	2.23	2.22	2.21	2.15	2.08	2.01
2.36	2.34	2.32	2.30	2.28	2.27	2.26	2.24	2.23	2.22	2.21	2.20	2.19	2.18	2.12	2.05	1.98
2.34	2.31	2.29	2.28	2.26	2.24	2.23	2.22	2.21	2.19	2.18	2.17	2.17	2.16	2.09	2.03	1.95
2.31	2.29	2.27	2.25	2.24	2.22	2.21	2.19	2.18	2.17	2.16	2.15	2.14	2.13	2.07	2.00	1.93
2.29	2.27	2.25	2.23	2.22	2.20	2.19	2.17	2.16	2.15	2.14	2.13	2.12	2.11	2.05	1.98	1.91
2.27	2.25	2.23	2.21	2.20	2.18	2.17	2.15	2.14	2.13	2.12	2.11	2.10	2.09	2.03	1.96	1.89
2.26	2.23	2.21	2.20	2.18	2.16	2.15	2.14	2.12	2.11	2.10	2.09	2.08	2.07	2.01	1.94	1.87
2.13	2.11	2.09	2.07	2.05	2.03	2.02	2.01	1.99	1.98	1.97	1.96	1.95	1.94	1.88	1.80	1.72
2.01	1.98	1.96	1.94	1.93	1.91	1.90	1.88	1.87	1.86	1.85	1.83	1.82	1.82	1.74	1.67	1.58
1.89	1.87	1.84	1.82	1.81	1.79	1.77	1.76	1.75	1.73	1.72	1.71	1.70	1.69	1.61	1.53	1.43

D-c F 분포의 임계치(F_α)
($\alpha=0.01$ 경우)

$P(F \le F_\alpha)=1-\alpha=0.99$, 또는 $P(F \ge F_\alpha)=\alpha=0.01$ (단 α는 오른쪽꼬리부분 면적)

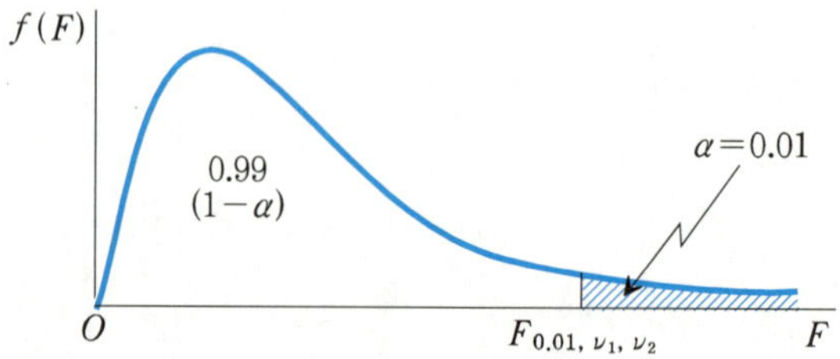

ν_1=분자의 자유도
ν_2=분모의 자유도

ν_2 \ ν_1	1	2	3	4	5	6	7	8	9	10	11	12	13	14	15	16
1	4052.2	4999.5	5403.4	5624.6	5763.6	5859.0	5928.4	5981.1	6022.5	6055.8	6083.3	6106.3	6125.9	6142.7	6157.3	6170.1
2	98.50	99.00	99.17	99.25	99.30	99.33	99.36	99.37	99.39	99.40	99.41	99.42	99.42	99.43	99.43	99.44
3	34.12	30.82	29.46	28.71	28.24	27.91	27.67	27.49	27.35	27.23	27.13	27.05	26.98	26.92	26.87	26.83
4	21.20	18.00	16.69	15.98	15.52	15.21	14.98	14.80	14.66	14.55	14.45	14.37	14.31	14.25	14.20	14.15
5	16.26	13.27	12.06	11.39	10.97	10.67	10.46	10.29	10.16	10.05	9.96	9.89	9.82	9.77	9.72	9.68
6	13.75	10.92	9.78	9.15	8.75	8.47	8.26	8.10	7.98	7.87	7.79	7.72	7.66	7.60	7.56	7.52
7	12.25	9.55	8.45	7.85	7.46	7.19	6.99	6.84	6.72	6.62	6.54	6.47	6.41	6.36	6.31	6.28
8	11.26	8.65	7.59	7.01	6.63	6.37	6.18	6.03	5.91	5.81	5.73	5.67	5.61	5.56	5.52	5.48
9	10.56	8.02	6.99	6.42	6.06	5.80	5.61	5.47	5.35	5.26	5.18	5.11	5.05	5.01	4.96	4.92
10	10.04	7.56	6.55	5.99	5.64	5.39	5.20	5.06	4.94	4.85	4.77	4.71	4.65	4.60	4.56	4.52
11	9.65	7.21	6.22	5.67	5.32	5.07	4.89	4.74	4.63	4.54	4.46	4.40	4.34	4.29	4.25	4.21
12	9.33	6.93	5.95	5.41	5.06	4.82	4.64	4.50	4.39	4.30	4.22	4.16	4.10	4.05	4.01	3.97
13	9.07	6.70	5.74	5.21	4.86	4.62	4.44	4.30	4.19	4.10	4.02	3.96	3.91	3.86	3.82	3.78
14	8.86	6.51	5.56	5.04	4.69	4.46	4.28	4.14	4.03	3.94	3.86	3.80	3.75	3.70	3.66	3.62
15	8.68	6.36	5.42	4.89	4.56	4.32	4.14	4.00	3.89	3.80	3.73	3.67	3.61	3.56	3.52	3.49
16	8.53	6.23	5.29	4.77	4.44	4.20	4.03	3.89	3.78	3.69	3.62	3.55	3.50	3.45	3.41	3.37
17	8.40	6.11	5.18	4.67	4.34	4.10	3.93	3.79	3.68	3.59	3.52	3.46	3.40	3.35	3.31	3.27
18	8.29	6.01	5.09	4.58	4.25	4.01	3.84	3.71	3.60	3.51	3.43	3.37	3.32	3.27	3.23	3.19
19	8.18	5.93	5.01	4.50	4.17	3.94	3.77	3.63	3.52	3.43	3.36	3.30	3.24	3.19	3.15	3.12
20	8.10	5.85	4.94	4.43	4.10	3.87	3.70	3.56	3.46	3.37	3.29	3.23	3.18	3.13	3.09	3.05
21	8.02	5.78	4.87	4.37	4.04	3.81	3.64	3.51	3.40	3.31	3.24	3.17	3.12	3.07	3.03	2.99
22	7.95	5.72	4.82	4.31	3.99	3.76	3.59	3.45	3.35	3.26	3.18	3.12	3.07	3.02	2.98	2.94
23	7.88	5.66	4.76	4.26	3.94	3.71	3.54	3.41	3.30	3.21	3.14	3.07	3.02	2.97	2.93	2.89
24	7.82	5.61	4.72	4.22	3.90	3.67	3.50	3.36	3.26	3.17	3.09	3.03	2.98	2.93	2.89	2.85
25	7.77	5.57	4.68	4.18	3.85	3.63	3.46	3.32	3.22	3.13	3.06	2.99	2.94	2.89	2.85	2.81
26	7.72	5.53	4.64	4.14	3.82	3.59	3.42	3.29	3.18	3.09	3.02	2.96	2.90	2.86	2.81	2.78
27	7.68	5.49	4.60	4.11	3.78	3.56	3.39	3.26	3.15	3.06	2.99	2.93	2.87	2.82	2.78	2.75
28	7.64	5.45	4.57	4.07	3.75	3.53	3.36	3.23	3.12	3.03	2.96	2.90	2.84	2.79	2.75	2.72
29	7.60	5.42	4.54	4.04	3.73	3.50	3.33	3.20	3.09	3.00	2.93	2.87	2.81	2.77	2.73	2.69
30	7.56	5.39	4.51	4.02	3.70	3.47	3.30	3.17	3.07	2.98	2.91	2.84	2.79	2.74	2.70	2.66
40	7.31	5.18	4.31	3.83	3.51	3.29	3.12	2.99	2.89	2.80	2.73	2.66	2.61	2.56	2.52	2.48
60	7.08	4.98	4.13	3.65	3.34	3.12	2.95	2.82	2.72	2.63	2.56	2.50	2.44	2.39	2.35	2.31
120	6.85	4.79	3.95	3.48	3.17	2.96	2.79	2.66	2.56	2.47	2.40	2.34	2.28	2.23	2.19	2.15

(표 D-c 계속)

17	18	19	20	21	22	23	24	25	26	27	28	29	30	40	60	120
6181.4	6191.5	6200.6	6208.7	6216.1	6222.8	6229.0	6234.6	6239.8	6244.6	6249.1	6253.2	6257.1	6260.6	6286.8	6313.0	6339.4
99.44	99.44	99.45	99.45	99.45	99.45	99.46	99.46	99.46	99.46	99.46	99.46	99.46	99.47	99.47	99.48	99.49
26.79	26.75	26.72	26.69	26.66	26.64	26.62	26.60	26.58	26.56	26.55	26.53	26.52	26.50	26.41	26.32	26.22
14.11	14.08	14.05	14.02	13.99	13.97	13.95	13.93	13.91	13.89	13.88	13.86	13.85	13.84	13.75	13.65	13.56
9.64	9.61	9.58	9.55	9.53	9.51	9.49	9.47	9.45	9.43	9.42	9.40	9.39	9.38	9.29	9.20	9.11
7.48	7.45	7.42	7.40	7.37	7.35	7.33	7.31	7.30	7.28	7.27	7.25	7.24	7.23	7.14	7.06	6.97
6.24	6.21	6.18	6.16	6.13	6.11	6.09	6.07	6.06	6.04	6.03	6.02	6.00	5.99	5.91	5.82	5.74
5.44	5.41	5.38	5.36	5.34	5.32	5.30	5.28	5.26	5.25	5.23	5.22	5.21	5.20	5.12	5.03	4.95
4.89	4.86	4.83	4.81	4.79	4.77	4.75	4.73	4.71	4.70	4.68	4.67	4.66	4.65	4.57	4.48	4.40
4.49	4.46	4.43	4.41	4.38	4.36	4.34	4.33	4.31	4.30	4.28	4.27	4.26	4.25	4.17	4.08	4.00
4.18	4.15	4.12	4.10	4.08	4.06	4.04	4.02	4.01	3.99	3.98	3.96	3.95	3.94	3.86	3.78	3.69
3.94	3.91	3.88	3.86	3.84	3.82	3.80	3.78	3.76	3.75	3.74	3.72	3.71	3.70	3.62	3.54	3.45
3.75	3.72	3.69	3.66	3.64	3.62	3.60	3.59	3.57	3.56	3.54	3.53	3.52	3.51	3.43	3.34	3.25
3.59	3.56	3.53	3.51	3.48	3.46	3.44	3.43	3.41	3.40	3.38	3.37	3.36	3.35	3.27	3.18	3.09
3.45	3.42	3.40	3.37	3.35	3.33	3.31	3.29	3.28	3.26	3.25	3.24	3.23	3.21	3.13	3.05	2.96
3.34	3.31	3.28	3.26	3.24	3.22	3.20	3.18	3.16	3.15	3.14	3.12	3.11	3.10	3.02	2.93	2.84
3.24	3.21	3.19	3.16	3.14	3.12	3.10	3.08	3.07	3.05	3.04	3.03	3.01	3.00	2.92	2.83	2.75
3.16	3.13	3.10	3.08	3.05	3.03	3.02	3.00	2.98	2.97	2.95	2.94	2.93	2.92	2.84	2.75	2.66
3.08	3.05	3.03	3.00	2.98	2.96	2.94	2.92	2.91	2.89	2.88	2.87	2.86	2.84	2.76	2.67	2.58
3.02	2.99	2.96	2.94	2.92	2.90	2.88	2.86	2.84	2.83	2.81	2.80	2.79	2.78	2.69	2.61	2.52
2.96	2.93	2.90	2.88	2.86	2.84	2.82	2.80	2.79	2.77	2.76	2.74	2.73	2.72	2.64	2.55	2.46
2.91	2.88	2.85	2.83	2.81	2.78	2.77	2.75	2.73	2.72	2.70	2.69	2.68	2.67	2.58	2.50	2.40
2.86	2.83	2.80	2.78	2.76	2.74	2.72	2.70	2.69	2.67	2.66	2.64	2.63	2.62	2.54	2.45	2.35
2.82	2.79	2.76	2.74	2.72	2.70	2.68	2.66	2.64	2.63	2.61	2.60	2.59	2.58	2.49	2.40	2.31
2.78	2.75	2.72	2.70	2.68	2.66	2.64	2.62	2.60	2.59	2.58	2.56	2.55	2.54	2.45	2.36	2.27
2.75	2.72	2.69	2.66	2.64	2.62	2.60	2.58	2.57	2.55	2.54	2.53	2.51	2.50	2.42	2.33	2.23
2.71	2.68	2.66	2.63	2.61	2.59	2.57	2.55	2.54	2.52	2.51	2.49	2.48	2.47	2.38	2.29	2.20
2.68	2.65	2.63	2.60	2.58	2.56	2.54	2.52	2.51	2.49	2.48	2.46	2.45	2.44	2.35	2.26	2.17
2.66	2.63	2.60	2.57	2.55	2.53	2.51	2.49	2.48	2.46	2.45	2.44	2.42	2.41	2.33	2.23	2.14
2.63	2.60	2.57	2.55	2.53	2.51	2.49	2.47	2.45	2.44	2.42	2.41	2.40	2.39	2.30	2.21	2.11
2.45	2.42	2.39	2.37	2.35	2.33	2.31	2.29	2.27	2.26	2.24	2.23	2.22	2.20	2.11	2.02	1.92
2.28	2.25	2.22	2.20	2.17	2.15	2.13	2.12	2.10	2.08	2.07	2.05	2.04	2.03	1.94	1.84	1.73
2.12	2.09	2.06	2.03	2.01	1.99	1.97	1.95	1.93	1.92	1.90	1.89	1.87	1.86	1.76	1.66	1.53

D-d F 분포의 임계치(F_α)
($\alpha = 0.005$ 경우)

$P(F \le F_\alpha) = 1 - \alpha = 0.995$, 또는 $P(F \ge F_\alpha) = \alpha = 0.005$ (단 α는 오른쪽꼬리부분 면적)

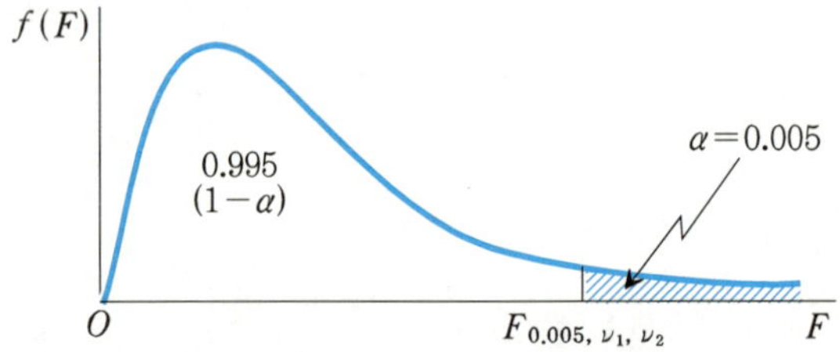

ν_1 = 분자의 자유도
ν_2 = 분모의 자유도

ν_2 \ ν_1	1	2	3	4	5	6	7	8	9	10	11	12	13	14	15	16
1	16211	19999	21615	22500	23056	23437	23715	23925	24091	24224	24334	24426	24505	24572	24630	24681
2	198.50	199.00	199.17	199.25	199.30	199.33	199.36	199.37	199.39	199.40	199.41	199.42	199.42	199.43	199.43	199.44
3	55.55	49.80	47.47	46.19	45.39	44.84	44.43	44.13	43.88	43.69	43.52	43.39	43.27	43.17	43.08	43.01
4	31.33	26.28	24.26	23.15	22.46	21.97	21.62	21.35	21.14	20.97	20.82	20.70	20.60	20.51	20.44	20.37
5	22.78	18.31	16.53	15.56	14.94	14.51	14.20	13.96	13.77	13.62	13.49	13.38	13.29	13.21	13.15	13.09
6	18.63	14.54	12.92	12.03	11.46	11.07	10.79	10.57	10.39	10.25	10.13	10.03	9.95	9.88	9.81	9.76
7	16.24	12.40	10.88	10.05	9.52	9.16	8.89	8.68	8.51	8.38	8.27	8.18	8.10	8.03	7.97	7.91
8	14.69	11.04	9.60	8.81	8.30	7.95	7.69	7.50	7.34	7.21	7.10	7.01	6.94	6.87	6.81	6.76
9	13.61	10.11	8.72	7.96	7.47	7.13	6.88	6.69	6.54	6.42	6.31	6.23	6.15	6.09	6.03	5.98
10	12.83	9.43	8.08	7.34	6.87	6.54	6.30	6.12	5.97	5.85	5.75	5.66	5.59	5.53	5.47	5.42
11	12.23	8.91	7.60	6.88	6.42	6.10	5.86	5.68	5.54	5.42	5.32	5.24	5.16	5.10	5.05	5.00
12	11.75	8.51	7.23	6.52	6.07	5.76	5.52	5.35	5.20	5.09	4.99	4.91	4.84	4.77	4.72	4.67
13	11.37	8.19	6.93	6.23	5.79	5.48	5.25	5.08	4.94	4.82	4.72	4.64	4.57	4.51	4.46	4.41
14	11.06	7.92	6.68	6.00	5.56	5.26	5.03	4.86	4.72	4.60	4.51	4.43	4.36	4.30	4.25	4.20
15	10.80	7.70	6.48	5.80	5.37	5.07	4.85	4.67	4.54	4.42	4.33	4.25	4.18	4.12	4.07	4.02
16	10.58	7.51	6.30	5.64	5.21	4.91	4.69	4.52	4.38	4.27	4.18	4.10	4.03	3.97	3.92	3.87
17	10.38	7.35	6.16	5.50	5.07	4.78	4.56	4.39	4.25	4.14	4.05	3.97	3.90	3.84	3.79	3.75
18	10.22	7.21	6.03	5.37	4.96	4.66	4.44	4.28	4.14	4.03	3.94	3.86	3.79	3.73	3.68	3.64
19	10.07	7.09	5.92	5.27	4.85	4.56	4.34	4.18	4.04	3.93	3.84	3.76	3.70	3.64	3.59	3.54
20	9.94	6.99	5.82	5.17	4.76	4.47	4.26	4.09	3.96	3.85	3.76	3.68	3.61	3.55	3.50	3.46
21	9.83	6.89	5.73	5.09	4.68	4.39	4.18	4.01	3.88	3.77	3.68	3.60	3.54	3.48	3.43	3.38
22	9.73	6.81	5.65	5.02	4.61	4.32	4.11	3.94	3.81	3.70	3.61	3.54	3.47	3.41	3.36	3.31
23	9.63	6.73	5.58	4.95	4.54	4.26	4.05	3.88	3.75	3.64	3.55	3.47	3.41	3.35	3.30	3.25
24	9.55	6.66	5.52	4.89	4.49	4.20	3.99	3.83	3.69	3.59	3.50	3.42	3.35	3.30	3.25	3.20
25	9.48	6.60	5.46	4.84	4.43	4.15	3.94	3.78	3.64	3.54	3.45	3.37	3.30	3.25	3.20	3.15
26	9.41	6.54	5.41	4.79	4.38	4.10	3.89	3.73	3.60	3.49	3.40	3.33	3.26	3.20	3.15	3.11
27	9.34	6.49	5.36	4.74	4.34	4.06	3.85	3.69	3.56	3.45	3.36	3.28	3.22	3.16	3.11	3.07
28	9.28	6.44	5.32	4.70	4.30	4.02	3.81	3.65	3.52	3.41	3.32	3.25	3.18	3.12	3.07	3.03
29	9.23	6.40	5.28	4.66	4.26	3.98	3.77	3.61	3.48	3.38	3.29	3.21	3.15	3.09	3.04	2.99
30	9.18	6.35	5.24	4.62	4.23	3.95	3.74	3.58	3.45	3.34	3.25	3.18	3.11	3.06	3.01	2.96
40	8.83	6.07	4.98	4.37	3.99	3.71	3.51	3.35	3.22	3.12	3.03	2.95	2.89	2.83	2.78	2.74
60	8.49	5.79	4.73	4.14	3.76	3.49	3.29	3.13	3.01	2.90	2.82	2.74	2.68	2.62	2.57	2.53
120	8.18	5.54	4.50	3.92	3.55	3.28	3.09	2.93	2.81	2.71	2.62	2.54	2.48	2.42	2.37	2.33

(표 D-d 계속)

17	18	19	20	21	22	23	24	25	26	27	28	29	30	40	60	120
24727	24767	24803	24836	24866	24892	24917	24940	24960	24980	24997	25014	25029	25044	25148	25253	25359
199.44	199.44	199.45	199.45	199.45	199.45	199.46	199.46	199.46	199.46	199.46	199.46	199.47	199.47	199.47	199.48	199.49
42.94	42.88	42.83	42.78	42.73	42.69	42.66	42.62	42.59	42.56	42.54	42.51	42.49	42.47	42.31	42.15	41.99
20.31	20.26	20.21	20.17	20.13	20.09	20.06	20.03	20.00	19.98	19.95	19.93	19.91	19.89	19.75	19.61	19.47
13.03	12.98	12.94	12.90	12.87	12.84	12.81	12.78	12.76	12.73	12.71	12.69	12.67	12.66	12.53	12.40	12.27
9.71	9.66	9.62	9.59	9.56	9.53	9.50	9.47	9.45	9.43	9.41	9.39	9.37	9.36	9.24	9.12	9.00
7.87	7.83	7.79	7.75	7.72	7.69	7.67	7.64	7.62	7.60	7.58	7.57	7.55	7.53	7.42	7.31	7.19
6.72	6.68	6.64	6.61	6.58	6.55	6.53	6.50	6.48	6.46	6.44	6.43	6.41	6.40	6.29	6.18	6.06
5.94	5.90	5.86	5.83	5.80	5.78	5.75	5.73	5.71	5.69	5.67	5.65	5.64	5.62	5.52	5.41	5.30
5.38	5.34	5.31	5.27	5.25	5.22	5.20	5.17	5.15	5.13	5.12	5.10	5.08	5.07	4.97	4.86	4.75
4.96	4.92	4.89	4.86	4.83	4.80	4.78	4.76	4.74	4.72	4.70	4.68	4.67	4.65	4.55	4.45	4.34
4.63	4.59	4.56	4.53	4.50	4.48	4.45	4.43	4.41	4.39	4.38	4.36	4.34	4.33	4.23	4.12	4.01
4.37	4.33	4.30	4.27	4.24	4.22	4.19	4.17	4.15	4.13	4.12	4.10	4.09	4.07	3.97	3.87	3.76
4.16	4.12	4.09	4.06	4.03	4.01	3.98	3.96	3.94	3.92	3.91	3.89	3.88	3.86	3.76	3.66	3.55
3.98	3.95	3.91	3.88	3.86	3.83	3.81	3.79	3.77	3.75	3.73	3.72	3.70	3.69	3.58	3.48	3.37
3.83	3.80	3.76	3.73	3.71	3.68	3.66	3.64	3.62	3.60	3.58	3.57	3.55	3.54	3.44	3.33	3.22
3.71	3.67	3.64	3.61	3.58	3.56	3.53	3.51	3.49	3.47	3.46	3.44	3.43	3.41	3.31	3.21	3.10
3.60	3.56	3.53	3.50	3.47	3.45	3.42	3.40	3.38	3.36	3.35	3.33	3.32	3.30	3.20	3.10	2.99
3.50	3.46	3.43	3.40	3.37	3.35	3.33	3.31	3.29	3.27	3.25	3.24	3.22	3.21	3.11	3.00	2.89
3.42	3.38	3.35	3.32	3.29	3.27	3.24	3.22	3.20	3.18	3.17	3.15	3.14	3.12	3.02	2.92	2.81
3.34	3.31	3.27	3.24	3.22	3.19	3.17	3.15	3.13	3.11	3.09	3.08	3.06	3.05	2.95	2.84	2.73
3.27	3.24	3.21	3.18	3.15	3.12	3.10	3.08	3.06	3.04	3.03	3.01	3.00	2.98	2.88	2.77	2.66
3.21	3.18	3.15	3.12	3.09	3.06	3.04	3.02	3.00	2.98	2.97	2.95	2.94	2.92	2.82	2.71	2.60
3.16	3.12	3.09	3.06	3.04	3.01	2.99	2.97	2.95	2.93	2.91	2.90	2.88	2.87	2.77	2.66	2.55
3.11	3.08	3.04	3.01	2.99	2.96	2.94	2.92	2.90	2.88	2.86	2.85	2.83	2.82	2.72	2.61	2.50
3.07	3.03	3.00	2.97	2.94	2.92	2.89	2.87	2.85	2.84	2.82	2.80	2.79	2.77	2.67	2.56	2.45
3.03	2.99	2.96	2.93	2.90	2.88	2.85	2.83	2.81	2.79	2.78	2.76	2.75	2.73	2.63	2.52	2.41
2.99	2.95	2.92	2.89	2.86	2.84	2.82	2.79	2.77	2.76	2.74	2.72	2.71	2.69	2.59	2.48	2.37
2.95	2.92	2.88	2.86	2.83	2.80	2.78	2.76	2.74	2.72	2.70	2.69	2.67	2.66	2.56	2.45	2.33
2.92	2.89	2.85	2.82	2.80	2.77	2.75	2.73	2.71	2.69	2.67	2.66	2.64	2.63	2.52	2.42	2.30
2.70	2.66	2.63	2.60	2.57	2.55	2.52	2.50	2.48	2.46	2.45	2.43	2.42	2.40	2.30	2.18	2.06
2.49	2.45	2.42	2.39	2.36	2.33	2.31	2.29	2.27	2.25	2.23	2.22	2.20	2.19	2.08	1.96	1.83
2.29	2.25	2.22	2.19	2.16	2.13	2.11	2.09	2.07	2.05	2.03	2.01	2.00	1.98	1.87	1.75	1.61

E. $Z_r = \frac{1}{2} \ln \frac{1+r}{1-r}$ 의 값

r	0.00	0.01	0.02	0.03	0.04	0.05	0.06	0.07	0.08	0.09
0.0	0.0000	.01000	.02000	.03001	.04002	.05004	.06007	.07012	.08017	.09024
0.1	.10034	.11045	.12058	.13074	.14093	.15114	.16139	.17167	.18198	.19234
0.2	.20273	.21317	.22366	.23419	.24477	.25541	.26611	.27686	.28768	.29857
0.3	.30952	.32055	.33165	.34283	.35409	.36544	.37689	.38842	.40006	.41180
0.4	.42365	.43561	.44769	.45990	.47223	.48470	.49731	.51007	.52298	.53606
0.5	.54931	.56273	.57634	.59014	.60415	.61838	.63283	.64752	.66246	.67767
0.6	.69315	.70892	.72500	.74142	.75817	.77530	.79281	.81074	.82911	.84795
0.7	.86730	.88718	.90764	.92873	.95048	.97295	.99621	1.02033	1.04537	1.07143
0.8	1.09861	1.12703	1.15682	1.18813	1.22117	1.25615	1.29334	1.33308	1.37577	1.42192
0.9	1.47222	1.52752	1.58902	1.65839	1.73805	1.83178	1.94591	1.09229	2.29756	2.64665

단, r의 값이 음수일 때에는 표에서 찾은 값에 '−'를 붙여 사용함.

F. 스피어만의 순위상관계수의 r_s의 임계치

n	유의수준(단측검정)	
	.05	.01
4	1.000	
5	.900	1.000
6	.829	.943
7	.714	.893
8	.643	.833
9	.600	.783
10	.564	.746
12	.506	.712
14	.456	.645
16	.425	.601
18	.399	.564
20	.377	.534
22	.359	.508
24	.343	.485
26	.329	.465
28	.317	.448
30	.306	.432

G. Durbin-Watson 통계량

G-a α=1% 경우의 d_L과 d_U의 임계치

n	$k'=1$ d_L	$k'=1$ d_U	$k'=2$ d_L	$k'=2$ d_U	$k'=3$ d_L	$k'=3$ d_U	$k'=4$ d_L	$k'=4$ d_U	$k'=5$ d_L	$k'=5$ d_U
6	0.390	1.142	–	–	–	–	–	–	–	–
7	0.435	1.036	0.294	1.676	–	–	–	–	–	–
8	0.497	1.003	0.345	1.489	0.229	2.102	–	–	–	–
9	0.554	0.998	0.408	1.389	0.279	1.875	0.183	2.433	–	–
10	0.604	1.001	0.466	1.333	0.340	1.733	0.230	2.193	0.150	2.690
11	0.653	1.010	0.519	1.297	0.396	1.640	0.286	2.030	0.193	2.453
12	0.697	1.023	0.569	1.274	0.449	1.575	0.339	1.913	0.244	2.280
13	0.738	1.038	0.616	1.261	0.499	1.526	0.391	1.826	0.294	2.150
14	0.776	1.054	0.660	1.254	0.547	1.490	0.441	1.757	0.343	2.049
15	0.811	1.070	0.700	1.252	0.591	1.464	0.488	1.704	0.391	1.967
16	0.844	1.086	0.737	1.252	0.633	1.446	0.532	1.663	0.437	1.900
17	0.874	1.102	0.772	1.255	0.672	1.432	0.574	1.630	0.480	1.847
18	0.902	1.118	0.805	1.259	0.708	1.422	0.613	1.604	0.522	1.803
19	0.928	1.132	0.835	1.265	0.742	1.415	0.650	1.584	0.561	1.767
20	0.952	1.147	0.863	1.271	0.773	1.411	0.685	1.567	0.598	1.737
21	0.975	1.161	0.890	1.277	0.803	1.408	0.718	1.554	0.633	1.712
22	0.997	1.174	0.914	1.284	0.831	1.407	0.748	1.543	0.667	1.691
23	1.018	1.187	0.938	1.291	0.858	1.407	0.777	1.534	0.698	1.673
24	1.037	1.199	0.960	1.298	0.882	1.407	0.805	1.528	0.728	1.658
25	1.055	1.211	0.981	1.305	0.906	1.409	0.831	1.523	0.756	1.645
26	1.072	1.222	1.001	1.312	0.928	1.411	0.855	1.518	0.783	1.635
27	1.089	1.233	1.019	1.319	0.949	1.413	0.878	1.515	0.808	1.626
28	1.104	1.244	1.037	1.325	0.969	1.415	0.900	1.513	0.832	1.618
29	1.119	1.254	1.054	1.332	0.988	1.418	0.921	1.512	0.855	1.611
30	1.133	1.263	1.070	1.339	1.006	1.421	0.941	1.511	0.877	1.606
31	1.147	1.273	1.085	1.345	1.023	1.425	0.960	1.510	0.897	1.601
32	1.160	1.282	1.100	1.352	1.040	1.428	0.979	1.510	0.917	1.597
33	1.172	1.291	1.114	1.358	1.055	1.432	0.996	1.510	0.936	1.594
34	1.184	1.299	1.128	1.364	1.070	1.435	1.012	1.511	0.954	1.591
35	1.195	1.307	1.140	1.370	1.085	1.439	1.028	1.512	0.971	1.589
36	1.206	1.315	1.153	1.376	1.098	1.442	1.043	1.513	0.988	1.588
37	1.217	1.323	1.165	1.382	1.112	1.446	1.058	1.514	1.004	1.586
38	1.227	1.330	1.176	1.388	1.124	1.449	1.072	1.515	1.019	1.585
39	1.237	1.337	1.187	1.393	1.137	1.453	1.085	1.517	1.034	1.584
40	1.246	1.344	1.198	1.398	1.148	1.457	1.098	1.518	1.048	1.584
45	1.288	1.376	1.245	1.423	1.201	1.474	1.156	1.528	1.111	1.584
50	1.324	1.403	1.285	1.446	1.245	1.491	1.205	1.538	1.164	1.587
55	1.356	1.427	1.320	1.466	1.284	1.506	1.247	1.548	1.209	1.592
60	1.383	1.449	1.350	1.484	1.317	1.520	1.283	1.558	1.249	1.598
65	1.407	1.468	1.377	1.500	1.346	1.534	1.315	1.568	1.283	1.604
70	1.429	1.485	1.400	1.515	1.372	1.546	1.343	1.578	1.313	1.611
75	1.448	1.501	1.422	1.529	1.395	1.557	1.368	1.587	1.340	1.617
80	1.466	1.515	1.441	1.541	1.416	1.568	1.390	1.595	1.364	1.624
85	1.482	1.528	1.458	1.553	1.435	1.578	1.411	1.603	1.386	1.630
90	1.496	1.540	1.474	1.563	1.452	1.587	1.429	1.611	1.406	1.636
95	1.510	1.552	1.489	1.573	1.468	1.596	1.446	1.618	1.425	1.642
100	1.522	1.562	1.503	1.583	1.482	1.604	1.462	1.625	1.441	1.647
150	1.611	1.637	1.598	1.651	1.584	1.665	1.571	1.679	1.557	1.693
200	1.664	1.684	1.653	1.693	1.643	1.704	1.633	1.715	1.623	1.725

(표 G-a 계속)

$k'=6$		$k'=7$		$k'=8$		$k'=9$		$k'=10$	
d_L	d_U	d_L	d_U	d_L	d_U	d_L	d_U	d_L	d_U
–	–	–	–	–	–	–	–	–	–
–	–	–	–	–	–	–	–	–	–
–	–	–	–	–	–	–	–	–	–
–	–	–	–	–	–	–	–	–	–
–	–	–	–	–	–	–	–	–	–
0.124	2.892	–	–	–	–	–	–	–	–
0.164	2.665	0.105	3.053	–	–	–	–	–	–
0.211	2.490	0.140	2.838	0.090	3.182	–	–	–	–
0.257	2.354	0.183	2.667	0.122	2.981	0.078	3.287	–	–
0.303	2.244	0.226	2.530	0.161	2.817	0.107	3.101	0.068	3.374
0.349	2.153	0.269	2.416	0.200	2.681	0.142	2.944	0.094	3.201
0.393	2.078	0.313	2.319	0.241	2.566	0.179	2.811	0.127	3.053
0.435	2.015	0.355	2.238	0.282	2.467	0.216	2.697	0.160	2.925
0.476	1.963	0.396	2.169	0.322	2.381	0.255	2.597	0.196	2.813
0.515	1.918	0.436	2.110	0.362	2.308	0.294	2.510	0.232	2.714
0.552	1.881	0.474	2.059	0.400	2.244	0.331	2.434	0.268	2.625
0.587	1.849	0.510	2.015	0.437	2.188	0.368	2.367	0.304	2.548
0.620	1.821	0.545	1.977	0.473	2.140	0.404	2.308	0.340	2.479
0.652	1.797	0.578	1.944	0.507	2.097	0.439	2.255	0.375	2.417
0.682	1.766	0.610	1.915	0.540	2.059	0.473	2.209	0.409	2.362
0.711	1.759	0.640	1.889	0.572	2.026	0.505	2.168	0.441	2.313
0.738	1.743	0.669	1.867	0.602	1.997	0.536	2.131	0.473	2.269
0.764	1.729	0.696	1.847	0.630	1.970	0.566	2.098	0.504	2.229
0.788	1.718	0.723	1.830	0.658	1.947	0.595	2.068	0.533	2.193
0.812	1.707	0.748	1.814	0.684	1.925	0.622	2.041	0.562	2.160
0.834	1.698	0.772	1.800	0.710	1.906	0.649	2.017	0.589	2.131
0.856	1.690	0.794	1.788	0.734	1.889	0.674	1.995	0.615	2.104
0.876	1.683	0.816	1.776	0.757	1.874	0.698	1.975	0.641	2.080
0.896	1.677	0.837	1.766	0.779	1.860	0.722	1.957	0.665	2.057
0.914	1.671	0.857	1.757	0.800	1.847	0.744	1.940	0.689	2.037
0.932	1.666	0.877	1.749	0.821	1.836	0.766	1.925	0.711	2.018
0.950	1.662	0.895	1.742	0.841	1.825	0.787	1.911	0.733	2.001
0.966	1.658	0.913	1.735	0.860	1.816	0.807	1.899	0.754	1.985
0.982	1.655	0.930	1.729	0.878	1.807	0.826	1.887	0.774	1.970
0.997	1.652	0.946	1.724	0.895	1.799	0.844	1.876	0.789	1.956
1.065	1.643	1.019	1.704	0.974	1.768	0.927	1.834	0.881	1.902
1.123	1.639	1.081	1.692	1.039	1.748	0.997	1.805	0.955	1.864
1.172	1.638	1.134	1.685	1.095	1.734	1.057	1.785	1.018	1.837
1.214	1.639	1.179	1.682	1.144	1.726	1.108	1.771	1.072	1.817
1.251	1.642	1.218	1.680	1.186	1.720	1.153	1.761	1.120	1.802
1.283	1.645	1.253	1.680	1.223	1.716	1.192	1.754	1.162	1.792
1.313	1.646	1.284	1.682	1.256	1.716	1.227	1.746	1.199	1.785
1.338	1.653	1.312	1.683	1.285	1.714	1.259	1.745	1.232	1.777
1.362	1.657	1.337	1.685	1.312	1.714	1.287	1.743	1.262	1.773
1.383	1.661	1.360	1.687	1.336	1.714	1.312	1.741	1.288	1.769
1.403	1.666	1.381	1.690	1.358	1.715	1.336	1.741	1.313	1.767
1.421	1.670	1.400	1.693	1.378	1.717	1.357	1.741	1.335	1.765
1.543	1.708	1.530	1.722	1.515	1.737	1.501	1.752	1.486	1.767
1.613	1.735	1.603	1.746	1.592	1.757	1.582	1.768	1.571	1.779

(표 G-a 계속)

n	$k'=11$ d_L	$k'=11$ d_U	$k'=12$ d_L	$k'=12$ d_U	$k'=13$ d_L	$k'=13$ d_U	$k'=14$ d_L	$k'=14$ d_U	$k'=15$ d_L	$k'=15$ d_U
16	0.060	3.446	–	–	–	–	–	–	–	–
17	0.084	3.286	0.053	3.506	–	–	–	–	–	–
18	0.113	3.146	0.075	3.358	0.047	3.557	–	–	–	–
19	0.145	3.023	0.102	3.227	0.067	3.420	0.043	3.601	–	–
20	0.178	2.914	0.131	3.109	0.092	3.297	0.061	3.474	0.038	3.639
21	0.212	2.817	0.162	3.004	0.119	3.185	0.084	3.358	0.055	3.521
22	0.246	2.729	0.194	2.909	0.148	3.084	0.109	3.252	0.077	3.412
23	0.281	2.651	0.227	2.822	0.178	2.991	0.136	3.155	0.100	3.311
24	0.315	2.580	0.260	2.744	0.209	2.906	0.165	3.065	0.125	3.218
25	0.348	2.517	0.292	2.674	0.240	2.829	0.194	2.982	0.152	3.131
26	0.381	2.460	0.324	2.610	0.272	2.758	0.224	2.906	0.180	3.050
27	0.413	2.409	0.356	2.552	0.303	2.694	0.253	2.836	0.208	2.976
28	0.444	2.363	0.387	2.499	0.333	2.635	0.283	2.772	0.237	2.907
29	0.474	2.321	0.417	2.451	0.363	2.582	0.313	2.713	0.266	2.843
30	0.503	2.283	0.447	2.407	0.393	2.533	0.342	2.659	0.294	2.785
31	0.531	2.248	0.475	2.367	0.422	2.487	0.371	2.609	0.322	2.730
32	0.558	2.216	0.503	2.330	0.450	2.446	0.399	2.563	0.350	2.680
33	0.585	2.187	0.530	2.296	0.477	2.408	0.426	2.520	0.377	2.633
34	0.610	2.160	0.556	2.266	0.503	2.373	0.452	2.481	0.404	2.590
35	0.634	2.136	0.581	2.237	0.529	2.340	0.478	2.444	0.430	2.550
36	0.658	2.113	0.605	2.210	0.554	2.310	0.504	2.410	0.455	2.512
37	0.680	2.092	0.628	2.186	0.578	2.282	0.528	2.379	0.480	2.477
38	0.702	2.073	0.651	2.164	0.601	2.256	0.552	2.350	0.504	2.445
39	0.723	2.055	0.673	2.143	0.623	2.232	0.575	2.323	0.528	2.414
40	0.744	2.039	0.694	2.123	0.645	2.210	0.597	2.297	0.551	2.386
45	0.835	1.972	0.790	2.044	0.744	2.118	0.700	2.193	0.655	2.269
50	0.913	1.925	0.871	1.987	0.829	2.051	0.787	2.116	0.746	2.182
55	0.979	1.891	0.940	1.945	0.902	2.002	0.863	2.059	0.825	2.117
60	1.037	1.865	1.001	1.914	0.965	1.964	0.929	2.015	0.893	2.067
65	1.087	1.845	1.053	1.889	1.020	1.934	0.986	1.980	0.953	2.027
70	1.131	1.831	1.099	1.870	1.068	1.911	1.037	1.953	1.005	1.995
75	1.170	1.819	1.141	1.856	1.111	1.893	1.082	1.931	1.052	1.970
80	1.205	1.810	1.777	1.844	1.150	1.878	1.122	1.913	1.094	1.949
85	1.236	1.803	1.210	1.834	1.184	1.866	1.158	1.898	1.132	1.931
90	1.264	1.798	1.240	1.827	1.215	1.856	1.191	1.886	1.166	1.917
95	1.290	1.793	1.267	1.821	1.244	1.848	1.221	1.876	1.197	1.905
100	1.314	1.790	1.292	1.816	1.270	1.841	1.248	1.868	1.225	1.895
150	1.473	1.783	1.458	1.799	1.444	1.814	1.429	1.830	1.414	1.847
200	1.561	1.791	1.550	1.801	1.539	1.813	1.528	1.824	1.518	1.836

(표 G-a 계속)

$k'=16$		$k'=17$		$k'=18$		$k'=19$		$k'=20$	
d_L	d_U	d_L	d_U	d_L	d_U	d_L	d_U	d_L	d_U
–	–	–	–	–	–	–	–	–	–
–	–	–	–	–	–	–	–	–	–
–	–	–	–	–	–	–	–	–	–
–	–	–	–	–	–	–	–	–	–
–	–	–	–	–	–	–	–	–	–
0.035	3.671	–	–	–	–	–	–	–	–
0.050	3.562	0.032	3.700	–	–	–	–	–	–
0.070	3.459	0.046	3.597	0.029	3.725	–	–	–	–
0.092	3.363	0.065	3.501	0.043	3.629	0.027	3.747	–	–
0.116	3.274	0.085	3.410	0.060	3.538	0.039	3.657	0.025	3.766
0.141	3.191	0.107	3.325	0.079	3.452	0.055	3.572	0.036	3.682
0.167	3.113	0.131	3.245	0.100	3.371	0.073	3.490	0.051	3.602
0.194	3.040	0.156	3.169	0.122	3.294	0.093	3.412	0.068	3.524
0.222	2.972	0.182	3.098	0.146	3.220	0.114	3.338	0.087	3.450
0.249	2.909	0.208	3.032	0.171	3.152	0.137	3.267	0.107	3.379
0.277	2.851	0.234	2.970	0.196	3.087	0.160	3.201	0.128	3.311
0.304	2.797	0.261	2.912	0.221	3.026	0.184	3.137	0.151	3.246
0.331	2.746	0.287	2.858	0.246	2.969	0.209	3.078	0.174	3.184
0.357	2.699	0.313	2.808	0.272	2.915	0.233	3.022	0.197	3.126
0.383	2.655	0.339	2.761	0.297	2.865	2.257	2.969	0.221	3.071
0.409	2.614	0.364	2.717	0.322	2.818	0.282	2.919	0.244	3.019
0.434	2.576	0.389	2.675	0.347	2.774	0.306	2.872	0.268	2.969
0.458	2.540	0.414	2.637	0.371	2.733	0.330	2.828	0.291	2.923
0.482	1.507	0.438	2.600	0.395	2.694	0.354	2.787	0.315	2.879
0.505	2.476	0.461	2.566	0.418	2.657	0.377	2.748	0.338	2.838
0.612	2.346	0.570	2.424	0.528	2.503	0.488	2.582	0.448	2.661
0.705	2.250	0.665	2.318	0.625	2.387	0.586	2.456	0.548	2.526
0.786	2.176	0.748	2.237	0.711	2.298	0.674	2.359	0.637	2.421
0.857	2.120	0.822	2.173	0.786	2.227	0.751	2.283	0.716	2.338
0.919	2.075	0.886	2.123	0.852	2.172	0.819	2.221	0.786	2.272
0.974	2.038	0.943	2.082	0.911	2.127	0.880	2.172	0.849	2.217
1.023	2.009	0.993	2.049	0.964	2.090	0.934	2.131	0.905	2.172
1.066	1.984	1.039	2.002	1.011	2.057	0.983	2.097	0.955	2.135
1.106	1.965	1.080	1.999	1.053	2.033	1.027	2.068	1.000	2.104
1.141	1.948	1.116	1.979	1.091	2.012	1.066	2.044	1.041	2.077
1.174	1.934	1.150	1.963	1.126	1.993	1.102	2.023	1.079	2.054
1.203	1.922	1.181	1.949	1.158	1.977	1.136	2.006	1.113	2.034
1.400	1.863	1.385	1.880	1.370	1.897	1.355	1.913	1.340	1.931
1.507	1.847	1.495	1.860	1.484	1.871	1.474	1.883	1.462	1.896

주 : k'는 설명변수의 수를 나타냄(상수항 제외).

자료 : N. E. Savin and K. J. White, "The Durbin-Watson Test for Serial Correlation with Extreme Small Samples or Many Regressor," *Econometrica*, vol. 45(Nov. 1977), pp. 1989~1996.

G-b α=5% 경우의 d_L과 d_U의 임계치

	$k'=1$		$k'=2$		$k'=3$		$k'=4$		$k'=5$	
n	d_L	d_U	d_L	d_U	d_L	d_U	d_L	d_U	d_L	d_U
6	0.610	1.400	–	–	–	–	–	–	–	–
7	0.700	1.356	0.467	1.896	–	–	–	–	–	–
8	0.763	1.332	0.559	1.777	0.368	2.287	–	–	–	–
9	0.824	1.320	0.629	1.699	0.455	2.128	0.296	2.588	–	–
10	0.879	1.320	0.697	1.641	0.525	2.016	0.376	2.414	0.243	2.822
11	0.927	1.324	0.758	1.604	0.595	1.928	0.444	2.283	0.316	2.645
12	0.971	1.331	0.812	1.579	0.658	1.864	0.512	2.177	0.379	2.506
13	1.010	1.340	0.861	1.562	0.715	1.816	0.574	2.094	0.445	2.390
14	1.045	1.350	0.905	1.551	0.767	1.779	0.632	2.030	0.505	2.296
15	1.077	1.361	0.946	1.543	0.814	1.750	0.685	1.977	0.562	2.220
16	1.106	1.371	0.982	1.539	0.857	1.728	0.734	1.935	0.615	2.157
17	1.133	1.381	1.015	1.536	0.897	1.710	0.779	1.900	0.664	2.104
18	1.150	1.391	1.046	1.535	0.933	1.696	0.820	1.872	0.710	2.060
19	1.180	1.401	1.074	1.536	0.967	1.685	0.859	1.848	0.752	2.023
20	1.201	1.411	1.100	1.537	0.998	1.676	0.894	1.828	0.792	1.991
21	1.221	1.420	1.125	1.538	1.026	1.669	0.927	1.812	0.829	1.964
22	1.239	1.429	1.147	1.541	1.053	1.664	0.958	1.797	0.863	1.940
23	1.257	1.437	1.168	1.543	1.078	1.660	0.986	1.785	0.895	1.920
24	1.273	1.446	1.188	1.546	1.101	1.656	1.013	1.775	0.925	1.902
25	1.288	1.454	1.206	1.550	1.123	1.654	1.038	1.767	0.953	1.886
26	1.302	1.461	1.224	1.553	1.143	1.652	1.062	1.759	0.979	1.873
27	1.316	1.469	1.240	1.556	1.162	1.651	1.084	1.753	1.004	1.861
28	1.328	1.476	1.255	1.560	1.181	1.650	1.104	1.747	1.028	1.850
29	1.341	1.483	1.270	1.563	1.198	1.650	1.124	1.743	1.050	1.841
30	1.352	1.489	1.284	1.567	1.214	1.650	1.143	1.739	1.071	1.833
31	1.363	1.496	1.297	1.570	1.229	1.650	1.160	1.735	1.090	1.825
32	1.373	1.502	1.309	1.574	1.244	1.650	1.177	1.732	1.109	1.819
33	1.383	1.508	1.321	1.577	1.258	1.651	1.193	1.730	1.127	1.813
34	1.393	1.514	1.333	1.580	1.271	1.652	1.208	1.728	1.144	1.808
35	1.402	1.519	1.343	1.584	1.283	1.653	1.222	1.726	1.160	1.803
36	1.411	1.525	1.354	1.587	1.295	1.654	1.236	1.724	1.175	1.799
37	1.419	1.530	1.364	1.590	1.307	1.655	1.249	1.723	1.190	1.795
38	1.427	1.535	1.373	1.594	1.318	1.656	1.261	1.722	1.204	1.792
39	1.435	1.540	1.382	1.597	1.328	1.658	1.273	1.722	1.218	1.789
40	1.442	1.544	1.391	1.600	1.338	1.659	1.285	1.721	1.230	1.786
45	1.475	1.566	1.430	1.615	1.383	1.666	1.336	1.720	1.287	1.776
50	1.503	1.585	1.462	1.628	1.421	1.674	1.378	1.721	1.335	1.771
55	1.528	1.601	1.490	1.641	1.452	1.681	1.414	1.724	1.374	1.768
60	1.549	1.616	1.514	1.652	1.480	1.689	1.444	1.727	1.408	1.767
65	1.567	1.629	1.536	1.662	1.503	1.696	1.471	1.731	1.438	1.767
70	1.583	1.641	1.554	1.672	1.525	1.703	1.494	1.735	1.464	1.768
75	1.598	1.652	1.571	1.680	1.543	1.709	1.515	1.739	1.487	1.770
80	1.611	1.662	1.586	1.688	1.560	1.715	1.534	1.743	1.507	1.772
85	1.624	1.671	1.600	1.696	1.575	1.721	1.550	1.747	1.525	1.774
90	1.635	1.679	1.612	1.703	1.589	1.726	1.566	1.751	1.542	1.776
95	1.645	1.687	1.623	1.709	1.602	1.732	1.579	1.755	1.557	1.778
100	1.654	1.694	1.634	1.715	1.613	1.736	1.592	1.758	1.571	1.780
150	1.720	1.746	1.706	1.760	1.693	1.774	1.679	1.788	1.665	1.802
200	1.758	1.778	1.748	1.789	1.738	1.799	1.728	1.810	1.718	1.820

(표 G-b 계속)

$k'=6$		$k'=7$		$k'=8$		$k'=9$		$k'=10$	
d_L	d_U	d_L	d_U	d_L	d_U	d_L	d_U	d_L	d_U
–	–	–	–	–	–	–	–	–	–
–	–	–	–	–	–	–	–	–	–
–	–	–	–	–	–	–	–	–	–
–	–	–	–	–	–	–	–	–	–
–	–	–	–	–	–	–	–	–	–
0.203	3.005	–	–	–	–	–	–	–	–
0.268	2.832	0.171	3.149	–	–	–	–	–	–
0.328	2.692	0.230	2.985	0.147	3.266	–	–	–	–
0.389	2.572	0.286	2.848	0.200	3.111	0.127	3.360	–	–
0.447	2.472	0.343	2.727	0.251	2.979	0.175	3.216	0.111	3.438
0.502	2.388	0.398	2.624	0.304	2.860	0.222	3.090	0.155	3.304
0.554	2.318	0.451	2.537	0.356	2.757	0.272	2.975	0.198	3.184
0.603	2.257	0.502	2.461	0.407	2.667	0.321	2.873	0.244	3.073
0.649	2.206	0.459	2.396	0.456	2.589	0.369	2.783	0.290	2.974
0.692	2.162	0.595	2.339	0.502	2.521	0.416	2.704	0.336	2.885
0.732	2.124	0.637	2.290	0.547	2.460	0.461	2.633	0.380	2.806
0.769	2.090	0.677	2.246	0.588	2.407	0.504	2.571	0.424	2.734
0.804	2.061	0.175	2.208	0.628	2.360	0.545	2.514	0.465	2.670
0.837	2.035	0.751	2.174	0.666	2.318	0.584	2.464	0.506	2.613
0.868	2.012	0.784	2.144	0.702	2.280	0.621	2.419	0.544	2.560
0.897	1.992	0.816	2.117	0.735	2.246	0.657	2.379	0.581	2.513
0.925	1.974	0.845	2.093	0.767	2.216	0.691	2.342	0.616	2.470
0.951	1.958	0.874	2.071	0.798	2.188	0.723	2.309	0.650	2.431
0.975	1.944	0.900	2.052	0.826	2.164	0.753	2.278	0.682	2.396
0.998	1.931	0.926	2.034	0.854	2.141	0.782	2.251	0.712	2.363
1.020	1.920	0.950	2.018	0.879	2.120	0.810	2.226	0.741	2.333
1.041	1.909	0.972	2.004	0.904	2.102	0.836	2.203	0.769	2.306
1.061	1.900	0.994	1.991	0.927	2.085	0.861	2.181	0.795	2.281
1.080	1.891	1.015	1.979	0.950	2.069	0.885	2.162	0.821	2.257
1.097	1.884	1.034	1.967	0.971	2.054	0.908	2.144	0.845	2.236
1.114	1.877	1.053	1.957	0.991	2.041	0.930	2.127	0.868	2.216
1.131	1.870	1.071	1.948	1.011	2.029	0.951	2.112	0.891	2.198
1.146	1.864	1.088	1.939	1.029	2.017	0.970	2.098	0.912	2.180
1.161	1.859	1.104	1.932	1.047	2.007	0.990	2.085	0.932	2.164
1.175	1.854	1.120	1.924	1.064	1.997	1.008	2.072	0.945	2.149
1.238	1.835	1.189	1.895	1.139	1.958	1.089	2.002	1.038	2.088
1.291	1.822	1.246	1.875	1.201	1.930	1.156	1.986	1.110	2.044
1.334	1.814	1.294	1.861	1.253	1.909	1.212	1.959	1.170	2.010
1.372	1.808	1.335	1.850	1.298	1.894	1.260	1.939	1.222	1.984
1.404	1.805	1.370	1.843	1.336	1.882	1.301	1.923	1.266	1.964
1.433	1.802	1.401	1.837	1.369	1.873	1.337	1.910	1.305	1.948
1.458	1.801	1.428	1.834	1.399	1.867	1.369	1.901	1.339	1.935
1.480	1.801	1.453	1.831	1.425	1.861	1.397	1.893	1.369	1.925
1.500	1.301	1.474	1.829	1.448	1.857	1.422	1.886	1.396	1.916
1.518	1.801	1.494	1.827	1.469	1.854	1.445	1.881	1.420	1.909
1.535	1.802	1.512	1.827	1.489	1.852	1.465	1.877	1.442	1.903
1.550	1.803	1.528	1.826	1.506	1.850	1.484	1.874	1.462	1.898
1.651	1.817	1.637	1.832	1.622	1.847	1.608	1.862	1.594	1.877
1.707	1.831	1.697	1.841	1.686	1.852	1.675	1.863	1.665	1.874

(표 G-b 계속)

n	$k'=11$		$k'=12$		$k'=13$		$k'=14$		$k'=15$	
	d_L	d_U	d_L	d_U	d_L	d_U	d_L	d_U	d_L	d_U
16	0.098	3.503	–	–	–	–	–	–	–	–
17	0.138	3.378	0.087	3.557	–	–	–	–	–	–
18	0.177	3.265	0.123	3.441	0.078	3.603	–	–	–	–
19	0.220	3.159	0.160	3.335	0.111	3.496	0.070	3.642	–	–
20	0.263	3.063	0.200	3.234	0.145	3.395	0.100	3.542	0.063	3.676
21	0.307	2.976	0.240	3.141	0.182	3.300	0.132	3.448	0.091	3.583
22	0.349	2.897	0.281	3.057	0.220	3.211	0.166	3.358	0.120	3.495
23	0.391	2.826	0.322	2.979	0.259	3.128	0.202	3.272	0.153	3.409
24	0.431	2.761	0.362	2.908	0.297	3.053	0.239	3.193	0.186	3.327
25	0.470	2.702	0.400	2.844	0.335	2.983	0.275	3.119	0.221	3.251
26	0.508	2.649	0.438	2.784	0.373	2.919	0.312	3.051	0.256	3.179
27	0.544	2.600	0.475	2.730	0.409	2.859	0.348	2.987	0.291	3.112
28	0.578	2.555	0.510	2.680	0.445	2.805	0.383	2.928	0.325	3.050
29	0.612	2.515	0.544	2.634	0.479	2.755	0.418	2.874	0.359	2.992
30	0.643	2.477	0.577	2.592	0.512	2.708	0.451	2.823	0.392	2.937
31	0.674	2.443	0.608	2.553	0.545	2.665	0.484	2.776	0.425	2.987
32	0.703	2.411	0.638	2.517	0.576	2.625	0.515	2.733	0.457	2.840
33	0.731	2.382	0.668	2.484	0.606	2.588	0.546	2.692	0.488	2.796
34	0.758	2.355	0.695	2.454	0.634	2.554	0.575	2.654	0.518	2.754
35	0.783	2.330	0.722	2.425	0.662	2.521	0.604	2.619	0.547	2.716
36	0.808	2.306	0.748	2.398	0.689	2.492	0.631	2.586	0.575	2.680
37	0.831	2.285	0.772	2.374	0.714	2.464	0.657	2.555	0.602	2.646
38	0.854	2.265	0.796	2.351	0.739	2.438	0.683	2.526	0.628	2.614
39	0.875	2.246	0.819	2.329	0.763	2.413	0.707	2.499	0.653	2.585
40	0.896	2.228	0.840	2.309	0.785	2.391	0.731	2.473	0.678	2.557
45	0.988	2.156	0.938	2.225	0.887	2.296	0.838	2.367	0.788	2.439
50	1.064	2.103	1.019	2.163	0.973	2.225	0.927	2.287	0.882	2.350
55	1.129	2.062	1.087	2.116	1.045	2.170	1.003	2.225	0.961	2.281
60	1.184	2.031	1.145	2.079	1.106	2.127	1.068	2.177	1.029	2.227
65	1.231	2.006	1.195	2.049	1.160	2.093	1.124	2.138	1.088	2.183
70	1.272	1.986	1.239	2.026	1.206	2.066	1.172	2.106	1.139	2.148
75	1.308	1.970	1.277	2.006	1.247	2.043	1.215	2.080	1.184	2.118
80	1.340	1.957	1.311	1.991	1.283	2.024	1.253	2.059	1.224	2.093
85	1.369	1.946	1.342	1.977	1.315	2.009	1.287	2.040	1.260	2.073
90	1.395	1.937	1.369	1.966	1.344	1.995	1.318	2.025	1.292	2.055
95	1.418	1.929	1.394	1.956	1.370	1.948	1.345	2.012	1.321	2.040
100	1.434	1.923	1.416	1.948	1.393	1.974	1.371	2.000	1.347	2.026
150	1.579	1.892	1.564	1.908	1.550	1.924	1.535	1.940	1.519	1.956
200	1.654	1.885	1.643	1.896	1.632	1.908	1.621	1.919	1.610	1.931

(표 G-b 계속)

$k'=16$		$k'=17$		$k'=18$		$k'=19$		$k'=20$	
d_L	d_U	d_L	d_U	d_L	d_U	d_L	d_U	d_L	d_U
–	–	–	–	–	–	–	–	–	–
–	–	–	–	–	–	–	–	–	–
–	–	–	–	–	–	–	–	–	–
–	–	–	–	–	–	–	–	–	–
–	–	–	–	–	–	–	–	–	–
0.058	3.705	–	–	–	–	–	–	–	–
0.083	3.619	0.052	3.731	–	–	–	–	–	–
0.110	3.535	0.076	3.650	0.048	3.753	–	–	–	–
0.141	3.454	0.101	3.572	0.070	3.678	0.044	3.773	–	–
0.172	3.376	0.130	3.494	0.094	3.604	0.065	3.702	0.041	3.790
0.205	3.303	0.160	3.420	0.120	3.531	0.087	3.632	0.060	3.724
0.238	3.233	0.191	3.349	0.149	3.460	0.112	3.563	0.081	3.658
0.271	3.168	0.222	3.283	0.178	3.392	0.138	3.495	0.104	3.592
0.305	3.107	0.254	3.219	0.208	3.327	0.166	3.431	0.129	3.528
0.337	3.050	0.286	3.160	0.238	3.266	0.195	3.368	0.156	3.465
0.370	2.996	0.317	3.103	0.269	3.208	0.224	3.309	0.183	3.406
0.401	2.946	0.349	3.050	0.299	3.153	0.253	3.252	0.211	3.348
0.432	2.899	0.379	3.000	0.329	3.100	0.283	3.198	0.239	3.293
0.462	2.854	0.409	2.954	0.359	3.051	0.312	3.147	0.267	3.240
0.492	2.813	0.439	2.910	0.388	3.005	0.340	3.099	0.295	3.190
0.520	2.774	0.467	2.868	0.417	2.961	0.369	3.053	0.323	3.142
0.548	2.738	0.495	2.829	0.445	2.920	0.397	3.009	0.351	3.097
0.575	2.703	0.522	2.792	0.472	2.880	0.424	2.968	0.378	3.054
0.600	2.671	0.549	2.757	0.499	2.843	0.451	2.929	0.404	3.013
0.626	2.641	0.575	2.724	0.525	2.808	0.477	2.892	0.430	2.974
0.740	2.512	0.692	2.586	0.644	2.659	0.598	2.733	0.553	2.807
0.836	2.414	0.792	2.479	0.747	2.544	0.703	2.610	0.660	2.675
0.919	2.338	0.877	2.396	0.836	2.454	0.795	2.512	0.754	2.571
0.990	2.278	0.951	2.330	0.913	2.382	0.874	2.434	0.836	2.487
1.052	2.229	1.016	2.276	0.980	2.323	0.944	2.371	0.908	2.419
1.105	2.189	1.072	2.232	1.038	2.275	1.005	2.318	0.971	2.362
1.153	2.156	1.121	2.195	1.090	2.235	1.058	2.275	1.027	2.315
1.195	2.129	1.165	2.165	1.136	2.201	1.106	2.238	1.076	2.275
1.232	2.105	1.205	2.139	1.177	2.172	1.149	2.206	1.121	2.241
1.266	2.085	1.240	2.166	1.213	2.148	1.187	2.179	1.160	2.211
1.296	2.068	1.271	2.097	1.247	2.126	1.222	2.156	1.197	2.186
1.324	2.053	1.301	2.080	1.277	2.108	1.253	2.135	1.229	2.164
1.504	1.972	1.489	1.989	1.474	2.006	1.458	2.023	1.443	2.040
1.599	1.943	1.588	1.955	1.576	1.967	1.565	1.979	1.554	1.991

주 : k'는 설명변수의 수를 나타냄(상수항 제외).

자료 : N. E. Savin and K. J. White, "The Durbin-Watson Test for Serial Correlation with Extreme Small Samples or Many Regressor," *Econometrica*, vol. 45(Nov. 1977), pp. 1989~1996.

H. Geary 검정통계량(τ)의 임계치

(α =1%, α =5% 경우)

T	1%		5%		T	1%		5%	
	Min. τ	Max. τ	Min. τ	Max. τ		Min. τ	Max. τ	Min. τ	Max. τ
3		1		1	30	8	20	10	18
4		2		2	31	9	20	11	18
5		3		3	32	9	21	11	19
6		4		3	33	9	22	11	20
7		5		4	34	10	22	12	20
8		5		5	35	10	23	12	21
9		6	2	5	36	11	23	13	21
10		7	2	6	37	11	24	13	22
11	2	8	2	7	38	11	25	14	22
12	2	8	3	7	39	12	25	14	23
13	2	9	3	8	40	12	26	14	24
14	2	10	4	8	41	13	26	15	24
15	3	10	4	9	42	13	27	15	25
16	3	11	4	10	43	14	27	16	25
17	3	12	5	10	44	14	28	16	26
18	4	12	5	11	45	14	29	17	26
19	4	13	6	11	46	15	29	17	27
20	5	13	6	12	47	15	30	17	28
21	5	14	6	13	48	16	30	18	28
22	5	15	7	13	49	16	31	18	29
23	6	15	7	14	50	16	32	19	29
24	6	16	8	14	51	17	32	19	30
25	6	17	8	15	52	17	33	20	30
26	7	17	8	16	53	18	33	20	31
27	7	18	9	16	54	18	34	21	31
28	8	18	9	17	55	18	34	21	31
29	8	19	10	17					

주 : T : 관측치수

τ : 부호가 바뀐 횟수

자료 : Habibagahi & Pratschke, *The Review of Economics and Statistics*, 1972, p. 180, table 1.

I. Dickey-Fuller 검정통계량의 분포

($H_0 : \rho=1$ 또는 $H_0 : \gamma=0$)

표본크기	누적확률							
	0.01	0.025	0.05	0.10	0.90	0.95	0.975	0.99
	(I. 상수항이 없는 경우 : $\hat{\tau}$)							
25	−2.66	−2.66	−1.95	−1.60	0.92	1.33	1.70	2.61
50	−2.62	−2.25	−1.95	−1.61	0.91	1.31	1.66	2.08
100	−2.60	−2.24	−1.95	−1.61	0.90	1.29	1.64	2.03
250	−2.58	−2.23	−1.95	−1.62	0.89	1.28	1.62	2.01
500	−2.58	−2.23	−1.95	−1.62	0.89	1.28	1.62	2.00
∞	−2.58	−2.23	−1.95	−1.62	0.89	1.28	1.62	2.00
	(II. 상수항은 있으나 추세선이 없는 경우 : $\hat{\tau}_\mu$)							
25	−3.75	−3.33	−3.00	−2.63	−0.37	0.00	0.34	0.72
50	−3.58	−3.22	−2.93	−2.60	−0.40	−0.03	0.29	0.66
100	−3.51	−3.17	−2.89	−2.58	−0.42	−0.05	0.26	0.63
250	−3.46	−3.14	−2.88	−2.57	−0.42	−0.06	0.24	0.62
500	−3.44	−3.13	−2.87	−2.57	−0.43	−0.07	0.24	0.61
∞	−3.43	−3.12	−2.86	−2.57	−0.43	−0.07	0.23	0.60
	(III. 상수항과 추세선이 포함된 경우 : $\hat{\tau}_\tau$)							
25	−4.38	−3.95	−3.60	−3.24	−1.14	−0.80	−0.50	−0.15
50	−4.15	−3.80	−3.50	−3.18	−1.19	−0.87	−0.58	−0.24
100	−4.04	−3.73	−3.45	−3.15	−1.22	−0.90	−0.62	−0.28
250	−3.99	−3.69	−3.43	−3.13	−1.23	−0.92	−0.64	−0.31
500	−3.98	−3.68	−3.42	−3.13	−1.24	−0.93	−0.65	−0.32
∞	−3.96	−3.66	−3.41	−3.12	−1.25	−0.94	−0.66	−0.33

자료 : Fuller(1976), p. 373, table 8. 5. 2.

J. Dickey-Fuller 의 ϕ검정통계량의 분포

(a) $\phi(1)$ $(H_0 : \gamma=\alpha=0)$

$(\Delta Y_t=\alpha+\gamma Y_{t-1}+\varepsilon_t$ 경우)

표본크기	누적확률							
	0.01	0.025	0.05	0.10	0.90	0.95	0.975	0.99
25	0.29	0.38	0.49	0.65	4.12	5.18	6.30	7.88
50	0.29	0.39	0.50	0.66	3.94	4.86	5.80	7.06
100	0.29	0.39	0.50	0.67	3.86	4.71	5.57	6.70
250	0.30	0.39	0.51	0.67	3.81	4.63	5.45	6.52
500	0.30	0.39	0.51	0.67	3.79	4.61	5.41	6.47
∞	0.30	0.40	0.51	0.67	3.78	4.59	5.38	6.43
S.E.	0.002	0.002	0.002	0.002	0.01	0.02	0.03	0.05

(b) $\phi(2)$ $(H_0 : \gamma=\alpha=\beta=0)$

$(\Delta Y_t=\alpha+\beta T+\gamma Y_{t-1}+\varepsilon_t$ 경우)

표본크기	누적확률							
	0.01	0.025	0.05	0.10	0.90	0.95	0.975	0.99
25	0.91	0.75	0.89	1.10	4.67	5.68	6.75	8.21
50	0.62	0.77	0.91	1.12	4.31	5.13	5.94	7.92
100	0.63	0.77	0.92	1.12	4.16	4.88	5.59	6.50
250	0.63	0.77	0.92	1.13	4.07	4.75	5.40	6.22
500	0.63	0.77	0.92	1.13	4.05	4.71	5.35	6.15
∞	0.63	0.77	0.92	1.13	4.03	4.68	5.31	6.09
S.E.	0.003	0.003	0.003	0.003	0.01	0.02	0.03	0.05

(c) $\phi(3)$ $(H_0 : \gamma=\beta=0)$

$(\Delta Y_t=\alpha+\beta T+\gamma Y_{t-1}+\varepsilon_t$ 경우)

표본크기	누적확률							
	0.01	0.025	0.05	0.10	0.90	0.95	0.975	0.99
25	0.74	0.90	1.08	1.33	5.91	7.24	8.651	10.61
50	0.76	0.93	1.11	1.37	5.61	6.73	7.81	9.31
100	0.76	0.94	1.12	1.38	5.47	6.49	7.44	8.73
250	0.76	0.94	1.13	1.39	5.39	6.34	7.25	8.43
500	0.76	0.94	1.13	1.39	5.36	6.30	7.20	8.34
∞	0.77	0.94	1.13	1.39	5.34	6.25	7.16	8.27
S.E.	0.004	0.004	0.004	0.004	0.015	0.020	0.032	0.058

자료 : Dickey & Fuller(1981), p. 1063, table Ⅳ, Ⅴ, Ⅵ.

K. CRDW 검정통계량의 임계치

($n=2$ 경우)

표본크기	canonical system1)			higher-order system2)		
	1%	5%	10%	1%	5%	10%
50	1.00	0.78	0.69	1.49	1.03	0.83
100	0.51	0.39	0.32	0.46	0.28	0.21
200	0.29	0.20	0.16	0.13	0.08	0.06

주 : 1) 모의실험자료를 $Y_t = Y_{t-1} + \varepsilon_t$, $\varepsilon_t \sim \mathrm{IN}(0,\ I_N)$ 가정 하에 생성한 경우

2) 모의실험자료를 $Y_t = Y_{t-1} + u_t$, $u_{it} = 0.8u_{it-4} + \varepsilon_{it}$ 가정 하에 생성한 경우

자료 : Engle and Yoo(1981), p. 158, table 4.

L. 공적분검정통계량(τ)의 임계치

($\alpha=1\%$, $\alpha=5\%$ 경우)

(a) DF 검정통계량 이용 경우

($H_0 : \gamma=0$ in $\hat{\varepsilon}_t=\gamma\hat{\varepsilon}_{t-1}+u_t$ 경우)

변수의 수(N)	표본크기(T)	유의수준(α)		
		1%	5%	10%
2	50	4.32	3.67	3.28
	100	4.07	3.37	3.03
	200	4.00	3.37	3.02
3	50	4.84	4.11	3.73
	100	4.45	3.93	3.59
	200	4.35	3.78	3.47
4	50	4.94	4.35	4.02
	100	4.75	4.22	3.89
	200	4.70	4.18	3.89
5	50	5.41	4.76	4.42
	100	5.18	4.58	4.26
	200	5.02	4.48	4.18

(b) ADF 검정통계량 이용 경우

($H_0 : \gamma=0$ in $\Delta\hat{\varepsilon}_t=\gamma\hat{\varepsilon}_{t-1}+\sum_{i=1}^{p}\delta_i\Delta\hat{\varepsilon}_{t-1}+u_t$ 경우)

변수의 수(N)	표본크기(T)	유의수준(α)		
		1%	5%	10%
2	50	4.12	3.29	2.90
	100	3.73	3.17	2.91
	200	3.78	3.25	2.98
3	50	4.45	3.75	3.36
	100	4.22	3.62	3.32
	200	4.34	3.78	3.51
4	50	4.61	3.98	3.67
	100	4.61	4.02	3.71
	200	4.72	4.13	3.83
5	50	4.80	4.15	3.85
	100	4.98	4.36	4.06
	200	4.97	4.43	4.14

주 : (−)부호는 편의상 생략했음.

자료 : R. F. Engle and B. S. Yoo, "Forecasting in Cointegrated Systems," *Journal of Econometrics*, 35(1987), pp. 143~159.

참고문헌

이종원, 『경제경영통계학』, 박영사, 2004.

이종원, 김준영, 『한국경제의 거시계량분석』, 성대출판부, 1991.

채경철, "직교회귀의 역학적 고찰," 「응용통계연구」, 1990.

하성근, 『한국의 통화정책』, 박영사, 1985.

Almon, S., "The Distributed Lag between Capital Appropriations and Net Expenditures", *Econometrica*, 1965.

Anderson, R. L., and T. A. Bancroft, *Statistical Theory in Research*, Mc Graw-Hill, 1952.

Bartlett, M. S., "Properties of Sufficiency and Statistical Tests, " *Proceedings of the Royal Society of London*, A, 160. 1937.

Bartlett, M. S., "Fitting of Straight Lines When Both Variables Are Subject to Error", *Biometrics*, 1949.

Beale, E. M. L., and M. G. Kendall, and D. W. Mann, "The Discarding of Variables in Multivariate Analysis", *Biometrica*, 1967.

Breusch, T. S., and A. R. Pagan, "A Simiple Test for Heteroscedasticity and Random Coefficient Variation", *Econometrica*, vol. 47., 1979.

Cagan, P., "The Moneytary Dynamics of Hyper Inflation," in M. Friedman(ed.), *Studies in the Quantity Theory of Money*(University of Chicago Press, 1956); Milton Friedman, "*A Theory of the Consumption Function*," NBER(Princeton Univ. Press, 1957).

Chiang, Alpha C. *Fundamental Methods of Mathematical Economics*, 3rd. ed. McGraw-Hill, 1984.

Cochrane, William G., *Sampling Techniques*. 3rd. ed., John Wiley & Sons.

Cramer, Elliot M., "Significance Tests and Tests of Models in Multiple Regression", *The American statistician*, Oct., 1972.

Cramer, Herald, *Mathmatical Methods of Statistics*, Princeton University Press,

1946.

Cramer, Herald, *The Elements of Probability Theory and Some of its Application*, John Wiley & Sons, 1995.

Durbin, J., and G. S. Watson, "Testing for Serial Correlation in Least-Squares Regression", *Biometrika*, vol. 38, 1951.

Durbin, J., "Testing for Serial Correlation in Least Squares Regression when some of the Regressions are Lagged Dependent Variables", *Econometrica*, 1970.

Durbin, J. M., "Errors in Variables", *Review of the International Statistical Institute*, 1954.

Farebrother, R. W., "The Durbin-Watson Test for Serial Correlation When There is No Intercept in the Regression", *Econometrica*, vol. 48, 1980.

Farrar, D. E., and R. R. Glauber, "Multicollinearity in Regression Analysis; The Problem Revisited", *Review of Economics and Statistics*, vol. 49, 1967.

Fisher, Irving, "Note on a Short-Cut Method for Calculating Distributed Lags", *International Statistical Institute Bulletine*, 1937.

Fisher, F. M., *A Priori Information and Time Series Analysis*, North-Holland, 1966.

Fisher, R. A., *On the Probable Error of a Coefficient of Correlation Reduced from a Small Sample*, Metron 1, 1921.

Friedman, Milton., "A Theory of the Consumption Function", *Princeton University Press*, 1957.

Geary, R. C., and C. E. V. Leser, "Significance Tests in Multiple Regression", *The American statistician*, Feb., 1968.

Geary, R. L., "Relative Efficiency of Count of Sign Changes for Assessing Residual Autoregression in Least Squares Regression", *Biometrika*, vol. 57, 1970.

Glejser, H., "A New Test for Heteroscedasticity", *Journal of the American Statistical Association*, vol. 64, 1969.

Goldfeld, S. M., and R. E. Quandt, Some Tests for Homoscedasticity", *Journal of the American Statistical Association*, vol. 60, 1965.

Granger, C. W., "Investigating Causal Relations by Econometric Models and Cross Spectral Methods", *Econometrica*, July, 1969.

Griffiths et al., Learning and Practicing Econometrics, *John Wiley & Sons*, 1992.

Griliches, Z., G. S. Maddla, R. E. Lucas, and N. Wallace, "Notes on Estimated Aggregate Quarterly Consumption Functions", *Econometrica*, July, 1962.

Gujarati, D. N., *Basic Econometrics*, 2nd. ed., McGraw-Hill, 1988.

Habibagahi, W., and J. L. Pratschles, "A Comparison of the Von Neumann Ratio, Durbin-Watson and Geary Tests", *Review of Economics and Statistics*, 1972.

Hartley, H. O., and K. S. E. Jayatillake, "Estimation for Linear Models with Unequal Variances", *Journal of the American Statistical Association*, Mar. 1973.

Harnett, D. L., *Statistical Methods for Business and Economics*, Addison-Wesley, 1975.

Hood, W. C., and T. C. Koopmans, "The Estimation of Simultaneous Linear Economic Relations",

Intrilligator, M. D., *Econometric Models Techniques and Applications*, North-Holland, 1978

Jonston, J., *Econometric Methods*, 3rd. ed., McGraw-Hill, 1984.

Kmenta, Jan, *Elements of Econometrics*, Macmillan, 1971.

Kennedy, Peter, *A Guide to Econometrics*, 2nd. ed., MIT Press, 1987.

Koutsoyiannis, A., *Theory of Econometrics*, 2nd. ed.

Koyck, L. M., *Distributed Lags and Investment Analysis*, North-Holland, 1954.

Maddala, G. S., *Econometrics*, McGraw-Hill, 1977

Malinvaud, E., *Statistical Method of Econometrics*, Rand McNally, 1966.

Mood, A. M., and F. A. Graybill, *Introduction to the Theory of Statistics*, 2nd. ed., McGraw-Hill, 1963.

Neter, John et al., *Applied Linear Regression Models*, Irwin Inc., 1983.

Nerlove, M., "Distributed Lags and Demand Analysis", *U. S. Department of Agriculture Handbook* 141, 1958.

Pakes, Arial, "On the Asynptotic Bias of Wald-Type Estimators of a Straight Line When Both Variables Are Subject to Error", *International Economic Review*, vol. 23, 1982.

Park, R. E., "Estimation with Heteroscedastic Error Terms", *Econometrica*, vol.

34, no. 4, Oct. 1966.

Pindyck, Robert S., and Daniel, L. Rubinfeld, *Econometric Models and Econometric Forecasts*, 2nd. ed., McGraw-Hill, 1981.

Theil, H., *Economic Forecast and Policy*, North-Holland, 1961.

Theil, H., and A. L. Nagar, "Testing the Independence of Regression Disturbances", *Journal of the American Statistical Association*, 1961.

Theil, Henri, *Principles of Econometrics*, John Wiley & Sons.

Wald, A., "The Fitting of Straight Lines If Both Variables Are Subject to Errors", *Analysis of Mathematicals Statistics*, 1940.

Wonnacott, Thomas H., and Ronald, J. Wonnacott, *Introductory statistics*, 3rd. ed.

Zellner, A., and M. Theil, "Three Stage Least Squares: Simultaneous Estimation of Simultaneous Equations", *Econometrica*, vol. 30., 1962.

사항색인

[ㅊ]

[ㅎ]

영문색인

[N]

[O]

[S]

[T]

저자 약력

성균관대학교 경제학 학사
Kent State University 경제학 석사
Indiana University 경제학 박사
George Washington University Visiting Scholar(Fulbright Researcher)
Stanford University Visiting Scholar
Yale University 초빙교수(Fulbright Senior Lecturer)
한국응용경제학회 회장
한국경제연구학회 회장
한국경제학회 회장
한국사회과학협의회 회장
현: 성균관대학교 경제학과 명예교수 겸 다산경제연구원 원장

저 서

한국경제의 거시계량분석(공저), 성대출판부, 1991
국제경제와 한국경제(공편저), 박영사, 1992
경제경영통계학, 박영사(초판 1986, 전정판 1994, 제 3 판 2004)
SAS를 이용한 통계분석(공저), 박영사(초판 1995, 전정판 1996, 제 3 판 1999, 제 4 판 2003)
RATS를 이용한 계량경제분석(공저), 박영사(초판 1995, 제 2 판 1999, 제 3 판 2004)
통일경제론(공편저), 해남, 1997
한국경제의 발전과정과 미래(공저), 해남, 1998
부패의 경제(공저), 해남, 2000
한국제조업의 고용조정 분석(공저), 집문당, 2001
한국경제론: 한국자본주의 발전의 명암과 미래전망, 율곡, 2002
한국경제의 산업조직(공저), 해남, 2003
통일실현시 경제안정화를 위한 주요 정책과제, 한국노동연구원, 2003
한국경제론, 해남, 2004
북한인력에 관한 법제·실태와 활용방안(공저), 한국노동연구원, 2004
THE KOREAN ECONOMY AND ITS PROSPECTS, East West Research Institute, 2004
경제예측론, 해남, 2006
경제학, 해남, 2009
국제금융위기와 한국경제, 대한상공회의소, 2010

전정판
계량경제학

1994년 5월 25일 초판발행
2009년 3월 20일 전정판발행
2016년 2월 10일 중판발행

저 자 이 종 원
발행인 안 종 만
발행처 (주)박영사
서울특별시 종로구 새문안로3길 36, 1601
전화 (733) 6771 FAX (736) 4818
등록 1959. 3. 11. 제300-1959-1호(倫)

www.pybook.co.kr e-mail: pys@pybook.co.kr

정 가 48,000원 ISBN 978-89-7189-464-4